선택과목

勞務士

2024

공인 노무사

민사소송법

SD에듀
㈜시대고시기획

공인
노무사
민사소송법

머리말

사회가 고도화됨에 따라 노사관계 및 노동이슈가 증가하고 있고, 개별적 노사관계는 물론 집단적 노사관계에 이르기까지 분쟁의 해결이라는 측면에서 공인노무사의 역할은 더욱 증대되고 있다. 이에 따라 최근 고용노동부는 공인노무사의 인력수급을 적정화하기 위하여 2018년부터 공인노무사시험 합격인원을 기존보다 50명 더 늘리기로 하였다.

공인노무사시험은 격년제로 시행되었으나, 1998년부터는 매년 1회 치러지고 있으며, 2024년부터는 1차시험이 과목당 40문항으로 문제 수가 증가될 예정이다. 1차시험은 5지 택일형 객관식, 2차시험은 논문형 주관식으로 진행되고, 1 · 2차시험 합격자에 한하여 전문지식과 응용능력 등을 확인하기 위한 3차시험(면접)이 실시된다.

2차시험은 노사관계에서 발생하는 복잡한 사건들을 합리적으로 해결할 수 있는 능력을 평가하는 시험으로, '준'고시라고 불릴 정도로 매년 시험의 난이도가 상승하고 있으며, 수험인원도 증가하고 있다.

논술형인 2차시험의 답안서술방식은 쟁점의 파악, 이론과 법리의 서술, 해당 사안의 포섭 · 해결로 나뉘는데, 본 교재는 위 3단계에 기초한 기본서로서 꼭 필요한 내용만을 담아 구성하였다.

「2024 SD에듀 EBS 공인노무사 2차 민사소송법」의 특징은 다음과 같다.

첫 번째 최신 개정법령 및 기출문제의 출제경향을 완벽하게 반영하여 수록하였습니다.

두 번째 EBS 교수진의 철저한 검수를 통해 교재상의 오류를 없애고, 최신 학계동향을 정확하게 반영하여 출제가능성이 높은 테마를 빠짐없이 학습할 수 있도록 하였습니다.

세 번째 실전처럼 연습할 수 있도록 공인노무사 및 변리사 기출문제를 수록하였고, 예시답안을 통하여 답안서술방식을 이해할 수 있도록 하였습니다.

본 교재가 공인노무사시험을 준비하는 수험생 여러분에게 합격을 위한 좋은 안내서가 되기를 바라며, 여러분의 합격을 기원한다.

편저자 올림

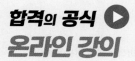

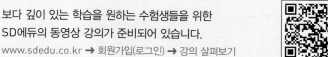

보다 깊이 있는 학습을 원하는 수험생들을 위한
SD에듀의 동영상 강의가 준비되어 있습니다.
www.sdedu.co.kr ➜ 회원가입(로그인) ➜ 강의 살펴보기

이 책의 구성과 특징

1 주요논점

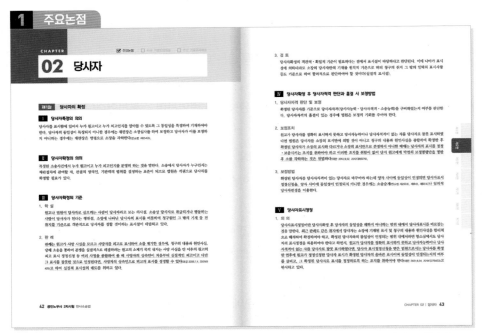

민사소송법을 총 7개 편으로 분류하여 출제확률이 높은 주요논점만을 핵심이론으로 수록하였고, 암기하여야 할 중요사항은 밑줄로 표시하였다.

2 최신 기출문제

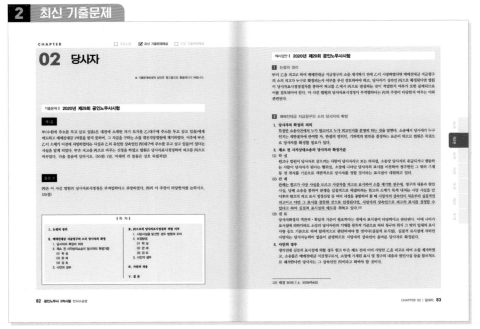

매 CHAPTER와 관련한 가장 최신의 기출문제를 엄선하여 수록하였고 예시답안의 논리적 흐름을 한눈에 확인할 수 있도록 목차로 정리하였다.

STRUCTURES

합격의 공식 Formula of pass • SD에듀 www.sdedu.co.kr

3 주요 기출문제

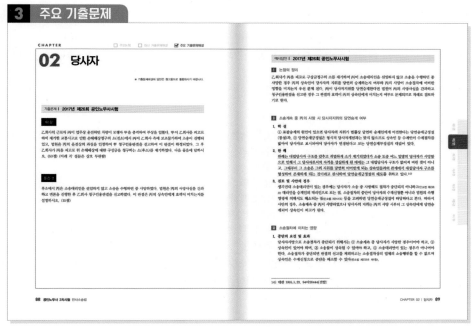

공인노무사 및 변리사 기출문제를 수록하여 출제경향을 확인할 수 있도록 구성하였다.

4 예시답안

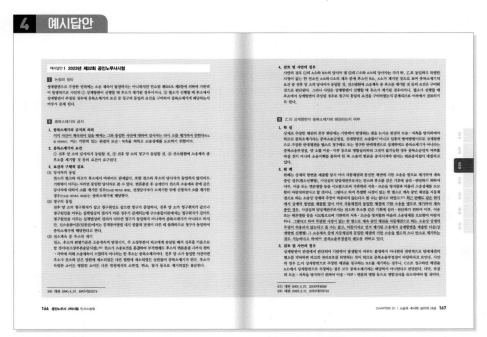

주요논점의 본문을 이해하고 답안을 작성하는 데 도움이 되도록 예시답안을 서술하여 심화학습이 가능하도록 하였다.

자격시험 소개

◉ 공인노무사란?

⋯ 노동관계법령 및 인사노무관리 분야에 대한 전문적인 지식과 경험을 제공함으로써 사업 또는 사업장의 노동 관계업무의 원활한 운영을 도모하며, 노사관계를 자율적이고 합리적으로 개선시키는 전문인력을 말한다.

◉ 주요업무

❶ 공인노무사는 다음의 직무를 수행한다.
  (1) 노동관계법령에 따라 관계기관에 대하여 행하는 신고 · 신청 · 보고 · 진술 · 청구(이의신청 · 심사청구 및 심판청구를 포함한다) 및 권리구제 등의 대행 또는 대리
  (2) 노동관계법령에 따른 서류의 작성과 확인
  (3) 노동관계법령과 노무관리에 관한 상담 · 지도
  (4) 「근로기준법」을 적용받는 사업이나 사업장에 대한 노무관리진단
  (5) 「노동조합 및 노동관계조정법」에서 정한 사적(私的) 조정이나 중재
  (6) 사회보험관계법령에 따라 관계기관에 대하여 행하는 신고 · 신청 · 보고 · 진술 · 청구(이의신청 · 심사청구 및 심판청구를 포함한다) 및 권리구제 등의 대행 또는 대리

❷ "노무관리진단"이란 사업 또는 사업장의 노사당사자 한쪽 또는 양쪽의 의뢰를 받아 그 사업 또는 사업장의 인사 · 노무관리 · 노사관계 등에 관한 사항을 분석 · 진단하고, 그 결과에 대하여 합리적인 개선방안을 제시하는 일련의 행위를 말한다.

◉ 응시자격

❶ 공인노무사법 제4조 각 호의 결격사유에 해당하지 아니하는 사람

> 다음의 어느 하나에 해당하는 사람은 공인노무사가 될 수 없다.
> ① 미성년자
> ② 피성년후견인 또는 피한정후견인
> ③ 파산선고를 받은 사람으로서 복권(復權)되지 아니한 사람
> ④ 공무원으로서 징계처분에 따라 파면된 사람으로서 3년이 지나지 아니한 사람
> ⑤ 금고(禁錮) 이상의 실형을 선고받고 그 집행이 끝나거나(집행이 끝난 것으로 보는 경우를 포함한다) 집행이 면제된 날부터 3년이 지나지 아니한 사람
> ⑥ 금고 이상의 형의 집행유예를 선고받고 그 유예기간이 끝난 날부터 1년이 지나지 아니한 사람
> ⑦ 금고 이상의 형의 선고유예기간 중에 있는 사람
> ⑧ 징계에 따라 영구등록취소된 사람

❷ 2차시험은 당해 연도 1차시험 합격자 또는 전년도 1차시험 합격자
❸ 3차시험은 당해 연도 2차시험 합격자 또는 전년도 2차시험 합격자

◉ 시험일정

구 분	인터넷 원서접수	시험일자	시행지역	합격자 발표
2024년 제33회 1차	2024.3.25~3.29	2024.5.25	서울, 부산, 대구, 인천, 광주, 대전	2024.6.26
2024년 제33회 2차	2024.7.15~7.19	2024.8.31~9.1		2024.11.20
2024년 제33회 3차		2024.12.9	서 울	2024.12.26

※ 시험에 응시하려는 사람은 응시원서와 함께 영어능력검정시험 성적표를 제출하여야 한다.

◉ 시험과목

❶ 2차시험(4과목)

구 분	시험과목	배 점	출제범위
필 수	노동법	150	「근로기준법」, 「파견근로자 보호 등에 관한 법률」, 「기간제 및 단시간근로자 보호 등에 관한 법률」, 「산업안전보건법」, 「산업재해보상보험법」, 「고용보험법」, 「노동조합 및 노동관계조정법」, 「근로자참여 및 협력증진에 관한 법률」, 「노동위원회법」, 「공무원의 노동조합 설립 및 운영 등에 관한 법률」, 「교원의 노동조합 설립 및 운영 등에 관한 법률」
	인사노무관리론	100	–
	행정쟁송법	100	「행정심판법」 및 「행정소송법」과 「민사소송법」 중 행정쟁송 관련 부분
선 택	경영조직론 · 노동경제학 · 민사소송법 중 1과목	100	–

⋯→ 비고 : 노동법은 노동법의 기본이념 등 총론부분을 포함

❷ 3차시험

구 분	시험과목	배 점	출제범위
–	면접시험	–	공인노무사법 시행령 제4조 제3항의 평정사항

◉ 시험시간

구 분	교 시	시험과목	문항수	시험시간	시험방법
2차 시험	1 2	1. 노동법	4문항	교시당 75분 (09:30~10:45) (11:15~12:30)	주관식 (논문형)
	3	2. 인사노무관리론	과목당 3문항	과목당 100분 (13:50~15:30) (09:30~11:10) (11:40~13:20)	
	4 5	3. 행정쟁송법 4. 경영조직론 · 노동경제학 · 민사소송법 중 1과목			
3차 시험	1. 국가관 · 사명감 등 정신자세 2. 전문지식과 응용능력 3. 예의 · 품행 및 성실성 4. 의사발표의 정확성과 논리성				면 접

◉ 합격기준

구 분	합격자 결정
2차시험	• 과목당 100점을 만점으로 하여 각 과목의 점수가 40점 이상이고, 전 과목 평균점수가 60점 이상인 사람 • 최소합격인원 미달일 경우에는, 최소합격인원의 범위에서 모든 과목의 점수가 40점 이상인 사람 중에서 전 과목 평균점수가 높은 순서로 합격자 결정
3차시험	• 평정요소마다 "상"(3점), "중"(2점), "하"(1점)로 구분하고, 총 12점 만점으로 채점하여 각 시험위원이 채점한 평점의 평균이 "중"(8점) 이상인 사람 • 위원의 과반수가 어느 하나의 같은 평정요소를 "하"로 평정하였을 때에는 불합격

자격시험 검정현황

◉ 공인노무사 수험인원 및 합격자현황

구 분	1차시험				2차시험				3차시험			
	대 상	응 시	합 격	합격률	대 상	응 시	합 격	합격률	대 상	응 시	합 격	합격률
제26회('17)	4,728	4,055	2,165	53.3%	3,577	3,131	253	8.0%	254	254	254	100%
제27회('18)	4,744	4,044	2,420	59.8%	3,513	3,018	300	9.9%	300	300	300	100%
제28회('19)	6,211	5,269	2,494	47.3%	3,750	3,231	303	9.4%	303	303	303	100%
제29회('20)	7,549	6,203	3,439	55.4%	4,386	3,871	343	8.9%	343	343	343	100%
제30회('21)	7,654	6,692	3,413	51.0%	5,042	4,514	322	7.1%	322	322	320	99.4%
제31회('22)	8,261	7,002	4,221	60.3%	5,745	5,128	549	10.7%	551	551	551	100%
제32회('23)	10,225	8,611	3,019	35.1%	5,327	4,724	395	8.4%	395	395	395	100%

◉ 검정현황(그래프)

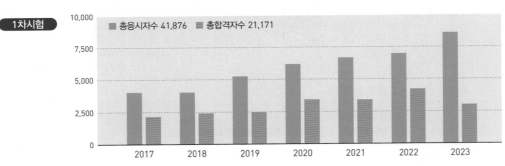

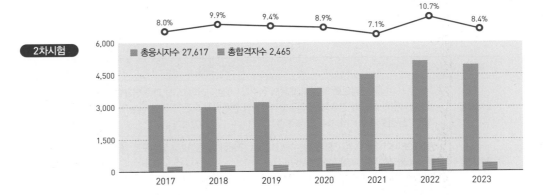

10개년 기출유형 분석

구 분	내 용
2014년	**당사자** • 조합의 당사자능력의 인정 여부, 조합을 상대로 한 소송수행방법 **민사소송** • 민사소송과 신의칙, 소권의 실효 여부 **중복된 소제기의 금지** • 중복소제기의 요건, 소송법상 효과, 국제적 중복소제기, 관련문제 – 채권자대위소송과 중복소제기, 채권자취소소송과 중복소제기
2015년	**다수당사자소송** • 예비적 공동소송의 의의 및 허용 여부, 예비적 공동소송의 적법 여부와 그 심판방법 **변 론** • 교부송달의 원칙, 보충송달로서의 적법 여부 **사물관할** • 사물관할의 의의, 합의부 관할, 단독판사 관할, 소가(소송목적의 값) **재소의 금지** • 재소금지의 요건, 재소금지의 효과

2016년	**당사자**
	• 당사자적격의 의의, 노동조합의 당사자적격 인정 여부, 소송대리권에
	  대한 심급대리의 원칙 인정 여부, 파기환송 후 환송심에서의 소송대리
	  권의 부활 여부
	공시송달
	• 공시송달의 의의, 요건, 효력, 관련문제 – 공시송달과 소송행위의
	  추후보완
	청구의 선택적 병합
	• 선택적 병합의 요건, 선택적 병합의 심판과 그에 대한 상소

2017년	**다수당사자소송** • 참가인에 대한 판결의 효력, 참가인의 지위와 참가적 효력 배제례 **당사자** • 소송계속 중 사망 시 당사자지위의 당연승계 여부, 중단을 간과 한 판결의 효력 **자백간주** • 자백간주의 요건, 자백간주의 효력 **변론종결 뒤의 승계인** • 변론종결 뒤의 승계요건, 변론종결 뒤의 승계효과
2018년	**소송의 개시와 심리의 대상** • 노동조합 관리규정의 소송상 합의로의 유효 여부, 소의 이익 **당사자** • 소송대리인의 개념, 소송대리권의 수여, 변호사대리원칙과 예외 **소송고지** • 소송고지의 요건, 소송고지의 효과 **문서의 증거력** • 문서의 형식적 증거력, 문서의 실질적 증거력

2019년	**변 론**
	• 주요사실과 간접사실의 구별, 협의의 소송자료와 증거자료의
	  구별 및 완화
	종국판결에 의한 종료
	• 기판력의 시적 범위와 차단효, 청구이의의 사유로 상계권의 행사
	  의 가부

2019년	**합의관할** • 관할합의의 요건, 관할합의의 종류, 관할합의의 효력, 관련문제 **공동소송참가** • 공동소송참가의 요건, 참가절차, 참가인의 소송상 지위, 관련문제 – 주주대표소송에서의 회사의 참가
2020년	**법 원** • 토지관할권의 존부, 변론관할권의 존부 **당사자** • 당사자의 확정, 당사자표시정정의 적법 여부 **석명의무** • 석명의무와 석명의 범위, 석명의 대상 **유사필수적 공동소송** • 유사필수적 공동소송의 인정 여부, 심판방법, 관련문제 – 수인의 대위채권자의 공동소송

2021년	**증 거**
	• 재판상의 자백 인정 여부, 재판상 자백의 예외적 철회 사유
	다수당사자소송
	• 공동소송인 독립의 원칙, 공동소송인독립의 원칙의 수정원리
	  적용 여부
	당사자능력
	• 실질적 당사자능력자, 형식적 당사자능력자, 당사자능력 조사와
	  그 흠결의 효과
	중간확인의 소
	• 중간확인의 소의 요건, 중간확인의 소의 절차, 중간확인의 소의
	  심판

2022년	**병합청구소송**
	• 청구병합의 형태가 예비적 병합인지의 여부, 예비적 병합의 심판과
	  그에 대한 불복
	다수당사자소송
	• 선정당사자 선정의 적법 여부, 수인의 선정당사자의 지위, 선정
	  당사자의 진술의 소송상 효력
	소송상 항변
	• 소송상의 항변, 본안의 항변, 부인과 항변의 구별, 관련문제 –
	  상계항변에 대한 재항변의 가부
	판결의 편취와 그 구제수단
	• 편취판결의 유형, 편취판결의 효력, 소송법적 구제수단, 실체법적
	  구제수단, 집행법적 구제수단

2023년	**소송의 개시와 심리의 대상**
	• 중복소제기의 금지, 피고의 상계항변이 중복소제기에 해당하는지
	  여부, 종국판결에 의한 종료
	• 상계항변에의 기판력의 발생 여부, 확정판결의 기판력이 후소에
	  미치는지 여부
	장래의 이행을 청구하는 소
	• 장래이행의 소의 적법요건, 장래이행의 소인지의 여부, 장래이행의
	  소와의 병합, 심판절차, 집행절차, 관련문제
	부대항소
	• 부대항소의 법적 성질, 요건, 방식, 효과, 관련문제 – 파기환송
	  후 환송심법원에서 항소취하의 가부

CONTENTS

합격의 공식 Formula of pass · SD에듀 www.sdedu.co.kr

제3편 제1심의 소송절차

CHAPTER 01 소송의 개시와 심리의 대상

CHAPTER 02 변론

CHAPTER 03 증거

이 책의 목차

민사소송법

제 **1** 편

총 설

제1절　민사소송의 의의와 목적

I　민사소송의 의의

민사소송은 사법적 법률관계에서 발생하는 분쟁을 해결하여 실체법에 따라 개인의 권리·의무를 확정·보호·실현하는 제도를 말한다.

II　민사소송의 목적

민사소송의 목적은 개인으로서는 사권을 보호·실현하는 것이고 법원으로서는 분쟁을 해결하는 것이며 국가로서는 법질서를 유지하려는 것이다.

제2절　민사소송의 이상과 신의성실의 원칙

I　의의

당사자와 소송관계인은 상대방의 신뢰를 헛되이 하지 않도록 성실하게 소송을 수행하여야 한다는 원칙이다(민소법 제1조 제2항). 적정, 공평, 신속, 경제를 내용으로 하는 민사소송의 이상을 실현하기 위한 행동원리이다.

II　적용 범위

1. 적용 여부

소송상 신의칙의 원칙의 적용을 부정하는 견해도 있으나 민사소송법 제1조 제2항은 계약법뿐만 아니라 모든 법률관계를 규제하는 법의 일반원칙으로서의 성질을 가지고 있으므로 민사소송에서도 당연히 적용된다고 보는 것이 학설·판례의 일반적인 태도이다.

2. 적용 범위

개별적인 법규나 법해석으로 해결할 수 없는 경우에만 적용된다는 보충적 적용설이 있으나 판례는 부제소합의에 위반하여 제기된 소에 대해 권리보호의 이익을 부정하면서도 또한 신의칙의 원칙에 반한다고 판시하여 선택적 적용설의 입장이다(대판 1993.5.14. 92다21760). 생각건대 개별법규가 적용될 사안인지 여부가 불분명한 경우가 대부분이므로 선택적 적용설이 타당하다.

Ⅲ 적용 모습

1. 소송상태의 부당형성의 금지

(1) 의 의

소송상태의 부당형성은 상대방에게 불리한 소송상태를 미리 형성한 뒤에 이를 부당하게 이용하는 행위를 말한다.

(2) 구체적 사례

소송상태의 부당형성의 대표적인 예는 ① 소액사건심판법의 적용을 받기 위해 채권을 소액으로 나누어 청구하는 경우, ② 주소 있는 자를 소재불명자로 만들어 공시송달신청을 하는 경우(민소법 제451조 제1항 제11호), ③ 권리자가 증인으로 나서기 위해 채권을 양도하는 경우(대판 1983.5.24. 82다카1919), ④ 선박의 편의치적을 위해 만들어진 형식상의 선박소유회사가 선박에 대한 가압류채권자를 상대로 제3자이의의 소를 제기하는 경우(대판 1988.11.22. 87다카1671), ⑤ 관할 선택권의 남용 등을 들 수 있다.

2. 선행행위와 모순되는 거동의 금지

(1) 의 의

선행행위와 모순되는 거동은 상대방에 대하여 이미 일정한 행위를 하여 상대방이 이를 신뢰한 상태에서 이에 반하는 행위를 하는 경우로서 상대방과 한 약속을 저버리는 경우 또는 상대방과의 행위에 비추어 상대방이 전혀 예상할 수 없는 행위를 하는 경우를 말한다.

(2) 구체적 사례

① 부제소특약·소취하계약 등의 소송계약 이후 임의로 소를 제기·유지하는 경우(대판 1993.5.14. 92다21760), ② 부적법한 당사자추가신청에 동의한 피고가 본안판결 선고 이후 신청이 부적법하다고 주장하는 경우(대판 1998.1.23. 96다41496), ③ 피고의 추완항소를 받아들여 심리한 결과 항고가 이유 없다고 기각되자 피고가 이번에는 추완항소가 부적법하다고 주장하는 경우(대판 1995.1.24. 93다25875), ④ 가압류채권자가 가압류의 효력에 반한 준소비대차가 무효임을 전제로 기존채권에 대한 추심을 마치고 이번에는 그 준소비대차가 유효임을 전제로 하여 신채권에 대한 추심을 주장하는 경우(대판 2007.1.11. 2005다47175) 등이 그 예이다.

3. 소권의 실효

(1) 의 의

<u>실효의 원칙</u>이라 함은 권리자가 장기간에 걸쳐 그 권리를 행사하지 아니함에 따라 그 의무자인 상대방이 더 이상 권리자가 권리를 행사하지 아니할 것으로 신뢰할 만한 정당한 기대를 가지게 된 경우에 새삼스럽게 권리자가 그 권리를 행사하는 것은 법질서 전체를 지배하는 신의성실의 원칙에 위반되어 허용되지 아니한다는 것을 의미한다(대판 1996.7.30. 94다51840).

(2) 구체적 사례

1) 적용 범위

실효의 원칙은 보통 기간의 정함이 없는 항소권, 통상항고·이의·판결경정신청 등의 각종의 신청, 형성소권 등에 적용된다.

2) 소권의 실효인정 여부

판례는 근로자가 사직원의 작성·제출이 자신이 아닌 그의 형에 의하여 이루어졌음을 이유로 의원면직의 <u>무효확인</u>을 구하는 경우, 근로자의 형이 사직원을 제출하게 된 경위 및 근로자가 아무런 이의 없이 퇴직금을 수령한 점 등 제반 사정에 비추어 볼 때, 의원면직일로부터 5년여가 경과한 후에 위와 같은 소를 제기하는 것은 신의칙 내지 금반언의 원칙에 반하는 것으로서 부적법하다(대판 2005.10.28. 2005다45827)고 판시하여 <u>소권실효긍정설</u>의 입장이다.

4. 소권의 남용금지

(1) 의 의

<u>소권의 남용</u>은 주로 법의 목적, 사법제도의 측면에서 소송상 권능의 행사가 신의칙상 허용되지 아니하는 경우를 말한다. 2023.4.18. 개정 민사소송법은 사법자원의 불필요한 소모와 사법기능의 혼란을 방지하고 일반 국민의 신속한 재판을 받을 권리를 보장하기 위해 소권남용에 대한 제재규정을 신설하여, 원고가 소권(항소권을 포함)을 남용하여 청구가 이유 없음이 명백한 소를 반복적으로 제기한 경우에는 법원은 결정으로 500만원 이하의 과태료에 처한다(민소법 제219조의2)고 규정하고 있다.

(2) 구체적 사례

① 소송 외 간편한 방법이나 특별한 절차가 있음에도 불구하고 소를 제기하는 경우, ② 소권의 행사가 법의 목적에 반하거나 무익한 경우, ③ 법관기피신청이 오직 소송지연 내지 재판저해를 목적으로 하는 경우(대결 1981.2.26. 81마14), ④ 재심청구가 배척당하여 확정되었음에도 법률상 받아들여 질 수 없음이 명백한 이유를 들어 같은 내용의 재심청구를 거듭하는 경우(대판 2005.11.10. 2005재다303), ⑤ 법인격 남용의 경우(대판 2004.11.12. 2002다66892), ⑥ 증명방해행위(대판 1995.3.10. 94다39567) 등의 경우가 그 예이다.

Ⅳ 위반의 조사 및 효과

1. 직권조사사항

신의성실의 원칙에 반하는 것 또는 권리남용은 강행규정에 위배되는 것이므로 당사자의 주장이 없어도 법원은 직권으로 판단할 수 있다(대판 1995.12.22. 94다42129).

2. 신의칙을 위반한 경우의 처리

관할 합의 등의 여효적 소송행위가 신의칙을 위반한 경우에는 무효이고 기피신청 등의 취효적 소송행위 신의칙을 위반한 때에는 부적법하므로 법원은 그를 배척하여야 한다. 한편 입증방해행위도 신의칙에 반하는 행위에 해당한다. 이 경우에는 입증방해행위를 변론 전체의 취지로 삼아 방해자에게 불리한 판단을 할 수 있다.

3. 간과판결과 그 구제

신의칙 위반의 소송행위가 부적법·무효라고 하더라도 이를 간과하고 선고한 판결은 당연무효가 아니다. 그 판결확정 전에는 상소로, 판결확정 후에는 재심사유에 해당하는 경우에 재심으로 다툴 수 있다. 신의칙 위반을 간과한 판결이 확정된 경우, 그 판결을 재심의 소로 취소하지 아니하고 바로 편취한 상대방에게 부당이득반환이나 손해배상을 청구하면 그 확정판결의 기판력에 저촉되게 된다.

☐ 주요논점　　☑ 최신 기출문제해설　　☐ 주요 기출문제해설

01　민사소송

※ 기출문제해설의 답안은 참고용으로 활용하시기 바랍니다.

기출문제Ⅰ 2014년 제23회 공인노무사시험

제2문

甲은 乙회사로부터 해고처분을 받고 임금과 퇴직금을 아무런 조건 없이 모두 수령하였다. 甲이 소를 제기하는 데에 특별한 장애사유가 없었음에도 3년여가 경과한 뒤 乙회사의 해고처분이 부당하다고 주장하면서 해고일로부터 정년 시까지의 임금의 지급을 구하는 소를 제기한 경우에 소권의 실효 여부에 관하여 설명하시오. (25점)

Ⅰ 논점의 정리

甲이 乙회사로부터 해고처분을 받고 임금과 퇴직금을 아무런 조건 없이 모두 수령한 후 3년여가 경과하도록 아무런 이의를 하지 않았다면, 甲이 해고일로부터 정년 시까지의 임금의 지급을 구하는 소를 제기한 경우 甲의 권리행사가 소권의 실효에 해당하는지, 아니면 제소의 대상인 실체법상의 권리가 실효된다고 보아야 하는지 여부가 문제 된다.

Ⅱ 민사소송과 신의칙

1. 신의칙의 의의

당사자와 소송관계인은 상대방의 신뢰를 헛되이 하지 않도록 성실하게 소송을 수행하여야 한다는 원칙이다(민소법 제1조 제2항). 적정, 공평, 신속, 경제를 내용으로 하는 민사소송의 이상을 실현하기 위한 행동원리이다.

2. 적용 여부

소송상 신의칙의 원칙의 적용을 부정하는 견해도 있으나 민소법 제1조 제2항은 계약법뿐만 아니라 모든 법률관계를 규제하는 법의 일반원칙으로서의 성질을 가지고 있으므로 민사소송에서도 당연히 적용된다고 보는 것이 학설·판례의 일반적인 태도이다. 적용 범위와 관련하여, 개별적인 법규나 법해석으로 해결할 수 없는 경우에만 적용된다는 보충적 적용설이 있으나 판례는 부제소합의에 위반하여 제기된 소에 대해 권리보호의 이익을 부정하면서도 또한 신의칙의 원칙에 반한다고 판시하여 선택적 적용설의 입장이다.[1] 생각건대 개별법규가 적용될 사안인지 여부가 불분명한 경우가 대부분이므로 선택적 적용설이 타당하다.

3. 적용 모습

소송상 신의칙은 소송상태의 부당형성의 금지, 선행행위와 모순되는 거동의 금지, 소권의 실효, 소권의 남용금지 등의 형태로 발현된다. 이하에서는 사안과 직접 관련된 소권의 실효에 대하여 살펴보기로 한다.

Ⅲ 소권의 실효 여부

1. 실효의 원칙의 의의

실효의 원칙이라 함은 권리자가 장기간에 걸쳐 그 권리를 행사하지 아니함에 따라 그 의무자인 상대방이 더 이상 권리자가 권리를 행사하지 아니할 것으로 신뢰할 만한 정당한 기대를 가지게 된 경우에 새삼스럽게 권리자가 그 권리를 행사하는 것은 법질서 전체를 지배하는 신의성실의 원칙에 위반되어 허용되지 아니한다는 것을 의미한다.[2]

---

1) 대판 1993.5.14. 92다21760
2) 대판 1996.7.30. 94다51840

2. 원칙이 적용되는 구체적 사례

실효의 원칙은 보통 기간의 정함이 없는 항소권, 통상항고·이의·판결경정신청 등의 각종의 신청, 형성소권 등에 적용된다.

3. 소권의 실효 인정 여부

(1) 학 설

소권의 기초가 되는 실체법상의 권리의 실효 외에 소권 자체의 실효도 인정하며, 소권의 실효가 인정될 경우 소각하판결을 하고, 실체법상의 실효가 인정되는 경우에는 청구기각판결을 할 것이라는 소권실효긍정설, 소권실효부정설에는 소권이 실체법상 지위와 독립하여 별도로 실효되는 것은 아니므로 실체법상 지위가 실효된 것으로 이해하여 청구기각판결을 해야 한다고 주장하는 실체법상 권리실효설, 소권의 본질은 헌법상의 기본권인 재판청구권이므로 소권의 실효를 인정하는 것은 기본권의 실효를 인정하는 것이 되어 소권의 실효를 부정하여야 한다는 재판청구권설이 있어 대립하고 있다.

(2) 판 례

판례는 근로자가 사직원의 작성·제출이 자신이 아닌 그의 형에 의하여 이루어졌음을 이유로 의원면직의 무효확인을 구하는 경우, 근로자의 형이 사직원을 제출하게 된 경위 및 근로자가 아무런 이의 없이 퇴직금을 수령한 점 등 제반 사정에 비추어 볼 때, 의원면직일로부터 5년여가 경과한 후에 위와 같은 소를 제기하는 것은 신의칙 내지 금반언의 원칙에 반하는 것으로서 부적법하다고 판시하여 소권실효긍정설의 입장이다.[3]

(3) 검 토

생각건대 소권은 그 본질이 국민의 재판청구권이므로 재판청구권의 행사가 방어적 민주주의의 관점에서 위헌정당해산제도와 연결되지 아니하는 한 소권의 실효는 생각할 여지가 없다는 점에서 소권 자체의 실효가 아니라 소로써 구하고자 하는 실체법상의 권리가 실효된다고 이해하여야 하므로 실체법상 권리실효설이 타당하다.

IV 사안의 적용

甲이 乙회사로부터 해고처분을 받고 임금과 퇴직금을 아무런 조건 없이 모두 수령한 후 3년여가 경과하도록 甲으로부터 아무런 이의가 없었으므로 乙회사로서는 甲으로부터 임금과 퇴직금과 관련한 다툼이 없을 것이라고 신뢰할 만한 정당한 기대를 가지게 되었다고 할 수 있다. 이러한 상황에서 새삼스럽게 甲이 乙회사의 해고처분이 부당하다고 주장하면서 해고일로부터 정년 시까지의 임금의 지급을 구하는 소를 제기한 경우에는 소권 자체가 아니라 실체법상의 권리가 실효되는 것으로 보아 그 권리행사가 허용되지 아니한다고 이해하는 것이 타당하다고 판단된다.

V 결 론

乙회사가 甲이 권리행사를 하지 아니하리라는 정당한 기대를 가지고 있는 상황에서 새삼스럽게 甲이 해고일로부터 정년 시까지의 임금의 지급을 구하는 소를 제기한 경우에는 소권 자체가 아니라 실체법상의 권리가 실효되는 것으로 보아 그 권리행사는 허용되지 아니한다고 이해하는 것이 타당하다.

---

3) 대판 2005.10.28. 2005다45827

제1편

제2편
제3편
제4편
제5편
제6편
제7편

02 민사소송법

제1절 민사소송법의 의의와 성격

형식적 의미의 민사소송법은 민사소송법이라는 법전이다. 실질적 의미의 민사소송법은 소송주체인 법원과 당사자, 심리의 대상과 절차, 재판의 요건과 효과 등에 관한 법규의 총체이다.

제2절 민사소송법규의 종류

I 훈시규정과 효력규정

위반 시 소송법상 위반의 효력이 발생하지 아니하는 것을 훈시규정이라 하고 위반의 효력이 발생하는 것을 효력규정이라고 한다. 효력규정은 다시 강행규정과 임의규정으로 구별된다.

II 강행규정과 임의규정

1. 강행규정

당사자 임의의 의사에 따라 그 효력이 좌우되지 아니하는 규정을 말하고 이에는 법원의 구성, 법관의 제척, 전속관할 등의 규정에 포함된다. 강행규정 위반 여부는 직권조사사항이고 강행규정 위반에 대해서는 이의권 포기·상실이 인정되지 아니한다.

2. 임의규정

당사자의 소송 수행상의 편의와 이익을 위하여 정해진 규정을 말한다. 이에는 당사자의 소송행위의 방식, 법원의 소송서류의 송달, 증거조사의 방식이 포함된다. 임의규정 위배 여부는 항변사항이고 임의규정 위반에 대해서는 이의권 포기·상실이 인정된다.

자신의 능력을 믿어야 한다.
그리고 끝까지 굳게 밀고 나가라.

－로잘린 카터－

제 **2** 편

소송의 주체

제1절　민사재판권

Ⅰ　민사재판권의 대인적 범위

1. 의 의

민사재판권은 국가의 영토고권 때문에 국적을 불문하고 국내에 있는 모든 사람에게 미치나 치외법권자[4]에게는 제한되는 경우가 있다.

2. 외국 주권국가에 대한 재판권의 존부

(1) 학 설

절대적 면제론은 절대적 주권주의에 근거하여 외국 국가의 행위에 대하여는 그 행위의 성질을 묻지 아니하고 항상 우리나라 법원의 재판권이 면제된다는 이론이나, 상대적 면제론은 국가의 행위의 성질에 따라, 즉, 사법적 활동인 경우에는 재판권의 면제가 인정되지 않지만 공권적 활동에 대하여는 면제가 인정된다는 이론이다.

(2) 판 례

우리나라의 영토 내에서 행하여진 외국의 사법적 행위가 주권적 활동에 속하는 것이거나 이와 밀접한 관련이 있어서 이에 대한 재판권의 행사가 외국의 주권적 활동에 대한 부당한 간섭이 될 우려가 있다는 등의 특별한 사정이 없는 한, 외국의 사법적(私法的) 행위에 대하여는 당해 국가를 피고로 하여 우리나라의 법원이 재판권을 행사할 수 있다(대판 1998.12.17. 97다39216[전합]).

(3) 검 토

종래 판례가 취하였던 절대적 면제론은 오늘날의 국제관례에도 어긋나고 외국 국가가 사경제의 주체로 활동하는 경우에는 실질적으로 개인과 다르지 아니하며 사법적 행위에 대하여 재판권이 미치지 아니한다고 하는 것은 우리나라의 주권 행사를 포기하는 것과 같으므로 현재의 판례가 취하고 있는 상대적 면제론이 타당하다고 판단된다.

---

4) 이에는 외교사절단의 구성원과 그 가족, 영사관원과 그 사무직원, 외국원수·수행원과 그 가족, 외국국가 등이 포함된다.

Ⅱ 민사재판권의 대물적 범위(국제재판관할권)

1. 의의
국제재판관할권은 외국적 요소가 있는 경우에 어느 나라의 법원이 재판권을 가지는가의 문제이다.

2. 결정기준

(1) 종래의 학설과 판례
국내 민사소송법의 토지관할규정을 역으로 파악하여 재판적이 있는 나라에 재판권을 인정하는 역추지설, 재판의 적정, 공평, 신속, 경제의 소송법상 이념을 가장 잘 도모할 수 있는 나라에 재판권을 인정하는 관할배분설, 조리에 반하는 특단의 사정이 없는 한 역추지설에 의하여 재판권을 인정하자는 수정역추지설이 대립하고 있고 판례는 수정역추지설(대판 1995.11.21. 93다39607)을 취하고 있다.

(2) 개정 국제사법
국제사법은 ① 법원과 당사자 또는 분쟁이 된 사안이 대한민국과 '실질적 관련'이 있는 경우에 국제재판관할권을 가진다고 보며, 이 경우 법원은 실질적 관련의 유무를 판단할 때에는 당사자 간의 공평, 재판의 적정, 신속 및 경제를 꾀한다는 국제재판관할 배분의 이념에 부합하는 합리적인 원칙에 따라야 한다(실질적 관련성 기준과 판단). ② 국제재판관할권의 유무는 ㉠ 국내법의 관할 규정을 참작하여 국제재판관할권의 유무를 판단하되, ㉡ 국제재판관할의 특수성을 충분히 고려하여야 한다고 규정하고 있다(국제재판관할권 유무 판단)(국제사법 제2조).

(3) 판례의 구체적 검토

1) 우리나라 법원에 국제재판관할권을 인정한 사례

① 김해공항에서 발생한 항공기추락사고 : 2002년 김해공항 인근에서 발생한 중국 항공기 추락사고로 사망한 중국인 승무원의 유가족이 중국 항공사를 상대로 대한민국 법원에 손해배상청구소송을 제기한 사안에서, 민사소송법상 토지관할권, 소송당사자들의 개인적인 이익, 법원의 이익, 다른 피해유가족들과의 형평성 등에 비추어 위 소송은 대한민국과 실질적 관련이 있다고 보기에 충분하므로, 대한민국 법원의 국제재판관할권이 인정된다(대판 2010.7.15. 2010다18355).

② 베트남에 살포된 고엽제로 인한 피해 : 물품을 제조·판매하는 제조업자에 대한 제조물책임소송에서 손해발생지 법원에 국제재판관할권이 있는지를 판단하는 경우에는 제조업자가 손해발생지에서 사고가 발생하여 그 지역의 법원에 제소될 것임을 합리적으로 예견할 수 있을 정도로 제조업자와 손해발생지 사이에 실질적 관련성이 있는지를 고려하여야 한다(대판 2013.7.12. 2006다17539).

③ 강제징용피해자의 일본국회사를 상대로 한 손해배상청구 : 일제강점기에 국민징용령에 의하여 강제징용되어 일본국 회사인 미쓰비시중공업 주식회사(이하 '구 미쓰비시')에서 강제노동에 종사한 대한민국 국민 甲 등이 구 미쓰비시가 해산된 후 새로이 설립된 미쓰비시중공업 주식회사(이하 '미쓰비시')를 상대로 국제법 위반 및 불법행위를 이유로 한 손해배상과 미지급 임금의 지급을 구한 경우, 미쓰비시가 일본법에 의하여 설립된 일본 법인으로서 주된 사무소를 일본국 내에 두고 있으나 대한민국 내 업무 진행을 위한 연락사무소가 소제기 당시 대한민국 내에 존재하고 있었던 점, 대한민국은 구 미쓰비시가 일본국과 함께 甲 등을 강제징용한 후 강제노동을 시킨 일련의 불법행위 중 일부가 이루어진 불법행위지인 점, 피해자인 甲 등이 모두 대한민국에 거주하고 있고 사안의 내용이 대한민국의 역사 및 정치적 변동 상황 등과 밀접한 관계가 있는 점, 甲 등의 불법행위로 인한 손해배상청구와 미지급임금 지급청구 사이에는 객관적 관련성이

인정되는 점 등에 비추어 대한민국은 사건 당사자 및 분쟁이 된 사안과 실질적 관련성이 있으므로, 대한민국 법원에 국제재판관할권이 인정된다(대판 2012.5.24. 2009다22549).

④ **외국뿐만 아니라 대한민국에도 실질적 관련성을 인정한 사례** : 대한민국 회사가 일본 회사에게 러시아에서 선적한 냉동청어를 중국에서 인도하기로 하고 그 대금은 선적 당시의 임시 검품 결과에 따라 임시로 정하여 지급하되 인도지에서 최종 검품을 하여 최종가격을 정한 후 위 임시가격과의 차액을 정산하기로 한 매매계약에서, 그 차액 정산에 관한 분쟁은 최종 검품 여부 및 그 결과가 주로 문제되므로 인도지인 중국 법원이 분쟁이 된 사안과 가장 실질적 관련이 있는 법원이나, 대한민국 법원에도 당사자 또는 분쟁이 된 사안과 실질적 관련이 있어 국제재판관할권을 인정할 수 있다(대판 2008.5.29. 2006다71908).

2) 우리나라 법원에 국제재판관할권을 부정한 사례

외국에 있는 부동산에 관한 소송은 그 부동산이 외국영토에 속하므로 그 소재국의 전속관할에 속하며 이혼사건은 피고의 주소지가 있는 나라에 재판권이 있다(대판 1975.7.22. 74므22).

3. 개정 국제사법에 의한 국제재판관할권의 유무

(1) 국내법상 관할규정의 참작

1) 민사소송법상 관할규정

개정 국제사법 제2조 제2항은 이 법이나 그 밖의 대한민국 법령 또는 조약에 국제재판관할에 관한 규정이 없는 경우 법원은 국내법의 관할 규정을 참작하여 국제재판관할권의 유무를 판단하여야 한다고 규정하고 있다. 따라서 섭외사건에 있어서 국내의 민사소송법의 토지관할에 관한 규정을 적용하여 토지관할이 있으면 그로부터 역으로 국제재판관할이 인정된다.

2) 관련재판적 인정

판례는 국제재판관할에서도 관련재판적은 인정되어야 한다고 판시하고 있다(대판 2003.9.26. 2003다29555). 이에 개정 국제사법 제6조 제1항은 "상호 밀접한 관련이 있는 여러 개의 청구 가운데 하나에 대하여 법원에 국제재판관할이 있으면 그 여러 개의 청구를 하나의 소로 법원에 제기할 수 있다."고 규정하여 객관적 병합의 경우 관련재판적을 인정하고 있고, 제2항에서 "공동피고 가운데 1인의 피고에 대하여 법원이 제3조에 따른 일반관할을 가지는 때에는 그 피고에 대한 청구와 다른 공동피고에 대한 청구 사이에 밀접한 관련이 있어서 모순된 재판의 위험을 피할 필요가 있는 경우에만 공동피고에 대한 소를 하나의 소로 법원에 제기할 수 있다."고 규정하여 주관적 병합의 경우 관련재판적을 인정하고 있다.

3) 국제재판관할의 합의

① **국제재판관할 합의의 인정** : 개정 국제사법 제8조 제1항은 "당사자는 일정한 법률관계로 말미암은 소에 관하여 국제재판관할의 합의를 할 수 있다. 다만, ㉠ 합의에 따라 국제재판관할을 가지는 국가의 법에 따를 때 그 합의가 효력이 없는 경우(제1호), ㉡ 합의를 한 당사자가 합의를 할 능력이 없었던 경우(제2호), ㉢ 대한민국의 법령 또는 조약에 따를 때 합의의 대상이 된 소가 합의로 정한 국가가 아닌 다른 국가의 국제재판관할에 전속하는 경우(제3호), ㉣ 합의의 효력을 인정하면 소가 계속된 국가의 선량한 풍속이나 그 밖의 사회질서에 명백히 위반되는 경우(제4호)에는 합의의 효력이 없다."고 규정하여 국제재판관할의 합의를 엄격한 요건하에서 인정하고 있다. 또한, 제2항에서는 "합의는 서면[전보, 전신, 팩스, 전자우편 또는 그 밖의 통신수단에 의하여 교환된 전자적 의사표시를 포함]으로 하여야 한다.", 제3항에서는 "합의로 정해진 관할은 전속적인 것으로 추정한다."고 규정하고 있다.

② 국제재판관할 합의의 모습

 ㉠ 부가적 합의 : 부가적 합의는 국내법원 외에 외국법원을 관할법원으로 부가하는 합의를 말한다. 이는 유효하다는 것이 학설·판례의 일반적인 태도이다.

 ㉡ 전속적 합의

  ㉮ 판례 : 대한민국 법원의 관할을 배제하고 외국의 법원을 관할법원으로 하는 전속적인 국제관할의 합의가 유효하기 위하여는, 당해 사건이 대한민국 법원의 전속관할에 속하지 아니하고, 지정된 외국법원이 그 외국법상 당해 사건에 대하여 관할권을 가져야 하는 외에, 당해 사건이 그 외국법원에 대하여 합리적인 관련성을 가질 것이 요구된다고 할 것이고, 한편 전속적인 관할 합의가 현저하게 불합리하고 불공정한 경우에는 그 관할 합의는 공서양속에 반하는 법률행위에 해당하는 점에서도 무효이다(대판 2004.3.25. 2001다53349).

  ㉯ 검토 : 생각건대 합리적 관련성이 없으면 법원으로 하여금 외국법의 적용, 외국에서의 증거조사 등 과도한 부담을 지게 하고 당사자에게도 소제기 및 방어에 부담을 줄 수 있어 사건과의 합리적 관련성을 요건으로 전속적 국제재판관할의 합의를 인정하는 것이 타당하다고 판단된다. 개정 국제사법 제8조 제3항에서는 위 판례의 입장을 반영하여 국제재판관할의 합의는 전속적인 것으로 추정한다고 규정하여 동법 제1조의 요건하에서 입법적으로 인정하고 있다.

 ㉢ 전속적 국제재판관할 합의 위반의 효력 : 유효한 국제재판관할 합의를 위반하여 국내법원에 소를 제기하면 재판권이 없으므로 부적법각하 판결을 받게 될 수 있다.

③ **전속적 토지관할 합의가 다른 나라의 재판권을 배제하는지 여부** : 당사자들이 법정 관할법원에 속하는 여러 관할법원 중 어느 하나를 관할법원으로 하기로 약정한 경우, 그와 같은 약정은 그 약정이 이루어진 국가 내에서 재판이 이루어질 경우를 예상하여 그 국가 내에서의 전속적 관할법원을 정하는 취지의 합의라고 해석될 수 있지만, 특별한 사정이 없는 한 다른 국가의 재판관할권을 완전히 배제하거나 다른 국가에서의 전속적인 관할법원까지 정하는 합의를 한 것으로 볼 수는 없다. 따라서 채권양도 등의 사유로 외국적 요소가 있는 법률관계에 해당하게 된 때에는 다른 국가의 재판관할권이 성립할 수 있고, 이 경우에는 위 약정의 효력이 미치지 아니하므로 관할법원은 그 국가의 소송법에 따라 정하여진다고 봄이 상당하다(대판 2008.3.13. 2006다68209).[5]

4) 변론관할 인정

국제재판관할에도 우리나라 법원의 재판에 복종할 의사가 있을 때는 변론관할이 인정되어 재판권이 생긴다. 판례도 국제재판관할에서 민사소송법 제30조에 규정된 바와 같은 변론관할을 인정하더라도 당사자 사이의 공평을 해칠 우려가 없는 점, 오히려 같은 당사자 사이의 분쟁을 일거에 해결할 수 있고 효과적인 절차의 진행 및 소송경제에도 적합한 점 등에 비추어 보면, 비록 당사자 또는 분쟁이 된 사안과 법정지인 대한민국 사이에 실질적 관련성이 없다 하더라도 이에 관하여 제1심법원에 국제재판관할권이 생겼다고 봄이 상당하다(대판 2014.4.10. 2012다7571)고 한다. 개정 국제사법 제9조는 "피고가 국제재판관할이 없음을 주장하지 아니하고 본안에 대하여 변론하거나 변론준비기일에서 진술하면 법원에 그 사건에 대한 국제재판관할이 있다."고 규정하여 입법적으로 변론관할을 인정하고 있다.

---

5) 사실관계 : 일본국에 거주하던 채권자와 채무자가 돈을 대차하면서 채권자 주소지 법원을 제1심 관할법원으로 하는 전속적 관할 합의를 하였는데, 그 후 위 채권이 국내에 주소를 둔 내국인에게 양도되어 외국적 요소가 있는 법률관계가 된 경우, 위 관할 합의의 효력이 이에 미치지 아니하여 대한민국 법원에 재판관할권이 있다고 한 사례

(2) 국제관할의 특수성의 고려

소송당사자들의 공평, 편의 그리고 예측가능성과 같은 개인적인 이익뿐만 아니라 재판의 적정, 신속, 효율 및 판결의 실효성 등과 같은 법원 내지 국가의 이익도 함께 고려하여야 하며, 이러한 다양한 이익 중 어떠한 이익을 보호할 필요가 있는지는 개별 사건에서 법정지와 당사자의 실질적 관련성 및 법정지와 분쟁이 된 사안과의 실질적 관련성을 객관적인 기준으로 삼아 합리적으로 판단하여야 한다(대판 2014.4.10. 2012다7571).

4. 국제재판관할권 흠결의 효과

국제재판관할권의 존재는 소송요건으로서 직권조사사항이며 외국판결의 승인요건이다.

Ⅲ 민사재판권의 장소적 범위

민사재판권은 영토주권의 원칙에 따라 자국의 영토에 한정된다. 특히 판례는 개성공업지구 현지기업 사이의 민사분쟁에 대하여도 당연히 재판관할권이 인정된다는 입장이다(대판 2016.8.30. 2015다255265).

Ⅳ 재판권 흠결의 효과

재판권의 존재는 소송요건으로서 직권조사사항이고 법원은 재판권의 존부를 판단하기 위한 자료를 직권탐지할 수 있다. 재판권의 흠결이 명백하면 재판장의 명령으로 소장을 각하하고 명백하지 아니하면 변론을 열어 판결로써 소를 각하하여야 한다. 재판권의 흠결을 간과한 판결은 하자가 중대하여 무효이므로 판결의 확정 전에는 상소할 수 없고,[6] 확정 후에는 재심으로 다툴 수 없다.

제2절 | 법관의 제척 · 기피 · 회피

Ⅰ 법관의 제척

1. 의 의

법관의 제척이라 함은 법관이 구체적인 사건에서 법률에서 정한 특수한 관계가 있을 때 법률상 당연히 그 재판에서 배제되는 것을 말한다.

---

6) 학설은 무효인 판결도 외관제거를 위하여 상소로써 다툴 수 있다고 한다.

제1편

제2편

제3편

제4편

제5편

제6편

제7편

2. 제척이유(민소법 제41조)

① 법관 또는 그 배우자나 배우자이었던 사람이 사건의 당사자가 되거나, 사건의 당사자와 공동권리자·공동의무자 또는 상환의무자의 관계에 있는 때

    ㉠ 당사자와 공동권리자·공동의무자의 관계 : 소송의 목적이 된 권리관계에 관하여 공통되는 법률상 이해관계가 있어 재판의 공정성을 의심할 만한 사정이 존재하는 지위에 있는 관계를 의미한다(대판 2010.5.13. 2009다102254).

    ㉡ 종중구성원인 배석판사에게 제척사유를 인정한 관련 판례 : [1] 종중의 종중원들은 종중원의 재산상·신분상 권리의무 관계에 직접적인 영향을 미치는 종중 규약을 개정한 종중 총회 결의의 효력 유무에 관하여 공통되는 법률상 이해관계가 있다고 할 것이다.
[2] 당해 판사는 이 사건 소의 목적이 된 결의의 무효 여부에 관하여 원고들과 공통되는 법률상 이해관계를 가진다고 볼 수 있어 민사소송법 제41조 제1호 소정의 당사자와 공동권리자·공동의무자의 관계에 있는 자에 해당한다고 할 것이다. 그렇다면, 민사소송법이 정한 제척사유가 있는 판사가 재판에 관여한 원심판결은 민사소송법 제424조 제1항 제2호가 정한 법률에 따라 판결에 관여할 수 없는 판사가 판결에 관여한 때에 해당하는 위법이 있다(대판 2010.5.13. 2009다102254).

② 법관이 당사자와 친족의 관계에 있거나 그러한 관계에 있었을 때

③ 법관이 사건에 관하여 증언이나 감정을 하였을 때

④ 법관이 사건당사자의 대리인이었거나 대리인이 된 때

⑤ 법관이 불복사건의 이전심급의 재판에 관여하였을 때. 다만, 다른 법원의 촉탁에 따라 그 직무를 수행한 경우에는 그러하지 아니하다.

3. 제척효과

제척이유 있는 법관이 관여한 소송행위는 본질적인 절차의 하자로 당연무효이다. 그러나 그 흠결을 간과한 판결은 당연무효라고 할 수 없고 판결 확정 전에는 절대적 상고이유(민소법 제424조 제1항 제2호), 확정 후에는 재심사유(민소법 제451조 제1항 제2호)에 해당한다.

4. 관련 판례

본안사건의 재판장에 대한 기피신청사건의 재판에 관여한 법관이 다시 위 본안사건에 관여한다 하더라도 이는 민사소송법 제41조 제5호 소정의 전심재판 관여에는 해당하지 아니한다(대결 1991.12.27. 91마631).

Ⅱ 법관의 기피

1. 의 의

기피란 민사소송법 제41조에서 정한 제척이유 이외의 재판의 공정을 기대하기 어려운 사정이 있는 경우에 당사자의 신청을 기다려 재판에 의하여 비로소 법관이 재판에서 배제되는 것을 말한다. 이는 제척제도를 보충하여 재판의 공정을 보다 철저히 보장하기 위한 것으로 보아야 한다.

2. 기피이유

(1) 법관에게 재판의 공정을 기대하기 어려운 사정

민사소송법 제43조 제1항 소정의 "재판의 공정을 기대하기 어려운 사정이 있는 때"라 함은 당사자가 불공정한 재판이 될지도 모른다고 추측할 만한 주관적인 사정이 있는 때를 말하는 것이 아니고, 통상인의 판단으로서 법관과 사건과의 관계로 보아 불공정한 재판을 할 것이라는 의혹을 갖는 것이 합리적이라고 인정될 만한 객관적인 사정이 있는 때를 말한다(대결 1992.12.30. 92마783).

(2) 판례

① 단순히 소송지휘에 불만이 있는 경우, ② 소송당사자 일방이 재판장의 변경에 따라 소송대리인을 교체한 경우(대판 1992.12.30. 92마783), ③ 재판장이 소유권이전등기말소청구 소송과 동일한 내용의 다른 사건에 관하여 그 사건의 피고들에게 패소판결을 선고하여 불리한 법률적 의견을 표시한 경우(대판 1993.6.22. 93재누97) 등은 기피사유가 되지 아니한다. 그러나 최근 판례는 "법관에게 공정한 재판을 기대하기 어려운 사정이 있는 때"라 함은 법관이 불공정한 재판을 할 수 있다는 의심을 할 만한 객관적인 사정이 있고, 그러한 의심이 단순한 주관적 우려나 추측을 넘어 합리적인 것이라고 인정될 만한 때를 말하므로 평균적 일반인으로서의 당사자의 관점에서 위와 같은 의심을 가질 만한 객관적인 사정이 있는 때에는 실제로 법관에게 편파성이 존재하지 아니하거나 헌법과 법률이 정한 바에 따라 공정한 재판을 할 수 있는 경우에도 기피가 인정될 수 있다(대결 2019.1.4. 2018스563)고 판시하고 있다.

3. 기피절차

(1) 기피신청

당사자의 신청에 의해 절차가 개시되고 기피이유를 알게 된 경우 지체 없이 신청하여야 한다(민소법 제43조 제1항).

(2) 기피신청에 대한 재판

제척 또는 기피신청이 방식에 어긋나거나 소송의 지연을 목적으로 하는 것이 분명한 경우에는 신청을 받은 법원 또는 법관은 결정으로 이를 각하한다(민소법 제45조 제1항). 신청이 적법한 경우에는 제척 또는 기피신청에 대한 재판은 그 신청을 받은 법관의 소속 법원 합의부에서 결정으로 하여야 한다(민소법 제46조 제1항). 제척 또는 기피신청에 정당한 이유가 있다는 결정에 대하여는 불복할 수 없고 각하결정 또는 제척이나 기피신청이 이유 없다는 결정에 대하여는 즉시항고를 할 수 있다(민소법 제47조).

4. 기피신청의 효과

(1) 본안소송절차의 정지

법원은 제척 또는 기피신청이 있는 경우에는 그 재판이 확정될 때까지 소송절차를 정지하여야 한다. 다만, 제척 또는 기피신청이 각하된 경우 또는 종국판결을 선고하거나 긴급을 요하는 행위를 하는 경우에는 그러하지 아니하다(민소법 제48조). 판례는 법관에 대한 기피신청에도 불구하고 본안사건 담당 법원이 민사소송법 제48조 단서의 규정에 의하여 본안사건에 대하여 종국판결을 선고한 경우에는 그 담당 법관을 그 사건의 심리재판에서 배제하고자 하는 기피신청의 목적은 사라지는 것이므로 기피신청에 대한 재판을 할 이익이 없다고 한다(대결 2008.5.2. 2008마427).

(2) 위반간과판결의 효력과 불복

기피신청이 있어 본안소송절차를 정지하여야 함에도 불구하고 소송행위를 한 경우에는 민사소송법 제48조는 강행규정이므로 그 행위는 위법·무효이다. 법원이 기피신청을 받았음에도 소송절차를 정지하지 아니하고 변론을 종결하여 판결 선고기일을 지정하였다고 하더라도 종국판결에 대한 불복절차에 의하여 그 당부를 다툴 수 있을 뿐 이에 대하여 별도로 항고로써 불복할 수 없다(대결 2000.4.15. 2000그20).

(3) 본안소송절차 정지에 대한 하자의 치유

1) 문제점

기피신청을 받은 법원이 절차를 속행할 예외사유가 없음에도 불구하고 절차를 속행하였는데 그 후 기피신청에 대한 기각 또는 각하결정이 확정된 경우 그 위법의 하자가 치유되는지 문제 된다.

2) 판 례

① **하자치유를 인정한 사례** : 기피신청을 당한 법관이 그 기피신청에 대한 재판이 확정되기 전에 한 판결은 효력은 그 후 그 기피신청이 이유 없는 것으로서 배척되고 그 결정이 확정되는 때에는 유효한 것으로 된다(대판 1978.10.31. 78다1242).

② **하자치유를 부정한 사례** : 기피신청에 대한 각하결정 전에 이루어진 변론기일의 진행 및 위 각하결정이 당사자에게 고지되기 전에 이루어진 변론기일의 진행은 모두 민사소송법 제48조의 규정을 위반하여 쌍방불출석의 효과를 발생시킨 절차상 흠결이 있고, 특별한 사정이 없는 이상, 그 후 위 기피신청을 각하하는 결정이 확정되었다는 사정만으로 민사소송법 제48조의 규정을 위반하여 쌍방불출석의 효과를 발생시킨 절차위반의 흠결이 치유된다고 할 수 없다(대판 2010.2.11. 2009다78467).

3) 검 토

신청인의 소송상의 이익을 보호하기 위하여 긴급하지 아니한 절차의 속행은 위법하지만 기피신청자가 충분한 소송행위를 한 경우에는 그의 소송상 이익이 침해되지 아니하므로 절차속행 위법의 하자는 치유된다고 보는 판례의 태도가 타당하다.

5. 기피결정의 효과

기피결정을 받은 법관은 일체의 소송행위에 관여할 수 없으므로 기피결정을 받은 법관이 관여한 소송행위는 무효이다. 그러나 소송행위에 기초한 재판은 당연무효가 아니므로 판결의 확정 전에는 절대적 상고이유(민소법 제424조 제1항 제2호), 확정 후에는 재심사유(민소법 제451조 제1항 제2호)에 해당된다.

■Ⅲ 법관의 회피

법관 스스로 제척 또는 기피의 사유가 있다고 인정하여 직무집행을 피하는 것을 회피라고 한다(민소법 제49조).

제1관 | 관할의 개관

Ⅰ 관할의 의의

관할은 우리나라 법원 중에서 여러 법원 사이의 재판권의 분담관계를 정해 놓은 것이다.

Ⅱ 관할의 종류

관할에는 관할이 갖는 소송법적 효과에 따라 전속관할과 임의관할로 나뉘고 관할권의 발생원인에 따라 법정관할, 재정관할, 거동관할로 나뉜다. 법정관할에는 다시 직분관할, 사물관할, 토지관할이 있고 거동관할에는 합의관할과 변론관할이 있다.

제2관 | 직분관할

직분관할은 담당직무의 차이를 기준으로 재판권의 분담관계를 정해 놓은 것이다. 직분관할은 명문의 규정이 없어도 전속관할로 해석되며 직권조사사항이다.

제3관 | 사물관할

Ⅰ 의 의

사물관할이란 지방법원 단독판사와 지방법원 합의부 사이에 사건의 경중을 기준으로 하여 제1심 소송사건에 대한 재판권의 분담관계를 정해 놓은 것이다.

Ⅱ 합의부 관할

1. 재정합의 관할

원래 단독사건이라도 합의부에서 심판할 것을 합의부가 결정한 사건은 합의사건이 된다(법원조직법 제32조 제1항 제1호).

2. 소송목적의 값이 5억원을 초과하는 민사사건

종래 소송목적의 값이 2억원을 초과하는 민사사건을 합의부 사건으로 하였으나 2022년 개정 민사 및 가사소송의 사물관할에 관한 규칙 제2조에 의하면 5억원을 초과하는 경우에 합의부관할 사건으로 규정하고 있다.

3. **재산권에 관한 소로서 그 소송목적의 값을 계산할 수 없는 것과 비재산권을 목적으로 하는 소송**

재산권에 관한 소로서 소가를 산정하기 곤란한 사건으로 기준 시가 없는 토지에 관한 소, 주주의 대표소송 등은 합의부관할에 속한다. 비재산권상의 소라 함은 경제적 이익을 목적으로 하지 않는 권리관계에 관한 소를 말한다. 인격권에 관한 소, 해고무효확인의 소 등이 그 예이다.

4. **관련 청구**

본소가 합의부관할에 속하는 경우에는 이에 병합하여 제기하는 청구변경(민소법 제262조), 중간확인의 소(민소법 제264조), 반소(민소법 제269조), 독립당사자참가(민소법 제79조) 등의 관련 청구사건은 소송목적의 값에 관계없이 본소와 함께 합의부의 관할에 속한다.

5. **제척·기피사건**

제척·기피사건은 합의부 관할이지만 이는 사물관할(임의관할)이 아니라 직분관할(전속관할)의 문제이다.

Ⅲ 단독판사 관할

1. **재정단독사건**

단독판사가 심판할 것을 합의부가 결정한 사건은 단독판사의 관할에 속한다. 재정단독사건도 뒤에 사정변경으로 사건이 복잡해지면 다시 합의부로 이송할 수 있다(민소법 제34조 제2항).

2. **소송목적의 값이 5억원 이하의 민사사건**

민사 및 가사소송의 사물관할에 관한 규칙이 개정되어 소송목적의 값이 5억원 이하의 민사사건은 단독판사의 관할로 변경되었다. 그리고 소송목적의 값 5억원의 범위 내에서 다시 ① 2억원 초과 5억원 이하의 사건(고액단독사건)은 지방법원 단독판사 중 부장판사급의 단독판사가 맡게 되고, ② 3,000만원 초과 2억원 이하의 사건(중액 단독사건)은 기존 지방법원 단독판사가 담당하고, ③ 3,000만원 이하의 사건은 소액단독사건으로 소액사건심판법의 적용을 받는다(민사 및 가사소송의 사물관할규칙 제3조, 법관 등의 사무분담 및 사건배당에 관한 예규 제3조).

3. **사안이 단순한 사건**

어음금·수표금청구사건, 금융기관 등이 원고인 대여·구상·보증금청구사건 등은 사안이 비교적 단순하므로 소가가 5억원을 초과하더라도 신속·경제를 위하여 단독사건으로 한다.

4. **관련 청구**

본소가 단독사건인 경우에 병합하여 제기되는 단독사건에 해당하는 청구변경·중간확인의 소·반소·독립당사자참가 등의 관련사건은 단독사건의 관할에 속한다. 다만, 병합하여 제기되는 소가 합의부 관할사건인 경우에는 합의부관할이 된다.

Ⅳ 소 가

1. 소가의 의의

소가(소송목적의 값)란 원고가 소로써 달성하려는 목적이 갖는 경제적 이익을 금전으로 평가한 금액을 말한다. 이는 사물관할과 인지액 결정의 기준이 된다는 점에서 중요하다.

2. 소가의 산정방법

(1) 원 칙

소액사건이 소제기 후에 그 목적물의 시가가 상승하였다고 하더라도, 그 사건을 소액사건으로 취급하는 데 지장이 없다(대판 1979.11.13. 79다1404).

(2) 예 외

단독판사에게 사건계속 중 청구취지의 확장을 통해 소가가 5억원을 초과하게 된 경우에는 관할위반의 문제가 발생하므로 합의부로 이송한다. 그러나 합의부에 계속 중 소의 일부취하나 청구취지의 감축 등으로 소가가 5억원 이하로 변경된 경우에는 단독판사에게 이송하지 아니한다. 합의부에서 계속 심리하는 것이 소송경제에 부합하고 당사자로서도 신중한 판단을 받을 수 있어 불이익하지 아니하기 때문이다.

3. 병합청구의 소가

하나의 소로 여러 개의 청구를 하는 경우에는 그 여러 청구의 값을 모두 합하여 소송목적의 값을 정한다(민소법 제27조 제1항). 이를 소가합산의 원칙이라고 한다. 합산의 원칙이 적용되기 위해서는 원고가 여러 청구를 병합 제기하는 경우에 한하며[7] 여러 개의 청구는 경제적 이익이 각각 독립한 별개일 것을 필요로 한다. 다만, 다음과 같은 경우에는 그러하지 아니하다.

(1) 중복청구의 흡수

선택적·예비적 병합, 여러 연대채무자에 대한 청구, 목적물의 인도청구와 집행불능의 경우를 대비한 대상청구의 병합 등 하나의 소로써 여러 개의 청구를 하더라도 그 경제적 이익이 동일한 중복청구는 중복되는 범위 내에서 흡수된다.

(2) 수단인 청구의 흡수

1개의 청구가 다른 목적인 청구의 수단인 경우에는 그 수단인 청구의 가액은 목적인 청구의 가액에 흡수되어 소송목적의 값에 산입하지 아니한다. 예컨대 건물철거청구와 함께 대지인도청구를 하는 경우 대지인도청구 만이 소송목적의 값이 되어 단독판사의 관할이 된다.

(3) 부대청구의 불산입

과실, 지연손해, 위약금, 비용 등의 부대청구는 산입하지 아니한다(민소법 제27조 제2항). 그러나 이는 부대청구를 주된 청구와 함께 청구하는 경우에 한하며 이를 독립하여 별소로 청구하는 경우에는 그 가액만에 의하여 소송목적의 값을 정하여야 한다(대판 2014.4.24. 2012다47494).

---

7) 피고의 반소는 본소와 합산하지 아니하며 법원이 변론의 병합을 명한 경우에도 합산의 원칙은 적용되지 아니함을 유의하여야 한다.

(4) 변론의 병합

판례는 변론병합하여 심판을 하는 경우, 그 관할의 유무는 원고가 청구를 확장하는 경우와는 달리 소 제기 당시를 표준으로 하여야 할 것이므로 병합된 각 청구의 소송물가격의 합산액을 표준으로 할 것은 아니라고 보며, 소액사건심판법의 적용대상인 소액사건에 해당하는지 여부는 제소 당시를 기준으로 정하여지는 것이 므로, 병합심리로 그 소가의 합산액이 소액사건의 소가를 초과하였다고 하여도 소액사건임에는 변함이 없다고 보아 변론의 병합은 합산하지 않는다(대판 1992.7.24. 91다43176)고 판시하고 있다.

제4관 | 토지관할

I 의 의

토지관할이란 소재지를 달리하는 같은 종류의 여러 제1심법원 사이에 재판권의 분담관계를 정해놓은 것을 말한다.

II 재판적의 종류와 경합

1. 재판적의 종류

(1) 보통재판적

보통재판적은 모든 사람에게 공통적으로 적용되는 재판적을 말한다. 민사소송법 제2조는 소는 피고의 보통재 판적이 있는 곳의 법원이 관할한다고 규정하여 이를 정하고 있는데 이는 피고의 응소의 편의를 위한 것이다.

(2) 특별재판적

1) 의 의

특별재판적은 특정 사건에만 적용되는 재판적인데 피고의 주소지나 주된 사무소가 아닌 다른 법원에 제소할 수 있도록 하여 일반적으로 원고의 편의를 위해 규정한 것이라고 인정된다.

2) 주요내용

① 근무지 : 사무소 또는 영업소에 계속하여 근무하는 사람에 대하여 소를 제기하는 경우에는 그 사무소 또는 영업소가 있는 곳을 관할하는 법원에 제기할 수 있다(민소법 제7조).

② 거소지 또는 의무이행지

㉠ 재산권에 관한 소 : 재산권에 관한 소란 계약상의 의무뿐만 아니라 법률의 규정에 따라 발생하는 불법 행위·부당이득·사무관리 등에 의한 의무도 포함한다.

㉡ 의무이행지 : 당사자의 특약으로 정하여지며 특약이 없는 경우에는 민법 제467조에 의하여 특정물인 도채무의 경우에는 채권성립 시 물건이 있던 장소가, 특정물인도 이외의 채무의 경우에는 지참채무의 원칙상 채권자의 주소지가 의무이행지가 된다(민법 제467조). 의무이행지에 불법행위로 인한 손해배상채 무의 이행지가 포함된다는 견해도 있으나 하급심판례는 불법행위채무는 지참채무이므로 이에 기한 손해배상청구소송을 일률적으로 그 의무이행지에 해당하는 피해자의 주소지국에서 제기할 수 있다고 한다면 피고가 예측하지 못한 곳에서 응소를 강요받는 결과가 되어 공평에 반하게 되므로, 위 조항이 규정하고 있는 의무이행지에는 불법행위에 기한 손해배상채무의 이행지는 제외된다(서울고판 2006.1.26. 2002나32662)고 판시하고 있다.

ⓒ 사해행위취소의 경우 : [1] 채권자가 사해행위의 취소와 함께 수익자 또는 전득자로부터 책임재산의 회복을 구하는 사해행위취소의 소를 제기한 경우 그 취소의 효과는 채권자와 수익자 또는 전득자 사이의 관계에서만 생기는 것이므로, 수익자 또는 전득자가 사해행위의 취소로 인한 원상회복 또는 이에 갈음하는 가액배상을 하여야 할 의무를 부담한다고 하더라도 이는 채권자에 대한 관계에서 생기는 법률효과에 불과하고 채무자와 사이에서 그 취소로 인한 법률관계가 형성되는 것은 아닐 뿐만 아니라, 이 경우 채권자의 주된 목적은 사해행위의 취소 그 자체보다는 일탈한 책임재산의 회복에 있는 것이므로, 사해행위취소의 소에 있어서의 의무이행지는 '취소의 대상인 법률행위의 의무이행지'가 아니라 '취소로 인하여 형성되는 법률관계에 있어서의 의무이행지'라고 보아야 한다.
[2] 부동산등기의 신청에 협조할 의무의 이행지는 성질상 등기지의 특별재판적에 관한 민사소송법 제19조에 규정된 '등기할 공무소 소재지'라고 할 것이므로, 원고가 사해행위취소의 소의 채권자라고 하더라도 사해행위취소에 따른 원상회복으로서의 소유권이전등기말소등기의무의 이행지는 그 등기관서 소재지라고 볼 것이지, 원고의 주소지를 그 의무이행지로 볼 수는 없다(대결 2002.5.10. 2002마156).

③ **불법행위지**

　　㉠ 불법행위의 범위 : 불법행위에 관한 소란 통상의 불법행위뿐만 아니라 특수불법행위, 특별법상의 불법행위에 관한 소를 모두 포함한다.

　　㉡ 불법행위지의 범위 : 불법행위지의 의미에 대하여 판례는 가해행위지뿐만 아니라 법익침해지로서의 결과발생지까지 포함된다고 보며 항공기사고의 경우에는 항공기의 도착지까지 포함된다고 판시하고 있다(대판 2010.7.15. 2010다18355). 채무불이행지가 불법행위지에 포함되는지 여부가 문제되나 채무불이행책임과 불법행위책임은 청구권경합의 관계로 그 요건을 달리하며 양자를 병합청구하는 경우에는 채무불이행청구도 민사소송법 제25조의 관련재판적이 발생할 수 있기 때문에 채무불이행은 본조가 적용되지 아니한다고 하는 것이 타당하다.

④ **지식재산권 등에 관한 특별재판적** : 특허권, 실용신안권, 디자인권, 상표권, 품종보호권을 제외한 지식재산권과 국제거래에 관한 소를 제기하는 경우에는 관할법원 소재지를 관할하는 고등법원이 있는 곳의 지방법원에 제기할 수 있다. 다만, 서울고등법원이 있는 곳의 지방법원은 서울중앙지방법원으로 한정한다. 특허권 등의 지식재산권에 관한 소를 제기하는 경우에는 관할법원 소재지를 관할하는 고등법원이 있는 곳의 지방법원의 전속관할로 한다. 다만, 서울고등법원이 있는 곳의 지방법원은 서울중앙지방법원으로 한정한다. 당사자는 서울중앙지방법원에 특허권 등의 지식재산권에 관한 소를 제기할 수 있다(민소법 제24조).

2. 재판적의 경합

특별재판적이 보통재판적에 우선하는 것은 아니므로 원고는 경합하는 관할법원 중 선택하여 소를 제기할 수 있다.

3. 관련재판적

(1) 의 의

원고가 하나의 소로써 수개의 청구를 하는 경우에 그 여러 개 중에 하나의 청구에 대한 토지관할권이 있는 법원에 본래 그 법원에 법정관할권이 없는 나머지 청구도 관할권이 생기는 것을 말한다(민소법 제25조). 이는 원고에게는 병합청구의 편의를, 피고에게는 응소의 편의를, 법원에게는 소송경제를 도모하는 기능을 한다.

(2) 적용요건

1) 하나의 소로써 여러 개의 청구를 하는 경우일 것

병합의 시기에는 제한이 없으므로 원시적 병합뿐만 아니라 청구의 변경, 중간확인의 소, 반소 등으로써 행하는 후발적 병합의 경우도 구청구에 관할이 존재하는 한 신청구의 관할을 인정하게 된다.

2) 수소법원이 그 여러 개 가운데 하나의 청구에 대한 관할권이 있을 것

민사소송법 제2조 내지 제24조까지의 법정관할이 있는 경우뿐만 아니라 합의관할 또는 변론관할이 있는 경우에도 관련재판적이 발생한다. 주의할 것은 토지관할에 관하여만 인정되고 사물관할의 경우에는 관련재판적에 관한 규정이 적용되지 아니한다는 것과 관할권이 없는 청구가 다른 법원의 전속관할에 속하는 경우에는 관련재판적은 생기지 아니하고 전속관할법원에 이송하여야 한다는 점이다.

(3) 관련재판적과 주관적 병합

1) 종래의 학설과 판례

객관적 병합과는 달리 주관적 병합에는 관련재판적을 인정하는 명문의 규정이 없었기 때문에 확대적용 여부와 관련하여 견해가 대립하고 있다. 판례는 민사소송법 제25조 소정의 관련재판적은 동일 피고에 대한 여러 개의 청구를 하는 이른바 객관적 병합의 경우에 적용되는 것이고 1개의 소로써 여러 사람의 피고에 대한 청구를 병합하는 경우에는 적용될 수 없다고 하여 소극설의 태도를 취하고 있다.

2) 개정 민사소송법

소송목적이 되는 권리나 의무가 여러 사람에게 공통되거나 사실상 또는 법률상 같은 원인으로 말미암아 그 여러 사람이 공동소송인으로서 당사자가 되는 경우에는 관련재판적 규정을 준용한다고 규정하여 민사소송법 제65조 전문의 공동소송의 경우에만 관련재판적을 인정하고 있다(민소법 제25조 제2항 참조).

3) 검 토

민사소송법 제65조 전문의 공동소송의 경우에는 관련재판적을 인정하여도 다른 공동피고의 관할규정상 이익을 침해할 우려가 없으므로 개정법의 태도는 타당하다고 판단된다.

(4) 효 과

1) 관할의 창설 및 항정

원래 토지관할이 없던 청구에 대하여도 관할권이 생기고 피고는 관할위반의 항변을 할 수 없다(관할의 창설). 관련재판적이 인정된 후 원래의 관할권이 있는 청구가 취하 또는 각하되더라도 다른 청구는 관할위반이 되지 아니한다(관할의 항정).

2) 특별 관련재판적

소송절차가 관련되어 재판적을 인정하는 경우로 반소, 독립당사자참가, 중간확인의 소가 그 예이다.

(5) 관련 판례

1) 필수적 공동소송과 관련재판적

토지 소유자 또는 관계인이 구 토지수용법 제75조의2 제2항에 근거하여 제기하는 보상금 증액청구소송은 재결청과 기업자를 공동피고로 하여야 하는 필수적 공동소송이므로 행정소송법 제8조 제2항, 민사소송법 제25조 제2항, 제1항에 의하여 재결청이나 기업자 중 어느 하나의 당사자에 대하여만 관할권이 있더라도 그 법원에 제소할 수 있다(대판 1994.1.25. 93누18655).

2) 관할선택권의 남용

[1] 민사소송의 당사자와 소송관계인은 신의에 따라 성실하게 소송을 수행하여야 하고(민사소송법 제1조 제1항), 민사소송의 일방 당사자가 다른 청구에 관하여 관할만을 발생시킬 목적으로 본래 제소할 의사 없는 청구를 병합한 것이 명백한 경우에는 관할선택권의 남용으로서 신의칙에 위배되어 허용될 수 없으므로, 그와 같은 경우에는 관련재판적에 관한 민사소송법 제25조의 규정을 적용할 수 없다.

[2] 변호사 甲과 乙 사찰이, 소송위임계약으로 인하여 생기는 일체 소송은 전주지방법원을 관할 법원으로 하기로 합의하였는데, 甲이 乙 사찰을 상대로 소송위임계약에 따른 성공보수금 지급 청구 소송을 제기하면서 乙 사찰의 대표단체인 丙 재단을 공동피고로 추가하여 丙 재단의 주소지를 관할하는 서울중앙지방법원에 소를 제기한 사안에서, 乙 사찰은 종단에 등록을 마친 사찰로서 독자적인 권리능력과 당사자능력을 가지고, 乙 사찰의 甲에 대한 소송위임약정에 따른 성공보수금 채무에 관하여 丙 재단이 당연히 연대채무를 부담하게 되는 것은 아니며, 법률전문가인 甲으로서는 이러한 점을 잘 알고 있었다고 보아야 할 것인데, 甲이 위 소송을 제기하면서 丙 재단을 공동피고로 추가한 것은 실제로는 丙 재단을 상대로 성공보수금을 청구할 의도는 없으면서도 단지 丙 재단의 주소지를 관할하는 서울중앙지방법원에 관할권을 생기게 하기 위함이라고 할 것이고, 따라서 甲의 위와 같은 행위는 관할선택권의 남용으로서 신의칙에 위반하여 허용될 수 없으므로 관련재판적에 관한 민사소송법 제25조는 적용이 배제되어 서울중앙지방법원에는 甲의 乙 사찰에 대한 청구에 관하여 관할권이 인정되지 않는다고 한 사례(대결 2011.9.29. 2011마62).

제5관 | 재정관할

관할법원이 재판권을 법률상 또는 사실상 행사할 수 없는 때 또는 법원의 관할구역이 분명하지 아니한 때 관계된 법원과 공통되는 바로 위의 상급법원이 그 관계된 법원 또는 당사자의 신청에 따라 관할법원을 결정하는 것을 말한다.

제6관 | 합의관할

I 관할 합의의 의의

관할 합의는 관할법원을 정하는 당사자 간의 합의로서 합의관할은 당사자의 합의로 발생한 관할이다. 임의관할에 대하여 당사자의 편의를 위해, 합의로 법정관할법원을 변경할 수 있도록 한 것이다.

II 관할 합의의 법적 성질

관할 합의는 관할권의 발생이라는 소송법상 효과를 발생시키는 소송행위로서 소송계약의 일종이므로 그 요건과 효과는 소송법으로 규율된다. 따라서 합의에는 소송능력이 필요하고(민소법 제55조), 사법상의 계약과 동시에 체결되어도 별개의 소송계약이며 사법계약의 무효·취소나 해제에 영향을 받지 아니한다.

Ⅲ 관할 합의의 요건

1. 제1심법원의 임의관할에 한하여 할 것(민소법 제29조 제1항)

제1심 토지관할과 사물관할 등 임의관할에 한하여 할 수 있고 전속관할의 경우에는 할 수 없다.

2. 일정한 법률관계로 특정되었을 것(민소법 제29조 제2항)

일정한 법률관계를 특정하여 합의하여야 한다. 모든 법률관계, 장래의 모든 분쟁에 관한 소송에 대한 포괄적 합의는 예측가능성이 없어 피고의 관할이익을 침해할 우려가 있으므로 무효이다.

3. 관할법원이 특정되었을 것

특정이 되었다면 수 개의 법원이라도 관계없다. 다만, 전국의 모든 법원을 관할법원으로 하거나 모든 법원의 관할을 배제하는 합의, 원고가 지정하는 법원으로 한 합의는 피고의 관할에 대한 이익을 박탈하기 때문에 무효이다.

4. 합의의 방식과 시기

관할의 합의는 서면으로 해야 한다. 합의를 명확하게 하여 합의 자체에 대한 분쟁을 막으려는 것으로 합의문 구가 부동문자로 인쇄되어 있어도 예문이라고 할 수 없으므로 관할 합의는 유효하다(대판 2008.3.13. 2006다68209). 합의의 시기는 소제기 이전에 한정되지 아니한다. 다만, 소제기 이후의 합의는 편의이송의 전제로서의 의미를 가지게 된다.

5. 특별법상 요건을 갖출 것

(1) 약관의 규제에 관한 법률의 내용

약관규제법은 고객에게 부당하게 불리한 관할 합의 조항은 무효로 한다고 규정하고 있다(약관법 제14조).

(2) 관할 합의 조항과 관련된 판례

1) 전속적 관할 합의 약관조항의 무효 여부

사업자와 고객 사이에서 사업자의 영업소를 관할하는 지방법원으로 전속적 관할 합의를 하는 내용의 약관조항이 고객에 대하여 부당하게 불리하다는 이유로 무효라고 보기 위해서는 그 약관조항이 고객에게 다소 불이익하다는 점만으로는 부족하고, 사업자가 그 거래상의 지위를 남용하여 이러한 약관조항을 작성·사용함으로써 건전한 거래질서를 훼손하는 등 고객에게 부당하게 불이익을 주었다는 점이 인정되어야 한다. 그리고 전속적 관할 합의 약관조항이 고객에게 부당한 불이익을 주는 행위인지 여부는, 그 약관조항에 의하여 고객에게 생길 수 있는 불이익의 내용과 불이익 발생의 개연성, 당사자들 사이의 거래과정에 미치는 영향, 관계 법령의 규정 등 제반 사정을 종합하여 판단하여야 한다(대결 2008.12.16. 2007마1328).

2) 약관에 의한 전속적 합의관할법원의 변경 여부

주택분양보증약관에서 '대한주택보증 주식회사의 관할 영업점 소재지 법원'을 전속적 합의관할 법원으로 정한 경우, 위 회사의 내부적인 업무조정에 따라 위 약관조항에 의한 전속적 합의관할이 변경된다고 볼 경우에는 당사자 중 일방이 지정하는 법원에 관할권을 인정한다는 관할 합의 조항과 다를 바 없고, 사업자가 그 거래상의 지위를 남용하여 사업자의 영업소를 관할하는 지방법원을 전속적 관할로 하는 약관조항을 작성하여 고객과 계약을 체결함으로써 건전한 거래질서를 훼손하는 등 고객에게 부당하게 불이익을 주는 것으로서 무효인 약관조항이라고 볼 수밖에 없으므로, 위 약관조항에서 말하는 '위 회사의 관할 영업점 소재지 법원'은 주택분양보증계약이 체결될 당시 이를 관할하던 위 회사의 영업점 소재지 법원을 의미한다(대결 2009.11.13. 2009마1482).

IV 관할 합의의 종류

1. 문제점

관할 합의에는 법정관할 외에 1개 또는 수개의 관할을 부가하는 부가적 합의와 특정의 법원에만 관할권을 인정하고 그 밖의 관할을 배제하는 전속적 합의가 있다. 여기서 관할 합의가 전속적인지 부가적인지 불분명한 경우 그 구별이 문제 된다.

2. 학 설

경합하는 법정관할법원 중 어느 하나를 특정하는 합의는 전속적이지만 그렇지 않은 경우에는 부가적 합의로 보는 견해(통설), 당사자의 의사가 불분명한 경우 법정관할을 배제하는 것은 무리이므로 부가적 합의로 보아야 한다는 견해, 이 경우 전속적 합의가 있었다고 보아야 하고 다만, 보통거래약관 등에 의해 합의하는 경우에는 통설과 같이 해석하는 것도 가능하다는 견해 등이 대립하고 있다.

3. 판 례

당사자들이 법정 관할법원에 속하는 여러 관할법원 중 어느 하나를 관할법원으로 하기로 약정한 경우, 그와 같은 약정은 그 약정이 이루어진 국가 내에서 재판이 이루어질 경우를 예상하여 그 국가 내에서의 전속적 관할법원을 정하는 취지의 합의라고 해석될 수 있지만, 특별한 사정이 없는 한 다른 국가의 재판관할권을 완전히 배제하거나 다른 국가에서의 전속적인 관할법원까지 정하는 합의를 한 것으로 볼 수는 없다(대판 2008.3.13. 2006다68209).

4. 검 토

당사자의 의사와 소송수행상의 이익을 고려할 때 판례의 태도가 타당하다고 판단된다.

V 관할 합의의 효력

1. 관할의 변동

관할 합의가 유효하게 성립하면 합의한 내용대로 관할이 변동된다. 전속적 합의관할도 임의관할이므로 다시 관할 합의를 할 수 있고 피고의 거동에 의한 변론관할이 생길 수 있다. 다만, 전속적 합의의 경우에도 현저한 지연을 피하기 위한 공익상 필요가 있는 경우에는 합의의 대상이 될 수 없으므로 다른 법정관할법원에 이송할 수 있다(민소법 제35조).

2. 효력의 주관적 범위

(1) 특정승계인 중 채권승계인

관할의 합의는 소송법상의 행위로서 합의 당사자 및 그 일반승계인을 제외한 제3자에게 그 효력이 미치지 않는 것이 원칙이지만, 관할에 관한 당사자의 합의로 관할이 변경된다는 것을 실체법적으로 보면, 권리행사의 조건으로서 그 권리관계에 불가분적으로 부착된 실체적 이해의 변경이라 할 수 있으므로, 지명채권과 같이 그 권리관계의 내용을 당사자가 자유롭게 정할 수 있는 경우에는, 당해 권리관계의 특정승계인은 그와 같이 변경된 권리관계를 승계한 것이라고 할 것이어서, 관할 합의의 효력은 특정승계인에게도 미친다(대결 2006.3.2. 2005마902).

(2) 특정승계인 중 물권승계인

관할의 합의의 효력은 부동산에 관한 물권의 특정승계인에게는 미치지 않는다고 새겨야 할 것인바, 부동산 양수인이 근저당권 부담부의 소유권을 취득한 특정승계인에 불과하다면(근저당권 부담부의 부동산의 취득자가 그 근저당권의 채무자 또는 근저당권설정자의 지위를 당연히 승계한다고 볼 수는 없다), 근저당권설정자와 근저당권자 사이에 이루어진 관할 합의의 효력은 부동산 양수인에게 미치지 않는다(대결 1994.5.26. 94마536).

(3) 특정승계인 이외의 제3자

특정승계인 이외의 제3자에게는 합의의 효력이 미치지 아니한다. 따라서 채권자와 보증인 간의 합의는 주채무자에게 미치지 아니한다(대판 1988.10.25. 87다카1728). 다만, 관련재판적이 발생할 수 있고 제3자라고 하더라도 채권자대위권을 행사하는 채권자와 같이 채무자의 권리를 행사하는 데 불과한 경우에는 합의의 효력을 받는다고 보아야 한다.

제7관 | 변론관할

Ⅰ   변론관할의 의의

변론관할은 원고가 관할권이 없는 법원에 소를 제기하였는데 피고가 관할위반이라고 항변하지 아니하고 본안에 대해 변론함으로써 생기는 관할을 말한다(민소법 제30조). 임의관할 위반의 소의 경우에 피고가 응소한 때에는 이송하지 아니하고 그 법원에서 심판하는 것이 당사자의 이익과 소송촉진에도 도움이 되기 때문이다.

Ⅱ   변론관할의 요건

1. 임의관할 없는 제1심법원에 소가 제기되었을 것

임의관할 위반에 한정되고 전속관할 위반의 경우에는 변론관할이 생기지 아니한다. 소제기 시에만 문제되는 것이 아니라 청구취지의 변경, 반소 등으로 소송계속 중에 관할위반이 된 경우에도 생길 수 있다.

2. 피고의 관할위반의 항변이 없을 것

묵시적 항변도 무방하다. 피고가 당해 법원에 관할권이 있는 조건으로 본안에 관한 변론을 한 때에는 관할위반의 항변이 있는 것으로 보아야 한다.

3. 피고가 이의 없이 본안변론을 구술하였을 것

(1) 본안의 의미

본안에 관하여 변론 또는 진술이란 변론기일에 피고가 관할위반의 항변을 하지 아니하고 원고의 본안청구의 당부에 대하여 진술하는 것을 말한다. 따라서 절차사항은 기피신청, 기일변경신청, 소각하판결의 신청은 이에 해당하지 아니한다. 그러나 피고가 단지 청구기각의 판결만 구하고 청구원인에 관한 답변을 뒤로 미루는 경우를 본안에 대해 변론한 것인지 문제되나 판례는 항소심에서 피고가 반소장을 진술한 데 대하여 원고가 "반소기각 답변"을 한 것만으로는 "이의 없이 반소의 본안에 관하여 변론을 한 때"에 해당한다고 볼 수 없다(대판 1991.3.27. 91다1783)고 하여 부정적인 입장을 취하는 것으로 보인다.

(2) 변론의 의미

피고가 변론기일 또는 변론준비기일에 출석하여 구술로 본안에 관한 변론을 적극적으로 해야 한다. 따라서 피고가 출석하지 아니하거나 출석하여도 변론하지 아니하는 경우에는 변론관할이 발생하지 아니한다. 판례는 민사소송법 제30조 소정의 변론관할이 생기려면 피고의 본안에 관한 변론이나 준비절차에서의 진술은 현실적인 것이어야 하므로 피고의 불출석에 의하여 답변서 등이 법률상 진술간주되는 경우는 이에 포함되지 아니한다고 판시하고 있다(대결 1980.9.26. 80마403).

■Ⅲ■　변론관할의 효과

피고가 관할위반의 항변을 하지 아니하고 본안에 관하여 진술한 때에는 그 시점에 바로 관할권이 없었던 법원에 관할권이 창설된다. 따라서 그 이후 피고의 관할위반의 항변은 허용되지 아니하고 법원도 관할위반에 의한 이송을 할 수 없다.

제8관 | 소송의 이송

■Ⅰ■　서 설

1. 의 의

어느 법원에 계속된 소송을 그 법원의 재판에 의해 다른 법원으로 이전하는 것을 말한다. 이는 관할위반의 경우 소를 각하하지 않음으로써 소제기에 들이는 비용을 절감하고 관할위반이 아닌 경우에는 보다 편리한 법원으로 옮겨 심판함으로써 소송경제와 소송촉진을 도모하자는 데 그 취지가 있다.

2. 구별개념

이부는 같은 법원 내의 단독판사 사이 또는 합의부 사이에 하는 사무분담의 재조정이고 소송기록의 송부는 이송결정이 없이 하는 단순한 사실행위로서 이송결정에 따른 기록송부와 달리 소제기의 효과가 소급하지 아니한다는 점에서 구별된다.

제1편

제2편

제3편

제4편

제5편

제6편

제7편

Ⅱ 이송의 원인

1. 관할위반에 의한 이송(민소법 제34조 제1항)

(1) 적용 범위

관할위반에 의한 이송은 관할권이 없는 법원에서 관할권이 있는 법원으로 이송하는 것을 말한다(민소법 제34조 제1항). 관할위반은 전속관할 위반에 국한하지 않으며 임의관할로서 변론관할이 생기지 아니하는 한 그 위반이 토지관할·사물관할인지를 구별하지 아니한다.

(2) 심급관할 위반에 의한 이송

1) 심급관할 위반의 소제기

판례는 하급심에 제기하여야 할 소를 상급심에 제기한 경우(대결 1995.1.20. 94마1961[전합]), 상급심법원에 제기할 소를 하급심법원에 제기한 경우(대결 1995.6.19. 94마2513) 모두 이송을 인정한다.

2) 심급관할 위반의 상소제기

① 상소장을 원심법원에 제출하지 아니한 경우 : 판례는 항소제기기간의 준수 여부는 항소장이 제1심법원에 접수된 때를 기준으로 하여 판단하여야 하며 비록 항소장이 항소제기기간 내에 제1심법원 이외의 법원에 제출되었다 하더라도 항소제기의 효력이 있는 것은 아니(대결 1992.4.15. 92마146)라고 하여 항소장을 항소법원에 제출한 경우 소송기록의 송부에 의하여 해결한다.

② 원심법원이 상소법원에 기록송부를 하지 아니한 경우 : 예컨대 항소장을 제1심법원에 제출하였으나 단독 사건의 항소법원을 지방법원항소부가 아닌 고등법원으로 잘못 표시한 경우이다. 판례는 상소장을 제출받은 원심법원은 상소인의 표시와 관계없이 적법한 관할법원으로 소송기록을 송부하여야 한다고 하였고(대결 1995.7.12. 95마531), 그럼에도 원심법원이 잘못 표시된 대로 소송기록을 송부한 경우에는 송부받은 법원은 적법한 관할법원으로 이송해야 한다고 결정하였다(대결 1997.3.3. 97으1).

3) 지방법원 항소부에서 고등법원으로의 항소 가부

판례는 지방법원 본원 합의부가 지방법원 단독판사의 판결에 대한 항소사건을 제2심(항소심)으로 심판하는 도중에 지방법원 합의부의 관할에 속하는 소송이 새로 추가되거나 그러한 소송으로 청구가 변경되었다고 하더라도, 심급관할은 제1심 법원의 존재에 의하여 결정되는 전속관할이어서 이미 정하여진 항소심의 관할에는 영향이 없는 것이므로, 추가되거나 변경된 청구에 대하여도 그대로 심판할 수 있다고 할 것이고, 지방법원 본원 합의부가 소송을 고등법원에 이송하든지, 제1심 법원으로 판결하여 다시 고등법원에 항소할 수 있도록 처리하여야만 되는 것은 아니라고 판시(대판 1992.5.12. 92다2066)하고 있다.

4) 민사소송사건으로 혼동한 소제기와 이송

① 이송을 인정한 사례 : 판례는 행정사건을 일반민사사건으로 잘못 알고 민사법원에 소를 제기한 경우(대판 1999.11.26. 97다42250), 가사소송사건을 일반민사사건으로 잘못 알고 지방법원에 소를 제기한 경우(대결 1980.11.25. 80마445)에 관할법원으로 이송을 인정하였다.

② 이송을 부정한 사례 : 판례는 원고가 비송사건에 해당하는 법인의 임시이사해임사건을 민사소송으로 제기하는 경우 부적법각하하여야 한다는 태도이다(대판 1963.12.12. 63다321). 간이한 특별구제절차인 비송사건에 대한 절차가 마련되어 있음에도 불구하고 민사소송으로 다투는 것은 권리보호자격이 없으므로 판례가 취하는 소각하설이 타당하다고 판단된다.

(3) 이송의 범위

소송의 전부가 관할위반인 경우에는 전부를, 병합된 청구 중 일부가 전속관할인 경우같이 일부만이 소송위반인 경우에는 그 일부만 이송하여야 한다.

(4) 당사자의 이송신청권 인정 여부

1) 문제점

관할위반에 의한 이송(민소법 제34조 제1항)은 직권이송이므로 다른 이송과 같은 이송신청권이 없다. 그러나 이 경우에도 이송신청권을 인정할 수 있는지 여부에 대하여 견해가 대립하고 있다.

2) 학설

피고의 관할이익을 보호하고 다른 원인에 의한 이송과의 균형상 이송신청권을 인정할 수 있다는 견해와 민사소송법 제34조 제1항에서 당사자의 이송신청권을 인정하고 있지 않음을 이유로 이송신청권을 부정하는 견해의 대립이 있다.

3) 판례

① 이송신청기각결정에 대한 항고 : 판례는 당사자가 관할위반을 이유로 한 이송신청을 한 경우에도 이는 단지 법원의 직권발동을 촉구하는 의미밖에 없는 것이고, 따라서 법원은 이 이송신청에 대하여는 재판을 할 필요가 없고, 설사 법원이 이 이송신청을 거부하는 재판을 하였다고 하여도 항고가 허용될 수 없으므로 항고심에서는 이를 각하하여야 한다고 하면서 항고심에서 항고를 각하하지 아니하고 항고이유의 당부에 관한 판단을 하여 기각하는 결정을 하였다고 하여도 이 항고기각결정은 항고인에게 불이익을 주는 것이 아니므로 이 항고심결정에 대하여 재항고를 할 아무런 이익이 없는 것이어서 이에 대한 재항고는 부적법한 것이다(대결 1993.12.6. 93마524[전합]). 또한 이송신청기각결정에 대한 특별항고도 부적법하다(대결 1996.1.12. 95그59)고 한다.

② 이송결정에 대한 항고 : 판례는 법원이 당사자의 신청에 따른 직권발동으로 이송결정을 한 경우에는 즉시항고가 허용되지만(민사소송법 제39조), 당사자에게 이송신청권이 인정되지 않는 이상 항고심에서 당초의 이송결정이 취소되었다 하더라도 이에 대한 신청인의 재항고는 허용되지 않는다(대결 2018.1.19. 2017마1332)고 한다.

4) 검토

생각건대 다른 이송과는 달리 민사소송법 제34조 제1항에서는 당사자의 이송신청권을 규정하고 있지 아니하므로 이를 부정하는 판례의 태도가 타당하다고 판단된다. 따라서 이송신청기각결정에 대하여 즉시항고를 할 수 없다고 보아야 한다.

2. 심판편의에 의한 이송

(1) 현저한 손해 또는 지연을 피하기 위한 이송(민소법 제35조)

1) 현저한 손해

현저한 손해란 당사자에게 소송수행상의 부담이 생겨 소송불경제가 되는 경우로서 이에 관한 규정은 주로 피고의 소송수행상의 부담과 소송경제를 고려한 사익적 규정이다. 판례는 현저한 손해나 지연을 피할 수 있는 경우 소송의 전부나 일부를 다른 관할법원에 이송할 수 있으나, 이 경우 이송사유의 존부는 이송 여부에 따른 쌍방 당사자의 부담의 증감관계, 심리의 대상과 방법 및 그에 따른 법원의 심리상의 편의 등 여러 사정을 종합적으로 비교·교량하여 결정하여야 할 것이고, 법 제35조에서 말하는 현저한 손해라 함은, 주로 상대방 (피고)측의 소송수행상의 부담을 의미하는 것이기는 하지만 재항고인(원고) 측의 손해도 도외시하여서는 아니 된다 할 것이므로, 상대방 측이 소송을 수행하는 데 많은 비용과 시간이 소요된다는 사정만으로는 법 제35조에서 말하는 현저한 손해 또는 소송의 지연을 가져올 사유가 된다고 단정할 수 없다고 한다(대결 2007.11.15. 2007마346).

2) 현저한 지연

현저한 지연은 법원의 심리상 증거조사 등 시간과 노력이 크게 소요되어 신속한 사건처리가 저해되는 경우로 서 이에 관한 규정은 증거조사 및 소송촉진으로 고려한 공익적 규정이다.

3) 전속적 관할 합의가 있는 경우 재량이송의 가부

① **학설** : 관할 합의에서 지연방지라는 공익적 측면은 처분할 수 없으므로 현저한 지연을 피한다는 공익상의 필요가 있는 경우에는 이송이 가능하다는 견해와 당사자의 전속적 합의가 존재하므로 민사소송법 제35조 에 의한 이송을 부정하는 견해가 대립하고 있다.

② **판례** : 전속적 관할 합의의 경우 법률이 규정한 전속관할과 달리 임의관할의 성격을 가지기 때문에, 법원 은 공익상의 필요에 의하여 사건을 다른 관할 법원에 이송할 수 있다(대결 2008.12.16. 2007마1328).

③ **검토** : 전속적 관할 합의의 취지와 소송지연방지라는 공익상의 요청을 고려할 때 현저한 지연을 피한다는 공익상 필요가 있을 때 한하여 소송의 이송을 인정하는 판례의 태도는 타당하다고 판단된다.

(2) 지법단독판사로부터 지법합의부로의 이송(민소법 제34조 제2항·제3항)

지방법원 단독판사는 소송에 대하여 관할권이 있는 경우라도 상당하다고 인정하면 직권 또는 당사자의 신청 에 따른 결정으로 소송의 전부 또는 일부를 같은 지방법원 합의부에 이송할 수 있다. 지방법원 합의부는 소송에 대하여 관할권이 없는 경우라도 상당하다고 인정하면 직권으로 또는 당사자의 신청에 따라 소송의 전부 또는 일부를 스스로 심리·재판할 수 있다.

3. 반소제기에 의한 이송

(1) 제1심에서 반소가 제기된 경우

본소가 단독사건이라고 하더라도 반소의 제기로 합의부관할로 바뀐 경우 일괄하여 합의부로 이송한다(민소법 제269조 제2항 본문). 다만, 원고가 반소청구에 대해 본안변론을 함으로써 변론관할이 생긴 경우에는 이송할 필요 가 없다(민소법 제269조 제2항 단서).

(2) 제2심에서 반소가 제기된 경우

본소 피고가 항소 후 지방법원 합의부의 관할에 속하는 반소를 제기하면서 이송신청을 하였는데, 원심이 민사소송법 제34조, 제35조를 들어 이송결정을 한 경우, 본소에 대하여 제1심법원의 토지관할 및 변론관할이 인정되어 위 소송의 항소심은 제1심법원의 항소사건을 담당하는 원심법원의 관할에 속하며, 지방법원 합의부 가 지방법원 단독판사의 판결에 대한 항소사건을 제2심으로 심판하는 도중에 지방법원 합의부의 관할에 속하 는 반소가 제기되었더라도 이미 정하여진 항소심 관할에는 영향이 없고, 민사소송법 제35조는 전속관할인 심급관할에는 적용되지 않아 손해나 지연을 피하기 위한 이송의 여지도 없다(대결 2011.7.14. 2011그65).

Ⅲ 이송의 절차

법원의 직권 또는 당사자의 신청에 의해 법원이 결정으로 이송의 재판을 한다(민소법 제34조). 이송결정과 이송신청 기각결정에 대하여는 즉시항고할 수 있다(민소법 제39조).

Ⅳ 이송의 효과

1. 이송결정의 구속력

(1) 의 의

이송결정이 확정되면 비록 잘못된 이송이라도 이송을 받은 법원은 다시 반송이나 전송을 할 수 없다(민소법 제38조).

(2) 전속관할 위반의 이송결정의 구속력 인정 여부

1) 학 설

민사소송법 제38조가 전속관할의 경우에도 기속력을 배제하고 있지 않고 이송의 반복에 의한 소송지연을 피해야 하므로 기속력을 인정하자는 긍정설, 법원의 결정에 의해 전속관할에 관한 명문규정을 배제할 수는 없고 전속관할 위반은 절대적 상고이유이므로 기속력을 부정하는 부정설, 전속관할 위반의 경우 원칙적으로 구속력을 인정하지만 심급관할 위반의 경우에는 기속력을 부정하는 절충설이 대립하고 있다.

2) 판 례

이송결정의 기속력은 당사자에게 이송결정에 대한 불복방법으로 즉시항고가 마련되어 있는 점이나 이송의 반복에 의한 소송지연을 피하여야 할 공익적 요청은 전속관할을 위배하여 이송한 경우라고 하여도 예외일 수 없는 점에 비추어 볼 때, 당사자가 이송결정에 대하여 즉시항고를 하지 아니하여 확정된 이상 원칙적으로 전속관할의 규정을 위배하여 이송한 경우에도 미친다. 다만, 심급관할을 위배한 이송결정의 기속력은 이송받은 상급심법원에는 미치지 않는다고 보아야 하나, 심급관할을 위배한 이송결정의 기속력은 이송받은 하급심법원에는 미친다고 보아야 한다(대결 1995.5.15. 94마1059).

3) 검 토

소송의 지연방지라는 이송의 공익적 취지에 비추어 전속관할의 경우에도 원칙적으로 이송결정의 구속력이 미친다고 보아야 하나 당사자의 심급이익을 고려하여 상급심에는 예외적으로 구속력이 미치지 아니한다고 보는 판례의 태도가 타당하다고 판단된다.

2. 소송계속의 이전

(1) 법률상 기간준수의 효력유지

이송결정이 확정되었을 때에는 소송은 처음부터 이송받은 법원에 계속된 것으로 본다(민소법 제40조 제1항). 소제기에 의한 시효중단, 기간준수의 효력은 그대로 유지된다. 즉, 시효중단, 기간준수 여부는 소송이 이송된 때가 아니라 이송한 법원에 소가 제기된 때를 기준으로 하여야 한다. 판례도 같은 취지에서 재심의 소가 재심제기기간 내에 제1심법원에 제기되었으나 재심사유 등에 비추어 항소심판결을 대상으로 한 것이라 인정되어 소를 항소심법원에 이송한 경우에 있어서 재심제기기간의 준수여부는 민사소송법 제40조 제1항의 규정에 비추어 제1심법원에 제기된 때를 기준으로 할 것이지 항소법원에 이송된 때를 기준으로 할 것은 아니라고 판시(대판 1984.2.28. 83다카1981[전합])하고 있다.

(2) 소송행위의 효력유지

이송 전에 한 소송행위는 관할위반에 의한 이송인지 여부를 불문하고 그 효력이 유지된다. 이송받은 법원은 이송으로 인하여 법관이 변경되었으므로 변론의 갱신이 필요하다(민소법 제204조 제2항).

3. 소송기록의 송부

이송결정을 한 법원의 법원서기관·법원사무관·법원주사 또는 법원주사보는 그 결정의 정본을 소송기록에 붙여 이송받을 법원에 보내야 한다(민소법 제40조 제2항).

01 법원

※ 기출문제해설의 답안은 참고용으로 활용하시기 바랍니다.

기출문제 | 2020년 제29회 공인노무사시험

제1문

甲(수원에 주소를 두고 살고 있음)은 대전에 소재한 자기 토지를 乙(대구에 주소를 두고 살고 있음)에게 매도하고 매매잔대금 1억원을 받지 못하여, 그 지급을 구하는 소를 대전지방법원에 제기하였다. 이후에 甲은 乙이 소제기 이전에 사망하였다는 사실과 乙의 유일한 상속인인 丙(대구에 주소를 두고 살고 있음)이 있다는 사실을 알게 되었다. 甲은 피고를 丙으로 바꾸는 신청을 하였고 법원은 당사자표시정정하여 피고를 丙으로 바꾸었다. 다음 물음에 답하시오. (50점) (단, 아래의 각 물음은 상호 독립적임)

물음 1

丙은 변론기일에 출석하여 위 매매대금은 모두 지급되었으므로 甲의 이 사건 소에 대하여 청구기각을 구한다는 진술을 하였다. 위 법원에 관할권이 인정되는지를 논하시오. (25점)

Ⅰ 논점의 정리

원고 甲이 매매잔대금 지급청구의 소를 대전지방법원에 제기한 경우, 보통재판적, 특별재판적에 의하여 동 법원에 토지관할이 인정되는지 여부가 우선 문제 된다. 토지관할이 인정되지 아니한다면 피고 丙이 변론기일에 출석하여 매매대금이 모두 지급되었기 때문에 甲이 제기한 소에 대하여 청구기각을 구한다는 진술을 하였으므로 변론관할이 발생하여 관할권이 인정되는 것은 아닌지 문제되므로 이를 검토하기로 한다.

Ⅱ 대전지방법원의 토지관할권의 존부

1. 보통재판적

보통재판적은 모든 사람에게 공통적으로 적용되는 재판적을 말한다. 민소법 제2조는 소는 피고의 보통 재판적이 있는 곳의 법원이 관할한다고 규정하여 이를 정하고 있는데 이는 피고가 응소하는 편의를 위한 것이다. 사안의 경우 피고 乙의 주소지인 대구지방법원에 토지관할권이 있다.

2. 특별재판적

특별재판적은 특정 사건에만 적용되는 재판적인데 일반적으로 원고의 편의를 위해 규정한 것이라고 인정된다. 사안의 경우 원고 甲의 매매잔대금 지급청구의 소는 재산상의 소이고 재산상의 소는 의무이행지의 법원(민소법 제8조)에 제소할 수 있는데, 의무이행지는 당사자의 특약으로 정하여지며 특약이 없는 경우에는 민법 제467조에 의하여 특정물인도채무의 경우에는 채권성립 시 물건이 있던 장소가, 특정물인도 이외의 채무의 경우에는 지참채무의 원칙상 채권자의 주소지가 의무이행지가 된다(민법 제467조). 따라서 원고 甲의 주소지인 수원지방법원도 토지관할권을 가지게 된다.

3. 검 토

보통재판적은 피고 乙의 주소지인 대구지방법원에 있고, 특별재판적은 의무이행지인 원고 甲의 주소지인 수원지방법원에 있으므로 관할권의 경합이 인정되어 甲은 대구지방법원과 수원지방법원 중 임의로 선택하여 매매잔대금 지급청구의 소를 제기할 수 있으나, 대전지방법원에 소를 제기하였으므로 일단 관할위반의 소제기로 보인다. 다만, 상속인 丙이 변론기일에 출석하여 매매대금은 모두 지급되었으므로 甲의 이 사건 소에 대하여 청구기각을 구한다는 진술을 하였다는 점에서 대전지방법원에 변론관할이 인정될 수 있어 이하에서 인정 여부를 검토하기로 한다.

Ⅲ 대전지방법원의 변론관할권의 존부

1. 변론관할의 의의

변론관할은 원고가 관할권이 없는 법원에 소를 제기하였는데 피고가 관할위반이라고 항변하지 아니하고 본안에 대해 변론함으로써 생기는 관할을 말한다(민소법 제30조). 임의관할 위반의 소의 경우에 피고가 응소한 때에는 이송하지 아니하고 그 법원에서 심판하는 것이 당사자의 이익과 소송촉진에도 도움이 되기 때문이다.

2. 변론관할의 요건

(1) 임의관할 없는 제1심법원에 소가 제기되었을 것

임의관할 위반에 한정되고 전속관할 위반의 경우에는 변론관할이 생기지 아니한다. 소제기 시에만 문제되는 것이 아니라 청구취지의 변경, 반소 등으로 소송계속 중에 관할위반이 된 경우에도 생길 수 있다.

(2) 피고의 관할위반의 항변이 없을 것

묵시적 항변도 무방하다. 피고가 당해 법원에 관할권이 있는 조건으로 본안에 관한 변론을 한 때에는 관할위반의 항변이 있는 것으로 보아야 한다.

(3) 피고가 이의 없이 본안변론을 구술하였을 것

1) 본안의 의미

<u>본안에 관하여 변론 또는 진술이란 변론기일에 피고가 관할위반의 항변을 하지 아니하고 원고의 본안청구의 당부에 대하여 진술하는 것을 말한다.</u> 따라서 절차사항은 기피신청, 기일변경신청, 소각하판결의 신청은 이에 해당하지 아니한다. 그러나 피고가 단지 청구기각의 판결만을 구하고 청구원인에 관한 답변을 뒤로 미루는 경우에는 본안에 대해 변론한 것인지 문제되나 판례는 부정적인 입장을 취하는 것으로 보인다.

2) 변론의 의미

피고가 변론기일 또는 변론준비기일에 출석하여 구술로 본안에 관한 변론을 적극적으로 해야 하므로 피고가 출석하지 아니하거나 출석하여도 변론하지 아니하는 경우에는 변론관할이 발생하지 아니한다. <u>판례는 민소법 제30조 소정의 변론관할이 생기려면 피고의 본안에 관한 변론이나 준비절차에서의 진술은 현실적인 것이어야 하므로 피고의 불출석에 의하여 답변서 등이 법률상 진술간주되는 경우는 이에 포함되지 아니한다고 판시하고 있다.</u>[8]

3. 검 토

생각건대 대전지방법원은 관할권이 없는 법원이고 상속인 丙으로부터 관할위반의 항변이 없으며 丙이 변론기일에 출석하여 위 매매대금은 모두 지급되었으므로 甲의 이 사건 소에 대하여 청구기각을 구한다는 진술을 하였으므로 본안에 대하여 구술한 것으로 인정되어 대전지방법원에 변론관할이 발생한다고 보는 것이 타당하다.

Ⅳ 사안의 적용

원고 甲은 관할권이 인정되는 대구지방법원과 수원지방법원 중 임의로 선택하여 매매잔대금 지급청구의 소를 제기할 수 있으나, 대전지방법원에 소를 제기하였으므로 일단 관할위반의 소제기로 보인다. 다만, 대전지방법원은 본래 관할권이 없는 법원이나 상속인 丙으로부터 관할위반의 항변이 없으며 丙이 본안에 대하여 구술한 것으로 인정되어 대전지방법원에 변론관할이 발생하였으므로 관할권이 인정된다.

Ⅴ 결 론

대전지방법원은 본래 관할권이 없는 법원이나 상속인 丙으로부터 관할위반의 항변이 없으며 丙이 본안에 대하여 구술한 것으로 인정되어 변론관할이 발생하였으므로 관할권이 인정된다.

---

8) 대결 1980.9.26. 80마403

01 법 원

※ 기출문제해설의 답안은 참고용으로 활용하시기 바랍니다.

기출문제 ▌ 2019년 제28회 공인노무사시험

제2문

합의관할에 관하여 설명하시오. (25점)

자세한 내용은 기본서 해당부분의 관련서술을 참조하라.

▌목 차▌

제2문

사물관할에 관하여 설명하시오. (25점)

자세한 내용은 기본서 해당부분의 관련서술을 참조하라.

제1절　당사자의 확정

Ⅰ　당사자특정의 의의

당사자를 표시함에 있어서 누가 원고이고 누가 피고인지를 알아볼 수 있도록 그 동일성을 특정하여 기재하여야한다. 당사자의 동일성이 특정되지 아니한 경우에는 재판장은 소장심사를 하여 보정하고 당사자가 이를 보정하지 아니하는 경우에는 재판장은 명령으로 소장을 각하한다(민소법 제254조).

Ⅱ　당사자확정의 의의

특정한 소송사건에서 누가 원고이고 누가 피고인지를 분명히 하는 것을 말한다. 소송에서 당사자가 누구인지는 재판절차에 관여할 자, 판결의 명의인, 기판력의 범위를 결정하는 표준이 되므로 법원은 직권으로 당사자를 확정할 필요가 있다.

Ⅲ　당사자확정의 기준

1. 학 설

원고나 법원이 당사자로 삼으려는 사람이 당사자라고 보는 의사설, 소송상 당사자로 취급되거나 행동하는 사람이 당사자가 된다는 행위설, 소장에 나타난 당사자의 표시를 비롯하여 청구원인 그 밖의 기재 등 전취지를 기준으로 객관적으로 당사자를 정할 것이라는 표시설이 대립하고 있다.

2. 판 례

판례는 원고가 사망 사실을 모르고 사망자를 피고로 표시하여 소를 제기한 경우에, 청구의 내용과 원인사실, 당해 소송을 통하여 분쟁을 실질적으로 해결하려는 원고의 소제기 목적 내지는 사망 사실을 안 이후의 원고의 피고 표시 정정신청 등 여러 사정을 종합하여 볼 때 사망자의 상속인이 처음부터 실질적인 피고이고 다만 그 표시를 잘못한 것으로 인정된다면, 사망자의 상속인으로 피고의 표시를 정정할 수 있다(대결 2006.7.4. 2005마 425)고 하여 실질적 표시설의 태도를 취하고 있다.

3. 검 토

당사자확정의 객관적·획일적 기준이 필요하다는 점에서 표시설이 타당하다고 판단된다. 이에 나아가 표시설에 의하더라도 소장의 당사자란의 기재를 원칙적 기준으로 하되 청구의 취지 그 밖의 일체의 표시사항 등도 기준으로 하여 합리적으로 판단하여야 할 것이다(실질적 표시설).

Ⅳ 당사자확정 후 당사자적격 판단과 흠결 시 보정방법

1. 당사자자격 판단 및 보정

확정된 당사자를 기준으로 당사자자격(당사자능력·당사자적격·소송능력)을 구비하였는지 여부를 판단한다. 당사자자격의 흠결이 있는 경우에 법원은 보정의 기회를 주어야 한다.

2. 보정조치

원고가 당사자를 정확히 표시하지 못하고 당사자능력이나 당사자적격이 없는 자를 당사자로 잘못 표시하였다면 법원은 당사자를 소장의 표시만에 의할 것이 아니고 청구의 내용과 원인사실을 종합하여 확정한 후 <u>확정된 당사자가 소장의 표시와 다르거나 소장의 표시만으로 분명하지 아니한 때에는 당사자의 표시를 정정·보충시키는 조치를 취하여야 하고 이러한 조치를 취함이 없이 단지 원고에게 막연히 보정명령만을 명한 후 소를 각하하는 것은 위법</u>하다(대판 2013.8.22. 2012다68279).

3. 보정방법

확정된 당사자를 당사자자격이 있는 당사자로 바꾸어야 하는데 <u>양자 사이에 동일성이 인정되면 당사자표시정정신청을, 양자 사이에 동일성이 인정되지 아니한 경우에는 소송승계</u>(민소법 제233조, 제81조, 제82조)<u>나 임의적 당사자변경</u>을 이용한다.

Ⅴ 당사자표시정정

1. 의 의

당사자표시정정이란 당사자확정 후 당사자의 동일성을 해하지 아니하는 범위 내에서 당사자표시를 바로잡는 것을 말한다. <u>최근 판례도 같은 취지에서</u> 당사자는 소장에 기재된 표시 및 청구의 내용과 원인사실을 합리적으로 해석하여 확정하여야 하고, 확정된 당사자와의 동일성이 인정되는 범위 내에서라면 항소심에서도 당사자의 표시정정을 허용하여야 한다고 하면서, <u>원고가 당사자를 정확히 표시하지 못하고 당사자능력이나 당사자적격이 없는 자를 당사자로 잘못 표시하였다면, 당사자 표시정정신청을 받은 법원으로서는 당사자를 확정한 연후에 원고가 정정신청한 당사자 표시가 확정된 당사자의 올바른 표시이며 동일성이 인정되는지의 여부를 살피고, 그 확정된 당사자로 표시를 정정하도록 하는 조치를 취하여야</u> 한다(대판 2021.6.24. 2019다278433)고 판시하고 있다.

제1편 제2편 제3편 제4편 제5편 제6편 제7편

2. 요 건

(1) 당사자의 동일성

당사자표시정정은 당사자의 동일성이 인정되는 범위 내에서만 인정된다. 동일성이 인정되지 아니하는 새로운 사람으로 당사자를 교체하는 것을 임의적 당사자변경이라고 하며 이는 명문으로 허용하는 경우 외에는 원칙적으로 인정되지 아니한다.

(2) 동일성 인정 여부에 대한 구체적 검토

1) 동일성이 인정되는 사례

① 공부 등이 기재에 비추어 당사자의 성명에 오기나 누락이 있음이 명백한 경우 : [1] 소송당사자가 누구인가는 소장에 기재된 표시 및 청구의 내용과 원인사실 등 소장의 전 취지를 합리적으로 해석하여 확정하여야 하고, 비록 소장의 당사자 표시가 착오로 잘못 기재되었음에도 소송 계속 중 당사자표시정정이 이루어지지 않아 잘못 기재된 당사자를 표시한 본안판결이 선고 · 확정된 경우라 하더라도 그 확정판결을 당연무효라고 볼 수 없을뿐더러, 그 확정판결의 효력은 잘못 기재된 당사자와 동일성이 인정되는 범위 내에서 위와 같이 적법하게 확정된 당사자에 대하여 미친다고 보아야 한다.

[2] 임야의 소유자인 甲이 매도증서에 자신의 성명을 乙로 잘못 기재함에 따라 임야에 관한 등기부 및 구 토지대장에도 소유명의자가 乙로 잘못 기재된 사안에서, 위 등기부상 소유명의인인 乙을 상대로 진정명의회복을 원인으로 한 소유권이전등기절차의 이행을 구하는 소송을 제기하여 공시송달에 의하여 받은 승소확정판결의 효력이 동일한 당사자로 인정되는 甲에게 미친다고 본 원심의 판단을 수긍한 사례(대판 2011.1.27. 2008다27615).

② 당사자능력이 없는 사람을 당사자로 잘못 표시한 것이 명백한 경우

　㉠ 학설 : 소장의 전 취지를 합리적으로 해석하여 올바른 당사자능력자로 정정할 수 있다는 당사자표시정정설과 피고 측은 피고경정으로 원고 측은 원고경정에 의할 것이라는 임의적 당사자변경설이 대립하고 있다.

　㉡ 판례 : 판례는 원고가 피고를 정확히 표시하지 못하고 당사자능력이 없는 자를 피고로 잘못 표시하였다면, 당사자 표시정정신청을 받은 법원으로서는 당사자를 확정한 연후에 원고가 정정신청한 당사자표시가 확정된 당사자의 올바른 표시이며 동일성이 인정되는지의 여부를 살피고, 그 확정된 당사자로 피고의 표시를 정정하도록 하는 조치를 취하여야 한다(대판 1996.10.11. 96다3852)고 판시하고 있다.

　㉢ 검토 : 당사자능력이 없는 사람을 당사자로 잘못 표시한 것이 명백한 경우, 소송경제와 소송을 수행하는 당사자의 이익을 고려하여 표시정정을 허용하는 것이 타당하다고 판단된다.

③ 당사자적격이 없는 사람을 당사자로 잘못 표시한 경우 : 원고가 당사자를 정확히 표시하지 못하고 당사자능력이나 당사자적격이 없는 자를 당사자로 잘못 표시하였다면 법원은 당사자를 소장의 표시만에 의할 것이 아니고 청구의 내용과 원인사실을 종합하여 확정한 후 확정된 당사자가 소장의 표시와 다르거나 소장의 표시만으로 분명하지 아니한 때에는 당사자의 표시를 정정보충시키는 조치를 취하여야 하고 이러한 조치를 취함이 없이 단지 원고에게 막연히 보정명령만을 명한 후 소를 각하하는 것은 위법하다(대판 2013.8.22. 2012다68279).

2) 동일성이 부정되는 사례

판례는 ① 회사 대표이사가 개인 명의로 소를 제기한 후 회사로 당사자를 바꾸는 경우(대판 1998.1.23. 96다41496), ② 고유한 의미의 종중에서 종중 유사의 단체로 당사자를 바꾸는 경우(대판 1999.4.13. 98다50722), ③ 종회의 대표자로서 그 종회 자체로 당사자표기 변경신청을 한 경우(대판 1996.3.22. 94다61243) 등에는 당사자의 동일성을 인정하지 아니하고 있다.

3. 절 차

(1) 당사자표시정정의 신청

당사자표시정정을 위하여는 당사자의 신청이 있어야 한다. 법원이 당사자표시정정신청을 허용하는 경우에는 별도의 명시적 결정 없이 그 후 진행되는 소송절차에서 정정표시된 사람을 당사자로 취급한다. 법원이 당사자표시정정신청을 허용하지 아니하는 경우에는 불허결정을 한다.

(2) 당사자표시정정을 위한 석명

당사자가 누구인지 여부를 확정하기 어려운 경우에는 이를 분명하게 하기 위한 석명이 필요하고 이는 당사자 표시에 있어서 착오가 있음이 소장의 전 취지에 의하여 인정되는 경우에도 당사자표시정정을 위한 석명이 필요하며 이러한 석명이 없이 바로 소를 각하하는 것은 위법하다(대판 2001.11.13. 99두2017). 판례에 의하면 산재보험료 부과처분 상대방이 법인이고 그 부과처분에 대한 행정심판청구도 법인에 의하여 이루어졌으나 그 재결에 대한 취소소송을 제기함에 있어 소장의 당사자란에 원고를 대표이사 개인으로 잘못 표시한 경우, 법원으로서는 마땅히 원고에게 당해 원고가 누구인가를 분명히 하도록 명하여 원고를 명확히 확정한 연후에 확정된 원고가 법인이라면 원고의 표시를 법인으로 정정케 하는 조치를 취하여야 하고, 이러한 조치를 취함이 없이 단지 원고에게 막연히 소장정리만 명한 후 대표이사 개인을 원고로 보아 당해 소를 각하하였음은 심리미진으로 인하여 판결에 이유를 갖추지 못한 위법을 저지른 것에 해당한다(대판 1997.6.27. 97누5725). 이는 피고경정의 경우에도 마찬가지이다(대판 2006.11.9. 2006다23503).

(3) 상소심에서 당사자 표시정정

1) 제소 전 사망 이외의 경우

판례는 제소 전 사망 이외의 경우 표시정정은 제1심은 물론 항소심과 상고심에서도 상대방의 동의 없이 허용된다(대판 1978.8.22. 78다1205)고 판시하고 있다.

2) 제소 전 사망의 경우

제소 전 사망의 경우 표시정정은 제1심에서만 허용하며 항소심에서 누락된 상속인을 다시 피고로 표시정정추가할 수 없다고 보아 항소심에서 표시정정은 허용되지 아니한다(대판 1974.7.16. 73다1190)고 보며 법률심인 상고심에서도 당사자표시정정의 방법으로 그 흠결을 보정할 수 없다(대판 2012.6.14. 2010다105310)고 판시하고 있다.

4. 효 력

(1) 소송상태의 유지

표시정정 이전의 소송상태를 그대로 유지하여 소송을 진행할 수 있다. 즉, 소제기의 효과 등이 그대로 유지되므로 시효중단의 시기는 원래 소제기 시이다. 그러나 피고경정은 구소취하·신소제기의 성질을 가지므로 경정신청서 제출 시에 시효중단·기간준수의 효력이 발생한다.

(2) 간과판결의 효력

1) 단순한 당사자표시상의 착오에 불과한 경우

비록 소장의 당사자 표시가 착오로 잘못 기재되었음에도 소송계속 중 당사자표시정정이 이루어지지 않아 잘못 기재된 당사자를 표시한 본안판결이 선고·확정된 경우라 하더라도 그 확정판결을 당연무효라고 볼 수 없을 뿐더러, 그 확정판결의 효력은 잘못 기재된 당사자와 동일성이 인정되는 범위 내에서 위와 같이 적법하게 확정된 당사자에 대하여 미친다고 보아야 한다(대판 2011.1.27. 2008다27615).

2) 소제기 당시에 이미 사망한 사람 또는 당사자능력이 없는 단체를 당사자로 표시한 경우

소제기 당시에 이미 사망한 사람 또는 당사자능력이 없는 자를 당사자로 표시하여 제기한 소송에서 확정된 당사자로의 당사자표시정정이 이루어지지 아니한 채 <u>법원이 이를 간과하고 선고한 판결은 당연무효로서 그 확정된 당사자에게 미치지 아니한다.</u>

3) 부적법한 당사자표시정정신청을 간과한 경우

판례는 제1심법원이 제1차 변론준비기일에서 부적법한 당사자표시정정신청을 받아들이고 피고도 이에 명시적으로 동의하여 제1심 제1차 변론기일부터 정정된 원고인 회사와 피고 사이에 본안에 관한 변론이 진행된 다음 제1심 및 원심에서 본안판결이 선고되었다면, <u>당사자표시정정신청이 부적법하다고 하여 그 후에 진행된 변론과 그에 터 잡은 판결을 모두 부적법하거나 무효라고 하는 것은 소송절차의 안정을 해칠 뿐만 아니라 그 후에 새삼스럽게 이를 문제 삼는 것은 소송경제나 신의칙 등에 비추어 허용될 수 없다</u>(대판 2008.6.12. 2008다 11276)고 한다.

Ⅵ 성명모용소송

1. 의 의

<u>성명모용이란 타인의 성명을 무단히 사용하여 소송수행을 하는 것</u>을 말한다. 이러한 모용에는 원고 측 모용과 피고 측 모용이 있다. 피고 측 모용은 甲의 乙에 대한 소송에서 丙이 乙인양 출석하여 乙명의로 소송을 수행하는 <u>가장성명모용</u>과 丙이 乙의 성명을 모용하여 甲이 乙에 대하여 소송을 제기한 경우인 <u>진정성명모용</u>으로 구분할 수 있다.

2. 당사자의 확정

(1) 학 설

원고나 법원이 당사자로 삼으려는 사람이 당사자라고 보는 의사설, 소송상 당사자로 취급되거나 행동하는 사람이 당사자가 된다는 행위설, 소장에 나타난 당사자의 표시를 비롯하여 청구원인 그 밖의 기재등 전 취지를 기준으로 객관적으로 당사자를 정할 것이라는 표시설이 대립하고 있다.

(2) 판 례

판례는 원고가 사망 사실을 모르고 사망자를 피고로 표시하여 소를 제기한 경우에, 청구의 내용과 원인사실, 당해 소송을 통하여 분쟁을 실질적으로 해결하려는 원고의 소제기 목적 내지는 사망 사실을 안 이후의 원고의 피고 표시 정정신청 등 여러 사정을 종합하여 볼 때 사망자의 상속인이 처음부터 실질적인 피고이고 다만 그 표시를 잘못한 것으로 인정된다면, 사망자의 상속인으로 피고의 표시를 정정할 수 있다(대결 2006.7.4. 2005마 425)고 하여 실질적 표시설의 태도를 취하고 있다.

(3) 검 토

당사자확정의 객관적·획일적 기준이 필요하다는 점에서 표시설이 타당하다고 판단된다. 이에 나아가 표시설에 의하더라도 소장의 당사자란의 기재를 원칙적 기준으로 하되 청구의 취지 그 밖의 일체의 표시사항 등도 기준으로 하여 합리적으로 판단하여야 할 것이다(실질적 표시설). 실질적 표시설에 의하면 <u>어느 경우나 소장에 표시된 대로 당사자는 피모용자(乙)로 확정</u>된다.

3. 발견 시 법원의 조치

(1) 가장성명모용

표시설에 의할 때 피모용자가 당사자이므로 원고 측 모용이 판명된 경우에는 무권대리에 준하여 피모용자가 소를 추인하지 아니하는 한 판결로써 소를 각하하여야 하고, 소송비용은 모용자가 부담한다(민소법 제108조). 피고 측 모용은 모용자의 소송관여를 배척하고 진정한 피고(乙)를 소환하여야 한다.

(2) 진정성명모용

피모용자(乙)가 당사자로 확정되었으나 실제 피고는 丙이므로 소장의 피고표시를 고쳐야 하나 동일성이 인정되지 아니하여 판례는 피고경정을 인정하지 아니할 것으로 보인다. 결국 법원은 乙에 대하여 이행의 소의 당사자적격은 주장 자체로 구비되므로 피고적격은 있고 청구권이 없다는 것을 이유로 청구기각판결을 하여야 한다. 따라서 甲은 청구기각되는 불이익을 면하기 위하여 乙에 대한 소를 취하하고 丙에 대해 신소를 제기하여야 한다.

4. 간과판결의 효력 및 피모용자의 구제책

(1) 판결의 효력이 미치는 자

표시설에 의할 때 피모용자가 당사자이므로 모용자가 피고명의를 모용하여 소송을 수행한 경우 판결의 효력은 피모용자에게 미친다. 판례도 피고명의를 모용하여 소송수행한 경우 마치 대리권 없는 자가 피고의 소송대리인으로 소송수행한 것과 차이가 없으며 피모용자에게 판결의 효력이 미친다고 판시하고 있다(대판 1964.11.17. 64다328).

(2) 피모용자의 구제책

표시설에 의할 때 판결은 당연무효가 아니며 판결의 효력은 당사자인 피모용자에게 미치므로 확정 전에는 상소(민소법 제424조 제1항 제4호)를, 확정 후에는 재심의 소(민소법 제451조 제1항 제3호)를 제기하여 판결의 효력을 취소할 수 있다. 판례도 제3자가 피고를 참칭, 모용하여 소송을 진행한 끝에 판결이 선고되었다면 피모용자인 피고는 그 소송에 있어서 적법히 대리되지 않는 타인에 의하여 소송절차가 진행됨으로 말미암아 결국 소송관여의 기회를 얻지 못하였다 할 것이니 피고는 상소 또는 재심의 소를 제기하여 그 판결의 취소를 구할 수 있다고 판시하고 있다(대판 1964.11.17. 64다328).

5. 송달과정에서 피고모용

판례는 종국 판결의 기판력은 판결의 형식적 확정을 전제로 하여 발생하는 것이므로 공시송달의 방법에 의하여 송달된 것이 아니고 허위로 표시한 주소로 송달하여 상대방 아닌 다른 사람이 그 소송서류를 받아 의제자백의 형식으로 판결이 선고되고 다른 사람이 판결정본을 수령하였을 때에는 상대방은 아직도 판결정본을 받지 않은 상태에 있는 것으로서 위 편취판결은 확정 판결이 아니어서 기판력이 없다고 판시하여 항소설9)과 같은 견해를 취하고 있다(대판 1978.5.9. 75다634[전합]).

---

9) 항소설 : 판결편취의 경우 판결정본의 송달은 무효이므로 상소기간이 진행되지 아니하여 그 판결에 대하여 항소만 할 수 있다는 견해이다.

Ⅶ 사자상대소송

1. 제소 전에 사망한 경우

(1) 당사자의 확정

1) 학 설
당사자확정에 관하여는 의사설, 행위설, 표시설의 대립이 있다.

2) 판 례
원고가 사망 사실을 모르고 사망자를 피고로 표시하여 소를 제기한 경우에, 청구의 내용과 원인사실, 당해 소송을 통하여 분쟁을 실질적으로 해결하려는 원고의 소제기 목적 내지는 사망 사실을 안 이후의 원고의 피고 표시 정정신청 등 여러 사정을 종합하여 볼 때 사망자의 상속인이 처음부터 실질적인 피고이고 다만 그 표시를 잘못한 것으로 인정된다면, 사망자의 상속인으로 피고의 표시를 정정할 수 있다. 그리고 이 경우에 실질적인 피고로 해석되는 사망자의 상속인은 실제로 상속을 하는 사람을 가리키고, 상속을 포기한 자는 상속개시 시부터 상속인이 아니었던 것과 같은 지위에 놓이게 되므로 제1순위 상속인이라도 상속을 포기한 경우에는 이에 해당하지 아니하며, 후순위 상속인이라도 선순위 상속인의 상속포기 등으로 실제로 상속인이 되는 경우에는 이에 해당한다(대결 2006.7.4. 2005마425).

3) 검 토
당사자확정의 객관적·획일적 기준이 필요하다는 점에서 표시설이 타당하다고 판단된다. 이에 나아가 표시설에 의하더라도 소장의 당사자란의 기재를 원칙적 기준으로 하되 청구의 취지 그 밖의 일체의 표시사항 등도 기준으로 하여 합리적으로 판단하여야 할 것이다(실질적 표시설). 실질적 표시설에 의하면 사망자는 당사자능력이 없음이 분명하므로 사망자의 상속인이 올바른 당사자로 확정된다.

(2) 발견 시 법원의 조치 - 당사자의 사망사실을 모르고 사망자를 피고로 표기하여 소제기한 경우

1) 법원의 조치
당사자의 실재 또는 당사자능력은 소송요건이므로 법원의 직권조사사항이다. 판례는 이 경우 상속인으로 당사자를 확정하므로 법원은 보정을 명하고 보정을 하지 아니하면 소를 각하하여야 한다.

2) 보정방법
① 학설 : 사망자를 상속인으로 바꾸는 것은 임의적 당사자변경에 해당하고 피고경정규정(민소법 제260조)이 신설되었음을 이유로 피고경정에 의할 것이라는 피고경정설과 민사소송법 제59조를 유추적용하여 올바른 당사자로 표시정정의 형태로 보정할 것이라는 당사자표시정정설이 대립하고 있다.

② 판 례
ㄱ 피고의 사망사실을 모르는 경우 : 원고가 사망 사실을 모르고 사망자를 피고로 표시하여 소를 제기한 경우에, 청구의 내용과 원인사실, 당해 소송을 통하여 분쟁을 실질적으로 해결하려는 원고의 소제기 목적 내지는 사망 사실을 안 이후의 원고의 피고 표시 정정신청 등 여러 사정을 종합하여 볼 때 사망자의 상속인이 처음부터 실질적인 피고이고 다만 그 표시를 잘못한 것으로 인정된다면, 사망자의 상속인으로 피고의 표시를 정정할 수 있다(대결 2006.7.4. 2005마425).

ⓛ 피고의 사망사실을 안 경우10) : 분쟁을 실질적으로 해결하려는 원고의 소제기 목적, 소제기 후 바로 사실조회신청을 하여 상속인을 확인한 다음 피고표시정정신청서를 제출한 사정 등을 앞서 본 법리에 비추어 보면, 이 사건의 실질적인 피고는 당사자능력이 없어 소송당사자가 될 수 없는 사망자인 소외인이 아니라 처음부터 사망자의 상속인인 피고이고 다만 소장의 표시에 잘못이 있었던 것에 불과하므로, 원고는 소외인의 상속인으로 피고의 표시를 정정할 수 있고, 따라서 당초 소장을 제출한 때에 소멸시효 중단의 효력이 생긴다(대판 2011.3.10. 2010다99040).

ⓒ 소송대리인이 사망자를 원고로 표시하여 소제기한 경우 : 당사자가 사망하더라도 소송대리인의 소송대리권은 소멸하지 아니하므로(민사소송법 제95조 제1호), 당사자가 소송대리인에게 소송위임을 한 다음 소제기 전에 사망하였는데 소송대리인이 당사자가 사망한 것을 모르고 당사자를 원고로 표시하여 소를 제기하였다면 소의 제기는 적법하고, 시효중단 등 소제기의 효력은 상속인들에게 귀속된다. 이 경우 민사소송법 제233조 제1항이 유추적용되어 사망한 사람의 상속인들은 소송절차를 수계하여야 한다(대판 2016.4.29. 2014다210449).

ⓔ 사망자를 피고로 표시하여 제소하였으나 상속포기로 제2순위 상속인이 피고가 된 경우 : 당해 소송을 통하여 분쟁을 실질적으로 해결하려는 원고의 소제기 목적 내지는 사망 사실을 안 이후의 원고의 피고 표시 정정신청 등 여러 사정을 종합하여 볼 때 사망자의 상속인이 처음부터 실질적인 피고이고 다만 그 표시를 잘못한 것으로 인정된다면, 사망자의 상속인으로 피고의 표시를 정정할 수 있다. 그리고 이 경우에 실질적인 피고로 해석되는 사망자의 상속인은 실제로 상속을 하는 사람을 가리키고, 상속을 포기한 자는 상속개시 시부터 상속인이 아니었던 것과 같은 지위에 놓이게 되므로 제1순위 상속인이라도 상속을 포기한 경우에는 이에 해당하지 아니하며, 후순위 상속인이라도 선순위 상속인의 상속포기 등으로 실제로 상속인이 되는 경우에는 이에 해당한다(대결 2006.7.4. 2005마425).

ⓜ 제1순위 상속인을 피고로 표시하여 제소하였으나 상속포기로 제2순위 상속인이 피고가 된 경우 : [1] 원고가 피고의 사망 사실을 모르고 사망자를 피고로 표시하여 소를 제기한 경우에, 청구의 내용과 원인사실, 당해 소송을 통하여 분쟁을 실질적으로 해결하려는 원고의 소제기 목적 내지는 사망 사실을 안 이후 원고의 피고표시정정신청 등 여러 사정을 종합하여 볼 때에, 실질적인 피고는 당사자능력이 없어 소송당사자가 될 수 없는 사망자가 아니라 처음부터 사망자의 상속자이고 다만 그 표시에 잘못이 있는 것에 지나지 않는다고 인정되면 사망자의 상속인으로 피고의 표시를 정정할 수 있다 할 것인바, 상속개시 이후 상속의 포기를 통한 상속채무의 순차적 승계 및 그에 따른 상속채무자 확정의 곤란성 등 상속제도의 특성에 비추어 위의 법리는 채권자가 채무자의 사망 이후 그 1순위 상속인의 상속포기 사실을 알지 못하고 1순위 상속인을 상대로 소를 제기한 경우에도 채권자가 의도한 실질적 피고의 동일성에 관한 위 전제요건이 충족되는 한 마찬가지로 적용이 된다.
[2] 이 사건 청구의 내용과 원인사실, 원고의 소제기 목적 및 위 피고경정신청의 경위와 시점 등 여러 사정을 종합하여 볼 때, 원고가 의도한 이 사건 소의 실질적인 피고는 상속포기의 소급효로 말미암아 처음부터 상속채무에 관한 법률관계의 당사자가 될 수 없는 1순위 상속인이 아니라 적법한 상속채무자인 2순위 상속인인 피고들이라 할 것인데 다만 그 표시에 잘못이 있는 것에 지나지 아니하여 피고표시

---

10) 채무자 甲의 乙 은행에 대한 채무를 대위변제한 보증인 丙이 채무자 甲의 사망사실을 알면서도 그를 피고로 기재하여 소를 제기한 사안에서, 보증인 丙은 채무자 甲의 상속인으로 피고의 표시를 정정할 수 있고, 따라서 당초 소장을 제출한 때에 소멸시효 중단의 효력이 생긴다고 본 원심판단을 수긍한 사례

정정의 대상이 된다 할 것이고, 이와 같이 변경 전후 당사자의 동일성이 인정됨을 전제로 진정한 당사자를 확정하는 표시정정의 대상으로서의 성질을 지니는 이상 비록 소송에서 피고의 표시를 바꾸면서 피고경정의 방법을 취하였다 해도 피고표시정정으로서의 법적 성질 및 효과는 잃지 않는다고 보아야 할 것이다(대판 2009.10.15. 2009다49964).

ⓑ 상속인이 피상속인과 자신을 공동원고로 하여 소를 제기한 경우 : 소제기 당시 이미 사망한 당사자와 상속인이 공동원고로 표시된 손해배상청구의 소가 제기된 경우, 이미 사망한 당사자 명의로 제기된 소 부분은 부적법하여 각하되어야 할 것일 뿐이고, 소의 제기로써 상속인이 자기 고유의 손해배상청구권뿐만 아니라 이미 사망한 당사자의 손해배상청구권에 대한 자신의 상속분에 대해서까지 함께 권리를 행사한 것으로 볼 수는 없다(대판 2015.8.13. 2015다209002).

③ 검토 : 생각건대 피고경정은 요건이 엄격하여 원고로 하여금 간편한 절차로 보정하게 하는 것이 구체적 타당성 또는 소송경제 측면에서 타당하므로 원고의 실질적 의사에 부합하는 당사자표시정정설이 타당하다고 보인다.

(3) 간과판결의 효력 및 구제책

1) 판결의 효력이 미치는 자

판례에 의하면 상속인으로 피고가 확정되지만 판결문의 피고는 사자이므로 피고를 상속인으로 보정하지 아니하는 한 사자에게 판결의 효력이 미치고 상속인에게는 그 판결의 효력이 미치지 아니한다고 본다.

2) 간과판결의 효력

판례는 사망자를 피고로 하는 소제기는 원고와 피고의 대립당사자 구조를 요구하는 민사소송법상의 기본원칙이 무시된 부적법한 것으로서 실질적 소송관계가 이루어질 수 없으므로, 그와 같은 상태에서 제1심판결이 선고되었다 할지라도 판결은 당연무효이며, 판결에 대한 사망자인 피고의 상속인들에 의한 항소나 소송수계신청은 부적법하고 이러한 법리는 소제기 후 소장부본이 송달되기 전에 피고가 사망한 경우에도 마찬가지로 적용된다고 한다(대판 2015.1.29. 2014다34041). 또한 무효인 판결이므로 기판력도 발생하지 아니한다(대판 1980.5.27. 80다735)고 판시하고 있다.

3) 구제책

판례는 당사자가 소제기 이전에 이미 사망하여 주민등록이 말소된 사실을 간과한 채 본안 판단에 나아간 원심판결은 당연무효라 할 것이나, 민사소송이 당사자의 대립을 그 본질적 형태로 하는 것임에 비추어 사망한 자를 상대로 한 상고는 허용될 수 없다 할 것이므로, 이미 사망한 자를 상대방으로 하여 제기한 상고는 부적법하다(대판 2000.10.27. 2000다33775)거나 사망한 사람을 당사자로 하여 선고된 판결은 당연무효로서 확정력이 없어 이에 대한 재심의 소는 부적법하다(대판 1994.12.9. 94다16564)고 하여 상소나 재심을 원칙적으로 허용하지 아니하고 있다. 또한 소제기 전 사망자를 당사자로 한 소제기는 부적법하므로 비록 제1심판결 선고가 있었다고 하더라도 망인의 재산상속인들의 소송수계신청은 허용되지 아니한다(대판 1970.3.24. 69다929)고 하고 있다.

(4) 하자의 치유

표시설에 의하면 소송수행결과나 판결의 효력이 상속인에게 미치지 아니한다. 그러나 상속인이 소장을 수령하고 사자 명의로 대리인을 선임하는 등 상속인이 현실적으로 소송을 수행한 경우, 신의칙상 상속인에게 소송수행의 결과나 판결의 효력을 인수시키는 것이 바람직할 것이다.

2. 소제기 후 소장부본 송달 전에 피고가 사망한 경우

(1) 학설

이 경우 제소 전 사망에 준해 처리하여야 한다는 견해, 소송 중 사망한 것으로 보아 민사소송법 제233조를 유추적용해야 한다는 견해, 피고의 사망은 제소 전 사망, 원고의 사망은 소송 중 사망에 준해 처리하여야 한다는 견해가 대립하고 있다.

(2) 판례

판례는 사망자를 피고로 하는 소제기는 원고와 피고의 대립당사자 구조를 요구하는 민사소송법상의 기본원칙이 무시된 부적법한 것으로서 실질적 소송관계가 이루어질 수 없으므로, 그와 같은 상태에서 제1심판결이 선고되었다 할지라도 그 판결은 당연무효이며, 그 판결에 대한 사망자인 피고의 상속인들에 의한 항소나 소송수계신청은 부적법하다. 이러한 법리는 소제기 후 소장부본이 송달되기 전에 피고가 사망한 경우에도 마찬가지로 적용된다(대판 2015.1.29. 2014다34041)고 한다.

(3) 검토

생각건대 이당사자 대립구조는 소송계속 시에 필요한 것이고 소송계속은 소장부본 송달 시에 발생하므로 소장부본송달 이전에 사망한 경우에는 제소 전 사망의 법리와 같이 취급하는 판례의 태도가 타당하다고 판단된다.

3. 소송계속 후 변론종결 전에 사망한 경우

(1) 당사자의 사망과 소송절차 중단

1) 소송이 종료되는 경우

판례는 재판상의 이혼청구권은 부부의 일신전속의 권리이므로 이혼소송 계속 중 배우자의 일방이 사망한 때에는 상속인이 그 절차를 수계할 수 없음은 물론이고, 또 그러한 경우에 검사가 이를 수계할 수 있는 특별한 규정도 없으므로 이혼소송은 종료된다(대판 1994.10.28. 94므246)고 판시하여 소송물이 일신전속적 법률관계로서 상속될 수 없거나 당사자에게 상속인 등 소송절차를 수계할 사람이 없는 경우에는 소송절차는 종료된다고 한다.

2) 소송절차의 중단

소송절차가 중단되기 위해서는 ① 소송계속 중 당사자가 사망한 경우이어야 하고, ② 소송대리인이 있는 경우가 아니어야 하며, ③ 상속인이 있어야 하고, ④ 소송물이 상속될 수 있어야 한다. 소송절차가 중단되면 판결의 선고를 제외하고는 소송절차상의 일체의 소송행위를 할 수 없으며 상속인은 수계신청으로 중단을 해소할 수 있다(민소법 제233조 제1항).

3) 소송이 중단되지 아니하는 경우 – 소송대리인이 있는 경우

① 소제기 후 당사자가 사망한 경우(민소법 제238조 적용) : 판례는 당사자가 사망하였으나 소송대리인이 있어 소송절차가 중단되지 아니한 경우 원칙적으로 소송수계라는 문제가 발생하지 아니하고 소송대리인은 상속인들 전원을 위하여 소송을 수행하게 되는 것이며 그 사건의 판결은 상속인들 전원에 대하여 효력이 있다 할 것이고, 이때 상속인이 밝혀진 경우에는 상속인을 소송승계인으로 하여 신당사자로 표시할 것이지만 상속인이 누구인지 모를 때에는 망인을 그대로 당사자로 표시하여도 무방하며, 가령 신당사자를 잘못 표시하였다 하더라도 그 표시가 망인의 상속인, 상속승계인, 소송수계인 등 망인의 상속인임을 나타

내는 문구로 되어 있으면 잘못 표시된 당사자에 대하여는 판결의 효력이 미치지 아니하고 여전히 정당한 상속인에 대하여 판결의 효력이 미친다(대결 1992.11.5. 91마342)고 한다. 이 경우 소송절차가 중단되지 아니하기 때문에 중단을 해소하기 위한 수계신청은 필요하지 아니하지만 상속인 등이 소송수계신청을 하는 것은 가능하다. 이는 당사자표시정정신청의 의미를 가진다.

② **당사자가 소송대리인에게 소송위임을 한 다음 소제기 전에 사망한 경우**(민소법 제233조 유추적용) : 판례는 당사자가 사망하더라도 소송대리인의 소송대리권은 소멸하지 아니하므로(민사소송법 제95조 제1호), 당사자가 소송대리인에게 소송위임을 한 다음 소제기 전에 사망하였는데 소송대리인이 당사자가 사망한 것을 <u>모르고 당사자를 원고로 표시하여 소를 제기하였다면 소의 제기는 적법하고, 시효중단 등 소제기의 효력은 상속인들에게 귀속된다. 이 경우 민사소송법 제233조 제1항이 유추적용되어 사망한 사람의 상속인들은 소송절차를 수계하여야</u> 한다(대판 2016.4.29. 2014다210449)고 판시하고 있다.

③ **심급대리의 원칙상 소송절차의 중단**

  ㉠ 특별수권이 없는 경우 : 당사자가 사망하였으나 그를 위한 소송대리인이 있는 경우에는 소송절차가 중단되지 아니하고, 그 소송대리인은 상속인들 전원을 위하여 소송을 수행하게 되어 그 사건의 판결은 상속인들 전원에 대하여 효력이 있다고 할 것이며, <u>다만 심급대리의 원칙상 그 판결정본이 소송대리인에게 송달된 때에는 소송절차가 중단된다</u>(대판 1996.2.9. 94다61649).

  ㉡ 특별수권이 있는 경우 : 제1심의 소송대리인이 상소제기에 관한 특별수권이 있어 상소를 제기하였다면 상소제기 시부터 소송절차가 중단되므로 이때는 상소심에서 적법한 소송수계절차를 거쳐야 소송중단이 해소된다(대판 2016.9.8. 2015다39357).

④ **중단의 범위** : 통상공동소송에서는 중단사유가 있는 자의 절차만 중단되나 필수적 공동소송에서는 소송 전체가 중단된다.

(2) 수계신청법원

1) 문제점

수계신청은 중단 당시에 소송이 계속된 법원에 해야 한다. 그러나 원심에서 중단사유가 발생하였음에도 불구하고 상소를 제기한 경우 수계신청은 어느 법원에 해야 하는지 문제 된다.

2) 학 설

<u>상소장의 원심법원제출주의를 근거로 원심법원에 수계신청을 하여야 한다는 원심법원설과 원심법원설은 소송지연을 초래하고 소송경제에 반하므로 원심법원 또는 상소법원에 선택적으로 수계신청을 할 수 있다는 선택설</u>이 대립하고 있다.

3) 판 례

판례는 <u>소송계속 중 어느 일방 당사자의 사망에 의한 소송절차 중단을 간과하고 변론이 종결되어 판결이 선고된 경우에는 판결이 선고된 후 적법한 상속인들이 수계신청을 하여 판결을 송달받아 상고하거나 또는 사실상 송달을 받아 상고장을 제출하고 상고심에서 수계절차를 밟은 경우에도 그 수계와 상고는 적법한 것이라고 보아야 하고, 그 상고를 판결이 없는 상태에서 이루어진 상고로 보아 부적법한 것이라고 각하해야 할 것은 아니다</u>(대판 1995.5.23. 94다28444[전합])고 하여 선택설의 입장을 취하고 있다.

4) 검 토

사실상 상소로 인해 상급심에 이심된 경우에도 원심에 수계신청을 하는 것은 소송경제와 당사자의 편의에 반하므로 판례의 태도가 타당하다고 판단된다.

(3) 사망간과판결의 효력

1) 상속인의 당사자지위의 당연승계 여부

① 학설 : 소송 중 사망이라는 포괄승계원인의 발생으로 당연히 사망자의 당사자로서의 지위가 상속인에게 승계되어 상속인이 새 당사자가 되며 수계절차는 확인적 의미를 가지는 데 불과하다는 당연승계긍정설과 당연승계개념은 형식적 당사자개념과 부합하지 아니하고 상속인이 상속을 포기할 수도 있으므로 상속인이 수계절차를 밟아서 당사자로 표시되어야만 당사자가 변경된다고 하는 당연승계부정설이 대립하고 있다.

② 판례 : 판례는 대립당사자 구조를 갖추고 적법히 소가 제기되었다가 소송 도중 어느 일방의 당사자가 사망함으로 인해서 그 당사자로서의 자격을 상실하게 된 때에는 그 대립당사자 구조가 없어져 버린 것이 아니고, 그때부터 그 소송은 그의 지위를 당연히 이어 받게 되는 상속인들과의 관계에서 대립당사자 구조를 형성하여 존재하게 되는 것이라고 판시하고 있다(대판 1995.5.23. 94다28444[전합]).

③ 검토 : 소송대리인이 있는 경우에는 당사자가 소송 중 사망해도 절차가 중단되지 아니하고 대리인을 승계인의 대리인으로 보는 것은 당연승계를 전제로 하는 것이므로 긍정설이 타당하다.

2) 절차중단 사유를 간과한 판결의 효력

① 학설 : 당연승계긍정설의 입장에서 소송 중 사망을 간과한 판결은 절차중단을 간과한 절차상 위법만 존재할 뿐 대립당사자구조를 간과한 위법은 없다는 유효설과 당연승계부정설의 입장에서 소송 중 사망을 간과한 판결이 대립당사자구조를 간과한 점은 제소 전 사망과 차이가 없으므로 당연무효라는 무효설이 대립하고 있다.

② 판례 : 판례는 소송계속 중 어느 일방 당사자의 사망에 의한 소송절차 중단을 간과하고 변론이 종결되어 판결이 선고된 경우에는 그 판결은 소송에 관여할 수 있는 적법한 수계인의 권한을 배제한 결과가 되는 절차상 위법은 있지만 그 판결이 당연무효라 할 수는 없고, 다만 그 판결은 대리인에 의하여 적법하게 대리되지 않았던 경우와 마찬가지로 보아 대리권흠결을 이유로 상소 또는 재심에 의하여 그 취소를 구할 수 있을 뿐이라고 판시하고 있다(대판 1995.5.23. 94다28444[전합]).

③ 검토 : 당연승계를 긍정한 이상 소송 중 사망을 간과한 판결은 대립당사자구조를 간과한 위법이 있다고 볼 수 없으므로 그 판결은 유효하다고 판단된다.

(4) 하자의 치유

1) 항소심에서의 추인

판례는 소송절차 중단 중에 제기된 상소는 부적법하지만 상소심법원에 수계신청을 하여 하자를 치유시킬 수 있으므로, 상속인들에게서 항소심소송을 위임받은 소송대리인이 소송수계절차를 취하지 아니한 채 사망한 당사자 명의로 항소장 및 항소이유서를 제출하였더라도, 상속인들이 항소심에서 수계신청을 하고 소송대리인의 소송행위를 적법한 것으로 추인하면 하자는 치유되고, 추인은 묵시적으로도 가능하다(대판 2016.4.29. 2014다210449)고 하고 있다.

2) 상고심에서의 추인

판례는 소송계속 중 어느 일방 당사자의 사망에 의한 소송절차 중단을 간과하고 변론이 종결되어 판결이 선고된 경우에는, 판결이 선고된 후 적법한 상속인들이 수계신청을 하여 판결을 송달받아 상고하거나 또는 사실상 송달을 받아 상고장을 제출하고 상고심에서 수계절차를 밟은 경우에도 그 수계와 상고는 적법한 것이라고 보아야 하고, 그 상고를 판결이 없는 상태에서 이루어진 상고로 보아 부적법한 것이라고 각하해야 할 것은 아니고, 민사소송법 제424조 제2항을 유추하여 볼 때 당사자가 판결 후 명시적 또는 묵시적으로 원심의 절차를 적법한 것으로 추인하면 위와 같은 상소사유 또는 재심사유는 소멸한다고 보아야 한다(대판 2003.11.14. 2003다34038)고 한다.

제1편

제2편

제3편

제4편

제5편

제6편

제7편

(5) 사망자표시 확정판결의 집행방법

1) 학 설

승계집행문 부여를 구하여 상속인에게 집행하면 된다고 하는 승계집행문설과 판결경정으로 판결을 시정하여 일반집행문을 받아 상속인에게 집행하면 된다고 하는 판결경정설이 대립하고 있다.

2) 판 례

① 절차중단을 간과하고 사망자이름으로 판결을 선고한 경우 : 판례는 소송계속 중 어느 일방 당사자의 사망에 의한 소송절차 중단을 간과하고 변론이 종결되어 판결이 선고된 경우에 사망한 자가 당사자로 표시된 판결에 기하여 사망자의 승계인을 위한 또는 사망자의 승계인에 대한 강제집행을 실시하기 위하여는 <u>민사집행법 제31조를 준용하여 승계집행문을 부여함이 상당하다</u>(대결 1998.5.30. 98그7)고 한다.

② 합병으로 회사가 소멸하였지만 소송대리인이 있어 절차가 중단되지 아니한 경우 : 소송계속 중 회사인 일방 당사자의 합병에 의한 소멸로 인하여 소송절차 중단 사유가 발생하였음에도 이를 간과하고 변론이 종결되어 판결이 선고된 경우 소송대리인이 선임되어 있는 경우에는 민사소송법 제95조에 의하여 그 소송대리권은 당사자인 법인의 합병에 의한 소멸로 인하여 소멸되지 않고 그 대리인은 새로운 소송수행권자로부터 종전과 같은 내용의 위임을 받은 것과 같은 대리권을 가지는 것으로 볼 수 있으므로, <u>법원으로서는 당사자의 변경을 간과하여 판결에 구 당사자를 표시하여 선고한 때에는 소송수계인을 당사자로 경정하면 될 뿐, 구 당사자 명의로 선고된 판결을 대리권 흠결을 이유로 상소 또는 재심에 의하여 취소할 수는 없다</u>(대판 2002.9.24. 2000다49374)고 판시하고 있다.

3) 검 토

절차중단을 간과한 판결도 상속인에게 효력이 미치는 이상 민사집행법 제25조 제1항, 제2항에 따라 승계집행문을 부여받아 집행하면 된다는 점에서 승계집행문설이 타당하다. 다만, 판결 전에 누가 승계인인지 이미 판명된 경우에는 판결의 명백한 표현상 오류처럼 판결을 경정하여 집행하면 된다고 볼 것이다.

4. 변론종결 뒤에 사망한 경우

(1) 중단 중 판결선고

1) 절차중단 여부와 사망간과판결의 적법 여부

판례는 원고가 위 망인을 상대로 제기한 소송은 위 망인의 사망으로 중단되었고, 다만 판결의 선고는 소송절차가 중단된 중에도 할 수 있으므로 위 법원이 이 사건 재심대상판결을 선고한 것은 적법하다고 할 것이나, <u>그 소송절차는 그 판결선고와 동시에 중단된다고 판시하고 있다</u>(대판 2007.12.14. 2007다52997). <u>이러한 법리는 원고가 사망한 경우에도 마찬가지이다</u>(대판 1989.9.26. 87므13).

2) 판결정본 송달의 효력과 판결확정 여부

판례는 피고가 변론종결 후 사망한 상태에서 판결이 선고된 사안에서 그 소송절차는 그 판결선고와 동시에 중단되었으므로 위 <u>망인에 대하여 판결정본을 공시송달한 것은 효력이 없고, 위 망인의 상속인이 그 소송절차를 수계하여 위 판결의 정본을 송달받기 전까지는 그에 대한 항소제기기간이 진행될 수도 없으며, 이는 위 망인의 상속인들인 피고들이 위 판결의 존재를 알고 있었다거나 위 소송에 대한 수계신청을 하였다는 등의 사정이 있다고 하여 달리 볼 것은 아니라고 할 것이다</u>(대판 2007.12.14. 2007다52997).

(2) 확정판결의 효력

판결의 선고는 소송절차가 중단된 중에도 할 수 있다(민소법 제247조 제1항). 이러한 판결은 유효하며 그 판결이 확정되면 변론종결 뒤의 승계인인 상속인에게 기판력이 미친다(민소법 제218조 제1항). 다만, 승소한 원고는 승계 집행문을 부여받아야 한다(민집법 제31조 제1항).

Ⅷ 법인격부인

1. 법인격부인의 법리

(1) 의 의

법인격부인이론은 법인격이 형해화 또는 남용된 경우 특정 사안에 한하여 해당 법인의 법인격을 부정하고 법인과 실체를 이루는 개인 또는 다른 법인을 동일시하여 배후자들에게 책임을 추궁하고자 하는 이론이다.

(2) 유 형

1) 법인격의 형해화

법인격의 형해화란 회사가 외형상으로는 법인의 형식을 갖추고 있으나 법인의 형태를 빌리고 있는 것에 지나지 아니하고 실질적으로는 완전히 그 법인격의 배후에 있는 사람의 개인기업에 불과한 경우를 말한다.

2) 법인격의 남용

법인격의 남용이란 법인격을 배후자에 대한 법률적용을 회피하기 위한 수단으로 함부로 이용되는 경우를 의미한다.

3) 법인격부인의 역적용

법인격부인이론의 역적용은 배후자의 행위 또는 채무에 대한 책임을 법인에게 지우는 것을 말하는 것으로 예컨대 배후자가 재산을 은닉하거나 채무를 면탈할 목적으로 회사를 설립하고 출자하거나 회사에 재산을 이전하는 경우, 회사가 배후자의 채무에 대한 책임을 지는 경우를 의미한다. 최근 판례는 개인과 회사의 주주들이 경제적 이해관계를 같이하는 등 개인이 새로 설립한 회사를 실질적으로 운영하면서 자기 마음대로 이용할 수 있는 지배적 지위에 있다고 인정되는 경우로서, 회사 설립과 관련된 개인의 자산 변동 내역, 특히 개인의 자산이 설립된 회사에 이전되었다면 그에 대하여 정당한 대가가 지급되었는지 여부, 개인의 자산이 회사에 유용되었는지 여부와 그 정도 및 제3자에 대한 회사의 채무 부담 여부와 그 부담 경위 등을 종합적으로 살펴보아 회사와 개인이 별개의 인격체임을 내세워 회사 설립 전 개인의 채무 부담행위에 대한 회사의 책임을 부인하는 것이 심히 정의와 형평에 반한다고 인정되는 때에는 회사에 대하여 회사 설립 전에 개인이 부담한 채무의 이행을 청구하는 것도 가능하다고 보아야 한다(대판 2021.4.15. 2019다293449)고 하여 법인격부인의 역적용을 인정하는 판시를 한바 있다.

(3) 적용요건

법인격부인이론의 요건은 ① 법인격의 형해화 내지는 법인격의 남용이 있을 것(지배요건), ② 배후자의 부정행위로 채무가 자본을 훨씬 초과하는 등 자본불충분 상태를 야기할 것(자본불충분요건), ③ 지배 및 자본불충분과 원고의 손해 사이에 인과관계가 있을 것 등의 요건을 요한다.

2. 법인격이 부인되는 법인에 대한 소제기가 적법한지 여부

(1) 당사자확정

법인격부인론은 특정사안에서 법인격을 부인할 뿐 피고로 확정될 수 없다는 의미는 아니므로 법인격이 부인될 회사라도 피고로 표시되면 당사자로 확정된다.

(2) 당사자자격

법인격부인론은 특정사안에서 법인격을 부인할 뿐 일반적으로 권리능력을 부정하거나 당사자적격을 부정하는 것은 아니다.

3. 발견 시 채권자의 조치

(1) 별소의 제기 가부

1) 판 례

① **배후자 개인에 대한 별소제기** : 회사가 외형상으로는 법인의 형식을 갖추고 있으나 법인의 형태를 빌리고 있는 것에 지나지 아니하고 실질적으로는 완전히 그 법인격의 배후에 있는 사람의 개인기업에 불과하거나, 그것이 배후자에 대한 법률적용을 회피하기 위한 수단으로 함부로 이용되는 경우에는, 비록 외견상으로는 회사의 행위라 할지라도 회사와 그 배후자가 별개의 인격체임을 내세워 회사에게만 그로 인한 법적 효과가 귀속됨을 주장하면서 배후자의 책임을 부정하는 것은 신의성실의 원칙에 위배되는 법인격의 남용으로서 회사는 물론 그 배후자인 타인에 대하여도 회사의 행위에 관한 책임을 물을 수 있다고 보아야 한다(대판 2008.9.11. 2007다90982).

② **배후법인에 대한 별소제기** : 기존회사가 채무를 면탈하기 위하여 기업의 형태·내용이 실질적으로 동일한 신설회사를 설립하였다면, 신설회사의 설립은 기존회사의 채무면탈이라는 위법한 목적 달성을 위하여 회사제도를 남용한 것에 해당한다. 이러한 경우에 기존회사의 채권자에 대하여 위 두 회사가 별개의 법인격을 갖고 있음을 주장하는 것은 신의성실의 원칙상 허용될 수 없으므로, 기존회사의 채권자는 위 두 회사 어느 쪽에 대하여도 채무의 이행을 청구할 수 있다(대판 2008.8.21. 2006다24438).

③ **다른 법인에 대한 별소제기** : 기존회사의 자산이 기업의 형태·내용이 실질적으로 동일한 다른 회사로 바로 이전되지 않고, 기존회사에 정당한 대가를 지급한 제3자에게 이전되었다가 다시 다른 회사로 이전되었다고 하더라도, 다른 회사가 제3자로부터 자산을 이전받는 대가로 기존회사의 다른 자산을 이용하고도 기존회사에 정당한 대가를 지급하지 않았다면, 이는 기존회사에서 다른 회사로 직접 자산이 유용되거나 정당한 대가 없이 자산이 이전된 경우와 다르지 않다. 이러한 경우에도 기존회사의 채무를 면탈할 의도나 목적, 기존회사의 경영상태, 자산상황 등 여러 사정을 종합적으로 고려하여 회사제도를 남용한 것으로 판단된다면, 기존회사의 채권자는 다른 회사에 채무이행을 청구할 수 있다(대판 2019.12.13. 2017다271643).

④ **법인격부인의 역적용** : 최근 판례는 회사와 개인이 별개의 인격체임을 내세워 회사 설립 전 개인의 채무부담행위에 대한 회사의 책임을 부인하는 것이 심히 정의와 형평에 반한다고 인정되는 때에는 회사에 대하여 회사 설립 전에 개인이 부담한 채무의 이행을 청구하는 것도 가능하다고 보아야 한다(대판 2021.4.15. 2019다293449)고 하여 법인격부인의 역적용을 인정하는 판시를 한바 있다.

2) 검 토

법인격부인론은 신의칙 위반을 이유로 하여 특정한 경우에 채무자의 책임을 배후자에게 지우고자 하는 이론이라는 점을 고려하면 법인과 배후자는 별개의 법인격을 가지고 있다고 할 것이므로 그 배후자에 대하여도 별소를 제기할 수 있다고 하는 것이 타당하다.

(2) 피고의 변경 여부

1) 학설

① 법인격부인의 경우는 구회사의 표시만으로 배후자도 당사자로 확정되어 있는 것으로 보아 당사자표시정정절차에 의할 것이라는 당사자표시정정설, ② 양자는 별개의 인격이지만 실질적으로는 일체성을 가지고 있으므로 소송의 승계가 가능하다는 소송승계설, ③ 임의적 당사자변경에 의하되 법인(신설회사)과 배후자(기존회사)의 인적 구성과 영업목적이 동일하면 표시정정이 가능하다는 수정임의적 당사자변경설, ④ 법인격이 부인되는 법인과 배후자가 별개의 법인격이므로 당사자 사이의 동일성을 인정하기 어렵기 때문에 임의적 당사자변경절차에 의할 것이라는 임의적 당사자변경설이 대립하고 있다.

2) 검토

생각건대 법인과 배후자는 동일하지도 아니하고 소송승계도 없으므로 피고경정의 요건을 갖추는 경우에 한하여 임의적 당사자변경이 가능하다고 하는 임의적 당사자변경설이 타당하다.

4. 판결효력의 확장 여부

(1) 판례

판례는 갑 회사와 을 회사가 기업의 형태·내용이 실질적으로 동일하고, 갑 회사는 을 회사의 채무를 면탈할 목적으로 설립된 것으로서 갑 회사가 을 회사의 채권자에 대하여 을 회사와는 별개의 법인격을 가지는 회사라는 주장을 하는 것이 신의성실의 원칙에 반하거나 법인격을 남용하는 것으로 인정되는 경우에도, 권리관계의 공권적인 확정 및 그 신속·확실한 실현을 도모하기 위하여 절차의 명확·안정을 중시하는 소송절차 및 강제집행절차에 있어서는 그 절차의 성격상 을 회사에 대한 판결의 기판력 및 집행력의 범위를 갑 회사에까지 확장하는 것은 허용되지 아니한다(대판 1995.5.12. 93다44531)고 한다.

(2) 검토

채권자가 을 회사에 대한 채권에 대하여 승소판결을 받았다고 하더라도 갑회사의 재산에 대해 강제집행을 하기 위하여는 법인격부인의 법리를 주장하여 다시 갑을 상대로 제소하여 승소판결을 받아야 한다.

제2절   당사자의 자격

제1관 | 당사자능력

I 서설

1. 의의

당사자능력이란 소송의 주체가 될 수 있는 일반적 능력을 말한다. 민법상 권리능력에 대응한다.

2. 구별개념

사건과 관계없이 일반적으로 당사자가 될 수 있는 능력을 의미하므로 특정 사건에서 본안판결을 받기에 적합한 자격을 의미하는 당사자적격과 구별된다.

Ⅱ 실질적 당사자능력자

당사자능력은 특별한 사정이 없는 한 민법에 따르므로 민법상 권리능력이 있는 자는 당사자능력이 인정된다. 따라서 자연인과 법인에게는 당사자능력이 인정되는 반면 태아는 일정한 경우(민법 제762조, 제1000조 제3항, 제1064조)외 에는 당사자능력이 인정되지 아니한다.

Ⅲ 형식적 당사자능력자

1. 비법인사단의 소송수행방안

(1) 비법인사단의 당사자능력

1) 당사자능력 인정요건

비법인사단은 구성원의 개인성과는 별개로 권리·의무의 주체가 될 수 있는 독자적 존재로서의 단체적 조직을 가지는 특성이 있다 하겠는데, 어떤 단체가 고유의 목적을 가지고 사단적 성격을 가지는 규약을 만들어 이에 근거하여 의사결정기관 및 집행기관인 대표자를 두는 등의 조직을 갖추고 있고, 기관의 의결이나 업무 집행방법이 다수결의 원칙에 의하여 행하여지며, 구성원의 가입, 탈퇴 등으로 인한 변경에 관계없이 단체 그 자체가 존속되고, 그 조직에 의하여 대표의 방법, 총회나 이사회 등의 운영, 자본의 구성, 재산의 관리 기타 단체로서의 주요사항이 확정되어 있는 경우에는 비법인사단으로서의 실체를 가진다고 할 것이다(대판 1999.4.23. 99다4504).

2) 종중의 경우

종중이란 공동선조의 후손들에 의하여 그 선조의 분묘수호 및 봉제사와 후손 상호 간의 친목을 목적으로 형성되는 자연발생적인 종족단체로서 그 선조의 사망과 동시에 그 후손에 의하여 성립하는 것이며, 종중의 규약이나 관습에 따라 선출된 대표자 등에 의하여 대표되는 정도로 조직을 갖추고 지속적인 활동을 하고 있다면 비법인사단으로서의 단체성이 인정되고, 종중이 비법인사단으로서 당사자능력이 있느냐의 문제는 소송요건에 관한 것으로서 사실심의 변론종결 시를 기준으로 판단하여야 하는 것이다(대판 2010.3.25. 2009다 95387).

(2) 구성원전원의 소송수행

1) 공동소송의 형태

민법 제276조 제1항에 따라 총유물의 관리처분권은 비법인사단의 구성원 전원에 귀속되므로 공동소송의 형태는 실체법상 소송공동이 강제되는 고유필수적 공동소송에 해당한다.

2) 총회결의의 필요성

비법인사단의 대표자가 총유물의 처분에 관한 소송행위를 하려면 특별한 사정이 없는 한 민법 제276조 제1항에 의하여 사원총회의 결의가 있어야 하고 그 결의 없이 소송행위를 하였다면 이는 소송행위를 함에 필요한 특별수권을 받지 아니한 경우로서, 민사소송법 제451조 제1항 제3호 소정의 재심사유에 해당한다(대판 1999.10.22. 98다46600).

3) 보존행위의 경우

총유물의 보존에 있어서는 공유물의 보존에 관한 민법 제265조의 규정이 적용될 수 없고, 민법 제276조 제1항의 규정에 따른 사원총회의 결의를 거치거나 정관이 정하는 바에 따른 절차를 거쳐야 하므로, 법인 아닌 사단인 교회가 총유재산에 대한 보존행위로서 소송을 하는 경우에도 교인 총회의 결의를 거치거나 정관이 정하는 바에 따른 절차를 거쳐야 한다(대판 2014.2.13. 2012다112299).

4) 구성원 일부명의로 소송수행 가부

총유재산에 관한 소송은 법인 아닌 사단이 그 명의로 사원총회의 결의를 거쳐 하거나 또는 그 구성원 전원이 당사자가 되어 필수적 공동소송의 형태로 할 수 있을 뿐 그 사단의 구성원은 설령 그가 사단의 대표자라거나 사원총회의 결의를 거쳤다 하더라도 그 소송의 당사자가 될 수 없고, 이러한 법리는 총유재산의 보존행위로서 소를 제기하는 경우에도 마찬가지라 할 것이다(대판 2005.9.15. 2004다44971[전합]). 따라서 비법인사단의 대표자 개인이 총유재산의 보존행위로서 소를 제기한 경우에는 법원은 당사자적격 흠결을 이유로 부적법각하하여야 한다.

2. 조합의 소송수행방안

(1) 조합과 비법인사단의 구별

판례에 의하면 민법상의 조합과 법인격은 없으나 사단성이 인정되는 비법인사단을 구별함에 있어서는 일반적으로 그 단체성의 강약을 기준으로 판단하여야 하는바, 조합은 2인 이상이 상호 간에 금전 기타 재산 또는 노무를 출자하여 공동사업을 경영할 것을 약정하는 계약관계에 의하여 성립하므로(민법 제703조) 어느 정도 단체성에서 오는 제약을 받게 되는 것이지만 구성원의 개인성이 강하게 드러나는 인적 결합체인 데 비하여 비법인사단은 구성원의 개인성과는 별개로 권리의무의 주체가 될 수 있는 독자적 존재로서의 단체적 조직을 가지는 특성이 있다 하겠는데 민법상 조합의 명칭을 가지고 있는 단체라 하더라도 고유의 목적을 가지고 사단적 성격을 가지는 규약을 만들어 이에 근거하여 의사결정기관 및 집행기관인 대표자를 두는 등의 조직을 갖추고 있고, 기관의 의결이나 업무집행방법이 다수결의 원칙에 의하여 행해지며, 구성원의 가입, 탈퇴 등으로 인한 변경에 관계없이 단체 그 자체가 존속되고, 그 조직에 의하여 대표의 방법, 총회나 이사회 등의 운영, 자본의 구성, 재산의 관리 기타 단체로서의 주요사항이 확정되어 있는 경우에는 비법인사단으로서의 실체를 가진다고 할 것이다(대판 1992.7.10. 92다2431).

(2) 조합의 당사자능력 인정 여부

1) 학 설

조합도 조직을 가지고 사회적으로 하나의 단체로 활동하고 있고, 당사자능력을 부정하면 조합원 전원을 당사자로 해야 하는 불편이 있다는 점을 논거로 긍정하는 견해와 사단은 단체성이 뚜렷하지만 조합은 구성원의 개성이 뚜렷하고 절차간소화 방안으로 담당이나 대리제도를 활용하면 전원을 당사자로 해야 하는 불편이 해소됨을 논거로 부정하는 견해가 대립하고 있다.

2) 판 례

판례는 한국원호복지공단법에 의하여 설립된 원호대상자광주목공분조합은 민법상의 조합의 실체를 가지고 있으므로 당사자능력이 없다(대판 1991.6.25. 88다카6358)고 판시하였고, 부도난 회사의 채권자들이 조직한 채권단에 대해서도 위 채권단이 비법인사단으로서의 실체를 갖추지 못하였다는 이유로 당사자능력을 부정하였다(대판 1999.4.23. 99다4504).

3) 검 토

실체법적으로 조합의 합유관계와 비법인사단의 총유관계는 명확하게 구별되어 있고, 민사소송법 제52조가 당사자능력을 제한적으로 규정한 이상 부정설이 타당하다.

(3) 조합의 당사자능력 부정 시 소송수행방안

1) 조합원 전원의 명의로 소송을 수행할 수 있는지 여부

조합은 민법 제272조 본문에 의하여 합유물의 관리처분권이 구성원 전원에 귀속되므로 고유필수적 공동소송이 된다. 고유필수적 공동소송은 그 구성원 전원이 당사자가 되지 아니하면 당사자적격에 흠이 있어 부적법한 소가 되므로 조합재산에 관한 소송은 구성원 전원이 당사자가 되어 수행하여야 한다.

2) 조합 구성원 일부의 명의로 소송을 수행할 수 있는지 여부

① 보존행위(민법 제272조 단서)와 ② 조합채무이행을 구하는 수동소송(민법 제712조)은 조합원 각자가 소송을 수행할 수 있으므로 공동소송으로 하는 경우도 통상공동소송이 된다.

3) 업무집행조합원을 소송대리인으로 선임하여 소송수행

① 소송위임에 의한 소송대리인으로 선임 : 조합원이 변호사를 선임하면 소송수행이 간편해진다. 변호사 아닌 자는 소송대리인이 될 수 없음이 원칙이나 1억원 이하의 단독사건에서는 일정한 관계에 있는 자는 허가를 받아 소송대리인이 될 수 있으므로(민소법 제88조 제1항), 이 경우에는 변호가가 아닌 업무집행조합원도 조합원을 대리할 수 있다.

② 법률상 소송대리인으로 선임

    ㉠ 이용 가부 : 조합의 업무집행조합원은 그 업무집행의 대리권이 있는 것으로 추정한다(민법 제709조). 이러한 업무집행조합원을 법률상 소송대리인으로 볼 수 있는지에 대해 업무집행자의 소송대리권이 법에 규정되어 있지 않다며 부정하는 견해와 법률상 소송대리인으로 보면 소송수행상의 불편을 덜 수 있다고 하여 긍정하는 견해가 대립하고 있다. 생각건대 업무집행조합원의 업무집행대리권은 포괄적일 수밖에 없으므로 재판상 행위도 대리할 수 있는 법률상 소송대리인으로 볼 것이다.

    ㉡ 이용상 문제점 : 민법 제709조는 대리권이 있는 것으로 추정하나 조합계약으로 제한할 수 있으므로 포괄적 대리권이 아닌 이상 법률상 소송대리인으로 보는 데에는 법리상 문제가 있다는 지적이 있다.

4) 업무집행조합원을 당사자로 한 소송수행

① 명문의 규정이 있는 임의적 소송담당

    ㉠ 이용 가부 : 임의적 소송담당은 권리관계주체의 의사에 의해 제3자에게 소송수행권을 수여하는 것으로서 그중 민사소송법 제53조의 선정당사자란 공동의 이해관계가 있는 다수자 중에서 선정된 모두를 위해 소송수행할 자이다. 선정은 선정자가 개별적으로 해야 한다. 조합원은 공동의 이해관계가 있으므로 절차를 거치면 당연히 가능하다.

    ㉡ 이용상 문제점 : 다만 선정은 개별적으로 해야 하고 다수결로 할 수 없으므로 불편하다. 또한 조합 측을 피고로 할 때에는 피고에게 선정당사자의 이용을 강제할 수 없다는 문제가 있다.

② 명문의 규정이 없는 임의적 소송담당

    ㉠ 이용 가부 : 명문의 규정이 없는 임의적 소송담당은 소송신탁금지(신탁법 제6조)와 변호사대리원칙(민소법 제87조)의 탈법수단으로 이용될 우려가 있어 원칙적으로 허용되지 아니한다. 다만, 판례는 조합의 업무를 집행할 권한을 수여받은 업무집행조합원은 조합재산에 관하여 조합원으로부터 임의적 소송신탁을 받아 자기이름으로 소송을 수행할 수 있다고 판시하고 있다(대판 2001.2.23. 2000다68924).

    ㉡ 이용상 문제점 : 업무집행자가 조합원이 아닌 제3자인 경우에도 인정될 수 있는지 문제되고 선정당사자에서와 같이 조합원들을 피고로 할 때 원고가 피고 측에 강제할 수 없다는 문제점이 있다.

Ⅳ   당사자능력 조사와 그 흠결의 효과

1. 소제기 시 흠결

당사자능력 구비 여부는 법원의 직권조사사항이다. 소제기 시부터 흠결이 있는 경우에는 법원은 판결로써 소를 각하하는 것이 원칙이나 예외적으로 민사소송법 제59조의 소송능력에 관한 보정규정을 유추적용하여 당사자표시정정을 허용하는 것이 판례이다(대판 2009.10.15. 2009다49964).

2. 소송계속 중 흠결

소송계속 중 당사자가 사망, 합병 등의 사유로 당사자능력을 상실한 경우에는 소송물이 승계될 수 있는 권리관계이고 승계인이 존재하면 당사자의 지위는 승계인에게 당연승계되고 절차는 중단된다(민소법 제233조, 제234조).

3. 당사자능력에 대하여 다툼이 있는 경우

당사자능력에 대하여 피고가 다투는 경우 조사결과 그 능력이 인정되는 경우에는 중간판결 또는 종국판결의 이유에서 판단하면 되고 흠결이 있으면 소를 각하한다. 당사자능력의 유무가 다투어지고 있는 경우 그 다툼의 범위 내에서는 당사자능력이 인정된다.

4. 간과판결의 효력

(1) 당사자가 존재하지 아니함을 간과한 판결

판례는 법원이 사자임을 간과하고 본안판결을 하였을 때 그 판결이 확정되어도 그 판결은 이당사자대립구조의 흠결을 간과한 판결로써 당연무효(대판 2000.10.27. 2000다33775)라고 보고 있고 이러한 무효인 판결에 대해서는 상소를 제기할 수도 없고 재심도 제기할 수 없다고 한다.

(2) 당사자가 존재하나 당사자능력이 없는 경우

1) 학 설

당사자능력을 간과하고 판결이 선고된 경우에는 판결을 유효로 보더라도 집행이 불가능하므로 무효라고 보자는 무효설, 당사자능력의 흠결을 간과한 판결도 유효하나 소송능력에 흠이 있는 경우를 유추해 재심을 인정할 것이라는 재심설, 이러한 판결은 유효하고 사회생활상의 단위로서의 당해 조직체에 판결의 효력이 미친다는 유효설이 대립하고 있다.

2) 판 례

학교는 국가가 설립·경영하는 학교임은 공지의 사실이고, 학교는 법인도 아니고 대표자 있는 법인격 없는 사단 또는 재단도 아닌 교육시설의 명칭에 불과하여 민사소송에 있어 당사자능력을 인정할 수 없다(대판 2001.6.29. 2001다21991)고 하여 학교의 경우 당사자능력을 부정하였다. 그러나 학교나 조합임을 간과한 확정판결의 효력에 판례는 아직 나오지 아니하고 있다.

3) 검 토

당사자부존재인 경우와는 달리 사회적 실체가 존재하므로 당사자가 실재하지 아니하는 경우와 같지 아니하고 당사자능력과 소송능력은 제도적 취지가 달라 소송능력에 관한 규정을 유추할 것은 아니므로 유효설이 타당하다.

제1편

제2편

제3편

제4편

제5편

제6편

제7편

제2관 | 당사자적격

I 의 의

당사자적격은 특정한 소송사건에서 정당한 당사자로서 소송을 수행하고 본안판결을 받기에 적합한 자격을 말한다. 소송수행권이라고도 한다.

II 일반적 당사자적격자

1. 이행의 소

(1) 원칙 – 판단기준

학설과 판례에 의하면 이행의 소에서는 원칙적으로 자기에게 이행청구권이 있음을 주장하는 자가 원고적격을 가지며 그로부터 이행의무자로 주장된 자가 피고적격을 가진다. 즉, 주장 자체로 당사자적격 여부를 판단한다. 원고가 실제 청구권자이며 피고가 실제 의무자인가는 본안심리에서 판단한다.

(2) 예외 – 말소등기청구에서의 피고적격

1) 학 설

당사자적격을 그르친 경우가 아니라 피고본안적격을 그르친 경우이므로 청구기각판결을 하여야 한다는 견해, 원고의 주장 자체만으로 원고 또는 피고가 당사자적격이 없다고 판단되는 경우이므로 본안심리에 들어갈 필요가 없어, 이러한 경우에 한하여 소를 각하함이 타당하다는 견해의 대립이 있다.

2) 판 례

판례는 등기말소·회복청구사건에서는 등기의무자, 즉 등기부상 형식상 그 등기에 의하여 권리를 상실하거나 기타 불이익을 받을 자가 아닌 자를 상대로 한 등기의 말소절차이행을 구하는 소는 당사자적격이 없는 자를 상대로 한 부적법한 소라고 판시(대판 2009.10.15. 2006다43903)하고 있다.

3) 검 토

생각건대 주장 자체로 원고 또는 피고가 당사자적격이 없다고 판단된다면 본안심리에 들어갈 필요 없이 등기의무자가 아닌 경우에는 판례처럼 소를 각하함이 타당하다.

(3) 당사자적격을 부정한 사례

1) 저당권이전의 부기등기말소등기청구의 피고적격

판례는 근저당권의 양도에 의한 부기등기는 기존의 근저당권설정등기에 의한 권리의 승계를 등기부상 명시하는 것뿐으로, 그 등기에 의하여 새로운 권리가 생기는 것이 아닌 만큼 근저당권설정등기의 말소등기청구는 양수인만을 상대로 하면 족하고, 양도인은 그 말소등기청구에 있어서 피고적격이 없다(대판 1995.5.26. 95다7550)고 하여 소를 각하한다.

2) 가등기이전에 의한 부기등기말소등기청구의 피고적격

판례는 가등기의 이전에 의한 부기등기는 기존의 가등기에 의한 권리의 승계관계를 등기부상에 명시하는 것뿐으로 그 등기에 의하여 새로운 권리가 생기는 것이 아닌 만큼 가등기의 말소등기청구는 양수인만을 상대로 하면 족하고, 양도인은 그 말소등기청구에 있어서의 피고적격이 없다. 가등기이전의 부기등기는 기존의 주등기인 가등기에 종속되어 주등기와 일체를 이루는 것이어서 피담보채무가 소멸된 경우에는 주등기인 가등기의 말소만 구하면 되고 그 부기등기는 별도로 말소를 구하지 않더라도 주등기의 말소에 따라 직권으로 말소된다고 판시하고 있다(대판 1994.10.21. 94다17109).

3) 말소된 등기의 회복등기청구의 소에서의 피고적격

판례는 말소된 등기의 회복등기절차의 이행을 구하는 소에서는 회복등기의무자에게만 피고적격이 있는바, 가등기가 이루어진 부동산에 관하여 제3취득자 앞으로 소유권이전등기가 마쳐진 후 그 가등기가 말소된 경우 그와 같이 말소된 가등기의 회복등기절차에서 회복등기의무자는 가등기가 말소될 당시의 소유인인 제3취득자이므로, 그 가등기의 회복등기청구는 회복등기의무자인 제3취득자를 상대로 하여야 한다(대판 2009.10.15. 2006다43903)고 판시하여 원래의 소유자를 상대로 한 소는 피고적격이 없어 부적법각하한다.

4) 승낙의 의사표시를 구할 등기상 이해관계 있는 제3자의 의미

등기명의인이 아닌 사람은 권리변경등기나 경정등기에 관하여 등기상 이해관계 있는 제3자에 해당하지 않음이 명백하고, 권리변경등기나 경정등기를 부기등기로 하기 위하여 등기명의인이 아닌 사람의 승낙을 받아야 할 필요는 없으므로, 등기명의인이 아닌 사람을 상대로 권리변경등기나 경정등기에 대한 승낙의 의사표시를 청구하는 소는 당사자적격이 없는 사람을 상대로 한 부적법한 소이다(대판 2015.12.10. 2014다87878).

2. 확인의 소

(1) 당사자적격 판단기준

확인의 소에서는 그 청구에 대하여 확인의 이익을 가지는 자가 원고적격자이고 원고와 대립되는 이익을 가지는 자가 피고적격자이다. 이처럼 확인의 소의 당사자적격의 문제는 확인의 이익의 문제로 흡수된다.

(2) 단체내부분쟁에 관한 확인의 소

1) 원고적격

판례는 학교법인의 이사회결의에 대한 무효확인의 소를 제기할 수 있는 자가 누구인지에 관하여 사립학교법이나 민법 등에 특별한 규정이 없으므로 통상 확인의 소의 경우처럼 확인의 이익 내지 법률상 이해관계를 가지는 자는 누구든지 원고적격을 가진다고 판시(대판 2011.9.8. 2009다67115)하고 있다.

2) 피고적격

① 학설 : 단체 자체를 피고로 하여야 승소확정판결의 효력이 단체에게 미쳐 판결의 실효를 거둘 수 있다는 점을 이유로 단체가 피고가 된다는 단체피고설, 대표자가 가장 큰 이해관계를 갖고 있으므로 대표자가 피고적격을 가진다는 대표자피고설, 단체와 대표 모두를 피고로 해야 한다는 필수적 공동소송설이 대립하고 있다.

② 판례 : 판례는 주식회사의 이사회결의는 회사의 의사결정이고 회사는 그 결의의 효력에 관한 분쟁의 실질적인 주체라 할 것이므로 그 효력을 다투는 사람이 회사를 상대로 하여 그 결의의 무효확인을 소구할 있다 할 것이나 그 이사회결의에 참여한 이사들은 그 이사회의 구성원에 불과하므로 특별한 사정이 없는 한 이사개인을 상대로 하여 그 결의의 무효확인을 소구할 이익은 없다(대판 1982.9.14. 80다2425[전합])고 판시하여 회사피고설의 태도를 취하고 있다.

③ 검토 : 단체 자체를 피고로 하지 아니하면 비록 승소판결을 받아도 그 효력이 단체에게 미치지 아니하고 법률관계의 주체는 법인 등 단체라는 점에서 단체피고설이 타당하다고 판단된다.

3. 형성의 소

형성의 소는 형성권을 일방적인 의사표시가 아닌 소의 형식에 의하여만 행사하도록 법률에 정해 놓은 경우에 문제 되는 바 그 법규에 당사자적격자가 누구인지 명기하는 것이 보통이다. 다만, 명문의 규정이 없는 경우에는 당해 소송물과의 관계에서 가장 강한 이해관계를 가지고 있고 충실한 소송수행을 기대할 수 있는 사람을 당사자적격자로 볼 것이다(대판 2011.9.8. 2009다67115).

4. 고유필수적 공동소송

소의 종류를 불문하고 고유필수적 공동소송에서는 전원이 원고 또는 피고가 되어야 하며 일부라도 누락되면 당사자적격 흠결로 소가 각하된다. 그러나 당사자적격은 변론종결 시까지 구비하면 족하므로 누락자에 대한 소가 제기되고 법원이 변론을 병합하거나(민소법 제141조), 필수적 공동소송인의 추가규정(민소법 제68조)에 의해 누락자를 추가하거나 누락자가 공동소송참가(민소법 제83조)를 하면 소가 적법해진다.

Ⅲ   제3자 소송담당

1. 의 의

제3자의 소송담당이란 권리관계의 주체 이외의 제3자가 당사자적격을 갖는 경우를 말한다. 즉, 제3자가 소송수행권(권리처분권)을 갖는 경우이다. 소송담당자는 다른 사람의 권리관계에 관하여 당사자로서 소송을 수행하는 점에서 다른 사람의 이름으로 소송을 수행하는 대리인과 구별된다.

2. 법정 소송담당

(1) 의 의

권리관계의 주체인 자의 의사에 관계없이 법률의 규정에 의하여 제3자가 소송수행권을 갖는 경우를 말한다.

(2) 제3자가 권리관계의 주체와 함께 소송수행권을 갖는 경우(병행형)

1) 유 형

병행형은 제3자가 권리관계의 주체와 함께 소송수행권을 가지는 경우이다. 이에는 ① 채권자대위소송을 하는 채권자(민법 제404조), ② 회사대표소송의 주주(상법 제403조), ③ 채권질의 질권자(민법 제353조), ④ 다른 공유자를 위하여 보존행위를 하는 공유자(민법 제265조 단서) 등이 포함된다.

> **[주주대표소송의 제소요건]**
> 상법 제403조 제1항, 제3항, 제4항에 의하면, 발행주식 총수의 100분의 1 이상에 해당하는 주식을 가진 주주는 회사에 대하여 이사의 책임을 추궁할 소의 제기를 청구할 수 있는데, 회사가 위 청구를 받은 날로부터 30일 내에 소를 제기하지 아니하거나 위 기간의 경과로 인하여 회사에 회복할 수 없는 손해가 생길 염려가 있는 경우에는 발행주식 총수의 100분의 1 이상에 해당하는 주식을 가진 주주가 즉시 회사를 위하여 소를 제기할 수 있다는 취지를 규정하고 있는바, 이는 주주의 대표소송이 회사가 가지는 권리에 바탕을 둔 것임을 고려하여 주주에 의한 남소를 방지하기 위해서 마련된 제소요건에 관한 규정에 해당한다. 따라서 회사에 회복할 수 없는 손해가 생길 염려가 없음에도 불구하고 회사에 대하여 이사의 책임을 추궁할 소의 제기를 청구하지 아니한 채 발행주식 총수의 100분의 1 이상에 해당하는 주식을 가진 주주가 즉시 회사를 위하여 소를 제기하였다면 그 소송은 부적법한 것으로서 각하되어야 한다(대판 2010.4.15. 2009다98058).

2) 권리주체의 보호방안

담당자의 확정판결의 효력은 권리관계의 주체에게 확장되므로 담당자가 소송할 경우 권리관계의 주체인 사람은 참가로 자신의 이익을 보호할 수 있다. 채무자가 참가할 경우 대위소송을 안 것이므로 당사자적격이 없어 공동소송참가를 할 수 없고 공동소송적 보조참가를 해야 한다. 다만, 주주의 대표소송에서 회사는 공동소송참가를 할 수 있다.

(3) 제3자가 권리관계의 주체에 갈음하여 소송수행권을 갖는 경우(갈음형)

1) 유 형

갈음형은 제3자가 권리관계의 주체에 갈음하여 소송수행권을 갖는 경우이다. 즉, ① 파산재단소송의 파산관재인, ② 정리회사의 재산관계소송의 관리인, ③ 채권추심명령을 받은 압류채권자(민사집행법 제227조, 제229조 제2항), ④ 유언집행자(민법 제1101조), ⑤ 상속재산관리인(민법 제1053조) 등이 이에 해당한다.

2) 권리주체의 보호방안

담당자의 확정판결의 효력은 권리관계의 주체에게 확장되므로 담당자가 소송할 경우에 권리관계의 주체는 당사자적격이 없어서 공동소송참가를 할 수 없고 공동소송적 보조참가로 자신의 이익을 보호할 수 있다.

3. 임의적 소송담당

(1) 의 의

임의적 소송담당이란 권리관계의 주체인 사람이 자기의 의사에 의해 제3자가 자기의 권리에 대한 소송수행권을 수여하는 경우를 말한다.

(2) 명문의 규정이 있는 경우

민사소송법 제53조에 규정된 선정당사자는 공동의 이해관계가 있는 여러 사람 가운데에서 선정된 모두를 위해 소송을 수행할 자이다. 또한 어음법 제18조와 수표법 제23조의 '추심하기 위하여'란 문구로 추심위임배서를 받은 피배서인도 임의적 소송담당자이다.

(3) 명문의 규정이 없는 경우

1) 원칙적 불허

명문의 규정이 없는 경우에는 임의적 소송담당은 원칙적으로 허용되지 아니한다. 허용하면 변호사대리원칙과 소송신탁금지의 원칙에 반하기 때문이다.

2) 예외적 허용

임의적 소송신탁은 민사소송법 제87조가 정하는 변호사대리원칙이나 신탁법 제6조가 정한 소송신탁 금지를 잠탈할 우려가 없고 이를 인정할 합리적 필요가 있는 경우에 한하여 제한적으로 허용된다.

---

1 임의적 소송담당을 인정하는 사례

[조합원을 대신하는 업무집행조합원]

임의적 소송신탁은 탈법적인 방법에 의한 것이 아닌 한 극히 제한적인 경우에 합리적인 필요가 있다고 인정될 수 있는 것인바, 민법상의 조합에 있어서 조합규약이나 조합결의에 의하여 자기 이름으로 조합재산을 관리하고 대외적 업무를 집행할 권한을 수여받은 업무집행 조합원은 조합재산에 관한 소송에 관하여 조합원으로부터 임의적 소송신탁을 받아 자기 이름으로 소송을 수행하는 것이 허용된다고 할 것이다(대판 1984.2.14. 83다카1815).

[관리단을 대신하는 입주자대표회의 또는 위탁관리회사]

① 구분소유자들의 비용 부담 아래 구분소유자들로 구성되는 집합건물의 관리단이 입주자대표회의에 위임하여 공용부분 변경에 관한 업무를 수행하도록 하는 데에는 합리적인 이유와 필요가 있고, 그러한 업무처리방식이 일반적인 거래현실이며, 공용부분 변경에 따른 비용의 징수는 업무수행에 당연히 수반되는 필수적인 요소이고, 공동주택에 대해서는 주택관리업자에게 관리업무를 위임하고 주택관리업자가 관리비에 관한 재판상 청구를 할 수 있는 것이 법률의 규정에 의하여 인정되고 있다. 이러한 점 등을 고려해 보면, 집합건물의 관리단으로부터 공용부분 변경에 관한 업무를 위임받은 입주자대표회의는 특별한 사정이 없는 한 구분소유자들을 상대로 자기 이름으로 소를 제기하여 공용부분 변경에 따른 비용을 청구할 권한이 있다(대판 2017.3.16. 2015다3570).

---

② 다수의 구분소유자가 집합건물의 관리에 관한 비용 등을 공동으로 부담하고 공용부분을 효율적으로 관리하기 위하여 구분소유자로 구성된 관리단이 전문관리업체에 건물관리업무를 위임하여 수행하도록 하는 것은 합리적인 이유와 필요가 있고, 그러한 관리방식이 일반적인 거래현실이며, 관리비의 징수는 업무수행에 당연히 수반되는 필수적인 요소이다. 또한 집합건물의 일종인 일정 규모 이상의 공동주택에 대해서는 주택관리업자에게 관리업무를 위임하고 주택관리업자가 관리비에 관한 재판상 청구를 하는 것이 법률의 규정에 의하여 인정되고 있다. 이러한 점 등을 고려해 보면 관리단으로부터 집합건물의 관리업무를 위임받은 위탁관리회사는 특별한 사정이 없는 한 구분소유자 등을 상대로 자기 이름으로 소를 제기하여 관리비를 청구할 당사자적격이 있다(대판 2016.12.15. 2014다87885).

2 임의적 소송담당을 부정하는 사례

[소송행위를 주목적으로 이루어진 채권양도]

소송행위를 하게 하는 것을 주목적으로 채권양도 등이 이루어진 경우, 그 채권양도가 신탁법상의 신탁에 해당하지 않는다고 하여도 신탁법 제7조가 유추적용되므로 무효라고 할 것이고, 소송행위를 하게 하는 것이 주목적인지의 여부는 채권양도계약이 체결된 경위와 방식, 양도계약이 이루어진 후 제소에 이르기까지의 시간적 간격, 양도인과 양수인 간의 신분관계 등 제반 상황에 비추어 판단하여야 한다(대판 2004.3.25. 2003다20909).

[음원저작권협회]

외국계 커피 전문점의 국내 지사인 甲 주식회사가, 본사와 음악 서비스 계약을 체결하고 배경음악 서비스를 제공하고 있는 乙 외국회사로부터 음악저작물을 포함한 배경음악이 담긴 CD를 구매하여 국내 각지에 있는 커피숍 매장에서 배경음악으로 공연한 경우, 한국음악저작권협회가 위 음악저작물 일부에 관하여는 공연권 등의 저작재산권자로부터 국내에서 공연을 허락할 권리를 부여받았을 뿐 공연권까지 신탁받지는 않았고, 권리주체가 아닌 협회에 위 음악저작물 일부에 대한 소송에 관하여 임의적 소송신탁을 받아 자기의 이름으로 소송을 수행할 합리적 필요가 있다고 볼만한 특별한 사정이 없으므로, 협회는 위 음악저작물 일부에 대한 침해금지청구의 소를 제기할 당사자적격이 없다(대판 2012.5.10. 2010다87474).

4. 제3자 소송담당과 기판력

(1) 임의적 소송담당

이 경우 민사소송법 제218조 제3항에 의하여 담당자의 확정판결의 효력이 권리관계의 주체에게 미친다.

(2) 법정 소송담당

1) 채권자가 제기한 대위소송의 확정판결

대위권을 행사한 경우 채권자가 채무자에게 통지해야 한다(민법 제405조 제1항). 이 경우 어떤 사유이든 대위소송이 제기된 사실을 채무자가 알게 된 경우에는 그 판결의 효력은 채무자에게 미친다.

2) 채권자가 제기한 추심소송의 확정판결

추심소송의 경우 채권자가 명령의 취지에 따라 제3채무자를 상대로 추심의 소를 제기할 때에는 채무자에게 그 소송을 고지하여야 한다(민사집행법 제238조). 추심소송이 제기된 사실을 안 경우에만 채무자에게 판결의 효력이 확장된다.

제1편

제2편

제3편

제4편

제5편

제6편

제7편

3) 주주들이 제기한 대표소송의 확정판결

소를 제기한 주주는 지체 없이 회사에 대하여 그 소송의 고지를 하여야 한다(상법 제404조 제2항). 이처럼 대표소송이 제기된 사실을 회사가 알았을 때에만 판결의 효력이 회사에게 확장된다.

Ⅳ 당사자적격 흠결의 효과

1. 소제기 흠결

당사자적격은 소송요건으로 직권조사사항이며 흠이 있는 경우에는 판결로 소를 각하하여야 한다.

2. 소송계속 중 흠결

소송계속 중 당사자적격을 상실한 때에는 당사자 사이에서 본안판결을 할 이유가 없어 소를 각하하여야 한다. 다만, 당사자적격이 상실되는 경우 종래의 소송수행을 승계시킬 제3자가 있는 경우라면 그에게 소송을 승계시킬 수 있을 것이다(민소법 제82조 제1항).

3. 당사자적격에 관하여 다툼이 있는 경우

당사자능력에 대해 다툼이 있는 경우와 마찬가지로 그 존재가 인정되지 아니하면 소 각하판결을 하고 그 존재가 인정되면 중간판결 또는 종국판결의 이유 중에서 이를 판단하여야 한다.

4. 간과판결의 효력

당사자적격의 흠결을 간과하고 행한 본안판결은 당사자적격을 갖춘 정당한 당사자로 될 자나 권리관계의 주체인 자에게 그 효력이 미치지 아니하며 이러한 의미에서 판결은 무효로 되는 것이다. 무효인 판결이므로 상소와 재심의 대상이 되지 아니한다.

제3관 | 소송능력

Ⅰ 서 설

1. 의 의

소송능력이란 당사자로서 스스로 유효하게 소송행위를 하거나 소송행위를 받기 위해 갖추어야 할 능력을 말한다.

2. 소송능력자

민법상 행위능력자는 소송능력자이다(민소법 제51조). 외국인은 그의 본국법에 따르면 소송능력이 없는 경우라도 대한민국의 법률에 따라 소송능력이 있는 경우에는 소송능력이 있는 것으로 본다(민소법 제57조).

Ⅱ   소송무능력자

1. 민법상 제한능력자

(1) 민사소송법상의 소송능력

민법상의 제한능력자는 행위능력이 제한될 경우에 소송능력도 제한됨이 원칙이다. 즉, 미성년자는 원칙적으로 행위능력이 없으므로 소송무능력자이고 피한정후견인은 원칙적으로 행위능력이고 가정법원이 정한 범위 내에서만 소송무능력자이고 피성년후견인은 원칙적으로 행위능력이 없고 가정법원은 취소할 수 없는 피성년후견인의 법률행위 범위를 정할 수 있으므로 소송무능력자이나 가정법원이 정한 범위 내에서만 소송능력자이다.

(2) 소송무능력자의 소송상 대리

소송무능력자는 원칙적으로 법정대리인에 의해서만 소송행위를 할 수 있으나 법정대리인이 없거나 법정대리인에게 소송에 관한 대리권이 없는 경우에는 수소법원에 특별대리인을 선임하여 주도록 신청할 수 있다(민소법 제62조 제1항).

2. 법인 또는 비법인사단 · 재단

법인 및 법인이 아닌 사단이나 재단도 소송무능력자임을 전제로 대표자 또는 관리인을 법정대리인에 준하여 취급한다.

Ⅲ   소송법적 효과

1. 소송행위의 유효요건

(1) 무효(유동적 무효)

소송능력은 개개의 소송행위의 유효요건이다. 따라서 소송무능력자의 소송행위나 무능력자에 대한 소송행위는 무효이다. 이는 무능력자 보호와 소송절차의 안정을 위해서이다. 즉, 소송무능력자의 소제기는 무효이고 법원은 소각하판결로 정리해야 한다. 또한 소송무능력자의 소송행위는 무효이며 법원은 이러한 소송행위를 배척해야 한다. 기일에 무능력자가 출석하여 변론을 하면 기일불출석으로 취급한다. 기일통지도 무능력자에게 하면 무효로 되며 판결정본이 무능력자에게만 송달되고 법정대리인에게 송달되지 아니하였으면 그 송달은 무효이므로 상속기간은 진행하지 아니하고 판결은 확정되지 아니한다.

(2) 추인(확정적 유효)

1) 추 인

① **추인방법** : 명시적 추인과 묵시적 추인 모두 가능하다. 즉, 미성년자가 직접 변호인을 선임해 제1심의 소송수행을 하게 했으나 제2심에 이르러 법정대리인이 소송대리인을 선임해 소송행위를 하면서 아무런 이의제기 없이 제1심의 소송결과를 진술한 경우에는 묵시적으로 추인된 것이다(대판 1980.4.22. 80다308). 또한 당사자가 소송행위 당시에 또는 변호인선임 시에 미성년자였어도 성인이 된 후 묵시적으로 추인했다고 보일 경우에는 소송능력흠결은 없어진다는 것이 판례이다(대판 1970.12.22. 70다2297).

② **추인시기** : 시기에는 제한이 없으므로 항소 · 상고심, 재심소송에서도 할 수 있다. 그러나 소송능력흠결을 이유로 각하판결이 확정되어 미성년자가 확정적으로 배제되면 추인의 여지는 없어진다.

③ **일괄추인의 원칙** : 추인은 소송행위 전체에 대해 일괄해서 하여야 하며 소송행위를 선별해 추인할 수 없다.

제1편

제2편

제3편

제4편

제5편

제6편

제7편

2) 예외적 유효

민법의 원칙과 마찬가지로 미성년자가 혼인한 때(민법 제826조의2)에는 소송능력을 가지며 미성년자가 독립하여 법률행위를 할 수 있는 경우(민법 제8조)에는 그 범위 내에서 소송능력이 인정되고 미성년자는 근로계약의 체결·임금의 청구를 스스로 할 수 있기 때문에(근로기준법 제67조, 제68조) 그 범위 내에서 소송능력이 인정된다.

3) 예외의 예외 – 무효

민법에서는 미성년자나 피한정후견인은 법정대리인의 동의가 있으면 법률행위를 할 수 있고(민법 제5조, 제10조) 미성년자는 법정대리인이 처분을 허락한 재산에 대해서는 임의로 처분할 수 있지만(민법 제6조), 이 경우에도 소송법상 미성년자나 피한정후견인의 소송능력은 인정되지 아니한다. 이는 소송절차의 안정을 위해서임을 유의해야 한다.

2. 소송능력흠결의 효과

(1) 소제기 시 흠결

법정대리인의 기재는 소장의 필요적 기재사항(민소법 제249조 제1항)으로 소장심사 시에 보정에 불응하면 소장각하명령을 한다. 소장심사 이후 무능력자임이 판명된 경우 소송능력 유무는 직권조사사항이므로 법원은 소송능력의 보정명령을 할 수 있다. 변론종결 시까지 보정이 없으면 소송무능력자의 소제기는 소송요건의 흠결로 소각하판결을 해야 한다. 단, 추인의 여지가 있으므로 보정이 가능하면 보정명령을 하여야 하며 지연으로 손해의 염려가 있으면 보정을 조건으로 일시적인 소송행위를 할 수 있다(민소법 제59조).

(2) 소송계속 중 흠결

소송계속 중 흠결이 발생하면 법정대리인이 수계할 때까지 소송절차는 중단되나(민소법 제235조), 소송대리인이 있는 경우에는 중단되지 아니한다(민소법 제238조).

(3) 소송능력에 관하여 다툼이 있는 경우

소송무능력자라 하더라도 그 능력의 존부가 기판력 있는 판결로 확정되기까지는 소송능력을 다투는 한도 내에서는 소송능력이 있는 것으로 취급되어 유효하게 소송행위를 할 수 있다. 따라서 소송능력이 없다는 이유로 제1심에서 소각하판결이 선고된 경우 소송무능력자에게 종국판결이 송달되어도 유효하므로 상소기간이 진행되며 무능력자라도 소송능력의 흠을 이유로 각하한 판결에 대하여 유효하게 상소를 제기할 수 있으며 이때 항소심은 무능력자의 상소라 하여 상소를 각하할 수 없고 심리결과 소송능력이 없으면 상소를 기각하고 능력이 인정되면 필수적으로 환송한다(민소법 제418조 본문). 나아가 소송능력에 의문이 있는 당사자본인도 자기가 제기한 소를 취하할 수 있다.

(4) 간과판결의 효력

1) 소송무능력자가 패소판결을 받은 경우

패소한 소송무능력자는 소송무능력을 이유로 상소나 재심을 제기할 수 있다. 만일 소송무능력자가 제1심에서 소송능력이 있다고 주장했거나 그렇게 행동한 경우라도 이러한 상소제기는 소송무능력자제도의 취지상 신의칙에 반한다고 할 수 없다. 패소한 미성년자는 법정대리인의 동의 없이 단독으로 상소나 재심을 제기할 수 있다. 이 경우 상급심은 제1심판결을 취소하고 자판하여 소각하판결을 하여야 한다.

2) 소송무능력자가 승소판결을 받은 경우

패소한 상대방이 무능력자의 소송능력의 흠을 이유로 상소나 재심을 하는 것은 무능력자 보호취지와 신의칙에 반하기 때문에 허용되지 아니한다.

제4관 | 변론능력

I 의 의

변론능력이란 변론장소인 법정에 나가 법원에 대한 관계에서 유효하게 소송행위를 하기 위한 능력을 말한다. 이는 소의 적법요건인 소송요건이 아니라 개개의 소송행위가 갖추어야 할 소송행위의 유효요건이라는 점에서 소송요건이자 유효요건인 소송능력과 구별된다.

II 변론무능력자

우리 법은 증권 관련 집단소송과 소비자단체소송에서만 변호사강제주의를 취하고 있고 그 외에는 당사자본인소송을 허용하고 있으므로 당사자에게 소송능력이 있으면 원칙적으로 변론능력도 인정된다고 보는 것이 타당하다. 그러나 진술금지의 재판(민소법 제144조)을 받은 당사자 또는 대리인, 변호사가 아닌 자11), 발언금지명령을 받은 자(민소법 제135조 제2항) 등은 변론무능력자에 해당한다.

III 변론능력흠결의 효과

1. 소송행위의 유효요건

변론능력은 공익적 필요에 의한 것이므로 추인이 불가능한 절대적 무효이다. 진술금지의 재판을 한 경우에는 변론을 계속할 새 기일을 정할 수 있는데(민소법 제144조 제1항), 그 새 기일에 변론무능력자가 다시 출석해도 기일에 불출석한 것으로 취급된다.

2. 변호사선임명령 불응 시 소·상소의 각하

진술을 금지하는 경우에 필요하다고 인정하면 법원은 변호사를 선임하도록 명할 수 있다(민소법 제144조 제2항). 소 또는 상소를 제기한 사람이 변호사선임명령을 받고도 새 기일까지 변호사를 선임하지 아니한 때에는 법원은 결정으로 소 또는 상소를 각하할 수 있다(민소법 제144조 제4항). 이 결정에 대하여는 즉시항고를 할 수 있다(민소법 제144조 제5항).

---

11) 판례는 변호사대리의 원칙을 변론능력의 제한이 아니라 소송대리권의 제한이라고 한다(대판 2012.10.25. 2010다108104).

제1관 | 서 설

I　소송상의 대리인의 의의

대리인은 당사자 본인의 이름으로 소송행위를 하거나 받는 제3자이다. 대리인이 한 행위의 효과는 당사자 본인에게 미치고 대리인에게 미치지 아니한다. 소송담당자는 자신의 이름으로 행위하고 그 행위의 효과도 자신이 받는 당사자이므로 대리인과는 다르다.

II　소송상의 대리인의 종류

본인의 의사에 의한 대리인인지 법률의 규정 등에 의한 대리인인지 여부에 따라 임의대리인과 법정대리인으로 나누어지고 일체의 소송행위를 대리할 수 있는 대리인인지, 개개의 특정한 소송행위만을 대리할 수 있는 대리인인지 여부에 따라 포괄적 대리인과 개별적 대리인으로 나뉜다. 소송상대리인 가운데 포괄적 대리권을 가진 임의대리인을 소송대리인이라고 한다.

제2관 | 법정대리인

I　의 의

법정대리인이란 본인의 의사에 의하지 아니하고 법률의 규정에 의하여 대리인이 된 자를 말한다. 이에는 실체법상 법정대리인, 소송법상 특별대리인 및 법인 등의 대표자가 있다.

II　법정대리권의 발생

1. 실체법상 법정대리인

법정대리인이 되는 자는 민법, 그 밖의 법률에 따르므로(민소법 제51조), 실체법상 법정대리인의 지위에 있는, 즉 미성년자의 친권자(민법 제911조) 또는 미성년후견인(민법 제928조), 성년후견인(민법 제929조), 한정후견인(민법 제938조) 등은 소송법상으로도 법정대리인이 된다.

2. 소송법상 특별대리인

(1) 소송무능력자를 위한 특별대리인

1) 의 의

소송무능력자를 위한 특별대리인이란 무능력자를 대리할 법정대리인이 없거나 대리권을 행사할 수 없을 때 선임되는 대리인을 말한다(민소법 제62조).

2) 선임요건

① **원고나 피고가 소송무능력자일 것**(민소법 제62조 제1항, 제62조의2) : 종래 성년후견개시 심판을 받지 아니한 의사무능력자도 여기의 소송무능력자에 포함되는지에 대하여 판례는 사실상 의사능력을 상실한 상태에 있어 소송능력이 없는 사람에 대하여 소송을 제기하는 경우에도 특별대리인을 선임할 수 있다(대판 1993.7.27. 93다8986)고 판시하여 긍정하는 견해를 취하고 있었다. 개정 민사소송법 제62조의2도 이러한 판례의 취지를 고려하여 의사무능력자를 위한 특별대리인의 선임규정을 신설하였다.

② **소송무능력자에게 법정대리인이 없거나 법정대리인이 대리권을 행사할 수 없는 경우**(민소법 제62조 제1항 제1호) : 미성년자에게 친권자나 후견인이 모두 없는 경우가 일반적인 예이다.

③ **법정대리인이 사실상 또는 법률상 장애로 대리권을 행사할 수 없는 경우**(민소법 제62조 제1항 제2호) : 종래 학설은 당사자 권리실현의 편의를 도모하기 위한 제도이므로 법률상 장애뿐만 아니라 사실상 장애가 있는 경우에도 포함된다고 주장하였고 개정법은 이를 명문으로 규정하였다.

④ **법정대리인의 불성실하거나 미숙한 대리권 행사로 소송절차의 진행이 현저하게 방해받는 경우**(민소법 제62조 제1항 제3호) : 개정법이 제한능력자를 더욱 보호하기 위해 추가한 요건이다.

3) 선임절차

① **신청권자** : 미성년자·피한정후견인 또는 피성년후견인이 당사자인 경우, 그 친족, 이해관계인(미성년자·피한정후견인 또는 피성년후견인을 상대로 소송행위를 하려는 사람을 포함), 대리권 없는 성년후견인, 대리권 없는 한정후견인, 지방자치단체의 장 또는 검사가 신청할 수 있다(민소법 제62조 제1항). 법원은 소송계속 후 필요하다고 인정하는 경우 직권으로 특별대리인을 선임·개임하거나 해임할 수 있다(민소법 제62조 제2항).

② **선임재판** : 특별대리인의 선임·개임 또는 해임은 법원의 결정으로 하며 결정은 특별대리인에게 송달하여야 한다(민소법 제62조 제4항). 소송절차에 관한 신청을 기각한 결정이나 명령에 대하여 항고할 수 있으므로(민소법 제439조) 선임신청기각결정에 대하여는 항고할 수 있지만 선임결정에 대하여는 항고할 수 없다.

4) 선임의 효과

특별대리인은 법정대리인과 같은 권한을 갖는다. 따라서 소송행위를 할 권한뿐만 아니라 필요한 공격방어방법으로 사법상의 실체적인 권리도 행사할 수 있다. 특별대리인은 후견인과 같은 수권을 필요로 한다(민소법 제62조 제3항). 그러나 판례는 특별대리인이 소를 제기하고 이를 유지하는 행위를 함에 있어서는 민사소송법 제62조 제3항에 의한 특별수권은 요하지 아니한다고 판시하고 있다(대판 1983.2.8. 82므34).

(2) 판결절차 이외의 특별대리인

증거보전절차에서 상대방을 지정할 수 없는 경우(민소법 제378조)나 사망한 채무자의 유산에 대하여 강제집행을 함에 있어서 상속인이 없거나 소재불명인 경우(민사집행법 제52조 제2항)에도 특별대리인을 선임할 수 있다.

3. 법인 등 대표자

(1) 법인 등의 대표자

법인 또는 법인 아닌 사단·재단도 당사자능력이 있지만 우리 법은 법인의 대표자 또는 법인 아닌 사단·재단의 대표자와 관리인을 법정대리에 준하여 준법정대리인으로 취급하고 있다(민소법 제64조).

(2) 대표자의 권한과 지위

법인 등의 대표자의 소송상 권한과 지위는 법정대리인의 소송상의 권한과 지위에 준하므로 법정대리인과 마찬가지로 민사소송법 제51조에 따라 민법 기타 실체법에 의하여 규율된다.

Ⅲ 법정대리권의 범위

1. 실체법상 법정대리인

법정대리인의 범위는 소송법에 특별한 규정이 없는 한 민법, 그 밖의 법률에 따른다(민소법 제51조). 따라서 ① 친권자는 미성년자를 대리하여 아무런 제한 없이 모든 소송행위를 할 수 있다(민법 제920조). 또한 친권자는 소의 취하, 화해, 청구의 포기·인낙 또는 소송탈퇴를 함에 있어서 후견감독인으로부터 특별한 권한을 받을 필요가 없다. ② 후견인이 피후견인을 대리하여 능동적 소송행위를 할 때에는 후견감독인의 동의를 얻어야 한다(민법 제950조). 다만, 후견인이 상대방의 소제기·상소에 관하여 수동적 응소행위를 함에는 후견감독인으로부터 특별한 권한을 받을 필요가 없다(민소법 제56조 제1항). 그러나 본인에게 불이익한 행위, 즉 소·상소의 취하, 화해, 청구의 포기·인낙 또는 소송탈퇴를 함에는 후견감독인으로부터 특별한 권한을 받아야 한다(민소법 제56조 제2항). 후견감독인이 없는 경우에는 가정법원으로부터 특별한 권한을 받아야 한다. ③ 또한 민법상 특별대리인은 당해 소송에 관해 일체의 소송행위를 할 수 있다.

2. 소송법상 특별대리인

소송무능력자의 특별대리인은 대리권이 있는 후견인과 같은 권한이 있고 특별대리인의 대리권의 범위에서 법정대리인의 권한은 정지된다(민소법 제62조 제3항). 따라서 특별대리인은 소송행위를 할 권한뿐 아니라 필요한 공격방법으로 사법상의 실체적 권리도 행사할 수 있다.

3. 법인 등 대표자

법인 등의 대표자는 법정대리인에 준하므로(민소법 제64조), 그 권한도 민법 기타 실체법에 따른다(민소법 제51조). 따라서 민법상 법인의 대표자는 일체의 소송행위를 할 수 있다(민법 제59조, 제60조).

4. 공동대리

(1) 수동적 소송행위

법정대리인이 수인인 경우 상대방이 하는 소송행위를 받아들이는 수령은 단독으로 할 수 있으며 송달은 그중 한 사람에게 하면 된다(민소법 제180조).

(2) 능동적 소송행위

1) 학 설

민사소송법 제56조 제2항의 규정을 유추하여 공동대리인이 소를 제기하거나 제56조 제2항의 중요한 소송행위를 하는 경우에는 명시적으로 공동으로 하여야 하지만, 기타의 행위는 단독으로 하고 다른 대리인이 묵인하면 묵시적으로 공동으로 한 것으로 이해하는 제56조 제2항 유추적용설과 제67조를 준용하여 공동대리인 중 1인의 행위가 본인에게 유리한 것이면 단독으로 해도 되지만 불리하면 전원이 함께할 때만 효력이 있다고 하는 제67조 준용설이 대립하고 있다.

2) 검 토

생각건대 대리에 관한 문제이므로 필수적 공동소송에 관한 제67조보다 대리에 관한 제56조 제2항을 유추하는 것이 타당하다고 판단된다.

Ⅳ 법정대리인의 지위

1. 제3자의 지위

법정대리인은 당사자 본인은 아니므로 법관의 제척과 재판적을 정하는 기준이 되지 못하고 기판력, 집행력, 형성력 등 판결의 효력을 받지 아니한다.

2. 본인에 유사한 지위

① 법정대리인의 표시는 소장과 판결의 필요적 기재사항이다(민소법 제208조 제1항 제1호). ② 법정대리인의 소송행위는 당사자본인의 경정권의 대상이 아니다. ③ 소송무능력자에게 할 송달은 그의 법정대리인에게 한다(민소법 제179조). ④ 본인 대신 반드시 대리인이 출석하여야 한다(민소법 제140조 제1항). ⑤ 법정대리인의 사망·대리권 소멸은 본인의 사망·능력상실에 준해 소송절차의 중단사유가 된다(민소법 제235조). 그러나 소송대리인이 선임되어 있으면 절차가 중단되지 아니한다(민소법 제238조). ⑥ 법정대리인은 공동대리가 원칙이다.

Ⅴ 법정대리권의 소멸

1. 대리권 소멸원인

법정대리권의 소멸도 민사소송법에 특별한 규정이 없으면 민법, 그 밖의 법률에 따른다(민소법 제51조). 따라서 본인의 사망, 성년후견의 개시·파산으로 소멸한다(민법 제127조). 소송대리인의 경우에 본인 사망으로 대리권이 소멸하지 아니하는 것과 구별된다(민소법 제95조).

2. 대리·대표권소멸통지

(1) 원 칙

소송절차가 진행 중에 법정대리권이 소멸한 경우에는 본인 또는 대리인은 상대방에게 통지하여야 법정대리권이 소멸한다. 따라서 통지하지 아니하면 대리권 소멸의 효과를 주장할 수 없으며 그 결과 구대리인과 관련된 소송행위는 무효로 되지 아니한다. 판례도 같은 취지에서 법인 대표자의 대표권이 소멸된 경우에도 그 통지가 있을 때까지는 다른 특별한 사정이 없는 한 소송절차상으로는 그 대표권이 소멸되지 아니한 것으로 보아야 하므로, 대표권 소멸 사실의 통지가 없는 상태에서 구 대표자가 한 소취하는 유효하고, 상대방이 그 대표권 소멸 사실을 알고 있었다고 하여 이를 달리 볼 것은 아니다(대판 1998.2.19. 95다52710[전합])라고 판시하고 있었다.

(2) 예 외

판례의 내용을 관철하면 구대리인이 상대방과 통모해 본인에게 손해를 입힐 목적으로 소취하 등 소송행위를 해도 유효하다고 볼 수밖에 없어 본인에게 너무 가혹한 결과를 가져왔다. 이에 개정법은 제63조 제1항 단서를 신설하여 대리권 등의 소멸사실이 법원에 알려진 뒤에는 제56조 제2항의 처분행위를 금지하였다.

(3) 위반의 효과

통지 전엔 구대리인의 대리권은 소멸되지 아니한 것으로 처리되므로 구대리인이 한 또는 구대리인에 대한 소송행위는 유효하다. 나아가 법정대리권의 소멸로 절차가 중단되지 아니하고 소멸통지를 하여야 절차가 중단된다. 그러나 법정대리인이 사망하거나 성년후견이 개시된 경우에는 통지할 수 없는 상황이므로 선고 시에 소멸의 효과가 발생한다.

(4) 적용 범위

법정대리인에 관한 민사소송법 제63조의 규정은 제64조에서 법인 또는 비법인의 대표자에게도 준용되고 제97조에서 임의대리인에게도 준용된다. 또한 제63조 제2항에서는 제53조에도 준용되므로 선정당사자를 바꾸는 경우에도 상대방에게 통지를 해야 선정당사자의 권한이 소멸한다.

(5) 소송절차의 중단

소송계속 중 법정대리권이 소멸되면 수계절차를 밟을 때까지 소송절차는 중단된다(민소법 제235조). 다만, 소송대리인이 있는 경우에는 그러하지 아니하다(민소법 제238조).

제3관 | 임의대리인

Ⅰ 의 의

임의대리인은 본인의 의사에 따라 대리권이 수여된 자이다. 포괄대리권을 가진 임의대리인을 소송대리인이라고 하는데 소송대리인에는 법률상 소송대리인과 소송위임에 의한 소송대리인이 있다.

Ⅱ 법률상의 소송대리인

법률상 소송대리인은 업무에 관한 포괄대리권을 갖는 사람에 대해 법률이 그 포괄대리권의 일부로 소송대리권까지 인정한 대리인을 말한다. 이에는 지배인, 선장, 선박관리인, 국가소송수행자, 조합의 업무집행조합원(민법 제709조) 등이 포함된다.

Ⅲ 소송위임에 의한 소송대리인

1. 의 의

소송위임에 의한 소송대리인이란 특정 소송사건의 처리를 위임받은 대리인으로서 일반적으로 소송대리인이라 할 때에는 이를 가리킨다.

2. 소송대리인의 자격

(1) 변호사대리원칙의 내용

변호사대리원칙이란 민사소송에 있어 법률상 소송대리인 외에는 원칙적으로 변호사가 아니면 소송대리인이 될 수 없는 원칙을 말한다(민소법 제87조).

(2) 변호사대리원칙의 예외

단독사건 중 소송목적의 값이 일정한 금액 이하인 사건에서 친족관계나 고용관계에 있는 사람이 법원의 허가를 얻으면 변호사가 아니더라도 소송대리인이 될 수 있다(민소법 제88조). 또한 형사소송절차에 부대하여 청구하는 배상신청(소촉법 제27조), 소송목적의 값 3,000만원 이하의 소액단독사건(소심법 제8조), 가사소송(가소법 제7조), 특허소송(변리사법 제8조), 비송사건(비송사건절차법 제6조)의 경우에 변호사대리원칙의 예외가 인정된다.

(3) 변호사대리원칙 위반의 효과

징계에 의한 업무정지 중의 변호사가 대리한 경우 그 소송행위는 의뢰자와 상대방의 불측의 손해를 방지하고 절차안정과 소송경제의 관점에서 유효로 보는 것이 타당하다. 변호사 아닌 자가 대리한 경우 그 소송행위는 무효이지만 추인이 가능하다. 다만, 이익을 받을 목적 또는 직업으로 대리한 경우 그 소송행위는 무효이고 추인할 수 없다(변호사법 제109조).

3. 소송대리권의 발생

소송대리권은 본인의 수권행위에 의하여 발생하며 소송진행 중 대리권의 존재를 다투는 것을 미연에 방지하기 위하여 대리권의 존재와 범위는 서면으로 증명하여야 한다(민소법 제89조 제1항).

4. 소송대리권의 범위

(1) 원칙적 권한

1) 대리권의 법정범위

일체의 소송행위를 할 수 있으며 일체의 사법행위를 할 수 있다. 그러나 재판 외의 행위는 대리할 수 없으므로 재판 외에서 한 화해계약은 대리권의 범위 내에 포함되지 아니한다. 판례도 위임에 의한 소송대리인이 가지는 대리권의 범위에는 특별수권을 필요로 하는 사항을 제외한 소송수행에 필요한 일체의 소송행위를 할 권한 뿐만 아니라 소송목적인 채권의 변제를 채무자로부터 수령하는 권한을 비롯하여 위임을 받은 사건에 관한 실체법상 사법행위를 하는 권한도 포함된다고 한다(대판 2015.10.29. 2015다32585).

2) 소송대리권의 제한

소송대리인이 변호사인 경우 권한을 제한할 수 없다. 본인과 대리인 사이에 대리권 제한이 있거나 대리인의 행위가 본인의 의사에 반하는 경우라 하더라도 이는 기초적 내부관계에서 손해배상책임이 성립하는 것은 별론으로 하고 소송법상의 효력에는 영향이 없다.

(2) 특별수권사항(민소법 제90조)

1) 반소의 제기(제1호)

반소의 제기와는 달리 반소에 대한 응소는 특별수권사항이 아니다.

2) 소의 취하, 화해, 청구의 포기·인낙, 소송탈퇴(제2호)

소취하의 동의에는 특별수권을 요하지 아니한다(대판 1984.3.13. 82므40). 소송상 화해나 청구의 포기에 관한 특별수권이 되어 있다면 특별한 사정이 없는 한 그러한 소송행위에 대한 수권만이 아니라 그러한 소송행위의 전제가 되는 당해 소송물인 권리의 처분이나 포기에 대한 권한도 수여되어 있다(대판 1994.3.8. 93다52105).

3) 상소의 제기 또는 취하(제3호)

① 심급대리원칙

ㄱ 문제점 : 상소의 제기 또는 취하뿐만 아니라 불상소의 합의, 상소권 포기도 이에 준하여 특별수권을 요한다. 이와 관련하여 심급대리원칙을 인정할 것인지 문제 된다.

ㄴ 학설 : 상대방의 상소에 응소하는 것도 특별수권사항으로 보아 소송대리인의 대리권은 심급이 종료하면 소멸하고 더 이상 상급심에는 미치지 아니한다는 심급대리원칙인정설과 우리 법은 상소의 제기만 특별수권사항으로 정하고 있으므로 상대방의 상소에 응소하는 행위는 통상의 대리권에 포함된다고 보아 대리권은 심급종료가 아닌 사건종료로 소멸한다는 심급대리원칙부정설이 대립하고 있다.

ⓒ 판례 : 판례는 소송대리권의 범위는 특별한 사정이 없는 한 당해 심급에 한정되어, 소송대리인의 소송대리권의 범위는 수임한 소송사무가 종료하는 시기인 당해 심급의 판결을 송달받은 때까지라고 할 것(대결 2000.1.31. 99마6205)이라고 하여 심급대리원칙을 인정하고 있다.

ⓓ 검토 : 한 심급이 끝날 때마다 본인이 그 소송대리인의 활동을 평가하여 상급심에서도 소송위임을 할지 여부를 결정할 수 있도록 하는 것이 바람직하다는 점에서 심급대리원칙인정설이 타당하다.

② 대리권의 부활

ⓐ 문제점 : 심급대리와 관련하여 상고심에서 파기환송된 경우 환송심에서 환송 전 항소심의 대리권이 부활되는지 여부가 문제 된다.

ⓑ 학설 : 1차 항소심 소송대리인은 이미 사실관계에 정통하고 있고 상고심의 파기환송 이후의 항소심절차는 환송 전의 항소심 절차의 속행이므로 이를 긍정하는 부활긍정설과 금이 간 본인과 대리인 간의 신뢰관계를 다시 회복시키는 것은 어렵고 파기환송판결이 종국판결인 이상 환송 후의 절차를 종전 항소심의 절차의 속행으로 파악할 수는 없으므로 이를 부정하는 부활부정설이 대립하고 있다.

ⓒ 판례 : ㉮ 판례는 환송심 사건에서는 사건이 상고심에서 환송되어 다시 항소심에 계속하게 된 경우에는 상고전의 항소심의 소송대리인의 대리권은 그 사건이 항소심에 계속되면서 다시 부활하게 되는 것(대판 1984.6.14. 84다카744)이라고 하여 부활을 긍정하고 있다. ㉯ 재상고사건에서는 재상고하였을 경우에는 환송 전 상고심의 구대리인의 대리권이 부활하지 아니한다고 판시(대결 1996.4.4. 96마148)하고 있으며 ㉰ 재심사건에서는 재심은 신소제기의 형식을 취하는 것이므로 재심의 소의 절차에서는 사전 또는 사후의 특별수권이 없는 이상 재심 전의 소송의 소송대리인이 당연히 재심소송의 소송대리인이 되는 것은 아니라고 판시(대결 1991.3.27. 90마970)하고 있다.

ⓓ 검토 : 생각건대 당사자로서는 환송판결의 취지에 따라 종전 소송대리인이 변론을 해줄 것을 기대하는 것이 일반적이라는 점에서 부활긍정설이 타당하다고 판단된다.

4) 복대리인의 선임(제4호)

본인과 소송대리인과의 신뢰관계를 고려하여 특별수권사항으로 규정하고 있다. 다만, 복대리인은 재복대리인을 선임할 수 없다.

5. 소송대리인의 지위

(1) 제3자의 지위

소송행위자로서 행동하나 당사자가 아니므로 판결의 효력을 받지 아니한다. 법정대리인과 달리 송달은 반드시 소송대리인에게 하지 않아도 무방하다. 즉, 소송대리인이 있는 경우에도 당사자 본인에게 한 송달은 유효하다.

(2) 당사자 본인의 지위 및 경정권

본인이 소송대리인과 같이 법정에 출석하여 소송대리인의 사실상 진술을 경정하면 그 진술은 효력이 없다(민소법 제94조). 경정의 대상은 사실상 진술에 한하며 신청, 소취하, 소송상 화해, 청구의 포기·인낙 등 소송물의 처분행위, 법률상의 진술은 이에 포함되지 아니한다. 지체 없이 행사되어야 하므로 본인이 소송대리인과 함께 변론에 출석한 경우에만 행사할 수 있다.

(3) 소송대리인이 수인인 경우

1) 개별대리의 원칙

여러 소송대리인이 있는 때에는 각자가 당사자를 대리한다. 당사자가 개별대리의 원칙에 어긋나는 약정을 한 경우 그 약정은 효력을 가지지 못한다(민소법 제93조). 다만, 소송서류의 송달은 그중 1인에게만 하면 된다(민소법 제180조). 판례는 당사자에게 여러 소송대리인이 있는 때에는 민사소송법 제93조에 의하여 각자가 당사자를 대리하게 되므로, 여러 사람이 공동으로 대리권을 행사하는 경우 그중 한 사람에게 송달을 하도록 한 민사소송법 제180조가 적용될 여지가 없어 법원으로서는 판결정본을 송달함에 있어 여러 소송대리인에게 각각 송달을 하여야 하지만, 그와 같은 경우에도 소송대리인 모두 당사자 본인을 위하여 소송서류를 송달받을 지위에 있으므로 당사자에 대한 판결정본 송달의 효력은 결국 소송대리인 중 1인에게 최초로 판결정본이 송달되었을 때 발생하므로 당사자에게 여러 소송대리인이 있는 경우 항소기간은 소송대리인 중 1인에게 최초로 판결정본이 송달되었을 때부터 기산된다(대결 2011.9.29. 2011마1335)고 판시하고 있다.

2) 여러 소송대리인의 행위가 모순될 경우

동시에 모순된 행위가 이루어진 경우에는 모두 효력이 발생하지 아니한다. 때를 달리해 모순된 행위가 이루어진 경우에는 앞의 행위가 철회될 수 있는 것(예컨대 부인)이면 뒤의 행위(자백)에 의해 철회된 것이 되고, 앞의 행위가 철회될 수 없는 것이면(자백이나 포기·인낙) 뒤의 행위가 효력이 없다.

6. 소송대리권의 소멸

소송대리권은 당사자의 사망 또는 소송능력의 상실 등으로 소멸하지 아니한다. 소송대리권은 대리인의 사망·파산·성년후견개시심판, 위임사건의 심급종료, 기본관계의 소멸 등의 사유로 소멸한다. 다만, 소송대리인이 상대방에게 대리권이 소멸된 사실을 통지하지 아니하면 소멸의 효력을 주장하지 못한다(민소법 제97조, 제63조 제1항).

제4관 | 무권대리인

Ⅰ 의 의

무권대리란 대리권이 없는 대리를 말한다. 대리권을 수여받지 못한 경우, 특별수권이 없는 대리행위, 대리권을 서면증명하지 못한 경우, 법정대리인의 무자격, 대표권이 없는 자의 대표행위가 이에 해당한다.

Ⅱ 소송상 취급

1. 소송요건

(1) 소제기 시 흠결

대리권에 흠결이 있는 경우 법원은 기간을 정하여 이를 보정하도록 명하여야 하며 만일 보정하는 것이 지연됨으로써 손해가 생길 염려가 있는 경우에는 법원은 보정하기 전의 당사자 또는 법정대리인으로 하여금 일시적으로 소송행위를 하게 할 수 있다(민소법 제59조).

(2) 소송계속 중 흠결

다른 법정대리인이 수계할 때까지 소송절차는 중단된다(민소법 제235조). 기일에 무권대리인이 출석하여 변론하더라도 그 자의 소송관여는 배척되고 본인에게는 기일불출석의 불이익을 입힐 수 있다.

(3) 대리권에 다툼이 있는 경우

법원이 심리하여 대리권이 존재한다고 판단되면 중간판결이나 판결이유 중에서 판시하면 족하고 흠이 있다고 판단되면 보정을 명하고 보정하지 아니하면 소각하판결을 한다.

(4) 간과판결의 효력

확정 전이면 상소에 의해 다툴 수 있고(민소법 제424조 제1항 제4호), 확정 후에는 재심에 의하여 취소를 구할 수 있다(민소법 제451조 제1항 제3호). 판결이 취소될 때까지 당연무효가 아니라 유효하므로 당사자에게 효력이 미친다. 다만, 추인하였을 경우에는 재심을 제기할 수 없다.

2. 소송행위의 유효요건

(1) 무권대리행위의 효력

대리권의 존재는 소송행위의 유효요건으로서 무권대리인에 의한 또는 그에 대한 소송행위는 무효이다. 다만, 확정적 무효가 아니라 당사자 본인이나 정당한 대리인에 의한 추인이 가능한 유동적 무효라고 할 수 있다.

(2) 추 인

1) 추인방법

추인에 의하여 무권대리인의 소송행위는 행위 시에 소급하여 확정적으로 유효하게 되며 추인거절 시에는 확정적으로 무효가 된다(민소법 제97조, 제60조). 추인의 방법은 명시적 추인과 묵시적 추인 모두 가능하다.

2) 추인시기

사전추인이 아니면 아무런 제한이 없다. 따라서 제1심에서의 무권대리행위를 상소심에서 추인할 수 있다(대판 1997.3.14. 96다25227). 최근 판례도 같은 취지에서 권한 없는 대표자가 한 소송행위의 추인은 상고심에서도 할 수 있으므로, 환송 후 원심으로서는 상고심에서 제출된 추인서까지 포함하여 소송요건을 갖춘 것인지 여부를 심리·판단할 필요가 있다(대판 2022.4.14. 2021다276973)고 판시하고 있다.

3) 일괄추인의 원칙

① 원칙 : 판례는 무권대리인이 행한 소송행위의 추인은, 특별한 사정이 없는 한, 소송행위의 전체를 대상으로 하여야 하는 것이고 그중 일부의 소송행위만을 추인하는 것은 허용되지 아니한다고 할 것이므로 상고행위만의 추인을 허용할 만한 특별한 사정이 있다고 보기 어렵다면 피고 소송대리인의 일부 추인으로 인하여 상고제기가 유효하게 되었다고 볼 수 없다고 한다(대판 2008.8.21. 2007다79480).

② 예외 : 판례는 무권대리인이 행한 소송행위의 추인은 소송행위의 전체를 일괄하여 하여야 하는 것이나 무권대리인이 변호사에게 위임하여 소를 제기하여서 승소하고 상대방의 항소로 소송이 2심에 계속 중 그 소를 취하한 일련의 소송행위 중 소취하행위만을 제외하고 나머지 소송행위를 추인함은 소송의 혼란을 일으킬 우려 없고 소송경제상으로도 적절하여 그 추인은 유효하다고 한다(대판 1973.7.24. 69다60).

Ⅲ 쌍방대리의 금지

1. 쌍방대리행위

무권대리행위의 일종이다. 법정대리인의 경우에는 민법 제64조, 제921조의 규정이 있고, 임의대리인 중 비변호사의 경우에는 민법 제124조의 규정이 있으며 쌍방대리는 무효가 된다.

2. 변호사법 제31조 제1항 위반의 대리행위

(1) 학 설

본조를 훈시규정으로 이해하는 직무규정설과 본조를 강행규정으로 이해하여 본조위반의 소송행위는 절대무효라는 절대무효설, 본조위반의 소송행위를 무권대리행위로서 취급하여 추인이 있으면 유효하다는 추인설, 본조를 임의규정으로 해석하여 본인이나 상대방이 본조위반의 소송행위가 있었음을 알았거나 알 수 있었음에도 불구하고 지체 없이 이의를 주장하지 아니하면 그 하자가 치유된다는 이의설이 대립하고 있다.

(2) 판 례

판례는 변호사법 제31조 제1항의 규정에 위반한 변호사의 소송행위에 대하여는 상대방 당사자가 법원에 대하여 이의를 제기하는 경우 그 소송행위는 무효이고 그러한 이의를 받은 법원으로서는 그러한 변호사의 소송관여를 더 이상 허용하여서는 아니 될 것이지만, 다만 상대방 당사자가 그와 같은 사실을 알았거나 알 수 있었음에도 불구하고 사실심 변론종결 시까지 아무런 이의를 제기하지 아니하였다면 그 소송행위는 소송법상 완전한 효력이 생긴다(대판 2003.5.30. 2003다15556)고 하여 이의설을 따르고 있다.

(3) 검 토

소송대리인을 먼저 선임한 당사자를 보호하는 것이 소송참가자들의 의사에 부합한다고 볼 것이므로 이의설이 타당하다고 판단된다.

Ⅳ 표현대리의 법리적용 여부

1. 학 설

민법상 표현대리의 법리는 거래의 안전을 위한 규정이므로 절차의 안정을 중요시하는 소송행위에는 적용될 수 없고 이를 인정하는 명문의 규정도 없음을 이유로 부정하는 소극설과 외관 존중의 요청은 소송행위에도 적용된다는 점에서 이를 인정하는 적극설, 원칙적으로 소극설이 타당하되 부실등기의 원인이 법인 자신의 고의적 태만에 기인하는 경우에는 표현대리를 유추적용할 수 있다는 절충설이 대립하고 있다.

2. 판 례

집행인낙의 표시는 공증인에 대한 소송행위로서 이러한 소송행위는 민법상의 표현대리 규정이 적용 또는 준용될 수 없다(대판 1994.2.22. 93다42047)고 하여 소극설의 입장이다.

3. 검 토

생각건대 민사소송법 제90조 제2항에서 기본적 수권이 있는 경우에도 표현대리를 인정하는 대신 특별수권을 요구하고 있다는 점에서 소극설의 태도가 타당하다고 판단된다.

제1편

제2편

제3편

제4편

제5편

제6편

제7편

02 당사자

※ 기출문제해설의 답안은 참고용으로 활용하시기 바랍니다.

기출문제 ❘ 2020년 제29회 공인노무사시험

제1문

甲(수원에 주소를 두고 살고 있음)은 대전에 소재한 자기 토지를 乙(대구에 주소를 두고 살고 있음)에게 매도하고 매매잔대금 1억원을 받지 못하여, 그 지급을 구하는 소를 대전지방법원에 제기하였다. 이후에 甲은 乙이 소제기 이전에 사망하였다는 사실과 乙의 유일한 상속인인 丙(대구에 주소를 두고 살고 있음)이 있다는 사실을 알게 되었다. 甲은 피고를 丙으로 바꾸는 신청을 하였고 법원은 당사자표시정정하여 피고를 丙으로 바꾸었다. 다음 물음에 답하시오. (50점) (단, 아래의 각 물음은 상호 독립적임)

물음 2

丙은 이 사건 법원의 당사자표시정정은 부적법하다고 주장하였다. 丙의 이 주장이 타당한지를 논하시오. (25점)

Ⅰ 논점의 정리

甲이 乙을 피고로 하여 매매잔대금 지급청구의 소를 제기하기 전에 乙이 사망하였다면 매매잔대금 지급청구의 소의 피고가 누구로 확정되는지 여부를 우선 검토하여야 하고, 당사자가 상속인 丙으로 확정된다면 법원이 당사자표시정정절차를 통하여 피고를 乙에서 丙으로 변경하는 것이 적법한지 여부가 또한 문제되므로 이를 검토되어야 한다. 이 사건 법원의 당사자표시정정이 부적법하다는 丙의 주장이 타당한지 여부는 이와 관련된다.

Ⅱ 매매잔대금 지급청구의 소의 당사자의 확정

1. 당사자의 확정의 의의

특정한 소송사건에서 누가 원고이고 누가 피고인지를 분명히 하는 것을 말한다. 소송에서 당사자가 누구인지는 재판절차에 관여할 자, 판결의 명의인, 기판력의 범위를 결정하는 표준이 되므로 법원은 직권으로 당사자를 확정할 필요가 있다.

2. 제소 전 사자상대소송의 당사자의 확정기준

(1) 학 설

원고나 법원이 당사자로 삼으려는 사람이 당사자라고 보는 의사설, 소송상 당사자로 취급되거나 행동하는 사람이 당사자가 된다는 행위설, 소장에 나타난 당사자의 표시를 비롯하여 청구원인 그 밖의 기재 등 전 취지를 기준으로 객관적으로 당사자를 정할 것이라는 표시설이 대립하고 있다.

(2) 판 례

판례는 원고가 사망 사실을 모르고 사망자를 피고로 표시하여 소를 제기한 경우에, 청구의 내용과 원인사실, 당해 소송을 통하여 분쟁을 실질적으로 해결하려는 원고의 소제기 목적 내지는 사망 사실을 안 이후의 원고의 피고 표시 정정신청 등 여러 사정을 종합하여 볼 때 사망자의 상속인이 처음부터 실질적인 피고이고 다만 그 표시를 잘못한 것으로 인정된다면, 사망자의 상속인으로 피고의 표시를 정정할 수 있다고 하여 실질적 표시설의 태도를 취하고 있다.[12]

(3) 검 토

당사자확정의 객관적・획일적 기준이 필요하다는 점에서 표시설이 타당하다고 판단된다. 이에 나아가 표시설에 의하더라도 소장의 당사자란의 기재를 원칙적 기준으로 하되 청구의 취지 그 밖의 일체의 표시사항 등도 기준으로 하여 합리적으로 판단하여야 할 것이다(실질적 표시설). 실질적 표시설에 의하면 사망자는 당사자능력이 없음이 분명하므로 사망자의 상속인이 올바른 당사자로 확정된다.

3. 사안의 경우

생각건대 실질적 표시설에 의할 경우 원고 甲은 제소 전에 이미 사망한 乙을 피고로 하여 소를 제기하였고, 소송물은 매매잔대금 지급청구로서, 소장에 기재된 표시 및 청구의 내용과 원인사실 등을 합리적으로 해석한다면 당사자는 그 상속인인 丙이라고 하여야 할 것이다.

---

12) 대결 2006.7.4. 2005마425

Ⅲ **丙으로의 당사자표시정정의 적법 여부**

1. 사망사실을 발견한 경우 법원의 조치

당사자의 실재 또는 당사자능력은 소송요건이므로 법원의 직권조사사항이다. 판례에 의하면 이 경우 상속인으로 당사자를 확정하므로 법원은 보정을 명하고 보정을 하지 아니하면 소를 각하하여야 한다.

2. 보정방법

(1) 학 설

사망자를 상속인으로 바꾸는 것은 임의적 당사자변경에 해당하고 피고경정규정(민소법 제260조)이 신설되었음을 이유로 피고경정에 의할 것이라는 피고경정설과 민소법 제59조를 유추적용하여 올바른 당사자로 표시정정의 형태로 보정할 것이라는 당사자표시정정설이 대립하고 있다.

(2) 판 례

판례는 원고가 사망 사실을 모르고 사망자를 피고로 표시하여 소를 제기한 경우에, 청구의 내용과 원인 사실, 당해 소송을 통하여 분쟁을 실질적으로 해결하려는 원고의 소제기 목적 내지는 사망 사실을 안 이후의 원고의 피고 표시 정정신청 등 여러 사정을 종합하여 볼 때 사망자의 상속인이 처음부터 실질적인 피고이고 다만 그 표시를 잘못한 것으로 인정된다면, 사망자의 상속인으로 피고의 표시를 정정할 수 있다고 판시하고 있다.[13]

(3) 검 토

피고경정은 요건이 엄격하여 원고로 하여금 간편한 절차로 보정하게 하는 것이 구체적 타당성 또는 소송 경제 측면에서 타당하므로 원고의 실질적 의사에 부합하는 당사자표시정정설이 타당하다고 보인다.

3. 사안의 경우

甲이 乙을 피고로 하여 매매잔대금 지급청구의 소를 제기하기 전에 乙이 사망하였다면 법원은 원칙적으로 피고 乙이 당사자능력이 없음을 이유로 부적법 각하하여야 하나, 그전에 보정명령을 하게 된다. 당사자표시정정설에 의할 때 당사자의 신청에 따라 법원이 당사자를 乙에서 丙으로 표시정정하였다면 법원의 당사자표시정정은 적법하다고 판단된다.

Ⅳ **사안의 적용**

실질적 표시설에 의할 경우 당사자는 그 상속인인 丙이라 하여야 하고, 당사자표시정정설에 의할 때 당사자의 신청에 따라 법원이 당사자를 乙에서 丙으로 표시정정하였다면 법원의 당사자표시정정은 적법하므로 부적법하다는 丙의 주장은 타당하지 아니하다.

Ⅴ **결 론**

당사자를 乙에서 丙으로 표시정정하였다면 법원의 당사자표시정정은 적법하므로 부적법하다는 丙의 주장은 타당하지 아니하다.

---

13) 대결 2006.7.4. 2005마425

제1문

甲은 乙 노동조합(이하 '乙'이라고 한다)의 조합원이다. 아래의 각 물음에 관하여 논하시오. (단, 아래의 각 물음은 상호 무관함) (50점)

물음 2

甲은 乙에 대하여 5천만원의 위로금 지급을 구하는 소를 제기하였다. 甲(제한능력자가 아님)의 배우자(공인노무사로 제한능력자가 아님)가 위 소송을 대리할 수 있는가? (20점)

I 논점의 정리

甲이 乙에 대하여 5천만원의 위로금 지급청구의 소를 제기한 경우, 甲에게 소송위임을 할 수 있는 소송능력이 인정되는지 문제 된다. 소송능력이 인정된다면 변호사대리원칙의 예외로서 어떤 요건 하에서 배우자에게 소송위임을 하여 배우자로 하여금 소송을 대리하게 할 수 있는지 또한 문제 된다.

II 원고 甲의 소송위임의 가부

1. 소송대리인의 개념

소송상의 대리인은 본인의 의사에 의한 대리인인지, 법률의 규정에 의한 대리인인지 여부에 따라 임의대리인과 법정대리인으로 구분할 수 있는데, 임의대리인 중 특정 소송사건의 처리를 위임받은 대리인을 소송위임에 의한 소송대리인이라고 하며 일반적으로 소송대리인이라 할 때에는 이를 가리킨다.

2. 소송대리권의 수여

소송대리권의 수여행위는 소송대리권의 발생이라는 소송법상의 효과를 발생시키는 소송행위이다. 이를 소송위임이라고 하는데 소송위임은 소송행위이므로 소송능력을 필요로 한다. 소송대리권의 수여방식은 자유이나, 대리권의 존재와 범위는 서면으로 증명하여야 한다(민소법 제89조 제1항).

3. 검 토

민법상 행위능력자는 소송능력자이다(민소법 제51조). 甲은 제한능력자가 아니므로 타인에게 소송위임을 할 수 있는 소송능력이 있다고 할 수 있다.

III 원고 甲의 배우자의 소송대리인 자격의 인정 여부

1. 변호사대리원칙의 내용

변호사대리원칙이란 민사소송에 있어 법률상 소송대리인 외에는 원칙적으로 변호사가 아니면 소송대리인이 될 수 없는 원칙을 말한다(민소법 제87조). 법률전문가가 관여하여야 소송절차가 원활하고 효율적으로 진행되어 본인의 이익이 제대로 보호될 수 있기 때문이다.

2. 변호사대리원칙의 예외

(1) 단독사건(소가 5억원 이하)

단독사건 중 소송목적의 값이 일정한 금액 이하인 사건에서 친족관계나 고용관계에 있는 사람이 법원의 허가를 얻으면 변호사가 아니더라도 소송대리인이 될 수 있다(민소법 제88조). 즉 소가가 소제기 당시 또는 청구취지 확장(변론의 병합 포함) 당시 1억원 이하인 소송사건으로, 당사자의 배우자 또는 4촌 안의 친족으로서 당사자와의 생활관계에 비추어 상당하다고 인정되는 경우이거나 당사자와 고용, 그 밖에 이에 준하는 계약관계를 맺고 그 사건에 관한 통상사무를 처리·보조하는 사람으로서 그 사람이 담당하는 사무와 사건의 내용 등에 비추어 상당하다고 인정되는 경우에 이자들이 법원에 서면으로 소송대리에 대한 허가신청을 하여 소송대리인이 될 수 있다. 다만, 단독사건이라 하더라도 상소심은 합의사건이므로 상소심에서는 변호사만이 소송대리인이 될 수 있음을 유의하여야 한다.

(2) 소액사건(소가 3,000만원 이하)

소가 3,000만원 이하의 소액단독사건의 제1심에서는 당사자의 배우자·직계혈족 또는 형제자매는 법원의 허가 없이 소송대리인이 될 수 있다. 소송대리인은 당사자와의 신분관계와 수권관계를 서면으로 증명하여야 한다(소심법 제8조).

3. 사안의 경우

甲이 乙에 대하여 5천만원의 위로금 지급청구의 소를 제기할 당시, 甲의 제한능력자가 아닌 배우자로서 甲과의 생활관계에 비추어 상당하다고 인정되는 경우라면 甲의 배우자는 법원의 허가를 얻어 甲이 乙을 상대로 한 위로금 지급청구의 소를 대리할 수 있다고 판단된다.

Ⅳ 사안의 적용

甲은 제한능력자가 아니므로 타인에게 소송위임을 할 수 있는 소송능력이 있다고 할 수 있다. 甲이 乙에 대하여 5천만원의 위로금 지급청구의 소를 제기할 당시, 甲의 제한능력자가 아닌 배우자로서 甲과의 생활관계에 비추어 상당하다고 인정되는 경우라면 甲의 배우자는 법원의 허가를 얻어 甲이 乙을 상대로 한 위로금 지급청구의 소를 대리할 수 있다고 판단된다.

Ⅴ 결론

甲은 배우자에게 소송위임을 할 수 있는 소송능력이 있으므로 이에 따라 甲의 배우자가 법원의 허가를 얻어 甲이 제기한 소송을 대리할 수 있다.

제1편

제2편

제3편

제4편

제5편

제6편

제7편

02 당사자

※ 기출문제해설의 답안은 참고용으로 활용하시기 바랍니다.

기출문제 ▌ 2017년 제26회 공인노무사시험

제1문

乙회사의 근로자 丙이 업무상 운전하던 차량이 보행자 甲을 충격하여 부상을 입혔다. 甲이 乙회사를 피고로 하여 제기한 교통사고로 인한 손해배상청구의 소(전소)에서 丙이 乙회사 측에 보조참가하여 소송이 진행되었고, 법원은 丙의 운전상의 과실을 인정하여 甲 청구인용판결을 선고하여 이 판결이 확정되었다. 그 후 乙회사가 丙을 피고로 위 손해배상에 대한 구상금을 청구하는 소(후소)를 제기하였다. 다음 물음에 답하시오. (50점) (아래 각 설문은 상호 무관함)

물음 2

후소에서 丙은 소송대리인을 선임하지 않고 소송을 수행하던 중 사망하였다. 법원은 丙의 사망사실을 간과하고 변론을 진행한 후 乙회사 청구인용판결을 선고하였다. 이 판결은 丙의 상속인에게 효력이 미치는지를 설명하시오. (15점)

Ⅰ 논점의 정리

乙회사가 丙을 피고로 구상금청구의 소를 제기하여 丙이 소송대리인을 선임하지 않고 소송을 수행하던 중 사망한 경우 丙의 상속인이 당사자의 지위를 당연히 승계하는지 여부와 丙의 사망이 소송절차에 어떠한 영향을 미치는지 문제 된다. 丙이 당사자지위를 당연승계한다면 법원이 丙의 사망사실을 간과하고 청구인용 판결을 선고한 경우 그 판결의 효력이 丙의 상속인에게 미치는지 여부도 문제되므로 차례로 검토하기로 한다.

Ⅱ 소송계속 중 丙의 사망 시 당사자지위의 당연승계 여부

1. 학 설

① 포괄승계의 원인이 있으면 당사자의 지위가 법률상 당연히 승계인에게 이전한다는 당연승계긍정설(통설)과, ② 당연승계긍정설은 형식적 당사자개념과는 맞지 않으므로 상속인 등 수계인이 수계절차를 밟아서 당사자로 표시되어야 당사자가 변경된다고 보는 당연승계부정설의 대립이 있다.

2. 판 례

<u>판례는 대립당사자 구조를 갖추고 적법하게 소가 제기되었다가 소송 도중 어느 일방의 당사자가 사망함으로 인해서 그 당사자로서의 자격을 상실하게 된 때에는 그 대립당사자 구조가 없어져 버린 것이 아니고, 그때부터 그 소송은 그의 지위를 당연히 이어받게 되는 상속인들과의 관계에서 대립당사자 구조를 형성하여 존재하게 되는 것이라고 판시하여 당연승계긍정설의 태도를 취하고 있다.</u>[14]

3. 검토 및 사안의 경우

생각건대 소송대리인이 있는 경우에는 당사자가 소송 중 사망해도 절차가 중단되지 아니하고(민소법 제238조) 대리인을 승계인의 대리인으로 보는 점, 소송절차의 중단이 당사자의 수계신청뿐 아니라 법원의 속행명령에 의해서도 해소되는 점(민소법 제244조) 등을 고려하면 당연승계긍정설이 타당하다고 본다. 따라서 사안의 경우, 소송계속 중 丙이 사망하였으나 당사자의 지위는 丙의 사망 시부터 그 상속인에게 당연승계되어 상속인이 피고가 된다.

Ⅲ 소송절차에 미치는 영향

1. 중단의 요건 및 효과

당사자사망으로 소송절차가 중단되기 위해서는 ① 소송계속 중 당사자가 사망한 경우이어야 하고, ② 상속인이 있어야 하며, ③ 소송물이 상속될 수 있어야 하고, ④ 소송대리인이 있는 경우가 아니어야 한다. 소송절차가 중단되면 판결의 선고를 제외하고는 소송절차상의 일체의 소송행위를 할 수 없으며 상속인은 수계신청으로 중단을 해소할 수 있다(민소법 제233조 제1항).

---

14) 대판 1995.5.23. 94다28444[전합]

2. **사안의 경우**

　① 소송계속 중 당사자 丙이 사망하였고, ② 상속인이 존재하며, ③ 소송물이 구상금청구권이므로 상속 가능하다. 또한 ④ 소송대리인이 없으므로 丙의 사망으로 소송절차는 중단되며 상속인은 수계신청으로 절차중단을 해소시켜야 한다(민소법 제233조 제1항).

Ⅳ 중단을 간과한 판결의 효력

1. **학 설**

　① 당연승계긍정설의 입장에서 소송 중 사망을 간과한 판결은 절차중단을 간과한 절차상 위법은 있으나 대립당사자구조를 간과한 것은 아니므로 당연무효는 아니라는 유효설과, ② 당연승계부정설의 입장에서 소송 중 사망을 간과한 판결이 대립당사자구조를 간과한 점은 제소 전 사망과 차이가 없으므로 당연무효 라는 무효설이 대립하고 있다.

2. **판 례**

　판례는 소송계속 중 어느 일방당사자의 사망에 의한 소송절차 중단을 간과하고 변론이 종결되어 판결이 선고된 경우에는 그 판결은 소송에 관여할 수 있는 적법한 수계인의 권한을 배제한 결과가 되는 절차상 위법은 있지만 그 판결이 당연무효라 할 수는 없고, 다만 그 판결은 대리인에 의하여 적법하게 대리되지 않았던 경우와 마찬가지로 보아 대리권흠결을 이유로 상소 또는 재심에 의하여 그 취소를 구할 수 있을 뿐이라고 판시하고 있다.[15]

3. **검토 및 사안의 경우**

　생각건대 사안에서 상속인이 당사자지위를 당연승계받은 경우 법원이 소송절차의 중단을 간과하고 선고 한 판결은 대립당사자 구조가 파괴된 것은 아니므로 유효하다고 판단된다. 다만, 대리권 흠결의 경우와 같이 보아 상소(민소법 제424조 제1항 제4호)와 재심(민소법 제451조 제1항 제3호)의 대상이 된다고 할 것이다.

Ⅴ 사안의 적용

소송계속 중 丙이 사망하였으나 당사자의 지위는 丙의 사망 시부터 그 상속인에게 당연승계되어 상속인이 피고가 된다. 소송대리인이 없으므로 丙의 사망으로 소송절차는 중단되며 상속인은 수계신청으로 절차중단 을 해소시켜야 한다. 상속인이 당사자지위를 당연승계받은 경우 법원이 소송절차의 중단을 간과하고 선고한 판결은 대립당사자 구조가 파괴된 것은 아니므로 유효하여 丙의 상속인에게 그 효력이 미친다고 판단된다. 다만, 대리권 흠결의 경우와 같이 보아 상소(민소법 제424조 제1항 제4호)와 재심(민소법 제451조 제1항 제3호)의 대상이 된다고 할 것이다.

Ⅵ 결 론

상속인이 당사자지위를 당연승계받은 경우 법원이 소송절차의 중단을 간과하고 선고한 판결은 유효하여 丙의 상속인에게 그 효력이 미친다고 판단된다.

---

15) 대판 1995.5.23. 94다28444[전합]

제1문

乙회사 근로자인 甲이 업무 중 상해를 입어 乙회사를 상대로 손해배상청구의 소를 제기하고자 한다. 다음 물음에 답하시오. (50점) (아래의 각 설문은 상호 무관함)

물음 1

甲이 소속하고 있는 노동조합 丙이 원고로서 사용자인 乙회사를 상대로 甲을 위하여 소송을 수행할 경우, 丙노동조합에 당사자적격이 있는지를 설명하시오. (35점)

물음 2

위와는 달리 甲이 乙회사를 상대로 손해배상청구의 소를 제기하였다. 그 소송의 항소심에서 변호사 丁이 甲의 소송대리인이었는데 대법원의 파기환송판결에 의하여 사건이 항소심에 다시 계속하게 되었다면 위 丁의 소송대리권은 어떻게 되는지를 설명하시오. (15점)

물음 1

Ⅰ 논점의 정리

丙노동조합이 乙회사에 대해 손해배상청구의 소를 제기하고자 하는 근로자 甲을 위하여 소송을 수행하는 것이 제3자의 소송담당 중 어떤 유형에 해당하는지 여부가 문제 된다. 丙노동조합의 소송수행이 임의적 소송담당에 해당한다면 그 요건을 충족하는지 여부를 살펴 丙노동조합의 당사자적격 인정 여부를 검토하기로 한다.

Ⅱ 당사자적격의 의의

1. 당사자적격의 개념

당사자적격은 특정한 소송사건에서 정당한 당사자로서 소송을 수행하고 본안판결을 받기에 적합한 자격을 말한다. 소송수행권이라고도 한다. 이는 형식적 당사자개념으로 인한 무익한 소송과 소송의 남용을 배제하기 위한 제도이다.

2. 소송법상의 의미

당사자적격은 소송법에서 실체법상 관리처분권, 소송법상 소송수행권의 의미를 가지는 것으로 소송요건이며 직권조사사항으로서 조사결과 그 흠이 있는 경우에는 법원은 소각하판결을 하여야 한다.

3. 구별개념

당사자적격은 언제나 특정소송과의 관계에서 정하여지는 것이므로 어떤 소송에 관하여 당사자적격이 있다고 하여 다른 소송에서도 당연히 당사자적격이 있는 것은 아니다. 이러한 점에서 개개의 사건과 관계없이 일반적으로 민사소송의 당사자가 될 수 있는 일반적 자격을 가리키는 당사자능력과 구별되고, 현재 계속 중의 소송에서 누가 당사자인가를 가려내는 문제인 당사자확정의 문제와도 구별된다.

Ⅲ 丙노동조합의 당사자적격 인정 여부

1. 제3자 소송담당의 의의

제3자의 소송담당이란 권리관계의 주체 이외의 제3자가 당사자적격을 갖는 경우를 말한다. 즉, 제3자가 소송수행권(권리처분권)을 갖는 경우이다. 소송담당자는 다른 사람의 권리관계에 관하여 당사자로서 소송을 수행하는 점에서 다른 사람의 이름으로 소송을 수행하는 대리인과 구별된다.

2. 제3자 소송담당의 유형

(1) 법정 소송담당

　1) 의 의

　　권리관계의 주체인 자의 의사에 관계없이 법률의 규정에 의하여 제3자가 소송수행권을 갖는 경우를 말한다.

2) 유 형

제3자가 권리관계의 주체와 함께 소송수행권을 갖는 경우인 병행형에는 제3자가 권리관계의 주체와 함께 소송수행권을 가지는 경우이다. 이에는 ① 채권자대위소송을 하는 채권자(민법 제404조), ② 회사 대표소송의 주주(상법 제403조), ③ 채권질의 질권자(민법 제353조), ④ 다른 공유자를 위하여 보존행위를 하는 공유자(민법 제265조 단서) 등이 포함되고, 제3자가 권리관계의 주체에 갈음하여 소송수행권을 갖는 경우인 갈음형에는 제3자가 권리관계의 주체에 갈음하여 소송수행권을 갖는 경우이다. 즉, ① 파산재단소송의 파산관재인, ② 정리회사의 재산관계소송의 관리인, ③ 채권추심명령을 받은 압류채권자(민사집행법 제227조, 제229조 제2항), ④ 유언집행자(민법 제1101조), ⑤ 상속재산관리인(민법 제1053조) 등이 포함된다. 나아가 직무상 당사자로서 법률이 일정한 직무에 있는 자에게 권리귀속주체를 위하여 소송수행권을 수여하는 경우가 있는데 父가 사망한 경우의 인지청구에서 피고로 나서는 검사(민법 제864조), 해난구조료청구에 있어서의 선장(상법 제894조 제2항)이 그 예라고 할 수 있다.

3) 사안의 경우

사안의 경우 丙노동조합이 甲에게 어떤 실체법상의 권리를 가지고 있다면 甲의 乙에 대한 손해배상청구권을 대위행사 할 수 있어 채권자대위소송이 가능하므로(민법 제404조), 당사자적격이 있다고 할 수 있으나, 丙노동조합이 甲에게 어떤 권리를 가지고 있다는 언급이 없어 법정소송담당으로 당사자적격을 갖는 것으로 보이지는 아니한다.

(2) 임의적 소송담당

1) 의 의

임의적 소송담당이란 권리관계의 주체인 사람이 자기의 의사에 의해 제3자가 자기의 권리에 대한 소송수행권을 수여하는 경우를 말한다.

2) 명문의 규정이 있는 경우

민소법 제53조에 규정된 선정당사자는 공동의 이해관계가 있는 여러 사람 가운데에서 선정된 모두를 위해 소송을 수행할 자이다. 또한 어음법 제18조와 수표법 제23조의 '추심하기 위하여'란 문구로 추심위임배서를 받은 피배서인도 임의적 소송담당자이다.

3) 명문의 규정이 없는 경우

① 예외적 허용 : 명문의 규정이 없는 경우에는 임의적 소송담당은 원칙적으로 허용되지 아니한다. 허용하면 변호사대리원칙과 소송신탁금지의 원칙에 반하기 때문이다. 다만, 임의적 소송신탁은 민소법 제87조가 정하는 변호사대리원칙이나 신탁법 제6조가 정한 소송신탁 금지를 잠탈할 우려가 없고 이를 인정할 합리적 필요가 있는 경우에 한하여 제한적으로 허용된다.

② 견해의 대립 : 학설은 명문의 규정이 없는 경우에 임의적 소송담당을 제한적으로 인정하는데 대체적으로 일치하고 있으며 그 예로 노동조합 등 단체의 대표자, 계금채권·채무에 관한 소송에 있어서의 계주 등을 들고 있다. 최근에는 근로기준법 위반의 해고자와 같은 영세근로자가 그 소속 노동조합에, 집단적 피해자가 그 소속단체에 그 소송수행권을 신탁하여 노동조합이나 단체를 내세워 소송하는 경우를 인정하는 견해도 있다. 판례도 같은 취지에서 소위 동백홍농계 사례에서 민법상의 조합에 있어서 조합규약이나 조합결의에 의하여 자기의 이름으로 조합재산을 관리하고 대외적 업무를 집행할 권한을 수여받은 업무집행조합원이 조합재산에 관한 소송에 관하여 조합원으로부터 임의적 소송신탁을 받아 자기의 이름으로 소송을 수행하는 것은 허용된다고 하여, 임의적 소송담당을 예외적으로 인정하고 있다.[16]

---

16) 대판 1984.2.14. 83다카1815

③ 사안의 경우 : 丙노동조합은 그 근로자 甲의 지위와 이익을 지켜야 하는 단체이므로 광범위한 관리처분권이 부여되어 정당한 업무에 터 잡아 권리귀속주체와 동등한 정도의 소송수행을 기대할 수 있는 경우에 해당한다고 이해된다. 따라서 민소법 제87조가 정한 변호사대리의 원칙이나 신탁법 제6조가 정한 소송신탁의 금지를 잠탈하는 등의 탈법적 방법에 의하지 않은 것으로서 이를 인정할 합리적 필요가 있다고 인정되므로, 丙노동조합은 근로자 甲의 소송신탁을 받아 乙회사에게 갖는 손해배상청구권을 대신하여 행사할 수 있는 임의적 소송담당자가 되는 것이 가능하다고 본다. 따라서 丙노동조합은 당사자적격이 있다고 판단된다.

(3) 법원의 허가에 의한 소송담당

1) 내 용

당사자적격은 분쟁의 개별적 해결원칙에 의하여 소송물에 관한 관리처분권을 가진 권리관계의 주체 또는 법률에 의하여 소송수행권을 갖게 된 자에게만 인정됨이 대원칙이나 오늘날에는 환경소송, 소비자소송 등 분쟁이 크고 반복적으로 발생하므로 이를 집단적으로 한번에 해결해야 할 필요성이 높아졌다. 이를 해결하기 위한 방법으로 논의되는 것이 집단소송과 단체소송이다. 영미법상의 집단소송 (Class Action)은 당사자적격의 개념을 다소 완화하여 평균적 피해자에게 대표당사자로서의 적격을 부여하는 방식이고, 독일의 단체소송은 단체 자체에 당사자적격을 부여하는 방식인데 이 두 가지 방식은 분쟁의 개별적 해결이라는 원칙을 다소 완화하는 것을 전제로 한다. 2005년부터 시행되고 있는 우리나라의 증권관련 집단소송법에서는 영미의 집단소송과 같이 법원의 허가에 의하여 수권된 대표당사자가 소송수행에 나서도록 하였고(동법 제2조 제1호), 2008년부터 시행되고 있는 소비자단체소송에서도 소비자단체가 법원의 허가를 얻어 소송수행권을 갖도록 했다(소비자기본법 제70조 이하).

2) 사안의 경우

근로자 甲이 乙회사에게 갖는 손해배상청구권이 증권관련 손해배상청구권도 아니고, 소비자기본법상의 손해배상청구권도 아니므로, 이에는 해당하지 않는다고 판단된다.

Ⅳ 사안의 적용

丙노동조합이 甲에게 어떤 실체법상의 권리를 가지고 있다는 언급이 없어 법정소송담당으로 당사자적격을 갖는 것으로 보이지는 아니한다. 또한 근로자 甲이 乙회사에게 갖는 손해배상청구권이 증권관련 손해배상청구권도 아니고, 소비자기본법상의 손해배상청구권도 아니므로, 법원의 허가에 의한 소송담당을 인정할 사안도 아니라고 보인다. 임의적 소송담당 인정 여부를 살피건대 丙노동조합의 소송수행권을 인정하는 것은 민소법 제87조가 정한 변호사대리의 원칙이나 신탁법 제6조가 정한 소송신탁의 금지를 잠탈하는 등의 탈법적 방법에 의하지 않은 것으로서 이를 인정할 합리적 필요가 있다고 인정되므로 丙노동조합은 임의적 소송담당자로서 당사자적격이 있다.

Ⅴ 결 론

법정 소송담당이나 법원의 허가에 의한 소송담당은 인정되지 아니하나, 丙노동조합에게 임의적 소송담당이 인정되므로 임의적 소송담당자로서 당사자적격이 있다.

제1편

제2편

제3편

제4편

제5편

제6편

제7편

물음 2

Ⅰ 논점의 정리

항소심 변호사 丁의 소송대리권은 맡은 심급에 한하는지 여부가 심급대리의 원칙 인정 여부로 논의되고 있어 이를 살펴보고자 한다. 심급대리의 원칙을 인정하여 丁의 소송대리권이 소멸된 것으로 이해하더라도 대법원의 파기환송판결에 의하여 사건이 항소심에 다시 계속되었다면 소멸하였던 변호사 丁의 소송대리권은 부활하는지 여부가 또한 문제 된다.

Ⅱ 변호사 丁의 소송대리권에 대한 심급대리의 원칙 인정 여부

1. 학 설

상대방의 상소에 응소하는 것도 특별수권사항으로 보아 소송대리인의 대리권은 심급이 종료하면 소멸하고 더 이상 상급심에는 미치지 아니한다는 심급대리원칙인정설과 우리 법은 상소의 제기만 특별수권사항으로 정하고 있으므로 상대방의 상소에 응소하는 행위는 통상의 대리권에 포함된다고 보아 대리권은 심급종료가 아닌 사건종료로 소멸한다는 심급대리원칙부정설이 대립하고 있다.

2. 판 례

판례는 소송대리권의 범위는 특별한 사정이 없는 한 당해 심급에 한정되어, 소송대리인의 소송대리권의 범위는 수임한 소송사무가 종료하는 시기인 당해 심급의 판결을 송달받은 때까지라고 할 것이라고 하여 심급대리원칙을 인정하고 있다.[17]

3. 검토 및 사안의 경우

한 심급이 끝날 때마다 본인이 그 소송대리인의 활동을 평가하여 상급심에서도 소송위임 여부를 결정할 수 있도록 하는 것이 바람직하다는 점에서 심급대리원칙인정설이 타당하다고 판단된다. 사안의 경우 환송 전의 변호사 丁의 항소심의 대리권은 심급대리의 원칙상 항소심판결정본의 송달 시에 소멸하였다고 보아야 하므로 변호사 丁의 소송대리권은 소멸하였다고 판단된다.

Ⅲ 파기환송 후 환송심에서의 변호사 丁의 소송대리권의 부활 여부

1. 문제점

심급대리와 관련하여 상고심에서 파기환송된 경우 환송심에서 환송 전 항소심의 대리권이 부활되는지 여부가 문제 된다.

2. 학 설

1차 항소심 소송대리인은 이미 사실관계에 정통하고 있고 상고심의 파기환송 이후의 항소심절차는 환송 전의 항소심 절차의 속행이므로 이를 긍정하는 부활긍정설과 금이 간 본인과 대리인 간의 신뢰관계를 다시 회복시키는 것은 어렵고 파기환송판결이 종국판결인 이상 환송 후의 절차를 종전 항소심의 절차의 속행으로 파악할 수는 없으므로 이를 부정하는 부활부정설이 대립하고 있다.

---

17) 대결 2000.1.31. 99마6205

3. 판 례

① 판례는 환송심 사건에서는 사건이 상고심에서 환송되어 다시 항소심에 계속하게 된 경우에는 상고전의 항소심의 소송대리인의 대리권은 그 사건이 항소심에 계속되면서 다시 부활하게 되는 것이라고 하여 부활을 긍정하고 있다.[18] ② 재상고사건에서는 재상고하였을 경우에는 환송 전 상고심의 구 대리인의 대리권이 부활하지 아니한다고 판시하고 있으며[19] ③ 재심사건에서는 재심은 신소제기의 형식을 취하는 것이므로 재심의 소의 절차에서는 사전 또는 사후의 특별수권이 없는 이상 재심 전의 소송의 소송대리인이 당연히 재심소송의 소송대리인이 되는 것은 아니라고 판시하고 있다.[20]

4. 검토 및 사안의 경우

생각건대 당사자로서는 환송판결의 취지에 따라 종전 소송대리인이 변론을 해줄 것을 기대하는 것이 일반적이라는 점에서 부활긍정설이 타당하다고 판단된다. 사안의 경우 항소심 변호사 丁의 소송대리권은 항소심 판결정본송달로 소멸하였으나 환송심에서 소송계속된 결과 丁의 소송대리권은 부활한다.

Ⅳ 사안의 적용

심급대리원칙인정설에 의할 때 환송 전의 변호사 丁의 항소심의 대리권은 항소심판결정본의 송달 시에 소멸하였다고 판단되나 대법원의 파기환송판결에 의하여 사건이 항소심에 다시 계속되었다면 항소심 판결정본송달로 소멸하였던 변호사 丁의 소송대리권은 환송심에서 소송계속된 결과 부활한다.

Ⅴ 결 론

대법원의 파기환송판결에 의하여 사건이 항소심에 다시 계속되었다면 소멸하였던 항소심 변호사 丁의 소송대리권은 환송심에서 소송계속된 결과 부활한다.

---

18) 대판 1984.6.14. 84다카744
19) 대결 1996.4.4. 96마148
20) 대결 1991.3.27. 90마970

제1문

근로자 甲은 해고를 당한 후 사용자인 乙회사를 상대로 해고무효 확인의 소를 제기하고자 한다. 그런데 乙회사는 명칭만 회사일 뿐 A, B, C 3인이 공동으로 출자해서 설립한 민법상 조합에 불과하다. 다음 물음에 답하시오.(50점) (다만 아래 각 지문은 상호 무관함)

물음 1

甲은 乙회사를 피고로 해서 해고무효 확인의 소를 제기할 수 있는지 논하시오. (25점)

Ⅰ 논점의 정리

근로자 甲이 민법상 조합에 불과한 乙회사를 상대로 해고무효 확인의 소를 제기하고자 할 경우, 乙회사에게 당사자능력이 인정되는지 여부가 문제되므로, 이를 우선 검토하고 乙회사를 상대로 다툴 수 있는 방법은 무엇이 있는지도 함께 살펴본 후 甲이 乙회사를 피고로 해서 해고무효 확인의 소를 제기할 수 있는지 여부를 검토하기로 한다.

Ⅱ 乙회사의 당사자능력의 인정 여부

1. 학 설

조합도 조직을 가지고 사회적으로 하나의 단체로 활동하고 있고, 당사자능력을 부정하면 조합원 전원을 당사자로 해야 하는 불편이 있다는 점을 논거로 긍정하는 견해와 사단은 단체성이 뚜렷하지만 조합은 구성원의 개성이 뚜렷하고 절차간소화 방안으로 담당이나 대리제도를 활용하면 전원을 당사자로 해야 하는 불편이 해소됨을 논거로 부정하는 견해가 대립하고 있다.

2. 판 례

판례는 한국원호복지공단법에 의하여 설립된 원호대상자광주목공분조합은 민법상의 조합의 실체를 가지고 있으므로 당사자능력이 없다고 판시하였고,[21] 부도난 회사의 채권자들이 조직한 채권단에 대해서도 위 채권단이 비법인사단으로서의 실체를 갖추지 못하였다는 이유로 당사자능력을 부정하였다.[22]

3. 검토 및 사안의 경우

실체법적으로 조합의 합유관계와 비법인사단의 총유관계는 명확하게 구별되어 있고, 민소법 제52조가 당사자능력을 제한적으로 규정한 이상 부정설이 타당하다. 생각건대 조합 자체의 당사자능력이 부정되므로 근로자 甲이 조합인 乙회사를 상대로 해고무효 확인의 소를 제기하여 어떻게 다툴 수 있는지 이하에서 검토하기로 한다.

Ⅲ 조합을 상대로 한 소송수행방법

1. 조합원의 명의로 소송수행

(1) 내 용

조합을 피고로 한 수동소송의 경우 판례는 조합채권자가 조합원에 대해 각 조합원의 개인적 책임에 기해 당해 채권을 행사할 경우에는 조합원 각자를 상대로 소제기 할 수 있다고 판시하여 통상공동소송으로 이해하고 있다.[23] 다만, 조합원에게 조합재산에 관해 공동책임을 묻는 청구, 합유로 소유권이전등기가 경료된 부동산에 대한 이전등기청구[24] 등은 합유물에 관한 소송으로서 조합원들 전부를 공동피고로 하여야 하는 고유필수적 공동소송이라고 판시하고 있다.

---

21) 대판 1991.6.25. 88다카6358
22) 대판 1999.4.23. 99다4504
23) 대판 1991.11.22. 91다30705
24) 대판 1983.10.25. 83다카850

(2) 소송수행상의 문제점

　고유필수적 공동소송의 경우 소장에 조합원 전원을 기재하여야 하고 기일에 전원을 소환하여야 하며 공동소송 계속 중 공동소송인 1인의 사망·능력의 상실로 전체 소송절차가 중단되는 불편을 겪을 수 있다는 문제가 있다.

2. 업무집행조합원을 활용하여 소송수행

(1) 소송대리인으로 선임

　1) 소송위임에 의한 소송대리인의 인정 여부

　　업무집행조합원이 변호사를 선임하면 소송수행이 간편해진다. 변호사 아닌 자는 소송대리인이 될 수 없음이 원칙이나 1억원 이하의 단독사건에서는 일정한 관계에 있는 자는 허가를 받아 소송대리인이 될 수 있으므로(민소법 제88조 제1항), 이 경우에는 변호가가 아닌 업무집행조합원도 조합원을 대리할 수 있다.

　2) 법률상 소송대리인의 인정 여부

　　① 내용 : 조합의 업무집행조합원은 그 업무집행의 대리권이 있는 것으로 추정한다(민법 제709조). 이러한 업무집행조합원을 법률상 소송대리인으로 볼 수 있는지에 대해 업무집행자의 소송대리권이 법에 규정되어 있지 않다며 부정하는 견해와 법률상 소송대리인으로 보면 소송수행상의 불편을 덜 수 있다고 하여 긍정하는 견해가 대립하고 있다. 생각건대 업무집행조합원의 업무집행대리권은 포괄적일 수밖에 없으므로 재판상 행위도 대리할 수 있는 법률상 소송대리인으로 볼 것이다.

　　② 소송수행상의 문제점 : 민법 제709조는 대리권이 있는 것으로 추정하나 조합계약으로 제한할 수 있으므로 포괄적 대리권이 아닌 이상 법률상 소송대리인으로 보는 데에는 법리상 문제가 있다는 지적이 있다.

(2) 임의적 소송담당으로 활용

　1) 명문의 규정이 있는 경우

　　① 이용 가부 : 임의적 소송담당은 권리관계주체의 의사에 의해 제3자에게 소송수행권을 수여하는 것으로서 그중 민소법 제53조의 선정당사자란 공동의 이해관계가 있는 다수자 중에서 선정된 모두를 위해 소송수행할 자이다. 선정은 선정자가 개별적으로 해야 한다. 조합원은 공동의 이해관계가 있으므로 절차를 거치면 당연히 가능하다.

　　② 소송수행상의 문제점 : 다만 선정은 개별적으로 해야 하고 다수결로 할 수 없으므로 불편하다. 또한 조합 측을 피고로 할 때에는 피고에게 선정당사자의 이용을 강제할 수 없다는 문제가 있다.

　2) 명문의 규정이 없는 경우

　　① 이용 가부 : 명문의 규정이 없는 임의적 소송담당은 소송신탁금지(신탁법 제6조)와 변호사대리원칙(민소법 제87조)의 탈법수단으로 이용될 우려가 있어 원칙적으로 허용되지 아니한다. 다만, 판례는 조합의 업무를 집행할 권한을 수여받은 업무집행조합원은 조합재산에 관하여 조합원으로부터 임의적 소송신탁을 받아 자기이름으로 소송을 수행할 수 있다고 판시하고 있다.25)

　　② 소송수행상의 문제점 : 업무집행자가 조합원이 아닌 제3자인 경우에도 인정될 수 있는지 문제되고 선정당사자에서와 같이 조합원들을 피고로 할 때 원고가 피고 측에 강제할 수 없다는 문제점이 있다.

---

25) 대판 2001.2.23. 2000다68924

제1편

제2편

제3편

제4편

제5편

제6편

제7편

3. 검토 및 사안의 경우

생각건대 조합재산에 대한 소송이 아닌 해고무효확인의 소의 제기는 여러 가지 법률상, 실제상의 문제로 인해 소송수행의 어려움이 있을 것으로 보이므로 업무집행조합원을 활용하여 소송수행을 하는 방법을 고려할 수 있을 뿐이라고 판단된다. 결국 甲은 당사자능력이 인정되지 아니하는 乙회사를 피고로 해서 해고무효 확인의 소를 제기할 수는 없을 것으로 보인다.

Ⅳ 사안의 적용

조합 자체의 당사자능력이 부정되므로 조합재산에 대한 소송이 아닌 해고무효확인의 소의 제기는 여러 가지 법률상, 실제상의 문제로 인해 소송수행의 어려움이 있을 것으로 보이므로 업무집행조합원을 활용하여 소송 수행을 하는 방법을 고려할 수 있을 뿐이라고 판단된다. 결국 甲은 당사자능력이 인정되지 아니하는 乙회사를 피고로 해서 해고무효 확인의 소를 제기할 수는 없을 것으로 보인다.

Ⅴ 결 론

甲은 당사자능력이 인정되지 아니하는 乙회사를 피고로 해서 해고무효 확인의 소를 제기할 수는 없을 것으로 보인다.

제2문

당사자능력에 대하여 설명하시오. (25점)

자세한 내용은 기본서 해당부분의 관련서술을 참조하라.

☑ 주요논점 ☐ 최신 기출문제해설 ☐ 주요 기출문제해설

01 소송의 개시와 심리의 대상

제1절 소송의 개시

I 소의 의의

소(訴)란 원고가 피고를 상대로 특정한 청구에 관하여 특정 법원에 판결을 요구하는 신청을 말한다.

II 소의 종류

1. 청구의 성질, 내용에 의한 분류

(1) 이행의 소

이행의 소는 원고의 피고에 대한 이행청구권의 확인과 청구권의 이행을 명하는 판결을 구하는 소이다. 이에는 현재이행의 소와 장래이행의 소가 있다.

(2) 확인의 소

확인의 소는 원고의 피고에 대한 다툼이 있는 특정한 권리·법률관계의 존부를 확정하는 판결을 구하는 소이다. 법률관계의 존재확인을 구하는 적극적 확인의 소와 부존재확인을 구하는 소극적 확인의 소가 이에 포함된다.

(3) 형성의 소

형성의 소는 원고의 피고에 대한 형성권의 확인과 법률관계를 변동시키는 판결을 구하는 소이다. 실체법상 법률관계의 변동을 구하는 실체법상 형성의 소와 소송법상 법률관계의 변동을 구하는 소송법상 형성의 소가 이에 포함된다.

(4) 공유물 분할청구의 소

1) 의 의

공유물 분할청구의 소란 공유자 간에 공유물의 분할의 방법에 관하여 협의가 성립되지 아니한 때에 판결에 의한 분할을 청구하는 소를 말한다(민법 제269조).

2) 소의 성질

공유물 분할청구의 소는 권리관계를 확정하는 것만을 목적으로 하는 것이 아니고 법원이 재량에 의하여 구체적인 사정을 고려하여 합목적적으로 처분할 수 있다고 하여야 하므로 비송사건의 실질을 가진다. 따라서 공유물분할 청구의 소는 비송사건이지만 소송절차를 거쳐 판결에 의해 분할하여야 하는 형식적 형성의 소이다.

3) 분할방법

공유물의 분할은 현물분할을 원칙으로 하나 현물로 분할할 수 없거나 분할로 인하여 그 가액이 감손될 염려가 있는 때에는 공유물을 경매하여 대금분할을 할 수 있다(민법 제269조 제2항). 이 경우 처분권주의가 적용되지 아니하므로 법원은 원고가 현물분할을 청구하는 경우에도 청구취지의 변경 없이 경매분할을 명하는 판결을 할 수 있다(대판 2004.10.14. 2004다30583). 이러한 변경은 불이익변경금지원칙이 적용되지 아니하므로 항소심에서도 할 수 있고, 어떠한 형식이라도 법률관계를 형성하여야 하므로 원고의 청구를 기각할 수 없다.

(5) 경계확정의 소

1) 의 의

토지경계선에 관하여 다툼이 있는 경우에 법원의 판결로 토지경계를 정하는 것을 말한다.

2) 소의 성질

토지소유권의 범위에 관한 확인의 소라는 확인소송설도 있으나 판례는 토지경계확정의 소는 인접하는 토지의 경계확정을 구하는 소이고 그 토지에 관한 소유권의 범위나 실체상 권리의 확인을 목적으로 하는 것은 아니므로 당사자가 토지 일부를 시효취득하였는지의 여부는 토지경계확정소송에서 심리할 대상이 되지 못한다(대판 1993.10.8. 92다44503)고 하여 형식적 형성소송설의 입장이다.

3) 경계확정방법

당사자가 특정 경계선을 구하여 신청하여도 법원은 이에 구속되지 아니하므로 경계선과 관련하여는 처분권주의가 배제된다. 소취하는 허용되나 인낙, 화해를 할 수 없다는 점에서도 처분권주의가 적용되지 아니한다고 할 수 있다. 경계는 공익적 요소가 강하므로 당사자의 의사에 의해 정해지는 것은 바람직하지 않기 때문이다. 또한 제1심판결이 일정한 선을 경계로 정하였음에 대하여 당사자가 항소한 경우에도 항소심법원이 제1심판결이 정한 경계선을 부당하다고 인정한 때에는 제1심판결을 변경하여 항소심법원이 정당하다고 판단하는 선을 경계로 정할 수 있고 그 결과가 항소인에게 불이익하고 부대항소를 하지 아니한 피항소인에게 유리하더라도 무방하다. 즉, 불이익변경금지원칙이 적용되지 아니한다.

2. 소제기의 모습 · 시기에 의한 분류

소제기의 모습에 따라 단일의 소, 병합의 소로 구분할 수 있고, 시기에 따라 독립의 소, 소송 중의 소로 구분할 수 있다.

제2절　소송요건

제1관 | 승소판결을 받기 위한 요건

Ⅰ　소장의 적식심사

소장이 제출되면 가장 먼저 재판장이 소장에 필요적 기재사항이 기재되어 있고 인지를 제대로 붙였는지 심사한다. 흠이 있을 경우에 보정하지 아니하면 재판장의 소장각하명령으로 절차는 종료된다.

Ⅱ 　소의 적법심사

소장의 적식을 심사한 다음 법원이 소의 적법요건, 즉 소송요건을 심사한다. 소송요건의 흠이 있는 경우에 보정하지 아니하면 법원의 소각하판결로 절차가 종료된다.

Ⅲ 　주장 자체의 정당성

원고가 주장한 사실을 그대로 인정한다면 청구가 실체법상 이유가 있어야 한다. 주장 자체로 청구가 이유 없다면 주장사실의 진실 여부를 따지지 않고 청구를 기각해야 한다. 피고의 항변을 판단할 필요도 없다. 소액사건에서는 변론기일을 열지 아니하고 기각판결을 할 수 있다(소심법 제9조 제1항).

Ⅳ 　주장사실의 증명

원고의 주장사실을 피고가 부인하면 원고는 주장사실을 증명해야 승소판결을 받으며 증명하지 못하면 패소판결을 받게 된다. 또한 피고의 항변이 이유 있을 때에는 원고패소판결이 나며 이유가 없을 때에는 원고는 청구인용의 승소판결을 받게 된다.

제2관 | 소송요건

Ⅰ 　서설 - 소송요건의 의의

소송요건이란 소가 적법한 취급을 받기위해 구비해야 하는 사항으로 본안심리와 본안판결의 전제요건이 된다. 이는 소송성립요건과 소송행위의 유효요건과 구별된다. 소송요건에 흠이 있으면 소가 부적법하여지기 때문에 법원은 판결로 소를 각하한다.

Ⅱ 　소송요건의 종류

1. 법원에 관한 것

제소한 법원에 인적 재판권, 물적 재판권, 장소적 재판권이 있을 것, 제소한 법원에 관할권, 즉 직무관할권, 사물관할권, 토지관할권이 있을 것, 청구가 민사소송사항일 것 등이다.

2. 당사자에 관한 것

당사자가 실재할 것, 당사자가 당사자능력, 당사자적격이 있을 것, 당사자가 소송능력이 있을 것, 대리·대표하는 경우 그 자에게 대리·대표권이 있을 것, 원고가 소송비용담보를 제공할 필요가 있는 경우에는 담보를 제공했을 것 등이다.

3. 소송물에 관한 것

소송물이 특정되었을 것, 소의 이익(권리보호자격, 권리보호이익)이 있을 것 등이다.

4. 특수소송에 관한 것

주관적·객관적 병합소송에서 병합요건, 가사·회사소송에서처럼 제소기간이 있는 경우에는 제소기간을 준수할 것 등이다.

Ⅲ 소송요건의 모습

1. 적극적 요건과 소극적 요건

재판권·관할권·당사자능력·소송능력 등 그것의 존재가 소를 적법하게 하는 것을 적극적 소송요건이라고 하고 중복제소·기판력·중재합의 등 그것의 부존재가 소를 적법하게 하는 것을 소극적 소송요건이라고 한다.

2. 직권조사사항과 항변사항

(1) 직권조사사항

직권조사사항이란 피고의 이의의 유무를 불문하고 법원이 직권으로 조사하여 참작할 사항을 말한다. 소송요건의 대부분은 직권조사사항이므로 피고가 이에 대하여 이의를 하지 아니하여도 이의권의 포기·상실의 대상이 되지 아니하며 피고의 이의는 법원의 직권발동을 촉구하는 의미를 가질 뿐이다.

> **❏ 직권조사사항으로 이해한 사례**
>
> **[법인의 대표자에게 대표권이 있는지 여부]**
> 법인이 당사자인 사건에 있어서 그 법인의 대표자에게 적법한 대표권이 있는지 여부는 소송 요건에 관한 것으로서 법원의 직권조사사항이므로, 법원으로서는 그 판단의 기초 자료인 사실과 증거를 직권으로 탐지할 의무까지는 없다 하더라도, 이미 제출된 자료들에 의하여 그 대표권의 적법성에 의심이 갈 만한 사정이 엿보인다면 상대방이 이를 구체적으로 지적하여 다투지 않더라도 이에 관하여 심리·조사할 의무가 있다 할 것이고, 이는 당사자가 비법인사단인 경우에도 마찬가지라 할 것이다(대판 2009.12.10. 2009다22846).
>
> **[피보전채권이 존재하는지 여부]**
> 채권자대위소송에서 대위에 의하여 보전될 채권자의 채무자에 대한 권리(피보전채권)가 존재하는지 여부는 소송요건으로서 법원의 직권조사사항이므로, 법원으로서는 그 판단의 기초자료인 사실과 증거를 직권으로 탐지할 의무까지는 없다 하더라도, 법원에 현출된 모든 소송자료를 통하여 살펴보아 피보전채권의 존부에 관하여 의심할 만한 사정이 발견되면 직권으로 추가적인 심리·조사를 통하여 그 존재 여부를 확인하여야 할 의무가 있다(대판 2009.4.23. 2009다3234).
>
> **[관할권]**
> 수소법원에 재판관할권이 있고 없음은 원래 법원의 직권조사사항으로서 법원은 그 관할에 속하지 아니함을 인정한 때에는 민사소송법 제34조 제1항에 의하여 직권으로 이송결정을 하는 것이고, 소송당사자에게 관할위반을 이유로 하는 이송신청권이 있는 것이 아니다(대결 1993.12.6. 93마524[전합]).

> **[소송상 합의]**
> 부제소합의에 위배된 소의 적법 여부(대판 2013.11.28. 2011다80449)와 불항소의 합의의 유무(대판 1980.1.29. 79다2066)는 법원의 직권조사사항이다.
>
> **[비법인사단]**
> 당사자능력의 문제는 법원의 직권조사사항에 속하는 것이므로 그 당사자능력 판단의 전제가 되는 사실에 관하여는 법원이 당사자의 주장에 구속될 필요 없이 직권으로 조사하여야 하고, 따라서 비법인사단이 원고로 된 경우, 그 성립의 기초가 되는 사실에 관하여 당사자가 다양한 주장을 하는 경우, 구체적인 주장사실에 구속될 필요 없이 직권으로 단체의 실체를 파악하여 당사자능력의 존부를 판단하여야 한다(대판 2021.6.24. 2019다278433).

(2) 항변사항

항변사항이란 소송요건 중 피고가 이의를 해야 비로소 조사하게 되는 사항을 말한다. 따라서 항변사항의 흠에 대해서 이의를 하지 아니하면 이의권 포기·상실의 대상이 되며 하자가 치유된다. 한편 항변사항존부에 대한 사실자료와 증거자료는 변론주의에 의한다.

Ⅳ 소송요건의 조사

1. 직권조사사항에 대한 조사

(1) 문제점

직권조사사항인 소송요건의 조사자료의 수집방법도 청구에 대한 그것과 동일한 것인지 아니면 이와 달리 독자적인 방법이 있는지 문제 된다.

(2) 학 설

① 직권조사사항은 항상 직권조사라는 제3의 방식에 의해야 한다는 견해, ② 변론주의, 직권조사, 직권탐지의 3가지 방식을 혼용하여야 한다는 견해, ③ 자료수집은 변론주의와 직권탐지주의에 의하여야 한다는 견해 등이 대립하고 있다.

(3) 검 토

생각건대 변론주의, 직권조사, 직권탐지의 3가지 방식을 혼용하여야 한다는 견해는 구별의 기준이 명확하지 아니하다는 점에서, 자료수집은 변론주의와 직권탐지주의에 의하여야 한다는 견해는 소송자료의 수집제출책임에 있어서 본안판단과 소송요건의 성질상의 차이를 간과하였다는 점에서, 소송요건의 성질에 비추어 조사 방법의 기준이 명확한, 직권조사라는 제3의 방식에 의해야 한다는 견해가 타당하다고 판단된다.

2. 항변사항에 대한 조사

항변사항은 피고가 문제 삼을 때에만 조사하면 족하고 이의를 하지 아니하면 이의권이 포기·상실되어 하자가 치유되므로 변론주의에 따라 조사한다.

V 소송요건의 증명

1. 증명방법

소송요건의 존재 여부는 실체법상 요건과 마찬가지로 엄격한 증명에 의한다.

2. 증명책임

직권조사사항에 대하여도 그 사실의 존부가 불명한 경우에는 증명책임의 원칙이 적용되어야 하는데 본안판결을 받는다는 것 자체가 원고에게 유리하다는 점을 고려하면 직권조사사항인 소송요건에 대한 증명책임은 원고에게 있고, 항변사항인 소송요건에 대한 증명책임은 피고에게 인정된다.

3. 존재의 판단시기

(1) 원 칙

소송요건은 사실심의 변론종결 시를 기준으로 판단한다. 따라서 소송요건은 제소 당시에 갖추어지지 아니하여도 사실심 변론종결 시까지 구비되면 족하고 제소 당시에는 소송요건을 구비하였더라도 사실심 변론종결 시에 존재하지 아니하면 소가 부적법하게 된다.

(2) 예 외

1) 제소 시를 기준으로 판단하는 것

① 관할권 : 관할권의 존부는 제소 시를 기준으로 한다(민소법 제33조). 다만, 제소 당시에는 관할권이 없었어도 사실심 변론종결 시까지 관할권이 구비되면 하자는 치유된다.

② 당사자적격 : 당사자능력·소송능력·법정대리권은 제소 시에 존재하면 소가 적법하고 소송 중에 소멸하면 소송중단사유에 불과하다(민소법 제233조, 제234조, 제235조).

③ 본소의 소송요건 : 소송요건을 구비하여 적법하게 제기된 본소가 그 후에 상대방이 제기한 반소로 인하여 소송요건에 흠결이 생겨 다시 부적법하게 되는 것은 아니므로, 원고가 피고에 대하여 손해배상채무의 부존재확인을 구할 이익이 있어 본소로 그 확인을 구하였다면, 피고가 그 후에 그 손해배상채무의 이행을 구하는 반소를 제기하였다 하더라도 그러한 사정만으로 본소청구에 대한 확인의 이익이 소멸하여 본소가 부적법하게 된다고 볼 수는 없다(대판 2010.7.15. 2010다2428).

2) 사실심 변론종결 이후의 사정을 고려한 것

① 사실심 변론종결 후 당사자적격의 회복 : 판례는 항소심판결 선고 후 채권압류 및 추심명령에 대한 압류해제 및 추심포기서가 제출되어 피압류채권의 채권자가 그 지급을 구하는 소를 제기할 수 있게 된 경우, 그 소송요건은 직권조사사항으로서 상고심에서도 그 치유를 인정하고 있다(대판 2007.11.29. 2007다63362).

② 사실심 변론종결 후 기판력의 저촉 : 소송에서 다투어지고 있는 권리 또는 법률관계의 존부가 동일한 당사자 사이의 전소에서 이미 다루어져 이에 관한 확정판결이 있는 경우에 법원은 이에 저촉되는 판단을 할 수 없고, 위와 같은 확정판결의 존재는 당사자의 주장이 없더라도 법원이 직권으로 조사하여 판단하여야 하며, 이러한 사정이 사실심 변론종결 이후에 발생한 경우 상고심에서도 이를 참작하여야 한다(대판 2012.7.5. 2010다80503).

③ **사실심 변론종결 후 소의 이익의 소멸** : 해고무효확인의 소는 피고와의 사이에 이루어진 근로계약상의 지위 회복을 목적으로 하는 것임이 명백하므로, 사실심 변론종결 당시 이미 피고의 인사규정에 의한 당연 해직사유인 정년을 지났다면 근로자로서의 지위를 회복하는 것은 불가능하게 되었으므로 해고무효확인의 소는 확인의 이익이 없으며, 상고심 계속 중에 이미 인사규정 소정의 정년이 지난 경우에도 명예퇴직처분이 무효로 확인된다 하더라도 근로자로서의 지위를 회복하는 것은 불가능하므로 마찬가지라 할 것이다 (대판 2004.7.22. 2002다57362).

Ⅵ 조사의 순서

1. 문제점

소송요건의 존부가 불명하여 그에 관하여 더 조사할 필요가 있는데도 불구하고 청구가 이유 없음이 명백한 경우에는 소송요건의 구비 여부를 고려하지 아니하고 청구기각의 본안판결을 할 수 있는지 문제 된다.

2. 학 설

소송요건은 본안판결의 요건이므로 본안판결에 앞서 미리 조사하여야 하고 따라서 소송요건의 존부에 관한 문제를 남겨놓고 먼저 원고청구기각판결을 함은 허용되지 아니한다는 본안판결요건설, 소송요건과 실체법상 요건은 동일 평면의 판결선고의 요건이므로 실체법상 이유 없음이 판명되면 소송요건을 갖추었는지 판단할 필요 없이 먼저 청구기각의 본안판결을 할 수 있다는 판결선고요건설, 소송요건 가운데 무익한 소송의 배제나 피고의 이익보호를 목적으로 하는 것 등은 그 존부를 판단할 필요 없이 먼저 청구기각을 할 수 있다는 절충설이 대립하고 있다.

3. 판 례

(1) 채권자대위소송에서 피보전채권이 인정되지 아니할 경우

채권자대위소송에 있어서 대위에 의하여 보전될 채권자의 채무자에 대한 권리가 인정되지 아니할 경우에는 채권자 스스로 원고가 되어 채무자의 제3채무자에 대한 권리를 행사할 당사자적격이 없게 되므로 그 대위소송은 부적법하여 각하할 수밖에 없다 할 것인바 원심이 이를 간과하고 본안에 관하여 심리판단한 것은 위법하므로 원심판결은 파기를 면할 수 없다(대판 1990.12.11. 88다카4727).

(2) 비법인사단의 대표자에게 대표권이 있는지가 문제된 경우

비법인사단의 대표자 甲에게 적법한 대표권이 있는지가 문제된 경우, 비법인사단의 대표자라 하여 당사자표시정정신청을 한 甲에게 대표할 권한이 있는지에 관하여 다툼이 있다면 원심으로서는 甲이 비법인사단의 적법한 대표자였는지를 밝혀 보았어야 함에도 甲을 대표자로 인정한 다음 더 나아가 본안에 대한 판단까지 하였으니, 이러한 원심판결에는 비법인사단의 대표권 및 직권조사사항에 관한 법리를 오해함으로써 판결에 영향을 미친 위법이 있다(대판 2011.7.28. 2010다97044).

4. 검 토

소송요건을 판단하지 아니하고 청구기각의 판결을 하면 당사자의 절차권을 침해하는 문제점이 있다는 점을 고려하면 소송요건심리의 선순위성을 인정하는 본안판결요건설이 타당하다고 판단된다.

Ⅶ 조사 후 법원의 조치

1. 소송요건이 구비된 경우

계속 본안 심리하면 족하고 소가 적법하다고 판결에서 명시할 필요는 없다. 소의 적법요건은 법원의 직권조사사항이므로 이에 관한 당사자의 주장은 직권발동을 촉구하는 의미밖에 없어 위 주장에 대하여 판단하지 아니하였더라도 판단유탈의 상고이유로 삼을 수 없다(대판 1990.11.23. 90다카21589).

2. 소송요건에 흠이 있는 경우

(1) 보정명령

소송요건에 흠이 있어도 보정할 수 있는 것이면 바로 소각하할 것이 아니라 상당한 기간을 정하여 보정을 명하고 이를 기다려야 한다(민소법 제59조). 그러나 흠을 보정할 수 없는 경우에는 변론을 열지 아니하고 판결로 소를 각하할 수 있다(민소법 제219조).

(2) 소각하판결

보정이 불가능한 경우에 행하는 소각하판결은 소송요건의 부존재를 확정하는 확인판결로서 그 소송요건의 부존재에 기판력이 발생한다. 다만, 예외적으로 관할위반의 경우에는 이송해야 하고(민소법 제34조), 병합의 소에 있어서는 병합요건의 흠결 시 각하할 것이 아니라 독립의 소로서 심판하여야 한다.

3. 흠결을 간과한 판결

재판권의 흠결을 간과한 판결, 제소 전 사망을 간과한 판결, 당사자적격을 간과한 판결 등은 무효이며 판례는 이에 대한 상소와 재심청구는 부적법하다고 한다. 이외의 경우에는 판결확정 전에는 상소, 판결확정 후에는 재심으로 다툴 수 있다.

4. 소송요건이 구비되었음에도 소각하판결을 한 경우

상급법원은 원판결을 취소하고 심급의 이익을 보장하기위해 원심에 환송하여야 한다(민소법 제418조 본문).

제1관 | 소의 이익의 의의

소의 이익이란 청구의 내용이 본안판결을 받기에 적합한 일반적 자격인 권리보호자격(청구적격)과 원고가 청구에 대하여 판결을 구할 만한 구체적·개별적 법적 이익인 권리보호이익을 말한다.

제2관 | 권리보호의 자격

I　청구가 소구할 수 있는 구체적인 권리 또는 법률관계일 것

1. 소구할 수 있는 것

소송물이 자연채무에 관한 청구, 소로써 행사할 소구 있는 형성권을 제외한 형성권에 관한 청구, 약혼을 이행하여 달라는 청구일 경우에는 소구할 수 없으므로 권리보호자격이 없다.

2. 구체적인 권리 또는 법률관계의 주장일 것

(1) 구체적 사건성을 갖춘 청구일 것

법률문제라고 하더라도 구체적인 이익분쟁과 관계없는 추상적인 법령의 해석이나 효력을 다투는 소는 소의 이익이 없다. 따라서 ① 법률·명령 자체의 위헌확인청구(대판 1992.3.10. 91누12639), ② 정관 등의 무효 여부(대판 1992.8.18. 92다13875), ③ 집회 또는 시위를 자유로이 할 수 있는 공법상의 권리확인증의 추상적 권리의 존부확인청구(대판 1961.9.28. 4294민상50), ④ 법률에서 원칙만 밝히고 권리의 구체적인 내용과 한계가 법률상 규정되지 아니한 청구권을 행사하는 경우(대판 1970.11.30. 70다1376)에는 권리보호자격이 없다.

(2) 권리 또는 법률관계에 대한 청구일 것

법률상 쟁송이어야 하므로 단순한 사실 존부의 다툼은 원칙적으로 소의 이익이 없다. 따라서 지적도의 경계오류정정청구(대판 1965.12.28. 65다2172), 제사주재자의 지위확인청구(대판 2012.9.13. 2010다88699) 등의 권리관계의 주장이 아닌 청구, 대장상 명의말소청구(대판 1979.2.27. 78다913)는 적법하지 아니하다. 다만, 골프장 회원명부의 명의개서청구(대판 1986.6.24. 85다카2469), 무허가건물대장상 건물주명의의 말소를 구하는 청구(대판 1998.6.26. 97다48937) 등과 같이 권리장부의 등재와 관련이 있는 경우에는 권리보호자격이 인정된다.

3. 법원의 권한에 속하는 법률상 쟁송일 것

(1) 통치행위

통치행위에 대하여는 소송상 다툴 수 없는 것이 원칙이지만 기본권에 영향을 주거나 기본권 보장규정과 충돌하는 경우에는 사법심사의 대상이 된다.

(2) 정당·종교단체·대학 등의 내부분쟁

정당·종교단체·대학 등 특수한 부분사회의 내부분쟁에 대하여는 법원이 관여하지 아니하는 것이 원칙이다. 다만, 단체 내의 처분 자체가 현저히 불공정하고 내부의 절차규정에 전면적으로 위배되는 경우이거나 단체의 규약·강령·교리 등과 무관한 단체의 재산 인도 등의 경우에는 사법심사가 가능하다.

Ⅱ 법률상 · 계약상 소제기 금지사유가 없을 것

1. 법률상 소제기 금지사유가 없을 것

중복 소제기 금지(민소법 제259조), 재소금지(민소법 제267조 제2항) 등은 법률상 소제기 금지사유에 해당한다.

2. 계약상 소제기 금지사유가 없을 것

부제소 특약에 반하여 제기한 소(대판 1993.5.14. 92다21760), 중재계약이 있는 경우, 부제소합의가 있는 채권을 피보전권리로 하여 수익자를 상대로 제기한 사해행위취소 청구(대판 2012.3.29. 2011다81541)는 계약상 소제기 금지사유에 해당한다.

Ⅲ 제소장애사유가 없을 것

법률상 간이한 구제절차가 있는 소송비용확정절차나 등기관의 직권사항에 대해 소를 제기하는 경우 소의 이익이 없다.

1. 국 · 공유재산 관련 판례

> **1 소의 이익을 부정한 사례**
>
> **[국유 일반재산의 대부료 등의 징수]**
> 국유재산법 제42조 제1항, 제73조 제2항 제2호에 따르면, 국유 일반재산의 관리 · 처분에 관한 사무를 위탁받은 자는 국유 일반재산의 대부료 등이 납부기한까지 납부되지 아니한 경우에는 국세징수법 제23조와 같은 법의 체납처분에 관한 규정을 준용하여 대부료 등을 징수할 수 있다. 이와 같이 국유 일반재산의 대부료 등의 징수에 관하여는 국세징수법 규정을 준용한 간이하고 경제적인 특별구제절차가 마련되어 있으므로, 특별한 사정이 없는 한 민사소송의 방법으로 대부료 등의 지급을 구하는 것은 허용되지 아니한다(대판 2014.9.4. 2014다203588).
>
> **[공유 일반재산의 대부료의 징수]**
> 공유 일반재산의 대부료와 연체료를 납부기한까지 내지 아니한 경우에도 공유재산 및 물품 관리법 제97조 제2항에 의하여 지방세 체납처분의 예에 따라 이를 징수할 수 있다. 이와 같이 공유 일반재산의 대부료의 징수에 관하여도 지방세 체납처분의 예에 따른 간이하고 경제적인 특별한 구제절차가 마련되어 있으므로, 특별한 사정이 없는 한 민사소송으로 공유 일반재산의 대부료의 지급을 구하는 것은 허용되지 아니한다(대판 2017.4.13. 2013다207941).
>
> **2 소의 이익을 인정한 사례**
>
> **[국유재산 무단점유자에 대한 부당이득반환청구]**
> 구 국유재산법 제51조 제1항, 제4항, 제5항에 의한 변상금 부과 · 징수권은 민사상 부당이득반환청구권과 법적 성질을 달리하므로, 국가는 무단점유자를 상대로 변상금 부과 · 징수권의 행사와 별도로 국유재산의 소유자로서 민사상 부당이득반환청구의 소를 제기할 수 있다(대판 2014.7.16. 2011다76402[전합]).

2. 부기등기 관련 판례

1 소의 이익을 부정한 사례

[소유권보존등기 경정의 부기등기말소청구]

토지 소유권보존등기의 일부 지분만을 말소하기 위하여 잔존 지분권자와 말소를 구하는 진정한 권리자와의 공유로 하는 경정등기를 경료한 경우 위 소유권보존등기 경정의 부기등기는 기존의 주등기인 소유권보존등기에 종속되어 주등기와 일체를 이루는 것이고 주등기와 별개의 새로운 등기는 아니라 할 것이므로 소유권보존등기 및 이에 기하여 경료된 경정등기가 원인무효인 경우 위 주등기의 말소만을 구하면 되고 그에 기한 부기등기는 별도로 말소를 구하지 않더라도 주등기가 말소되는 경우에는 직권으로 말소되어야 할 성질의 것이므로, 위 부기등기의 말소청구는 소의 이익이 없는 부적법한 청구이다(대판 2001.4.13. 2001다4903).

[근저당권 양도의 부기등기말소청구]

근저당권 이전의 부기등기는 기존의 주등기인 근저당권설정등기에 종속되어 주등기와 일체를 이루는 것이어서, 피담보채무가 소멸된 경우 또는 근저당권설정등기가 당초 원인무효인 경우 주등기인 근저당권설정등기의 말소만 구하면 되고 그 부기등기는 별도로 말소를 구하지 않더라도 주등기의 말소에 따라 직권으로 말소되는 것이며, 근저당권 양도의 부기등기는 기존의 근저당권설정등기에 의한 권리의 승계를 등기부상 명시하는 것뿐으로, 그 등기에 의하여 새로운 권리가 생기는 것이 아닌 만큼 근저당권설정등기의 말소등기청구는 양수인만을 상대로 하면 족하고 양도인은 그 말소등기청구에 있어서 피고 적격이 없으며, 근저당권의 이전이 전부명령 확정에 따라 이루어졌다고 하여 이와 달리 보아야 하는 것은 아니다(대판 2000.4.11. 2000다5640).

2 소의 이익을 인정한 사례

[무효임을 이유로 근저당권이전의 부기등기의 효력을 다투는 경우]

근저당권이전의 부기등기가 기존의 주등기인 근저당권설정등기에 종속되어 주등기와 일체를 이룬 경우에는 부기등기만의 말소를 따로 인정할 아무런 실익이 없지만, 근저당권의 이전원인만이 무효로 되거나 취소 또는 해제된 경우, 즉 근저당권의 주등기 자체는 유효한 것을 전제로 이와는 별도로 근저당권이전의 부기등기에 한하여 무효사유가 있다는 이유로 부기등기만의 효력을 다투는 경우에는 그 부기등기의 말소를 소구할 필요가 있으므로 예외적으로 소의 이익이 있다(대판 2005.6.10. 2002다15412).

IV 원고가 동일한 청구에 대하여 승소확정판결을 받은 경우가 아닐 것

1. 원 칙

승소판결을 받은 자가 동일한 소를 제기한 경우 기판력의 본질에 관한 모순금지설은 권리보호이익의 흠결을 이유로 각하하고 반복금지설에 의하면 기판력은 그 자체로 소극적 소송요건에 해당되어 각하한다. 판례는 원고가 이미 승소판결을 받아놓았기 때문에 즉시 강제집행이 가능한 경우에는 동일 청구에 대한 신소제기는 원칙적으로 소의 이익이 없어 각하한다(대판 2006.12.7. 2004다54978).

2. 예 외

다만, 판례는 ① 판결원본이 멸실된 경우, ② 판결내용이 특정되지 아니한 경우(대판 1998.5.15. 97다57658), ③ 시효중단의 필요성이 있는 경우(대판 2013.4.11. 2012다111340), ④ 공정증서의 경우 집행력은 있으나 기판력이 없기 때문에 기판력이 있는 판결을 받기 위해 공정증서의 내용과 동일한 청구를 소로 제기할 이익이 인정된다(대판 1996.3.8. 95다22795).

신의칙에 위반한 소제기는 권리보호이익이 없다. 따라서 판례에 의하면 신의칙에 반하지 아니할 것이 권리보호자격에 포함되어 신의칙 위반이 소제기는 권리보호자격이 없어 소각하된다.

제3관 | 권리보호의 이익

I 이행의 소

1. 현재이행의 소

(1) 의 의

현재이행의 소란 현재(변론종결 시) 이행기가 도래하였으나 이행되지 아니한 이행청구권의 존재를 주장하는 소로서 이행기가 도래한 청구권을 강제집행하려면 승소확정판결을 얻어야 하므로 판결을 받기 위한 현재이행의 소는 원칙적으로 권리보호이익이 인정된다. 권리보호이익이 인정되는지 여부가 문제되는 경우는 다음과 같다.

(2) 집행이 불가능하거나 현저히 곤란한 경우

1) 권리보호이익의 유무

판결절차는 분쟁의 관념적 해결절차로서 강제집행절차와는 별도로 독자적인 존재의의를 갖는 것으로서 집행권원의 보유는 피고에 대한 심리적인 압박이 되어 장래집행이 가능하게 될 수도 있으므로 소의 이익이 인정된다.

2) 최종등기명의인에 대한 패소확정 후 중간명의자에 대한 등기말소청구

□ **소의 이익을 인정한 사례**

[중간의 등기명의자에 대하여 등기말소청구]

순차 경료된 소유권이전등기의 각 말소청구소송은 보통공동소송이므로 그중의 어느 한 등기명의자만을 상대로 말소를 구할 수 있고, 최종 등기명의자에 대하여 등기말소를 구할 수 있는지에 관계없이 중간의 등기명의자에 대하여 등기말소를 구할 소의 이익이 있다(대판 1998.9.22. 98다23393).

[후순위등기의 말소등기청구가 패소확정된 경우 전순위등기의 말소청구]

순차적으로 소유권이전등기가 경료된 경우 후순위등기의 말소등기절차 이행청구가 패소확정됨으로써 직접적으로는 그 전순위등기의 말소등기의 실행이 불가능하게 되었다 하더라도 그 전순위등기의 말소를 구할 소의 이익이 없다 할 수 없다(대판 1993.7.13. 93다20955).

[최후의 등기명의자를 상대로 등기말소청구]

원인 없이 경료된 최초의 소유권이전등기와 이에 기하여 순차로 경료된 일련의 소유권이전등기의 각 말소를 구하는 소송은 필요적 공동소송이 아니므로 그 말소를 청구할 권리가 있는 사람은 각 등기의무자에 대하여 이를 각각 청구할 수 있는 것이어서 위 일련의 소유권이전등기 중 최후의 등기명의자만을 상대로 그 등기의 말소를 구하고 있다 하더라도 그 승소의 판결이 집행불능의 판결이 된다거나 종국적인 권리의 실현을 가져다 줄 수 없게 되어 소의 이익이 없는 것으로 된다고는 할 수 없다(대판 1987.10.13. 87다카1093).

---

3) 가압류된 채권의 청구

① **가압류된 금전채권** : 일반적으로 채권에 대한 가압류가 있더라도 이는 채무자가 제3채무자로부터 현실로 급부를 추심하는 것만을 금지하는 것일 뿐 채무자는 제3채무자를 상대로 그 이행을 구하는 소송을 제기할 수 있고 법원은 가압류가 되어 있음을 이유로 이를 배척할 수는 없는 것이 원칙이다(대판 2002.4.26. 2001다59033).

② **가압류·가처분된 소유권이전등기청구권** : 일반적으로 채권에 대한 가압류가 있더라도 이는 채무자가 제3채무자로부터 현실로 급부를 추심하는 것만을 금지하는 것이므로 채무자는 제3채무자를 상대로 그 이행을 구하는 소송을 제기할 수 있고, 법원은 가압류가 되어 있음을 이유로 이를 배척할 수 없는 것이 원칙이나, 소유권이전등기를 명하는 판결은 의사의 진술을 명하는 판결로서 이것이 확정되면 채무자는 일방적으로 이전등기를 신청할 수 있고 제3채무자는 이를 저지할 방법이 없으므로 이와 같은 경우에는 가압류의 해제를 조건으로 하지 아니하는 한 법원은 이를 인용하여서는 안 되고, 제3채무자가 임의로 이전등기의무를 이행하고자 한다면 민사집행법 제244조에 의하여 정하여진 보관인에게 권리이전을 하여야 할 것이고, 이 경우 보관인은 채무자의 법정대리인의 지위에서 이를 수령하여 채무자 명의로 소유권이전등기를 마치면 된다(대판 1992.11.10. 92다4680[전합]). 가처분의 경우에도 가처분의 해제를 조건으로 한 인용판결만 가능하다(대판 1998.2.27. 97다45532).

③ **소유권이전등기청구권이 가압류된 경우 채무자가 제3채무자를 상대로 이행의 소를 제기한 경우 제3채무자에게 응소의무가 있는지 여부** : 소유권이전등기를 명하는 판결은 의사의 진술을 명하는 판결로서 이것이 확정되면 채무자는 일방적으로 이전등기를 신청할 수 있고 제3채무자는 이를 저지할 방법이 없으므로, 소유권이전등기청구권이 가압류된 경우에는 변제금지의 효력이 미치고 있는 제3채무자로서는 일반채권이 가압류된 경우와는 달리 채무자 또는 그 채무자를 대위한 자로부터 제기된 소유권이전등기청구소송에 응소하여 그 소유권이전등기청구권이 가압류된 사실을 주장하고 자신이 송달받은 가압류결정을 제출하는 방법으로 입증하여야 할 의무가 있다고 할 것이고, 만일 제3채무자가 고의 또는 과실로 위 소유권이전등기청구소송에 응소하지 아니한 결과 의제자백에 의한 판결이 선고되어 확정됨에 따라 채무자에게 소유권이전등기가 경료되고 다시 제3자에게 처분된 결과 채권자가 손해를 입었다면, 이러한 경우는 제3채무자가 채무자에게 임의로 소유권이전등기를 경료하여 준 것과 마찬가지로 불법행위를 구성한다고 보아야 한다(대판 1999.6.11. 98다22963).

④ **소유권이전등기청구권이 가압류되어 있다는 사정이 직권조사사항인지 여부** : 소유권이전등기청구권이 가압류되어 있다는 사정은 피고 측의 항변사유에 해당하는 것이고 직권조사사항은 아닌 만큼, 소유권이전등기청구소송의 소장에 그와 같은 가압류의 존재 사실이 기재되어 있다고 하더라도 이는 선행자백에 불과하여 피고가 응소하여 그 부분을 원용하는 경우에 비로소 고려될 수 있는 것이므로, 피고가 답변서를 제출하지 아니하고 변론기일에 출석하지도 아니하여 그 사건의 원고가 주장하는 소유권이전등기청구권의 요건 사실에 관하여 의제자백의 효과가 발생한 이상 법원으로서는 전부승소의 판결을 할 것이지 단순히 가압류사실을 알게 되었다고 하더라도 가압류가 해제될 것을 조건으로 한 판결을 할 수는 없는 것이다(대판 1999.6.11. 98다22963).

4) 추심명령이 있는 채권의 이행청구

채권에 대한 압류 및 추심명령이 있으면 제3채무자에 대한 이행의 소는 추심채권자만이 제기할 수 있고 채무자는 피압류채권에 대한 이행소송을 제기할 당사자적격을 상실하나, 채무자의 이행소송 계속 중에 추심채권자가 압류 및 추심명령 신청의 취하 등에 따라 추심권능을 상실하게 되면 채무자는 당사자적격을 회복한다. 이러한 사정은 직권조사사항으로서 당사자가 주장하지 않더라도 법원이 직권으로 조사하여 판단하여야 하고, 사실심 변론종결 이후에 당사자적격 등 소송요건이 흠결되거나 그 흠결이 치유된 경우 상고심에서도 이를 참작하여야 한다(대판 2010.11.25. 2010다64877).

5) 전부명령 있는 채권의 이행청구

전부명령이 있는 때 압류된 채권은 지급에 갈음하여 압류채권자에게 이전된다(민집법 제229조 제3항). 따라서 전부채권자는 추심채권자와는 달리 자신의 권리를 행사하는 것이므로 갈음형 제3자 소송담당이 아니어서 전부채무자의 소송수행권은 유지된다. 또한 이행의 소는 주장 자체로 원고적격을 가지기 때문에 전부채무자의 제3채무자에 대한 소제기는 적법하다. 다만, 전부채무자의 제3채무자에 대한 이행청구소송은 실체법상의 이행청구권이 상실되었으므로 이는 본안에서 기각되어야 할 본안에 관한 항변사유에 해당한다.

(3) 목적이 실현되었거나 아무런 실익이 없는 경우

1) 목적이 실현된 청구

① 사해행위의 취소에 의해 복귀를 구하는 재산이 이미 채무자에게 복귀한 경우 : 채권자가 채무자의 부동산에 관한 사해행위를 이유로 수익자를 상대로 사해행위의 취소 및 원상회복을 구하는 소송을 제기한 후 소송계속 중에 사해행위가 해제 또는 해지되고 채권자가 사해행위의 취소에 의해 복귀를 구하는 재산이 벌써 채무자에게 복귀한 경우에는, 특별한 사정이 없는 한 사해행위취소소송의 목적은 이미 실현되어 더 이상 소에 의해 확보할 권리보호의 이익이 없어진다. 그리고 이러한 법리는 사해행위취소소송이 제기되기 전에 사해행위의 취소에 의해 복귀를 구하는 재산이 채무자에게 복귀한 경우에도 마찬가지로 타당하다(대판 2015.5.21. 2012다952[전합]).

② 등기 관련 소송 중 등기경료·목적물멸실·저당권실행으로 등기말소된 경우 : ㉠ 원고의 소유권이전등기청구소송 중에 다른 원인에 의하여 원고 앞으로 소유권이전등기가 마쳐진 경우(대판 1996.10.15. 96다11785), ㉡ 건물이 전부멸실 된 경우 그 건물에 대한 등기청구(대판 1976.9.14. 75다399), ㉢ 근저당권설정등기의 말소등기절차의 이행을 구하는 소송 중에 그 근저당권설정등기가 경락을 원인으로 말소된 경우(대판 2003.1.10. 2002다57904)에도 권리보호이익이 부정된다.

> ☐ **소의 이익을 인정한 사례**
>
> **[종전건물의 소유자가 건물을 신축한 경우]**
> 소유권보존등기가 되었던 종전건물의 소유자가 이를 헐어 내고 건물을 신축한 경우에 있어 종전건물에 대한 멸실등기를 하고 새 건물에 대한 소유권보존등기를 하기 위하여 종전건물에 대한 소유권보존등기에 터 잡아 마쳐진 원인무효의 소유권이전등기 등의 말소를 청구할 소의 이익이 있다(대판 1992.3.31. 91다39184).
>
> **[근저당권설정계약취소소송 중 근저당권설정등기가 말소된 경우]**
> 채무자와 수익자 사이의 근저당권설정계약이 사해행위인 이상 그로 인한 근저당권설정등기가 경락으로 인하여 말소되었다고 하더라도 수익자로 하여금 근저당권자로서의 배당을 받도록 하는 것은 민법 제406조 제1항의 취지에 반하므로, 수익자에게 그와 같은 부당한 이득을 보유시키지 않기 위하여 그 근저당권설정등기로 인하여 해를 입게 되는 채권자는 근저당권설정계약의 취소를 구할 이익이 있다(대판 1997.10.10. 97다8687).

③ 토지의 소유자를 상대로 토지의 경계정정에 대한 승낙의 의사표시를 구하는 소 : 공간정보의 구축 및 관리 등에 관한 법률의 규정에 따르면 자신의 소유가 아닌 토지에 관하여 지적공부의 등록사항 정정신청을 할 수 없으므로 토지의 소유자를 상대로 토지의 경계 정정에 대한 승낙의 의사표시를 구하는 소는 권리보호의 이익이 없어 부적법하다. 또한 자신 소유 토지의 경계 정정에 따라 경계가 변경되는 인접 토지소유자가 아닌 사람을 상대로 자신 소유 토지의 경계 정정에 대한 승낙의 의사표시를 구하는 소 역시 권리보호의 이익이 없어 부적법하다(대판 2016.6.28. 2016다1793).

④ 의사의 진술을 명하는 판결 : 판결절차는 분쟁의 관념적 해결절차로서 강제집행절차와는 별도로 독자적인 존재 의의를 갖는 것이므로 집행이 가능한지는 이행의 소의 이익을 부정하는 절대적인 사유가 될 수 없더라도, 이행을 구하는 아무런 실익이 없어 법률상 이익이 부정되는 경우까지 소의 이익이 인정된다고 볼 수는 없다. 특히 의사의 진술을 명하는 판결은 확정과 동시에 그러한 의사를 진술한 것으로 간주되므로(민사집행법 제263조 제1항), 의사의 진술이 간주됨으로써 어떤 법적 효과를 가지는 경우에는 소로써 구할 이익이 있지만 그러한 의사의 진술이 있더라도 아무런 법적 효과가 발생하지 아니할 경우에는 소로써 청구할 법률상 이익이 있다고 할 수 없다(대판 2016.9.30. 2016다200552).

2) 목적실현의 실익이 있는 청구

① 폐쇄등기에 대하여 말소회복등기를 마쳐야 할 필요가 있는 경우 : 새로운 등기기록에는 옮겨 기록되지 못한 채 폐쇄된 등기기록에만 남게 되는 폐쇄등기는 현재의 등기로서의 효력이 없고, 폐쇄된 등기기록에는 새로운 등기사항을 기록할 수도 없으므로, 폐쇄등기 자체를 대상으로 하여 말소회복등기절차의 이행을 구할 소의 이익은 없다. 그러나 진정한 권리자의 말소된 등기가 폐쇄등기로 남게 되는 경우와 같이, 새로운 등기기록에 옮겨 기록되지는 못하였지만 진정한 권리자의 권리실현을 위하여는 말소회복등기를 마쳐야 할 필요가 있는 때에도 등기가 폐쇄등기로 남아 있다는 이유로 말소회복등기절차의 이행을 구하는 소의 이익을 일률적으로 부정하는 것은 타당하다고 할 수 없다(대판 2016.1.28. 2011다41239).

② 부동산처분금지가처분등기가 경료된 후 가처분의 피보전권리에 기한 소유권이전등기를 청구하는 경우 : 취득시효 완성 후 제3자 앞으로 경료된 소유권이전등기가 원인무효인 경우 취득시효 완성을 원인으로 한 소유권이전등기청구권을 가진 자는 취득시효 완성 당시의 소유자를 대위하여 제3자 명의 등기의 말소를 구할 수 있다. 한편 취득시효 완성을 원인으로 하는 소유권이전등기청구권을 피보전권리로 하는 부동산처분금지가처분 등기가 마쳐진 후에 가처분채권자가 가처분채무자를 상대로 가처분의 피보전권리에 기한 소유권이전등기를 청구함과 아울러 가처분 등기 후 가처분채무자로부터 소유권이전등기를 넘겨받은 제3자를 상대로 가처분채무자와 제3자 사이의 법률행위가 원인무효라는 사유를 들어 가처분채무자를 대위하여 제3자 명의 소유권이전등기의 말소를 청구하는 경우, 가처분채권자가 채무자를 상대로 본안의 승소판결을 받아 확정되면 가처분에 저촉되는 처분행위의 효력을 부정할 수 있다고 하여, 그러한 사정만으로 위와 같은 제3자에 대한 청구가 소의 이익이 없어 부적법하다고 볼 수는 없다. 가처분채권자가 대위 행사하는 가처분채무자의 위 제3자에 대한 말소청구권은 가처분 자체의 효력과는 관련이 없을 뿐만 아니라, 가처분은 실체법상의 권리관계와 무관하게 효력이 상실될 수도 있어, 가처분채권자의 입장에서는 가처분의 효력을 원용하는 외에 별도로 가처분채무자를 대위하여 제3자 명의 등기의 말소를 구할 실익도 있기 때문이다(대판 2017.12.5. 2017다237339).

> **☐ 소의 이익을 부정한 사례**
>
> **[가처분 후 본안승소확정판결에 기한 소유권이전등기가 이루어진 경우, 가처분에 대한 이의신청을 할 이익유무]**
> 이미 사망한 자를 채무자로 한 처분금지가처분신청은 부적법하고 그 신청에 따른 처분금지가처분결정이 있었다고 하여도 그 결정은 당연무효로서 그 효력이 상속인에게 미치지 않는다고 할 것이므로, 채무자의 상속인은 일반승계인으로서 무효인 그 가처분결정에 의하여 생긴 외관을 제거하기 위한 방편으로 가처분결정에 대한 이의신청으로써 그 취소를 구할 수 있다. 부동산소유권이전등기청구권 보전을 위한 가처분의 본안소송에서 승소한 채권자가 그 확정판결에 기하여 소유권이전등기를 경료하게 되면 가처분의 목적이 달성되어 그 가처분은 이해관계인의 신청에 따라 집행법원의 촉탁으로 말소될 운명에 있는 것이므로, 특별한 사정이 없는 한 가처분에 대한 이의로 그 결정의 취소를 구할 이익이 없다(대판 2002.4.26. 2000다30578).

2. 장래이행의 소

(1) 의 의

1) 개 념

장래이행의 소는 변론종결 시를 기준으로 이행기가 장래에 도래하는 이행청구권으로 주장하는 소로서 미리 청구할 필요가 있어야 소의 이익이 인정된다(민소법 제251조).

2) 구 별

현재이행의 소는 변론종결 전에 이행기가 도래하였으나 이행되지 아니한 이행청구권의 존재를 주장하는 것으로 변론종결 후에 이행기가 도래하는 장래이행의 소와 구별된다.

(2) 장래이행의 소의 적법요건

1) 청구적격(대상적격)

장래에 발생할 청구권 또는 조건부 청구권에 관한 장래이행의 소가 적법하려면 그 청구권 발생의 기초가 되는 법률상·사실상 관계가 변론종결 당시 존재하고 그러한 상태가 계속될 것이 예상되어야 한다(대판 1997.11.11. 95누4902).

2) 미리 청구할 필요

미리 청구할 필요가 있는지의 여부는 ① 이행의무의 성질과 ② 의무자가 이행기 도래 또는 조건의 성취이전에 미리 의무의 존재 또는 조건·기한에 대해 다투거나 계속적·반복적 이행청구에 대해 이미 이행기도래 부분을 불이행한 경우 미리 청구할 필요가 인정된다.

(3) 장래이행의 소인지의 여부

1) 조건부·기한부 청구권

① 청구적격 : 기한부청구권, 정지조건부청구권, 장래 발생할 청구권은 그 청구기초관계가 성립되어 있고 변론종결 뒤에 청구권이 발생할 것이 확정적으로 예정되는 경우에는 청구적격이 인정된다(대판 1998.7.24. 96다27988).

② 미리 청구할 필요 : 이행기의 도래, 조건 성취 이전에 의무자가 미리 의무의 존재를 다투기 때문에 이행기에 이르거나 조건이 성취되어도 즉시 이행을 기대할 수 없는 경우에는 미리 청구할 필요가 있다.

2) 관할청의 허가를 조건으로 하는 장래이행의 소의 허용 여부

① 학교법인이 감독청의 허가 없이 기본재산인 부동산에 관한 매매계약을 체결하는 한편 그 부동산에서 운영하던 학교를 당국의 인가를 받아 신축교사로 이전하고 준공검사까지 마친 경우, 위 매매계약이 감독청의 허가 없이 체결되어 아직은 효력이 없다고 하더라도 위 매매계약에 기한 소유권이전등기절차이행청구권의 기초가 되는 법률관계는 이미 존재한다고 볼 수 있고 장차 감독청의 허가에 따라 그 청구권이 발생할 개연성 또한 충분하므로, 매수인으로서는 미리 그 청구를 할 필요가 있는 한, 감독청의 허가를 조건으로 그 부동산에 관한 소유권이전등기절차의 이행을 청구할 수 있다(대판 1998.7.24. 96다27988).

② 그러나 국토이용관리법상의 토지거래허가구역 내의 토지에 대해 허가받을 것을 전제로 한 거래계약일 경우에는 허가받을 것을 전제로 한 거래계약은 허가받기 전의 상태에서는 거래계약의 채권적 효력도 전혀 발생하지 않으므로 권리의 이전 또는 설정에 관한 어떠한 내용의 이행청구도 할 수 없다(대판 1991.12.24. 90다12243[전합]).

3) 선이행청구

① **의의** : 선이행청구란 원고가 선이행의무가 있기 때문에 먼저 자기채무의 이행을 해야 비로소 그 이행기가 도래하는 이행청구를 말한다.

② **청구적격** : 이는 조건부 청구로서 그 조건성취의 개연성이 크기 때문에 청구적격이 있다.

③ **미리 청구할 필요** : 판례는 채권담보의 목적으로 부동산에 관하여 가등기가 경료된 경우 채무자는 자신의 채무를 먼저 변제하여야만 비로소 그 가등기의 말소를 구할 수 있는 것이기는 하지만, 채권자가 그 가등기가 채무담보의 목적으로 된 것임을 다툰다든지 피담보채무의 액수를 다투기 때문에 장차 채무자가 채무를 변제하더라도 채권자가 그 가등기의 말소에 협력할 것으로 기대되지 않는 경우에는 피담보채무의 변제를 조건으로 가등기를 말소할 것을 미리 청구할 필요가 있다 할 것이라고 판시하고 있다(대판 1992.7.10. 92다15376).

4) 상환이행청구

① **청구적격** : 상환이행청구도 동시이행관계에 있는 급부의 이행을 조건으로 청구하는 조건부청구로 조건 성취의 개연성이 크므로 청구적격이 인정된다.

② **미리 청구할 필요** : 동시이행관계에 있는 급부를 받을 때까지 반대급부의 이행을 거부할 것이므로 미리 청구할 필요가 있다.

5) 장래의 부당이득반환청구

① **적법요건**

　　㉠ 청구적격 : 장래의 이행을 명하는 판결을 하기 위하여는 채무의 이행기가 장래에 도래하는 것뿐만 아니라 의무불이행사유가 그때까지 존속한다는 것을 변론종결 당시에 확정적으로 예정할 수 있는 것이어야 하며 이러한 책임기간이 불확실하여 변론종결 당시에 확정적으로 예정할 수 없는 경우에는 장래의 이행을 명하는 판결을 할 수 없다(대판 2002.6.14. 2000다37517).

　　㉡ 미리 청구할 필요 : 장래부당이득반환청구는 계속적·반복적 이행청구의 경우로서 현재 이미 이행기 도래분에 대해 불이행한 이상 장래에 이행하여야 할 부분에 대하여도 자진이행을 기대할 수 없기 때문에 현재의 청구 부분과 합쳐 미리 청구할 필요가 있다.

② **무단점유로 인한 장래부당이득반환청구**

　　㉠ 판례에 의하면 토지 소유자가 시를 상대로 "시가 위 토지를 매수할 때까지"로 기간을 정한 장래의 차임 상당 부당이득반환청구는 장차 시가 위 토지를 매수하거나 수용하게 될는지 또는 그 시점이 언제 도래할지 불확실할 뿐만 아니라 시가 매수하거나 수용하지 아니하고 도로폐쇄조치를 하여 점유 사용을 그칠 수도 있고 소유자가 위 토지를 계속하여 소유하지 못할 수도 있는 것이어서 위 장래의 기간 한정은 의무불이행의 사유가 그때까지 계속하여 존속한다는 보장이 성립되지 아니하는 불확실한 시점이라 아니할 수 없을 것이므로 이에 대한 장래의 이행을 명할 수는 없다(대판 1991.10.8. 91다17139). 또한 원고의 임료상당 부당이득금반환청구을 인용하면서 원심변론 종결 시까지 그 변제기가 도래한 이후의 시점인 1986.7.11.부터 원고가 구하는 1990.6.10.까지의 부당이득금으로서 매월 금 28,469원의 비율에 의한 금원을 반환하여야 한 경우 이행을 명한 1990년까지라는 장래의 기간한정은 의무불이행의 사유가 그때까지 계속하여 존속한다는 보장이 성립되지 않는 불확실한 시점임을 부인할 수 없다고 하여 미리 청구할 필요를 인정하지 않았다(대판 1987.9.22. 86다카2151). 최근 판례는 피고가 원고들 소유의 이 사건 계쟁토지를 사실상 지배하에 두고 점유하고 있음을 이유로 차임 상당 금원의 부당이득 반환을 명하고 있는 경우, 원고들이 계쟁토지의 소유권을 상실하지 아니하더라도 원심이 이행을 명한

'소유권을 상실하는 날' 이전에 피고가 계쟁토지에 관한 점유를 종료할 수도 있으므로 피고의 의무불이행 사유가 '원고들이 소유권을 상실하는 날까지' 존속한다는 것을 원심 변론종결 당시에 확정적으로 예정할 수 있는 경우에 해당한다고 단정할 수 없고, 그렇다면 그때까지 부당이득의 반환을 명하는 판결을 할 수도 없다(대판 2023.7.27. 2020다277023)고 판시하고 있다.

ⓛ 판례에 의하면 서울특별시가 사실심 변론종결 무렵까지 타인 소유의 토지들을 도로부지로 점유·사용하면서도 이에 대한 임료 상당의 부당이득금의 반환을 거부하고 있으며 그로 인한 계속적, 반복적 이행의무에 관하여 현재의 이행기 도래분에 대하여 그 이행을 하지 아니하고 있다면, 그 토지들에 개설된 도로의 폐쇄에 의한 서울특별시의 점유종료일 또는 그 토지소유자가 토지들에 대한 소유권을 상실하는 날까지의 이행기 도래분에 대하여도 서울특별시가 그 채무를 자진하여 이행하지 아니할 것이 명백히 예견되므로, 토지소유자로서는 장래에 이행기가 도래할 부당이득금 부분에 대하여도 미리 청구할 필요가 있다(대판 1994.9.30. 94다32085)고 한다.

ⓒ 판례는 乙이 甲소유의 토지를 무단으로 점유하여 사용·수익하자 甲이 乙에게 대하여 "토지의 점유시부터 인도시까지"의 차임상당의 부당이득반환청구의 소를 제기한 경우, 부당이득반환청구의 기초가 되는 사실상·법률상 관계인 불법점유 상태가 변론종결 당시 존재하고 있으며, 장래의 이행기인 "토지 인도시까지" 채무불이행상태가 계속해서 존재한다는 것을 확정적으로 예정할 수 있으므로 청구적격이 있고, 미리 청구할 필요도 인정되므로 부당이득반환청구의 소는 적법하다(대판 1975.4.22. 74다1184[전합])고 한다.

> **[원고의 소유권 상실일까지라는 표시가 주문표시로서 바람직한지 여부]**
>
> 사실심의 재판 실무에서 장래의 부당이득금의 계속적·반복적 지급을 명하는 판결의 주문에 "원고의 소유권 상실일까지"라는 표시가 광범위하게 사용되고 있다. 그러나 "원고의 소유권 상실일까지"라는 기재는 이행판결의 주문 표시로서 바람직하지 않다. 그 이유는 다음과 같다.
> ㉠ "원고의 소유권 상실일까지"라는 기재는 집행문 부여기관, 집행문 부여 명령권자, 집행기관의 조사·판단에 맡길 수 없고, 수소법원이 판단해야 할 사항인 소유권 변동 여부를 수소법원이 아닌 다른 기관의 판단에 맡기는 형태의 주문이다.
> ㉡ "원고의 소유권 상실일까지"라는 기재는 확정된 이행판결의 집행력에 영향을 미칠 수 없는 무의미한 기재이다.
> ㉢ "원고의 소유권 상실일"은 장래의 부당이득반환의무의 "임의 이행 여부"와는 직접적인 관련이 없으므로, 이를 기재하지 않더라도 장래의 이행을 명하는 판결에 관한 법리에 어긋나지 않는다(대판 2019.2.14. 2015다244432).
> 따라서 점유 시부터 점유종료일까지 부당이득반환청구를 하면서 점유종료일을 기재한 외에 소유권상실일을 기재하지 아니한 경우에도 위 판결에 의하면 적법하게 됨을 유의하여야 한다.

③ **적법점유로 인한 장래부당이득반환청구** : 판례에 의하면 피고의 계쟁 토지에 대한 점유는 동시이행항변권 또는 유치권의 행사에 따른 것이어서 적법한 것이기는 하나 피고가 토지를 그 본래의 목적에 따라 사용·수익함으로써 실질적인 이득을 얻고 있다는 이유로 임료 상당의 금원의 부당이득을 명하고 있는 경우, 피고가 원고에게 토지를 인도하지 아니하더라도 원심이 이행을 명한 "인도하는 날" 이전에 토지의 사용·수익을 종료할 수도 있기 때문에 의무불이행사유가 '인도하는 날까지' 존속한다는 것을 변론종결 당시에 확정적으로 예정할 수 없는 경우에 해당한다 할 것이어서 그때까지 이행할 것을 명하는 판결을 할 수 없다(대판 2002.6.14. 2000다37517)고 한다. 이 판례는 임대차의 경우 임차목적물을 사용·수익하여 실질적 이익을 얻고 있는 경우에만 부당이득반환청구를 인정하고 있으므로 임차인이 실질적 이익을 얻고 있는

경우에는 부당이득을 인정할 것이지만 사용·수익을 중지하여 실질적 이익을 얻고 있지 아니하다면 부당이득반환의무가 없기 때문에 임차인의 부당이득반환 채무불이행 상태가 변론종결일 이후부터 인도하는 날까지 변론종결 시에 확정적으로 예상할 수 있는 경우에 해당한다고 할 수 없어 임대인의 부당이득반환청구는 청구적격이 없어 부적법하다고 본 것임을 유의하여야 한다.

6) 대항요건을 갖추지 못한 채권양수인의 장래이행의 소의 허용 여부

판례는 채권을 양수하기는 하였으나 아직 양도인에 의한 통지 또는 채무자의 승낙이라는 대항요건을 갖추지 못하였다면 채권양수인은 현재는 채무자와 사이에 아무런 법률관계가 없어 채무자에 대하여 아무런 권리주장을 할 수 없기 때문에 채무자에 대하여 채권양도인으로부터 양도통지를 받은 다음 채무를 이행하라는 청구는 장래이행의 소로서의 요건을 갖추지 못하여 부적법하다(대판 1992.8.18. 90다9452)고 한다.

7) 임차인의 계약갱신요구권 행사에 따른 임대인의 장래이행의 소의 허용 여부

판례는 당사자 일방에 대하여 선제적으로 집행권원을 확보할 수 있게 하는 것은 자칫 계약관계의 균형이 상실되어 상대방 당사자의 계약상 권리가 침해될 수 있을 뿐만 아니라 이행기 당시 쌍방 당사자의 권리의무관계와 집행권원이 모순·충돌되는 불합리한 결과를 초래할 수 있으므로 장래이행의 소의 적법 여부는 엄격한 기준에 따라 신중하게 판단하여야 한다고 하면서, 상가건물의 임대인인 갑이 임차인인 을을 상대로 임대차계약이 기간만료로 종료됨을 이유로 건물 인도를 구하는 소를 제기하였는데, 제1심은 을이 계약갱신요구권을 행사하였으므로 갑은 정당한 사유 없이 이를 거절할 수 없다는 이유로 갑의 청구를 기각하였고, 항소심에서 갑이 장래이행의 소로서 계약갱신요구권 행사에 따른 10년의 임대차기간이 만료하면 건물을 인도할 것을 구하는 예비적 청구를 추가한 경우, 임대차보증금·권리금·차임 등에 관한 언급 없이 단지 장래의 인도청구권에 관한 집행권원을 부여하는 내용의 원고의 화해권고 요청에 피고가 응하지 않았다는 사정만으로는 예비적 청구에 관하여 '미리 청구할 필요'가 있다고 단정할 수 없다(대판 2023.3.13. 2022다286786)고 판시하고 있다.

(4) 장래이행의 소와의 병합

1) 현재이행의 소와 장래이행의 소의 병합

① 원금청구와 변론종결 후 발생하는 지연손해청구, ② 토지불법점유의 경우에 토지 위에 건물철거청구와 토지에 대한 변론종결 후 부당이득반환청구, ③ 인도청구와 변론종결 뒤의 집행불능에 대비한 대상청구 등을 들 수 있다.

2) 형성의 소와 장래이행의 소의 병합

① 판례는 공유물분할청구와 그 판결이 확정될 것을 조건으로 한 이전등기청구가 병합된 경우는 분할판결 확정 전에 등기청구권이 발생하지 않는다며 부정한다(대판 1969.12.29. 68다2425). ② 양육자지정청구와 함께 하는 양육비지급청구는 인정된다(대판 1988.5.10. 88므92).

(5) 장래이행의 소의 심판절차

심판절차는 현재이행의 소와 동일하다. 다만, 미리 청구할 필요가 없으면 각하한다. 장래이행의 소에 대한 심리 중 이행기가 도래하면 현재이행의 소로 취급하고 현재이행의 소에 대한 심리 중 이행기가 아직 도래하지 아니한 경우에는 ① 미리 청구할 필요가 있고, ② 원고의 의사에 반하지 아니하는 경우 장래이행판결을 할 수 있다.

(6) 장래이행의 소의 집행절차

① 확정기한의 도래, 동시이행에 있어서 반대급부의 제공, 집행불능에 대비한 대상청구 등 집행관이 쉽게 판단할 수 있는 것은 집행개시의 요건이 되고, ② 불확정기한의 도래, 선이행의무의 제공 등 집행관이 쉽게 판단할 수 없는 것은 집행문 부여의 요건이 된다.

Ⅱ 확인의 소

1. 서 설

(1) 의 의

확인의 소란 당사자 간의 법률적 불안을 제거하기 위하여 실체법상 권리 또는 법률관계의 존부의 확정을 목적으로 하는 소를 말한다.

(2) 확인의 이익

확인의 소는 원고의 권리 또는 법률상의 지위에 현존하는 불안·위험이 있고, 확인판결을 받는 것이 그 분쟁을 근본적으로 해결하는 가장 유효·적절한 수단일 때에 허용된다. 그리고 확인의 이익 등 소송요건은 직권조사사항으로서 당사자가 주장하지 않더라도 법원이 직권으로 조사하여 판단하여야 하고, 사실심 변론종결 이후에 소송요건이 흠결되거나 그 흠결이 치유된 경우 상고심에서도 이를 참작하여야 한다(대판 2020.1.16. 2019다247385).

2. 대상적격(권리보호자격)

(1) 권리·법률관계를 대상으로 할 것

법률관계가 아닌 사실관계는 확인의 대상이 아니다. 따라서 ① 종교단체가 특정종파에 속한다는 확인청구(대판 1992.12.8. 92다23872), ② 종손·설립자·온천발견자라는 지위의 확인청구(대판 1961.4.13. 4292민상940; 대판 2004.8.20. 2002다20353), ③ 별도로 보존등기가 된 2개의 건물이 동일 건물이라는 확인청구, ④ 원고소유의 대지가 타인소유의 건물의 부지가 아니라는 확인청구(대판 1991.12.24. 91누1974), ⑤ 법률요건사실만의 확인청구 등은 확인의 소의 대상이 되지 아니한다.

(2) 현재의 권리·법률관계를 대상으로 할 것

1) 과거의 권리·법률관계의 확인

① 원칙 : 확인의 소에서 확인의 대상은 현재의 권리 또는 법률관계일 것을 요하므로 특별한 사정이 없는 한 과거의 권리 또는 법률관계의 존부확인은 인정되지 아니한다. 판례는 근저당권의 피담보채무에 관한 부존재확인의 소는 근저당권이 말소되면 과거의 권리 또는 법률관계의 존부에 관한 것으로서 확인의 이익이 없다고 한다(대판 2013.8.23. 2012다17585).

② 예 외

㉠ 현재 권리·법률관계를 구하는 것으로 선해할 수 있는 경우 : 판례에 의하면 매매계약해제의 효과로서 이미 이행한 것의 반환을 구하는 이행의 소를 제기할 수 있을지라도 그 기본되는 매매계약의 존부에 대하여 다툼이 있어 즉시 확정의 이익이 있는 때에는 계약이 해제되었음의 확인을 구할 수도 있는 것이므로 매매계약이 해제됨으로써 현재의 법률관계가 존재하지 않는다는 취지의 소는 확인의 이익이 있다(대판 1982.10.26. 81다108). 주식양도계약의 부존재 또는 무효확인청구도 같다(대판 1987.7.7. 86다카2675).

㉡ 과거의 포괄적 권리·법률관계의 확인의 경우 : 일반적으로 과거의 법률관계는 확인의 소의 대상이 될 수 없으나, 혼인, 입양과 같은 신분관계나 회사의 설립, 주주총회의 결의무효, 취소와 같은 사단적 관계, 행정처분과 같은 행정관계와 같이 그것을 전제로 하여 수많은 법률관계가 발생하고 그에 관하여 일일이 개별적으로 확인을 구하는 번잡한 절차를 반복하는 것보다 과거의 법률관계 그 자체의 확인을 구하는 편이 관련된 분쟁을 일거에 해결하는 유효적절한 수단일 수 있는 경우에는 예외적으로 확인의 이익이 인정된다(대판 1995.3.28. 94므1447).

ⓒ 현재의 권리·법률관계에 영향을 미치고 있는 경우
⑦ 판례에 의하면 갑 주식회사의 주주들이 법원의 허가를 받아 개최한 주주총회에서 을이 감사로 선임되었는데도 갑 회사가 감사 임용계약의 체결을 거부하자, 을이 갑 회사를 상대로 감사 지위의 확인을 구하는 소를 제기하여, 소를 제기할 당시는 물론 대법원이 을의 청구를 받아들이는 취지의 환송판결을 할 당시에도 을의 감사로서 임기가 남아 있었는데, 환송 후 원심의 심리 도중 을의 임기가 만료되어 후임 감사가 선임된 경우, 을의 임기가 만료되고 후임 감사가 선임됨으로써 을의 감사 지위 확인 청구가 과거의 법률관계에 대한 확인을 구하는 것이 되었으나, 과거의 법률관계라고 할지라도 현재의 권리 또는 법률상 지위에 영향을 미치고 이에 대한 위험이나 불안을 제거하기 위하여 그 법률관계에 관한 확인판결을 받는 것이 유효·적절한 수단이라고 인정될 때에는 확인을 구할 이익이 있으므로, 을에게 현재의 권리 또는 법률상 지위에 대한 위험이나 불안을 제거하기 위해 과거의 법률관계에 대한 확인을 구할 이익이나 필요성이 있는지를 석명하고 이에 관한 의견을 진술하게 하거나 청구취지를 변경할 수 있는 기회를 주어야 하는데도, 종전의 감사 지위 확인 청구가 과거의 법률관계에 대한 확인을 구하는 것이 되었다는 등의 이유만으로 확인의 이익이 없다고 보아 을의 청구를 부적법각하한 원심판결에는 확인소송에서 확인의 이익 및 석명의무의 범위에 관한 법리오해의 잘못이 있다(대판 2020.8.20. 2018다249148)고 한다.
⑭ 판례에 의하면 甲이 무효확인을 구하는 징계처분은 '2개월 무급정직 및 유동대기, 징계기간 중 회사 출입금지'로서 이미 그 징계기간인 2개월이 경과하였음이 명백하므로 그 무효확인을 구하는 소는 확인의 이익이 없어 부적법하다고 판단한 원심에 대하여, 소속 회사의 취업규칙에 따라 甲이 징계처분으로 인하여 정직기간 동안 임금을 전혀 지급받지 못하는 법률상 불이익을 입게 된 이상 징계처분은 정직기간 동안의 임금 미지급 처분의 실질을 갖는 것이고, 이는 甲의 임금청구권의 존부에 관한 현재의 권리 또는 법률상 지위에 영향을 미치고 있으므로, 甲으로서는 비록 징계처분에서 정한 징계기간이 도과하였다 할지라도 징계처분의 무효 여부에 관한 확인 판결을 받음으로써 가장 유효·적절하게 자신의 현재의 권리 또는 법률상 지위에 대한 위험이나 불안을 제거할 수 있어 확인의 이익이 있다(대판 2010.10.14. 2010다36407)고 한다.

2) 장래의 권리·법률관계의 확인
① 원칙 : 장래의 법률관계도 확인의 소의 대상이 되지 못한다. 장래의 권리·법률관계는 현재 확인하더라도 장래에 변동 가능하기 때문에 확인의 의미가 거의 없기 때문이다. 따라서 아직 살아 있는 사람의 재산에 대한 상속확인청구, 아직 살아 있는 사람의 유언무효확인청구 등은 부적법하다(대판 1975.3.25. 75추1).
② 예외 : 그러나 구체적 권리발생이 조건 또는 기한에 걸려 있거나 법률관계가 형성과정에 있는 등 원인으로 불확정적이라고 하더라도 보호할 가치 있는 법적 이익에 해당하는 경우에는 확인의 이익이 인정될 수 있다(대판 2000.5.12. 2000다2429).

(3) 제3자의 권리·법률관계의 확인

1) 확인의 이익 인정요건
확인의 소에는 권리보호요건으로서 확인의 이익이 있어야 하고 확인의 이익은 확인판결을 받는 것이 원고의 권리 또는 법률상의 지위에 현존하는 불안·위험을 제거하는 가장 유효적절한 수단일 때에 인정된다. 확인의 소는 반드시 원·피고 간의 법률관계에 한하지 않고 원·피고의 일방과 제3자 또는 제3자 상호 간의 법률관계도 대상이 될 수 있으나, 법률관계와 관련하여 원고의 권리 또는 법적 지위에 현존하는 위험이나 불안이 야기되어 이를 제거하기 위하여 법률관계를 확인의 대상으로 삼아 원·피고 간의 확인판결에 의하여 즉시 확정할 필요가 있고, 또한 그것이 가장 유효적절한 수단이 되어야 확인의 이익이 있다(대판 2017.3.15. 2014다208255).

2) 확인의 이익이 인정되는 경우

① 저당권자가 선순위저당권자를 상대로 제기한 선순위저당권부존재확인 : 2번 저당권자가 1번 저당권자와 설정자를 상대로 1번 저당권부존재확인이나 1번 저당채무부존재확인을 구하는 경우에 소의 이익이 있다.

② 저당권자가 물상보증인을 상대로 제기한 피담보채권존재확인 : 근저당권자가 근저당권의 피담보채무의 확정을 위하여 스스로 물상보증인을 상대로 확인의 소를 제기하는 것이 부적법하다고 볼 것은 아니며, 물상보증인이 근저당권자의 채권에 대하여 다투고 있을 경우 그 분쟁을 종국적으로 종식시키는 유일한 방법은 근저당권의 피담보채권의 존부에 관한 확인의 소라고 할 것이므로, 근저당권자가 물상보증인을 상대로 제기한 확인의 소는 확인의 이익이 있어 적법하다(대판 2004.3.25. 2002다20742).

③ 저당권자가 유치권자를 상대로 제기한 유치권부존재확인 : 채무자가 채무초과의 상태에 이미 빠졌거나 그러한 상태가 임박함으로써 채권자가 원래라면 자기 채권의 충분한 만족을 얻을 가능성이 현저히 낮아진 상태에서 이미 채무자 소유의 목적물에 저당권 기타 담보물권이 설정되어 있어서 유치권의 성립에 의하여 저당권자 등이 그 채권 만족상의 불이익을 입을 것을 잘 알면서 자기 채권의 우선적 만족을 위하여 위와 같이 취약한 재정적 지위에 있는 채무자와의 사이에 의도적으로 유치권의 성립요건을 충족하는 내용의 거래를 일으키고 그에 기하여 목적물을 점유하게 됨으로써 유치권이 성립하였다면, 유치권자가 그 유치권을 저당권자 등에 대하여 주장하는 것은 다른 특별한 사정이 없는 한 신의칙에 반하는 권리행사 또는 권리남용으로서 허용되지 아니한다. 그리고 저당권자 등은 경매절차 기타 채권실행절차에서 위와 같은 유치권을 배제하기 위하여 그 부존재의 확인 등을 소로써 청구할 수 있다고 할 것이다(대판 2011.12.22. 2011다84298).

3. 확인의 이익(권리보호이익)

확인의 소에 있어서는 권리보호요건으로서 확인의 이익이 있어야 하고 그 확인의 이익은 원고의 권리 또는 법률상의 지위에 현존하는 불안, 위험이 있고 그 불안, 위험을 제거함에는 피고를 상대로 확인판결을 받는 것이 가장 유효적절한 수단일 때에만 인정된다(대판 1991.12.10. 91다14420).

(1) 권리 또는 법률상 지위일 것

확인의 이익은 법률상 이익이어야 하며 반사적으로 받게 될 사실상·경제상 이익은 포함되지 아니한다.

1) 확인의 이익을 인정한 사례

① 저가낙찰로 인해 경매를 신청한 근저당권자의 배당액이 줄어들거나 경매목적물 가액과 비교하여 거액의 유치권 신고로 매각 자체가 불가능하게 될 위험은 경매절차에서 근저당권자의 법률상 지위를 불안정하게 하는 것이므로 위 불안을 제거하는 근저당권자의 이익을 단순한 사실상·경제상의 이익이라고 볼 수는 없다. 따라서 근저당권자는 유치권 신고를 한 사람을 상대로 유치권 전부의 부존재뿐만 아니라 경매절차에서 유치권을 내세워 대항할 수 있는 범위를 초과하는 유치권의 부존재 확인을 구할 법률상 이익이 있고, 심리 결과 유치권 신고를 한 사람이 유치권의 피담보채권으로 주장하는 금액의 일부만이 경매절차에서 유치권으로 대항할 수 있는 것으로 인정되는 경우에는 법원은 특별한 사정이 없는 한 그 유치권 부분에 대하여 일부패소의 판결을 하여야 한다(대판 2016.3.10. 2013다99409).

② 피담보채권 자체가 인정되지 않는다면, 근저당권자는 유치권 신고를 한 사람을 상대로 유치권 전부의 부존재확인을 구할 법률상 이익이 인정된다(대판 2004.9.23. 2004다32848).

2) 확인의 이익을 부정한 사례

① [1] 근저당권자에게 담보목적물에 관하여 각 유치권의 부존재 확인을 구할 법률상 이익이 있다고 보는 것은 경매절차에서 유치권이 주장됨으로써 낮은 가격에 입찰이 이루어져 근저당권자의 배당액이 줄어들 위험이 있다는 데에 근거가 있고, 이는 소유자가 그 소유의 부동산에 관한 경매절차에서 유치권의 부존재 확인을 구하는 경우에도 마찬가지이다. 위와 같이 경매절차에서 유치권이 주장되었으나 소유부동산 또는 담보목적물이 매각되어 그 소유권이 이전되어 소유권을 상실하거나 근저당권이 소멸하였다면, 소유자와 근저당권자는 유치권의 부존재 확인을 구할 법률상 이익이 없다.

[2] 경매절차에서 유치권이 주장되지 아니한 경우에는, 담보목적물이 매각되어 그 소유권이 이전됨으로써 근저당권이 소멸하였더라도 채권자는 유치권의 존재를 알지 못한 매수인으로부터 민법 제575조, 제578조 제1항, 제2항에 의한 담보책임을 추급당할 우려가 있고, 위와 같은 위험은 채권자의 법률상 지위를 불안정하게 하는 것이므로, 채권자인 근저당권자로서는 위 불안을 제거하기 위하여 유치권 부존재 확인을 구할 법률상 이익이 있다. 반면 채무자가 아닌 소유자는 위 각 규정에 의한 담보책임을 부담하지 아니하므로, 유치권의 부존재 확인을 구할 법률상 이익이 없다(대판 2020.1.16. 2019다247385).

② 주주는 상법 제403조 이하의 규정에 의한 대표소송의 경우를 제외하고 회사의 재산관계에 대하여 당연히 확인의 이익을 갖는다고 할 수 없으므로 구체적 또는 법률상의 이해관계가 없는 한 회사가 체결한 계약에 관한 무효확인을 구할 이익이 없다(대판 1979.2.13. 78다1117).

③ 한의사 면허는 경찰금지를 해제하는 명령적 행위(강학상 허가)에 해당하고, 한약조제시험을 통하여 약사에게 한약조제권을 인정함으로써 한의사들의 영업상 이익이 감소되었다고 하더라도 이러한 이익은 사실상의 이익에 불과하고 약사법이나 의료법 등의 법률에 의하여 보호되는 이익이라고는 볼 수 없으므로, 한의사들이 한약조제시험을 통하여 한약조제권을 인정받은 약사들에 대한 합격처분의 무효확인을 구하는 당해 소는 원고적격이 없는 자들이 제기한 소로서 부적법하다(대판 1998.3.10. 97누4289).

④ 지상권은 용익물권으로서 담보물권이 아니므로 피담보채무라는 것이 존재할 수 없다. 근저당권 등 담보권 설정의 당사자들이 담보로 제공된 토지에 추후 용익권이 설정되거나 건물 또는 공작물이 축조·설치되는 등으로 토지의 담보가치가 줄어드는 것을 막기 위하여 담보권과 아울러 설정하는 지상권을 이른바 담보지상권이라고 하는데, 이는 당사자의 약정에 따라 담보권의 존속과 지상권의 존속이 서로 연계되어 있을 뿐이고, 이러한 경우에도 지상권의 피담보채무가 존재하는 것은 아니다. 따라서 지상권설정등기에 관한 피담보채무의 범위 확인을 구하는 청구는 원고의 권리 또는 법률상의 지위에 관한 청구라고 보기 어려우므로, 확인의 이익이 없어 부적법하다(대판 2017.10.31. 2015다65042).

(2) 현존하는 불안·위험이 있을 것

1) 확인의 이익이 있는 경우

① 채무자의 채권자에 대한 채무부존재 확인 : 보험계약 해지 후 피보험자가 여전히 자기 아닌 제3자가 보험금청구권을 가진다고 주장하는 경우, 보험자가 그를 상대로 보험금채무 부존재 확인을 구할 이익이 있다(대판 1996.3.22. 94다51536).

② 진정채권자의 참칭채권자에 대한 채권확인 : 하나의 채권에 관하여 2인 이상이 서로 채권자라고 주장하고 있는 경우에 있어서는 진정한 채권자는 자기의 권리가 침해될 우려가 있어 그 참칭채권자와의 사이에서 그 채권의 귀속에 관하여 즉시 확정을 받을 필요가 있고 또 그들 사이의 분쟁을 해결하기 위하여는 그 채권의 귀속에 관한 확인판결을 받는 것이 가장 유효적절한 권리구제수단으로 용인되어야 할 것이므로 스스로 채권자라고 주장하는 어느 한쪽이 상대방에 대하여 그 채권이 자기에게 속한다는 채권의 귀속에 관한 확인을 구하는 청구는 그 확인의 이익이 있다(대판 1988.9.27. 87다카2269).

③ 당사자 쌍방이 계약효력의 부존재를 주장하는 경우 : 판례에 의하면 갑이 을 주식회사의 계약위반을 이유로 전속계약을 해지하였다고 주장하면서 전속계약의 효력이 존재하지 아니함의 확인을 구하는 소를 제기하자, 을 회사가 소송 중 준비서면의 송달로써 갑의 계약위반을 이유로 전속계약을 해지한다고 통지한 경우, 갑의 주장은 을 회사의 계약위반을 이유로 한 전속계약 해지를 전제로 전속계약의 효력이 존재하지 않는다는 것인 데 비하여, 을 회사는 자신의 계약위반을 부인하며 오히려 갑의 계약위반을 주장하고 있으므로, 갑과 을 사이에 전속계약의 효력이 존재하지 않게 되었다는 데에 다툼이 없다고 할 수 없다고 한다 (대판 2017.3.9. 2016다256968).

2) 확인의 이익이 없는 경우 - 가등기가 이루어진 부동산에 가압류등기를 마친 채권자의 담보가등기 확인의 소

판례는 갑 소유의 부동산에 관하여 을 명의의 소유권이전등기청구권가등기가 마쳐진 후 위 부동산에 관하여 가압류등기를 마친 병 주식회사가 위 가등기가 담보목적 가등기인지 확인을 구한 경우, 부동산등기법 제92조 제1항에 따라 병 회사의 위 가압류등기가 직권으로 말소되는지가 위 가등기가 순위보전을 위한 가등기인지 담보가등기인지에 따라 결정되는 것이 아니므로, 병 회사의 법률상 지위에 현존하는 불안·위험이 존재한다고 볼 수 없고, 만약 위 가등기가 담보가등기임에도 을이 청산절차를 거치지 않은 채 본등기를 마친다면, 병 회사로서는 갑을 대위하여 본등기의 말소를 구할 수 있고 그에 따라 위 가압류등기도 회복시킬 수 있을 것이므로, 담보가등기라는 확인의 판결을 받는 것 외에 달리 구제수단이 없다고 보기 어려운데도, 병 회사의 청구가 확인의 이익이 있다고 본 원심판단에는 법리오해의 잘못이 있다(대판 2017.6.29. 2014다30803)고 한다.

3) 국가를 상대로 한 소유권확인의 소

① 미등기토지에 관한 국가상대 소유권확인의 소 : 공부상의 기재가 제대로 되어 있지 아니한 경우 즉 토지가 미등기이고 대장상에 등록명의자가 없거나 등록명의자가 누구인지 알 수 없는 경우, 원고가 토지의 소유자임을 대장으로 증명할 수 없다면 판결에 의해 증명함으로써 보존등기를 할 수밖에 없으므로 보존등기를 하기 위한 소유권의 증명 때문에 토지 소유자가 국가를 상대로 제기한 확인의 소는 확인의 이익이 있다(대판 1979.4.10. 78다2399). 그러나 국가가 미등기토지를 시효취득한 경우, 그 미등기 토지의 소유자로서는 국가에게 이를 원인으로 하여 소유권이전등기절차를 이행하여 줄 의무를 부담하고 있는 관계로 국가에 대하여 그 소유권을 행사할 지위에 있다고 보기 어렵고, 또 그가 소유권확인판결을 받는다고 하여 이러한 지위에 변동이 생기는 것도 아니라고 할 것이므로, 이와 같은 사정하에서는 그 소유자가 굳이 국가를 상대로 토지에 대한 소유권의 확인을 구하는 것은 무용, 무의미하다고 볼 수밖에 없어 확인판결을 받을 법률상 이익이 있다고 할 수 없다(대판 1995.6.9. 94다13480).

② 미등기건물에 관한 국가 상대 소유권확인의 소 : 가옥대장의 비치·관리업무는 국가사무라고 할 수도 없고 또한 건물의 소유권에 관하여 국가가 이를 특별히 다투고 있지도 아니하므로 국가는 그 소유권 귀속에 관한 직접 분쟁의 당사자가 아니어서 이를 확인하여 주어야 할 지위에 있지 않다. 따라서 국가를 상대로 한 건물소유권확인소송은 원고의 법률상 지위의 불안제거에 실효성이 없어 확인의 이익이 없다(대판 1995.5.12. 94다20464). 이때에는 건축물대장 비치·관리업무의 소관청인 지방자치단체를 상대로 소유권확인을 구하여야 한다.

③ 제3자 명의로 등기·등록된 경우 국가상대 소유권확인의 소

　㉠ 등기부에 소유자로 등기된 자가 있는 경우 : 토지수용의 효과를 다투면서 토지 소유권을 주장하는 자는 그 기업자에 대한 승소판결만으로도 토지에 관한 기업자의 소유권보존등기를 말소하고 그 소유권보존등기를 신청할 수 있으므로, 이와 병합하여 국가를 상대로 한 소유권확인청구는 그 토지의 소유권을 둘러싼 법적 불안정을 해소하는 데 필요하고도 적절한 수단이 될 수 없어 그 확인의 이익이 없다(대판 1995.9.15. 94다27649).

　㉡ 대장에 소유자로 등록된 자가 있는 경우 : 어느 토지에 관하여 등기부나 토지대장 또는 임야대장상 소유자로 등기 또는 등록되어 있는 자가 있는 경우에는 그 명의자를 상대로 한 소송에서 당해 부동산이 보존등기신청인의 소유임을 확인하는 내용의 확정판결을 받으면 소유권보존등기를 신청할 수 있는 것이므로 그 명의자를 상대로 한 소유권확인청구에 확인의 이익이 있는 것이 원칙이어서 국가를 상대로 소유권확인청구를 하면 확인의 이익이 없다(대판 2010.11.11. 2010다45944). 다만, 토지대장 또는 임야대장의 소유자에 관한 기재의 권리추정력이 인정되지 아니하는 경우에는 국가를 상대로 소유권확인청구를 할 수밖에 없다(대판 2010.11.11. 2010다45944). 또한 미등기 토지에 관한 토지대장에 소유권을 이전받은 자는 등재되어 있으나 최초의 소유자는 등재되어 있지 않은 경우, 위 토지대장상 소유권이전등록을 받은 자에게 국가를 상대로 토지소유권확인청구를 할 확인의 이익이 있다(대판 2009.10.15. 2009다48633).

④ 표시경정등기가 가능한 경우 국가 상대 소유권확인의 소 : 등기명의인의 표시경정은 등기부에 기재되어 있는 등기명의인의 성명, 주소 또는 주민등록번호 등에 착오나 빠진 부분이 있는 경우에 명의인으로 기재되어 있는 사람의 동일성을 변함이 없이 이를 정정하는 것을 말한다. 따라서 토지에 관하여 등기가 되어 있는 경우에, 등기부상 명의인의 기재가 실제와 일치하지 아니하더라도 인격의 동일성이 인정된다면 등기명의인의 표시경정등기가 가능하며, 국가를 상대로 실제 소유에 대하여 확인을 구할 이익이 없다(대판 2016.10.27. 2015다230815).

(3) 불안제거에 가장 유효·적절한 수단일 것

1) 적극적 확인의 소를 제기할 수 있음에도 소극적 확인의 소를 제기하는 경우

① 채무부존재확인의 소 : 자기의 권리 또는 법률상의 지위를 부인하는 상대방이 자기주장과는 양립할 수 없는 제3자에 대한 권리 또는 법률관계를 주장한다고 하여 상대방 주장의 그 제3자에 대한 권리 또는 법률관계가 부존재한다는 것만의 확인을 구하는 것은, 설령 그 확인의 소에서 승소판결을 받는다고 하더라도 그 판결로 인하여 상대방에 대한 관계에서 자기의 권리가 확정되는 것도 아니고 그 판결의 효력이 제3자에게 미치는 것도 아니어서 그와 같은 부존재확인의 소는 자기의 권리 또는 법률적 지위에 현존하는 불안·위험을 해소시키기 위한 유효·적절한 수단이 될 수 없으므로 확인의 이익이 없다(대판 2004.3.12. 2003다49092).

② 소유권부존재확인의 소 : 토지의 일부에 대한 소유권의 귀속에 관하여 다툼이 있는 경우에 적극적으로 그 부분에 대한 자기의 소유권확인을 구하지 아니하고 소극적으로 상대방 소유권의 부존재 확인을 구하는 것은, 원고에게 내세울 소유권이 없더라도 피고의 소유권이 부인되면 그로써 원고의 법적 지위의 불안이 제거되어 분쟁이 해결될 수 있는 경우가 아닌 한 소유권의 귀속에 관한 분쟁을 근본적으로 해결하는 즉시확정의 방법이 되지 못하며, 또한 그러한 판결만으로는 토지의 일부에 대한 자기의 소유권이 확인되지 아니하여 소유권자로서 지적도의 경계에 대한 정정을 신청할 수도 없으므로, 확인의 이익이 없다(대판 2016.5.24. 2012다87898). 다만, 원고에게 내세울 소유권이 없고 피고의 소유권이 부인되면 그로써 원고의 법적 지위의 불안이 제거되어 분쟁이 해결될 수 있는 경우에는 피고의 소유권의 소극적 확인을 구할 이익이 있다고 할 것이다(대판 1984.3.27. 83다카2337).

③ 배당금지급청구권 부존재확인의 소 : 가장 임차인의 배당요구가 받아 들여져 제1순위로 허위의 임차보증금에 대한 배당이 이루어졌으나 이해관계인들의 배당이의가 없어 그대로 배당표가 확정된 후 그 사실을 알게 된 후순위 진정 채권자에 의해 그 배당금지급청구권이 가압류되어 가장 임차인이 현실적으로 배당금을 추심하지 못한 경우, 배당을 받지 못한 후순위 진정 채권자로서는 배당금지급청구권을 부당이득한 가장 임차인을 상대로 그 부당이득 채권의 반환을 구하는 것이 손실자로서의 권리 또는 지위의 불안·위험을 근본적으로 해소할 수 있는 유효·적절한 방법이므로, 후순위 진정 채권자가 가장 임차인을 상대로 배당금지급청구권 부존재확인을 구하는 것은 확인의 이익이 없다(대판 1996.11.22. 96다34009).

④ 우회적인 방법으로 사용된 보험금채무의 부존재확인의 소 : 판례는 수급인 甲 주식회사가 도급인 乙 사회복지법인에 대한 선급금 반환채무를 보증하기 위하여 丙 보증보험 주식회사와 체결한 선급금이행보증보험계약에 따라, 丙 회사가 乙 법인에 보험금을 지급하자 甲 회사의 丙 회사에 대한 구상금 채무를 연대보증한 丁이 乙 법인을 상대로 丙 회사의 乙 법인에 대한 보험금 지급채무 부존재 확인을 구한 경우, 丁이 주장하는 법적 지위의 불안은 丁의 丙 회사에 대한 구상금 채무의 존부이므로 丁은 이미 소멸한 丙 회사의 乙 법인에 대한 보험금 채무의 부존재 확인이라는 우회적인 방법으로 丁과 丙 회사 사이의 분쟁을 해결할 것이 아니라 직접적으로 丙 회사를 상대로 현재의 법률관계인 구상금 채무의 부존재 확인을 구하는 것이 분쟁 해결에 가장 유효·적절한 방법인데도, 이와 달리 丁이 청구한 부분에 확인의 이익이 있다고 본 원심판단에 법리를 오해하여 판단을 그르친 잘못이 있다(대판 2015.6.11. 2015다206492)고 판시하고 있다.

2) 당해소송에서 구제수단이 있음에도 별소로 확인의 소를 제기하는 경우

소송요건의 존부에 대한 확인의 소(대판 1982.6.8. 81다636), 소취하무효확인의 소는 소의 이익이 없다.

3) 확인의 소의 보충성

① 원칙 : 이행의 소를 제기할 수 있는데도 이행청구권 자체의 존재확인의 소를 제기하는 것은 근본적인 해결책이 되지 못하기 때문에 허용되지 아니한다. 판례도 미등기 건물의 매수인이 매도인에게 소유권이전등기의무의 이행을 소구하지 아니한 채 그 건물에 대한 사용·수익·처분권의 확인을 구할 소의 이익이 없고(대판 2008.7.10. 2005다41153), 갑이 을 회사를 상대로 직접 자신이 주주임을 증명하여 명의개서절차의 이행을 구할 수 있으므로, 갑이 을 회사를 상대로 주주권 확인을 구하는 것은 갑의 권리 또는 법률상 지위에 현존하는 불안·위험을 제거하는 유효·적절한 수단이 아니거나 분쟁의 종국적 해결방법이 아니어서 확인의 이익이 없다(대판 2019.5.16. 2016다240338)고 판시하고 있다. 그러나 근저당권자가 근저당권의 피담보채무의 확정을 위하여 스스로 물상보증인을 상대로 확인의 소를 제기하는 것이 부적법하다고 볼 것은 아니며, 물상보증인이 근저당권자의 채권에 대하여 다투고 있을 경우 그 분쟁을 종국적으로 종식시키는 유일한 방법은 근저당권의 피담보채권의 존부에 관한 확인의 소라고 할 것이므로, 근저당권자가 물상보증인을 상대로 제기한 확인의 소는 확인의 이익이 있어 적법하다(대판 2004.3.25. 2002다20742)고 본다. 근저당권자가 물상보증인에게 이행을 구할 수는 없기 때문에 확인의 이익이 있다는 취지이다.

② 예외 : ㉠ 시효중단의 필요가 있는 경우 또는 목적물이 압류된 경우, ㉡ 현재 손해액수의 불분명, ㉢ 확인판결이 선고되면 피고의 임의이행을 기대할 수 있는 경우, ㉣ 선결적 법률관계의 확인은 예외적으로 확인의 이익이 있다. 판례도 매매계약해제의 효과로서 이미 이행한 것의 반환을 구하는 이행의 소를 제기할 수 있을지라도 그 기본되는 매매계약의 존부에 대하여 다툼이 있어 즉시 확정의 이익이 있는 때에는 계약이 해제되었음의 확인을 구할 수도 있는 것이므로 매매계약이 해제됨으로써 현재의 법률관계가 존재하지 않는다는 취지의 소는 확인의 이익이 있다(대판 1982.10.26. 81다108)고 한다. 이와 같은 법리는 매매계약무효확인의 경우(대판 1966.3.15. 66다17)에도 마찬가지로 적용된다.

③ 예외의 예외

　㉠ 판례 : 판례는 확인의 소는 원고의 권리 또는 법률상 지위에 현존하는 불안·위험이 있고 확인판결을 받는 것이 그 분쟁을 근본적으로 해결하는 가장 유효·적절한 수단일 때 허용되는바, 근저당권설정자가 근저당권설정계약에 기한 피담보채무가 존재하지 아니함의 확인을 구함과 함께 그 근저당권설정등기의 말소를 구하는 경우에 근저당권설정자로서는 피담보채무가 존재하지 않음을 이유로 근저당권설정등기의 말소를 구하는 것이 분쟁을 유효·적절하게 해결하는 직접적인 수단이 될 것이므로 별도로 근저당권설정계약에 기한 피담보채무가 존재하지 아니함의 확인을 구하는 것은 확인의 이익이 있다고 할 수 없다(대판 2000.4.11. 2000다5640)고 판시하고 있다.

　㉡ 검토 : 판례에 대하여 피담보채무의 부존재확인의 소는 말소청구권의 선결적 법률관계로서 분쟁의 종국적 해결을 위하여 적법하게 처리되어야 한다는 견해도 있으나 채무존부는 당사자의 주된 관심사가 아니므로 확인의 이익이 없다는 판례의 태도가 타당하다고 판단된다.

4) 청구이의의 소를 제기할 수 있는 경우

① 확인의 이익이 있는 사례 : 청구이의의 소는 집행권원이 가지는 집행력의 배제를 목적으로 하는 것으로서 판결이 확정되더라도 당해 집행권원의 원인이 된 실체법상 권리관계에 기판력이 미치지 않는다. 따라서 채무자가 채권자에 대하여 채무부담행위를 하고 그에 관하여 강제집행승낙문구가 기재된 공정증서를 작성하여 준 후, 공정증서에 대한 청구이의의 소를 제기하지 않고 공정증서의 작성원인이 된 채무에 관하여 채무부존재확인의 소를 제기한 경우, 그 목적이 오로지 공정증서의 집행력 배제에 있는 것이 아닌 이상 청구이의의 소를 제기할 수 있다는 사정만으로 채무부존재확인소송이 확인의 이익이 없어 부적법하다고 할 것은 아니다(대판 2013.5.9. 2012다108863).

② 확인의 이익이 없는 사례 : 파산채무자에 대한 면책결정의 확정에도 불구하고 어떠한 채권이 비면책채권에 해당하는지 여부 등이 다투어지는 경우에 채무자는 면책확인의 소를 제기함으로써 권리 또는 법률상 지위에 현존하는 불안·위험을 제거할 수 있다. 그러나 면책된 채무에 관한 집행권원을 가지고 있는 채권자에 대한 관계에서 채무자는 청구이의의 소를 제기하여 면책의 효력에 기한 집행력의 배제를 구하는 것이 법률상 지위에 현존하는 불안·위험을 제거하는 유효적절한 수단이 된다. 따라서 이러한 경우에도 면책확인을 구하는 것은 분쟁의 종국적인 해결 방법이 아니므로 확인의 이익이 없어 부적법하다(대판 2017.10.12. 2017다17771).

4. 증서의 진부 여부를 확인하는 소

(1) 의 의

법률관계를 증명하는 서면인 처분문서가 진정한지 아닌지를 확정하기 위한 소로서 민사소송법이 예외적으로 사실관계의 확인을 구하는 소를 허용하는 경우이다(민소법 제250조). 이를 인정하는 것은 법률관계를 증명하는 서면의 진정 여부가 확정되면 당사자가 그 서면의 진정 여부에 관하여 더 이상 다툴 수 없게 되는 결과, 법률관계에 관한 분쟁 그 자체가 해결되거나 적어도 분쟁 자체의 해결에 크게 도움이 된다는 데 있다(대판 2007.6.14. 2005다29290).

(2) 대상적격

1) 법률관계를 증명하는 서면

법률관계를 증명하는 서면이란 기재내용으로부터 직접 일정한 현재의 법률관계의 존부가 증명될 수 있는 서면을 말한다(대판 2007.6.14. 2005다29290). 판례는 ① 임대차계약금으로 일정한 금원을 받았음을 증명하기 위하여 작성된 영수증(대판 2007.6.14. 2005다29290), ② 세금계산서(대판 1974.10.22. 74다24), 대차대조표나 회사결산보고서(대판 1974.10.22. 74다24), ③ 당사자본인 신문조서(대판 1974.10.22. 74다24)는 처분문서에 해당하지 아니한다고 한다. 학설은 유언서도 유언자 생존 중에는 유언자와 수유자 사이에 아무런 법률관계가 발생하지 아니하므로 생존 중일 때에는 대상이 되지 않는다고 한다.

2) 증서의 진정 여부

진정 여부는 서면작성자라고 주장된 자의 의사에 의하여 작성되었는지 아니면 위조되었는지에 관한 것이고 서면에 기재된 내용이 객관적 진실에 합치하는지에 관한 것이 아니다(대판 1991.12.10. 91다15317). 따라서 법률관계를 증명하는 서면이 형식적 증거력을 갖는 것인지 확정하기 위한 경우에만 대상적격이 있다.

(3) 확인의 이익

1) 법적 불안상태의 현존

증서진부확인의 소가 허용되는 것은 증서진부가 확정되면 그 증서로 증명될 법률관계에 관한 분쟁도 해결될 가능성이 크다는 점에 있으므로 서면으로 증명되는 법률관계에 대하여 당사자 간에 분쟁이 없으면 확인의 이익도 없다.

2) 진부확인이 불안제거에 가장 유효·적절한 수단일 것

판례에 의하면 서면으로 증명되는 법률관계가 사후에 소멸되었는지 다툼이 있을 경우, 소로써 확인을 구하는 서면의 진부가 확정되어도 서면이 증명하려는 권리관계 내지 법률적 지위의 불안이 제거될 수 없고, 그 법적 불안을 제거하기 위하여서는 당해 권리 또는 법률관계 자체의 확인을 구하여야 할 필요가 있는 경우에 해당한다 할 것이므로, 즉시확정의 이익이 없어 부적법하다(대판 1991.12.10. 91다15317). 또한 어느 서면에 의하여 증명되어야 할 법률관계를 둘러싸고 이미 소가 제기되어 있는 경우에는 그 소송에서 분쟁을 해결하면 되므로 그와 별도로 그 서면에 대한 진정 여부를 확인하는 소를 제기하는 것은 특별한 사정이 없는 한 확인의 이익이 없다. 그러나 진부확인의 소가 제기된 후 증서로 증명될 법률관계에 관한 소가 제기된 경우에는 진부확인의 소의 확인의 이익이 소멸되지 아니한다(대판 2007.6.14. 2005다29290).

(4) 절차와 심판

절차는 확인의 소에 준할 것이나 특별한 것은 당사자는 서면에 의해 증명될 법률관계에 관하여 이해가 상반되는 자가 된다. 서면을 현실적으로 소지할 필요는 없으나 서면이 법원에 제출되지 않으면 진부의 확정이 불가능하므로 각하된다. 진정 여부의 심판에서 문서의 진정성립에 관한 민사소송법상의 추정규정(제356조, 제358조)이 적용된다.

Ⅲ   형성의 소

기존 법률관계의 변동·형성의 효과를 발생함을 목적으로 하는 형성의 소는 법률에 명문의 규정이 있는 경우에 한하여 인정된다. 따라서 법률의 규정에 의하여 제기한 경우에는 원칙적으로 소의 이익이 인정된다. 그러나 소송목적이 이미 실현된 경우(대판 1995.1.12. 94다30348)나 소송목적이 실현 불가능한 경우(대판 1995.11.21. 94누11293)에는 소의 이익이 인정되지 아니한다.

제1관 │ 소송물 일반

Ⅰ　서 설

1. 소송물의 의의

소송물은 소의 객체 내지 심판의 대상을 의미한다. 청구의 특정, 청구의 병합, 청구의 변경, 중복소송, 재소금지, 기판력의 객관적 범위, 처분권주의, 시효중단 여부를 검토하는 데 각 그 기준이 된다.

2. 소송물이론

(1) 구소송물이론

구소송물이론(판례)은 실체법상 권리 또는 법률관계의 주장을 소송물로 보아 실체법상 권리마다 소송물이 별개로 된다는 견해이다.

(2) 신소송물이론

신소송물이론 중 일원설은 원고가 소로써 달성하려는 목적이 신청에 선명하게 나타나므로 신청이 소송물의 구성요소라는 견해이다. 이원설은 신청(청구취지)과 사실관계(청구원인의 사실관계)라는 두 가지 요소에 의해 소송물이 구성된다는 견해이다.

(3) 검 토

생각건대 신소송물이론은 분쟁의 일회적 해결이라는 측면에서는 타당하나 원고의 권리구제 측면에 문제가 있고 법원의 심리부담이 가중된다는 점에서 법원의 인적·물적 한계를 고려하여 당사자가 특정한 권리만을 판단하면 충분한 구소송물이론이 타당하다고 판단된다.

Ⅱ　소송물의 특정

1. 이행의 소

(1) 등기청구의 소송물

1) 이전등기청구권

매매를 원인으로 한 소유권이전등기청구소송과 취득시효완성을 원인으로 한 소유권이전등기청구소송은 이전등기청구권의 발생원인을 달리하는 별개의 소송물이므로 전소의 기판력은 후소에 미치지 아니한다(대판 1981.1.13. 80다204).

2) 말소등기청구권

말소등기청구사건의 소송물은 당해 등기의 말소등기청구권이고 그 동일성 식별의 표준이 되는 청구원인, 즉 말소등기청구권의 발생원인은 당해 등기원인의 무효라 할 것으로서 등기원인의 무효를 뒷받침하는 개개의 사유는 독립된 공격방어방법에 불과하여 별개의 청구원인을 구성하는 것이 아니라 할 것이므로 전소에서 원고가 주장한 사유나 후소에서 주장하는 사유들은 모두 등기의 원인무효를 뒷받침하는 공격방법에 불과할 것일 뿐 그 주장들이 자체로서 별개의 청구원인을 구성한다고 볼 수 없고 모두 전소의 변론종결 전에 발생한 사유라면 전소와 후소는 그 소송물이 동일하여 후소에서의 주장사유들은 전소의 확정판결의 기판력에 저촉되어 허용될 수 없는 것이다(대판 1993.6.29. 93다11050). 그러나 판례는 등기원인의 무효가 아니라 다른 원인에 의한 청구의 경우에는 소송물이 다르다고 한다. 즉 소유권에 기한 방해배제청구권의 행사로서 말소등기청구를 한 전소의 확정판결의 기판력이 계약해제에 따른 원상회복으로 말소등기청구를 하는 후소에 미치지 않는다고 판시하고 있다(대판 1993.9.14. 92다1353).

3) 진정명의회복을 위한 소유권이전등기청구권

말소등기에 갈음하여 허용되는 진정명의회복을 원인으로 한 소유권이전등기청구권과 무효등기의 말소청구권은 어느 것이나 진정한 소유자의 등기명의를 회복하기 위한 것으로서 실질적으로 그 목적이 동일하고, 두 청구권 모두 소유권에 기한 방해배제청구권으로서 그 법적 근거와 성질이 동일하므로, 비록 전자는 이전등기, 후자는 말소등기의 형식을 취하고 있다고 하더라도 그 소송물은 실질상 동일한 것으로 보아야 하고, 따라서 소유권이전등기말소청구소송에서 패소확정판결을 받았다면 그 기판력은 그 후 제기된 진정명의회복을 원인으로 한 소유권이전등기청구소송에도 미친다(대판 2001.9.20. 99다37894[전합]).

(2) 금전청구의 소송물

1) 동일한 사고로 인한 손해배상청구권

불법행위를 원인으로 한 손해배상을 청구한 데 대하여 채무불이행을 원인으로 한 손해배상을 인정한 것은 당사자가 신청하지 아니한 사항에 대하여 판결한 것으로서 위법이다(대판 1963.7.25. 63다241).

2) 손해배상청구권과 계약상의 청구권

판례에 의하면 사용자가 복직의무를 이행하지 아니한 것이 채무불이행 또는 불법행위를 구성하는 경우, 근로자가 사용자의 복직의무 불이행과 관계없이 근로계약에 기한 임금청구권을 가진다고 할지라도, 위와 같은 사용자의 채무불이행 또는 불법행위로 인한 손해배상청구권은 실체법상 근로계약에 기한 임금청구권과 별개의 청구권으로 존재하고 소송법적으로도 소송물을 달리하므로, 근로자로서는 근로계약에 기한 임금채권을 가지고 있다 하더라도 아직 채권의 만족을 얻지 못한 경우에는 채무불이행 또는 불법행위로 인한 손해배상청구권에 관한 이행판결을 얻기 위하여 그에 관한 이행의 소를 제기할 수 있다. 그리고 근로자가 먼저 해고무효확인과 함께 해고가 무효일 경우 근로계약에 기한 임금을 청구하는 소를 제기하여 임금의 지급을 명하는 확정판결을 받았다고 하더라도 그 승소액을 넘는 금액에 대하여 채무불이행 또는 불법행위로 인한 손해배상청구권의 행사가 허용되지 않는 것도 아니(대판 2014.1.16. 2013다69385)라고 한다.

3) 원인채권과 어음채권

원인채권과 어음채권은 별개의 소송물이고 동시에 주장하면 청구의 병합이 되고 그중 하나를 주장하다가 다른 것으로 바꾸는 것은 청구의 변경이 된다.

4) 원금, 이자, 지연손해

금전채무불이행의 경우에 발생하는 원본채권과 지연손해금채권은 별개의 소송물이므로, 불이익변경에 해당하는지 여부는 원금과 지연손해금 부분을 각각 따로 비교하여 판단하여야 하고, 별개의 소송물을 합산한 전체 금액을 기준으로 판단하여서는 아니 된다(대판 2009.6.11. 2009다12399).

5) 부당이득반환청구권

부당이득반환청구의 소에서 소송물은 부당이득반환청구권의 주장이며 그 동일성 식별기준이 되는 청구원인은 당해 법률상 원인 없음이므로 법률상 원인이 없음의 원인으로 무엇을 주장하든 소송물은 항상 하나이다.

6) 부당이득반환청구권과 불법행위로 인한 손해배상청구권

부당이득반환청구권과 불법행위로 인한 손해배상청구권은 서로 실체법상 별개의 청구권으로 존재하고 그 각 청구권에 기초하여 이행을 구하는 소는 소송법적으로도 소송물을 달리하므로, 채권자로서는 어느 하나의 청구권에 관한 소를 제기하여 승소 확정판결을 받았다고 하더라도 아직 채권의 만족을 얻지 못한 경우에는 다른 나머지 청구권에 관한 이행판결을 얻기 위하여 그에 관한 이행의 소를 제기할 수 있다. 그리고 채권자가 먼저 부당이득반환청구의 소를 제기하였을 경우 특별한 사정이 없는 한 손해 전부에 대하여 승소판결을 얻을 수 있었을 것임에도 우연히 손해배상청구의 소를 먼저 제기하는 바람에 과실상계 또는 공평의 원칙에 기한 책임제한 등의 법리에 따라 그 승소액이 제한되었다고 하여 그로써 제한된 금액에 대한 부당이득반환청구권의 행사가 허용되지 않는 것도 아니다(대판 2013.9.13. 2013다45457).

7) 부당이득반환청구권과 계약해제로 인한 원상회복청구권

계약해제의 효과로서의 원상회복은 부당이득에 관한 특별규정의 성격을 가지는 것이고, 부당이득반환청구에서 법률상의 원인 없는 사유를 계약의 불성립, 취소, 무효, 해제 등으로 주장하는 것은 공격방법에 지나지 아니하므로 그중 어느 사유를 주장하여 패소한 경우에 다른 사유를 주장하여 청구하는 것은 기판력에 저촉되어 허용될 수 없다(대판 2000.5.12. 2000다5978).

(3) 손해배상청구의 소송물

1) 손해항목과 소송물

판례는 불법행위로 말미암아 신체의 상해를 입었기 때문에 가해자에게 대하여 손해배상을 청구할 경우에 있어서는 그 소송물인 손해는 통상의 치료비 따위와 같은 적극적 재산상 손해와 일실수익 상실에 따르는 소극적 재산상 손해 및 정신적 고통에 따르는 정신적 손해(위자료)의 3가지로 나누어진다고 볼 수 있다(대판 1976.10.12. 76다1313)고 하여 손해3분설의 입장이다.

2) 후유증에 의한 손해배상

① 문제점 : 전소에서의 손해배상청구와 후유증에 의한 확대손해의 소송물이 동일한지 여부가 문제 된다.

② 학설 : 전소의 표준시 후에 발생한 치료비의 추가청구는 명시적 일부청구한 뒤의 잔부청구로 보고 전소판결의 기판력은 후소에 미치지 않으므로 추가청구가 허용된다는 명시적 일부청구설, 후유증으로 인한 손해의 발생은 전소의 변론종결한 뒤에 새로 발생한 것으로 기판력의 시적 한계를 벗어난 사실이므로 전소의 기판력에 의하여 차단되지 않는다는 시적 한계설, 전소의 계속 중 당사자에게 그 제출을 기대할 수 없었던 사실자료에는 기판력이 미치지 않으므로 후유증에 의한 후발손해의 청구는 전소의 청구와는 별개의 청구라는 별개소송물설이 대립하고 있다.

③ 판례 : 불법행위로 인한 적극적 손해의 배상을 명한 전소송의 변론종결 후에 새로운 적극적 손해가 발생한 경우에 그 소송의 변론종결 당시 그 손해의 발생을 예견할 수 없었고 또 그 부분 청구를 포기하였다고 볼 수 없는 등 특별한 사정이 있다면 전소송에서 그 부분에 관한 청구가 유보되어 있지 않다고 하더라도 이는 전소송의 소송물과는 별개의 소송물이므로 전소송의 기판력에 저촉되는 것이 아니다(대판 1980.11.25. 80다1671).

④ 검토 : 생각건대 전소에서 합리적으로 기대할 수 없었던 후유증에 의한 손해배상청구는 명시의 유무에 관계없이 전혀 별개의 청구라는 별개소송물설이 타당하다고 판단된다.

3) 사정변경에 의한 추가손해

종전 판례는 전소의 임료청구는 묵시적 일부청구이고 임료상승을 이유로 제기한 후소는 잔부청구로서 전소와 소송물이 동일하며, 결국 전소 확정판결의 기판력에 저촉되어 변론종결한 뒤의 차임의 증가 등 사정변경이 발생한 경우 추가적인 손해배상청구는 부적법하다는 입장이었으나, 최근 판례는 전소 청구를 명시적 일부청구로 간주하고 후소 청구를 잔부청구로 보아 추가청구를 허용하고 있다(대판 1993.12.21. 92다46226[전합]).

4) 소송물의 특정

판례에 의하면 채권자가 동일한 채무자에 대하여 수개의 손해배상채권을 가지고 있다고 하더라도 그 손해배상채권들이 발생시기와 발생원인 등을 달리하는 별개의 채권인 이상 이는 별개의 소송물에 해당하고, 그 손해배상채권들은 각각 소멸시효의 기산일이나 채무자가 주장할 수 있는 항변들이 다를 수도 있으므로, 이를 소로써 구하는 채권자로서는 손해배상채권별로 청구금액을 특정하여야 하며, 법원도 이에 따라 손해배상채권별로 인용금액을 특정하여야 하고, 이러한 법리는 채권자가 수개의 손해배상채권들 중 일부만을 청구하고 있는 경우에도 마찬가지(대판 2007.9.20. 2007다25865)라고 한다.

2. 확인의 소

(1) 확인의 소에서 소송물의 특정

1) 학 설

통설은 확인소송의 소송물은 일정한 권리 또는 법률관계의 존부의 주장이며 소장의 청구취지만으로 소송물의 동일성이 특정되며 따로 청구원인에 의한 보충이 필요 없다고 보고 있으나 이원설에 의하면 확인소송의 소송물 역시 청구취지뿐만 아니라 청구원인에 기재된 사실관계에 의하여 특정된다고 주장하고 있다.

2) 판 례

판례는 특정토지에 대한 소유권확인의 본안판결이 확정되면 그에 대한 권리 또는 법률관계가 그대로 확정되는 것이므로 변론종결 전에 그 확인원인이 되는 다른 사실이 있었다 하더라도 그 확정판결의 기판력은 거기까지도 미치는 것(대판 1987.3.10. 84다카2132)이라고 하여 통설과 같은 입장을 취하고 있다. 또한 아버지 소유 부동산을 증여받았음을 전제로 그 소유권의 확인을 구하는 소와 아버지가 사망함에 따라 그 지분소유권을 상속받았음을 전제로 그 지분소유권의 확인을 구하는 소는 민사소송법 제267조 제2항 소정의 동일한 소라고 볼 수 없다(대판 1991.5.28. 91다5730)고 한다.

3) 검 토

확인의 소는 다툼이 있는 권리관계의 공권적 확정을 그 목적으로 하는 것이므로 통설에 따라 실체법상의 권리 자체가 소송물이며 청구원인을 고려할 필요가 없다고 보는 것이 타당하다. 재소금지와 관련한 91다5730 판례는 청구취지만을 소송물로 보아 청구는 동일하나 권리보호이익이 다르다고 보아서 동일한 소가 아니라고 판단한 것으로 이해할 수 있음을 유의하여야 한다.

(2) 소송물의 특정과 개수

학설·판례에 의하면 소유권의 취득원인사실을 청구원인란에 기재하지 않아도 소송물은 특정되며 청구권인에 소유권취득원인으로 매매와 점유취득시효완성을 주장한 경우 소송물은 청구취지 1개이며 매매와 점유취득시효완성의 주장은 공격방법에 불과하다.

3. 형성의 소

형성의 소의 소송물은 구소송물이론에 의할 때 실체법상 형성권의 주장이 소송물이 된다.

① 취소소송과 무효확인소송은 실체법상 근거가 다르므로 별개의 소송물이다. 그러나 무효확인소송과 부존 재확인소송은 모두 유효한 효과가 존재하지 아니함을 확인받고자 하는 점에서 동일하므로 소송물이 동일 하다(대판 1983.3.22. 82다카1810[전합]).

② 채권자취소소송의 소송물은 채권자 자신의 채권자취소권이지 채권자가 채무자의 어떤 금원지급행위가 사해행위에 해당된다고 하여 그 취소를 청구하면서 다만 그 금원지급행위의 법률적 평가와 관련하여 증여 또는 변제로 달리 주장하는 것은 그 사해행위취소권을 이유 있게 하는 공격방법에 관한 주장을 달리하는 것일 뿐이지 소송물 또는 청구 자체를 달리하는 것으로 볼 수 없다(대판 2005.3.25. 2004다10985).

제2관 | 일부청구에 대한 주요논점

Ⅰ 일부청구의 의의

일부청구란 금전 또는 대체물과 같이 수량적으로 가분인 급여를 목적으로 하는 채권을 임의로 분할하여 그 일부 만 청구하는 것을 말한다.

Ⅱ 일부청구한 경우의 소송물

1. 학 설

일부청구임을 명시했는지 여부에 관계없이 소송물은 그 일부만이라고 하는 일부청구긍정설, 일부청구의 명 시 여부에 관계없이 소송물은 채권 전부라고 하는 일부청구부정설, 일부청구임을 명시한 경우에는 일부만이 소송물이지만 명시하지 아니한 경우에는 소송물은 채권 전부라고 하는 명시적 일부청구설(명시설)이 대립하 고 있다.

2. 판 례

판례는 불법행위를 원인으로 치료비청구를 하면서 일부만을 특정하여 청구하고 그 이외의 부분은 별도소송 으로 청구하겠다는 취지를 명시적으로 유보한 때에는 그 전소송의 소송물은 그 청구한 일부의 치료비에 한정 되는 것이라고 판시(대판 1985.4.9. 84다552)하여 명시설을 취하고 있다. 명시방법으로는 반드시 전체 손해액을 특정하여 그중 일부만을 청구하고 나머지 손해액에 대한 청구를 유보하는 취지임을 밝혀야 할 필요는 없고 일부청구하는 손해의 범위를 잔부청구와 구별하여 그 심리의 범위를 특정할 수 있는 정도의 표시를 하여 전체 손해의 일부로서 우선 청구하고 있는 것임을 밝히는 것으로 족하다고 판시하고 있다(대판 1989.6.27. 87다카 2478).

3. 검 토

생각건대 처분권주의 내지 원고의 분할청구의 자유 등 원고의 입장을 존중하는 일부청구긍정설과 분쟁의 일회적 해결을 존중하는 일부청구부정설의 요청을 조화하는 명시설이 타당하다고 판단된다.

Ⅲ 일부청구의 소의 이익

일부청구는 처분권주의의 원칙상 소권의 남용이 아닌 한 원칙적으로 소의 이익이 인정된다. 다만, 소액사건심판법의 적용을 받을 목적으로 채권을 분할하여 구하는 일부청구는 소를 각하하여야 한다(소심법 제5조의2).

Ⅳ 잔부청구 시 중복제소 여부

1. 문제점

동일 채권의 일부청구의 소송계속 중 별소로 잔부청구를 하는 것이 중복소제기에 해당하는지 문제 된다.

2. 학 설

잔부청구가 중복소송에 해당하지는 않으나 전소에서 청구변경이 가능함에도 불구하고 별소로 하는 잔부청구는 소권남용에 해당하므로 단일절차로 병합을 시도해보고 그것이 불가능하면 소각하해야 한다는 중복소송부정설, 일부청구의 소송물은 전부라는 이유로 또는 명시설을 취하면서도 판결의 모순·저촉을 방지해야 한다는 이유로 잔부를 청구하는 별소는 중복소제기라는 중복소송긍정설, 명시설의 입장에서 명시한 경우에만 별소가 중복소송이 아니라는 명시설이 대립하고 있다.

3. 판 례

판례는 전 소송에서 불법행위를 원인으로 치료비청구를 하면서 일부만을 특정하여 청구하고 그 이외의 부분은 별도소송으로 청구하겠다는 취지를 명시적으로 유보한 때에는 전 소송의 계속 중에 동일한 불법행위를 원인으로 유보한 나머지 치료비청구를 별도소송으로 제기하였다 하더라도 중복제소에 해당하지 아니한다(대판 1985.4.9. 84다552)고 하고 있으나 명시한 경우라도 사실심에서 청구취지확장으로 용이하게 청구를 할 수 있었는데도 별소로 잔부를 청구하는 것은 소권남용에 해당한다고 판시하고 있다(대판 1996.3.8. 95다46319).

4. 검 토

중복소송부정설에 대하여는 절차단일화가 되는 경우와 안 되는 경우를 구별하기가 쉽지 않다는 점에서, 중복소송긍정설은 일부청구의 소송물을 항상 전부로 볼 수 없다는 점에서 문제가 있다. 따라서 명시 여부에 따라 중복제소 여부를 달리 보는 판례의 태도를 취하기로 한다.

V 잔부청구 시 기판력 작용 여부

1. 문제점

가분채권의 일부청구에 대하여 판결이 확정된 뒤에 잔부청구를 한 경우 후소는 전소의 기판력에 저촉되는지 문제 된다.

2. 학설

일부청구한 경우 일부만 소송물로서 기판력은 그 일부에 대해서만 생기므로 잔부청구가 기판력에 저촉되지는 않는다는 일부청구긍정설, 일부청구를 한 경우에 전부가 소송물로서 기판력은 전부에 생기므로 잔부청구는 기판력에 저촉된다는 일부청구부정설, 일부청구임을 명시한 경우에는 일부만이 소송물이므로 잔부청구는 기판력에 저촉되지 아니하고 명시하지 않은 경우에는 전부가 소송물이므로 잔부청구는 기판력에 저촉된다는 명시설이 대립하고 있다.

3. 판례

판례는 가분채권의 일부에 대한 이행청구의 소를 제기하면서 나머지를 유보하고 일부만을 청구한다는 취지를 명시하지 아니한 이상 그 재판의 기판력은 청구하고 남은 잔부청구에까지 미치는 것이므로 그 나머지 부분을 별도로 다시 청구할 수 없게 된다(대판 2002.9.23. 2000마5257)고 하여 명시설을 취하고 있으며 명시방법에 대하여는 불법행위의 피해자가 일부청구임을 명시하여 손해의 일부만을 청구하는 경우 그 명시방법으로는 반드시 전체 손해액을 특정하여 그중 일부만을 청구하고 나머지 손해액에 대한 청구를 유보하는 취지임을 밝혀야 할 필요는 없고 일부청구하는 손해의 범위를 잔부청구와 구별하여 그 심리의 범위를 특정할 수 있는 정도의 표시를 하여 전체 손해의 일부로서 우선 청구하고 있는 것임을 밝히는 것으로 족하다(대판 1989.6.27. 87다카2478)고 판시하고 있다.

4. 검토

생각건대 처분권주의 내지 원고의 분할청구의 자유 등 원고의 입장을 존중하는 일부청구긍정설과 분쟁의 일회적 해결을 존중하는 일부청구부정설의 요청을 조화하는 명시설이 타당하다고 판단된다.

VI 일부청구 시 시효중단범위

1. 문제점

재판상 청구에 의하여 시효가 중단되는데 일부청구의 경우 잔부에 관하여도 시효중단의 효력이 발생하는지 문제 된다.

2. 학설

일부청구긍정설의 입장에서 시효중단의 효력은 명시 여부를 불문하고 실제 청구한 일부에만 발생한다고 하는 일부중단설, 일부청구부정설의 입장에서 일부청구의 소송물은 전부이므로 일부청구를 하였다고 하더라도 명시 여부를 불문하고 청구 전부에 대하여 시효중단의 효력이 미친다는 전부중단설, 일부청구를 명시한 경우에는 일부에만 중단의 효력이 발생하나 명시하지 않은 경우에는 청구권 전부에 효력이 미친다는 명시설이 대립하고 있다.

3. 판 례

(1) 기본적 입장

판례는 청구 부분이 특정될 수 있는 경우에 있어서의 일부청구는 나머지 부분에 대한 시효중단의 효력이 없고 나머지 부분에 관하여는 소를 제기하거나 그 청구를 확장하는 서면을 법원에 제출한 때에 비로소 시효중단의 효력이 생긴다(대판 1975.2.25. 74다1557)고 하여 원칙적으로 명시설의 태도를 취하고 있다.

(2) 청구취지확장의 뜻을 명백히 한 경우

1) 소송종료 시까지 청구금액을 확장한 경우

판례는 한 개의 채권 중 일부에 관하여만 판결을 구한다는 취지를 명백히 하여 소송을 제기한 경우에는 소제기에 의한 소멸시효 중단의 효력이 그 일부에 관하여만 발생하고, 나머지 부분에는 발생하지 아니하지만 비록 그중 일부만을 청구한 경우에도 그 취지로 보아 채권 전부에 관하여 판결을 구하는 것으로 해석된다면 그 청구액을 소송물인 채권의 전부로 보아야 하고, 이러한 경우에는 그 채권의 동일성의 범위 내에서 그 전부에 관하여 시효중단의 효력이 발생한다고 해석함이 상당하다(대판 1992.4.10. 91다43695)고 한다.

2) 소송종료 시까지 청구금액을 확장하지 아니한 경우

① 판례는 소장에서 청구의 대상으로 삼은 채권 중 일부만을 청구하면서 소송의 진행경과에 따라 장차 청구금액을 확장할 뜻을 표시하였으나 당해 소송이 종료될 때까지 실제로 청구금액을 확장하지 않은 경우에는 소송의 경과에 비추어 볼 때 채권 전부에 관하여 판결을 구한 것으로 볼 수 없으므로, 나머지 부분에 대하여는 재판상 청구로 인한 시효중단의 효력이 발생하지 아니하나, 이와 같은 경우에도 소를 제기하면서 장차 청구금액을 확장할 뜻을 표시한 채권자로서는 장래에 나머지 부분을 청구할 의사를 가지고 있는 것이 일반적이라고 할 것이므로, 다른 특별한 사정이 없는 한 당해 소송이 계속 중인 동안에는 나머지 부분에 대하여 권리를 행사하겠다는 의사가 표명되어 최고에 의해 권리를 행사하고 있는 상태가 지속되고 있는 것으로 보아야 하고, 채권자는 당해 소송이 종료된 때부터 6월 내에 민법 제174조에서 정한 조치를 취함으로써 나머지 부분에 대한 소멸시효를 중단시킬 수 있다(대판 2020.2.6. 2019다223723)고 한다.

② 판례는 하나의 채권 중 일부에 관하여만 판결을 구한다는 취지를 명백히 하여 소송을 제기한 경우에는 소 제기에 의한 소멸시효중단의 효력이 그 일부에 관하여만 발생하고, 나머지 부분에는 발생하지 않는다고 하면서, 소장에서 청구의 대상으로 삼은 채권 중 일부만을 청구하면서 소송의 진행경과에 따라 장차 청구금액을 확장할 뜻을 표시하고 해당 소송이 종료될 때까지 실제로 청구금액을 확장한 경우에는 소 제기 당시부터 채권 전부에 관하여 재판상 청구로 인한 시효중단의 효력이 발생하나, 소장에서 청구의 대상으로 삼은 채권 중 일부만을 청구하면서 소송의 진행경과에 따라 장차 청구금액을 확장할 뜻을 표시하였더라도 그 후 채권의 특정 부분을 청구범위에서 명시적으로 제외하였다면, 그 부분에 대하여는 애초부터 소의 제기가 없었던 것과 마찬가지이므로 재판상 청구로 인한 시효중단의 효력이 발생하지 않는다고 한다. 한편 이와 같은 경우에도 소를 제기하면서 장차 청구금액을 확장할 뜻을 표시한 채권자는 장래에 나머지 부분을 청구할 의사를 가지고 있는 것이 일반적이라고 할 것이므로, 다른 특별한 사정이 없는 한 당해 소송이 계속 중인 동안에는 나머지 부분에 대하여 권리를 행사하겠다는 의사가 표명되어 최고에 의해 권리를 행사하고 있는 상태가 지속되고 있는 것으로 보아야 하고, 채권자는 당해 소송이 종료된 때부터 6월 내에 민법 제174조에서 정한 조치를 취함으로써 나머지 부분에 대한 소멸시효를 중단시킬 수 있다(대판 2022.5.26. 2020다206625)고 한다.

4. 검 토

일부임을 명시하면 일부만이 소송물이 되므로 명시설이 타당하다. 다만, 소장에서 일부만 청구하면서 청구금액을 확장할 뜻을 표시하고 소송종료까지 실제 청구금액을 확장한 경우에는 소제기 시부터 전부에 관해 판결을 구하는 것으로 해석되므로 판례의 입장이 타당하다고 판단된다.

Ⅶ 일부청구 시 과실상계

1. 문제점

원고가 손해배상의 일부만 청구하는 경우 피해자에게 과실이 있을 때 과실상계의 방법과 청구인용액의 판단이 양적 상한과 관련하여 문제 된다.

2. 학 설

손해전액을 선정하여 그로부터 과실상계한 뒤 남은 잔액이 청구액을 초과한 때에는 청구액의 한도에서 인용하고 잔액이 청구액에 미달하면 잔액대로 인용할 것이라는 외측설, 손해 전액이 아니라 일부청구액에서 과실상계하여야 한다는 안분설, 명시하지 않고 일부청구하였다면 피해자가 자신의 과실을 인정하여 일부청구한 것으로 볼 수 있어 외측설이 타당하나 명시적 일부청구로서 잔부를 유보한 경우에는 안분설이 타당하다고 보는 명시설이 대립하고 있다.

3. 판 례

판례는 일개의 손해배상청구권 중 일부가 소송상 청구되어 있는 경우에 과실상계를 함에 있어서는 손해의 전액에서 과실비율에 의한 감액을 하고 그 잔액이 청구액을 초과하지 않을 경우에는 그 잔액을 인용할 것이고 잔액이 청구액을 초과할 경우에는 청구의 전액을 인용하는 것으로 풀이하는 것이 일부청구를 하는 당사자의 통상적 의사(대판 1976.6.22. 75다819)라고 하여 외측설의 태도를 취하고 있다.

4. 검 토

손해의 공평·타당한 분담을 위해 채권자의 과실을 참작하려는 과실상계의 취지와 당사자의 통상적 의사를 고려할 때 외측설이 타당하다고 판단된다.

VIII 청구취지의 확장의 소의 변경 여부

상환이행청구에서 단순이행청구로 변경하는 것과 같은 질적 확장의 경우에는 소의 추가적 변경으로 이해하는 것이 타당하다. 판례도 같은 취지에서 매매 또는 취득시효 완성을 원인으로 하는 소유권이전등기청구소송에서 그 대상을 1필지 토지의 일부에서 전부로 확장하는 것은 청구의 양적 확장으로서 소의 추가적 변경에 해당하고, 동일 부동산에 대하여 이전등기를 구하면서 그 등기청구권의 발생원인을 처음에는 매매로 하였다가 후에 취득시효의 완성을 선택적으로 추가하는 것도 단순한 공격방법의 차이가 아니라 별개의 청구를 추가시킨 것이므로 역시 소의 추가적 변경에 해당한다(대판 1997.4.11. 96다50520)고 판시하고 있다. 다만, 일부청구에서 잔부청구로 확장하는 경우를 소의 변경이라고 할 수 있는지 여부에 대해 논란이 있다. 생각건대 명시적 일부청구를 잔부청구로 확장하는 경우에는 소송물이 다르므로 청구의 추가적 변경이라고 할 수 있으나, 묵시적 일부청구에서 잔부청구로 확장하는 경우에는 소송물에 변동이 없으므로 청구변경이라고 보기는 어려울 것으로 보인다.

IX 전부승소자의 상소 가부

1. 문제점

잔부를 유보하지 않은 묵시적 일부청구의 경우 전부 승소자라고 하더라도 잔부청구를 위한 항소가 허용되는 지 문제 된다.

2. 학 설

일부청구긍정설의 입장에서 별소로 잔부청구하는 것이 허용되므로 전소에서 전부승소한 자는 항소이익이 없다는 견해, 일부청구부정설의 입장에서 별소로 잔부청구를 하는 것은 허용되지 아니하므로 전부 승소한 자는 항소이익이 인정된다는 견해, 명시설의 입장에서 명시적 일부청구의 경우에는 항소이익이 없으나 묵시적 일부청구의 경우에는 잔부청구의 후소가 전소 기판력에 의하여 차단되므로 전부 승소한 자가 청구취지를 위한 항소는 인정된다는 견해가 대립하고 있다.

3. 판 례

판례는 가분채권에 대한 이행청구의 소를 제기하면서 그것이 나머지 부분을 유보하고 일부만 청구하는 것이라는 취지를 명시하지 아니한 경우에는 그 확정판결의 기판력은 나머지 부분에까지 미치는 것이어서 별소로써 나머지 부분에 관하여 다시 청구할 수는 없으므로, 일부 청구에 관하여 전부 승소한 채권자는 나머지 부분에 관하여 청구를 확장하기 위한 항소가 허용되지 아니한다면 나머지 부분을 소구할 기회를 상실하는 불이익을 입게 되고, 따라서 이러한 경우에는 예외적으로 전부 승소한 판결에 대해서도 나머지 부분에 관하여 청구를 확장하기 위한 항소의 이익을 인정함이 상당하다(대판 1997.10.24. 96다12276)고 하여 명시설의 입장에서 전부승소한 자의 항소이익을 인정하고 있다.

4. 검 토

일부청구한 경우의 소송물은 명시설에 의하여 파악하는 것이 타당하다는 점에서 고려할 때 묵시적으로 일부 청구하여 전부 승소한 자의 항소를 인정하지 않으면 잔부에 대해 소구할 수 있는 기회를 상실하는 불이익을 입게 되므로 잔부에 대해 항소이익을 인정하는 것이 타당하다고 판단된다.

제5절 | 소의 제기

I 소제기의 방식

1. 소장제출주의

소를 제기함에는 원칙적으로 소장이라는 서면과 첨부서류를 제1심법원에 제출하여야 한다(민소법 제248조 제1항, 민소규칙 제63조). 또한 소장과 함께 민사소송등인지법에 의한 소정의 인지를 우선 납부하여야 하고 소송서류의 송달비용을 예납하여야 한다. 2023.4.18. 개정민사소송법은 소권을 남용하는 소제기를 방지하기 위해 소장 접수 보류 절차를 마련하여, 법원은 소장에 붙이거나 납부한 인지액이 민사소송 등 인지법에서 정한 금액에 미달하는 경우 소장의 접수를 보류할 수 있다(민소법 제248조 제2항)고 규정하고 있다. 법원에 제출한 소장이 접수되면 소장이 제출된 때에 소가 제기된 것으로 본다(민소법 제248조 제3항).

2. 소제기의 간주

제소 전 화해의 불성립으로 소제기신청이 있는 경우(민소법 제388조), 독촉절차에서 지급명령에 대한 채무자의 이의가 있는 경우(민소법 제472조), 민사조정이 불성립되거나 조정에 갈음한 결정에 이의신청이 있는 경우(민조법 제36조)에는 소장을 제출하지 않았지만 소제기가 간주된다.

II 소장의 기재사항

1. 필요적 기재사항

(1) 당사자와 법정대리인

1) 당사자의 표시

당사자는 동일성을 인식할 수 있게 특정하여 기재한다. 자연인은 주소, 단체의 경우에는 주된 사무소 소재지도 기재하여 특정한다. 소장기재에 의해 특정된 당사자를 기준으로 당사자능력, 소송능력, 당사자적격, 재판적 등을 판단하고 기판력의 주관적 범위를 정한다.

2) 법정대리인의 표시

법정대리인도 기재하여야 한다. 즉, 당사자가 무능력자인 경우에는 당사자의 법정대리인, 법인 등의 단체인 경우에는 그 대표자를 기재하여야 한다.

(2) 청구취지

청구취지란 원고가 어떠한 내용과 종류의 판결을 구하는지를 밝히는 판결신청이며 소의 결론 부분이므로 청구취지는 명확하고 확정적이며 간결하게 기재하여야 한다.

1) 명확성

① 이행의 소 : 금전청구의 경우 금전의 성질은 기재할 필요는 없으나 금액의 명시는 필요하다. 특정물청구의 경우에는 목적물의 명시가 필요하다.

② 확인의 소 : 확인의 소에서도 금전채권의 경우 금액의 명기가 필요하나, 확인의 소에는 집행력이 없으므로 집행에 의문이 없을 정도로 명확성이 요구되지 아니한다. 채무의 일부부존재확인의 소에서는 원고의 피고에 대한 대여금채무 1,000만원 중 300만원을 넘어서는 존재하지 아니함을 확인한다는 정도로 그 채무의 상한액을 명시할 것을 요한다.

2) 확정성

청구취지는 확정적이어야 하므로 기한부청구나 소송외적 조건을 붙여서 청구취지를 기재할 수 없다. 그러나 소송내적 조건을 붙여서 청구취지를 기재하는 것은 소송절차의 안정성을 해하지 아니하므로 허용된다.

(3) 청구원인

1) 의 의

광의의 청구원인은 소송물인 권리관계의 발생원인에 해당하는 사실관계, 즉 권리근거규정의 모든 요건사실을 말한다. 협의의 청구원인은 소송물을 특정하기 위해 필요한 사실을 말한다. 예컨대 대여금청구소송에서 대여일, 당사자, 대여금액 등이 이에 해당한다.

2) 기재의 정도

① 학설 : 통설인 식별설은 다른 권리관계와 구별하기 위해 필요한, 즉 청구를 특정하기 위한 사실(협의의 청구원인)을 기재하는 것으로 충분하다고 하나, 이유기재설은 청구를 이유 있게 하는 모든 사실(광의의 청구원인)을 기재하여야 한다고 한다.

② 검토 : 생각건대 현행법은 동시제출주의가 아닌 적시제출주의를 채택하고 있으므로 소장에는 청구가 특정되면 족하고 나머지 사실은 준비절차와 변론기일에 준비서면에 의하여 추가제출하면 되므로 식별설이 타당하다. 그러나 소장의 필요적 기재사항은 아니라도 집중심리를 위해 소장제출단계에서부터 충분한 사실과 증거가 제출되는 것이 바람직하다. 민소규칙 제62조는 이에 대하여 규정하고 있고 이 한도 내에서 소장은 원고의 최초의 준비서면과 같은 역할을 하게 된다.

3) 소송물의 특정 여부

학설·판례에 의하면 확인의 소는 청구취지만으로 소송물이 특정되나, 이행의 소와 형성의 소에 대해서는 구소송물이론은 그 권리의 발생원인사실을 청구의 원인에 기재하여야 특정된다고 이해하며 신소송물이론 중 이원설도 청구원인사실을 기재해야 특정된다고 본다. 그러나 일원설은 원칙적으로 청구취지만으로 소송물이 특정된다고 보기 때문에 청구원인을 기재하지 않아도 소송물은 특정되며 다만, 예외적으로 금전이나 대체물인도청구의 경우에는 청구원인에 권리발생사실을 기재하여야 특정된다고 한다.

2. 임의적 기재사항

소장의 효력과는 상관이 없는 사항으로 준비서면에 기재하여도 되는 사항을 심리의 집중을 위해 소장에 미리 기재하는 것을 임의적 기재사항이라고 한다. 이에는 ① 관할원인 등 소송요건에 기초되는 사실, ② 청구를 이유 있게 할 사실심의 주장, ③ 청구원인사실에 대응하는 증거방법의 구체적 기재(민소법 제254조 제4항) 등이 포함된다.

제6절 재판장의 소장심사와 그 후의 조치

I 재판장의 소장심사

1. 의 의

소장심사란 원고가 제출한 소장이 접수된 다음에 합의부사건의 경우에는 재판장이, 단독사건인 경우에는 단독판사가 소장의 적식 여부를 심사하는 권한을 말한다(민소법 제254조). 이는 재판장이 소송요건의 존부판단에 앞서 소장심사를 하여 소장의 명백한 하자를 미리 시정함으로써 소송경제를 도모하려는 것이다.

2. 심사의 대상

소장의 필요적 기재사항을 기재하였는지, 인지를 붙였는지 또는 부족한지를 심사한다. 재판장은 소장을 심사하면서 필요하다고 인정하는 경우에는 원고에게 청구하는 이유에 대응하는 증거방법을 구체적으로 적어 내도록 명할 수 있으며, 원고가 소장에 인용한 서증의 등본 또는 사본을 붙이지 아니한 경우에는 이를 제출하도록 명할 수 있다(민소법 제254조 제4항).

3. 보정명령

(1) 의 의

소장에 필요적 기재사항을 기재하지 아니한 경우와 소장에 법률의 규정에 따른 인지를 붙이지 아니한 경우에는 재판장은 상당한 기간을 정하고, 그 기간 이내에 흠을 보정하도록 명하여야 한다. 재판장은 법원사무관등으로 하여금 위 보정명령을 하게 할 수 있다(민소법 제254조 제1항). 최근 판례는 신청인이 인지의 보정명령에 따라 인지액 상당의 현금을 수납은행에 납부하면서 잘못하여 인지로 납부하지 아니하고 송달료납부서에 의하여 송달료로 납부한 경우에는 인지가 납부되었다고 할 수 없어 인지 보정의 효과가 발생되지 아니하나, 신청인은 인지의 보정명령을 이행하기 위하여 인지액 상당의 현금을 수납은행에 납부한 것이고, 그 결과 인지 보정과 유사한 외관이 남게 되어 이를 객관적으로 인식할 수 있는 점, 인지와 송달료의 납부기관이 수납은행으로 동일하여 납부 과정에서 혼동이 생길 수 있는 점, 신청인에게 인지 납부 과정의 착오를 시정할 수 있는 기회를 제공함이 정의관념에 부합하는 것으로 보이는 점 등을 고려하면, 인지액 상당의 현금을 송달료로 잘못 납부한 신청인에게는 다시 인지를 보정할 수 있는 기회를 부여함이 타당하다(대결 2014.4.30. 2014마76)고 한다.

(2) 보정의 효력발생시기

1) 문제점

시효의 중단에 필요한 재판상 청구는 소를 제기한 때에 그 효력이 생긴다(민소법 제265조). 그렇다면 원고가 보정명령에 따라 소장을 보정한 경우 소제기의 효과발생 시점을 언제로 하여야 하는지 문제 된다.

2) 학 설

흠결된 사항이 어느 것이든 보정 시에 적법한 제소가 있는 것으로 이해하는 보정시설과 보정이 있으면 하자 있는 소장이 제출된 원래의 시점까지 소급하여 적법한 제소가 있었던 것으로 보는 소장제출시설이 대립하고 있다.

3) 판 례

판례는 인지 등 보정명령에 따라 인지 등 상당액의 현금을 납부하는 경우, 송달료 수납은행에 현금을 납부한 때에 인지 등 보정의 효과가 발생되는 것이라고 하여 보정시설을 취한 것이 있다(대결 2007.3.30. 2007마80).

4) 검 토

보정시설은 원고에게 지나치게 불리하고 소장제출시설은 소송물의 특정되지 않은 경우에도 소제기효과를 소장제출 시로 보아 피고의 방어권을 침해하는 문제가 있다. 따라서 부족인지보정의 경우에는 소장제출시설을, 청구의 내용이 불명하여 보정한 경우에는 보정시설을 따르는 것이 타당하다고 판단된다(절충설).

(3) 보정명령에 대한 불복

재판장의 보정명령에 대하여는 독립하여 이의신청이나 항고를 할 수 없고 특별항고(민소법 제449조)도 허용되지 아니한다.

4. 소장각하명령과 즉시항고

(1) 재판장의 소장각하명령

원고가 보정명령을 받았음에도 흠을 보정하지 아니한 때에는 재판장은 명령으로 소장을 각하하여야 한다(민소법 제254조 제2항). 소장각하명령은 소송이 이로써 종료된다는 점에서 소각하판결과 동일한 효력이 있다. 그러나 판례는 재판장의 소장심사권은 소장이 제249조 제1항의 규정에 어긋나거나 소장에 법률의 규정에 따른 인지를 붙이지 아니하였을 경우에 재판장이 원고에 대하여 상당한 기간을 정하여 그 흠결의 보정을 명할 수 있고, 원고가 그 기간 내에 이를 보정하지 않을 때에 명령으로써 그 소장을 각하한다는 것일 뿐이므로, 소장에 일응 대표자의 표시가 되어 있는 이상 설령 그 표시에 잘못이 있다고 하더라도 이를 정정 표시하라는 보정명령을 하고 그에 대한 불응을 이유로 소장을 각하하는 것은 허용되지 아니하며 이러한 경우에는 오로지 판결로써 소를 각하할 수 있을 뿐이라고 한다(대결 2013.9.9. 2013마1273).

(2) 소장각하명령의 행사시기

1) 학 설

보정되지 않은 소장도 일단 상대방에게 송달되면 쌍방이 관여하는 소송절차로 발전하여 법원이 판결로 소를 각하해야 하므로 소장부본 송달 전까지만 가능하다고 하는 소송계속시설과 재판장의 소장각하권은 합의부원 전원이 관여하는 변론개시 전에 소장의 명백한 흠을 재판장이 간단히 처리하여 소송경제를 도모하려는 것이므로 제1회 변론기일의 개시까지는 가능하다고 하는 변론개시시설이 대립하고 있다.

2) 판 례

판례는 피항소인에게 항소장 부본이 적법히 송달된 이상 항소인에 대한 변론기일소환장 등의 송달을 공시송달로 하여 변론기일을 실시함은 별론으로 하고, 항소심재판장이 항소인에 대하여 항소인 자신의 주소를 보정할 것을 명하고, 이에 따른 보정이 없다고 하여 명령으로 항소장을 각하할 수는 없다(대결 1995.5.3. 95마337)고 하여 소송계속시설의 태도를 취하고 있다.

3) 검 토

피고에게 소장부본이 송달되면 대립당사자구조가 성립되므로 원고에 대한 고지만으로 소송을 종료시키는 각하명령은 그 부본송달 전까지만 가능하다고 보는 것이 타당하다.

(3) 소장각하명령에 대한 불복

1) 문제점

소장각하명령에 대하여는 즉시항고할 수 있다(민소법 제254조 제3항). 다만, 소장각하명령에 대하여 즉시항고를 제기한 후 보정하는 것이 가능한지에 대한 논의가 있다.

2) 학 설

항고심도 항소심처럼 속심구조이므로 소장의 적법 여부는 항고심 심리종결 시를 기준으로 해야 하므로 그때까지 보정하면 적법하다고 보는 것이 일반적이다.

3) 판 례

소장각하 명령이 송달된 후에는 설사 부족된 인지를 가첩하고 그 명령에 불복을 신청하였다 할지라도 그 각하명령을 취소할 수 없다(대결 1996.1.12. 95두61)는 것이 판례이다. 최근에도 판결과 같이 선고가 필요하지 않은 결정이나 명령과 같은 재판은 그 원본이 법원사무관등에게 교부되었을 때 성립한 것으로 보아야 하므로, 이미 각하명령이 성립한 이상 그 명령정본이 당사자에게 고지되기 전에 부족한 인지를 보정하였다 하여 위 각하명령이 위법한 것으로 되거나 재도의 고안에 의하여 그 명령을 취소할 수 있는 것은 아니라고 판시(대결 2013.7.31. 2013마670)하고 있다.

4) 검 토

소장각하명령 후에는 보정할 수 없다고 하는 것은 원고에게 지나치게 가혹하고 소송요건은 항소심 변론종결 시를 기준으로 한다는 점에서 학설의 태도가 타당하다고 판단된다.

II 피고의 답변서제출의무와 무변론판결

1. 피고의 답변서제출의무

피고가 원고의 청구를 다투는 경우에는 소장의 부본을 송달받은 날부터 30일 이내에 답변서를 제출하여야 한다. 다만, 피고가 공시송달의 방법에 따라 소장의 부본을 송달받은 경우에는 그러하지 아니하다. 법원은 소장의 부본을 송달할 때에 이 취지를 피고에게 알려야 한다(민소법 제256조 제1항·제2항). 피고가 원고의 청구를 다투는 취지의 답변서를 제출하면 법원은 답변서의 부본을 원고에게 송달하여야 한다(민소법 제256조 제3항). 또 변론기일을 정하는 것이 원칙이다.

2. 무변론판결

법원은 피고가 답변서를 제출하지 아니한 때에는 청구의 원인이 된 사실을 자백한 것으로 보고 변론 없이 판결할 수 있다. 다만, 직권으로 조사할 사항이 있거나 판결이 선고되기까지 피고가 원고의 청구를 다투는 취지의 답변서를 제출한 경우에는 그러하지 아니하다(민소법 제257조 제1항). 최근 판례는 제1심법원이 피고의 답변서 제출을 간과한 채 민사소송법 제257조 제1항에 따라 무변론판결을 선고하였다면, 이러한 제1심판결의 절차는 법률에 어긋난 경우에 해당하고, 항소법원은 제1심판결의 절차가 법률에 어긋날 때에 제1심판결을 취소하여야 하므로(동법 제417조), 제1심법원이 피고의 답변서 제출을 간과한 채 민사소송법 제257조 제1항에 따라 무변론판결을 선고함으로써 제1심판결 절차가 법률에 어긋난 경우 항소법원은 민사소송법 제417조에 의하여 제1심판결을 취소하여야 하나, 항소법원이 제1심판결을 취소하는 경우 반드시 사건을 제1심법원에 환송하여야 하는 것은 아니므로, 사건을 환송하지 않고 직접 다시 판결할 수 있다(대판 2020.12.10. 2020다255085)고 한다.

Ⅲ 변론준비절차회부와 변론기일의 지정

재판장은 답변서부제출로 인한 무변론판결을 하는 경우 외에는 바로 변론기일을 정하여야 한다. 다만, 사건을 변론준비절차에 부칠 필요가 있는 경우에는 그러하지 아니하다(민소법 제258조 제1항). 재판장은 답변서가 제출되면 바로 사건을 검토하여 가능한 최단기간 안의 날로 제1회 변론기일을 지정하여야 한다. 법원은 변론이 집중되도록 함으로써 변론이 가능한 한 속행되지 않도록 하여야 하고, 당사자는 이에 협력하여야 한다(민소규칙 제69조 제1항·제2항).

제7절 소제기의 효과

제1관 | 소송계속

Ⅰ 의 의

소송계속이란 특정청구에 대해 특정법원에 판결절차가 현실적으로 존재하는 상태를 말한다.

Ⅱ 소송계속의 발생시기

소송계속의 발생시기에 대하여 소장제출시설도 있으나 소장부본의 송달에 의해 비로소 법원·원고·피고 간의 소송법적 3면관계가 발생하게 되므로 소송계속의 발생시기는 소장부본 송달 시로 보는 학설·판례의 태도가 타당하다.

Ⅲ 효 과

소송계속이 발생하면 동일한 소를 다시 제기할 수 없는 중복소제기금지의 효과가 발생하고 그 소송에 소송참가를 할 수 있으며 소송계속을 알리는 소송고지가 가능하다. 소송계속은 당사자의 의사 또는 종국재판으로 소멸한다.

제2관 | 중복된 소제기의 금지

Ⅰ 의 의

이미 사건이 계속되어 있을 때에는 그와 동일한 사건에 대하여 당사자는 다시 소를 제기하지 못한다(민소법 제259조). 이는 기판력 있는 판결의 모순·저촉을 피하고 소송경제를 도모하기 위함이다.

Ⅱ 중복소제기의 요건

① 전후 양 소의 당사자가 동일할 것, ② 전후 양 소의 청구가 동일할 것, ③ 전소법원에 소송계속 중 후소를 제기할 것 등의 요건이 요구된다.

1. 당사자의 동일

전소의 원고와 피고가 후소에서 바뀌어도 관계없다. 또한 전소와 후소의 당사자가 동일하지 않더라도 기판력이 미치는 자라면 동일한 당사자로 볼 수 있다. ① 변론종결 후 승계인이 전소의 소송계속 중 같은 당사자에 대하여 소를 제기한 경우(민소법 제218조 제1항), ② 선정당사자가 소제기한 뒤에 선정자가 소를 제기한 경우(민소법 제218조 제3항)는 중복소제기에 해당한다.

2. 청구의 동일

(1) 청구취지가 같은 경우

전후 양 소의 청구취지가 같고 청구원인도 같으면 청구가 동일하나, 전후 양 소가 청구취지가 같으나 청구원인을 이루는 실체법상의 권리가 다른 경우가 문제되는데 ① 구소송물이론에서는 청구취지가 같아도 청구원인을 이루는 실체법상의 권리가 다르면 청구가 동일하지 아니하여 중복소제기가 아니라고 하지만 ② 신소송물이론(일원설)에서는 공격방어방법 내지 법률적 관점이 다른 데 불과하므로 청구가 동일하여 중복소제기에 해당한다고 한다.

(2) 청구취지가 다른 경우

1) 상계항변과 중복소제기

① 학설 : 상계로 주장한 채권의 존부 판단에는 기판력이 발생하는 점을 논거로 판결의 모순·저촉을 방지하여야 하므로 중복소제기라는 중복소송긍정설, 상계항변은 소송물이 아니고 일종의 방어방법이므로 상계항변으로 주장한 반대채권을 별소로 청구해도 또는 청구한 반대채권으로 상계하여도 중복소제기가 아니라는 중복소송부정설, 양 소를 이송·이부 등으로 병합심리하되 그것이 불가능한 경우 중복소송인지 여부를 따질 것이 아니라 소송지휘를 통하여 한쪽 소송의 변론을 중지시켜야 한다는 변론중지설이 대립하고 있다.

② 판례 : 판례는 상계의 항변을 제출할 당시 이미 자동채권과 동일한 채권에 기한 소송을 별도로 제기하여 계속 중인 경우(별소선행형), 사실심의 담당재판부로서는 전소와 후소를 같은 기회에 심리·판단하기 위하여 이부, 이송 또는 변론병합 등을 시도함으로써 기판력의 저촉·모순을 방지함과 아울러 소송경제를 도모함이 바람직하였다고 할 것이나, 그렇다고 하여 특별한 사정이 없는 한 별소로 계속 중인 채권을 자동채권으로 하는 소송상 상계의 주장이 허용되지 않는다고 볼 수는 없다(대판 2001.4.27. 2000다4050)고 하였고, 최근 판례도 같은 취지에서 상계의 항변을 제출할 당시 이미 자동채권과 동일한 채권에 기한 소송을 별도로 제기하여 계속 중인 경우, 사실심의 담당재판부로서는 전소와 후소를 같은 기회에 심리·판단하기 위하여 이부, 이송 또는 변론병합 등을 시도함으로써 기판력의 저촉·모순을 방지함과 아울러 소송경제를 도모함이 바람직하나, 그렇다고 하여 특별한 사정이 없는 한 별소로 계속 중인 채권을 자동채권으로 하는 소송상 상계의 주장이 허용되지 않는다고 볼 수는 없고, 마찬가지로 먼저 제기된 소송에서 상계항변을 제출한 다음(상계항변 선행형) 그 소송계속 중에 자동채권과 동일한 채권에 기한 소송을 별도의 소나 반소로 제기하는 것도 가능하다(대판 2022.2.17. 2021다275741)고 하여 중복소송부정설의 태도를 취하고 있다.

③ 검토 : 상계항변이 판결에서 판단되어 기판력이 발생할지 여부도 분명하지 아니한데 전면적으로 반대채권의 별소를 각하하면 피고의 권리보호를 외면하는 것이 되므로 중복소송부정설이 타당하다고 보인다. 다만, 판결의 모순·저촉을 방지하기 위하여 이송·이부·변론의 병합 등으로 병합심리를 유도하여야 할 것이다.

2) 동일한 권리관계에 대한 확인의 소와 이행의 소

① 문제점 : 동일 청구권에 대한 이행의 소와 확인의 소는 청구취지의 심판형식이 달라서 소송물은 다르지만 이행의 소에 확인의 소가 포함되는 관계에 있기 때문에 양 소가 제기되면 동일 소송물에 준해 중복소송으로 볼지 문제 된다. 즉, 청구권자가 청구확인의 소와 청구권이행의 소를 제기하는 경우(반복형), 또는 채무자가 채무부존재확인의 소를 제기하고 청구권자가 이행의 소를 제기하는 경우(대립형)에 후소가 중복소제기에 해당하는지 다툼이 있다.

② 학설 : 확인의 소가 후소인 경우뿐만 아니라 확인청구 중 이행청구를 하려면 청구취지를 확장하면 되므로 별소를 인정할 필요가 없고 양 소가 별도로 심리되면 판결이 모순될 우려가 있으므로 이행의 소가 후소인 경우에도 중복소제기라고 하는 중복소송긍정설, 이행의 소가 후소인 경우뿐만 아니라 확인의 소가 후소인 경우에도 이행의 소가 기한미도래를 이유로 기각될 수 있으므로 중복소제기가 아니라는 중복소송부정설, 이행의 소와 확인의 소 중에서 확인의 소가 후소인 경우에는 후소가 중복소제기이지만, 이행의 소가 후소인 경우에는 중복소제기가 아니라는 견해, 양 소가 청구취지가 다르므로 중복소송의 문제는 아니고 이행의 소가 계속되면 청구권확인의 소는 확인의 이익이 없다는 견해가 대립하고 있다.

③ 판례 : 판례는 채권자가 채무인수자를 상대로 제기한 채무이행청구소송(전소)과 채무인수자가 채권자를 상대로 제기한 원래 채무자의 채권자에 대한 채무부존재확인소송(후소)은 그 청구취지와 청구원인이 서로 다르므로 중복제소에 해당하지 않고, 채무인수자를 상대로 한 채무이행청구소송이 계속 중, 채무인수자가 별소로 그 채무의 부존재 확인을 구하는 것은 소의 이익이 없다(대판 2001.7.24. 2001다22246)고 한다.

④ 검토 : 이행의 소와 확인의 소는 어느 소를 먼저 제기하든 청구취지가 다르므로 청구의 동일성을 인정할 수 없어 중복소제기에 해당하지 아니한다고 보는 것이 타당하다고 판단된다.

3) 선결적 법률관계로 주장한 권리에 대한 별소제기

① 전소의 선결적 법률관계가 후소의 소송물인 경우

　㉠ 문제점 : 소유권에 기한 건물명도청구의 소를 제기하여 소송계속 중 별소로 건물에 대한 소유권확인청구를 하는 경우, 후소가 중복소제기에 해당하는지 문제 된다.

　㉡ 학설 : 전소에서 소유권확인의 중간확인의 소를 제기할 수 있음에도 이를 별소로 제기하는 것은 중복소제기에 해당한다는 중복소송긍정설, 전소에서 주장된 <u>선결적 법률관계에는 소송계속이 발생하지 아니하며 전후 양 소는 청구취지가 달라 소송물이 동일하지 아니하므로</u> 중복소제기가 아니라는 중복소송부정설이 대립하고 있다.

　㉢ 판례 : 판례는 소유권을 원인으로 하는 이행의 소가 계속 중인 경우에도 소유권유무 자체에 관하여 당사자 사이에 분쟁이 있어 즉시확정의 이익이 있는 경우에는 그 소유권확인의 소를 아울러 제기할 수 있다(대판 1967.1.31. 65다2371)고 하여 중복제소에 해당되지 않는다고 한다.

　㉣ 검토 : 중복소송긍정설은 중간확인의 소를 강제하는 것으로 처분권주의에 반하고 전소의 소유권의 존부판단에는 기판력이 발생하지 아니하므로 중복소제기를 부정하는 중복소송부정설이 타당하다.

② 전소의 소송물이 후소의 선결적 법률관계인 경우

　㉠ 문제점 : 건물에 대한 소유권확인의 소송계속 중 별소로 소유권에 기한 건물명도청구의 소를 제기하는 경우, 후소가 중복소제기에 해당하는지 문제 된다.

　㉡ 학설 : 소유권의 존부는 전후 양 소의 주요한 쟁점이고 전소에서 청구변경이 가능함에도 별소를 제기하면 중복소제기에 해당한다고 하는 중복소송긍정설, <u>전후 양 소는 청구취지가 달라 소송물이 동일하지 아니하므로</u> 중복소제기가 아니라는 중복소송부정설이 대립한다.

　㉢ 검토 : 중복소송긍정설은 청구변경을 강제하게 되므로 처분권주의에 반하고 이 경우 양 소는 청구를 달리하고 전소판결의 소유권확인판단은 후소의 선결문제로서 기판력이 작용하지만 후소인 건물명도청구의 소 자체에는 기판력이 미치지 아니하므로 후소는 중복소제기에 해당하지 않는다는 중복소송부정설이 타당하다고 판단된다.

3. 전소의 소송계속 중 후소를 제기하였을 것

(1) 전소의 소송계속 중

<u>전소, 후소의 판별기준은 소송계속의 발생시기, 즉 소장이 피고에게 송달된 때의 선후를 기준으로 할 것이다</u>(대판 1990.4.27. 88다카25274). <u>전소가 소송요건을 흠결하여 부적법해도 후소의 변론종결 시까지 취하・각하에 의해 소송계속이 소멸되지 아니하는 한 후소는 중복소제기이다</u>(대판 1998.2.27. 97다45532).

(2) 후소를 제기하였을 것

전후 양 소가 동일한 사건이면 후소가 전소와 같은 법원에 제소되었든 다른 법원에 제소되었든 상관없이 중복소제기가 된다. 후소가 독립한 소이든 병합된 소이든 다른 법원에서의 소변경, 반소, 참가 등으로 제기되었든 불문한다.

Ⅲ 소송법상 효과

1. 직권조사사항

소가 중복소제기에 해당하지 아니한다는 것은 소극적 소송요건으로서 법원의 직권조사 사항이므로 이에 관한 당사자의 주장은 직권발동을 촉구하는 의미밖에 없어 위 주장에 대하여 판단하지 아니하였다 하더라도 판단유탈의 상고이유로 삼을 수 있는 흠이 될 수 없다(대판 1990.4.27. 88다카25274). 그 판단을 위한 자료에 관하여는 직권조사방식에 따라 당사자에게 사실주장과 증거제출의 책임이 있다. 중복소제기임이 확인되면 후소를 부적법각하해야 한다.

2. 중복소제기임을 간과한 판결

중복소제기임을 간과하고 본안판결을 한 때에는 상소할 수 있다. 그러나 중복제소금지의 원칙에 위배되어 제기된 소에 대한 판결이나 그 소송절차에서 이루어진 화해라도 확정된 경우에는 당연무효라고 할 수는 없고 (대판 1995.12.5. 94다59028) 하자가 치유되어 재심사유가 되지 아니한다. 다만, 전·후소 판결이 모두 확정되었으나 판결 내용이 모순되는 경우에는 전·후소와 관계없이 뒤에 확정된 판결이 재심으로 취소된다.

Ⅳ 국제적 중복소제기

1. 문제점

동일 사건에 대하여 외국법원에 소송계속 중임에도 국내법원에 다시 소제기하는 경우나 그 반대의 경우가 중복소송에 해당하는지 여부와 관련하여 민사소송법 제259조의 법원에 외국법원이 포함되는지 문제 된다.

2. 견해의 대립

종래 학설은 민사소송법 제259조의 법원에 외국법원은 포함되지 아니하므로 동일 사건에 대하여 외국법원에 소송계속 중이더라도 국내법원에 다시 소를 제기할 수 있다고 하는 규제소극설, 외국법원의 판결이 민사소송법 제217조에 의하여 우리나라에서 승인받을 가능성이 예측되는 때에는 동일 사건에 대하여 국내법원에 다시 제소한다면 중복소제기에 해당한다는 승인예측설, 사안별로 어느 국가의 법정지인지를 비교형량하여 외국법원이 보다 적절한 법정지임에도 국내법원에 제소하면 중복소제기에 해당한다는 비교형량설이 대립하고 있었고, 하급심 판례는 승인예측설을 취하고 있었다(서울중앙지판 2002.12.13. 2000가합90940).

3. 개정 국제사법의 태도

개정 국제사법은 "같은 당사자 간에 외국법원에 계속 중인 사건과 동일한 소가 법원에 다시 제기된 경우에 외국법원의 재판이 대한민국에서 승인될 것으로 예상되는 때에는 법원은 직권 또는 당사자의 신청에 의하여 결정으로 소송절차를 중지할 수 있다. 다만 전속적 국제재판관할의 합의에 따라 법원에 국제재판관할이 있는 경우, 법원에서 해당 사건을 재판하는 것이 외국법원에서 재판하는 것보다 더 적절함이 명백한 경우에는 그러하지 아니하다." 고 하면서 "법원은 대한민국 법령 또는 조약에 따른 승인 요건을 갖춘 외국의 재판이 있는 경우 같은 당사자 간에 그 재판과 동일한 소가 법원에 제기된 때에는 그 소를 각하하여야 한다."(국제사법 제11조)고 규정하여 판례의 승인예측설의 입장에 따라 입법적으로 국제적 중복소송을 인정하고 있다.

제3관 | 실체법상 효과

I 의의

권리자에 의한 소제기는 실체법적으로 ① 시효중단, ② 법률상의 기간(출소기간·제척기간) 준수, ③ 본권의 소에서 패소한 선의의 점유자의 악의의 의제, ④ 연 12%의 소송이자의 발생 등의 효과가 발생한다.

II 시효중단의 대상

1. 중단의 대상이 되는 소

시효가 진행되는 채권에 대하여 이행의 소, 확인의 소, 형성의 소, 재심의 소가 제기된 경우에는 중단의 효력이 있다. 이는 소제기에 한하지 아니하고 권리자가 이행의 소를 대신하여 지급명령을 신청한 경우에도 중단의 효력이 있다는 것이 판례(대판 2011.11.10. 2011다54686)이다. 다만, 행정소송의 제기는 중단사유가 되지 아니하지만 과세처분취소소송은 시효중단의 효과가 있다(대판 1992.3.31. 91다32053[전합]).

2. 중단의 범위

(1) 기본적 법률관계에 관한 청구와 그에 포함된 권리

1) 기본적 법률관계에 관한 확인청구

기본적 법률관계에 관한 확인청구의 소제기는 그 법률관계로부터 생기는 개개의 권리에 대한 소멸시효의 중단사유가 된다. 즉, 파면처분무효확인의 소는 보수금채권을 실현하는 수단이라는 성질을 가지고 있으므로 보수금채권 자체에 관한 이행소송을 제기하지 않았다 하더라도 위 소의 제기에 의하여 보수금채권에 대한 시효는 중단된다(대판 1978.4.11. 77다2509). 반대로 소유권의 취득시효를 중단시키는 재판상 청구에는 소유권확인청구는 물론, 소유권의 존재를 전제로 하는 다른 권리주장도 포함된다(대판 1979.7.10. 79다569).

2) 담보물권이 설정되어 있는 경우

저당권이 설정되어 있더라도 저당권의 피담보채권이 시효중단되는 것은 아니다. 마찬가지로 담보가등기를 경료한 토지를 인도받아 점유할 경우 담보가등기의 피담보채권의 소멸시효가 중단되는 것은 아니다(대판 2007.3.15. 2006다12701). 다만, 근저당권설정등기청구권의 행사는 그 피담보채권이 될 금전채권의 실현을 목적으로 하는 것으로서, 근저당권설정등기청구의 소에는 그 피담보채권이 될 채권의 존재에 관한 주장이 당연히 포함되어 있는 것이므로, 근저당권설정등기청구의 소의 제기는 그 피담보채권의 재판상의 청구에 준하는 것으로서 피담보채권에 대한 소멸시효 중단의 효력을 생기게 한다(대판 2004.2.13. 2002다7213).

(2) 채권자대위청구

1) 피보전채권

피보전채권의 경우 채권자대위권 행사의 사실을 채권자가 채무자에게 통지한 때에는 채무자는 자기의 권리를 처분하지 못하는데(민법 제405조 제2항), 이는 곧 압류의 효과가 생기는 것과 마찬가지이기 때문에 압류에 의한 시효중단 또는 적어도 최고로서의 효력은 인정하여야 한다.

2) 피대위채권

채권자대위권 행사의 효과는 채무자에게 귀속되는 것이므로 채권자대위소송의 제기로 인한 소멸시효 중단의 효과 역시 채무자에게 생긴다(대판 2011.10.13. 2010다80930). 즉, 피대위채권이 시효중단된다는 의미이다.

3) 대위채권자가 피대위채권을 양수한 경우

판례는 원고가 채권자대위권에 기해 청구를 하다가 당해 피대위채권 자체를 양수하여 양수금청구로 소를 변경한 경우, 이는 청구원인의 교환적 변경으로서 채권자대위권에 기한 구 청구는 취하된 것으로 보아야 하나, 그 채권자대위소송의 소송물은 채무자의 제3채무자에 대한 계약금반환청구권인데 위 양수금청구는 원고가 위 계약금반환청구권 자체를 양수하였다는 것이어서 양 청구는 동일한 소송물에 관한 권리의무의 특정승계가 있을 뿐 그 소송물은 동일한 점, 시효중단의 효력은 특정승계인에게도 미치는 점, 계속 중인 소송에 소송목적인 권리 또는 의무의 전부나 일부를 승계한 특정승계인이 소송참가하거나 소송인수한 경우에는 소송이 법원에 처음 계속된 때에 소급하여 시효중단의 효력이 생기는 점, 원고는 위 계약금반환채권을 채권자대위권에 기해 행사하다 다시 이를 양수받아 직접 행사한 것이어서 위 계약금반환채권과 관련하여 원고를 '권리 위에 잠자는 자'로 볼 수 없는 점 등에 비추어 볼 때, 당초의 채권자대위소송으로 인한 시효중단의 효력이 소멸하지 않는다(대판 2010.6.24. 2010다17284)고 한다.

3. 응소와 시효중단

(1) 응소가 재판상 청구에 포함되는지 여부

판례는 민법 제168조 제1호, 제170조 제1항에서 시효중단사유의 하나로 규정하고 있는 재판상의 청구라 함은, 통상적으로는 권리자가 원고로서 시효를 주장하는 자를 피고로 하여 소송물인 권리를 소의 형식으로 주장하는 경우를 가리키지만, 이와 반대로 시효를 주장하는 자가 원고가 되어 소를 제기한 데 대하여 피고로서 응소하여 그 소송에서 적극적으로 권리를 주장하고 그것이 받아들여진 경우도 마찬가지로 이에 포함되는 것으로 해석함이 타당하다(대판 1993.12.21. 92다47861[전합])고 하여 응소의 시효중단의 효력을 인정하고 있다.

(2) 응소로 시효가 중단되기 위한 요건

채권자가 ① 채무자가 제기한 소송에서, ② 응소하여 적극적으로 권리를 주장하여, ③ 승소한 경우에는 민법 제170조 제1항의 재판상 청구에 해당하여 소멸시효가 중단된다.

1) 채무자가 제기한 소송일 것

채무자가 제기한 소송에서 채권자가 응소하여 적극적으로 자신의 권리를 주장하는 경우이어야 한다. 따라서 물상보증인이 제기한 저당권설정등기의 말소등기절차이행청구소송에서 채권자 겸 저당권자의 응소행위는 피담보채권에 관하여 소멸시효 중단사유인 민법 제168조 제1호의 청구에 해당하지 아니한다(대판 2004.1.16. 2003다30890).

2) 응소하여 적극적으로 권리를 주장할 것

변론주의의 원칙상 채권자는 피고로 당해 소송 또는 다른 소송에서 응소로서 시효가 중단되었음을 주장해야 하고, 응소가 법원에 현저한 사실이라 하더라도 시효중단을 주장하는 자가 응소사실을 주장해야만 법원은 시효중단을 인정할 수 있다(대판 1997.2.28. 96다26190). 또한 채무자가 제기한 소송에서 채권자가 응소한 경우에도 적극적으로 자신의 권리를 주장하지 아니하고 다른 주장을 하여 채무자의 청구가 기각된 경우에는 권리행사가 있다고 볼 수 없어 그로 인하여 시효가 중단되지는 아니한다(대판 1997.12.12. 97다30288).

3) 승소한 경우일 것

응소한 피고가 승소한 경우에만 시효가 중단된다.

(3) 효 과

응소행위도 재판상 청구로서 시효중단의 효력이 있으며 그 시기는 원고가 소를 제기한 때가 아니라 피고가 현실적으로 권리를 행사하여 응소한 때이다. 즉, 응소에 해당하는 주장을 담은 답변서 또는 준비서면을 제출한 때에 시효가 중단된다는 것을 유의해야 한다.

Ⅲ 법률상 기간의 준수

1. 의 의

판례는 채권자취소권과 같은 형성소권의 제척기간은 제소기간으로 보나, 취소권(민법 제146조), 매매예약완결권과 같은 그 밖의 형성권의 제척기간은 재판 외 행사기간으로 이해한다. 제소기간의 도과 여부는 소송요건으로 직권조사사항이므로 항변사항인 시효기간과 구별된다(대판 1996.9.20. 96다25371). 판례는 채권자취소권과 같은 형성소권의 제척기간은 제소기간으로 보나, 취소권(민법 제146조), 매매예약완결권과 같은 그 밖의 형성권의 제척기간은 재판 외 행사기간으로 이해한다. 제소기간의 도과 여부는 소송요건으로 직권조사사항이므로 항변사항인 시효기간과 구별된다(대판 1996.9.20. 96다25371). 즉 판례는 제척기간이 제소기간인 경우(출소기간 : 채권자취소소송의 행사기간) 그 기간을 도과하여 제기된 소는 각하하여야 한다(대판 1996.5.14. 95다50875)고 하였으나, 제척기간 중 제소기간이 아닌 경우(매매예약완결권의 행사기간)에는 그 기간의 도과로 권리가 당연히 소멸하므로 청구를 기각하여야 한다(대판 2003.1.10. 2000다26425)고 판시하고 있다.

2. 효 과

제소기간이 정하여져 있는 소송에서 제소기간 내에 소를 제기하면 그 기간을 준수한 효력이 인정된다.

제8절 채권자대위소송에 대한 주요논점

Ⅰ 의 의

채권자가 자신의 채권을 보전하기 위해 채무자의 권리를 대신 행사할 수 있는 권리를 채권자대위권이라고 하고 이에 기한 소송을 채권자대위소송이라고 한다.

Ⅱ 채권자대위소송의 법적 성질

1. 법적 성질

(1) 학 설

채권자대위소송은 민법이 채권자에게 소송수행권을 부여한 결과 채무자를 대위해 채무자의 제3채무자에 대한 권리를 행사하는 것이라는 법정소송담당설과 민법이 채권보전이라는 자신의 이익을 위해 채권자 자신의 권리로 인정한 대위권을 행사하는 것이라는 고유의 대위권설이 대립하고 있다.

(2) 판 례

대위소송에서 원고는 채무자에 대한 자신의 권리를 보전하기 위해 채무자를 대위하여 자신의 명의로 채무자의 제3채무자에 대한 권리를 행사하는 것이라고 하여 법정소송담당설의 태도를 취하고 있다.

(3) 검 토

채권자대위권 행사의 효과가 채권자에게 귀속되지 않고 직접 채무자에게 귀속되는 점을 고려할 때 법정소송담당설이 타당하다고 판단된다.

2. 대위소송의 요건흠결 시 처리

(1) 대위소송의 요건

채권자대위소송에서 대위채권자는 ① 피보전채권의 존재, ② 채권보전의 필요성, ③ 피대위채권의 존재를 주장·증명하여야 한다. 다만, ④ 채무자의 권리의 불행사의 요건은 피고에게 주장·증명책임이 있다. 피대위채권이 존재하지 않는 것이 판명되면 청구기각판결을 하지만, 나머지 요건이 흠결된 경우에는 논란이 있다.

(2) 요건흠결 시 처리

1) 학 설

소송담당설에 의하면 증거조사의 결과 ① 피보전채권의 존재, ② 채권보전의 필요성, ③ 채무자의 권리의 불행사의 요건이 흠결된 경우 대위채권자의 당사자적격의 흠결로 소를 부적법각하하여야 하고 ④ 피대위채권의 존재라는 요건이 흠결된 경우에는 청구기각하여야 한다고 하나, 고유의 대위권설에 의하면 채권자대위권 자체를 소송물로 보기 때문에 원고가 스스로 대위권자라고 주장하면 당사자적격이 인정되고 ①·②·③·④의 요건은 실체법상의 요건사실이므로 흠결되면 청구를 기각한다.

2) 판 례

판례는 소송담당설의 입장에서 피보전채권이 존재하지 아니하는 경우(대판 1994.6.24. 94다14339), 채권보전의 필요성이 없는 경우(대판 2012.8.30. 2010다39918), 이미 채무자가 권리를 행사한 경우(대판 2018.10.25. 2018다210539)에는 채권자가 채무자를 대위하여 채무자의 권리를 행사할 당사자적격이 없다고 판시하고 있다.

3) 검 토

채권자대위소송의 법적 성질은 법정소송담당설로 보는 것이 타당하므로 피보전채권의 존재, 채권보전의 필요성, 채무자의 권리의 불행사의 요건이 흠결되면 당사자적격의 흠결로 소를 부적법각하해야 한다.

Ⅲ 채권자대위소송과 중복소제기

1. 채권자대위소송 계속 중 채무자가 소를 제기한 경우

(1) 학 설

법정소송담당설의 입장에서 대위소송의 확정판결의 기판력이 채무자에게 미친다는 점을 논거로 하여 당사자는 실질적으로 동일하고 소송물도 동일하므로 중복소제기에 해당한다는 중복소송긍정설, 고유의 대위권설의 입장에서 채권자의 대위소송과 채무자의 별소는 각자의 권리를 행사하는 것이므로 당사자와 소송물이 달라서 중복소제기는 아니라는 중복소송부정설, 법정소송담당설의 입장에서 채무자가 대위소송의 계속을 알았을 때 한하여 기판력을 받으므로 이 경우에만 중복소제기에 해당한다는 제한적 긍정설이 대립하고 있다.

(2) 판 례

판례는 원고가 소유권이전등기말소소송을 제기하기 전에 이미 원고의 채권자가 같은 피고를 상대로 채권자대위권에 의하여 원고를 대위하여 그 소송과 청구취지 및 청구원인을 같이하는 내용의 소송을 제기하여 계속 중에 있다면, 양 소송은 비록 그 당사자는 다르다 할지라도 실질상으로는 동일 소송이므로, 원고가 제기한 소송은 민사소송법 제259조 소정의 이른바 중복소송 금지규정에 저촉되는 것(대판 1995.4.14. 94다29256)이라고 하여 중복소송긍정설의 태도를 취하고 있다.

(3) 검 토

판결의 모순·저촉을 방지하기 위해 채무자가 대위소송 계속을 알았는지 여부와 관계없이 별소를 금지해야 하고 별소가 각하되더라도 채무자는 대위소송에 공동소송적 보조참가를 할 수 있으므로 별소제기는 중복소 제기라는 중복소송긍정설이 타당하다.

2. 채무자의 제3자에 대한 소송 중 채권자대위소송이 제기된 경우

(1) 학 설

법정소송담당설의 입장에서 채무자와 대위채권자는 기판력을 받는 관계로 당사자와 소송물이 동일하므로 중복소제기라는 중복소송긍정설과 고유의 대위권설의 입장에서 각자의 권리를 행사하는 것이므로 당사자와 소송물이 달라 중복소제기에 해당하지 아니하고 대위권 행사의 요건인 채무자의 권리의 불행사의 요건이 흠결되었으므로 실체법상 요건의 흠결로 대위청구를 기각해야 한다는 중복소송부정설이 대립하고 있다.

(2) 판 례

채무자가 제3채무자를 상대로 제기한 소송이 계속 중 채권자대위소송을 제기한 경우에는 양 소송은 동일 소송이므로 후소는 중복소제기금지규정에 저촉된다(대판 1988.9.27. 87다카1618)고 판시하고 있다. 한편 대위요건의 흠결로 당사자적격이 없어 소를 각하하여야 한다(대판 1992.11.10. 92다30016)고 본 경우도 있다.

(3) 검 토

법정소송담당설에 의할 때 채무자가 받은 판결의 효력이 채권자에게 미치므로 대위소송은 중복소제기에 해당한다고 보는 것이 타당하다. 다만, 대위권 행사 당시 이미 채무자가 그 권리를 재판상 행사했을 때에는 설사 패소의 확정판결을 받았을지라도 채권자는 채무자를 대위할 당사자적격이 없다고 한 판례의 취지(대판 1993.3.26. 92다32876)를 고려할 때 대위소송을 적격흠결로 각하하는 것도 가능한 법리이다.

□ **채무자의 소송계속 중 제기된 채권자대위소송을 당사자적격의 문제로 판시한 사례**

[채무자가 패소한 경우]

채권자대위권은 채무자가 제3채무자에 대한 권리를 행사하지 아니하는 경우에 한하여 채권자가 자기의 채권을 보전하기 위하여 행사할 수 있는 것이어서 채권자가 대위권을 행사할 당시는 이미 채무자가 권리를 재판상 행사하였을 때에는 설사 패소의 본안판결을 받았더라도 채권자는 채무자를 대위하여 채무자의 권리를 행사할 당사자적격이 없다(대판 1992.11.10. 92다30016).

[채무자가 반소제기 후 취하한 경우]

채권자대위권은 채무자가 제3채무자에 대한 권리를 행사하지 아니하는 경우에 한하여 채권자가 자기의 채권을 보전하기 위하여 행사할 수 있는 것이어서, 채권자가 대위권을 행사할 당시에 이미 채무자가 그 권리를 재판상 행사하였을 때는 채권자는 채무자를 대위하여 채무자의 권리를 행사할 당사자적격이 없다. 채무자가 이미 반소를 제기한 후에 채권자가 채무자를 대위하여 제3채무자를 상대로 동일한 권리를 행사하며 제기한 이 사건 소는 당사자적격을 흠결하여 부적법각하하여야 한다(대판 2016.4.12. 2015다69372).

> **[비법인사단인 채무자명의로 제3채무자를 상대로 한 소가 제기된 경우]**
>
> 채권자대위권은 채무자가 스스로 제3채무자에 대한 권리를 행사하지 아니하는 경우에 한하여 채권자가 자기의 채권을 보전하기 위하여 행사할 수 있는 것이어서, 채권자가 대위권을 행사할 당시에 이미 채무자가 그 권리를 재판상 행사하였을 때에는 채권자는 채무자를 대위하여 채무자의 권리를 행사할 수 없다. 그런데 비법인사단이 사원총회의 결의 없이 제기한 소는 소제기에 관한 특별수권을 결하여 부적법하고, 그 경우 소제기에 관한 비법인사단의 의사결정이 있었다고 할 수 없다. 따라서 비법인사단인 채무자 명의로 제3채무자를 상대로 한 소가 제기되었으나 사원총회의 결의 없이 총유재산에 관한 소가 제기되었다는 이유로 각하판결을 받고 그 판결이 확정된 경우에는 채무자가 스스로 제3채무자에 대한 권리를 행사한 것으로 볼 수 없다(대판 2018.10.25. 2018다210539).

3. 채권자대위소송 계속 중 다른 채권자가 다시 대위소송을 제기한 경우

(1) 학 설

법정소송담당설의 입장에서 대위채권자들은 서로 기판력을 받는 관계이어서 당사자와 소송물이 실질적으로 동일하므로 별소제기는 중복소송이라는 중복소송긍정설, 고유의 대위권설의 입장에서 각 채권자의 대위소송은 각자 실체법상 자신의 대위권의 행사이므로 당사자와 소송물이 달라서 중복소송이 아니라는 중복소송부정설, 법정소송담당설의 입장에서 채무자가 대위소송계속을 알았을 때 채권자끼리 기판력이나 반사효를 받으므로 채무자가 대위소송이 제기된 사실을 알았을 때만 채권자들끼리 동일성이 인정되므로 중복소송이라는 제한적 긍정설이 대립하고 있다.

(2) 판 례

채권자대위소송 계속 중 다른 채권자가 채권자대위권에 기한 소를 제기한 경우 시간적으로 나중에 계속하게 된 소송은 중복소제기금지의 원칙에 위배되어 제기된 부적법한 소송이 된다(대판 1994.2.8. 93다53092)고 판시하여 중복소송긍정설의 입장이다.

(3) 검 토

판결의 모순·저촉을 방지하기 위해 채무자가 대위소송 계속을 알았는지 여부와 관계없이 별소를 금지해야 한다. 또한 별소가 각하되더라도 채권자는 다른 채권자의 대위소송에 공동소송참가를 할 수 있으므로 별소는 중복소제기라는 중복소송긍정설이 타당하다고 판단된다.

4. 압류채권자의 추심소송 중 채무자가 별소를 제기한 경우

(1) 판 례

채권에 대한 압류 및 추심명령이 있으면 제3채무자에 대한 이행의 소는 추심채권자만이 제기할 수 있고 채무자는 피압류채권에 대한 이행소송을 제기할 당사자적격을 상실한다. 그러나 채권자는 현금화절차가 끝나기 전까지 압류명령의 신청을 취하할 수 있고, 이 경우 채권자의 추심권도 당연히 소멸하게 되며, 추심금청구소송을 제기하여 확정판결을 받은 경우라도 그 집행에 의한 변제를 받기 전에 압류명령의 신청을 취하하여 추심권이 소멸하면 추심권능과 소송수행권이 모두 채무자에게 복귀하며, 이는 국가가 국세징수법에 의한 체납처분으로 채무자의 제3채무자에 대한 채권을 압류하였다가 압류를 해제한 경우에도 마찬가지이다(대판 2009.11.12. 2009다48879).

(2) 검 토

추심소송과 채무자의 소송은 당사자는 달라도 실질적으로 동일 소송이므로 중복소제기에 해당한다고 보는 것이 타당하다.

5. 채무자가 제소한 후 압류채권자가 추심소송을 제기한 경우

(1) 판 례

1) 다수의견

채무자가 제3채무자를 상대로 제기한 이행의 소가 이미 법원에 계속되어 있는 상태에서 압류채권자가 제3채무자를 상대로 제기한 추심의 소의 본안에 관하여 심리·판단한다고 하여, 제3채무자에게 불합리하게 과도한 이중 응소의 부담을 지우고 본안 심리가 중복되어 당사자와 법원의 소송경제에 반한다거나 판결의 모순·저촉의 위험이 크다고 볼 수 없다. 압류채권자는 채무자가 제3채무자를 상대로 제기한 이행의 소에 민사소송법 제81조, 제79조에 따라 참가할 수도 있으나, 채무자의 이행의 소가 상고심에 계속 중인 경우에는 승계인의 소송참가가 허용되지 아니하므로 압류채권자의 소송참가가 언제나 가능하지는 않으며, 압류채권자가 채무자가 제기한 이행의 소에 참가할 의무가 있는 것도 아니다. 채무자가 제3채무자를 상대로 제기한 이행의 소가 법원에 계속되어 있는 경우에도 압류채권자는 제3채무자를 상대로 압류된 채권의 이행을 청구하는 추심의 소를 제기할 수 있고, 제3채무자를 상대로 압류채권자가 제기한 추심의 소는 채무자가 제기한 이행의 소에 대한 관계에서 민사소송법 제259조가 금지하는 중복된 소제기에 해당하지 않는다고 봄이 타당하다(대판 2013.12.18. 2013다202120[전합]).

2) 반대의견

민사소송법 제259조가 규정하는 중복된 소제기의 금지는 소송의 계속으로 인하여 당연히 발생하는 소제기의 효과이다. 그러므로 설령 이미 법원에 계속되어 있는 소(전소)가 소송요건을 갖추지 못한 부적법한 소라고 하더라도 취하·각하 등에 의하여 소송계속이 소멸하지 않는 한 그 소송계속 중에 다시 제기된 소(후소)는 중복된 소제기의 금지에 저촉되는 부적법한 소로서 각하를 면할 수 없다. 채무자가 제3채무자를 상대로 먼저 제기한 이행의 소와 압류채권자가 제3채무자를 상대로 나중에 제기한 추심의 소는 비록 당사자는 다를지라도 실질적으로 동일한 사건으로서 후소는 중복된 소에 해당한다. 압류채권자에게는 채무자가 제3채무자를 상대로 제기한 이행의 소에 민사소송법 제81조, 제79조에 따라 참가할 수 있는 길이 열려 있으므로, 굳이 민사소송법이 명문으로 규정하고 있는 기본 법리인 중복된 소제기의 금지 원칙을 깨뜨리면서까지 압류채권자에게 채무자가 제기한 이행의 소와 별도로 추심의 소를 제기하는 것을 허용할 것은 아니다. 다만 다수의견이 지적하듯이 채무자가 제3채무자를 상대로 제기한 이행의 소가 상고심에 계속 중 채권에 대한 압류 및 추심명령을 받은 경우에는 압류채권자가 상고심에서 승계인으로서 소송참가를 하는 것이 불가능하나, 이때에도 상고심은 압류 및 추심명령으로 인하여 채무자가 당사자적격을 상실한 사정을 직권으로 조사하여 압류 및 추심명령이 내려진 부분의 소를 파기하여야 하므로, 압류채권자는 파기환송심에서 승계인으로서 소송참가를 하면 된다(대판 2013.12.18. 2013다202120[전합]).

(2) 검 토

추심의 소를 중복소제기로 각하한 다음 적격 없는 채무자의 소가 각하확정되기를 기다려 다시 압류채권자로 하여금 추심의 소를 제기하게 하면 소송경제에 반하고 이는 민사집행법 제238조, 제249조에 의해 압류채권자에게 보장되는 추심의 소제기권을 그 압류·추심명령에 의해 금지되는 채무자의 소를 이유로 거부하는 결과가 되어 부당하다. 따라서 중복소제기에 해당하지 아니한다는 다수의견이 타당하다고 판단된다.

Ⅳ 피대위자의 재소금지 여부

1. 문제점

소를 취하한 자가 채권자대위소송을 한 채권자인 경우 채무자에게 재소금지의 효력이 미치는지 문제 된다.

2. 학 설

법정소송담당설의 입장에서 채무자는 기판력을 받는 관계에 있고 대위소송의 소송물과 채무자소송의 소송물이 같다는 것을 이유로 채무자가 대위소송이 제기된 것을 안 이상 절차참가의 기회가 있었으므로 재소금지의 효과를 받는다는 적극설과 고유의 대위권설의 입장에서 채무자는 기판력을 받는 관계도 아니고 대위소송의 소송물과 채무자소송의 소송물이 다른 점을 이유로 채무자는 재소금지의 효과를 받지 아니한다는 소극설이 대립하고 있다.

3. 판 례

판례는 채권자대위권에 의한 소송이 제기된 사실을 피대위자가 알게 된 이상, 그 대위소송에 관한 종국판결이 있은 후 그 소가 취하된 때에는 피대위자도 민사소송법 제267조 제2항 소정의 재소금지규정의 적용을 받아 그 대위소송과 동일한 소를 제기하지 못한다(대판 1996.9.20. 93다20177)고 판시하고 있다.

4. 검 토

생각건대 채권자대위소송에서 채권자가 받은 판결의 기판력은 민사소송법 제218조 제3항에 의하여 채무자가 알았을 때 미치므로 당사자 동일이 인정되어 재소가 금지된다고 보는 것이 타당하다고 판단된다.

Ⅴ 채권자대위소송과 기판력의 확장

1. 채권자대위소송 확정판결의 효력이 채무자에게 미치는지 여부

(1) 학 설

법정소송담당설의 입장에서 민사소송법 제218조 제3항에 의하여 대위소송 확정판결의 기판력이 채무자에게 어느 경우나 미친다고 하는 적극설, 고유의 대위권설의 입장에서 대위소송은 법정소송담당이 아니어서 민사소송법 제218조 제3항이 적용되지 아니하므로 채무자에게는 기판력이 미치지 아니한다고 하는 소극설, 법정소송담당설의 입장에서 채무자의 절차보장을 중시하여 어떠한 사유로 인하였든 대위소송이 제기된 사실을 채무자가 알았을 경우에만 민사소송법 제218조 제3항에 의하여 그 기판력이 채무자에게 미친다는 절충설이 대립하고 있다.

(2) 판 례

판례는 채권자가 채권자대위권을 행사하는 방법으로 제3채무자를 상대로 소송을 제기하고 판결을 받은 경우에는 어떠한 사유로 인하였든 적어도 채무자가 채권자 대위권에 의한 소송이 제기된 사실을 알았을 경우에는 그 판결의 효력은 채무자에게 미친다(대판 1975.5.13. 74다1664[전합])고 한다.

(3) 검 토

당사자 간의 공평과 분쟁의 일회적 해결을 고려하면 절충설이 타당하다고 판단된다.

2. 채무자의 제3채무자에 대한 확정판결의 효력이 대위채권자에게 미치는지 여부

(1) 채무자가 제3채무자에 대하여 소를 제기하여 패소판결이 확정된 후 채권자가 제3채무자를 상대로 채권자 대위소송을 제기한 경우

1) 학설

법정소송담당설의 입장에서, 대위소송은 채무자의 권리를 대신 행사하는 것이므로 대위채권자는 채무자의 지위에 서기 때문에 기판력이 미친다고 하는 기판력설, 법정소송담당설의 입장에서, 명문의 규정이 없으면 기판력의 확장으로 볼 수 없으므로 채무자와 실체법상 의존관계에 있는 채권자에게 반사효가 미친다는 반사효설, 고유의 대위권설의 입장에서, 채무자가 먼저 확정판결을 받은 후 대위의 소가 제기되면 민법 제404조의 대위권이 발생하지 않는 결과 채권자가 패소한다고 하는 법률요건적 효력설이 대립하고 있다.

2) 판례

종래 판례는 제3자가 채권자를 대위하여 채무자를 상대로 제기한 소송과 이미 확정판결이 되어 있는 채권자와 채무자 간의 기존소송이 실질적으로 동일 내용의 소송이라면 위 확정판결의 효력은 채권자대위권 행사에 의한 소송에도 미친다(대판 1981.7.7. 80다2751)고 판시하였으나, 최근 판례는 채권자대위권은 채무자가 제3채무자에 대한 권리를 행사하지 아니하는 경우에 한하여 채권자가 자기의 채권을 보전하기 위하여 행사할 수 있는 것이기 때문에 채권자가 대위권을 행사할 당시 이미 채무자가 그 권리를 재판상 행사하였을 때에는 설사 패소의 확정판결을 받았더라도 채권자는 채무자를 대위하여 채무자의 권리를 행사할 당사자적격이 없다(대판 1993.3.26. 92다32876)고 하여 당사자적격의 문제로 이해하고 있다.

3) 검토

기판력의 본질에 관한 모순금지설에 따르면 후소에는 기판력에 저촉되어 청구가 기각된 사유가 존재하지만 소송요건흠결사유도 함께 있는 경우에는 소송요건심리의 선순위성원칙에 의하여 소각하판결을 하는 판례의 태도가 타당하다고 판단된다.

(2) 제3채무자가 채무자에 대하여 소를 제기하여 승소판결이 확정된 후 채권자가 제3채무자를 상대로 채권자 대위소송을 제기한 경우

1) 학설

법정소송담당설의 입장에서, 대위소송은 채무자의 권리를 대신 행사하는 것이므로 대위채권자는 채무자의 지위에 서기 때문에 기판력이 미친다고 하는 기판력설, 법정소송담당설의 입장에서, 명문의 규정이 없으면 기판력의 확장으로 볼 수 없으므로 채무자와 실체법상 의존관계에 있는 채권자에게 반사효가 미친다는 반사효설, 고유의 대위권설의 입장에서, 채무자가 먼저 확정판결을 받은 후 대위의 소가 제기되면 민법 제404조의 대위권이 발생하지 않는 결과 채권자가 패소한다고 하는 법률요건적 효력설이 대립하고 있다.

2) 판례

부동산의 점유자가 취득시효완성을 원인으로 한 소유권이전등기를 하지 않고 있는 사이에 제3자가 등기명의인을 상대로 제소하여 그 부동산에 대한 소유권이전등기절차이행의 확정판결을 받아 소유권이전등기를 한 경우에는 위 확정판결이 당연무효이거나 재심의 소에 의하여 취소되지 않는 한 부동산 점유자는 위 원래의 등기명의인에 대한 소유권이전등기청구권을 보전하기 위하여 동인을 대위하여 위 확정판결의 기판력에 저촉되는 제3자 명의의 소유권이전등기의 말소를 구할 수 없다고 하면서 원고가 대위하여 소유권이전등기의 말소 등기절차의 이행을 청구하는 것이 확정판결의 기판력 때문에 허용되지 않는다고 보는 이상, 채무자의 원고에 대한 소유권이전등기의무는 이행불능이 된 것으로 봄이 마땅하다(대판 1992.5.22. 92다3892)고 판시하고 있다. 즉, 피대위채권의 행사가 기판력의 발생으로 인하여 불가능한 이상 피보전채권이 부존재하게 된다. 마찬가지로 판례는 조정은 당사자 사이에 합의된 사항을 조서에 기재함으로써 성립하고 조정조서는 재판상의 화해조서와 같이 확정판결과 동일한 효력이 있다. 따라서 당사자 사이에 기판력이 생기는 것이므로, 거기에 확정판결의 당연무효 등의 사유가 없는 한 설령 그 내용이 강행법규에 위반된다 할지라도 그것은 단지 조정에 하자가 있음에 지나지 아니하여 준재심절차에 의하여 구제받는 것은 별문제로 하고 조정조서를 무효라고 주장할 수 없다. 그리고 조정조서가 조정참가인이 당사자가 된 법률관계도 내용으로 하는 경우에는 위와 같은 조정조서의 효력은 조정참가인의 법률관계에 관하여도 다를 바 없다. 또한 채권자대위소송에 있어서 대위에 의하여 보전될 채권자의 채무자에 대한 권리가 인정되지 아니할 경우에는 채권자가 스스로 원고가 되어 채무자의 제3채무자에 대한 권리를 행사할 당사자적격이 없게 되므로 그 대위소송은 부적법하여 각하할 수밖에 없다(대판 2014.3.27. 2009다104960)고 판시하고 있다.

3) 검 토

기판력의 본질에 관한 모순금지설에 따르면 후소에는 기판력에 저촉되어 청구가 기각된 사유가 존재하지만 소송요건흠결사유도 함께 있는 경우에는 소송요건심리의 선순위성원칙에 의하여 소각하판결을 하는 판례의 태도가 타당하다고 판단된다.

3. 채권자대위소송 확정판결의 효력이 다른 채권자에게 미치는지 여부

(1) 학 설

법정소송담당설의 입장에서, 대위소송이 제기된 사실을 채무자가 알았을 때 채무자는 대위소송의 기판력을 받으므로 이 채무자를 통해 다른 채권자의 대위소송에 기판력이 미친다는 기판력설, 법정소송담당설의 입장에서, 대위소송이 제기된 사실을 채무자가 알았을 때 채무자는 대위소송의 기판력을 받으므로 이 채무자를 통해 다른 채권자의 대위소송에 반사효가 미친다는 반사효설, 고유의 대위권설의 입장에서, 각 채권자는 서로 관련이 없는 각자 자신의 대위권을 행사하는 것이므로 판결을 받지 않는다는 견해가 대립하고 있다.

(2) 판 례

판례는 어느 채권자가 채권자대위권을 행사하는 방법으로 제3채무자를 상대로 소송을 제기하여 판결을 받은 경우, 어떠한 사유로든 채무자가 채권자대위소송이 제기된 사실을 알았을 경우에 한하여 그 판결의 효력이 채무자에게 미치므로, 이러한 경우에는 그 후 다른 채권자가 동일한 소송물에 대하여 채권자대위권에 기한 소를 제기하면 전소의 기판력을 받게 된다고 할 것이지만, 채무자가 전소인 채권자대위소송이 제기된 사실을 알지 못하였을 경우에는 전소의 기판력이 다른 채권자가 제기한 후소인 채권자대위소송에 미치지 않는다(대판 1994.8.12. 93다52808)고 한다.

(3) 검 토

생각건대 법정소송담당설의 입장에서, 대위소송이 제기된 사실을 채무자가 알았을 때에는 채무자는 대위소송의 기판력을 받으므로 이 채무자를 통해 다른 채권자의 대위소송에 기판력이 미친다고 보는 것이 타당하다고 판단된다.

4. 채권자의 채무자를 상대로 한 소송의 확정판결의 효력이 제3채무자를 상대로 한 채권자대위소송에 미치는지 여부

(1) 기판력이 미치는지 여부

피보전채권의 존부에 대한 판단은 대위소송인 후소의 소송요건 판단에 선결문제가 되더라도 확정판결의 기판력은 당사자가 다를 때에는 미치지 않는 것이 원칙이므로 채권자의 채무자에 대한 전소판결의 기판력이 피고를 달리하는 후소인 채권자의 제3채무자에 대한 대위소송에 미친다고 할 수 없다(대판 1993.2.12. 92다25151).

(2) 후소법원의 처리

1) 전소에서 패소한 경우

판례는 채권자가 채권자대위권의 법리에 의하여 채무자에 대한 채권을 보전하기 위하여 채무자의 제3자에 대한 권리를 대위행사하기 위하여는 채무자에 대한 채권을 보전할 필요가 있어야 할 것이고, 그러한 보전의 필요가 인정되지 아니하는 경우에는 소가 부적법하므로 법원으로서는 이를 각하하여야 할 것인바, 만일 채권자가 채무자를 상대로 소를 제기하였으나 패소의 확정판결을 받은 종전 소유권이전등기절차 이행 소송의 청구원인이 채권자대위소송에 있어 피보전권리의 권원과 동일하다면 채권자로서는 위 종전 확정판결의 기판력으로 말미암아 더 이상 채무자에 대하여 위 확정판결과 동일한 청구원인으로는 소유권이전등기청구를 할 수 없게 되었고, 가사 채권자가 채권자대위소송에서 승소하여 제3자 명의의 소유권이전등기가 말소된다 하여도 채권자가 채무자에 대하여 동일한 청구원인으로 다시 소유권이전등기절차의 이행을 구할 수 있는 것도 아니므로, 채권자로서는 채무자의 제3자에 대한 권리를 대위행사함으로써 위 소유권이전등기청구권을 보전할 필요가 없게 되었다고 할 것이어서 채권자의 채권자대위소송은 부적법한 것으로서 각하되어야 한다(대판 2002.5.10. 2000다55171)고 판시하고 있다.

2) 전소에서 승소한 경우

판례에 의하면 채권자대위권을 행사함에 있어 채권자가 채무자를 상대로 그 보전되는 청구권에 기한 이행청구의 소를 제기하여 승소판결을 선고받고 그 판결이 확정되면 제3채무자를 상대로 한 채권자대위소송에 기판력이 미치지 아니하나, 제3채무자는 그 청구권의 존재를 다툴 수 없다(대판 2007.5.10. 2006다82700).

5. 채권자의 제3채무자를 상대로 한 채권자대위소송 확정판결의 효력이 채권자의 채무자를 상대로 한 소송에 미치는지 여부

(1) 기판력이 미치는지 여부

확정판결의 기판력은 당사자가 다를 경우에는 미치지 아니하는 것이 원칙이므로 전소판결의 기판력이 피고를 달리하는 후소에 미친다고 할 수 없다.

(2) 전소에서 피보전채권의 부존재로 소각하된 경우

판례는 민사소송법 제218조 제3항은 '다른 사람을 위하여 원고나 피고가 된 사람에 대한 확정판결은 그 다른 사람에 대하여도 효력이 미친다'고 규정하고 있으므로, 채권자가 채권자대위권을 행사하는 방법으로 제3채무자를 상대로 소송을 제기하고 판결을 받은 경우 채권자가 채무자에 대하여 민법 제405조 제1항에 의한 보존행위 이외의 권리행사의 통지, 또는 민사소송법 제84조에 의한 소송고지 혹은 비송사건절차법 제49조 제1항에 의한 법원에 의한 재판상 대위의 허가를 고지하는 방법 등 어떠한 사유로 인하였든 적어도 채권자대위권에 의한 소송이 제기된 사실을 채무자가 알았을 때에는 그 판결의 효력이 채무자에게 미친다고 보아야 한다. 이때 채무자에게도 기판력이 미친다는 의미는 채권자대위소송의 소송물인 피대위채권의 존부에 관하여 채무자에게도 기판력이 인정된다는 것이고, 채권자대위소송의 소송요건인 피보전채권의 존부에 관하여 당해 소송의 당사자가 아닌 채무자에게 기판력이 인정된다는 것은 아니다. 따라서 채권자가 채권자대위권을 행사하는 방법으로 제3채무자를 상대로 소송을 제기하였다가 채무자를 대위할 피보전채권이 인정되지 않는다는 이유로 소각하판결을 받아 확정된 경우 그 판결의 기판력이 채권자가 채무자를 상대로 피보전채권의 이행을 구하는 소송에 미치는 것은 아니라(대판 2014.1.23. 2011다108095)고 판시하고 있다.

(3) 전소에서 피보전채권의 존재를 전제로 본안판결이 확정된 경우

판례는 채권자 대위권에 기한 확정판결의 기판력이 소외인인 채무자에게도 미치는 경우가 있다 하더라도 위 확정판결의 집행력만은 원고(채권자)·피고(제3채무자) 간에 생기는 것이고 원고와 소외인(채무자) 사이에는 생기지 아니한다(대결 1979.8.10. 79마232)고 판시하고 있다. 이 판례는 집행력에 대한 설시이지만 기판력의 확장에서도 같은 법리가 적용된다. 따라서 후소가 제기된 경우 전소판단에 구속되지 않고 주장과 증거를 심리하여 본안판단을 하여야 한다.

Ⅵ 원시적 공동소송의 가부

1. 대위채권자와 채무자의 공동소송

채무자와 대위채권자는 원시적 공동소송인이 될 수는 없다. 채무자가 권리를 행사하는 경우에는 채권자는 대위할 당사자적격이 없기 때문이다.

2. 수인의 대위채권자의 공동소송

(1) 학 설

법정소송담당설의 입장에서 수인의 채권자들 사이에 대위소송의 계속을 채무자가 알았을 경우에는 채권자가 받은 판결의 반사효가 다른 채권자에게 미치므로 유사필수적 공동소송이 된다는 유사필수적 공동소송설과 고유의 대위권설의 입장에서 채권자들 사이에 기판력이 미치지 않고 반사효는 법적 근거도 없어 인정할 수 없으므로 통상의 공동소송이라는 통상의 공동소송설이 대립하고 있다.

(2) 판 례

판례는 채무자가 채권자대위권에 의한 소송이 제기된 것을 알았을 경우에는 그 확정판결의 효력은 채무자에게도 미치고 이 경우 각 채권자대위권에 기하여 공동하여 채무자의 권리를 행사하는 다수의 채권자들은 유사필요적 공동소송관계에 있다(대판 1991.12.27. 91다23486)고 판시하고 있다.

(3) 검 토

법정소송담당설의 입장에서는 채무자가 알았을 경우에 기판력이 확장되므로 합일확정의 필요가 있다. 결국 채무자가 알았을 경우에는 유사필수적 공동소송관계가 된다.

Ⅶ   공동소송참가와 보조참가의 가부

1. 채권자대위소송 계속 중 채무자가 참가하는 경우

(1) 학 설

법정소송담당설의 입장에서 채무자는 기판력을 받을 자로서 당사자적격이 있고 별소가 아닌 소송참가는 중복소제기에 해당하지 아니하므로 공동소송참가가 가능하다는 공동소송참가설, 법정소송담당설의 입장에서 채무자는 기판력을 받을 자로서 당사자적격이 있고 공동소송참가는 중복소제기에 해당하여 공동소송적 보조참가로 전환하여 참가를 허용해야 한다거나 공동소송참가는 중복소제기에 해당하지는 않으나 채무자는 민법 제405조 제2항에 의하여 관리처분권을 빼앗겨 당사자적격을 상실하게 되므로 공동소송적 보조참가만 할 수 있다는 공동소송적 보조참가설, 고유의 대위권설의 입장에서 채무자는 채권자대위소송의 기판력을 받지 않으므로 보조참가만 가능하다는 보조참가설이 대립하고 있다.

(2) 판 례

하급심 판례는 채권자대위권의 행사에 의한 소송의 경우 채무자가 위 소송이 제기된 사실을 알고 있어 필요에 따라 이른바 공동소송적 보조참가 등의 방법으로 채무자 고유의 권리를 보호받을 기회를 부여받고 있었던 이상 그 소송에 있어서의 확정판결의 기판력은 채무자에게도 미치는 것이라고 하여 공동소송적 보조참가를 할 수 있다(서울고판 1977.6.3. 76나3396)고 판시하고 있다.

(3) 검 토

생각건대 채무자는 제3채무자에 대하여 당사자적격이 있고 그에게 판결의 효력이 미치므로 공동소송참가가 가능하나 민법 제405조 제2항에 의하여 관리처분권을 빼앗겨 당사자적격을 상실하게 되므로 공동소송적 보조참가만 할 수 있다고 보는 것이 타당하다고 판단된다.

2. 채무자의 제3자에 대한 소송 중 채권자가 참가하는 경우

채무자의 소송 중에는 채권자에게 당사자적격이 없어 당사자가 되는 공동소송참가는 허용되지 아니한다. 보조참가의 허용 여부도 문제되나 채무자가 소송에서 패소하였다고 하여 채권자에게 법률상 이해관계가 있다고 할 수 없으므로 보조참가는 인정되지 아니할 것이다. 공동소송적 보조참가는 보조참가가 부적법하므로 마찬가지로 인정되지 아니할 것으로 보인다.

3. 채권자대위소송 계속 중 다른 채권자가 참가하는 경우

(1) 학 설

법정소송담당설의 입장에서 채권자가 채권자대위소송의 판결을 받은 경우 채무자가 대위소송이 제기된 사실을 알았을 경우에 한하여 그 판결의 효력이 채무자에게 미치므로 이 경우 다른 채권자가 동일한 소송물에 대해 채권자대위소송을 제기하면 전소의 기판력을 받게 되어 합일확정의 필요가 있으므로 다른 채권자는 공동소송참가를 할 수 있다는 공동소송참가설과 고유의 대위권설의 입장에서 각자의 권리를 행사하는 여러 채권자는 기판력을 받는 관계가 아니어서 합일확정의 필요가 없으므로 다른 채권자는 공동소송참가를 할 수 없다는 견해가 대립하고 있다.

(2) 판 례

판례는 채권자대위소송이 계속 중인 상황에서 다른 채권자가 동일한 채무자를 대위하여 채권자대위권을 행사하면서 공동소송참가신청을 할 경우, 양 청구의 소송물이 동일하다면 민사소송법 제83조 제1항이 요구하는 '소송목적이 한쪽 당사자와 제3자에게 합일적으로 확정되어야 할 경우'에 해당하므로 참가신청은 적법하다. 이때 양 청구의 소송물이 동일한지는 채권자들이 각기 대위행사하는 피대위채권이 동일한지에 따라 결정되고, 채권자들이 각기 자신을 이행 상대방으로 하여 금전의 지급을 청구하였더라도 채권자들이 채무자를 대위하여 변제를 수령하게 될 뿐 자신의 채권에 대한 변제로서 수령하게 되는 것이 아니므로 이러한 채권자들의 청구가 서로 소송물이 다르다고 할 수 없다. 여기서 <u>원고가 일부 청구임을 명시하여 피대위채권의 일부만을 청구한 것으로 볼 수 있는 경우에는 참가인의 청구금액이 원고의 청구금액을 초과하지 아니하는 한 참가인의 청구가 원고의 청구와 소송물이 동일하여 중복된다고 할 수 있으므로</u> 소송목적이 원고와 참가인에게 합일적으로 확정되어야 할 필요성을 인정할 수 있어 참가인의 공동소송참가신청을 적법한 것으로 보아야 한다(대판 2015.7.23. 2013다30301)고 판시하고 있다.

(3) 검 토

법정소송담당설에 의하는 한 채무자가 알았을 경우 채권자들은 기판력이 확장되는 관계이므로 소송물이 동일하면 합일확정의 필요가 있고, 채권자대위소송 계속 중이라고 하더라도 다른 채권자는 당사자적격을 상실하지 아니하며 소송참가는 중복소제기라고 할 수 없으므로 채무자가 알았을 경우 다른 채권자들은 공동소송참가를 할 수 있다고 하는 것이 타당하다.

01 소송의 개시와 심리의 대상

※ 기출문제해설의 답안은 참고용으로 활용하시기 바랍니다.

기출문제 | 2023년 제32회 공인노무사시험

제1문

甲은 乙을 피고로 매매대금채권 5천만원의 지급을 구하는 소(이하, 'A소'라 한다)를 제기하였다. 이 소송에서 乙은 甲에 대하여 갖고 있는 대여금채권 6천만원(이하, '이 사건 대여금채권'이라 한다)을 자동채권으로 하는 상계의 항변을 주장하였다. 다음 물음에 답하시오. (다만, 아래의 각 물음은 독립적임) (50점)

물음 1

① 상계의 항변을 주장한 乙은 A소 계속 중 이 사건 대여금채권을 소구채권으로 하여 甲을 피고로 하는 대여금반환을 구하는 소(이하, 'B소'라 한다)를 제기하였다. 乙이 제기한 B소는 적법한가?
② 만일 甲이 제기한 A소 계속 전에 乙이 이 사건 대여금채권의 반환을 구하는 소('C소'라 한다)를 제기하였다면, 乙은 그 후 제기된 甲의 A소에서 이 사건 대여금채권을 자동채권으로 하는 상계의 항변을 주장할 수 있는가? (20점)

I 논점의 정리

상계항변으로 주장한 권리에는 소송 계속이 발생하지는 아니하지만 민소법 제216조 제2항에 의하여 기판력이 발생하므로 사안의 ① 상계항변이 선행할 때 후소가 제기된 경우이거나, ② 별소가 선행할 때 후소에서 상계항변이 주장된 경우에 중복소제기의 요건 중 청구의 동일의 요건을 구비하여 중복소제기에 해당하는지 여부가 문제 된다.

II 중복소제기의 금지

1. 중복소제기의 금지의 의의

이미 사건이 계속되어 있을 때에는 그와 동일한 사건에 대하여 당사자는 다시 소를 제기하지 못한다(민소법 제259조). 이는 기판력 있는 판결의 모순·저촉을 피하고 소송경제를 도모하기 위함이다.

2. 중복소제기의 요건

① 전후 양 소의 당사자가 동일할 것, ② 전후 양 소의 청구가 동일할 것, ③ 전소법원에 소송계속 중 후소를 제기할 것 등의 요건이 요구된다.

3. 요건의 구체적 검토

(1) 당사자의 동일

전소의 원고와 피고가 후소에서 바뀌어도 관계없다. 또한 전소와 후소의 당사자가 동일하지 않더라도 기판력이 미치는 자라면 동일한 당사자로 볼 수 있다. 변론종결 후 승계인이 전소의 소송계속 중에 같은 당사자에 대하여 소를 제기한 경우(민소법 제218조 제1항), 선정당사자가 소제기한 뒤에 선정자가 소를 제기한 경우(민소법 제218조 제3항)는 중복소제기에 해당한다.

(2) 청구의 동일

전후 양 소의 청구취지가 같고 청구원인도 같으면 청구가 동일하나, 전후 양 소가 청구취지가 같으나 청구원인을 이루는 실체법상의 권리가 다른 경우가 문제되는데 구소송물이론에서는 청구취지가 같아도 청구원인을 이루는 실체법상의 권리가 다르면 청구가 동일하지 아니하여 중복소제기가 아니라고 하지만, 신소송물이론(일원설)에서는 공격방어방법 내지 법률적 관점이 다른 데 불과하므로 청구가 동일하여 중복소제기에 해당한다고 한다.

(3) 전소계속 중 후소의 제기

전소, 후소의 판별기준은 소송계속의 발생시기, 즉 소장부본이 피고에게 송달된 때의 선후를 기준으로 할 것이다(소장부본송달시설).[26] 전소가 소송요건을 흠결하여 부적법해도 후소의 변론종결 시까지 취하·각하에 의해 소송계속이 소멸되지 아니하는 한 후소는 중복소제기이다. 전후 양 소가 동일한 사건이면 후소가 전소와 같은 법원에 제소되었든 다른 법원에 제소되었든 상관없이 중복소제기가 된다. 후소가 독립한 소이든 병합된 소이든 다른 법원에서의 소변경, 반소, 참가 등으로 제기되었든 불문한다.

---

26) 대판 1990.4.27. 88다카25274

4. 검토 및 사안의 경우

사안의 경우 ①의 A소와 B소의 당사자 및 ②의 C소와 A소의 당사자는 각각 甲, 乙로 동일하고 특별한 사정이 없는 한 전소인 A소와 C소의 계속 중에 후소인 B소, A소가 제기된 것으로 보여 중복소제기의 요건 중 전후 양 소의 당사자가 동일할 것, 전소법원에 소송계속 중 후소를 제기할 것 등의 요건은 구비된 것으로 판단된다. 그러나 사안은 상계항변이 선행할 때 후소가 제기된 경우이거나, 별소가 선행할 때 후소에서 상계항변이 주장된 경우로 청구의 동일의 요건을 구비하였는지 문제되므로 이하에서 검토하기로 한다.

Ⅲ 乙의 상계항변이 중복소제기에 해당하는지 여부

1. 학 설

상계로 주장한 채권의 존부 판단에는 기판력이 발생하는 점을 논거로 판결의 모순·저촉을 방지하여야 하므로 중복소제기라는 중복소송긍정설, 상계항변은 소송물이 아니고 일종의 방어방법이므로 상계항변으로 주장한 반대채권을 별소로 청구해도 또는 청구한 반대채권으로 상계하여도 중복소제기가 아니라는 중복소송부정설, 양 소를 이송·이부 등으로 병합심리하되 그것이 불가능한 경우 중복소송인지 여부를 따질 것이 아니라 소송지휘를 통하여 한 쪽 소송의 변론을 중지시켜야 한다는 변론중지설이 대립하고 있다.

2. 판 례

판례는 상계의 항변을 제출할 당시 이미 자동채권과 동일한 채권에 기한 소송을 별도로 제기하여 계속 중인 경우(별소선행형), 사실심의 담당재판부로서는 전소와 후소를 같은 기회에 심리·판단하기 위하여 이부, 이송 또는 변론병합 등을 시도함으로써 기판력의 저촉·모순을 방지함과 아울러 소송경제를 도모함이 바람직하였다고 할 것이나, 그렇다고 하여 특별한 사정이 없는 한 별소로 계속 중인 채권을 자동채권으로 하는 소송상 상계의 주장이 허용되지 않는다고 볼 수는 없다고 하였고,[27] <u>최근 판례도 같은 취지에서 상계의 항변을 제출할 당시 이미 자동채권과 동일한 채권에 기한 소송을 별도로 제기하여 계속 중인 경우, 사실심의 담당재판부로서는 전소와 후소를 같은 기회에 심리·판단하기 위하여 이부, 이송 또는 변론병합 등을 시도함으로써 기판력의 저촉·모순을 방지함과 아울러 소송경제를 도모함이 바람직하나, 그렇다고 하여 특별한 사정이 없는 한 별소로 계속 중인 채권을 자동채권으로 하는 소송상 상계의 주장이 허용되지 않는다고 볼 수는 없고, 마찬가지로 먼저 제기된 소송에서 상계항변을 제출한 다음(상계항변 선행형) 그 소송계속 중에 자동채권과 동일한 채권에 기한 소송을 별도의 소나 반소로 제기하는 것도 가능하다고 하여[28] 중복소송부정설의 태도</u>를 취하고 있다.

3. 검토 및 사안의 경우

상계항변이 판결에서 판단되어 기판력이 발생할지 여부도 분명하지 아니한데 전면적으로 반대채권의 별소를 각하하면 피고의 권리보호를 외면하는 것이 되므로 중복소송부정설이 타당하다고 보인다. 사안의 경우 乙이 상계항변으로 주장한 채권을 청구하는 B소를 제기하는 경우나, C소로 청구하던 채권을 A소에서 상계항변으로 주장하는 경우 모두 중복소제기에는 해당하지 아니한다고 판단된다. 다만, 판결의 모순·저촉을 방지하기 위하여 이송·이부·변론의 병합 등으로 병합심리를 유도하여야 할 것이다.

---

27) 대판 2001.4.27. 2000다4050
28) 대판 2022.2.17. 2021다275741

Ⅳ 사안의 적용

사안의 경우 ①, ②의 경우 중복소제기의 요건 중 전후 양 소의 당사자가 동일할 것, 전소법원에 소송계속 중 후소를 제기할 것 등의 요건은 구비된 것으로 판단된다. 청구의 동일의 요건을 구비하였는지 문제되나 乙이 상계항변으로 주장한 채권을 청구하는 B소를 제기하는 경우나, C소로 청구하던 채권을 A소에서 상계 항변으로 주장하는 경우 모두 중복소제기에는 해당하지 아니한다고 판단된다. 다만, 판결의 모순·저촉을 방지하기 위하여 이송·이부·변론의 병합 등으로 병합심리를 유도하여야 할 것이다.

Ⅴ 결론

乙이 A소에서 상계항변으로 주장한 채권으로 B소를 제기한 것은 적법하고, 乙은 C소 제기 후에 제기된 甲의 A소에서 상계의 항변을 주장할 수 있다.

제1문

甲은 乙노동조합(이하 '乙'이라고 한다)의 조합원이다. 아래의 각 물음에 관하여 논하시오. (단, 아래의 각 물음은 상호 무관함) (50점)

물음 1

乙은 조합규약에 근거하여 자체적으로 만든 신분보장대책기금관리규정(이하 '관리규정'이라 한다)상의 위로 금 지급을 둘러싼 乙과 조합원 간의 분쟁에 관하여 乙을 상대로 일절 소송을 제기할 수 없다는 규정을 두고 있다. 그 후 甲이 乙에 대하여 위 관리규정에 따른 위로금의 지급을 요구하였으나 乙이 이를 거절하였다. 이에 甲은 乙을 피고로 하여 위 관리규정에 따른 위로금 지급을 구하는 소를 법원에 제기하였다. 위 소송에서 乙은 甲이 위 관리규정상의 소제기 금지규정에 위반하여 소를 제기한 것이므로 위 소는 소의 이익이 없다고 주장하고 있다. 乙의 주장은 타당한가? (30점)

Ⅰ 논점의 정리

乙노동조합과 조합원 간의 분쟁에 관하여 일절 소송을 제기할 수 없도록 한 관리규정상의 제소금지규정이 명문의 규정이 없는 소송상 합의로 유효한지 여부가 문제 된다. 무효라면 甲의 乙노동조합에 대한 위로금지급 청구의 소가 권리보호자격과 권리보호이익을 구비하여 소의 이익이 인정되는지 여부가 문제되므로 이를 검토한다. 甲이 乙노동조합을 상대로 제기한 위로금지급 청구의 소가 소의 이익에 없다는 乙의 주장이 타당한지의 여부는 이와 관련된다.

Ⅱ 乙노동조합 관리규정의 유효 여부

1. 소송상 합의의 의의

소송상 합의는 당사자 또는 당사자로 될 자가 현재 또는 장래의 특정 소송에 대하여 일정한 영향을 미치는 법효과의 발생을 목적으로 행하는 합의이다. 소송상 합의는 소송 전 또는 소송 외에서 당사자 간에 이루어진다.

2. 명문의 규정이 없는 소송상 합의의 허용 여부 및 허용 요건

(1) 허용 여부

명문의 규정이 없는 경우 이를 부정하는 견해도 있었으나 공익과 직결된 강행규정을 배제하는 합의를 제외하고는 당사자의 의사결정의 자유가 확보된 소송행위에 관한 계약은 이를 허용하자는 것이 현재 학설·판례의 일반적인 태도이다.

(2) 허용 요건

명문의 규정이 없는 소송상 합의의 효력을 인정하려면 ① 합의 당사자가 처분할 수 있는 권리범위 내일 것, ② 특정한 법률관계에 한정된 합의일 것, ③ 그 합의 시 예상할 수 있는 상황에 관한 것일 것, ④ 불공정하지 아니할 것 등의 요건을 구비하여야 한다. 판례도 같은 취지에서 사안과 유사한 사례에서 권리의무의 주체인 당사자 간에서의 부제소 합의라도 그 당사자가 처분할 수 있는 특정된 법률관계에 관한 것으로서 그 합의 당시 각 당사자가 예상할 수 있는 상황에 관한 것이어야 유효하게 되는바, 그러한 법리와 규정 취지들을 고려할 때, 노동조합이 조합규약에 근거하여 자체적으로 만든 신분보장대책기금 관리규정에 기한 위로금의 지급을 둘러싼 노동조합과 조합원 간의 분쟁에 관하여 노동조합을 상대로 일절 소송을 제기할 수 없도록 정한 노동조합의 신분보장대책기금관리규정 제11조는 조합원의 재산권에 속하는 위로금의 지급을 둘러싸고 생기게 될 조합원과 노동조합 간의 법률상의 쟁송에 관하여 헌법상 보장된 조합원의 재판을 받을 권리를 구체적 분쟁이 생기기 전에 미리 일률적으로 박탈한 것으로서 국민의 재판을 받을 권리를 보장한 위의 헌법 및 법원조직법의 규정과 부제소 합의 제도의 취지에 위반되어 무효라고 판시하고 있다.[29]

---

29) 대판 2002.2.22. 2000다65086

3. 명문의 규정이 없는 소송상 합의의 법적 성질

(1) 학 설

소송법에 명문의 규정이 없는 소송상 합의는 사법계약이며 이에 의해 사법상의 권리·의무가 발생한다고 하며 구체적으로 의무불이행 시 의무이행을 소구하여 승소판결로 강제집행할 수 있고 집행불능이면 손해배상을 청구할 수 있다는 의무이행소구설과 상대방에게 당해 소송에서 소송계약을 맺은 사실을 항변으로 주장할 수 있는 항변권이 발생한다는 항변권발생설로 나뉘는 사법계약설, 소송상 합의를 소송법상 계약으로 보고 소송법상 효과를 발생시킨다고 하는 소송계약설이 대립하고 있다.

(2) 판 례

판례는 강제집행신청의 취하약정은 사법계약으로서 유효하나 이를 위배하였다고 하더라도 직접 소송으로서 그 취하를 청구할 수 없다고 하여 의무이행소구설을 배척하였고,[30] 부제소합의 또는 소취하합의를 한 경우 권리보호의 이익이 없으므로 소는 각하되어야 한다고 하여 항변권발생설을 취하고 있음을 명백히 하였다.[31] 또한 판례는 재판상 화해에 있어서 법원에 계속 중인 다른 소송을 취하하기로 하는 내용의 화해조서가 작성되었다면 당사자 사이에는 법원에 계속 중인 다른 소송을 취하하기로 하는 합의가 이루어졌다 할 것이므로, 다른 소송이 계속 중인 법원에 취하서를 제출하지 않는 이상 그 소송이 취하로 종결되지는 않지만 재판상 화해가 재심의 소에 의하여 취소 또는 변경되는 등의 특별한 사정이 없는 한 그 소송의 원고에게는 권리보호의 이익이 없게 되어 그 소는 각하되어야 한다고 하여 같은 태도를 취하고 있다.[32]

(3) 검 토

생각건대 의무이행소구설은 구제방법이 우회적이고 간접적이며 소송계약설은 소취하계약을 소취하로 보는 문제가 있으므로 통설·판례인 항변권발생설이 타당하다고 판단된다.

4. 사안의 경우

乙노동조합과 조합원 간의 분쟁에 관하여 조합원은 乙노동조합을 상대로 일절 소송을 제기할 수 없도록 한 관리규정상의 제소금지규정은 소송상 합의인 부제소합의인 것으로 보인다. 판례의 취지를 고려할 때 동 제소금지규정은 乙노동조합과의 분쟁에 대하여 소송을 제기할 수 없도록 하고 있으므로 국민의 재판청구권을 침해하고 부제소 합의의 취지에 위반되어 무효라고 판단된다.

---

30) 대판 1966.5.31. 66다564
31) 대판 1982.3.9. 81다1312
32) 대판 2005.6.10. 2005다14861

1. 소의 이익의 의의

소의 이익이란 청구의 내용이 본안판결을 받기에 적합한 일반적 자격인 권리보호자격(청구적격)과 원고가 청구에 대하여 판결을 구할 만한 구체적·개별적 법적 이익인 권리보호이익을 말한다.

2. 권리보호자격과 권리보호이익

(1) 권리보호자격

소가 권리보호자격을 구비하려면 청구가 소구할 수 있는 구체적인 권리 또는 법률관계일 것, 법률상·계약상 소제기 금지사유가 없을 것, 제소장애사유가 없을 것, 원고가 동일한 청구에 대하여 승소확정판결을 받은 경우가 아닐 것, 신의칙 위반의 제소가 아닐 것 등의 요건이 필요하다. 사안의 경우 관리규정상의 제소금지규정은 무효이므로 위로금지급 청구의 소는 권리보호자격이 인정된다고 판단된다.

(2) 권리보호이익

甲의 乙노동조합에 대한 위로금지급 청구의 소와 같은 현재이행의 소에서 甲이 이행기가 도래한 위로금지급청구권을 강제집행하기 위해서는 승소확정판결에 기한 집행문을 부여받아야 하므로 원칙적으로 권리보호이익이 인정된다.

Ⅳ 사안의 적용

판례의 취지를 고려할 때 동 관리규정상의 제소금지규정은 乙노동조합과의 분쟁에 대하여 소송을 제기할 수 없도록 하고 있으므로 국민의 재판청구권을 침해하고 부제소 합의의 취지에 위반되어 무효라고 판단된다. 사안의 경우 관리규정상의 제소금지규정은 무효이므로 위로금지급 청구의 소는 권리보호자격이 인정되고 甲의 乙노동조합에 대한 위로금지급 청구의 소와 같은 현재이행의 소에서 甲이 이행기가 도래한 위로금지급 청구권을 강제집행하기 위해서는 승소확정판결에 기한 집행문을 부여받아야 하므로 원칙적으로 권리보호이익도 인정된다. 따라서 甲이 乙노동조합을 상대로 제기한 위로금지급 청구의 소가 소의 이익이 없다는 乙의 주장은 타당하지 아니하다.

Ⅴ 결 론

관리규정상의 제소금지규정은 무효이므로 위로금지급 청구의 소는 권리보호자격이 인정되고 원칙적으로 권리보호이익도 인정된다. 따라서 甲이 乙노동조합을 상대로 제기한 위로금지급 청구의 소가 소의 이익이 없다는 乙의 주장은 타당하지 아니하다.

01 소송의 개시와 심리의 대상

※ 기출문제해설의 답안은 참고용으로 활용하시기 바랍니다.

기출문제 ┃ 2023년 제32회 공인노무사시험

제2문

장래의 이행을 청구하는 소에 관하여 설명하시오. (25점)

자세한 내용은 기본서 해당부분의 관련서술을 참조하라.

제3문

중복된 소제기의 금지에 대하여 설명하시오. (25점)

자세한 내용은 기본서 해당부분의 관련서술을 참조하라.

제1문

甲은 자신의 소유인 X건물을 乙에게 월 임대료 150만원, 임대기간 24개월로 정하여 임대하였고, 乙은 임차한 X건물에서 식당을 운영하여 왔다. 乙은 X건물을 임차한 때로부터 1년이 지난 후인 2013.3.16.부터 약정한 월 임대료를 계속 지급하지 않고 있다. 甲은 乙이 월 임대료를 지급하지 않자 임의로 전기와 물의 공급을 중단하는 등 乙의 식당영업에 심각한 장애를 주었다. 甲은 X건물에 대한 임대기간이 만료된 후 아무런 권원 없이 건물을 점유·사용하고 있는 乙을 상대로 X건물의 인도는 물론 乙이 월 임대료를 지급하지 않은 2013.3.16.부터 건물인도 완료일까지의 연체된 월 임대료 및 이에 상당하는 부당이득반환청구의 일환으로 매월 150만원의 비율로 계산한 금액의 지급을 구하는 이 사건 본소를 제기하였다(乙이 X건물을 임차한 후 월 임대료는 변동이 없음을 가정한다). 乙은 甲의 청구를 다투면서 甲을 상대로 유익비상환청구로서 2천만원, 甲의 영업방해로 인한 손해에 대해 불법행위를 원인으로 한 손해배상청구로서 3천만원의 지급을 각각 구하는 반소를 제기하였다. (다음 각 설문은 독립적임) (30점)

물음 2

甲의 본소청구에 대해 다음과 같은 주문의 제1심판결(변론종결일 : 2015.4.3.)이 선고되었다.

주 문
乙은 甲에게,   1. X건물을 인도하라.   2. 2013.3.16.부터 X건물의 인도완료일까지 매월 150만원의 비율로 계산한 금액을 지급하라. (이하 생략)

위 판결주문 제2항 중 이 사건 변론종결일 다음 날인 2015.4.4.부터 X건물의 인도완료일까지 월 임대료 상당액 150만원의 지급을 명하는 것이 가능한 이유를 설명하시오. (10점)

I 논점의 정리

사안의 경우, 乙이 월 임대료를 지급하지 않은 2013.3.16.부터 변론종결 시까지의 부당이득반환청구는 이행기가 도래한 청구권을 주장하는 소이므로 현재이행의 소에 해당하여 원칙적으로 소의 이익이 인정된다. 그러나 변론종결 다음 날부터 이행이 완료될 때까지의 부당이득반환청구 부분은 장래이행의 소로서 적법한지 문제 되는 바, 청구적격 및 미리 청구할 필요가 있는지에 대한 검토가 필요하다.

II 장래이행의 소의 의의 및 적법요건

1. 의의 및 취지

장래이행의 소란 변론종결 시를 기준으로 이행기가 장래에 도래하는 이행청구권을 주장하는 소를 말한다(민소법 제251조). 이는 채무자의 임의이행 거부를 대비하기 위한 것이고, 강제집행의 곤란에 대비하기 위한 것은 아니다.

2. 장래이행의 소의 적법요건

(1) 청구적격(대상적격)

장래에 발생할 청구권 또는 조건부 청구권에 관한 장래이행의 소가 적법하려면 그 청구권 발생의 기초가 되는 법률상·사실상 관계가 변론종결 당시 존재하고 그러한 상태가 계속될 것이 예상되어야 한다.[33]

(2) 미리 청구할 필요

미리 청구할 필요가 있는지의 여부는 ① 정기행위와 같은 이행의무의 성질과, ② 의무자가 이행기 도래 또는 조건의 성취 이전에 미리 의무의 존재 또는 조건·기한에 대해 다투거나 계속적·반복적 이행청구에 대해 이미 이행기도래 부분을 불이행한 경우 등 의무자의 태도를 고려하여 개별적으로 판단한다.

III 장래부당이득반환청구의 경우

1. 청구적격

장래의 이행을 명하는 판결을 하기 위하여는 채무의 이행기가 장래에 도래하는 것뿐만 아니라, 의무불이행사유가 그때까지 존속한다는 것을 변론종결 당시에 확정적으로 예정할 수 있는 것이어야 한다.[34]

2. 사인 간의 점유에서 인도일까지로 기한을 정할 수 있는지 여부

(1) 적법점유의 경우

피고의 계쟁토지에 대한 점유는 동시이행항변권 또는 유치권의 행사에 따른 것이어서 적법한 것이기는 하나 피고가 토지를 그 본래의 목적에 따라 사용·수익함으로써 실질적인 이득을 얻고 있다는 이유로 임료 상당의 금원의 부당이득을 명하고 있는 경우, 피고가 원고에게 토지를 인도하지 아니하더라도 원심이 이행을 명한 '인도하는 날'이전에 토지의 사용·수익을 종료할 수도 있기 때문에 의무불이행사유가

---

33) 대판 1997.11.11. 95누4902
34) 대판 2002.6.14. 2000다37517

'인도하는 날까지' 존속한다는 것을 변론종결 당시에 확정적으로 예정할 수 없는 경우에 해당한다 할 것이어서 그때까지 이행할 것을 명하는 판결을 할 수 없다.[35]

(2) 무단점유의 경우

무단점유일부터 인도일까지의 부당이득반환청구의 경우 개인의 무단점유는 그 자체가 이득이고 피고의 점유상태가 인도일까지 존속함이 확실하므로 청구적격이 인정된다.[36]

Ⅳ 사안의 적용

사안은 임대차기간 종료 후에는 아무런 권원 없이 무단점유하고 있는 경우로서 피고의 점유상태가 인도일까지 존속함이 확실하므로 청구적격이 인정되고, 계속적·반복적 이행청구의 경우로서 현재 이미 이행기도래분에 대해 불이행한 이상 장래에 이행하여야 할 부분에 대하여도 자진이행을 기대할 수 없기 때문에 현재의 청구 부분과 합쳐 미리 청구할 필요가 있다.

Ⅴ 결론

변론종결 다음 날부터 X건물의 인도완료일까지 월 임대료 상당액 150만원의 지급을 명하는 것은 청구적격과 미리 청구할 필요가 인정되므로 가능하다.

---

35) 대판 2002.6.14. 2000다37517
36) 대판 1975.4.22. 74다1184[전합]

☑ 주요논점　☐ 최신 기출문제해설　☐ 주요 기출문제해설

02 변 론

제1절 변론의 의의와 종류

Ⅰ 의 의

변론이란 기일에 수소법원의 공개법정에서 당사자 쌍방이 구술진술로써 판결의 기초가 될 소송자료, 즉 사실과 증거를 제출하는 방법으로 소송을 심리하는 절차를 말한다.

Ⅱ 필요적 변론

필요적 변론이란 재판의 전제로 반드시 변론을 열어야 하고 변론에서 행한 구술의 진술만이 재판의 자료로서 참작되는 경우이다. 특히 판결은 필요적 변론에 의하여야 한다(민소법 제134조 제1항 본문).

Ⅲ 임의적 변론

필요적 변론의 원칙이 적용되지 않는 경우 법원이 임의로 열 수 있는 변론이다. 결정으로 완결할 사건에 대하여는 법원이 변론을 열 것인지 아닌지 정한다(민소법 제134조 제1항 단서).

제2절 심리에 관한 제 원칙

제1관 | 개 관

공개심리주의, 쌍방심리주의, 구술심리주의(민소법 제134조), 직접심리주의(민소법 제204조), 처분권주의, 적시제출주의, 집중심리주의(민소법 제272조), 직권진행주의의 원칙이 있다.

제2관 | 처분권주의

Ⅰ 의 의

처분권주의란 절차의 개시, 심판의 대상, 절차의 종결에 관하여 당사자가 결정권을 가진다는 원칙으로 사적
자치의 소송법적 측면이다.

Ⅱ 절차의 개시

민사소송절차는 당사자가 소를 제기해야 비로소 개시되며 법원의 직권으로 개시되지 않는다. 상소심절차도 상
소, 재심절차도 재심의 소에 의해 개시된다. 그러나 판결경정(민소법 제211조 제1항), 소송비용재판(민소법 제104조), 가집
행선고(민소법 제213조 제1항), 재판누락 시 추가판결(민소법 제212조 제1항), 소송구조(민소법 제128조 제1항) 등은 당사자의 신청
이 없어도 법원이 직권으로 할 수 있다.

Ⅲ 심판의 대상과 범위

1. 내 용

심판대상도 원고가 자신의 의사에 따라 결정하므로 법원은 당사자가 신청하지 아니한 사항에 대하여는 판결
하지 못한다(민소법 제203조). 즉, 법원은 당사자가 신청한 사항에 대해 신청한 범위 내에서만 판단할 수 있다.
이 법리는 상소심에서 불복의 한도 내에서만 재판하여야 한다는 불이익변경금지원칙으로 발현된다(민소법 제
415조).

2. 질적 동일

(1) 소송물

당사자가 신청한 사항, 즉 심판을 구한 소송물에 대하여 판단해야 하고 다른 소송물을 심판하면 처분권주의
위반인데 별개 소송물에 대한 판단인지 여부는 소송물이론에 의한다.

> **□ 처분권주의에 위반한다고 한 사례**
>
> **[물권적 청구권의 이행불능으로 인한 손해배상청구]**
> 국가 명의로 소유권보존등기가 경료된 토지의 일부 지분에 관하여 甲 등 명의의 소유권이전등기가 경료되었는데,
> 乙이 등기말소를 구하는 소를 제기하여 국가는 乙에게 원인무효인 등기의 말소등기절차를 이행할 의무가 있고
> 甲 등 명의의 소유권이전등기는 등기부취득시효 완성을 이유로 유효하다는 취지의 판결이 확정되자, 乙이 국가를
> 상대로 손해배상을 구한 경우, 甲 등의 등기부취득시효 완성으로 토지에 관한 소유권을 상실한 乙이 불법행위를
> 이유로 소유권 상실로 인한 손해배상을 청구할 수 있음은 별론으로 하고, 애초 국가의 등기말소의무 이행불능으로
> 인한 채무불이행책임을 논할 여지는 없고, 또한 토지의 소유권 상실로 인한 손해배상을 구하는 乙의 청구에 대하여
> 당사자가 주장하지 아니한 소유권보존등기말소등기절차이행의무의 이행불능으로 인한 손해배상책임을 인정할 수
> 없으므로, 이와 달리 손해배상책임을 인정한 원심판결은 법리오해와 처분권주의 위반의 위법이 있다(대판 2012.5.17.
> 2010다28604[전합]).

(2) 소의 종류·순서

법원은 원고가 특정한 소의 종류에 구속되며 청구의 예비적 병합과 같이 당사자가 구하고 있는 권리구제의 순서에도 구속된다(대판 1959.10.15. 4291민상793). 다만, 형식적 형성의 소는 형식은 소송이지만 실질은 비송이므로 민사소송법 제203조가 적용되지 아니한다. 따라서 경계확정의 소(대판 1993.11.23. 93다41808)나 공유물분할 청구의 소(대판 2004.10.14. 2004다30583)의 경우 법원은 당사자의 주장에 구속되지 아니한다.

3. 양적 동일

(1) 양적 상한

1) 내 용

원고는 청구취지에 양적 상한을 명시해야 하며 법원은 그 상한을 넘어서 판결할 수 없다.

2) 신체상해로 인한 손해배상청구

① **문제점** : 피해자가 적극적 손해(치료비), 소극적 손해(일실이익), 정신적 손해(위자료) 3가지 손해항목으로 나누어 손해배상을 청구하는 경우 청구총액을 초과하지는 않았지만 일부항목별의 청구액을 초과하여 인용한 판결이 처분권주의 위반인지 문제 된다.

② **견해의 대립** : ㉠ 하나의 사고로 인한 손해를 하나의 소송물로 보는 손해1개설은 총액을 초과하지 않는 한 각 항목을 초과하여도 처분권주의 위반이 아니라고 한다. ㉡ 재산적 손해와 정신적 손해는 서로 법적 근거가 다르므로 별개의 소송물로 보는 손해2개설은 각 손해항목에서 원고가 청구한 금액을 초과하여 인정하면 처분권주의 위반이라고 한다. ㉢ 적극적 손해, 소극적 손해, 정신적 손해 3개의 손해항목을 청구할 때 손해항목마다 소송물이 별개라고 하는 손해3개설은 각 손해항목에서 원고가 청구한 금액을 초과하여 인정하면 처분권주의 위반이라고 한다. 이는 판례의 태도이기도 하다.

③ **검토** : 생각건대 손해항목마다 별개의 소송물로 구성한 뒤 각 소송물별로 처분권주의를 적용하는 것이 각 소송물에 따른 주장·증명의 범위를 명확하게 할 수 있다는 점에서 판례가 취하는 손해3개설이 타당하다고 판단된다.

3) **원금청구와 이자청구**

① **원금청구** : 원금청구와 이자(지연이자 포함)청구는 소송물이 다르므로 원금과 이자를 합한 금액을 넘지 않아도 각 원금청구액이나 이자청구액을 넘어 인용하면 처분권주의 위반이다. 또한 금전채무불이행의 경우에 발생하는 원본채권과 지연손해금채권은 별개의 소송물이므로, 불이익변경에 해당하는지 여부는 원금과 지연손해금 부분을 각각 따로 비교하여 판단하여야 하고, 별개의 소송물을 합산한 전체 금액을 기준으로 판단하여서는 아니 된다(대판 2009.6.11. 2009다12399).

② **이자청구** : 판례는 이자채권의 경우 소송물은 원금·이율·기간 등 3개의 인자에 의하여 정하여진다고 보고, 원고의 이자청구액을 초과하지 않았지만 3개의 기준 중 어느 것에서나 원고의 주장의 기준보다 넘어서면 처분권주의 위반이 된다고 한다.

(2) 일부인용

1) **양적 일부인용**

신청한 소송물의 범위 내에서 일부가 인용될 수 있는 경우에 법원이 일부인용판결을 하는 것은 처분권주의에 반하지 아니한다. 그것이 원고의 통상의 의사에 맞고 또 응소한 피고의 이익보호나 소송제도의 합리적 운영에도 부합하기 때문이다. 따라서 금전청구의 경우 100만원 청구 중 50만원이 인정되면 50만원의 지급을 명하는 일부인용판결을 할 수 있고, 판례에 의하면 소유권의 경우 전부의 소유권확인청구에는 지분에 대한 소유권확인의 취지가 포함되어 있으므로 그 범위에서 일부인용판결을 할 수 있다(대판 1995.9.29. 95다22849).

2) **채무부존재확인의 소에 대한 일부인용판결**

① **채무존부만 다투는 경우**

　㉠ 의의 : 가해자가 자신의 과실이 없음을 이유로 불법행위에 기한 손해배상채무의 부존재확인의 소를 청구하는 경우와 같이 채무의 존부만 다투는 경우를 말한다.

　㉡ 소송물 : 소송물은 채무 그 자체이다.

　㉢ 일부인용판결 가부 : 법원은 가해자의 과실유무를 심리하여 과실이 없으면 전부청구인용, 과실이 있으면 전부청구기각판결을 해야 하며 일부인용판결을 할 수 없다.

② **채무존부 및 액수를 다투는 경우**

　㉠ 청구취지에 상한명시가 없는 경우

　　㉮ 의의 : "3천만원을 초과하여서는 채무가 존재하지 아니함을 확인한다"와 같이 청구취지에 채무상한을 명시하지 아니한 경우를 말한다.

　　㉯ 소송물 : 소송물은 3천만원을 초과하는 채무 전부이다.

　　㉰ 일부인용판결 가부 : 판례에 의하면 원고가 상한을 표시하지 않고 일정액을 초과하는 채무의 부존재의 확인을 청구하는 사건에 있어서 일정액을 초과하는 채무의 존재가 인정되는 경우에는, 특단의 사정이 없는 한, 법원은 그 청구의 전부를 기각할 것이 아니라 존재하는 채무 부분에 대하여 일부패소의 판결을 하여야 한다(대판 1994.1.25. 93다9422). 일회적인 분쟁해결의 필요성을 고려할 때 판례의 태도가 타당하며 이 경우 판결주문은 "원고의 채무는 00원을 초과하여서는 존재하지 않음을 확인한다. 원고의 나머지 청구는 기각한다"가 될 것이다.

ⓛ 청구취지에 상한명시가 있는 경우

　　ⓐ 의의 : "1억원 중 3천만원을 초과하여서는 존재하지 아니함을 확인한다"와 같이 청구취지에 채무상한을 명시한 경우를 말한다.

　　ⓑ 소송물 : 소송물은 1억원 중 3천만원을 초과하는 7천만원이다.

　　ⓒ 일부인용판결 가부 : 청구취지에 상한명시가 없는 경우와 마찬가지로 이 경우에도 일부인용판결이 가능하다.

3) 단순이행청구에 대한 상환이행판결

① 피고의 동시이행의 항변이나 유치권의 항변이 있는 경우 : 원고의 단순이행청구에 대해 피고가 동시이행항변이나 유치권항변을 하고 위 항변권 행사가 이유 있을 때는 청구기각판결을 해야 하나 원고가 반대의사를 표시하지 아니하는 한 상환이행판결을 할 수 있으며 이는 질적 일부인용판결로서 처분권주의에 반하지 아니한다. 다만, 원고의 반대의사표시가 있으면 상환이행판결을 할 수 없고 청구기각판결을 해야 한다. 또한 이행기 도래 전에 단순이행청구는 장래이행의 소로써 미리 청구할 필요가 있어야 장래이행판결을 할 수 있다.

② 건물매수청구권을 행사하는 경우 상환이행판결의 가부

　　㉠ 문제점 : 대지임대인이 임차인을 상대로 건물철거와 대지인도를 청구하자 임차인이 건물매수청구권을 행사한 경우 법원이 바로 원고의 대금지급과 동시에 건물인도를 이행할 수 있도록 상환이행판결을 할 수 있는지 문제 된다.

　　㉡ 학설 : 분쟁의 일회적 해결을 고려해야 하고 임대인으로서는 전부패소보다 상환이행판결이라도 받겠다는 것이 그의 의사일 것이므로 상환이행판결이 가능하다고 보는 상환이행판결 긍정설과 철거청구와 인도청구는 청구취지가 다르므로 상환이행판결을 할 수 없다고 하는 상환이행판결 부정설이 대립하고 있다.

　　㉢ 판례 : 판례는 토지임대차 종료 시 임대인의 건물철거와 그 부지인도 청구에는 건물매수대금 지급과 동시에 건물명도를 구하는 청구가 포함되어 있다고 볼 수 없다. 법원으로서는 임대인이 종전의 청구를 계속 유지할 것인지, 아니면 대금지급과 상환으로 지상물의 명도를 청구할 의사가 있는 것인지를 석명하고 임대인이 그 석명에 응하여 소를 변경한 때에는 지상물 명도의 판결을 함으로써 분쟁의 1회적 해결을 꾀하여야 한다고 판시하여 상환이행판결을 인정하지 아니하고 또한 적극적인 석명의무를 부과하고 있다.

　　㉣ 검토 : 양 청구는 청구취지와 청구원인이 다르므로 상환이행판결을 인정한다면 처분권주의에 반하고 원고에게 불측의 손해를 끼칠 우려가 있다. 따라서 원고가 청구를 변경하지 아니하는 한 상환이행판결은 할 수 없다고 보는 것이 타당하다.

4) 단순이행청구(현재이행의 소)에 대한 장래이행판결

① 문제점 : 원고가 선이행의무가 있음에도 이 의무를 이행하지 않고 현재이행의 소를 제기하면 법원은 이행기의 미도래, 조건의 미성취 등의 이유로 청구기각판결을 해야 함이 원칙이나 이 경우 원고의 선이행을 조건으로 하는 장래이행판결을 할 수 있는지 문제 된다.

② 판례 : 판례는 채무자가 피담보채무 전액을 변제하였다고 하거나, 피담보채무의 일부가 남아 있음을 시인하면서 그 변제와 상환으로 담보목적으로 경료된 소유권이전등기의 회복을 구함에 대하여 채권자는 그 소유권이전등기가 담보목적으로 경료된 것임을 다투고 있는 경우, 채무자의 청구 중에는 만약 그 소유권이전등기가 담보목적으로 경료된 것이라면 소송 과정에서 밝혀진 잔존 피담보채무의 지급을 조건으로 그 소유권이전등기의 회복을 구한다는 취지까지 포함되어 있는 것으로 해석하여야 하고, 그러한 경우에는 장래이행의 소로서 미리 청구할 필요도 있다(대판 1996.11.12. 96다33938)고 한다.

③ 장래이행판결의 허용요건

　　㉠ 원고의 의사에 반하는 것이 아닐 것 : 장래이행판결을 하려면 원고의 의사에 반하지 않아야 한다. 판례는 ㉮ 원고가 피담보채무의 소멸을 원인으로 근저당권설정등기의 말소등기청구의 소를 제기한 사안에서 채무자가 피담보채무 전액을 변제하였다고 하거나, 피담보채무의 일부가 남아 있음을 시인하면서 그 변제와 상환으로 담보목적으로 경료된 소유권이전등기의 회복을 구함에 대하여 채권자는 그 소유권이전등기가 담보목적으로 경료된 것임을 다투고 있는 경우, 채무자의 청구 중에는 만약 그 소유권이전등기가 담보목적으로 경료된 것이라면 소송 과정에서 밝혀진 잔존 피담보채무의 지급을 조건으로 그 소유권이전등기의 회복을 구한다는 취지까지 포함되어 있는 것으로 해석하여야 하고, 그러한 경우에는 장래이행의 소로서 미리 청구할 필요도 있다(대판 1996.11.12. 96다33938)고 보았으나, ㉯ 원고가 피담보채무의 부존재를 원인으로 근저당권설정등기의 말소등기청구의 소를 제기한 사안에서는 피담보채무가 발생하지 아니한 것을 전제로 한 근저당권설정등기의 말소등기절차이행청구 중에 피담보채무의 변제를 조건으로 장래의 이행을 청구하는 취지가 포함된 것으로는 보여지지 않는다(대판 1991.4.23. 91다6009)고 하여 장래이행판결을 할 수 없다고 판시하고 있다.

　　㉡ 미리 청구할 필요가 있을 것 : 원고가 먼저 자기 채무의 이행을 하여야 비로소 이행기가 도래하는 선이행의무는 미리 청구할 필요가 없으나 채권자가 자기명의등기가 담보목적이 아님을 다투거나 피담보채무의 액수를 다투기 때문에 채무자가 변제하더라도 채권자가 등기의 말소에 즉시 협력을 기대할 수 없으면 미리 청구할 필요가 있다.

5) 상환이행청구에 대한 장래이행판결

상환이행청구에 대한 장래이행판결을 하는 것도 원고의 신청범위를 넘지 아니하므로 처분권주의에 반하지 아니한다. 판례도 근저당권이 담보하는 피담보채권액의 범위에 관하여 당사자 사이에 다툼이 있어 잔존 피담보채권이라고 주장하는 금원의 수령과 상환으로 근저당권설정등기의 말소를 구하는 경우, 소송과정에서 밝혀진 잔존 피담보채권액의 지급을 조건으로 말소를 구하는 취지도 포함되었다고 봄이 상당하고, 이는 장래이행의 소로서 미리 청구할 이익이 있다(대판 1993.4.27. 92다5249)고 하여 장래이행판결이 가능하다고 판시하고 있다.

6) 채권자취소송에서 원물반환청구의 경우에 가액배상판결

근저당권이 설정되어 있는 부동산을 증여한 행위가 사해행위에 해당하는 경우, 그 부동산이 증여된 후 근저당권설정등기가 말소되었다면, 증여계약을 취소하고 부동산의 소유권 자체를 채무자에게 환원시키는 것은 당초 일반 채권자들의 공동담보로 제공되지 아니한 부분까지 회복시키는 결과가 되어 불공평하므로, 채권자는 그 부동산의 가액에서 근저당권의 피담보채무액을 공제한 잔액의 한도 내에서 증여계약의 일부취소와 그 가액의 배상을 청구할 수밖에 없다. 따라서 사해행위를 전부취소하고 원상회복을 구하는 채권자의 주장 속에는 사해행위를 일부취소하고 가액의 배상을 구하는 취지도 포함되어 있으므로, 채권자가 원상회복만을 구하는 경우에도 법원은 가액의 배상을 명할 수 있다(대판 2001.9.4. 2000다66416).

7) 집행불능을 대비한 대상청구에 이행불능 시 전보배상청구의 포함 여부

판례는 집행불능 시의 대상청구 속에는 예비적으로 이행불능시의 전보배상청구도 포함된 것으로 보고 판단한 것은 원고의 청구내용을 오해하여 청구하지 않은 것을 심리판단한 잘못이 있다(대판 1962.12.16. 67다1525)고 판시하여 변론종결 시까지 이행불능되면 인도청구는 물론 대상청구도 모두 청구기각되어야 한다고 보고 있다.

8) 일시금청구와 정기금 지급판결

판례는 여명 예측이 불확실하다고 보아 피해자가 확실히 생존하고 있으리라고 인정되는 기간을 기준으로 일시금과 정기금을 혼용하여 일실수입 손해의 지급을 명함에 있어서는 피해자가 확실히 생존하고 있으리라고 인정되는 기간 동안의 일실수입은 중간이자를 공제한 일시금으로, 그 기간 이후 가동연한까지의 일실수입은 생계비를 공제한 금액에서 중간이자를 공제한 일시금으로, 그 기간 이후 가동연한까지의 일실수입 중 생계비 상당의 손해는 피해자의 생존을 조건으로 매월 정기금으로 배상할 것을 명하여야 한다(대판 2002.11.26. 2001다72678)고 하여 처분권주의에 반하지 않는 것으로 이해하고 있다.

Ⅳ 절차의 종결

1. 내 용

당사자는 언제든지 종국판결 전에 소의 취하, 청구의 포기·인낙, 화해로 절차를 종료시킬 수 있고, 상소취하, 불상소합의, 상소권 포기도 자유롭게 할 수 있다.

2. 제 한

소송물의 자료수집에 대하여 직권탐지주의가 적용되는 가사소송에서는 처분권주의가 제한된다. 즉, 소취하는 허용되지만 포기·인낙, 화해·조정은 허용되지 아니한다. 필수적 공동소송과 독립당사자참가소송에서는 공동소송인 전원이 함께 포기·인낙, 화해를 해야 한다.

Ⅴ 처분권주의 위반의 효과

처분권주의 위반은 판결내용에 관한 것이고 소송절차에 관한 것이 아니므로 이의권의 대상은 아니다. 처분권주의에 위반한 판결도 당연무효는 아니며 상소의 대상일 뿐이다. 재심사유는 아니므로 판결이 확정되면 취소를 구할 수 없다. 제1심에서 신청하지 않았음에도 불구하고 법원이 판단한 사항에 대하여 피항소인으로서 부대항소로 항소심에서 새로이 신청하면 결과적으로 그 흠은 치유된다.

제3관 | 변론주의

Ⅰ 의 의

변론주의란 소송자료, 즉 사실과 증거의 수집제출의 책임을 당사자에게 맡기고 법원은 당사자가 제출한 소송자료만을 재판의 기초로 삼는다는 원칙을 말한다. 당사자가 소송자료에 대한 제출책임을 지도록 하면 진실발견에 도움이 되며 더욱 절차권이 보장될 수 있다는 데 이론적 근거가 있다.

Ⅱ 변론주의의 내용

1. 사실의 주장책임

(1) 주장책임의 의의

1) 개 념
주장책임이란 자기에게 유리한 주요사실을 당사자가 주장하지 않으면 존재하지 않는 것으로 취급되어 불이익한 판결을 받게 되는 당사자의 불이익을 말한다. 주요사실은 변론에서 당사자가 주장하여야 하며 주장되지 아니한 사실은 판결의 기초로 삼을 수 없다.

2) 주장공통의 원칙
주장공통의 원칙에 의하여 주요사실은 반드시 주장책임을 지는 당사자가 진술해야 하는 것은 아니고 어느 당사자이든 변론에서 주장하기만 하면 주장한 것으로 간주된다. 판례도 대리인에 의한 계약체결의 사실은 법률효과를 발생시키는 실체법상의 구성요건 해당사실에 속하므로 법원은 변론에서 당사자의 주장이 없으면 그 사실을 인정할 수가 없는 것이나, 그 주장은 반드시 명시적인 것이어야 하는 것은 아닐 뿐더러 반드시 주장책임을 지는 당사자가 진술하여야 하는 것은 아니고 소송에서 쌍방 당사자 간에 제출된 소송자료를 통하여 심리가 됨으로써 그 주장의 존재를 인정하더라도 상대방에게 불의의 타격을 줄 우려가 없는 경우에는 그 대리행위의 주장은 있는 것으로 보아 이를 재판의 기초로 삼을 수 있다(대판 1990.6.26. 89다카15359)고 판시하고 있다.

(2) 주요사실과 간접사실의 구별

1) 주요사실과 간접사실의 의의
주요사실은 권리의 발생·변경·소멸이라는 법률효과를 발생시키는 법규의 직접요건사실을 말하고, 간접사실은 주요사실의 존부를 추인케 하는 사실을 말하며 보조사실은 증거능력이나 증거가치에 관한 사실을 말하고 이는 간접사실에 준하여 취급된다.

2) 구별 기준
① 학설 : 주요사실과 간접사실의 구별기준을 법규의 구조에서 찾아 법률효과를 발생시키는 법규의 직접요건사실은 주요사실로 보고 주요사실의 존부를 추인케 하는 사실은 간접사실로 보는 법규기준설, 법규기준설을 버리고 법원의 심리편의와 당사자에 대한 예상외 재판예방이라는 상호이익을 형량하여 주요·간접사실을 결정하여야 한다고 하는 개별판단설, 주요사실은 변론주의가 적용되는 사실로 당사자가 주장하고 법원이 심리해야 할 중요한 사실이고 요건사실은 법원이 당사자가 구하는 법률효과를 인정하는 데 필요한 사실이라고 보아 양자를 달리 보는 요건사실·주요사실구별설, 법규기준설에 입각한 주요사실과 간접사실의 구별은 유지하되 과실, 인과관계 등을 요건으로 하는 일반규정을 구성하는 개개의 구체적 사실을 주요사실에 준해서 준주요사실로 이해하여 변론주의의 적용을 받게 하자는 준주요사실설이 대립하고 있다.

② 판례 : 주요사실이란 법률효과를 발생시키는 실체법상 구성요건해당사실을 말한다고 하여 대체로 법규기준설을 따르면서 법규의 규정형식에만 의존하지 않고 구체적인 사안마다 구별기준을 정립하고 있는 것으로 보인다.

③ 검토 : 법적 안정성의 측면에서 주요사실과 간접사실을 구분하는 데 있어서 명확한 기준을 제기하는 법규기준설이 타당하다고 판단된다.

3) 구별 실익

주요사실과는 달리 간접사실과 보조사실은 주장이 없어도 인정할 수 있고, 자백이 인정되지 않으며 그에 대한 유일한 증거 여부를 고려하지 않고 판결이유에서 판단하지 않아도 판단누락의 위법이 되지 아니한다.

(3) 협의의 소송자료와 증거자료의 구별 및 완화

1) 협의의 소송자료와 증거자료의 구별

당사자가 변론에서 주장하는 방식으로 법원에 제출한 자료를 협의의 소송자료라고 하고 이는 당사자가 제출한 증거를 법원이 조사해 얻은 증거자료와 구별된다. 변론주의하에서는 주요사실에 대해서는 증거자료뿐만 아니라 소송자료도 있어야 사실을 인정할 수 있다. 따라서 주장하지 않은 주요사실은 그 사실이 증거조사에서 밝혀져도 법원은 이를 고려해서 판단할 수 없다.

2) 구별의 완화

소송자료와 증거자료의 구별의 원칙을 너무 철저하게 적용하다 보면 구체적 타당성을 기할 수 없는 경우가 있으므로 판례는 간접적 주장, 묵시적 주장, 주장사실과 인정사실의 다소의 차이의 허용을 인정한다.

(4) 구별 완화의 구체적 검토

1) 간접적 주장

① 개념 : 당사자가 명시적으로 직접 주장하지 않은 주요사실을 그 당사자의 증인신청, 서증신청 등의 행위에 의해 간접적으로 주장했다고 볼 수 있는지에 대한 논의가 있다.

② 인정 여부

    ㉠ 학설 : 간접적 주장을 인정하면 변론주의의 엄격한 적용으로 증거에 의해 명백한 것을 주장이 없다는 이유로 부정하는 부당한 결과를 시정할 수 있다고 하는 긍정설과 간접적 주장을 인정하면 법원의 심리부담이 가중되며 상대방의 방어권의 침해가 우려되므로 차라리 석명권을 행사하여 직접 주장하도록 유도하는 것이 바람직하다는 부정설이 대립하고 있다.

    ㉡ 판례 : 판례는 법률상의 요건사실에 해당하는 주요사실에 대하여 당사자가 주장하지도 아니한 사실을 인정하여 판단하는 것은 변론주의에 위배된다고 할 것이나, 당사자의 주요사실에 대한 주장은 직접적으로 명백한 경우뿐만 아니라 당사자가 법원에 서증을 제출하며 그 입증 취지를 진술함으로써 서증에 기재된 사실을 주장하거나 당사자의 변론을 전체적으로 관찰하여 간접적으로 주장한 것으로 볼 수 있는 경우에도 주요사실의 주장이 있는 것으로 보아야 한다(대판 2006.6.30. 2005다21531)고 한다.

    ㉢ 검토 : 구체적 타당성을 도모해야 하고 변론은 일정한 정형성이 없는 점을 고려하면 긍정설이 타당하다고 판단된다.

③ 인정요건 : 당사자의 소송행위에 비추어 당연히 주요사실의 주장이 예상되고 상대방의 방어권 침해가 없어야 한다.

④ 간접적 주장으로 인정된 사례

> **[원고의 조부에 대한 증인신문 신청]**
> 갑이 소장에서 토지를 을로부터 매수하였다고 주장하고 있으나 갑이 위 매매 당시 불과 10세 남짓한 미성년이었고 증인신문을 신청하여 갑의 조부인 병이 갑을 대리하여 위 토지를 매수한 사실을 입증하고 있다면 갑이 그 변론에서 위 대리행위에 관한 명백한 진술을 한 흔적은 없다 하더라도 위 증인신청으로서 위 대리행위에 관한 간접적인 진술은 있었다고 보아야 할 것이므로 원심이 위 토지를 갑의 대리인이 매수한 것으로 인정하였다 하여 이를 변론주의에 반하는 것이라고는 할 수 없다(대판 1987.9.8. 87다982).

2) 묵시적 주장[37]

묵시적 주장은 어떤 주장에 다른 주장이 포함되어 있다고 이해하는 것을 말한다.

---

37) 묵시적 주장은 변론단계에서 일정한 주장에 다른 주장이 포함된 것으로 보는 경우임에 반하여, 간접적 주장은 증거신청행위 등을 통하여 별개의 독립된 주장이 있는 것으로 보는 경우이므로 양자를 구별해 볼 수 있다.

2 묵시적 주장을 부정한 사례

[유권대리에 관한 주장 가운데 표현대리의 주장 불포함]

유권대리에 있어서는 본인이 대리인에게 수여한 대리권의 효력에 의하여 법률효과가 발생하는 반면 표현대리에 있어서는 대리권이 없음에도 불구하고 법률이 특히 거래상대방 보호와 거래안전유지를 위하여 본래 무효인 무권대리행위의 효과를 본인에게 미치게 한 것으로서 표현대리가 성립된다고 하여 무권대리의 성질이 유권대리로 전환되는 것은 아니므로, 양자의 구성요건 해당사실 즉 주요사실은 다르다고 볼 수밖에 없으니 유권대리에 관한 주장 속에 무권대리에 속하는 표현대리의 주장이 포함되어 있다고 볼 수 없다(대판 1983.12.13. 83다카1489[전합]).

[이전등기청구권이 시효소멸하였다는 주장 불포함]

증여를 원인으로 한 부동산소유권이전등기청구에 대하여 피고가 시효취득을 주장하였다고 하여도 그 주장 속에 원고의 위 이전등기청구권이 시효소멸하였다는 주장까지 포함되었다고 할 수 없다(대판 1982.2.9. 81다534).

[본래의 기산일에 따라 소멸시효기간 인정 불포함]

소멸시효의 기산일은 채무의 소멸이라고 하는 법률효과 발생의 요건에 해당하는 소멸시효기간 계산의 시발점으로서 소멸시효 항변의 법률요건을 구성하는 구체적인 사실에 해당하므로 이는 변론주의의 적용 대상이고, 따라서 본래의 소멸시효 기산일과 당사자가 주장하는 기산일이 서로 다른 경우에는 변론주의의 원칙상 법원은 당사자가 주장하는 기산일을 기준으로 소멸시효를 계산하여야 하는데, 이는 당사자가 본래의 기산일보다 뒤의 날짜를 기산일로 하여 주장하는 경우는 물론이고 특별한 사정이 없는 한 그 반대의 경우에 있어서도 마찬가지이다. 왜냐하면 본래의 기산일이 당사자가 주장하는 기산일보다 뒤의 날짜라 하여 법원이 본래의 기산일에 따라 소멸시효기간을 인정하게 되면 그 기간 가운데에는 당사자가 주장한 기간 속에 들어 있지 아니한 부분이 있어 위 양자 사이에 전체가 부분을 포함하는 관계가 있다고는 할 수 없으므로 법원의 인정 사실은 당사자의 주장 사실과 전혀 별개의 것으로서 양자 사이에는 동일성이 없다 할 것이고, 나아가 당사자가 주장하는 기산일을 기준으로 심리·판단하여야만 상대방으로서도 법원이 임의의 날을 기산일로 인정하는 것에 의하여 예측하지 못한 불이익을 받음이 없이 이에 맞추어 권리를 행사할 수 있는 때에 해당하는지의 여부 및 소멸시효의 중단 사유가 있었는지의 여부 등에 관한 공격방어방법을 집중시킬 수 있을 것이기 때문이다(대판 1995.8.25. 94다35886).

[착오에 기한 의사표시로서 취소한다는 주장 불포함]

원심은, 원고들 소송대리인이 "원고가 무식하고 사회적 경험이 없으며 가난한 사람이어서 합의를 하지 않으면 위 돈도 못 받을 것이라고 생각하여 위 합의를 한 것이므로 위 합의는 무효이다"고 주장하고 있고 이는 착오에 인한 의사표시를 취소한다는 취지로 해석된다고 하였으나, 그 내용은 위 합의약정이 불공정한 법률행위로서 무효라는 주장이지, 거기에 착오에 기한 의사표시로서 취소를 구한다는 취지가 담겨 있다고 보기 어려우므로, 원심은 결국 당사자가 주장하지도 아니한 사실을 기초로 삼아 판결한 것으로서 변론주의원칙에 위배된다(대판 1993.7.13. 93다19962).

[상계의 의사표시 불포함]

민사소송절차에서 권리의 발생·변경·소멸이라는 법률효과의 판단의 요건이 되는 주요사실에 대한 주장·입증에는 변론주의의 원칙이 적용되는바, 상계는 상계적상에 있는 채권을 가진 채권자가 별도로 의사표시를 하여야 하는 것이고(민법 제493조 제1항) 그 의사표시 여부는 원칙적으로 채권자의 자유에 맡겨져 있는 것이므로, 비록 상계의 의사표시가 묵시적으로도 가능하다 하더라도, 다른 의사와 구분되는 별도의 상계 의사를 확인하지 않은 채 이를 인정할 수는 없다(대판 2009.10.29. 2008다51359).

[청구원인을 달리하는 채권에 대한 소멸시효 완성의 항변 불포함]

채권자가 동일한 목적을 달성하기 위하여 복수의 채권을 가지고 이를 행사하는 경우 각 채권이 발생시기와 발생원인 등을 달리하는 별개의 채권인 이상 별개의 소송물에 해당하므로, 이에 대하여 채무자가 소멸시효 완성의 항변을 하는 경우에 그 항변에 의하여 어떠한 채권을 다투는 것인지 특정하여야 하고 그와 같이 특정된 항변에는 특별한 사정이 없는 한 청구원인을 달리하는 채권에 대한 소멸시효 완성의 항변까지 포함된 것으로 볼 수는 없다(대판 2013.2.15. 2012다68217).

3) 주장사실과 인정사실의 다소의 차이

당사자의 주장사실과 다소의 차이가 있는 사실을 인정해도 변론주의에 반하지 아니한다. 다만, 다소차이가 있는 사실의 인정에 의해 불이익을 받는 당사자가 그 사실에 관해 현실적으로 방어활동을 하였다고 볼 수 있는 경우에만 다소 차이가 있는 사실을 인정할 수 있다.

(5) 주장책임의 분배

주요사실을 주장하지 않아서 입는 패소위험이 주장책임이다. 주장책임을 누가 지는가 하는 주장책임 분배도 증명책임의 분배기준에 따른다. 따라서 법률요건분류설에 의하면 권리를 주장하는 자는 권리근거규정의 요건사실에 대해, 상대방은 권리장애·멸각·저지규정의 요건사실에 대한 주장책임을 부담한다.

2. 자백의 구속력

변론주의에서는 자백이 유효하면 법원의 사실인정권이 배제되므로 당사자 사이에 다툼이 없는 사실은 증거조사할 필요가 없이 그대로 판결의 기초로 해야 한다.

3. 증거제출책임

변론주의하에서는 증거도 당사자가 제출하여야 하므로 당사자가 신청한 증거에 대해서만 증거조사해야 한다. 따라서 직권증거조사는 당사자가 신청한 증거에 의하여 심증을 얻을 수 없을 경우에 보충적으로 할 수 있다(민소법 제292조).

Ⅲ 변론주의의 적용 범위

1. 변론주의의 적용 범위

(1) 의의

변론주의는 사실과 증거의 제출에 대하여만 적용된다. 주장된 사실에 대한 법적 평가나 해석, 제출된 증거의 가치평가, 법률해석과 적용은 법원의 전권사항이며 직책이지 변론주의의 적용 범위가 아니다. 따라서 그에 관한 당사자의 진술이 있어도 법원을 구속하지 못하고 법관의 직권발동을 촉구하는 의미를 가질 뿐이다. 간접사실과 보조사실에 대해서도 변론주의가 적용되지 아니한다.

(2) 적용 여부가 문제되는 경우

1) 일반조항이 주요사실인지 여부

① 문제점 : 법규기준설은 민법상 요건사실을 주요사실로 이해한다. 이때 요건사실에는 사실 그 자체뿐만 아니라 과실, 인과관계 등 사실에 대한 법적 평가도 포함된다. 그러나 법적 평가의 직접 증명은 불가능하다는 점에서 일반조항에 있어서 새로운 구별기준이 요구된다.

② 학설 : 일반조항의 요건사실인 과실 자체가 주요사실이고, 그 과실을 구성하는 구체적 사실을 간접사실로 이해하는 법규기준설(판례), 요건사실(과실)을 구성하는 개개의 구체적 사실(음주운전)을 주요사실에 준하여 보자는 준주요사실설, 주요사실(음주운전)은 사실 그 자체이며 요건사실(과실)은 그 사실에 대한 법적 평가이므로 주요사실만 변론주의가 적용된다는 주요사실·요건사실구별설이 대립하고 있다.

③ 검토 : 생각건대 과실, 인과관계 등의 법률요건은 가치판단의 결과일 뿐이므로 과실 자체는 요건사실이지만 그와 같은 평가에 해당하는 구체적 사실이 주요사실이라고 보는 주요사실·요건사실구별설이 타당하다고 판단된다.

2) 소멸시효의 기산일이 주요사실인지 여부

① 문제점 : 당사자가 원래 변제기가 아닌 시점을 소멸시효의 기산일로 주장하였을 때 법원이 당사자가 주장한 소멸시효기산일에 구속되어 판단하여야 하는지 아니면 원래 변제기를 기준으로 소멸시효 완성 여부를 판단해야 하는지 문제 된다.

② 학설 : 법규기준설의 입장에서 소멸시효의 기산일은 민법 제166조 제1항에서 권리를 행사할 수 있을 때로부터라고 규정하고 있으므로 법규의 요건사실로서 주요사실이라고 보는 주요사실설과 이를 주요사실로 보면 소멸시효의 기산점을 당사자가 임의로 선택할 수 있게 되어 상대방에게 부당한 결과가 발생하므로 이를 간접사실로 보자는 간접사실설이 대립하고 있다.

③ 판례 : 판례는 소멸시효의 기산일은 채무의 소멸이라고 하는 법률효과 발생의 요건에 해당하는 소멸시효 기간 계산의 시발점으로서 소멸시효 항변의 법률요건을 구성하는 구체적인 사실에 해당하므로 이는 변론주의의 적용 대상이고, 따라서 본래의 소멸시효 기산일과 당사자가 주장하는 기산일이 서로 다른 경우에는 변론주의의 원칙상 법원은 당사자가 주장하는 기산일을 기준으로 소멸시효를 계산하여야 하는데, 이는 당사자가 본래의 기산일보다 뒤의 날짜를 기산일로 하여 주장하는 경우는 물론이고 특별한 사정이 없는 한 그 반대의 경우에 있어서도 마찬가지(대판 1995.8.25. 94다35886)라고 하여 소멸시효의 기산일을 주요사실로 보고 있다.

④ 검토 : 생각건대 민법 제166조는 소멸시효기산점을 요건사실로 규정하고 있으므로 소멸시효의 기산일을 주요사실로 보는 것이 타당하다고 판단된다.

3) 점유취득시효의 기산일이 주요사실인지 여부

① 문제점 : 당사자가 점유개시 시가 아닌 시점을 시효취득의 기산일로 주장하였을 때 법원이 당사자가 주장한 취득시효기산일에 구속되어 판단하여야 하는지 아니면 점유개시 시를 기준으로 취득시효 완성 여부를 판단해야 하는지 문제 된다.

② 학설 : 법규기준설의 입장에서 시효취득을 규정한 민법 제245조 제1항에는 그 기산점에 관한 규정은 없으므로 이는 간접사실에 해당한다고 보는 간접사실설과 시효취득기간이 이미 완성되었다는 사실이 요건사실이고 시효의 기산점은 그것이 정해지면 계산상 바로 시효완성 여부가 정해지므로 주요사실에 해당한다는 주요사실설이 대립하고 있다.

③ **판례** : 판례는 취득시효완성으로 인한 소유권이전등기청구소송에 있어서, 전소에서의 대물변제를 받았다는 주장과 후소에서의 증여를 받았다는 주장은 모두 부동산을 소유의 의사로 점유한 것인지를 판단하는 기준이 되는 권원의 성질에 관한 주장으로서 이는 공격방어방법의 차이에 불과하고, 취득시효의 기산점은 법률효과의 판단에 관하여 직접 필요한 주요사실이 아니고 간접사실에 불과하여 법원으로서는 이에 관한 당사자의 주장에 구속되지 아니하고 소송자료에 의하여 진정한 점유의 시기를 인정하여야 하는 것이므로, 그러한 점유권원, 점유개시 시점과 그로 인한 취득시효완성일을 달리 주장한다고 하더라도, 그러한 주장의 차이를 가지고 별개의 소송물을 구성한다고 할 수 없다(대판 1994.4.15. 93다60120)고 한다.

④ **검토** : 민법 제166조에는 소멸시효기산점에 관한 명문의 규정이 있는 반면 민법 제245조에는 취득시효기산점에 관한 명문의 규정이 없고 취득시효기산점을 주요사실로 보는 경우에는 취득시효 완성 후 소유권을 취득한 제3자의 권리를 침해할 우려가 있다는 점에서 간접사실로 보는 견해가 타당하다고 판단된다.

4) 대리인에 의한 계약체결사실이 주요사실인지 여부

판례는 대리인에 의한 계약체결의 사실은 법률효과를 발생시키는 실체법상의 구성요건 해당사실에 속하므로 법원은 변론에서 당사자의 주장이 없으면 그 사실을 인정할 수가 없는 것이나, 그 주장은 반드시 명시적인 것이어야 하는 것은 아닐 뿐더러 반드시 주장책임을 지는 당사자가 진술하여야 하는 것은 아니고 소송에서 쌍방 당사자 간에 제출된 소송자료를 통하여 심리가 됨으로써 그 주장의 존재를 인정하더라도 상대방에게 불의의 타격을 줄 우려가 없는 경우에는 그 대리행위의 주장은 있는 것으로 보아 이를 재판의 기초로 삼을 수 있다(대판 1990.6.26. 89다카15359)고 하여 주요사실로 이해하고 있다.

5) 유권대리와 표현대리사실이 주요사실인지 여부

① **문제점** : 대리권이 있다는 사실과 표현대리가 성립한다는 사실은 그 요건사실이 다르므로 별개의 주요사실이다. 이때 유권대리의 주장만 있는 경우 표현대리의 주장이 포함되었다고 보아야 하는지 문제 된다.

② **학설** : 표현대리는 유권대리와 같은 효과를 발생시킨다는 점에서 유권대리의 주장 속에 표현대리의 주장이 포함된다는 포함설과, 표현대리는 무권대리이므로 유권대리의 주장 속에 표현대리의 주장이 당연히 포함되어 있는 것은 아니라는 비포함설이 대립하고 있다.

③ **판례** : 판례는 유권대리에 있어서는 본인이 대리인에게 수여한 대리권의 효력에 의하여 법률효과가 발생하는 반면 표현대리에 있어서는 대리권이 없음에도 불구하고 법률이 특히 거래상대방 보호와 거래안전유지를 위하여 본래 무효인 무권대리행위의 효과를 본인에게 미치게 한 것으로서 표현대리가 성립된다고 하여 무권대리의 성질이 유권대리로 전환되는 것은 아니므로, 양자의 구성요건 해당사실 즉 주요사실은 다르다고 볼 수밖에 없으니 유권대리에 관한 주장 속에 무권대리에 속하는 표현대리의 주장이 포함되어 있다고 볼 수 없다(대판 1983.12.13. 83다카1489[전합])고 한다.

④ **검토** : 유권대리와 무권대리는 주요사실이 서로 다르다고 보아야 하므로, 유권대리의 주장 속에 표현대리의 주장이 당연히 포함되어 있는 것은 아니라는 비포함설이 타당하다고 판단된다.

6) 기본사실에 대한 경위 · 내역에 관한 사실이 주요사실인지 여부

판례는 기본사실의 경위 · 내력 등에 관한 사실을 간접사실로 보아 당사자의 주장 유무에 관계없이 법원이 증거에 의하여 자유롭게 인정할 수 있다(대판 1993.4.27. 93다1688)고 판시하고 있다.

7) 일실이익산정의 기초사실이 주요사실인지 여부

불법행위로 인한 일실수익의 현가산정에 있어서 기초사실인 수입, 가동연한, 공제할 생활비 등은 주요사실이지만 현가 산정방식에 관한 주장(호프만식에 의할 것이냐 또는 라이프니쯔식에 의할 것이냐에 관한 주장)은 간접사실로 보아 당사자의 평가에 지나지 않는 것이므로 당사자의 주장에 불구하고 법원은 자유로운 판단에 따라 채용할 수 있고 이를 변론주의에 반한 것이라 할 수 없다(대판 1983.6.28. 83다191)고 한다.

2. 변론주의 위반

주장하지 않은 요건사실을 판단하여 변론주의를 위반한 경우에는 처분권주의 위반처럼 일반적 상고이유가 된다. 주장한 사실을 판단하지 아니한 경우에는 판단누락의 위법으로 처리된다.

Ⅳ 변론주의의 한계와 보완

1. 변론주의의 한계

변론주의는 주요사실에 대해서만 적용되고 간접사실이나 보조사실에 대해서는 적용되지 아니한다. 사실이 아닌 법적 판단이나 경험법칙 등에도 적용되지 아니한다. 판례도 어떤 권리의 소멸시효기간이 얼마나 되는지에 관한 주장은 단순한 법률상의 주장에 불과하므로 변론주의의 적용대상이 되지 않고 법원이 직권으로 판단할 수 있다(대판 2013.2.15. 2012다68217)고 판시하고 있다.

2. 변론주의의 보완

변론주의를 기계적으로 적용하게 되면 명백히 승소할 사건도 패소하게 되는 폐단이 생길 우려가 있어 민사소송법은 석명권(민소법 제136조), 직권증거조사(민소법 제292조), 대리인선임명령(민소법 제144조) 등을 도입하여 당사자 간의 실질적 평등과 재판청구권을 실질적으로 보장하기 위한 보완책을 마련하고 있다. 또한 명문의 규정은 없지만 신의칙(민소법 제1조), 문서성립의 부인에 대한 제재(민소법 제363조) 등을 근거로 당사자에게 진실의무를 인정하는 것이 일반적이다.

Ⅴ 변론주의의 예외

1. 직권탐지주의

변론주의에 반대되는 개념으로 소송자료, 즉 사실과 증거의 수집·제출책임을 당사자가 아닌 법원에 일임하는 것을 말한다.

2. 직권조사사항

(1) 의 의

항변사항에 대응하는 개념으로 공익에 관한 것이기 때문에 당사자의 신청·이의와 상관없이 법원이 직권으로 조사하여 판단하여야 하는 사항을 말한다.

(2) 사실과 증거자료의 수집·제출책임

직권조사사항에 대한 조사방법에 대하여 여러 견해가 대립하고 있으나 직권조사사항에는 공익적 요소가 희박한 것에서부터 강한 것까지 다양하므로 공익성 정도에 따라 변론주의, 직권조사, 직권탐지의 3가지 방식을 혼용하여야 한다는 견해가 타당하다고 판단된다. 따라서 공익성의 정도에 따라 판단하건대 임의관할과 각종 소송상의 합의 등의 자료수집은 변론주의에 의할 것이고 대부분의 소송요건의 자료수집은 직권조사에 의하며 공익성이 매우 강한 재판권·전속관할 등의 직권조사사항은 직권탐지에 의할 것이다.

Ⅵ 석명권

1. 의 의

석명권은 소송관계를 분명하게 하기 위해 당사자에게 사실상 또는 법률상 사항에 대해 질문할 수 있고 증명하도록 촉구할 뿐만 아니라 당사자가 간과한 법률상 사항을 지적하고 의견진술의 기회를 주는 법원의 권능을 말한다(민소법 제136조). 이는 처분권주의, 변론주의를 형식적으로 적용하는 데서 오는 불합리를 시정하고 적정·공평한 재판을 도모하고 법률적 사항에 대한 예상외 재판을 방지하기 위함이다.

2. 석명의무

(1) 문제점

사실의 주장 또는 증거의 제출에 있어서 법원이 석명권을 행사하지 아니하는 경우에 석명의무 위반을 이유로 상고할 수 있는지 문제 된다.

(2) 학 설

석명권은 법원의 권능이고 행사 여부는 법원의 재량이므로 석명권 불행사는 상고이유가 아니라는 소극설과 석명권의 범위와 석명의무의 범위는 같으므로 그 불행사는 모두 상고이유라고 하는 적극설이 대립하고 있다.

(3) 검 토

석명권의 불행사가 모두 상고이유라고 하면 법률심인 상고심이 그 불행사를 이유로 사실심의 전권사항인 사실인정에 지나치게 간섭하게 되고 상고이유가 아니면 변론주의를 보완할 수 없으므로 석명권의 중대한 해태로 심리가 현저히 조잡하게 된 때만 상고이유로 보는 것이 타당하다고 판단된다(절충설).

3. 석명의 범위

(1) 문제점

적극적 석명이란 새로운 신청이나 주장을 하도록 시사하거나 구체적으로 증명방법까지 제시하여 증거신청을 종용하는 것을 말한다. 변론주의와의 관계상 이러한 석명이 허용될 수 있는지 문제 된다.

(2) 학 설

원칙적으로 적극적 석명은 부정하나 종전의 소송자료와 합리적 연관성이 있고 소송경제에 도움이 되는 사정이 있으면 긍정하는 제한적 긍정설과 제한적으로나마 적극적 석명의무를 인정하면 석명권의 범위가 불분명하게 되고 처분권주의·변론주의와 충돌의 우려가 있으므로 부정하는 부정설이 대립하고 있다.

(3) 판 례

1) 원칙적 부정

판례는 법원의 석명권 행사는 당사자의 주장에 모순된 점이 있거나 불완전·불명료한 점이 있을 때에 이를 지적하여 정정·보충할 수 있는 기회를 주고, 계쟁 사실에 대한 증거의 제출을 촉구하는 것을 그 내용으로 하는 것으로, 당사자가 주장하지도 아니한 법률효과에 관한 요건사실이나 독립된 공격방어방법을 시사하여 그 제출을 권유함과 같은 행위를 하는 것은 변론주의의 원칙에 위배되는 것으로 석명권 행사의 한계를 일탈하는 것(대판 2001.10.9, 2001다15576)이라고 하여 원칙적으로 적극적 석명을 인정하지 아니한다.

2) 제한적 인정

토지임대인이 임차인에 대하여 지상물 철거 및 부지의 인도를 청구한 데 대하여 임차인이 적법한 지상물매수청구권을 행사한 경우, 법원으로서는 임대인이 종전의 청구를 계속 유지할 것인지, 아니면 대금지급과 상환으로 지상물의 명도를 청구할 의사가 있는 것인지를 석명하고 임대인이 그 석명에 응하여 소를 변경한 때에는 지상물 명도의 판결을 함으로써 분쟁의 1회적 해결을 꾀하여야 한다(대판 1995.7.11. 94다34265[전합])고 판시하여 적극적 석명을 제한적으로 인정하고 있다.

(4) 검 토

처분권주의와 변론주의를 취한 현행법하에서 적극적 석명은 원칙적으로 부정하되 사안의 적정한 해결을 위해 제한적으로만 인정할 것이다. 따라서 구체적인 사건마다 종전 소송자료와의 합리적 관련성, 소송경제, 당사자의 역량과 의사, 법적 구성의 난이도, 당사자의 공평, 승패, 개연성 등을 고려할 것이다.

4. 석명의 대상

석명의 대상은 소장에서 청구취지, 청구원인사실의 주장, 입증방법의 증거, 법률적 관점, 소송물의 특정 등이다.

(1) 청구취지의 석명

1) 소극적 석명

청구취지가 불분명·불특정·법률상 부당할 때에는 원고가 소로써 달하여는 목적이 무엇인지를 석명하여야 한다.

> **□ 청구취지의 소극적 석명을 인정한 사례**
>
> **[손해배상채권의 석명 1]**
> 채권자가 동일한 채무자에 대하여 수개의 손해배상채권을 가지고 있다고 하더라도 그 손해배상채권들이 발생시기와 발생원인 등을 달리하는 별개의 채권인 이상 이는 별개의 소송물에 해당하고, 그 손해배상채권들은 각각 소멸시효의 기산일이나 채무자가 주장할 수 있는 항변들이 다를 수도 있으므로, 이를 소로써 구하는 채권자로서는 손해배상채권별로 청구금액을 특정하여야 하며, 법원도 이에 따라 손해배상채권별로 인용금액을 특정하여야 하고, 이러한 법리는 채권자가 수개의 손해배상채권들 중 일부만을 청구하고 있는 경우에도 마찬가지이다. 그런데 앞서 본 사실관계에 의하면, 이 사건 원심 변론종결 당시, 원고가 구하는 10억원의 손해배상채권이 어느 채권에 대한 청구인지 불분명하여 그 청구가 특정되었다고 볼 수 없는바, 그렇다면 원심으로서는 석명권을 적절히 행사하여 원고가 구하는 이 사건 일부청구에 관한 주장이 불완전·불명료한 점을 지적하여 이를 정정·보충하도록 보정을 명함으로써 이 사건 소송상의 청구를 명확히 특정한 다음, 나아가 원고 주장의 당부를 심리·판단하였어야 할 것이다(대판 2007.9.20. 2007다25865).
>
> **[손해배상채권의 석명 2]**
> 재산적 손해로 인한 배상청구와 정신적 손해로 인한 배상청구는 각각 소송물을 달리하는 별개의 청구이므로 소송당사자로서는 그 금액을 각각 특정하여 청구하여야 하고, 법원으로서도 그 내역을 밝혀 각 청구의 당부에 관하여 판단하여야 하는 것이다(대판 2006.9.22. 2006다32569).

2) 적극적 석명

처분권주의와 변론주의를 취한 현행법하에서 적극적 석명은 원칙적으로 부정하되 구체적인 사건마다 종전 소송자료와의 합리적 관련성, 즉 합리적으로 예기되는 것인지 여부, 소송경제, 당사자의 역량과 의사, 법적 구성의 난이도, 당사자의 공평, 승패, 개연성 등을 고려하여 필요한 경우 청구취지의 변경을 석명할 것이다.

(2) 주장에 관한 석명

1) 소극적 석명

당사자가 변론에서 제출한 <u>청구원인사실이나 부인·항변사실 등의 주장이 불분명·불완전·모순인 경우</u> 석명하여야 한다. 즉, ① <u>손해배상의 근거가 불법행위인지 계약책임인지 불분명한 경우</u>(대판 2009.11.12. 2009다42765), ② <u>피고 명의의 등기말소를 청구취지에서는 직접 이행으로 구하고 청구원인에서는 채권자대위권 행사로 청구하는 경우</u>(대판 1999.12.24. 99다35393), ③ <u>소멸시효완성을 주장하면서 소장에 착오로 기산점을 잘못 기재한 것으로 볼 여지가 있는 경우</u>(대판 1983.7.12. 83다카437) 등이다.

2) 적극적 석명

전혀 새로운 주장을 권유하는 석명은 불허된다. ① 피고가 매매계약이 체결된 바 없다고 주장하고 있는 데 변제에 대하여 하는 석명(대판 2001.10.9. 2001다15576), ② 시효완성에 대하여 이익을 받을 자가 구태여 시효완성항변을 하고 있지 아니한 경우의 석명(대판 1966.9.20. 66다1304), ③ 피고가 원고인 채권자의 수령지체책임을 주장한 것에 상계항변주장이 포함되어 있는지에 대한 석명(대판 2004.3.12. 2001다79013), ④ 유권대리만 주장하고 있는 당사자에게 표현대리를 주장 또는 입증하라고 하는 석명(대판 2001.3.23. 2001다1126) 등은 인정되지 아니한다.

(3) 증명촉구

1) 소극적 석명

다툼이 있는 사실에 대하여 증거를 제출하지 못하는 경우 법원은 증명촉구의무를 부담한다. 이때 법원으로서는 다툼 있는 사실을 증명하기 위하여 제출한 증거가 당사자의 부주의 또는 오해로 인하여 불완전·불명료한 경우에는 당사자에게 그 제출된 증거를 명확·명료하게 할 것을 촉구하거나 보충할 수 있는 기회를 주어야 하고, 만약 이를 게을리한 채 제출된 증거가 불완전·불명료하다는 이유로 그 주장을 배척하는 것은 석명의무 또는 심리를 다하지 아니한 것으로서 위법하다(대판 2021.3.11. 2020다273045). 그러나 입증촉구에 관한 법원의 석명권은 소송의 정도로 보아 당사자가 무지, 부주의 또는 오해로 인하여 입증하지 아니하는 것이 명백한 경우에 한하여 인정되는 것이고 다툼이 있는 사실에 관하여 입증이 없는 모든 경우에 법원이 심증을 얻을 때까지 입증을 촉구하여야 하는 것은 아니고, 또한 당사자가 입증 취지로 제출하고 있는 자료가 있다고 할지라도 그 안에 특별한 내용이 담겨 있지 않거나 이미 제출된 증거를 보충하는 취지에 불과한 경우에는 변론 전체의 취지로서 참작될 수 있을 터이므로 법원이 이를 반드시 증거로 제출하도록 촉구할 석명의무를 부담하는 것은 아니다(대판 1998.2.27. 97다38422). 또한 입증책임을 진 당사자에게 주의를 환기시켜 입증을 촉구할 책임이 있다는 것이지 구체적으로 입증방법까지 지시하여 증거신청을 종용할 수는 없다(대판 1964.11.10. 64다325).

2) 적극적 석명

① **문제점** : 증거자료에 대해서는 법원이 보충적으로 직권증거조사를 할 수 있기 때문에 사실자료보다 적극적으로 증명촉구를 할 수 있다. 특히 적극적 증명촉구가 문제되는 것은 불법행위나 채무불이행에 기한 손해배상책임이 인정되지만 배상액에 대하여 증명이 없는 경우이다.

② **학설** : 손해발생사실은 인정되나 손해액에 대한 증명이 없는 경우 이에 대한 증명촉구에 대해 소극적 석명으로 보는 견해도 있으나 손해발생사실과 손해액은 별개의 요건사실이므로 적극적 석명으로 보는 견해가 타당하다고 판단된다.

③ **법원의 조치** : 이러한 경우에 배상액에 대한 아무런 증명이 없다고 하여 청구기각을 할 것이 아니라 적극적으로 석명권을 발동하여 증명을 촉구할 의무가 있고(대판 2010.3.25. 2009다88617), 경우에 따라 직권으로 손해액을 심리·판단하여야 한다(대판 1992.4.28. 91다29972). 그러나 법원의 증명 촉구에도 불구하고 원고가 이에 응하지 아니하면서 손해액에 관하여 나름의 주장을 펴고 그에 관하여만 증명을 다하고 있는 경우라면, 법원이 굳이 스스로 적정하다고 생각하는 손해액 산정 기준이나 방법을 적극적으로 원고에게 제시할 필요까지는 없다(대판 2010.3.25. 2009다88617).

④ 적극적 석명을 인정한 사례

> **[불법행위로 인한 손해발생사실은 인정되나 손해액에 관한 증명이 불충분한 경우]**
> 불법행위로 인하여 손해가 발생한 사실이 인정되는 경우에는 법원은 손해액에 관한 당사자의 주장과 증명이 미흡하더라도 적극적으로 석명권을 행사하여 증명을 촉구하여야 하고 경우에 따라서는 직권으로라도 손해액을 심리 판단하여야 하나, 법원의 증명 촉구에도 불구하고 원고가 이에 응하지 아니하면서 손해액에 관하여 나름의 주장을 펴고 그에 관하여만 증명을 다하고 있는 경우라면, 법원이 굳이 스스로 적정하다고 생각하는 손해액 산정 기준이나 방법을 적극적으로 원고에게 제시할 필요까지는 없다(대판 2010.3.25. 2009다88617).
>
> **[채무불이행으로 인한 손해배상책임이 인정되나 손해액에 관한 입증이 불충분한 경우]**
> 채무불이행으로 인한 손해배상책임이 인정된다면 손해액에 관한 입증이 불충분하다 하더라도 법원은 그 이유만으로 손해배상청구를 배척할 것이 아니라 그 손해액에 관하여 적극적으로 석명권을 행사하고 입증을 촉구하여 이를 밝혀야 하는 것이다(대판 2008.2.14. 2006다37892).
>
> **[유익비상환청구권이 인정되나 그 상환액에 관한 입증이 없을 경우]**
> 점유자의 회복자에 대한 유익비상환청구권이 인정된다면 그 상환액에 관한 점유자의 입증이 없더라도 법원은 이를 이유로 유익비상환청구를 배척할 것이 아니라 석명권을 행사하여 점유자에 대하여 상환액에 관한 입증을 촉구하는 등 상환액에 관하여 심리판단하여야 한다(대판 1993.12.28. 93다30471).
>
> **[매매계약해제로 인한 원물반환의무가 이행불능이 되어 이행불능 당시 가액의 반환채권이 인정되나 그에 관한 당사자의 주장·입증이 미흡한 경우]**
> 부동산에 관한 매매계약의 해제로 인한 원상회복의무가 이행불능이 되어 이행불능 당시 가액의 반환채권이 인정되는 경우, 법원으로서는 이행불능 당시의 당해 부동산의 가액에 관한 원고의 주장·입증이 미흡하더라도 적극적으로 석명권을 행사하여 주장을 정리함과 함께 입증을 촉구하여야 하고, 경우에 따라서는 직권으로라도 그 가액을 심리·판단하여야 한다(대판 1998.5.12. 96다47913).

⑤ 손해배상액수의 산정에 대한 개정 민사소송법의 태도
- ㉠ 법 제202조의2 : 손해가 발생한 사실은 인정되나 구체적인 손해의 액수를 증명하는 것이 사안의 성질상 매우 어려운 경우에 법원은 변론 전체의 취지와 증거조사의 결과에 의하여 인정되는 모든 사정을 종합하여 상당하다고 인정되는 금액을 손해배상 액수로 정할 수 있다.
- ㉡ 판 례
  - ㉮ 불법행위로 인한 손해배상청구소송에서 손해가 발생한 사실은 인정되나 구체적인 손해의 액수를 증명하는 것이 사안의 성질상 매우 어려운 경우에 법원은 증거조사의 결과와 변론 전체의 취지에 의하여 밝혀진 당사자들 사이의 관계, 불법행위와 그로 인한 재산적 손해가 발생하게 된 경위, 손해의 성격, 손해가 발생한 이후의 여러 정황 등 관련된 모든 간접사실을 종합하여 적당하다고 인정되는 금액을 손해배상 액수로 정할 수 있다(대판 2017.9.26. 2014다27425).
  - ㉯ 민사소송법 제202조의2는 특별한 정함이 없는 한 채무불이행이나 불법행위로 인한 손해배상뿐만 아니라 특별법에 따른 손해배상에도 적용되는 일반적 성격의 규정이다. 손해가 발생한 사실이 인정되나 구체적인 손해의 액수를 증명하는 것이 매우 어려운 경우에는 법원은 손해배상청구를 쉽사리 배척해서는 안 되고, 적극적으로 석명권을 행사하여 증명을 촉구하는 등으로 구체적인 손해액에 관하여 심리하여야 한다. 그 후에도 구체적인 손해액을 알 수 없다면 손해액 산정의 근거가 되는 간접사실을 종합하여 손해액을 인정할 수 있다(대판 2020.3.26. 2018다301336).

(4) 법률적 사항에 대한 지적의무

1) 지적의무의 의의

지적의무란 당사자가 간과했음이 분명하다고 인정되는 법률상 사항에 관해 당사자에게 의견을 진술할 기회를 주는 것을 말한다(민소법 제136조 제4항).

2) 지적의무의 취지

간과한 법률적 사항에 대해 진술할 기회를 주고 재판함으로써 당사자를 보호하려는 것이다. 종래 석명의무(민소법 제136조 제1항)와의 관계에 대해 지적의무는 뿌리를 달리하는 제도라는 견해도 있으나 입법과정상 석명권의 보강차원에서 지적의무가 논의된 점, 조문체계상 제136조 제1항과 제4항이 모두 석명권으로 규정된 것을 감안할 때 종래 석명권을 법률적 측면에서 강화한 것이라는 견해가 타당하다고 판단된다.

3) 지적의무의 요건

① 당사자가 간과하였음이 분명한 경우일 것 : 통상인의 주의력을 가진 당사자를 기준으로 당사자가 부주의 또는 오해로 인해 명백히 간과한 법률상 사항이 있거나 당사자의 주장이 법률상의 관점에서 보아 모순이나 불명료한 점이 있는 경우이어야 한다(대판 2003.1.10. 2002다41435). 지적의무는 의외의 재판을 방지하자는 것이므로 실질적으로 변론의 대상이 되었던 것은 지적의무가 없다.

② 법률상 사항일 것 : 지적의무의 대상은 법률상의 사항을 대상으로 한다. 따라서 사실상 사항은 지적의무의 대상이 아니다. 여기서 법률상의 사항이란 사실관계에 대한 법규적용사항인 법률적 관점을 말하며 기본적이고 주요한 법률적 관점만이 지적의 대상이 된다. 법률상 사항에 불분명·불완전한 점이 있을 때에 소극적 석명은 당연히 인정되며 본 규정에 의해 당사자가 간과하고 주장하지도 아니한 법률적 관점에 대한 적극적 석명도 인정된다. 당사자에 의하여 특정된 소송물과 제출된 사실자료의 범위 안에서 적용될 수 있는 법률적 사항에 대한 지적이어야지 이를 벗어난 법률적 사항에 대해서 의견진술의 기회를 줄 수는 없다.

③ 재판의 결과에 영향이 있을 것 : 재판결과에 영향이 있는 것만 지적의무의 대상이고 부수적 의견은 지적의무가 없다.

④ 의견진술의 기회를 줄 것 : 불이익을 받을 당사자에게 의견진술할 기회를 부여함으로써 그 주장을 법률적으로 명쾌하게 정리할 기회를 주어야 한다(대판 2009.11.12. 2009다42765). 법원이 자신의 견해를 밝힐 필요는 없다. 이익을 받을 당사자로 하여금 상대방에게 지적하였음을 알고 있게 하여야 한다.

4) 위반의 효과

지적의무 위반은 다른 석명의무 위반처럼 소송절차 위반으로 판결결과에 영향을 미친 경우에 상고할 수 있는 일반적 상고이유가 된다(대판 1995.11.14. 95다25923).

5) 지적의무를 인정한 사례

1 **소송물의 법적 관점에 대한 지적의무**

[사용자책임에 대하여 환경정책기본법상의 책임을 인정할 경우의 지적]

이 사건 소송의 심리과정에 비추어 볼 때, 환경정책기본법 제31조 제1항은 불법행위에 관한 민법 규정의 특별 규정이라고 할 것이므로 환경오염으로 인하여 손해를 입은 자가 환경정책기본법에 의하여 손해배상을 주장하지 않았다고 하더라도 법원은 민법에 우선하여 환경정책기본법을 적용하여야 하지만, 이 사건 원심 변론종결 당시까지 당사자 사이에는 건축주인 피고 1 주식회사가 위 지하 터파기 및 흙막이 공사의 도급 또는 지시에 관하여 중대한 과실이 있거나, 원심공동피고 주식회사를 구체적으로 지휘·감독함에 따른 사용자 책임이 있는지 여부에 대하여만 다투어졌을 뿐, 피고 1 주식회사가 환경정책기본법 제31조 제1항에 의한 책임을 지는지 여부에 대하여는 당사자 사이에 전혀 쟁점이 된 바가 없었고 원심도 그에 대하여 피고 1 주식회사에 의견진술의 기회를 주거나 석명권을 행사한 바 없음을 알 수 있다. 그럼에도, 원심이 피고 1 주식회사에 대하여 환경정책기본법 제31조 제1항에 의한 손해배상책임을 인정한 것은 당사자가 전혀 예상하지 못한 법률적인 관점에 기한 예상외의 재판으로서 당사자에게 불의의 타격을 가하였을 뿐 아니라 석명의무를 다하지 아니하여 심리를 제대로 하지 아니한 것이라 할 것이고, 이러한 위법은 판결 결과에 영향을 미쳤음이 분명하다(대판 2008.9.11. 2006다50338).

[환지약정을 원인으로 한 소유권이전등기절차이행청구를 주장하는지에 대한 지적]
원고가 사실심에서 환지약정을 원인으로 한 소유권이전등기청구권에 대하여 분명하게 주장한 흔적이 보이지 아니하나 환지약정에 관한 서증을 제출하고 있고, 또한 증인신문을 구하고 있는 점에 비추어 보면, 원고로서는 피고에 대하여 환지약정을 원인으로 한 소유권이전등기절차이행을 구하려는 취지도 엿보이고, 비록 원고가 주위적 청구취지 및 청구원인을 같은 날짜의 증여를 원인으로 한 소유권이전등기절차이행청구라고 주장한다 할지라도, 이는 원고의 법률적 견해의 착오에 기인한 것이라고 볼 여지도 있다면, 원심으로서는 마땅히 석명권을 행사하여 원고의 의사가 그 청구의 동일성이 인정되는 한도 내인 같은 날짜의 환지약정을 원인으로 한 소유권이전등기절차이행청구를 주장하려는 취지인지를 명백히 하였어야 한다(대판 1995.2.10. 94다16601).

2 청구의 법적 근거에 관한 지적의무

[채무불이행과 불법행위에 기한 손해배상청구의 지적]
손해배상청구의 법률적 근거는 이를 계약책임으로 구성하느냐 불법행위책임으로 구성하느냐에 따라 요건사실에 대한 증명책임이 달라지는 중대한 법률적 사항에 해당하므로, 당사자가 이를 명시하지 않은 경우 석명권을 행사하여 당사자에게 의견 진술의 기회를 부여함으로써 당사자로 하여금 그 주장을 법률적으로 명쾌하게 정리할 기회를 주어야 한다(대판 2009.11.12. 2009다42765).

[소유권에 기한 인도청구에 대해 대위청구로 판단할 경우의 지적]
소유권에 기한 건물인도의 청구와 채권자대위권에 기한 건물인도의 청구는 법률효과에 관한 요건사실이 다름에도 불구하고, 건물의 소유권을 취득하였음을 전제로 건물의 인도를 구하는 청구에 그 건물을 원시취득한 매도인을 대위하여 건물의 인도를 구하는 취지가 포함되어 있다고 보아 원심 변론종결 시까지 주장하지도 아니한 위 채권자대위권에 기한 건물인도 청구에 기초하여 상대방에게 의견진술의 기회조차 부여하지 아니한 채 그 청구를 인용한 것은 거기에는 변론주의 원칙에 위반하여 판결 결과에 영향을 미친 위법이 있다고 할 것이다(대판 2007.7.26. 2007다19006).

3 소송요건에 대한 지적의무

[간과한 피고적격에 대한 지적]
가등기와 가등기이전의 부기등기의 말소를 구하는 소송에서 가등기의 피담보채권의 발생 여부에 대한 쟁점에 관하여만 심리가 되어 제1심에서 본안에 관하여 판단하고, 원심에서 역시 피고적격이나 가등기부기등기의 말소방법에 관한 석명이나 변론이 없이 제1심판결을 취소하고 소각하판결을 한 사안에서, 원심이 피고적격 등의 문제를 재판의 기초로 삼기 위하여는 원고로 하여금 이 점에 관하여 변론을 하게 하고, 필요한 경우 청구취지 등을 변경할 기회를 주었어야 할 것인데도 이에 이르지 아니한 채 이 점을 재판의 기초로 삼아 소를 각하한 것은 원고가 전혀 예상하지 못한 법률적인 관점에 기한 예상외의 재판으로 원고에게 불의의 타격을 가하였을 뿐 아니라 석명의무를 다하지 아니하여 심리를 제대로 하지 아니한 것이다(대판 1994.10.21. 94다17109).

[간과한 원고적격에 대한 지적]

甲이 乙의 丙에 대한 점유취득시효를 원인으로 한 소유권이전등기청구권 중 일부 지분을 상속받았다고 주장하면서 丁을 상대로 丙의 丁에 대한 소유권이전등기의 말소등기청구권을 대위하여 전부말소를 구한 사안에서, 甲의 상속지분을 넘는 부분에 관하여는 보전의 필요성이 없다는 점을 지적하거나 甲이 주장한 상속지분이 증거에 의하여 인정되는 상속지분과 일치하지 아니함에도 아무런 석명을 하지 아니한 채 甲이 주장하는 지분을 초과하는 부분에 관하여 보전의 필요성이 없다는 이유로 소를 각하한 원심판결에 석명의무를 다하지 아니하여 심리를 제대로 하지 않은 잘못이 있다(대판 2014.10.27. 2013다25217).

[청구취지 불특정에 대한 지적]

민사소송에서 청구의 취지는 내용 및 범위를 명확히 알아볼 수 있도록 구체적으로 특정되어야 하고 청구취지의 특정 여부는 직권조사사항이므로, 청구취지가 특정되지 않은 경우에는 법원은 직권으로 보정을 명하고 보정명령에 응하지 않을 때에는 소를 각하하여야 한다. 이 경우 당사자가 부주의 또는 오해로 인하여 청구취지가 특정되지 아니한 것을 명백히 간과한 채 본안에 관하여 공방을 하고 있는데도 보정의 기회를 부여하지 아니한 채 당사자가 전혀 예상하지 못하였던 청구취지 불특정을 이유로 소를 각하하는 것은 석명의무를 다하지 아니하여 심리를 제대로 하지 아니한 것으로서 위법하다(대판 2014.3.13. 2011다111459).

[부제소합의에 대한 지적]

부제소합의는 소송당사자에게 헌법상 보장된 재판청구권의 포기와 같은 중대한 소송법상의 효과를 발생시키는 것으로서 그 합의 시에 예상할 수 있는 상황에 관한 것이어야 유효하고, 그 효력의 유무나 범위를 둘러싸고 이견이 있을 수 있는 경우에는 당사자의 의사를 합리적으로 해석한 후 이를 판단하여야 한다. 따라서 당사자들이 부제소합의의 효력이나 그 범위에 관하여 쟁점으로 삼아 소의 적법 여부를 다투지 아니하는데도 법원이 직권으로 부제소합의에 위배되었다는 이유로 소가 부적법하다고 판단하기 위해서는 그와 같은 법률적 관점에 대하여 당사자에게 의견을 진술할 기회를 주어야 하고, 부제소합의를 하게 된 동기 및 경위, 그 합의에 의하여 달성하려는 목적, 당사자의 진정한 의사 등에 관하여도 충분히 심리할 필요가 있다. 법원이 그와 같이 하지 않고 직권으로 부제소합의를 인정하여 소를 각하하는 것은 예상외의 재판으로 당사자 일방에게 불의의 타격을 가하는 것으로서 석명의무를 위반하여 필요한 심리를 제대로 하지 아니하는 것이다(대판 2013.11.28. 2011다80449).

4 청구의 변경과 관련된 지적의무

[진정명의회복등기의 법리를 이해하지 못하고 한 청구의 교환적 변경에 대한 지적]

소유권보존등기의 말소등기청구소송의 제1심에서 승소한 원고가 원심인 항소심에서 자기 앞으로 소유권을 표상하는 등기가 되어 있지 않았고 법률에 의하여 소유권을 취득하지도 않았다는 종전의 주장을 그대로 유지한 채 진정명의회복을 위한 소유권이전등기절차의 이행을 청구하는 새로운 청구를 제기한 경우, 원심으로서는 원고의 소변경신청에 법률적 모순이 있음을 지적하고 원고에게 의견을 진술할 기회를 부여함으로써 원고로 하여금 청구와 주장을 법률적으로 합당하게 정정할 수 있는 기회를 부여하여야 함에도 이러한 조치를 취하지 아니한 위법이 있다(대판 2003.1.10. 2002다41435).

[항소 또는 부대항소를 하면서 당초의 청구를 취하하는지 명백히 하지 않은 경우의 지적]

소의 변경이 교환적인가 추가적인가 또는 선택적인가의 여부는 기본적으로 당사자의 의사해석에 의할 것이므로 당사자가 구 청구를 취하한다는 명백한 표시 없이 새로운 청구로 변경하는 등으로 그 변경형태가 불분명한 경우에는 사실심법원으로서는 과연 청구변경의 취지가 교환적인가 추가적인가 또는 선택적인가의 점을 석명할 의무가 있다. 또한, 당사자가 부주의 또는 오해로 인하여 증명하지 아니한 것이 분명하거나 쟁점으로 될 사항에 관하여 당사자 사이에 명시적인 다툼이 없는 경우에는 법원은 석명을 구하고 증명을 촉구하여야 하고, 만일 당사자가 전혀 의식하지 못하거나 예상하지 못하였던 법률적 관점을 이유로 법원이 청구의 당부를 판단하려는 경우에는 그 법률적 관점에 대하여 당사자에게 의견진술의 기회를 주어야 하며, 그와 같이 하지 않고 예상외의 재판으로 당사자 일방에게 불의의 타격을 가하는 것은 석명의무를 다하지 아니하여 심리를 제대로 하지 아니한 위법을 범한 것이 된다(대판 2009.1.15. 2007다51703).

5 청구권 범위에 대한 지적의무

[상속분의 범위 내에서만 보험금을 청구할 수 있다는 것에 대한 지적]

원고가 제1심법원에 피고 추가신청을 하면서 망인의 상속인으로 배우자인 피고 외에 자녀로 소외 2, 소외 3이 있음을 알 수 있는 가족관계증명서를 제출하면서도 피고는 그 상속분의 범위 내에서만 보험금을 청구할 수 있다는 주장을 명시적으로 하지 않은 채 망인의 사망이 일반상해사망에 해당하지 않는다는 주장만을 한 것은 부주의 또는 오해로 명백히 법률상의 사항을 간과한 것으로 볼 수 있으므로, 법원으로서는 적극적으로 석명권을 행사하여 당사자에게 의견 진술의 기회를 주고, 그에 따라 피고의 상속분에 관하여 나아가 심리해 보았어야 할 것이다. 그럼에도 이에 이르지 아니한 것은 법원의 석명의무에 관한 법리를 오해하여 필요한 심리를 다하지 아니함으로써 판결에 영향을 미친 잘못을 범한 것이다(대판 2017.12.22. 2015다236820).

5. 석명권의 행사

석명권은 소송지위권으로 합의부에서는 재판장이, 단독의 경우 그 판사가 행사한다. 합의부원은 재판장에게 알리고 석명권을 할 수 있다(민소법 제136조 제1항·제2항). 당사자는 필요한 경우 재판장에게 상대방에 대하여 설명을 요구하여 줄 것을 요청할 수 있다(민소법 제136조 제3항).

6. 석명처분

법원은 소송관계를 분명하게 하기 위하여 ① 당사자 본인 또는 그 법정대리인에게 출석하도록 명하는 일, ② 소송서류 또는 소송에 인용한 문서, 그 밖의 물건으로서 당사자가 가지고 있는 것을 제출하게 하는 일, ③ 당사자 또는 제3자가 제출한 문서, 그 밖의 물건을 법원에 유치하는 일, ④ 검증을 하고 감정을 명하는 일, ⑤ 필요한 조사를 촉탁하는 일 등의 처분을 할 수 있다(민소법 제140조).

제4관 | 적시제출주의

I 의 의

당사자가 공격방어방법을 소송의 정도에 따라 적절한 시기에 제출하여야 한다는 입장이다(민소법 제146조). 소송촉진과 집중심리를 도모하려는 취지이다.

II 적시제출주의의 내용

1. 재정기간제도

재판장이 당사자의 의견을 들어 한쪽 또는 양쪽 당사자에 대하여 특정한 사항에 관하여 주장을 제출하거나 증거를 신청할 기간을 정하고 당사자가 그 기간을 넘긴 때에는 주장을 제출하거나 증거를 신청할 수 없도록 하는 제도이다(민소법 제147조 제1항·제2항 본문). 다만, 당사자가 정당한 사유로 그 기간 이내에 제출 또는 신청하지 못하였다는 것을 소명한 경우에는 그러하지 아니하다(민소법 제147조 제2항 단서).

2. 실기한 공격방어방법의 각하

(1) 의 의

실기한 공격방어방법을 각하함으로서 당사자에게 적기에 사실자료와 증거자료를 제출(민소법 제149조)하게 하여 소송촉진과 집중심리 등 적시제출주의의 실효성을 확보하고 있다.

(2) 요 건

1) 적시제출주의를 어기고 늦게 제출할 것

늦게 제출하였는지의 여부는 새로운 공격방어방법이 구체적인 소송의 진행정도에 비추어 당사자가 과거에 제출을 기대할 수 있었던 객관적 사정이 있었는데도 이를 하지 않은 것인지 상대방과 법원에 새로운 공격방어방법을 제출하지 않을 것이라는 신뢰를 부여했는지 여부 등을 고려해야 한다.

> **□ 적시제출주의를 어기고 늦게 제출하였는지 여부에 대한 사례**
>
> **[시기에 늦은 유치권항변의 각하]**
> 건물철거와 대지명도의 청구사건에 있어서 제1심에서 유치권의 항변을 주장할 수 있었을 뿐만이 아니라 제2심의 1,2,3차 변론기일에까지도 그 항변을 주장할 수 있었을 것인데 만연히 주장을 하지 않고 제4회 변론기일에 비로소 그 주장을 한 것은 시기에 늦어서 방어방법을 제출한 것이라 볼 것이고 만일 항변의 제출을 허용한다면 소송의 완결에 지연을 가져올 것은 분명하다(대판 1962.4.4. 4294민상1122).
>
> **[항소심에서 새로운 공격·방어방법이 제출된 경우]**
> [1] 민사소송법 제149조에 정한 실기한 공격·방어방법이란 당사자가 고의 또는 중대한 과실로 소송의 정도에 따른 적절한 시기를 넘겨 뒤늦게 제출하여 소송의 완결을 지연시키는 공격 또는 방어의 방법을 말한다. 여기에서 적절한 시기를 넘겨 뒤늦게 제출하였는지를 판단함에는 새로운 공격·방어방법이 구체적인 소송의 진행정도에 비추어 당사자가 과거에 제출을 기대할 수 있었던 객관적 사정이 있었는데도 이를 하지 않은 것인지, 상대방과 법원에 새로운 공격·방어방법을 제출하지 않을 것이라는 신뢰를 부여하였는지 여부 등을 고려해야 한다. 항소심에서 새로운 공격·방어방법이 제출된 경우에는 특별한 사정이 없는 한 항소심뿐만 아니라 제1심까지 통틀어 시기에 늦었는지를 판단해야 한다. 나아가 당사자의 고의 또는 중대한 과실이 있는지를 판단함에는 당사자의 법률지식과 함께 새로운 공격·방어방법의 종류, 내용과 법률구성의 난이도, 기존의 공격·방어방법과의 관계, 소송의 진행경과 등을 종합적으로 고려해야 한다.
> [2] 원심판결 이유와 기록에 의하여 인정되는 다음과 같은 사정에 비추어 보면, 피고의 이 사건 주장이 실기한 공격·방어방법에 해당한다거나 이 사건 주장을 적절한 시기에 제출하지 않은 데 고의 또는 중대한 과실이 있다고 단정하기 어렵다. (1) 피고는 본인소송으로 이 사건 소송을 진행하였는데, 제1심판결이 선고되자 항소하면서 바로 항소이유서에서 이 사건 주장을 하였다. (2) 이 사건 주장은 사실로 인정될 경우 이 사건 매매계약이 무효로 될 수도 있는 공격·방어방법에 해당한다. 약 6개월 정도에 걸쳐 진행된 제1심에서 피고가 이 사건 주장을 하지는 않았지만 원심 제1차 변론기일 이전에 이미 이 사건 주장을 한 것이기 때문에 원심이 이를 심리하기 위하여 추가로 오랜 심리기간이 필요할 것이라고 단정할 수 없다. 그런데도 원심은 피고의 이 사건 주장을 실기한 공격·방어방법에 해당한다고 보아 이를 각하하였다. 원심의 이러한 조치에는 실기한 공격·방어방법에 관한 법리를 오해하여 판결 결과에 영향을 미친 위법이 있다(대판 2017.5.17. 2017다1097).

> **[변론재개의무와 실기한 공격방어방법]**
> 법원이 변론을 재개할 의무가 있는 예외적 요건 등을 갖추지 못하여 법원이 변론을 재개할 의무가 없는데도 변론이 재개될 것을 가정한 다음, 그와 같이 가정적으로 재개된 변론의 기일에서 새로운 주장·증명을 제출할 경우 실기한 공격방어방법으로 각하당하지 아니할 가능성이 있다는 사정만으로 법원이 변론을 재개할 의무가 생긴다고 할 수는 없다. 다만, <u>실제로 법원이 당사자의 변론재개신청을 받아들여 변론재개를 한 경우에는 소송관계는 변론재개 전의 상태로 환원되므로</u>, 그 재개된 변론기일에서 제출된 주장·증명이 실기한 공격방어방법에 해당되는지 여부를 판단함에 있어서는 변론재개 자체로 인한 소송완결의 지연은 고려할 필요 없이 민사소송법 제149조 제1항이 규정하는 요건을 충족하는지를 기준으로 그 해당 여부를 판단하면 된다(대판 2010.10.28, 2010다20532).

2) 당사자에게 고의 또는 중과실이 있을 것

당사자에게 고의 또는 중과실이 있는지 여부는 당사자의 법률지식 정도를 고려해야 하므로 본인소송의 경우는 변호사가 대리하는 소송과는 달리 판단해야 할 것이다. 또한 공격방어방법의 종류도 고려해야 한다. 따라서 예비적 주장이나 출혈적인 상계항변, 지상물매수청구권은 일찍 행사하는 것을 기대하기 어려우므로 되도록 중과실을 부정할 것이다. 판례도 같은 취지에서 피고가 약정해제권을 행사하기 위해서 계약금의 배액을 배상해야 할 경우 약정해제권의 행사는 상계항변, 건물매수청구권의 행사 등과 같이 조기에 그 행사를 기대할 수 없으므로 이를 제1심에서 패소한 후 원심에서 행사하였다는 등의 사정만으로는 이를 실기한 공격방어방법에 해당한다고 할 수 없다(대판 2004.12.9, 2004다51054)고 한다.

3) 공격방어방법을 늦게 제출할 것

① **문제점** : 공격방어방법만 각하되므로 소변경, 반소 등은 각하대상이 아니다. 쟁점에 관하여 유일한 증거도 각하대상이 되는지 문제 된다.

② **학설** : 유일한 증거라고 하여 각하대상이 될 수 없다면 소송의 신속을 도모할 수 없으므로 각하대상이 된다는 긍정설과 실기한 공격방어방법을 각하시켜 달성하려는 소송의 신속이란 가치가 유일한 증거까지 무시하면서 달성할 가치는 아니라고 하여 이를 부정하는 부정설이 대립하고 있다.

③ **판례** : 유일한 증거라도 이를 각하할 수 있다(대판 1968.1.31, 67다2628)고 한 사례와 각하할 수 없다(대판 1962.7.26, 62다315)고 한 사례가 있다.

④ **검토** : 유일한 증거는 조사함이 원칙이지만 부적법한 증거신청까지 받아 주어야 한다고 볼 수 없으므로 시기에 늦은 것은 각하할 수 있다고 보는 것이 타당하다.

4) 소송의 완결이 지연될 것

① **학설** : 지연의 의미에 대하여 제출된 공격방어방법이 없으면 곧 변론을 종결시킬 수 있는데 이 때문에 새로 기일을 열어야 한다면 지연으로 이해하는 절대설과 적시에 제출한 경우보다 소송이 지연되는 경우만 지연으로 이해하는 상대설이 대립하고 있다.

② **검토** : 생각건대 적시에 제출하였더라도 지연되었을 것인지 여부는 판단이 어려우므로 절대설이 타당하다고 판단된다.

(3) 효 과

각하 여부는 법원의 직권으로 또는 상대방의 신청에 따라 결정으로 재판한다. 각하 여부는 법원의 재량이다. 각하된 경우 독립하여 항고할 수 없고 종국판결에 대한 상소로 다툰다. 그러나 각하신청이 배척된 경우 법원의 소송지위에 관한 사항이므로 불복할 수 없다.

(4) 관련 판례

1) 소송완결이 지연되지 않는다는 이유로 상계항변을 각하하지 않는 경우

법원은 당사자의 고의 또는 중대한 과실로 시기에 늦게 제출한 공격 또는 방어방법이 그로 인하여 소송의 완결을 지연하게 하는 것으로 인정될 때에는 이를 각하할 수 있고, 이는 독립된 결정의 형식으로 뿐만 아니라 판결이유 중에서 판단하는 방법에 의하여 할 수도 있으나, 법원이 당사자의 공격방어방법에 대하여 각하결정을 하지 아니한 채 그 공격방어방법에 관한 증거조사까지 마친 경우에 있어서는 더 이상 소송의 완결을 지연할 염려는 없어졌으므로, 그러한 상황에서 새삼스럽게 판결이유에서 당사자의 공격방어방법을 각하하는 판단은 할 수 없고, 더욱이 실기한 공격방어방법이라 하더라도 어차피 기일의 속행을 필요로 하고 그 속행기일의 범위 내에서 공격방어방법의 심리도 마칠 수 있거나 공격방어방법의 내용이 이미 심리를 마친 소송자료의 범위 안에 포함되어 있는 때에는 소송의 완결을 지연시키는 것으로 볼 수 없으므로, 이와 같은 경우에도 각하할 수 없다고 보아야 한다. 그런데 기록에 의하면, 피고들 소송대리인은 피고들의 항소제기 후 원심의 제1차 변론기일에서 진술한 1998.3.5.자 항소이유서에서 이 사건 상계주장을 하고, 원심의 변론을 종결한 제8차 변론기일에서 그에 대한 서증(을 제5호증)을 제출하였으나, 원심은 위 주장에 대한 심리뿐만 아니라 원고의 신체재감정 등 쌍방의 여러 가지 다른 주장 및 입증에 대한 심리를 위 제8차 변론기일까지 계속하여 왔음을 알 수 있고, 위 상계주장 및 그에 대한 증거조사로 인하여 소송의 완결이 지연되었다는 사정을 찾아볼 수 없다. 따라서 원심이 피고들 소송대리인의 위 상계주장이 실기한 공격방어방법이라 하여 이를 각하하지 않고 그의 당부에 관하여 심리·판단한 조치는 정당하고, 거기에 상고이유에서 주장하는 바와 같이 실기한 공격방어방법에 관한 법리를 오해한 위법이 있다고 할 수 없다(대판 1999.2.26. 98다52469).

2) 소송완결이 지연된다는 이유로 상계항변을 각하한 경우

피고는 스스로 환송 전 원심에서 상계항변을 할 수 있음을 알고 있었지만 상고이유 제4점의 내용이 된 부제소합의의 주장으로 충분히 승산이 있다고 생각하여 상계항변을 하지 아니한 것이라고 주장함으로써 그 항변을 하지 아니한 것이 의도적이거나 또는 속단에 인한 것임을 자인하고 있는바, 이는 그 자체로 고의 또는 중대한 과실로 평가될 수 있는 점, 부당하게 근저당권설정등기가 마쳐짐으로써 토지 소유자가 입은 손해는 그 채권최고액이 아니라 피담보채무 상당액이라고 할 것인데, 이 사건에서 피고는 위 상계항변과는 모순되는 내용으로 김주현의 근저당권은 원인무효이어서 그 피담보채무가 존재하지 않는다는 주장과 입증만 계속하였을 뿐, 그 피담보채무의 존재와 액수에 대한 주장과 입증은 거의 하지 아니하였으므로 상계적상에 있는 자동채권의 존재 자체도 의심스럽고, 위 상계항변의 당부를 판단하기 위해서는 원심이 판시한 바와 같은 새로운 증거조사가 필요하므로 그로 인하여 이 사건 소송의 완결을 지연시키게 된다고 하지 않을 수 없는 점, 실기한 공격방어방법의 각하는 상대방의 신청이 없더라도 법원이 직권으로 할 수 있는 점 등에 비추어 보면, 환송 전 원심 소송절차에서 상계항변을 할 기회가 있었음에도 불구하고 환송 후 원심 소송절차에서 비로소 주장하는 상계항변은 실기한 공격방어방법에 해당하므로 원심의 위와 같은 조치는 정당하다(대판 2005.10.7. 2003다44387).

제1편

제2편

제3편

제4편

제5편

제6편

제7편

3. 적시제출주의의 확보를 위한 기타의 수단

① 석명에 불응하는 공격방어방법의 각하
② 준비절차를 거친 경우의 새로운 주장제한(민소법 제285조)
③ 중간판결의 내용과 저촉되는 주장의 제한(민소법 제201조)
④ 상고이유서 제출기간이 지난 뒤의 새로운 상고이유의 제한(민소법 제429조)
⑤ 답변서제출의무(민소법 제256조)
⑥ 방소항변(민소법 제30조, 제118조)

Ⅲ 적시제출주의의 예외

적시제출주의는 변론주의가 적용되는 부분에 한정되며 절차의 촉진보다 실체적 진실발견의 요청이 선행되는 직권탐지주의나 직권조사사항에 대해서는 적용이 배제된다.

제3절 변론의 준비

제1관 | 준비서면

Ⅰ 서 설

준비서면이란 당사자가 변론에서 말하려는 사실상·법률상 사항을 기재하여 변론기일 전에 미리 제출하는 서면을 말한다. 법원이 이를 상대방에게 송달함으로써 상대방이 미리 사안을 파악하고 변론에 임할 수 있도록 함으로써 변론기일에서 집중심리를 도모할 수 있도록 하기 위한 것이다. 준비서면에는 통상의 준비서면, 답변서, 요약준비서면이 포함된다.

Ⅱ 준비서면의 판단기준

준비서면인지 여부는 서면의 표제가 아니라 내용에 의해 정해진다. 준비서면의 제출만으로는 소송자료가 될 수 없으며 소송자료가 되기 위해서는 당사자가 변론에서 진술하거나 진술간주(민소법 제148조)가 되어야 한다. 판례에 의하면 준비서면에 취득시효완성에 관한 주장사실이 기재되어 있다 하더라도 그 준비서면이 변론기일에서 진술된 흔적이 없다면 취득시효완성의 주장에 대한 판단유탈의 위법이 있다 할 수 없다(대판 1983.12.27. 80다1302)고 한다.

Ⅲ 준비서면의 제출 · 교환

변론은 집중되어야 하며, 당사자는 변론을 서면으로 준비하여야 한다. <u>단독사건의 변론은 서면으로 준비하지 아니할 수 있다</u>. 다만, 상대방이 준비하지 아니하면 진술할 수 없는 사항은 그러하지 아니하다(민소법 제272조). 준비서면은 그것에 적힌 사항에 대하여 상대방이 준비하는 데 필요한 기간을 두고 제출하여야 하며, 법원은 상대방에게 그 부본을 송달하여야 한다(민소법 제273조). 새로운 공격방어방법을 포함한 준비서면은 변론기일 또는 변론준비기일의 7일 전까지 상대방에게 송달될 수 있도록 적당한 시기에 제출하여야 한다(민소규칙 제69조의3).

Ⅳ 준비서면의 제출 · 부제출의 효과

1. 준비서면의 제출의 효과

(1) 자백간주

준비서면을 제출하고 출석한 자는 준비서면에 적은 사실에 대하여 상대방이 출석하지 않은 경우에도 변론에서 주장할 수 있다. 준비서면에 적은 사실에 대하여 상대방이 불출석한 경우 또는 출석하여 다투지 않은 경우에 자백간주의 이익을 얻을 수 있다(민소법 제150조 제1항 · 제3항).

(2) 진술간주

변론기일에 출석하지 않거나 출석하여 본안에 관해 변론하지 않을 때에는 그가 제출한 서면에 적힌 사항을 진술한 것으로 보고 출석한 상대방에게 변론을 명할 수 있다(민소법 제148조 제1항).

(3) 실권효의 배제

변론준비기일에 제출하지 않은 공격방어방법은 그 뒤 변론기일에서 제출할 수 없음이 원칙이나 준비서면에 적힌 사항은 준비기일에 제출하지 않았어도 변론에서 주장할 수 있다(민소법 제285조 제3항).

(4) 소취하에서의 피고의 동의

원고가 소를 취하하려는 경우에 피고가 본안에 관하여 준비서면을 제출한 뒤에는 <u>피고의 동의를 받아야</u> 취하의 효력이 생긴다(민소법 제266조 제2항).

2. 준비서면의 부제출의 효과

(1) 무변론피고패소판결

<u>피고가 원고의 청구를 다투는 경우에는 소장의 부본을 송달받은 날부터 30일 이내에 답변서를 제출하여야 한다. 다만, 피고가 공시송달의 방법에 따라 소장의 부본을 송달받은 경우에는 그러하지 아니하다. 법원은 소장의 부본을 송달할 때에 이러한 취지를 피고에게 알려야 한다</u>(민소법 제256조). <u>법원은 피고가 답변서를 제출하지 아니한 때에는 청구의 원인이 된 사실을 자백한 것으로 보고 변론 없이 판결할 수 있다. 다만, 직권으로 조사할 사항이 있거나 판결이 선고되기까지 피고가 원고의 청구를 다투는 취지의 답변서를 제출한 경우에는 그러하지 아니하다</u>(민소법 제257조 제1항).

(2) 예고 없는 사실주장의 금지

1) 문제점

준비서면에 적지 아니한 사실은 상대방이 출석하지 아니한 때에는 변론에서 주장하지 못한다(민소법 제276조 본문). 이는 불출석한 당사자에게 예고받지 못한 사실에 대해 반박기회도 없이 자백간주되는 불이익을 막으려는 취지이다. 금지되는 사실에는 주요사실과 간접사실이 모두 포함된다. 그러나 증거신청도 여기의 사실에 포함되는지 여부에 대해 견해가 대립하고 있다.

2) 학 설

어떠한 증거가 법원에 의해 조사될지는 승패에 중대한 영향을 미치고 상대방의 반증제출기회 내지 반대신문권을 보장해야 하므로 민사소송법 제276조의 사실에는 증거가 포함된다는 적극설, 소송촉진의 필요와 당사자의 불출석의 경우에도 증거조사가 허용되므로 증거는 포함되지 아니한다는 소극설, 증거신청 가운데 상대방이 예상할 수 있는 사실에 관한 증거신청 정도이면 소송촉진을 위해 여기의 사실에서 배제시켜 이를 허용하자는 절충설이 대립하고 있다.

3) 검 토

생각건대 상대방이 반증제출기회 보장과 소송촉진의 요청을 조화시키는 절충설이 타당하다고 판단된다.

(3) 자백간주

준비서면을 제출하지 않은 자가 출석하지 않은 경우에는 자백간주의 규정을 준용한다(민소법 제150조 제3항).

(4) 변론준비절차의 종결

당사자가 준비서면 등을 제출하지 아니하면 변론준비절차를 종결하여야 한다(민소법 제284조 제1항 제2호).

(5) 소송비용의 부담

준비서면에 기재하지 않은 사실이라도 상대방이 출석한 경우에는 변론에서 주장할 수 있지만 예고하지 않아서 상대방이 즉시 답변할 수 없게 된 결과 기일을 속행해야 했다면 당사자는 승소에도 불구하고 소송비용을 부담할 수 있다(민소법 제100조).

제2관 | 변론준비절차

Ⅰ 의 의

변론준비절차란 변론기일에 앞서 변론이 효율적이고 집중적으로 실시될 수 있도록 당사자의 주장과 증거를 정리하는 절차를 말한다(민소법 제279조). 모든 사건이 답변서제출 이후 재판장의 명령으로 변론준비절차에 회부될 수 있으나 필수적 절차가 아닌 임의적 절차에 해당한다(민소법 제258조 제1항).

Ⅱ 변론준비절차의 진행

변론준비절차의 진행은 재판장이 담당함이 원칙이다(민소법 제280조 제2항). 쟁점정리, 증거결정, 증거조사를 할 수 있고 서면방식을 선행한 후 기일방식을 진행한다. 재판장 등은 쟁점과 증거의 정리가 종결되면 변론준비절차를 종결한다(민소법 제284조).

Ⅲ 변론준비절차의 종결

1. 종결의 원인

재판장등은 ① 사건을 변론준비절차에 부친 뒤 6월이 지난 때, ② 당사자가 재판장이 정한 기간 이내에 준비서면 등을 제출하지 아니하거나 증거의 신청을 하지 아니한 때, ③ 당사자가 변론준비기일에 출석하지 아니한 때 등에 해당하면 변론준비절차를 종결하여야 한다. 다만, 변론의 준비를 계속하여야 할 상당한 이유가 있는 때에는 그러하지 아니하다(민소법 제284조).

2. 종결의 효과

(1) 실권효

민사소송법은 <u>변론준비기일에 제출하지 아니한 공격방어방법은 원칙적으로 그 뒤 변론에서 제출하지 못하게 하는 실권효의 재재를 두고 있다</u>(민소법 제285조). 이는 변론준비기일의 실효성을 확보하기 위해 준비절차의 종료 후에는 원칙적으로 새로운 공격방어방법을 제출할 수 없도록 한 것이다. <u>서면준비절차를 거친 경우에는 실권효의 제재는 없다.</u>

(2) 예 외

다만, ① 그 제출로 인하여 소송을 현저히 지연시키지 아니하는 때, ② 중대한 과실 없이 변론준비절차에서 제출하지 못하였다는 것을 소명한 때, ③ 법원이 직권으로 조사할 사항인 때, ④ 소장 또는 변론준비절차 전에 제출한 준비서면에 적힌 사항은 실권되지 아니하고 변론에서 제출할 수 있다(민소법 제285조 제1항).

제4절 변 론

제1관 | 변론의 내용

Ⅰ 본안의 신청

1. 의 의

<u>본안의 신청이란 청구취지에 따라 특정한 내용의 판결을 구하는 뜻의 진술을 말한다.</u> 원고가 먼저 본안의 신청을 진술함으로써 변론이 시작된다. 본안신청은 확정적이어야 하고 조건이나 기한을 붙일 수 없다. 다만, 예비적 신청은 가능하다.

2. 상대방의 태도

<u>원고의 본안신청에 대해 피고는 소각하판결 또는 청구기각판결을 구하는 반대신청을 한다.</u> 반대신청은 이로써 재판 내용이 결정되는 것은 아니므로 본안신청이 아닌 소송상 신청이다.

Ⅱ 공격방어방법

1. 의 의

공격방어방법은 신청을 뒷받침하기 위한 소송자료이다. 그중 공격방법은 원고가 자신의 청구를 뒷받침하기 위해 제출하는 소송자료이고 방어방법은 피고가 원고의 청구를 배척하기 위해 제출하는 소송자료이다.

2. 주 장

(1) 법률상의 주장

1) 의 의

법률상의 주장이란 넓은 의미로는 법규의 존부·해석에 관한 진술을 의미하고, 좁은 의미로는 구체적인 권리관계에 대한 진술을 의미한다.

2) 상대방의 태도

넓은 의미의 법률상 주장에 대하여 상대방이 인정하였다고 해도 권리자백으로서 아무런 효력이 없으며 법관의 주의를 환기하는 의미밖에 없다.

(2) 사실상의 주장

1) 의 의

사실상의 주장이란 구체적인 사실의 존부에 대한 자신의 인식의 진술을 말한다. 주장되는 사실은 주요사실, 간접사실, 보조사실이 있다. 이 중에서 주요사실은 변론에서 주장하지 아니하면 증거가 있어도 인정할 수 없다.

2) 상대방의 태도

① 부인은 상대방이 증명책임을 지는 사실은 부정하는 진술이다. ② 부지는 상대방의 주장사실을 모른다고 하는 진술로서 알지 못한다고 진술한 때에는 그 사실을 다툰 것으로 추정한다(민소법 제150조 제2항). ③ 자백은 상대방의 주장사실을 인정하는 진술로서 자백한 사실은 증명을 필요로 하지 아니한다(민소법 제288조). ④ 침묵은 상대방의 주장사실을 명백히 다투지 않는 것인데 이 경우에는 그 사실을 자백한 것으로 본다. 다만, 변론 전체의 취지로 보아 그 사실에 대하여 다툰 것으로 인정되는 경우에는 그러하지 아니하다(민소법 제150조 제1항).

3) 예비적 주장과 판단순서

① 예비적 주장의 의의 : 사실상의 주장은 절차의 안정을 위해서 단순하여야 하므로 조건이나 기한을 붙일 수 없다. 예비적 주장이란 제1차적 주장이 배척될 것을 염려하여 제2차적 주장을 하는 것을 말하며 예비적 주장은 비록 조건부이지만 허용된다. 이에는 예비적 주장[38]과 예비적 항변[39]이 있다.

② 예비적 주장의 판단순서 : 예비적 주장에 대하여 법원은 그 주장 순서에 구애받지 아니하고 그중 하나를 인정하여 판결을 할 수 있음이 원칙이다. 어느 것을 채택하더라도 분쟁해결의 결과에는 차이가 없고 이와 같은 주장은 판결이유 중에서 판단됨에 그치므로 기판력이 발생하지도 아니하기 때문이다.

---

38) 예비적 주장 : 예를 들어 소유권확인의 소에서 원고가 소유권취득원인으로 1차적으로 매매를 주장하고 2차적으로 시효취득을 주장하는 경우이다.
39) 예비적 항변 : 대여금청구의 소에서 피고가 1차적으로 변제의 항변을 하고, 2차적으로 소멸시효완성의 항변을 하는 경우이다.

③ **상계항변에 대한 판단** : 상계항변에 대한 판단은 판결이유 중의 판단이지만 민사소송법은 상계로 대항한 범위 내에서 기판력을 인정하고 있고(민소법 제216조 제2항), 상계항변은 반대채권의 소멸이라는 출혈적 방어방법인 점에서 최후에 판단하여야 한다. 즉, 상계항변은 수동채권에 대한 항변을 증거조사하여 항변이 모두 이유 없을 때 비로소 판단을 하여야 하며 그 수동채권의 존재를 가정하고 상계항변을 인정하여 바로 청구기각을 하여서는 안 된다. 이러한 의미에서 소송상 방어방법으로서의 상계항변은 수동채권의 존재가 확정되는 것을 전제로 하는 예비적 항변으로 보아야 한다(대판 2014.6.12. 2013다95964). 마찬가지로 피고의 지상물매수청구권도 상계항변과 같이 예비적 항변으로 취급해야 한다.

Ⅲ 증거신청

1. 의 의

증거신청은 다툼이 있는 사실에 대한 증거조사를 요구하는 행위이다. 다툼이 있는 사실에 대하여는 법관에게 그 존재 또는 부존재의 심증을 형성하도록 증거를 제출해야 한다.

2. 상대방의 태도

당사자의 증거신청에 대하여 그 증거방법이 증거능력이 없다든가 또는 증거력이 없다고 주장할 수 있다.

Ⅳ 항 변

1. 항변의 의의

넓은 의미의 항변은 원고의 청구를 배척하기 위하여 소송상 또는 실체법상 이유를 들어 적극적으로 방어하는 것이다. 이에는 실체법상의 법률효과에 관계없는 소송절차에 관한 소송상의 항변과 실체법상의 법률효과에 관한 본안의 항변이 있다.

2. 소송상의 항변

(1) 본안 전 항변

소에 소송요건의 흠이 있어 소가 부적법하다는 피고의 주장을 말한다. 소송요건은 일반적으로 직권조사사항이므로 피고의 항변은 원칙적으로 직권발동을 촉구하는 의미를 가질 뿐이나 임의관할 위반의 항변(민소법 제30조), 부제소특약, 소취하계약 등은 진정한 의미의 항변이라고 할 수 있다.

(2) 증거항변

증거항변이란 상대방의 증거신청에 대하여 그 증거방법이 증거능력 또는 증거력이 없다는 주장을 말한다.

제1편

제2편

제3편

제4편

제5편

제6편

제7편

3. 본안의 항변

(1) 의 의
본안의 항변이란 원고의 청구를 배척하기 위하여 원고의 주장사실(권리근거규정의 요건사실)과 양립 가능한 별개의 사실(반대규정의 요건사실)을 주장하는 피고의 진술을 말한다.

(2) 유 형

1) 주장형태에 따른 항변
원고의 주장사실을 확정적으로 인정하면서 양립될 수 있는 사실을 진술하는 제한부 자백과 원고의 주장사실을 일응 다투면서 예비적으로 항변하는 가정항변이 있다.

2) 반대규정의 성질에 따른 항변
① 권리장애사실의 항변 : 권리장애사실의 항변은 법률효과의 발생을 방해하는 권리근거규정의 요건이 되는 사실을 주장하는 것을 말하며 이에는 무효사유의 존재, 원시적 이행불능의 항변 등이 있다.
② 권리멸각사실의 항변 : 권리멸각사실의 항변은 일단 발생한 권리를 멸각시키는 권리멸각규정의 요건사실을 주장하는 것을 말하며 변제, 해제조건의 성취, 소멸시효의 완성, 후발적 이행불능의 항변 등이 여기에 속한다. 또한 해제권, 해지권, 취소권, 상계권, 추인권 등 실체법상 형성권의 행사에 의하여 일단 발생한 법률효과를 배제하는 항변도 이에 포함된다.
③ 권리저지사실의 항변 : 권리저지사실의 항변은 이미 발생한 권리의 행사를 저지하는 권리저지규정의 요건이 되는 사실을 주장하는 것으로 유치권, 보증인의 최고·검색의 항변권, 동시이행의 항변권 등 실체법상의 항변권을 행사하는 경우뿐만 아니라 기한의 유예, 정지조건의 존재의 항변 등도 이에 포함된다.

(3) 원고의 대응
원고가 주장을 한 데 대하여 피고가 항변을 하면 원고는 피고의 항변을 부인할 수도 있고 다시 피고의 항변사실에 대하여 재항변을 할 수도 있다.

V 부인과 항변의 구별

1. 부인과 항변의 의의
부인이란 상대방이 증명책임을 지는 주장사실을 아니라고 부정하는 진술을 말한다. 이에는 단순히 상대방의 주장사실이 진실이 아니라고 부정하는 직접부인과 상대방의 주장사실과 양립되지 아니하는 사실을 적극적으로 진술하며 상대방의 주장을 부정하는 간접부인이 있다. 항변이란 원고의 청구를 배척하기 위하여 원고주장사실이 진실임을 전제로 이외 양립 가능한 별개의 사실에 대한 피고의 주장을 말한다.

2. 부인과 항변의 구별
항변은 원고의 주장사실이 진실함을 전제로 이와 양립이 가능한 별개사실을 주장하는 것인 반면, 부인은 원고의 주장사실이 진실이 아니라는 양립 불가능한 사실의 주장이라는 점에 차이가 있다.

3. 간접부인과 항변의 구별
간접부인은 원고의 주장사실과 양립 불가능한 별개의 사실을 진술하는 것임에 대하여 항변은 원고의 주장사실이 진실임을 전제로 이와 양립 가능한 사실을 진술하는 점에 차이가 있다.

4. 구별의 실익

(1) 증명책임의 분배

부인의 경우에는 부인당한 사실에 대한 증명책임은 원고에게 있고, 항변의 경우에는 항변사실의 증명책임이 그 제출자인 피고에게 있다.

(2) 판결이유의 설시

1) 주장판단의 순서

우선 원고가 청구원인으로 주장한 사실에 대해 다툼이 없거나 다툼이 없는 것으로 간주되는 경우에는 그 취지를 표시해야 하고 다툼이 있으면 어떤 증거로 그 사실을 인정했는지 표시해야 한다. 다음 항변, 재항변, 재재항변의 순서로 판단해야 한다.

2) 부인에 대한 판단불요

원고의 주장사실에 대하여 적법하게 인정하고 있는 이상 피고가 원고의 주장사실을 부인하기 위해 주장한 사실 및 증거에 대한 견해에 대해 판단하지 아니하여도 된다. 원고의 주장사실을 인정하는 판단 중에 이미 피고의 부인주장을 배척하는 판단이 포함되어 있기 때문이다.

3) 항변에 대한 판단필요

반면 원고의 청구원인 사실이 인정되는 경우에 피고가 항변을 한 때에는 그 항변에 대해 따로 판단해야 한다. 피고의 항변을 배척하기 위해서는 이유에서 배척이유가 설시되어야 하고 이를 누락하면 판단누락의 위법이 있어 상고이유·재심사유가 된다.

(3) 원고의 사실상의 주장의 부담

원고의 청구원인이 피고로부터 부인당한 경우에는 원고는 청구원인 사실을 구체적으로 밝혀야 할 부담을 진다. 그러나 피고의 항변이 있는 경우에는 원고의 청구원인사실의 자백이 성립하여 원고에게 이와 같은 부담이 없다.

VI 소송상 형성권의 행사

1. 의 의

사법상 형성권 행사와 소송상 항변이 동시에 이루어지는 경우, 소취하, 실기한 공격방어방법 각하 등으로 실질적인 판단을 받지 못할 때 사법상 효력이 유지되는지 문제 된다.

2. 학 설

소송상 형성권 행사는 외관상 1개의 행위이지만 사법상 형성권을 행사하는 사법행위와 그 사법상 효과를 법원에 진술하는 소송행위의 병존이므로 각각 실체법과 소송법에 의해 규율된다고 하는 양행위병존설, 소송상 형성권 행사는 공격방어방법의 제출이라는 순수한 소송행위로서 소송법에 의해 규율된다고 하는 소송행위설, 병존설을 취하면서도 소송상 형성권 행사는 법원의 판단을 받을 것을 조건으로 그 효과가 발생케 하려는 의사표시라고 하는 신병존설, 소송상 형성권 행사는 하나의 행위이지만 사법행위와 소송행위로서의 성질을 모두 가진다는 양성설이 대립하고 있다.

3. 판례

(1) 해제권 행사

종래 판례는 소제기로써 계약해제권을 행사한 후 그 뒤 그 소송을 취하하였다 하여도 해제권은 형성권이므로 그 행사의 효력에는 아무런 영향을 미치지 아니한다(대판 1982.5.11. 80다916)고 하여 병존설을 취하였다.

(2) 상계권 행사

최근 판례는 소송상 방어방법으로서의 상계항변은 통상 수동채권의 존재가 확정되는 것을 전제로 하여 행하여지는 일종의 예비적 항변으로서 소송상 상계의 의사표시에 의해 확정적으로 효과가 발생하는 것이 아니라 당해 소송에서 수동채권의 존재 등 상계에 관한 법원의 실질적 판단이 이루어지는 경우에 비로소 실체법상 상계의 효과가 발생한다(대판 2014.6.12. 2013다95964)고 하여 신병존설을 취하고 있다.

4. 검토

소송상 형성권 행사는 그에 대한 법원판단이 있을 때만 효력을 발생하게 하려는 의사표시라고 보는 것이 타당하므로 소송상 형성권을 행사하는 피고의 의사와 피고의 이익을 고려할 때 신병존설이 타당하다고 판단된다.

Ⅶ 상계항변에 대한 재항변의 가부

1. 문제점

피고의 소송상 항변에 대하여 원고가 소송상 상계의 재항변을 하는 것이 가능한지 문제 된다.

2. 소송상 상계의 재항변이 허용되는지 여부

(1) 피고의 상계항변에 대하여 원고가 상계의 재항변을 하는 경우

소송상 방어방법으로서의 상계항변은 통상 수동채권의 존재가 확정되는 것을 전제로 하여 행하여지는 일종의 예비적 항변으로서 소송상 상계의 의사표시에 의해 확정적으로 효과가 발생하는 것이 아니라 당해 소송에서 수동채권의 존재 등 상계에 관한 법원의 실질적 판단이 이루어지는 경우에 비로소 실체법상 상계의 효과가 발생한다. 이러한 피고의 소송상 상계항변에 대하여 원고가 다시 피고의 자동채권을 소멸시키기 위하여 소송상 상계의 재항변을 하는 경우, 법원이 원고의 소송상 상계의 재항변과 무관한 사유로 피고의 소송상 상계항변을 배척하는 경우에는 소송상 상계의 재항변을 판단할 필요가 없고, 피고의 소송상 상계항변이 이유 있다고 판단하는 경우에는 원고의 청구채권인 수동채권과 피고의 자동채권이 상계적상 당시에 대등액에서 소멸한 것으로 보게 될 것이므로 원고가 소송상 상계의 재항변으로써 상계할 대상인 피고의 자동채권이 그 범위에서 존재하지 아니하는 것이 되어 이때에도 역시 원고의 소송상 상계의 재항변에 관하여 판단할 필요가 없게 된다. 또한, 원고가 소송물인 청구채권 외에 피고에 대하여 다른 채권을 가지고 있다면 소의 추가적 변경에 의하여 그 채권을 당해 소송에서 청구하거나 별소를 제기할 수 있다. 그렇다면 원고의 소송상 상계의 재항변은 일반적으로 이를 허용할 이익이 없다. 따라서 피고의 소송상 상계항변에 대하여 원고가 소송상 상계의 재항변을 하는 것은 다른 특별한 사정이 없는 한 허용되지 않는다고 보는 것이 타당하다(대판 2014.6.12. 2013다95964).

(2) 다른 청구채권으로 원고가 상계의 재항변을 하는 경우

원고의 소송상 상계의 재항변은 일반적으로 이를 허용할 이익이 없다. 따라서 피고의 소송상 상계항변에 대하여 원고가 소송상 상계의 재항변을 하는 것은 다른 특별한 사정이 없는 한 허용되지 않는다. 그리고 이러한 법리는 원고가 2개의 채권을 청구하고, 피고가 그중 1개의 채권을 수동채권으로 삼아 소송상 상계항변을 하자, 원고가 다시 청구채권 중 다른 1개의 채권을 자동채권으로 소송상 상계의 재항변을 하는 경우에도 마찬가지로 적용된다(대판 2015.3.20. 2012다107662).

제2관 | 소송행위

Ⅰ 소송행위의 의의

소송행위란 당사자 및 법원의 행위로서 소송절차를 형성하고 요건과 효과가 소송법에 의하여 규율되는 행위이다. 당사자의 소송행위는 기능에 따라 취효적 소송행위[40]와 여효적 소송행위[41]로 구분되기도 한다.

Ⅱ 소송상 합의

1. 소송상 합의의 의의

소송상 합의는 당사자 또는 당사자로 될 자가 현재 또는 장래의 특정 소송에 대하여 일정한 영향을 미치는 법효과의 발생을 목적으로 행하는 합의이다. 소송상 합의는 소송 전 또는 소송 외에서 당사자 간에 이루어진다.

2. 소송상 합의의 허용 여부

(1) 명문의 규정이 있는 경우

1) 허용규정

명문의 규정이 있는 소송상 합의, 즉 관할의 합의(민소법 제29조), 불항소의 합의(민소법 제390조 제1항), 불상소의 합의(민소법 제390조 제1항), 기일변경의 합의(민소법 제165조 제2항) 등이 있다.

2) 유효요건

명문의 규정이 있는 소송상 합의는 소송행위이므로 인적 유효요건인 당사자능력, 소송능력, 변론능력을 요하고 대리인의 경우에는 법정대리권이나 소송대리권도 있어야 한다. 또한 소송 외에서 당사자 간에 민법상 계약과 같이 이루어지기 때문에 의사표시의 흠이 있을 때에는 민법의 규정을 유추하여 이를 취소할 수도 있다.

---

[40] 취효적 소송행위란 법원에게 재판 내지 행위로 요구하거나 재판의 기초가 되는 자료를 제공하는 소송행위로서 신청(소제기), 주장, 증거신청 등이 이에 속한다.

[41] 여효적 소송행위란 법원의 개입 없이 직접 소송법적 효과를 발생시키는 소송행위로서 소(상소)취하, 청구의 포기·인낙 등이 이에 포함된다.

3) 법적 성질

명문의 규정이 있는 소송상 합의는 소송행위이므로 직권조사사항에 해당한다. 판례도 불항소의 합의 유무는 항소의 적법요건이므로 법원의 직권조사사항이라고 판시(대판 2018.5.30. 2017다21411)하고 있다.

(2) 명문의 규정이 없는 경우

1) 허용 여부

명문의 규정이 없는 경우 이를 부정하는 견해도 있었으나 공익과 직결된 강행규정을 배제하는 합의를 제외하고는 당사자의 의사결정의 자유가 확보된 소송행위에 관한 계약은 이를 허용하자는 것이 현재 학설·판례의 일반적인 태도이다.

2) 허용요건

명문의 규정이 없는 소송상 합의의 효력을 인정하려면 ① 합의 당사자가 처분할 수 있는 권리범위 내일 것, ② 특정한 법률관계에 한정된 합의일 것, ③ 그 합의 시 예상할 수 있는 상황에 관한 것일 것, ④ 불공정하지 아니할 것 등의 요건을 구비하여야 한다. 판례도 같은 취지에서 권리의무의 주체인 당사자 간에서의 부제소 합의라도 그 당사자가 처분할 수 있는 특정된 법률관계에 관한 것으로서 그 합의 당시 각 당사자가 예상할 수 있는 상황에 관한 것이어야 유효하게 되는바, 그러한 법리와 규정 취지들을 고려할 때, 노동조합이 조합규약에 근거하여 자체적으로 만든 신분보장대책기금관리규정에 기한 위로금의 지급을 둘러싼 노동조합과 조합원 간의 분쟁에 관하여 노동조합을 상대로 일절 소송을 제기할 수 없도록 정한 노동조합의 신분보장대책기금관리규정 제11조는 조합원의 재산권에 속하는 위로금의 지급을 둘러싸고 생기게 될 조합원과 노동조합 간의 법률상의 쟁송에 관하여 헌법상 보장된 조합원의 재판을 받을 권리를 구체적 분쟁이 생기기 전에 미리 일률적으로 박탈한 것으로서 국민의 재판을 받을 권리를 보장한 위의 헌법 및 법원조직법의 규정과 부제소 합의 제도의 취지에 위반되어 무효라고 판시하고 있다(대판 2002.2.22. 2000다65086).

3) 법적 성질

① 학설 : 소송법에 명문의 규정이 없는 소송상 합의는 사법계약이며 이에 의해 사법상의 권리·의무가 발생한다고 하며 구체적으로 의무불이행 시 의무이행을 소구하여 승소판결로 강제집행할 수 있고 집행불능이면 손해배상을 청구할 수 있다는 의무이행소구설과 상대방에게 당해 소송에서 소송계약을 맺은 사실을 항변으로 주장할 수 있는 항변권이 발생한다는 항변권발생설로 나뉘는 사법계약설, 소송상 합의를 소송법상 계약으로 보고 소송법상 효과를 발생시킨다고 하는 소송계약설이 대립하고 있다.

② 판례 : 판례는 강제집행신청의 취하약정은 사법계약으로서 유효하나 이를 위배하였다고 하더라도 직접 소송으로서 그 취하를 청구할 수 없다(대판 1966.5.31. 66다564)고 하여 의무이행소구설을 배척하였고, 부제소 합의 또는 소취하합의를 한 경우 권리보호의 이익이 없으므로 소는 각하되어야 한다(대판 1982.3.9. 81다1312)고 하여 항변권발생설을 취하고 있음을 명백히 하였다. 또한 판례는 재판상 화해에 있어서 법원에 계속 중인 다른 소송을 취하하기로 하는 내용의 화해조서가 작성되었다면 당사자 사이에는 법원에 계속 중인 다른 소송을 취하하기로 하는 합의가 이루어졌다 할 것이므로, 다른 소송이 계속 중인 법원에 취하서를 제출하지 않는 이상 그 소송이 취하로 종결되지는 않지만 재판상 화해가 재심의 소에 의하여 취소 또는 변경되는 등의 특별한 사정이 없는 한 그 소송의 원고에게는 권리보호의 이익이 없게 되어 그 소는 각하되어야 한다(대판 2005.6.10. 2005다14861)고 하여 같은 태도를 취하고 있다.

③ **검토** : 생각건대 의무이행소구설은 구제방법이 우회적이고 간접적이며 소송계약설은 소취하계약을 소취하로 보는 문제가 있으므로 통설·판례인 항변권발생설이 타당하다고 판단된다.

4) 명문의 규정이 없는 소송상합의가 직권조사사항인지 여부

명문의 규정이 없는 소송상 합의는 사법계약이므로 항변사항으로 본다. 다만, 부제소합의는 명문의 규정이 없는 소송상 합의로 사법계약이므로 항변사항으로 보아야 하나, 판례는 예외적으로 직권조사사항으로 판시(대판 2013.11.28. 2011다80449)하고 있다.

3. 소송상 합의의 방식

소송상 합의는 원칙적으로 말 또는 서면으로 할 수 있으나 관할 합의와 불항소합의는 서면으로 하여야 한다(민소법 제29조 제2항, 제390조 제2항). 판례는 불상소의 합의도 서면에 의하여야 한다고 하며(대판 2007.11.19. 2007다52317), 또한 소송계속 중 당사자들이 작성한 서면에 불상소합의가 포함되어 있는지에 관한 해석을 둘러싸고 이견이 있어 그 서면에 나타난 당사자의 의사해석이 문제로 되는 경우, 이러한 불상소합의와 같은 소송행위의 해석은 일반 실체법상의 법률행위와는 달리 내심의 의사가 아닌 그 표시를 기준으로 하여야 하며, 표시된 문언의 내용이 불분명하고 객관적·합리적인 의사해석에 의하거나 외부로 표시된 행위에 의하여 추단하더라도 당사자의 의사가 불분명하다면 그러한 불상소합의의 존재를 부정할 수밖에 없다(대판 2015.5.28. 2014다24327)고 한다.

4. 소송상 합의가 미치는 범위

(1) 주관적 범위

소송상 합의는 당사자의 포괄승계인, 채권의 특정승계인에게 미친다. 그러나 물권의 특정승계인과 제3자에게는 미치지 아니한다.

(2) 객관적 범위

소송상 합의는 합의의 대상으로 된 특정한 분쟁에 대하여 그 효력이 미친다. 합의 후에 당사자 간에 법률관계가 변동된 경우에는 합의의 효력이 미치지 아니한다.

5. 개별적 검토

(1) 부제소계약

부제소계약은 제소하지 않기로 하는 당사자 간의 합의이다. 부제소계약을 위반해 제소한 경우 항변권발생설에 의할 때 권리보호이익의 흠결로 부적법각하된다.

(2) 소취하계약

소를 취하하기로 하는 당사자 간의 합의이다. 소취하계약을 위반하여 소를 계속 유지하고 있는 경우 항변권발생설에 의하면 법원은 권리보호이익의 흠결로 소각하한다. 소송계약설에 의하면 소송종료선언을 하게 된다.

Ⅲ 소송행위의 의사표시의 하자와 철회

1. 의사표시의 하자와 소송행위의 취소

(1) 문제점
절차조성적 소송행위에 대해서는 민법규정을 유추하여 취소할 수 없다는 것이 일반적인 견해이다. 그러나 절차종료적 소송행위에 착오, 사기·강박 등 의사표시의 하자가 있는 경우 민법규정을 유추적용하여 취소할 수 있는지 문제 된다.

(2) 학 설
구속적 소송행위에는 절차안정을 위해 표시주의가 관철되어야 하므로 절차종료적 소송행위가 착오, 사기·강박으로 이루어진 경우에도 민법에 의해 취소할 수 없고 다만, 소송 전·소송 외의 소송행위는 절차 이외에서 이루어져 절차안정과 무관하므로 민법상 취소를 허용하는 민법유추적용 부정설과 소송 전·소송 외의 소송행위뿐만 아니라 절차종료적 소송행위도 절차안정과 무관하므로 민법에 의해 취소할 수 있다고 하는 민법유추적용 긍정설이 대립하고 있다.

(3) 판 례
판례는 민사소송법상의 소송행위에는 특별한 규정이나 특별한 사정이 없는 한 민법상의 법률행위에 관한 규정이 적용될 수 없는 것이므로 사기, 강박 또는 착오 등 의사표시의 하자를 이유로 그 무효나 취소를 주장할 수 없다(대판 1980.8.26. 80다76)고 하여 민법유추적용 부정설의 태도를 취하고 있다.

(4) 검 토
절차종료적 소송행위라도 항소취하에 그에 부합되는 의사가 없다고 볼 수 있을 정도로 중대한 하자가 있으면 민사소송법 제451조 제1항 제5호를 유추해 철회하면 되고, 포기·인낙, 화해는 준재심의 소로만 취소를 요구할 수 있으며, 착오취소를 인정하면 절차안정을 해할 수 있다는 점에서 민법유추적용 부정설이 타당하다고 판단된다.

2. 소송행위의 철회의 자유

(1) 소송행위의 철회
판례의 태도인 민법유추적용 부정설에 의할 경우 소취하의 의사표시에 하자가 있는 경우에는 소송행위의 철회에 의하여 소송법적 효과를 소멸시킬 수 있다. 이에 대해 살펴보면, 취효적 소송행위는 재판이 있을 때까지 자유롭게 철회할 수 있으나 여효적 소송행위는 법원이 개입하지 아니하고 직접 소송상 효력이 발생하므로 상대방의 이익을 고려하여 원칙적으로 철회가 허용되지 아니한다.

(2) 소송행위의 철회의 제한
다만, 당해 소송행위를 한 당사자에게 불리한 소송행위나 상대방에게 유리한 법률상 지위가 형성된 경우에는 철회가 제한된다. 즉, 구속적 소송행위는 절차의 안정과 상대방의 소송상 이익을 고려하여 이를 철회할 수 없다. 예컨대 피고가 응소한 뒤의 소의 취하, 재판상의 자백의 철회, 증거조사 개시 후의 증거신청 등의 철회 등은 제한된다.

(3) 소송행위의 철회 제한의 예외

1) 민사소송법 재심규정을 유추적용하여 철회할 수 있는지 여부

① **민사소송법 제451조 제1항 제5호 유추적용 여부** : 판례는 소의 취하 등과 같은 당사자에 의한 소송종료행위가 사기·강박 등 타인의 형사상 처벌받을 행위가 직접적인 원인이 되어 이루어진 경우에는 민사소송법 제451조 제1항 제5호를 유추적용하여 그 소송행위의 효력을 부인할 수 있다고 한다.

② **형사상 처벌받을 행위에 유죄확정판결이 필요한지 여부**

　㉠ 학설 : 유죄의 확정판결이 없어도 소송행위의 효력을 부인할 수 있다고 보는 유죄확정판결 불요설과 유죄확정판결이 필요하다는 유죄확정판결 필요설이 대립하고 있다.

　㉡ 판례 : 판례는 원칙적으로 유죄확정판결 필요설의 태도를 취하고 있다. 이하에서 구체적으로 살펴보기로 한다.

　　㉮ 사기, 강박 등이 있는 경우 : 판례는 소송행위가 사기, 강박 등 형사상 처벌을 받을 타인의 행위로 인하여 이루어졌다고 하여도 그 타인의 행위에 대하여 유죄판결이 확정되고 또 그 소송행위가 그에 부합되는 의사 없이 외형적으로만 존재할 때에 한하여 민사소송법 제451조 제1항 제5호, 제2항의 규정을 유추해석하여 그 효력을 부인할 수 있다고 해석함이 상당하므로 타인의 범죄행위가 소송행위를 하는 데 착오를 일으키게 한 정도에 불과할 뿐 소송행위에 부합되는 의사가 존재할 때에는 그 소송행위의 효력을 다툴 수 없다(대판 1984.5.29. 82다카963)고 한다.

　　㉯ 강요와 폭행 등이 있는 경우 : 형사책임이 수반되는 타인의 강요와 폭행에 의하여 이루어진 소취하의 약정과 소취하서의 제출은 유죄판결이 없어도 무효(대판 1985.9.24. 82다카312)라고 한다.

　　㉰ 착오가 있는 경우 : 착오에 의한 소취하의 경우에는 형사상 처벌받는 행위가 아니므로 민사소송법 제451조 제1항 제5호를 유추적용하여 철회할 수 없다(대판 2009.4.23. 2008다95151)고 한다.

　　㉱ 대리인에 대한 유죄판결이 확정된 경우 : 민사소송법 제451조 제1항 제5호는 '형사상 처벌을 받을 다른 사람의 행위로 말미암아 자백을 한 경우'를 재심사유로 인정하고 있는데, 이는 다른 사람의 범죄행위를 직접적 원인으로 하여 이루어진 소송행위와 그에 기초한 확정판결은 법질서의 이념인 정의 관념상 효력을 용인할 수 없다는 취지에서 재심이라는 비상수단을 통해 확정판결의 취소를 허용하고자 한 것이므로, 형사상 처벌을 받을 다른 사람의 행위로 말미암아 상소취하를 하여 원심판결이 확정된 경우에도 자백에 준하여 재심사유가 된다고 보아야 한다. 그리고 '형사상 처벌을 받을 다른 사람의 행위'에는 당사자의 대리인이 범한 배임죄도 포함될 수 있으나, 이를 재심사유로 인정하기 위해서는 단순히 대리인이 문제된 소송행위와 관련하여 배임죄로 유죄판결을 받았다는 것만으로는 충분하지 않고, 대리인의 배임행위에 소송상대방 또는 그 대리인이 통모하여 가담한 경우와 같이 대리인이 한 소송행위 효과를 당사자 본인에게 귀속시키는 것이 절차적 정의에 반하여 도저히 수긍할 수 없다고 볼 정도로 대리권에 실질적인 흠이 발생한 경우라야 한다(대판 2012.6.14. 2010다86112).

　㉢ 검토 : 민사법원이 형사범죄의 유죄 여부를 판단하는 것은 민사절차상 어려우므로 유죄확정판결 필요설이 타당하다고 판단된다.

③ 항소취하가 형사상 처벌받을 행위에 해당하는지 여부 : [1] 어떠한 소송행위에 민사소송법 제451조 제1항 제5호의 재심사유가 있다고 인정되는 경우 그러한 소송행위에 기초한 확정판결의 효력을 배제하기 위한 재심제도 취지상 재심절차에서 해당 소송행위 효력은 당연히 부정될 수밖에 없고, 그에 따라 법원으로서는 위 소송행위가 존재하지 않은 것과 같은 상태를 전제로 재심대상사건의 본안에 나아가 심리·판단하여야 하며 달리 소송행위의 효력을 인정할 여지가 없다.

[2] 재심대상판결 당시 피고 주식회사의 실질적 대표자이던 甲이 소송상대방과 공모하여 개인적으로 돈을 받기로 하고 제1심판결에 대한 항소를 취하한 경우, 甲이 항소를 취하한 행위에 대하여 업무상배임죄로 유죄판결을 받고 판결이 확정되었다면 재심대상판결에는 민사소송법 제451조 제1항 제5호에 준하는 재심사유가 있으므로, 항소취하의 효력을 인정하여 피고 회사의 재심청구를 기각한 원심판결에는 법리오해의 위법이 있다(대판 2012.6.14. 2010다86112).

2) 상대방의 동의

피고의 본안에 관한 응소 후의 소취하는 제한되지만 피고가 동의한 때에는 소취하할 수 있다(민소법 제266조 제2항). 조사개시 후의 증거신청의 철회, 재판상 자백의 취소도 상대방이 동의하면 허용된다.

3. 소송행위의 효력을 다투는 방법

당해절차에서 소취하의 효력을 다투는 방법으로 민사소송규칙 제67조의 변론기일지정을 신청하는 방법이 있다. 또한 별소를 제기하는 방법으로는 별소로 무효확인의 소를 제기하는 방법과 같은 청구를 소송물로 하는 별개의 소를 제기하는 방법이 있다.

Ⅳ 소송행위의 하자와 치유

1. 소송행위의 하자

소송행위의 인적 요건을 갖추지 못하고 방식과 내용에 있어서 소송법규에 합치되지 않는 소송행위는 무효이다. 이때 법원은 그 행위를 기각·각하하거나 종국판결의 이유에서 판단하여야 함이 원칙이지만 예외적으로 아무런 응답을 하지 않을 수도 있다.

2. 하자의 치유

하자 있는 소송행위는 무효임이 원칙이나 절차안정을 위해 무효인 소송행위도 일정한 경우 유효하게 될 수도 있다. 즉, 흠이 없는 새로운 행위를 하거나 추인, 보정명령에 응하는 경우, 이의권의 포기·상실, 무효행위의 전환의 법리에 의하여 하자가 치유될 수 있다.

제3편

제5절 변론의 실시

Ⅰ 변론의 경과

변론개시 전 당사자는 주장과 입증을 충실하게 할 수 있도록 사전에 사실관계와 증거를 상세하게 조사하고 (민소규칙 제69조의2), 재판장의 지휘하에 변론이 진행된다(민소법 제135조). 심리가 종국판결을 하기에 성숙하면 법원은 변론을 종료한다.

Ⅱ 변론의 정리

법원은 변론의 제한·분리 또는 병합을 명하거나 그 명령을 취소할 수 있다(민소법 제141조). 또한 일정한 경우 종결된 변론을 다시 열도록 명할 수 있다(민소법 제142조).

Ⅲ 변론조서

법원사무관 등은 변론의 경과를 명확하게 기록보존하기 위해 변론기일에 참여하여 기일마다 조서를 작성하여야 하고(민소법 제152조 제1항), 관계인이 신청하면 그에게 읽어 주거나 보여주어야 한다(민소법 제157조).

제6절 변론기일에서의 당사자의 결석

Ⅰ 당사자 결석의 요건

당사자의 결석이 인정되기 위해서는 ① 필요적 변론기일에 ② 당사자가 적법한 기일통지를 받고도 ③ 불출석하거나 출석하여도 변론하지 않는 경우를 말한다.

1. 필요적 변론기일일 것

필요적 변론기일이 아닌 임의적 변론이나 판결선고기일에 불출석한 경우에는 포함되지 아니한다(민소법 제207조 제2항). 다만, 법정 외에서 한다는 특별한 사정이 없는 한 증거조사기일은 변론기일에 포함된다.

2. 적법한 기일통지를 받고도 불출석할 것

기일통지서의 송달불능·송달무효인 경우에는 변론기일에 불출석하였어도 불출석의 효과가 발생하지 아니한다. 공시송달에 의한 기일통지를 받고 불출석한 경우에는 민사소송법 제150조 제3항의 자백간주의 기일해태의 효과가 생기지 않으며, 답변서 부제출에 의한 자백간주, 진술간주, 소취하간주의 기일해태의 효과도 생기지 않는다.

3. 불출석하거나 출석하여도 변론하지 않을 것

불출석하거나 출석해도 변론하지 아니하는 경우이어야 하는데 대리인이 선임된 경우에 불출석의 불이익을 당사자에게 귀속시키려면 당사자와 대리인 모두 불출석해야 한다는 것이 판례이다(대판 1982.6.8. 81다817).

Ⅱ 당사자 쌍방의 결석

1. 의 의

당사자 쌍방의 결석에 의한 소취하간주란 ① 양쪽 당사자가 2회 결석하고도 1개월 이내에 기일지정신청이 없거나 ② 기일지정신청에 따라 정한 변론기일에 양쪽이 모두 결석한 경우 ③ 소취하의 효력이 생기는 것을 말한다(민소법 제268조).

2. 취하간주의 요건

(1) 당사자 쌍방의 1회 결석

양쪽 당사자가 변론기일에 1회 불출석하거나 출석 무변론이어야 한다. 변론기일은 1회 변론기일이든 속행기일이든 가리지 아니한다. 이때 재판장은 다시 변론기일을 정하여 양쪽 당사자에게 통지하여야 한다(민소법 제268조 제1항). 따라서 이 경우 반대의 견해가 있으나 판결하기에 성숙하였다고 하더라도 변론을 종결하고 소송기록에 의하여 판결을 할 수 없다.

(2) 당사자 쌍방의 2회 결석

양쪽 당사자의 1회 결석 후의 신기일 또는 그 뒤 기일에 불출석하거나 출석 무변론이어야 한다(민소법 제268조 제2항). 반대의 견해가 있으나 3회 결석의 경우에는 판결을 하기에 성숙하였다고 판단되면 변론종결을 하여 소송기록에 의하여 판결을 하는 것도 가능하다. 그러나 통상, 법원이 변론을 종결하지 아니하고 신기일을 지정함도 없이 기일을 종료시키는 것이 일반적이다.

(3) 2회 결석 후 1월 이내에 기일지정신청이 없거나 당사자 쌍방의 3회 결석

1) 불출석 또는 출석 무변론

민사소송법 제268조 제2항의 기일지정신청에 따라 정한 변론기일 또는 그 뒤의 변론기일에 양쪽 당사자가 출석하지 아니하거나 출석하였다 하더라도 변론하지 아니한 때에는 소를 취하한 것으로 본다(민소법 제268조 제2항).

2) 동일 심급에서의 불출석

결석은 단속적이어도 무방하며 같은 심급의 같은 종류의 기일에서의 불출석이어야 한다. 환송판결 전후의 쌍방 불출석은 동일 심급이 아니라는 것이 판례이다(대판 1963.6.20. 63다166).

3) 직권에 의한 신기일지정의 경우

판례는 법원이 직권으로 신기일을 지정한 때에는 당사자의 기일지정신청에 의한 기일지정이 있는 경우와 마찬가지로 보아야 할 것이고, 그와 같이 직권으로 정한 기일 또는 그 후의 기일에 당사자 쌍방이 출석하지 아니하거나 출석하더라도 변론하지 아니한 때에는 소의 취하가 있는 것으로 보아야 한다(대판 2002.7.26. 2001다60491)고 판시하고 있다.

4) 변론조서에 연기라는 기재가 있는 경우

판례에 의하면 변론조서에 연기라는 기재가 있다 하더라도 그 기재는 기일을 실시할 수 없는 당사자의 관계에서만 기일을 연기한다는 것일 뿐, 기일을 해태한 당사자들에 대한 관계에 있어서는 사건 호명으로 불출석의 효과가 발생하는 것이고 연기의 기재는 무의미한 것이다(대판 1982.6.22. 81다791).

3. 취하간주의 효과

(1) 소취하 간주

제1심에서 양쪽 당사자가 2회 내지 3회 결석한 경우에는 소가 취하된 것으로 본다(민소법 제267조). 소취하간주의 효과는 법률상 당연히 발생하는 것이므로 당사자나 법원의 의사로 그 효과를 좌우할 수 없다. 소가 취하되었으므로 소송계속은 소급적으로 소멸한다. 소취하 간주가 있었음에도 불구하고 이를 간과해 본안판결을 한 경우 상급법원은 소송종료선언을 한다. 청구별로 취하 여부를 판단하므로 본소계속 중 양쪽이 1회 결석하고 소송 중 소가 병합된 후 양쪽이 또 결석한 다음 기일지정신청을 안하면 본소만 취하간주된다.

(2) 상소취하 간주

상소심에서는 상소를 취하한 것으로 본다(민소법 제268조 제4항). 따라서 상소심절차는 종료되고 원판결이 확정된다. 여기서 항소취하 간주는 그 규정상 요건의 성취로 법률에 의하여 당연히 발생하는 효과이고 법원의 재판이 아니므로 상고의 대상이 되는 종국판결에 해당하지 아니한다. 항소취하 간주의 효력을 다투려면 민사소송규칙 제67조, 제68조에서 정한 절차에 따라 항소심법원에 기일지정신청을 할 수는 있으나 상고를 제기할 수는 없다(대판 2019.8.30. 2018다259541).

4. 변론준비기일에서의 쌍방 불출석의 효과가 변론기일에 승계되는지 여부

(1) 문제점

준비기일의 1회 불출석과 변론기일의 2회 불출석의 경우에 준비기일의 불출석의 효과가 승계되어 3회 불출석으로 처리할 수 있는지 문제 된다.

(2) 학 설

변론준비기일에 당사자가 불출석한 경우에 민사소송법 제286조가 변론기일의 쌍방불출석에 관한 제268조를 준용하므로 이를 긍정하는 긍정설과 변론기일과 변론준비기일은 그 기일운영의 진행주체와 방식 등에 있어서 실질적인 차이가 있으므로 이를 부정하는 부정설이 대립하고 있다.

(3) 판 례

판례는 변론준비절차는 원칙적으로 변론기일에 앞서 주장과 증거를 정리하기 위하여 진행되는 변론 전 절차에 불과할 뿐이어서 변론준비기일을 변론기일의 일부라고 볼 수 없고 변론준비기일과 그 이후에 진행되는 변론기일이 일체성을 갖는다고 볼 수도 없는 점, 변론준비기일이 수소법원 아닌 재판장 등에 의하여 진행되며 변론기일과 달리 비공개로 진행될 수 있어서 직접주의와 공개주의가 후퇴하는 점, 변론준비기일에 있어서 양쪽 당사자의 불출석이 밝혀진 경우 재판장 등은 양쪽의 불출석으로 처리하여 새로운 변론준비기일을 지정하는 외에도 당사자 불출석을 이유로 변론준비절차를 종결할 수 있는 점, 나아가 양쪽 당사자 불출석으로 인한 취하간주제도는 적극적 당사자에게 불리한 제도로서 적극적 당사자의 소송유지의사 유무와 관계없이 일률적으로 법률적 효과가 발생한다는 점까지 고려할 때 변론준비기일에서 양쪽 당사자 불출석의 효과는 변론기일에 승계되지 않는다(대판 2006.10.27. 2004다69581)고 한다.

(4) 검 토

소의 취하간주규정은 국민의 재판청구권을 제한하는 규정이므로 명문의 규정이 없는 한 이를 확대적용하는 것은 제한하는 것이 타당하므로 불출석의 효과는 승계되지 아니한다고 보는 것이 타당하다.

Ⅲ 당사자 일방의 결석

1. 의 의

한쪽 당사자가 ① 적법한 기일통지를 받고도 ② 필요적 변론기일에 ③ 불출석하거나 출석하여도 변론하지 않는 경우에 그가 답변서·준비서면 등을 제출했는가에 따라 진술간주 또는 자백간주로 처리한다.

2. 진술간주

(1) 진술간주의 의의

원고 또는 피고가 변론기일에 출석하지 아니하거나, 출석하고서도 본안에 관하여 변론하지 아니한 때에는 그가 제출한 소장·답변서, 그 밖의 준비서면에 적혀 있는 사항을 진술한 것으로 보고 출석한 상대방에게 변론을 명할 수 있다(민소법 제148조 제1항).

(2) 진술간주의 요건

1) 변론기일의 불출석 또는 출석 무변론일 것

변론기일은 첫 기일뿐만 아니라 속행기일을 포함한다. 항소심기일, 파기환송 후의 항소심 기일에도 적용된다.

2) 소장·답변서, 그 밖의 준비서면 제출

명칭과 관계없이 실질적으로 준비서면인 것으로 인정되면 그 기재사항은 진술간주된다.

(3) 진술간주의 효과

1) 진술간주

그가 제출한 소장·답변서, 그 밖의 준비서면에 적혀 있는 사항을 진술한 것으로 보고 출석한 상대방에게 변론을 명할 수 있다(민소법 제148조 제1항). 민사소송법 제148조 제1항에 의하면, 변론기일에 한쪽 당사자가 불출석한 경우에 변론을 진행하느냐 기일을 연기하느냐는 법원의 재량에 속한다고 할 것이나, 출석한 당사자만으로 변론을 진행할 때에는 반드시 불출석한 당사자가 그때까지 제출한 소장·답변서, 그 밖의 준비서면에 적혀 있는 사항을 진술한 것으로 보아야 한다(대판 2008.5.8. 2008다2890). 서면대로 진술간주할 때 상대방의 주장사실이 자백한 서면이 진술간주되면 재판상 자백이 성립되어 그 사실에 대해 증거조사가 필요 없다. 상대방의 주장사실을 다투는 서면이 진술간주된 경우에는 증거조사 때문에 특단의 사정이 없는 한 속행기일을 지정해야 한다.

2) 진술간주로 재판상 자백이 되는지 여부

① 학설 : 변론에서 진술된 경우뿐만 아니라 자백하는 취지의 서면이 진술간주되어도 서면에서 자백하겠다는 분명한 의사표시를 했으므로 재판상 자백으로 처리하는 재판상 자백설과 진술간주는 결석자에게 유리하게 취급하겠다는 취지인데 재판상 자백으로까지 보면 그 취지에 반하게 되므로 자백간주로 처리하자는 자백간주설이 대립하고 있다.

② 판례 : 법원에 제출되어 상대방에게 송달된 답변서나 준비서면에 자백에 해당하는 내용이 기재되어 있는 경우라도 그것이 변론기일이나 변론준비기일에서 진술 또는 진술간주되어야 재판상 자백이 성립한다(대판 2015.2.12. 2014다229870).

③ 검토 : 생각건대 재판상 자백으로 보는 것이 기일에 출석하여 자백하는 것보다 불리하게 취급하는 것은 아니므로 재판상 자백으로 보는 것이 타당하다고 판단된다.

(4) 확대적용 여부

소송촉진을 위해 서면에 의한 포기·인낙을 인정할 수 있는지 문제되었으나 종래 판례는 이를 부정해 왔다(대판 1982.3.23. 81다1336). 개정 민사소송법 제148조 제2항은 절차지연과 당사자의 불편을 없애기 위해 서면의 청구포기·인낙의 의사표시가 있고 공증사무소의 인증의 요건을 갖춘 경우 청구포기·인낙의 효력을 인정한다. 또한 개정법은 서면에 의한 재판상 화해의 효력도 인정한다(민소법 제148조 제3항).

(5) 진술간주의 한계

진술간주가 되어도 변론관할이 인정되지 아니하며(대결 1980.9.26. 80마403), 준비서면에 증거를 첨부하여 제출하였을 때 그 서면이 진술간주되어도 증거신청의 효과는 생기지 아니한다(대판 1991.11.8. 91다15775).

3. 자백간주

(1) 의 의

당사자가 변론기일에 출석하지 아니하는 경우에는 자백한 것으로 간주된다(민소법 제150조 제3항). 자백간주는 원·피고 쌍방에 적용된다.

(2) 자백간주의 요건

당사자가 상대방의 주장사실을 다투는 답변서 기타 준비서면을 제출하지 않고 공시송달에 의하지 않은 적법한 기일통지를 받고도 불출석한 경우이어야 한다(민소법 제150조 제3항).

(3) 자백간주의 효과

요건이 충족되면 상대방의 주장사실을 자백한 것으로 간주되며 원·피고 쌍방에게 동일하게 적용된다. 자백간주되면 재판상 자백과 같이 법원에 대한 구속력이 생기지만 재판상 자백과는 달리 당사자에 대한 구속력은 생기지 아니한다. 판례는 제1심에서 피고에 대하여 공시송달로 재판이 진행되어 피고에 대한 청구가 기각되었다고 하여도 피고가 원고 청구원인을 다툰 것으로 볼 수 없으므로, 원고가 항소한 항소심에서 피고가 공시송달이 아닌 방법으로 송달받고도 다투지 아니한 경우에는 민사소송법 제150조의 자백간주가 성립된다(대판 2018.7.12. 2015다36167)고 판시하고 있다.

제7절　기일·기간 및 송달

제1관 | 기 일

기일이란 법원과 당사자 등 소송관계인이 모여서 소송행위를 하기 위한 시간을 말한다.

제2관 | 기 간

Ⅰ　의 의

기간은 소송행위 등을 하여야 할 일정한 시점으로부터 다른 시점까지의 시간적 공간을 말한다.

Ⅱ　법정기간과 재정기간

법정기간이란 법률에 의하여 정해진 기간이다. 답변서제출기간(민소법 제256조), 상소기간(민소법 제396조, 제425조, 제444조), 재심기간(민소법 제456조) 등이 이에 포함된다. 재정기간이란 재판에 의하여 정해진 기간이다. 공격방어방법제출기간(민소법 제147조)이 그 예이다. 법정기간은 다시 불변기간과 통상기간으로 나뉜다.

Ⅲ 불변기간

1. 의 의

법원은 법정기간 또는 법원이 정한기간을 늘이거나 줄일 수 있으나 불변기간은 그러하지 아니하다(민소법 제172조 제1항). 법원은 불변기간에 대하여 주소 또는 거소가 멀리 떨어진 곳에 있는 사람을 위하여 부가기간을 정할 수 있고(민소법 제172조 제2항), 당사자가 책임질 수 없는 사유로 말미암아 불변기간을 지킬 수 없었던 경우에는 소송행위의 추후보완이 허용된다(민소법 제173조).

2. 유 형

화해권고결정에 대한 이의신청기간(민소법 제226조), 제소 전 화해의 소제기신청기간(민소법 제388조), 항소·상고기간(민소법 제396조, 제425조), 즉시항고기간(민소법 제444조), 재심기간(민소법 제456조) 등이 이에 해당한다.

제3관 | 기간의 부준수와 소송행위의 추후보완

Ⅰ 의 의

불변기간 해태의 경우 소권상실, 판결확정 등 치명적인 불이익을 입게 되므로 그 불이익을 구제하기 위해 당사자가 책임질 수 없는 사유로 말미암아 불변기간을 지킬 수 없었던 경우에는 그 사유가 없어진 날부터 2주 이내에 게을리한 소송행위를 보완할 수 있는 소송행위의 추후보완제도를 두고 있다(민소법 제173조).

Ⅱ 소송행위의 추후보완의 요건

1. 추후보완사유

(1) 당사자가 책임질 수 없는 사유

1) 의 의

당사자가 책임질 수 없는 사유란 당사자가 그 소송행위를 하기 위하여 일반적으로 하여야 할 주의를 다하였음에도 불구하고 그 기간을 준수할 수 없었던 사유를 가리키는 것이다(대판 2004.3.12. 2004다2083). 판결의 선고 및 송달 사실을 알지 못하여 상소기간을 지키지 못한 데 과실이 없다는 사정은 상소를 추후보완하고자 하는 당사자 측에서 주장·입증하여야 한다(대판 2012.10.11. 2012다44730).

2) 책임질 수 없는 사유와 관련된 판례

① 추후보완이 인정된 사례 : ㉠ 우편배달원이 상고기록접수통지서를 원고의 마을에 사는 사람 편에 전하였으나 그가 이를 분실하여 원고에게 전하지 못한 경우(대판 1962.2.8. 4293민상397), ㉡ 당사자와 갈등이 있고 이해관계가 대립되는 가족인 어머니가 판결정본을 송달받고 당사자에게 전달하지 아니한 경우(대판 1992.6.9. 92다11473), ㉢ 당사자의 무권대리인이 소송을 수행하고 판결정본을 송달받은 경우(대판 1996.5.31. 94다55774),

ⓐ 조정이 성립되지 아니한 것으로 사건이 종결된 후 피신청인 주소가 변경되었는데도 주소변경신고를 하지 않은 상태에서 조정이 소송으로 이행되어 변론기일통지서 등 소송서류가 발송송달이나 공시송달의 방법으로 송달되었으나 피신청인이 소송의 진행상황을 조사하지 않아 상소제기의 불변기간을 지키지 못한 경우(대판 2015.8.13. 2015다213322) 등이 이에 포함된다.

② **추후보완이 부정된 사례** : ㉠ 자신이 구속되었다는 사정(대판 1992.4.14. 92다3441), ㉡ 소송대리인이 판결정본의 송달을 받고도 당사자에게 그 사실을 알려 주지 아니하여 당사자가 기간을 지키지 못한 경우(대판 1984.6.14. 84다카744), ㉢ 소송대리인의 보조인에게 과실이 있는 경우(대판 1999.6.11. 99다9622) 등이 이에 해당한다.

(2) 공시송달의 경우

1) 문제점

공시송달은 대법원홈페이지 공고란에 게시되므로 송달받을 자가 공시송달사실을 알지 못하여 상소제기를 하지 못하는 경우가 있어 공시송달이 당사자가 책임질 수 없는 사유에 해당하는지 여부와 그 기준이 문제된다.

2) 추후보완의 허용요건

상소의 추후보완을 허용할 것인지 여부에 대해 판례는 공시송달제도의 기능과 송달받을 사람의 이익을 고려하여 송달받을 사람이 송달사실을 몰랐고 또 모른 데 과실이 없을 것을 요건으로 하여 추후보완을 인정하여야 한다는 견해를 취하고 있다(대판 1987.3.10. 86다카2224).

3) 허용 여부에 대한 판례

① **과실 없이 판결의 송달을 알지 못한 것의 의미** : 소장부본과 판결정본 등이 공시송달의 방법에 의하여 송달되었다면 특별한 사정이 없는 한 피고는 과실 없이 판결의 송달을 알지 못한 것이고, 이러한 경우 피고는 책임질 수 없는 사유로 말미암아 불변기간을 지킬 수 없었다 하여 그 사유가 없어진 후 2주일 이내에 추후보완항소를 할 수 있다. 피고에게 과실이 있다고 할 수 있는 특별한 사정이란, 피고가 소송을 회피하거나 이를 곤란하게 할 목적으로 의도적으로 송달을 받지 아니하였다거나 피고가 소 제기 사실을 알고 주소신고까지 해 두고서도 그 주소로 송달되는 소송서류가 송달불능되도록 장기간 방치하였다는 등의 사정을 말한다(대판 2021.8.19. 2021다228745).

② **처음부터 공시송달된 경우**

㉠ 원칙적 허용 : 피고가 소송계속 사실을 처음부터 알지 못한 채 판결이 선고되었고 판결정본이 공시송달의 방법으로 피고에게 송달되어 확정된 이후에야 비로소 피고가 그러한 사실을 알게 되었다면, 특별한 사정이 없는 한, 피고가 상소제기의 불변기간을 지키지 못한 것은 피고가 책임질 수 없는 사유로 말미암은 것이라고 보아야 한다(대판 2005.11.10. 2005다27195).

㉡ 예외적 불허 : ㉮ 피고가 처음부터 소송을 회피할 목적하에 등기부에 허위주소를 기재하여 공시송달된 경우(대판 1971.11.9. 71다1991), ㉯ 법인인 소송당사자가 법인이나 그 대표자의 주소가 변경되었음에도 이를 법원에 신고하지 아니한 경우(대판 1991.1.11. 90다9636), ㉰ 당사자가 주소변경신고를 하지 않아 결과적으로 공시송달의 방법으로 판결 등이 송달된 경우(대판 2004.3.12. 2004다2083)에는 추후보완이 인정되지 아니한다.

③ 소송 중 공시송달된 경우

　　㉠ 원칙적 불허 : 민사소송법 제173조 제1항에 규정된 '당사자가 책임질 수 없는 사유'란 당사자가 소송행위를 하기 위하여 일반적으로 하여야 할 주의를 다하였음에도 불구하고 그 기간을 준수할 수 없었던 사유를 가리키는데, 소송의 진행 도중 통상의 방법으로 소송서류를 송달할 수 없게 되어 공시송달의 방법으로 송달한 경우에는 처음 소장부본의 송달부터 공시송달의 방법으로 소송이 진행된 경우와 달라서 당사자에게 소송의 진행상황을 조사할 의무가 있으므로, 당사자가 이러한 소송의 진행상황을 조사하지 않아 불변기간을 지키지 못하였다면 이를 당사자가 책임질 수 없는 사유로 말미암은 것이라고 할 수 없다(대판 2012.10.11. 2012다44730).

　　㉡ 예외적 허용 : 피항소인에게 항소장의 부본 및 변론기일 소환장이 공시송달의 방법에 의하여 송달되었고, 판결정본도 공시송달의 방법으로 송달되었다면, 피항소인으로서는 항소인이 항소를 제기하여 항소심의 절차가 진행되었던 사실을 모르고 있었다고 할 것이어서, 특별한 사정이 없는 한 피항소인은 과실 없이 판결의 송달을 알지 못한 것이라고 할 것이고, 이러한 경우 피항소인은 책임질 수 없는 사유로 불변기간을 준수할 수 없었던 때에 해당하여 그 사유가 종료된 후 2주일 내(그 사유가 종료될 당시 외국에 있었던 경우에는 30일 내) 추완상고를 할 수 있다(대판 1997.5.30. 95다21365).

2. 추후보완대상

추후보완의 대상이 되는 기간은 불변기간에 한하며 다른 기간의 부준수에서는 추후보완이 인정되지 아니한다. 불변기간은 아니나 이와 유사한 성격인 상고이유서제출기간과 재항고이유서제출기간의 부준수는 상고기간과 재항고기간의 부준수와 실질적으로 차이가 없다고 보아 추후보완을 인정하자는 견해도 있으나 판례는 불변기간이 아니므로 추후보완의 대상은 아니라고 판시(대판 1998.12.11. 97재다445)하고 있다. 한편 판례는 판결정본의 송달에 하자가 있어 당연무효인 경우라면 불변기간인 항소기간이 진행되지 아니하기 때문에 항소의 추후보완의 문제는 생기지 아니하고 언제든지 항소할 수 있다고 보고 있다.

3. 추후보완기간

(1) 사유가 없어진 날

해태의 원인이 된 사유가 없어진 후부터 2주 이내이다(민소법 제173조 제1항). 장애사유가 종료한 때라 함은 ① 천재지변 등 사유의 경우에는 그 재난이 없어진 때이고 ② 판결의 송달을 과실 없이 알지 못한 경우에는 당사자나 소송대리인이 판결이 있었던 것을 안 때이다.

(2) 공시송달의 경우 종료의 의미

1) 공시송달된 사실을 안 때 – 원칙

공시송달에 의한 판결의 송달사실을 과실 없이 알지 못한 경우에는 당사자나 대리인이 판결이 있었던 사실을 안 때가 아니라 그 판결이 공시송달의 방법으로 송달된 사실(당해 사건기록을 열람하거나 새로이 판결정본을 영수한 때)을 안 때(대판 1994.12.13. 94다24299)이다.

2) 판결이 있었던 사실을 안 때 – 예외

① **당해 판결이 있었던 사실을 알게 된 것인지 여부** : 판례는 소장부본과 판결정본 등이 공시송달의 방법에 의하여 송달되었다면 특별한 사정이 없는 한 피고는 과실 없이 그 판결의 송달을 알지 못한 것이고, 이러한 경우 피고는 그 책임을 질 수 없는 사유로 인하여 불변기간을 준수할 수 없었던 때에 해당하여 그 사유가 없어진 후 2주 내에 추완항소를 할 수 있고, 통상의 경우 피고나 당해 사건에서의 소송대리인이 사건 기록을 열람하거나 또는 새로이 판결정본을 영수한 때에 비로소 그 판결이 공시송달의 방법으로 송달된 사실을 알게 되었다고 보아야 한다고 하면서, 피고가 다른 사건의 소송절차에서 송달받은 준비서면 등에 당해 사건의 제1심판결문과 확정증명원 등이 첨부된 경우에는 그 시점에 제1심판결의 존재 등을 알았다고 할 것이나, 다른 사건에서 선임된 피고의 소송대리인이 그 소송절차에서 위와 같은 준비서면 등을 송달받았다는 사정만으로 이를 피고가 직접 송달받은 경우와 동일하게 평가할 수 없다고 하였는데, 이는 소송행위의 추후보완과 관련하여 민사소송법 제173조 제1항이 정한 '당사자가 책임질 수 없는 사유로 불변기간을 지킬 수 없었던 경우'에서의 당사자에는 당사자 본인과 당해 사건의 소송대리인 내지 대리인의 보조인 등이 포함될 뿐, 다른 사건의 소송대리인까지 포함된다고 볼 수는 없기 때문이라고 한다(대판 2022.9.7. 2022다231038).

② **판결의 경위에 대하여 알아볼 만한 특별한 사정 인정 여부** : [1] 소장부본과 판결정본 등이 공시송달의 방법에 의하여 송달되었다면 특별한 사정이 없는 한 피고는 과실 없이 판결의 송달을 알지 못한 것이고, 이러한 경우 피고는 책임을 질 수 없는 사유로 인하여 불변기간을 준수할 수 없었던 때에 해당하여 그 사유가 없어진 후 2주일 내에 추완항소를 할 수 있다. 여기에서 '사유가 없어진 후'라고 함은 당사자나 소송대리인이 단순히 판결이 있었던 사실을 안 때가 아니고 나아가 판결이 공시송달의 방법으로 송달된 사실을 안 때를 가리키는 것이다. 그리고 다른 특별한 사정이 없는 한 통상의 경우에는 당사자나 소송대리인이 사건 기록을 열람하거나 또는 새로이 판결정본을 영수한 때에 비로소 판결이 공시송달의 방법으로 송달된 사실을 알게 되었다고 보아야 한다. 다만 피고가 당해 판결이 있었던 사실을 알았고 사회통념상 그 경위에 대하여 당연히 알아볼 만한 특별한 사정이 있었다고 인정되는 경우에는 그 경위에 대하여 알아보는 데 통상 소요되는 시간이 경과한 때에 판결이 공시송달의 방법으로 송달된 사실을 알게 된 것으로 추인하여 책임질 수 없는 사유가 소멸하였다고 봄이 상당하다고 할 것이지만, 이 경우 '당해 판결이 있었던 사실을 알게 된 것'과 더불어 '판결의 경위에 대하여 알아볼 만한 특별한 사정'이 인정되어야 한다.
[2] 당사자가 다른 소송의 재판절차에서 송달받은 준비서면 등에 당해 사건의 제1심 판결문과 확정증명원 등이 첨부된 경우에는 위의 특별한 사정을 인정할 수 있고, 제1심판결이 있었던 사실을 알게 된 후 대처방안에 관하여 변호사와 상담을 하거나 추완항소 제기에 필요한 해외거주증명서 등을 발급받은 경우에도 마찬가지이다. 그러나 유체동산 압류집행을 당하였다는 등의 사정만으로는 위의 특별한 사정을 인정하기 어렵고, 나아가 채권추심회사 직원과의 통화 과정에서 사건번호 등을 특정하지 않고 단지 '판결문에 기하여 채권추심을 할 것이다.'라는 이야기를 들은 경우에도 당해 제1심판결이 있었던 사실을 알았다거나 위의 특별한 사정이 인정된다고 볼 수 없다.
[3] 제1심법원이 소장부본과 판결정본 등을 공시송달의 방법으로 피고 갑에게 송달하였고, 그 후 원고 을 주식회사가 제1심판결에 기하여 갑의 예금채권 등을 압류·추심하여 갑이 제3채무자인 병 신용협동조합으로부터 '법원의 요청으로 계좌가 압류되었습니다.'는 내용과 채권압류 및 추심명령의 사건번호와 채권자가 기재된 문자메시지를 받았는데, 그로부터 2달이 지나 갑이 제1심판결정본을 영수한 후 추완항소를

제기한 사안에서, 갑이 병 신용협동조합으로부터 계좌가 압류되었다는 내용과 채권압류 및 추심명령의 사건번호와 채권자만 기재되어 있을 뿐 제1심판결에 관한 내용이 전혀 언급되어 있지 않은 문자메시지를 받았다는 사정만으로는 제1심판결이 있었던 사실을 알았다거나 사회통념상 그 경위를 알아볼 만한 특별한 사정이 있었다고 보기 어려우므로, 다른 특별한 사정이 없는 한 갑이 제1심판결정본을 영수한 날로부터 2주일 내에 제기된 추완항소는 적법한데도, 이와 달리 본 원심판결에 대법원 판례에 상반되는 판단을 한 잘못이 있다고 한 사례(대판 2021.3.25. 2020다46601).

③ **추후보완사유의 증명을 하지 않는 불이익** : [1] 통상적으로 피고가 사건 기록을 열람하거나 판결정본을 발급받은 때에는 판결이 공시송달의 방법으로 송달된 사실을 알게 되었다고 볼 수 있고, 다만 피고가 당해 판결이 있었던 사실을 알았고 사회통념상 그 경위에 대하여 당연히 알아볼 만한 특별한 사정이 있었다고 인정되는 경우에는 그 경위에 대하여 알아보는 데 통상 소요되는 시간이 경과한 때에 그 판결이 공시송달의 방법으로 송달된 사실을 알게 된 것으로 추인할 수 있다.

[2] 그러나 이를 판단하기 위하여는 위 사정들이 주장되고 위 사정들에 관한 소송자료나 증거들이 현출되어 심리되어야 한다. 추후보완항소를 제기하는 당사자는 위 사정을 주장·증명하여야 하고, 이는 소송요건에 해당하므로 법원은 직권으로라도 심리하여야 한다. 당사자의 주장이 분명하지 아니한 경우 법원은 석명권을 행사하여 이를 명확히 하여야 할 것이다. 직권조사사항에 관하여도 그 사실의 존부가 불명한 경우에는 증명책임의 원칙이 적용되어야 할 것인바, 법원의 석명에도 불구하고 피고가 그 주장한 추후보완사유의 증명을 하지 않는다면 그 불이익은 피고에게 돌아간다(대판 2022.10.14. 2022다247538).

Ⅲ 추후보완의 절차

1. 서면신청

추후보완할 수 있는 자는 그 사유가 있는 자에 한하며, 해태된 소송행위를 본래의 방식으로 하면 된다. 즉, 항소제기를 추후보완하려면 항소장을 제출하면 된다.

2. 항소를 추완항소로 보는 경우

판례에 의하면 당사자가 항소를 제기하면서 추후보완항소라는 취지의 문언을 기재하지 아니하였다 하더라도 그 전체적인 취지에 비추어 그러한 주장이 있는 것으로 볼 수 있는 경우에는 당연히 그 사유에 대하여 심리·판단하여야 하고, 증거에 의하여 그 항소기간의 경과가 그의 책임질 수 없는 사유로 말미암은 것으로 인정되는 이상, 그 항소는 처음부터 소송행위의 추후보완에 의하여 제기된 항소라고 보아야 한다(대판 2008.2.28. 2007다41560). 그러나 항소인이 추완항소임을 명백히 하지 아니한 이상 법원이 항소각하판결을 하기 전에 반드시 추완사유의 유무를 심리하거나 이를 주장할 수 있는 기회를 주어야 하는 것은 아니다(대결 2011.9.29. 2011마1335).

3. 추완항소를 항소로 보는 경우

판결정본 송달이 무효인데 추완항소한 경우 항소기간은 진행하지 아니하므로 추완항소는 책임질 수 없는 사유의 존부와 관계없이 일반항소로서 적법하다.

Ⅳ 추후보완의 효과

1. 형식적 확정력과 판결의 집행정지

확정 판결에 대한 원고의 추완항소제기가 있는 경우에도 그 추완항소에 의하여 불복항소의 대상이 된 판결이 취소될 때까지는 확정판결로서의 효력이 배제되는 것은 아니므로 위 확정판결에 기하여 경료된 소유권이전등기가 미확정 판결에 의하여 경료된 원인무효의 것이라고 할 수 없다(대판 1978.9.12. 76다2400). 따라서 패소한 당사자가 추후보완항소를 하면서 집행력을 저지하려면 민사소송법 제500조에 의한 강제집행정지를 신청하여야 한다.

2. 심급의 이익과 반소제기

형식적으로 확정된 제1심판결에 대한 피고의 항소추완신청이 적법하여 해당 사건이 항소심에 계속된 경우 그 항소심은 다른 일반적인 항소심과 다를 바 없다. 따라서 원고와 피고는 형식적으로 확정된 제1심판결에도 불구하고 실기한 공격·방어방법에 해당하지 아니하는 한 자유로이 공격 또는 방어방법을 행사할 수 있고, 나아가 피고는 상대방의 심급의 이익을 해할 우려가 없는 경우 또는 상대방의 동의를 받은 경우에는 반소를 제기할 수도 있다. 여기서 '상대방의 심급의 이익을 해할 우려가 없는 경우'라고 함은 반소청구의 기초를 이루는 실질적인 쟁점이 제1심에서 본소의 청구원인 또는 방어방법과 관련하여 충분히 심리되어 상대방에게 제1심에서의 심급의 이익을 잃게 할 염려가 없는 경우를 말한다(대판 2013.1.10. 2010다75044).

Ⅴ 추후보완상소와 재심의 소와의 관계

1. 구제방법의 선택

상대방의 주소를 알 수 있었음에도 소재불명 또는 거짓주소 등으로 공시송달방법으로 확정판결을 얻은 경우 상대방은 추후보완항소나 민사소송법 제451조 제1항 제11호에 의해 재심의 소를 선택적으로 제기할 수 있다.

2. 구제방법의 차이

재심의 소를 제기하면 확정판결이 행해진 당해 심급에서 재판을 받게 되므로 심급의 이익이 보장되나 확정판결 후 5년이 지나면 할 수 없다. 상소의 추완에 의하면 심급의 이익은 상실되나 기간부준수의 상태가 오래 지속된 경우라도 그 사유종료 후 2주일 내에 추완상소가 가능하다.

제4관 | 송 달

Ⅰ 의 의

송달은 법원이 당사자 기타 소송관계인에게 소송서류 등을 법정의 방식에 따라 교부하여 그 내용을 알 수 있게 하는 통지행위이다. 송달도 재판권의 행사이므로 재판권이 면제되는 치외법권자에게는 그가 임의수령하지 아니하는 한 송달할 수 없다.

Ⅱ 송달기관 및 송달서류

1. 송달사무담당기관

송달에 관한 사무는 법원사무관이 담당하는 것이 원칙이다. 예외적으로 공시송달의 경우에는 재판장의 명령을 요한다(민소법 제194조).

2. 송달실시기관

송달실시기관에는 집행관, 우편집배원 및 기타 대법원규칙이 정하는 자 등이 포함된다(민소법 제176조).

3. 송달서류

송달은 특별한 규정이 없으면 송달받을 사람에게 서류의 등본 또는 부본을 교부하여야 한다(민소법 제178조 제1항). 다만, 기일통지서, 출석요구서는 원본을, 판결은 정본을 송달한다, 송달을 하여야 하는 소송서류를 제출하는 때에는 특별한 규정이 없으면 송달에 필요한 수의 부본을 함께 제출하여야 한다(민소규칙 제48조 제1항).

Ⅲ 송달받을 사람

송달받을 자는 원칙적으로 소송서류의 명의자이나 법정대리인, 소송대리인이나 법률상 송달영수권이 있는 사람도 송달을 받을 수 있다. 최근 판례는 민사소송법 제182조는 교도소·구치소 또는 국가경찰관서의 유치장에 체포·구속 또는 유치된 사람에게 할 송달은 교도소·구치소 또는 국가경찰관서의 장에게 하도록 규정하고 있으므로, 수감된 당사자에 대한 송달을 교도소장 등에게 하지 않고 당사자의 종전 주소나 거소로 한 것은 부적법한 송달로서 무효이고, 이는 법원이 서류를 송달받을 당사자가 수감된 사실을 몰랐거나, 수감된 당사자가 송달의 대상인 서류의 내용을 알았다고 하더라도 마찬가지이므로 수감된 당사자에 대하여 민사소송법 제185조나 제187조에 따라 종전에 송달받던 장소로 발송송달을 하였더라도 적법한 송달의 효력을 인정할 수 없다(대판 2021.8.19. 2021다53)고 판시하고 있다.

Ⅳ 송달실시의 방법

1. 교부송달

(1) 교부송달의 의의

교부송달이란 송달받을 사람에게 직접 서류의 등본·부본을 교부하는 방법에 의하는 송달을 말하며 민사소송법에서는 교부송달을 원칙으로 한다(민소법 제178조).

(2) 송달장소

1) 주소 등에서의 교부송달

교부송달은 송달을 받을 사람의 주소·거소·영업소 또는 사무소에서 그에게 직접 송달한다. 다만, 법정대리인에게 할 송달은 본인의 영업소나 사무소에서도 할 수 있다(민소법 제183조). 송달받을 사람이 이웃 주소지로 이사하였으나 종전 주소지에 주민등록을 둔 채로 양쪽 집을 왕래하였다면 모두 송달장소에 해당한다는 것이 판례이다(대판 1987.11.10. 87다카943).

2) 근무장소에서의 교부송달

송달받을 사람의 주소 등을 알지 못하거나 그 장소에서 송달할 수 없는 때에는 송달받을 사람이 고용·위임 그 밖에 법률상 행위로 취업하고 있는 다른 사람의 주소(이하 "근무장소") 등에서 송달할 수 있다(민소법 제183조 제2항). 근무장소란 현실의 근무장소를 말하는 것으로 지점근무자의 경우 본점이 아닌 그 지점에 송달하여야 한다.

3) 만나는 장소에서 교부송달

송달받을 사람의 주소 등 또는 근무장소가 국내에 없거나 알 수 없는 때 또는 주소 등이나 근무장소가 있는 사람의 경우에도 송달받기를 거부하지 아니하면 만나는 장소에서 송달할 수 있다(민소법 제183조 제3항·제4항).

(3) 교부송달 관련 판례

> **1 민소법 제183조 제1항의 의미**
>
> **[송달받을 사람에게 직접 교부]**
> 피고에게 송달되는 판결정본을 원고가 집배인으로부터 수령하여 자기 처를 통하여 피고의 처에게 교부하고 다시 피고의 처가 이를 피고에게 교부한 경우에 위 판결정본의 피고에 대한 송달은 그 절차를 위배한 것이어서 부적법한 송달이다. 불변기간인 항소제기기간에 관한 규정은 성질상 강행규정이므로 그 기간 계산의 기산점이 되는 판결정본의 송달의 하자는 이에 대한 책문권의 포기나 상실로 인하여 치유될 수 없다(대판 1979.9.25. 78다2448).
>
> **[영업소 또는 사무소]**
> ① 민사소송법 제183조 제1항은 "송달은 받을 사람의 주소·거소·영업소 또는 사무소(이하 '주소 등')에서 한다"고 규정하고 있는바, 여기서 영업소 또는 사무소는 송달받을 사람의 영업 또는 사무가 일정 기간 지속하여 행하여지는 중심적 장소로서, 한시적 기간에만 설치되거나 운영되는 곳이라고 하더라도 그곳에서 이루어지는 영업이나 사무의 내용, 기간 등에 비추어 볼 때 어느 정도 반복해서 송달이 이루어질 것이라고 객관적으로 기대할 수 있는 곳이라면 위 조항에서 규정한 영업소 또는 사무소에 해당한다. 도의원 보궐선거에 출마한 甲의 선거사무소로 소장부본 등의 송달이 유효하게 이루어진 후 송달장소변경신고를 하지 않은 상태에서 변론기일통지서 등의 송달불능되자 위 사무소로 발송송달을 한 경우, 위 선거사무소는 선거운동이라는 한시적 목적을 위해 설치·운영된 장소라도 甲의 주된 사무가 행해지는 곳으로서 어느 정도 반복된 송달이 이루어질 것을 기대할 수 있는 곳이므로 민사소송법 제183조 제1항의 사무소에 해당한다(대판 2014.10.30. 2014다43076).

② 법인에 대한 송달은 법정대리인에 준하는 그 대표자에게 하여야 하므로(민사소송법 제64조), 그 대표자의 주소, 거소, 영업소 또는 사무소에서 함이 원칙인데(민사소송법 제183조 제1항), 여기에서 '영업소 또는 사무소'라 함은 당해 법인의 영업소 또는 사무소를 말한다고 보아야 하므로, 그 대표자가 겸임하고 있는 별도의 법인격을 가진 다른 법인의 영업소 또는 사무소는 그 대표자의 근무처에 불과하다(대판 1997.12.9. 97다31267).

[본인의 영업소나 사무소]

① 법인인 소송당사자에게 효과가 발생할 소송행위는 그 법인을 대표하는 자연인의 행위거나 그 자연인에 대한 행위라야 할 것이므로 소송당사자인 법인에의 소장, 기일소환장 및 판결 등 서류는 그 대표자에게 송달하여야 하는 것이니 그 대표자의 주소, 거소에 하는 것이 원칙이고, 법인의 영업소나 사무소에도 할 수 있으나, 법인의 대표자의 주소지가 아닌 소장에 기재된 법인의 주소지로 발송하였으나 이사불명으로 송달불능된 경우에는, 원칙으로 되돌아가 원고가 소를 제기하면서 제출한 법인등기부등본 등에 나타나 있는 법인의 대표자의 주소지로 소장부본 등을 송달하여 보고 그곳으로도 송달되지 않을 때에 주소 보정을 명하여야 하므로, 법인의 주소지로 소장부본을 송달하였으나 송달불능되었다는 이유만으로 그 주소 보정을 명한 것은 잘못이므로 그 주소 보정을 하지 아니하였다는 이유로 한 소장각하명령은 위법하다(대결 1997.5.19. 97마600).

② 민사소송법 제402조 제1항은 항소장의 부본을 송달할 수 없는 경우 항소심재판장은 항소인에게 상당한 기간을 정하여 그 기간 내에 흠을 보정하도록 명하여야 한다고 규정하고, 제2항은 항소인이 정해진 기간 내에 흠을 보정하지 않는 경우 명령으로 항소장을 각하하여야 한다고 규정하고 있는바, 항소장이나 판결문 등에 기재된 피항소인의 주소 외에 다른 주소가 소송기록에 있는 경우에는 그 다른 주소로 송달을 시도해 본 다음 그곳으로도 송달되지 않는 경우에 항소인에게 주소보정을 명하여야 하고, 그러한 조치를 취하지 않은 채 항소장에 기재된 주소로 송달이 되지 않았다는 것만으로 곧바로 주소보정을 명하고 이에 응하지 않음을 이유로 항소장을 각하하는 것은 올바른 조치가 아니다(대결 2014.4.16. 2014마4026).

2 민소법 제183조 제2항의 의미

[근무장소]

① 송달받을 사람의 주소나 영업소 등을 알지 못하거나 그 장소에서 송달할 수 없는 때에는 송달받을 사람이 고용·위임 그 밖에 법률상 행위로 취업하고 있는 다른 사람의 주소 등, 즉 '근무장소'에서 송달할 수 있다(민사소송법 제183조 제2항). 이때의 '근무장소'는 현실의 근무장소로서 고용계약 등 법률상 행위로 취업하고 있는 지속적인 근무장소이다. 사안에서 하이스마텍은 다른 주된 직업을 가지고 있으면서 하이스마텍의 비상근이사, 사외이사 또는 비상근감사의 직에 있는 피고 2 등에게 지속적인 근무장소라고 할 수 없으므로 민사소송법 제183조 제2항에 정한 '근무장소'에 해당한다고 볼 수 없고, 위 소외 1이 피고 2 등에 대한 소장부본을 하이스마텍의 본점 소재지에서 수령한 것을 민사소송법 제186조 제2항의 보충송달로서 효력이 있다고 볼 수도 없다. 이를 지적하는 취지의 상고이유 주장은 이유 있다(대판 2015.12.10. 2012다16063).

② 근무장소에서의 송달을 규정한 민사소송법 제183조 제2항에 의하면, 근무장소에서의 송달은 송달받을 자의 주소 등의 장소를 알지 못하거나 그 장소에서 송달할 수 없는 때에 한하여 할 수 있는 것이므로 소장, 지급명령신청서 등에 기재된 주소 등의 장소에 대한 송달을 시도하지 않은 채 근무장소로 한 송달은 위법하다(대결 2004.7.21. 2004마535).

2. 보충송달

(1) 보충송달의 의의

보충송달이란 송달장소에서 송달받을 자를 못 만났을 때에 다른 사람에게 대리송달하는 것을 말한다. 여기에도 주소 등에서의 보충송달과 근무장소에서의 보충송달이 있다.

(2) 주소 등에서의 보충송달

1) 송달의 효력발생시기

사무원 등에게 소송서류를 교부한 때에 송달의 효력이 생기며 송달받을 자에게 전달하였는지 여부는 송달의 효력과는 관계없다.

2) 송달수령인

① 동거인 : 동거인이란 송달받을 사람과 같은 세대에 속하여 생활하는 사람으로서 사실상 이와 같은 관계에 있으면 족하고 반드시 법률상 친족관계에 있어야 하는 것은 아니다. 판례도 원고는 아파트에 단독으로 전입, 세대를 구성하고 있고, 원고의 딸은 원고의 처, 모 등과 함께 그 이웃 아파트에 따로 세대를 구성하여 주민등록상 별개의 독립한 세대를 구성하고 있지만 실제로는 생활을 같이하고 있는 동거자라고 봄이 상당하다 하여 원고에 대한 납세고지서를 딸이 수령함으로써 적법하게 송달되었다고 하였고(대판 1992.9.14. 92누2363), 동거자란 송달을 받을 자와 동일한 세대에 속하여 생활을 같이 하는 자를 말하는 것으로서, 반드시 법률상 친족관계에 있어야 하는 것은 아니므로, 이혼한 처라도 사정에 의하여 사실상 동일 세대에 소속되어 생활을 같이 하고 있다면 여기에서 말하는 수령대행인으로서의 동거자가 될 수 있다(대판 2000.10.28. 2000마5732)고 판시하고 있다. 또한 법률상 부부는 동거의무가 있고(민법 제826조 제1항), 사회통념상 통상적으로 법률상 배우자라면 '동거인'으로서 송달을 받을 사람과 동일한 세대에 속하여 생활을 같이 하는 사람으로 인정할 수 있으나 법률상 배우자라고 하더라도 별거와 혼인공동체의 실체 소멸 등으로 소송당사자인 상대방 배우자의 '동거인'으로서 민사소송법 제186조 제1항에 정해진 보충송달을 받을 수 있는 지위를 인정할 수 없는 특별한 경우에는 송달의 효력에 관하여 심리하여 판단할 필요가 있다(대판 2022.10.14. 2022다229936)고 한다.

② 사무원·피용자 : 이는 송달을 받을 사람과 고용관계에 있어야 하는 것은 아니고 평소 본인을 위하여 사무 등을 보조하는 자이면 족하다(대판 2010.10.14. 2010다48455). 판례는 송달받을 변호사와 같은 사무실을 나누어 사용하는 다른 변호사의 사무원에게 한 송달한 경우 다른 변호사의 사무원은 평소 원고 소송대리인(송달받을 변호사)의 명시적 또는 묵시적 위임에 따라 원고 소송대리인의 우편물 수령에 관한 사무 등을 보조하는 자로서 보충송달에 있어서 수령대행인이 될 수 있는 사무원에 해당한다고 봄이 상당하고, 따라서 그 사무원에 대한 제1심판결정본의 송달은 보충송달로서 적법하다고 한다(대판 2007.12.13. 2007다53822).

③ 수령권한을 위임받은 자 : 판례는 과세처분의 상대방인 납세의무자 등 서류의 송달을 받을 자가 다른 사람에게 우편물 기타 서류의 수령권한을 명시적 또는 묵시적으로 위임한 경우에는 그 수임자가 해당 서류를 수령함으로써 그 송달받을 자 본인에게 해당 서류가 적법하게 송달된 것으로 보아야 하고, 그러한 수령권한을 위임받은 자는 반드시 위임인의 종업원이거나 동거인일 필요가 없다(대판 2000.7.4. 2000두1164)고 하여 수령권한을 위임받은 사람에의 송달을 적법한 송달로 인정하고 있다.

④ **당사자 쌍방을 대행하는 수령대행인** : 판례는 동일한 수령대행인이 이해가 대립하는 소송당사자 쌍방을 대신하여 소송서류를 동시에 수령하는 경우, 수령대행인이 원고나 피고 중 한 명과도 이해관계의 상충 없이 중립적인 지위에 있기는 쉽지 않으므로 소송당사자 쌍방 모두에게 소송서류가 제대로 전달될 것이라고 합리적으로 기대하기 어렵고, 이익충돌의 위험을 회피하여 본인의 이익을 보호하려는 데 취지가 있는 민법 제124조 본문에서의 쌍방대리금지 원칙에도 반하므로 소송당사자의 허락이 있다는 등의 특별한 사정이 없는 한, 동일한 수령대행인이 소송당사자 쌍방의 소송서류를 동시에 송달받을 수 없고, 그러한 보충송달은 무효라고 봄이 타당하다(대판 2021.3.11. 2020므11658)고 한다.

⑤ **사리를 분별할 수 있는 지능이 있고 상반된 이해관계가 없는 자**

㉠ 사리를 분별할 수 있는 지능이 있는 자 : 사리를 변식할 지능이 있다고 하기 위하여는 사법제도 일반이나 소송행위의 효력까지 이해할 필요는 없더라도 송달의 취지를 이해하고 영수한 서류를 수송달자에게 교부하는 것을 기대할 수 있는 정도의 능력이 있으면 족하다(대결 2000.2.14. 99모225). 판례는 8세 10개월 된 어린이(대결 1968.5.7. 68마336), 15세의 가정부(대결 1966.10.25. 66마162)라도 사리를 분별할 수 있는 지능이 있다고 판시하고 있다.

㉡ 상반된 이해관계가 없는 자 : 판례는 보충송달제도는 본인 아닌 그의 사무원, 피용자 또는 동거인, 즉 수령대행인이 서류를 수령하여도 그의 지능과 객관적인 지위, 본인과의 관계 등에 비추어 사회통념상 본인에게 서류를 전달할 것이라는 합리적인 기대를 전제로 한다. 그런데 본인과 수령대행인 사이에 당해 소송에 관하여 이해의 대립 내지 상반된 이해관계가 있는 때에는 수령대행인이 소송서류를 본인에게 전달할 것이라고 합리적으로 기대하기 어렵고, 이해가 대립하는 수령대행인이 본인을 대신하여 소송서류를 송달받는 것은 쌍방대리금지의 원칙에도 반하므로, 본인과 당해 소송에 관하여 이해의 대립 내지 상반된 이해관계가 있는 수령대행인에 대하여는 보충송달을 할 수 없다. 소외인은 이 사건 채권압류 및 추심명령의 채무자로 제3채무자인 피고와 이해관계를 달리하는 당사자로서 관련 소송에서 수령한 서류를 본인인 피고에게 전달할 것이라는 합리적인 기대를 하기 어려우므로, 위와 같은 경우에는 비록 소외인이 피고의 사무원으로서 소송서류를 수령하였다 하더라도 피고에 대한 보충송달로서의 효력을 인정할 수는 없고, 따라서 제1심법원이 소송서류 및 판결정본을 소외인에게 보충송달의 방법으로 송달한 것은 부적법하고, 이에 따라 항소기간은 진행하지 아니하므로 피고의 이 사건 추완항소는 피고에게 책임질 수 없는 사유가 있는지 여부와 관계없이 적법하다(대판 2016.11.10. 2014다54366)고 한다.

3) 송달장소

송달장소에서 송달받을 자를 만나지 못할 때에는 그 사무원, 고용인 또는 동거자로서 사리를 변식할 지능이 있는 자에게 서류를 교부하는 보충송달의 방법에 의하여 송달할 수는 있지만, 이러한 보충송달은 위 법 조항에서 정하는 '송달장소'에서 하는 경우에만 허용되고 송달장소가 아닌 곳에서 사무원, 고용인 또는 동거자를 만난 경우에는 그 사무원 등이 송달받기를 거부하지 아니한다 하더라도 그곳에서 그 사무원 등에게 서류를 교부하는 것은 보충송달의 방법으로서 부적법하다(대결 2001.8.31. 2001마3790).

(3) 근무장소에서의 보충송달

근무장소에서 송달받을 사람을 만나지 못한 때에는 사용자 또는 사용자의 법정대리인이나 피용자 그 밖의 종업원으로서 사리를 분별할 지능이 있는 사람이 서류의 수령을 거부하지 아니하면 그에게 서류를 교부할 수 있다(민소법 제186조 제2항). 이는 수령을 거부하지 아니하는 경우에만 인정된다는 점에서 주소 등에서의 보충송달과 다르다는 점을 유의해야 한다.

3. 유치송달

송달받은 자가 정당한 이유 없이 송달받기를 거부하는 경우에는 송달한 장소에서 서류를 놓아둘 수 있다. 근무장소 외의 송달할 장소에서 보충송달을 받을 수 있는 사람(민소법 제186조 제1항)이 수령을 거부해도 유치송달을 할 수 있으나 근무장소에서 보충송달을 받을 수 있는 사람(민소법 제186조 제2항)은 수령을 거부해도 유치송달을 할 수 없다(민소법 제186조 제3항).

4. 우편송달

(1) 우편송달의 의의

보충·유치송달 규정에 따라 송달할 수 없는 때(민소법 제187조), 또는 주소변경신고를 하지 아니한 사람에게 달리 송달할 장소를 알 수 없는 경우(민소법 제185조)에 등기우편으로 발송하는 송달이다.

(2) 우편송달의 요건

1) 보충·유치송달 규정에 따라 송달할 수 없는 때

우편송달은 송달받을 자의 주소 등 송달해야 할 장소는 밝혀져 있으나 교부송달은 물론이고 보충송달과 유치송달도 할 수 없는 경우에 할 수 있다(대결 2009.10.29. 2009마1029). 판례에 의하면 '송달하여야 할 장소'란 실제 송달받을 자의 생활근거지가 되는 주소, 거소, 영업소 또는 사무실 등 송달받을 자가 소송서류를 받아 볼 가능성이 있는 적법한 송달장소를 말하는 것이다. 따라서 소장과 항소장에 원고의 주소지로 기재되어 있기는 하나 당시 원고의 실제 생활근거지가 아닌 곳으로 변론기일 소환장을 우편송달한 것은 우편송달로서의 효력이 없다(대판 2001.9.7. 2001다30025). 또한 폐문부재와 같이 송달을 받을 자는 물론 그 사무원, 고용인 또는 동거자 등 서류를 수령할 만한 자를 만날 수 없는 경우라면 모르거니와 단지 송달을 받을 자만이 장기출타로 부재중이어서 그 밖의 동거자 등에게 보충송달이나 유치송달이 가능한 경우에는 우편송달을 할 수 없다(대결 1991.4.15. 91마162).

2) 주소변경신고를 하지 아니한 사람에게 달리 송달할 장소를 알 수 없는 경우

우편송달은 당사자 등이 송달장소변경의 신고를 하지 아니하고 송달할 장소를 알 수 없는 경우 종전에 송달받던 장소에 할 수도 있다. 따라서 송달받을 장소를 바꾸었으면서도 그 취지를 신고하지 아니한 경우이거나 송달받을 장소를 바꾸었다는 취지를 신고하였는데 그 바뀐 장소에서의 송달이 불능되는 경우에 우편송달을 할 수 있다(대판 2009.5.28. 2009다5292). 판례에 의하면 민사소송법 제185조 제2항은 이 경우에 종전에 송달받던 장소에 대법원규칙이 정하는 방법으로 발송할 수 있다고 규정하고 있을 뿐이므로, 비록 당사자가 송달장소로 신고한 바 있다고 하더라도 그 송달장소에 송달된 바가 없다면 그곳을 민사소송법 제185조 제2항에서 정하는 '종전에 송달받던 장소'라고 볼 수 없고, 민사소송법 제185조 제2항에서 말하는 '달리 송달할 장소를 알 수 없는 경우'라 함은 상대방에게 주소보정을 명하거나 직권으로 주민등록표 등을 조사할 필요까지는 없지만, 적어도 기록에 현출되어 있는 자료로 송달할 장소를 알 수 없는 경우에 한하여 등기우편에 의한 발송송달을 할 수 있음을 뜻한다(대판 2022.3.17. 2020다216462)고 한다.

(3) 우편송달의 효과

이 경우 법원사무관등은 서류를 등기우편등 대법원규칙이 정하는 방법으로 발송할 수 있다(민소법 제187조). 우편송달은 발송한 때에 송달된 것으로 본다(민소법 제189조).

Ⅴ   공시송달

1. 공시송달의 의의

주소 등 또는 근무장소를 알 수 없는 경우 또는 외국에서 해야 할 송달에 관하여 촉탁송달할 수 없는 경우에 인터넷 등으로 하는 송달을 말한다(민소법 제194조).

2. 공시송달의 요건

공시송달은 당사자의 주소 등 또는 근무장소를 알 수 없는 경우와 외국에서 하여야 할 송달에 관하여 촉탁송 달하기 어려운 것으로 인정되는 경우일 것(민소법 제194조 제1항), 다른 송달방법에 의하는 것이 불가능한 경우일 것을 요한다.

3. 공시송달의 절차

(1) 공시송달의 신청

법원사무관 등은 직권으로 또는 당사자의 신청에 따라 공시송달을 할 수 있다(민소법 제194조 제1항). 신청에는 그 사유를 소명하여야 한다(민소법 제194조 제2항). 재판장은 소송의 지연을 피하기 위하여 필요하다고 인정하는 때에는 공시송달을 명할 수 있다(민소법 제194조 제3항). 원고가 소권(항소권을 포함)을 남용하여 청구가 이유 없음이 명백한 소를 반복적으로 제기한 것에 대하여 법원이 변론 없이 판결로 소를 각하하는 경우에는 재판장은 직권으로 피고에 대하여 공시송달을 명할 수 있다(민소법 제194조 제4항). 재판장은 직권으로 또는 신청에 따라 법원사무관등의 공시송달처분을 취소할 수 있다(민소법 제194조 제5항).

(2) 공시송달의 방법

법원사무관 등이 송달할 서류를 보관하고, ① 법원게시판 게시하거나 ② 관보·공보 또는 신문 게재하거나 ③ 전자통신매체를 이용해 공시함으로써 행한다(민소규칙 제54조).

4. 공시송달의 효력

(1) 효력발생시기

첫 공시송달은 게시한 날부터 2주가 지나야 효력이 생긴다. 다만, 같은 당사자에게 하는 그 뒤의 공시송달은 실시한 다음 날부터 효력이 생긴다(민소법 제196조 제1항). 외국에서 할 송달에 대한 공시송달의 경우에는 이 기간은 2월로 한다(민소법 제196조 제2항). 이 기간은 늘일 수 있으나 줄일 수는 없다(민소법 제196조 제3항).

(2) 소송절차의 진행

공시송달에 의하여 소송절차가 진행되는 경우, 민사소송법 제150조 제3항의 자백간주의 법리와 제257조의 무변론 판결규정이 적용되지 아니한다. 따라서 법원은 변론기일을 열어야 하며 공시송달을 받은 피고가 변론 기일에 출석하지 않더라도 원고에게 변론을 명해야 하고 이에 따라 원고는 일체의 주요사실에 대하여 주장·증명해야 하며 법원은 그 결과에 따라 판결을 하여야 한다.

(3) 공시송달의 하자

1) **송달의 효력**

① **공시송달 자체의 하자** : 공시송달은 다른 송달과 달리 법원의 명령인 재판형식으로 이루어지기 때문에, 판례는 공시송달의 요건에 흠이 있다고 하더라도 재판장이 공시송달을 명하여 절차를 취한 경우에는 유효한 송달이 된다고 판시하고 있다. 따라서 공시송달이 무효임을 전제로 한 재송달은 불가능하고 공시송달의 명령에 대해 불복할 수도 없다.

② **송달일반의 무효사유** : 송달 일반의 무효사유가 있는 경우에는 위와 달리 보아야 한다. 판례도 피고가 변론종결 후에 사망한 상태에서 판결이 선고된 경우, 망인에 대한 판결정본의 공시송달은 무효이고(대판 2007.12.14. 2007다52997), 법인에 대한 송달은 그 대표자에게 하여야 되는 것이므로 법인의 대표자가 사망하여 버리고 달리 법인을 대표할 자도 정하여지지 아니하였기 때문에 법인에 대하여 송달을 할 수 없는 때에는 공시송달도 할 여지가 없는 것이므로 무효가 된다(대판 1991.10.22. 91다9985)고 판시하고 있다.

2) **구제책**

① **공시송달 자체의 하자** : 공시송달의 요건에 흠이 있다고 하더라도 송달 자체는 유효하므로 공시송달 자체에 대해서는 불복할 수 없고 잘못된 공시송달로 인하여 절차권을 제대로 보장받지 못하고 패소한 경우 추완상소(민소법 제173조) 또는 재심의 소(민소법 제451조 제1항 제11호)로 구제받을 수 있다.

② **송달일반의 무효사유** : 판결정본을 공시송달한 것은 효력이 없으므로 판결정본을 송달받기 전까지는 상소제기기간이 진행될 수 없어 판결이 확정되지 아니하여 기판력이 발생하지 아니하므로 패소 당사자는 항소나 별소를 제기하여 구제받을 수 있다.

3) **공시송달의 하자에 대한 주요판례**

[공시송달 자체의 하자가 있는 경우]

원심법원이 판결 선고 후 두 차례에 걸쳐 피고에게 판결정본을 송달하려 하였으나 모두 폐문부재를 이유로 송달되지 아니하자 공시송달의 방법으로 판결정본을 송달한 경우, 소송서류를 공시송달의 방법으로 송달하기 위해서는 당사자 주소 등 송달할 장소를 알 수 없는 경우이어야 하고 법원이 송달장소는 알고 있으나 단순히 폐문부재로 송달되지 아니한 경우에는 공시송달을 할 수 없으므로, 위 판결정본의 송달은 적법하다고 볼 수 없고, 공시송달이 요건을 갖추지 못하여 부적법하더라도 재판장이 공시송달을 명하여 일단 공시송달이 이루어진 이상 송달의 효력은 발생하나, 원심법원이 변론을 종결하면서 사건을 조정절차에 회부하고 조정기일만을 고지하였을 뿐 판결선고기일은 지정·고지하지 아니하였고, 조정기일에 피고가 출석하지 아니하자 조정불성립으로 조정절차를 종결하고 판결을 선고하여 원심법원의 잘못으로 피고에게 판결선고기일이 제대로 고지되지 아니하였고, 판결정본의 송달과 관련하여 공시송달 요건이 갖추어지지 않았던 사정을 종합하여 보면 피고가 조정기일 이후의 재판진행상황을 즉시 알아보지 아니함으로써 불변기간을 준수하지 못하게 되었다 할지라도 이를 피고에게 책임을 돌릴 수 있는 사유에 해당한다고 할 수는 없으므로, 피고가 직접 판결정본을 수령한 후 2주 내에 상고장을 제출한 것은 적법한 상고의 추후보완에 해당한다(대결 2011.10.27. 2011마1154).

Ⅵ 송달의 하자와 치유

1. 송달의 하자

(1) 송달이 무효가 되는 경우

송달이 법이 정한 방식에 위배된 경우, 즉 송달받을 사람이 아닌 사람에 대한 송달, 수령권자 아닌 사람에게 대한 송달, 송달장소가 아닌 곳에서 한 송달, 보충송달·유치송달을 거치지 아니한 우편송달 등은 원칙적으로 무효이다.

(2) 송달이 무효가 아닌 경우

공시송달의 요건에 흠이 생긴 경우, 송달보고서에 우편집배원의 날인이 없는 경우, 수령권자 아닌 자가 교부받아 동거자에게 전달한 경우에는 송달은 무효가 아니고 유효하다.

2. 하자의 치유

절차규정인 송달규정이 임의규정인 경우에는 이의권 포기·상실에 의해 하자가 치유될 수 있다(대판 1998.2.13. 95다15667). 그러나 불변기간에 영향이 있는 송달, 즉 항소제기기간에 관한 규정은 성질상 강행규정이므로 그 기간 계산의 기산점이 되는 판결정본의 송달의 흠은 이에 대한 이의권의 포기나 상실로 치유될 수 없다(대판 2002.11.8. 2001다84497).

제8절 | 소송절차의 정지

제1관 | 소송절차의 정지의 의의 및 종류

소송절차의 정지란 소송이 계속된 뒤 절차가 종료되기 전에 당해 소송절차가 법률상 진행되지 않는 것으로 이에는 소송절차의 중단과 중지가 있다.

제2관 | 소송절차의 중단

Ⅰ 의 의

당사자나 소송수행자에게 소송수행이 불가능한 사유가 발생하였을 때 새로운 당사자나 소송수행자가 나타나 소송을 수행할 때까지 법률상 당연히 절차가 정지되는 것을 말한다.

Ⅱ 중단사유

1. 당사자의 사망(민소법 제233조)

(1) 중단의 요건

소송절차가 중단되기 위해서는 ① 소송계속 중 당사자가 사망한 경우이어야 하고, ② 소송대리인이 있는 경우가 아니어야 하며, ③ 상속인이 있어야 하고, ④ 소송물이 상속될 수 있어야 한다. 소송절차가 중단되면 판결의 선고를 제외하고는 소송절차상의 일체의 소송행위를 할 수 없으며 상속인은 수계신청으로 중단을 해소할 수 있다(민소법 제233조 제1항). 구체적으로 살펴보면, 당사자의 사망으로 절차가 중단되려면 소송계속 후에 사망했어야 한다. 소제기 전에 사망한 경우에는 중단사유가 되지 아니하고 상속인으로 수계신청을 하면 당사자표시정정신청으로 볼 수 있을 뿐이다(대판 1962.8.30. 62다275). 소송물인 권리·의무가 상속될 수 있어야 하므로 판례에 의하면 재판상의 이혼청구권은 부부의 일신전속의 권리이므로 이혼소송 계속 중 배우자의 일방이 사망한 때에는 상속인이 그 절차를 수계할 수 없음은 물론이고, 또 그러한 경우에 검사가 이를 수계할 수 있는 특별한 규정도 없으므로 이혼소송은 종료되고, 이혼소송과 재산분할청구가 병합된 경우, 배우자 일방이 사망하면 이혼의 성립을 전제로 하여 이혼소송에 부대한 재산분할청구 역시 이를 유지할 이익이 상실되어 이혼소송의 종료와 동시에 종료된다(대판 1994.10.28. 94므246). 또한 상대방이 사망한 당사자의 상속인인 경우에도 중단되지 아니하고 종료된다.

(2) 중단의 범위

통상공동소송에서는 중단사유가 있는 자의 절차만 중단되나 필수적 공동소송에서는 소송 전체가 중단된다(민소법 제67조 제3항).

2. 법인의 합병(민소법 제234조)

법인이 합병에 의하여 소멸된 경우에는 절차가 중단되고 합병에 의하여 설립된 법인 또는 합병한 뒤의 존속법인이 소송절차를 수계하여야 한다(민소법 제234조). 간과판결은 위법하며 이는 대리권흠결의 경우에 준해 확정전이면 상소(민소법 제424조 제1항 제4호), 확정 후이면 재심(민소법 제451조 제1항 제3호)에 의해 취소할 수 있다. 합병에 의해 법인이 소멸된 경우뿐만 아니라 청산절차를 거치지 아니하고 법인이 소멸된 경우에도 중단된다. 그러나 법인이 합병이외의 사유로 해산될 때에는 청산법인으로 존속하기 때문에 중단되지 아니한다. 또한 단순히 당사자인 법인으로부터 영업양도를 받았다는 것만으로는 중단되지 아니한다.

3. 소송능력의 상실, 법정대리권의 소멸로 인한 중단(민소법 제235조)

당사자가 소송능력을 잃은 때 또는 법정대리인이 죽거나 대리권을 잃은 때에 소송절차는 중단된다(민소법 제235조 전단). 이 경우 소송능력을 회복한 당사자 또는 법정대리인이 된 사람이 소송절차를 수계하여야 한다(민소법 제235조 후단). 당사자가 변경되지는 않지만 소송수행자가 변경되므로 중단되는 경우이다. 다만, 법정대리권이나 대표권이 소멸한 경우에는 통지가 있어야 중단된다(민소법 제63조, 제64조). 당사자가 소송능력을 잃은 때란 성년후견개시심판을 받은 경우이다. 법정대리권이나 대표권을 잃은 때에는 가처분에 의하여 직무수행이 정지된 경우도 포함된다(대판 1980.10.14. 80다623). 그러나 소송대리인이 사망하거나 소송대리권이 소멸한 경우에는 본인 스스로 소송행위를 수행할 수 있으므로 중단사유가 되지 아니한다.

4. 자격상실로 인한 중단(민소법 제237조)

파산관재인, 유언집행자, 회생회사의 관리인 등 제3자 소송담당자가 자격을 상실한 경우를 말한다.

Ⅲ 중단의 예외

1. 소송대리인이 있는 경우

(1) 소송수계불요

소송대리인이 있는 경우에는 소송절차가 중단되지 아니하고(민소법 제238조), 소송대리권도 소멸하지 아니한다(민소법 제95조 제3호). 따라서 판례는 전수탁자가 파산의 선고를 받아 임무가 종료되었으나 소송대리인이 있어서 소송절차가 중단되지 아니하는 경우에는 원칙적으로 소송수계의 문제가 발생하지 아니하고, 소송대리인은 당사자 지위를 당연승계하는 신수탁자를 위하여 소송을 수행하게 되는 것이며, 그 사건의 판결은 신수탁자에 대하여 효력이 있다. 이때 신수탁자로 당사자의 표시를 정정하지 아니한 채 전수탁자를 그대로 당사자로 표시하여도 무방하며, 신탁재산에 대한 관리처분권이 없는 자를 신당사자로 잘못 표시하였다고 하더라도 그 표시가 전수탁자의 소송수계인 등 신탁재산에 대한 관리처분권을 승계한 자임을 나타내는 문구로 되어 있으면 잘못 표시된 당사자에 대하여는 판결의 효력이 미치지 아니하고 여전히 정당한 관리처분권을 가진 신수탁자에 대하여 판결의 효력이 미친다(대판 2014.12.24. 2012다74304)고 한다.

(2) 판결의 효력이 미치는 자

신당사자의 수계가 없더라도 상속인 전원에게 미치므로 판결의 효력은 당연히 상속인 전원에게 미친다. 따라서 구당사자로 표시되어 판결이 선고된 때에도 하자는 없고 소송승계인을 당사자로 판결경정하면 된다(대판 2002.9.24. 2000다49374).

2. 상소의 특별수권이 없는 경우

상소의 특별수권이 없는 경우에는 심급대리의 원칙상 판결정본이 소송대리인에게 송달된 때 소송절차가 중단된다(대판 1996.2.9. 94다61649). 따라서 상속기간이 진행하지 아니하며 판결은 확정되지 않는다. 그러므로 상속인 등은 언제든지 수계신청을 할 수 있고 그때부터 상소기간이 진행하며 그 기간 내에 상소를 제기하여 다툴 수 있다.

3. 상소의 특별수권이 있는 경우

(1) 상속인들 전부에 대하여 상소를 제기한 경우 또는 상소를 제기하지 않은 경우

소송대리인에게 상소에 관한 특별한 수권이 있다면 판결정본이 송달되어도 대리권이 소멸되지 않기 때문에 소송절차는 중단되지 아니한다. 따라서 판결정본이 소송대리인에게 송달된 때부터 상소기간이 진행하게 되며 이 경우에 소송대리인이 패소한 상속인들을 위하여 상소를 제기하지 아니하면 상소기간의 도과로 당해판결이 확정되므로 판결이 확정된 상속인은 수계신청을 할 수 없다. 그러나 소송대리인이 패소한 당사자를 위하여 상소를 제기하면 당해판결은 확정되지 아니하므로 상속인들은 수계신청을 할 수 있다.

(2) 일부 상속인을 누락하고 상소한 경우

1) 일부 공동상속인들이 스스로 항소를 제기한 경우

① 판례

ㄱ) 사실관계 : 이 사건의 피고들 중 남기열이 제1심 계속 중이던 1988.10.15. 사망하였으나 그를 위한 소송대리인이 선임되어 있었으므로 소송절차가 중단되지 아니한 채로 그대로 진행되다가 1989.3.22. 원고소송대리인이 위 남기열의 법정상속인들 중 엄정원, 남정화만이 재산상속이 되었다 하여 이들을 수계인으로 하는 수계신청을 하면서(상속인들 중 남상현 외 2인은 상속포기를 했다는 이유로) 남기열에 대하여 구하였던 청구금액 중 6/7을 엄정원에게, 1/7을 남정화에게 구하는 것으로 청구취지 및 청구원인변경신청을 하자 제1심은 이를 받아들이는 취지로 당사자 표시를 남기열 대신에 망 남기열의 소송수계인 엄정원 같은 소송수계인 남정화라고 하여 원고의 위 남기열에 대한 청구는 일부 이유 있고 위 남기열의 재산을 엄정원이 6/7, 남정화가 1/7의 비율로 상속하였다 하여 그들에 대한 원고의 청구를 일부 인용하고 나머지를 기각하는 판결을 선고하였고, 이에 대하여 위 엄정원, 남정화가 항소를 하여 원심에 소송계속 중인 1990.5.16. 원고는 망 남기열의 재산을 엄정원이 6/15, 남정화가 1/15, 남국현, 남주현이 각 4/15의 비율로 상속하게 된 사실을 알고 원심법원에 남국현, 남주현에 대하여 추가로 이 사건 소송수계신청을 하였는바, 이에 대하여 원심은 이 사건에서와 같이 소송계속 중 당사자가 사망하더라도 그를 위한 소송대리인이 있는 경우에는 소송절차가 중단되지 아니하고 그 상속인을 위하여 진행되는 것이지만 일단 수계신청의 형식으로 그 상속인이 특정되어 그 특정된 상속인을 당사자로 하여 판결이 선고되었을 때에는 그 판결은 상속인으로 표시된 특정인에 대하여만 효력이 있을 뿐이고 그 특정에서 누락된 다른 상속인에 대한 관계에 대하여까지 그 판결의 효력이 생기는 것은 아니라고 할 것이며, 그 누락된 상속인에 대하여는 아직 판결이 선고되지 아니한 상태에 있다고 할 것이고 따라서 그 판결에 대하여 특정된 상속인이 한 항소로 인하여 판결에서 누락된 다른 상속인에 대하여까지 이심의 효력이 생기는 것도 아니라고 판단하여 이 사건 소송수계신청을 기각하였다.

ㄴ) 판결요지 : 당사자가 사망하였으나 소송대리인이 있어 소송절차가 중단되지 아니한 경우 원칙적으로 소송수계라는 문제가 발생하지 아니하고 소송대리인은 상속인들 전원을 위하여 소송을 수행하게 되는 것이며 그 사건의 판결은 상속인들 전원에 대하여 효력이 있다 할 것이고, 이때 상속인이 밝혀진 경우에는 상속인을 소송승계인으로 하여 신당사자로 표시할 것이지만 상속인이 누구인지 모를 때에는 망인을 그대로 당사자로 표시하여도 무방하며, 가령 신당사자를 잘못 표시하였다 하더라도 그 표시가 망인의 상속인, 상속승계인, 소송수계인 등 망인의 상속인임을 나타내는 문구로 되어 있으면 잘못 표시된 당사자에 대하여는 판결의 효력이 미치지 아니하고 여전히 정당한 상속인에 대하여 판결의 효력이 미친다(대결 1992.11.5. 91마342).

② 검 토

ㄱ 소송절차의 중단 여부 : 소송대리인에게 상소의 특별수권이 있는 경우에는 누락상속인에 대한 소송절차는 중단되지 아니한다.

ㄴ 판결의 확정 여부와 수계신청 허부 : 판결정본 송달 시부터 상소기간이 진행하고 상속인의 당사자지위의 당연승계 여부에 관한 당연승계긍정설에 의할 때 상소기간이 도과하면 판결을 확정되어 누락상속인은 확정판결의 효력을 받게 된다. 따라서 소송계속이 소멸된 이상 누락상속인의 소송수계신청은 허용되지 아니한다고 보는 것이 타당하다.

ㄷ 누락상속인에 대한 구제책 : 누락상속인은 제1심 확정판결을 받게 되고 소송수계신청도 허용되지 아니하므로 재판청구권의 침해우려가 있다. 이러한 문제를 해결하기 위하여 누락상속인에게 과실이 없다면 누락상속인을 위한 추완상소를 인정하거나 손해배상 등 실체법상 구제책을 통하여 구제할 수밖에 없다고 보인다.

2) 망인의 소송대리인이 일부 공동상속인을 위하여 항소를 제기한 경우

① 판 례

ㄱ 사실관계 : [1] 이 사건의 원고는 5명이고 피고는 3명인데, 원고 1, 2, 3, 4, 5와 피고 1, 2 위 7명은 모두 소외 1과 소외 2 사이의 자녀들이고, 피고 3은 피고 2의 처이다. 피고들을 상대로 이 사건 소를 제기한 소외 1은 제1심 소송계속 중 사망하였는데, 당시 그의 상속인으로는 처 소외 2와 7명의 자녀들(원고 5명 모두 및 피고 중 2명)이 있어, 제1심 소송은 소외 1의 사망으로 인하여 크게 소외 2가 승계한 부분(A)과 자녀들이 승계한 부분(B)으로 나눌 수 있다. 제1심판결에 불복하여 항소한 소외 2가 원심 소송계속 중 사망함으로써, 소외 2가 소외 1의 원고 지위를 승계한 부분(A)은 다시금 그 공동상속인인 7명의 자녀들에게 승계(A')되었는바, 그 가운데 2명의 피고들(피고 1, 2)이 승계한 소송 중 각 자기를 피고로 한 부분은 당사자 대립구조의 소멸로 그 부분 소송이 당연종료되었으므로, 자녀들이 소외 2의 원고 지위를 승계한 부분(A')과 관련하여 소송계속이 당연소멸한 위 부분을 제외한 나머지 부분(a)만이 원심의 심판범위에 속하였다. 위 (a)부분은 보다 세부적으로는 원고들이 승계한 부분(a')과 피고 1, 2가 승계한 부분 중 각 자기를 피고로 하여 소송이 당연종료된 부분을 제외한 각 다른 피고를 상대로 한 나머지 부분(a-a')으로 나뉘는데, 원고들만이 (a')부분에 관한 원심판결에 대하여 상고하였으므로 당심으로서는 당심에 이심된 위 (a')부분을 벗어나서 심판할 수 없다. 따라서 7명의 자녀들이 소외 2를 승계한 부분(A')과 관련한 당심의 심판범위는 결국 그중에서 원고들이 승계한 부분(a')만으로 한정된다.

[2] '7명의 자녀들이 소외 1을 승계한 부분(B)'도 그 가운데 피고 1, 2가 승계한 소송 중 각 자기를 피고로 하여 그 소송이 당연종료한 부분과 그 부분을 제외한 나머지 부분(b)으로 나뉜다. 이 (b)부분과 관련하여 5명의 원고들이 원심에서 2006.11.14. 소송수계를 신청(이하 '이 사건 소송수계신청'이라고 한다)한 데 대하여 원심은 이를 기각하는 판결을 선고하였는바, 앞서 본 [1]의 '소외 2가 소외 1을 승계한 부분(A)' 내지 '7명의 자녀들이 소외 2를 승계한 부분(A')'은 이 사건 소송수계신청과 무관하여 그 수계신청을 기각한 원심판결의 당부가 문제되는 이 부분과는 서로 명확히 구별된다.

[3] 기록에 의하면, 이 사건 소제기 이후 소외 1은 그 처인 소외 2에게 2002.9.30.자 유언공정증서(갑제38호증)에 의하여 이 사건 청구원인을 이루는 소유권이전등기청구권, 말소등기청구권, 손해배상청구권 등 권리 전부를 특정하여 유증하였는데(이하 '이 사건 유증'이라고 한다) 소외 1은 다른 재산도

더 보유하고 있었던 사실, 제1심 소송계속 중인 2003.8.24. 소외 1(이하 상고이유 제1점에 대한 이유를 설시함에 있어, '망인'이라고 한다)이 사망하여 그 처 소외 2와 7명의 자녀들(원고 1, 2, 3, 4, 5, 피고 1, 2)이 망인의 재산을 공동상속한 사실, 그럼에도 망인으로부터 이 사건 소송위임을 받았던 내외법무법인(담당변호사 이영인)은 망인이 사망하자 소외 2로부터 다시 소송위임을 받아 소외 2가 망인의 재산 전부를 포괄유증받았다고 주장하면서 소외 2만을 소송수계인으로 하여 소송수계신청을 하였고, 이러한 소송수계에 관한 주장이 그대로 수용되어 소외 2만을 망인의 소송수계인으로 표시하여 제1심의 원고 전부패소 판결이 선고되고 그 판결이 위 소송대리인에게 송달된 사실, 한편 망인의 소송 대리인이었던 내외법무법인(담당변호사 이영인)은 망인이 사망하자 소외 2로부터 새로이 소송위임을 다시 받았을 뿐 그 밖에 망인의 나머지 상속인들인 7명의 자녀들과의 관계에서는 그 소송대리인 지위에 서 사임한 일도 없고 그들로부터 별도로 다시 소송위임을 받은 일도 없는 사실을 알 수 있다.

[4] 원심판결 이유에 의하면 원심은, 당사자가 사망하였으나 그를 위한 소송대리인이 있어 소송절차가 중단되지 않는 경우에도 상속인이 수계하지 아니한 이상 심급대리의 원칙에 따라 소송대리권의 존속시 한인 판결정본이 송달된 때에 소송절차가 중단되는 것이 원칙적인 모습이겠지만, 소송대리인에게 상 소제기에 관한 특별수권이 부여되어 있는 경우에는 그에게 판결이 송달되더라도 소송절차가 중단되지 아니하고 상소기간은 진행하는 것이므로 상속인이나 소송대리인의 상소제기 없이 상소기간이 지나가 면 그 판결은 확정되는 것이라는 법리(대법원 1992.11.5. 자 91마342 결정)를 설시한 다음, 제1심판결 을 송달받은 망인의 소송대리인이었던 내외법무법인 담당변호사 이영인은 소송위임장에 부동문자로 인쇄된 형태로 상소제기의 특별수권을 부여받았음에도 그 판결에 대하여 원고들을 위하여 항소하지 아니하였고, 망인의 상속인인 원고들도 항소를 제기하지 아니한 채 항소제기기간이 지나감으로써 이 미 그 판결은 확정되었다고 할 것이므로, 원고들이 원심에 제출한 이 사건 소송수계신청은 이미 판결이 확정된 부분에 대한 수계를 구하는 것이어서 기각을 면할 수 없다고 판단하였다.

ⓛ 판결요지 : [1] 유언자가 자신의 재산 전부 또는 전 재산의 비율적 일부가 아니라 단지 일부 재산을 특정하여 유증한 데 불과한 특정유증의 경우에는, 유증 목적인 재산은 일단 상속재산으로서 상속인에 게 귀속되고 유증을 받은 자는 단지 유증의무자에 대하여 유증을 이행할 것을 청구할 수 있는 채권을 취득하게 될 뿐이므로, 유증자가 사망한 경우 그의 소송상 지위도 일단 상속인에게 당연승계되는 것이 고 특정유증을 받은 자가 이를 당연승계할 여지는 없다.

[2] 민사소송법 제95조 제1호, 제238조에 따라 소송대리인이 있는 경우에는 당사자가 사망하더라도 소송절차가 중단되지 않고 소송대리인의 소송대리권도 소멸하지 아니하는바, 이때 망인의 소송대리 인은 당사자 지위의 당연승계로 인하여 상속인으로부터 새로이 수권을 받을 필요 없이 법률상 당연히 상속인의 소송대리인으로 취급되어 상속인들 모두를 위하여 소송을 수행하게 되는 것이고, 당사자가 사망하였으나 그를 위한 소송대리인이 있어 소송절차가 중단되지 않는 경우에 비록 상속인으로 당사 자의 표시를 정정하지 아니한 채 망인을 그대로 당사자로 표시하여 판결하였다고 하더라도 그 판결의 효력은 망인의 소송상 지위를 당연승계한 상속인들 모두에게 미치는 것이므로, 망인의 공동상속인 중 소송수계절차를 밟은 일부만을 당사자로 표시한 판결 역시 수계하지 아니한 나머지 공동상속인들 에게도 그 효력이 미친다.

[3] 망인의 소송대리인에게 상소제기에 관한 특별수권이 부여되어 있는 경우에는, 그에게 판결이 송달되더라도 소송절차가 중단되지 아니하고 상소기간은 진행하는 것이므로 상소제기 없이 상소기간이 지나가면 그 판결은 확정되는 것이지만, 한편 망인의 소송대리인이나 상속인 또는 상대방 당사자에 의하여 적법하게 상소가 제기되면 그 판결이 확정되지 않는 것 또한 당연하다. 그런데 당사자 표시가 잘못되었음에도 망인의 소송상 지위를 당연승계한 정당한 상속인들 모두에게 효력이 미치는 판결에 대하여 그 잘못된 당사자 표시를 신뢰한 망인의 소송대리인이나 상대방 당사자가 그 잘못 기재된 당사자 모두를 상소인 또는 피상소인으로 표시하여 상소를 제기한 경우에는, 상소를 제기한 자의 합리적 의사에 비추어 특별한 사정이 없는 한 정당한 상속인들 모두에게 효력이 미치는 위 판결 전부에 대하여 상소가 제기된 것으로 보는 것이 타당하다.

[4] 제1심 소송계속 중 원고가 사망하자 공동상속인 중 甲만이 수계절차를 밟았을 뿐 나머지 공동상속인들은 수계신청을 하지 아니하여 甲만을 망인의 소송수계인으로 표시하여 원고 패소 판결을 선고한 제1심판결에 대하여 상소제기의 특별수권을 부여받은 망인의 소송대리인이 항소인을 제1심판결문의 원고 기재와 같이 "망인의 소송수계인 甲"으로 기재하여 항소를 제기하였고, 항소심 소송계속 중에 망인의 공동상속인 중 乙 등이 소송수계신청을 한 사안에서, 수계적격자인 망인의 공동상속인들 전원이 아니라 제1심에서 실제로 수계절차를 밟은 甲만을 원고로 표시한 제1심판결의 효력은 그 당사자 표시의 잘못에도 불구하고 당연승계에 따른 수계적격자인 망인의 상속인들 모두에게 미치는 것인데, 위와 같은 제1심판결의 잘못된 당사자 표시를 신뢰한 망인의 소송대리인이 판결에 표시된 소송수계인을 그대로 항소인으로 표시하여 그 판결에 전부 불복하는 위 항소를 제기한 이상, 그 항소 역시 소송수계인으로 표시되지 아니한 나머지 상속인들 모두에게 효력이 미치는 위 제1심판결 전부에 대하여 제기된 것으로 보아야 할 것이므로, 위 항소로 인하여 제1심판결 전부에 대하여 확정이 차단되고 항소심절차가 개시되었으며, 다만 제1심에서 이미 수계한 甲 외에 망인의 나머지 상속인들 모두의 청구 부분과 관련하여서는 항소제기 이후로 소송대리인의 소송대리권이 소멸함에 따라 민사소송법 제233조에 의하여 그 소송절차는 중단된 상태에 있었다고 보아야 할 것이고, 따라서 원심으로서는 망인의 정당한 상속인인 乙 등의 위 소송수계신청을 받아들여 그 부분 청구에 대하여도 심리 판단하였어야 함에도, 乙 등이 망인의 당사자 지위를 당연승계한 부분의 제1심판결이 이미 확정된 것으로 오인하여 위 소송수계신청을 기각한 원심판결을 파기한 사례(대판 2010.12.23. 2007다22859).

② 검 토
㉠ 소송절차의 중단 여부 : 소송대리인에게 상소의 특별수권이 있는 경우에는 누락상속인에 대한 소송절차는 중단되지 아니한다.
㉡ 판결의 확정 여부와 수계신청 허부 : 망인의 공동상속인들 전원이 아니라 일부 상속인만을 원고로 표시한 제1심판결의 효력은 그 당사자 표시의 잘못에도 불구하고 당연승계에 따른 수계적격자인 망인의 상속인들 모두에게 미치는 것으로 항소 역시 소송수계인으로 표시되지 아니한 나머지 상속인들 모두에게 효력이 미치는 위 제1심판결 전부에 대하여 제기된 것으로 보아야 할 것이다. 항소로 인하여 제1심판결 전부에 대하여 확정이 차단되고 항소심절차가 개시되었으나, 제1심에서 이미 수계한 일부 상속인외에 망인의 나머지 상속인들 모두의 청구 부분과 관련하여서는 그 소송절차는 중단된 상태에 있었다고 보아야 할 것이므로 항소심은 망인의 정당한 상속인들의 소송수계신청을 받아들여야 한다고 보는 것이 타당하다고 판단된다.

(3) 소송위임 후 제소 전 사망한 경우의 법률관계

[1] 당사자가 사망하더라도 소송대리인의 소송대리권은 소멸하지 아니하므로(민사소송법 제95조 제1호), 당사자가 소송대리인에게 소송위임을 한 다음 소제기 전에 사망하였는데 소송대리인이 당사자가 사망한 것을 모르고 당사자를 원고로 표시하여 소를 제기하였다면 소의 제기는 적법하고, 시효중단 등 소제기의 효력은 상속인들에게 귀속된다. 이 경우 민사소송법 제233조 제1항이 유추적용되어 사망한 사람의 상속인들은 소송절차를 수계하여야 한다.

[2] 당사자가 사망하였으나 소송대리인이 있는 경우에는 소송절차가 중단되지 아니하고(민사소송법 제238조, 제233조 제1항), 소송대리인은 상속인들 전원을 위하여 소송을 수행하게 되며, 판결은 상속인들 전원에 대하여 효력이 있다. 이 경우 심급대리의 원칙상 판결정본이 소송대리인에게 송달되면 소송절차가 중단되므로 항소는 소송수계절차를 밟은 다음에 제기하는 것이 원칙이다. 다만 제1심 소송대리인이 상소제기에 관한 특별수권이 있어 상소를 제기하였다면 상소제기 시부터 소송절차가 중단되므로 항소심에서 소송수계절차를 거치면 된다.

[3] 소송절차 중단 중에 제기된 상소는 부적법하지만 상소심법원에 수계신청을 하여 하자를 치유시킬 수 있으므로, 상속인들에게서 항소심소송을 위임받은 소송대리인이 소송수계절차를 취하지 아니한 채 사망한 당사자 명의로 항소장 및 항소이유서를 제출하였더라도, 상속인들이 항소심에서 수계신청을 하고 소송대리인의 소송행위를 적법한 것으로 추인하면 하자는 치유되고, 추인은 묵시적으로도 가능하다(대판 2016.4.29. 2014다210449).

Ⅳ 중단의 해소

1. 수계신청

(1) 수계신청의 의의

수계신청이란 중단사유가 있는 당사자 측에서 중단된 절차가 계속 진행되도록 속행을 구하는 신청을 말하며 소송상 지위를 물려받는 승계와는 다르다.

(2) 수계신청권자

1) 수계신청권자의 범위

수계신청은 중단사유가 생긴 당사자의 신당사자 또는 신소송수행자는 물론 상대방도 할 수 있다(민소법 제241조). 수계신청권자는 사망 시는 상속인, 합병 시는 신법인 또는 존속법인, 능력상실 시·법정대리권 상실 시는 능력을 회복한 당사자 또는 법정대리인이 된 자이다(민소법 제233조). 포괄유증을 받은 자는 상속인과 동일한 권리의무가 있으므로 수계신청권자에 해당하나, 특정유증을 받은 자는 유증자의 지위를 당연승계할 여지가 없으므로(대판 2010.12.23. 2007다22859) 상속인이 수계신청을 하게 된다.

2) 공동수계의 요부

공동상속재산은 상속인들의 공유이므로 필수적 공동소송관계라고 인정되지 아니하는 한 반드시 공동상속인 전원이 공동으로 수계하여야 하는 것은 아니며 상속인 각자가 개별적으로 수계하여도 무방하다(대판 1964.5.26. 63다974). 판례에 의하면 제1심 원고이던 갑이 소송계속 중 사망하였고 그의 소송대리인도 없었는데 그 공동상속인들 중 1인인 제1심 공동원고 을만이 갑을 수계하여 심리가 진행된 끝에 제1심법원은 을만을 갑의 소송수계인으로 하여 판결을 선고한 경우, 만일 갑을 수계할 다른 사람이 있음에도 수계절차를 밟지 않았다면 그에 대한 관계에서는 그 소송은 중단된 채로 제1심법원에 계속되어 있다고 보아야 한다(대판 1994.11.4. 93다31993). 다만, 공동상속인 중 일부만 소송수계절차를 밟아 당사자로 표시된 판결은 수계하지 아니한 나머지 공동상속인에게 미친다(대판 2010.12.23. 2007다22859).

(3) 수계신청법원

1) 문제점

수계신청은 중단 당시에 소송이 계속된 법원에 해야 한다. 그러나 원심에서 중단사유가 발생하였음에도 불구하고 상소를 제기한 경우 수계신청은 어느 법원에 해야 하는지 문제 된다.

2) 학 설

상소장의 원심법원제출주의를 근거로 원심법원에 수계신청을 하여야 한다는 원심법원설과 원심법원설은 소송지연을 초래하고 소송경제에 반하므로 원심법원 또는 상소법원에 선택적으로 수계신청을 할 수 있다는 선택설이 대립하고 있다.

3) 판 례

판례는 소송계속 중 어느 일방 당사자의 사망에 의한 소송절차 중단을 간과하고 변론이 종결되어 판결이 선고된 경우에는 판결이 선고된 후 적법한 상속인들이 수계신청을 하여 판결을 송달받아 상고하거나 또는 사실상 송달을 받아 상고장을 제출하고 상고심에서 수계절차를 밟은 경우에도 그 수계와 상고는 적법한 것이라고 보아야 하고, 그 상고를 판결이 없는 상태에서 이루어진 상고로 보아 부적법한 것이라고 각하해야 할 것은 아니다(대판 1995.5.23. 94다28444[전합])고 하여 선택설의 입장을 취하고 있다.

4) 검 토

사실상 상소로 인해 상급심에 이심된 경우에도 원심에 수계신청을 하는 것은 소송경제와 당사자의 편의에 반하므로 판례의 태도가 타당하다고 판단된다.

(4) 수계신청에 대한 재판

소송수계신청의 적법 여부는 법원의 직권조사사항으로서 조사결과 수계가 이유 없다고 인정한 경우에는 이를 기각하여야 하나 이유 있을 때에는 별도의 재판을 할 필요 없이 그대로 소송절차를 진행할 수 있다(대판 1984.6.12. 83다카1409).

2. 속행명령

법원은 당사자가 소송절차를 수계하지 아니하는 경우 직권으로 소송절차를 계속하여 진행하도록 할 수 있는데(민소법 제244조), 이는 중간재판이므로 불복할 수 없고 속행명령이 당사자에 송달되면 중단은 해소된다.

Ⅴ 중단의 효과

1. 중단 중 소송행위 가부와 효력

(1) 중단 중 소송행위 가부

민사소송법 제247조 제1항은 판결의 선고는 소송절차가 중단된 중에도 할 수 있다고 규정하고 있다. 따라서 소송절차의 중단 중에는 판결선고를 제외하고는 일체의 소송행위를 할 수 없으며 기간의 진행이 정지된다.

(2) 중단 중 소송행위의 효력

소송절차 중단 중 소송행위는 민사소송법 제233조, 제247조에 반하여 원칙적으로 무효이다. 중단 중의 소송행위는 소송절차 중단을 간과한 절차상의 위법과 대리권의 흠결을 간과한 위법이 있다. 소송절차 중단에 관한 규정은 임의규정이므로 중단을 간과한 절차상 위법을 다투지 않는 한 이의권의 포기·상실의 대상이 되고 대리권의 흠결은 직권조사사항이므로 이의권의 대상은 아니지만 상속인의 추인에 의하여 위법의 하자가 치유될 수 있다.

2. 당사자의 소송행위

소송절차의 중단 중에는 원칙적으로 소송행위를 할 수 없다. 예외적으로 당사자는 소송대리인의 선임과 해임, 소송구조신청, 수계신청은 유효하게 할 수 있다.

3. 법원의 소송행위

소송절차의 중단 중에는 판결의 선고를 제외하고 일체의 소송행위를 할 수 없으며 기간의 진행이 정지된다(민소법 제247조 제1항). 따라서 소송절차 중단 중의 당사자나 법원의 행위는 무효가 된다. 상대방이 이의를 하지 아니하여 이의권이 상실되면 유효하게 되고(민소법 제233조), 사망한 자의 상속인이 추인하면 유효하게 된다.

4. 중단을 간과한 판결의 효력

(1) 종국판결의 선고 가부

소송절차의 중단 중에는 판결의 선고를 할 수 있는데(민소법 제247조 제1항), 이때 판결의 선고는 변론종결 후 소송절차가 중단된 경우 종국판결을 선고할 수 있다는 의미이며 변론종결 전에 소송절차가 중단된 경우에는 종국판결을 선고할 수 없다.

(2) 절차중단 사유를 간과한 판결의 효력

1) 학 설

당연승계긍정설의 입장에서 소송 중 사망을 간과한 판결은 절차중단을 간과한 절차상 위법만 존재할 뿐 대립당사자구조를 간과한 위법은 없다는 유효설과 당연승계부정설의 입장에서 소송 중 사망을 간과한 판결이 대립당사자구조를 간과한 점은 제소 전 사망과 차이가 없으므로 당연무효라는 무효설이 대립하고 있다.

2) 판 례

판례는 소송계속 중 어느 일방 당사자의 사망에 의한 소송절차 중단을 간과하고 변론이 종결되어 판결이 선고된 경우에는 그 판결은 소송에 관여할 수 있는 적법한 수계인의 권한을 배제한 결과가 되는 절차상 위법은 있지만 그 판결이 당연무효라 할 수는 없고, 다만 그 판결은 대리인에 의하여 적법하게 대리되지 않았던 경우와 마찬가지로 보아 대리권흠결을 이유로 상소 또는 재심에 의하여 그 취소를 구할 수 있을 뿐이라고 판시하고 있다(대판 1995.5.23. 94다28444[전합]).

3) 검 토

당연승계를 긍정한 이상 소송 중 사망을 간과한 판결은 대립당사자구조를 간과한 위법이 있다고 볼 수 없으므로 그 판결은 유효하다고 판단된다.

(3) 상고심의 직권파기 가부

판례는 당사자가 소송계속 중 소송대리인을 선임하지 않은 상태에서 사망하였는데 법원이 그 사망 사실을 알지 못한 채 그 상속인들의 소송수계가 이루어지지 않은 상태 그대로 소송절차를 진행하여 판결을 선고하였다면, 그 판결은 당사자의 사망으로 소송절차를 수계할 원고들이 법률상 소송행위를 할 수 없는 상태에서 심리되어 선고된 것이므로 여기에는 마치 대리인에 의하여 적법하게 대리되지 않았던 경우와 마찬가지의 위법이 있다(대판 1996.2.9. 94다24121)고 하여 직권으로 파기환송하였다.

(4) 사망자표시 확정판결의 집행방법

1) 학 설

승계집행문을 부여받아서 상속인에게 집행하면 된다고 하는 승계집행문설과 판결경정으로 판결을 시정하여 일반집행문을 받아서 상속인에게 집행하면 된다고 하는 판결경정설이 대립하고 있다.

2) 판 례

① 절차중단을 간과하고 사망자이름으로 판결을 선고한 경우 : 판례는 소송계속 중 어느 일방 당사자의 사망에 의한 소송절차 중단을 간과하고 변론이 종결되어 판결이 선고된 경우에 사망한 자가 당사자로 표시된 판결에 기하여 사망자의 승계인을 위한 또는 사망자의 승계인에 대한 강제집행을 실시하기 위하여는 민사집행법 제31조를 준용하여 승계집행문을 부여함이 상당하다(대결 1998.5.30. 98그7)고 한다.

② 합병으로 회사가 소멸하였지만 소송대리인이 있어 절차가 중단되지 아니한 경우 : 소송계속 중 회사인 일방 당사자의 합병에 의한 소멸로 인하여 소송절차 중단 사유가 발생하였음에도 이를 간과하고 변론이 종결되어 판결이 선고된 경우 소송대리인이 선임되어 있는 경우에는 민사소송법 제95조에 의하여 그 소송대리권은 당사자인 법인의 합병에 의한 소멸로 인하여 소멸되지 않고 그 대리인은 새로운 소송수행권자로부터 종전과 같은 내용의 위임을 받은 것과 같은 대리권을 가지는 것으로 볼 수 있으므로, 법원으로서는 당사자의 변경을 간과하여 판결에 구 당사자를 표시하여 선고한 때에는 소송수계인을 당사자로 경정하면 될 뿐, 구 당사자 명의로 선고된 판결을 대리권 흠결을 이유로 상소 또는 재심에 의하여 취소할 수는 없다(대판 2002.9.24. 2000다49374)고 판시하고 있다.

3) 검 토

절차중단을 간과한 판결도 상속인에게 효력이 미치는 이상 민사집행법 제25조 제1항, 제2항에 따라 승계집행문을 부여받아서 집행하면 된다는 점에서 승계집행문설이 타당하다. 다만, 판결 전에 누가 승계인인지 이미 판명된 경우에는 판결의 명백한 표현상 오류처럼 판결을 경정하여서 집행하면 된다고 볼 것이다.

제3관 | 소송절차의 중지

법원이나 당사자에게 소송을 진행할 수 없는 사유가 발생하였거나 진행에 부적당한 사유가 생겼을 때 법률상 당연히 또는 법원의 결정에 의하여 절차의 진행이 정지되는 것을 말한다. 당사자 또는 소송수행자의 교체가 없다는 점에서 중단과 다르다.

02 변론

※ 기출문제해설의 답안은 참고용으로 활용하시기 바랍니다.

기출문제 | 2019년 제28회 공인노무사시험

제1문

甲은 乙에 대하여 지급기일을 2017.2.1.로 하는 1억원의 공사대금채권을 가지고 있었다. 乙은 2017.10.1. 이 채권금액 가운데 3,000만원을 변제하였다. 甲은 2018.4.1. 乙에 대하여 위 공사대금 1억원의 지급을 구하는 소를 제기하였다. 법원은 2018.12.1. 변론을 종결하고 甲의 청구대로 1억원의 지급을 명하는 판결을 선고하였고, 그 판결은 확정되었다. 다음 물음에 답하시오. (50점)

물음 1

乙은 위 소송절차에서 2017.10.1.에 일부변제한 사실을 주장하지 아니하였다. 3,000만원의 변제사실을 인정하지 않고 1억원의 지급을 명한 위 법원의 판결이 타당한지를 논하시오. (30점)

Ⅰ 논점의 정리

乙의 공사대금채무 일부 변제사실이 주요사실로서 변론주의가 적용되는지 여부가 문제 된다. 변론주의가 적용된다면 乙이 이에 대하여 주장을 하지는 아니하였으나 구체적 타당성의 요청에 따라 간접적 주장이나 묵시적 주장에 의하여 乙의 주장이 있는 것으로 볼 수 있는지 여부를 판단하여 변제사실을 인정하지 아니한 법원 판결의 적법 여부를 검토하기로 한다.

Ⅱ 공사대금채무 일부 변제사실에 대한 변론주의의 적용 여부

1. 변론주의의 의의

변론주의란 소송자료, 즉 사실과 증거 수집제출의 책임을 당사자에게 맡기고 법원은 당사자가 제출한 소송자료만을 재판의 기초로 삼는다는 원칙을 말한다. 당사자가 소송자료에 대한 제출책임을 지도록 하면 진실발견에 도움이 되며 더욱 절차권이 보장될 수 있다는 데 이론적 근거가 있다.

2. 변론주의의 내용

변론주의는 사실의 주장책임, 자백의 구속력, 증거제출책임을 그 내용으로 하는데, 사실의 주장책임이란 자기에게 유리한 주요사실을 당사자가 주장하지 않으면 존재하지 않는 것으로 취급되어 불이익한 판결을 받게 되는 당사자의 불이익을 말하는 것으로, 주요사실은 변론에서 당사자가 주장하여야 하며 주장되지 아니한 사실은 판결의 기초로 삼을 수 없다. 자백의 구속력은 변론주의에서는 자백이 유효하면 법원의 사실인정권이 배제되므로 당사자 사이에 다툼이 없는 사실은 증거조사할 필요가 없이 그대로 판결의 기초로 해야 한다는 원칙을 의미하며, 증거제출책임은 변론주의하에서는 증거도 당사자가 제출하여야 하므로 당사자가 신청한 증거에 대해서만 증거조사해야 하므로 직권증거조사는 당사자가 신청한 증거에 의하여 심증을 얻을 수 없을 경우에 보충적으로 할 수 있다는 것을 말한다(민소법 제292조).

3. 주요사실과 간접사실의 구별

(1) 의 의

사실의 주장책임에서 변론주의가 적용되는 사실은 주요사실만을 말하고, 간접사실과 보조사실은 변론주의가 적용되지 않는다. 주요사실은 권리의 발생·변경·소멸이라는 법률효과를 발생시키는 법규의 직접요건사실을 말한다.

(2) 구별기준

주요사실과 간접사실의 구별기준으로 학설은 법규기준설, 개별판단설, 요건사실·주요사실구별설, 준주요사실설이 대립하고 있고 판례는 주요사실이란 법률효과를 발생시키는 실체법상 구성요건해당사실을 말한다고 하여 대체로 법규기준설을 따르면서도 법규의 규정형식에만 의존하지 않고 구체적인 사안마다 구별기준을 정립하고 있는 것으로 보인다.

4. 검토 및 사안의 경우

법규기준설에 의하면 공사대금채무 일부 변제사실은 甲의 공사대금청구권의 일부 소멸이라는 법률효과를 발생시키는 권리멸각규정의 요건사실이므로 乙이 변론에서 주장하여야 할 주요사실에 해당한다. 따라서 공사대금채무 일부 변제사실은 주요사실이므로 변론주의가 적용된다.

Ⅲ 乙의 일부변제사실의 주장 여부

1. 주장책임의 분배

주요사실을 주장하지 않아서 입는 패소위험이 주장책임이다. 주장책임을 누가 지는가 하는 주장책임 분배도 증명책임의 분배기준에 따른다. 따라서 법률요건분류설에 의하면 권리를 주장하는 자는 권리근거규정의 요건사실에 대해, 상대방은 권리장애·멸각·저지규정의 요건사실에 대한 주장책임을 부담한다. 사안의 경우 공사대금채무 일부 변제사실은 권리멸각규정의 요건사실이므로 乙이 주장책임을 지나, 乙은 소송절차에서 2017.10.1.에 3,000만원으로 일부변제한 사실을 주장하지 아니하였으므로 법원은 일부 변제사실을 판결의 기초를 삼아 재판을 할 수 없다.

2. 협의의 소송자료와 증거자료의 구별 및 완화

(1) 협의의 소송자료와 증거자료의 구별

당사자가 변론에서 주장하는 방식으로 법원에 제출한 자료를 협의의 소송자료라고 하고 이는 당사자가 제출한 증거를 법원이 조사해 얻은 증거자료와 구별된다. 변론주의하에서는 주요사실에 대하여는 증거자료뿐만 아니라 소송자료도 있어야 사실을 인정할 수 있다. 따라서 주장하지 않은 주요사실은 그 사실이 증거조사에서 밝혀져도 법원은 이를 고려해서 판단할 수 없다.

(2) 구별의 완화

소송자료와 증거자료의 구별의 원칙을 너무 철저하게 적용하다 보면 구체적 타당성을 기할 수 없는 경우가 있으므로 판례는 간접적 주장, 묵시적 주장, 주장사실과 인정사실의 다소의 차이의 허용을 인정한다.

3. 구별의 완화의 구체적 검토

(1) 간접적 주장

당사자가 명시적으로 직접 주장하지 않은 주요사실을 그 당사자의 증인신청, 서증신청 등의 행위에 의해 간접적으로 주장했다고 볼 수 있는지에 대한 논의가 있다. 판례는 법률상의 요건사실에 해당하는 주요사실에 대하여 당사자가 주장하지도 아니한 사실을 인정하여 판단하는 것은 변론주의에 위배된다고 할 것이나, 당사자의 주요사실에 대한 주장은 직접적으로 명백한 경우뿐만 아니라 당사자가 법원에 서증을 제출하며 그 입증 취지를 진술함으로써 서증에 기재된 사실을 주장하거나 당사자의 변론을 전체적으로 관찰하여 간접적으로 주장한 것으로 볼 수 있는 경우에도 주요사실의 주장이 있는 것으로 보아야 한다고 한다.[42]

(2) 묵시적 주장

묵시적 주장은 어떤 주장에 다른 주장이 포함되어 있다고 이해하는 것으로, 판례는 사실의 주장은 반드시 명시적이어야 하는 것은 아니고, 당사자의 주장 취지에 비추어 그러한 주장이 포함되어 있는 것으로 볼 수 있다면, 판결의 기초로 삼을 수 있다고 판시하고 있다.[43]

4. 사안의 경우

주요사실인 공사대금채무 일부 변제사실에 대하여 피고 乙이 명시적으로 주장하지 아니하였을 뿐만 아니라 변론단계에서 乙의 묵시적 주장이 인정되거나 증거신청단계에서 乙의 간접적 주장이 인정된다는 사정도 보이지 아니하므로 법원이 2017.10.1. 乙이 공사대금채무 일부를 변제한 사실을 인정하지 아니하고 1억원의 지급을 명한 경우, 법원의 판결은 타당하다고 판단된다.

---

42) 대판 2006.6.30. 2005다21531
43) 대판 1995.2.28. 93다53887

Ⅳ 사안의 적용

공사대금채무 일부 변제사실은 甲의 공사대금채권의 일부 소멸이라는 법률효과를 발생시키는 권리멸각규정의 요건사실이므로 변론주의가 적용된다. 변론주의의 원칙상 乙의 주장이 없어 법원이 2017.10.1. 乙이 공사대금채무 일부를 변제한 사실을 인정하지 아니하고 1억원의 지급을 명한 경우, 법원의 판결은 타당하다고 판단된다.

Ⅴ 결 론

乙이 변론주의가 적용되는 공사대금채무 일부 변제사실을 주장하지 아니하여 법원이 일부 변제한 사실을 인정하지 아니하고 乙에게 1억원의 지급을 명한 경우, 법원의 판결은 타당하다.

제1문

甲은 A은행과의 고용계약상의 퇴직금 조항 등이 무효라는 확인과 함께 퇴직금의 지급을 구하는 내용의 소를 A은행 리스크관리본부장인 乙을 상대로 제기하였다. 당초에 甲이 피고로 삼은 사람은 개인으로서의 乙이 아니라 A은행 부서장인 리스크관리본부장을 피고로 특정한 것인데, 법률적으로 확신이 서지 않자, 甲은 예비적으로 A은행도 피고로 추가하였다. (50점)

물음 2

이때 피고 A은행에 대한 소장부본을 A은행 사무직원인 丙에게 우체국 창구에서 교부하였다면, 이러한 송달은 적법한가? (20점)

Ⅰ 논점의 정리

甲이 제기한 피고 A은행에 대한 소의 소장부본을 A은행의 사무원 丙에게 우체국 창구에서 교부한 경우, 교부송달 내지 출회송달, 보충송달로서 각각 적법한지 여부가 문제되므로 이하에서 이를 순서대로 검토하기로 한다.

Ⅱ 교부송달의 원칙

1. 교부송달의 의의

교부송달이란 송달받을 사람에게 직접 서류의 등본·부본을 교부하는 방법에 의하는 송달을 말하며 민소법에서는 교부송달을 원칙으로 한다(민소법 제178조).

2. 송달장소

(1) 주소 등에서의 교부송달

교부송달은 송달을 받을 사람의 주소·거소·영업소 또는 사무소에서 그에게 직접 송달한다. 다만, 법정대리인에게 할 송달은 본인의 영업소나 사무소에서도 할 수 있다(민소법 제183조). 송달받을 사람이 이웃 주소지로 이사하였으나 종전 주소지에 주민등록을 둔 채로 양쪽 집을 왕래하였다면 모두 송달장소에 해당한다는 것이 판례이다.[44]

(2) 근무장소에서의 교부송달

송달받을 사람의 주소 등을 알지 못하거나 그 장소에서 송달할 수 없는 때에는 송달받을 사람이 고용·위임 그 밖에 법률상 행위로 취업하고 있는 다른 사람의 주소(이하 "근무장소") 등에서 송달할 수 있다(민소법 제183조 제2항). 근무장소란 현실의 근무장소를 말하는 것으로 지점근무자의 경우 본점이 아닌 그 지점에 송달하여야 한다.

(3) 만나는 장소에서 교부송달(출회 또는 조우송달)

송달받을 사람의 주소 등 또는 근무장소가 국내에 없거나 알 수 없는 때 또는 주소 등이나 근무장소가 있는 사람의 경우에도 송달받기를 거부하지 아니하면 만나는 장소에서 송달할 수 있다(민소법 제183조 제3항·제4항).

3. 사안의 경우

A은행에 대한 송달은 법정대리인에 해당하는 은행의 대표자의 주소지에 하는 것이 원칙이지만(민소법 제64조, 제179조), 본인인 A은행의 영업소 즉 본점 소재지에서도 할 수 있다(민소법 제183조 제1항 단서). 사안의 경우 주소 등이나 근무장소에서의 교부송달이 인정되지 아니하므로 출회(조우)송달의 인정 여부를 살펴보건대, A은행의 대표자의 주소나 근무장소가 국내에 없거나 알 수 없을 때에는 해당하지 않는다(민소법 제183조 제3항). 주소 등 또는 근무장소가 있는 사람이라도 송달받기를 거부하지 아니할 경우에는 "그"를 만나는 장소에서 송달할 수는 있으나, 사안은 A은행의 대표자가 아니라 사무원 丙을 만난 장소인 우체국 창구에서 송달을 하였으므로 이는 출회(조우)송달로서 위법하다고 판단된다(민소법 제183조 제4항).

---

44) 대판 1987.11.10. 87다카943

Ⅲ 보충송달로서의 적법 여부

1. 보충송달의 의의
<u>보충송달이란 송달장소에서 송달받을 자를 못 만났을 때에 다른 사람에게 대리송달하는 것</u>을 말한다. 여기에도 주소 등에서의 보충송달과 근무장소에서의 보충송달이 있다.

2. 주소 등에서의 보충송달
근무장소 외의 송달할 장소에서 송달받을 사람을 만나지 못한 때에는 그 사무원, 피용자 또는 동거인으로서 사리를 분별할 지능이 있는 사람에게 서류를 교부할 수 있다(민소법 제186조 제1항). 수령대행인이 될 수 있는 사무원이란 반드시 송달받을 사람과 고용관계가 있어야 하는 것은 아니고, 평소 본인을 위해 사무 등을 보조하는 자이면 충분하다.45) 판례에 의하면 송달은 원칙적으로 민소법 제183조 제1항에서 정하는 송달을 받을 자의 주소, 거소, 영업소 또는 사무실 등의 '송달장소'에서 하여야 하는바, 송달장소에서 송달받을 자를 만나지 못할 때에는 그 사무원, 고용인 또는 동거자로서 사리를 변식할 지능이 있는 자에게 서류를 교부하는 보충송달의 방법에 의하여 송달할 수는 있지만, <u>이러한 보충송달은 위 법 조항에서 정하는 '송달장소'에서 하는 경우에만 허용되고 송달장소가 아닌 곳에서 사무원, 고용인 또는 동거자를 만난 경우에는 그 사무원 등이 송달받기를 거부하지 아니한다 하더라도 그 곳에서 그 사무원 등에게 서류를 교부하는 것은 보충송달의 방법으로서 부적법</u>하다고 한다.46)

3. 근무장소에서의 보충송달
근무장소에서 송달받을 사람을 만나지 못한 때에는 사용자 또는 사용자의 법정대리인이나 피용자 그 밖의 종업원으로서 사리를 분별할 지능이 있는 사람이 서류의 수령을 거부하지 아니하면 그에게 서류를 교부할 수 있다(민소법 제186조 제2항). 이는 수령을 거부하지 아니하는 경우에만 인정된다는 점에서 주소 등에서의 보충송달과 다르다는 점을 유의해야 한다.

4. 사안의 경우
A은행의 대표자가 아닌 사무원 丙에게 송달하는 것이 A은행의 사무실에서 이루어진다면 丙이 송달을 거부하지 않는 한 적법하지만, 사안과 같이 보충송달에서 정하는 송달장소가 아닌 우체국 창구에서 사무원 丙에게 송달하는 것은 위법하다.

Ⅳ 사안의 적용

주소 등이나 근무장소에서의 교부송달이 아닐 뿐만 아니라 A은행의 대표자가 아니라 사무원 丙을 만난 장소인 우체국 창구에서 송달을 하였으므로 이는 출회(조우)송달로서 위법하고, 보충송달에서 정하는 송달장소가 아닌 우체국 창구에서 사무원 丙에게 송달하는 것은 보충송달로서도 위법하다.

Ⅴ 결 론

피고 A은행에 대한 소장부본을 A은행 사무직원인 丙에게 우체국 창구에서 교부한 것은 위법하다.

---

45) 대판 2010.10.14. 2010다48455
46) 대결 2001.8.31. 2001마3790

02 변론

※ 기출문제해설의 답안은 참고용으로 활용하시기 바랍니다.

기출문제 | 2022년 제31회 공인노무사시험

제2문

소송상 항변에 관하여 설명하시오. (25점)

자세한 내용은 기본서 해당부분의 관련서술을 참조하라.

| 목 차 |

제2문

석명의무에 관하여 설명하시오. (25점)

자세한 내용은 기본서 해당부분의 관련서술을 참조하라.

제2문

공시송달에 대하여 설명하시오. (25점)

자세한 내용은 기본서 해당부분의 관련서술을 참조하라.

제3문

甲은 2022.8.18. 乙에게 1억원을 이자는 월 1%, 변제기는 2022.10.17.로 정하여 대여하기로 약정하였다. 乙은 2022.10.17. 甲에게 위 대여금의 이자로 2백만원을 지급하였다. 또한 乙은 甲소유의 X부동산을 점유하고 있다가 乙명의로 소유권이전등기를 하였다. (다음 각 물음은 독립적임)

물음 2

甲은 乙을 상대로 1억원의 대여금의 지급을 구하는 소를 제기하여 5천만원의 일부승소판결을 받았고, 甲과 乙 쌍방이 항소하였다. 甲은 항소심의 변론기일 전날에 법원에 소취하서를 제출하였으며, 乙은 甲의 소취하에 동의하였다. 甲은 변론기일에 출석하여 착오로 소취하가 이루어진 것이니 소취하는 무효이고, 만일 소취하가 유효하다면 착오를 이유로 소취하를 취소 또는 철회한다고 주장하면서 법원에 기일지정신청을 하였다. 이에 대하여 법원은 어떠한 조치를 하여야 하는지를 그 논거와 함께 설명하시오. (10점)

Ⅰ 논점의 정리

甲이 항소심에서 소취하서를 제출한 경우 민법규정을 유추적용하여 착오를 이유로 소취하를 취소할 수 있는지 여부가 문제되며 취하가 인정되지 아니하는 경우 재심규정을 유추적용하여 소취하의 효력을 부인할 수 있는지 여부가 문제 된다. 항소심법원의 조치 여하는 이와 관련된다.

Ⅱ 민법규정을 유추적용하여 소취하를 취소할 수 있는지 여부

1. 소취하의 효력 유무

소취하에 있어서 피고가 본안에 대한 준비서면의 제출 등 본안에 관한 응소를 한 뒤에는 피고에게 청구기각의 판결을 받을 이익이 생겼기 때문에 피고의 동의를 필요로 한다. 사안에서 甲은 항소심의 변론기일 전날에 법원에 소취하서를 제출하였으며, 乙이 甲의 소취하에 동의하였으므로 甲의 착오로 소취하가 이루어진 것이라도 일단 소취하는 형식적으로 유효하다.

2. 소취하를 취소할 수 있는지 여부

(1) 문제점

절차조성적 소송행위에 대해서는 민법규정을 유추하여 취소할 수 없다는 것이 일반적인 견해이다. 그러나 절차종료적 소송행위에 착오, 사기·강박 등 의사표시의 하자가 있는 경우 민법규정을 유추적용하여 취소할 수 있는지 문제 된다.

(2) 학 설

구속적 소송행위에는 절차안정을 위해 표시주의가 관철되어야 하므로 절차종료적 소송행위가 착오, 사기·강박으로 이루어진 경우에도 민법에 의해 취소할 수 없고 다만, 소송 전·소송 외의 소송행위는 절차 이외에서 이루어져 절차안정과 무관하므로 민법상 취소를 허용하는 민법유추적용 부정설과 소송 전·소송 외의 소송행위뿐만 아니라 절차종료적 소송행위도 절차안정과 무관하므로 민법에 의해 취소할 수 있다고 하는 민법유추적용 긍정설이 대립하고 있다.

(3) 판 례

판례는 민소법상의 소송행위에는 특별한 규정이나 특별한 사정이 없는 한 민법상의 법률행위에 관한 규정이 적용될 수 없는 것이므로 사기, 강박 또는 착오 등 의사표시의 하자를 이유로 그 무효나 취소를 주장할 수 없다고 하여 민법유추적용 부정설의 태도를 취하고 있다.[47]

3. 검토 및 사안의 경우

절차종료적 소송행위라도 소취하에 그에 부합되는 의사가 없다고 볼 수 있을 정도로 중대한 하자가 있으면 민소법 제451조 제1항 제5호를 유추해 철회하면 되고, 포기·인낙, 화해는 준재심의 소로만 취소를 요구할 수 있으며, 착오취소를 인정하면 절차안정을 해할 수 있다는 점에서 민법유추적용 부정설이 타당하다고 판단된다. 생각건대 소송절차안정을 고려할 때 甲이 乙의 동의를 얻어 소취하를 한 것에 대하여 기일지정신청(민소규칙 제67조 제1항)을 하면서 민법규정을 유추적용하여 소취하의 무효를 구하거나 착오를 이유로 소취하의 취소 또는 철회를 구할 수는 없다고 보아야 한다.

---

47) 대판 1980.8.26. 80다76

Ⅲ 재심규정을 유추적용하여 소취하의 효력을 부인할 수 있는지 여부

1. 소송행위의 철회의 자유

판례의 태도인 민법유추적용 부정설에 의할 경우 소취하의 의사표시에 하자가 있는 경우에는 소송행위의 철회에 의하여 소송법적 효과를 소멸시킬 수 있다.

2. 소송행위의 철회의 제한

다만, 당해 소송행위를 한 당사자에게 불리한 소송행위나 상대방에게 유리한 법률상 지위가 형성된 경우에는 철회가 제한된다. 즉, 구속적 소송행위는 절차의 안정과 상대방의 소송상 이익을 고려하여 이를 철회할 수 없다. 예컨대 피고가 응소한 뒤의 소의 취하, 재판상의 자백의 철회, 증거조사 개시 후의 증거신청 등의 철회 등은 제한된다.

3. 소송행위의 철회 제한의 예외

(1) 소취하의 철회 가부

판례는 소의 취하 등과 같은 당사자에 의한 소송종료행위가 사기·강박 등 타인의 형사상 처벌받을 행위가 직접적인 원인이 되어 이루어진 경우에는 민소법 제451조 제1항 제5호를 유추적용하여 그 소송행위의 효력을 부인할 수 있다고 한다.

(2) 형사상 처벌받을 행위에 유죄확정판결이 필요한지 여부

1) 학 설

① 유죄의 확정판결이 없어도 소송행위의 효력을 부인할 수 있다고 보는 유죄확정판결 불요설과, ② 유죄확정판결이 필요하다는 유죄확정판결 필요설이 대립하고 있다.

2) 판 례

판례는 소송행위가 사기, 강박 등 형사상 처벌을 받을 타인의 행위로 인하여 이루어졌다고 하여도 그 타인의 행위에 대하여 유죄판결이 확정되고 또 그 소송행위가 그에 부합되는 의사 없이 외형적으로만 존재할 때에 한하여 민소법 제451조 제1항 제5호, 제2항의 규정을 유추해석하여 그 효력을 부인할 수 있다고 해석함이 상당하므로 타인의 범죄행위가 소송행위를 하는데 착오를 일으키게 한 정도에 불과할 뿐 소송행위에 부합되는 의사가 존재할 때에는 그 소송행위의 효력을 다툴 수 없다고 본다.[48]

(3) 검토 및 사안의 경우

생각건대 민사법원이 형사범죄의 유죄 여부를 판단하는 것은 민사절차상 어려우므로 유죄확정판결 필요설과 판례의 입장이 타당하나, 사안에서는 甲이 착오로 인한 소취하의 취소 또는 철회를 구하고 있는데 불과하므로 어느 견해를 불문하고 소취하를 철회할 수 없다고 보는 것이 타당하다.

Ⅳ 법원의 조치 여하

甲이 착오로 인한 소취하의 취소 또는 철회를 구하고 있는데 불과하여 재심규정을 유추적용하여 소취하를 철회할 수 없으므로 법원은 甲에 의한 소취하의 효력을 인정하여 판결로써 소송종료선언을 하여야 한다(민소규칙 제67조 제3항).

---

48) 대판 1984.5.29. 82다카963

Ⅴ 사안의 적용

소송절차안정을 고려할 때 甲이 乙의 동의를 얻어 소취하를 한 것에 대하여 기일지정신청(민소규칙 제67조 제1항)을 하면서 민법규정을 유추적용하여 소취하의 무효를 구하거나 착오를 이유로 소취하의 취소 또는 철회를 구할 수는 없다고 보아야 한다. 민사법원이 형사범죄의 유죄 여부를 판단하는 것은 민사절차상 어려우므로 재심규정을 유추적용하여 소취하의 효력을 부인할 수 있는지 여부에 대해 유죄확정판결 필요설과 판례의 입장이 타당하나, 사안에서는 甲이 착오로 인한 소취하의 취소 또는 철회를 구하고 있는데 불과하여 어느 견해를 불문하고 소취하를 철회할 수 없으므로 법원은 甲에 의한 소취하의 효력을 인정하여 판결로써 소송종료선언을 하여야 한다(민소규칙 제67조 제3항).

Ⅵ 결 론

소송절차안정을 고려할 때 甲이 기일지정신청을 하면서 민법규정을 유추적용하여 소취하의 무효를 구하거나 착오를 이유로 소취하의 취소 또는 철회를 구할 수는 없다고 보이고, 재심규정을 유추적용하여 소취하를 철회할 수 없으므로 법원은 소취하의 효력을 인정하여 판결로써 소송종료선언을 하여야 한다(민소규칙 제67조 제3항).

제4문

甲은 서울 중구 소재 지상에 위치한 지하 8층, 지상 14층 규모의 집합건물인 X상가의 구분소유자들로 구성된 관리단(상가번영회)이다. 乙은 이 사건 상가의 구분점포의 구분소유자이고, 2017.9.1.부터 이 사건 점포에서 커피숍을 운영하고 있다. 乙은 2019.6.30.부터 관리비를 지급하지 않고 있다. (다음 각 물음은 독립적임) (20점)

물음 1

甲은 2021.7.30. 乙을 상대로 상가관리비 등의 지급을 구하는 민사조정을 신청하였다. 2021.10.8. 그 조정신청서 부본이 乙의 주소(이하 '이 사건 주소')로 송달되었고, 이를 乙이 수령하였다. 乙은 2021.11.12. 제2차 조정기일에 출석하였으나 조정이 불성립되었고, 조정이 성립되지 않은 것으로 사건이 종결된 후 乙의 주소가 변경되었다. 그럼에도 乙이 조정법원에 주소변경신고를 하지 않은 상태에서 민사조정법(제36조 제1항 제2호)에 따라 조정이 소송으로 이행되었다. 제1심법원은 2022.5.10. 변론기일통지서, 2022.6.3. 청구취지 및 원인변경신청서를 각 이 사건 주소로 우편송달(통상송달)을 실시하였으나 '수취인불명'으로 乙에게 송달되지 아니하자, 2022.6.14. 위 변론기일통지서와 청구취지 및 원인변경신청서를 등기우편의 방식으로 각 발송송달을 실시하였다. 2022.6.20. 판결선고기일통지서를 이 사건주소로 우편송달(통상송달)을 실시하였으나 '수취인불명'으로 乙에게 송달되지 아니하자, 2022.7.4. 위 판결선고기일통지서를 등기우편의 방식으로 발송송달을 실시하였다. 제1심법원은 2022.7.8. 甲승소판결을 선고하고 그 판결정본을 2022.7.12. 이 사건 주소로 우편송달을 실시하였으나 '수취인불명'으로 송달되지 아니하자, 2022.7.25. 공시송달의 방법으로 위 판결정본을 송달하여 2022.8.9. 그 송달의 효력이 생기게 되었다. 乙은 2023.1.9.에 이르러서야 제1심 판결정본을 송달받지 못하여 항소기간을 준수하지 못하였다는 이유로 추완항소장을 제1심법원에 제출하였다. 이에 대하여 항소심법원은 이 사건 추후보완항소가 허용되지 않는다고 판단하였다. 이와 같은 항소심법원의 판단에 잘못이 없는지를 그 논거와 함께 설명하시오. (10점)

I 논점의 정리

민사조정법에 따라 조정이 소송으로 이행된 후 공시송달로 판결정본을 수령한 乙이 추완항소장을 제출하여 추후보완항소한 경우 통상의 항소로 적법한지 여부가 우선 문제 된다. 적법하지 아니하다면 항소기간 도과에 대한 당사자의 책임질 수 없는 사유의 인정 여부를 살펴 乙의 항소가 추후보완항소로서 적법한지 여부를 검토하기로 한다. 乙의 추후보완항소가 부적법하다고 각하한 항소심법원의 판단의 위법 여부는 이와 관련된다.

II 통상항소로서의 적법 여부

1. 통상항소로서의 요건 구비 여부

항소가 적법하기 위해서는 ① 항소의 대상적격이 있어야 하고, ② 항소장을 판결정본의 송달일로부터 2주 내에 원심법원에 제출하여야 하며(적식의 항소제기), ③ 항소의 이익이 있어야 하고, ④ 당사자적격을 구비하여야 한다.

2. 공시송달의 유효 여부

(1) 공시송달의 의의와 요건

공시송달이란 당사자의 행방을 알기 어려워 송달장소의 불명으로 통상의 송달방법에 의해서는 송달을 실시할 수 없게 되었을 경우에 하는 송달을 의미한다(민소법 제194조). 공시송달은 당사자의 주소, 거소 또는 근무장소를 알 수 없을 것, 다른 송달방법에 의하는 것이 불가능한 경우일 것(보충성) 등의 요건을 필요로 한다.

(2) 공시송달의 효력

판례는 공시송달 자체의 하자에 대하여 공시송달의 요건에 흠이 있다고 하더라도 재판장이 공시송달을 명하여 절차를 취한 경우에는 유효한 송달이 된다고 판시하고 있으나,[49] 송달일반의 무효사유가 있는 경우에는 공시송달도 무효가 되는 것으로 판시하고 있다.[50]

3. 사안의 경우

제1심법원은 乙에게 소송관계 서류를 우편송달(통상송달)에 의해 송달하였으나 수취인불명으로 송달되지 아니하자 보충송달이나 등기우편에 의한 발송송달도 불가능한 경우로 보아 공시송달로 송달하였으므로 공시송달은 일단 유효하다고 판단된다. 설령 공시송달에 요건의 흠결이 있어 부적법하더라도 유효하다는 판례의 태도를 고려하면 그 하자에도 불구하고 유효하다고 보아야 한다. 이와 통상항소로서의 요건을 구비하였는지 여부와 함께 살펴보면 제1심법원이 선고되어 항소의 대상적격이 있고, 乙이 패소하였으므로 항소의 이익이 있으며 당사자적격도 인정된다. 다만, 공시송달에 의해 판결정본이 송달되어 효력이 발생한 2022.8.9.부터 2주가 지난 2023.1.9. 추완항소장을 제1심법원에 제출하였으므로 乙의 항소는 항소기간을 도과하여 통상의 항소로서는 부적법하다고 판단된다.

---

49) 대결 1984.3.15. 84마20[전합]
50) 대판 2007.12.14. 2007다52997

Ⅲ 추후보완항소로서의 적법 여부

1. 소송행위의 추후보완의 의의 및 취지

소송행위의 추후보완은 당사자가 책임질 수 없는 사유로 말미암아 불변기간을 지킬 수 없었던 경우 그 사유가 없어진 날부터 2주 이내에 게을리한 소송행위를 보완할 수 있는 제도를 말한다(민소법 제173조). 이는 책임 없는 당사자의 가혹하고 불공평한 불이익을 구제하기 위한 제도이다.

2. 추후보완의 요건

(1) 추후보완사유 - 당사자가 책임질 수 없는 사유

   1) 의 의

     당사자가 책임질 수 없는 사유란 당사자가 그 소송행위를 하기 위하여 일반적으로 하여야 할 주의를 다하였음에도 불구하고 그 기간을 준수할 수 없었던 사유를 가리키는 것이다. 천재지변 등 불가항력 뿐만 아니라 일반인의 주의와 능력을 다하여도 피할 수 없었던 사유를 포함한다.

   2) 판 례

     <u>판례는 이 사안과 유사한 사례에서 조정이 성립되지 아니한 것으로 사건이 종결된 후 피신청인의 주소가 변경되었음에도 피신청인이 조정법원에 주소변경신고를 하지 않은 상태에서 민사조정법에 따라 조정이 소송으로 이행되었는데, 통상의 방법으로 변론기일통지서 등 소송서류를 송달할 수 없게 되어 발송송달이나 공시송달의 방법으로 송달한 경우에는 처음부터 소장 부본이 적법하게 송달된 경우와 달라서 피신청인에게 소송의 진행상황을 조사할 의무가 있다고 할 수 없으므로 피신청인이 이러한 소송의 진행상황을 조사하지 않아 상소제기의 불변기간을 지키지 못하였다면 이는 당사자가 책임질 수 없는 사유로 말미암은 것에 해당한다고 판시하고 있다.[51]</u>

(2) 추후보완기간

   소송행위의 추후보완은 해태의 원인이 된 사유가 없어진 후부터 2주 이내에 하여야 한다(민소법 제173조 제1항). 그 사유가 없어진 때라 함은 ① 천재지변 등 사유의 경우에는 그 재난이 없어진 때이고, ② 판결의 송달을 과실 없이 알지 못한 경우에는 당사자나 소송대리인이 판결이 있었던 것을 안 때이나, ③ 공시송달에 의한 판결의 송달사실을 과실 없이 알지 못한 경우에는 당사자나 대리인이 판결이 있었던 사실을 안 때가 아니라 그 판결이 공시송달의 방법으로 송달된 사실을 안 때를 의미한다.

3. 사안의 경우

생각건대 乙이 주소변경신고를 하지 않은 상태에서 조정이 소송으로 이행되어, 공시송달의 방법으로 송달한 경우에는 乙에게 소송의 진행상황을 조사할 의무가 있다고 할 수 없어, 乙이 항소기간을 지키지 못하였다면 이는 당사자가 책임질 수 없는 사유로 말미암은 것에 해당한다고 보는 것이 타당하므로 2022.8.9. 송달의 효력이 생긴 후 2023.1.9. 추완항소장을 제출하였더라도 당사자가 책임질 수 없는 사유가 없어진 날로부터 2주 이내라면 乙의 항소는 추후보완항소로서 적법하다. 따라서 乙의 추후보완 항소가 허용되지 아니한다고 한 항소심법원의 판단은 추완항소에 대한 법리를 오해한 위법이 있다고 판단된다.

---

51) 대판 2015.8.13. 2015다213322

Ⅳ 사안의 적용

제1심법원이 선고되어 항소의 대상적격이 있고, 乙이 패소하였으므로 항소의 이익이 있으며 당사자적격도 인정된다. 다만, 乙의 항소는 항소기간을 도과하여 통상의 항소로서는 부적법하다고 판단된다. 그러나 乙에게 소송의 진행상황을 조사할 의무가 있다고 할 수 없어, 乙이 항소기간을 지키지 못하였다면 이는 당사자가 책임질 수 없는 사유로 말미암은 것에 해당한다고 보는 것이 타당하므로 乙이 당사자가 책임질 수 없는 사유가 없어진 날로부터 2주 이내에 추완항소장을 제출하였다면 乙의 항소는 추후보완항소로서 적법하다. 따라서 乙의 추후보완항소가 허용되지 아니한다고 한 항소심법원의 판단은 추완항소에 대한 법리를 오해한 위법이 있다고 판단된다.

Ⅴ 결 론

乙의 항소가 항소기간을 도과하여 통상의 항소로서는 부적법하나 乙이 당사자가 책임질 수 없는 사유가 없어진 날로부터 2주 이내에 추완항소장을 제출하였다면 추후보완항소로서 적법하므로 乙의 추후보완항소가 허용되지 아니한다고 한 항소심법원의 판단은 추완항소에 대한 법리를 오해한 위법이 있다고 판단된다.

제3문

甲은 자신 소유의 중장비차량의 수리를 정비업자인 乙에게 의뢰하였는데, 乙은 수리를 완료한 후 그 수리비 5천만원을 청구하였다. 이에 甲은 그 금액이 과다하다고 생각하여 스스로 적정하다고 판단한 수리비 5백만원만 지급하고 중장비차량의 반환을 요구하였지만 乙은 이를 거부하고 있다. 이에 甲은 乙에 대하여 당해 중장비차량의 반환을 구하는 소를 제기하였다. (다음 각 설문은 독립적임) (30점)

물음 1

위 반환청구소송에서 乙은 甲이 주장하는 5백만원의 수리비는 터무니없는 것이라고 하면서 위 5천만원의 수리비채권 중 이미 수령한 5백만원을 제외한 나머지 4천 5백만원의 수리비잔대금채권에 기한 유치권항변을 하였다. 법원이 乙의 유치권항변을 인용하는 경우 어떠한 판결을 하여야 하는지 설명하시오. (10점)

Ⅰ 논점의 정리

단순이행청구소송에서 피고 乙의 유치권 항변이 인용될 경우 청구기각판결이 아니라 일부인용판결인 상환이행판결을 선고하는 것이 처분권주의에 반하지 않는지 문제 된다.

Ⅱ 단순이행청구에 대한 상환이행판결이 처분권주의에 위반되는지 여부

1. 처분권주의의 의의

처분권주의란 절차의 개시, 심판의 대상, 절차의 종결에 관하여 당사자가 결정권을 가진다는 원칙으로 사적 자치의 소송법적 측면이다.

2. 심판의 대상과 범위

처분권주의에 의하여 심판대상도 원고가 자신의 의사에 따라 결정하므로 법원은 당사자가 신청하지 아니한 사항에 대하여는 판결하지 못한다(민소법 제203조). 이 법리는 상소심에서 불복의 한도 내에서만 재판하여야 한다는 불이익변경금지원칙으로 발현된다(민소법 제415조).

3. 처분권주의와 일부인용판결 가부

(1) 양적 일부인용

신청한 소송물의 범위 내에서 일부가 인용될 수 있는 경우에 법원이 일부인용판결을 하는 것은 처분권주의에 반하지 아니한다. 그것이 원고의 통상의 의사에 맞고 또 응소한 피고의 이익보호나 소송제도의 합리적 운영에도 부합하기 때문이다.

(2) 단순이행청구에 대한 상환이행판결

  1) 판 례

    판례는 물건의 인도를 청구하는 소송에 있어서 피고의 유치권 항변이 인용되는 경우에는 그 물건에 관하여 생긴 채권의 변제와 상환으로 그 물건의 인도를 명하여야 한다고 해서 처분권주의에 반하지 않는다는 입장이다.[52]

  2) 단순이행청구에 대해 상환이행판결을 하기 위한 요건

    ① 피고의 동시이행항변이나 유치권항변이 이유가 있고, ② 원고의 반대의 의사표시가 없으며, ③ 이행기 도래 전의 단순이행청구는 장래이행의 소로써 미리 청구할 필요가 있어야 한다.

(3) 검 토

원고의 의사와 소송경제를 고려하면 단순이행청구에 대해 상환이행판결을 하여도 처분권주의에 반하지 않는다고 보는 것이 타당하다.

---

52) 대판 1969.11.25. 69다1592

Ⅲ 사안의 적용

원고의 의사와 소송경제를 고려하면 단순이행청구에 대해 상환이행판결을 하여도 처분권주의에 반하지 않는다고 보는 것이 타당하다. 사안의 경우 ① 피고 乙의 유치권 항변은 이유가 있고, ② 원고의 반환청구가 전부기각되는 것보다는 잔대금금액을 지급하고서라도 반환받는 것이 원고의 의사에 부합하며, ③ 피고 乙이 임의이행을 거부하고 있으므로 미리 청구할 필요가 있다. 따라서 법원은 상환이행판결을 할 수 있고 이는 처분권주의에 반하지 않는다.

Ⅳ 결론

법원은 「1. 피고는 원고로부터 4천5백만원을 지급받음과 동시에 원고에게 위 차량을 인도하라. 2. 원고의 나머지 청구는 기각한다.」라는 상환이행판결을 할 수 있다.

제1절　총 설

I　증거의 의의

1. 개 념

증거란 사실을 확정하기 위한 자료를 말한다. 증거방법이란 법원이 사실의 존부를 확정하기 위해 조사하는 대상이 되는 유형물을 말한다. 증인, 감정인, 당사자본인은 인증이고 문서, 검증물, 그 밖의 증거는 물증이다. 증거자료란 증거방법을 조사하여 얻은 내용, 즉 증거조사결과를 말한다. 증거원인이란 증거자료와 변론 전체의 취지를 합쳐 법관의 심증형성의 원인이 되는 자료나 상황을 말한다(민소법 제202조).

2. 필요성

재판은 구체적 사실에 법규를 적용하여 권리관계를 판단하는 것이므로 다툼이 있는 사실은 재판의 객관성과 신뢰확보를 위해 증거로 확정해야 한다.

II　증거능력과 증거력

1. 증거능력

(1) 증거능력의 의의

유형물인 증거방법으로서 증거조사의 대상이 될 수 있는 자격을 말한다. 민사소송은 형사소송과는 달리 증거능력에 제한이 없으므로 소제기 후에 작성한 문서나 전문증거도 증거능력이 있다. 그러나 예외적으로 당사자와 법정대리인은 증인능력이 없고(민소법 제367조, 제372조), 대리권의 증명은 서면으로만 하여야 하므로 다른 증거방법은 증거능력이 없다(민소법 제58조, 제89조). 판례에 의하면 선서하지 아니한 감정인에 의한 신체감정결과는 증거능력이 없다(대판 1982.8.24. 82다카317).

(2) 위법수집증거의 증거능력

1) 문제점

동의 없는 무단녹음과 무단복사, 무단촬영, 무단인터넷 정보수집 등으로 사인이 위법하게 수집한 증거의 증거능력이 문제 된다. 이는 실체진실발견을 우선할 것인지 또는 위법행위의 유발방지를 우선할 것인지와 관련된다.

제1편　제2편　제3편　제4편　제5편　제6편　제7편

2) 학 설

위법수집증거라도 조사하여 실체적 진실을 발견해야 할 필요성을 고려하고 증거능력을 부정하면 제출된 증거방법이 위법하게 수집된 것인가에 대해 다툼이 생겨 소송촉진의 요청에도 반한다는 점을 이유로 증거능력을 인정하는 증거능력 긍정설, 증거방법을 위법하게 수집하는 것은 소송상 신의칙에 반하고 인격권의 침해를 가져온다고 하여 이를 부정하는 증거능력 부정설, 원칙적으로 증거능력을 부정하나 무단녹음 등이 정당방위나 기타 위법성조각사유 등 특별한 사유가 있는 경우에는 예외적으로 증거능력을 인정하는 절충설이 대립하고 있다.

3) 판 례

① 3인 간의 대화에 있어서 그중 한 사람이 대화를 녹음하는 경우 : 통신비밀보호법 제3조 제1항이 "공개되지 아니한 타인 간의 대화를 녹음 또는 청취하지 못한다"라고 정한 것은, 대화에 원래부터 참여하지 않는 제3자가 그 대화를 하는 타인들 간의 발언을 녹음해서는 아니 된다는 취지이다. 3인 간의 대화에 있어서 그중 한 사람이 그 대화를 녹음하는 경우에 다른 두 사람의 발언은 그 녹음자에 대한 관계에서 '타인 간의 대화'라고 할 수 없으므로, 이와 같은 녹음행위가 통신비밀보호법 제3조 제1항에 위배된다고 볼 수는 없다(대판 2006.10.12. 2006도4981).

② 2인 간의 대화에 있어서 그중 한 사람이 대화를 녹음하는 경우 : 우리 민사소송법은 증거에 관하여 자유심증주의를 채택하고 있기 때문에 상대방의 부지중 비밀로 대화를 녹음한 소위 녹음테이프를 위법으로 수집되었다는 이유만으로 증거능력이 없다고는 단정할 수 없다(대판 1981.4.14. 80다2314).

4) 검 토

위법행위유발 방지를 강조하여 증거능력을 부정해야 한다는 견해도 일면 타당한 점이 있으나 실체진실주의와 소송촉진의 요청을 고려하여 증거능력을 긍정하는 판례의 태도가 타당하다고 판단된다.

2. 증거력

증거력이란 증거자료가 요증사실의 인정에 기여하는 정도를 말한다. 즉, 어느 정도 법관에게 확신을 주는가를 말하며 증거가치라고도 한다. 증거력은 형식적 증거력과 실질적 증거력으로 구분된다. 증거력은 자유로운 심증으로 논리와 경험의 법칙에 따라 판단한다(민소법 제202조).

Ⅲ 증거의 종류

1. 본증과 반증

본증은 당사자가 자기에게 입증책임 있는 사실을 증명하기 위하여 제출하는 증거를 말하고 반증은 본증에 의한 증명을 방해하기 위하여 상대방이 제출하는 증거를 말한다. 법률상 추정을 깨뜨리기 위해 제출하는 반대사실의 증거는 본증에 해당하고 사실상 추정(일응의 추정)을 깨뜨리기 위해 제출하는 간접반증은 간접사실에 대해서는 본증이 되나 주요사실에 대해서는 반증에 해당한다.

2. 직접증거와 간접증거

직접증거는 주요사실의 존부를 직접 증명하는 증거를 말하고 간접증거는 간접사실이나 보조사실을 증명하기 위한 증거이다.

Ⅳ 증명과 소명

1. 증 명

(1) 의 의

증명은 법관이 요증사실에 대하여 고도의 개연성, 즉 확신을 얻은 상태 또는 확신을 얻도록 하는 증거제출행위를 말한다.

(2) 엄격한 증명과 자유로운 증명

1) 의 의

엄격한 증명은 법률에서 정하는 증거방법에 대하여 법률이 정하는 절차에 의하여 행하는 증명을 말하고, 자유로운 증명은 증거방법과 절차에 관하여 법률의 규정으로부터 해방되는 증명을 말한다.

2) 대 상

엄격한 증명의 대상은 청구를 뒷받침하는 사실이나 소송요건의 존부 등이다. 한편 자유로운 증명의 대상으로는 보통 직권조사사항(소송요건은 제외)이 이에 해당한다.

2. 소 명

소명은 법관이 요증사실에 대하여 저도의 개연성, 즉 일응 확실할 것이라는 추측을 얻은 상태 또는 그러한 상태에 이르도록 하는 증거제출행위를 말한다.

제2절 증명의 대상

Ⅰ 사 실

증명의 대상으로서의 요증사실에는 주요사실은 당연히 포함되고 간접사실과 보조사실도 그에 의하여 주요사실을 증명하여 하는 때에는 요증사실에 포함된다.

Ⅱ 경험법칙

1. 의 의

경험법칙이란 인간의 경험을 통해 얻어지는 사물에 대한 지식이나 법칙을 말한다. 여기에는 일반상식인 단순한 경험법칙, 전문적·학리적 지식에 속하는 경험법칙 등이 있다.

2. 증명의 요부

일반상식에 속하는 단순한 경험법칙은 증명의 대상이 되지 아니하나 전문적·학리적 지식에 속하는 경험법칙은 일반법관으로서는 이를 안다는 것을 기대하기 어렵고 재판의 객관성 담보를 위해 증명이 필요하며 자유로운 증명으로 족하다고 하는 것이 타당하다.

3. 경험법칙 위반과 상고이유

(1) 문제점

경험법칙을 잘못 적용한 경우에 상고이유가 될 수 있는지, 즉 법률문제인지 여부가 문제 된다.

(2) 학 설

경험법칙도 법규에 준할 것이므로 경험법칙을 잘못 적용하면 상고이유가 된다는 법률문제설, 경험법칙은 사실판단의 자료에 불과하므로 상고이유가 될 수 없다는 사실문제설, 경험법칙적용에 현저한 오류가 있을 경우에만 상고이유가 된다는 절충설이 대립하고 있다.

(3) 판 례

판례는 특별한 기능이 없이 농촌일용노동에 종사하는 자의 일실수입 산정의 기초가 되는 월 가동일수는 경험 칙상 25일로 추정된다고 할 것이고 다만 당해 사건에 적용하거나 원용하기에 적합한 통계 기타 자료 등이 나타나 이에 의하여 위와 같이 종전 경험칙상 추정되는 월 가동일수와 달리 인정하는 것은 별개의 문제이다. 이 사건의 경우 원심은 위 망인이 농촌일용노동자로서 매월 22일씩 가동할 수 있음을 경험칙에 의하여 인정 하고 이에 기하여 위 망인의 일실수입을 산정하였는바, 이는 위에서 본 법리와 달리 판단한 것이 분명하므로, 원심판결에는 월 가동일수에 관한 법리를 오해한 위법이 있다(대판 1998.7.10. 98다4774)고 판시하여 법률문제설을 취하고 있다.

(4) 검 토

경험법칙은 당사자가 처분할 수도 없으며 재판상 자백이 성립하지 않는, 즉 사실문제가 아닌 법률문제이므로 상고이유가 된다고 할 것이다.

Ⅲ 법 규

법규의 존부를 확정하고 적용하는 것은 법원의 전권사항이므로 증명의 대상이 되지 않는 것이 원칙이다. 다만, 외국법·지방법령·관습법·실효된 법률 등은 반드시 법원이 알고 있다고 할 수 없으므로 법원이 이를 알지 못하는 때에는 증명의 대상이 된다.

I 의 의

법원에서 당사자가 자백한 사실과 현저한 사실은 증명을 필요로 하지 아니한다(민소법 제288조 본문).

II 재판상 자백

1. 재판상 자백의 의의

재판상 자백은 변론 또는 변론준비기일에서 한 상대방의 주장과 일치하고 자기에게 불리한 주요사실의 진술이다.

2. 재판상 자백의 요건

(1) 구체적 사실을 대상으로 하는 진술

1) 사실상의 진술

재판상 자백은 상대방의 사실상 진술에 대하여 성립하는 것이 원칙이며 상대방의 법률상 진술에 대한 불리한 진술은 자백의 대상이 되지 아니하고 이는 권리자백에 해당한다.

2) 법률상의 진술

① 권리자백의 의의 : 상대방 주장의 법률상 진술 또는 의견에 대한 자백을 권리자백이라고 한다. 권리자백이 있는 경우에는 사실문제에 관한 재판상 자백과는 달리 법원은 소송상 인정되는 사실관계에 의하여 자백의 대상이 된 법률관계에 관한 당사자의 주장과 다른 판단을 할 수 있다(대판 1981.6.9. 79다62).

② 권리자백의 범위

 ㉠ 법규의 존부·해석에 관한 진술 : 법규의 존부·해석은 법원이 그 직책상 스스로 판단·해석해야 할 전권사항이므로 자백의 대상이 되지 아니한다. 판례도 일반적으로 법원에서 당사자가 자백한 사실은 증명을 필요로 하지 아니하고, 자백이 성립된 사실은 법원을 기속한다. 그러나 이는 법률 적용의 전제가 되는 주요사실에 한정되고, 사실에 대한 법적 판단이나 평가 또는 적용할 법률이나 법적 효과는 자백의 대상이 되지 아니한다(대판 2016.3.24. 2013다81514)고 하고 자백이라 함은 소송당사자가 자신에게 불리한 사실을 인정하는 진술을 말하는 것으로서 월급 금액으로 정한 통상임금을 시간급 금액으로 산정하는 방법에 관한 당사자의 주장은 자백의 대상이 되는 사실에 관한 진술이라 할 수 없다(대판 2014.8.28. 2013다74363)고 하거나 법정변제충당의 순서를 정함에 있어 기준이 되는 이행기나 변제이익에 관한 사항 등은 구체적 사실로서 자백의 대상이 될 수 있으나, 법정변제충당의 순서 자체는 법률 규정의 적용에 의하여 정하여지는 법률상의 효과여서 그에 관한 진술이 비록 그 진술자에게 불리하더라도 이를 자백이라고 볼 수는 없다(대판 1998.7.10. 98다6763)고 판시하고 있다.

 ㉡ 사실에 대한 평가적 판단에 관한 진술 : 과실, 정당한 사유, 선량한 풍속 등의 법률요건은 가치판단의 결과일 뿐이므로 그 자체는 요건사실이지만 그와 같은 평가에 해당하는 구체적 사실이 주요사실이라고 보는 견해가 타당하다는 점에서 변론주의는 적용되지 아니한다. 따라서 이에 대한 진술은 법원의 전권사항으로 권리자백의 대상이 될 수는 있으나 재판상 자백의 대상은 되지 아니한다.

[잔금 지급기일특약에 대한 의견 또는 법적 평가]

원심은 이 사건 채권자가 아파트 건축허가를 이 사건 매매계약의 조건으로 약정하였음을 자백하였다는 이 사건 채무자의 주장에 대하여, 채권자가 그 준비서면에서 그 판시의 특약이 잔금지급시기에 관한 불확정 기한을 정한 것이라는 채무자의 주장을 반박하면서 "… 불확정기한으로 정한 것이 아니라 아파트 승인을 조건으로 계약을 체결한 것이고 …"라고 기재하여 이를 진술하였으나, 위 주장은 잔금지급기일에 관한 특약의 해석을 둘러싼 쌍방의 논쟁 과정에서 그 특약의 해석에 관한 나름대로의 의견에 불과하므로 이러한 의견 또는 법적 평가는 이른바 권리자백으로서 법원을 기속하지 않는다고 판단하였다. 기록에 비추어 보면, 원심의 위 판단은 정당한 것으로 수긍이 되고 거기에 상고이유로 지적하는 바와 같이 자백 및 권리자백에 관한 법리를 오해하거나 변론주의를 위배한 위법이 있다고 할 수 없다(대판 1996.7.30. 96다17738).

[동산질권설정계약 등으로 잘못 진술한 경우]

당사자의 법률상의 진술은 법원을 구속하는 것이 아니므로 무명혼합계약을 당사자가 동산질권설정계약 등으로 잘못 진술하였다 하더라도 이것은 일종의 권리자백에 해당하여 법원을 구속하지 않는다(대판 1962.4.26. 4294민상1071).

[법률상 유언이 아닌 것을 유언이라고 시인한 경우]

법률상 유언이 아닌 것을 유언이라고 시인하였다 하여 그것이 곧 유언이 될 수 없고 이와 같은 진술은 민사소송법상의 자백이 될 수가 없다(대판 2001.9.14. 2000다66430).

[혼인 외의 자가 아닌 것을 혼인 외의 자라고 시인한 경우]

원고가 혼인식만 거행하면 법률상 혼인으로 인정하고 있던 그 당시의 혼인성립의 방식을 모르고 혼인신고를 하여야 법률상 혼인이 성립되는 것으로 잘못 알고 법률상 혼인 외의 자가 아닌 것을 혼인 외의 자라고 시인하였다 하여 망 소외 3 혼인 외의 자로 될 수 없는 것이므로 원고의 위와 같은 주장은 이른바 권리자백에 속하는 것이고, 이러한 권리자백이 있는 경우에는 사실문제에 관한 재판상의 자백과는 달리 법원은 소송상 인정되는 사실관계에 의하여 자백의 대상이 된 법률관계에 관한 당사자의 주장과 다른 판단을 할 수 있다(대판 1981.6.9. 79다62).

[매매계약이 원고에 의하여 해제되었다고 자백하는 경우]

소송물의 전제가 되는 권리관계나 법률효과를 인정하는 진술은 권리자백으로서 법원을 기속하는 것이 아니고 상대방의 동의 없이 자유로이 철회할 수 있으므로 피고가 이건 매매계약이 원고에 의하여 해제되었다고 자백하였다 할지라도 이를 철회한 이상 계약해제의 효과가 생긴 것이라고 할 수 없다(대판 1982.4.27. 80다851).

ⓒ 법률적 사실의 진술 : 법률용어를 사용한 당사자의 진술이 구체적인 사실관계의 표현으로서 사실상의 진술도 포함하는 경우에는 그 범위 내에서 자백이 성립한다.

ⓔ 선결적 법률관계에 대한 진술

㉮ 문제점 : 소유권에 기한 건물인도 또는 등기말소를 청구하는 소송에서 피고가 원고의 소유임을 인정하는 경우, 이러한 선결적 법률관계도 재판상 자백의 대상이 되는지 문제 된다.

㉯ 학설 : 소유권에 기한 건물인도청구에서 소유권문제는 소전제를 이루고 있다는 점에서 사실관계와 다를 바 없으므로 자백의 효력이 미친다고 하는 긍정설, 권리자백은 법원의 전권에 속하는 법률판단에 관한 자백이므로 자백의 효력이 없다고 하는 부정설, 당사자에 대한 구속력은 인정하여 자백한 당사자에 의한 임의철회는 금지시키되 법원에 대한 구속력을 부정하여 법원이 자백에 반하여 판단할 수 있다는 절충설이 대립하고 있다.

ⓓ 판례 : 소유권에 기한 이전등기말소청구소송에 있어서 피고가 원고 주장의 소유권을 인정하는 진술은 그 소 전제가 되는 소유권의 내용을 이루는 사실에 대한 진술로 볼 수 있으므로 이는 재판상 자백(대판 1989.5.9. 87다카749)이라고 하여 소유권을 인정하는 진술에 대하여 재판상 자백이 성립할 수 있다고 판시하고 있다.

ⓔ 검토 : 생각건대 선결적 법률관계가 중간확인의 소의 소송물이 되었을 때는 청구인낙이 허용되는데 그보다 유리한 피고의 자백은 그 효력을 인정하여 법원을 구속한다는 긍정설이 타당하다고 판단된다.

(2) 주요사실을 대상으로 하는 진술

1) 의 의

재판상 자백의 대상이 되는 사실은 주요사실에 한하며 판례도 같은 취지에서 타인의 불법행위로 인하여 피해자가 상해를 입게 되거나 사망하게 된 경우, 피해자가 입게 된 소극적 손해인 일실수입은 피해자의 사고 당시 수입을 기초로 하여 산정하게 되므로 피해자의 사고 당시 수입은 자백의 대상이 된다(대판 1998.5.15. 96다24668)고 하거나 인신사고로 인한 손해배상 사건에서 손해배상액을 산정하는 기초가 되는 피해자의 기대여명은 변론주의가 적용되는 주요사실로서 재판상 자백의 대상이 된다. 그리고 일단 재판상 자백이 성립하면 그것이 적법하게 취소되지 않는 한 법원도 이에 구속되므로, 법원은 당사자 사이에 다툼이 없는 사실에 관하여 성립된 자백과 배치되는 사실을 증거에 의하여 인정할 수 없다(대판 2018.10.4. 2016다41869)라고 판시하고 있다.

2) 간접사실에 대한 자백의 성립 여부

① 학설 : 간접사실에 대한 자백의 경우에도 재판상 자백의 법리가 적용되어야 한다고 하여 법원과 당사자에 대한 구속력을 인정하는 긍정설과 법원에 대한 구속력을 인정하면 법관의 자유심증을 크게 제약하여 부당하고 당사자에 대한 구속력도 부정하여 임의로 철회할 수 있다고 하는 부정설이 대립하고 있다.

② 판례 : 판례는 부동산의 시효취득에 있어서 점유기간의 산정기준이 되는 점유개시의 시기는 취득시효의 요건사실인 점유기간을 판단하는 데 간접적이고 수단적인 구실을 하는 간접사실에 불과하므로 이에 대한 자백은 법원이나 당사자를 구속하지 않는 것(대판 1994.11.4. 94다37868)이라고 판시하고 있다.

③ 검토 : 간접사실은 증거와 동일한 기능을 하므로 이에 대한 자백이 법원을 구속하면 법관의 자유심증을 크게 제약할 수 있다는 점에서 부정설이 타당하다고 판단된다.

3) 보조사실에 대한 자백의 성립 여부

① 학설 : 문서의 진정성립에 관한 사실은 보조사실이나 진정성립이 갖는 의미와 중요성은 주요사실에 준하므로 그에 대한 자백은 법원과 당사자를 구속한다는 긍정설과 보조사실은 간접사실과 같은 역할을 하므로 진정성립에 관한 자백도 간접사실에 대한 자백처럼 법원과 당사자를 구속하지 못한다는 부정설이 대립하고 있다.

② 판례 : 판례는 ㉠ 보조사실 중 문서의 진정성립에 대한 인정진술, ㉡ 날인의 진정에 대한 인정진술, ㉢ 인영의 진정에 대한 인정진술에 대하여 보조사실에 관한 자백으로 이해하면서도 주요사실에 대한 자백과 같은 기능을 한다는 이유로 재판상 자백을 인정하며 임의철회를 허용하지 아니하고 있다(대판 2001.4.24. 2001다5654).

③ 검토 : 재판상 자백으로 인정하면 철회가 제한되므로 심리가 촉진되고 상대방의 신뢰보호의 측면에서도 긍정설이 타당하다고 판단된다.

(3) 자기에게 불리한 사실상 진술

불리한 사실상 진술의 의미에 대하여 상대방에게 증명책임이 있는 사실이라는 증명책임설이 있으나 <u>상대방의 신뢰를 보호한다는 측면에서 인정사실로 패소가능성이 있다면 자기에게 증명책임이 있는 사실이라도 재판상 자백에 포함된다고 보아야 한다(패소가능성설)</u>. 판례도 원고들이 소유권확인을 구하고 있는 사건에서 원고들의 피상속인 명의로 소유권이전등기가 마쳐진 것이라는 점은 원래 원고들이 입증책임을 부담할 사항이지만 위 소유권이전등기를 마치지 않았다는 사실을 원고들 스스로 자인한 바 있고 이를 피고가 원용한 이상 이 점에 관하여는 자백이 성립한 결과가 되었다(대판 1993.9.14. 92다24899)고 하거나 가등기에 기한 이전등기 청구사건에서 피고는 제1심 1차 변론기일에서 본건 원리금채무 중 원금 50만원과 이에 대한 3개월분의 이자가 아직 남아 있는 사실을 인정하고 있음이 인정될 수 있어 <u>적어도 원금 50만원과 이에 대한 3개월분의 이자가 변제되지 않은 사실은 당사자 간에 다툼이 없는 사실로 인정되지 않을 수 없다</u>(대판 1977.12.27. 77다1968)고 하여 패소가능성설의 태도를 취하고 있다.

(4) 상대방의 주장사실과 일치되는 진술

1) 선행자백

① 의의 : 상대방의 진술이 먼저 이루어진 뒤에 이를 인정하는 후행자백이 일반적이나, 당사자가 변론에서 상대방이 주장하기도 전에 스스로 자신에게 불이익한 사실을 진술하는 경우가 있는데 이를 선행자백이라고 한다.

② 철회 가부

    ㉠ 상대방의 원용 전 : 판례에 의하면 재판상 자백의 일종인 소위 선행자백은 당사자 일방이 자기에게 불리한 사실상의 진술을 자진하여 한 후 상대방이 이를 원용함으로써 그 사실에 관하여 당사자 쌍방의 주장이 일치함을 요하므로 그 일치가 있기 전에는 이를 선행자백이라 할 수 없고, 따라서 <u>일단 자기에게 불리한 사실을 진술한 당사자도 그 후 그 상대방의 원용이 있기 전에는 그 자인한 진술을 철회하고 이와 모순된 진술을 자유로이 할 수 있다</u>(대판 1992.8.14. 92다14724). 다만, 상대방의 원용 전에도 법원에 대한 구속력은 있으므로 반대심증이 형성된 경우에도 법원은 자인진술을 기초로 판결해야 한다.

    ㉡ 상대방의 원용 후 : 자백은 당사자가 자기에게 불이익한 사실을 인정하는 진술로서 상대방 당사자의 진술내용과 일치하거나 상대방 당사자가 이를 원용하는 경우에 성립하는 것이고, 원용 후에는 자백의 효력이 발생해 당사자와 법원을 구속하므로 당사자는 이를 철회할 수 없다. 다만, 당사자 일방이 한 진술에 잘못된 계산이나 기재, 기타 이와 비슷한 표현상의 잘못이 있고, 잘못이 분명한 경우에는 비록 상대방이 이를 원용하였다고 하더라도 당사자 쌍방의 주장이 일치한다고 할 수 없으므로 자백(선행자백)이 성립할 수 없다(대판 2018.8.1. 2018다229564).

> ❏ **선행자백 관련 판례**
>
> **[자인진술의 철회가 인정된 경우]**
>
> 재판상 자백의 일종인 이른바 선행자백은 당사자 일방이 자진하여 자기에게 불리한 사실상의 진술을 한 후 그 상대방이 이를 원용함으로써 그 사실에 관하여 당사자 쌍방의 주장이 일치함을 요하므로 그 일치가 있기 전에는 전자의 진술을 선행자백이라 할 수 없고, 따라서 일단 자기에게 불리한 사실을 진술한 당사자도 그 후 상대방의 원용이 있기 전에는 그 자인한 진술을 철회하고 이와 모순되는 진술을 자유로이 할 수

있으며 이 경우 앞의 자인사실은 소송자료로부터 제거된다. 기록에 의하면, 원고는 제3 소비대차계약에 기한 청구금액 중 43,320,860원을 변제받은 사실을 자인하였다가 이를 철회하였음을 알 수 있는데, 피고 신흥복지재단, 피고 3이 원고의 위 철회 전에 이를 원용하였다는 자료를 찾아볼 수 없음은 물론 위 돈을 변제하였다는 사실을 항변으로 주장한 적이 없다. 그럼에도 원심은 위 돈이 변제된 것으로 사실을 인정하였으니, 거기에는 재판상 자백에 관한 법리를 오해하거나 변론주의를 위반한 잘못이 있고, 이를 지적하는 취지의 상고이유 주장은 이유 있다(대판 2016.6.9. 2014다64752).

[자인진술의 철회가 인정되지 아니하는 경우]
타인의 불법행위로 인하여 피해자가 상해를 입게 되거나 사망하게 된 경우 피해자가 입게 된 소극적 손해인 일실수입은 피해자의 사고 당시 수입을 기초로 하여 산정하게 되므로 피해자의 사고 당시 수입은 자백의 대상이 된다 할 것이다. 기록에 의하면, 원고 소송대리인은 제1심 제1차 변론기일에서 진술된 1994.4.1.자 청구취지 감축 및 원인사실 정정신청서에서 원고의 사고 당시 수입은 농촌일용노임 상당액이라고 주장하였는바, 피고들 소송대리인은 제1심 제5차 변론기일에서 진술된 1994.10.6.자 준비서면에서 원고의 사고 당시 수입이 농촌일용노임 상당액인 사실은 다투지 않는다고 주장한 사실을 알 수 있으므로 원고 소송대리인이 원고의 사고 당시 수입이 농촌일용노임 상당액인 사실을 선행자백하고, 피고들 소송대리인이 이를 원용함으로써 원고의 사고 당시 수입이 농촌일용노임 상당액인 점은 당사자 간에 다툼 없는 사실이 되었다고 할 것이다. 그럼에도 불구하고 원심은 원고 소송대리인이 1995.7.11.자 청구취지 및 원인사실 정정신청서를 통하여 원고는 사고 당시 농지를 소유하고 농업에 종사하면서 아울러 양어장을 운영하고 있었으므로 원고의 사고 당시 수입은 자영농민 및 양식업자로서의 수입 상당액이라고 주장하자, 거시 증거에 의하여 원고 주장의 위 사실을 인정한 다음 원고의 사고 당시 수입을 노동부 발행의 임금구조기본통계조사보고서상의 농업 및 어업종사자 중 10년 이상 경력이 있는 남자의 평균수입으로 인정하고 말았으니 원심판결에는 재판상 자백의 법리를 오해하여 자백에 반하는 사실인정을 한 잘못이 있다고 할 것이고 이는 판결의 결과에 영향을 미쳤다고 할 것이므로 이를 지적하는 논지는 이유 있다 할 것이다(대판 1998.5.15. 96다24668).

2) 가분적 자백
자백은 상대방의 주장과 완전히 일치하여야 하는 것은 아니다. 따라서 가분적 자백은 당연히 인정된다. 예컨대 돈을 받은 것은 인정하지만 상대방 주장과 같이 차용한 것이 아니라 증여로 받은 것이라 주장하면 돈을 받았다는 한도에서는 자백이 성립하고(이유부 부인), 금전차용은 인정하지만 변제하였다고 하면 차용사실에 대하여 자백이 성립한다(제한부 자백). 진술이 일치하지 아니하는 부분에 대하여는 이유부 부인에서는 부인이 되고, 제한부 자백에서는 항변이 된다는 것을 유의하여야 한다.

(5) 변론이나 변론기일에서 소송행위로 행한 진술
소송행위로서의 진술을 의미하므로 당사자신문 중에 상대방의 주장과 일치하는 진술을 하더라도 이는 증거자료에 그칠 뿐 재판상 자백으로 되지 아니하고(대판 1978.9.12. 78다879), 다른 소송에서 한 자백은 하나의 증거원인이 될 뿐 민사소송법 제288조에 의한 구속력이 없다(대판 1996.12.20. 95다37988). 또한 법원에 제출되어 상대방에게 송달된 답변서나 준비서면에 자백에 해당하는 내용이 기재되어 있는 경우라도 그것이 변론기일이나 변론준비기일에 진술 또는 진술간주되어야 재판상 자백이 성립한다(대판 2015.2.12. 2014다229870).

3. 재판상 자백의 효력

(1) 증명책임 면제

당사자가 자백한 사실은 증명을 필요로 하지 아니한다(민소법 제288조 본문). 즉, 상대방이 자백하면 주장한 자는 증명책임이 면제된다.

(2) 법원에 대한 구속력

재판상 자백이 성립하면 법원의 사실인정권이 배제된다. 따라서 법원은 자백사실이 진실인가 여부에 관하여 판단할 필요가 없으며 증거조사의 결과 반대의 심증을 얻었더라도 자백에 반하는 사실을 인정할 수 없다. 다만, 직권탐지주의가 적용되는 경우와 소송요건의 직권조사사항에 대하여는 자백의 효력이 인정되지 아니한다(대판 2002.5.14. 2000다42908). 현저한 사실에 반하는 자백에 관하여도 구속력을 인정하지 아니하는 것이 판례이다(대판 1959.7.30. 4291민상551).

(3) 당사자에 대한 구속력

1) 원 칙

재판상 자백이 성립하면 자백한 당사자는 철회가 원칙적으로 불가능하다.

2) 예 외

① 자백이 형사상 처벌받을 행위로 인하여 이루어진 때(민소법 제451조 제1항 제5호) : 형사상 처벌받을 다른 사람의 행위로 말미암아 자백한 경우 무효인 소송행위이므로 철회가 가능하다(민소법 제451조 제1항 제5호). 판례는 소송행위가 사기, 강박 등 형사상 처벌을 받을 타인의 행위로 인하여 이루어졌다고 하여도 그 타인의 행위에 대하여 유죄판결이 확정되고 또 그 소송행위가 그에 부합되는 의사 없이 외형적으로만 존재할 때에 한하여 민사소송법 제451조 제1항 제5호, 제2항의 규정을 유추해석하여 그 효력을 부인할 수 있다고 해석함이 상당하다(대판 2001.1.30. 2000다42939)고 한다.

② 상대방의 동의가 있는 경우 : 상대방의 동의가 있는 경우에는 민사소송법 제288조 단서가 정하고 있는 자백철회의 요건을 구비하지 아니하여도 자백의 취소를 인정하여야 한다(대판 1994.9.27. 94다22897). 즉 자백을 한 당사자가 종전의 자백과 배치되는 내용의 주장을 하고 이에 대하여 상대방이 이의를 제기함이 없이 그 주장내용을 인정한 때에는 종전의 자백은 취소되고 새로운 자백이 성립된 것으로 보아야 한다(대판 1990.11.27. 90다카20548). 그러나 자백의 취소에 대해 상대방이 아무런 이의를 하고 있지 아니하다는 점만으로는 취소에 동의했다고 할 수 없다(대판 1994.9.27. 94다22897).

③ 자백이 진실에 반하고 착오로 말미암은 것임을 증명한 경우(민소법 제288조 단서) : 재판상의 자백에 대하여 상대방의 동의가 없는 경우에는 자백을 한 당사자가 그 자백이 진실에 부합되지 않는다는 것과 자백이 착오에 기인한다는 사실을 증명한 경우에 한하여 이를 취소할 수 있으나, 이때 진실에 부합하지 않는다는 사실에 대한 증명은 그 반대되는 사실을 직접증거에 의하여 증명함으로써 할 수 있지만 자백사실이 진실에 부합하지 않음을 추인할 수 있는 간접사실의 증명에 의하여도 가능하다고 할 것이고, 또한 자백이 진실에 반한다는 증명이 있다고 하여 그 자백이 착오로 인한 것이라고 추정되는 것은 아니지만 그 자백이 진실과 부합되지 않는 사실이 증명된 경우라면 변론 전체의 취지에 의하여 그 자백이 착오로 인한 것이라는 점을 인정할 수 있다(대판 2004.6.11. 2004다13533).

④ 소송대리인의 자백을 당사자가 곧 취소하거나 경정하는 경우(민소법 제94조) : 소송대리인의 사실상 진술은 당사자가 이를 곧 취소하거나 경정한 때에는 그 효력을 잃는다(민소법 제94조). 판례는 피고가 제1심에서 대상 토지의 소유권 일부 이전등기가 아무런 원인 없이 이루어졌다는 원고의 주장사실을 인정함으로써 자백이 성립된 후, 소변경신청서에 의하여 그 등기가 원인 없이 이루어졌다는 기존의 주장사실에 배치되는 명의신탁 사실을 주장하면서 청구취지 및 청구원인을 명의신탁해지를 원인으로 하는 소유권이전등기를 구하는 것으로 교환적으로 변경함으로써 원래의 주장사실을 철회한 경우, 이미 성립되었던 피고의 자백도 그 대상이 없어짐으로써 소멸되었고, 나아가 그 후 그 피고가 위 자백내용과 배치되는 주장을 함으로써 그 진술을 묵시적으로 철회하였다고 보여지는 경우, 원고들이 이를 다시 원용할 수도 없게 되었고, 원고들이 원래의 원인무효 주장을 예비적 청구원인 사실로 다시 추가하였다 하여 자백의 효력이 되살아난다고 볼 수도 없다(대판 1997.4.22. 95다10204)라고 한다.

Ⅲ 자백간주

1. 자백간주의 의의

(1) 개 념

자백간주란 당사자가 법정에서 명백하게 재판상 자백을 하지 않았어도 법정에서 특정사실을 명백하게 다투지 않거나 당사자 한쪽이 기일불출석하거나 피고가 답변서를 제출하지 않은 경우에 자백한 것으로 보는 것을 말한다.

(2) 적용 범위

자백간주도 변론주의에 의한 절차에 한하여 적용되며 직권탐지주의에 의하는 가사소송·행정소송이나, 직권조사사항·재심사유·법률상의 주장에 대하여는 적용되지 아니한다.

2. 자백간주의 요건

(1) 상대방의 주장사실을 명백하게 다투지 아니한 경우(민소법 제150조 제1항)

당사자가 변론에서 상대방의 주장사실을 명백하게 다투지 아니한 때이고 변론 전체의 취지로 보아 그 사실에 대해 다툰 것으로 인정되는 경우가 아니어야 한다. 판례에 의하면 원고의 청구원인사실에 대한 주장을 부인하는 취지의 피고의 답변서가 진술되거나 진술간주된 바 없으나 동 답변서가 제출된 경우 민사소송법 제139조 제1항 단서 소정의 변론 전체의 취지에 의하여 원고의 청구를 다툰 것으로 볼 것(대판 1981.7.7. 80다1424)이나, 제1심에서 원고의 주장사실을 명백히 다투지 아니하여 의제자백으로 패소한 피고가 항소심에서도 원고 청구기각의 판결을 구하였을 뿐 원고가 청구원인으로 주장한 사실에 대하여는 아무런 답변도 진술하지 않았다면 그 사실을 다툰 것으로 인정되지 않는 한 항소심에서도 의제자백이 성립한다(대판 1989.7.25. 89다카4045)고 판시하고 있다.

(2) 한쪽 당사자가 기일에 불출석한 경우_(민소법 제150조 제3항)

이 조항에 의하여 자백간주가 되기 위해서는 ① 공시송달이 아닌 통상의 송달을 받았을 것, ② 상대방의 주장사실을 다투는 답변서·준비서면을 제출하지 않았을 것, ③ 기일에 불출석하였을 것 등의 요건이 충족되어야 한다.

(3) 답변서를 제출하지 아니한 경우_(민소법 제257조 제1항·제2항)

1) 답변서제출의무

피고가 원고의 청구를 다툴 경우에는 소장부본을 송달받은 날부터 30일 이내에 답변서를 제출해야 한다. 법원은 소장부본을 송달할 때에 이러한 취지를 피고에게 알려야 한다(민소법 제256조).

2) 무변론원고승소판결

① 의의 : 피고가 답변서를 제출하지 아니한 경우 등에는 청구원인사실을 자백한 것으로 보고 변론 없이 판결할 수 있다(민소법 제257조 제1항·제2항).

② 요 건

㉠ 답변서 부제출 등 : 소장부본을 송달받은 피고는 그 송달받은 날로부터 30일 이내에 답변서를 제출하여야 하므로 피고가 소장부본을 받은 날로부터 30일 이내에 답변서를 제출하지 아니하거나 원고의 주장사실을 모두 자백하는 취지의 답변서를 제출하고 항변을 제출하지 아니한 경우에는 법원은 무변론판결을 할 수 있다.

㉡ 무변론판결의 예외에 해당하지 아니할 것 : 예외적으로 ㉮ 공시송달사건(민소법 제256조 제1항 단서), ㉯ 직권조사사항이 있는 사건(민소법 제257조 제1항 단서), ㉰ 판결선고기일까지 피고가 원고의 청구를 다투는 취지의 답변서를 제출하는 경우(민소법 제257조 제1항 단서), ㉱ 형식적 형성소송의 경우, ㉲ 자백간주의 법리가 적용되지 아니하는 사건의 경우에는 무변론판결을 할 수 없다.

㉢ 원고승소판결의 요건을 갖출 것 : 원고가 승소하기 위해서는 적식의 소장이 제출될 것, 소가 적법할 것, 주장 자체로 이유가 있을 것 등의 요건이 필요하다.

③ 효과 : 법원은 피고가 청구원인사실을 자백한 것으로 보고 판결선고기일을 정하여 무변론판결을 선고할 수 있다. 판례에 의하면 제1심법원이 피고에게 소장의 부본을 송달하였을 때 피고가 원고의 청구를 다투는 경우에는 소장의 부본을 송달받은 날부터 30일 이내에 답변서를 제출하여야 하고(민사소송법 제256조 제1항), 법원은 피고가 답변서를 제출하지 아니한 때에는 청구의 원인이 된 사실을 자백한 것으로 보고 변론 없이 판결할 수 있으나(이하 '무변론판결'), 판결이 선고되기까지 피고가 원고의 청구를 다투는 취지의 답변서를 제출한 경우에는 무변론판결을 할 수 없다(같은 법 제257조 제1항). 따라서 제1심법원이 피고의 답변서 제출을 간과한 채 민사소송법 제257조 제1항에 따라 무변론판결을 선고하였다면, 이러한 제1심판결의 절차는 법률에 어긋난 경우에 해당한다. 항소법원은 제1심판결의 절차가 법률에 어긋날 때에 제1심판결을 취소하여야 한다(같은 법 제417조). 따라서 제1심법원이 피고의 답변서 제출을 간과한 채 민사소송법 제257조 제1항에 따라 무변론판결을 선고함으로써 제1심판결 절차가 법률에 어긋난 경우 항소법원은 민사소송법 제417조에 의하여 제1심판결을 취소하여야 한다. 다만 항소법원이 제1심판결을 취소하는 경우 반드시 사건을 제1심법원에 환송하여야 하는 것은 아니므로, 사건을 환송하지 않고 직접 다시 판결할 수 있다(대판 2020.12.10. 2020다255085).

3) 주장 자체로 이유가 없는 경우 무변론 원고청구기각판결의 가부

① 문제점 : 원고가 주장하지 아니하거나 주장이 불명료·모순되거나 주장 자체로 원고의 청구가 이유 없는 경우에 무변론 청구기각판결을 선고할 수 있는지 문제 된다.

② 학설 : 원고의 청구가 주장 자체로 이유 없는 경우에는 소송절차의 신속을 목적으로 하는 무변론판결제도를 원고의 경우에도 적용 가능하다는 적극설과 법률상 명문의 규정이 없는 한 무변론 청구기각판결은 인정되지 아니한다는 부정설이 대립하고 있다.

③ 판례 : 무변론판결은 원고의 청구를 인용할 경우에만 가능하고, 원고의 청구가 이유 없음이 명백하더라도 변론 없이 하는 청구기각 판결은 인정되지 아니함에도 제1심이 무변론으로 원고의 청구를 기각함으로써 피고가 변론에 참여하여 의견을 제시할 기회가 차단되었음을 부인할 수 없다(대판 2017.4.26. 2017다201033)고 하여 무변론 원고청구기각판결을 부정하는 취지의 판시를 하고 있다.

④ 검토 : 무변론 원고청구기각판결을 인정하는 것은 원고에게 예상외의 재판이 되므로 원고의 재판청구권을 침해하는 문제가 있다. 따라서 이를 부정하는 판례의 태도가 타당하다고 판단된다.

3. 자백간주의 효력

(1) 증명책임 면제

자백간주가 성립되면 그 효과로서 자백간주된 사실을 주장한 자는 증명할 필요 없다.

(2) 법원에 대한 구속력

자백간주가 성립되면 법원에 대한 구속력이 생겨 법원은 그 사실을 판결의 기초로 삼아야 한다. 판례도 일단 자백간주로서의 효과가 발생한 때에는 그 이후의 기일에 대한 소환장이 송달불능으로 되어 공시송달하게 되었다고 하더라도 이미 발생한 자백간주의 효과가 상실되는 것은 아니라고 할 것이므로 위 규정에 의하여 자백한 것으로 간주하여야 할 사실을 증거판단하여 자백간주에 배치되는 사실인정을 하는 것은 위법(대판 1988.2.23. 87다카961)하다고 한다.

(3) 당사자에 대한 구속력

재판상 자백과는 달리 자백간주의 경우에는 당사자에 대한 구속력이 인정되지 아니한다. 판례도 비록 제1심에서 자백간주가 있었다고 하더라도 이와 같이 피고가 항소심에서 변론종결 시까지 이를 다툰 이상 자백간주는 할 수 없다고 할 것이므로 원심이 피고의 자백간주를 인정하지 아니하고 원고청구기각의 판결을 선고하였다고 하여 이를 위법한 것이라고 할 수 없다(대판 1987.12.8. 87다368).

Ⅳ 현저한 사실

1. 현저한 사실의 의의

현저한 사실은 일반인이나 법관이 명확하게 인식하고 있어서 증거로 그 존부를 인정할 필요가 없을 정도로 객관성이 담보된 사실이다.

2. 현저한 사실의 유형

(1) 공지의 사실

통상의 지식과 경험을 가진 일반인이 믿어 의심하지 않을 정도로 알려진 사실을 말한다. 역사적으로 유명한 사건, 천재지변, 전쟁 따위가 이에 속한다.

(2) 법원에 현저한 사실

1) 의 의

법원에 현저한 사실이란 일반인에게는 널리 알려져 있지 않았으나 법관이 직무상의 경험으로 명백하게 알고 있는 사실로서 명확한 기억을 갖고 있거나 기록 등을 조사하면 곧바로 알 수 있는 사실을 말한다.

2) 법관이 기억하고 있지 않은 사실의 현저한 사실 여부

① 판 례

　㉠ 다수의견 : 민사소송법 제288조 소정의 '법원에 현저한 사실'이라 함은 법관이 직무상 경험으로 알고 있는 사실로서 그 사실의 존재에 관하여 명확한 기억을 하고 있거나 또는 기록 등을 조사하여 곧바로 그 내용을 알 수 있는 사실을 말한다. 피해자의 장래수입상실액을 인정하는 데 이용되는 직종별임금실태조사보고서와 한국직업사전의 각 존재 및 그 기재 내용을 법원에 현저한 사실로 보아, 그를 기초로 피해자의 일실수입을 산정한 조치는, 객관적이고 합리적인 방법에 의한 것이라고 보이므로 옳다.

　㉡ 반대의견 : 일반적으로 법원에 현저한 사실이라 함은 민사소송법상 불요증사실의 하나로서(제288조) 판결을 하여야 할 법원의 법관이 직무상 경험으로 그 사실의 존재에 관하여 명확한 기억을 하고 있는 사실을 말하므로, 법관이 직무상 안 사실이라고 하더라도 명확한 기억을 하고 있지 아니하면 법원에 현저한 사실에 속한다고 할 수 없다. 직종별임금실태조사보고서는 법관이 그 기재 내용을 기억할 수 없거나 또는 다른 사건의 증거조사 과정을 통하여 그 일부를 기억할 수 있을 뿐이므로 이를 전연 별개의 사건에서 법원에 현저한 사실이라고 하여 판결의 기초로 삼을 수 없고, 뿐만 아니라 이를 다수 의견과 같이 법원에 현저한 사실에 속한다고 보게 되면 변론에 전혀 현출되지 아니하였음에도 불구하고 사실심법원이 그 사실을 피해자의 수입을 인정하는 자료로 이용하게 됨으로써 소송당사자가 예상하지 못한 불이익한 재판을 받게 될 우려가 있다(대판 1996.7.18. 94다20051[전합]).

② 검토 : 생각건대 필요에 따라 기록이나 자료를 조사하면 법관의 기억과 동일한 결과에 도달할 수 있어 법관의 인식의 객관성이 담보되므로 법관이 기억하고 있지 않은 사실도 법원에 현저한 사실이라고 하는 것이 타당하다고 판단된다.

> **□ 법원에 현저한 사실로 볼 수 없는 사례**
>
> **[다른 사건의 판결에 나타난 사실관계 1]**
>
> 원고가 "소외인이 2006.11.경 이 사건 전원주택단지 조성・분양 사업에 관련된 일체의 권리의무를 동종업체인 ○○건설 주식회사와 피고에게 이전하였다"고 주장한 적이 없고, 오히려 원고는, 소외인이 피고의 분양대리인이라고 주장하면서 둘이 사기분양을 공모하였다거나, 소외인이 도망한 후 피고가 ○○건설 주식회사를 내세워 제2차 사기분양을 하고 있다고 주장하고 있을 뿐인 사실을 알 수 있으므로, 결국 원심이 원고가 주장하지도 않은 사실관계에 기하여 앞서 본 바와 같은 결론을 내린 것은 변론주의를 위반한 것이다(나아가 위 2007가합 5209호 대여금 사건의 판결이 선고된 사실 자체를 넘어 그 판결에 나타난 사실관계까지 원심에 현저한 사실로 볼 수는 없다). 이 점을 지적하는 피고의 주장은 이유 있다(대판 2010.1.14. 2009다69531).

원심이 다른 하급심판결의 이유 중 일부 사실관계에 관한 인정 사실을 그대로 인정하면서, 위 사정들이 '이 법원에 현저한 사실'이라고 본 경우, 당해 재판의 제1심 및 원심에서 다른 하급심판결의 판결문 등이 증거로 제출된 적이 없고, 당사자들도 이에 관하여 주장한 바가 없음에도 이를 '법원에 현저한 사실'로 본 원심판단에는 법리오해의 잘못이 있다(대판 2019.8.9. 2019다222140).

3) 판결이유를 구성하는 사실관계들의 현저한 사실 여부

[1] 피고와 제3자 사이에 있었던 민사소송의 확정판결의 존재를 넘어서 그 판결의 이유를 구성하는 사실관계들까지 법원에 현저한 사실로 볼 수는 없다. 민사재판에 있어서 이미 확정된 관련 민사사건의 판결에서 인정된 사실은 특별한 사정이 없는 한 유력한 증거가 되지만, 당해 민사재판에서 제출된 다른 증거 내용에 비추어 확정된 관련 민사사건 판결의 사실인정을 그대로 채용하기 어려운 경우에는 합리적인 이유를 설시하여 이를 배척할 수 있다는 법리도 그와 같이 확정된 민사판결 이유 중의 사실관계가 현저한 사실에 해당하지 않음을 전제로 한 것이다.

[2] 원심이 다른 하급심판결의 이유 중 일부 사실관계에 관한 인정 사실을 그대로 인정하면서, 위 사정들이 '이 법원에 현저한 사실'이라고 본 사안에서, 당해 재판의 제1심 및 원심에서 다른 하급심판결의 판결문 등이 증거로 제출된 적이 없고, 당사자들도 이에 관하여 주장한 바가 없음에도 이를 '법원에 현저한 사실'로 본 원심판단에 법리오해의 잘못이 있다고 한 사례(대판 2019.8.9. 2019다222140).

3. 소송법적 효과

(1) 현저한 사실의 주장필요 여부

진실에 부합하는 재판을 위하여 현저한 사실은 당사자가 주장하지 아니하여도 법원은 이를 판결의 기초로 삼아야 한다는 견해도 있으나 현저한 사실이 주요사실인 이상 예상외 재판을 방지하기 위하여 당사자가 주장한 것만 판결의 기초로 삼을 수 있다고 보는 것이 타당하다. 판례도 변론주의가 적용되는 소송절차에서 법원에 현저한 사실도 그 사실이 주요사실인 경우에는 당사자의 주장이 있어야만 비로소 판결의 기초로 할 수 있다(대판 1965.3.2. 64다1761)고 한다.

(2) 현저한 사실에 반하는 자백의 구속력 여부

판례는 당사자가 법원에서 자백한 사실이라도 그것이 법원에 있어서 현저한 사실에 배치되는 경우에는 그 자백은 효력을 발할 수 없다(대판 1959.7.30. 4291민상551)고 하여 현저한 사실에 반하는 자백의 구속력을 부정하고 있다. 생각건대 이를 긍정하는 것은 변론주의의 과장이며 재판의 위신실추에 해당하므로 이를 부정하는 것이 타당하다.

(3) 불요증사실

공지의 사실과 법원에 현저한 사실은 증명을 요하지 아니한다.

제1관 | 증거조사의 개시

I 증거신청

1. 증거신청의 의의

특정 증명할 사실에 대해 법원에 특정 증거방법에 대한 조사를 요구하는 소송행위이다. 변론주의에서는 원칙적으로 당사자의 증거신청이 있어야 증거조사가 가능하다.

2. 증거신청의 절차

(1) 신청의 방식과 시기

증거신청은 증명할 사실(민소법 제289조), 특정의 증거방법(민소법 제308조, 제345조), 증명취지를 표시하여 서면 또는 구두로 한다(민소법 제161조 제1항). 증거신청은 변론기일에는 물론 변론기일 전에도 할 수 있으나(민소법 제289조 제2항), 집중심리주의와 적시제출주의 아래 소송의 정도에 따라 적정한 시기에 하여야 한다는 민사소송법 제149조, 제285조의 제약이 있다.

(2) 모색적 증명

1) 의 의

모색적 증명이란 증명책임을 지는 자가 사실경과과정을 상세하게 알지 못하는 경우에 증명할 사실을 정확하게 특정하여 주장하지 아니하고 먼저 증거신청부터 하여 증거조사를 통해 자기의 구체적 주장의 기초를 얻어내려고 하는 것을 말한다.

2) 허용 여부

모색적 증명을 허용하면 상대방이나 제3자로부터 증거를 제출받아 구체적 사실을 탐색할 수 있게 되어 소송이나 증거신청의 남용우려가 있다고 주장하는 견해도 있으나 변론주의가 적용되는 민사소송에서 모색적 증명은 원칙적으로 허용되지 아니하나 현대형 소송에서는 당사자의 실질적 평등을 실현하기 위해 제한적으로 이용 가능하다고 하는 것이 타당하다.

3) 허용요건

상대방이 사실관계를 해명하기 쉬운 입장이어야 하고 증명할 당사자가 소송절차진행에 영향이 없을 정도로 증명할 사실을 특정한 경우에 한하여 적법한 증거신청으로 받아들여야 한다.

4) 개정법의 태도

2002년 개정법은 제345조의 신청을 위하여 필요하다고 인정하는 경우에는, 법원은 신청대상이 되는 문서의 취지나 그 문서로 증명할 사실을 개괄적으로 표시한 당사자의 신청에 따라, 상대방 당사자에게 신청내용과 관련하여 가지고 있는 문서 또는 신청내용과 관련하여 서증으로 제출할 문서에 관하여 그 표시와 취지 등을 적어 내도록 명할 수 있다(민소법 제346조)고 규정하여 현대형 소송에서 증명책임을 지는 사람이 사실경과를 잘 모르는 경우에 일반적·추상적 증거신청을 허용하여 구체적이고 확실한 증거자료를 취득하는 방도를 열어주는 모색적 증명제도를 도입한 것으로 판단된다.

3. 증거신청의 철회

증거신청은 변론주의에 의해 증거조사의 개시가 있기 전까지는 어느 때나 철회할 수 있고 증거조사가 개시된 후에는 증거공통의 원칙상 상대방의 동의가 있을 때에 한하여 철회할 수 있다. 따라서 증거조사까지 종료된 후에는 철회가 허용되지 아니한다.

Ⅱ 증거신청에 대한 채부결정

1. 증거신청의 채부결정

법원은 당사자가 신청한 증거라도 쟁점과 직접 관련이 없거나 쟁점의 판단에 도움이 되지 아니하는 등 불필요하다고 인정한 때에는 조사하지 않을 수 있어서(민소법 제290조 본문), 증거의 채부는 원칙적으로 법원의 재량에 맡겨져 있다.

2. 유일한 증거

(1) 유일한 증거의 의의

증거채택 여부는 법원의 재량이지만 증거가 당사자가 주장하는 사실에 대한 유일한 증거인 때에는 그러하지 아니하다(민소법 제290조 단서). 이와 같이 당사자로부터 신청되는 주요사실에 관한 증거방법이 유일한 것으로서 그 증거를 조사하지 않으면 증명의 길이 없어 증명이 없는 것으로 되는 것을 유일한 증거라고 한다.

(2) 유일한 증거의 판단기준

유일한 증거인지의 여부는 사건 전체에 대해서가 아니라 쟁점단위로 유일한가 아닌가를 판단하여야 하므로 사건 전체로 보아 수개의 증거가 있어도 어느 특정쟁점에 관하여는 하나도 조사하지 아니한 경우에는 유일한 증거를 각하한 것이 된다. 유일한가의 여부는 전 심급을 통하여 판단하여야 한다.

(3) 유일한 증거의 적용 범위

1) 주요사실에 대한 증거일 것

유일한 증거는 주요사실에 대한 증거만 해당하고 간접사실, 보조사실에 대한 증거인 간접증거는 포함되지 아니한다. 판례는 채무를 변제하였다는 증거로 제출한 서증이 유일한 것이고 그 서증의 진정성립을 위하여 신청한 증인이 한 번도 출석하지 아니하였다고 하여 취소한 다음 변제항변을 받아들이지 아니한 것은 증거법 위반이라고 하면서 문서의 진정성립에 대하여는 유일한 증거의 법리가 적용된다(대판 1962.5.10. 4294민상1510)고 판시하고 있다.

2) 본증에 한정되는지 여부

당사자가 증명책임이 있는 사항에 관하여 유일한 증거를 말하는 것으로 본증에 한하므로 유일한 증거라도 그것이 반증일 때에는 조사하지 아니하여도 무방하다(대판 1998.6.12. 97다38510).

3) 당사자신문의 유일한 증거 여부

당사자신문이 유일한 증거인지 여부에 대해 종래 판례는 당사자 신문은 다른 증거방법에 의하여 심증을 얻을 수 없는 때에 한하여 할 것이므로 그 신청을 각하하였다고 하더라도 유일한 증거를 각하한 위법이 있다고 할 수 없다(대판 1956.11.1. 4289민상452)고 하였으나 2002년 개정법에서는 당사자본인신문의 보충성을 폐지하였으므로 당사자신문도 유일한 증거가 된다고 보는 것이 타당하다.

(4) 유일한 증거의 효과

1) 원 칙

유일한 증거는 반드시 증거조사를 해야 한다. 따라서 유일한 증거임에도 이를 조사하지 않는 때에는 채증법칙 위반으로 상고이유가 된다. 판례는 유일한 증거라고 하여도 언제나 이를 조사하여야 하는 것은 아니고 합리적인 이유가 있는 경우에는 이를 조사하지 않아도 위법이 아니라고 한다.

2) 예 외

판례에 의하면 ① 증거신청 자체가 부적법한 경우(대판 1965.3.30. 64다1825), ② 재정기간 경과나 시기에 늦은 경우(대판 1959.10.15. 4292민상104), ③ 증인의 와병, 송달불능 등 조사가 힘든 장애가 있는 경우, 직권탐지주의에 의하는 소송, 증거신청서 부제출, 비용불납 등의 고의나 태만이 있는 경우(대판 1969.1.21. 68다2188), ④ 쟁점판단에 부적절하거나 불필요한 증거신청(대판 1961.12.7. 4294민상135) 등은 반드시 조사할 필요 없다.

3. 증거결정

법원이 증거신청을 채택하면 이를 채택한다는 결정을 하고 배척하면 각하결정을 하는 것이 원칙이다. 다만, 판례는 기일의 지정, 변경 및 속행은 오직 재판장의 권한에 속하는 것이고, 당사자가 신청한 증거로서 법원이 필요 없다고 인정한 것은 조사하지 아니할 수 있는 것이고 이에 대하여 반드시 증거채부의 결정을 하여야 하는 것은 아니므로 법원이 당사자의 증거조사를 위한 속행신청에도 불구하고 변론을 종결하였더라도 종국판결에 대한 불복절차에 의하여 그 판단의 당부를 다툴 수 있는 것은 별론으로 하고 별도로 항고로써 불복할 수는 없다(대결 1989.9.7. 89마694)고 한다.

Ⅲ 직권증거조사

법원은 당사자가 신청한 증거에 의하여 심증을 얻을 수 없거나 그 밖에 필요한 때 행하는 보충적 직권조사를 한다(민소법 제292조).

제2관 | 증거조사의 실시

Ⅰ 의 의

민사소송법은 인증과 물증 등 6가지의 증거방법에 대한 증거조사를 하는 경우 그 기일·장소를 당사자에게 고지하고 기일을 통지하여야 한다고 규정하고 있다(민소법 제167조, 제297조, 제381조). 이는 당사자공개의 원칙과 증거조사에의 참여권을 보장하기 위한 것이다.

Ⅱ 증인신문

1. 의 의

증인신문은 증인으로부터 증언이라는 증거자료를 확보하는 증거조사를 말한다. 감정증인은 자신의 특별한 학식과 경험을 이용하여 과거에 경험한 사실을 보고하는 자로 증인이므로 증인신문에 관한 규정이 적용되나 감정인은 자신의 특별한 학식과 경험을 이용한 판단을 보고하는 자라는 점에서 증인과 구별된다.

2. 증인능력

당사자·법정대리인 및 당사자인 법인 등의 대표자 이외의 자는 모두 증인능력을 가진다. 판례는 당사자 본인신문의 방식에 의하여야 할 종친회 대표자를 증인으로 조사한 데 대하여 지체 없이 이의의 진술이 없었다면 그 증언을 채택하여 사실 인정을 하였다 하더라도 위법이라 할 수 없다(대판 1977.10.11. 77다1316)고 하여 증인능력 유무는 이의권 포기·상실의 대상이라고 보고 있다.

3. 증인의무

(1) 출석의무

1) 의 의

증인이 출석요구를 받고 기일에 출석할 수 없는 경우에는 바로 그 사유를 밝혀 신고하여야 한다(민소규칙 제83조). 신고의무를 불이행하면 정당한 사유 없는 불출석으로 인정될 수 있다(민소규칙 제81조 제1항 제2호).

2) 출석거부에 대한 제재

① 소송비용 부담과 과태료 부과 : 증인이 정당한 사유 없이 출석하지 아니한 때에 법원은 결정으로 증인에게 이로 말미암은 소송비용을 부담하도록 명하고 500만원 이하의 과태료에 처한다(민소법 제311조 제1항). 정당한 사유란 법정에 출석할 수 없을 정도의 질병, 관혼상제, 교통기관의 두절, 천재지변 등을 말한다.

② 감치 : 법원은 증인이 과태료의 재판을 받고도 정당한 사유 없이 다시 출석하지 아니한 때에는 결정으로 증인을 7일 이내의 감치에 처한다(민소법 제311조 제2항).

③ 구인 : 법원은 정당한 사유 없이 출석하지 아니한 증인을 구인하도록 명할 수 있다. 구인에는 형사소송법의 구인에 관한 규정을 준용한다(민소법 제312조).

(2) 선서의무

1) 의 의

재판장은 증인에게 신문에 앞서 선서를 하게 하여야 한다. 다만, 특별한 사유가 있는 때에는 신문한 뒤에 선서를 하게 할 수 있다(민소법 제319조).

2) 선서거부에 대한 제재

16세 미만인 사람과 선서의 취지를 이해하지 못하는 사람은 선서무능력자이며(민소법 제322조), 민사소송법 제314조의 증언거부권을 가지는 자에게는 선서의무가 면제되고(민소법 제323조), 증인이 자기 또는 제314조 각 호에 규정된 어느 한 사람과 현저한 이해관계가 있는 사항에 관하여 신문을 받을 때에는 선서를 거부할 수 있다(민소법 제324조). 이외의 경우에 선서를 거부하면 민사소송법 제316조 내지 제318조의 규정이 적용된다. 판례는 선서를 거부할 수 있는 증인이 선서를 거부하지 아니하고 증언을 한 경우에 재판장이 선서거부권이 있음을 고지하지 아니하였다고 하여 위법이라고 할 수 없다(대판 1971.4.30. 71다452)라고 한다.

(3) 진술의무

1) 의 의

증인은 진술할 의무가 있지만 일정한 경우 증언거부권을 가지고 있다.

2) 증언거부에 대한 제재

증언거부에 정당한 이유가 없다고 한 재판이 확정된 뒤에 증인이 증언을 거부한 때에는 소송비용부담과 과태료처분을 받을 수 있다(민소법 제318조). 그러나 감치는 불가능하다. 판례에 의하면 형사소송법은 증언거부권에 관한 규정(제148조, 제149조)과 함께 재판장의 증언거부권 고지의무에 관하여도 규정하고 있는 반면(제160조), 민사소송법은 증언거부권 제도를 두면서도(제314조 내지 제316조) 증언거부권 고지에 관한 규정을 따로 두고 있지 않으므로 민사소송절차에서 재판장이 증인에게 증언거부권을 고지하지 아니하였다 하여 절차위반의 위법이 있다고 할 수 없고, 따라서 적법한 선서절차를 마쳤는데도 허위진술을 한 증인에 대해서는 달리 특별한 사정이 없는 한 위증죄가 성립한다고 보아야 한다(대판 2011.7.28. 2009도14928).

4. 증인조사방식

(1) 증인진술서제도

1) 의 의

증인진술서는 증인이 증언할 내용을 기재한 서면이다. 법원은 효율적인 증인신문을 위하여 필요하다고 인정하는 때에는 증인을 신청한 당사자에게 증인진술서를 제출하게 할 수 있다(민소규칙 제79조 제1항).

2) 제 출

증인진술서에는 증언할 내용을 그 시간 순서에 따라 적고, 증인이 서명날인하여야 한다. 증인진술서 제출명령을 받은 당사자는 법원이 정한 기한까지 원본과 함께 상대방의 수에 2(다만, 합의부에서는 상대방의 수에 3)를 더한 만큼의 사본을 제출하여야 한다(민소규칙 제79조 제2항·제3항). 판례에 의하면 증인이 법정에서 선서후 증인진술서에 기재된 구체적인 내용에 관하여 진술함이 없이 단지 그 증인진술서에 기재된 내용이 사실대로라는 취지의 진술만을 한 경우에는 그것이 증인진술서에 기재된 내용 중 특정 사항을 구체적으로 진술한것과 같이 볼 수 있는 등의 특별한 사정이 없는 한 증인이 그 증인진술서에 기재된 구체적인 내용을 기억하여 반복 진술한 것으로는 볼 수 없으므로, 가사 거기에 기재된 내용에 허위가 있다 하더라도 그 부분에 관하여 법정에서 증언한 것으로 보아 위증죄로 처벌할 수는 없다(대판 2010.5.13. 2007도1397).

(2) 증인신문사항이 기재된 서면

1) 의 의

증인신문신청이 채택된 경우에 제출해야 하는 증인신문할 사항을 적은 서면이다(민소규칙 제80조).

2) 제 출

증인신문을 신청한 당사자는 법원이 정한 기한까지 상대방의 수에 3(다만, 합의부에서는 상대방의 수에 4)을 더한 통수의 증인신문사항을 적은 서면을 제출하여야 한다. 다만, 증인진술서를 제출하는 경우로서 법원이 증인신문사항을 제출할 필요가 없다고 인정하는 때에는 그러하지 아니하다. 법원사무관등은 서면 1통을 증인신문기일 전에 상대방에게 송달하여야 한다(민소규칙 제80조 제1항·제2항). 판례에 의하면 증인신문 당시 증인신문사항을 기재한 서면을 미리 교부받지 못하였다고 하더라도 그와 같은 증인신문절차의 방식위배에 대하여 지체 없이 이의하지 아니하면 이의권의 포기·상실로 인하여 그 하자가 치유된다(대판 2001.10.12. 2001다35372).

(3) 서면증언제도

1) 의 의

법원은 증인과 증명할 사항의 내용 등을 고려하여 상당하다고 인정하는 때에는 출석·증언에 갈음하여 증언할 사항을 적은 서면을 제출하게 할 수 있다(민소법 제310조 제1항). 서면증언제도는 증인의 출석불편을 덜어 주려는 취지에서 마련되었다.

2) 제 출

출석·증언에 갈음하여 증언할 사항을 적은 서면을 제출하게 하는 경우 법원은 증인을 신청한 당사자의 상대방에 대하여 그 서면에서 회답을 바라는 사항을 적은 서면을 제출하게 할 수 있다. 법원이 출석·증언에 갈음하여 증언할 사항을 적은 서면을 제출하게 하는 때에는 일정사항을 증인에게 고지하여야 한다(민소규칙 제84조 제1항·제2항).

5. 증인신문방법

(1) 구술신문의 원칙

재판장이 허가하는 경우를 제외하고 증인은 서류에 의하여 진술하지 못한다(민소법 제331조).

(2) 격리신문의 원칙

증인은 따로따로 신문하여야 하며(민소법 제328조 제1항), 신문하지 아니한 증인이 법정 안에 있을 때에는 법정에서 나가도록 명하여야 한다(민소법 제328조 제2항 본문). 다만, 필요하다고 인정하는 때에는 신문할 증인을 법정 안에 머무르게 할 수 있고(민소법 제328조 제2항 단서), 증인 서로의 대질을 명할 수도 있다(민소법 제329조).

(3) 교호신문의 원칙

1) 원 칙

증인의 신문은 원칙적으로 증인신문의 신청을 한 당사자의 신문(주신문), 상대방의 신문(반대신문), 증인신문을 한 당사자의 재신문(재주신문)의 순으로 진행되고, 그 이후의 신문은 재판장의 허가를 얻은 경우에 한하여 허용되며 재판장은 당사자에 의한 신문이 끝난 다음에 신문한다(민소법 제327조 제1항·제2항, 민소규칙 제89조).

2) 예 외

민사소송법은 교호신문제도를 원칙으로 하면서도 상당한 범위 내에서 법원의 직권신문을 인정하고 있다. 따라서 재판장이 알맞다고 인정하는 때에는 당사자의 의견을 들어 신문의 순서를 바꿀 수 있다(민소법 제327조 제4항).

6. 유도신문

(1) 유도신문의 의의

유도신문이란 증인신문자가 희망하는 답변을 이끌어내기 위해 하는 신문방법을 말한다.

(2) 유도신문의 허용 여부

1) 주신문

주신문의 증인은 신문자 측에 유리한 증인이 일반적이므로 신문자의 암시에 따라 사실과 다른 증언을 할 우려가 있어 주신문에서는 원칙적으로 유도신문이 금지된다. 다만, ① 증인과 당사자의 관계, 증인의 경력, 교우관계 등 실질적인 신문에 앞서 미리 밝혀둘 필요가 있는 준비적인 사항에 관한 신문의 경우, ② 증인이 주신문을 하는 사람에 대하여 적의 또는 반감을 보이는 경우, ③ 증인이 종전의 진술과 상반되는 진술을 하는 때에 그 종전 진술에 관한 신문의 경우, ④ 그 밖에 유도신문이 필요한 특별한 사정이 있는 경우 등에는 주신문이라고 하더라도 유도신문이 가능하다(민소규칙 제91조 제2항).

2) 반대신문

반대신문에서는 주신문에서와 같은 상황은 생각하기 어려우므로 유도신문이 허용된다.

Ⅲ 감정

1. 의 의

감정이란 법관의 판단능력을 보충하기 위하여 전문적 지식과 경험을 가진 자로 하여금 법규나 경험칙 또는 이를 구체적 사실에 적용하여 얻은 사실판단을 법원에 보고하게 하는 증거조사이다.

2. 감정결과의 증거력

감정은 법원이 어떤 사항을 판단하면서 특별한 지식과 경험칙을 필요로 하는 경우에 그 판단의 보조수단으로서 그러한 지식과 경험을 이용하는 것이다. 감정인의 감정 결과는 감정 방법 등이 경험칙에 반하거나 합리성이 없는 등 현저한 잘못이 없는 한 이를 존중하여야 한다. 법관이 감정 결과에 따라 사실을 인정한 경우에 그것이 경험칙이나 논리법칙에 위배되지 않는 한 위법하다고 할 수 없다(대결 2018.12.17. 2016마272).

3. 감정결과의 채택 여부

감정은 법원이 어떤 사항을 판단함에 있어 특별한 지식과 경험칙을 필요로 하는 경우에 그 판단의 보조수단으로서 그러한 지식경험을 이용하는 데 지나지 아니하므로 동일한 사실에 관하여 상반되는 감정결과가 있을 때 법관이 그 하나에 의거하여 사실을 인정하였으면 그것이 경험칙이나 논리법칙에 위배되지 않는 한 위법이라고 할 수 없고(대판 1988.3.8. 87다카1354), 동일한 사항에 관하여 상이한 수개의 감정 결과가 있을 때 그중 하나에 의하여 사실을 인정하였다면 그것이 경험칙이나 논리법칙에 위배되지 않는 한 적법하다(대판 1997.12.12. 97다36507).

Ⅳ 당사자신문

1. 의 의

(1) 개 념

당사자신문은 당사자 본인을 증거방법으로 하여 그가 경험한 사실에 관하여 진술하게 하여 증거자료를 얻는 증거조사이다(민소법 제367조).

(2) 법적 성질

당사자신문을 받는 당사자는 증거조사의 객체로서 증거방법이므로 당사자본인신문에 있어서의 당사자의 진술도 증거자료에 불과하여 이를 소송상 당사자의 주장과 같이 취급할 수 없다(대판 1981.8.11. 81다262). 한편 법원의 석명에 의하여 당사자본인이 진술하는 것은 주장을 보충하는 것이지 당사자신문이 아님을 유의하여야 한다.

2. 보충성의 폐지

(1) 증거방법으로서의 보충성 폐지

1) 종전 판례

판례는 당사자신문은 다른 증거방법에 의하여 심증을 얻을 수 없는 때에 한하여 할 것이므로 그 신청을 각하하였다고 하더라도 유일한 증거를 각하한 위법이 있다고 할 수 없다(대판 1956.11.1. 4289민상452)고 하였다.

2) 개정법의 태도

구법은 당사자본인신문의 보충성을 규정하였지만, 사건의 내용을 누구보다 잘 아는 당사자본인을 통해 빨리 사건의 개요를 파악하기 어려워지고 재판의 신속·적정을 해친다는 비판이 있었다. 이에 개정법 제367조는 당사자본인신문의 보충성을 폐지하고 당사자본인이 독립한 증거방법임을 명시하였다.

(2) 증거력으로서의 보충성 폐지

종전 판례는 다른 증거 없이 원고본인신문결과만으로는 원고주장의 사실을 인정할 수 없다(대판 1983.6.14. 83다카95)고 하여 당사자본인신문결과에 대해 증거력으로서의 보충성까지 확장하여 해석하였으나 개정법에서 당사자신문의 보충성이 폐지되었으므로 종전 판례는 더 이상 유지될 수 없게 되었고 이제 당사자본인신문은 다른 증거와 종합하지 않고 독립적인 사실인정의 자료로 사용될 수 있게 되었다.

3. 당사자신문의 절차

(1) 당사자신문의 대상

원·피고 당사자가 그 대상이며 뿐만 아니라 당사자의 법정대리인, 법인 등이 당사자인 때에 그 대표자 등도 당사자신문절차에 의해 신문하고(민소법 제372조, 제64조), 당사자신문은 소송자료를 제공하는 것이 아니기 때문에 소송무능력자도 당사자신문의 대상이 된다(민소법 제372조 단서). 판례는 당사자본인으로 신문해야 함에도 증인으로 신문하였다 하더라도 상대방이 이를 지체 없이 이의하지 아니하면 이의권 포기·상실로 인하여 그 하자가 치유된다(대판 1992.10.27. 92다32463)고 한다.

(2) 당사자신문의 시기

당사자신문은 증인신문의 경우처럼 변론준비절차가 끝난 뒤에 변론기일에서 집중적으로 행한다(민소법 제293조).

(3) 당사자신문의 준용규정

당사자신문절차에서는 증인신문절차규정이 대부분 준용되나(민소법 제373조, 민소규칙 제119조), 직권에 의해서도 당사자신문이 가능하고(민소법 제367조), 당사자본인은 증인처럼 구인·과태료·감치 등으로 출석·진술이 강제되지 않는다는 점 등에서 차이가 있다.

4. 당사자신문의 효과

판례는 당사자본인신문절차에서 당사자본인이 출석, 선서, 진술의 의무를 불이행한 경우에 법원이 진실한 것으로 인정할 수 있는 것은 신문사항에 관한 상대방의 주장, 즉 신문사항에 포함된 내용에 관한 것이므로 법원이 이를 적용함에 있어서는 상대방 당사자의 요건사실에 관한 주장사실을 진실한 것으로 인정할 것이라고 설시할 것이 아니라 당사자 본인신문사항 가운데 어느 항을 진실한 것으로 인정한 연후에 그에 의하면 상대방 당사자의 요건사실에 관한 주장사실을 인정할 수 있다(대판 1990.4.13. 89다카1084)고 한다.

5. 관련 문제

구법하에서 판례는 당사자본인신문은 그 보충성에 비추어 유일한 증거가 아니라고 판시하였으나 다른 증거방법이 없는 경우 증명을 차단하게 되어 부당하고 더구나 개정 민사소송법에서 당사자본인신문의 보충성도 폐지되었으므로 유일한 증거가 된다고 보는 것이 타당하다.

Ⅴ 서 증

1. 서 설

(1) 의 의

서증은 문서를 열람하여 그에 기재된 내용을 증거자료로 하기 위한 증거조사를 말한다. 문서란 문자 그 밖의 기호의 조합에 의해 사상적 의미를 표현한 유형물이다. 문서의 기개내용을 자료로 하려는 것이 서증이므로 문서의 외형존재 자체를 자료로 하려는 검증과 구별된다.

(2) 문서의 종류

1) 공문서 및 사문서

① 의의 : 공문서란 공무원이 직무권한 내의 사항에 대해 직무상 작성한 문서이며 사문서는 그 외의 문서이다.

② 구별실익 : 공문서는 형식적 증거력이 추정되지만, 사문서는 진정성립이 추정되지 않아 진전성립을 증명해야 한다.

2) 처분문서 및 보고문서

① 의의 : 처분문서란 증명하고자 하는 법률적 행위가 그 문서 자체에 의하여 이루어진 경우의 문서를 말하며 법원의 재판서, 행정처분서, 사법상의 의사표시가 포함된 법률행위문서 등이 이에 해당한다. 보고문서란 작성자가 듣고 보고 느끼고 판단한 바를 기재한 문서로 상업장부, 일기, 진단서 등이 이에 포함된다.

② 구별실익 : 처분문서는 형식적 증거력이 인정되면 실질적 증거력이 추정된다.

3) 원본·등본·정본·초본

원본이란 문서 그 자체를 말하고, 등본은 원본의 가재내용을 전부 복사한 것이며, 정본은 원본에 갈음하여 원본과 같은 효력이 인정되는 등본이고, 초본이란 원본의 일부분만이 필요한 경우 원본내용 중의 일부만을 기재한 문서로 등본의 일종이다. 법원에 문서를 제출하거나 보낼 때에는 원본, 정본 또는 인증이 있는 등본으로 하여야 한다(민소법 제355조 제1항).

2. 문서의 증거능력

증거능력은 증거조사의 대상이 될 수 있는 능력을 의미한다. 민사소송에서는 형사소송과는 달리 증거능력에 제한이 없음이 원칙이다. 따라서 소제기 후 계쟁사실에 관하여 작성된 문서(대판 1992.4.14. 91다24755), 사본(대판 1966.9.20. 66다636)도 증거능력이 인정된다. 그리고 형사사건의 각종 조서도 증거능력이 부인되지 아니한다.

3. 문서의 증거력

(1) 문서의 증거력의 의의

문서의 증거력이란 그 문서가 요증사실의 증명에 기여하는 힘을 말한다.

(2) 문서의 형식적 증거력

1) 의 의

문서가 거증자가 주장하는 특정인의 의사를 근거로 하여 진정하게 작성된 것을 문서의 진정성립이라고 하고 진정하게 성립된 문서는 형식적 증거력이 있다고 한다. 즉, 문서의 진정성립이란 작성자라고 주장되는 자가 진실로 작성한 것으로서 타인에 의하여 위·변조되지 아니한 것임을 말한다.

2) 성립 인부

① 의의 : 문서가 증거로 제출되면 상대방은 그 문서의 진정성립 여부를 인정할 것인지 답변하게 되는데 이러한 절차를 성립의 인부라고 한다.

② 성립의 인정(침묵)

ⓐ 문제점 : 성립의 인부절차에서 상대방이 성립의 인정이나 침묵으로 답변한 경우 이는 문서의 진정성립에 관한 인정진술로서 보조사실에 대한 자백이나 이에 대해 자백이 성립하여 구속력을 인정할 수 있는지 문제 된다.

ⓑ 학설 : 문서의 진정성립이 갖는 의미와 중요성은 주요사실에 준하므로 그에 대한 인정진술은 법원과 당사자를 구속한다는 긍정설과 보조사실은 간접사실과 같은 역할을 하므로 진정성립에 관한 인정진술도 간접사실에 대한 자백처럼 법원과 당사자를 구속하지 못한다는 부정설이 대립하고 있다.

ⓒ 판례 : 판례는 ㉮ 보조사실 중 문서의 진정성립에 대한 인정진술, ㉯ 날인의 진정에 대한 인정진술, ㉰ 인영의 진정에 대한 인정진술에 대하여 보조사실에 관한 자백으로 이해하면서도 주요사실에 대한 자백과 같은 기능을 한다는 이유로 재판상 자백을 인정하며 임의철회를 허용하지 아니하고 있다(대판 2001.4.24. 2001다5654).

ⓓ 검토 : 재판상 자백으로 인정하면 철회가 제한되므로 심리가 촉진되고 상대방의 신뢰보호의 측면에서도 긍정설이 타당하다고 판단된다.

③ 부인 : 상대방이 부인한 경우 제출자가 문서의 진정성립을 증명해야 한다(민소법 제357조). 판례에 의하면 사문서는 진정성립이 증명되어야만 증거로 할 수 있지만 증명의 방법에 관하여는 특별한 제한이 없고, 부지로 다투는 서증에 관하여 거증자가 성립을 증명하지 아니한 경우라 할지라도 법원은 다른 증거에 의하지 아니하고 변론 전체의 취지를 참작하여 그 성립을 인정할 수도 있다(대판 1993.4.13. 92다12070).

④ 부지 : 타인명의의 문서에 대해 부지라고 답변하면 부인한 것으로 추정된다. 타인명의의 문서에서와는 달리 자기명의의 문서에서는 부지라고 할 수 없고 부인 또는 인정을 하여야 한다. 판례에 의하면 원심이 그 성립을 인정할 자료가 없다고 하여 배척한 서증들이 원고명의로 작성되고 무인이 압날되어 있는 것이라면, 원심으로서는 작성명의자인 원고가 부지라고 답변하는 것만으로 그 증거능력을 배척할 것이 아니라 좀 더 석명하여 위 문서들에 있는 원고 명의의 기재가 원고 자신의 서명인지, 아닌지, 또는 그 명하의 무인이 진정한 것인지의 여부를 심리하여야 할 것이며, 만일 그 서명이나 무인까지도 부인하는 취지라면 피고에게 그 입증을 촉구하는 등의 조치를 취했어야 한다(대판 1990.6.12. 90누356)고 판시하고 있다.

3) 추정과 복멸

① 공문서의 진정성립의 추정과 복멸

ⓐ 진정성립의 추정 : 문서의 작성방식과 취지에 의하여 공무원이 직무상 작성한 것으로 인정한 때에는 진정한 공문서로 추정되고(민소법 제356조 제1항), 공문서의 진정성립을 다투는 자는 위·변조 등의 사실을 증명하여야 한다.

ⓑ 추정의 복멸 : 민사소송법 제356조 제1항은 문서의 작성방식과 취지에 의하여 공무원이 직무상 작성한 것으로 인정한 때에는 이를 진정한 공문서로 추정한다고 규정하고 있으나, 위조 또는 변조 등 특별한 사정이 있다고 볼만한 반증이 있는 경우에는 위와 같은 추정은 깨어진다(대판 2018.4.12. 2017다292244).

② 사문서의 진정성립의 추정과 복멸

　ㄱ 진정성립의 추정 : 사문서는 그것이 진정한 것임을 증명하여야 한다(민소법 제357조). 사문서는 본인 또는 대리인의 서명이나 날인 또는 무인(拇印)이 있는 때에는 진정한 것으로 추정한다(민소법 제358조).

　ㄴ 형식적 증거력에 대한 2단계의 추정 : 학설·판례는 인영의 동일성이 인정되면 인영의 진정성립이 추정된다는 사실상 추정을 인정하고 있다. 그 결과 문서에 날인된 작성명인인의 인영이 작성명의인의 인장에 의하여 현출된 인영임이 인정되는 경우에는 특단의 사정이 없는 한 그 인영의 성립, 즉 날인행위가 작성명의인의 의사에 기하여 진정하게 이루어진 것으로 추정되고(1단계 – 사실상의 추정), 일단 날인의 진정성립이 추정되면 민사소송법 제358조에 의하여 그 문서 전체의 진정성립까지 추정된다(2단계 – 증거법칙적 추정). 이때 판례는 처분문서는 진정성립이 인정되면 기재 내용을 부정할 만한 분명하고도 수긍할 수 있는 반증이 없는 이상 문서의 기재 내용에 따른 의사표시의 존재와 내용을 인정하여야 한다는 점을 감안하면 작성명의인의 인영에 의하여 처분문서의 진정성립을 추정함에 있어서는 신중하여야 하고, 특히 처분문서의 소지자가 업무 또는 친족관계 등에 의하여 문서명의자의 위임을 받아 그의 인장을 사용하기도 하였던 사실이 밝혀진 경우라면 더욱 그러하다(대판 2014.9.26. 2014다29667)고 한다.

　ㄷ 2단계 추정의 복멸

　　㉮ 1단계 추정의 복멸 이전 – 인영위조의 항변 : 1단계 추정의 복멸 이전에 그 전제되는 사실인 인영의 진정에 대해 다툴 수 있다. 인영위조나 서명위조의 항변으로 추정의 복멸을 위한 항변은 아니며 검증·감정절차에 의하는 직접반증이다.

　　㉯ 1단계 추정의 복멸 – 인장도용의 항변

　　　ⓐ 간접반증53) : 1단계 추정의 복멸방법에는 인장도용·강박날인 등의 항변이 있다. 이러한 항변은 인영의 진정과 양립 가능한 별개의 사실을 주장하는 것이므로 간접반증에 해당한다. 판례에 의하면 인영의 진정성립, 즉 날인행위가 작성 명의인의 의사에 기한 것이라는 추정은 사실상의 추정이므로, 인영의 진정성립을 다투는 자가 반증을 들어 인영의 진정성립, 즉 날인행위가 작성 명의인의 의사에 기한 것임에 관하여 법원으로 하여금 의심을 품게 할 수 있는 사정을 입증하면 그 진정성립의 추정은 깨어진다(대판 1997.6.13. 96재다462)고 판시하고 있다. 따라서 날인행위가 작성명의인의 의사에 기한 것에 대하여는 반증으로, 도용자의 날인사실에 대하여는 본증으로 증명해야 한다.

　　　ⓑ 추정의 복멸과 증명책임 : 판례는 진정성립의 추정이 깨지는 경우 그 문서가 작성명의인의 의사에 반하여 혹은 작성명의인의 의사에 기하지 않고 작성된 것이라는 것은 그것을 주장하는 자가 적극적으로 입증하여야 하고 이 항변사실을 입증하는 증거의 증명력은 개연성만으로는 부족하다(대판 2008.11.13. 2007다82158)고 하고 있고 위와 같은 사실상 추정은 날인행위가 작성명의인 이외의 자에 의하여 이루어진 것임이 밝혀진 경우에는 깨어지는 것이므로, 문서제출자는 그 날인행위가 작성명의인으로부터 위임받은 정당한 권원에 의한 것이라는 사실까지 입증할 책임이 있다(대판 1995.6.30. 94다41324)고 판시하고 있다.

---

53) 간접반증 : 주요사실에 대하여는 진위불명의 상태에 빠뜨리면 되므로 반증이 되지만, 양립하는 별개의 간접사실 자체의 존재에 대하여는 법관에게 확신을 줄 정도로 증명해야 하므로 본증이 된다.

㉲ 2단계 추정의 복멸 – 백지보충의 항변

ⓐ 간접반증 : 2단계 추정의 복멸방법에는 백지보충의 항변과 변조의 항변이 있다. 백지날인과 변조는 날인의 진정과 양립 가능한 별개의 사실을 주장하는 것으로 간접반증에 해당한다. 따라서 문서의 진정성립을 깨기 위해 문서제출자의 상대방이 날인의 진정을 인정하고 이와 양립 가능한 사실인 자신의 백지문서에 제3자가 보충기재했거나 자신이 만든 문서를 타인이 변조했다는 사실을 법관에게 확신을 줄 정도로 증명해야 한다.

ⓑ 추정의 복멸과 증명책임 : 판례는 인영 부분 등의 진정성립이 인정되는 경우, 그 당시 그 문서의 전부 또는 일부가 미완성된 상태에서 서명날인만을 먼저 하였다는 등의 사정은 이례에 속한다고 볼 것이므로 완성문서로서의 진정성립의 추정력을 뒤집으려면 그럴 만한 합리적인 이유와 이를 뒷받침할 간접반증 등의 증거가 필요하다고 할 것이고, 만일 그러한 완성문서로서의 진정성립의 추정이 번복되어 백지문서 또는 미완성 부분을 작성명의자가 아닌 자가 보충하였다는 등의 사정이 밝혀진 경우라면, 다시 그 백지문서 또는 미완성 부분이 정당한 권한에 기하여 보충되었다는 점에 관하여는 그 문서의 진정성립을 주장하는 자 또는 문서제출자에게 그 입증책임이 있다(대판 2003.4.11. 2001다11406)고 한다. 또한 채권자가 본인 겸 채무자의 대리인으로서 금전소비대차계약 공정증서의 작성을 촉탁할 경우 그 촉탁에 관하여 대리권을 수여하는 위임장을 교부한 사실이 있다는 것만으로, 그 위임장에 기재된 채무의 금액이나 이율, 변제기 등에 대하여 사전에 그 내용대로 합의한 사실이 있다거나 채권자가 보충할 권한을 위임받았다고 쉽게 인정할 것은 아니고, 특히 백지보충된 부분이 정당한 보충권한에 의하여 기재된 것이라는 점은 채권자가 별도로 증명하여야 한다(대판 2013.8.22. 2011다100923)고 판시하고 있다.

③ **공사병존문서** : 공문서 중 공증인 등 공증사무소가 작성한 문서를 공정증서라고 한다. 따라서 민사소송법 제356조에 의해 진정성립이 추정된다. 판례에 의하면 공증인법에 규정된 사서증서에 대한 인증제도는 당사자로 하여금 공증인의 면전에서 사서증서에 서명 또는 날인하게 하거나 사서증서의 서명 또는 날인을 본인이나 그 대리인으로 하여금 확인하게 한 후 그 사실을 공증인이 증서에 기재하는 것이다(공증인법 제57조 제1항). 공증인이 사서증서의 인증을 함에 있어서는 공증인법에 따라 반드시 촉탁인의 확인(제27조)이나 대리촉탁인의 확인(제30조) 및 그 대리권의 증명(제31조) 등의 절차를 미리 거치도록 규정되어 있으므로, 공증인이 사서증서를 인증함에 있어서 그와 같은 절차를 제대로 거치지 않았다는 등의 사실이 주장·입증되는 등 특별한 사정이 없는 한, 공증인이 인증한 사서증서의 진정성립은 추정된다(대결 2009.1.16. 2008스119). 다만, 매도증서 등에 등기소의 등기제의 기재가 첨가됨으로써 사문서와 공문서로 구성된 문서는 공증에 관한 문서와는 달라 공문서 부분 성립이 인정된다고 하여 바로 사문서 부분인 매도증서 자체의 진정성립이 추정되거나 인정될 수는 없다(대판 2018.4.12. 2017다292244)고 판시하고 있다.

(3) 문서의 실질적 증거력

1) 의 의

문서의 형식적 증거력이 있다고 판단되면 그 문서가 요증사실을 증명하는 데 기여할 수 있는 능력, 즉 증거가치를 검토하게 되는데 이를 문서의 실질적 증거력이라고 한다. 이에 대한 판단은 법관의 자유심증에 일임되어 있다. 다만, 변론조서의 증명력(민소법 제158조)과 같이 법률이 자유심증주의의 예외를 인정한 경우도 있다.

2) 처분문서의 실질적 증거력

처분문서의 경우 형식적 증거력이 인정되면 실질적 증거력이 사실상 추정되므로 그 진정성립이 인정되는 이상 기재내용대로 법률행위의 존재와 내용을 인정하여야 한다. 처분문서의 진정성립이 인정되면 반증에 의하여 그 기재 내용과 다른 특별한 명시적 또는 묵시적 약정이 있었다는 사실이 인정되지 아니하는 한 법원은 그 문서의 기재 내용에 따른 의사표시의 존재와 내용을 인정하여야 하고, 합리적인 이유 설시도 없이 이를 배척하여서는 아니 된다(대판 2000.1.21. 97다1013). 그러나 이는 사실상 추정에 불과하므로 처분문서는 그 다투는 자가 반증에 의해 내용의 진정에 대해 의심을 품게 하는 사정을 증명하면 그 추정은 복멸된다(대판 1970.12.24. 70다1630[전합]).

3) 보고문서의 실질적 증거력

보고문서의 경우 실질적 증거력은 작성자의 신분·직업·성격·시기·기재방법 등 여러 가지 사정을 고려하여 법관의 자유심증으로 결정할 문제이다. 판례는 등기부·가족관계등록부·토지대장·확정된 민사 및 형사판결 등은 그 기재사항이 진실한 것으로 추정받으며 이를 배척함에는 합리적인 이유설시가 필요하다고 판시하고 있다. 판례는 가족관계등록부에 기재된 사항은 일응 진실에 부합하는 것이라는 추정을 받는다 할 것이나, 그 기재에 반하는 증거가 있거나, 그 기재가 진실이 아니라고 볼만한 특별한 사정이 있는 때에는 그 추정을 번복할 수 있다(대판 1994.6.10. 94다1883)고 한다.

4. 서증의 신청절차

(1) 문서의 직접제출

1) 의 의

서증을 신청하는 자가 스스로 가지고 있는 문서이면 법원에 직접 문서를 제출하는 방식으로 한다(민소법 제343조). 이때 문서의 제목·작성자 및 작성일을 밝혀야 한다(민소규칙 제105조 제1항). 서증은 법원 외에서 조사하는 경우 이외에는 당사자가 변론기일 또는 준비절차기일에 출석하여 현실적으로 제출하여야 하고, 서증이 첨부된 소장 또는 준비서면 등이 진술되는 경우에도 마찬가지라고 할 것이다(대판 1991.11.8. 91다15775).

2) 제출형식

① **원본제출** : 법원에 문서를 제출하거나 보낼 때에는 원본, 정본 또는 인증이 있는 등본으로 하여야 한다(민소법 제355조 제1항). 다만, 일정한 경우 사본의 제출이 가능하다는 것이 판례의 법리이다. 살피건대 서증사본의 신청 당사자가 문서 원본을 분실하였다든가, 선의로 이를 훼손한 경우, 또는 문서제출명령에 응할 의무가 없는 제3자가 해당 문서의 원본을 소지하고 있는 경우, 원본이 방대한 양의 문서인 경우 등 원본문서의 제출이 불가능하거나 비실제적인 상황에서는 원본의 제출이 요구되지 아니한다고 할 것이지만, 그와 같은 경우라면 해당 서증의 신청당사자가 원본 부제출에 대한 정당성이 되는 구체적 사유를 주장·입증하여야 할 것(대판 2010.2.25. 2009다96403)이라고 한다.

② **사본제출**

　㉠ 사본을 원본에 갈음하여 제출하는 경우 : 판례에 의하면 문서의 제출 또는 송부는 원본, 정본 또는 인증등본으로 하여야 하는 것이므로, 원본, 정본 또는 인증등본이 아닌 단순한 사본만에 의한 증거의 제출은 정확성의 보증이 없어 원칙적으로 부적법하며, 특히 원본의 존재 및 원본의 성립의 진정에 관하여 다툼이 있고 사본을 원본의 대용으로 하는 데 대하여 상대방으로부터 이의가 있는 경우에는 사본으로써 원본을 대신할 수 없다(대판 2004.11.12. 2002다73319). 즉, 원본의 존재 및 원본의 성립의 진정에 관하여 다툼이 없고 사본을 원본의 대용으로 하는 데 대하여 상대방으로부터 이의가 없는 경우에는 사본을 원본에 갈음하여 제출하는 것이 가능하고 사본의 실질적 증거력이 인정된다.

ⓛ 사본 그 자체를 원본으로 제출하는 경우 : 사본을 원본으로서 제출하는 경우에는 그 사본이 독립한 서증이 되는 것이나 그 대신 이에 의하여 원본이 제출된 것으로 되지는 아니하고, 이때에는 증거에 의하여 사본과 같은 원본이 존재하고 또 그 원본이 진정하게 성립하였음이 인정되지 않는 한 그와 같은 내용의 사본이 존재한다는 것 이상의 증거가치는 없다(대판 2010.2.25. 2009다96403).

(2) 문서제출명령

1) 문서제출명령의 의의

문서제출명령이란 문서제출신청의 상대방·제3자가 가지고 있는 문서가 서증으로 필요한 경우 문서제출의무를 부담하는 상대방에 대하여 그 문서의 제출을 명하는 것을 말한다(민소법 제343조, 제345조).

2) 문서제출명령의 요건

문서제출명령을 발하기 위해서는 문서제출의무가 있는 문서이어야 하고 문서의 존재와 소지 및 제출의무가 증명되어야 한다.

3) 문서제출명령의 대상

① 당사자와 문서 사이에 특별한 관계가 있는 문서(민소법 제344조 제1항의 문서) : 민사소송법 제344조 제1항에서 문서제출의무가 있는 문서로 인용문서(제1항 제1호), 인도 및 열람문서(제1항 제2호), 이익문서·법률관계문서[54](제1항 제3호)를 열거하고 있으며 다만, 이익문서·법률관계문서에 있어서 공무원의 직무상 비밀과 같이 동의를 필요로 하는 경우에 동의를 받지 아니한 문서, 증인의 증언거부사유와 같은 일정한 사유가 있는 문서는 제출을 거부할 수 있다(민소법 제344조 제1항 제3호 단서). 판례는 민사소송법 제344조는 '문서의 제출의무'에 관하여 정하고 있는데, 제1항 제1호는 당사자가 소송에서 인용한 문서(이하 '인용문서')를 가지고 있는 때에는 문서를 가지고 있는 사람은 그 제출을 거부하지 못한다고 정하고 있다. 제2항은 제1항의 경우 외에도 문서의 제출의무가 인정되는 사유를 정하면서 '공무원 또는 공무원이었던 사람이 그 직무와 관련하여 보관하거나 가지고 있는 문서'에 대해서는 제2항에 따른 문서 제출의무의 대상에서 제외하고 있다. 민사소송법 제344조 제1항 제1호에서 정하고 있는 인용문서는 당사자가 소송에서 문서 그 자체를 증거로서 인용한 경우뿐만 아니라 자기주장을 명백히 하기 위하여 적극적으로 문서의 존재와 내용을 언급하여 자기주장의 근거나 보조 자료로 삼은 문서도 포함한다. 또한 위 조항의 인용문서에 해당하면, 그것이 같은 조 제2항에서 정하고 있는 '공무원이 그 직무와 관련하여 보관하거나 가지고 있는 문서'라도 특별한 사정이 없는 한 문서 제출의무를 면할 수 없다. 민사소송법 제344조 제1항 제1호의 문언, 내용, 체계와 입법 목적 등에 비추어 볼 때, 인용문서가 공무원이 직무와 관련하여 보관하거나 가지고 있는 문서로서 공공기관의 정보공개에 관한 법률 제9조에서 정하고 있는 비공개대상정보에 해당한다고 하더라도, 특별한 사정이 없는 한 그에 관한 문서 제출의무를 면할 수 없다(대결 2017.12.28. 2015무423)고 한다. 또한 민사소송법 제344조 제1항 제2호에서 문서제출의무의 원인의 하나로서 규정하고 있는 "신청자가 문서소지자에 대하여 그 인도나 열람을 구할 수 있는 때"라 함은, 신청자가 문서의 인도 열람을 청구할 수 있는 실체법상의 권리를 가지는 모든 경우를 가리키며, 그것이 물권적이든 채권적이든, 또는 계약에 근거하는 것이든 법률규정에 근거하는 것이든 이를 묻지 않는다(대결 1993.6.18. 93마434)고 판시하고 있다.

---

54) 이익문서·법률관계문서 : 이익문서란 신청자의 실체적인 이익을 위하여 작성된 문서를 말하며 법률관계문서란 신청자와 소지자 사이의 법률관계 자체를 기재한 문서를 말한다.

② **일반적 제출의무로의 확장**(민소법 제344조 제2항의 문서) : 이용문서, 인도열람문서, 이익문서, 법률관계문서가 아니라도 원칙적으로 문서소지자는 이를 제출할 의무가 있다. 다만, 증언거부사유가 있을 때(제2항 제1호), 오로지 소지인이 이용하기 위한 문서(제2항 제2호), 공무원의 직무상 보관문서(제2항 본문)는 제출대상에서 제외된다. 판례는 민사소송법 제344조 제2항 제1호, 제1항 제3호 (다)목, 제315조 제1항 제2호는 문서를 가지고 있는 사람은 제344조 제1항에 해당하지 아니하는 경우에도 원칙적으로 문서의 제출을 거부하지 못한다고 규정하면서 예외사유로서 기술 또는 직업의 비밀에 속하는 사항이 적혀 있고 비밀을 지킬 의무가 면제되지 아니한 문서를 들고 있다. 여기에서 직업의 비밀은 그 사항이 공개되면 직업에 심각한 영향을 미치고 이후 직업의 수행이 어려운 경우를 가리키는데, 어느 정보가 직업의 비밀에 해당하는 경우에도 문서 소지자는 비밀이 보호가치 있는 비밀일 경우에만 문서의 제출을 거부할 수 있다. 나아가 어느 정보가 보호가치 있는 비밀인지를 판단할 때에는 정보의 내용과 성격, 정보가 공개됨으로써 문서 소지자에게 미치는 불이익의 내용과 정도, 민사사건의 내용과 성격, 민사사건의 증거로 문서를 필요로 하는 정도 또는 대체할 수 있는 증거의 존부 등 제반 사정을 종합하여 비밀의 공개로 발생하는 불이익과 달성되는 실체적 진실 발견 및 재판의 공정을 비교형량하여야 한다(대결 2015.12.21. 2015마4174)고 판시하고 있다. 또한 어느 문서가 문서의 작성 목적, 기재 내용, 문서의 소지 경위나 그 밖의 사정 등을 종합적으로 고려할 때 오로지 문서를 가진 사람이 이용할 목적으로 작성되고 외부자에게 개시하는 것이 예정되어 있지 않으며 개시할 경우 문서를 가진 사람에게 간과하기 어려운 불이익이 생길 염려가 있다면, 이러한 문서는 특별한 사정이 없는 한 민사소송법 제344조 제2항 제2호의 자기이용문서에 해당한다(대결 2015.12.21. 2015마4174)고 한다. 다만, 어느 문서가 자기이용문서에 해당하는지는 문서의 표제나 명칭만으로 판단하여서는 아니 되고, 문서의 작성 목적, 기재 내용에 해당하는 정보, 당해 유형·종류의 문서가 일반적으로 갖는 성향, 문서의 소지 경위나 그 밖의 사정 등을 종합적으로 고려하여 객관적으로 판단하여야 하는데, 설령 주관적으로 내부 이용을 주된 목적으로 회사 내부에서 결재를 거쳐 작성된 문서일지라도, 신청자가 열람 등을 요구할 수 있는 사법상 권리를 가지는 문서와 동일한 정보 또는 직접적 기초·근거가 되는 정보가 문서의 기재 내용에 포함되어 있는 경우, 객관적으로 외부에서의 이용이 작성 목적에 전혀 포함되어 있지 않다고는 볼 수 없는 경우, 문서 자체를 외부에 개시하는 것은 예정되어 있지 않더라도 문서에 기재된 '정보'의 외부개시가 예정되어 있거나 정보가 공익성을 가지는 경우 등에는 내부문서라는 이유로 자기이용문서라고 쉽게 단정할 것은 아니라고 한다(대결 2016.7.1. 2014마2239).

4) 문서제출명령신청의 방식·심리·재판

① **방식** : 문서제출신청에는 문서의 표시, 취지, 보유자 등을 밝혀야 하며(민소법 제345조), 민사소송법 제345조의 신청을 위하여 필요하다고 인정하는 경우 법원은 상대방 당사자에게 문서목록의 제출을 명할 수 있다(민소법 제346조).

② **심리** : 문서를 가진 사람에게 그것을 제출하도록 명할 것을 신청하는 것은 서증을 신청하는 방식 중의 하나이다(민소법 제343조). 법원은 그 제출명령신청의 대상이 된 문서가 서증으로 필요한지를 판단하여 민사소송법 제290조 본문에 따라 그 신청의 채택 여부를 결정할 수 있다(대결 2017.12.28. 2015무423). 따라서 문서제출명령의 신청이 있으면 법원은 그 문서의 소지 여부 및 문서제출의무의 존부를 심리하여야 한다. 그 증명책임은 원칙으로 신청인에게 있다(대결 1995.5.3. 95마415). 또한 신청인은 문서소지인에게 문서제출의무를 부담시키기 위해 그 구성요건상의 제출대상문서임을 증명하여야 한다. 다만, 민사소송법 제344조 제1항 제3호 단서나 제2항의 거부사유는 문서소지인이 증명할 책임이 있다고 보는 것이 타당하다.

③ 재판 : 민사소송법은 일부제출명령제도(민소법 제347조 제2항), 제3자 필수적 심문제도(민소법 제347조 제3항), 비밀심리절차(민소법 제347조 제4항)를 통해 신청인과 상대방의 이익을 고려하고 있다. 민사소송법 제347조 제1항과 관련하여 판례는 제출명령신청이 대상이 된 문서가 서증으로서 필요하지 않거나 문서로 증명하고자 하는 사항이 청구와 직접 관련이 없는 경우, 신청을 받아들이지 않을 수 있고(대결 2016.7.1. 2014마2239), 증거조사의 개시가 있기 전에는 그 증거신청을 자유로 철회할 수 있는 법리라 할 수 있을 것이므로 문서제출명령의 신청이 있고 그에 따른 제출명령이 있었다 하여도 그 문서가 법원에 제출되기 전에는 그 신청을 철회함에는 상대방의 동의를 필요로 하지 않는다(대판 1971.3.23. 70다3013)고 판시하고 있다.

5) 문서의 부제출·훼손 등에 대한 제재

① 당사자에 대한 제재

㉠ 문제점 : 당사자가 문서제출명령, 일부제출명령 또는 비밀심리를 위한 문서제시명령을 받고도 이에 따르지 아니하는 때 또는 당사자가 상대방의 사용을 방해할 목적으로 제출의무가 있는 문서를 훼손하여 버리거나 이를 사용할 수 없게 한 때에는, 법원은 문서의 기재에 대한 상대방의 주장을 진실한 것으로 인정할 수 있다(민소법 제349조, 제350조). 이때 상대방의 주장을 진실한 것으로 인정할 수 있다는 것의 의미에 대하여 견해가 대립하고 있다.

㉡ 학설 : 문서제출명령을 받은 당사자가 문서를 제출하지 않는 경우, 요증사실 자체를 진실한 것으로 인정할 수 있다는 것이 아니라 상대방의 그 문서의 존재 및 내용에 대한 주장을 진실한 것으로 인정할 수 있다는 의미에 불과하므로 요증사실을 인정할 것인지의 여부는 법관의 자유심증에 달려 있다는 자유심증설, 문서를 제출하지 않는 경우 자유심증의 예외로서 문서에 의하여 증명하려는 상대방의 주장사실이 바로 증명된 것으로 볼 수 있다는 법정증거설, 문서를 제출하지 않는 경우 증명책임이 상대방에게 전환된다고 하는 증명책임전환설, 원칙적으로 자유심증설에 의하되 공해소송 등 현대형 소송의 경우에는 제한적으로 법정증거설을 취하여야 한다는 절충설이 대립하고 있다.

㉢ 판례 : 판례는 당사자가 문서제출명령에 따르지 아니한 경우에는 법원은 상대방의 그 문서에 관한 주장 즉, 문서의 성질, 내용, 성립의 진정 등에 관한 주장을 진실한 것으로 인정하여야 한다는 것이지 그 문서에 의하여 입증하고자 하는 상대방의 주장사실까지 반드시 증명되었다고 인정하여야 한다는 취지는 아니(대판 1993.6.25. 93다15991)라고 하여 자유심증설의 태도를 취하고 있다.

㉣ 검토 : 법정증거설과 증명책임전환설은 문서제출명령을 받은 당사자에게 너무 가혹하다는 문제가 있고, 현대형 소송에서는 요증사실이 직접 증명되었다라고 하기보다 자유심증으로 증거력을 판단하면 족하다는 점에서 자유심증설이 타당하다고 판단된다.

② 제3자에 대한 제재 : 문서를 제3자가 소지하고 있는 경우 문서의 훼손 등에 대한 제재규정은 없으나 훼손하는 경우 제출이 불가능하므로 민사소송법 제350조를 유추적용하여야 할 것이다. 제3자가 제출의무 있는 문서를 훼손하는 때에는 500만원 이하의 과태료의 제재를 받게 된다(민소법 제351조). 당사자가 훼손하는 경우와는 달리 당사자의 주장사실이 진실한 것으로 인정할 수 없으며 증언거부에 대하여 제재하는 감치도 할 수 없다.

(3) 문서의 송부촉탁

1) 의 의

문서소지자가 제출의무가 없는 경우에 문서를 가지고 있는 사람에게 그 문서를 보내도록 촉탁할 것을 신청함으로써 하는 서증신청이다(민소법 제352조 본문).

2) 대 상

국가기관·법인·병원 등이 보관하는 문서를 서증으로 제출하려 할 경우에 흔히 이용된다.

(4) 문서의 소재장소에서의 서증신청

수사기록 등 문서의 송부촉탁도 어려운 문서에 대하여 서증을 신청함에 있어서는 법원이 그 문서의 소재장소에 가서 서증조사해 줄 것을 신청할 수 있다(민소규칙 제112조). 이 경우 법원은 수명법관 또는 수탁판사에게 민사소송법 제297조의 규정에 따라 문서에 대한 증거조사를 하게 할 수 있다(민소법 제354조).

VI 검 증

1. 의 의

검증은 법관이 직접 자기의 오관의 작용에 의하여 사물의 외형을 보고, 듣고, 느낀 결과를 증거자료로 하는 증거조사방식이다. 검증의 대상이 되는 사물을 검증물이라고 한다.

2. 검증의 대상

사고현장, 토지의 경계상항, 상처 등과 같이 주로 시각에 의해 의식할 수 있는 대상이나 소음, 가스의 냄새 등 청각 또는 후각에 의해 인식할 수 있는 것도 검증의 대상이다.

VII 증거보전

1. 증거보전의 의의

증거보전은 소송절차에서 본래의 증거조사기일 전에 미리 증거조사를 하지 아니하면 그 증거를 사용하기 곤란할 사정이 있다고 인정한 때 소송절차와는 별도로 미리 증거조사를 하여 그 결과를 확보해 두는 판결절차의 부수절차이다(민소법 제375조).

2. 증거보전의 요건

증거보전의 대상이 되는 것은 모든 증거방법이다. 증인신문, 감정, 서증조사, 문서제출명령, 문서송부촉탁, 검증은 물론 당사자본인신문도 가능하다. 증거보전이 허용되기 위해서는 증거보전의 필요성이 있어야 하는데 민사소송법 제377조 제2항이 소명을 명시하고 있으므로 증거보전의 필요성은 구체적으로 소명하여야 한다고 보는 것이 타당하다. 다만, 현대형 소송에서는 증거의 구조적 편재로 인한 보전필요와 상대방의 이익 침해를 형량하여 소명정도를 완화하는 것이 필요하다고 보인다.

3. 증거보전의 절차

증거보전신청은 서면으로 해야 한다. 신청서에는 증거보전사유에 관한 소명자료를 붙여야 한다(민소규칙 제124조). 소송계속 중에는 직권으로 증거보전을 결정할 수 있다(민소법 제379조). 증거보전신청에 대해 법원은 변론 없이 허부결정을 해야 한다. 신청을 받아들이는 결정에 대하여는 불복하지 못하지만(민소법 제380조), 각하하는 결정에 대하여는 신청인이 항고할 수 있다(민소법 제439조).

4. 증거보전의 효력

증거보전절차는 변론에 상정하고 변론조서에 기재함으로써 소송자료가 된다.

제5절   자유심증주의

I   의 의

자유심증주의란 증거법칙의 제약을 받지 않고 법원은 변론 전체의 취지와 증거조사의 결과를 참작하여 자유로운 심증으로 사회정의와 형평의 이념에 입각하여 논리와 경험의 법칙에 따라 사실주장이 진실한지 아닌지를 판단하는 원칙을 말한다(민소법 제202조).

II   증거원인

1. 변론 전체의 취지

(1) 의 의

증거원인으로서의 변론 전체의 취지는 변론과정에서의 당사자의 진술내용 및 그 시기, 태도 등과 그 변론과정에서 직접 얻은 인상 등 일체의 자료 또는 상황을 말한다(대판 1983.7.12. 83다308).

(2) 독립적 증거원인 여부

1) 문제점

다른 증거자료가 없는 경우 변론 전체의 취지만으로 다툼이 있는 사실을 인정할 수 있는지 문제 된다.

2) 학 설

민사소송법 제202조는 증거조사를 실시한 때에는 증거자료를 참작하라는 것이지 항상 증거자료를 참작하라는 의미는 아니므로 변론 전체의 취지만으로 다툼이 있는 사실을 인정할 수 있다는 독립적 증거원인설과 변론 전체의 취지는 모호하고 원심이 무엇을 변론 전체의 취지로 본 것인지 상급심이 심사하기도 어려우므로 증거자료가 더 있어야 다툼이 있는 사실을 인정할 수 있다는 보충적 증거원인설이 대립하고 있다.

3) 판 례

판례는 주요사실에 관하여는 변론 전체의 취지가 사실인정의 한 자료가 될 수 있음은 물론이나 증거로서의 변론 전체의 취지는 보충적 효력에 그치는 것에 불과하여 변론 전체의 취지만으로는 사실인정의 자료로 할 수 없다(대판 1984.12.26. 84누329)고 하여 보충적 증거원인설을 취하고 있다. 그러나 보조사실에 관하여는 문서의 진정성립(대판 1982.3.23. 80다1857)과 자백철회 요건으로서의 착오(대판 1991.8.27. 91다15591)는 변론 전체의 취지만으로 인정할 수 있다고 판시하고 있다.

4) 검 토

독립적 증거원인설에 의하면 법관이 안일하게 사실을 인정할 수 있으므로 보충적 증거원인설이 타당하다고 판단된다.

2. 증거조사의 결과

(1) 증거방법의 무제한

자유심증주의는 증거방법에 제한이 없다. 따라서 어떤 요증사실의 인정을 위해 어떠한 증거방법을 사용하여도 무방하다.

(2) 증거능력의 무제한

마찬가지로 증거능력에도 제한이 없다. 판례는 소제기 후 계쟁사실을 증명하기 위하여 작성한 문서나 위법수집증거, 사본, 전문증언도 증거능력이 있다고 한다.

(3) 증거력의 자유평가

자유심증주의는 증거자료의 평가도 법원의 자유로운 판단에 맡기는 것이 원칙이다. 따라서 직접증거와 간접증거 사이, 서증과 인증 사이에 그 증거력에 우열이 없음을 유의해야 한다. 판례에 의하면 민사소송절차에서 신체감정에 관한 감정인의 감정결과는 증거방법의 하나에 불과하고, 법관은 당해 사건에서 모든 증거를 종합하여 자유로운 심증에 의하여 특정의 감정결과와 다르게 노동능력상실률을 판단할 수 있다(대판 2002.6.28. 2001다27777). 또한 민사재판에 있어서 이와 관련된 다른 민·형사사건 등의 확정판결에서 인정된 사실은 특별한 사정이 없는 한 유력한 증거자료가 되는 것이나, 다른 한편 당해 민사재판에서 제출된 다른 증거내용에 비추어 관련 민·형사사건의 확정판결에서의 사실 판단을 그대로 채용하기 어렵다고 인정될 경우에는 이를 배척할 수 있고(대판 2005.1.13. 2004다19647), 토지매매계약서와 같은 처분문서는 그 성립을 인정하는 이상 반증이 있거나 또는 이를 조신할 수 없는 합리적인 이유설시 없이는 그 기재내용을 조신할 수 없다고 하여 배척할 수 없다(대판 1970.12.24. 70다1630[전합]).

Ⅲ 자유심증의 정도

1. 자의의 금지

(1) 원 칙

판결이유에서 어떤 증거는 채택하고 어떤 증거는 배척하였는지 그 이유를 설시하여야 하는지 여부에 대한 견해의 대립이 있다. 판례는 여러 개의 증거를 종합판단하는 경우에 그 각 증거 중 모순된 부분과 불필요한 부분은 제거하고 그중 필요하며 공통된 부분만을 모아서 이를 판단자료에 공용하는 것이므로 각 증거내용 중 그 인정사실과 저촉되거나 서로 모순되는 부분은 특히 명시가 없어도 채택하지 않는 것이라고 봄이 타당하고 따라서 법원이 각 거시증거 중 그 인정사실에 저촉되는 부분을 배척함을 명시하지 아니하였다 하여 위법이 있다고 할 수 없다(대판 1993.11.12. 93다18129)고 판시하고 있다. 생각건대 어떤 증거로 어떤 사실을 인정하였는지에 대한 증거설명은 필요하지만 채부에 대한 이유설시는 요하지 아니한다고 보아 소송촉진을 고려하는 판례의 태도는 타당하다고 판단된다.

(2) 예 외

예외적으로 ① 관련민사사건의 확정판결에서 인정한 사실과 달리 인정할 때(대판 2000.4.11. 99다51685), ② 진정성립이 인정되는 처분문서의 증거력을 배척하는 경우(대판 2004.3.26. 2003다60349), ③ 공문서의 진정성립을 부정하는 경우(대판 1986.6.10. 85다카180), ④ 경험칙상 이례에 속하는 판단을 하는 경우(대판 1996.10.25. 96다29700) 등에는 증거배척의 합리적인 이유설시가 필요하다.

2. 사실인정에 필요한 확신의 정도

(1) 고도의 개연성 있는 확신

자유심증주의에서 주요사실의 존부에 대한 심증의 정도는 고도의 개연성 있는 확신에 의해야 하며 저도의 개연성만으로 사실을 인정하면 자유심증의 범위를 일탈한 것이라고 보는 것이 학설·판례(대판 2010.10.28. 2008다6755)의 일반적인 태도이다.

(2) 손해배상소송에서 증명도의 경감

판례는 손해배상소송의 경우 예외적으로 상당한 개연성이 있는 증명만으로 사실인정을 할 수 있다고 보고 있다.

1) 장래의 일실이익

판례는 향후의 예상수익에 관한 입증에 있어서 그 증명도는 과거사실에 대한 입증에 있어서의 증명도 보다 이를 경감하여 피해자가 현실적으로 얻을 수 있을 구체적이고 확실한 수익의 증명이 아니라 상당한 개연성이 있는 수익의 증명으로 족한 것이나, 이 경우에도 예상수익의 증명은 객관적으로 입증된 근거 사실에 기하여 합리성과 객관성을 잃지 않는 범위에서 이루어져야 한다(대판 2003.7.25. 2002다39616)고 판시하고 있다.

2) 현대형 소송에서 인과관계

학설은 현대형 소송에서 인과관계 증명은 일반적 확신보다 낮은 개연성으로 족하다고 이해하고 있다. 판례도 공해로 인한 손해배상청구소송에 있어도 가해행위와 손해발생 사이에 있어야 할 인과관계의 증명에 관하여도 이른바 개연성이론이 대두되어 대소 간에 그 이론이 사실인정에 작용하고 있음을 부인할 수 없는 추세에 있다고 하겠다. 개연성이론 그 자체가 확고하게 정립되어 있다고는 할 수 없으나 결론적으로 말하면 공해로 인한 불법행위에 있어서의 인과관계에 관하여 당해 행위가 없었더라면 결과가 발생하지 아니하였으리라는 정도의 개연성이 있으면 그로써 족하다는 다시 말하면 침해행위와 손해와의 사이에 인과관계가 존재하는 상당정도의 가능성이 있다는 입증을 함으로써 족하고 가해자는 이에 대한 반증을 한 경우에만 인과관계를 부정할 수 있다고 하는 것으로 이는 손해배상을 청구하는 원고에 입증책임이 있다는 종래의 입증책임 원칙을 유지하면서 다만 피해자의 입증의 범위를 완화 내지 경감하는 반면 가해자의 반증의 범위를 확대하자는 것을 그 골자로 하고 있는 것으로 이해된다(대판 1974.12.10. 72다1774)고 판시하고 있다.

3) 손해액의 불분명

판례는 수익이 불분명한 경우에 구체적 증거에 의하여 인정하는 대신에 평균수입액에 관한 통계 등을 이용하여 추상적인 방법으로 산정하는 방식은 공평성과 합리성이 보장되는 한 허용된다(대판 1988.4.12. 87다카129)라고 판시하고 있다.

Ⅳ 자유심증주의의 예외

1. 명문규정에 의한 예외

증거방법의 제한으로 대리권이 있는 사실은 서면으로 증명하여야 하고(민소법 제58조 제1항, 제89조 제1항), 소명은 즉시 조사할 수 있는 증거에 의하여야 한다(민소법 제299조 제1항). 증거능력의 제한으로 당사자와 법정대리인에 대한 증인능력 부정(민소법 제367조, 제372조), 증거력의 자유평가의 제한으로 변론방식에 의한 변론조서의 법정증거력(민소법 제158조), 공·사문서의 증거력에 관한 추정규정(민소법 제356조) 등이 있다.

2. 증명방해

(1) 증명방해의 의의

증명방해란 증명책임을 부담하지 않는 당사자가 고의나 과실에 의하여 증명책임을 부담하는 당사자의 증명을 불가능하게 하거나 곤란하게 하는 것을 말한다.

(2) 명문의 규정이 있는 경우의 증명방해

명문의 규정이 있는 경우의 증명방해는 문서제출명령 부분을 참조하라.

(3) 명문의 규정이 없는 경우의 증명방해

1) 증명방해의 요건

명문의 규정이 없는 경우 증명방해가 성립하기 위해서는 객관적으로 증명책임을 지지 않는 당사자의 적극적 방해행위가 있어야 하고, 주관적으로는 증거방법을 고의·과실 있는 행위로 훼손하였을 것과 이로 인하여 증명방해가 된다는 것을 알았거나 부주의로 알지 못하였을 것을 요한다. 다만, 증거자료에의 접근이 훨씬 용이한 피고가 원고들의 증명활동에 협력하지 않는다고 하여 원고들의 증명을 방해하는 것이라고는 단정할 수 없다(대판 1996.4.23. 95다23835).

2) 증명방해의 효과

① 학설 : 증명방해가 있을 경우 이를 하나의 자료로 삼아 자유심증에 따라 방해자에게 불리한 평가를 하면 족하다는 자유심증설, 증명방해가 있을 경우 자유심증의 예외로서 문서에 의하여 증명하려는 상대방의 주장사실이 바로 증명된 것으로 볼 수 있다는 법정증거설, 증명방해가 있을 경우 증명책임이 상대방에게 전환된다고 하는 증명책임전환설, 원칙적으로 자유심증설에 의하되 공해소송 등 현대형소송의 경우에는 제한적으로 법정증거설을 취하여야 한다는 절충설이 대립하고 있다.

② 판례 : 판례는 당사자 일방이 증명을 방해하는 행위를 하였더라도 법원으로서는 이를 하나의 자료로 삼아 자유로운 심증에 따라 방해자 측에게 불리한 평가를 할 수 있음에 그칠 뿐 증명책임이 전환되거나 곧바로 상대방의 주장 사실이 증명된 것으로 보아야 하는 것은 아니(대판 1999.4.13. 98다9915)라고 하여 자유심증설의 태도를 취하고 있다.

③ 검토 : 법정증거설과 증명책임전환설은 증명방해자에게 너무 가혹하다는 문제가 있고, 현대형 소송에서는 요증사실이 직접 증명되었다라고 하기보다 자유심증으로 증거력을 판단하면 족하다는 점에서 자유심증설이 타당하다고 판단된다.

3. 증거계약

(1) 증거계약의 의의

증거계약이란 소송에 있어서 판결의 기초를 이루는 사실확정에 관한 당사자의 합의를 말하며 이는 소송상의 효과를 발생하게 하는 계약이므로 소송계약의 일종이다. 증거계약은 법관의 자유심증을 제한하는 기능을 한다.

(2) 증거계약의 유형

증거계약에는 자백계약, 증거제한계약, 중재감정계약, 증거력계약, 증명책임계약 등이 포함된다.

(3) 증거계약의 효력

1) 자백계약

변론주의하에서 자백계약은 유효하나 권리자백계약과 간접사실에 대한 자백계약은 무효이다.

2) 증거제한계약

증거제한계약도 원칙적으로 유효하다. 증거계약 위반에 대한 구제책이 문제되는데 계약에 위반하여 증거를 신청한 경우에는 상대방은 그 증거신청이 부적법하므로 채택하지 말 것을 증거항변할 수 있다. 그러나 증거조사가 종료된 경우에는 절차안정의 취지상 더 이상 증거항변을 할 수 없다고 보는 것이 타당하다. 한편 민사소송법 제292조에 의하여 직권증거조사가 실시되는 경우 증거제한계약에 구속됨이 없이 다른 증거를 조사하는 것이 가능한지 문제되나 증거제한계약의 구속력은 당사자의 처분권주의의 범위 내에서 인정되므로 법원이 직권에 의하여 증거조사를 하는 경우에는 증거제한계약은 법원을 구속하지 못한다고 보는 것이 타당하다고 판단된다.

3) 중재감정계약

처분할 수 있는 법률관계에 관하여는 주요사실의 인정을 제3자에게 일임하는 중재감정계약도 유효하다.

4) 증거력계약

증거조사의 결과의 증거력을 사자의 합의로 정하는 약정을 말한다. 하급심 판례는 법률에서 특히 소명만으로 입증할 수 있다고 규정하고 있지 않는 한 주요사실을 입증함에 있어서는 법원으로 하여금 확신을 갖게 할 정도의 증명을 하여야 하는 것이므로, 계약상의 권리를 행사함에 있어 보전소송상 요구되는 소명만 있으면 입증된 것으로 인정하기로 한 계약당사자 사이의 약정은 민사소송법의 원칙인 자유심증주의에 반하는 증거계약이어서 무효(서울지판 1996.6.13. 94가합30633)라고 판시하고 있고 학설도 이와 같은 태도를 취하고 있다.

5) 증명책임계약

증명책임계약은 사실의 존부가 확정되지 않을 경우 즉 진의불명의 상태에서 누가 불이익을 받을 것인지 정하는 약정을 말한다. 판례는 처분할 수 있는 권리관계이면 계약으로 책임을 바꿀 수 있다(대판 1997.10.28. 97다33089)고 판시하고 있으며 약관법 제14조는 상당한 이유 없이 고객에게 증명책임을 부담시키는 약관조항을 무효로 규정하고 있다.

V 자유심증주의의 한계

민사소송법 제202조가 선언하고 있는 자유심증주의는 형식적·법률적 증거규칙에 얽매일 필요가 없다는 것을 뜻할 뿐 법관의 자의적 판단을 허용하는 것은 아니므로, 사실의 인정은 적법한 증거조사절차를 거친 증거에 의하여 정의와 형평의 이념에 입각하여 논리와 경험의 법칙에 따라 하여야 하고, 사실인정이 사실심의 재량에 속한다고 하더라도 그 한도를 벗어나서는 아니 된다(대판 2017.3.9. 2016두55933). 따라서 사실인정은 사실심의 전권사항이나(민소법 제432조), 논리칙과 경험칙에 반하는 경우에는 자유심증주의의 내재적 한계를 일탈한 것으로 상고이유가 된다.

제6절 증명책임

I 서설 - 증명책임의 의의

1. 개 념

증명책임이란 소송상 어느 증명을 요하는 사실의 존부가 확정되지 않을 때 당해 사실이 존재하지 않는 것으로 취급되어 법률판단을 받게 되는 당사자일방의 위험 또는 불이익을 말한다. 이를 객관적 증명책임이라고 한다. 객관적 증명책임은 심리의 최종단계에서 문제되며 직권탐지주의절차에서도 적용된다.

2. 구 별

주관적 증명책임이란 객관적 증명책임에 의한 불이익한 판결을 면하기 위해 증명책임을 지는 사실에 대해 증거를 제출해야 하는 당사자의 행위책임을 말한다. 객관적 증명책임과는 달리 심리의 개시단계에서도 문제되며 변론주의의 산물이므로 직권탐지주의절차에서는 적용되지 아니한다.

II 증명책임의 분배

1. 증명책임의 분배의 의의

증명책임의 분배는 요증사실의 존부가 진위불명일 때 당사자 중 누구에게 불이익을 돌릴 것인가에 대한 문제이다.

2. 법률요건분류설의 내용과 비판

(1) 법률요건분류설의 내용

1) 소송요건과 요증사실에 대한 증명책임

학설·판례는 증명책임의 분배에 있어서 법률요건분류설에 따라 각 당사자가 자기에게 유리한 법규의 요건사실의 존부에 대해 증명책임을 지는 것으로 분배하고 있다. 즉, 소송요건의 존부는 본안판결을 받는 것 자체가 원고에게 이익이므로 원고에게 증명책임이 있다. 본안의 요증사실의 존부에 관하여는 권리의 존재를 주장하는 자가 권리근거규정의 요건사실에 대하여 증명책임을 지고, 그 존재를 다투는 상대방은 반대규정(권리장애규정·권리멸각규정·권리저지규정)의 요건사실에 대한 증명책임이 있다.

2) 소극적 확인의 소에서의 증명책임

채무부존재확인의 소와 같은 권리부존재의 소극적 확인소송의 경우, 원고는 권리장애·멸각·저지규정의 요건사실에 대한 증명책임을 진다. 피고는 권리근거규정에 해당하는 요건사실에 대하여 증명책임을 진다. 판례는 소극적 확인소송에서는 원고가 먼저 청구를 특정하여 채무발생원인 사실을 부정하는 주장을 하면 채권자인 피고는 권리관계의 요건사실에 관하여 주장·증명책임을 부담하므로, 유치권부존재확인소송에서 유치권의 요건사실인 유치권의 목적물과 견련관계 있는 채권의 존재에 대해서는 피고가 주장·증명하여야 한다(대판 2016.3.10. 2013다99409)고 판시하여 같은 태도를 취하고 있다.

(2) 법률요건분류설의 비판

증거가 피고에게 구조적으로 편재되어 있는 공해소송, 제조물책임소송 등 현대형 소송에서도 법률요건분류설을 관철한다면 객관적 증명책임이 있지만 증거확보가 어려운 경우 패소할 수밖에 없어 진실에 부합하는 재판을 행하기 어렵다는 이유에서 법률요건분류설을 비판하는 신설이 등장하게 된다.

3. 증명책임의 분배에 대한 신설의 내용과 비판

(1) 신설의 내용

위험영역설은 손해원인이 가해자의 위험영역에 있는 경우 손해배상청구소송에서 가해자가 사실관계를 쉽게 해명하는 것이 가능하므로 인과관계와 과실의 부존재에 대한 증명책임을 진다고 보는 견해이다. 증거거리설은 증거와의 거리, 증명난이, 경험칙의 개연성, 실체법상 입법취지를 고려해 분배하여야 한다는 견해이다.

(2) 신설의 비판

위험영역설은 위험영역의 개념이 불명확하다는 점에서, 증거거리설은 증거와의 거리가 동일한 경우에는 해결할 수 없다는 점에서 문제를 가지고 있다. 따라서 증명책임의 분배는 원칙적으로 법률요건분류설에 의하되 현대형 소송에서는 증거의 구조적 편재를 시정하기 위하여 신설의 취지를 받아들일 것이다(수정법률요건분류설).

Ⅲ 증명책임의 전환

1. 증명책임의 전환의 의의

증명책임의 전환이란 특정한 경우에 증맹책임 분배의 일반원칙에 대한 예외를 인정하여 반대사실에 대한 증명책임을 지우는 것을 말한다.

2. 증명책임의 전환의 유형

(1) 법률상 전환

민법 제750조의 불법행위에서의 과실은 권리근거규정의 요건사실이므로 피해자에게 증명책임이 인정되는 것이 원칙이나, 민법 제759조(동물의 점유자의 책임), 자동차손해배상보장법 제3조, 제조물책임법 제4조 제1항 등은 가해자에게 무과실의 증명책임을 인정하는 것으로 증명책임의 전환을 규정하고 있다.

제1편

제2편

제3편

제4편

제5편

제6편

제7편

(2) 사실상 전환

판례는 설명의무는 침습적인 의료행위로 나아가는 과정에서 의사에게 필수적으로 요구되는 절차상의 조치로서, 그 의무의 중대성에 비추어 의사로서는 적어도 환자에게 설명한 내용을 문서화하여 이를 보존할 직무수행상의 필요가 있다고 보일 뿐 아니라, 응급의료에 관한 법률에 의하면, 통상적인 의료행위에 비해 오히려 긴급을 요하는 응급의료의 경우에도 의료행위의 필요성, 의료행위의 내용, 의료행위의 위험성 등을 설명하고 이를 문서화한 서면에 동의를 받을 법적 의무가 의료종사자에게 부과되어 있는 점, 의사가 그러한 문서에 의해 설명의무의 이행을 입증하기는 매우 용이한 반면 환자 측에서 설명의무가 이행되지 않았음을 입증하기는 성질상 극히 어려운 점 등에 비추어, 특별한 사정이 없는 한 의사 측에 설명의무를 이행한 데 대한 증명책임이 있다고 해석하는 것이 손해의 공평·타당한 부담을 그 지도원리로 하는 손해배상제도의 이상 및 법체계의 통일적 해석의 요구에 부합한다(대판 2007.5.31. 2005다5867)고 하여 해석에 의하여 증명책임을 전환하고 있다.

Ⅳ 증명책임의 완화

1. 증명책임의 완화의 의의

증명책임의 완화란 증명이 곤란한 경우에 형평의 차원에서 증명책임의 일반원칙을 완화하여 증명을 용이하게 하는 입법 또는 해석을 말한다.

2. 법률상 추정

(1) 의 의

1) 개 념

법률상 추정이란 전제사실로부터 요증사실을 법규화된 경험칙, 즉 추정규정을 적용하여 행하는 추정을 말한다. 법규를 적용하여 행하는 추정이라는 점에서 경험칙을 적용하는 사실상의 추정과 구별된다.

2) 유 형

점유계속의 추정(민법 제198조)과 같은 법률상의 사실추정과, 점유자권리 적법추정(민법 제200조)과 같은 법률상 권리추정이 있다.

(2) 추정의 효과

1) 증명책임의 완화

증명책임이 있는 사람은 추정되는 사실 또는 권리를 증명할 수도 있으나 보통은 보다 용이한 전제사실을 증명함으로써 이에 갈음할 수 있으므로(증명주제의 선택), 추정규정은 증명책임을 완화시키는 것이다.

2) 증명책임의 전환

상대방은 반증에 의하여 전제사실의 존재 여부를 불명확하게 하여 추정규정의 적용을 방해할 수 있고, 추정사실이 부존재한다는 것을 증명함으로써 추정을 번복할 수 있는데 상대방이 추정사실의 부존재에 대하여 증명책임을 진다는 의미에서는 증명책임이 전환되는 것이다. 여기서 추정을 번복하기 위해 상대방에게 세우는 증거는 반대사실의 증거이므로 본증에 해당하고 반증이라고 할 수 없다.

(3) 추정의 복멸

전제사실의 증명단계에서 그 전제사실에 대한 법원의 확신을 흔들리게 하는 반증을 제출하여 추정규정의 적용을 배제한다. 전제사실이 증명된 경우 반대사실의 존재에 대한 확신을 주는 본증을 제출하여 추정을 깰 수 있다.

(4) 등기의 추정력

1) 법적 성질

① 학설 : 불완전한 공시방법인 점유에도 민법 제200조에서 법률상 추정을 인정한 것과의 균형상 법률상의 추정이라고 이해하는 법률상 추정설과 명문의 규정도 없이 강력한 법률상 추정력을 인정할 수 없으므로 사실상의 추정이라고 보는 사실상 추정설이 대립하고 있다.

② 판례 : 판례는 부동산에 관한 소유권이전등기는 권리의 추정력이 있으므로, 이를 다투는 측에서 그 무효사유를 주장·입증하지 아니하는 한, 등기원인 사실에 관한 입증이 부족하다는 이유로 그 등기를 무효라고 단정할 수 없다(대판 1979.6.26. 79다741)고 하여 법률상 추정설의 태도를 취하고 있다.

③ 검토 : 점유는 민법 제200조에서 법률상 추정을 인정하고 있고 등기에 공신력이 인정되지 아니하는 우리 법제상 등기를 신뢰한 제3자를 보호할 필요가 있다는 점에서 법률상의 추정이라고 보는 것이 타당하다고 판단된다.

2) 추정력의 범위

학설·판례는 등기부의 제출로 등기권리·등기원인·등기절차의 적법성이 법률상 추정된다고 한다. 또한 판례는 소유권이전등기가 전 등기명의인의 직접적인 처분행위에 의한 것이 아니라 제3자가 그 처분행위에 개입된 경우 현 등기명의인이 그 제3자가 전 등기명의인의 대리인이라고 주장하더라도 현 소유명의인의 등기가 적법히 이루어진 것으로 추정되므로, 그 등기가 원인무효임을 이유로 그 말소를 청구하는 전 소유명의인으로서는 반대사실, 즉 그 제3자에게 전 소유명의인을 대리할 권한이 없었다든가 또는 제3자가 전 소유명의인의 등기서류를 위조하는 등 등기절차가 적법하게 진행되지 아니한 것으로 의심할 만한 사정이 있다는 등의 무효사실에 대한 증명책임을 진다(대판 2009.9.24. 2009다37831)고 판시하고 있다.

3) 추정의 복멸

① 추정이 깨지는 경우 : 판례에 의하면 소유권이전등기의 원인으로 주장된 계약서가 진정하지 않은 것으로 증명된 이상 그 등기의 적법추정은 복멸되는 것이고 계속 다른 적법한 등기원인이 있을 것으로 추정할 수는 없다(대판 1998.9.22. 98다29568). 또한 부동산에 관하여 소유권이전등기가 마쳐져 있는 경우 그 등기명의자는 제3자에 대하여서뿐만 아니라 그 전 소유자에 대하여서도 적법한 절차 및 원인에 의하여 소유권을 취득한 것으로 추정되므로, 그 절차 및 원인이 부당하여 그 등기가 무효라는 사실은 이를 주장하는 자에게 입증책임이 있으나, 등기절차가 적법하게 진행되지 아니한 것으로 볼만한 의심스러운 사정이 있음이 입증되는 경우에는 그 추정력은 깨어진다(대판 2010.7.22. 2010다21702).

② 추정이 깨지지 않는 경우 : 판례는 부동산등기는 현재의 진실한 권리상태를 공시하면 그에 이른 과정이나 태양을 그대로 반영하지 아니하였어도 유효한 것이므로, 등기명의자가 전소유자로부터 부동산을 취득함에 있어 등기부상 기재된 등기원인에 의하지 아니하고 다른 원인으로 적법하게 취득하였다고 하면서 등기원인행위의 태양이나 과정을 다소 다르게 주장한다고 하여 이러한 주장만 가지고 그 등기의 추정력이 깨어진다고 할 수 없다(대판 1994.9.13. 94다10160)고 한다.

(5) 유사적 추정

1) 의 의

법규정에 추정이라는 용어를 사용하지만 엄격한 의미에서 법률상 추정이 아닌 것을 유사적 추정이라고 한다.

2) 유 형

① **잠정적 진실** : 잠정적 진실의 추정이란 전제사실로부터 일정한 사실을 추정하는 진정한 법률상의 추정과 달리 그 전제사실이 없는 무전제의 추정을 말한다. '소유의 의사로 선의, 평온 및 공연하게 점유한 것으로 추정한다'(민법 제197조)라는 규정은 엄격한 의미에서의 법률상의 추정은 아니지만 다투는 자에게 증명책임을 지우는 규정으로 결국 증명책임의 전환을 가져온다.

② **의사추정** : 의사추정은 구체적인 사실로부터 사람의 내심의 의사를 추정하는 것이 아니고 법규가 의사표시의 내용을 추정하는 것으로 법률행위를 해석하는 규정이다. 기한의 이익을 채무자의 이익으로 보는 추정(민법 제153조 제1항), 위약금 약정은 손해배상액의 예정으로 보는 추정(민법 제398조 제4항)이 이에 해당한다.

③ **증거법칙적 추정** : 증거법칙적 추정은 실체법의 요건사실이나 법률효과와 무관한 추정으로 증거법상으로 일정한 사실을 추정하는 것이다. 예컨대 공문서의 진정추정(민소법 제356조), 사문서의 진정추정(민소법 제358조) 등이 이에 해당한다.

3. 일응의 추정

(1) 일응의 추정의 의의

일응의 추정이란 사실상의 추정의 한가지로 고도의 개연성이 있는 경험칙을 이용하여 간접사실로부터 주요 사실을 추정하는 것을 말한다.

(2) 일응의 추정의 기능

일응의 추정은 불법행위에 있어서 인과관계와 과실의 인정의 경우와 정형적 사상경과가 문제된 경우에만 기능을 발휘한다는 점이 특징이다.

(3) 인정사례

① 탄광에서 천반이 붕락되어 압사하였다면 그 사고는 일응 광산 갱내의 낙반붕괴의 방지의무를 다하지 못한 시설물하자에 기인한 것이라 추정함이 상당하다(대판 1969.12.30. 69다1604).

② 원고 1의 하반신 완전마비증세가 위 소외인의 이 사건 척추전방유합술 시술 직후에 나타난 것으로서 위 수술과 위 증세의 발현 사이에 다른 원인이 개재되었을 가능성은 찾아볼 수 없고 오히려 수술준비과정이나 수술결과로 보아 다소 소홀한 면이 있지 않았나 짐작케 하는 사정들을 엿볼 수 있는 데다가, 나아가 척추전방유합술의 시술과정에서 하반신마비가 생기는 원인들 중 허혈증으로 인한 경우는 전혀 보고된 사례가 없고 척추신경손상의 둘째, 셋째 및 넷째의 경우에는 위 원고처럼 급작스러운 하반신 완전마비가 오지 아니하는 것이라면, 결국 위 원고의 하반신 마비증세는 위 소외인의 위 수술과정상의 잘못, 그중에서도 척추신경손상의 첫째 경우, 즉 집도의가 부주의로 척추신경을 수술칼로 끊거나 소파술 시 수술기구로 신경을 세게 압박한 잘못으로 인하여 초래된 것이라고 추정할 수밖에 없다고 할 것이다(대판 1993.7.27. 92다15031).

③ 버스의 뒷바퀴로 16세 소녀의 허벅다리를 역과하였다면 특단의 사정이 없는 한 현장에서 즉사하였거나 원심이 인정한 후부요도 파열과 치골골절상보다는 더 중한 상해를 입었을 것이라고 경험칙상 추정되는 바이니 원심은 그 특단의 사유를 좀 더 심리판단해야 한다(대판 1970.11.24. 70다2130).

(4) 일응의 추정의 효과

1) 증명책임의 완화

증명책임이 있는 자는 요건사실을 증명할 수 있으나 그보다도 증명이 용이한 전제사실의 증명으로서 이에 갈음할 수 있으므로 증명책임을 완화하는 기능을 한다.

2) 증명책임의 전환 여부

일응의 추정은 사실상 추정의 하나로 증명책임을 전환시키는 것은 아님을 유의하여야 한다.

(5) 일응의 추정의 복멸

일응의 추정은 전제사실의 증명단계에서 그 전제사실에 대한 법원의 확신을 흔들리게 하는 반증을 제출하여 추정을 막을 수 있다. 또한 이하에서 살펴 볼 간접반증에 의하여 추정을 깰 수 있다.

4. 간접반증

(1) 간접반증의 의의

간접반증이란 주요사실에 대하여 일응의 추정이 생긴 경우 그 추정의 전제사실과 양립되는 별개의 간접사실을 증명하여 일응의 추정을 방해하기 위한 증명활동을 말한다.

(2) 간접반증의 성질

주요사실에 대하여는 진위불명상태에 빠뜨리면 되므로 반증이 되지만, 양립하는 별개의 간접사실 자체의 존재에 대하여는 법관에게 확신을 줄 정도로 증명해야 하므로 본증에 해당한다.

(3) 간접반증의 기능

판례는 현대형 소송에서 피해자의 인과관계의 증명곤란을 완화하는 방안으로 간접반증이론을 응용하려고 하고 있다. 이러한 판례의 태도는 관련간접사실에 대한 증명의 부담을 양당사자에게 부담시켜 증명책임의 공평한 운영을 가하려는 것으로 이해할 수 있다.

(4) 현대형 소송에서 간접반증이론의 적용

1) 공해소송

① 판례 : 수질오탁으로 인한 공해소송인 이 사건에서 ㉠ 피고공장에서 김의 생육에 악영향을 줄 수 있는 폐수가 배출되고 ㉡ 그 폐수 중 일부가 유류를 통하여 이 사건 김양식장에 도달하였으며 ㉢ 그 후 김에 피해가 있었다는 사실이 각 모순 없이 증명된 이상 피고공장의 폐수배출과 양식 김에 병해가 발생함으로 말미암은 손해 간의 인과관계가 일응 증명되었다고 할 것이므로, 피고가 ㉠ 피고 공장폐수 중에는 김의 생육에 악영향을 끼칠 수 있는 원인물질이 들어 있지 않으며 ㉡ 원인물질이 들어 있다 하더라도 그 해수혼합율이 안전농도 범위 내에 속한다는 사실을 반증을 들어 인과관계를 부정하지 못하는 한 그 불이익은 피고에게 돌려야 마땅할 것이다(대판 1984.6.12. 81다558).

② 검토 : 공장의 폐수에 의해 피해를 입은 경우에 인과관계의 고리는 크게 ㉠ 유해한 원인물질의 배출, ㉡ 원인물질의 피해물건에 도달 및 손해발생, ㉢ 기업에서 생성·유출된 원인물질이 손해발생에의 유해성 등 세 가지 간접사실로 구별할 수 있다. 판례는 ㉠, ㉡에 대하여는 원고로 하여금 증명을 하도록 하게 하여 증명이 성공하면 인과관계를 일응 추정하되 ㉢에 대하여는 피고 측의 간접반증의 대상으로 하여 그 부존재의 증명으로 인과관계에 관한 일응의 추정에서 벗어나게 하여, 증명책임의 공평한 운영을 가하려는 점에서 타당하다고 판단된다.

2) 의료소송

① 판례

    ㉠ 진료의무 위반에 대한 과실과 인과관계의 증명책임 : 일반적으로 의료행위에 있어서 그 주의의무 위반으로 인한 불법행위 또는 채무불이행으로 인한 책임이 있다고 하기 위하여는 일반적인 경우와 마찬가지로 의료행위상의 주의의무의 위반, 손해의 발생 및 주의의무의 위반과 손해의 발생과의 사이의 인과관계의 존재가 전제되어야 하고 이는 이를 주장하는 환자 측에서 입증하여야 할 것이지만 의료행위가 고도의 전문적 지식을 필요로 하는 분야이고, 그 의료의 과정은 대개의 경우 환자 본인이 그 일부를 알 수 있는 외에 의사만이 알 수 있을 뿐이며, 치료의 결과를 달성하기 위한 의료 기법은 의사의 재량에 달려 있기 때문에 손해발생의 직접적인 원인이 의료상의 과실로 말미암은 것인지 여부는 전문가인 의사가 아닌 보통인으로서는 도저히 밝혀낼 수 없는 특수성이 있어서 환자 측이 의사의 의료행위상의 주의의무 위반과 손해의 발생과 사이의 인과관계를 의학적으로 완벽하게 입증한다는 것은 극히 어려우므로, 환자가 치료 도중에 하반신완전마비 등 사지부전마비증상이 발생한 경우에 있어서는 환자 측에서 일응 일련의 의료행위 과정에서 저질러진 일반인의 상식에 바탕을 둔 의료상의 과실 있는 행위를 입증하고 그 결과와 사이에 일련의 의료행위 외에 다른 원인이 개재될 수 없다는 점, 이를테면 환자에게 의료행위 이전에 그러한 결과의 원인이 될 만한 건강상의 결함이 없었다는 사정을 증명한 경우에 있어서는, 의료행위를 한 측이 그 결과가 의료상의 과실로 말미암은 것이 아니라 전혀 다른 원인으로 말미암은 것이라는 입증을 하지 아니하는 이상, 의료상 과실과 결과 사이의 인과관계를 추정하여 손해배상책임을 지울 수 있도록 입증책임을 완화하는 것이 손해의 공평·타당한 부담을 그 지도원리로 하는 손해배상제도의 이상에 맞는다(대판 1995.3.10. 94다39567).

    ㉡ 의사의 설명의무의 존부와 증명 요부 : 일반적으로 의사는 환자에게 수술 등 침습을 가하는 과정 및 그 후에 나쁜 결과발생의 개연성이 있는 의료행위를 하는 경우 또는 사망 등의 중대한 결과발생이 예측되는 의료행위를 하는 경우에 있어서 응급환자의 경우나 그 밖에 특단의 사정이 없는 한 진료계약상의 의무 내지 침습 등에 대한 승낙을 얻기 위한 전제로서 당해 환자나 그 법정대리인에게 질병의 증상, 치료방법의 내용 및 필요성, 발생이 예상되는 위험 등에 관하여 당시의 의료수준에 비추어 상당하다고 생각되는 사항을 설명하여 당해 환자가 그 필요성이나 위험성을 충분히 비교해 보고 그 의료행위를 받을 것인가의 여부를 선택할 수 있도록 할 의무가 있고, 의사의 설명의무는 그 의료행위에 따르는 후유증이나 부작용 등의 위험 발생가능성이 희소하다는 사정만으로 면제될 수 없으며, 그 후유증이나 부작용이 당해 치료행위에 전형적으로 발생하는 위험이거나 회복할 수 없는 중대한 것인 경우에는 그 발생가능성의 희소성에도 불구하고 설명의 대상이 된다. 설명의무는 침습적인 의료행위로 나아가는 과정에서 의사에게 필수적으로 요구되는 절차상의 조치로서, 그 의무의 중대성에 비추어 의사로서는 적어도 환자에게 설명한 내용을 문서화하여 이를 보존할 직무수행상의 필요가 있다고 보일 뿐 아니라, 응급의료에 관한 법률 제9조, 같은 법 시행규칙 제3조 및 [서식 1]에 의하면, 통상적인 의료행위에 비해 오히려 긴급을 요하는 응급의료의 경우에도 의료행위의 필요성, 의료행위의 내용, 의료행위의 위험성 등을 설명하고 이를 문서화한 서면에 동의를 받을 법적 의무가 의료종사자에게 부과되어 있는 점, 의사가 그러한 문서에 의해 설명의무의 이행을 입증하기는 매우 용이한 반면 환자 측에서 설명의무가 이행되지 않았음을 입증하기는 성질상 극히 어려운 점 등에 비추어, 특별한 사정이 없는 한 의사 측에 설명의무를 이행한 데 대한 증명책임이 있다고 해석하는 것이 손해의 공평·타당한 부담을 그 지도원리로 하는 손해배상제도의 이상 및 법체계의 통일적 해석의 요구에 부합한다(대판 2007.5.31. 2005다5867).

② 검토 : 판례는 의료소송에서도 진료의무 위반에 대한 과실과 인과관계의 증명책임을 환자와 의사에게 적절하게 분배하여 증명책임을 완화하고 있다고 판단된다. 또한 설명의무와 관련하여 의사의 설명의무를 인정하고 설명의무를 이행한 데 대한 증명책임을 의사에게 전환시키고 있다.

3) 제조물책임소송

① 판례 : 의약품의 제조물책임에서 손해배상책임이 성립하기 위해서는 의약품의 결함 또는 제약회사의 과실과 손해 사이에 인과관계가 있어야 한다. 그러나 의약품 제조과정은 대개 제약회사 내부자만이 알 수 있을 뿐이고, 의약품 제조행위는 고도의 전문적 지식을 필요로 하는 분야로서 일반인들이 의약품의 결함이나 제약회사의 과실을 완벽하게 입증하는 것은 극히 어렵다. 따라서 환자인 피해자가 제약회사를 상대로 바이러스에 오염된 혈액제제를 통하여 감염되었다는 것을 손해배상책임의 원인으로 주장하는 경우, 제약회사가 제조한 혈액제제를 투여받기 전에는 감염을 의심할 만한 증상이 없었고, 혈액제제를 투여받은 후 바이러스 감염이 확인되었으며, 혈액제제가 바이러스에 오염되었을 상당한 가능성이 있다는 점을 증명하면, 제약회사가 제조한 혈액제제 결함 또는 제약회사 과실과 피해자 감염 사이의 인과관계를 추정하여 손해배상책임을 지울 수 있도록 증명책임을 완화하는 것이 손해의 공평·타당한 부담을 지도 원리로 하는 손해배상제도의 이상에 부합한다. 여기서 바이러스에 오염되었을 상당한 가능성은, 자연과학적으로 명확한 증명이 없더라도 혈액제제의 사용과 감염의 시간적 근접성, 통계적 관련성, 혈액제제의 제조공정, 해당 바이러스 감염의 의학적 특성, 원료 혈액에 대한 바이러스 진단방법의 정확성 정도 등 여러 사정을 고려하여 판단할 수 있다. 한편 제약회사는 자신이 제조한 혈액제제에 아무런 결함이 없다는 등 피해자의 감염원인이 자신이 제조한 혈액제제에서 비롯된 것이 아니라는 것을 증명하여 추정을 번복시킬 수 있으나, 단순히 피해자가 감염추정기간 동안 다른 회사가 제조한 혈액제제를 투여받았거나 수혈을 받은 사정이 있었다는 것만으로는 추정이 번복되지 않는다(대판 2011.9.29. 2008다16776).

② 검토 : 판례는 간접반증이론을 취하여 결함과 인과관계에 대한 피해자의 증명책임을 완화하고 있고 평가되고 있으며 제조물책임법도 피해자가 ㉠ 해당 제조물이 정상적으로 사용되는 상태에서 피해자의 손해가 발생하였다는 사실, ㉡ 손해가 제조업자의 실질적인 지배영역에 속한 원인으로부터 초래되었다는 사실, ㉢ 손해가 해당 제조물의 결함 없이는 통상적으로 발생하지 아니한다는 사실 등을 증명한 경우에는 제조물을 공급할 당시 해당 제조물에 결함이 있었고 그 제조물의 결함으로 인하여 손해가 발생한 것으로 추정한다. 다만, 제조업자가 제조물의 결함이 아닌 다른 원인으로 인하여 그 손해가 발생한 사실을 증명한 경우에는 그러하지 아니하다(제조물 책임법 제3조의2)고 하여 판례의 태도를 명문화한 것이라고 평가된다.

Ⅴ 주장책임

1. 주장책임의 의의

(1) 개 념

주장책임이란 당사자가 주요사실을 주장하지 않으면 유리한 법률효과의 발생이 인정되지 않을 위험 또는 불이익을 부담하게 되는데 이와 같은 당사자 일방의 위험 내지 불이익을 말한다.

(2) 증명책임과의 관계

주장책임은 논리적·시간적으로 증명책임에 선행하는 관계에 있다. 또한 양자는 그 분배원칙에서도 일치하고 있다. 즉, 주장책임의 대상 및 범위는 원칙적으로 증명책임의 경우와 일치한다.

2. 주장책임의 적용 범위

주장책임은 주요사실에 대해서만 적용된다. 또한 현저한 사실이 주요사실인 이상 당사자가 주장하여야 판결의 기초로 삼을 수 있다.

3. 주장책임의 분배

(1) 원 칙

주장책임의 분배도 증명책임의 분배기준에 의한다. 따라서 법률요건분류설에 의할 때 권리를 주장하는 자는 권리근거규정의 요건사실을, 상대방은 권리장애·멸각·저지규정의 요건사실에 대하여 주장책임을 부담한다. 구체적으로 소극적 확인의 소송인 금전채무부존재확인소송에 있어서는, 채무자인 원고가 먼저 청구를 특정하여 채무발생원인사실을 부정하는 주장을 하면 채권자인 피고는 권리관계의 요건사실에 관하여 주장·증명책임을 부담한다(대판 1998.3.13. 97다45259). 따라서 반대의 견해가 있으나 주장책임과 증명책임이 일치하는 것으로 보는 것이 타당하다.

(2) 예 외

1) 무권대리인의 책임

타인의 대리인으로 계약을 한 자가 그 대리권을 증명하지 못하고 본인의 추인도 얻지 못한 때에는 계약의 이행 또는 손해배상의 책임이 있다(민법 제135조 제1항). 이때 대리권의 부존재에 관하여는 원고가 주장책임을 부담하나 증명책임은 무권대리인이 부담한다.

2) 금전채무불이행으로 인한 손해배상

채권자인 원고는 손해의 발생 및 손해액에 관하여 주장책임을 부담하나 증명책임은 부담하지 않는다(민법 제397조 제2항). 법률의 규정에 의하여 증명책임을 면제받고 있기 때문이다.

03 증 거

※ 기출문제해설의 답안은 참고용으로 활용하시기 바랍니다.

기출문제 ▌ 2021년 제30회 공인노무사시험

제1문

甲은 乙에게 5,000만원을 대여하였고 丙은 乙의 대여금채무를 보증하였다. 乙이 변제하지 않자 甲은 5,000만원을 반환받기 위해서 乙과 丙을 공동피고로 하여, 乙에 대하여는 주채무의 이행을 구하고 丙에 대해서는 보증채무의 이행을 구하는 소를 제기하였다. 다음 물음에 답하시오. (단, 아래의 각 물음은 상호 독립적임) (50점)

물음 1

제1심 제1회 변론기일에 乙은 甲에게 대여금 5,000만원을 모두 변제했다고 주장하였고, 이에 대해 甲은 그중 2,000만원을 반환받은 사실이 있다고 진술하였다. 그러나 제2회 변론기일에 甲은 종전의 진술을 철회하고, 乙로부터 전혀 변제받은 적이 없다고 주장하였다. 법원은 甲의 乙에 대한 청구 전부를 인용하는 판결을 할 수 있는가? (25점)

I 논점의 정리

乙이 甲에게 대여금 5,000만원을 모두 변제했다는 주장에 대하여 甲은 그중 2,000만원을 반환받은 사실이 있다고 진술한 경우 재판상 자백에 해당하는지 여부가 문제 된다. 재판상 자백이 성립한다면 甲이 종전 진술을 철회하고 변제받은 적이 없다고 주장하는 경우 이를 재판상 자백의 철회라고 볼 수 있는지 여부가 법원이 甲의 乙에 대한 청구 전부를 인용하는 판결을 할 수 있는지 여부와 관련하여 문제 된다.

II 甲의 진술의 재판상의 자백 인정 여부

1. 재판상 자백의 의의

재판상 자백은 당사자가 ① 변론 또는 변론준비기일에서 한, ② 상대방의 주장과 일치하고, ③ 자기에게 불리한, ④ 주요사실의 진술이다.

2. 재판상 자백의 요건

(1) 구체적 사실을 대상으로 하는 진술

재판상 자백은 상대방의 사실상 진술에 대하여 성립하는 것이 원칙이며 상대방의 법률상 진술에 대한 불리한 진술은 자백의 대상이 되지 아니하고 이는 권리자백에 해당한다.

(2) 주요사실을 대상으로 하는 진술

재판상 자백의 대상이 되는 사실은 주요사실에 한하며 판례도 같은 취지에서 타인의 불법행위로 인하여 피해자가 상해를 입게 되거나 사망하게 된 경우, 피해자가 입게 된 소극적 손해인 일실수입은 피해자의 사고 당시 수입을 기초로 하여 산정하게 되므로 피해자의 사고 당시 수입은 자백의 대상이 된다고 하거나[55] 인신사고로 인한 손해배상 사건에서 손해배상액을 산정하는 기초가 되는 피해자의 기대여명은 변론주의가 적용되는 주요사실로서 재판상 자백의 대상이 된다고 판시하고 있다.[56]

(3) 상대방의 주장사실과 일치되는 진술

상대방의 진술이 먼저 이루어진 뒤에 이를 인정하는 후행자백이 일반적이나, 당사자가 변론에서 상대방이 주장하기도 전에 스스로 자신에게 불이익한 사실을 진술하는 경우가 있는데 이를 선행자백이라고 한다. 일단 자기에게 불리한 사실을 진술한 당사자는 상대방의 원용이 있기 전에는 그 자인한 진술을 철회하고 이와 모순된 진술을 자유로이 할 수 있으나, 원용 후에는 자백의 효력이 발생해 당사자와 법원을 구속하므로 당사자는 이를 철회할 수 없다.

(4) 변론이나 변론기일에서 소송행위로 행한 진술

소송행위로서의 진술을 의미하므로 당사자신문 중에 상대방의 주장과 일치하는 진술을 하더라도 이는 증거자료에 그칠 뿐 재판상 자백으로 되지 아니하고,[57] 다른 소송에서 한 자백은 하나의 증거원인이 될 뿐 민소법 제288조에 의한 구속력이 없다.[58]

---

55) 대판 1998.5.15. 96다24668
56) 대판 2018.10.4. 2016다41869
57) 대판 1978.9.12. 78다879
58) 대판 1996.12.20. 95다37988

3. 재판상 자백의 효과

상대방의 증명책임이 면제되어 증명을 요하지 아니하고 법원에 대한 구속력으로 사실인정권이 배제되어 자백한 것을 그대로 인정하여야 하며 당사자에 대한 구속력으로 임의철회가 제한된다.

4. 사안의 경우

乙이 甲에게 대여금 5,000만원을 모두 변제했다고 주장하는 것은 권리멸각규정의 요건사실을 주장하는 권리멸각사실의 항변에 해당한다. 甲이 제1심 제1회 변론기일에 5,000만원 중 2,000만원을 乙로부터 반환받은 사실이 있다고 진술하여 주요사실에 해당하는 乙의 권리멸각사실의 항변과 일치하는 진술을 함으로써 재판상 자백이 성립하였다고 판단된다.

Ⅲ 甲의 종전 진술의 철회 가부

1. 자백의 구속력

재판상 자백이 성립하면 법원의 사실인정권이 배제된다. 따라서 법원은 자백사실이 진실인가 여부에 관하여 판단할 필요가 없으며 증거조사의 결과 반대의 심증을 얻었더라도 자백에 반하는 사실을 인정할 수 없다. 다만, 직권탐지주의가 적용되는 경우와 소송요건의 직권조사사항에 대여는 자백의 효력이 인정되지 아니한다.[59] 또한 재판상 자백이 성립하면 자백한 당사자는 철회가 원칙적으로 불가능하다.

2. 재판상 자백의 예외적 철회 사유

(1) 자백이 형사상 처벌받을 행위로 인하여 이루어진 때(민소법 제451조 제1항 제5호)

형사상 처벌받을 다른 사람의 행위로 말미암아 자백한 경우 무효인 소송행위이므로 철회가 가능하다(민소법 제451조 제1항 제5호). <u>판례는 소송행위가 사기, 강박 등 형사상 처벌을 받을 타인의 행위로 인하여 이루어졌다고 하여도 그 타인의 행위에 대하여 유죄판결이 확정되고 또 그 소송행위가 그에 부합되는 의사 없이 외형적으로만 존재할 때에 한하여 민소법 제451조 제1항 제5호, 제2항의 규정을 유추해석하여 그 효력을 부인할 수 있다고 해석함이 상당하다고 한다.</u>[60]

(2) 상대방의 동의가 있는 경우

상대방의 동의가 있는 경우에는 민소법 제288조 단서가 정하고 있는 자백철회의 요건을 구비하지 아니하여도 자백의 취소를 인정하여야 한다.[61] 즉 자백을 한 당사자가 종전의 자백과 배치되는 내용의 주장을 하고 이에 대하여 상대방이 이의를 제기함이 없이 그 주장내용을 인정한 때에는 종전의 자백은 취소되고 새로운 자백이 성립된 것으로 보아야 한다.[62]

---

59) 대판 2002.5.14. 2000다42908
60) 대판 2001.1.30. 2000다42939
61) 대판 1994.9.27. 94다22897
62) 대판 1990.11.27. 90다카20548

(3) 자백이 진실에 반하고 착오로 말미암은 것임을 증명한 경우(민소법 제288조 단서)

재판상의 자백에 대하여 상대방의 동의가 없는 경우에는 자백을 한 당사자가 그 자백이 진실에 부합되지 않는다는 것과 자백이 착오에 기인한다는 사실을 증명한 경우에 한하여 이를 취소할 수 있으나, 이때 진실에 부합하지 않는다는 사실에 대한 증명은 그 반대되는 사실을 직접증거에 의하여 증명함으로써 할 수 있지만 자백사실이 진실에 부합하지 않음을 추인할 수 있는 간접사실의 증명에 의하여도 가능하다고 할 것이고, 또한 자백이 진실에 반한다는 증명이 있다고 하여 그 자백이 착오로 인한 것이라고 추정되는 것은 아니지만 그 자백이 진실과 부합되지 않는 사실이 증명된 경우라면 변론 전체의 취지에 의하여 그 자백이 착오로 인한 것이라는 점을 인정할 수 있다.[63]

(4) 소송대리인의 자백을 당사자가 곧 취소하거나 경정하는 경우(민소법 제94조)

소송대리인의 사실상 진술은 당사자가 이를 곧 취소하거나 경정한 때에는 그 효력을 잃는다(민소법 제94조).

3. 사안의 경우

사안에서 甲의 자백이 乙의 형사상 처벌을 받을 행위로 이루어졌다는 사정은 존재하지 아니하고 2,000만원을 반환받은 사실의 철회에 대해 乙의 동의가 없으며, 甲이 자신의 자백이 진실에 반하고 착오로 말미암은 것임을 증명한 경우도 아니며 경정권을 행사한 사정도 보이지 아니하므로 甲은 자백을 철회할 수 없고 법원은 자백의 구속력에 따라 甲의 乙에 대한 청구 전부를 인용하는 판결을 할 수 없다.

Ⅳ 사안의 적용

甲이 제1심 제1회 변론기일에 5,000만원 중 2,000만원을 乙로부터 반환받은 사실이 있다고 진술하여 주요사실에 해당하는 乙의 권리멸각사실의 항변과 일치하는 진술을 함으로써 재판상 자백이 성립하였다고 판단된다. 사안에서 甲의 자백을 철회할 예외적 사유는 인정되지 아니하므로 甲은 자백을 철회할 수 없고 법원은 자백의 구속력에 따라 甲의 乙에 대한 청구 전부를 인용하는 판결을 할 수 없다.

Ⅴ 결론

甲이 2,000만원을 乙로부터 반환받은 사실이 있다는 진술에 재판상 자백이 성립하였으나 甲의 자백을 철회할 예외적 사유는 인정되지 아니하므로 법원은 자백의 구속력에 따라 甲의 乙에 대한 청구 전부를 인용하는 판결을 할 수 없다.

---

63) 대판 2004.6.11. 2004다13533

03 증거

※ 기출문제해설의 답안은 참고용으로 활용하시기 바랍니다.

기출문제 ┃ 2018년 제27회 공인노무사시험

제3문

문서의 증거력에 관하여 설명하시오. (25점)
자세한 내용은 기본서 해당부분의 관련서술을 참조하라.

┃목 차┃

제2문

자백간주에 대하여 설명하시오. (25점)

자세한 내용은 기본서 해당부분의 관련서술을 참조하라.

제3문

甲은 乙에게 3억원을 빌려주었으나 약속한 변제기가 지났음에도 이를 돌려받지 못하고 있다. 이에 甲은 채무자 乙과 연대보증인 丙을 상대로 3억원의 지급을 구하는 소(전소)를 제기하였다. 제1심법원은 이 사건 소장부본을 乙에 대해서는 그 주소지로 송달하였고, 丙에 대해서는 공시송달의 방법으로 송달하였다. 제1심 법원은 2009.5.4. 甲의 乙과 丙에 대한 청구를 모두 인용하는 판결을 선고하였고, 그 판결정본은 모두 공시송달의 방법으로 乙과 丙에게 송달된 후 그대로 확정되었다.

위 전소확정판결에도 불구하고 乙과 丙에게 집행할 재산이 전혀 없어 채권의 만족을 얻지 못한 甲은 2019.4.15. 소멸시효 중단을 위하여 乙과 丙을 상대로 위 3억원의 지급을 구하는 소(후소)를 제기하였다. 법원은 소장부본과 변론기일통지서를 모두 공시송달의 방법으로 송달하여 변론을 진행한 후 2019.10.11. 원고의 청구를 모두 인용하는 판결을 선고하였으며, 그 판결정본도 공시송달의 방법으로 피고들에게 송달되어 그대로 확정되었다.

乙과 丙은 위 후소의 소송계속사실을 알지 못하였으나 2020.11.1. 위 후소판결에 기한 강제경매개시결정이 송달됨으로 인해 비로소 위 후소 제1심판결의 선고와 그 판결이 공시송달의 방법으로 송달된 사실을 알게 되었다. 이에 2020.11.6. 乙과 丙은 위 후소 제1심판결에 대한 추후보완항소를 제기하였다. 후소의 항소심 계속 중 2021.7.1. 甲은 위 전소 제1심판결문의 사본을 첨부하여 준비서면을 제출하였고, 乙과 丙은 이러한 자료들을 송달받고 2021.7.5. 대법원 사건검색시스템을 통한 검색을 통하여 전소 제1심재판의 존재를 알게 되었다. (다음 각 설문은 독립적임) (30점)

물음 1

甲의 후소제기의 적법성에 관해 설명하고, 만약 위 후소의 항소심에서 피고들이 전소 변론종결 전에 乙이 이미 채무를 변제하였다는 사실을 주장하고 이에 부합하는 증거를 제출한다면, 법원은 이러한 피고들의 주장을 받아들여 재판할 수 있는지에 관해 설명하시오. (10점)

I 논점의 정리

사안의 경우 승소확정 판결 후 시효중단을 위한 재소에 소의 이익이 있는지 여부가 문제되며, 후소의 심리방법과 관련하여 전소 변론종결 전 사유의 항변이 기판력에 저촉되지 않는지 문제 된다.

II 승소확정 판결 후 시효중단을 위한 재소에 소의 이익이 있는지 여부

1. 기판력과 소의 이익

원칙적으로 승소판결을 받은 자가 동일한 소를 제기한 경우 기판력의 본질에 관한 모순금지설에 의하면 권리보호이익의 흠결을 이유로 각하하고 반복금지설에 의하면 기판력은 그 자체로 소극적 소송요건에 해당되어 각하한다. 판례는 확정된 승소판결에는 기판력이 있으므로, 승소 확정판결을 받은 당사자가 그 상대방을 상대로 다시 승소 확정판결의 전소와 동일한 청구의 소를 제기하는 경우 그 후소는 권리보호의 이익이 없어 부적법하다는 입장이다.

2. 시효중단을 위한 재소의 경우

(1) 판례의 다수의견

<u>확정판결에 의한 채권의 소멸시효기간인 10년의 경과가 임박한 경우에는 그 시효중단을 위한 재소는 소의 이익이 있으며 그 이유는</u> 다른 시효중단사유인 압류·가압류나 승인 등의 경우 이를 1회로 제한하고 있지 않음에도 유독 재판상 청구의 경우만 1회로 제한되어야 한다고 보아야 할 합리적인 근거가 없고, 확정판결에 의한 채무라 하더라도 채무자가 파산이나 회생제도를 통해 이로부터 전부 또는 일부 벗어날 수 있는 이상, 채권자에게는 시효중단을 위한 재소를 허용하는 것이 균형에 맞기 때문이라는 입장이다.[64]

(2) 판례의 반대의견

<u>다수의견은 판결로 확정된 채권이 변제 등으로 만족되지 않는 한 시효로 소멸되는 것은 막아야 한다는 것을 당연한 전제로 하고 있는데,</u> 이는 채권의 소멸과 소멸시효제도를 두고 있는 민법의 기본 원칙과 확정판결의 기판력을 인정하는 민사소송의 원칙에 반하므로 동의할 수 없고, 다수의견이 따르고 있는 종전 대법원판례는 변경되어야 한다는 입장이다.[65]

(3) 검토 및 사안의 경우

판례의 반대의견은 소멸시효제도는 기간 만료로 채무자를 무조건 면책시키겠다는 것이 아니라, 채권자의 권리행사 등의 사유가 있는 경우에는 그 중단을 인정하여 채권자와 채무자의 이익형량을 도모하는 제도라는 점, 후소판결이 전소판결과 모순되지 않는 이상 후소판결이 전소판결의 기판력에 저촉된다고 할 수는 없다는 점, 사실상 시효에 걸리지 않는 영구적인 채권을 인정하는 문제점은 회생이나 파산절차를 이용하면 채무자의 구제가 가능하다는 점에서 타당하지 않고 판례의 다수의견이 타당하다고 본다. 따라서 사안에서 전소승소확정판결 후 甲이 시효중단을 위해 후소를 제기한 경우 이는 예외적으로 소의 이익이 있어 적법하다고 할 것이다.

---

64) 대판 2018.7.19. 2018다22008[전합]
65) 대판 2018.7.19. 2018다22008[전합]

Ⅲ 소멸시효 중단을 위한 재소의 심리방법

1. 기판력의 시적 범위
기판력은 사실심 변론종결일을 기준으로 발생한다(민소법 제218조). 따라서 사실심 변론종결 전에 주장할 수 있었던 공격방어방법은 기판력의 실권효에 의하여 차단되며 변론종결 후에 발생한 사유는 실권되지 아니한다.

2. 판 례
<u>판례는 후소가 예외적으로 허용되는 경우에도 후소판결은 이미 확정된 전소판결의 내용에 저촉되어서는 안되기 때문에 후소법원으로서는 그 확정된 권리를 주장할 수 있는 모든 요건이 구비되어 있는지에 관하여 다시 심리할 수는 없으므로</u> 채무자는 청구원인인 요건사실을 부인할 수 없고 전소판결의 변론종결 이전의 사유를 들어 항변할 수 없으며, 후소법원도 이와 같은 사유를 들어 채권자의 후소청구를 배척할 수 없다고 한다.[66]

3. 검토 및 사안의 경우
기판력은 사실심 변론종결일을 기준으로 발생한다. 따라서 전소 변론종결 전에 채무자 乙이 이미 채무를 변제하였다는 사실은 변론종결 이전의 사유이므로 후소에서 피고들이 이를 들어 항변할 수 없고 후소법원은 이를 받아들여 다시 심리할 수 없다.

Ⅳ 사안의 적용

판례의 다수의견에 의할 때 사안에서 전소승소확정판결 후 甲이 시효중단을 위해 후소를 제기한 경우 이는 예외적으로 소의 이익이 있어 적법하다고 할 것이나, 기판력은 사실심 변론종결일을 기준으로 발생하기 때문에 전소 변론종결 전에 채무자 乙이 이미 채무를 변제하였다는 사실은 변론종결 이전의 사유이므로 후소에서 피고들이 이를 들어 항변할 수 없고 후소법원은 이를 받아들여 다시 재판할 수 없다.

Ⅴ 결 론

전소 판결로 확정된 채권의 시효를 중단시키기 위한 새로운 방식의 확인소송은 허용된다고 할 것이나 甲이 시효중단을 위하여 제기한 후소에서 변론종결 전의 변제사실을 주장하는 것은 기판력에 의해 차단되므로 후소법원은 피고의 주장을 받아들여 재판할 수 없다.

---

66) 대판 2018.10.18. 2015다232316[전합]

제2문

甲은 乙에게 1억원을 대여해 주면서 1년 후에 돌려받기로 약정하였으나 乙로부터 차용증을 별도로 받지는 않았다. 그러나 乙은 변제기가 도래하였음에도 이를 갚지 않을 뿐 아니라 돈을 빌린 사실이 없다고까지 다투고 있다. 이에 甲은 乙을 상대로 대여금의 반환을 구하는 소를 제기하고자 A변호사를 소송대리인으로 선임하였다. (다음 각 물음은 독립적임) (20점)

물음 1

A변호사는 乙을 상대로 위 대여금의 반환을 구하는 소장을 법원에 접수하였다. A변호사는 변론 진행과정에서 乙이 오래 전에 대여금 채무의 존재를 인정하고 변제기를 유예해 줄 것을 간청하는 내용의 확인서를 甲에게 주었다고 하면서 이를 증거방법으로 제출하였다. 동 확인서에는 乙의 것으로 보이는 인영이 날인되어 있는 상태이다. 그런데 乙은 확인서에 날인된 인영이 자신의 도장에서 현출된 것이 아니라는 위조주장과 함께 설사 그러한 인영을 가진 도장이 자신의 것이라 하더라도 도용된 것이라고 주장하고 있다. 乙의 각 주장에 기초해서 확인서의 진정성립 인정을 위하여 甲이 취하여야 할 조치는 무엇인지 설명하시오. (10점)

I 논점의 정리

사안에서 확인서는 사문서이다. 문서가 제출된 경우 그 진정성립의 증명책임은 누가 지는지 문제되는데, 상대방이 인영의 위조와 도용의 항변을 한 경우 이와 관련하여 사문서의 진정성립의 추정과 그 성격에 대한 검토가 필요하다.

II 문서의 진정성립의 증명책임과 2단계 추정

1. 문서의 진정성립
문서가 거증자가 주장하는 특정인의 의사에 기하여 진정하게 작성된 것을 문서의 진정성립이라고 하고 진정하게 성립된 문서는 형식적 증거력이 있다고 한다.

2. 성립인부와 증명책임
문서가 제출되면 성립인부절차를 거치게 되는데 상대방이 그 문서의 진정성립 여부를 부인하면 문서제출자가 진정성립의 증명책임을 지게 된다(민소법 제357조).

3. 사문서의 진정성립의 추정
(1) 진정성립의 추정
증명책임의 완화를 위해 사문서는 본인 또는 대리인의 서명이나 날인 또는 무인(拇印)이 있는 때에는 진정한 것으로 추정한다(민소법 제358조).
(2) 형식적 증거력에 대한 2단의 추정
판례는 인영의 진정(인영의 동일성)이 인정되면 날인의 진정(인영의 진정성립)이 사실상 추정된다고 하고 있고(1단계-사실상의 추정), 일단 날인의 진정이 추정되면 민소법 제358조에 의하여 그 문서 전체의 진정성립까지 추정된다고(2단계-증거법칙적 추정) 하여 2단의 추정을 인정하고 있다.

III 인영위조주장이 있는 경우

1. 1단계 추정의 전제와 증명책임
인영이 문서작성자의 도장에서 현출된 것과 동일하다는 인영의 진정은 민소법 제358조 진정성립의 추정의 전제조건이다. 따라서 상대방이 인영의 진정을 부인하는 경우에는 문서제출자가 인영의 진정에 대해 증명책임을 진다.

2. 사안의 경우
乙이 확인서에 날인된 인영이 자신의 도장에서 현출된 것이 아니라는 위조주장은 인영의 진정을 부인하는 것이다. 따라서 문서제출자인 甲이 증명책임을 지므로 법관에게 확신을 줄 정도의 본증으로 확인서에 날인된 인영이 乙의 도장에서 현출된 것임을 증명해야 인영의 진정성립이 추정되고 이를 거쳐 문서 전체의 진정성립까지 추정될 수 있다.

Ⅳ 인장도용항변의 경우

1. 1단계 추정의 복멸 – 인장도용의 항변

(1) 간접반증

인영의 진정이 증명되면 인영의 진정성립이 추정된다(1단계–사실상의 추정). 이러한 1단계의 추정을 복멸하는 방법으로 인장도용·강박날인 등의 항변이 있다. <u>판례에 의하면 인영의 진정성립, 즉 날인행위가 작성 명의인의 의사에 기한 것이라는 추정은 사실상의 추정이므로, 인영의 진정성립을 다투는 자가 반증을 들어 인영의 진정성립, 즉 날인행위가 작성 명의인의 의사에 기한 것임에 관하여 법원으로 하여금 의심을 품게 할 수 있는 사정을 입증하면 그 진정성립의 추정은 깨어진다고 판시하고 있다.</u>[67] 판례는 이를 간접반증으로 해석한다고 보이므로 인영의 진정성립을 다투는 자가 날인행위가 작성명의인의 의사에 기한 것에 대하여는 반증으로, 도용사실에 대하여는 본증으로 증명해야 한다.

(2) 추정의 복멸과 증명책임

날인행위가 작성명의인 이외의 자에 의하여 이루어진 것임이 밝혀진 경우에는 사실상 추정은 깨어지는 것이므로, <u>판례는 문서제출자는 그 날인행위가 작성명의인으로부터 위임받은 정당한 권원에 의한 것이라는 사실까지 입증할 책임이 있다</u>[68]고 판시하고 있다.

2. 사안의 경우

乙이 인장도용사실을 주장하더라도 甲이 인영의 진정을 증명하였다면 乙이 날인행위가 자신의 의사에 기한 것에 대하여는 반증으로, 도용사실에 대하여는 본증으로 증명해야 한다. 만약, 乙이 이러한 주장을 증명하게 되면 甲은 작성명의인 乙 이외의 자가 한 날인행위가 乙로부터 위임받은 정당한 권원에 의한 것이라는 사실까지 입증해야 확인서의 진정성립을 인정받을 수 있다.

Ⅴ 사안의 적용

乙의 인영위조 주장에 대하여 甲이 법관에게 확신을 줄 정도의 본증으로 확인서에 날인된 인영이 乙의 도장에서 현출된 것임을 증명해야 인영의 진정성립이 추정되고 이를 거쳐 문서 전체의 진정성립까지 추정될 수 있다. 또한 乙이 인장도용사실을 주장하더라도 甲이 인영의 진정을 증명하였다면 乙이 날인행위가 자신의 의사에 기한 것에 대하여는 반증으로, 도용사실에 대하여는 본증으로 증명해야 한다. 만약, 乙이 이러한 주장을 증명하게 되면 甲은 작성명의인 乙 이외의 자가 한 날인행위가 乙로부터 위임받은 정당한 권원에 의한 것이라는 사실까지 입증해야 확인서의 진정성립을 인정받을 수 있다.

Ⅵ 결 론

위조의 주장에 대해서는 甲이 인영의 진정을 증명해야 하고, 도용의 주장에 대해서는 乙이 반증으로 인영의 진정성립에 대한 사실상의 추정을 깨뜨려야 하나 이 경우에도 甲은 그 날인행위가 乙로부터 위임받은 정당한 권원에 의한 것임을 증명하여 확인서의 진정성립을 인정받을 수 있다.

---

67) 대판 1997.6.13. 96재다462
68) 대판 1995.6.30. 94다41324

제 **4** 편

소송의 종료

01 총 설

제1편

제2편

제3편

제4편

제5편

제6편

제7편

제1절　소송종료사유

소송은 법원의 종국재판 또는 당사자의 행위로 종료될 수 있다. 대립당사자구조가 소멸된 경우에도 소송이 종료된다.

제2절　소송종료선언

Ⅰ　의 의

소송종료선언이란 종국판결로써 계속 중이던 소송이 유효하게 종료되었음을 확인 선언하는 것을 말한다.

Ⅱ　소송종료선언의 사유

1. 기일지정신청이 이유 없는 경우

(1) 기일지정신청의 의의

기일지정신청이란 확정판결에 의하지 아니하고 소송이 종료된 것으로 처리된 후 그 소송종료의 효과가 무효라고 다투면서 당사자가 기일을 열어줄 것을 신청하는 제도를 말한다.

(2) 기일지정신청이 가능한지 문제되는 경우

1) 소취하 또는 상소취하의 효력에 관한 다툼이 있는 경우

소 또는 상소의 취하(취하간주포함)의 효력에 관한 다툼이 있어 당사자가 기일지정신청을 하는 경우 법원은 기일을 열어 신청사유를 심리하고 신청이 이유 없을 경우 소송종료선언을 한다(민소규칙 제67조, 제68조).

2) 청구의 포기·인낙, 화해의 효력에 관한 다툼이 있는 경우

① 원칙 : 청구의 포기·인낙, 재판상 화해의 경우 준재심의 대상이 되는 것 이외에 그 하자의 구제책을 인정하지 아니하는 것이 민사소송법의 태도(민소법 제461조, 제451조)이다. 따라서 이에 대한 흠은 재심사유가 있는 경우 준재심의 절차로만 다툴 수 있고 원칙적으로 기일지정신청으로 하자를 다툴 수 없다.

② 예외 : 다만, 청구의 포기·인낙, 재판상 화해의 경우 확정판결의 당연무효사유와 같은 사유가 있는 경우(예컨대 사자를 상대로 한 경우)에는 기일지정신청을 통해 다툴 수 있다. 이때 법원은 지정된 기일에 당사자가 주장하는 당연무효사유가 있는지 심리해야 하며 그 존재가 인정되지 아니하면 소송종료선언을 해야 한다. 판례도 같은 취지에서 재판상의 화해를 조서에 기재한 때에는 그 조서는 확정판결과 동일한 효력이 있고 당사자 간에 기판력이 생기는 것이므로 확정판결의 당연무효사유와 같은 사유가 없는 한 재심의 소에 의하여만 효력을 다툴 수 있는 것이나, 당사자 일방이 화해조서의 당연무효사유를 주장하며 기일지정신청을 한 때에는 법원으로서는 그 무효사유의 존재 여부를 가리기 위하여 기일을 지정하여 심리를 한 다음 무효사유가 존재한다고 인정되지 아니한 때에는 판결로써 소송종료선언을 하여야 한다(대판 2000.3.10. 99다67703)고 판시하고 있다.

2. 소송종료를 간과한 것이 발견된 경우

① 확정판결이 있음에도 간과하여 소송을 진행한 것이 밝혀진 때, ② 소취하, 포기·인낙, 화해가 있음에도 이를 간과하고 소송을 진행한 것이 밝혀진 때, ③ 소의 교환적 변경을 간과하여 구청구에 대해 판결을 한 때에도 상급심법원은 구청구에 대한 원심본안 판결을 취소하고 소송종료선언을 한다. 종료 여부는 법원의 직권조사사항이다(대판 1974.6.11. 73다374).

3. 당사자대립구조가 소멸한 경우

소송계속 중 대립당사자구조가 소멸되면 당연히 소송이 종료된다. 그런데 당사자가 소송이 종료되었는지 여부에 대하여 다투면서 기일지정을 신청한 경우, 심리결과 소송종료가 적법하다면 법원은 판결로서 소송종료선언을 해야 한다. 판례도 이혼심판에 대한 재심소송의 제1심 계속 중 이혼청구인이 사망하였다면, 제1심으로서는 청구인의 상속인들로 하여금 청구인을 수계하도록 할 것이 아니라 검사로 하여금 청구인의 지위를 수계하도록 하여 재심사유의 존재 여부를 살펴보았어야 하고 심리한 결과 재심사유가 있다고 밝혀진다면 재심대상심판을 취소하여야 하며 이 단계에서는 이미 혼인한 부부 중 일방의 사망으로 소송이 그 목적물을 잃어버렸기 때문에 이를 이유로 소송이 종료되었음을 선언하였어야 한다(대판 1992.5.26. 90므1135)고 판시하고 있다.

Ⅲ 소송종료선언의 효력

소송종료선언판결은 사건 완결의 확인적 성질을 가진다. 종국판결이므로 상소가 허용된다. 청구인용·기각과 같은 본안판결이 아닌 소송판결이므로 소송종료선언 후 소를 취하한 경우에도 재소금지의 제재를 받지 아니한다.

02 당사자의 행위에 의한 소송종료

제1절　소의 취하와 재소금지

제1관 | 소의 취하

I 서 설

1. 의 의

소의 취하란 원고가 제기한 소의 전부 또는 일부를 철회하는 법원에 대한 단독적 소송행위로서 소송계속의 소급적 소멸을 가져오는 당사자의 행위에 의한 소송종료사유이다.

2. 구별개념

(1) 청구의 포기

청구의 포기란 원고가 자기의 소송상의 청구가 이유 없음을 자인하는 법원에 대한 일방적 의사표시를 말한다. 소취하 또는 청구의 포기가 있으면 소송이 종료되는 점은 동일하나, 본안 판결 후에 소를 취하하는 경우에는 재소금지의 제재(민소법 제267조 제2항)를 받게 되고 청구를 포기한 경우에는 조서화되면 확정판결과 같은 효력, 즉 기판력(민소법 제220조)이 발생한다.

(2) 상소의 취하

상소취하는 상소를 철회하는 소송행위이다. 소 자체를 철회하는 소취하와 구별된다. 상소취하하면 원심판결이 확정되지만 소취하를 하면 이미 선고된 판결까지 효력이 없어진다.

(3) 소취하계약

소취하계약은 계속된 소를 취하하기로 하는 당사자의 합의이다. 소취하계약을 위반해 소를 계속 유지하는 경우 법원은 권리보호이익이 흠결되었음을 이유로 각하한다.

(4) 청구의 감축

청구의 감축을 청구의 일부포기로 볼 것인가 또는 소의 일부취하로 볼 것인가는 원고의 의사에 따라 결정되나 원고의 의사가 불명한 경우 판례는 원고에게 유리하게 소의 일부취하로 취급한다(대판 1983.8.23. 83다카450).

제1편　제2편　제3편　제4편　제5편　제6편　제7편

II 소취하의 요건

1. 당사자에 대한 요건

소취하는 소송행위이기 때문에 당사자가 하려면 당사자능력과 소송능력이 필요하고, 대리인이 대리할 경우에는 소송법상 대리권이 필요하다. 다만, 소송무능력자는 스스로 제기한 소를 취하할 수 있다. 유사필수적 공동소송에서는 단독으로 취하할 수 있으나 고유필수적 공동소송의 경우에는 전원이 공동으로 취하하여야 한다.

2. 소송물에 대한 요건

가사소송 등 직권탐지주의의 적용을 받는 소송물을 포함해 모든 소송물에 대하여 원고는 자유롭게 취하할 수 있다. 다만, 주주대표소송(상법 제403조 제6항)이나 증권 관련 소송 등은 법원의 허가를 얻어야 한다(증권관련 집단소송법 제35조 제1항). 소취하는 소송행위이므로 민법상의 법률행위의 규정이 그대로 적용되지는 아니하며 기한·정지조건·해제조건을 부가하여서는 안 된다. 절차종료적 소송행위인 소취하에 착오, 사기·강박 등 의사표시의 하자가 있는 경우 민법규정을 유추적용하여 취소할 수 있는지 문제되나 절차종료적 소송행위라도 소취하에 그에 부합되는 의사가 없다고 볼 수 있을 정도로 중대한 하자가 있으면 민사소송법 제451조 제1항 제5호를 유추해 철회하면 되고, 착오취소를 인정하면 절차안정을 해할 수 있다는 점에서 민법유추적용 부정설이 타당하다고 판단된다.

3. 시 기

소취하는 원고의 소제기 후 판결이 확정되기까지 어느 때라도 할 수 있다(민소법 제266조 제1항).

4. 방 식

소취하는 서면으로 해야 한다. 다만, 변론 또는 변론준비기일에서 말로 할 수 있다(민소법 제266조 제3항). 판례에 의하면 원고들 소송대리인의 사무원이 착오로 원고들 소송대리인의 의사에 반하여 원고들 전원의 소를 취하하였다 하더라도 이를 무효라 볼 수는 없고, 적법한 소취하의 서면이 제출된 이상 그 서면이 상대방에게 송달되기 전·후를 묻지 않고 원고는 이를 임의로 철회할 수 없다(대판 1997.6.27. 97다6124)고 한다.

5. 피고의 동의

(1) 동의의 요부

소의 취하는 상대방이 본안에 관하여 준비서면을 제출하거나 변론준비기일에서 진술하거나 변론을 한 후에는 상대방에게 청구기각판결을 받을 이익이 생겼기 때문에 상대방의 동의를 받아야 효력을 가진다(민소법 제266조 제2항). 그러나 피고가 이송신청을 한 경우, 기일변경에 동의한 경우, 소각하판결을 구한 경우 등 절차적 사항을 진술한 때에는 동의가 필요 없다. 판례는 피고가 본안 전 항변으로 소각하를, 본안에 관하여 청구기각을 각 구한 경우에는 본안에 관한 것은 예비적으로 청구한 것이므로 원고는 피고의 동의 없이 소취하를 할 수 있다(대판 1968.4.23. 68다217)고 한다.

(2) 동의의 방식

소취하의 동의는 소송행위이므로 소송능력이 있어야 하며 조건을 붙여서는 안 된다. 소송대리인이 한 소취하의 동의는 소송대리권의 범위 내의 사항으로서 특별수권사항이 아니므로 바로 본인에게 그 효력이 미친다(대판 1984.3.13. 82므40). 고유필수적 공동소송의 경우 전원의 동의가 필요하고 독립당사자참가의 경우 참가인의 동의도 필요하다.

(3) 동의의 효과

소취하에 대하여 피고가 이의하여 동의를 거절하면 소취하효력을 발생할 수 없고 후에 동의하더라도 취하의 효력이 없다(대판 1969.5.27. 69다130).

■ III 소취하의 효과

1. 소송법상 효과

(1) 소송계속의 소급적 소멸

소가 취하되면 처음부터 소송이 계속되지 않았던 것처럼 되어 소송이 종료되므로(민소법 제267조 제1항), 증거조사 종국판결 등 법원의 소송행위뿐만 아니라 당사자의 소송행위도 당연히 실효된다. 다만, 단순반소나 독립당사자참가 및 관련재판적은 소멸하지 아니한다.

(2) 재소금지

본안에 대한 종국판결이 있은 뒤에 소를 취하한 사람은 같은 소를 제기하지 못한다(민소법 제267조 제2항). 자세한 사항은 후술한다.

2. 사법상 효과

(1) 시효중단 및 기간준수의 효력소멸

소의 제기에 의한 실체법적 효과인 시효중단과 출소기간 준수의 효과는 소취하에 의하여 소급적으로 소멸한다(민법 제170조).

(2) 형성권의 행사

사법상 형성권 행사와 소송상 항변이 동시에 이루어지는 경우, 소취하로 실질적인 판단을 받지 못할 때 사법상 효력이 유지되는지 문제 된다. 판례는 해제권 행사와 관련하여 병존설(대판 1982.5.11. 80다916)을 취하였고, 상계권 행사와 관련해서는 신병존설(대판 2014.6.12. 2013다95964)을 취하고 있다. 생각건대 상계의 의사표시는 상계에 관한 법원 판단이 있을 때만 반대채권을 소멸시키려는 의사이므로 소송상 형성권을 행사하는 피고의 의사와 피고의 이익을 고려할 때 신병존설이 타당하다고 판단된다.

Ⅳ 소취하 간주

원고가 실제로 소를 취하하지는 아니하였지만 소취하 간주되는 경우가 있다. 즉, ① 양쪽 당사자가 2회 결석하고도 1개월 이내에 기일지정신청이 없거나 기일지정신청에 따라 정한 변론기일에 양쪽이 모두 결석한 경우 당사자 쌍방의 결석에 의한 소취하 간주(민소법 제268조), ② 피고의 경정신청에 대하여 법원이 신청을 허가하는 결정을 한 때 종전의 피고에 대한 소의 취하 간주(민소법 제261조 제4항), ③ 청구의 교환적 변경의 경우 구소취하 간주 등이 이에 해당한다.

Ⅴ 소취하의 효력을 다투는 절차

확인의 이익이 없으므로 별소로써 무효확인청구를 할 수는 없다. 기일지정신청이 있으면 법원은 심리한 결과 신청이 이유 없다고 인정하는 경우에는 판결로 소송의 종료를 선언하여야 하고, 신청이 이유 있다고 인정하는 경우에는 취하 당시의 소송정도에 따라 필요한 절차를 계속하여 진행하고 중간판결 또는 종국판결에 그 판단을 표시하여야 한다(민소규칙 제67조 제3항).

제2관 | 재소금지

Ⅰ 서 설

1. 의 의

재소금지란 본안에 관한 종국판결이 선고된 후 소를 취하한 경우에 동일한 소에 대해 다시 소를 제기하는 것이 금지되는 것을 말한다.

2. 취 지

종국판결이 선고된 뒤에 소를 취하한 다음 재소의 제기를 허용한다면 본안판결에 이르기까지 법원이 들인 노력과 비용이 무용지물이 되고 법원의 종국판결이 당사자에 의하여 농락되는 결과를 가져오기 때문이다.

Ⅱ 재소금지의 요건

재소가 금지되기 위해서는 당사자, 소송물, 권리보호이익이 동일해야 하고, 본안에 관한 종국판결 이후에 소를 취하한 경우이어야 한다.

1. 당사자동일

(1) 전소의 원고, 선정당사자, 변론종결 뒤의 일반승계인

재소를 제기할 수 없는 것은 전소의 원고만이고 피고는 재소의 제기에 제한을 받지 아니한다. 소를 취하한 자가 선정당사자일 때에는 선정자도 재소금지의 효과를 받는다. 변론종결 뒤의 일반승계인도 마찬가지라고 해석된다.

(2) 변론종결 뒤의 특정승계인

1) 학설

특정승계인도 당사자 동일의 요건을 충족하나 특정승계인에게 소취하의 책임이 있는 경우를 제외하고는 새로운 권리보호의 이익이 생겼으므로 재소금지의 효과가 미치지 아니한다는 특정승계인 포함설과 타인이 한 소취하의 효과까지 특정승계인이 받으면 그에게 가혹하므로 전소취하를 알면서 승계하였다는 등의 특단의 사정이 없는 한 재소금지의 효과가 미치지 아니한다고 보는 특정승계인 불포함설이 대립하고 있다.

2) 판례

판례는 민사소송법 제267조 제2항 소정의 소를 취하한 자에는 변론종결 뒤의 특정승계인을 포함하나 동일한 소라 함은 권리보호의 이익도 같아야 하므로 이 건 토지의 전소유자가 피고를 상대로 한 전소와 본건 소는 소송물인 권리관계는 동일하다 할지라도 위 전소의 취하 후에 이 건 토지를 양수한 원고는 그 소유권을 침해하고 있는 피고에 대하여 그 배제를 구할 새로운 권리보호의 이익이 있다고 할 것이니 위 전소와 본건 소는 동일한 소라고 할 수 없다(대판 1981.7.14. 81다64)고 한다.

3) 검토

생각건대 전소 원고가 받은 판결의 효력이 재소 원고에게 미치면 당사자 동일은 인정되나 특정승계인의 재소는 전소와 권리보호이익을 달리한다고 보아야 하므로 재소금지의 효과가 미치지 아니한다고 보는 것이 타당하다고 판단된다.

2. 소송물의 동일

(1) 소송물이론

재소금지가 적용되기 위하여는 소송물의 동일성만 인정되면 되고 공격방어방법까지 동일할 필요는 없다. 청구취지가 동일하지만 청구원인이 다른 경우, 소송물의 동일성은 소송물이론으로 귀결된다.

1) 청구취지와 사실관계는 동일하지만 청구원인의 실체법상 권리가 다른 경우

구소송물이론에 의하면 전·후소의 권리가 다르므로 소송물은 다르다고 보나, 신소송물이론에 의하면 후소는 재소금지의 원칙에 저촉된다.

2) 청구취지가 같지만 청구원인의 사실관계와 권리가 다른 경우

구소송물이론에 의하면 전·후소의 권리가 다르므로 소송물은 다르다고 보나, 신소송물이론 중 일원설은 후소가 재소금지의 원칙에 저촉된다고 보나 이원설은 양자는 별개의 사실관계에서 발생한 것이므로 소송물이 다르다고 이해한다.

(2) 다른 청구기간

판례는 제1심에서 부정경쟁방지 및 영업비밀보호에 관한 법률에 기하여 침해금지청구와 2004.1.1.부터 2007.6.30.까지의 부정경쟁행위로 인한 손해배상청구를 하였다가 패소한 후 항소심에서 위 청구를 철회하고 상표법 제65조, 제67조에 기한 침해금지청구 및 손해배상청구를 하는 것으로 청구원인을 변경하는 준비서면을 제출한 자가, 다시 부정경쟁방지 및 영업비밀보호에 관한 법률에 기하여 2007.7.1.부터 2008.3.3.까지의 부정경쟁행위로 인한 침해금지청구 및 손해배상청구를 추가하는 준비서면을 제출한 사안에서, 항소심에서 추가한 청구는 제1심 변론종결 이후에도 계속하여 부정경쟁행위를 하고 있음을 전제로 그 침해행위의 금지를 청구함과 아울러 제1심에서 청구하지 않았던 기간에 해당하는 손해배상청구를 한 것이므로 제1심에서 청구하였던 침해금지청구 및 손해배상청구와 소송물이 동일하다고 보기 어렵고 다시 청구할 필요도 있어, 그 청구의 추가가 재소금지의 원칙에 저촉되지 않는다(대판 2009.6.25. 2009다22037)고 판시하고 있다.

(3) 선결관계

1) 전소의 소송물이 후소의 선결적 법률관계가 된 경우

① **문제점** : 예를 들면 전소가 소유권확인청구이고 후소가 소유권에 기한 건물인도청구인 경우와 같이 전소의 소송물이 후소의 선결적 법률관계인 경우에도 재소금지에 해당하는지 문제 된다.

② **학설** : 재소가 전소 소송물을 선결적 법률관계로 하는 경우에도 재소금지의 효과를 미치게 할 필요가 있으므로 동일한 소로 보아 재소가 금지된다는 긍정설과 양 소의 소송물이 다르고 재소금지의 경우에도 전소 소송물을 선결적 법률관계로 하는 재소를 각하하면 기판력을 받을 때보다 더 가혹[69]하므로 재소가 금지되지 않는다는 부정설이 대립하고 있다.

---

69) 전소가 취하된 것이 아니고 판결이 확정되어 후소에 기판력이 미칠 경우 전소를 선결적 법률관계로 하여 제기된 후소에는 법원이 선결적 법률관계의 한도에서 전소의 기판력 있는 판단에 구속되어 이를 전제로 모순 없이 판단해야 하는 구속이 있을 뿐이다.

③ **판례** : 판례는 후소가 전소의 소송물을 전제로 하거나 선결적 법률관계에 해당하는 것일 때에는 비록 소송물은 다르지만 재소 금지제도의 취지와 목적에 비추어 전소와 '같은 소'로 보아 판결을 구할 수 없다고 보는 것이 타당하다고 하면서 '같은 소'는 반드시 기판력의 범위나 중복제소금지의 경우와 같이 풀이할 것은 아니므로, 재소의 이익이 다른 경우에는 '같은 소'라 할 수 없다(대판 2023.3.16. 2022두58599)고 판시하고 있다.

④ **검토** : 후소가 전소의 소송물을 선결적 법률관계로 하여 재소하는 것은 전소의 법률관계에 대해 다시 심판을 요구하는 것으로 볼 수 있으므로 재소금지의 원칙에 저촉된다고 보는 것이 타당하다.

2) 전소의 선결적 법률관계가 후소의 소송물이 된 경우

이 경우에는 전소의 기판력이 후소에 미치지 않으므로(대판 1998.11.27. 97다22904), 재소금지규정이 적용되지 아니한다고 판단된다.

3. 권리보호이익의 동일

재소금지의 취지는 당사자가 권리보호의 이익이 없이 법원의 종극판결을 농락한 데 대한 제재이기 때문에 당사자에게 소취하 후 재소를 제기할 새로운 권리보호이익이 있는 경우에는 재소가 허용된다고 보아야 한다.

> ❏ **새로운 권리보호이익을 인정한 사례**
>
> **[소취하 후 피고가 재침해하는 경우]**
> 민사소송법 제267조 제2항 소정의 소를 취하한 자에는 변론종결 뒤의 특정승계인을 포함하나 "동일한 소"라 함은 권리보호의 이익도 같아야 하므로 이 건 토지의 전소유자가 피고를 상대로 한 전소와 본건 소는 소송물인 권리관계는 동일하다 할지라도 위 전소의 취하 후에 이 건 토지를 양수한 원고는 그 소유권을 침해하고 있는 피고에 대하여 그 배제를 구할 새로운 권리보호의 이익이 있다고 할 것이니 위 전소와 본건 소는 동일한 소라고 할 수 없다(대판 1981.7.14. 81다64).
>
> **[피고가 약정사항을 불이행한 경우]**
> 민사소송법 제267조 제2항 소정의 재소금지원칙이 적용되기 위하여는 소송물이 동일한 외에 권리보호의 이익도 동일하여야 할 것인데, 피고가 전소취하의 전제조건인 약정사항을 지키지 아니함으로써 위 약정이 해제 또는 실효되는 사정변경이 발생하였다면, 이 사건 지상권이전등기말소등기청구와 전소가 소송물이 서로 동일하다 하더라도, 소제기를 필요로 하는 사정이 같지 아니하여 권리보호의 이익이 다르다 할 것이므로, 결국 이 사건 청구는 위 재소금지원칙에 위배되지 아니한다(대판 1993.8.24. 93다22074).
>
> **[소취하 후 원고가 토지거래허가를 받은 경우]**
> 민사소송법 제240조 제2항 소정의 재소금지원칙이 적용되기 위하여는 소송물이 동일한 외에 권리보호의 이익도 동일하여야 할 것인바, 매수인이 매도인을 상대로 부동산에 관하여 매매를 원인으로 한 소유권이전등기절차 이행의 소를 제기하여 승소판결을 받았지만, 항소심에서 매매에 따른 토지거래허가신청절차의 이행을 구하는 소로 변경하여 당초의 소는 종국판결 선고 후 취하된 것으로 되었다 하더라도, 그 후 토지거래허가를 받고 나서 다시 소유권이전등기절차의 이행을 구하는 것은 취하된 소와 권리보호의 이익이 달라 재소금지원칙이 적용되지 않는다(대판 1997.12.23. 97다45341).

[소취하 후 소송요건을 구비한 경우]

본안에 관하여 종국판결 있은 후 소를 취하한 자는 동일한 소를 제기할 수 없다는 민사소송법 제267조 제2항의 규정은 남소를 금지하는 법의이므로 부적법한 소를 취하하고 다시 적법한 소를 제기하는 경우는 위 규정에 저촉되지 아니하는 것이다. 본건에 있어서 기록 및 원판결에 의하면 원고는 부산지방법원 마산지원에 피고 01, 02를 상대로 본소와 동일한 내용의 소를 제기하여 패소판결을 받고 공소 및 상고를 한 결과 동 사건이 동 공소심을 경유하여 위 마산지원에 각 파기환송되고 동 지원은 이를 부산지방법원에 이송하여 심리 중 원고는 당해 소의 전부를 취하한 사실 및 소외 김01은 비호주로서 사망하고 피고 등 4인이 공동으로 유산상속을 한 사실은 당사자 간 다툼 없는 바, <u>위 취하된 소는 공동상속인 피고 4명 전원을 상대로 하여야 할 것임에도 불구하고 위 2명의 피고만을 피고로 한 부적법한 소이었음을 규찰할 수 있다. 따라서 원고가 위 소를 취하하고 소위 필요적 공동소송의 당사자 지위에 있는 피고 등 전원을 상대로 하여 다시 위 마산지원에 본소를 제기한 것은 전 설시의 법리에 비추어 소호도 위법이라 할 수 없을 것이다</u>(대판 1957.12.5. 4290민상503).

[확인의 소의 권리보호의 이익]

<u>아버지 소유 부동산을 증여받았음을 전제로 그 소유권의 확인을 구하는 소와 아버지가 사망함에 따라 그 지분소유권을 상속받았음을 전제로 그 지분소유권의 확인을 구하는 소는 민사소송법 제267조 제2항 소정의 동일한 소라고 볼 수 없다</u>(대판 1991.5.28. 91다5730).

[추심소송의 권리보호의 이익]

민사소송법 제267조 제2항은 "본안에 대한 종국판결이 있은 뒤에 소를 취하한 사람은 같은 소를 제기하지 못한다."라고 정하고 있다. 이는 소취하로 그동안 판결에 들인 법원의 노력이 무용화되고 다시 동일한 분쟁을 문제 삼아 소송제도를 남용하는 부당한 사태를 방지할 목적에서 나온 제재적 취지의 규정이다. 여기에서 '같은 소'는 반드시 기판력의 범위나 중복제소금지에서 말하는 것과 같은 것은 아니고, 당사자와 소송물이 같더라도 이러한 규정의 취지에 반하지 않고 소제기를 필요로 하는 정당한 사정이 있다면 다시 소를 제기할 수 있다. 따라서 갑 주식회사가 을 등에 대하여 가지는 정산금 채권에 대하여 갑 회사의 채권자 병이 채권압류 및 추심명령을 받아 을 등을 상대로 추심금 청구의 소를 제기하였다가 항소심에서 소를 취하하였는데, 그 후 갑 회사의 다른 채권자 정 등이 위 정산금 채권에 대하여 다시 채권압류 및 추심명령을 받아 을 등을 상대로 추심금 청구의 소를 제기한 경우, 병이 선행 추심소송에서 패소판결을 회피할 목적 등으로 종국판결 후 소를 취하하였다거나 정 등이 소송제도를 남용할 의도로 소를 제기하였다고 보기 어려운 사정 등을 감안할 때, 정 등은 선행 추심소송과 별도로 자신의 갑 회사에 대한 채권의 집행을 위하여 위 소를 제기한 것이므로 <u>새로운 권리보호이익이 발생한 것으로 볼 수 있어 재소금지 규정에 반하지 않는다고 보아야 한다</u>(대판 2021.5.7. 2018다259213).

4. 본안에 대한 종국판결 후 소취하

(1) 본안에 대한 종국판결

<u>소각하판결, 소송종료선언 등의 소송판결이 있은 후에 소를 취하한 경우에는 재소가 금지되지 아니한다.</u> 본안판결인 이상 원고승소판결이든 원고패소판결이든 묻지 아니한다. 한편 종국판결에는 당연무효판결은 포함되지 아니한다. 판례도 사망자를 상대로 한 판결에 대하여 그 망인의 상속인인 피고가 항소를 제기하여 원고가 항소심변론에서 그 소를 취하하였다 하더라도 위 판결은 당연무효의 판결이므로 원고는 재소금지의 제한을 받지 않는다(대판 1968.1.23. 67다2494)고 판시하고 있다.

(2) 소취하

재소금지의 제재는 본안판결이 있은 뒤 소를 취하한 경우에만 적용된다. 최근 판례는 화해권고결정에 '원고는 소를 취하하고, 피고는 이에 동의한다.'는 화해조항이 있고, 이러한 화해권고결정에 대하여 양 당사자가 이의하지 않아 확정되었다면, 화해권고결정의 확정으로 당사자 사이에 소를 취하한다는 내용의 소송상 합의를 하였다고 볼 수 있으므로 본안에 대한 종국판결이 있은 뒤에 이러한 화해권고결정이 확정되어 소송이 종결된 경우에는 소취하한 경우와 마찬가지로 민사소송법 제267조 제2항의 규정에 따라 같은 소를 제기하지 못한다(대판 2021.7.29. 2018다230229)고 하였으나, 상대방이 본안에 관하여 준비서면을 제출하거나 변론준비기일에서 진술 또는 변론을 한 뒤에는 상대방의 동의를 받아야 효력을 가지는 소의 취하와 달리 소송상 방어방법으로서의 상계항변은 그 수동채권의 존재가 확정되는 것을 전제로 하여 행하여지는 일종의 예비적 항변으로서 상대방의 동의 없이 이를 철회할 수 있고, 그 경우 법원은 처분권주의의 원칙상 이에 대하여 심판할 수 없으므로 먼저 제기된 소송의 제1심에서 상계항변을 제출하여 제1심판결로 본안에 관한 판단을 받았다가 항소심에서 상계항변을 철회하였더라도 이는 소송상 방어방법의 철회에 불과하여 민사소송법 제267조 제2항의 재소금지 원칙이 적용되지 않으므로, 그 자동채권과 동일한 채권에 기한 소송을 별도로 제기할 수 있다(대판 2022.2.17. 2021다275741)고 판시하고 있다.

(3) 항소심에서의 교환적 변경

1) 문제점

항소심에서 교환적 변경을 한 후 다시 청구변경에 의해 구청구를 되살리는 것이 재소금지의 원칙에 반하는 것은 아닌지 문제 된다.

2) 학설

소의 교환적 변경은 신청구의 추가적 병합과 구청구의 취하의 결합형태로 이해하여 항소심에서의 교환적 변경도 재소금지의 원칙에 반한다는 긍정설과 교환적 변경을 민사소송법 제262조가 인정하는 독자적인 제도로 보아 교환적 변경에는 구소취하의 성격이 없고 원고에게 법원농락의도가 없으므로 재소금지의 원칙에 반하지 아니한다는 부정설이 대립하고 있다.

3) 판례

판례는 소의 교환적 변경은 신청구의 추가적 병합과 구청구의 취하의 결합형태로 볼 것이므로 본안에 대한 종국판결이 있은 후 구청구를 신청구로 교환적 변경을 한 다음 다시 본래의 구청구로 교환적 변경을 한 경우에는 종국판결이 있은 후 소를 취하하였다가 동일한 소를 다시 제기한 경우에 해당하여 부적법하다(대판 1987.11.10. 87다카1405)고 하여 재소금지의 원칙에 반한다고 판시하고 있다.

4) 검토

교환적 변경이 있는 경우에 법원은 구청구를 더 이상 심리하지 아니하므로 구청구취하의 성질이 있다고 보아 항소심에서 교환적 변경이 있는 경우에도 재소금지의 원칙이 적용된다고 이해하는 것이 타당하다.

Ⅲ 재소금지의 효과

1. 소송법상 효과

재소금지의 원칙은 소송요건으로 직권조사사항이므로 피고의 동의가 있어도 재소임이 발견되면 판결로써 소를 각하해야 한다.

2. 실체법상 효과

재소금지의 효과는 소송법상의 효과임에 그치고 실체법상의 권리관계에 영향을 주는 것은 아니므로 재소금지의 효과를 받는 권리관계라고 하여 실체법상으로도 권리가 소멸하는 것은 아니다(대판 1989.7.11. 87다카2406). 따라서 피고의 채무는 자연채무로 존재하게 된다. 그러나 실체법상의 권리가 소멸하는 것이 아니고 단지 상대방에 대하여 의무의 이행을 소구할 수 없게 된 것이므로 상대방이 실체법상의 의무를 면하게 되었음을 전제로 하는 부당이득반환청구는 부당하다(대판 1969.4.22. 68다1722).

제2절 청구의 포기 · 인낙

Ⅰ 의 의

청구의 포기는 원고가 변론 또는 변론준비절차에서 자기의 소송상 청구가 이유 없음을 스스로 자인하는 법원에 대한 일방적 의사표시를 말하고 청구의 인낙은 피고가 자기에 대한 원고의 소송상 청구가 이유 있다고 자인하는 법원에 대한 일방적 의사표시를 말한다.

Ⅱ 법적 성질

민사소송법 제220조는 화해, 청구의 포기 · 인낙을 변론조서 · 변론준비기일조서에 적은 때에는 그 조서는 확정 판결과 같은 효력을 가진다고 규정하고 있고, 제461조는 제220조의 조서에 재심사유가 있는 때에는 확정판결에 대한 재심을 제기할 수 있다고 규정하여 소송행위설을 취하고 있다. 최근 판례도 청구의 인낙은 피고가 원고의 주장을 승인하는 소위 관념의 표시에 불과한 소송상 행위로서 이를 조서에 기재한 때에는 확정판결과 동일한 효력이 발생되어 그로써 소송을 종료시키는 효력이 있을 뿐이고, 실체법상 채권 · 채무의 발생 또는 소멸의 원인이 되는 법률행위라 볼 수 없다(대판 2022.3.31. 2020다271919)고 하여 소송행위설을 취한바 있다.

Ⅲ 요건

1. 당사자에 대한 요건

당사자가 포기·인낙을 할 경우에는 소송행위의 유효요건인 당사자능력과 소송능력을 갖추어야 하고 대리인이 대리할 경우에는 <u>소송법상 대리권이 필요</u>하다. 필수적 공동소송의 경우에는 전원이 공동으로 하여야 하며 독립당사자참가의 경우에는 원고나 피고가 청구의 포기나 인낙을 하여도 참가인이 다투는 한 효력이 없다(민소법 제79조 제2항, 제67조 제1항).

2. 소송물에 대한 요건

(1) 변론주의에 의한 소송일 것

청구의 포기·인낙의 대상은 당사자가 자유로이 처분할 수 있는 소송물, 변론주의에 의하는 절차에서만 인정된다. 따라서 직권탐지주의에 의하는 가사소송이나 행정소송에서는 허용되지 아니한다.

(2) 소송요건

청구의 포기·인낙은 본안에 대한 확정판결과 동일한 효력을 가지므로 소송요건이 구비되지 않으면 청구의 포기·인낙에도 불구하고 소를 각하하여야 한다.

(3) 조건·기한·의사표시의 하자

포기와 인낙은 소송행위이므로 조건이나 기한을 붙일 수 없으며 포기·인낙조서가 작성된 후에는 민법상 의사표시에 관한 규정을 유추적용하여 포기·인낙무효확인소송을 제기하거나 무효임을 이유로 기일지정신청방식으로 기일속행을 구하는 것은 허용되지 아니한다.

3. 시기와 방식

(1) 시기 등

청구의 포기·인낙은 소송계속 중이면 어느 때나 가능하고 항고심·상고심에서도 가능하다. 포기·인낙은 기일에 출석하여 말로 하는 것이 원칙이다.

(2) 서면포기·인낙제도

종전 판례는 당사자가 변론기일에 출석하여 구술로 할 것으로 요구하였으나 개정 민사소송법은 <u>서면에 의한 포기·인낙제도</u>를 채택하여 당사자가 진술한 것으로 보는 답변서, 그 밖의 준비서면에 청구의 포기 또는 인낙의 의사표시가 적혀 있고 공증사무소의 인증을 받은 때에는 그 취지에 따라 청구의 포기 또는 인낙이 성립된 것으로 보고 있다(민소법 제148조 제2항).

Ⅳ   효 과

1. 소송종료효

소송상 청구 중에서 포기나 인낙이 된 부분은 소송이 종료된다. 포기·인낙을 간과하고 심리가 속행된 경우에는 당사자의 신청 또는 직권으로 소송종료선언을 한다.

2. 확정판결과 동일한 효력

포기조서나 인낙조서는 확정판결과 동일한 효력이 있으므로(민소법 제220조), 판결에 있어서와 같은 당연무효의 사유가 없는 한 기판력이 발생한다는 것이 학설·판례의 태도이다. 한편 인낙조서의 경우에는 이행청구에 관한 것이면 집행력, 형성청구에 관한 것이면 형성력을 발생시킨다. 상소심에서 포기·인낙이 있을 경우에는 그 한도에서 전심의 판결은 당연히 실효된다.

3. 인낙불이행으로 인한 손해배상청구 또는 해제 가부

(1) 손해배상청구 가부

인낙은 소송행위로서 이를 조서에 기재한 때에는 확정판결과 동일한 효력이 발생되어 소송을 종료시키는 효력이 있을 뿐 실체법상 채권·채무 발생원인이 되는 법률행위라고 할 수 없으므로 그 불이행 또는 이행불능으로 손해배상청구권이 발생하는 것은 아니다(대판 1957.3.14. 56민상439).

(2) 해제 가부

인낙은 소송행위이므로 인낙조서의 의무를 이행하지 않았더라도 이를 이유로 인낙 자체를 해제할 수는 없다.

Ⅴ   청구의 포기·인낙의 효력을 다투는 절차

1. 조서 작성 전

청구의 포기·인낙의 경우 조서작성 전이면 자백의 철회에 준하여 상대방의 동의를 얻거나 민사소송법 제451조 제1항 제5호에 해당하거나 민사소송법 제288조 단서에 의하여 진실에 반하고 착오에 의한 경우에 철회할 수 있다.

2. 조서 작성 후

조서 작성 후에는 확정판결과 동일한 효력이 있으므로 확정판결에 있어서의 재심사유에 해당하는 하자가 있는 경우에 한하여 그 효력을 다툴 수 있으며 그 외의 실체법상의 무효취소사유로써는 그 효력을 다툴 수 없고 준재심의 소제기가 아니라 무효확인소송이나 기일지정신청을 구하는 것은 허용되지 아니한다. 이 경우 당연무효사유가 없으면 확인적 의미에서 청구포기·인낙에 의하여 소송종료가 되었다는 소송종료선언을 할 수 있다고 이해한다.

제1관 | 소송상 화해

I　의 의

소송상 화해란 소송계속 중 당사자 쌍방이 소송물인 권리관계에 관한 주장을 서로 양보하여 소송을 종료시키기로 하는 기일에 있어서의 합의를 말한다.

II　법적 성질

1. 학 설

소송상 화해는 법원에서 할 뿐 사법상 화해계약과 동일하고 조서기재는 공증목적에 불과하다고 하는 사법행위설, 소송상 화해는 기판력을 발생시키는 소송행위로서 소송법으로 규율된다는 소송행위설, 소송상 화해는 법원에 대하여는 소송행위의 성질을, 당사자 간에는 사법상 화해계약의 성질을 가진다는 양성설이 대립하고 있다.

2. 판 례

판례는 소송상 화해는 판결의 내용으로서 소송물인 법률관계를 확정하는 효력이 있으므로 순연한 소송행위로 볼 것(대판 1962.5.31. 4293민재항6)이라고 하여 기본적으로 소송행위설의 태도를 취하고 있다. 그러나 최근 판례는 소송상 화해에 민법상 화해와 같이 창설적 효력을 인정하고 있고 실효조건부 화해를 인정하고 있다는 점에서 수정된 소송행위설의 입장이라는 견해도 있다.

3. 검 토

민사소송법이 화해조서는 확정판결과 같은 효력이 가진다고 규정하고 있고(민소법 제220조), 이 조서에 대해 준재심의 소를 제기할 수 있도록 한 점(민소법 제461조)을 고려할 때 소송상 화해는 원칙적으로 소송행위라고 보는 것이 타당하다고 판단된다.

III　성립요건

1. 당사자에 대한 요건

당사자가 소송상 화해를 할 경우에는 소송행위의 유효요건인 당사자능력과 소송능력을 갖추어야 하고 대리인이 대리할 경우에는 소송법상 대리권이 필요하다. 필수적 공동소송의 경우에는 전원이 공동으로 하여야 하며 독립당사자참가의 경우에는 원고와 피고 사이의 화해는 참가인이 다투는 한 효력이 없다(민소법 제79조 제2항, 제67조 제1항).

2. 소송물에 대한 요건

(1) 변론주의에 의한 소송일 것

소송상 화해는 당사자가 자유로이 처분할 수 있는 소송물, 변론주의에 의하는 절차에서만 인정된다. 따라서 직권탐지주의에 의하는 가사소송이나 행정소송에서는 허용되지 아니한다.

(2) 소송요건

청구의 포기·인낙은 본안에 대한 확정판결과 동일한 효력을 가지므로 소송요건이 구비되지 않으면 청구의 포기·인낙에도 불구하고 소를 각하하여야 하나, 소송상 화해는 소송요건에 흠이 있는 경우에도 원칙적으로 인정된다.

(3) 강행규정 내지 반사회질서에 위반되지 아니할 것

사법행위설 및 양성설에 의하면 화해내용에 강행법규 위반이나 사회질서 위반의 실체법상 무효·취소사유가 있으면 소송상 화해는 무효가 된다. 판례는 소송행위설의 입장에서 화해의 내용이 강행법규에 위반하거나(대판 1975.3.11. 74다2030), 화해에 이르게 된 동기나 경위에 반윤리적 반사회적인 요소가 있더라도 무효가 아닌 것으로 판시하고 있다(대판 1999.10.8. 98다38760). 또한 소송상 화해를 사기·착오·강박으로 취소할 수 없으며(대판 1979.5.15. 78다1094), 화해가 통정허위표시라고 무효를 주장할 수 없다고 보고 있다(대판 1992.10.27. 92다19033).

(4) 조건부 소송상 화해의 인정 여부

소송상 화해에 있어서 그 내용을 이루는 이행의무의 발생에 조건을 붙이는 것은 허용된다. 그러나 소송상 화해 자체의 성립이나 그 효력발생에 조건을 붙일 수 있는지 문제 된다. 사법행위설이나 양성설에 의하면 조건부 화해도 사적 자치의 원칙상 허용되나 소송행위설에 의하면 소송행위의 확정성과 소송절차의 안정성을 위해 조건부 화해는 허용되지 아니한다. 판례는 소송행위설을 취하면서도 재판상 화해에서도 제3자의 이의가 있을 때는 화해의 효력을 실효시키기로 하는 약정이 가능하고 그 실효조건의 성취로 그 화해의 효력은 당연히 소멸된다(대판 1993.6.29. 92다56056)고 판시하고 있다.

3. 시 기

소송계속 중이면 어느 때나 화해가 가능하고 항소심·상고심에서도 화해할 수 있다.

4. 방 식

소송상 화해는 기일에 출석하여 말로 하는 것이 원칙이다. 개정 민사소송법은 서면화해를 인정하여 당사자가 진술한 것으로 보는 답변서, 그 밖의 준비서면에 화해의 의사표시가 적혀 있고 공증사무소의 인증을 받은 경우에, 상대방 당사자가 변론기일에 출석하여 그 화해의 의사표시를 받아들인 때에는 화해가 성립된 것으로 보고 있다(민소법 제148조 제3항).

Ⅳ 효과

1. 소송종료효

소송상 화해가 된 부분의 소송은 종료됨과 동시에 그 화해조서를 집행권원으로 하여 강제집행을 할 수 있다. 상급심에서 화해가 이루어진 경우에는 하급심의 미확정의 판결은 당연히 그 효력이 소멸된다. 다만, 소송상 화해가 준재심의 소에 의하여 취소되면 종료되었던 소송은 다시 부활하게 된다. 최근 판례는 추심금소송에서 추심채권자가 제3채무자와 '피압류채권 중 일부 금액을 지급하고 나머지 청구를 포기한다.'는 내용의 재판상 화해를 한 경우 '나머지 청구 포기 부분'은 추심채권자가 적법하게 포기할 수 있는 자신의 '추심권'에 관한 것으로서 제3채무자에게 더 이상 추심권을 행사하지 않고 소송을 종료하겠다는 의미로 보아야 하고, 이와 달리 추심채권자가 나머지 청구를 포기한다는 표현을 사용하였다고 하더라도 이를 애초에 자신에게 처분권한이 없는 '피압류채권' 자체를 포기한 것으로 볼 수는 없으므로 위와 같은 재판상 화해의 효력은 별도의 추심명령을 기초로 추심권을 행사하는 다른 채권자에게 미치지 않는다(대판 2020.10.29. 2016다35390)고 판시하고 있다.

2. 확정판결과 동일한 효력 – 기판력

(1) 문제점

화해조서가 작성되면 확정판결과 동일한 효력이 있기 때문에(민소법 제220조), 이와 같은 확정판결과 동일한 효력에 기판력이 인정되는지, 인정된다면 아무런 제한이 없이 인정되는지 문제 된다.

(2) 학 설

화해조서는 확정판결처럼 기판력을 가지므로 재심사유가 있을 때 준재심절차로 구제받는 것 이외에는 실체법상 무효·취소 또는 채무불이행에 의한 해제를 주장할 수 없다는 무제한 기판력설, 소송상 화해는 실체법상 하자가 없는 경우에만 민사소송법 제220조에 의해 기판력이 발생하며 재심사유가 있을 때에는 제461조의 준재심의 소로 구제되므로 실체법상 무효·취소사유가 있거나 해제 등의 사유로 실효되면 화해가 무효임을 전제로 기일지정신청 또는 화해무효확인 청구가 가능하다고 하는 제한적 기판력설, 민사소송법 제220조의 동일한 효력은 소송종료와 집행력을 의미하므로 기판력은 이에 포함되지 아니하여 실체법상 무효·취소 또는 채무불이행에 의한 해제를 인정하는 기판력부정설이 대립하고 있다.

(3) 판 례

판례는 재판상의 화해를 조서에 기재한 때에는 그 조서는 확정판결과 동일한 효력이 있고 당사자 간에 기판력이 생기는 것이므로 확정판결의 당연무효사유와 같은 사유가 없는 한 재심의 소에 의하여만 효력을 다툴 수 있는 것(대판 2000.3.10. 99다67703)이라고 하여 무제한기판력설을 취하고 있다.

(4) 검 토

화해조서에 대하여 준재심의 소에 의해서만 다툴 수 있도록 한 것은 준재심에 의하여 취소되지 않는 한 그 소송상 화해의 취지에 반하는 주장을 할 수 없도록 한 입법자의 의사로 보이므로 무제한기판력설이 타당하다고 판단된다.

3. 확정판결과 동일한 효력 – 집행력과 형성력

(1) 화해조서

화해조서가 이행의무를 내용으로 할 경우에는 집행력을 가지며(민사집행법 제56조 제5호), 학설은 화해조서가 일정한 법률관계의 발생·변경·소멸을 내용으로 하는 경우에는 형성력이 발생한다고 이해하고 있다. 판례는 화해조서의 효력은 화해의 당사자 사이에만 효력을 갖는 것으로 민법상 비법인사단에 해당하는 재건축조합을 당사자로 하는 화해조서의 효력은 그 구성원인 조합원들에게 미치지 않는다고 할 것이고, 또 재건축조합과 체결한 계약의 효력이 직접 조합원들을 구속하는 것은 아니(대판 2005.6.23. 2004다3864)라고 한다. 한편 판례에 의하면 갑, 을 및 병 사이에 제1화해가 성립한 후에 갑과 을 사이에 다시 제1화해와 모순 저촉되는 제2화해가 성립한 경우, 제1화해가 조서에 기재되어 확정판결과 동일하게 기판력이 발생한 이상 제2화해에 의하여 제1화해가 당연히 실효되거나 변경되고 나아가 제1화해조서의 집행으로 마쳐진 을 명의의 소유권이전등기 및 이에 기한 제3자 명의의 각 소유권이전등기가 무효로 된다고 볼 수는 없다(대판 1995.12.5. 94다59028). 이 경우 제2화해는 준재심의 소에 의하여 다투어야 한다.

(2) 조정조서

조정은 소송상 화해와 동일한 효력이 있는데(민사조정법 제29조), 조정조서에도 형성력이 인정되는지 문제 된다. 판례는 공유물분할의 소송절차 또는 조정절차에서 공유자 사이에 공유토지에 관한 현물분할의 협의가 성립하여 그 합의사항을 조서에 기재함으로써 조정이 성립하였다고 하더라도, 그와 같은 사정만으로 재판에 의한 공유물분할의 경우와 마찬가지로 그 즉시 공유관계가 소멸하고 각 공유자에게 그 협의에 따른 새로운 법률관계가 창설되는 것은 아니고, 공유자들이 협의한 바에 따라 토지의 분필절차를 마친 후 각 단독소유로 하기로 한 부분에 관하여 다른 공유자의 공유지분을 이전받아 등기를 마침으로써 비로소 그 부분에 대한 대세적 권리로서의 소유권을 취득하게 된다고 보아야 한다(대판 2013.11.21. 2011두1917[전합])고 하여 공유부동산을 현물분할하는 내용의 조정조서는 민법 제187조의 판결과 같은 효력은 없다고 보고 있다.

4. 실체법상 화해의 창설적 효력인정 여부

(1) 재판상 화해

재판상 화해는 확정판결과 동일한 효력이 있고 창설적 효력을 가지는 것이어서 화해가 이루어지면 종전의 법률관계를 바탕으로 한 권리·의무관계는 소멸하나, 재판상 화해 등의 창설적 효력이 미치는 범위는 당사자가 서로 양보를 하여 확정하기로 합의한 사항에 한하며, 당사자가 다툰 사실이 없었던 사항은 물론 화해의 전제로서 서로 양해하고 있는 데 지나지 않은 사항에 관하여는 그러한 효력이 생기지 아니한다(대판 2013.2.28. 2012다98225). 재판상 화해의 창설적 효력은 재판상의 화해와 동일한 효력이 인정되는 민사조정법상의 조정의 경우에도 마찬가지로 인정된다(대판 2019.4.25. 2017다21176).

(2) 화해권고결정

화해권고결정의 경우에도 재판상의 화해는 창설적 효력을 가지는 것이어서 화해가 이루어지면 종전의 법률관계를 바탕으로 한 권리·의무관계는 소멸함과 동시에 그 재판상 화해에 따른 새로운 법률관계가 유효하게 형성된다(대판 2008.2.1. 2005다42880). 그러나 화해권고결정의 창설적 효력이 인정된다고 하더라도 소송물인 청구권의 법적 성질이 채권적 청구권으로 변경되는 것은 아님을 유의하여야 한다. 판례도 같은 취지에서 소유권에 기한 물권적 방해배제청구로서 소유권등기의 말소를 구하는 소송이나 진정명의 회복을 원인으로 한 소유권이전등기절차의 이행을 구하는 소송 중에 그 소송물에 대하여 화해권고결정이 확정되면 상대방은 여전히 물권적인 방해배제의무를 지는 것이고, 화해권고결정에 창설적 효력이 있다고 하여 그 청구권의 법적 성질이 채권적 청구권으로 바뀌지 아니한다(대판 2012.5.10. 2010다2558)고 한다.

(3) 제소 전 화해

제소 전 화해는 재판상 화해로서 확정판결과 동일한 효력이 있고 당사자 간의 사법상의 화해계약이 그 내용을 이루는 것이며 화해는 창설적 효력을 가지는 것이므로 화해가 이루어지면 종전의 법률관계를 바탕으로 한 권리의무관계는 소멸한다(대판 1977.6.7. 77다235). 제소 전 화해의 창설적 효력은 당사자 간에 다투어졌던 권리관계에만 미치는 것이지 당사자가 다툰 사실이 없었던 사항은 물론 화해의 전제로서 서로 양해하고 있는 사항에 관하여는 미치지 않는다. 따라서 제소 전 화해가 있다고 하더라도 화해의 대상이 되지 않은 종전의 다른 법률관계까지 소멸하는 것은 아니다(대판 2022.1.27. 2019다299058).

Ⅴ 소송상 화해의 효력을 다투는 절차

1. 기속력을 다투는 방법

화해조서에 명백한 오류가 있을 때에는 판결에 준하여 경정(민소법 제211조)이 허용되므로 당사자는 화해조서경정신청을 할 수 있다.

2. 기판력을 다투는 방법

(1) 당연무효사유를 다투는 경우

화해조서에 확정판결의 당연무효사유가 있는 경우에 당사자가 화해조서의 당연무효를 주장하면서 기일지정신청을 한 때에는 법원은 그 무효사유를 심리한 다음 무효사유가 존재하지 아니하면 소송종료선언을 하여야 한다.

(2) 당연무효외의 사유를 다투는 경우

1) 무제한 기판력설의 경우

재심사유(민소법 제451조 제1항 제3호, 제5호)가 있을 때 준재심절차로 구제받는 것 이외에는 실체법상 무효·취소를 주장할 수 없으므로 화해의 내용이 강행법규에 위반하거나 사회상규에 반하더라도 무효가 아니며 동일한 취지의 새로운 소를 제기할 수 없고 기일지정신청이나 화해무효확인의 소를 제기할 수도 없다.

2) 제한적 기판력설의 경우

재심사유(민소법 제451조 제1항 제3호, 제5호)가 있을 때 준재심절차로 구제받을 수 있고, 실체법상 하자가 있는 경우에는 기일지정신청이나 화해무효확인의 소 등으로 무효·취소를 주장할 수 있다.

3. 화해조서상 의무불이행을 이유로 하는 화해해제 가부

(1) 학 설

소송상 화해는 소송행위이므로 해제 등 민법규정이 적용되지 않아 해제가 허용되지 아니한다고 하는 무제한 기판력설과 소송상 화해에 실체법상 하자가 없는 경우에만 민사소송법 제220조의 기판력이 발생하므로 화해에 실체법상 하자가 있는 경우 해제가 허용된다고 하는 제한적 기판력설이 대립하고 있다.

(2) 판 례

판례는 재판상의 화해를 조서에 기재한 때에는 그 조서는 확정 판결과 같은 효력이 있고 당사자 간에 기판력이 생기는 것이므로 재심의 소에 의하여 취소 또는 변경이 없는 한 당사자는 그 화해의 취지에 반하는 주장을 할 수 없다 할 것이므로 재판상 화해를 하여 조서에 기재하였으나 그 화해 내용에 따라 원고는 피고에게 일정금액을 지불하여야 되는데 이를 이행하지 않았으므로 피고는 그 화해계약을 해제하여 재판상 화해는 실효되었다는 이유로써 피고가 기일지정신청을 한 경우 재판상 화해를 한 당사자는 재심의 소송에 의하지 아니하고서 그 화해를 사법상의 화해계약임을 전제로 하여 그 화해의 해제를 주장하는 것과 같은 화해조서의 취지에 반하는 주장을 할 수 없다(대판 1962.2.15. 4294민상914)고 판시하고 있다.

(3) 검 토

생각건대 무제한 기판력설이 타당하다는 점에서 실체법상 의무불이행을 이유로 하는 소송상 화해의 해제는 인정되지 아니한다고 보는 것이 타당하다고 판단된다.

VI 화해권고결정

1. 의 의

법원・수명법관 또는 수탁판사는 소송에 계속 중인 사건에 대하여 직권으로 당사자의 이익, 그 밖의 모든 사정을 참작하여 청구의 취지에 어긋나지 아니하는 범위 안에서 사건의 공평한 해결을 위한 화해권고결정을 할 수 있다(민소법 제225조 제1항).

2. 요 건

소송 중이면 법원은 소송의 정도와 관계없이 화해를 권고하거나 수명법관 또는 수탁판사로 하여금 권고하게 할 수 있다(민소법 제145조 제1항, 화해권고, 임의조정). 그러나 화해권고가 화해권고결정의 요건은 아니다. 법원・수명 법관 또는 수탁판사는 소송에 계속 중인 사건에 대하여 직권으로 사건의 공평한 해결을 위한 화해권고결정을 할 수 있다(민소법 제225조 제1항, 화해권고결정, 강제조정).

3. 절 차

법원의 직권으로 하게 되므로 당사자가 신청하더라도 직권발동을 촉구하는 의미밖에 없다. 법원사무관등은 화해권고결정의 내용을 적은 조서 또는 결정서의 정본을 당사자에게 송달하여야 한다. 다만, 그 송달은 제185조 제2항・제187조 또는 제194조에 규정한 방법으로는 할 수 없다(민소법 제225조 제2항).

4. 효 과

(1) 이의신청을 한 경우

당사자는 화해권고결정에 대하여 그 조서 또는 결정서의 정본을 송달받은 날부터 2주 이내에 이의를 신청할 수 있다. 다만, 그 정본이 송달되기 전에도 이의를 신청할 수 있다. 이 기간은 불변기간으로 한다(민소법 제226조).

(2) 이의신청을 하지 않은 경우

1) 화해권고결정의 효력

화해권고결정은 ① 2주 이내에 이의신청이 없는 때, ② 이의신청에 대한 각하결정이 확정된 때, ③ 당사자가 이의신청을 취하하거나 이의신청권을 포기한 때에 해당하면 재판상 화해와 같은 효력을 가진다(민소법 제231조).

2) 화해권고결정 확정 후 후소의 제기

[1] 화해권고결정에 대하여 소정의 기간 내에 이의신청이 없으면 화해권고결정은 재판상 화해와 같은 효력을 가지며(민사소송법 제231조), 한편 재판상 화해는 확정판결과 동일한 효력이 있고 창설적 효력을 가지는 것이어서 화해가 이루어지면 종전의 법률관계를 바탕으로 한 권리·의무관계는 소멸함과 동시에 재판상 화해에 따른 새로운 법률관계가 유효하게 형성된다. 그리고 소송에서 다투어지고 있는 권리 또는 법률관계의 존부에 관하여 동일한 당사자 사이의 전소에서 확정된 화해권고결정이 있는 경우 당사자는 이에 반하는 주장을 할 수 없고 법원도 이에 저촉되는 판단을 할 수 없다.

[2] 甲이 乙을 상대로 제기한 상속회복청구소송 계속 중 상속재산인 부동산이 수용되어 乙이 수용보상금을 수령하자 甲이 수용에 따른 대상청구로서 금전지급을 구하는 것으로 청구를 변경하였고 그 후 甲과 乙 사이에 소송상 법률관계를 모두 종국시키는 화해권고결정이 확정되었는데, 甲이 乙이 수령한 보상금 중 甲의 상속분 해당 금원에서 甲이 화해권고결정에 따라 받은 금원 등을 공제한 나머지 미수령금원의 지급 등을 구한 경우, 甲이 전소에서 청구를 변경하여 구한 금전 청구와 후소에서 구하는 수용보상금 관련 각 청구는 소송물이 동일하고, 위 화해권고결정의 창설적 효력에 의하여 상속재산인 부동산의 수용보상금 중 甲의 상속분에 해당하는 부분에 관한 종전 권리관계는 소멸하고 화해권고결정에 따른 새로운 법률관계가 형성되었으므로, 화해권고결정의 '청구의 표시'란에 가분채권인 甲의 금전 청구 중 일부를 유보하는 취지를 명시하였다는 등의 특별한 사정이 없는 한 위 수용보상금 중 甲의 상속분에 해당하는 부분에 관한 법률관계에 대하여 甲은 확정된 화해권고결정에 반하는 주장을 할 수 없어, 甲의 수용보상금 관련 각 청구는 확정된 화해권고결정의 기판력에 저촉되므로 甲의 청구를 기각한다(대판 2014.4.10. 2012다29557).

3) 화해권고결정 확정 후 기판력 승계인

[1] 민사소송법 제231조는 "화해권고결정은 결정에 대한 이의신청기간 이내에 이의신청이 없는 때, 이의신청에 대한 각하결정이 확정된 때, 당사자가 이의신청을 취하하거나 이의신청권을 포기한 때에 재판상 화해와 같은 효력을 가진다"라고 정하고 있으므로, 확정된 화해권고결정은 당사자 사이에 기판력을 가진다. 그리고 화해권고결정에 대한 이의신청이 적법한 때에는 소송은 화해권고결정 이전의 상태로 돌아가므로(민사소송법 제232조 제1항), 당사자는 화해권고결정이 송달된 후에 생긴 사유에 대하여도 이의신청을 하여 새로운 주장을 할 수 있고, 화해권고결정이 송달된 후의 승계인도 이의신청과 동시에 승계참가신청을 할 수 있다고 할 것이다. 이러한 점 등에 비추어 보면, 화해권고결정의 기판력은 그 확정시를 기준으로 하여 발생한다고 해석함이 상당하다.

[2] 전소의 소송물이 채권적 청구권의 성질을 가지는 소유권이전등기청구권인 경우에는 전소의 변론종결 후에 그 목적물에 관하여 소유권등기를 이전받은 사람은 전소의 기판력이 미치는 '변론종결 뒤의 승계인'에 해당하지 아니한다. 이러한 법리는 화해권고결정이 확정된 후 그 목적물에 관하여 소유권등기를 이전받은 사람에 관하여도 다를 바 없다고 할 것이다.

제1편 제2편 제3편 제4편 제5편 제6편 제7편

[3] 甲 등이 자신들의 상속재산에 대한 권리를 공동상속인 중 乙에게 이전할 의사로 인감증명서 등을 교부하여 乙이 상속부동산에 관하여 상속등기를 마침과 동시에 甲 등의 상속분 합계 17분의 13 지분에 관하여 증여를 원인으로 자신 앞으로 소유권이전등기를 마쳤고, 그 후 자신의 지분 합계 17분의 15를 丙에게 이전하기로 약정하여 丙이 2003.3.8. 위 약정에 기한 소유권이전등기청구권을 피보전권리로 하여 乙지분에 대하여 처분금지가처분을 한 다음 자신 앞으로 이전등기를 마쳤는데, 甲 등이 乙을 상대로 증여를 원인으로 한 소유권이전등기의 말소등기를 구하는 소송을 제기하여 2005.11.24. 확정된 '乙은 甲 등에게 각 상속지분에 관하여 진정명의회복을 원인으로 한 이전등기절차를 이행한다'는 내용의 화해권고결정에 따라 승계집행문을 부여받아 甲 등의 상속분비율에 해당하는 지분에 관하여 丙으로부터 소유권이전등기를 마친 경우, 甲 등이 자신들의 상속분에 대하여 증여 의사로 乙 앞으로 소유권이전등기를 마쳐서 乙 명의의 등기는 유효하고, 丙의 처분금지가처분 및 그 근거가 된 약정에 기한 소유권이전등기 역시 유효하므로, 丙은 화해권고결정 확정 전의 처분금지가처분에 기하여 소유권이전등기를 마친 가처분채권자로서 피보전권리의 한도에서 가처분 위반의 처분행위 효력을 부정할 수 있는 지위에 있고, 따라서 丙은 甲 등의 상속분비율에 해당하는 지분에 관하여 가처분에 반하여 행하여진 소유권이전등기의 말소를 구할 수 있으므로, 丙은 화해권고결정의 기판력이 미치는 승계인에 해당한다고 볼 수 없다(대판 2012.5.10. 2010다2558).

제2관 | 제소 전 화해

Ⅰ 의 의

제소 전 화해란 소송계속 전에 지방법원 단독판사 앞에서 화해신청을 하여 민사분쟁을 해결하는 절차를 말한다. 이는 소송계속 전에 소송을 예방하기 위한 화해라는 점에서 소송계속 후 그 소송을 종료시키기 위한 화해인 소송상의 화해와 구별되지만 대체로 동일한 법리가 그대로 적용된다.

Ⅱ 법적 성질

1. 학 설

제소 전 화해는 기판력을 발생시키는 소송행위로서 소송법에 따라 규율된다는 소송행위설, 제소 전 화해는 법원에 대하여는 소송행위의 성질을, 당사자 간에는 사법상 화해계약의 성질을 가진다는 양성설이 대립하고 있다.

2. 판 례

판례는 제소 전 화해조서는 확정판결과 같은 효력이 있어 당사자 사이에 기판력이 생기는 것이므로 그 내용이 강행법규에 위반된다 할지라도 준재심절차에 의하여 취소되지 아니하는 한 그 화해가 통정한 허위표시로서 무효라는 취지의 주장은 할 수 없다(대판 1992.10.27. 92다19033)고 하여 기본적으로 소송행위설의 태도를 취하고 있다. 그러나 최근 판례는 제소 전 화해에 민법상 화해와 같이 창설적 효력을 인정하고 있다는 점에서 수정된 소송행위설의 입장이라는 견해도 있다.

3. 검 토

민사소송법이 화해조서는 확정판결과 같은 효력을 가진다고 규정하고 있고(민소법 제220조), 이 조서에 대해 준재심의 소를 제기할 수 있도록 한 점(민소법 제461조)을 고려할 때 소송상 화해는 원칙적으로 소송행위라고 보는 것이 타당하다고 판단된다.

III 성립요건

당사자가 임의로 처분할 수 있는 권리관계이어야 하고 민사상 다툼이 있을 것을 요한다. 민사상 다툼의 의미에 관하여 화해신청 당시에 보아 장래에 분쟁이 발생할 가능성이 있는 경우에도 제소 전 화해를 신청할 수 있다는 견해도 있으나 민사소송법 제385조 제1항이 민사상 다툼에 관하여 당사자는 청구의 취지·원인과 다투는 사정을 밝힐 것을 요하고 있으므로 현실적 분쟁이 있을 때에 한하여 제소 전 화해를 신청할 수 있다고 보는 견해가 타당하다고 판단된다. 하급심 판례(광주지판 1990.4.10. 90자129)도 이와 같은 취지로 판시하고 있다.

IV 절 차

민사상 다툼에 관하여 당사자는 청구의 취지·원인과 다투는 사정을 밝혀 상대방의 보통재판적이 있는 곳의 지방법원에 화해를 신청할 수 있다(민소법 제385조 제1항). 당사자는 화해를 위하여 대리인을 선임하는 권리를 상대방에게 위임할 수 없으며(민소법 제385조 제2항), 이를 위반한 상태에서 성립된 제소 전 화해는 무효는 아니지만 준재심의 소의 대상이 된다(민소법 제461조).

V 화해조서의 효력

1. 학 설

제소 전 화해에 의하여 작성된 화해조서는 확정판결처럼 기판력을 가지므로 재심사유가 있을 때 준재심절차로 구제받는 것 이외에는 언제나 기판력을 인정할 것이라는 무제한 기판력설, 제소 전 화해는 실체법상 하자가 없는 경우에만 민사소송법 제220조에 의해 기판력이 발생한다는 제한적 기판력설, 민사소송법 제220조의 동일한 효력은 소송종료와 집행력을 의미하므로 기판력은 이에 포함되지 아니한다는 기판력부정설이 대립하고 있다.

2. 판 례

판례는 제소전화해조서는 확정판결과 같은 효력이 있어 당사자 사이에 기판력이 생기는 것이므로 그 내용이 강행법규에 위반된다 할지라도 준재심절차에 의하여 취소되지 아니하는 한 그 화해가 통정한 허위표시로서 무효라는 취지의 주장은 할 수 없다(대판 1992.10.27. 92다19033)고 한다.

3. 검 토

소송상 화해와 마찬가지로 기판력이 발생한다면 기판력의 내용상 무제한 기판력설이 타당하다고 판단된다.

❑ 제소 전 화해조서의 기판력에 대한 판례

[기판력에 저촉된다고 한 사례]

[1] 제소 전 화해조서는 확정판결과 같은 효력이 있어 당사자 사이에 기판력이 생기는 것이므로, 원고가 피고에게 토지에 관하여 신탁해지를 원인으로 한 소유권이전등기절차를 이행하기로 한 제소 전 화해가 준재심에 의하여 취소되지 않은 이상, 그 제소 전 화해에 기하여 마쳐진 소유권이전등기가 원인무효라고 주장하며 말소등기절차의 이행을 청구하는 것은 제소 전 화해에 의하여 확정된 소유권이전등기청구권을 부인하는 것이어서 그 기판력에 저촉된다.

[2] 진정한 등기명의의 회복을 위한 소유권이전등기청구는 이미 자기 앞으로 소유권을 표상하는 등기가 되어 있었거나 법률에 의하여 소유권을 취득한 자가 진정한 등기명의를 회복하기 위한 방법으로 현재의 등기명의인을 상대로 그 등기의 말소를 구하는 것에 갈음하여 허용되는 것인데, 말소등기에 갈음하여 허용되는 진정명의회복을 원인으로 한 소유권이전등기청구권과 무효등기의 말소등기청구권은 어느 것이나 진정한 소유자의 등기명의를 회복하기 위한 것으로서 실질적으로 그 목적이 동일하고, 두 청구권 모두 소유권에 기한 방해배제청구권으로서 그 법적 근거와 성질이 동일하므로, 비록 전자는 이전등기, 후자는 말소등기의 형식을 취하고 있다고 하더라도 그 소송물은 실질상 동일한 것으로 보아야 한다.

[3] 제소 전 화해에 기하여 경료된 소유권이전등기의 말소등기청구에 갈음한 진정명의회복을 원인으로 한 소유권이전등기청구가 실질적으로는 말소등기청구와 소송물이 동일하다는 이유로 제소 전 화해의 기판력에 저촉되어 허용되지 않는다고 한 사례(대판 2002.12.6. 2002다44014).

[기판력에 저촉되지 않는다고 한 사례]

[1] 부동산에 관한 소유권이전등기가 제소 전 화해조서의 집행으로 이루어진 것이라면 제소 전 화해가 이루어지기 전에 제출할 수 있었던 사유에 기한 주장이나 항변은 그 기판력에 의하여 차단되므로 그와 같은 사유를 원인으로 제소전화해의 내용에 반하는 주장을 하는 것은 허용되지 않는다 할 것이나, 제소전화해가 이루어진 이후에 새로 발생한 사실을 주장하여 제소 전 화해에 반하는 청구를 하여도 이는 제소 전 화해의 기판력에 저촉되는 것은 아니라고 할 것이다.

[2] 갑과 을 사이에 갑이 병으로부터 부동산을 매수하였으나 소유권이전등기를 마치지 않는 상태에서 부동산을 을에게 매도하기로 하되 등기명의를 병에서 직접 을 앞으로 제소 전 화해절차를 통하여 소유권이전등기를 마침과 동시에 을이 갑에게 잔대금을 지급하기로 약정하였는데, 을이 당초의 약정과 달리 잔대금을 지급하지 아니한 상태에서 병을 상대로 제소 전 화해신청을 하여 그 화해조서에 기하여 소유권이전등기를 마친 경우, 을 명의의 소유권이전등기가 병과 을 사이에 제소 전 화해에 의하여 이루어진 것이라 할지라도 이는 갑과 을 사이에 체결된 매매계약과 당사자들 사이에 이루어진 중간등기생략에 관한 합의에 의한 것이라면 그 매매계약상의 갑의 채무는 을이 그 부동산에 관하여 소유권이전등기를 마침으로써 전부 이행되었다고 할 것이니 을이 당초의 약정과는 달리 소유권이전등기를 마친 후에도 갑에게 잔대금을 지급하지 아니한 경우에는 갑은 적법한 최고절차를 거쳐 매매계약을 해제하고 계약 당사자로서 을에게 직접 매매계약 해제를 원인으로 한 원상회복으로서 소유권이전등기의 말소등기절차의 이행을 구할 수 있다(대판 1994.12.9. 94다17680).

---

02 당사자의 행위에 의한 소송종료

※ 기출문제해설의 답안은 참고용으로 활용하시기 바랍니다.

기출문제┃ 2015년 제24회 공인노무사시험

제3문

재소의 금지에 대하여 설명하시오. (25점)

자세한 내용은 기본서 해당부분의 관련서술을 참조하라.

제4문

甲은 사업자금이 필요하다는 乙에게 1년 기한으로 2억원을 빌려주었다. 변제기가 도래하여 甲은 乙에게 대여금 반환을 요청하였으나 乙이 차일피일 미루고 있어서 甲은 乙을 상대로 법원에 제소 전 화해신청을 하였다. 이에 따라 甲과 乙 사이에 甲이 이자와 지연이자를 면제해 주는 대신 2017.10.31.까지 乙이 2억원의 대여금을 반환하기로 하는 제소 전 화해가 성립하였다. (다음 각 설문은 독립적임) (20점)

물음 1

화해가 성립한 후 甲은 乙이 약속한 2017.10.31.에 대여금을 반환하여 줄 것을 기다렸으나, 약속한 날이 한참이나 지나도록 乙이 이행하지 않고 있다. 乙의 의무불이행에 화가 난 甲이 화해를 취소하고 자신이 면제해 주기로 한 이자와 지연이자를 포함한 전체 채권의 이행을 구하는 소를 제기할 수 있는지 설명하시오. (10점)

Ⅰ 논점의 정리

사안에서 화해조서상 의무불이행을 이유로 화해를 해제할 수 있는지 여부와 甲이 후소를 제기할 수 있는지 문제 되는 바, 이와 관련하여 제소 전 화해의 성립요건, 법적 성질, 기판력 발생 여부에 대한 검토가 필요하다.

Ⅱ 제소 전 화해의 의의 및 성립요건

1. 의 의

제소 전 화해란 소송계속 전에 지방법원 단독판사 앞에서 화해신청을 하여 민사분쟁을 해결하는 절차를 말한다. 이는 소송계속 전에 소송을 예방하기 위한 화해라는 점에서 소송계속 후 그 소송을 종료시키기 위한 화해인 소송상의 화해와 구별되지만 대체로 동일한 법리가 그대로 적용된다.

2. 성립요건

당사자가 임의로 처분할 수 있는 권리관계이어야 하고 민사상 다툼이 있을 것을 요한다. 민사상 다툼의 의미에 관하여 현실분쟁설과 장래분쟁설의 대립이 있다.

3. 사안의 경우

대여금 반환과 이에 대한 이자는 당사자가 처분할 수 있는 권리관계이고, 대여금 반환에 대해 甲과 乙 사이에 현실적인 다툼이 있으므로 어느 견해에 의하더라도 제소 전 화해는 성립하였다고 판단된다.

Ⅲ 제소 전 화해의 법적 성질

1. 학 설

① 제소 전 화해는 기판력을 발생시키는 소송행위로서 소송법에 따라 규율된다는 소송행위설, ② 제소 전 화해는 법원에 대하여는 소송행위의 성질을, 당사자 간에는 사법상 화해계약의 성질을 가진다는 양성설이 대립하고 있다.

2. 판 례

판례는 제소 전 화해조서는 확정판결과 같은 효력이 있고 하여 기본적으로 소송행위설의 태도를 취하고 있다.[70] 그러나 제소 전 화해에 민법상 화해와 같이 창설적 효력을 인정하여 양성설 또는 수정된 소송행위설의 입장을 취한 경우도 있다.[71]

3. 검 토

민소법이 화해조서는 확정판결과 같은 효력을 가진다고 규정하고 있고(민소법 제220조), 이 조서에 대해 준재심의 소를 제기할 수 있도록 한 점(민소법 제461조)을 고려할 때 소송상 화해는 원칙적으로 소송행위라고 보는 것이 타당하다고 판단된다.

---

70) 대판 1992.10.27. 92다19033
71) 대판 1992.5.26. 91다28528

Ⅳ 기판력 발생 여부

1. 학 설

① 제소 전 화해에 의하여 작성된 화해조서는 확정판결처럼 기판력을 가지므로 언제나 기판력을 인정할 것이라는 무제한 기판력설, ② 제소 전 화해는 실체법상 하자가 없는 경우에만 기판력이 발생한다는 제한적 기판력설, ③ 민소법 제220조의 확정판결과 같은 효력은 소송종료와 집행력을 의미하므로 기판력은 이에 포함되지 아니한다는 기판력부정설이 대립하고 있다.

2. 판 례

판례는 제소 전 화해조서는 확정판결과 같은 효력이 있어 당사자 사이에 기판력이 생기는 것이므로 그 내용이 강행법규에 위반된다 할지라도 준재심절차에 의하여 취소되지 아니하는 한 그 화해가 통정한 허위표시로서 무효라는 취지의 주장은 할 수 없다고 하여 무제한 기판력설의 입장이다.[72]

3. 검토 및 사안의 경우

민소법 제461조의 규정상 화해조서에 대하여 준재심의 소에 의해서만 다툴 수 있도록 한 것은 준재심에 의하여 취소되지 않는 한 그 제소 전 화해의 취지에 반하는 주장을 할 수 없도록 한 입법자의 의사로 보이므로 무제한기판력설이 타당하다고 보인다. 따라서 사안의 甲과 乙의 제소 전 화해에는 기판력이 발생한다.

Ⅴ 화해조서상 의무불이행을 이유로 화해를 해제할 수 있는지 여부

1. 판 례

판례는 재판상 화해를 하여 조서에 기재하였으나 그 화해내용에 따라 이를 이행하지 않았으므로 그 화해 계약을 해제하여 재판상 화해는 실효되었다는 이유로써 피고가 기일지정신청을 한 경우 재판상 화해를 한 당사자는 재심의 소송에 의하지 아니하고서 그 화해를 사법상의 화해계약임을 전제로 하여 그 화해의 해제를 주장하는 것과 같은 화해조서의 취지에 반하는 주장은 할 수 없다는 입장이다.[73]

2. 검토 및 사안의 경우

생각건대 무제한 기판력설이 타당하다는 점에서 화해조서상의 의무불이행을 이유로 하는 제소 전 화해의 해제는 인정되지 아니한다고 보는 것이 타당하다. 따라서 사안에서 甲의 화해취소는 화해조서상 기재된 乙의 의무불이행을 이유로 하는 해제이고 이러한 해제는 효력이 없다고 할 것이다.

Ⅵ 甲의 소제기가 기판력에 저촉되는지 여부

제소 전 화해에 무제한 기판력을 인정하는바, 제소 전 화해와 채권의 이행을 구하는 소는 당사자가 甲과 乙로서 동일하여 주관적 범위에서 동일하고, 제소 전 화해에서 대여금의 반환과 이자의 면제를 내용으로 하는 화해조항에 기판력이 발생하고 후소와 법률관계가 동일하므로 객관적 범위에서 기판력이 미치고, 시적 범위에서도 차단된다. 따라서 甲의 채권의 이행을 구하는 소제기는 기판력에 저촉된다.

---

72) 대판 1992.10.27. 92다19033
73) 대판 1962.2.15. 4294민상914

Ⅶ 사안의 적용

대여금 반환에 대해 甲과 乙 사이에 성립한 제소 전 화해는 원칙적으로 소송행위라고 보는 것이 타당하고 준재심에 의하여 취소되지 않는 한 甲과 乙의 제소 전 화해에는 기판력이 발생한다. 제소 전 화해와 채권의 이행을 구하는 후소는 당사자가 甲과 乙로 주관적 범위에서 동일하고, 제소 전 화해에서 대여금의 반환과 이자의 면제를 내용으로 하는 화해조항에 기판력이 발생하고 후소와 법률관계가 동일하므로 객관적 범위에서 기판력이 미치고, 시적 범위에서도 차단되므로 甲의 채권의 이행을 구하는 후소의 제기는 기판력에 저촉된다.

Ⅷ 결 론

甲은 화해취소를 할 수 없고, 이자와 지연이자를 포함한 전체 채권의 이행을 구하는 후소도 기판력에 저촉되어 제기할 수 없다.

03 종국판결에 의한 종료

제1절 | 재판 개관

Ⅰ 재판의 의의

재판이란 소송사건에 관하여 재판기관이 하는 판단 또는 의사표시로서 소송법상 일정한 효과를 발생시키는 소송행위를 말한다.

Ⅱ 재판의 종류

재판은 재판의 주체와 성립절차상의 차이를 기준으로 판결·결정·명령으로 구분할 수 있고, 사건처리의 관계에 따라 종국재판과 중간재판으로 나누어 볼 수 있다.

제2절 | 판 결

제1관 | 판결의 종류

Ⅰ 중간판결

1. 의 의

중간판결이란 그 심급에 있어서 사건의 전부 또는 일부를 완결하는 종국판결을 하기 전에 그 종국판결의 전제가 되는 개개의 쟁점사항에 대하여 미리 정리하고 판단하여 종국판결을 용이하게 하는 판결을 의미한다 (민소법 제201조).

2. 중간판결사항

다른 공격방어방법과 무관하게 분리·독립하여 심리할 수 있는 독립한 공격방어방법이나, 청구에 대한 판단으로 나아가기 전에 판단해야 할 그 밖의 중간의 다툼뿐만 아니라 청구의 원인과 액수에 관한 다툼이 있는 경우 그 원인에 대하여도 중간판결을 할 수 있다.

Ⅱ 종국판결

종국판결이란 소·상소에 의하여 계속된 사건의 전부나 일부에 관하여 해당심급에서 완결하는 판결을 말한다. 본안판결·소각하판결·소송종료선언 등이 이에 속하며 항소법원의 환송판결과 대법원의 환송판결도 그 심급을 이탈시키는 판결이라는 점에서 종국판결이다. 종국판결은 사건을 완결시키는 범위에 따라 전부·일부·추가판결로 구분되고 소의 적법요건에 대한 판단인지 또는 청구의 당부에 대한 판단인지에 따라 소송판결과 본안판결로 구분된다.

제2관 | 기판력

제1항 기판력 개관

Ⅰ 서 설

1. 기판력의 의의

기판력이란 확정된 종국판결의 내용이 가지는 후소에 대한 구속력을 말한다. 즉, 기판력이란 기판력 있는 전소판결의 소송물과 동일한 후소를 허용하지 않는 것임은 물론, 후소의 소송물이 전소의 소송물과 동일하지 않다고 하더라도 전소의 소송물에 관한 판단이 후소의 선결문제가 되거나 모순관계에 있을 때에는 후소에서 전소판결의 판단과 다른 주장을 하는 것을 허용하지 않는 작용을 하는 것(대판 1995.3.24. 94다46114)을 의미한다.

2. 정당성의 근거

기판력은 동일한 사항이 후소에서 다시 문제되는 경우 당사자가 다시 그에 반하여 다투거나 법원이 그와 모순·저촉되는 판결을 하지 못하게 함으로써 법적 안정성을 확보하려는 것이다.

3. 직권조사사항 및 소송요건

기판력은 직권조사사항이며 승소확정판결이 없을 것은 판례의 모순금지설에 의할 때 권리보호이익의 요건으로 소송요건이다. 따라서 전소에서 승소확정판결을 받은 뒤에 동일한 후소를 제기하면 권리보호이익의 흠결로 후소를 각하하여야 한다. 전소확정판결의 기판력과 모순·저촉되는 판결은 무효가 아니며 위법한 판결이므로 확정 전이면 상소로, 확정 후이면 재심에 의하여 다툴 수 있다. 그러나 뒤의 확정판결은 취소될 때까지는 새로운 표준시의 판결로써 기판력을 가진다는 것을 유의하여야 한다.

Ⅱ 기판력 있는 재판

1. 유효하게 확정된 판결

(1) 유효한 판결

당사자 사망의 경우처럼 이당사자대립구조가 무너진 경우, 재판권이 없는 경우, 당사자적격이 없는 경우 등 하자가 중대한 경우 그 판결은 당연무효이고 무효인 판결에는 기판력이 발생하지 않는다. 다만, 하자 있는 판결이라도 무효인 경우를 제외하고는 위법하지만 유효인 판결이므로 기판력이 발생한다.

(2) 확정된 종국판결

본안판결이라면 청구인용판결이든 청구기각판결이든 기판력이 발생한다. 확정된 종국판결이어야 하므로 미확정판결이나 중간판결에는 기판력이 발생하지 아니한다. 소송판결도 소송요건의 흠결로 소가 부적법하다는 판단에 한하여 기판력이 발생한다. 어떠한 소송요건이 흠결로 판단된 것인가는 판결이유를 참작할 것이며 이에 의하여 정하여지는 소송요건의 흠에 대한 판단에만 기판력이 발생한다. 판례는 소송판결의 기판력은 그 판결에서 확정한 소송요건의 흠결에 관하여 미치는 것이지만, 당사자가 그러한 소송요건의 흠결을 보완하여 다시 소를 제기한 경우에는 그 기판력의 제한을 받지 않는다(대판 2003.4.8. 2002다70181)[74]고 판시하고 있다.

2. 결정 · 명령

소송비용에 관한 결정, 간접강제를 위한 배상금의 지급결정 등 실체관계를 종국적으로 해결하는 경우에만 기판력이 발생한다. 따라서 가처분 · 가압류결정 등 보전처분절차는 피보전권리를 종국적으로 확정하는 것이 아니므로 피보전권리의 존부에 대해 기판력이 발생하지는 아니한다.

3. 확정판결과 동일한 효력이 있는 조서

확정판결과 동일한 효력이 있는 청구의 포기 · 인낙조서, 화해조서(민소법 제220조), 화해권고결정(민소법 제231조), 조정조서(민사조정법 제29조), 조정에 갈음한 결정(민사조정법 제34조) 등에는 기판력이 인정된다. 그러나 이행권고결정과 지급명령은 집행력이 인정되나 기판력은 인정되지 아니한다(대판 2009.5.14. 2006다34190).

4. 외국법원의 확정판결

외국법원의 확정판결은 민사소송법 제217조 각 호의 요건을 갖추어 우리나라에 승인될 수 있으면 기판력이 발생한다. 따라서 외국법원의 확정판결과 동일한 소송을 국내에서 제기하면 기판력에 저촉된다(대판 1987.4.14. 86므57). 최근 판례는 민사소송법 제186조 제1항과 제2항에서 규정하는 보충송달도 교부송달과 마찬가지로 외국법원의 확정재판 등을 국내에서 승인 · 집행하기 위한 요건을 규정한 민사소송법 제217조 제1항 제2호의 '적법한 송달'에 해당한다고 해석하는 것이 타당하다고 하면서, 보충송달은 민사소송법 제217조 제1항 제2호에서 외국법원의 확정재판 등을 승인 · 집행하기 위한 송달 요건에서 제외하고 있는 공시송달과 비슷한 송달에 의한 경우로 볼 수 없고, 외국재판 과정에서 보충송달 방식으로 송달이 이루어졌더라도 그 송달이 방어에 필요한 시간 여유를 두고 적법하게 이루어졌다면 적법한 송달로 보아야 하므로 보충송달이 민사소송법 제217조 제1항 제2호에서 요구하는 통상의 송달방법에 의한 송달이 아니라고 본 종전의 판례들을 변경하였다(대판 2021.12.23. 2017다257746[전합]).

5. 소송물에 대한 실질적 판단

기판력이 발생하기 위해서는 법원이 소송물인 권리관계에 대하여 실질적으로 판단했어야 한다. 판례도 1필지 토지 전부에 대한 소유권이전등기청구소송에서 토지 일부의 매수사실은 인정되나 특정할 수 없다는 이유로 전부패소판결을 받아 확정된 후 매수 부분을 특정하여 소유권이전등기를 구하는 경우 전소에서는 그 부분을 매수하였는지 여부, 즉 권리관계의 존부에 대하여 실질적으로 판단이 되었다고 할 수 없으므로 전소는 매수 부분에 관한 한 기판력이 생기지 아니한다(대판 1992.11.24. 91다28283)고 하여 같은 취지로 판시하고 있다.

---

74) 종전 소송에서 당사자능력의 흠결을 이유로 소각하판결을 받은 자연부락이 그 후 비법인사단으로서 당사자능력을 갖춘 것으로 볼 여지가 있다는 이유로 종전 소송판결의 기판력과의 저촉을 인정하지 않은 사례

Ⅲ 기판력의 본질

1. 학설

기판력을 재판통일을 위해 전소 확정판결과 모순된 판단을 금지하는 효력이라고 보고 전소에서 승소판결을 받은 원고가 다시 동일한 소를 제기하면 권리보호이익의 흠결로 후소를 각하하고, 패소판결을 받은 원고가 다시 동일한 소를 제기하면 전소와 모순되는 판단의 금지의 구속력 때문에 청구기각판결을 하여야 한다고 보는 모순금지설과 기판력을 분쟁해결의 일회성을 위해 후소법원에 대해 한번 확정된 법률효과에 대해 다시 변론이나 재판하는 것 자체를 금지하려는 효력으로 이해하여 승패를 불문하고 동일한 후소를 제기하면 기판력 저촉을 이유로 후소에 대하여 소각하판결을 하여야 한다고 보는 반복금지설이 대립하고 있다.

2. 판례

전소의 소송물이 동일한 후소에 기판력이 미치는 경우, 전소의 확정판결에서 원고가 승소한 부분에 해당하는 부분은 권리보호이익이 없다(대판 2009.12.24. 2009다64215)고 하여 각하판결을 하고, 전소에서 패소한 경우 청구기각판결의 기판력에 의해 그 내용과 모순되는 판단을 해서는 안 되는 구속력 때문에 청구기각의 판결을 한다(대판 1989.6.27. 87다카2478)고 하여 모순금지설을 취하고 있다.

3. 검토

기판력은 전소 확정판결과 모순·저촉된 판결을 금지하여 법적 안정성을 확보하려는 데 그 취지가 있으므로 모순금지설이 타당하다고 판단된다.

제2항 기판력의 범위

Ⅰ 기판력의 주관적 범위

1. 당사자

처분권주의와 변론주의에 의해 당사자에게만 소송수행의 기회가 부여되므로, 기판력은 당사자에 한하여 미치고 제3자에게는 미치지 아니하는 것이 원칙이다. 그러나 이하에서 보는 것과 같이 법률에 특별한 규정이 있는 경우에는 기판력이 제3자에게 미치는 경우가 있다(민소법 제218조 제1항·제2항·제3항).

2. 당사자와 같이 볼 제3자

(1) 변론종결 뒤의 승계인

1) 의의

확정판결은 변론을 종결한 뒤의 승계인에 대하여 효력이 있다(민소법 제218조 제1항). 이는 패소 당사자가 소송물이나 계쟁물을 처분하여 승소확정판결을 무력화시키는 것을 막으려는 취지이다.

2) 승계요건
① **변론종결 뒤의 승계** : 권리의 이전에 등기를 요하는 경우에는 등기 시가 기준이 된다. 판례는 매매를 변론종결 이전에 하였더라도 등기를 변론종결 이후에 마치면 변론종결 뒤의 승계인에 해당하고(대판 2005.11.10. 2005다34667), 가등기를 변론종결 이전에 한 자라도 본등기를 변론종결 후에 마친 경우 변론종결 뒤의 승계인으로 볼 것이나(대판 1992.10.27. 92다10883), 확정판결의 피고 측의 제1차 승계가 이미 변론종결 이전에 있었다면 비록 제2차 승계가 변론종결 후에 있었다 하더라도 제2차 승계인은 변론종결 뒤의 승계인으로 볼 수 없다(대결 1967.2.23. 67마55)고 한다. 최근 판례는 채권양수인이 소송계속 중의 승계인이라고 주장하며 참가신청을 한 경우에, 채권자로서의 지위의 승계가 소송계속 중에 이루어진 것인지 여부는 채권양도의 합의가 이루어진 때가 아니라 대항요건이 갖추어진 때를 기준으로 판단하는 것과 마찬가지로, 채권양수인이 민사소송법 제218조 제1항에 따라 확정판결의 효력이 미치는 변론종결 뒤의 승계인에 해당하는지 여부 역시 채권양도의 합의가 이루어진 때가 아니라 대항요건이 갖추어진 때를 기준으로 판단하여야 한다(대판 2020.9.3. 2020다210747)고 판시하고 있다.

② 승계인의 범위
ㄱ) 소송물의 승계인
㉮ 의의 : 소송물 자체의 승계인이라 변론종결한 뒤에 당사자로부터 소송물인 실체법상 권리의무를 승계한 자로 물권적 청구권이든 채권적 청구권이든 제한 없이 변론종결 뒤의 승계인에 해당한다.
㉯ 소송물의 승계인에 해당하는 경우 : 소유권확인판결 후 그 소유권을 양수한 자, 대여금채권의 이행 판결 후 그 채권을 양수한 자 등이 여기에 해당한다. 승계의 모습은 일반승계(상속, 합병), 특정승계를 가리지 않는다. 따라서 확정판결의 변론종결 후 그 확정판결상의 채무자인 회사를 흡수합병한 존속회사와 확정판결의 변론종결 후 그 확정판결상의 채무자인 회사가 신설합병되어 설립한 회사는 기판력을 받게 된다. 판례는 면책적 채무인수인에 대하여 전소 변론종결 또는 판결선고 후에 채무자의 채무를 소멸시켜 당사자인 채무자의 지위를 승계하는 이른바 면책적 채무인수를 한 자는 변론종결 뒤의 승계인으로서 전소 확정판결의 기판력이 미치게 되므로 원고는 특별한 사정이 없는 한 다시 본소를 제기할 이익이 없다(대판 2016.9.28. 2016다13482)고 판시하고 있다.
㉰ 소송물의 승계인에 해당하지 않는 경우 : 중첩적 채무인수는 당사자의 채무는 그대로 존속하며 이와 별개의 채무를 부담하는 것에 불과하므로(대판 2010.1.14. 2009그196), 소송물의 승계인에 해당하지 아니하고 영업양수인은 양도인의 영업상 채무를 변제할 책임이 있어도 변론종결 뒤의 승계인에 해당하지 아니한다(대판 1979.3.13. 78다2330).

ㄴ) 계쟁물의 승계인
㉮ 의의 : 소송물 자체를 승계한 것이 아니라 다툼의 대상이 된 물건인 계쟁물에 관한 당사자적격을 승계한 자도 이에 포함된다는 것이 학설의 일반적인 태도이다.
㉯ 계쟁물 승계의 형태 : 계쟁물 승계의 형태에는 의무자만 바뀌고 청구내용은 같은 경우인 교환적 승계와 의무자가 추가되면서 청구내용도 바뀌는 경우인 추가적 승계가 포함된다. 교환적 승계의 예로는 건물인도를 명하는 판결확정 후 피고의 점유를 승계받은 자가 있고, 추가적 승계의 예로는 소유권이전등기말소를 명하는 판결 확정 후 등기를 이전받은 자가 있다(대판 1998.11.27. 97다22904).

ⓒ 계쟁물 승계의 범위

@ 문제점 : 소송물의 승계인은 제한 없이 변론종결 뒤의 승계인에 해당하지만 계쟁물 자체의 승계인이 변론종결 뒤의 승계인에 해당하는지 여부에는 견해의 대립이 있다.

ⓑ 학설 : 소송물이 물권적 청구권인 경우(소유권에 기한 등기말소청구)에는 대세효가 있으므로 피고로부터 승계한 자는 변론종결 뒤의 승계인에 포함되지만, 소송물이 채권적 청구권인 경우(매매를 원인으로 한 이전등기청구) 피고로부터 승계한 자는 변론종결 뒤의 승계인에 포함되지 아니한다고 하는 구소송물이론과 실체법상 권리와는 무관하게 소송물이 채권적 청구권인 경우에도 계쟁물 승계인이 변론종결 뒤의 승계인에 포함된다고 하는 신소송물이론의 대립이 있다.

ⓒ 판례 : 구소송물이론을 취하는 판례는 청구가 소유권에 기한 이전등기말소청구권인 경우 피고로부터 소유권이전등기를 경료받은 자는 승계인으로 보나(대판 1979.2.13. 78다2290), 청구가 매매에 기한 소유권이전등기청구권인 경우 피고로부터 소유권이전등기를 경료받은 자는 승계인에 해당하지 아니한다고 한다(대판 2003.5.13. 2002다64148).

ⓓ 검토 : 소송물이 채권적 청구권인 경우에 변론종결 뒤에 승계한 자는 원고와 양립할 수 있는 권리를 가지고 원고에게 아무런 실체법상의 의무를 부담하지 않는데 이러한 자에게까지 기판력이 미치는 것으로 하는 것은 지나친 기판력의 확장이므로 소송물이 물권적 청구권인 경우에만 기판력을 인정하는 판례의 태도가 타당하다고 판단된다.

ⓒ 승계의 범위에 대한 예외적 판례

㉮ 토지인도소송의 사실심 변론종결 후에 그 패소자인 토지소유자로부터 토지를 매수하고 소유권이전등기를 마친 제3자가 확정판결의 변론종결 뒤의 승계인에 해당하는지 여부 : 판례는 토지소유권에 기한 물권적 청구권을 원인으로 하는 토지인도소송의 소송물은 토지소유권이 아니라 그 물권적 청구권인 토지인도청구권이므로 그 소송에서 청구기각된 확정판결의 기판력은 토지인도청구권의 존부 그 자체에만 미치는 것이고 소송물이 되지 아니한 토지소유권의 존부에 관하여는 미치지 아니한다 할 것이므로 그 토지인도소송의 사실심 변론종결 후에 그 패소자인 토지소유자로부터 토지를 매수하고 소유권이전등기를 마침으로써 그 소유권을 승계한 제3자의 토지소유권의 존부에 관하여는 위 확정판결의 기판력이 미치지 않는다 할 것이고 또 이 경우, 위 제3자가 가지게 되는 물권적 청구권인 토지인도청구권은 적법하게 승계한 토지소유권의 일반적 효력으로서 발생된 것이고 위 토지인도소송의 소송물인 패소자의 토지인도청구권을 승계함으로써 가지게 된 것이라고는 할 수 없으므로 위 제3자는 위 확정판결의 변론종결 뒤의 승계인에 해당한다고 할 수도 없다(대판 1984.9.25. 84다카148)고 판시하고 있는바, 건물소유권에 기한 건물인도소송에서 변론종결 뒤 건물을 취득한 사람은 후소에서 점유권에 기하여 인도를 구할 수도 있으므로 변론종결 뒤의 승계인에 해당하지 아니한다는 판례의 태도가 타당하다고 판단된다.

㉯ 토지 소유권에 기한 가등기말소청구소송에서 청구기각된 확정판결의 기판력이 위 소송의 변론종결 후 토지 소유자로부터 근저당권을 취득한 제3자가 근저당권에 기하여 같은 가등기에 대한 말소청구를 하는 경우에 미치는지 여부 : 판례는 확정판결의 기판력은 확정판결의 주문에 포함된 법률적 판단과 동일한 사항이 소송상 문제가 되었을 때 당사자는 이에 저촉되는 주장을 할 수 없고

법원도 이에 저촉되는 판단을 할 수 없는 기속력을 의미하고, 확정판결의 내용대로 실체적 권리관계를 변경하는 실체법적 효력을 갖는 것은 아니다. 토지 소유권에 기한 물권적 청구권을 원인으로 하는 가등기말소청구소송의 소송물은 가등기말소청구권이므로 그 소송에서 청구기각된 확정판결의 기판력은 가등기말소청구권의 부존재 그 자체에만 미치고, 소송물이 되지 않은 토지 소유권의 존부에 관하여는 미치지 않는다. 나아가 위 청구기각된 확정판결로 인하여 토지 소유자가 갖는 토지 소유권의 내용이나 토지 소유권에 기초한 물권적 청구권의 실체적인 내용이 변경, 소멸되는 것은 아니다. 위 가등기말소청구소송의 사실심 변론종결 후에 토지 소유자로부터 근저당권을 취득한 제3자는 적법하게 취득한 근저당권의 일반적 효력으로서 물권적 청구권을 갖게 되고, 위 가등기말소청구소송의 소송물인 패소자의 가등기말소청구권을 승계하여 갖는 것이 아니며, 자신이 적법하게 취득한 근저당권에 기한 물권적 청구권을 원인으로 소송상 청구를 하는 것이므로, 위 제3자는 민사소송법 제218조 제1항에서 정한 확정판결의 기판력이 미치는 '변론을 종결한 뒤의 승계인'에 해당하지 않는다. 따라서 토지 소유권에 기한 가등기말소청구소송에서 청구기각된 확정판결의 기판력은 위 소송의 변론종결 후 토지 소유자로부터 근저당권을 취득한 제3자가 근저당권에 기하여 같은 가등기에 대한 말소청구를 하는 경우에는 미치지 않는다(대판 2020.5.14. 2019다261381)고 판시하고 있다.

ㄹ 소송물이 다른 후 소송을 제기한 전소의 변론종결 뒤의 승계인에게 기판력이 미치는지 여부 : [1] 소송물이 동일하거나 선결문제 또는 모순관계에 의하여 기판력이 미치는 객관적 범위에 해당하지 아니하는 경우에는 전소 판결의 변론종결 후에 당사자로부터 계쟁물 등을 승계한 자가 후소를 제기하더라도 후소에 전소 판결의 기판력이 미치지 아니한다.

[2] 甲 등이 乙을 상대로 건물 등에 관한 소유권이전등기의 말소등기절차 이행을 구하는 소를 제기하여 승소확정판결을 받았는데, 위 판결의 변론종결 후에 乙로부터 건물 등의 소유권을 이전받은 丙이 甲 등을 상대로 위 건물의 인도 및 차임 상당 부당이득의 반환을 구하는 소를 제기한 사안에서, 전소 판결에서 소송물로 주장된 법률관계는 건물 등에 관한 말소등기청구권의 존부이고 건물 등의 소유권의 존부는 전제가 되는 법률관계에 불과하여 전소 판결의 기판력이 미치지 아니하고, 전소인 말소등기청구권에 대한 판단이 건물인도 등 청구의 소의 선결문제가 되거나 건물인도청구권 등의 존부가 전소의 소송물인 말소등기청구권의 존부와 모순관계에 있다고 볼 수 없어 전소의 기판력이 건물인도 등 청구의 소에 미친다고 할 수 없으며, 이는 丙이 전소 판결의 변론종결 후에 乙로부터 건물을 매수하여 소유권이전등기를 마쳤더라도 마찬가지이므로, 丙이 변론종결 후의 승계인이어서 전소 확정판결의 기판력이 미쳐 건물 등의 소유권을 취득할 수 없다고 본 원심판결에 법리오해 등의 위법이 있다고 한 사례(대판 2014.10.30. 2013다53939).

③ 승계인에게 실체법상 고유의 방어방법이 있는 경우

ㄱ 문제점 : 동산의 선의취득자(민법 제249조), 부동산의 점유취득시효완성자(민법 제245조 제1항), 해제에 의해 보호받는 제3자(민법 제548조 제1항 단서)와 같이 승계인이 고유한 방어방법을 갖고 있는 경우에 승계인에게 기판력이 미치는지 여부에 대해 견해가 대립한다.

ㄴ 학설 : 승계인에게 고유의 방어방법이 있으면 실질적으로 권리의무를 승계하였다고 볼 수 없어 변론종결 뒤 승계인에 해당하지 않으므로 승계인의 항변이 성립할 가능성이 있으면 원고에게 집행문이 부여되지 않고 그가 승계집행문부여의 소를 제기하여야 한다고 하는 실질설과 방어방법이 있어도 변론종결 뒤의 승계인에 해당하므로 일단 변론종결 뒤에 승계한 사실만으로 원고에게 승계집행문이 부여되고 그에 대해 승계인이 집행문부여에 대한 이의의 소를 제기해 고유한 방어방법을 증명하면 집행을 막을 수 있다고 하는 형식설이 대립하고 있다.

ⓒ 판례 : 판례는 원고가 명의신탁해지를 원인으로 소유권이전등기를 청구하여 수탁자에게 승소확정판결을 받았으나 수탁자가 제3자에게 처분한 경우, 소유권이전등기를 명하는 확정판결의 변론종결 후에 그 청구목적물을 매수하여 등기를 한 제3자는 변론종결 뒤의 승계인에 해당되지 아니한다(대판 1980.11.25. 80다2217)고 하여 실질설의 태도를 취하고 있다.

ⓓ 검토 : 고유한 방어방법을 가진 승계인에게 집행문부여 이의의 소를 제기하는 부담을 주는 것은 부당하므로 실질설이 타당하다고 판단된다.

3) 효 과

확정판결의 기판력은 변론종결 뒤의 승계인에게 미친다. 최근 판례는 대금분할을 명한 공유물분할 확정판결의 당사자인 공유자가 공유물분할을 위한 경매를 신청하여 진행된 경매절차에서 공유물 전부에 관하여 매수인에 대한 매각허가결정이 확정되고 매각대금이 완납된 경우, 매수인은 공유물 전부에 대한 소유권을 취득하게 됨에 따라 각 공유지분을 가지고 있던 공유자들은 지분소유권을 상실하게 되고 대금분할을 명한 공유물분할판결의 변론이 종결된 뒤(변론 없이 한 판결의 경우에는 판결을 선고한 뒤) 해당 공유자의 공유지분에 관하여 소유권이전청구권의 순위보전을 위한 가등기가 마쳐진 경우, 대금분할을 명한 공유물분할 확정판결의 효력은 민사소송법 제218조 제1항이 정한 변론종결 후의 승계인에 해당하는 가등기권자에게 미치므로, 특별한 사정이 없는 한 위 가등기상의 권리는 매수인이 매각대금을 완납함으로써 소멸한다(대판 2021.3.11. 2020다253836)고 판시하고 있다.

(2) 추정승계인

1) 의 의

당사자가 변론종결 전에 소송물을 승계하였어도 그 승계사실을 진술하지 않는 경우에는 변론종결 후에 승계가 이루어진 것으로 추정되어 반증이 없는 한 기판력이 미치게 되는데 이를 추정승계인제도라고 한다.

2) 승계를 진술할 자

민사소송법 제218조 제2항의 명문상 승계를 진술할 자를 당사자로 규정하였고 당사자가 아닌 승계인이 무슨 권한으로 변론에서 진술할 수 있을지 의문이므로 승계인이 아니라 피승계인이 승계사실을 진술하여야 할 것이다.

3) 승계집행문을 얻는 방법

민사소송법 제218조 제2항에 의하여 원고는 승계사실만 증명하면 피승계인 상대의 승소판결로써 승계인에 대한 승계집행문을 구할 수 있다. 다만, 판례는 기판력의 주관적 범위를 정함에 있어서 당사자가 변론을 종결할 때까지 승계사실을 진술하지 아니한 때에는 변론을 종결한 뒤에 승계한 것으로 추정한다는 민사소송법 제218조 제2항의 취지는, 변론종결 전의 승계를 주장하는 자에게 그 입증책임이 있다는 뜻을 규정하여 변론종결 전의 승계사실이 입증되면 확정판결의 기판력이 그 승계인에게 미치지 아니한다는 것으로 해석되므로, 종전의 확정판결의 기판력의 배제를 원하는 당사자 일방이 변론종결 전에 당사자 지위의 승계가 이루어진 사실을 입증한다면, 종전소송에서 당사자가 그 승계에 관한 진술을 하였는지 여부와 상관없이, 그 승계인이 종전의 확정판결의 기판력이 미치는 변론종결 뒤의 승계인이라는 민사소송법 제218조 제2항의 추정은 깨어진다고 보아야 한다(대판 2005.11.10. 2005다34667)고 판시하고 있다.

4) 무변론판결의 경우

무변론판결(민소법 제257조)의 경우에는 그 판결선고 시까지 승계사실을 진술하지 아니하였으면 판결선고 뒤의 승계인으로 추정하도록 규정하고 있다.

(3) 청구의 목적물의 소지인

확정판결은 당사자를 위하여 청구의 목적물을 소지한 사람에 대하여 효력을 미친다(민소법 제218조 제1항). 목적물은 특정물인도청구권의 특정물을 말한다. 당사자를 위한 소지인과 변론종결 뒤의 승계인을 위해서 소지한 자도 포함되고 소지의 시기는 변론종결 전후를 불문한다. 다만, 임차인, 질권자 등 자기의 고유한 이익을 위해 소지하는 자는 제외된다. 가장양수인과 명의수탁자는 자기의 고유한 이익을 소지하는 자가 아니므로 이들에게도 유추적용하는 것이 가능하다고 판단된다.

(4) 소송담당에서의 권리귀속주체

1) 의 의

소송담당자에 대한 확정판결은 권리귀속주체에 대하여도 그 효력이 미친다(민소법 제218조 제3항).

2) 채권자대위소송과 기판력

법정소송담당 중 병행형 특히 채권자대위소송의 경우 기판력의 범위에 대하여는 다툼이 있다. 이에 대한 자세한 논의는 채권자대위소송에 대한 주요논점을 참조하라.

3) 추심소송과 기판력

판례는 동일한 채권에 대해 복수의 채권자들이 압류·추심명령을 받은 경우 어느 한 채권자가 제기한 추심금 소송에서 확정된 판결의 기판력은 그 소송의 변론종결일 이전에 압류·추심명령을 받았던 다른 추심채권자에게 미치지 않는다고 보고 이유를 다음과 같이 판시하고 있다.

① 확정판결의 기판력이 미치는 주관적 범위는 신분관계소송이나 회사관계소송과 같이 법률에 특별한 규정이 있는 경우를 제외하고는 원칙적으로 당사자, 변론을 종결한 뒤의 승계인 또는 그를 위하여 청구의 목적물을 소지한 사람과 다른 사람을 위하여 원고나 피고가 된 사람이 확정판결을 받은 경우의 그 다른 사람에 국한되고(민사소송법 제218조 제1항, 제3항) 그 밖의 제3자에게는 미치지 않는다. 따라서 추심채권자들이 제기하는 추심금소송의 소송물이 채무자의 제3채무자에 대한 피압류채권의 존부로서 서로 같더라도 소송당사자가 다른 이상 그 확정판결의 기판력이 서로에게 미친다고 할 수 없다.

② 민사집행법 제249조 제3항, 제4항은 추심의 소에서 소를 제기당한 제3채무자는 집행력 있는 정본을 가진 채권자를 공동소송인으로 원고 쪽에 참가하도록 명할 것을 첫 변론기일까지 신청할 수 있고, 그러한 참가명령을 받은 채권자가 소송에 참가하지 않더라도 그 소에 대한 재판의 효력이 미친다고 정한다. 위 규정역시 참가명령을 받지 않은 채권자에게는 추심금소송의 확정판결의 효력이 미치지 않음을 전제로 참가명령을 통해 판결의 효력이 미치는 범위를 확장할 수 있도록 한 것이다.

③ 제3채무자는 추심의 소에서 다른 압류채권자에게 위와 같이 참가명령신청을 하거나 패소한 부분에 대해 변제 또는 집행공탁을 함으로써, 다른 채권자가 계속 자신을 상대로 소를 제기하는 것을 피할 수 있다. 따라서 어느 한 채권자가 제기한 추심금소송에서 확정된 판결의 효력이 다른 채권자에게 미치지 않는다고 해도 제3채무자에게 부당하지 않다. 확정된 화해권고결정에는 재판상 화해와 같은 효력이 있다(민사소송법 제231조). 위에서 본 추심금소송의 확정판결에 관한 법리는 추심채권자가 제3채무자를 상대로 제기한 추심금소송에서 화해권고결정이 확정된 경우에도 마찬가지로 적용된다. 따라서 어느 한 채권자가 제기한 추심금소송에서 화해권고결정이 확정되었더라도 화해권고결정의 기판력은 화해권고결정 확정일 전에 압류·추심명령을 받았던 다른 추심채권자에게 미치지 않는다(대판 2020.10.29. 2016다35390).

(5) 소송탈퇴자

독립당사자참가 · 참가승계 · 인수승계의 경우 종전당사자는 그 소송에서 탈퇴할 수 있는데 이 경우 참가인과 상대방 당사자 간의 판결의 기판력은 탈퇴자에게도 미친다.

3. 일반 제3자에의 확장

원칙적으로 일반 제3자에게는 판결의 효력이 미치지 아니한다. 다만, 법률관계의 획일적 해결을 위하여 가사 · 회사 · 행정소송에서는 판결효력이 일반 제3자의 법률관계에까지 미치는 것으로 규정하고 있다.

Ⅱ 기판력의 객관적 범위

1. 판결주문에서의 판단

(1) 기판력의 발생범위

확정판결은 <u>주문에 포함된 것에 한하여</u> 기판력을 가진다(민소법 제216조 제1항). 따라서 판결이유 중에 판단에 대해서는 기판력이 발생하지 아니한다. <u>소송판결은 소송요건에 흠에 관한 판단에만, 본안판결의 경우에는 소송물인 권리관계에 대한 판단에만 기판력이 발생한다.</u>

(2) 기판력이 후소에 작용하는 범위(판례)

<u>전소 확정판결의 기판력은 후소의 소송물이 전소의 소송물과 동일하거나 전소 소송물을 선결문제로 하거나 전소 소송물과 모순관계에 있는 경우에 작용한다.</u>

1) 동일관계

① 의의 : 동일 소송물의 경우에는 전소의 패소 당사자가 재소한 때에는 전소의 표준시 이전의 사유의 주장을 배척하고 그 다음으로 기판력이 미치지 않는 사유가 있는지 여부를 심리하여 없으면 청구기각의 판결을, 새로운 사유의 주장이 있으면 그 당부를 심리하고 이것을 전소판결의 내용과 합쳐 본안판결을 한다. 한편 <u>전소의 승소 당사자가 재소한 때에는 권리보호이익의 흠결로 소각하판결을 한다.</u> 다만, 판결원본의 멸실 등의 사정이 있는 경우 재소를 받아들여 전소판결과 동일한 판결을 해야 한다.

② 기판력이 작용하는 경우

㉠ 진정한 등기명의의 회복을 위한 소유권이전등기청구 : 진정한 등기명의의 회복을 위한 소유권이전등기청구는 이미 자기 앞으로 소유권을 표상하는 등기가 되어 있었거나 법률에 의하여 소유권을 취득한 자가 진정한 등기명의를 회복하기 위한 방법으로 현재의 등기명의인을 상대로 그 등기의 말소를 구하는 것에 갈음하여 허용되는 것인데, 말소등기에 갈음하여 허용되는 진정명의회복을 원인으로 한 소유권이전등기청구권과 무효등기의 말소청구권은 어느 것이나 진정한 소유자의 등기명의를 회복하기 위한 것으로서 실질적으로 그 목적이 동일하고, 두 청구권 모두 소유권에 기한 방해배제청구권으로서 그 법적 근거와 성질이 동일하므로, 비록 전자는 이전등기, 후자는 말소등기의 형식을 취하고 있다고 하더라도 그 소송물은 실질상 동일한 것으로 보아야 하고, 따라서 <u>소유권이전등기말소청구소송에서 패소확정판결을 받았다면 그 기판력은 그 후 제기된 진정명의회복을 원인으로 한 소유권이전등기청구 소송에도 미친다</u>(대판 2001.9.20. 99다37894[전합]). 판례의 모순금지설에 의하면 전소에서 패소한 원고가 다시 소를 제기하는 것이므로 후소법원은 청구기각판결을 선고해야 한다.

ⓛ 소유권이전등기청구 : 갑이 을에 대하여 전소에서 토지를 대물변제 받아 점유하기 시작하여 취득시효가 완성되었다는 사실을 그 이유로 하여 소유권이전등기절차이행을 구하였다가 배척되었음에도 불구하고 후소에서는 이를 증여받아 점유하기 시작하여 취득시효가 완성되었다고 주장하는 것은 전소의 소송물인 취득시효완성을 원인으로 한 소유권이전등기청구권의 존부에 관한 공격방법의 하나에 불과한 사실을 후소에서 다시 주장하는 것으로 이는 전소의 사실심 변론종결 전에 주장할 수 있었던 사유임이 명백할 뿐만 아니라, 후소에서 갑이 이러한 주장을 하는 것을 허용한다면 위 토지에 관한 취득시효완성을 이유로 하여 을의 위 토지상의 건물철거청구를 거부할 수 있게 된다는 결론에 도달하게 되는 것이니, 갑의 위와 같은 주장은 전소판결의 소송물과 서로 모순관계에 있다고 하지 않을 수 없고, 따라서 전소판결의 기판력에 저촉되어 허용될 수 없다(대판 1995.3.24. 94다46114).

ⓒ 소유권이전등기말소청구 : 동일 당사자 사이의 전·후 두 개의 소유권이전등기말소청구사건에 있어서의 양 소송물은 당해 등기의 말소청구권이고, 그 동일성 식별의 표준이 되는 청구원인 즉 말소등기청구권의 발생원인은 당해 등기원인의 무효에 국한되므로 전소의 변론종결 전까지 주장할 수 있었던 무효사유는 그것이 무권대리행위, 불공정한 불법행위이거나 또는 통모허위 표시에 의한 매매무효를 이유로 하거나 간에 다 같이 청구원인인 등기원인이 무효임을 뒷받침하는 이른바 독립된 공격방어방법에 불과하여 서로 별개의 청구원인을 구성하는 것이 아니므로 기판력의 표준시인 전소의 변론종결 전에 발생한 사유로서 전소에서 주장하지 아니하여 패소한 경우라도 그 사유는 전소의 확정판결의 기판력에 의하여 후소에서 주장하여 확정판결의 내용을 다툴 수 없다(대판 1982.12.14. 82다카148).

ⓔ 부당이득반환청구 : 계약해제의 효과로서의 원상회복은 부당이득에 관한 특별규정의 성격을 가지는 것이고, 부당이득반환청구에서 법률상의 원인 없는 사유를 계약의 불성립, 취소, 무효, 해제 등으로 주장하는 것은 공격방법에 지나지 아니하므로 그중 어느 사유를 주장하여 패소한 경우에 다른 사유를 주장하여 청구하는 것은 기판력에 저촉되어 허용될 수 없다 할 것이다(대판 2000.5.12. 2000다5978).

ⓜ 토지거래허가구역 내에서의 소유권이전등기청구 : 甲이 乙과 토지거래허가구역 내 토지를 매수하는 계약을 체결한 후 乙을 상대로 소유권이전등기청구 등의 소를 제기하여 토지거래허가신청절차 이행청구는 인용하고 소유권이전등기절차 이행청구는 기각한 판결이 확정되었는데, 변론종결 전에 위 토지가 토지거래허가구역에서 해제되었음에도 甲이 이를 주장하지 아니하여 전소법원은 위 토지가 허가구역 내에 위치함을 전제로 판결하였고, 그 후 甲이 위 토지가 토지거래허가구역에서 해제되었음을 들어 乙을 상대로 소유권이전등기절차의 이행을 구하는 소를 제기한 경우, 후소가 전소 확정판결의 기판력에 반한다(대판 2014.3.27. 2011다79968).

③ 기판력이 작용하지 않는 경우

ⓐ 대물변제예약에 기한 소유권이전등기청구권과 매매계약에 기한 소유권이전등기청구권의 소송물의 동일성 여부 : 대물변제예약에 기한 소유권이전등기청구권과 매매계약에 기한 소유권이전등기청구권은 그 소송물이 서로 다르므로 동일한 계약관계에 대하여 그 계약의 법적 성질을 대물변제의 예약이라고 하면서도 새로운 매매계약이 성립되었음을 인정하여 매매를 원인으로 한 소유권이전등기 절차를 이행할 의무가 있다고 하는 것은 위법하다(대판 1997.4.25. 96다32133).

ⓑ 1필의 토지의 일부인 특정 부분에 대한 소유권이전등기청구를 기각된 후 그 1필 전체 토지 중 일정 지분에 대한 소유권이전등기를 청구하는 경우 : 갑이 을로부터 1필의 토지의 일부를 특정하여 매수하였다고 주장하면서 을을 상대로 그 부분에 대한 소유권이전등기청구소송을 제기하였으나, 목적물이

갑의 주장과 같은 부분으로 특정되었다고 볼 증거가 없다는 이유로 청구가 기각되었고, 이에 대한 갑의 항소·상고가 모두 기각됨으로써 판결이 확정되자, 다시 을을 상대로 그 전체 토지 중 일정 지분을 매수하였다고 주장하면서 그 지분에 대한 소유권이전등기를 구하는 소를 제기한 경우, 전소와 후소는 그 각 청구취지를 달리하여 소송물이 동일하다고 볼 수 없으므로, 전소의 기판력은 후소에 미칠 수 없다(대판 1995.4.25. 94다17956[전합]).

ⓒ 시효중단을 위한 후소절차에서 전소의 권리관계를 다툴 수 있는지 여부 : 시효중단 등 특별한 사정이 있어 예외적으로 확정된 승소판결과 동일한 소송물에 기한 신소가 허용되는 경우라 하더라도 신소의 판결이 전소의 승소 확정판결의 내용에 저촉되어서는 아니 되므로, 후소 법원으로서는 그 확정된 권리를 주장할 수 있는 요건이 구비되어 있는지에 관하여 다시 심리할 수 없다. 따라서 피고가 후소에서 전소의 확정된 권리관계를 다투기 위하여는 먼저 전소의 승소 확정판결에 대하여 적법한 추완항소를 제기함으로써 그 기판력을 소멸시켜야 할 것인데, 이는 전소의 소장부본과 판결정본 등이 공시송달의 방법에 의하여 송달되어 피고가 그 책임질 수 없는 사유로 전소에 응소할 수 없었던 경우라고 하여 달리 볼 것이 아니다(대판 2013.4.11. 2012다111340).

ⓓ 시효중단을 위한 후소절차에서 전소의 변론종결 후의 채권소멸사유로 항변할 수 있는지 여부 : [1] 확정된 승소판결에는 기판력이 있으므로 승소 확정판결을 받은 당사자가 전소의 상대방을 상대로 다시 승소 확정판결의 전소와 동일한 청구의 소를 제기하는 경우, 특별한 사정이 없는 한 후소는 권리보호의 이익이 없어 부적법하다. 하지만 예외적으로 확정판결에 의한 채권의 소멸시효기간인 10년의 경과가 임박한 경우에는 그 시효중단을 위한 소는 소의 이익이 있다. 이는 승소판결이 확정된 후 그 채권의 소멸시효기간인 10년의 경과가 임박하지 않은 상태에서 굳이 다시 동일한 소를 제기하는 것은 확정판결의 기판력에 비추어 권리보호의 이익을 인정할 수 없으나, 그 기간의 경과가 임박한 경우에는 시효중단을 위한 필요성이 있으므로 후소를 제기할 소의 이익을 인정하는 것이다.
[2] 한편 시효중단을 위한 후소의 판결은 전소의 승소 확정판결의 내용에 저촉되어서는 아니 되므로, 후소 법원으로서는 그 확정된 권리를 주장할 수 있는 모든 요건이 구비되어 있는지에 관하여 다시 심리할 수 없으나, 위 후소 판결의 기판력은 후소의 변론종결 시를 기준으로 발생하므로, 전소의 변론종결 후에 발생한 변제, 상계, 면제 등과 같은 채권소멸사유는 후소의 심리대상이 된다. 따라서 채무자인 피고는 후소 절차에서 위와 같은 사유를 들어 항변할 수 있고 심리 결과 그 주장이 인정되면 법원은 원고의 청구를 기각하여야 한다. 이는 채권의 소멸사유 중 하나인 소멸시효 완성의 경우에도 마찬가지이다. 이처럼 판결이 확정된 채권의 소멸시효기간의 경과가 임박하였는지 여부에 따라 시효중단을 위한 후소의 권리보호이익을 달리 보는 취지와 채권의 소멸시효 완성이 갖는 효과 등을 고려해 보면, 시효중단을 위한 후소를 심리하는 법원으로서는 전소 판결이 확정된 후 소멸시효가 중단된 적이 있어 그 중단사유가 종료한 때로부터 새로이 진행된 소멸시효기간의 경과가 임박하지 않아 시효중단을 위한 재소의 이익을 인정할 수 없다는 등의 특별한 사정이 없는 한, 후소가 전소 판결이 확정된 후 10년이 지나 제기되었다 하더라도 곧바로 소의 이익이 없다고 하여 소를 각하해서는 아니 되고, 채무자인 피고의 항변에 따라 원고의 채권이 소멸시효 완성으로 소멸하였는지에 관한 본안판단을 하여야 한다(대판 2019.1.17. 2018다24349).

ⓜ 시효중단을 위한 새로운 방식의 확인소송 : 종래 대법원은 시효중단사유로서 재판상의 청구에 관하여 반드시 권리 자체의 이행청구나 확인청구로 제한하지 않을 뿐만 아니라, 권리자가 재판상 그 권리를 주장하여 권리 위에 잠자는 것이 아님을 표명한 것으로 볼 수 있는 때에는 널리 시효중단사유로서 재판상의 청구에 해당하는 것으로 해석하여 왔다. 이와 같은 법리는 이미 승소 확정판결을 받은 채권자가 그 판결상 채권의 시효중단을 위해 후소를 제기하는 경우에도 동일하게 적용되므로, 채권자가 전소로 이행청구를 하여 승소 확정판결을 받은 후 그 채권의 시효중단을 위한 후소를 제기하는 경우, 후소의 형태로서 항상 전소와 동일한 이행청구만이 시효중단사유인 '재판상의 청구'에 해당한다고 볼 수는 없다. 시효중단을 위한 이행소송은 다양한 문제를 야기한다. 그와 같은 문제들의 근본적인 원인은 시효중단을 위한 후소의 형태로 전소와 소송물이 동일한 이행소송이 제기되면서 채권자가 실제로 의도하지도 않은 청구권의 존부에 관한 실체 심리를 진행하는 데에 있다. 채무자는 그와 같은 후소에서 전소 판결에 대한 청구이의사유를 조기에 제출하도록 강요되고 법원은 불필요한 심리를 해야 한다. 채무자는 이중집행의 위험에 노출되고, 실질적인 채권의 관리·보전비용을 추가로 부담하게 되며 그 금액도 매우 많은 편이다. 채권자 또한 자신이 제기한 후소의 적법성이 10년의 경과가 임박하였는지 여부라는 불명확한 기준에 의해 좌우되는 불안정한 지위에 놓이게 된다. 위와 같은 종래 실무의 문제점을 해결하기 위해서, 시효중단을 위한 후소로서 이행소송 외에 전소 판결로 확정된 채권의 시효를 중단시키기 위한 조치, 즉 '재판상의 청구'가 있다는 점에 대하여만 확인을 구하는 형태의 '새로운 방식의 확인소송'이 허용되고, 채권자는 두 가지 형태의 소송 중 자신의 상황과 필요에 보다 적합한 것을 선택하여 제기할 수 있다고 보아야 한다(대판 2018.10.18. 2015다232316[전합]).

ⓑ 물건 점유자를 상대로 한 물건의 인도판결이 확정되면 점유자는 인도판결 상대방에 대하여 소송에서 더 이상 물건에 대한 인도청구권의 존부를 다툴 수 없고 인도소송의 사실심 변론종결 시까지 주장할 수 있었던 정당한 점유권원을 내세워 물건의 인도를 거절할 수 없다. 그러나 의무 이행을 명하는 판결의 효력이 실체적 법률관계에 영향을 미치는 것은 아니므로, 점유자가 그 인도판결의 효력으로 판결 상대방에게 물건을 인도해야 할 실체적 의무가 생긴다거나 정당한 점유권원이 소멸하여 그때부터 그 물건에 대한 점유가 위법하게 되는 것은 아니다. 나아가 물건을 점유하는 자를 상대로 하여 물건의 인도를 명하는 판결이 확정되더라도 그 판결의 효력은 이들 물건에 대한 인도청구권의 존부에만 미치고, 인도판결의 기판력이 이들 물건에 대한 불법점유를 원인으로 한 손해배상청구 소송에 미치지 않는다(대판 2019.10.17. 2014다46778).

2) 선결관계

① 의의 : 선결관계의 경우에는 선결문제인 한도에서 전소의 기판력 있는 판단에 구속되어 이를 전제로 하여 본안판결을 하여야 할 뿐 소각하판결을 하여서는 안 된다. 또한 전소의 기판력 있는 판단이 후소의 항변사유가 될 때에도 기판력이 작용한다(대판 1987.6.9. 86다카2756).

② 기판력이 작용하는 경우

ㄱ 소유권이전등기청구의 소를 제기하여 패소판결이 확정된 후 다시 이행의무가 존재함을 이유로 이행불능을 원인으로 하는 손해배상청구의 소를 제기하는 경우 : 갑을 간의 이전등기이행청구에 대하여 이행의무 없다 하여 기각판결이 확정된 뒤에 이제 갑이 을에게 그러한 이행의무 있다는 주장은 기판력에 저촉되므로 을의 그와 같은 의무 있음을 전제로 그 이행불능을 원인으로 을에게 손해배상청구를 하는 것은 허용되지 아니한다(대판 1967.8.29. 67다1179).

ⓛ 원금지급청구에 대하여 패소판결이 확정된 이후 다시 원금이 존재함을 이유로 전소 변론종결 이후의 지연이자 부분의 청구를 하는 경우 : 확정판결의 기판력은 사실심의 최종변론종결 당시의 권리관계를 확정하는 것이므로, <u>원고의 청구 중 확정판결의 사실심 변론종결 시 후의 이행지연으로 인한 손해배상 (이자) 청구 부분은 그 선결문제로서 확정판결에 저촉되는 금원에 대한 피고의 지급의무의 존재를 주장하게 되어 논리상 확정판결의 기판력의 효과를 받게 되는 것이라고 할 것이나</u> 그 외의 부분(변론 종결 당시까지의 분)의 청구는 확정판결의 기판력의 효과를 받지 않는다(대판 1976.12.14. 76다1488).

ⓒ 채권자대위소송에서 소각하판결이 확정된 후 민법 제213조 단서의 항변을 하는 경우 : <u>갑이 을을 대위 하여 병을 상대로 취득시효 완성을 원인으로 한 소유권이전등기 소송을 제기하였다가 을을 대위할 피보전채권의 부존재를 이유로 소각하판결을 선고받고 확정된 후 병이 제기한 토지인도 소송에서 갑이 다시 위와 같은 권리가 있음을 항변사유로서 주장하는 것은 기판력에 저촉되어 허용될 수 없다</u>(대판 2001.1.16. 2000다41349).

ⓓ 원고가 소유권확인청구를 하여 승소확정판결을 받은 뒤에 같은 피고를 상대로 소유권에 기한 물권적 청구권에 기한 소를 제기하는 경우 : 환지처분의 공고가 있는 경우에는 환지계획에서 정하여진 환지는 환지처분의 공고가 있는 날의 다음 날부터 종전의 토지로 보게 되어 종전의 토지에 대하여 존재하던 소유권 기타 권리관계는 동일성을 유지하면서 환지에 그대로 옮겨지게 되는 것이므로 소유자를 달리 한 수필지의 토지에 대하여 적법하게 한 필지의 환지가 지정된 경우에는 종전의 수필지의 소유권은 한 필지에 그대로 이행되는 결과 특별한 사정이 없으면 종전의 토지에 상응하는 비율에 따라서 종전의 소유자들은 환지에 대하여 공유지분을 취득하게 되는 것이므로, <u>환지처분 전 종전 토지에 관한 소유권 확인의 소와 환지처분 후의 새로운 환지 중 종전의 토지에 상응하는 비율의 해당 공유지분에 관한 소유권확인의 소는 서로 동일한 소송물</u>이라 할 것이다(대판 1994.12.27. 94다4684).

③ 기판력이 작용하지 않는 경우 – 채무부존재확인의 확정판결이 있는 후 그 채무부존재를 원인으로 등기말 소청구를 하는 경우 : <u>채권채무의 존부에 관한 청구와 그 채권, 채무관계를 원인으로 한 등기의 말소청구 권의 존부는 별개의 소송물</u>이므로 채무부존재확인의 확정판결의 기판력은 그 채무부존재를 원인으로 하 는 등기말소청구소송에 미칠 수 없다(대판 1980.9.9. 80다1020).

3) 모순관계

① 의의 : 모순된 반대관계에서는 전소에서 확정된 소송물과 후소의 소송물이 서로 모순관계로 동일성이 있으므로 동일관계의 경우에 기판력이 미치는 경우와 마찬가지로 취급된다.

② 기판력이 작용하는 경우

ⓐ 원고가 매매의 유효를 원인으로 소유권이전등기청구의 소를 제기하여 승소확정된 이후 피고가 위 매매가 무효임을 주장하면서 등기의 말소를 구하는 경우 : 확정판결의 기판력은 소송물로 주장된 법률 관계의 존부에 관한 판단의 결론 자체에만 미치고 그 전제가 되는 법률관계의 존부에까지 미치는 것은 아니어서, <u>가등기에 기한 소유권이전등기절차의 이행을 명한 전소 판결의 기판력은 소송물인 소유권이전등기청구권의 존부에만 미치고 그 등기청구권의 원인이 되는 채권계약의 존부나 판결이유 중에 설시되었을 뿐인 가등기의 효력 유무에 관한 판단에는 미치지 아니하고, 따라서 만일 후소로써 위 가등기에 기한 소유권이전등기의 말소를 청구한다면 이는 1물1권주의의 원칙에 비추어 볼 때 전소 에서 확정된 소유권이전등기청구권을 부인하고 그와 모순되는 정반대의 사항을 소송물로 삼은 경우에 해당하여 전소 판결의 기판력에 저촉된다</u>고 할 것이지만, 이와 달리 위 가등기만의 말소를 청구하는 것은, 전소에서 판단의 전제가 되었을 뿐이고 그로써 아직 확정되지는 아니한 법률관계를 다투는 것에 불과하여 전소 판결의 기판력에 저촉된다고 볼 수 없다(대판 1995.3.24. 93다52488).

ⓛ 원고가 매매의 무효를 원인으로 소유권이전등기말소청구의 소를 제기하여 승소확정된 이후 피고가 위 매매가 유효임을 주장하면서 소유권이전등기를 구하는 경우 : 전후소의 당사자가 동일하므로 주관적 범위에서 기판력이 작용하고, 전소의 주문판단은 원고에게 말소등기청구구권이 존재한다는 것인데 후소의 청구취지는 전소에서 인정된 말소등기청구권 자체를 부인하는 것이고, 청구원인 역시 전소에서 인정된 매매가 무효라는 사실을 부인하는 것이므로 모순관계에 해당하여 객관적 범위에서 작용하며 피고가 진술한 매매계약이 유효하다는 주장은 전소 변론종결 전에 주장할 수 있었던 방어방법이므로 시적 범위에서 차단된다. 따라서 판례의 모순금지설에 의하면 후소 법원은 청구기각판결을 하게 된다.[75]

ⓒ 제3자가 소유자를 상대로 확정판결을 받아 소유권이전등기를 경료한 후 종전의 소유권이전등기청구권을 가지는 자가 소유자를 대위하여 제3자 명의의 소유권이전등기가 원인무효임을 내세워 그 등기의 말소를 구하는 경우 : 부동산의 소유자에 대하여 소유권이전등기를 청구할 지위에 있기는 하지만 아직 그 소유권이전등기를 경료하지 않은 상태에서, 제3자가 부동산의 소유자를 상대로 그 부동산에 관한 소유권이전등기절차 이행의 확정판결을 받아 소유권이전등기를 경료한 경우, 그 확정판결이 당연무효이거나 재심의 소에 의하여 취소되지 않는 한, 종전의 소유권이전등기청구권을 가지는 자가 부동산의 소유자에 대한 소유권이전등기청구권을 보전하기 위하여 부동산의 소유자를 대위하여 제3자 명의의 소유권이전등기가 원인무효임을 내세워 그 등기의 말소를 구하는 것은 확정판결의 기판력에 저촉되므로 허용될 수 없다(대판 1999.2.24. 97다46955).

③ 기판력이 작용하지 않는 경우

ⓐ 조합이 적법한 양도담보권자라는 전제에서 농지인도청구 등을 인용한 전소의 확정판결 후 조합이 양도담보권자가 될 수 없다 하여 소유권이전등기의 말소를 청구한 경우 : 채무를 담보하기 위하여 채권자명의로 농지의 소유권이전등기를 하는 경우에도 농지개혁법상의 농지소유에 필요한 모든 요건을 구비하여야 하므로 농가 아닌 자에게 농지를 담보로 하여 경료된 소유권이전등기는 원인무효이다. 농지개량조합이 원고가 되어 위 조합이 농지에 관한 적법한 양도담보권자라는 전제에서 농지인도청구 등을 인용한 전소의 확정판결과 전소의 피고가 원고가 되어 위 조합이 이 사건 농지 부분에 대하여 양도담보권자가 될 수 없다 하여 소유권이전등기의 말소를 청구한 후소와는 그 소송물이 상이하므로 기판력에 저촉하지 아니한다(대판 1979.2.13. 78다58[전합]).

ⓑ 전·후소의 소송물의 각 전제가 되는 법률관계가 모순되는 경우 : [1] 전에 제기된 소와 후에 제기된 소의 소송물이 동일하지 않다고 하더라도, 후에 제기된 소의 소송물이 전에 제기된 소에서 확정된 법률관계와 모순되는 정반대의 사항을 소송물로 삼았다면 이러한 경우에는 전번 판결의 기판력이 후에 제기된 소에 미치는 것이지만, 확정판결의 기판력은 소송물로 주장된 법률관계의 존부에 관한 판단의 결론에만 미치고 그 전제가 되는 법률관계의 존부에까지 미치는 것이 아니므로, 전의 소송에서 확정된 법률관계란 확정판결의 기판력이 미치는 법률관계를 의미하는 것이지 그 전제가 되는 법률관계까지 의미하는 것은 아니다.

---

75) 아래의 판례와 구별하여야 한다. 아래의 판례(93다43491)에서 전소의 말소사유는 등기위조사실이고 후소의 사유는 매매사실이다.
확정판결의 기판력은 소송물로 주장된 법률관계의 존부에 관한 판단 그 자체에만 미치는 것이고, 전소와 후소가 그 소송물이 동일한 경우에 작용하는 것이다. 따라서 부동산에 관한 소유권이전등기가 원인무효라는 이유로 그 등기의 말소를 명하는 판결이 확정되었다고 하더라도 그 확정판결의 기판력은 그 소송물이었던 말소등기청구권의 존부에만 미치는 것이므로, 그 소송에서 패소한 당사자도 전소에서 문제된 것과는 전혀 다른 청구원인에 기하여 상대방에 대하여 소유권이전등기청구를 할 수 있는 것이다(대판 1995.6.13. 93다43491).

[2] 매매계약의 무효 또는 해제를 원인으로 한 매매대금반환청구에 대한 인낙조서의 기판력은 그 매매대금반환청구권의 존부에 관하여만 발생할 뿐, 그 전제가 되는 선결적 법률관계인 매매계약의 무효 또는 해제에까지 발생하는 것은 아니므로 소유권이전등기청구권의 존부를 소송물로 하는 후소는 전소에서 확정된 법률관계와 정반대의 모순되는 사항을 소송물로 하는 것이라 할 수 없으며, 기판력이 발생하지 않는 전소와 후소의 소송물의 각 전제가 되는 법률관계가 매매계약의 유효 또는 무효로서로 모순된다고 하여 전소에서의 인낙조서의 기판력이 후소에 미친다고 할 수 없다(대판 2005.12.23. 2004다55698).

ⓒ 청구취지와 청구원인이 각기 상이한 경우 : 전소의 소송물은 부동산에 대한 소유권 확인과 소유권보존등기에 대한 말소등기청구권의 존부였던 것임에 반하여 후소는 비록 동일 부동산에 관한 것이기는 하지만 점유취득시효 완성을 원인으로 하는 소유권이전등기청구권의 존부에 관한 것인 경우, 위 전후의 양 소는 그 청구취지와 청구원인이 각기 상이하여 서로 모순·저촉된다고 할 수 없으므로 전소판결의 기판력이 후소에 미친다고 할 수 없다(대판 1997.11.14. 97다32239).

2. 판결이유 중의 판단

(1) 사 실

판결이유 중에 판단된 사실은 기판력이 발생하지 아니한다. 예를 들면 말소등기판결 이유 중에서 판단된 피고가 무권대리인으로부터 매수했다는 사실인정, 손해배상판결의 이유 중에 판단된 고의·과실·인과관계에는 기판력이 발생하지 아니한다.

(2) 선결적 법률관계

1) 선결적 법률관계에 기판력 인정 여부

① 문제점 : 소송물 판단의 전제가 되는 선결적 법률관계의 판단에는 기판력이 발생하지 아니하므로 기판력이 미치게 하려면 중간확인의 소 또는 별소를 제기하여 선결적 법률관계를 소송물로 삼아야 한다. 그러나 판결이유 중의 판단에 구속력이 없으면 전·후소의 판결이 모순될 우려가 있는 경우가 있어 이를 시정하기 위해 기판력 등을 인정할지 여부가 문제 된다.

② 학설 : 당사자가 주요한 쟁점으로 다투고 법원이 심리해 내린 쟁점에 대한 판결이유 중의 판단에 쟁점효가 발생하므로 구속력을 인정하는 견해와 민사소송법 제264조에서 선결적 법률관계에 대해 기판력을 얻기 위해 따로 중간확인의 소를 규정하고 있다는 점을 들어 판결이유 중의 판단에 구속력을 부정하는 견해가 대립하고 있다.

③ 판례 : 판례는 민사재판에 있어서는 다른 민사사건 등의 판결에서 인정된 사실에 구속받는 것이 아니라 할지라도 이미 확정된 관련 민사사건에서 인정된 사실은 특별한 사정이 없는 한 유력한 증거가 되므로, 합리적인 이유설시 없이 이를 배척할 수 없고, 특히 전후 두 개의 민사소송이 당사자가 같고 분쟁의 기초가 된 사실도 같으나 다만 소송물이 달라 기판력에 저촉되지 아니한 결과 새로운 청구를 할 수 있는 경우에 있어서는 더욱 그러하다(대판 1995.6.29. 94다47292)고 하여 증명력설을 취하고 있다.

④ 검토 : 생각건대 판결이유 중의 판단에 구속력을 인정하게 되면 민사소송법 제216조에 반하게 되는 문제가 있고, 법원이 판결이유에 심리를 치중하게 되어 소송지연의 원인이 될 수 있어 민사재판에서 이와 관련된 다른 민·형사사건에서 인정된 사실은 특별한 사정이 없는 한 유력한 증거자료가 되므로 후소법원은 합리적인 이유설시 없이 이를 배척할 수 없다고 보아 판결의 모순·저촉을 피하는 것이 타당하다고 판단된다(증명력설).

2) 선결적 법률관계 관련 판례

[말소등기청구소송에서 선결적 법률관계인 소유권에 관한 판단]

확정판결의 기판력은 소송물로 주장된 법률관계의 존부에 관한 판단의 결론에만 미치고 그 전제가 되는 법률관계의 존부에까지 미치는 것은 아니므로, 계쟁 부동산에 관한 피고 명의의 소유권이전등기가 원인무효라는 이유로 원고가 피고를 상대로 그 등기의 말소를 구하는 소송을 제기하였다가 청구기각의 판결을 선고받아 확정되었다고 하더라도, 그 확정판결의 기판력은 소송물로 주장된 말소등기청구권이나 이전등기청구권의 존부에만 미치는 것이지 그 기본이 된 소유권 자체의 존부에는 미치지 아니하고, 따라서 원고가 비록 위 확정판결의 기판력으로 인하여 계쟁 부동산에 관한 등기부상의 소유 명의를 회복할 방법은 없게 되었다고 하더라도 그 소유권이 원고에게 없음이 확정된 것은 아닐 뿐만 아니라, 등기부상 소유자로 등기되어 있지 않다고 하여 소유권을 행사하는 것이 전혀 불가능한 것도 아닌 이상, 원고로서는 그의 소유권을 부인하는 피고에 대하여 계쟁 부동산이 원고의 소유라는 확인을 구할 법률상 이익이 있으며, 이러한 법률상의 이익이 있는 이상에는 특별한 사정이 없는 한 소유권확인 청구의 소제기 자체가 신의칙에 반하는 것이라고 단정할 수 없는 것이다(대판 2002.9.24. 2002다11847).

[건물철거 및 토지인도청구소송에서 선결적 법률관계인 소유권에 관한 판단]

확정판결의 기판력은 그 판결의 주문에 포함된 것, 즉 소송물로 주장된 법률관계의 존부에 관한 판단의 결론 그 자체에만 생기는 것이고, 판결이유에 설시된 그 전제가 되는 법률관계의 존부에까지 미치는 것은 아니고, 건물철거 및 토지인도청구권을 소송물로 하는 소송은 소유권 자체의 확정이 아니라 건물철거청구권 및 토지인도청구권의 존부만을 목적으로 할 따름이므로 그 소송에서 부동산의 권리귀속에 관한 판단이 있었다고 하더라도 그 기판력은 판결주문에 표시된 건물철거청구권 및 토지인도청구권에 국한되고 판결이유 중의 부동산 권리귀속에 관한 판단 부분에까지 미치지는 아니한다(대판 2010.12.23. 2010다58889).

[매매대금반환청구소송에서 선결적 법률관계인 매매계약의 무효에 관한 판단]

매매계약의 무효 또는 해제를 원인으로 한 매매대금반환청구에 대한 인낙조서의 기판력은 그 매매대금반환청구권의 존부에 관하여만 발생할 뿐, 그 전제가 되는 선결적 법률관계인 매매계약의 무효 또는 해제에까지 발생하는 것은 아니므로 소유권이전등기청구권의 존부를 소송물로 하는 후소는 전소에서 확정된 법률관계와 정반대의 모순되는 사항을 소송물로 하는 것이라 할 수 없으며, 기판력이 발생하지 않는 전소와 후소의 소송물의 각 전제가 되는 법률관계가 매매계약의 유효 또는 무효로 서로 모순된다고 하여 전소에서의 인낙조서의 기판력이 후소에 미친다고 할 수 없다(대판 2005.12.23. 2004다55698).

[임대차보증금의 지급을 명하는 확정판결의 기판력이 임대차보증금에 의해 담보되는 연체차임채무 등의 부존재에도 미치는지 여부]

임차인이 임대차계약 종료 이후에도 동시이행의 항변권을 행사하는 방법으로 목적물의 반환을 거부하기 위하여 임차건물 부분을 계속 점유하기는 하였으나 이를 본래의 임대차계약상의 목적에 따라 사용·수익하지 아니하여 실질적인 이득을 얻은 바 없는 경우에는 그로 인하여 임대인에게 손해가 발생하였다 하더라도 임차인의 부당이득반환의무는 성립되지 아니한다 할 것이다. 확정판결은 주문에 포함한 것에 한하여 기판력이 있는 것이므로, 확정판결의 기판력은 소송물로 주장된 법률관계의 존부에 관한 판단의 결론 자체에만 미치고 그 전제가 되는 법률관계의 존부에까지 미치는 것은 아니라고 할 것인바, 임대차보증금은 임대차 종료 후에 임차인이 임차목적물을 임대인에게 반환할 때 연체차임 등 모든 피담보채무를 공제한 잔액이 있을 것을 조건으로 하여 그 잔액에 대하여서만 임차인의 반환청구권이 발생하고, 또 임대차보증금의 지급을 명하는 판결이 확정되면 변론종결 전의 사유를 들어 당사자 사이에 수수된 임대차보증금의 수액 자체를 다투는 것은 허용되지 아니한다 하더라도, 임대차보증금 반환청구권 행사의 전제가 되는 연체차임 등 피담보채무의 부존재에 대하여 기판력이 작용하는 것은 아니다(대판 2001.2.9. 2000다 61398).

(3) 항변

1) 일반항변

항변은 소송물이 아니기 때문에 판결이유 중에 판단되는 법정지상권 항변, 동시이행의 항변 등에는 기판력이 발생하지 아니한다. 상환이행을 명하는 확정판결의 기판력은 소송물에 대여금 또는 청산금 지급이 상환이 조건으로 붙어 있다는 점에 미치는 데 불과하고, 상환이행을 명한 반대채권의 존부나 그 수액에 기판력이 미치지 않는다(대판 1996.7.12. 96다19017).

2) 상계항변

① **의의** : 판결이유 중의 판단임에도 불구하고 상계 주장에 관한 법원의 판단에 기판력을 인정한 취지는, 만일 이에 대하여 기판력을 인정하지 않는다면, 원고의 청구권의 존부에 대한 분쟁이 나중에 다른 소송으로 제기되는 반대채권의 존부에 대한 분쟁으로 변형됨으로써 상계 주장의 상대방은 상계를 주장한 자가 반대채권을 이중으로 행사하는 것에 의하여 불이익을 입을 수 있게 될 뿐만 아니라, 상계 주장에 대한 판단을 전제로 이루어진 원고의 청구권의 존부에 대한 전소의 판결이 결과적으로 무의미하게 될 우려가 있게 되므로, 이를 막기 위함이다(대판 2018.8.30. 2016다46338).

② **기판력의 발생요건**

　㉠ **자동채권에 대한 요건** : 상계항변에 관한 판단에 기판력이 발생하려면 자동채권이 판단되어야 하고, 실기하여 각하된 경우, 상계부적상으로 배척된 경우 등에는 기판력이 발생하지 아니한다.

　㉡ **수동채권에 대한 요건** : 상계 주장에 관한 판단에 기판력이 인정되는 경우는, 상계 주장의 대상이 된 수동채권이 소송물로서 심판되는 소구채권이거나 그와 실질적으로 동일하다고 보이는 경우(가령 원고가 상계를 주장하면서 청구이의의 소송을 제기하는 경우 등)로서 상계를 주장한 반대채권과 그 수동채권을 기판력의 관점에서 동일하게 취급하여야 할 필요성이 인정되는 경우를 말한다고 봄이 상당하므로 만일 상계 주장의 대상이 된 수동채권이 동시이행항변에 행사된 채권일 경우에는 그러한 상계 주장에 대한 판단에는 기판력이 발생하지 않는다고 보아야 할 것인바, 위와 같이 해석하지 않을 경우 동시이행항변이 상대방의 상계의 재항변에 의하여 배척된 경우에 그 동시이행항변에 행사된 채권을 나중에 소송상 행사할 수 없게 되어 민사소송법 제216조가 예정하고 있는 것과 달리 동시이행 항변에 행사된 채권의 존부나 범위에 관한 판결 이유 중의 판단에 기판력이 미치는 결과에 이르기 때문이다(대판 2005.7.22. 2004다17207).

　㉢ **단독행위로서의 상계** : 여기의 상계는 단독행위로서의 상계를 의미하므로 피고가 상계항변을 한 것이 아니라 상계하여 정산하기로 합의하였다고 항변하는 경우 기판력이 발생하지 아니한다는 것이 판례이다(대판 2014.4.10. 2013다54390).

③ **기판력의 발생범위**

　㉠ **상계항변을 배척한 경우** : 반대채권의 부존재에 기판력이 발생한다. 판례는 확정된 판결의 이유 부분의 논리구조상 법원이 당해 소송의 소송물인 수동채권의 전부 또는 일부의 존재를 인정하는 판단을 한 다음 피고의 상계항변에 대한 판단으로 나아가 피고가 주장한 반대채권의 존재를 인정하지 않고 상계항변을 배척하는 판단을 한 경우에, 그와 같이 반대채권이 부존재한다는 판결이유 중의 판단의 기판력은 특별한 사정이 없는 한 '법원이 반대채권의 존재를 인정하였더라면 상계에 관한 실질적 판단으로 나아가 수동채권의 상계적상일까지의 원리금과 대등액에서 소멸하는 것으로 판단할 수 있었던 반대채권의 원리금 액수'의 범위에서 발생한다고 보아야 한다. 그리고 이러한 법리는 피고가 상계항변으로 주장하는 반대채권의 액수가 소송물로서 심판되는 소구채권의 액수보다 더 큰 경우에도 마찬가지로 적용된다(대판 2018.8.30. 2016다46338)고 한다.

ⓛ 상계항변을 인용한 경우 : 원고의 소구채권과 피고의 반대채권이 모두 존재하고 그것이 상계에 의해 소멸하였다는 판단에 기판력이 미친다는 견해와 현재의 법률관계로서 자동채권이 존재하지 않는다는 점에 기판력이 발생한다는 견해가 대립하고 있으나 민사소송법 제216조 제2항의 조문의 해석에 충실한 전자의 견해가 타당하다.

ⓒ 수개의 반대채권 중 일부는 인용, 나머지는 배척한 경우 : 피고가 상계항변으로 2개 이상의 반대채권을 주장하였는데 법원이 그중 어느 하나의 반대채권의 존재를 인정하여 수동채권의 일부와 대등액에서 상계하는 판단을 하고, 나머지 반대채권들은 모두 부존재한다고 판단하여 그 부분 상계항변은 배척한 경우에, 수동채권 중 위와 같이 상계로 소멸하는 것으로 판단된 부분은 피고가 주장하는 반대채권들 중 그 존재가 인정되지 않은 채권들에 관한 분쟁이나 그에 관한 법원의 판단과는 관련이 없어 기판력의 관점에서 동일하게 취급할 수 없으므로, 그와 같이 반대채권들이 부존재한다는 판단에 대하여 기판력이 발생하는 전체 범위는 위와 같이 상계를 마친 후의 수동채권의 잔액을 초과할 수 없다고 보아야 한다. 그리고 이러한 법리는 피고가 주장하는 2개 이상의 반대채권의 원리금 액수의 합계가 법원이 인정하는 수동채권의 원리금 액수를 초과하는 경우에도 마찬가지로 적용된다. 이때 '부존재한다고 판단된 반대채권'에 관하여 법원이 그 존재를 인정하여 수동채권 중 일부와 상계하는 것으로 판단하였을 경우를 가정하더라도, 그러한 상계에 의한 수동채권과 당해 반대채권의 차액 계산 또는 상계충당은 수동채권과 당해 반대채권의 상계적상의 시점을 기준으로 하였을 것이고, 그 이후에 발생하는 이자, 지연손해금 채권은 어차피 그 상계의 대상이 되지 않았을 것이므로, 위와 같은 가정적인 상계적상 시점이 '실제 법원이 상계항변을 받아들인 반대채권'에 관한 상계적상 시점보다 더 뒤라는 등의 특별한 사정이 없는 한, 앞에서 본 기판력의 범위의 상한이 되는 '상계를 마친 후의 수동채권의 잔액'은 수동채권의 '원금'의 잔액만을 의미한다고 보아야 한다(대판 2018.8.30. 2016다46338).

ⓔ 기판력 범위의 기재 : 상계를 주장하면 그것이 받아들여지든 아니든 상계하자고 대항한 액수에 대하여 기판력이 생긴다(민사소송법 제216조 제2항). 따라서 여러 개의 자동채권이 있는 경우에 법원으로서는 그중 어느 자동채권에 대하여 어느 범위에서 상계의 기판력이 미치는지 판결이유 자체로 당사자가 분명하게 알 수 있을 정도까지는 밝혀 주어야 한다. 그러므로 상계항변이 이유 있는 경우에는, 상계에 의하여 소멸되는 채권의 금액을 일일이 계산할 것까지는 없다고 하더라도, 최소한 상계충당이 지정충당에 의하게 되는지 법정충당에 의하게 되는지 여부를 밝히고, 지정충당이 되는 경우라면 어느 자동채권이 우선 충당되는지를 특정하여야 할 것이며, 자동채권으로 이자나 지연손해금채권이 함께 주장되는 경우에는 그 기산일이나 이율 등도 구체적으로 특정해 주어야 할 것이다(대판 2011.8.25. 2011다24814).

④ **기판력의 작용국면**

㉠ 기판력이 발생하여 소의 이익이 부정되는 경우 : 기판력은 후소의 소송물이 전소의 소송물과 동일·선결·모순관계에 있을 경우 작용하게 되는데 기판력이 발생한 자동채권과 동일한 채권을 후소의 소송물로 하는 경우 기판력이 후소에 작용한다. 따라서 판례는 예비적 반소의 원인채권인 계약금반환채권에 기한 상계항변이 다른 사건에서 인용되어 이미 확정된 이상, 이 사건 예비적 반소는 소의 이익이 없게 되어 부적법하게 되었으므로, 원심판결 중 이 사건 예비적 반소에 관한 부분은 상고이유에 대하여 살펴볼 필요 없이 그대로 유지할 수 없다(대판 2010.8.26. 2010다30966)고 판시하고 있다.

ⓛ 기판력이 발생하지 않아 소의 이익이 인정되는 경우 : 판례는 소송상 방어방법으로서의 상계항변은 통상 수동채권의 존재가 확정되는 것을 전제로 하여 행하여지는 일종의 예비적 항변으로서, 소송상 상계의 의사표시에 의해 확정적으로 그 효과가 발생하는 것이 아니라 당해 소송에서 수동채권의 존재 등 상계에 관한 법원의 실질적 판단이 이루어지는 경우에 비로소 실체법상 상계의 효과가 발생한다. 따라서 원고의 소구채권 자체가 인정되지 않는 경우 더 나아가 피고의 상계항변의 당부를 따져볼 필요도 없이 원고 청구가 배척될 것이므로, '원고의 소구채권 그 자체를 부정하여 원고의 청구를 기각한 판결'과 '소구채권의 존재를 인정하면서도 상계항변을 받아들인 결과 원고의 청구를 기각한 판결'은 민사소송법 제216조에 따라 기판력의 범위를 서로 달리하고, 후자의 판결에 대하여 피고는 상소의 이익이 있다(대판 2018.8.30. 2016다46338)고 한다.

(4) 법률판단

판결이유 중에서 한 법률판단에도 기판력이 발생하지 아니한다. 여기의 법률판단에는 추상적 법규의 해석적 용은 물론 구체적인 사건에 대한 법률해석판단도 포함된다.

Ⅲ 기판력의 시적 범위

1. 사실심 변론종결 시

기판력의 시적 범위는 전소확정판결의 기판력이 어느 시점의 권리관계의 존부에 발생하는지 확정하는 것을 말한다. 민사소송에 있어서 당사자는 사실심의 변론종결 시까지 소송자료를 제출할 수 있고, 법원은 그때까지 제출된 소송자료를 기초로 하여 종국판결을 하기 때문에 기판력의 표준시는 사실심의 변론종결 시가 된다 (민소법 제218조). 물론 무변론판결의 기판력의 표준시는 판결선고 시이다. 따라서 기판력은 그 표준시에서의 현재의 권리관계의 존부판단에 생기며 표준시 이전 또는 이후의 권리관계에는 미치지 아니한다.

2. 변론종결 전에 존재한 사유

(1) 실권의 범위

표준시 전에 당사자가 제출할 수 있었던 공격방어방법은 기판력의 실권효에 의하여 차단되어 후소에서 이를 주장할 수 없다. 소송자료를 제출하지 못한 데 과실유무는 불문한다(대판 1980.5.13. 80다473).

1) 원고가 패소한 경우

전소에서 원고가 패소한 경우, 즉 원고가 증여를 원인으로 한 소유권확인청구의 소에서 패소확정된 뒤 원고가 변론종결 전에 주장할 수 있었던 상속사실을 들어 소유권확인의 소를 제기한 경우 또는 원고가 소유권에 기한 토지인도청구소송에서 소유권이 없음을 이유로 패소확정된 뒤 원고가 변론종결 전에 주장할 수 있었던 원고에게로 소유권이 환원된 사실을 들어 동일한 소를 제기한 경우에는 후소는 전소의 기판력에 저촉된다.

2) 피고가 패소한 경우

예를 들면 원고가 청구권을 주장하면서 승소확정판결을 받았다면 패소확정된 피고가 청구이의의 소 채무부 존재확인의 소를 제기하면서 전소 변론종결 전에 발생한 변제·면제·소멸시효완성 등의 채무소멸사유를 주장할 수 없다.

3) 실권되는 범위

어음발행사실에 기해 어음금청구를 하였다가 패소판결을 받고 확정된 뒤 전소 변론종결 전에 주장할 수 있었던 대여사실을 주장하면서 대여금청구의 소를 제기하는 경우와 같이 전소의 사실관계와 무관하고 모순되지 아니한 사실관계가 실권되는지 여부가 문제 된다. 구소송물이론과 이원설에서는 대여사실은 별개의 청구원인사실로 소송물이 달라서 기판력의 객관적 범위에서 작용하지 아니하므로 시적 범위에서 전소 변론종결 전에 발생한 것이라고 하더라도 차단되지 아니한다고 한다. 신소송물이론 중 일원설에 의하면서도 위의 경우처럼 전소의 사실관계와 무관하고 모순되지 아니한 사실관계의 경우에는 차단되지 아니한다고 주장하는 견해도 있다. 생각건대 신소송물이론 중 일원설은 일원설로 출발하여 이원설과 같은 결론에 이른다는 점에서 판례의 태도인 구소송물이론이 타당하다고 판단된다.

(2) 변론종결 전의 한정승인사실

1) 한정승인의 의의

한정승인이란 승인을 하지만 피상속인의 채무와 유증에 의한 채무는 상속재산의 한도에서 변제하고 상속인의 고유재산으로 책임을 지지 않는 것을 말한다. 상속인이 한정승인을 한 경우 특별한 사정이 없는 한 상속채무는 전부 승계되지만 책임은 상속채무의 범위 내에서만 부담한다.

2) 한정승인을 이유로 한 청구이의의 소의 적법 여부

① **문제점** : 변론종결 전에 한정승인을 하였음에도 불구하고 이를 주장하지 않은 경우 후에 한정승인을 주장하면서 청구이의의 소를 제기할 수 있는지 문제 된다.

② **학설** : 상속인이 전소에서 한정승인의 항변을 하지 아니하면 책임의 범위는 현실적인 심판대상으로 등장하지 않고 주문과 이유에서도 판단되지 않으므로 상속인의 고유재산에는 기판력이 미치지 않아 청구이의의 소를 제기할 수 있다는 긍정설과 한정승인을 주장하지 않아 주문에서 채무범위만 명시해 책임범위에 관한 유보가 없는 판결이 확정돼도 무한책임을 판시한 것이고 한정승인사실은 변론종결 전의 사유이므로 적법한 청구이의의 사유가 될 수 없다는 부정설이 대립하고 있다.

③ **판례** : 판례는 채권자가 피상속인의 금전채무를 상속한 상속인을 상대로 그 상속채무의 이행을 구하여 제기한 소송에서 채무자가 한정승인 사실을 주장하지 않으면 책임의 범위는 현실적인 심판대상으로 등장하지 아니하여 주문에서는 물론 이유에서도 판단되지 않으므로 그에 관하여 기판력이 미치지 않는다. 그러므로 채무자가 한정승인을 하고도 채권자가 제기한 소송의 사실심 변론종결 시까지 그 사실을 주장하지 아니하여 책임의 범위에 관한 유보가 없는 판결이 선고되어 확정되었다고 하더라도, 채무자는 그 후 위 한정승인 사실을 내세워 청구에 관한 이의의 소를 제기할 수 있다(대판 2006.10.13. 2006다23138)고 한다.

④ **검토** : 한정승인에 의한 책임제한은 집행단계에서 문제되는 것이므로 전소 확정판결의 기판력은 상속인의 고유재산에는 미치지 아니한다고 보는 것이 타당하다. 따라서 상속인은 강제집행단계에서 한정승인을 주장하여 청구이의의 소를 제기할 수 있다고 할 것이다.

(3) 변론종결 전의 상속포기사실

1) 상속포기의 의의

상속포기란 상속으로 인하여 발생하는 모든 권리의무의 승계를 부인하고 처음부터 상속인이 아니었던 것으로 하려는 상속인의 단독의 의사표시를 말한다. 상속인이 상속포기를 한 경우 상속인은 처음부터 상속인이 아닌 것으로 본다(민법 제1042조).

2) 상속포기를 이유로 한 청구이의의 소의 적법 여부

판례는 채무자가 한정승인을 하였으나 채권자가 제기한 소송의 사실심 변론종결 시까지 이를 주장하지 아니하는 바람에 책임의 범위에 관하여 아무런 유보 없는 판결이 선고·확정된 경우라 하더라도 채무자가 그후 위 한정승인 사실을 내세워 청구에 관한 이의의 소를 제기하는 것이 허용되는 것은, 한정승인에 의한 책임의 제한은 상속채무의 존재 및 범위의 확정과는 관계없이 다만 판결의 집행 대상을 상속재산의 한도로 한정함으로써 판결의 집행력을 제한할 뿐으로, 채권자가 피상속인의 금전채무를 상속한 상속인을 상대로 그 상속채무의 이행을 구하여 제기한 소송에서 채무자가 한정승인 사실을 주장하지 않으면 책임의 범위는 현실적인 심판대상으로 등장하지 아니하여 주문에서는 물론 이유에서도 판단되지 않는 관계로 그에 관하여는 기판력이 미치지 않기 때문이다. 위와 같은 기판력에 의한 실권효 제한의 법리는 채무의 상속에 따른 책임의 제한 여부만이 문제되는 한정승인과 달리 상속에 의한 채무의 존재 자체가 문제되어 그에 관한 확정판결의 주문에 당연히 기판력이 미치게 되는 상속포기의 경우에는 적용될 수 없다(대판 2009.5.28. 2008다79876)고 판시하고 있다. 생각건대 상속채무를 인정하는 전소판결이 확정되었고 후소인 청구이의의 소에서의 상속포기주장은 상속채무 자체를 부정하는 주장이므로 기판력의 객관적 범위에서 모순관계로 작용하고 시적 범위에서 전소 변론종결전의 사유이므로 차단된다는 것으로 이해해야 한다. 다만, 판례는 예외적으로 확정판결의 변론종결 전에 가정법원에 상속포기 신고를 하였다고 하더라도 변론종결 후에 상속포기 심판을 송달받았다면 그 상속포기는 청구이의의 사유에 해당한다(대판 2004.6.25. 2004다20401)고 한다.

3. 표준시 전후의 법률관계

표준시 전의 과거의 법률관계에 관하여는 기판력이 발생하지 아니한다. 따라서 표준시에 권리가 존재한다는 판결이 확정된 후 표준시 전에는 권리가 부존재한다는 주장을 할 수 있고, 표준시에 권리가 부존재한다는 판결이 확정된 후 표준시 전에는 존재한다는 주장을 할 수 있다. 물론 표준시 후의 장래의 법률관계에도 기판력이 발생하지 아니한다. 판례는 확정판결의 기판력은 사실심의 최종변론종결 당시의 권리관계를 확정하는 것이므로, 원고의 청구 중 확정판결의 사실심 변론종결 시 후의 이행지연으로 인한 손해배상(이자)청구부분은 그 선결문제로서 확정판결에 저촉되는 금원에 대한 피고의 지급의무의 존재를 주장하게 되어 논리상 확정판결의 기판력의 효과를 받게 되는 것이라고 할 것이나 그 외의 부분(변론종결 당시까지의 분)의 청구는 확정판결의 기판력의 효과를 받지 않는다(대판 1976.12.14. 76다1488)고 하여 같은 취지로 판시하고 있다.

4. 변론종결 뒤에 발생한 새로운 사유

전소 변론종결 뒤에 발생한 사유는 실권되지 아니하므로 전소 변론종결 뒤의 사유를 가지고 당사자는 전소 확정판결의 기판력을 다툴 수 있고 법원도 확정판결의 내용과 달리 판단할 수 있다.

(1) 기판력에 저촉되지 않는 사례

1) 원고패소의 경우

① **변론종결 후의 변제** : 전소에서 피담보채무의 변제로 양도담보권이 소멸하였음을 원인으로 한 소유권이전등기의 회복 청구가 기각되었다고 하더라도, 장래 잔존 피담보채무의 변제를 조건으로 소유권이전등기의 회복을 청구하는 것은 전소의 확정판결의 기판력에 저촉되지 아니한다(대판 2014.1.23. 2013다64793).

② **변론종결 후의 기한도래 또는 조건성취** : 판결이 확정되면 법원이나 당사자는 확정판결에 반하는 판단이나 주장을 할 수 없는 것이나, 이러한 확정판결의 효력은 그 표준시인 사실심 변론종결 시를 기준으로 하여 발생하는 것이므로, 그 이후에 새로운 사유가 발생한 경우까지 전소의 확정판결의 기판력이 미치는 것은 아니므로, 전소에서 정지조건 미성취를 이유로 청구가 기각되었다 하더라도 변론종결 후에 그 조건이 성취되었다면, 이는 변론종결 뒤의 취소권이나 해제권과 같은 형성권 행사의 경우와는 달리 동일한 청구에 대하여 다시 소를 제기할 수 있다(대판 2002.5.10. 2000다50909).

③ **변론종결 후의 재산분할협의** : 소유권확인청구의 소송물은 소유권 자체의 존부이므로, 전소에서 원고가 소유권을 주장하였다가 패소 판결이 확정되었다고 하더라도, 전소 변론종결 후에 소유권을 새로이 취득하였다면 전소의 기판력이 소유권확인을 구하는 후소에 미칠 수 없는데, 상속재산분할협의가 전소 변론종결 후에 이루어졌다면 비록 상속재산분할의 효력이 상속이 개시된 때로 소급한다 하더라도, 상속재산분할협의에 의한 소유권 취득은 전소 변론종결 후에 발생한 사유에 해당한다. 따라서 전소에서 원고가 단독상속인이라고 주장하여 소유권확인을 구하였으나 공동상속인에 해당한다는 이유로 상속분에 해당하는 부분에 대해서만 원고의 청구를 인용하고 나머지 청구를 기각하는 판결이 선고되어 확정되었다면, 전소의 기판력은 전소 변론종결 후에 상속재산분할협의에 의해 원고가 소유권을 취득한 나머지 상속분에 관한 소유권확인을 구하는 후소에는 미치지 않는다(대판 2011.6.30. 2011다24340).

④ **변론종결 후의 이행 가능** : 판례에 의하면 을로부터 병 앞으로 소유권이전등기가 경료되어 있기 때문에 을의 갑에 대한 소유권이전등기 의무가 이행불능이라는 이유로 갑이 을을 상대로 한 소유권이전등기청구 소송에서 청구기각 판결이 확정된 후, 을이 병을 상대로 소유권이전등기말소청구소송을 제기하여 승소판결을 받아 등기부상 소유권을 회복한 경우, 을은 갑에 대하여 소유권이전등기 의무를 부담한다고 봄이 신의성실의 원칙상 당연하므로, 종전의 갑 패소판결 확정 후 사정변경이 생긴 이상 을에 대하여 갑 앞으로 소유권이전등기 절차의 이행을 명한 원심판결이 종전의 갑 패소판결의 기판력에 저촉되지 않는다(대판 1995.9.29. 94다46817)고 한다.

2) 피고패소의 경우

원고가 소비대차계약 사실을 주장하면서 대여금청구의 소를 제기하여 승소확정된 뒤 패소한 피고는 후소에서 변론종결 뒤에 발생한 사유인 변제·면제·소멸시효 등을 주장하면서 청구이의의 소(민사집행법 제44조)를 제기할 수 있다.

(2) 변론종결 뒤에 발생한 사유 여부

1) 사실자료에 한정

변론종결 후에 발생한 새로운 사유란 새로운 사실관계를 말하는 것일 뿐 기존의 사실관계에 대한 새로운 증거자료가 있다거나 새로운 법적 평가 또는 그와 같은 법적 평가가 담긴 다른 판결이 존재한다는 등의 사정은 포함되지 아니한다(대판 2016.8.30. 2016다222149). 따라서 법률·판례의 변경, 기초가 된 행정처분의 변경, 사실에 대한 법적 평가의 변경은 포함되지 아니한다. 최근 판례도 같은 취지에서 승소판결이 확정된 후 소송촉진 등에 관한 특례법의 변경으로 소송촉진법에서 정한 지연손해금 이율이 달라졌다고 하더라도 그로 인하여 선행 승소확정판결의 효력이 달라지는 것은 아니고, 확정된 선행판결과 달리 변경된 소송촉진법상의 이율을 적용하여 선행판결과 다른 금액을 원고의 채권액으로 인정할 수 있는 것도 아니(대판 2019.8.29. 2019다215272)라고 판시하고 있다.

2) 현저한 사정변경

① **여명단축으로 인한 치료비반환청구** : 판례는 확정판결이 실체적 권리관계와 다르다 하더라도 그 판결이 재심의 소 등으로 취소되지 않는 한 그 판결의 기판력에 저촉되는 주장을 할 수 없어 그 판결의 집행으로 교부받은 금원을 법률상 원인 없는 이득이라 할 수 없는 것이므로, 불법행위로 인한 인신손해에 대한 손해배상청구소송에서 판결이 확정된 후 피해자가 그 판결에서 손해배상액 산정의 기초로 인정된 기대여명보다 일찍 사망한 경우라도 그 판결이 재심의 소 등으로 취소되지 않는 한 그 판결에 기하여 지급받은 손해배상금 중 일부를 법률상 원인 없는 이득이라 하여 반환을 구하는 것은 그 판결의 기판력에 저촉되어 허용될 수 없다(대판 2009.11.12. 2009다56665)고 판시하고 있다.

② **임료상승으로 인한 차액청구**

ㄱ. 문제점 : 표준시의 임대료보다 임료가 현저하게 상승한 경우 차액청구를 위해 별소를 제기하는 것이 가능한지 문제 된다.

ㄴ. 학설 : 전소청구를 명시적 일부청구로 의제하여 별소로 차액청구가 가능하다고 하는 명시적 일부청구 의제설, 경제사정의 변동 등 전소에서 제출할 수 없었던 사실관계는 변론종결 뒤의 사유에 해당하므로 후소에서 차단되지 않는다는 시적 한계설, 전소 변론종결 시까지 제출을 기대할 수 없었던 손해, 부당이득 등은 전소 청구와는 별개의 소송물이라는 별개소송물설이 대립하고 있다.

ㄷ. 판례 : 판례는 토지의 소유자가 법률상 원인 없이 토지를 점유하고 있는 자를 상대로 장래의 이행을 청구하는 소로서, 그 점유자가 토지를 인도할 때까지 토지를 사용 수익함으로 인하여 얻을 토지의 임료에 상당하는 부당이득금의 반환을 청구하여, 그 청구의 전부나 일부를 인용하는 판결이 확정된 경우에, 그 소송의 사실심 변론종결 후에 토지의 가격이 현저하게 앙등하고 조세 등의 공적인 부담이 증대되었을 뿐더러 그 인근 토지의 임료와 비교하더라도 그 소송의 판결에서 인용된 임료액이 상당하지 아니하게 되는 등 경제적 사정의 변경으로 당사자 간의 형평을 심하게 해할 특별한 사정이 생긴 때에는, 일부청구임을 명시하지는 아니하였지만 명시한 경우와 마찬가지로 그 청구가 일부청구이었던 것으로 보아, 전소판결의 기판력이 그 일부청구에서 제외된 위 차액에 상당하는 부당이득금의 청구에는 미치지 않는 것이라고 해석하여 토지의 소유자는 점유자를 상대로 새로 소를 제기하여 전소판결에서 인용된 임료액과 적정한 임료액의 차액에 상당하는 부당이득금의 반환을 청구할 수 있다고 봄이 상당하다(대판 1993.12.21. 92다46226[전합])고 하여 명시적 일부청구의제설을 취하고 있다.

ㄹ. 검토 : 생각건대 소유자의 권리보호의 필요성과 경제사정의 변동 등 액수산정의 기초가 되는 사실의 변경을 새로운 사실자료나 소송물로 볼 수 없다는 점에서 명시적 일부청구의제설이 타당하다고 판단된다.

③ 후유증에 의한 확대손해의 추가청구
　㉠ 문제점 : 불법행위에 의한 신체의 침해를 이유로 하는 손해배상청구소송에서 판결이 확정된 후에 후유증에 의한 확대손해가 발생한 경우 다시 소를 제기하여 손해배상을 청구할 수 있는지 문제 된다.
　㉡ 학설 : 치료비의 추가청구를 명시적 일부청구 후의 잔부청구로 의제하여 전소판결의 기판력이 미치지 아니한다는 명시적 일부청구의제설, 후유증에 의한 확대손해의 발생은 기판력의 시적 한계를 벗어난 사실이므로 전소의 기판력에 의하여 차단되지 아니한다는 시적 한계설, 전소 변론종결 시까지 제출을 기대할 수 없었던 손해는 전소 청구와는 별개의 소송물이라는 별개소송물설이 대립하고 있다.
　㉢ 판례 : 판례는 불법행위로 인한 적극적 손해의 배상을 명한 전소송의 변론종결 후에 새로운 적극적 손해가 발생한 경우에 그 소송의 변론종결 당시 그 손해의 발생을 예견할 수 없었고 또 그 부분 청구를 포기하였다고 볼 수 없는 등 특별한 사정이 있다면 전소송에서 그 부분에 관한 청구가 유보되어 있지 않다고 하더라도 이는 전소송의 소송물과는 별개의 소송물이므로 전소송의 기판력에 저촉되는 것이 아니라고 하여 식물인간 피해자의 여명이 종전의 예측에 비하여 수년 연장되어 그에 상응한 향후치료, 보조구 및 개호 등이 추가적으로 필요하게 된 경우, 전소의 변론종결 당시에는 예견할 수 없었던 새로운 중한 손해로서 전소의 기판력에 저촉되지 않는다(대판 2007.4.13. 2006다78640)고 판시하고 있다.
　㉣ 검토 : 생각건대 전소의 변론종결 당시 그 손해의 발생을 예견할 수 없었고 함께 청구하는 것을 기대할 수 없었던 경우에는 전소의 소송물과는 별개의 소송물로 보아 기판력이 미치지 아니한다고 하는 것도 피해자를 보호하기 위해 가능한 법리라고 판단된다.

5. 변론종결 뒤의 형성권 행사

(1) 문제점

전소 변론동결 전에 발생한 형성권을 변론종결 이후에 행사하여 청구이의의 소나 채무부존재확인의 소로써 다툴 수 있는지 문제 된다.

(2) 형성권 행사

1) 취소권 등 형성권 일반

판례는 변론종결 시 전에 행사할 수 있었던 취소권(대판 1959.9.24. 4291민상830), 해제권(대판 1979.8.14. 79다1105)에 대하여는 변론종결 시 후에 이를 행사하면 차단된다고 한다. 즉 확정된 법률관계에 있어 동 확정판결의 변론종결 전에 이미 발생하였던 취소권을 그 당시에 행사하지 않음으로 인하여 취소권자에게 불리하게 확정된 경우 그 확정 후 취소권을 뒤늦게 행사함으로써 동 확정의 효력을 부인할 수 없다(대판 1979.8.14. 79다1105). 백지보충권에 대하여도 약속어음의 소지인이 어음요건의 일부를 흠결한 이른바 백지어음에 기하여 어음금 청구소송(이하 '전소')을 제기하였다가 위 어음요건의 흠결을 이유로 청구기각의 판결을 받고 위 판결이 확정된 후 위 백지 부분을 보충하여 완성한 어음에 기하여 다시 전소의 피고에 대하여 어음금 청구소송(이하 '후소')을 제기한 경우에는, 원고가 전소에서 어음요건의 일부를 오해하거나 그 흠결을 알지 못했다고 하더라도, 전소와 후소는 동일한 권리 또는 법률관계의 존부를 목적으로 하는 것이어서 그 소송물은 동일한 것이라고 보아야 한다. 그리고 확정판결의 기판력은 동일한 당사자 사이의 소송에 있어서 변론종결 전에 당사자가 주장하였거나 주장할 수 있었던 모든 공격 및 방어방법에 미치는 것이므로, 약속어음의 소지인이 전소의 사실심 변론종결일까지 백지보충권을 행사하여 어음금의 지급을 청구할 수 있었음에도 위 변론종결일까지 백지 부분을 보충하지 않아 이를 이유로 패소판결을 받고 그 판결이 확정된 후에 백지보충권을 행사하여 어음이 완성된 것을 이유로 전소 피고를 상대로 다시 동일한 어음금을 청구하는 경우에는, 위 백지보충권 행사의 주장은 특별한 사정이 없는 한 전소판결의 기판력에 의하여 차단되어 허용되지 않는다(대판 2008.11.27. 2008다59230)고 같은 취지로 판시하고 있다.

2) 상계권

① **학설** : 법적 안정성을 이유로 변론종결한 뒤에는 상계권을 행사할 수 없다는 실권설, 실권 여부는 형성권을 실제로 행사한 시점을 기준으로 하여 판단해야 하므로 상계권은 실권되지 아니한다는 비실권설, 다른 형성권은 실권되지만 상계권은 소구채권의 하자의 문제가 아니고 출혈적 방어방법인 점으로 고려할 때 상계권은 실권되지 않는다는 상계권비실권설, 다른 형성권은 실권되지만 상계권의 경우에는 전소에서 행사할 수 있음을 알고 불행사한 경우에는 실권된다는 제한적 상계권실권설이 대립하고 있다.

② **판례** : 판례는 당사자 쌍방의 채무가 서로 상계적상에 있다 하더라도 그 자체만으로 상계로 인한 채무소멸의 효력이 생기는 것은 아니고, 상계의 의사표시를 기다려 비로소 상계로 인한 채무소멸의 효력이 생기는 것이므로, 채무자가 채무명의인 확정판결의 변론종결 전에 상대방에 대하여 상계적상에 있는 채권을 가지고 있었다 하더라도 채무명의인 확정판결의 변론종결 뒤에 이르러 비로소 상계의 의사표시를 한 때에는 민사집행법 제44조 제2항이 규정하는 '이의원인이 변론종결 뒤에 생긴 때'에 해당하는 것으로서, 당사자가 채무명의인 확정판결의 변론종결 전에 자동채권의 존재를 알았는가 몰랐는가에 관계없이 적법한 청구이의 사유로 된다(대판 1998.11.24. 98다25344)고 하여 상계권비실권설의 태도를 취하고 있다.

③ **검토** : 상계권은 소구채권의 하자의 문제가 아니고 출혈적 방어방법이고 이를 허용하지 아니하는 경우에는 피고에게 너무 가혹하다는 점을 고려하면 상계권비실권설이 타당하다고 판단된다.

3) 건물매수청구권

① **학설** : 법적 안정성을 이유로 변론종결한 뒤에는 건물매수청구권을 행사할 수 없다는 실권설, 실권 여부는 형성권을 실제로 행사한 시점을 기준으로 하여 판단해야 하므로 건물매수청구권은 실권되지 아니한다는 비실권설, 다른 형성권은 실권되지만 건물매수청구권은 실권되지 않는다는 건물매수청구권비실권설, 다른 형성권은 실권되지만 건물매수청구권의 경우에는 전소에서 행사할 수 있음을 알고 불행사한 경우에는 실권된다는 제한적 건물매수청구권실권설이 대립하고 있다.

② **판례** : 판례는 건물의 소유를 목적으로 하는 토지 임대차에 있어서, 임대차가 종료함에 따라 토지의 임차인이 임대인에 대하여 건물매수청구권을 행사할 수 있음에도 불구하고 이를 행사하지 아니한 채, 토지의 임대인이 임차인에 대하여 제기한 토지인도 및 건물철거청구소송에서 패소하여 그 패소판결이 확정되었다고 하더라도, 그 확정판결에 의하여 건물철거가 집행되지 아니한 이상 토지의 임차인으로서는 건물매수청구권을 행사하여 별소로써 임대인에 대하여 건물매매대금의 지급을 구할 수 있다(대판 1995.12.26. 95다42195)고 하여 건물매수청구권비실권설의 태도를 취하고 있다.

③ **검토** : 건물매수청구권은 원고의 청구 자체의 하자가 있다는 주장을 하는 것이 아니라 별개의 독립된 매매대금채권을 행사하는 것이고, 법률적 지식이 부족한 임차인을 보호할 필요가 있다는 점을 고려할 때 건물매수청구권비실권설이 타당하다고 판단된다.

6. 정기금판결에 대한 변경의 소

(1) 의 의

1) 개 념
정기금판결에 대한 변경의 소란 정기금의 지급을 명한 판결이 확정된 뒤에 그 액수산정의 기초가 된 사정이 현저하게 바뀐 경우에 장차 지급할 정기금 액수를 바꾸어 달라는 소를 말한다(민소법 제252조 제1항).

2) 취 지
변경의 소는 사정변경의 원칙이 소송법에 반영된 것으로 현실로 발생한 사실이 예측과 다른 경우 판결을 변경하여 주는 것이 당사자 사이의 형평에 부합하다고 본 것이다.

(2) 변경의 소의 요건

1) 소송요건
① 정기금의 지급을 명하는 판결 : 정기금으로 급부를 명한 판결만 대상이다. 중간이자를 공제하고 일시금 배상판결을 한 경우에도 변경의 소를 허용하자는 견해도 있으나 정기금이라고 규정한 현행법의 해석상 어려울 것이다.

② 집행 전 현저한 사정변경의 주장 : 변경의 소는 정기금판결의 집행이 종료하면 권리보호이익이 없기 때문에 집행이 종료하기 전에 전소변론종결 이후에 현저한 사정변경이 있음을 주장하며 제기하여야 한다.

③ 기타 소송요건의 구비 : 원칙적으로 전소의 판결의 당사자가 변경의 소의 당사자가 되겠지만 승계로 제3자에게 기판력이 미치는 경우에는 그 제3자도 당사자가 될 수 있다. 변경의 소는 제1심법원의 전속관할이다(민소법 제252조 제2항).

2) 본안요건
① 현저한 사정변경 : 전소판결의 액수산정의 기초가 되었던 객관적 상황이 현저하게 변경되어야 한다. 사정 변경에는 지가의 상승, 후유장애의 호전, 임금의 증가 등이 포함되나 판례의 변경 등 법률적 변경이 포함되지 않는다. 사정변경은 현저해야 하므로 당사자 사이의 형평을 크게 침해할 특별한 사정을 말한다고 해야 한다. 판례도 같은 취지에서 점유 토지의 인도 시까지 정기금의 지급을 명하는 판결이 확정된 뒤에 그 판결의 변경을 구하는 취지의 소가 제기된 사안에서, 전소의 변론종결일 후 후소의 원심변론종결 당시까지 점유토지의 공시지가가 2.2배 상승하고 m²당 연임료가 약 2.9배 상승한 것만으로는, 전소의 확정판결 후에 그 액수 산정의 기초가 된 사정이 현저하게 바뀜으로써 당사자 사이의 형평을 크게 침해할 특별한 사정이 생겼다고 할 수 없다(대판 2009.12.24. 2009다64215)고 판시하고 있다.

② 확정판결 : 변경의 대상이 되는 판결은 확정되어야 한다. 확정 전에는 상소로 판결변경을 요구하면 된다. 변경의 소는 확정판결과 같은 효력을 가지는 인낙·화해·조정조서에 대하여도 인정됨을 유의하여야 한다.

③ 판결확정 후 : 조문에는 판결이 확정된 뒤라고 규정되어 있지만 사실심 변론종결 뒤의 사정은 법원이 고려할 수 없으므로 변론종결 뒤라고 해석할 것이다. 판례에 의하면 판결 확정 뒤에 발생한 사정변경을 요건으로 하므로, 단순히 종전 확정판결의 결론이 위법·부당하다는 등의 사정을 이유로 본조에 따라 정기금의 액수를 바꾸어 달라고 하는 것은 허용될 수 없다(대판 2016.3.10. 2015다243996).

3) 관련 판례

> **[토지의 전 소유자가 무단 점유자를 상대로 제기한 부당이득반환청구소송의 변론종결 후에 토지의 소유권을 취득한 사람이 위 소송에서 확정된 정기금판결에 대하여 변경의 소를 제기하는 것이 적법한지 여부]**
> 민사소송법 제252조 제1항은 "정기금의 지급을 명한 판결이 확정된 뒤에 그 액수 산정의 기초가 된 사정이 현저하게 바뀜으로써 당사자 사이의 형평을 크게 침해할 특별한 사정이 생긴 때에는 그 판결의 당사자는 장차 지급할 정기금 액수를 바꾸어 달라는 소를 제기할 수 있다"라고 규정하고 있다. 이러한 정기금판결에 대한 변경의 소는 정기금판결의 확정 뒤에 발생한 현저한 사정변경을 이유로 확정된 정기금판결의 기판력을 예외적으로 배제하는 것을 목적으로 하므로, 확정된 정기금판결의 당사자 또는 민사소송법 제218조 제1항에 의하여 확정판결의 기판력이 미치는 제3자만 정기금판결에 대한 변경의 소를 제기할 수 있다. 한편 토지의 소유자가 소유권에 기하여 토지의 무단 점유자를 상대로 차임 상당의 부당이득반환을 구하는 소송을 제기하여 무단 점유자가 점유 토지의 인도 시까지 매월 일정 금액의 차임 상당 부당이득을 반환하라는 판결이 확정된 경우, 이러한 소송의 소송물은 채권적 청구권인 부당이득반환청구권이므로, 소송의 변론종결 후에 토지의 소유권을 취득한 사람은 민사소송법 제218조 제1항에 의하여 확정판결의 기판력이 미치는 변론을 종결한 뒤의 승계인에 해당한다고 볼 수 없다. 따라서 토지의 전 소유자가 제기한 부당이득반환청구소송의 변론종결 후에 토지의 소유권을 취득한 사람에 대해서는 소송에서 내려진 정기금 지급을 명하는 확정판결의 기판력이 미치지 아니하므로, 토지의 새로운 소유자가 토지의 무단 점유자를 상대로 다시 부당이득반환청구의 소를 제기하지 아니하고, 토지의 전 소유자가 앞서 제기한 부당이득반환청구소송에서 내려진 정기금 판결에 대하여 변경의 소를 제기하는 것은 부적법하다(대판 2016.6.28. 2014다31721).

(3) 심판절차

1) 절 차

변경의 소의 당사자는 정기금지급판결을 받은 당사자와 그 승계인이다. 변경의 소에서는 변경된 사항에 대한 심리가 이루어져야 하므로 편의상 제1심 판결법원의 전속관할로 한다(민소법 제252조 제2항). 즉, 확정판결이 항소심법원 또는 상고심법원 판결이라도 제1심 수소법원의 전속관할이다.

2) 종국판결

종전 정기금판결의 기판력이 배제되고 새로운 사정을 기초로 다시 법률관계를 확정하게 된다. 인용판결을 하는 경우 원판결을 감액 또는 증액하는 판결주문을 선고한다. 변경의 소제기를 기점으로 하여 장차 지급할 정기금액수만이 변경판결의 대상이다(대판 2009.12.24. 2009다64215). 변경의 소의 요건이 부존재하면 청구기각판결을 한다.

3) 집행정지

변경의 소가 제기되었다고 하더라도 정기금판결의 집행력에 기한 강제집행이 정지되는 것은 아니므로 별도의 집행정지신청을 하여 정지결정을 받아야 한다.

(4) 적용 범위

1) 추가청구 또는 청구이의의 소와의 관계

변경의 소로는 변경의 소제기일 이후의 증감액만 구제되기 때문에 전소 변론종결 후부터 변경의 소제기 전까지의 부분에 대해 현저한 사정변경이 있는 경우에는 추가청구 또는 청구이의의 소를 제기하여야 한다.

① 변경의 소제기일 전 부분에 대해 현저한 사정변경이 없는 경우 : 판례는 점유 토지의 인도 시까지 정기금의 지급을 명하는 판결이 확정된 뒤에 그 판결의 변경을 구하는 취지의 소가 제기된 사안에서, 피고들의 점유 부분이 전소의 변론종결 당시와 동일하다면, 원고의 이 사건 청구 중 이 사건 소제기일 전까지의 기간에 해당하는 부분은 확정판결이 있었던 전소와 소송물이 동일하여 그 확정판결의 기판력이 미친다고 할 것이어서, 그중 전소의 확정판결에서 원고가 승소한 부분(전소에서 원고의 청구가 인용된 금액에 해당하는 부분)에 해당하는 부분은 권리보호의 이익이 없고, 이를 초과하는 부분은 전소의 확정판결의 기판력에 저촉되는 것이어서 받아들일 수 없다(대판 2009.12.24. 2009다64215)고 한다.

② 변경의 소제기일 전 부분에 대해 현저한 사정변경이 있는 경우 : 판례는 확정판결은 주문에 포함한 것에 대하여 기판력이 있고, 변론종결 시를 기준으로 하여 이행기가 장래에 도래하는 청구권이더라도 미리 청구할 필요가 있는 경우에는 장래이행의 소를 제기할 수 있으므로, 이행판결의 주문에서 변론종결 이후 기간까지 급부의무의 이행을 명한 이상 확정판결의 기판력은 주문에 포함된 기간까지의 청구권의 존부에 대하여 미치는 것이 원칙이고, 다만 장래 이행기 도래분까지의 정기금의 지급을 명하는 판결이 확정된 경우 그 소송의 사실심 변론종결 후에 액수 산정의 기초가 된 사정이 뚜렷하게 바뀜으로써 당사자 사이의 형평을 크게 해할 특별한 사정이 생긴 때에는 전소에서 명시적인 일부청구가 있었던 것과 동일하게 평가하여 전소판결의 기판력이 차액 부분에는 미치지 않는다(대판 2011.10.13. 2009다102452)고 하여 명시적 일부청구 의제설의 태도를 취하고 있다.

2) 후유증에 의한 확대손해청구 가부

① 문제점 : 후유증에 의한 확대손해가 발생한 경우 변경의 소를 제기하여 손해배상을 청구할 수 있는지 여부가 변경의 소의 소송물과 관련하여 문제 된다.

② 학설 : 변경의 소는 재심의 소처럼 소송물이 전소 소송물과 동일하므로 전소 변론종결 시 예상하지 못한 후유증에 의한 확대손해는 전소 소송물과 별개의 소송물이어서 추가청구하면 되고 변경의 소의 대상은 아니라는 소송물동일설과 변경의 소는 재심의 소와는 달리 그 소송물은 전소판결 내용을 변경하여 달라는 변경청구권으로 전소 소송물과 다르고 예상하지 못한 확대손해의 경우에도 변경청구권만 발생하면 변경의 소가 허용된다는 소송물별개설이 대립하고 있다.

③ 판례 : 판례는 불법행위로 인한 적극적 손해의 배상을 명한 전소송의 변론종결 후에 새로운 적극적 손해가 발생한 경우에 그 소송의 변론종결 당시 그 손해의 발생을 예견할 수 없었고 또 그 부분 청구를 포기하였다고 볼 수 없는 등 특별한 사정이 있다면 전 소송에서 그 부분에 관한 청구가 유보되어 있지 않다고 하더라도 이는 전소송의 소송물과는 별개의 소송물이므로 전소송의 기판력에 저촉되는 것이 아니라고 하여 식물인간 피해자의 여명이 종전의 예측에 비하여 수년 연장되어 그에 상응한 향후치료, 보조구 및 개호 등이 추가적으로 필요하게 된 경우, 전소의 변론종결 당시에는 예견할 수 없었던 새로운 중한 손해로서 전소의 기판력에 저촉되지 않는다(대판 2007.4.13. 2006다78640)고 판시하고 있다.

④ 검토 : 전소와 후소의 소송물이 동일한 경우 기판력의 저촉의 문제를 해결하려는 변경의 소의 입법취지를 고려할 때 변경의 소는 소송물이 동일하다고 보아야 하므로 후유증에 의한 확대손해가 발생한 경우에는 변경의 소가 아니라 별소를 제기하여 손해배상을 청구할 수 있다고 할 것이다.

제3항 채권자취소소송의 주요논점

I 채권자취소권의 요건사실

채무자가 채권자를 해함을 알고(사해의사) 재산권을 목적으로 한 법률행위(사해행위)를 한 때에는 채권자(피보전채권의 존재)는 그 취소 및 원상회복을 법원에 청구할 수 있다. 이에 대해 이익을 받은 자나 전득한 자가 그 행위 또는 전득 당시에 채권자를 해함을 알지 못했음을 항변할 수 있다(민법 제406조).

II 채권자취소소송의 법적 성질

학설로는 채권자취소소송은 사해행위의 절대적 취소를 목적으로 하므로 채무자와 수익자를 공동피고로 해야 한다고 하는 형성소송설, 원상회복을 목적으로 하므로 수익자를 피고로 해야 한다는 이행소송설, 사해행위 취소를 구하는 형성소송과 넘어간 재산의 원상회복을 구하는 이행소송의 병합이라는 병합설이 대립하고 있으나 판례는 채권자취소권은 채무자의 사해행위를 채권자와 수익자 또는 전득자 사이에서 상대적으로 취소하고 채무자의 책임재산에서 일탈한 재산을 회복하여 채권자의 강제집행이 가능하도록 하는 것을 본질로 하는 권리(대판 2008.4.24. 2007다84352)라고 하여 병합설의 태도를 취하고 있다.

III 채권자취소소송의 피고적격

판례는 채권자가 채권자취소권을 행사하려면 사해행위로 인하여 이익을 받은 자나 전득한 자를 상대로 그 법률행위의 취소를 청구하는 소송을 제기하여야 되는 것으로서 채무자를 상대로 그 소송을 제기할 수는 없다(대판 2004.8.30. 2004다21923)고 한다.

IV 채권자취소소송 중 채권자취소소송의 제기의 중복소제기 여부

1. 수인의 채권자가 채권자취소소송을 행사하는 경우

(1) 판 례

채권자취소권의 요건을 갖춘 각 채권자는 고유의 권리로서 채무자의 재산처분 행위를 취소하고 그 원상회복을 구할 수 있는 것이므로 여러 명의 채권자가 동시에 또는 시기를 달리하여 사해행위취소 및 원상회복청구의 소를 제기한 경우 이들 소가 중복제소에 해당하지 아니할 뿐만 아니라, 어느 한 채권자가 동일한 사해행위에 관하여 사해행위취소 및 원상회복청구를 하여 승소판결을 받아 그 판결이 확정되었다는 것만으로는 그 후에 제기된 다른 채권자의 동일한 청구가 권리보호의 이익이 없게 되는 것은 아니고, 그에 기하여 재산이나 가액의 회복을 마친 경우에 비로소 다른 채권자의 사해행위취소 및 원상회복청구는 그와 중첩되는 범위 내에서 권리보호의 이익이 없게 된다(대판 2008.4.24. 2007다84352).

(2) 검 토

채권자취소소송의 경우에는 채권자가 자신의 권리로서 채권자취소권을 행사하는 것이므로 소송물은 각 채권자의 채권자취소권이 되므로 채권자들의 채권자취소소송은 서로 별개의 권리로 보아야 한다.

2. 채권자가 수익자를 피고로 채권자취소의 소를 이중으로 행사하는 경우

(1) 판 례

채권자가 사해행위취소 및 원상회복청구를 하면서 보전하고자 하는 채권을 추가하거나 교환하는 것은 사해행위취소권과 원상회복청구권을 이유 있게 하는 공격방법에 관한 주장을 변경하는 것일 뿐이지 소송물 또는 청구 자체를 변경하는 것이 아니므로, 채권자가 보전하고자 하는 채권을 달리하여 동일한 법률행위의 취소 및 원상회복을 구하는 채권자취소의 소를 이중으로 제기하는 경우 전소와 후소는 소송물이 동일하다고 보아야 하고, 이는 전소나 후소 중 어느 하나가 승계참가신청에 의하여 이루어진 경우에도 마찬가지이다(대판 2012.7.5. 2010다80503).

(2) 검 토

채권자취소소송에서 피보전채권은 공격방어방법에 불과하므로 피보전채권을 대여금채권에서 손해배상채권으로 변경하여도 전후 소송물은 동일하므로 후소는 중복소제기에 해당한다.

Ⅴ 채권자취소소송에서의 기판력의 범위

1. 채무자 또는 채무자와 수익자와의 관계에서 기판력의 저촉 여부

(1) 채권자취소소송확정판결의 효력이 채무자 또는 채무자와 수익자 사이의 소송에 미치는지 여부

사해행위취소판결의 기판력은 그 취소권을 행사한 채권자와 그 상대방인 수익자 또는 전득자와의 상대적인 관계에서만 미칠 뿐 그 소송에 참가하지 아니한 채무자 또는 채무자와 수익자 사이의 법률관계에는 미치지 아니한다(대판 1988.2.23. 87다카1989).

(2) 채무자와 수익자 사이의 소송의 확정판결의 효력이 채권자취소소송에 미치는지 여부

채권자가 사해행위의 취소와 함께 수익자 또는 전득자로부터 책임재산의 회복을 명하는 사해행위취소의 판결을 받은 경우 수익자 또는 전득자가 채권자에 대하여 사해행위의 취소로 인한 원상회복 의무를 부담하게 될 뿐, 채권자와 채무자 사이에서 취소로 인한 법률관계가 형성되는 것은 아니다. 따라서 위와 같이 채무자와 수익자 사이의 소송절차에서 확정판결 등을 통해 마쳐진 소유권이전등기가 사해행위취소로 인한 원상회복으로써 말소된다고 하더라도, 그것이 확정판결 등의 효력에 반하거나 모순되는 것이라고는 할 수 없다(대판 2017.4.7. 2016다204783). 즉, 채무자와 수익자 사이의 소송의 확정판결의 효력이 채권자취소소송에 미치지 않는다는 취지이다.

2. 각 채권자가 채권자취소 및 원상회복소송을 제기한 경우

(1) 기판력의 저촉 여부

채권자취소권의 요건을 갖춘 각 채권자는 고유의 권리로서 채무자의 재산처분 행위를 취소하고 그 원상회복을 구할 수 있는 것이므로(대판 2003.7.11. 2003다19558), 소송물이 달라서 기판력이 확장될 여지가 없다.

(2) 권리보호이익의 유무

어느 한 채권자가 동일한 사해행위에 관하여 채권자취소 및 원상회복청구를 하여 승소판결을 받아 그 판결이 확정되었다는 것만으로 그 후에 제기된 다른 채권자의 동일한 청구가 권리보호의 이익이 없어지게 되는 것은 아니고, 그에 기하여 재산이나 가액의 회복을 마친 경우에 비로소 다른 채권자의 채권자취소 및 원상회복청구는 그와 중첩되는 범위 내에서 권리보호의 이익이 없게 된다(대판 2003.7.11. 2003다19558).

3. 한 명의 취소채권자가 피보전권리를 달리하여 채권자취소권을 이중으로 행사하는 경우

이 경우는 피보전채권만 달리할 뿐 당사자와 소송물이 동일하므로 기판력에 저촉된다(대판 2012.7.5. 2010다80503).

4. 채권자가 사해행위의 취소 및 원상회복으로 원물반환 청구를 하여 승소판결이 확정된 후에 다시 가액배상을 청구하는 것이 가능한지 여부

사해행위 후 목적물에 관하여 제3자가 저당권이나 지상권 등의 권리를 취득한 경우에는 수익자가 목적물을 저당권 등의 제한이 없는 상태로 회복하여 이전하여 줄 수 있다는 등의 특별한 사정이 없는 한, 채권자는 원상회복 방법으로 수익자를 상대로 가액 상당의 배상을 구할 수도 있고, 채무자 앞으로 직접 소유권이전등기절차를 이행할 것을 구할 수도 있다. 이 경우 원상회복청구권은 사실심 변론종결 당시의 채권자의 선택에 따라 원물반환과 가액배상 중 어느 하나로 확정되며, 채권자가 일단 사해행위 취소 및 원상회복으로서 원물반환 청구를 하여 승소 판결이 확정되었다면, 그 후 어떠한 사유로 원물반환의 목적을 달성할 수 없게 되었다고 하더라도 다시 원상회복청구권을 행사하여 가액배상을 청구할 수는 없으므로 그 청구는 권리보호의 이익이 없어 허용되지 않는다(대판 2006.12.7. 2004다54978).

5. 선행소송에 따른 가액반환 종료 후 동일 부동산에 대한 증가된 시가상당의 가액반환을 구하는 후행소송의 경우

동일한 사해행위에 관한 취소소송이 중첩된 경우, 선행소송에서 확정판결로 처분부동산의 감정 평가에 따른 가액반환이 이루어진 이상 후행소송에서 부동산의 시가를 다시 감정한 결과 위 확정판결에서 인정한 시가보다 평가액이 증가되었다 하더라도, 그 증가된 부분을 위 확정판결에서 인정한 부분과 중첩되지 않는 부분으로 보아 이에 대하여 다시 가액배상을 명할 수는 없다(대판 2005.3.24. 2004다65367).

Ⅵ 채권자취소소송에서 피보전채권의 추가·교환·승계

1. 피보전채권의 추가·교환이 소변경인지 여부

채권자가 사해행위취소 및 원상회복청구를 하면서 보전하고자 하는 채권을 추가하거나 교환하는 것은 사해행위취소권과 원상회복청구권을 이유 있게 하는 공격방법에 관한 주장을 변경하는 것일 뿐이지 소송물 또는 청구 자체를 변경하는 것이 아니므로, 채권자가 보전하고자 하는 채권을 달리하여 동일한 법률행위의 취소 및 원상회복을 구하는 채권자취소의 소를 이중으로 제기하는 경우 전소와 후소는 소송물이 동일하다고 보아야 하고, 이는 전소나 후소 중 어느 하나가 승계참가신청에 의하여 이루어진 경우에도 마찬가지이다(대판 2012.7.5. 2010다80503).

2. 피보전채권의 추가·교환의 경우 제소기간의 준수 여부

채권자취소소송을 제기한 후에 피보전채권을 추가·교환하는 것은 소송물을 변경하는 것이 아니므로 추가·교환시점이 아닌 소제기 시를 기준으로 제소기간 준수 여부를 판단해야 한다.

3. 다른 채권자의 피보전채권을 승계하여 소송하는 경우

피보전채권은 채권자취소송의 소송물과 관계없으므로 채권자가 자기의 채권을 피보전채권으로 취소소송을 하다가 다른 채권자의 취소소송에 승계참가한 경우 선행 취소소송이 확정되면 후행 취소소송은 기판력을 받게 된다.

제3관 | 판결의 무효

I 판결의 부존재

판결로써 성립하기 위한 기본적인 요건을 흠결하여 법률상 판결로서의 존재를 인정할 수 없는 경우를 판결의 부존재라고 한다. 판결의 부존재는 법률상 판결이 존재하지 않는 것이므로 판결로서 아무런 효력이 없으며 상소의 대상이 되지 아니한다. 다만, 당사자는 당해 심급에서 절차가 완결된 것이 아니므로 기일지정신청으로 절차의 속행을 구할 수 있다.

II 무효의 판결

1. 의 의

판결의 당연무효란 판결로서의 외관을 갖추었지만 그 내용상 중대한 하자가 있어서 판결의 내용상 효력이 기판력·집행력·형성력 등이 발생하지 아니하는 경우를 말한다.

2. 무효사유

① 재판권이 흠결되어 있는 경우, ② 실재하지 않는 자에 대한 판결, ③ 현행법상 인정되지 않는 법률효과를 인정하는 판결, ④ 소제기 없이 판결하는 경우, ⑤ 판결내용의 불명확으로 그 의미를 확정할 수 없는 판결 등이 이에 해당한다.

3. 효 력

무효인 판결의 확정 전에 상소로 다툴 수 있는지 여부에 대해 판례는 부정하나 학설은 판결의 부존재의 경우와는 달리 기속력, 형식적 확정력이 발생하고 부당집행의 우려를 방지하기 위한 외관제거의 필요성상 상소는 허용되므로 상소심은 상소를 인용하고 그 무효인 판결을 취소하고 소각하판결을 해야 한다고 한다. 다만, 학설·판례에 의하면 소송계속이 종료되었음을 간과한 판결에 대해 상소를 제기하면 상소심은 원판결을 취소하고 소송종료선언을 해야 한다. 무효인 판결의 확정 후에는 재심의 대상이 되지 아니하므로 재심으로 다툴 수 없고 별소로 다툴 수 있을 뿐이다.

Ⅲ 판결의 편취

1. 편취판결의 의의

판결의 편취란 당사자가 상대방이나 법원을 기망하여 부당한 내용의 판결을 받는 것을 말한다.

2. 편취판결의 유형

이에는 ① 다른 사람의 성명을 모용하여 판결을 받는 성명모용자송달에 의한 편취판결, ② 소취하합의를 위반하여 소를 취하함이 없이 피고의 불출석을 기화로 승소판결을 받는 소취하합의 위반에 의한 편취판결, ③ 원고가 피고의 주소를 알고 있음에도 주소불명으로 속여 공시송달명령을 받아 피고 모르게 승소판결을 받는 공시송달에 의한 편취판결, ④ 원고가 피고의 주소를 허위로 기재하여 그 주소에 소장부본을 송달케 하고 원고 자신이 송달받아 자백간주로 승소판결을 받는 허위주소송달에 의한 편취판결, ⑤ 피고의 대표자를 참칭대표자로 적어 송달되게 하여 자백간주로 승소판결을 받는 참칭대표자송달에 의한 편취판결 등이 포함 된다.

3. 편취판결의 효력

판결이 편취된 경우 피고의 재판을 받을 권리가 실질적으로 보장된 것이 아니므로 당연무효로 보아야 한다는 무효설이 주장되고 있으나, 판결 자체는 유효하다는 것이 학설·판례의 일반적인 태도이다. 생각건대 판결편취의 경우 민사소송법 제451조 제1항이 당연무효가 아니라는 전제에서 재심사유로 규정하고 있으므로 유효설이 타당하다고 판단된다.

4. 구제수단

(1) 소송법적 구제수단

1) 문제점

소송법적 구제수단으로는 상소추후보완·재심 또는 항소제기를 고려할 수 있다. 편취판결의 유형 중 성명모용자송달에 의한 편취판결, 소취하합의 위반에 의한 편취판결의 경우에는 허위주소송달이나 공시송달방법을 이용할 것이므로 주로 공시송달에 의한 편취판결, 허위주소송달에 의한 편취판결, 참칭대표자송달에 의한 편취판결 등이 문제 된다.

2) 학 설

판결편취의 경우 판결정본의 송달은 무효이어서 상소기간은 진행하지 아니하므로 그 판결에 대하여 항소만 할 수 있다는 항소설과 판결편취의 경우에도 판결정본의 송달은 유효하여 상소기간이 진행하므로 상고기간이 도과하면 추후보완상소 또는 재심의 소를 제기해야 한다고 하는 상소추후보완·재심설이 대립하고 있다.

3) 판 례

① **성명모용자송달에 의한 편취판결** : 제3자가 피고를 참칭, 모용하여 소송을 진행한 끝에 판결이 선고되었다면 피모용자인 피고는 그 소송에 있어서 적법하게 대리되지 않는 타인에 의하여 소송절차가 진행됨으로 말미암아 결국 소송관여의 기회를 얻지 못하였다 할 것이니 피고는 상소 또는 재심의 소를 제기하여 그 판결의 취소를 구할 수 있다(대판 1964.11.17. 64다328).

② **공시송달에 의한 편취판결** : 공시송달의 방법에 의하여 판결정본이 송달된 경우 피고의 주소지를 허위로 하여 소가 제기된 경우라 하더라도 그 송달은 유효한 것이고 그때부터 상소제기기간이 도과되면 그 판결을 확정되는 것이므로 피고는 재심의 소[민소법 제451조 제1항 제11호(註)]를 제기하거나 추완항소를 제기하여 그 취소변경을 구하여야 한다(대판 1980.7.8. 79다1528).

③ **허위주소송달에 의한 편취판결** : 편취판결의 경우에 있어서는 판결정본이 제소자가 허위로 표시한 상대방의 허위주소로 보내져서 상대방 아닌 다른 사람이 그를 수령한 것이니 상대방에 대한 판결정본의 송달은 부적법하여 무효이고 상대방은 아직도 판결정본의 송달을 받지 않은 상태에 있는 것으로서 그 판결에 대한 항소기간은 진행을 개시하지 않은 것이라고 보아야 할 것이다. 그렇다면 본건 편취판결은 형식적으로 확정된 확정 판결이 아니어서 기판력이 없는 것이라고 할 것이고 민사소송법 제451조 제1항 제11호에 당사자가 상대방의 주소 또는 거소를 알고 있었음에도 불구하고 … 허위의 주소나 거소로 하여 소를 제기한 때를 재심사유로 규정하고 있으나 이는 공시송달의 방법에 의하여 상대방에게 판결정본을 송달한 경우를 말하는 것이고, 본건 편취판결에 있어서와 같이 공시송달의 방법에 의하여 송달된 것이 아닌 경우까지 재심사유가 되는 것으로 규정한 취지는 아니라고 할 것이며 따라서 항소설에 따른 본원판결 즉 본건과 같은 편취판결은 확정판결이 아니어서 기판력이 없다는 본원판결 등은 정당하다. 그뿐만 아니라 본건 편취판결이 형식적으로 확정되어 기판력이 있는 것으로 판단한 원심의 조처에는 판결의 확정력 내지는 기판력에 관한 법리를 오해한 위법을 범한 것이라고 할 것이고 또 본건 편취판결에 기판력이 부정된다면 본건 편취판결에 의거하여 피고명의로 경료된 본 건 부동산에 관한 소유권이전등기는 실체적 권리관계에 부합될 수 있는 다른 사정이 없는 한 말소될 처지에 있는 것이어서 원고가 본건 편취판결에 대하여 항소를 제기하지 아니하고 본건 편취판결을 그대로 둔 채 별소인 본건 소에서 본건 청구를 한다고 하여도 피고로서는 이를 거부할 수 없는 것이라고 할 것이다(대판 1978.5.9. 75다634[전합]). 판례는 허위주소송달에 의한 편취판결의 경우 항소나 별소제기에 의하여 구제될 수 있음을 분명히 하였다고 판단된다.

④ **참칭대표자송달에 의한 편취판결** : 참칭대표자를 대표자로 표시하여 소송을 제기한 결과 그 앞으로 소장부본 및 변론기일소환장이 송달되어 변론기일에 참칭대표자의 불출석으로 의제자백 판결이 선고된 경우, 이는 적법한 대표자가 변론기일소환장을 송달받지 못하였기 때문에 실질적인 소송행위를 하지 못한 관계로 위 의제자백 판결이 선고된 것이므로, 민사소송법 제451조 제1항 제3호 소정의 재심사유에 해당한다(대판 1999.2.26. 98다47290).

4) 검 토

항소설에 의하면 당사자는 언제든지 항소할 수 있어 불안정한 법률상태가 계속되므로 원칙적으로 재심설이 타당하다고 보인다. 다만, 허위주소 송달에 의한 판결편취의 경우에는 송달 자체가 없었다고 볼 수 있으므로 항소설을 취하는 것이 타당하다고 판단된다.

(2) 실체법적 구제수단

1) 문제점

편취판결에 의하여 집행이 이루어진 경우 편취판결을 재심으로 취소하지 않고 바로 실체법적 구제수단인 손해배상청구나 부당이득반환청구, 말소등기청구를 할 수 있는지 문제 된다.

2) 학 설

편취판결도 기판력이 발생하므로 재심의 소에 의해 판결을 취소하지 아니하면 손해배상청구나 부당이득반환청구, 말소등기청구가 불가능하다는 재심필요설, 편취판결을 기판력으로 보호하는 것은 자연적 정의에 반하는 것이므로 별도의 재심의 소를 제기함이 없이 위와 같은 실체법상 구제수단을 강구할 수 있다는 재심불요설, 기본적으로 재심불요설을 취하면서 당사자의 절차기본권과 관련하여 제한적으로 재심이 필요 없다는 제한적 불요설이 대립하고 있다.

3) 판 례

① **부당이득반환청구·말소등기청구 – 재심필요설** : 판례는 대여금 중 일부를 변제받고도 이를 속이고 대여금 전액에 대하여 소송을 제기하여 승소 확정판결을 받은 후 강제집행에 의하여 위 금원을 수령한 채권자에 대하여, 채무자가 그 일부 변제금 상당액은 법률상 원인 없는 이득으로서 반환되어야 한다고 주장하면서 부당이득반환 청구를 하는 경우, 그 변제주장은 대여금반환청구소송의 확정판결 전의 사유로서 그 판결이 재심의 소 등으로 취소되지 아니하는 한 그 판결의 기판력에 저촉되어 이를 주장할 수 없으므로, 그 확정판결의 강제집행으로 교부받은 금원을 법률상 원인 없는 이득이라고 할 수 없다(대판 1995.6.29. 94다41430)고 하여 재심필요설의 태도를 취하고 있다. 다만, 허위주소송달에 의한 편취판결의 경우 피고명의로 경료된 본 건 부동산에 관한 소유권이전등기는 실체적 권리관계에 부합될 수 있는 다른 사정이 없는 한 말소될 처지에 있는 것이어서 원고가 본건 편취판결에 대하여 항소를 제기하지 아니하고 본건 편취판결을 그대로 둔 채 별소인 본건 소에서 본건 청구를 한다고 하여도 피고로서는 이를 거부할 수 없는 것이라고 하여(대판 1978.5.9. 75다634[전합]) 재심의 소제기 없이 별소제기에 의하여 구제될 수 있음을 분명히 하였다.

② **불법행위로 인한 손해배상청구 – 제한적 불요설** : 판례는 편취된 판결에 기한 강제집행이 불법행위로 되는 경우가 있다고 하더라도 당사자의 법적 안정성을 위해 확정판결에 기판력을 인정한 취지나 확정판결의 효력을 배제하기 위하여는 그 확정판결에 재심사유가 존재하는 경우에 재심의 소에 의하여 그 취소를 구하는 것이 원칙적인 방법인 점에 비추어 볼 때 불법행위의 성립을 쉽게 인정하여서는 아니 되고, 확정판결에 기한 강제집행이 불법행위로 되는 것은 당사자의 절차적 기본권이 근본적으로 침해된 상태에서 판결이 선고되었거나 확정판결에 재심사유가 존재하는 등 확정판결의 효력을 존중하는 것이 정의에 반함이 명백하여 이를 묵과할 수 없는 경우로 한정하여야 한다(대판 1995.12.5. 95다21808)고 하여 제한적 불요설을 취하고 있다.

4) 검 토

편취판결이라고 하더라도 효력이 있으므로 원칙적으로 재심의 소를 제기하여야 하나 당사자의 절차적 기본권이 본질적으로 침해되는 예외적 상황에서는 재심의 소에 의해 판결을 취소함이 없이 실체법적 구제수단을 통하여 구제를 받을 수 있다고 보는 것이 타당하다고 판단된다. 다만, 판례는 피고들이 재심대상판결의 취소와 그 본소청구의 기각을 구하는 외에, 원고와 승계인을 상대로 재심대상판결에 의하여 경료된 원고 명의의 소유권이전등기와 그 후 승계인의 명의로 경료된 소유권이전등기의 각 말소를 구하는 청구를 병합하여 제기하고 있으나, 그와 같은 청구들은 별소로 제기하여야 할 것이고 재심의 소에 병합하여 제기할 수 없다(대판 1997.5.28. 96다41649)고 하여 재심의 소와 관련 청구의 병합제기를 부정하고 있음을 유의하여야 한다.

(3) 집행법적 구제수단

1) 문제점

편취판결의 집행이 종료되기 전 집행단계에서 청구이의의 소를 제기하여 집행을 막을 수 있는지 문제 된다. 이는 이의원인은 확정된 청구가 변론종결 후에 변경소멸된 경우와 같이 변론종결 뒤의 이유이어야 하기 때문이다(민사집행법 제44조 제2항).

2) 인정 여부

① **학설** : 구체적 타당성을 강조하여 편취판결을 집행하는 것은 부당집행이므로 부당집행을 문제 삼는 것은 청구이의의 사유가 된다는 긍정설과 법적 안정성을 강조하여 판결편취사실은 전소변론종결 전의 사유이므로 청구이의의 사유가 될 수 없다는 부정설이 대립하고 있다.

② **판례** : 판례는 민사집행법 제44조에서 청구에 관한 이의의 소를 규정한 것은 부당한 강제집행이 행하여지지 않도록 하려는 데 있다 할 것으로 판결에 의하여 확정된 청구가 그 판결의 변론종결 후에 변경소멸된 경우뿐만 아니라 판결을 집행하는 자체가 불법한 경우에는 그 불법은 당해 판결에 의하여 강제집행에 착수함으로써 외부에 나타나 비로소 이의의 원인이 된다고 보아야 하기 때문에 이 경우에도 이의의 소를 허용함이 상당하다 할 것(대판 1984.7.24. 84다카572)이라고 하고 있다. 다만 대지에 대한 수분양자 명의변경 절차의 이행을 소구함은 채무자의 의사의 진술을 구하는 소송으로서 그 청구를 인용하는 판결이 선고되고 그 소송이 확정되었다면, 그와 동시에 채무자가 수분양자 명의변경 절차의 이행의 의사를 진술한 것과 동일한 효력이 발생하는 것이므로 위 확정판결의 강제집행은 이로써 완료되는 것이고 집행기관에 의한 별도의 집행절차가 필요한 것이 아니므로, 특별한 사정이 없는 한 위 확정판결 이후에 집행절차가 계속됨을 전제로 하여 그 채무명의가 가지는 집행력의 배제를 구하는 청구이의의 소는 허용될 수 없다(대판 1995.11.10. 95다37568)고 하고 있음을 유의하여야 한다.

③ **검토** : 생각건대 그 불법의 정도가 심해서 기판력의 보호를 받는 것이 불합리한 경우에는 그때의 강제집행은 권리남용이 되어 청구이의의 소에 의한 구제를 허용할 수 있다고 보는 것이 타당하다.

3) 인정요건

확정판결에 따른 강제집행이 권리남용에 해당한다고 하기 위해서는 확정판결의 내용이 실체적 권리관계에 배치되는 경우로서 그에 기한 집행이 현저히 부당하고 상대방으로 하여금 집행을 수인하도록 하는 것이 정의에 반함이 명백하여 사회생활상 용인할 수 없다고 인정되는 것과 같은 특별한 사정이 있어야 한다. 그리고 이때 확정판결의 내용이 실체적 권리관계에 배치된다는 점은 확정판결에 기한 강제집행이 권리남용이라고 주장하며 집행 불허를 구하는 자가 주장·증명하여야 한다(대판 2017.9.21. 2017다232105).

03 종국판결에 의한 종료

※ 기출문제해설의 답안은 참고용으로 활용하시기 바랍니다.

기출문제 ▎ 2023년 제32회 공인노무사시험

제1문

甲은 乙을 피고로 매매대금채권 5천만원의 지급을 구하는 소(이하, 'A소'라 한다)를 제기하였다. 이 소송에서 乙은 甲에 대하여 갖고 있는 대여금채권 6천만원(이하, '이 사건 대여금채권'이라 한다)을 자동채권으로 하는 상계의 항변을 주장하였다. 다음 물음에 답하시오. (다만, 아래의 각 물음은 독립적임) (50점)

물음 2

甲이 제기한 A소에서 乙이 이 사건 대여금채권을 자동채권으로 하는 상계의 항변을 주장하였고, 법원은 甲의 채권과 乙의 채권이 모두 인정된다고 판단하여 甲의 청구를 기각하는 판결을 선고하였다. 이 판결이 확정된 후 乙은 甲을 피고로 상계의 항변으로 주장한 이 사건 대여금채권의 반환을 구하는 소를 제기할 수 있는가? (30점)

I 논점의 정리

A소에서 법원이 乙의 상계항변을 받아들여 甲의 청구를 기각하는 판결을 선고한 경우 이는 판결이유 중의 판단으로, 민소법 제216조 제2항에 의한 기판력의 발생 여부와 그 범위가 A소의 판결이 확정된 후 제기한 乙의 대여금채권의 반환청구의 소 제기 가부와 관련하여 문제 된다.

II A소에 대한 확정판결의 기판력의 발생 여부와 범위

1. 상계항변에의 기판력의 발생 여부

(1) 상계항변에 대한 기판력의 인정 및 취지

상계항변은 판결이유 중의 판단임에도 불구하고 상계 주장에 관한 법원의 판단에 기판력을 인정한 취지는, 만일 이에 대하여 기판력을 인정하지 않는다면, 원고의 청구권의 존부에 대한 분쟁이 나중에 다른 소송으로 제기되는 반대채권의 존부에 대한 분쟁으로 변형됨으로써 상계 주장의 상대방은 상계를 주장한 자가 반대채권을 이중으로 행사하는 것에 의하여 불이익을 입을 수 있게 될 뿐만 아니라, 상계 주장에 대한 판단을 전제로 이루어진 원고의 청구권의 존부에 대한 전소의 판결이 결과적으로 무의미하게 될 우려가 있게 되므로, 이를 막기 위함이다.

(2) 기판력의 발생요건

1) 자동채권에 대한 요건

상계항변에 관한 판단에 기판력이 발생하려면 자동채권이 판단되어야 하고, 실기하여 각하된 경우, 상계부적상으로 배척된 경우 등에는 기판력이 발생하지 아니한다.

2) 수동채권에 대한 요건

판례는 상계 주장에 관한 판단에 기판력이 인정되는 경우는, 상계 주장의 대상이 된 수동채권이 소송물로서 심판되는 소구채권이거나 그와 실질적으로 동일하다고 보이는 경우(가령 원고가 상계를 주장하면서 청구이의의 소송을 제기하는 경우 등)로서 상계를 주장한 반대채권과 그 수동채권을 기판력의 관점에서 동일하게 취급하여야 할 필요성이 인정되는 경우를 말한다고 봄이 상당하다고 한다.[76]

(3) 기판력의 발생범위

1) 상계항변을 배척한 경우

반대채권의 부존재에 기판력이 발생한다. 판례는 반대채권이 부존재한다는 판결이유 중의 판단의 기판력은 특별한 사정이 없는 한 '법원이 반대채권의 존재를 인정하였더라면 상계에 관한 실질적 판단으로 나아가 수동채권의 상계적상일까지의 원리금과 대등액에서 소멸하는 것으로 판단할 수 있었던 반대채권의 원리금 액수'의 범위에서 발생한다고 보아야 한다고 판시하고 있다.[77]

---

76) 대판 2005.7.22. 2004다17207
77) 대판 2018.8.30. 2016다46338

2) 상계항변을 인용한 경우

원고의 소구채권과 피고의 반대채권이 모두 존재하고 그것이 상계에 의해 소멸하였다는 판단에 기판력이 미친다는 견해와 현재의 법률관계로서 자동채권이 존재하지 않는다는 점에 기판력이 발생한다는 견해가 대립하고 있으나 민소법 제216조 제2항의 조문의 해석에 충실한 전자의 견해가 타당하다.

3) 수개의 반대채권 중 일부는 인용, 나머지는 배척한 경우

판례는 피고가 상계항변으로 2개 이상의 반대채권을 주장하였는데 법원이 그중 어느 하나의 반대채권의 존재를 인정하여 수동채권의 일부와 대등액에서 상계하는 판단을 하고, 나머지 반대채권들은 모두 부존재한다고 판단하여 그 부분 상계항변은 배척한 경우에, 수동채권 중 상계로 소멸하는 것으로 판단된 부분은 피고가 주장하는 반대채권들 중 그 존재가 인정되지 않은 채권들에 관한 분쟁이나 그에 관한 법원의 판단과는 관련이 없어 기판력의 관점에서 동일하게 취급할 수 없으므로, 그와 같이 반대채권들이 부존재한다는 판단에 대하여 기판력이 발생하는 전체 범위는 위와 같이 상계를 마친 후의 수동채권의 잔액을 초과할 수 없다고 보아야 한다고 판시하고 있다.[78]

2. 사안의 경우

A소에서 수동채권인 甲의 乙에 대한 매매대금채권은 소구채권이며 자동채권인 乙의 甲에 대한 대여금채권에 대하여 법원이 본안판단을 하여 乙의 상계항변을 받아들였으므로 수동채권인 매매대금채권과 자동채권인 대여금채권이 모두 존재하였다가 소멸하였다는 점에 기판력이 발생한다. 기판력이 발생하는 범위는 수동채권의 원리금과 대등액에서 소멸하는 자동채권의 원리금 액수이므로 수동채권인 5천만원에 대하여 기판력이 발생한다고 보아야 한다.

Ⅲ **A소의 확정판결의 기판력이 乙의 대여금반환청구의 소에 미치는지 여부**

甲의 A소와 乙의 소는 주관적 범위에서 동일하고 乙이 상계항변으로 주장한 6천만원의 자동채권 존재사실은 전소 판결이유 중의 판단이지만 민소법 제216조 제2항에 의하여 기판력이 발생하여 후소와 청구의 동일로 객관적 범위에서 작용하고 이는 A소에서 주장한 방어방법이므로 乙의 소에 시적 범위에서 차단된다. 따라서 A소에서의 상계항변에 대한 확정판결의 기판력은 乙의 후소에 미치게 된다. 결국 모순금지설을 따르는 판례에 의하면 사안의 경우 乙은 대여금채권 중 1천만원 부분의 반환을 청구하는 소를 제기할 수는 있으나, 5천만원 부분에 대하여 대여금반환청구의 소를 제기하는 경우는 乙이 전소에서 승소하였으므로 후소법원은 권리보호이익 없다는 이유로 소각하판결을 하여야 한다.

---

78) 대판 2018.8.30. 2016다46338

Ⅳ 사안의 적용

법원이 본안판단을 하여 乙의 상계항변을 받아들였으므로 수동채권인 매매대금채권과 자동채권인 대여금채권이 모두 존재하였다가 소멸하였다는 점에 기판력이 발생한다. 기판력이 발생하는 범위는 수동채권의 원리금과 대등액에서 소멸하는 자동채권의 원리금 액수이므로 수동채권인 5천만원에 대하여 기판력이 발생한다고 보아야 한다. 모순금지설을 따르는 판례에 의하면 사안의 경우 乙은 대여금채권 중 1천만원 부분의 반환을 청구하는 소를 제기할 수는 있으나, 5천만원 부분에 대하여 대여금반환청구의 소를 제기하는 경우는 乙이 전소에서 승소하였으므로 후소법원은 권리보호이익 없다는 이유로 소각하판결을 하여야 한다.

Ⅴ 결론

乙은 대여금채권 중 1천만원 부분의 반환을 청구하는 소를 제기할 수는 있으나, 5천만원 부분에 대하여 대여금반환청구의 소를 제기하는 경우는 乙이 전소에서 승소하였으므로 후소법원은 권리보호이익 없다는 이유로 소각하판결을 하여야 한다.

제1문

甲은 乙에 대하여 지급기일을 2017.2.1.로 하는 1억원의 공사대금채권을 가지고 있었다. 乙은 2017.10.1. 이 채권금액 가운데 3,000만원을 변제하였다. 甲은 2018.4.1. 乙에 대하여 위 공사대금 1억원의 지급을 구하는 소를 제기하였다. 법원은 2018.12.1. 변론을 종결하고 甲의 청구대로 1억원의 지급을 명하는 판결을 선고하였고, 그 판결은 확정되었다. 다음 물음에 답하시오. (50점)

물음 2

乙은 甲에 대하여 2018.5.1.을 지급기일로 하는 대여금 2,000만원의 채권을 가지고 있었으나 상계항변을 하지 않았다. 乙이 2019.7.1.에 이 채권을 가지고 상계할 수 있는지를 논하시오. (20점)

I 논점의 정리

乙이 아래에서 살펴볼 기판력의 표준시인 2018.12.1. 이미 변제기에 도달한 대여금 2,000만원의 채권을 자동채권으로 하고 甲의 1억원의 공사대금채권을 수동채권으로 하는 상계항변을 하지 아니한 경우, 甲이 제기한 공사대금 지급청구의 소의 판결확정 후인 2019.7.1.에 대여금채권을 가지고 상계할 수 있는지 여부가 표준시 이후의 상계권 행사 가부와 관련하여 문제 된다. 전소의 판결확정 후 후소에서의 상계권의 행사는 보통 청구이의의 소를 제기하여 주장하는 것이 일반적이므로 乙이 청구이의의 소에서 대여금채권을 가지고 상계할 수 있는지 여부를 중심으로 검토하기로 한다.

II 기판력의 시적 범위와 차단효

1. 의 의

기판력의 시적 범위는 전소확정판결의 기판력이 어느 시점의 권리관계의 존부에 발생하는지 확정하는 것을 말한다. 민사소송에 있어서 당사자는 사실심의 변론종결 시까지 소송자료를 제출할 수 있고, 법원은 그때까지 제출된 소송자료를 기초로 하여 종국판결을 하기 때문에 기판력의 표준시는 사실심의 변론종결 시가 된다(민소법 제218조). 물론 무변론판결의 기판력의 표준시는 판결선고 시이다. 따라서 기판력은 그 표준시에서의 현재의 권리관계의 존부판단에 생기며 표준시 이전 또는 이후의 권리관계에는 미치지 아니한다. 당사자는 표준시 이후에 발생한 사유를 가지고 판결내용을 다투는 것은 무방하나, 표준시 이전의 사유를 주장하여 판결내용을 다툴 수는 없게 되는데 이를 차단효라고 한다.

2. 사안의 경우

기판력의 표준시는 사실심 변론종결 시라고 할 때 2018.12.1.을 기준으로 그 이전에 발생한 사유를 주장하여 판결내용을 다툴 수는 없게 된다.

III 乙이 청구이의의 사유로 상계권의 행사의 가부

1. 기판력의 발생

사안의 경우 전소에서 甲의 승소판결이 확정되어 발생한 기판력이 후소인 청구이의의 소에 미치게 되는지 문제 된다. 청구이의의 소는 집행권원의 집행력을 배제시키는 것이므로 기판력에 저촉되는 사유는 이의사유로 주장할 수 없다. 따라서 기판력의 시적 범위와 관련하여 그 이의사유는 변론이 종결된 뒤에, 변론 없이 한 판결의 경우에는 판결이 선고된 뒤에 생긴 것이어야 하므로(민집법 제44조 제2항) 변론종결 전에 주장할 수 있었던 상계항변을 변론종결 후에 후소에서 주장한 경우를 변론종결 후에 발생한 것으로 볼 수 있는지 문제 된다.

2. 기판력의 작용 여부

사안에서 전소와 후소는 당사자는 甲과 乙로서 동일하므로 주관적 범위에서 작용하나, 전소인 공사대금지급청구의 소와 후소인 청구이의의 소는 그 소송물을 달리하므로 기판력의 객관적 범위에서 작용하지 아니한다. 다만, 사안의 경우와 같이 변론종결 이전에 상계적상이 있었음에도 불구하고 상계권을 행사하지 아니하다가 후에 상계권을 행사하면서 청구이의의 소를 제기하는 것이 가능한지의 여부는 민집법 제44조 제2항에서 정한 이의원인이 변론종결한 뒤에 생긴 때에 해당하는지 여부와 관련이 있다.

3. 상계권의 행사의 가부

(1) 학 설

① 법적 안정성을 이유로 변론종결한 뒤에는 상계권을 행사할 수 없다는 실권설, ② 형성권은 행사함으로써 비로소 법률효과가 발생하므로 실권 여부를 형성권을 실제로 행사한 시점을 기준으로 판단하여 형성권은 실권되지 아니한다는 비실권설, ③ 다른 형성권은 실권되지만 상계권은 소구채권의 하자의 문제가 아니고 출혈적 방어방법인 점으로 고려할 때 상계권은 실권되지 않는다는 상계권비실권설, ④ 다른 형성권은 실권되지만 상계권의 경우에는 전소에서 행사할 수 있음을 모른 경우에는 실권되지 않지만 알고도 불행사한 경우에는 실권된다는 제한적 상계권실권설이 대립하고 있다.

(2) 판 례

판례는 채무자가 채무명의인 확정판결의 변론종결 전에 상대방에 대하여 상계적상에 있는 채권을 가지고 있었다 하더라도 채무명의인 확정판결의 변론종결 뒤에 이르러 비로소 상계의 의사표시를 한 때에는 민사집행법 제44조 제2항이 규정하는 '이의원인이 변론종결 뒤에 생긴 때'에 해당하는 것으로서, 당사자가 채무명의인 확정판결의 변론종결 전에 자동채권의 존재를 알았는가 몰랐는가에 관계없이 적법한 청구이의사유로 된다고 하여 상계권비실권설의 태도를 취하고 있다.[79]

(3) 검 토

생각건대 실권설은 소구채권의 하자의 문제가 아니고 출혈적 방어방법인 상계권을 전소에서 행사하도록 강제한다는 점에서 문제가 있고, 비실권설은 무효사유도 기판력에 의하여 차단되는데, 무효보다 그 효력이 약한 취소·해제 등이 차단되지 않는다고 하는 것은 균형에 맞지 않고, 제한적 상계권실권설은 상계권자의 주관적 인식에 기판력의 발생 여부를 의존하게 한다는 점에서 오히려 법적 안정성을 해칠 우려가 있다. 따라서 상계의 의사표시를 기다려 비로소 상계로 인한 채무소멸의 효력이 생기는 상계권의 실체법적 성격을 고려하면 상계권비실권설이 타당하다고 판단된다.

4. 사안의 경우

생각건대 상계권비실권설이 타당하다는 점에서 乙이 변론종결 시에 이미 변제기를 도래한 대여금채권을 자동채권으로 하여 상계항변을 하지 아니하다가 후소에서 주장하는 것은 민집법 제44조 제2항에서 정한 이의원인이 변론종결한 뒤에 생긴 때에 해당한다고 보아야 한다. 따라서 甲이 제기한 공사대금지급청구의 소의 확정판결을 집행권원으로 한 강제집행에서 乙은 청구이의의 소를 제기하여 자기의 대여금채권으로 상계항변을 주장함으로써 강제집행을 저지할 수 있다고 판단된다.

---

79) 대판 1998.11.24. 98다25344

Ⅳ 사안의 적용

乙의 대여금채권이 사실심 변론종결 시인 2018.12.1.을 기준으로 그 이전에 변제기가 도래하여 상계항변을 주장할 수 있었으나 이를 후소에서 주장하는 것은 민집법 제44조 제2항에서 정한 이의원인이 변론종결한 뒤에 생긴 때에 해당한다고 보아야 하므로 乙은 후소인 청구이의의 소에서 대여금채권을 상계항변으로 주장할 수 있다고 판단된다.

Ⅴ 결 론

乙은 후소인 청구이의의 소에서 대여금채권을 상계항변으로 주장할 수 있다고 판단된다.

03 종국판결에 의한 종료

※ 기출문제해설의 답안은 참고용으로 활용하시기 바랍니다.

기출문제 ▎ 2022년 제31회 공인노무사시험

제3문

판결의 편취와 그 구제수단에 관하여 설명하시오. (25점)

자세한 내용은 기본서 해당부분의 관련서술을 참조하라.

제3문

변론종결 뒤의 승계인에 대하여 설명하시오. (25점)
자세한 내용은 기본서 해당부분의 관련서술을 참조하라.

제1문

甲이 乙을 상대로 자신의 대여금채권(A채권)을 행사하는 청구와 제3채무자 丙을 상대로 위 A채권을 피보전채권으로 하여 乙의 丙에 대한 매매대금채권(B채권)을 대위행사하는 청구를 병합하는 소를 제기하면서, 乙과 丙이 부진정연대채무관계에 있음을 전제로 乙, 丙에 대하여 연대하여(각자) 지급할 것을 구하였다. 그런데 법원은 乙과 丙이 부진정연대채무관계에 있지 않다는 이유로 "乙은 A채권에 관하여, 丙은 B채권에 관하여 甲에게 각 지급하라"고 판결하였다. (다음 각 설문은 독립적임) (30점)

물음 3

甲이 위 소송에서 丙을 상대로 "丙은 甲에게 1억원을 지급하라"고 청구하여 전부승소판결을 선고받아 그 판결이 확정되었다면, 乙은 그 판결을 집행권원으로 하여 丙의 재산에 대하여 강제집행을 할 수 있는지 설명하시오. (10점)

I 논점의 정리

사안에서 乙의 丙의 재산에 대한 강제집행 여부와 관련하여 채권자대위소송의 법적 성질 및 채권자대위소송의 확정판결의 기판력과 집행력이 채무자에게 미치는지 문제 된다.

II 채권자대위소송의 법적 성질

1. 학 설

① 채권자대위소송은 민법이 채권자에게 소송수행권을 부여한 결과 채무자를 대위해 채무자의 제3채무자에 대한 권리를 행사하는 것이라는 법정소송담당설과, ② 민법이 채권보전이라는 자신의 이익을 위해 채권자 자신의 권리로 인정한 대위권을 행사하는 것이라는 고유의 대위권설이 대립하고 있다.

2. 판 례

대위소송에서 원고는 채무자에 대한 자신의 권리를 보전하기 위해 채무자를 대위하여 자신의 명의로 채무자의 제3채무자에 대한 권리를 행사하는 것이라고 하여 법정소송담당설의 태도를 취하고 있다.

3. 검 토

고유의 대위권설은 1회적 채무를 질 뿐인 제3채무자가 채권자 수만큼의 소제기를 당할 수 있다는 점에서 부당하고 채권자대위권 행사의 효과가 채권자에게 귀속되지 않고 직접 채무자에게 귀속되는 점을 고려할 때 법정소송담당설이 타당하다고 판단된다.

III 채권자가 받은 판결의 기판력이 채무자에게 미치는지 여부

1. 기판력의 의의

기판력이란 확정된 종국판결의 내용이 가지는 후소에 대한 구속력을 뜻하는 것으로서 판결의 법적 안정성을 확보하려는 것이다.

2. 기판력의 주관적 범위

기판력은 당사자에 한하여 미치고 제3자에게는 미치지 아니하는 것이 원칙이나, 법률에 특별한 규정이 있는 경우에는 기판력이 제3자에게 미치는 경우가 있다(민소법 제218조 제1항·제2항·제3항). 다른 사람을 위하여 원고나 피고가 된 사람에 대한 확정판결은 그 다른 사람에 대하여도 효력이 미치므로(민소법 제218조 제3항) 소송담당자가 받은 판결의 기판력은 그 권리귀속주체에 대하여도 미치게 된다. 사안과 관련하여 채권자대위소송에서 채권자가 받은 판결의 기판력이 채무자에 미치는지 문제 된다.

3. 채권자대위소송의 기판력이 채무자에게 미치는지 여부

(1) 학 설

① 법정소송담당설의 입장에서 민소법 제218조 제3항에 의하여 대위소송 확정판결의 기판력이 채무자에게 미친다고 하는 적극설, ② 고유의 대위권설의 입장에서 대위소송은 법정소송담당이 아니어서 민소법 제218조 제3항이 적용되지 아니하므로 채무자에게는 기판력이 미치지 아니한다고 하는 소극설, ③ 법정소송담당설의 입장에서 채무자의 절차보장을 중시하여 어떠한 사유로 인하였든 대위소송이 제기된 사실을 채무자가 알았을 경우에만 민소법 제218조 제3항에 의하여 그 기판력이 채무자에게 미친다는 절충설이 대립하고 있다.

(2) 판 례

판례는 채권자가 채권자대위권을 행사하는 방법으로 제3채무자를 상대로 소송을 제기하고 판결을 받은 경우에는 어떠한 사유로 인하였든 적어도 채무자가 채권자 대위권에 의한 소송이 제기된 사실을 알았을 경우에는 그 판결의 효력은 채무자에게 미친다고 한다.80)

(3) 검 토

생각건대 채권자가 패소한 경우에 채무자에게 늘 기판력이 미치면 채무자에게 너무 가혹하고 그렇다고 어느 경우에나 기판력이 미치지 않는다고 본다면 제3채무자의 응소부담이 커지는 문제가 있으므로 채무자와 제3채무자 간의 공평과 분쟁의 일회적 해결을 고려하면 절충설이 타당하다고 판단된다.

4. 사안의 경우

사안에서 채권자 甲은 채무자 乙에 대한 소송을 대위소송과 병합하여 제기하였으므로 채무자 乙은 소송이 제기된 사실을 알았다고 볼 수 있다. 따라서 대위소송의 기판력이 채무자 乙에게 미친다.

Ⅳ 채무자 乙이 제3채무자 丙에게 집행 가능한지 여부

1. 집행력의 범위

집행력의 범위는 원칙적으로 기판력의 범위와 같다. 다만, 채권자대위소송의 기판력이 채무자에게 미치는 경우 채무자가 직접 제3채무자에게 강제집행을 할 수 있는지 문제 된다.

2. 판 례

판례는 채권자대위권에 기한 확정판결의 기판력이 소외인인 채무자에게도 미치는 경우가 있다 하더라도 위 확정판결의 집행력만은 원(채권자)·피고(제3채무자) 간에 생기는 것이고 원고와 소외인(채무자) 사이에는 생기지 아니한다고 판시하고 있다.81)

3. 검토 및 사안의 경우

위 판례에 대하여는 이를 채권자대위소송 판결의 집행력이 채무자에게 미치지 아니하는 예로 보는 견해와 반드시 그런 취지로 볼 것이 아니라는 견해가 있다. 생각건대 위 판례에서 소외인인 채무자와 피고(제3채무자) 사이의 집행력까지 부인하지는 않았다고 볼 수 있으므로 후자의 견해가 옳다고 본다. 따라서 채권자대위소송에서 채권자가 승소하였고 대위소송이 제기된 사실을 채무자가 알아 기판력이 채무자에게 미치는 경우에는 채무자와 제3채무자 간에는 집행력도 확장된다고 할 것이다. 사안에서 채무자 乙은 대위소송이 제기된 사실을 알았으므로 집행력도 확장된다.

---

80) 대판 1975.5.13. 74다1664[전합]
81) 대결 1979.8.10. 79마232

Ⅴ 사안의 적용

채권자대위소송의 법적 성질을 법정소송담당으로 파악하고 채무자와 제3채무자 간의 공평과 분쟁의 일회적 해결을 고려하여 채권자대위소송의 기판력이 채무자에게 미치는지 여부에 대해 절충설을 취할 경우, 채권자 대위소송에서 채권자가 승소하였고 대위소송이 제기된 사실을 채무자가 알아 기판력이 채무자에게 미치는 경우에는 채무자와 제3채무자 간에는 집행력도 확장된다고 할 것이다. 채무자 乙이 대위소송이 제기된 사실을 안 이상 판결의 효력이 乙에게 미치므로 그는 승계집행문을 부여받아 丙의 재산에 대하여 강제집행을 할 수 있다(민집법 제25조 제1항·제2항, 민집법 제31조).

Ⅵ 결 론

채무자 乙이 대위소송이 제기된 사실을 안 이상 판결의 효력이 乙에게 미치므로 그는 승계집행문을 부여받아 丙의 재산에 대하여 강제집행을 할 수 있다(민집법 제25조 제1항·제2항, 민집법 제31조).

제 **5** 편

병합소송

01 병합청구소송

제1절 청구의 원시적 병합

제1관 | 청구의 객관적 병합

I 서 설

1. 의 의

청구의 객관적 병합이란 원고가 하나의 소송에서 여러 개의 청구를 하는 경우를 말한다(민소법 제253조).

2. 공격방법의 복수와의 구별

청구의 병합은 하나의 소송에서 여러 개의 청구를 하는 것으로 1개의 청구를 이유 있게 하는 공격방법이 여러 개인 공격방어방법의 복수와 구별된다. 원고가 공격방법을 여러 개 주장하면서 순서를 붙여 주장하는 경우에 법원은 원고의 청구를 인용하는 경우 원고의 주장의 순서에 구속되지 아니하고 어느 하나를 선택하여 청구를 인용하면 되고 다른 주장에 대하여는 판단할 필요 없다. 그러나 원고청구를 기각할 때에는 모든 주장을 배척하여야 한다.

II 객관적 병합의 요건

1. 동종절차

여러 개의 청구는 같은 종류의 소송절차에 따르는 경우에만 하나의 소를 제기할 수 있다(민소법 제253조). 이와 관련하여 판례는 피고들이 재심대상판결의 취소와 그 본소청구의 기각을 구하는 외에, 원고와 승계인을 상대로 재심대상판결에 의하여 경료된 원고 명의의 소유권이전등기와 그 후 승계인의 명의로 경료된 소유권이전등기의 각 말소를 구하는 청구를 병합하여 제기하고 있으나, 그와 같은 청구들은 별소로 제기하여야 할 것이고 재심의 소에 병합하여 제기할 수 없다(대판 1997.5.28. 96다41649)고 하여 재심의 소에 민사청구를 병합하는 것을 부정하고 있다.

2. 공통관할

여러 개의 청구 중 한 청구가 다른 법원의 전속관할에 속하는 경우에는 병합이 허용되지 아니한다. 그 이외에는 병합된 청구 중 어느 하나의 청구에 대하여 토지관할이 있으면 민사소송법 제25조 제1항의 관련재판적에 의하여 다른 청구도 관할권이 있게 되므로 공통의 관할이 있게 된다.

3. 청구 관련성

단순병합의 경우에는 청구 사이에 관련성이 필요 없다. 다만, 선택적·예비적 병합의 경우에는 병합된 청구 사이에 관련성이 있을 것을 요한다.

제2관 | 객관적 병합의 태양

I 단순병합

1. 의 의

단순병합이란 원고가 여러 개의 청구에 대하여 차례로 심판을 구하는 형태의 병합을 말한다. 법원은 모든 청구에 대하여 심판을 하여야 하므로 양립할 수 없는 청구의 경우에는 단순병합이 허용되지 아니한다(대판 1999.8.20. 97누6889). 단순병합의 경우에도 어느 하나의 청구가 다른 청구의 선결관계에 있거나 각 청구가 기본적 법률관계를 공통으로 하는 경우를 관련적 병합이라고 한다.

2. 요 건

동종절차에서 심판할 수 있을 것과 공통의 관할권이 있을 것을 요한다. 청구 간의 관련성은 원칙적으로 필요하지 않다.

3. 심 판

(1) 병합요건과 일반소송요건의 직권조사

단순병합에 있어서 소가 산정은 각 청구 간 경제적 목적이 별개이므로 병합된 청구의 가액을 합산함이 원칙이다. 병합요건은 청구병합의 특유한 소송요건으로 직권조사사항이며 병합요건에 흠이 존재하는 경우에는 곧바로 소를 각하하지 아니하고 변론을 분리하여 별도의 소로 분리심판하여야 한다. 병합요건을 구비하였다면 각 청구에 대한 소송요건을 조사하여야 하며 그 흠이 있으면 당해 청구에 관한 소를 판결로 각하하여야 한다.

(2) 심리의 공통

변론과 증거조사는 동일 기일에 여러 개의 청구에 대하여 공통으로 행하며 여기에 나타난 증거자료나 사실자료는 모든 청구에 대한 판단의 자료가 된다. 변론의 제한과 분리는 가능하나 단순병합이라도 쟁점이 공통인 경우에는 변론의 분리를 삼가할 필요가 있다.

(3) 종국판결

1) 단순병합의 경우 일부판결의 가부

청구 전부에 대하여 판결하기에 성숙한 경우에는 전부판결을 한다. 그러나 변론의 분리가 가능하므로 일부판결을 할 수 있다(민소법 제200조). 만약 법원이 본의 아니게 청구의 전부를 대해 재판할 의사로 재판을 하였지만 모르고 일부판결을 하게 되면 재판누락에 해당하는 것으로 보아 추가판결로 정리하면 된다(민소법 제212조). 단순병합에서 일부청구가 인용되었다고 하더라도 다른 청구의 심판이 해제되는 것은 아니므로 다른 청구를 판단하여야 한다. 그러나 판단하지 않더라도 판결이 위법하게 되는 것은 아니다.

2) 단순병합 중 관련적 병합의 경우 일부판결 가부

① 문제점 : 단순병합 중에서 적극적 손해, 소극적 손해, 정신적 손해와 같이 관련성이 있는 청구가 병합된 경우 일부판결이 허용되는지 문제 된다.

② 학설 : 관련적 병합의 경우 각 청구 사이에 불가분의 관계는 인정되지 아니하므로 일부판결이 허용된다는 긍정설과 관련적 병합의 경우 주요쟁점이 공통되므로 일부판결을 하면 판결의 모순·저촉의 우려가 있어 일부판결을 할 수 없다는 부정설이 대립하고 있다.

③ 판례 : 판례는 확장된 지연손해금 청구 부분에 대하여 원심법원이 판결 주문이나 이유에서 아무런 판단을 하지 아니한 재판의 탈루가 발생한 경우에, 이 부분 소송은 아직 원심에 계속 중이라고 보아야 할 것이어서 적법한 상고의 대상이 되지 아니하므로, 이 부분에 대한 상고는 부적법하다(대판 1996.2.9. 94다50274)고 하여 일부판결이 허용된다고 판시하고 있다.

④ 검토 : 판결의 모순·저촉의 우려를 피하는 것도 중요하나 일부판결이 허용되지 않는다면 당사자의 심급의 이익을 침해할 수 있어 일부판결이 허용된다는 긍정설이 타당하다고 판단된다.

4. 상 소

(1) 전부판결에 대한 상소

전부판결에 대해 전부상소한 경우 전부이심되며 전부 심판의 대상이 된다. 전부판결에 대해 일부상소한 경우에는 상소불가분의 원칙상 전부이심되나 불이익변경금지원칙이 적용되어 불복한 청구만이 상소심의 심판대상이 된다.

(2) 일부판결에 대한 상소

단순병합은 일부판결이 허용되므로 일부판결에 대하여 상소한 때에는 나머지 부분과 별도로 이심의 효력이 생긴다. 다만, 일부판결한 경우 판결하지 않은 부분은 재판의 누락으로 제1심에 계속 중이므로 추가판결로 구제한다. 판례도 같은 취지에서 판결에는 법원의 판단을 분명하게 하기 위하여 결론을 주문에 기재하도록 되어 있으므로 재판의 누락이 있는지 여부는 우선 주문의 기재에 의하여 판정하여야 하고, 판결이유에서 청구가 이유 없다고 설시하고 있더라도 주문에서 설시가 없으면 특별한 사정이 없는 한 재판의 누락이 있다고 보아야 하고, 재판의 누락이 있는 경우, 그 부분 소송은 아직 원심에 계속 중이라고 보아야 할 것이어서 적법한 상고의 대상이 되지 아니하므로 그 부분에 대한 상고는 부적법하다(대판 2004.8.30. 2004다24083)고 판시하고 있다. 판결하지 않은 부분에 대하여 상소한다면 상소의 대상적격의 흠결로 상소각하판결을 받게 될 것이다.

5. 관련 문제

(1) 불법행위로 인한 손해배상

불법행위에 의한 손해배상청구에서 적극적 손해, 소극적 손해, 정신적 손해를 함께 청구하는 경우 판례의 손해3분설을 따르면 3개 청구의 단순병합이 된다. 다만 청구 간에 쟁점을 공통으로 하는 관련적 병합이 될 것이다.

(2) 대상청구

1) 의 의

대상청구란 원고가 어떤 물건의 인도를 구하면서 그 물건의 이행불능 또는 집행불능에 대비하여 그 물건의 가액에 상당하는 금액을 청구하는 것을 말한다.

2) 주위적 청구의 이행불능에 대비한 대상청구

① 청구의 성질 : 현재의 물건의 인도청구와 함께 변론종결 시점에 물건인도청구가 이행불응을 이유로 기각될 것에 대비하여 전보배상을 구하는 경우로서 이는 현재이행의 소와 현재이행의 소의 예비적 병합에 해당한다. 종류물은 이행불능이 있을 수 없으므로 특정물만 목적물이 될 수 있다.

② 심리 : 예비적 병합은 주위적 청구가 인용될 것을 해제조건으로 하여 예비적 청구에 대해 심판한다. 따라서 주위적 청구가 인용될 때에는 대상청구에 대하여 심판할 필요가 없지만 주위적 청구가 기각되는 때에는 대상청구에 대하여 심판하여야 한다.

3) 주위적 청구의 집행불능에 대비한 대상청구

① 청구의 성질 : 현재의 물건인도청구와 함께 그 집행불능에 대비하여 장래의 대상청구를 구하는 경우로서 현재이행의 소와 장래이행의 소의 단순병합에 해당한다. 집행불능에 대비한 대상청구는 특정물뿐만 아니라 종류물도 목적물이 되고 장래이행의 소로서 미리 청구할 필요도 인정되어야 한다.

② 청구의 적법 여부 : 현재이행의 소와 장래이행의 소의 단순병합요건은 일단 구비되었다고 볼 것이나 집행불능에 대비한 대상청구가 장래이행의 소로서 적법한지 문제 된다. 생각건대 대상청구는 집행불능에 대비한 조건부청구로서 청구기초가 성립되어 있고 집행불능의 조건성취의 개연성이 크므로 대상청구권이 발생할 것이 변론종결 당시 확정적으로 예정되었다고 볼 수 있기 때문에 청구적격이 인정되고 주위적 청구인 물건인도청구의 임의이행을 거부하여 대상청구의 임의이행을 거부할 것이 분명하므로 미리 청구할 필요도 있어 장래이행의 소로서 적법요건은 구비된 것으로 보인다.

③ 심리 : 통상의 단순병합소송에 있어서는 어느 한 청구의 인용 여부와 무관하게 다른 청구에 관하여 독립하여 판단을 하여야 하지만 대상청구에 있어서는 단순병합이라고 하더라도 주위적 청구가 이유 없는 때에는 대상청구에 관하여는 심리할 필요 없이 이를 배척하여야 한다(대판 1969.10.28. 68다158). 집행불능에 대비한 대상청구는 주위적 청구의 인용을 조건으로 하기 때문이다.

④ 관련 판례

> **[물건의 집행불능에 대비하여 구하는 예비적 대상청구의 성질]**
> 어느 물건의 집행불능에 대비하여 구하는 예비적 대상청구[단순히 심판에 순서를 붙였다는 것이지 병합청구가 예비적 병합이라는 의미는 아님을 유의해야 한다(註)]의 성질은 이행지체로 인한 전보배상을 구하는 것이고 "인도불능일 때" 또는 "인도하지 않을 때"라는 문언은 "집행불능의 때"의 의미로 보아야 한다(대판 1975.5.13. 75다308). 즉, 판례는 당사자의 의사가 분명하지 않은 경우 집행불능에 대비한 대상청구로 이해하고 있다. 당사자의 의사가 불분명한 경우 집행불능을 대비한 것으로 추정하는 것이 원고의 의사에 부합한다고 판단된다.

4) 등기청구와 대상청구

판례는 등기청구와 대상청구의 병합청구를 단순병합으로 이해하여 甲이 乙을 상대로 주위적으로 근저당권설정등기의 회복등기절차 이행을 구하면서, 예비적으로 乙이 丙과 공모하여 등기를 불법말소한 데 대한 손해배상금과 지연손해금 지급을 구하였는데, 제1심법원이 주위적 청구를 인용하면서 예비적 청구를 기각하였고, 甲이 기각된 부분에 대하여 항소를 제기하자, 원심법원이 주위적 청구가 인용되어 전부 승소한 甲에게는 항소를 제기할 이익이 없다는 이유로 이 부분 항소를 각하한 사안에서, 위 예비적 청구는 주위적 청구인 근저당권설정등기 회복의무가 이행불능 또는 집행불능이 될 경우를 대비한 전보배상으로서 대상청구라고 보아야 하고, 이러한 주위적·예비적 병합은 현재 급부청구와 장래 급부청구의 단순병합에 속하므로, 甲이 항소한 부분인 예비적 청구의 당부를 판단하여야 함에도 주위적 청구가 인용된 이상 예비적 청구는 판단할 필요가 없다고 보아 이 부분 항소를 각하한 원심판결에는 법리오해 등의 위법이 있다(대판 2011.8.18. 2011다30666)고 판시하고 있다.

Ⅱ 선택적 병합

1. 의 의

선택적 병합이란 여러 개의 청구 중 어느 한 청구가 택일적으로 인용될 것을 해제조건으로 하여 청구하는 형태의 병합을 의미한다.

2. 요 건

선택적 병합이 허용되기 위해서는 ① 청구들이 논리적으로 양립 가능할 것, ② 하나의 목적을 위하여 수개의 청구권·형성권이 경합하는 경우일 것, ③ 논리적으로 관련성이 있을 것 등을 요한다.

(1) 양립 가능한 청구

논리적으로 양립할 수 없는 청구는 예비적 병합 청구를 하여야 하고 선택적 병합은 인정되지 아니한다. 양립할 수 없는 여러 개의 청구에 대하여 선택적 병합이 가능하다는 견해도 있으나, 여러 개의 청구에 대한 선택을 법원에 맡기는 결과가 되어 처분권주의에 반할 우려가 있고 신청 자체가 불특정한 경우이므로 이는 예비적 병합으로 청구하여야 하고 선택적 병합은 허용되지 아니한다고 보는 것이 타당하다. 판례도 같은 취지에서 행정처분에 대한 무효확인과 취소청구는 서로 양립할 수 없는 청구로서 주위적·예비적 청구로서만 병합이 가능하고 선택적 청구로서의 병합이나 단순병합은 허용되지 아니한다(대판 1999.8.20. 97누6889)고 판시하고 있다.

(2) 수개의 청구권·형성권의 경합

수개의 청구권·형성권의 경합은 경합하는 여러 개의 권리를 청구할 때 인정되는데 소송물이론에 따라 선택적 병합의 인정범위가 다름을 유의해야 한다. 즉, 실체법상 청구권이 경합하는 경우를 복수의 소송물로 보는 구소송물이론과 신소송물이론 중 신청(청구취지)과 사실관계(청구원인의 사실관계)라는 두 가지 요소에 의해 소송물이 구성된다는 이원설의 입장에서 가능한 병합 형태이다.

(3) 청구 사이의 논리적 관련성

1) 논리적 관련성이 없는 경우

논리적으로 전혀 관계가 없어 순수하게 단순병합으로 구하여야 할 수개의 청구를 선택적 청구로 병합하여 청구하는 것은 부적법하여 허용되지 않는다. 따라서 원고가 그와 같은 형태로 소를 제기한 경우 제1심법원이 본안에 관하여 심리·판단하기 위해서는 소송지휘권을 적절히 행사하여 이를 단순병합 청구로 보정하게 하는 등의 조치를 취하여야 하는바, 법원이 이러한 조치를 취함이 없이 본안판결을 하면서 그중 하나의 청구에 대하여만 심리·판단하여 이를 인용하고 나머지 청구에 대한 심리·판단을 모두 생략하는 내용의 판결을 하였다 하더라도 그로 인하여 청구의 병합 형태가 선택적 또는 예비적 병합 관계로 바뀔 수는 없으므로, 이러한 판결에 대하여 피고만이 항소한 경우 제1심법원이 심리·판단하여 인용한 청구만이 항소심으로 이심될 뿐, 나머지 심리·판단하지 않은 청구는 여전히 제1심에 남아 있게 된다(대판 2008.12.11. 2005다51495). 이 경우 제1심에 남아 있는 부분은 재판누락에 해당하므로 결국 원고는 제1심에 추가판결을 촉구하여 누락 부분에 대하여 판결을 받아야 한다.

2) 논리적 관련성이 있는 경우

판례는 제1심판결 선고 전의 명예훼손행위에 관하여 손해배상청구를 하였으나 피고가 그 내용이 진실이라고 믿을 만한 상당한 이유가 있다는 이유로 청구를 기각당한 원고가 그 항소심에서 청구취지를 변경하지 아니한 채 피고가 제1심판결 선고 후 행한 새로운 명예훼손행위를 청구원인으로 추가하였다면 이는 다른 특별한 사정이 없는 한 피고의 새로운 명예훼손행위를 원인으로 하는 손해배상청구를 선택적으로 병합하는 취지라고 볼 것이다. 그러므로 그 항소심이 새로운 명예훼손행위를 원인으로 한 선택적 병합청구에 관하여 아무런 판단도 하지 아니한 채 원고의 청구를 기각하는 것은 판단누락에 해당한다(대판 2010.5.13. 2010다8365)고 하여 논리적으로 관련성이 있는 경우에는 단순병합으로 구하지 않고 선택적 병합으로 청구할 수 있다고 보고 있다.

3. 심 판

(1) 병합요건과 일반소송요건의 직권조사

선택적 병합의 경우에 소가산정은 합산이 아니라 중복청구의 흡수의 법리에 의한다. 병합요건은 청구병합의 특유한 소송요건으로 직권조사사항이며 병합요건에 흠이 존재하는 경우에는 곧바로 소를 각하하지 아니하고 변론을 분리하여 별도의 소로 분리심판하여야 한다. 병합요건을 구비하였다면 각 청구에 대한 소송요건을 조사하여야 하며 그 흠이 있으면 당해 청구에 관한 소를 판결로 각하하여야 한다.

(2) 심리의 공통

변론과 증거조사는 동일 기일에 여러 개의 청구에 대하여 공통으로 행하며 여기에 나타난 증거자료나 사실자료는 모든 청구에 대한 판단의 자료가 된다. 변론의 제한은 가능하나 변론의 분리는 허용되지 아니한다.

(3) 종국판결

1) 일부판결의 가부

청구 전부에 대하여 판결하기에 성숙한 경우에는 전부판결을 한다. 일부판결이 가능한지 여부가 문제되나 선택적 병합의 경우에는 수개의 청구가 하나의 소송절차에 불가분적으로 결합되어 있기 때문에 선택적 청구 중 하나만을 기각하는 일부판결은 선택적 병합의 성질에 반하는 것으로서 법률상 허용되지 않는다(대판 1998.7.24. 96다99). 또한 선택적 청구 중에서 하나에 대하여 일부만 인용하고 다른 선택적 청구에 대하여 아무런 판단을 하지 아니하는 것은 위법하다는 것이 판례(대판 2016.5.19. 2009다66549[전합])이다. 82)

2) 판단방법

원고청구인용판결에 있어서는 이유 있는 청구 어느 하나를 선택하여 인용하고 나머지 청구에 관한 판단을 할 필요가 없지만 원고청구기각판결을 하는 경우에는 병합된 청구 전부에 대하여 배척하는 판단이 필요하다.

3) 위법한 일부판결에 대한 구제

① 판단누락 여부

ㄱ 문제점 : 선택적 병합에서 청구기각판결을 하면서 병합된 청구 중 어느 하나를 판단하지 않은 경우에 누락시킨 청구 부분이 판단누락(민소법 제451조 제1항 제9호)인지 재판누락(민소법 제212조)인지 문제 된다.

ㄴ 학설 : 청구가 밀접하게 결합되어 있어 판결의 모순·저촉방지를 위해 일부판결이 허용되지 않아 적법한 재판누락이 있을 수 없으므로 추가판결로 해결할 수 없고 판단누락의 일종으로 이해하여 상소·재심으로 다루어야 한다는 판단누락설, 선택적 병합의 경우에도 각 청구는 별개이고 별소가 가능하여 일부판결이 허용되므로 재판누락 시 추가판결로 정리하면 되고 상소는 각하된다는 재판누락설, 선택적 병합의 경우 청구기각판결을 하면서 일부의 청구에 대하여 배척판단을 하지 않으면 재판누락으로 볼 것이지만 일부판결이 허용되지 않으므로 일부판결은 위법한 전부판결로 보는 절충설이 대립하고 있다.

ㄷ 판례 : 제1심법원이 원고의 선택적 청구 중 하나만을 판단하여 기각하고 나머지 청구에 대하여는 아무런 판단을 하지 아니한 조치는 위법한 것이고, 원고가 이와 같이 위법한 제1심판결에 대하여 항소한 이상 원고의 선택적 청구 전부가 항소심으로 이심되었다고 할 것이므로, 선택적 청구 중 판단되지 않은 청구 부분이 재판의 탈루로서 제1심법원에 그대로 계속되어 있다고 볼 것은 아니(대판 1998.7.24. 96다99)라고 하여 판단누락설을 취하고 있다. 최근 판례도 선택적 병합의 경우에는 여러 개의 청구가 하나의 소송절차에 불가분적으로 결합되어 있기 때문에, 선택적 청구 중 하나만을 기각하고 다른 선택적 청구에 대하여 아무런 판단을 하지 아니한 것은 위법하다(대판 2017.10.26. 2015다42599)고 판시하고 있다.

ㄹ 검토 : 생각건대 일부판결이 허용되지 아니하는 소송에서 재판누락(민소법 제212조)이란 있을 수 없으므로 이 경우 하나의 전부판결로 보고 판단누락에 준하는 위법이 있는 것으로 해석하는 판단누락설이 타당하다고 판단된다.

---

82) 예를 들어 10억원의 불법행위에 기한 손해배상청구와 채무불이행에 기한 손해배상청구가 선택적으로 병합되었을 경우 법원이 6억원의 불법행위책임을 인정하면 선택한 불법행위에 기한 손해배상청구에는 6억원 부분은 인용하고 4억원 부분은 기각하며, 선택하지 않은 채무불이행에 기한 손해배상청구에는 4억원 부분은 기각하는 판결을 선고하여야 한다. 선택하지 않은 채무불이행에 기한 손해배상청구 중 6억원 부분은 판단하지 않는다.

② 추가판결 가부 : 판단누락설에 의하면 선택적 병합에서 병합된 청구 중 어느 하나를 판단하지 않은 경우 상소로써 구제되어야 하고 제1심법원이 추가판결을 할 수는 없다.

③ 항소심의 조치 : 판단누락설에 의하면 선택적 병합에서 병합된 청구 중 어느 하나를 판단하지 않은 경우, 원고가 이에 대하여 전부상소한 경우에는 전부이심되어 전부심판의 대상이 되고, 일부상소한 경우에는 상소불가분의 원칙이 적용되어 전부이심되며 불이익변경금지의 원칙이 적용되어 상소한 청구 일부만 심판의 대상이 된다.[83]

④ 별소제기 가부 : 판단누락설에 의하면 판단이 누락되었음을 알게 된 당사자는 별소를 제기할 수 있다고 하고 있으나 판례는 예비적 병합에서 판단누락된 부분에 대한 별소제기는 권리보호이익이 없어 부적법하다고 판시하고 있다(대판 2002.9.4. 98다17145). 생각건대 상소심절차를 통하여 시정을 할 수 있었음에도 별소를 제기하는 것은 권리보호이익이 없어 부적법하다고 보는 것이 타당하다고 판단된다.

4. 상 소

(1) 이심의 범위와 심판대상

선택적 병합의 경우 하나의 전부판결이므로 확정차단 및 이심의 범위, 항소심이 심판대상은 전부이다. 수개의 청구가 제1심에서 선택적으로 병합되고 그중 어느 하나의 청구에 대한 인용판결이 선고되어 피고가 항소를 제기한 경우는 물론, 원고의 청구를 인용한 판결에 대하여 피고가 항소를 제기하여 항소심에 이심된 후 청구가 선택적으로 병합된 경우에 있어서도 항소심은 제1심에서 인용된 청구를 먼저 심리하여 판단할 필요는 없고, 선택적으로 병합된 수개의 청구 중 제1심에서 심판되지 아니한 청구를 임의로 선택하여 심판할 수 있다고 할 것(대판 1992.9.14. 92다7023)이나, 원고의 청구를 모두 기각할 경우에는 원고의 선택적 청구 전부에 대하여 판단하여야 한다(대판 2010.5.27. 2009다12580). 선택적으로 병합된 수개의 청구를 모두 기각하거나 소를 각하한 항소심판결에 대하여 원고가 상고한 경우, 상고법원이 선택적 청구 중 어느 하나의 청구에 관한 상고가 이유 있다고 인정할 때에는 원심판결을 전부 파기하여야 한다(대판 2007.3.29. 2006다79995).

(2) 청구인용판결에 대한 항소심판결

1) 문제점

선택적 병합의 경우도 상소불가분의 원칙이 적용되어 전 청구가 이심되므로 항소심은 제1심에서 판단되지 않은 청구라도 선택하여 심판할 수 있다. 다만, 제1심에서 판단한 청구는 이유가 없고 오히려 판단하지 않은 청구가 이유 있다고 판단한 경우 항소심은 어떤 판결을 하여야 하는지 문제 된다.

2) 학 설

제1심판결을 취소하고 청구인용의 자판을 하여야 한다는 항소인용설과 항소심판결을 통해 제1심에서 선택적 병합에 의하여 이루려는 목적을 성취하였다는 점에서 항소심판결은 제1심과 다르지 않으므로 제1심판결을 유지하여야 한다는 항소기각설이 대립하고 있다.

---

83) 판례는 증여해제를 원인으로 한 청구와 양도합의를 원인으로 청구 중 전자만 기각판결을 받자 원고는 항소장을 제출하면서 항소취지로 증여해제를 원인으로 한 이전등기청구만 구한 사안에서 원고의 불복범위는 증여해제를 원인으로 한 청구 부분에 한하고 양도합의를 원인으로 한 청구 부분은 항소심의 심판범위에 포함되지 아니한다(대판 1998.7.24. 96다99)고 판시하고 있다.

3) 판 례

수 개의 청구가 제1심에서 처음부터 선택적으로 병합되고 그중 어느 한 개의 청구에 대한 인용판결이 선고되어 피고가 항소를 제기한 경우는 물론, 원고의 청구를 인용한 판결에 대하여 피고가 항소를 제기하여 항소심에 이심된 후 청구가 선택적으로 병합된 경우에 있어서도 항소심은 제1심에서 인용된 청구를 먼저 심리하여 판단할 필요는 없고, 선택적으로 병합된 수개의 청구 중 제1심에서 심판되지 아니한 청구를 임의로 선택하여 심판할 수 있다고 할 것이나, 심리한 결과 그 청구가 이유 있다고 인정되고 그 결론이 제1심판결의 주문과 동일한 경우에도 피고의 항소를 기각하여서는 안 되며 제1심판결을 취소한 다음 새로이 청구를 인용하는 주문을 선고하여야 할 것(대판 1992.9.14. 92다7023)이라고 하여 항소인용설의 태도를 취하고 있다.

4) 검 토

항소기각설은 제1심에서 인용된 청구와 항소심에서 인용되는 청구의 소송물이 다르다는 것을 간과한 것이므로 인용되는 권리를 명확하게 밝힌다는 의미에서 항소인용설이 타당하다고 판단된다.

Ⅲ 예비적 병합

1. 의 의

예비적 병합이란 양립할 수 없는 여러 개의 청구를 하면서 그 심판의 순위를 붙여 주위적 청구가 인용될 것을 해제조건으로 하여 예비적 청구에 대하여 심판을 구하는 형태의 병합을 말한다.

2. 요 건

예비적 병합이 인정되기 위해서는 ① 주위적 청구와 예비적 청구가 양립될 수 없는 관계에 있을 것, ② 청구들 사이에 순서를 붙일 것, ③ 논리적으로 관련성이 있을 것 등을 요한다.

(1) 양립 불가능한 청구

예비적 청구는 주위적 청구와 서로 양립할 수 없는 관계에 있어야 하므로, 주위적 청구와 동일한 목적물에 관하여 동일한 청구원인을 내용으로 하면서 주위적 청구를 양적이나 질적으로 일부 감축하여 하는 청구는 주위적 청구에 흡수되는 것일 뿐 소송상의 예비적 청구라고 할 수 없다(대판 2017.2.21. 2016다225353). 같은 금전을 주위적으로 소비대차상의 대여금채권에 기하여 구하고, 소비대차가 무효일 때를 대비하여 예비적으로 부당이득반환청구권에 기하여 청구하는 경우처럼 같은 목적의 청구를 양립될 수 없는 수개의 청구권에 의하여 청구하는 경우에는 소송물이론에 따라 결론을 달리한다. 즉, 구소송물이론에 의하면 청구의 예비적 병합에 해당하나 신소송물이론에 의하면 공격방법이 예비적으로 병합된 것에 불과한 것으로 보게 된다.

(2) 판단순서의 존재

예비적 병합은 주위적 청구를 예비적 청구보다 먼저 심판하여야 한다는 점에서 청구 사이에 판단순서가 없는 단순병합, 선택적 병합과 구별된다.

(3) 청구 사이의 논리적 관련성

1) 논리적 관련성이 없는 예비적 병합청구 가부

판례에 의하면 논리적으로 전혀 관계가 없어 순수하게 단순병합으로 구하여야 할 수개의 청구를 예비적 청구로 병합하여 청구하는 것은 부적법하여 허용되지 않는다. 따라서 원고가 그와 같은 형태로 소를 제기한 경우 제1심법원이 본안에 관하여 심리·판단하기 위해서는 소송지휘권을 적절히 행사하여 이를 단순병합 청구로 보정하게 하는 등의 조치를 취하여야 하는바, 법원이 이러한 조치를 취함이 없이 본안판결을 하면서 그중 하나의 청구에 대하여만 심리·판단하여 이를 인용하고 나머지 청구에 대한 심리·판단을 모두 생략하는 내용의 판결을 하였다 하더라도 그로 인하여 청구의 병합 형태가 선택적 또는 예비적 병합 관계로 바뀔 수는 없으므로, 이러한 판결에 대하여 피고만이 항소한 경우 제1심법원이 심리·판단하여 인용한 청구만이 항소심으로 이심될 뿐, 나머지 심리·판단하지 않은 청구는 여전히 제1심에 남아 있게 된다(대판 2008.12.11. 2005다51495)고 판시하고 있다.

2) 재판누락에 대한 구제

저작재산권침해로 인한 배상청구와 전혀 관련 없는 저작인격권 침해로 인한 배상청구를 하는 사안에서, 판례는 판결에는 법원의 판단을 분명하게 하기 위하여 결론을 주문에 기재하도록 되어 있어 재판의 누락이 있는지 여부는 주문의 기재에 의하여 판정하여야 하므로, 판결이유에 청구가 이유 없다고 설시되어 있더라도 주문에 그 설시가 없으면 특별한 사정이 없는 한 재판의 누락이 있다고 보아야 하며, 재판의 누락이 있으면 그 부분 소송은 아직 원심에 계속 중이라고 할 것이어서 상고의 대상이 되지 아니하므로 그 부분에 대한 상고는 부적법하다(대판 2009.5.28. 2007다354)고 판시하고 있다. 결국 원고는 항소심에 추가판결을 촉구하여 누락 부분에 대하여 판결을 받아야 한다.

3. 심 판

(1) 병합요건과 일반소송요건의 직권조사

예비적 병합의 경우에 소가산정은 합산이 아니라 중복청구의 흡수의 법리에 의한다. 병합요건은 청구병합의 특유한 소송요건으로 직권조사사항이며 병합요건에 흠이 존재하는 경우에는 곧바로 소를 각하하지 아니하고 변론을 분리하여 별도의 소로 분리심판하여야 한다. 병합요건을 구비하였다면 각 청구에 대한 소송요건을 조사하여야 하며 그 흠이 있으면 당해 청구에 관한 소를 판결로 각하하여야 한다.

(2) 심리의 공통

변론과 증거조사는 동일 기일에 여러 개의 청구에 대하여 공통으로 행하며 여기에 나타난 증거자료나 사실자료는 모든 청구에 대한 판단의 자료가 된다. 변론의 제한은 가능하나 변론의 분리는 허용되지 아니한다.

(3) 종국판결

1) 일부판결의 가부

청구 전부에 대하여 판결하기에 성숙한 경우에는 전부판결을 한다. 일부판결이 가능한지 여부가 문제되나 예비적 병합의 경우에는 수개의 청구가 하나의 소송절차에 불가분적으로 결합되어 있기 때문에 주위적 청구를 먼저 판단하지 않고 예비적 청구만을 인용하거나 주위적 청구만을 배척하고 예비적 청구에 대하여 판단하지 않는 등의 일부판결은 예비적 병합의 성질에 반하는 것으로서 법률상 허용되지 아니한다(대판 2000.11.16. 98다22253[전합]).

2) 주위적 청구가 일부인용된 경우 예비적 청구판결의 가부

① **주위적 청구가 일부인용된 경우** : 판례는 원고가 주위적 청구의 일부를 특정하여 그 부분이 인용될 것을 해제조건으로 하여 그 부분에 대하여만 예비적 청구를 하였다는 등의 특별한 사정이 없는 한, 주위적 청구원인에 기한 청구의 일부가 기각될 운명에 처하였다고 하여 다시 그 부분에 대한 예비적 청구원인이 이유 있는지의 여부에 관하여 나아가 판단할 필요는 없다(대판 2000.4.7. 99다53742)고 하여 진정예비적 병합의 주위적 청구가 일부인용된 경우 양립 불가능한 예비적 청구에 대하여는 판단할 필요는 없다고 판시하고 있다.

② **인용될 부분을 해제조건으로 한 예비적 청구** : 그러나 특별한 사정이 있는 경우에는 이를 인정하면서 판례는 주위적 청구와 예비적 청구가 분할 가능한 것이고 주위적 청구가 일부만 인용되는 경우에 나아가서 예비적 청구를 심리할 것인지의 여부는 소송에서의 당사자 의사 해석에 달린 문제라고 할 것이므로, 주위적 청구의 일부를 특정하여 그 부분이 인용될 것을 해제조건으로 하여 그 부분에 대해서만 하는 예비적 청구도 특별히 소송절차의 안정을 해친다거나 예비적 청구의 성질에 반하는 것이 아닌 한 이를 허용하지 아니할 이유가 없다(대판 1996.2.9. 94다50274)고 한다.

③ **법원의 석명의무** : 주위적 청구의 인용될 부분을 해제조건으로 한 예비적 청구에 대해 법원의 석명의무를 인정할 것인지 여부에 대해 판례는 원고는 분할 가능한 주위적 청구의 일부를 특정하여 그 부분이 인용될 것을 해제조건으로 하여 그 부분에 대해서만 예비적 청구를 한 것이라고 볼 여지가 충분하고, 또 이러한 형태의 예비적 병합이 소송절차의 안정을 해친다거나 예비적 청구의 성질에 반한다고 보여지지도 아니하므로, 원심으로서는 석명권을 행사하여 예비적 청구에 관한 원고의 주장 내용을 좀 더 명확하게 밝혀 보고, 예비적 청구를 하는 원고의 주장 취지가 위와 같은 것이라면, 피고의 변제 항변을 받아들여 주위적 청구의 일부를 인용하지 아니한 이상, 나아가 예비적 청구의 당부에 관하여 판단하였어야 할 것임에도 불구하고, 이에 이르지 아니하고 만연히 원고의 이 사건 예비적 청구가 주위적 청구의 어느 일부라도 인용될 것을 해제조건으로 한 것이라고 보아 위와 같이 판단하고 말았음은 청구의 예비적 병합에 관한 법리를 오해하고 석명권 행사를 게을리하여 필요한 심리를 다하지 아니함으로써 판결에 영향을 미친 위법이 있다(대판 1996.2.9. 94다50274)고 하고 있다.

3) 판단방법

주위적 청구가 인용될 때에는 예비적 청구에 대하여 심판할 필요가 없지만 그것이 기각되는 경우에는 예비적 청구에 대하여 심판하여야 한다. 최근 판례는 원고 패소의 제1심판결에 대하여 원고가 항소한 후 항소심에서 예비적 청구를 추가하면 항소심이 종래의 주위적 청구에 대한 항소가 이유 없다고 판단한 경우에는 예비적 청구에 대하여 제1심으로 판단하여야 한다(대판 2017.3.30. 2016다253297)고 판시하고 있다.

4) 위법한 일부판결에 대한 구제

① **판단누락 여부**

㉠ 문제점 : 예비적 병합에 있어서 주위적 청구를 먼저 판단하지 않고 예비적 청구만을 인용하거나 주위적 청구만을 배척하고 예비적 청구에 대하여 판단하지 않는 경우에 누락시킨 청구 부분이 판단누락(민소법 제451조 제1항 제9호)인지 재판누락(민소법 제212조)인지 문제 된다.

㉡ 학설 : 청구가 밀접하게 결합되어 있어 판결의 모순·저촉방지를 위해 일부판결이 허용되지 않아 적법한 재판누락이 있을 수 없으므로 추가판결로 해결할 수 없고 판단누락의 일종으로 이해하여 상소·재심으로 다투어야 한다는 판단누락설, 예비적 병합의 경우에도 일부판결이 허용되므로 재판누락 시 추가판결로 정리하면 되고 상소는 각하된다는 재판누락설, 예비적 병합의 경우 청구기각판결을 하면서 일부의 청구에 대하여 배척판단을 하지 않으면 재판누락으로 볼 것이지만 일부판결이 허용되지 않으므로 일부판결은 위법한 전부판결로 보는 절충설이 대립하고 있다.

ⓒ 판례 : 주위적 청구를 배척하면서 예비적 청구에 대하여 판단하지 아니하는 판결을 한 경우에는 그 판결에 대한 상소가 제기되면 판단이 누락된 예비적 청구 부분도 상소심으로 이심이 되고 그 부분이 재판의 탈루에 해당하여 원심에 계속 중이라고 볼 것은 아니(대판 2000.11.16. 98다22253[전합])라고 하여 판단누락설을 취하고 있다.

ⓓ 검토 : 생각건대 일부판결이 허용되지 아니하는 소송에서 재판누락(민소법 제212조)이란 있을 수 없으므로 이 경우 하나의 전부판결로 보고 판단누락에 준하는 위법이 있는 것으로 해석하는 판단누락설이 타당하다고 판단된다.

② 추가판결 가부 : 판단누락설에 의하면 예비적 병합에 있어서 주위적 청구를 먼저 판단하지 않고 예비적 청구만을 인용하거나 주위적 청구만을 배척하고 예비적 청구에 대하여 판단하지 않는 경우 상소로써 구제되어야 하고 제1심법원이 추가판결을 할 수는 없다.

③ 항소심의 조치 : 판단누락설에 의하면 예비적 병합에 있어서 주위적 청구를 먼저 판단하지 않고 예비적 청구만을 인용하거나 주위적 청구만을 배척하고 예비적 청구에 대하여 판단하지 않는 경우, 원고가 이에 대하여 전부상한 경우에는 전부이심되어 전부심판의 대상이 되고, 일부상소한 경우에는 상소불가분의 원칙이 적용되어 전부이심되며 불이익변경금지의 원칙이 적용되어 상소한 청구 일부만 심판의 대상이 된다.

④ 별소제기 가부 : 판단누락설에 의하면 판단이 누락되었음을 알게 된 당사자는 별소를 제기할 수 있다고 하고 있으나 판례는 예비적 병합에서 판단누락된 부분에 대한 별소제기는 권리보호이익이 없어 부적법하다고 판시하고 있다(대판 2002.9.4. 98다17145). 생각건대 상소심절차를 통하여 시정을 할 수 있었음에도 별소를 제기하는 것은 권리보호이익이 없어 부적법하다고 보는 것이 타당하다고 판단된다.

4. 상 소

(1) 이심의 범위

예비적 병합의 경우 하나의 전부판결이므로 확정차단 및 이심의 범위는 판결 전부이다.

(2) 심판대상

1) 주위적 청구인용판결에 대하여 피고만 항소한 경우

① 항소심의 심판대상

ⓐ 학설 : 주위적 청구인용판결에 대하여 피고만 항소한 경우에 예비적 청구도 항소심의 심판대상이 된다는 긍정설과 원고의 심급의 이익을 침해할 우려가 있으므로 항소심은 제1심에서 판단하지 아니한 예비적 청구를 심판대상으로 할 수 없다는 부정설이 대립하고 있다.

ⓑ 판례 : 판례도 같은 취지에서 예비적 병합의 경우에는 원고가 붙인 순위에 따라 심판하여야 하며 주위적 청구를 배척할 때에는 예비적 청구에 대하여 심판하여야 하나 주위적 청구를 인용할 때에는 다음 순위인 예비적 청구에 대하여 심판할 필요가 없는 것이므로, 주위적 청구를 인용하는 판결은 전부판결로서 이러한 판결에 대하여 피고가 항소하면 제1심에서 심판을 받지 않은 다음 순위의 예비적 청구도 모두 이심되고 항소심이 제1심에서 인용되었던 주위적 청구를 배척할 때에는 다음 순위의 예비적 청구에 관하여 심판을 하여야 하는 것(대판 2000.11.16. 98다22253[전합])이라고 판시하고 있다.

ⓒ 검토 : 예비적 병합은 성질상 불가분의 소송절차이고, 주위적 청구의 심리의 주요부분은 예비적 청구에도 공통되므로 예비적 청구도 심판대상이 된다고 보는 것이 타당하다.

② **항소심의 주문** : 판례는 원고가 제1심에서 선택적으로 구한 두 개의 청구 중 1개의 청구가 인용되고 피고가 항소한 후, 원고가 항소심에서 병합의 형태를 변경하여 제1심에서 심판되지 않은 청구 부분을 주위적 청구로, 제1심에서 인용된 위 청구 부분을 예비적 청구로 구함에 따라 항소심이 주위적 청구 부분을 먼저 심리하여 그 청구가 이유 있다고 인정하는 경우에는, 비록 결론이 제1심판결의 주문과 동일하더라도 피고의 항소를 기각하여서는 아니 되고 새로이 청구를 인용하는 주문을 선고하여야 한다(대판 2020.10.15, 2018다229625)고 판시하고 있다.

2) 주위적 청구기각, 예비적 청구인용판결에 대하여 피고만 항소한 경우

① **문제점** : 상소불가분의 원칙상 주위적 청구에 관한 부분도 확정이 차단되고 항소심에 전부 이심된다. 다만, 심판의 대상에도 주위적 청구가 포함되어 주위적 청구를 인용하는 판결을 할 수 있는지 여부가 불이익변경금지의 원칙과 관련하여 문제 된다.

② **학설** : 판결의 모순·저촉을 피하기 위하여 예비적 병합을 한 원고의 의사를 합리적으로 해석하면 원고의 부대항소를 의제할 수 있으므로 주위적 청구도 심판대상이 된다는 긍정설과 불이익변경금지의 원칙이 적용되어 항소심의 심판대상은 불복신청의 범위에 국한되므로 항소심은 원고의 항소나 부대항소가 없는 한 주위적 청구를 심판대상으로 삼을 수 없다는 부정설이 대립하고 있다.

③ **판례** : 판례는 제1심에서 주위적 청구를 기각하고 예비적 청구를 인용한 판결에 대하여 피고만이 항소한 때에는, 이심의 효력은 사건 전체에 미치더라도 원고로부터 부대항소가 없는 한 항소심의 심판대상으로 되는 것은 예비적 청구에 국한되는 것임에도 불구하고, 원심은 심판의 대상으로 되지 않은 주위적 청구에 대하여도 제1심과 마찬가지로 원고의 청구를 기각하는 판결을 하였으나, 원심이 위와 같은 무의미한 판결을 하였다고 하여 원고가 그에 대하여 상고함으로써 주위적 청구 부분이 상고심의 심판대상으로 되는 것은 아니므로, 원고의 주위적 청구 부분에 관한 상고는 심판의 대상이 되지 않은 부분에 대한 상고로서 불복의 이익이 없어 부적법하다(대판 1995.1.24. 94다29065)고 한다.

④ **검토** : 생각건대 주위적 청구에 관하여 심판을 허용하면 불이익변경금지의 원칙에 저촉되게 되고 원고는 부대항소에 의하여 주위적 청구 부분에 관하여 심판을 구할 수 있다는 점에서 예비적 청구 부분만 심판대상이라고 하는 것이 타당하다고 판단된다.

3) 주위적 청구기각, 예비적 청구인용판결에 대하여 원고만 항소한 경우

원고가 항소한 경우 예비적 청구까지 기각하게 되면 원고에게 불리하게 판결이 변경된 것이므로 항소심의 심판범위는 주위적 청구에 국한된다. 따라서 항소심이 예비적 청구가 이유 없다고 판단하였더라도 예비적 청구를 기각하는 것은 불이익변경금지의 원칙에 반하므로 예비적 청구에 대한 기각판결을 선고해서는 안 된다. 항소심은 주위적 청구가 이유 없는 경우 항소기각판결을 선고할 수 있다.

4) 주위적 청구기각, 예비적 청구인용판결에 대하여 피고만 항소한 항소심에서 피고가 주위적 청구를 인낙할 수 있는지 여부

판례는 제1심법원이 원고의 주위적 청구와 예비적 청구를 병합심리한 끝에 주위적 청구는 기각하고 예비적 청구만을 인용하는 판결을 선고한 데 대하여 피고만 항소를 하더라도, 항소의 제기에 의한 이심의 효력은 피고의 불복신청의 범위와는 관계없이 사건 전부에 미쳐 주위적 청구에 관한 부분도 항소심에 이심되는 것이므로, 피고가 항소심의 변론에서 원고의 주위적 청구를 인낙하여 그 인낙이 조서에 기재되면 그 조서는 확정판결과 동일한 효력이 있는 것이고, 따라서 그 인낙으로 인하여 주위적 청구의 인용을 해제조건으로 병합심판을 구한 예비적 청구에 관하여는 심판할 필요가 없어 사건이 그대로 종결되는 것(대판 1992.6.9. 92다12032)이라고 하여 주위적 청구를 인낙할 수 있다고 보고 있다.

Ⅳ 부진정예비적 병합

1. 의 의

진정예비적 병합은 논리적으로 양립할 수 없는 각 청구에 순위를 붙여 청구하는 것을 말하는 반면 부진정예비 적 병합이란 논리적으로 양립할 수 있는 각 청구에 순서를 붙여 주위적 청구가 인용되지 않을 경우에 예비적 청구에 대해 심판을 구하는 것을 말한다.

2. 허용 여부

(1) 학 설

병합청구의 순서를 중시하는 당사자의 의사를 존중하여 예비적 병합처럼 순서에 따라 심판하여야 한다는 긍정설과 예비적 병합인지의 여부는 당사자의 의사가 아니라 병합청구의 성질에 따라 판단할 것이라고 하는 부정설이 대립하고 있다.

(2) 판 례

판례에 의하면 청구의 예비적 병합은 논리적으로 양립할 수 없는 수 개의 청구에 관하여 주위적 청구의 인용 을 해제조건으로 예비적 청구에 대하여 심판을 구하는 형태의 병합이라 할 것이지만, 논리적으로 양립할 수 있는 수 개의 청구라 하더라도 당사자가 심판의 순위를 붙여 청구를 할 합리적 필요성이 있는 경우에는 당사자가 붙인 순위에 따라서 당사자가 먼저 구하는 청구를 심리하여 이유가 없으면, 다음 청구를 심리하여 야 한다(대판 2002.2.8. 2001다17633).

(3) 검 토

양립 가능한 청구라도 원고가 심판순서를 정하여 청구한 이상 처분권주의의 원칙에 비추어 이를 존중할 필요 가 있으며 특히 당사자가 심판의 순위를 붙여 청구할 합리적 필요성이 있는 경우에는 당사자의 의사에 따라 예비적 병합으로 보는 것이 타당하다고 판단된다.

3. 인정범위

(1) 단순병합관계에 순서를 붙인 경우 - 단순병합

1) 학 설

양립 가능한 청구에 순서를 붙여 청구하였으므로 부진정예비적 병합으로 볼 수 있다는 부진정예비적 병합설 과 주위적 청구가 인용되지 않을 것을 대비하여 예비적 청구를 한 것이 아니므로 단순병합으로 보면 족하다는 단순병합설이 대립하고 있다.

2) 판 례

판례는 채권자가 본래적 급부청구인 부동산소유권 이전등기청구에다가 이에 대신할 전보배상을 부가하여 대상청구를 병합하여 소구한 경우의 대상청구는 본래적 급부청구의 현존함을 전제로 하여 이것이 판결확정 전에 이행불능되거나 또는 판결확정 후에 집행불능이 되는 경우에 대비하여 전보배상을 미리 청구하는 경우 로서 양자의 병합은 현재의 급부청구와 장래의 급부청구와의 단순병합에 속하는 것으로 허용된다(대판 2011.1.27. 2010다77781)고 한다. 그러나 최근 판례는 논리적으로 양립할 수 있는 수 개의 청구라고 하더라도, 주위적으로 재산상 손해배상을 청구하면서 그 손해가 인정되지 않을 경우에 예비적으로 같은 액수의 정신적 손해배상을 청구하는 것과 같이 수 개의 청구 사이에 논리적 관계가 밀접하고, 심판의 순위를 붙여 청구를 할 합리적 필요성이 있다고 인정되는 경우에는, 당사자가 붙인 순위에 따라서 당사자가 먼저 구하는 청구를 심리하여 이유가 없으면 다음 청구를 심리하는 이른바 <u>부진정 예비적 병합 청구의 소도 허용된다</u>(대판 2021.5.7. 2020다 292411)고 판시하고 있다.

3) 검 토

생각건대 단순병합에 순서를 붙여 청구한 경우에도 모든 청구가 인용될 수 있거나 기각될 수 있기 때문에 이는 단순병합으로도 같은 목적을 달성할 수 있다는 점에서 단순병합으로 이해하는 견해가 타당하다고 판단된다.

□ 단순병합 관련 판례

[심리·판단한 청구에 대한 불복]

<u>논리적으로 전혀 관계가 없어 순수하게 단순병합으로 구하여야 할 수개의 청구를 선택적 또는 예비적 청구로 병합하여 청구하는 것은 부적법하여 허용되지 않는다.</u> 따라서 원고가 그와 같은 형태로 소를 제기한 경우 제1심법원이 본안에 관하여 심리·판단하기 위해서는 소송지휘권을 적절히 행사하여 이를 단순병합 청구로 보정하게 하는 등의 조치를 취하여야 하는바, <u>법원이 이러한 조치를 취함이 없이 본안판결을 하면서 그중 하나의 청구에 대하여만 심리·판단하여 이를 인용하고 나머지 청구에 대한 심리·판단을 모두 생략하는 내용의 판결을 하였다 하더라도 그로 인하여 청구의 병합 형태가 선택적 또는 예비적 병합 관계로 바뀔 수는 없으므로, 이러한 판결에 대하여 피고만이 항소한 경우 제1심법원이 심리·판단하여 인용한 청구만이 항소심으로 이심될 뿐, 나머지 심리·판단하지 않은 청구는 여전히 제1심에 남아 있게 된다</u>(대판 2008.12.11. 2005다51495).

[심리·판단하지 않은 청구에 대한 불복]

<u>논리적으로 전혀 관계가 없어 순수하게 단순병합으로 구하여야 할 수개의 청구를 선택적 또는 예비적 청구로 병합하여 청구하는 것은 부적법하여 허용되지 않는다 할 것이고, 따라서 원고가 항소심에서 기존의 청구와 논리적으로 관련성이 없는 청구를 선택적 또는 예비적으로 병합하여 추가하는 내용의 청구원인변경신청을 한 경우, 원심법원이 소송지휘권을 적절히 행사하여 이를 단순병합 청구로 보정하게 하는 등의 조치를 취함이 없이 이와 같은 청구원인변경신청을 받아들였다 하더라도 그로 인하여 청구의 병합 형태가 적법한 선택적 또는 예비적 병합 관계로 바뀔 수는 없다 할 것이다.</u> 한편 항소심에 이르러 새로운 청구가 추가된 경우, 항소심은 추가된 청구에 대하여는 실질상 제1심으로서 재판하여야 하므로, 제1심이 기존의 청구를 일부 인용한 데 대하여 쌍방이 항소하였고, 항소심이 기존의 청구에 관하여는 제1심에서 인용된 부분을 넘어 추가로 일부를 더 인용하고 항소심에서 추가된 청구는 배척할 경우 단순히 제1심판결 중 항소심이 추가로 인용하는 부분에 해당하는 원고 패소 부분을 취소하고 원고의 나머지 항소와 피고의 항소를 각 기각한다는 주문표시만 하여서는 안 되고, 이와 함께 항소심에서 추가된 청구에 대하여 "원고의 청구를 기각한다"는 주문 표시를 하여야 한다. 또한 판결에는 법원의 판단을 분명하게 하기 위하여 결론을 주문에 기재하도록 되어 있어 재판의 누락이 있는지 여부는 주문의 기재에 의하여 판정하여야 하므로, 판결이유에 청구가 이유 없다고 설시되어 있더라도 주문에 그 설시가 없으면 특별한 사정이 없는 한 재판의 누락이 있다고 보아야 하며, 재판의 누락이 있으면 그 부분 소송은 아직 원심에 계속 중이라고 할 것이어서 상고의 대상이 되지 아니하므로 그 부분에 대한 상고는 부적법하다 할 것이다(대판 2009.5.28. 2007다354). 대법원은 이 사안에서 재판의 누락을 이유로 파기환송한 바 있다.

[예비적 병합으로 오인한 각하판결에 대한 불복]

<u>채권자가 본래적 급부청구에 이를 대신할 전보배상을 부가하여 대상청구를 병합하여 소구한 경우 대상청구는 본래적 급부청구권이 현존함을 전제로 하여 이것이 판결확정 전에 이행불능되거나 또는 판결확정 후에 집행불능이 되는 경우에 대비하여 전보배상을 미리 청구하는 경우로서 양자의 병합은 현재 급부청구와 장래 급부청구의 단순병합에 속하는 것으로 허용된다.</u> 이러한 대상청구를 본래의 급부청구에 예비적으로 병합한 경우에도 본래의 급부청구가 인용된다는 이유만으로 예비적 청구에 대한 판단을 생략할 수는 없다(대판 2011.8.18. 2011다30666). 대법원은 이 사안에서 재판누락은 아니므로 상소를 적법하다고 판단하였으나 원심의 각하판결은 위법하므로 파기환송한 바 있다.

(2) 선택적 병합관계에 순서를 붙인 경우

1) 순서를 붙일 합리적 필요성이 있는 경우 - 부진정 예비적 병합 인정

① 판례 : 판례는 청구의 예비적 병합은 논리적으로 양립할 수 없는 수 개의 청구에 관하여 주위적 청구의 인용을 해제조건으로 예비적 청구에 대하여 심판을 구하는 형태의 병합이라 할 것이지만, 논리적으로 양립할 수 있는 수 개의 청구라 하더라도 당사자가 심판의 순위를 붙여 청구를 할 합리적 필요성이 있는 경우에는 당사자가 붙인 순위에 따라서 당사자가 먼저 구하는 청구를 심리하여 이유가 없으면, 다음 청구를 심리하여야 할 것이다. 이 사건에서 <u>원고가 제1순위로 심판을 구한 청구는, 원고가 이 사건 부동산에 관한 이주자택지 공급계약청약권의 준공유자의 한 사람으로서 보존행위 내지 관리행위로 청약권 전부에 관하여 청약의 의사표시를 하였음을 전제로 이 사건 부동산에 관하여 매매대금의 지급과 상환으로 매매를 원인으로 한 소유권이전등기절차의 이행을 구한다는 것이고, 제2순위로 심판을 구한 청구는 자신의 지분권만에 관하여 지분의 처분행위로서 청약의 의사표시를 하였음을 전제로 이 사건 부동산 중 182분의 156지분에 관하여 매매대금의 지급과 상환으로 매매를 원인으로 한 소유권이전등기절차의 이행을 구한다는 것으로서, 양 청구는 그 청구의 크기에 있어 차이가 있어 원고로서는 위와 같이 순서를 붙여서 청구를 할 합리적 필요성이 있다고 인정되므로 원심으로서는 제1순위 청구가 이유 없을 경우 제2순위 청구에 관하여 결론이 어떠하던 간에 그 당부를 판단하였어야 할 것이다.</u> 그럼에도 불구하고, 원심이, 원고가 예비적 청구라고 한 제2순위 청구에 대하여 이는 주위적 청구에 대한 수량적 일부에 불과하여 원래의 의미의 예비적 청구에 해당되지 아니한다는 이유로 따로 판단을 하지 아니한 것은 소송물 또는 청구의 예비적 병합에 관한 법리를 오해하여 판결에 영향을 미쳤다(대판 2002.2.8. 2001다17633)고 한다.

② 검토 : 양립 가능한 청구라도 <u>처분권주의의 원칙과 당사자의 의사를 고려하여 예비적 병합으로 인정하는 것이 타당하다.</u> 살펴건대 판례 사안에서 <u>항소심은 예비적 청구 부분에 대하여 심판을 하지 아니하였으므로 항소심판결은 위법하다고 판단된다.</u>

2) 순서를 붙일 합리적 필요성이 없는 경우 - 부진정 예비적 병합 부정(실질적 선택적 병합)

① 판 례

ㄱ) 실질적인 선택적 병합관계 : 판례는 선택적 병합관계에 순서를 붙였으나 <u>각 청구에 순서를 붙일 합리적 필요성이 없는 경우에는 실질적으로 선택적 병합 관계에 있다고 판시하고 있다. 즉, 판례에 의하면 병합의 형태가 선택적 병합인지 예비적 병합인지 여부는 당사자의 의사가 아닌 병합청구의 성질을 기준으로 판단하여야 하고, 항소심에서의 심판 범위도 그러한 병합청구의 성질을 기준으로 결정하여야 한다. 따라서 실질적으로 선택적 병합 관계에 있는 두 청구에 관하여 당사자가 주위적·예비적으로 순위를 붙여 청구하였고, 그에 대하여 제1심법원이 주위적 청구를 기각하고 예비적 청구만을 인용하는 판결을 선고하여 피고만이 항소를 제기한 경우에도, 항소심으로서는 두 청구 모두를 심판의 대상으로 삼아 판단하여야 한다.</u>

ㄴ) 인정사실 : 원심판결 이유 및 기록에 의하면, 원고의 이 사건 청구는 기본적으로 피고에 대하여 1억원 및 이에 대한 지연손해금의 지급을 청구하는 것인바, ㉮ 원고는 피고에 대하여 이 사건 청구원인으로 대여를 주장하며 그 지급을 청구하였다가 제1심 변론 과정에서 이를 주위적 청구(이하 '이 사건 주위적 청구'라 한다)로 변경하고, 예비적으로 불법행위(사기)를 원인으로 한 손해배상 청구(이하 '이 사건 예비적 청구')를 추가한 사실, ㉯ 제1심은 이 사건 주위적 청구를 기각하는 한편, 이 사건 예비적 청구를 인용하였고, 이에 대하여 피고만이 항소한 사실, ㉰ 원심은 피고만이 항소한 이상 심판대상은 이 사건 예비적 청구 부분에 한정된다고 전제한 다음, 피고의 불법행위가 인정되지 않는다는 이유로 피고의 항소를 받아들여 이 사건 예비적 청구마저 기각한 사실, ㉱ 한편 이 사건 주위적 청구인 대여금

청구는 '원고가 피고에게 1억원을 대여하였다'는 취지이고, 이 사건 예비적 청구인 손해배상 청구는 '원고가 피고한테 기망당하여 1억원을 지급하였다'는 취지인 사실을 알 수 있다.

ⓒ 이심과 항소심의 심판범위 : 위 법리 및 기록에 나타난 위와 같은 사실관계 등에 비추어 살펴보면, 이 사건 주위적 청구와 예비적 청구는 그 명칭에도 불구하고 실질적으로는 선택적 병합 관계에 있다 할 것이므로, 원심으로서는 피고가 항소의 대상으로 삼은 이 사건 예비적 청구만을 심판대상으로 삼을 것이 아니라 두 청구 모두를 심판의 대상으로 삼아 판단하였어야 한다.

ⓓ 항소심판결의 적법 여부 : 원심이 위와 같이 이 사건 예비적 청구 부분만을 심판대상으로 삼아 청구를 기각한 것은 항소심의 심판대상에 관한 법리를 오해하여 심리를 다하지 아니한 것이다(대판 2014.5.29. 2013다96868).

② 검토 : 위 판례 사안에서 양 청구는 그 크기에 있어 차이가 있는 경우도 아니고 소송심판의 순위와 범위를 한정하여 청구하는 경우도 아니므로 순위를 붙여 청구할 합리적 필요성이 인정되지 아니하여 선택적 병합 으로 이해하는 것이 타당하다. 살피건대 사안에서 항소심은 주위적 청구 부분에 대하여 심판을 하지 아니 하였으므로 항소심판결은 위법하다고 판단된다.

4. 병합요건

부진정예비적 병합청구는 ① 양립 가능한 청구, ② 판단순서의 존재, ③ 순서를 붙일 합리적 필요성, ④ 청구 사이의 논리적 관련성 등의 요건을 필요로 한다.

5. 심판방법

(1) 진정예비적 병합으로 취급

판례는 성질상 선택적 관계에 있는 양 청구를 당사자가 주위적, 예비적 청구병합의 형태로 제소함에 의하여 그 소송심판의 순위와 범위를 한정하여 청구하는 이른바, 부진정예비적 병합 청구의 소도 허용되는 것이며, 아울러 주위적 청구가 전부 인용되지 않을 경우에는 주위적 청구에서 인용되지 아니한 수액 범위 내에서의 예비적 청구에 대해서도 판단하여 주기를 바라는 취지로 불가분적으로 결합시켜 제소할 수도 있는 것인바, 사실심에서 원고가 그러한 내용의 예비적 청구를 병합 제소하였음에도, 법원이 주위적 청구를 일부만 인용하 고서도 예비적 청구에 관하여 전혀 판단하지 아니한 경우, 앞서 본 법리에 따라 그 판단은 그 예비적 병합 청구의 성격에 반하여 위법한 것으로 되어 그 사건이 상소되면 그 예비적 청구 부분도 재판의 탈루가 됨이 없이 이심되어 당사자는 상소심에서 그 위법사유에 대한 시정판단을 받는 등 진정한 예비적 청구병합소송에 서와 마찬가지로 규율될 것(대판 2002.9.4. 98다17145)이라고 하여 진정예비적 병합에 대한 법리를 부진정예비적 병합의 경우에도 적용하고 있음을 유의하여야 한다.

(2) 주위적 청구가 일부인용된 경우 예비적 청구판결의 가부

1) 주위적 청구가 일부인용된 경우

판례는 주위적 청구원인과 예비적 청구원인이 양립 가능한 경우에도 당사자가 심판의 순위를 붙여 청구를 할 합리적인 필요성이 있는 경우에는 심판의 순위를 붙여 청구할 수 있다 할 것이고, 이러한 경우 주위적 청구가 전부 인용되지 않을 경우에는 주위적 청구에서 인용되지 아니한 수액 범위 내에서의 예비적 청구에 대해서도 판단하여 주기를 바라는 취지로 불가분적으로 결합시켜 제소할 수도 있는 것이므로, 부진정예비적 병합의 경우 주위적 청구의 일부만 인용되는 경우에는 기각되는 부분에 관하여 주위적 청구와 양립 가능한 관계에 있는 예비적 청구 부분에 대하여 판단하여야 한다(대판 2002.10.25. 2002다23598)고 판시하고 있다.

2) 법원의 석명의무

위의 판례에 의하면 주위적 청구가 일부만 인용되는 경우에 나아가서 예비적 청구를 심리할 것인지의 여부는 소송에서의 당사자의 의사 해석에 달린 문제라 할 것이어서, 법원이 주위적 청구원인에 기한 청구의 일부를 기각하고 예비적 청구취지보다 적은 금액만을 인용할 경우에는, 원고에게 주위적 청구가 전부 인용되지 않을 경우에는 주위적 청구에서 인용되지 아니한 수액 범위 내에서의 예비적 청구에 대해서도 판단하여 주기를 바라는 취지인지 여부를 석명하여 그 결과에 따라 예비적 청구에 대한 판단 여부를 정하여야 할 것임에도 원심은 위 주위적 청구원인에 기하여 일부인용하고서도, 원고에게 위와 같은 취지인지 여부를 전혀 석명하지 아니한 채 예비적 청구에 대하여 전혀 판단하지 아니하였는바, 이는 청구의 예비적 병합에 대한 법리를 오해하여 석명의무를 위반한 나머지 예비적 청구에 관한 판단을 유탈한 잘못을 저지른 것이라 할 것이고, 이러한 잘못은 판결 결과에 영향을 미쳤음이 명백하다 할 것이며, 예비적 병합의 경우에는 수개의 청구가 하나의 소송절차에 불가분적으로 결합되어 있기 때문에 주위적 청구에 대하여만 판단하고 예비적 청구에 대하여 판단하지 아니한 경우에도 그 판결에 대하여 상소가 제기되면 판단이 누락된 예비적 청구 부분 역시 상소심으로 이심이 되는 것이므로 원심판결 중 주위적 청구에 관한 피고 패소 부분 및 예비적 청구에 관한 부분을 모두 파기하여, 이 부분 사건을 다시 심리·판단하게 하기 위하여 원심법원에 환송하였다(대판 2002.10.25. 2002다23598).

제2절   청구의 후발적 병합

제1관 | 청구의 변경

I   의 의

청구의 변경이란 법원과 당사자의 동일성을 유지하면서 소송물을 변경하는 경우를 말한다.

II   청구변경의 범위

1. 청구취지의 변경

(1) 소의 종류나 심판대상의 변경

청구취지의 변경은 원칙적으로 청구의 변경에 해당한다. 따라서 청구원인은 그대로 둔 채 소의 종류나 심판대상을 변경하더라도 청구취지가 변경되는 경우에는 청구의 변경에 해당한다.

(2) 심판범위의 변경

1) 청구의 확장

상환이행청구에서 단순이행청구로 변경하는 것과 같은 질적 확장의 경우에는 소의 추가적 변경으로 이해하는 것이 타당하다. 판례도 같은 취지에서 매매 또는 취득시효 완성을 원인으로 하는 소유권이전등기청구소송에서 그 대상을 1필지 토지의 일부에서 전부로 확장하는 것은 청구의 양적 확장으로서 소의 추가적 변경에 해당하고,

동일 부동산에 대하여 이전등기를 구하면서 그 등기청구권의 발생원인을 처음에는 매매로 하였다가 후에 취득시효의 완성을 선택적으로 추가하는 것도 단순한 공격방법의 차이가 아니라 별개의 청구를 추가시킨 것이므로 역시 소의 추가적 변경에 해당한다(대판 1997.4.11. 96다50520)고 한다. 다만, 일부청구에서 잔부청구로 확장하는 경우를 소의 변경이라고 할 수 있는지 여부에 대해 논란이 있다. 생각건대 명시적 일부청구를 잔부청구로 확장하는 경우에는 소송물이 다르므로 청구의 추가적 변경이라고 할 수 있으나, 묵시적 일부청구에서 잔부청구로 확장하는 경우에는 소송물에 변동이 없으므로 청구변경이라고 보기는 어려울 것으로 보인다.

2) 청구의 감축

금전청구에 있어 양적으로 감축하는 경우나 단순이행청구에서 상환이행청구로의 질적 감축의 경우 원고의 의사가 분명한 때에는 그에 의할 것이나 불분명한 때는 축소된 범위 내에서 소의 일부포기로 보는 견해도 있으나, 재소금지의 저촉을 받지 않는 소의 일부취하(종국판결이 선고되기 전에 취하한 경우)로 보는 것이 학설·판례의 일반적인 태도이다.

(3) 청구취지의 보충·정정

소장에서 심판을 구하는 대상이 불분명한 경우 이를 명확하게 하기 위하여 청구취지를 보충·정정하는 것은 청구의 변경에 해당하지 아니한다(대판 2008.2.1. 2005다74863).

2. 청구원인의 변경

실체법상 권리, 즉 법률적 관점을 변경하는 경우, 구소송물이론에 의하면 소변경이고 신소송물이론에 의하면 공격방어방법의 변경에 불과하게 된다. 판례는 이전등기청구소송에서 등기원인을 바꾸는 것을 청구의 변경으로 판시하고 있다(대판 1997.4.11. 96다50520). 청구원인을 이루는 사실관계의 변경도 구소송물이론에서는 소의 변경이지만 신소송물이론에서는 공격방어방법의 변경에 불과하다. 그러나 금전지급청구에서 청구원인의 사실관계의 변경은 소송물이론에 관계없이 소의 변경에 해당한다.

3. 공격방어방법의 변경

소변경과 공격방어방법의 변경을 구별하는 기준도 소송물이론이다. 구소송물이론을 취하는 판례는 채권자가 사해행위의 취소를 청구하면서 그 보전하고자 하는 채권을 추가하거나 교환하는 것은 그 사해행위취소권을 이유 있게 하는 공격방법에 관한 주장을 변경하는 것일 뿐이지 소송물 또는 청구 자체를 변경하는 것이 아니므로 소의 변경이라 할 수 없다(대판 2003.5.27. 2001다13532)고 하고 있고, 가등기에 기한 본등기청구를 하면서 그 등기원인을 매매예약완결이라고 주장하는 한편 위 가등기의 피담보채권을 처음에는 대여금채권이라고 주장하였다가 나중에는 손해배상채권이라고 주장한 경우 가등기에 기한 본등기청구의 등기원인은 위 주장의 변경에 관계없이 매매예약완결이므로 등기원인에 변경이 없어 청구의 변경에 해당하지 아니하고, 위 가등기로 담보되는 채권이 무엇인지는 공격방어방법에 불과하다(대판 1992.6.12. 92다11848)고 판시하고 있다.

Ⅲ 청구변경의 모습

1. 교환적 변경

(1) 의 의

교환적 변경이란 구청구에 갈음하여 신청구를 제기하는 경우를 말한다.

(2) 법적 성질

교환적 변경의 법적 성질에 대하여 민사소송법 제262조의 고유의 소변경이라는 견해도 있으나 신청구의 추가적 병합과 구청구의 취하의 결합으로 이해하는 통설·판례의 태도인 결합설이 타당하다.

(3) 피고의 동의 요부

구청구 취하에 피고의 동의가 필요한지 여부에 대해 논란이 있다. 피고가 본안에 응소한 때에는 그의 동의를 얻어야 구청구 취하의 효력이 생기므로 동의가 필요하다는 동의필요설이 주장되고 있으나 교환적 변경 전후의 청구기초의 동일성이 인정되므로 피고의 이익이 침해될 우려가 없어 동의는 필요하지 아니하다는 동의불요설이 타당하며 판례도 변경 전후의 청구의 기초사실의 동일성에 영향이 없으므로 구청구의 취하에 피고의 동의가 없어도 취하의 효력이 발생하는 것으로 보고 있다(대판 1962.1.31. 4294민상310). 또한 항소심에서 교환적 변경이 있는 경우 피고는 새로운 청구에 대하여 제1심의 심판을 받지 못하였더라도 구청구와 청구기초의 동일성이 인정되므로 별도로 피고의 동의는 필요하지 아니하다고 보는 것이 타당하다.

2. 추가적 변경

추가적 변경이란 구청구를 유지하면서 새로운 청구를 추가하는 경우를 말한다. 추가적 변경의 법적 성질에 대하여는 소제기와 변론의 병합의 결합으로 보는 결합설이 통설·판례의 일반적인 태도이다. 추가적 변경은 청구의 후발적 병합에 해당하기 때문에 청구의 병합요건을 구비하여야 하고 단순병합, 선택적 병합, 예비적 병합의 형태가 있다.

3. 변경형태가 불분명한 경우

판례는 소의 변경이 교환적인가 또는 추가적인가의 여부는 기본적으로 당사자의 의사해석에 의할 것이므로 당사자가 구청구를 취하한다는 명백한 의사표시 없이 새로운 청구원인을 주장하는 등으로 그 변경 형태가 불명할 경우에는 사실심법원으로서는 과연 청구변경의 취지가 무엇인가, 즉 교환적인가 또는 추가적인가의 점에 대하여 석명으로 이를 밝혀 볼 의무가 있다(대판 1995.5.12. 94다6802)고 하고 있다. 다만, 구청구를 취하한다는 명백한 표시가 없이 신청구를 한 경우에 신청구가 부적법하여 법원의 판단을 받을 수 없는 청구인 경우까지도 구청구가 취하되는 교환적 변경이라고 볼 수는 없다(대판 1975.5.13. 73다1449).

Ⅳ 청구변경의 요건

청구의 변경이 적법하기 위하여는 ① 청구기초에 동일성이 있을 것, ② 신청구 심리를 위해 소송절차를 현저히 지연시키지 않을 것, ③ 사실심에 계속되고 변론종결 전일 것, ④ 청구병합의 일반요건으로서 신구청구가 동일한 소송절차에 의하여 심리될 수 있어야 하고 모든 청구에 대하여 당해 법원에 관할권이 있을 것이 요구된다.

1. 청구기초의 동일성

(1) 의 의

청구기초의 동일의 의미에 대해 여러 학설이 주장되고 있으나 어느 학설에 의하든 결론에는 차이가 없다. 판례는 청구의 기초에 변경이 없는 경우를 동일한 생활사실 또는 경제적 이익에 관한 분쟁에 있어서 그 해결 방법에 차이가 있음에 불과한 경우라고 판시하고 있다(대판 1997.4.25. 96다32133).

(2) 청구기초의 동일성이 인정되는 사례

1) 청구원인이 동일한데 청구취지만 변경한 경우

청구원인은 같고 청구취지만 양적으로 확장한 경우(대판 1992.10.23. 92다29962), 이전등기말소청구에 인도청구를 추가한 경우(대판 1960.5.26. 4292민상279) 등이 있다.

2) 청구취지는 동일한데 법적 구성만 달리하는 경우

불법경작을 원인으로 손해배상을 청구하다가 법률상 원인 없이 경작했음을 원인으로 부당이득반환청구로 변경한 경우(대판 1965.4.6. 65다139)이다.

3) 기존청구의 변형물인 경우

소유권이전등기를 그 등기의무가 이행불능임을 이유로 한 손해배상청구로 바꾼 경우(대판 1969.7.22. 69다413), 점포인도청구를 하다가 임료상당의 손해배상청구를 추가한 경우(대판 1964.5.26. 63다974) 등이다.

4) 동일한 생활사실 또는 경제적 이익에 관한 분쟁에 있어서 해결방법에 차이가 있을 뿐인 경우

원인무효로 인한 말소등기청구에서 명의신탁해지로 인한 이전등기청구로 변경한 경우(대판 2001.3.13. 99다11328)이다.

2. 소송절차를 현저히 지연시키지 않을 것

구청구에 대한 심리가 마쳐지고 신청구에 대해서는 새로운 심리절차가 필요한 경우라면 청구의 변경보다는 신소의 제기를 활용하도록 하기 위한 취지로 공익적 요건이고 직권조사사항이다. 판례는 청구의 변경이 있는 경우에 법원은 새로운 청구의 심리를 위하여 종전의 소송자료를 대부분 이용할 수 없고 별도의 증거제출과 심리로 인하여 소송절차를 현저히 지연시키는 경우에는 이를 허용하지 아니하는 결정을 할 수 있다(대판 2015.4.23. 2014다89287)고 한다.

3. 사실심에 계속되고 변론종결 전일 것

소송계속 전·소장부본 송달 전이면 소장을 변경하여 청구를 추가·교환하여도 소의 변경에 해당하지 않는다. 상고심에서는 소변경을 할 수 없다(대판 1992.2.11, 91누4126).

(1) 항소심에서 청구변경의 가능성

항소심에서는 청구의 기초에 변경이 없는 한 청구의 확장이 가능(대판 1969.12.26, 69다406)하고, 제1심에서 적법하게 반소를 제기하였던 당사자가 항소심에서 반소를 교환적으로 변경하는 것도 가능하다(대판 2012.3.29, 2010다28338). 피고만이 항소한 사건에서 원고(피항소인)는 항소심에서 청구취지를 확장할 수 있고, 이 경우 부대항소를 한 것으로 의제된다(대판 2008.7.24, 2008다18376). 원고(항소인)가 전부승소란 경우 소의 변경만을 위한 항소는 항소의 이익이 없으나 가분채권의 묵시적 일부청구라면 가능하다(대판 2007.6.15, 2004다37904).

(2) 항소심에서 교환적 변경과 항소심판결

판례에 의하면 항소취하의 합의가 있는데도 항소취하서가 제출되지 않는 경우 상대방은 이를 항변으로 주장할 수 있고, 이 경우 항소심법원은 항소의 이익이 없다고 보아 그 항소를 각하함이 원칙이다. 청구의 교환적 변경은 기존청구의 소송계속을 소멸시키고 새로운 청구에 대하여 법원의 판단을 받고자 하는 소송법상 행위이다. 항소심의 소송절차에는 특별한 규정이 없으면 제1심의 소송절차에 관한 규정이 준용되므로(민사소송법 제408조), 항소심에서도 청구의 교환적 변경을 할 수 있다. 청구의 변경 신청이나 항소취하는 법원에 대한 소송행위로서, 청구취지의 변경은 서면으로 신청하여야 하고(민사소송법 제262조 제2항), 항소취하는 서면으로 하는 것이 원칙이나 변론 또는 변론준비기일에서 말로 할 수도 있다(민사소송법 제393조 제2항, 제266조 제3항). 항소심에서 청구의 교환적 변경 신청이 있는 경우 그 시점에 항소취하서가 법원에 제출되지 않은 이상 법원은 특별한 사정이 없는 한 민사소송법 제262조에서 정한 청구변경의 요건을 갖추었는지에 따라 허가 여부를 결정하면 된다. 항소심에서 청구의 교환적 변경이 적법하게 이루어지면, 청구의 교환적 변경에 따라 항소심의 심판대상이었던 제1심판결이 실효되고 항소심의 심판대상은 새로운 청구로 바뀐다. 이러한 경우 항소심은 제1심판결이 있음을 전제로 한 항소각하판결을 할 수 없고, 사실상 제1심으로서 새로운 청구의 당부를 판단하여야 한다(대판 2018.5.30, 2017다21411). 판례는 환송 후 항소심의 소송절차는 환송 전 항소심의 속행이므로 당사자는 원칙적으로 새로운 사실과 증거를 제출할 수 있음은 물론, 소의 변경, 부대항소의 제기뿐만 아니라 청구의 확장 등 그 심급에서 허용되는 모든 소송행위를 할 수 있고, 이때 소를 교환적으로 변경하면, 제1심판결은 소취하로 실효되고 항소심의 심판대상은 교환된 청구에 대한 새로운 소송으로 바뀌어 항소심은 사실상 제1심으로 재판하는 것이 된다고 하면서, 환송 전 항소심에서의 부당이득반환청구와 환송심에서 교환적으로 변경된 파산채권확정청구는 어느 것이나 파산채권자가 자신이 보유하는 동일한 채권을 회수하기 위한 것으로서 실질적으로 그 목적이 동일하고, 부당이득반환청구라는 그 실체법상 법적 근거와 성질이 동일하며, 다만 파산절차의 개시라는 특수한 상황에 처하여 그 청구취지만을 이행소송에서 확인소송으로 변경한 것에 불과하여 양자의 소송물은 실질적으로 동일한 것으로 봄이 상당하고, 환송 전 항소심판결 중 10억원을 초과하는 5억원 부분은 원고 패소확정되었으므로 이와 실질적으로 동일한 소송물이라고 할 수 있는 파산채권확정청구에 대하여도 이와 다른 판단을 할 수 없고 이 부분 청구를 기각하여야 할 것이라고 판시(대판 2013.2.28, 2011다31706)하고 있다.

(3) 항소심에서 교환적 변경과 항소취하

판례에 의하면 피고의 항소로 인한 항소심에서 소의 교환적 변경이 적법하게 이루어졌다면 제1심판결은 소의 교환적 변경에 의한 소취하로 실효되고, 항소심의 심판대상은 새로운 소송으로 바뀌어지고 항소심이 사실상 제1심으로 재판하는 것이 되므로, 그 뒤에 피고가 항소를 취하한다 하더라도 항소취하는 그 대상이 없어 아무런 효력을 발생할 수 없다(대판 1995.1.24. 93다25875).

Ⅴ 청구변경의 절차

청구의 변경은 원고의 신청에 의해 이루어지며 청구의 변경을 할 것인지 여부는 원고의 자유이다. 청구의 변경은 새로운 소의 제기와 같기 때문에 청구취지의 변경은 서면에 의하여야 하고 상대방에게 송달되어야 한다(민소법 제262조 제2항·제3항). 그러나 판례는 청구취지의 변경은 서면으로 신청하여야 하므로 서면에 의하지 아니한 청구취지의 변경은 잘못이나 이에 대하여 상대방이 지체 없이 이의하지 않았다면 이의권의 상실로 그 잘못은 치유된다(대판 1990.12.26. 90다4686)고 한다.

Ⅵ 청구변경의 심판

1. 청구변경의 적법성 심사와 신청구심판

청구변경의 신청 여부는 원고의 재량사항이나(민소법 제262조 제1항), 청구변경 적법 여부는 법원의 직권조사사항이고 심사결과 청구변경신청이 부적법하다는 법원은 불허결정을 한다(민소법 제263조). 반면, 청구변경신청이 적법하다면 법원은 소변경허가결정을 하지 않고 신청구에 대한 심판을 개시하면 된다.

2. 청구변경의 간과판결

(1) 교환적 변경을 간과한 경우

교환적 변경을 간과하여 신청구를 재판함이 없이 구청구만 판결한 때에는 이미 소취하되어 재판의 대상이 아닌 구청구에 대하여 판결한 것이어서 상급심으로서는 원심판결을 취소하면서 구청구에 대하여는 소송종료선언을 하고 누락된 신청구는 원심에 계속 중이므로 원심법원에서 추가판결을 하여야 할 것이다(대판 2003.1.24. 2002다56987).

(2) 추가적 변경을 간과한 경우

추가적 변경으로 단순병합의 경우 구청구에 대하여만 판결하고 신청구를 판단하지 않은 경우에는 재판의 누락이 되어 원심법원은 신청구에 대하여 추가판결을 하여야 하며 항소심에서는 구청구에 대한 판단의 당부만 심판하여야 한다. 선택적·예비적 병합의 경우 판단누락에 준하는 것으로 보아 항소에 의해서 선택적·예비적 청구 전부가 항소심으로 이심되어 항소심의 심판대상이 된다(대판 1998.7.24. 96다99).

3. 항소심의 판결주문

사건이 항소심에 계속 중 원고가 청구를 교환적으로 변경하고 항소심이 신청구를 배척하여야 할 경우에 항소심은 그 신청구에 대하여는 실질상 제1심으로 판단할 것이므로 원고의 청구를 기각한다는 주문표시를 하여야 하지, 항소기각의 주문표시를 하면 안 된다. 항소심이 추가적 변경을 한 경우 제1심판결이 소멸되지 아니하므로 항소심은 제1심판결의 당부에 대해서 항소인용 또는 항소기각판결을 함과 동시에 추가된 청구에 대하여 사실상 제1심으로 재판하여 청구인용 또는 청구기각판결을 하여야 한다(대판 2021.5.7. 2020다292411).

제2관 | 중간확인의 소

I 의 의

본소송 계속 중 본소청구의 판단에 전제가 되는 선결적 관계에 있는 법률관계의 존부에 기판력이 생기는 판단을 받기 위해 추가적으로 제기하는 소를 말한다(민소법 제264조).

II 요 건

1. 다툼이 있는 선결적 법률관계의 확인

(1) 법률관계

법률관계를 대상으로 해야 하므로 증서진부확인 등 사실관계 확인은 중간확인의 소로 제기할 수 없다. 또한 확인청구가 아닌 경계확정의 소와 같은 형성청구를 중간확인의 소로 청구할 수도 없다.

(2) 선결성

이론상 선결관계로 충분하다는 견해도 있으나 본래의 청구에 대한 선결적 관계는 중간확인의 소에 대한 판결 시까지 현실적으로 존재하여야 한다(현실설). 판례에 의하면 재심의 소송절차에서 중간확인의 소를 제기하는 것은 재심청구가 인용될 것을 전제로 하여 재심대상소송의 본안청구에 대하여 선결관계에 있는 법률관계의 존부의 확인을 구하는 것이므로, 재심사유가 인정되지 않아서 재심청구를 기각하는 경우에는 중간확인의 소의 심판대상인 선결적 법률관계의 존부에 관하여 나아가 심리할 필요가 없으나, 한편 중간확인의 소는 단순한 공격방어방법이 아니라 독립된 소이므로 이에 대한 판단은 판결의 이유에 기재할 것이 아니라 종국판결의 주문에 기재하여야 할 것이므로 재심사유가 인정되지 않아서 재심청구를 기각하는 경우에는 중간확인의 소를 각하하고 이를 판결 주문에 기재하여야 한다(대판 2008.11.27. 2007다69834). 다만, 중간확인의 소를 각하할 경우에도 확인의 소로서 별도의 확인의 이익이 인정되면 독립의 소로서 심리할 수 있다.

(3) 계쟁성

확인의 소에 관한 일반원칙에 따라 확인의 이익이 있어야 하지만 소송상 선결적 법률관계에 관하여 사실상·법률상 다툼이 있거나 다툴 것으로 기대되면 확인의 이익은 충족되며 그 밖에 별도의 확인의 이익은 요하지 아니한다.

2. 다른 법원의 전속관할에 속하지 않을 것

중간확인의 소가 다른 법원의 전속관할에 속할 때에는 그것이 독립된 소의 요건을 갖추었다면 이를 분리하여 전속관할이 있는 법원으로 이송하여야 한다(민소법 제264조 제1항 단서).

3. 본래의 소가 사실심에 계속되고 변론종결 전일 것

판례에 의하면 소유권 이전등기나 그 말소등기절차 이행청구의 소가 계속 중 당해 부동산에 대한 소유권 확인청구를 추가하는 소변경을 제2심에서도 유효하게 할 수 있고, 또 소유권 이전등기나 말소등기 이행청구에 관한 판결의 기판력은 소유권확인청구에는 미치지 아니한다(대판 1973.9.12. 72다1436). 항소심에서 제기할 때에도 상대방의 동의를 얻을 필요는 없다.

Ⅲ 절 차

중간확인의 소는 소송 중의 소이기 때문에 소장에 준하는 서면을 제출하는 것이 원칙이다(민소법 제264조). 피고의 소송대리인이 중간확인의 소를 제기하는 경우에는 반소의 제기에 준하여 특별수권을 필요로 하지만(민소법 제90조 제2항 제1호), 원고의 소송대리인의 경우에는 이를 요하지 아니한다.

Ⅳ 심 판

중간확인의 소의 요건(병합요건)을 심리하여 그 흠이 있으면 분리심판해야 하고 분리하여 독립한 소로 심리할 수 없으면 소각하판결을 하여야 한다. 병합요건이 구비되었으면 1개의 종국판결인 전부판결을 하는 것이 원칙이다. 또한 본래의 소와 중간확인청구는 선결관계에 있다는 점에서 일부판결은 바람직하지 아니하다.

제3관 | 반 소

Ⅰ 반소의 의의

1. 개 념

반소란 소송계속 중 피고가 본소의 소송절차를 이용하여 원고에게 제기하는 소를 말한다(민소법 제269조). 반소는 본소피고가 제기하는 소송 중의 소로서 청구의 추가적 병합에 해당한다. 반소에서는 본소원고는 반소피고로, 본소피고는 반소원고가 된다.

2. 인정취지

반소를 통해 관련 분쟁을 병합해 심판하는 것이 별소에 의한 심판보다 소송경제 및 재판통일에 유익하기 때문에 인정된다.

Ⅱ 반소의 법적 성질

1. 독립한 소

(1) 독립의 소

반소는 독립한 소일뿐 방어방법은 아니다. 따라서 공격방어방법에 적용되는 실권효규정, 예를 들면 민사소송법 제147조의 재정기간, 제149조의 실기각하규정 등은 적용되지 아니한다. 판례도 민법 제628조에 의한 임차인의 차임감액청구권은 사법상의 형성권이지 법원에 대하여 형성판결을 구할 수 있는 권리가 아니므로 차임청구의 본소가 계속한 법원에 반소로서 차임의 감액을 청구할 수는 없다(대판 1968.11.19. 68다1883)고 판시하고 있다.

(2) 반소의 이익

1) 의 의

반소는 독립한 소이므로 본소의 방어방법 이상의 적극적 내용이 포함되어 있어야 한다. 따라서 반소가 본소청구기각을 구하는 이상의 적극적 내용이 포함되어 있지 않다면 반소청구로서의 이익이 없다(대판 2007.4.13. 2005다40709).

2) 소의 이익유무

① 채권에 기한 이행의 소에 대하여 채무부존재확인의 반소를 제기하는 경우 : 어떤 채권에 기한 이행의 소에 대하여 동일 채권에 관한 채무부존재확인의 반소를 제기하는 것은 그 청구의 내용이 실질적으로 본소청구의 기각을 구하는 데 그치는 것이므로 부적법하다고 할 것이다(대판 2007.4.13. 2005다40709).

② 손해배상채무의 부존재확인을 구하는 본소에 대하여 채무의 이행을 구하는 반소가 제기된 경우

  ㉠ 문제점 : 피고의 채무이행의 반소청구는 본소 청구기각 이상의 적극적 내용이 포함되어 있으므로 반소의 이익이 있어 적법하다. 그러나 본소가 반소청구기각을 구하는 이상의 적극적 내용이 포함되어 있지 아니하므로 본소로서의 이익이 없어 부적법해지는 것은 아닌지 문제 된다.

  ㉡ 학설 : 손해배상채무의 부존재확인을 구하는 본소의 목적은 반소청구에 대한 기각을 구하는 방어로써 충분히 달성할 수 있으므로 본소는 소의 이익이 없어 부적법하다는 견해, 적법하게 제기된 본소가 후소인 채무의 이행을 구하는 반소의 제기에 의해 부적법하게 되는 것은 아니라는 견해, 본소가 판결하기에 성숙한 단계에까지 이르렀다면 채무이행의 반소로 인해 부적법해지는 것은 아니지만, 그 단계까지 이르지 않았다면 달리 보아야 한다는 견해 등이 대립하고 있다.

  ㉢ 판례 : 판례는 소송요건을 구비하여 적법하게 제기된 본소가 그 후에 상대방이 제기한 반소로 인하여 소송요건에 흠결이 생겨 다시 부적법하게 되는 것은 아니므로, 원고가 피고에 대하여 손해배상채무의 부존재확인을 구할 이익이 있어 본소로 그 확인을 구하였다면, 피고가 그 후에 그 손해배상채무의 이행을 구하는 반소를 제기하였다 하더라도 그러한 사정만으로 본소청구에 대한 확인의 이익이 소멸하여 본소가 부적법하게 된다고 볼 수는 없다(대판 1999.6.8. 99다17401)고 한다.

  ㉣ 검토 : 생각건대 반소는 본소와는 독립된 소이므로 피고의 반소제기에 의하여 이미 소송요건을 구비하여 적법한 원고의 본소가 부적법하게 된다고 볼 수 없다. 따라서 원고의 본소는 소의 이익이 있다고 보는 것이 타당하다고 판단된다.

2. 반소의 당사자

(1) 피고가 원고를 상대로 제기하는 소

독립당사자참가나 참가승계의 경우 참가인과의 관계에서 피고의 지위에 서는 종전 원고·피고도 참가인을 상대로 반소를 제기할 수 있다(대판 1969.5.13. 68다656). 다만, 보조참가인을 상대로 한 반소는 당사자가 아닌 자에 대한 반소이므로 부적법하고 보조참가인이 제기한 반소도 부적법하다.

(2) 제3자반소의 허부

1) 문제점

원고의 소제기에 대하여 피고가 원고뿐만 아니라 제3자도 반소피고로 추가하거나 제3자가 피고와 더불어 반소원고가 되어 원고를 상대로 하는 제3자반소를 허용할 것인지 문제 된다.

2) 학 설

소송경제를 위하여 제3자반소를 허용하여야 한다는 긍정설, 원고와 필수적 공동소송관계에 있는 제3자를 민사소송법 제68조에 의하여 추가할 수 있으므로 제3자반소를 부정하는 부정설, 원칙적으로 부정하지만 원고와 필수적 공동소송관계에 있는 제3자를 반소피고로 추가하는 것은 가능하다는 절충설이 대립하고 있다.

3) 판 례

판례는 피고가 원고 이외의 제3자를 추가하여 반소피고로 하는 반소는 원칙적으로 허용되지 아니하고, 다만 피고가 제기하려는 반소가 필수적 공동소송이 될 때에는 민사소송법 제68조의 필수적 공동소송인 추가의 요건을 갖추면 허용될 수 있다(대판 2015.5.29. 2014다235042)고 한다.

4) 검 토

명문의 규정이 없는 한 원칙적으로 이를 인정하는 것은 어려우나 소송경제와 합일확정의 필요성을 고려하여 원고와 제3자가 필수적 공동소송관계에 있을 때에는 제3자반소를 허용하는 것이 타당하다고 판단된다.

Ⅲ 반소의 모습

1. 단순반소와 예비적 반소

(1) 단순반소

본소 청구의 인용·기각 여부와 관계없이 심판을 구하는 전형적인 형태의 반소이다.

(2) 예비적 반소

1) 의 의

예비적 반소는 본소청구가 인용될 때를 대비하여 조건부로 반소청구에 대하여 심판을 구하는 조건부 반소를 말한다. 본소청구가 배척될 때를 대비하여 본소가 인용될 것을 해제조건으로 제기하는 반소를 부진정예비적 반소라고 하며 이 또한 허용된다.

2) 심판방법

본소청구가 각하·취하되면 반소청구는 소멸되며 본소청구가 기각되면 반소청구에 아무런 판단을 요하지 아니한다(대판 1991.6.25. 91다1615). 이 경우 반소청구에 대해 판단하면 무효임을 유의하여야 한다.

3) 본소와 예비적 반소의 각하판결에 대해 원고만 항소한 경우

① 판례

    ㉠ 사실관계 : 원고(반소피고)가 피고(반소원고)에게 별지 목록 기재 부동산(나호) 중 일부분 증축을 위한 건축허가신청에 대하여 동의절차의 이행을 구하는 소를 제기하자 피고는 원고의 본소청구가 인용될 것에 대비하여 원고에게 별지 목록 기재 부동산(가호) 중 일부분 증축을 위한 건축허가신청에 대하여 동의절차의 이행을 구하는 예비적 반소를 제기하였다. 제1심은 소의 이익이 없음을 이유로 원고의 본소와 피고의 반소를 모두 각하하였고, 원심은 제1심판결에 대하여 원고만이 불복 항소하였으므로 원심의 심판범위는 본소청구에 관한 것으로 한정된다고 하면서 반소청구에 대하여 아무런 판단을 하지 아니하였다.

    ㉡ 판결요지 : 피고의 예비적 반소는 본소청구가 인용될 것을 조건으로 심판을 구하는 것으로서 제1심이 원고의 본소청구를 배척한 이상 피고의 예비적 반소는 제1심의 심판대상이 될 수 없는 것이고, 이와 같이 심판대상이 될 수 없는 소에 대하여 제1심이 판단하였다고 하더라도 그 효력이 없다고 할 것이므로, 피고가 제1심에서 각하된 반소에 대하여 항소를 하지 아니하였다는 사유만으로 이 사건 예비적 반소가 원심의 심판대상으로 될 수 없는 것은 아니라고 할 것이고, 따라서 원심으로서는 원고의 항소를 받아들여 원고의 본소청구를 인용한 이상 피고의 예비적 반소청구를 심판대상으로 삼아 이를 판단하였어야 한다(대판 2006.6.29. 2006다19061).

② 검토

    ㉠ 예비적 반소도 항소심으로 이심되는지 여부 : 원고의 본소청구와 피고의 반소청구 모두에 대해 소각하 판결을 한 것은 하나의 전부판결이므로 원고의 본소청구에 대하여만 항소하였더라도 예비적 반소청구도 확정이 차단되고 항소심으로 이심된다.

    ㉡ 예비적 반소도 항소심의 심판대상인지 여부

        ㉮ 학설 : 본소청구가 인용될 때 예비적 반소를 심판하는 것은 예비적 반소의 성질상 당연하므로 항소심의 심판대상이 된다는 긍정설과 원고만 본소에 대하여 항소한 경우 예비적 반소가 이심은 되나 피고가 불복하지 않은 예비적 반소를 심판대상으로 하는 것은 원고에게 불이익하므로 심판대상이 되지 않는다는 부정설이 대립하고 있다.

        ㉯ 판례 : 피고가 제1심에서 각하된 반소에 대하여 항소를 하지 아니하였다는 사유만으로 이 사건 예비적 반소가 원심의 심판대상으로 될 수 없는 것은 아니라고 할 것이고, 따라서 원심으로서는 원고의 항소를 받아들여 원고의 본소청구를 인용한 이상 피고의 예비적 반소청구를 심판대상으로 삼아 이를 판단하였어야 한다(대판 2006.6.29. 2006다19061)고 판시하여 예비적 반소도 항소심의 심판대상임을 분명히 하였다.

        ㉰ 검토 : 생각건대 예비적 반소는 본소가 인용될 때를 대비한 조건부 청구이고 예비적 반소의 인용을 원고도 예상할 수 있으므로 항소심의 대상으로 보는 것이 타당하다고 판단된다.

    ㉢ 피고의 구제수단 : 단순반소와는 달리 예비적 반소에 대한 판결을 누락한 경우 위법하다고 할 수 있으므로 누락된 청구가 원심에 계속 중이라고 볼 것은 아니고 상소로 구제받을 수 있다고 할 것이다.

2. 재반소

반소에 대한 재반소도 허용된다. 판례는 원고가 본소의 이혼청구에 병합하여 재산분할청구를 제기한 후 피고가 반소로서 이혼청구를 한 경우, 본소의 이혼청구가 받아들여지지 않고 피고의 반소청구에 의하여 이혼이 명하여지는 경우에도 재산을 분할해 달라는 취지의 청구가 포함된 것으로 봄이 상당하다고 할 것으로 이때 원고의 재산분할청구는 피고의 반소청구에 대한 재반소로서의 실질을 가지게 되므로 이러한 경우 원·피고가 협력하여 이룩한 재산의 액수와 당사자 쌍방이 그 재산의 형성에 기여한 정도 등 일체의 사정을 참작하여 원고에게 재산분할을 할 액수와 방법을 정하여야 한다(대판 2001.6.15. 2001므626)고 판시하고 있다.

Ⅳ 반소의 요건

1. 상호관련성

(1) 의 의

반소청구는 본소의 청구 또는 방어방법과 서로 관련이 있어야 한다(민소법 제269조 제1항). 이는 소의 변경에서 청구기초의 동일성에 대응하는 사익적 요건으로서 서로 관련성이 있어야 변론과 증거조사를 함께 실시하여 심리의 중복과 재판의 모순·저촉을 피할 수 있기 때문이다.

(2) 내 용

1) 본소청구와 상호관련성
반소청구와 본소청구 사이의 상호관련성이란 본소와 반소 사이에 소송물 또는 그 대상이나 발생원인에 있어서 법률상 또는 사실상 공통성이 있음을 말한다. 여기에는 동일 법률관계의 형성을 목적으로 하는 경우, 청구원인이 동일한 경우, 대상 또는 발생원인 등에 있어서 공통된 경우 등이 있다.

2) 본소청구의 방어방법과 상호관련성
① 의의 : 반소청구와 본소청구의 방어방법과 상호관련성이란 반소청구가 본소의 항변사유와 대상이나 발생원인에 있어서 사실상 또는 법률상 공통성이 있다는 것을 말한다. 즉, 원고의 대여금청구에 대하여 피고가 상계의 항변을 제출하면서 반소로 그 상계초과채권의 지급을 청구하는 경우가 이에 해당한다. 다만, 수동채권과 자동채권이 동액인 경우에는 반소는 본소청구기각을 구하는 것에 불과하므로 반소의 이익이 없다.

② 요건 : 본소의 방어방법과 상호관련성이 있으려면 그 방어방법이 반소제기 당시에 현실적으로 제출되어야 하고, 법률상 허용되어야 한다. 따라서 소송법상 실기한 공격방어방법(민소법 제149조)으로 각하된 항변에 바탕을 둔 반소나 상계금지채권(민법 제496조 이하)에 기한 원고의 본소청구에 대한 피고의 상계항변의 경우와 같이 실체법상 항변이 허용되지 않는 경우에 이를 바탕으로 하는 반소는 부적법하다.

3) 점유의 본소와 본권의 반소
① 문제점 : 민법 제208조에 의하면 점유권에 기한 소에서 피고가 본권으로 항변할 수 없도록 하고 있다. 그렇다면 본권에 기한 반소도 허용되지 않는 것인지 문제 된다.

② 학설 : 민법 제208조 제2항이 점유의 소가 진행 중에는 본권을 방어방법으로 할 수 없다는 것만을 규정하고 본권에 기한 반소의 제기는 금지하고 있지 않으므로 반소제기가 허용된다는 긍정설과 점유권자가 점유소송에서의 승소판결로 집행할 때 본권자가 본권소송의 승소판결을 이유로 청구이의를 하면 점유권자는 점유의 회복을 할 수 없으므로 반소제기가 허용되지 않는다는 부정설이 대립하고 있다.

③ **판례** : 점유권에 기한 본소에 대하여 소유권에 기한 반소도 적법하다는 전제에서 본소청구와 반소청구 모두 인용되어 확정된다(대판 1959.11.24, 4292민상585)고 판시하여 반소제기를 허용하고 있다. 최근 판례도 같은 취지에서 ㉠ 점유권에 기인한 소와 본권에 기인한 소는 서로 영향을 미치지 아니하고, 점유권에 기인한 소는 본권에 관한 이유로 재판하지 못하므로 점유회수의 청구에 대하여 점유침탈자가 점유물에 대한 본권이 있다는 주장으로 점유회수를 배척할 수 없다(민법 제208조). 그러므로 점유권에 기한 본소에 대하여 본권자가 본소청구 인용에 대비하여 본권에 기한 예비적 반소를 제기하고 양 청구가 모두 이유 있는 경우, 법원은 점유권에 기한 본소와 본권에 기한 예비적 반소를 모두 인용해야 하고 점유권에 기한 본소를 본권에 관한 이유로 배척할 수 없다. ㉡ 점유회수의 본소에 대하여 본권자가 소유권에 기한 인도를 구하는 반소를 제기하여 본소청구와 예비적 반소청구가 모두 인용되어 확정되면, 점유자가 본소 확정판결에 의하여 집행문을 부여받아 강제집행으로 물건의 점유를 회복할 수 있다. 본권자의 소유권에 기한 반소청구는 본소의 의무 실현을 정지조건으로 하므로, 본권자는 위 본소 집행 후 집행문을 부여받아 비로소 반소 확정판결에 따른 강제집행으로 물건의 점유를 회복할 수 있다. 이러한 과정은 애당초 본권자가 허용되지 않는 자력구제로 점유를 회복한 데 따른 것으로 그 과정에서 본권자가 점유 침탈 중 설치한 장애물 등이 제거될 수 있다. 다만 점유자의 점유회수의 집행이 무의미한 점유상태의 변경을 반복하는 것에 불과할 뿐 아무런 실익이 없거나 본권자로 하여금 점유회수의 집행을 수인하도록 하는 것이 명백히 정의에 반하여 사회생활상 용인할 수 없다고 인정되는 경우, 또는 점유자가 점유권에 기한 본소 승소 확정판결을 장기간 강제집행하지 않음으로써 본권자의 예비적 반소 승소 확정판결까지 조건불성취로 강제집행에 나아갈 수 없게 되는 등 특별한 사정이 있다면 본권자는 점유자가 제기하여 승소한 본소 확정판결에 대한 청구이의의 소를 통해서 점유권에 기한 강제집행을 저지할 수 있다(대판 2021.2.4, 2019다202795)고 판시하고 있다. 또한 이러한 법리는 점유를 침탈당한 자가 점유권에 기한 점유회수의 소를 제기하고 본권자가 그 점유회수의 소가 인용될 것에 대비하여 본권에 기초한 장래이행의 소로서 별소를 제기한 경우에도 마찬가지로 적용된다(대판 2021.3.25, 2019다208441).

④ **검토** : 민법 제208조 제2항의 취지를 고려할 때 점유권에 기한 소에서 피고가 본권을 항변으로 제출할 수 없다는 것이지 본권에 기한 반소제기까지 막는 것은 아니므로 긍정설이 타당하고 본소청구와 반소청구가 모두 인용될 경우에는 집행단계에서 본권자를 우선하여 문제를 해결하면 될 것으로 보인다.

2. 본소절차를 현저히 지연시키지 않을 것

반소가 본소의 지연책으로 남용되는 것을 방지하기 위한 공익적 요건이다. 따라서 이의권의 상실에 의해 치유될 수 없다.

3. 본소가 사실심에 계속되고 변론종결 전일 것

(1) 반소가 제기된 후 본소가 취하된 경우 반소의 적법 여부

본소의 소송계속은 반소제기의 요건이고 존속요건은 아니다. 따라서 반소제기 후에 본소가 취하·각하되어도 예비적 반소가 아닌 한 반소에는 영향이 없다(대판 1970.9.22, 69다446).

(2) 피고의 반소취하 시 원고의 동의 요부

반소의 취하도 상대방의 동의가 필요하지만(민소법 제266조 제2항), 본소가 취하되면 피고는 원고의 응소 후라도 원고의 동의 없이 반소를 취하할 수 있다(민소법 제271조). 그러나 판례는 본소가 원고의 의사와 관계없이 부적법하다 하여 각하됨으로써 종료된 경우에까지 유추적용할 수 없고, 원고의 동의가 있어야만 반소취하의 효력이 발생한다 할 것(대판 1984.7.10, 84다카298)이라고 한다.

(3) 항소심에서의 반소제기

1) 상대방의 동의

반소는 상대방의 동의를 받은 경우에 제기할 수 있다(민소법 제412조 제1항).

2) 상대방의 동의의제

상대방이 이의를 제기하지 아니하고 반소의 본안에 관하여 변론을 한 때에는 반소제기에 동의한 것으로 본다(민소법 제412조 제2항). 판례는 항소심에서 피고가 반소장을 진술한 데 대하여 원고가 반소기각 답변을 한 것만으로는 민사소송법 제412조 제2항 소정의 "이의 없이 반소의 본안에 관하여 변론을 한 때"에 해당한다고 볼 수 없다(대판 1991.3.27. 91다1783)고 한다.

3) 상대방의 동의불요

민사소송법 제412조 제1항은 상대방의 심급의 이익을 해할 우려가 없는 경우 또는 상대방의 동의를 받은 경우 항소심에서 반소를 제기할 수 있다고 규정하고 있고, 여기서 '상대방의 심급의 이익을 해할 우려가 없는 경우'라 함은 반소청구의 기초를 이루는 실질적인 쟁점이 제1심에서 본소의 청구원인 또는 방어방법과 관련하여 충분히 심리되어 상대방에게 제1심에서의 심급의 이익을 잃게 할 염려가 없는 경우를 말한다(대판 2005.11.24. 2005다20064). 예를 들면 ① 중간확인의 반소, ② 본소와 청구원인을 같이하는 반소, ③ 제1심에서 이미 충분히 심리한 쟁점과 관련된 반소, ④ 항소심에서 반소의 변경으로 예비적 반소를 추가하는 경우 등이 이에 포함된다.

Ⅴ 반소의 절차

1. 반소의 제기

반소는 본소의 규정을 따르므로(민소법 제270조), 반소의 제기는 반소장을 제출함으로써 한다.

2. 반소요건과 일반소송요건의 조사

(1) 반소요건

반소요건을 결한 경우 판례는 항소심에서 상대방의 동의 없이 제기한 반소는 그 반소 자체가 부적법한 것이어서 단순한 관할법원을 잘못한 소제기와는 다른 것이므로 이를 각하하였음이 부당한 것이라 할 수 없다(대판 1965.12.7. 65다2034)고 하여 각하설의 태도를 취하고 있다. 생각건대 요건흠결의 반소라도 독립의 소로서의 요건을 구비하고 있다면 본소와 분리하여 심판하여야 한다는 분리심판설이 당사자의 의사에 비추어 타당하다고 판단된다.

(2) 일반소송요건

반소도 소이므로 일반소송요건을 갖추어야 한다. 이것이 흠결되면 보정되지 않는 한 분리하여 심판할 수도 없으므로 각하하여야 한다. 즉, 예비적 반소의 원인채권에 기한 상계항변이 다른 사건에서 인용되어 이미 확정되었으므로 그 예비적 반소는 소의 이익이 없게 되어 부적법하다(대판 2010.8.26. 2010다30966)고 해야 한다.

VI 반소의 심판

본소와 반소를 병합심리하여 1개의 전부판결을 하는 것이 원칙이나, 절차지연을 방지하기 위해서 변론의 분리·일부판결을 할 수도 있다. 그러나 본소와 반소가 동일한 법률관계에 있어 판결의 모순·저촉의 우려가 있을 때에는 그러하지 아니하다. 1개의 전부판결을 하는 경우에는 본소와 반소의 주문을 별도로 내야 한다. 판례는 제1심이 원고들의 본소 중 주위적 청구를 전부 인용하고, 피고의 반소 중 주위적 청구에 대한 소를 각하하고 예비적 청구를 일부 인용한 데 대하여, 피고는 반소의 예비적 청구를 일부 기각한 부분에 대하여만 항소를 제기하였을 뿐 본소에 대하여는 항소를 제기하지 아니하였으므로, 원고들의 본소는 주위적 청구뿐만 아니라 예비적 청구 역시 원심의 심판범위에서 제외되는 것이고, 따라서 원고들이 원심에서 청구취지 및 청구원인변경신청서를 제출하여 예비적 청구에 불법행위에 의한 손해배상청구를 선택적으로 추가하였다고 하더라도 추가된 예비적 청구가 원심의 심판범위에 포함된다고 할 수 없다(대판 2008.3.13. 2006다53733)고 판시하고 있다.

01　병합청구소송

※ 기출문제해설의 답안은 참고용으로 활용하시기 바랍니다.

기출문제 ▎ 2022년 제31회 공인노무사시험

제1문

동업관계에 있는 乙, 丙, 丁, 戊는 자신들의 사업장 앞에 있는 X토지를 甲으로부터 임차하여 주차장으로 사용하고 있었다. 위 4인을 대표한다고 주장하는 乙은 X 토지를 甲으로부터 매수하기로 하고 甲과 X토지에 대한 매매계약을 체결하였다. 사업자금 대출을 위해 X토지의 등기가 필요하다는 사정을 들은 甲은 매매대금의 전액을 지급받지 못하였음에도 불구하고 X토지의 등기를 위 4인에게 이전하여 주었으나 위 4인은 매매잔대금을 지급하지 않고 있다. 이에 甲은 乙, 丙, 丁, 戊를 상대로 주위적으로는 매매계약이 유효하다면 X토지의 매매대금 전액 지급을 구하고, 예비적으로는 매매계약이 무효라면 X토지의 소유권이전등기의 말소를 구하는 소를 제기하였다. (단, 아래의 각 물음은 독립적임) (50점)

물음 1

제1심 법원은 乙에게 적법한 대리권이 없었다는 것을 이유로 원고의 주위적 청구를 배척하면서도 예비적 청구에 대하여는 아무런 판단을 하지 않았다. 이러한 제1심 법원의 판결에 대해 적법 여부와 불복방법에 관하여 쓰시오. (25점)

I 논점의 정리

甲에 의한 청구병합의 형태가 예비적 병합인지의 여부가 우선 문제되고, 예비적 병합이라면 제1심법원이 甲의 주위적 청구를 배척하고 예비적 청구에 대하여 심판을 하지 아니한 것이 적법한지 여부와 그에 대한 甲의 불복방법 여부가 문제 된다.

II 청구병합의 형태가 예비적 병합인지의 여부

1. 예비적 병합의 의의

예비적 병합이란 양립할 수 없는 여러 개의 청구를 하면서 그 심판의 순위를 붙여 주위적 청구가 인용될 것을 해제조건으로 하여 예비적 청구에 대하여 심판을 구하는 형태의 병합을 말한다.

2. 예비적 병합의 요건

예비적 병합이 인정되기 위해서는 ① 주위적 청구와 예비적 청구가 양립될 수 없는 관계에 있을 것, ② 청구들 사이에 순서를 붙일 것, ③ 논리적으로 관련성이 있을 것 등을 요한다.

3. 사안의 경우

甲이 乙, 丙, 丁, 戊를 상대로 주위적으로는 매매계약이 유효하다면 X토지의 매매대금 전액 지급을 구하고, 예비적으로는 매매계약이 무효라면 X토지의 소유권이전등기의 말소를 구하는 것이어서 순서를 붙여 병합된 양 청구가 양립불가능하고 그들 사이에 논리적 관련성이 있으므로 甲의 청구병합의 형태는 예비적 병합으로 보인다.

III 제1심 판결의 적법 여부

1. 예비적 병합의 심판

(1) 심리의 공통

변론과 증거조사는 동일 기일에 여러 개의 청구에 대하여 공통으로 행하며 여기에 나타난 증거자료나 사실자료는 모든 청구에 대한 판단의 자료가 된다. 변론의 제한은 가능하나 변론의 분리는 허용되지 아니한다. 청구 전부에 대하여 판결하기에 성숙한 경우에는 전부판결을 한다.

(2) 일부판결의 가부

일부판결이 가능한지 여부가 문제되나 예비적 병합의 경우에는 수개의 청구가 하나의 소송절차에 불가분적으로 결합되어 있기 때문에 일부판결은 예비적 병합의 성질에 반하는 것으로서 허용되지 아니한다.

(3) 판단방법

주위적 청구가 인용될 때에는 예비적 청구에 대하여 심판할 필요가 없지만 그것이 기각되는 경우에는 예비적 청구에 대하여 심판하여야 한다. 최근 판례는 원고 패소의 제1심판결에 대하여 원고가 항소한 후 항소심에서 예비적 청구를 추가하면 항소심이 종래의 주위적 청구에 대한 항소가 이유 없다고 판단한 경우에는 예비적 청구에 대하여 제1심으로 판단하여야 한다고 판시하고 있다.[84]

---

84) 대판 2017.3.30. 2016다253297

2. 사안의 경우

예비적 병합의 경우에는 수개의 청구가 하나의 소송절차에 불가분적으로 결합되어 있기 때문에 일부판결은 허용되지 아니하므로 제1심법원이 乙에게 적법한 대리권이 없다는 것을 이유로 甲의 주위적 청구를 배척하였다면 예비적 청구에 대하여 심판을 하였어야 함에도 불구하고 이를 판단하지 아니한 것은 위법하다.

Ⅳ 甲의 불복방법

1. 상소의 가부

(1) 판단누락 여부

1) 문제점

예비적 병합에 있어서 주위적 청구를 먼저 판단하지 않고 예비적 청구만을 인용하거나 주위적 청구만을 배척하고 예비적 청구에 대하여 판단하지 않는 경우에 누락시킨 청구 부분이 판단누락(민소법 제451조 제1항 제9호)인지 재판누락(민소법 제212조)인지 문제 된다.

2) 학 설

청구가 밀접하게 결합되어 있어 판결의 모순·저촉방지를 위해 일부판결이 허용되지 않아 적법한 재판누락이 있을 수 없으므로 추가판결로 해결할 수 없고 판단누락의 일종으로 이해하여 상소·재심으로 다루어야 한다는 판단누락설, 예비적 병합의 경우에도 일부판결이 허용되므로 재판누락 시 추가판결로 정리하면 되고 상소는 각하된다는 재판누락설, 예비적 병합의 경우 청구기각판결을 하면서 일부의 청구에 대하여 배척판단을 하지 않으면 재판누락으로 볼 것이지만 일부판결이 허용되지 않으므로 일부판결은 위법한 전부판결로 보는 절충설이 대립하고 있다.

3) 판 례

<u>주위적 청구를 배척하면서 예비적 청구에 대하여 판단하지 아니하는 판결을 한 경우에는 그 판결에 대한 상소가 제기되면 판단이 누락된 예비적 청구 부분도 상소심으로 이심이 되고 그 부분이 재판의 탈루에 해당하여 원심에 계속 중이라고 볼 것은 아니라고 하여 판단누락설을 취하고 있다.</u>[85]

4) 검 토

생각건대 일부판결이 허용되지 아니하는 소송에서 재판누락(민소법 제212조)이란 있을 수 없으므로 이 경우 하나의 전부판결로 보고 판단누락에 준하는 위법이 있는 것으로 해석하는 판단누락설이 타당하다고 판단된다. 판단누락설에 의하면 예비적 병합에 있어서 주위적 청구만을 배척하고 예비적 청구에 대하여 판단하지 않는 경우 상소로써 구제되어야 하고 제1심법원이 추가판결을 할 수는 없다. 원고가 이에 대하여 전부상소한 경우에는 전부이심되어 전부심판의 대상이 되고, 일부상소한 경우에는 상소불가분의 원칙이 적용되어 전부이심되며 불이익변경금지의 원칙이 적용되어 상소한 청구 일부만 심판의 대상이 된다.

(2) 사안의 경우

생각건대 제1심법원이 甲의 주위적 청구를 배척하고 예비적 청구에 대하여 심판을 하지 아니한 경우 판단누락에 준하는 위법이 있는 것으로 보아 추가판결이 아닌 상소 또는 재심으로 다툴 수 있다고 보는 것이 타당하다.

---

85) 대판 2000.11.16. 98다22253[전합]

2. 별소제기의 가부

(1) 판 례

판단누락설에 의하면 판단이 누락되었음을 알게 된 당사자는 별소를 제기할 수 있다고 하고 있으나 판례는 예비적 병합에서 판단누락된 부분에 대한 별소제기는 권리보호이익이 없어 부적법하다고 판시하고 있다.[86]

(2) 사안의 경우

생각건대 상소심절차를 통하여 시정을 할 수 있었음에도 별소를 제기하는 것은 권리보호이익이 없어 부적법하다고 보는 것이 타당하다고 판단된다. 따라서 甲은 제1심법원의 판단을 받지 아니하였던 예비적 청구 부분에 대하여 별소를 제기할 수 없다.

Ⅴ 사안의 적용

甲이 순서를 붙여 병합한 양 청구가 양립불가능하고 논리적 관련성이 있으므로 甲의 청구병합의 형태는 예비적 병합으로 판단된다. 제1심법원이 甲의 주위적 청구를 배척하였다면 예비적 청구에 대하여 심판을 하였어야 함에도 불구하고 이를 판단하지 아니한 것은 위법하므로 甲은 추가판결이 아닌 상소 또는 재심으로 다툴 수 있다고 보이나 제1심법원의 판단을 받지 아니하였던 예비적 청구 부분에 대하여 별소를 제기할 수는 없다.

Ⅵ 결 론

제1심법원이 甲의 주위적 청구를 배척하였다면 예비적 청구에 대하여 심판을 하였어야 함에도 불구하고 이를 판단하지 아니한 것은 위법하므로 甲은 추가판결이 아닌 상소 또는 재심으로 다툴 수 있다고 보이나 예비적 청구 부분에 대하여 별소를 제기할 수는 없다.

---

86) 대판 2002. 9. 4. 98다17145

01 병합청구소송

※ 기출문제해설의 답안은 참고용으로 활용하시기 바랍니다.

기출문제 ▌ 2021년 제30회 공인노무사시험

제3문

중간확인의 소에 대하여 설명하시오. (25점)

자세한 내용은 기본서 해당부분의 관련서술을 참조하라.

제3문

청구의 선택적 병합에 대하여 설명하시오. (25점)

자세한 내용은 기본서 해당부분의 관련서술을 참조하라.

제2문

甲이 정당한 이유 없이 X 토지(이 사건 토지)를 甲소유 건물의 주차장 진출입로로 수년 간 사용하고 있었는데, 이 사건 토지의 소유자라고 주장하는 乙이 이 사건 토지 부분에 펜스(이 사건 펜스)를 설치함으로써 甲의 주차장 출입을 막았다. 그러자 甲은 제1심 법원에 乙이 이 사건 펜스를 설치함으로써 甲의 이 사건 토지에 대한 점유를 침탈하였다는 이유로, 점유물반환청구권에 기해 乙을 상대로 이 사건 펜스의 제거와 이 사건 토지의 인도를 청구하였다. (다음 각 물음은 독립적임) (20점)

물음 2

제1심 법원이 甲의 청구를 인용하였는데 이에 대하여 乙은 즉각 항소하면서, 甲의 청구가 인용될 경우에 대비하여 반소로써 소유권에 기하여 이 사건 토지의 인도를 청구하였다. 乙의 반소가 적법한지 여부를 검토하시오. (10점)

Ⅰ 논점의 정리

乙의 X토지 인도청구의 반소와 관련하여 반소의 적법 여부를 우선 검토한 후, 구체적으로 반소의 요건 중 본소의 청구 또는 방어방법과 반소 사이에 상호관련성의 인정 여부를 검토하고, 본소가 사실심에 계속 중이고 변론종결 전일 것이라는 요건과 관련하여 항소심 반소의 적법 여부가 또한 문제되므로 이를 검토하기로 한다.

Ⅱ 반소의 의의 및 인정 취지

반소란 소송계속 중 피고가 본소의 소송절차를 이용하여 원고에게 제기하는 소를 말한다(민소법 제269조). 반소는 본소피고가 제기하는 소송 중의 소로서 청구의 추가적 병합에 해당한다. 반소에서는 본소원고는 반소피고로, 본소피고는 반소원고가 된다. 반소를 통해 관련 분쟁을 병합해 심판하는 것이 별소에 의한 심판보다 소송경제 및 재판통일에 유익하기 때문에 인정된다.

Ⅲ 반소의 적법 여부

1. 반소의 요건

반소가 적법하기 위해서는 반소요건으로 본소와 동종의 소송절차에 의할 것, 본소와 공통의 관할이 있을 것, 본소가 사실심에 계속되고 변론종결 전일 것, 본소의 청구 또는 방어방법과 상호관련이 있을 것, 본소절차를 현저히 지연시키지 않을 것 등을 필요로 하고 더불어 일반소송요건을 구비하여야 한다.

2. 사안의 경우

반소요건으로 본소와 동종의 소송절차에 의할 것, 본소와 공통의 관할이 있을 것 등은 구비된 것으로 보인다. 다만, 본소의 청구 또는 방어방법과 상호관련이 있을 것, 본소절차를 현저히 지연시키지 않을 것이라는 요건과 관련해서는 별도의 검토를 필요로 한다.

Ⅳ 상호관련성 구비 여부

1. 본소의 청구 또는 방어방법과의 상호관련성 유무

민소법 제269조에서 규정하고 있는 반소는 본소의 청구 또는 방어방법과의 관련성을 요구하고 있는데 본소의 방어방법과 상호관련된 반소는 그 방어방법이 반소제기 시에 현실적으로 제출되고 적법하여야 한다. 사안의 경우 乙의 반소는 본소청구와 동일한 토지의 인도청구를 하는 것이므로 대상에서 공통되나 점유권에 대한 소에 본권으로는 항변을 할 수 없으므로 이러한 경우에도 본소와 반소가 상호관련성이 있는지 문제 된다.

2. 점유의 본소에 대한 본권에 기한 반소의 가부

(1) 학 설

민법 제208조 제2항이 점유의 소가 진행 중에는 본권을 방어방법으로 할 수 없다는 것만을 규정하고 본권에 기한 반소의 제기는 금지하고 있지 않으므로 반소제기가 허용된다는 긍정설과 점유권자가 점유소송에서의 승소판결로 집행할 때 본권자가 본권소송의 승소판결을 이유로 청구이의를 하면 점유권자는 점유의 회복을 할 수 없으므로 반소제기가 허용되지 않는다는 부정설이 대립하고 있다.

(2) 판 례

<u>판례는 점유권에 기한 본소에 대하여 본권자가 본소청구 인용에 대비하여 본권에 기한 예비적 반소를 제기하고 양 청구가 모두 이유 있는 경우, 법원은 점유권에 기한 본소와 본권에 기한 예비적 반소를 모두 인용해야 하고 점유권에 기한 본소를 본권에 관한 이유로 배척할 수 없다고 한다.</u>[87]

(3) 검 토

민법 제208조 제2항의 취지를 고려할 때 긍정설이 타당하고 본소청구와 반소청구가 모두 인용될 경우에는 집행단계에서 본권자를 우선하여 문제를 해결하면 될 것으로 보인다.

2. 사안의 경우

생각건대 본권에 기한 乙이 예비적 반소를 제기하게 되면 본권을 이유로 점유권에 기한 본소를 기각할 것이 아니고 이유 있는 경우에 이를 인용하는 것이 타당하므로 甲의 점유권에 기한 본소의 방어방법과 상호관련성이 인정된다고 판단된다.

V 항소심 반소의 적법 여부

1. 항소심 반소의 허용 여부

법률심인 상고심에서는 반소를 제기할 수 없지만 항소심에서는 반소를 제기할 수 있다(민소법 제412조).

2. 항소심 반소의 허용 요건

항소심 반소는 상대방의 동의를 받은 경우, 상대방이 이의를 제기하지 아니하고 반소의 본안에 관하여 변론을 한 경우와 상대방(원고)의 동의나 이의 없는 변론이 없더라도 원고의 심급의 이익을 해할 우려가 없는 경우에는 허용될 수 있다(민소법 제412조). 심급의 이익을 해할 우려가 없는 경우란 ① 중간확인의 반소, ② 본소와 청구원인을 같이 하는 반소, ③ 제1심에서 충분히 심리한 쟁점과 관련된 반소, ④ 항소심에서 추가된 예비적 반소 등을 의미한다.

3. 사안의 경우

생각건대 乙이 반소로써 소유권에 기하여 이 사건 토지의 인도를 청구하는 경우, 乙의 예비적 반소는 甲의 동의가 있는 경우에는 적법하게 되며, 동의가 없더라도 제1심에서 충분히 심리된 甲의 점유권에 기한 본소와 관련된 반소에 해당하여 甲의 심급의 이익을 해할 우려가 없다면 적법하다고 볼 수 있다.

---

87) 대판 2021. 3. 25. 2019다208441

Ⅵ 사안의 해결

반소요건으로 본소와 동종의 소송절차에 의할 것, 본소와 공통의 관할이 있을 것 등은 구비된 것으로 보인다. 본권에 기한 乙의 예비적 반소는 甲의 점유권에 기한 본소의 방어방법과 상호관련성이 인정된다고 판단되고 乙의 반소는 甲의 동의가 있는 경우에는 적법하게 되며, 동의가 없더라도 제1심에서 충분히 심리된 甲의 점유권에 기한 본소와 관련된 반소에 해당하여 甲의 심급의 이익을 해할 우려가 없다면 적법하다고 볼 수 있다.

Ⅶ 결 론

乙의 예비적 반소는 甲의 점유권에 기한 본소의 방어방법과 상호관련성이 인정되고, 甲의 동의가 있는 경우에는 적법하게 되며, 동의가 없더라도 제1심에서 충분히 심리된 甲의 점유권에 기한 본소와 관련된 반소에 해당하여 甲의 심급의 이익을 해할 우려가 없다면 적법하다고 판단된다.

제1편 제2편 제3편 제4편 제5편 제6편 제7편

02 다수당사자소송

제1관 | 공동소송의 개관

I　의 의

1. 개 념

공동소송이란 1개의 소송절차에 수인의 원고 또는 피고가 관여하는 소송형태를 말하여 소의 주관적 병합이라고도 한다.

2. 인정취지

이는 병합심리하여 당사자와 법원의 노력을 덜고 소송경제와 재판의 통일을 기하려는 것이다.

3. 구 별

통상공동소송은 공동소송인 사이에 합일확정이 필수적이 아닌 소송을 말한다. 고유필수적 공동소송은 소송공동이 법률상 강제되고 각 공동소송인 사이에 합일확정의 필요가 있는 소송을 말한다. 유사필수적 공동소송은 소송공동이 법률상 강제되지는 않으나 합일확정의 필요가 있는 공동소송을 말한다.

II　공동소송의 일반요건

공동소송의 주관적 요건으로 소송목적 사이의 공통성·관련성(민소법 제65조)과 객관적 요건으로 청구의 병합요건(민소법 제253조)이 필요하다. 민사소송법 제65조 전문의 공동소송을 실질적 공동소송이라고 하며 제65조 전문에만 관련재판적이 적용되고(민소법 제25조 제2항), 선정당사자를 선정할 수 있으며(민소법 제53조), 공동소송인 독립의 원칙의 수정이 논의된다.

제2관 | 통상의 공동소송

I 통상공동소송의 의의

통상공동소송은 공동소송인 사이에 합일확정이 필수적이 아닌 소송을 말한다. 즉, 공동소송인 사이에 승패가 일률적일 필요가 없는 소송을 말한다. 예를 들면 공유자, 연대채권자, 채무자, 수인의 불법행위 가해자·피해자, 주채무자와 보증인, 순차 경료된 소유권이전등기의 말소를 구하는 소송에서 등기명의자 상호 간 등이 통상공동소송인이 될 수 있다. 판례는 원인 없이 경료된 최초의 소유권이전등기와 이에 기하여 순차로 경료된 일련의 소유권이전등기의 각 말소를 구하는 소송은 필요적 공동소송이 아니므로 그 말소를 청구할 권리가 있는 사람은 각 등기의무자에 대하여 이를 각각 청구할 수 있는 것이어서 위 일련의 소유권이전등기 중 최후의 등기명의자만을 상대로 그 등기의 말소를 구하고 있다 하더라도 그 승소의 판결이 집행불능의 판결이 된다거나 종국적인 권리의 실현을 가져다 줄 수 없게 되어 소의 이익이 없는 것으로 된다고는 할 수 없다(대판 1987.10.13. 87다카1093)고 판시하고 있다.

II 공동소송인 독립의 원칙

1. 의 의

통상공동소송의 심판방법은 공동소송인 독립의 원칙에 의한다. 이는 통상공동소송에 있어서 각 공동소송인은 다른 공동소송인에 의한 제한·간섭을 받지 않고 각자가 독립하여 소송수행을 할 수 있는 원칙을 말한다.

2. 내 용

(1) 소송요건의 독립

소송요건의 존부는 개별적으로 조사하고 흠이 있는 공동소송인에 한하여 소를 각하한다.

(2) 소송자료의 독립

공동소송인 한 사람의 소송행위는 유·불리를 가리지 않고 다른 공동소송인에게 영향을 미치지 아니하며 각 공동소송인은 공격방어방법을 개별적으로 제출할 수 있다. 즉, 각 공동소송인은 각자 소의 취하, 청구의 포기·인낙, 자백, 답변서의 제출, 상소의 제기 등의 소송행위를 할 수 있다. 그 소송행위의 효력은 행위를 한 자에게만 효력이 미치고 다른 공동소송인에게는 영향이 없다. 판례도 공동피고 상호 간에 그 주장이 일치하지 아니하고 다른 입장을 취하고 있다하여 재판장이 당사자에게 그에 대한 석명을 하고 진상을 규명하여야 할 의무는 없다(대판 1982.11.23. 81다39)고 판시하고 있다.

(3) 소송진행의 독립

공동소송인 가운데 한 사람에 관한 사항은 다른 공동소송인에게 영향을 미치지 아니한다(민소법 제66조). 따라서 1인에 대한 중단사유는 1인에게만 효과가 있고, 기일해태 효과인 자백간주와 양쪽 불출석으로 인한 취하간주 등도 기일해태한 자에게만 효과가 미친다(대판 1981.12.8. 80다2963). 법원은 공동소송인 1인에 대해 변론을 분리할 수 있다.

(4) 재판의 독립

판결의 통일은 요구되지 아니한다. 법원은 전부판결을 하는 것이 원칙이나 공동소송인 1인에 대해 판결하기에 성숙한 경우에는 일부판결도 가능하다.

(5) 상소의 효력

통상공동소송의 상소에 대하여 보면, 전부판결에 전부상소한 경우에는 전부이심되며, 전부심판의 대상이된다. 전부판결에 일부상소한 경우에는 독립성의 원칙 때문에 상소불가분의 원칙이 적용되지 아니하여 일부이심되며, 불이익변경금지의 원칙이 적용되어 상소한 청구만 일부심판의 대상이 된다. 이때 항소하지 아니한청구에 대한 제1심판결은 판결정본의 송달 후 2주 경과시에 분리확정된다. 통상의 공동소송은 일부판결이허용되므로 일부판결한 경우 판결을 하지 아니한 부분은 재판의 누락으로 제1심에 계속 중이며, 추가판결로구제한다. 판결을 하지 아니한 부분에 대하여 항소하면 항소의 대상적격이 없어 부적법하므로 항소각하판결을 받게 된다. 공동소송인의 상소기간은 개별적으로 진행된다. 1인만 상소한 경우에 상소로 인한 확정차단의효력도 상소인과 그 상대방에 대해서만 생기고 다른 공동소송인에 대한 관계에는 미치지 아니한다. 따라서상소하지 않은 다른 공동소송인의 판결은 확정된다. 판례도 통상의 공동소송에 있어 공동당사자 일부만이상고를 제기한 때에는 피상고인은 상고인인 공동소송인 이외의 다른 공동소송인을 상대방으로 하거나 상대방으로 보태어 부대상고를 제기할 수는 없다(대판 1994.12.23. 94다40734)고 판시하고 있다.

Ⅲ 공동소송인 독립의 원칙의 수정

1. 수정의 원리

공동소송인 독립의 원칙을 관철하면 소송자료, 소송진행이 통일되지 않아 판결이 모순될 수 있는데 통상공동소송인이 권리의무가 공통된 경우, 권리의무가 같은 원인으로 생긴 경우 등 민사소송법 제65조 전문에 해당될 경우 판결의 모순은 부자연스럽기 때문에 주장공통 또는 증거공통을 인정해 독립의 원칙을 수정할지 문제된다.

2. 주장공통의 원칙

(1) 의 의

주장공통의 원칙은 1인의 통상공동소송인이 상대방 주장을 다투며 항변하는 등 유리한 주장을 하면 다른공동소송인의 원용이 없이도 그에게 효력이 미친다는 것이다.

(2) 학 설

공동소송인 1인의 주장이 다른 공동소송인에게도 이익이 될 경우 다른 공동소송인에 이와 저촉되는 행위를적극적으로 하지 않는 한 재판통일을 위해 동 원칙을 인정하는 긍정설과 통상공동소송에서는 공동소송인독립의 원칙과 변론주의 때문에 동 원칙의 적용을 부정하는 부정설이 대립하고 있다.

(3) 판 례

판례는 민사소송법 제66조의 명문의 규정과 우리 민사소송법이 취하고 있는 변론주의 소송구조 등에 비추어볼 때, 통상의 공동소송에 있어서 이른바 주장공통의 원칙은 적용되지 아니한다(대판 1994.5.10. 93다47196)고 한다.

(4) 검 토

주장공통의 원칙을 인정하면 별소로 제기되면 패소할 자가 공동소송인으로 제소되어 승소하는 문제가 있으므로 변론주의 소송구조를 취하고 있는 현행법의 해석상 주장공통의 원칙은 부정하는 것이 타당하다고 판단된다.

3. 증거공통의 원칙

(1) 의 의

증거공통의 원칙은 병합심리하는 이상 변론의 전체 취지 및 증거조사로 얻은 심증은 각 공동소송인에 대해 공통되므로 1인의 통상공동소송인이 제출한 유리한 증거는 다른 공동소송인의 원용이 없어도 그에게 사실인정의 자료로 할 수 있다는 원칙이다.

(2) 학 설

공동소송인 간에 이해가 상반될 경우나 공동소송인 1인이 자백한 경우를 제외하고는 재판통일을 위해 동 원칙을 인정하는 긍정설과 통상공동소송에서는 공동소송인 독립의 원칙과 변론주의 때문에 동 원칙의 적용을 부정하는 부정설이 대립하고 있다.

(3) 판 례

판례는 통상공동소송에서 입증 기타 행위가 행위자를 구속할 뿐 다른 당사자에게는 영향을 주지 않는 것이 원칙(대결 1959.2.19. 4291민항231)이라고 하여 증거공통의 원칙을 부정하는 태도를 취하고 있다.

(4) 검 토

통상공동소송은 법률상 합일확정이 요구되지 않아 재판의 통일을 염두에 두는 것은 타당하지 않으므로 변론주의 소송구조를 취하고 있는 현행법의 해석상 증거공통의 원칙은 부정하는 것이 타당하다고 판단된다.

제3관 | 필수적 공동소송

Ⅰ 의 의

필수적 공동소송이란 공동소송인 사이에 합일확정을 필수적으로 요하는 공동소송을 말한다.

Ⅱ 고유필수적 공동소송

1. 의 의

고유필수적 공동소송은 소송공동이 법률상 강제되고 각 공동소송인 사이에 합일확정의 필요가 있는 소송을 말한다. 실체법상 관리처분권이 공동으로 귀속하는지 여부로 판단하는 것이 학설의 일반적인 태도이다. 따라서 어음채무자의 합동책임(어음법 제47조)처럼 공동소송인 간에 법률적으로는 합일확정의 필요성이 없고 단지 이론상 합일확정이 요청되는 경우에는 민사소송법 제67조를 준용하자는 이론은 받아들이기 어렵다고 판단된다.

2. 인정 여부

(1) 형성권의 공동귀속

1) 재산관계소송

① **공유물분할청구의 소** : 판례는 공유물분할청구의 소는 분할을 청구하는 공유자가 원고가 되어 다른 공유자 전부를 공동피고로 하여야 하는 고유필수적 공동소송이고, 공동소송인과 상대방 사이에 판결의 합일확정을 필요로 하는 고유필수적 공동소송에 있어서는 공동소송인 중 일부가 제기한 상소는 다른 공동소송인에게도 그 효력이 미치는 것이므로 공동소송인 전원에 대한 관계에서 판결의 확정이 차단되고 그 소송은 전체로서 상소심에 이심되며, 상소심판결의 효력은 상소를 하지 아니한 공동소송인에게 미치므로 상소심으로서는 공동소송인 전원에 대하여 심리·판단하여야 한다(대판 2003.12.12. 2003다44615)고 판시하고 있으므로 예를 들면 공유물분할에 관한 소송계속 중 변론종결일 전에 공유자 중 1인인 甲의 공유지분의 일부가 乙 및 丙 주식회사 등에게 이전된 경우, 변론종결 시까지 민사소송법 제81조에서 정한 승계참가나 민사소송법 제82조에서 정한 소송인수 등의 방식으로 일부 지분권을 이전받은 자가 소송의 당사자가 되었어야 함에도 그렇지 못하였다면 위 소송 전부가 부적법하게 된다(대판 2014.1.29. 2013다78556; 대판 2022.6.30. 2020다210686). 한편 최근 판례는 특허권의 공유관계에 민법상 공유물분할청구에 관한 규정이 적용될 수 있음을 판시(대판 2014.8.20. 2013다41578)하고 있다.

② **경계확정의 소** : 판례는 토지의 경계는 토지소유권의 범위와 한계를 정하는 중요한 사항으로서, 그 경계와 관련되는 인접 토지의 소유자 전원 사이에서 합일적으로 확정될 필요가 있으므로, 인접하는 토지의 한편 또는 양편이 여러 사람의 공유에 속하는 경우에, 그 경계의 확정을 구하는 소송은, 관련된 공유자 전원이 공동하여서만 제소하고 상대방도 관련된 공유자 전원이 공동으로서만 제소될 것을 요건으로 하는 고유필요적 공동소송이라고 해석함이 상당하다(대판 2001.6.26. 2000다24207)고 한다.

③ **매매예약완결을 원인으로 한 가등기에 기한 본등기청구소송(판례)**

㉠ 수인의 채권자가 채권 담보를 위해 채무자와 채무자 소유 부동산에 관하여 자신들을 공동매수인으로 하는 1개의 매매예약을 체결하고 공동명의로 가등기를 마친 경우, 매매예약완결의 귀속형태 : [1] 수인의 채권자가 각기 채권을 담보하기 위하여 채무자와 채무자 소유의 부동산에 관하여 수인의 채권자를 공동매수인으로 하는 1개의 매매예약을 체결하고 그에 따라 수인의 채권자 공동명의로 그 부동산에 가등기를 마친 경우, 수인의 채권자가 공동으로 매매예약완결권을 가지는 관계인지 아니면 채권자 각자의 지분별로 별개의 독립적인 매매예약완결권을 가지는 관계인지는 매매예약의 내용에 따라야 하고, 매매예약에서 그러한 내용을 명시적으로 정하지 않은 경우에는 수인의 채권자가 공동으로 매매예약을 체결하게 된 동기 및 경위, 매매예약에 의하여 달성하려는 담보의 목적, 담보 관련 권리를 공동행사하려는 의사의 유무, 채권자별 구체적인 지분권의 표시 여부 및 지분권 비율과 피담보채권 비율의 일치 여부, 가등기담보권 설정의 관행 등을 종합적으로 고려하여 판단하여야 한다.

[2] 甲이 乙에게 돈을 대여하면서 담보 목적으로 乙소유의 부동산 지분에 관하여 乙의 다른 채권자들과 공동명의로 매매예약을 체결하고 각자의 채권액 비율에 따라 지분을 특정하여 가등기를 마친 사안에서, 채권자가 각자의 지분별로 별개의 독립적인 매매예약완결권을 갖는 것으로 보아, 甲이 단독으로 담보목적물 중 자신의 지분에 관하여 매매예약완결권을 행사할 수 있고, 이에 따라 단독으로 자신의 지분에 관하여 가등기에 기한 본등기절차의 이행을 구할 수 있다고 본 원심판단을 정당하다고 한 사례

[3] 공동명의로 담보가등기를 마친 수인의 채권자가 각자의 지분별로 별개의 독립적인 매매예약완결권을 가지는 경우, 채권자 중 1인은 단독으로 자신의 지분에 관하여 가등기담보 등에 관한 법률이 정한 청산절차를 이행한 후 소유권이전의 본등기절차 이행청구를 할 수 있다(대판 2012.2.16. 2010다82530[전합]).

ⓛ 복수의 권리자가 소유권이전청구권 보존을 위한 가등기를 마친 경우, 일부 권리자가 단독으로 자기 지분에 관한 본등기를 청구할 수 있는지 여부 : 공유자가 다른 공유자의 동의 없이 공유물을 처분할 수는 없으나 그 지분은 단독으로 처분할 수 있으므로, 복수의 권리자가 소유권이전청구권을 보존하기 위하여 가등기를 마쳐 둔 경우 특별한 사정이 없는 한 그 권리자 중 한 사람은 자신의 지분에 관하여 단독으로 그 가등기에 기한 본등기를 청구할 수 있고, 이는 명의신탁해지에 따라 발생한 소유권이전청구권을 보존하기 위하여 복수의 권리자 명의로 가등기를 마쳐 둔 경우에도 마찬가지이며, 이때 그 가등기 원인을 매매예약으로 하였다는 이유만으로 가등기 권리자 전원이 동시에 본등기절차의 이행을 청구하여야 한다고 볼 수 없다(대판 2002.7.9. 2001다43939).

2) 가사소송

가사소송에서 형성권을 공동행사하는 제3자 제기의 혼인무효·취소의 소, 제3자 제기의 친자관계부존재확인의 소, 부(父)를 정하는 소는 모두 고유필수적 공동소송이다.

3) 회사관계소송

회사관계소송에서도 판례는 청산인 해임의 소는 법률관계의 당사자인 회사와 청산인을 공동피고로 해야 하는 고유필수적 공동소송이다(대판 1976.2.11. 75마533).

(2) 합유관계소송

1) 능동소송

합유물의 처분·변경에는 합유자 전원의 동의가 필요하고(민법 제272조), 합유물의 지분의 처분에도 전원의 동의가 필요한 점에 비추어(민법 제273조), 소송수행권도 전원에게 공동귀속된다. 즉, 조합원의 물품대금청구소송, 매수를 원인으로 한 이전등기청구소송, 예금반환청구소송 등의 조합재산에 관한 소송은 원칙적으로 고유필수적 공동소송이다. 여러 사람의 파산관재인도 관리처분권이 공동귀속되어 있으므로 동일한 법리가 적용된다. 다만, 보존행위에 관한 소송은 통상공동소송이다(민법 제272조 단서). 판례는 합유재산의 보존행위는 합유재산의 멸실·훼손을 방지하고 그 현상을 유지하기 위하여 하는 사실적·법률적 행위로서 이러한 합유재산의 보존행위를 각 합유자 단독으로 할 수 있도록 한 취지는 그 보존행위가 긴급을 요하는 경우가 많고 다른 합유자에게도 이익이 되는 것이 보통이기 때문이다. 민법상 조합인 공동수급체가 경쟁입찰에 참가하였다가 다른 경쟁업체가 낙찰자로 선정된 경우, 그 공동수급체의 구성원 중 1인이 그 낙찰자 선정이 무효임을 주장하며 무효확인의 소를 제기하는 것은 그 공동수급체가 경쟁입찰과 관련하여 갖는 법적 지위 내지 법률상 보호받는 이익이 침해될 우려가 있어 그 현상을 유지하기 위하여 하는 소송행위이므로 이는 합유재산의 보존행위에 해당한다(대판 2013.11.28. 2011다80449)고 판시하고 있다.

2) 수동소송

조합의 채권자가 조합원에 대하여 조합재산에 의한 공동책임을 묻는 것이 아니라 각 조합원의 개인적 책임에 기하여 당해 채권을 행사하는 경우에는 조합원 각자를 상대로 하여 그 이행의 소를 제기할 수 있다(대판 1991.11.22. 91다30705). 그러나 ① 조합원에게 조합재산에 관해 공동책임을 묻는 청구, ② 합유로 소유권이전등기가 경료된 부동산에 대한 명의신탁해지를 원인으로 한 이전등기청구(대판 1983.10.25. 83다카850), ③ 조합원들을

상대로 조합재산에 관해 매매를 원인으로 한 이전등기청구는 합유물에 관한 소송으로서 조합원 전부를 공동
피고로 해야 하는 고유필수적 공동소송이다(대판 2010.4.29. 2008다50691).

(3) 총유관계소송

총유재산에 관한 소송은 사단이름으로도 가능하지만 구성원 이름으로도 가능한데 구성원이 할 경우 능동소
송, 수동소송을 불문하고 고유필수적 공동소송에 해당한다. 판례는 총유재산의 보존행위에 관한 소송에 대해
민법 제276조 제1항은 총유물의 관리 및 처분은 사원총회의 결의에 의한다. 같은 조 제2항은 각 사원은 정관
기타의 규약에 좇아 총유물을 사용·수익할 수 있다라고 규정하고 있을 뿐 공유나 합유의 경우처럼 보존행위
는 그 구성원 각자가 할 수 있다는 민법 제265조 단서 또는 제272조 단서와 같은 규정을 두고 있지 아니한바,
이는 법인 아닌 사단의 소유형태인 총유가 공유나 합유에 비하여 단체성이 강하고 구성원 개인들의 총유재산
에 대한 지분권이 인정되지 아니하는 데에서 나온 당연한 귀결이라고 할 것이므로 총유재산에 관한 소송은
법인 아닌 사단이 그 명의로 사원총회의 결의를 거쳐 하거나 또는 그 구성원 전원이 당사자가 되어 필수적
공동소송의 형태로 할 수 있을 뿐 그 사단의 구성원은 설령 그가 사단의 대표자라거나 사원총회의 결의를
거쳤다 하더라도 그 소송의 당사자가 될 수 없고, 이러한 법리는 총유재산의 보존행위로서 소를 제기하는
경우에도 마찬가지라고 판시(대판 2005.9.15. 2004다44971[전합])하고 있다.

(4) 공유관계소송

1) 의 의

판례는 공유자는 각자 그 지분을 처분할 수 있고(민법 제263조), 보존행위는 각자 할 수 있다는 규정(민법 제265조
단서)을 근거로 공유관계소송을 원칙적으로 통상의 공동소송으로 보고 있다.

2) 능동소송

① **통상공동소송으로 판시한 사례** : 능동소송은 원칙적으로 통상공동소송에 해당한다. 판례에 의하면 공동
상속재산은 상속인들의 공유이고, 또 부동산의 공유자인 한 사람은 그 공유물에 대한 보존행위로서 그
공유물에 관한 원인무효의 등기 전부의 말소를 구할 수 있다(대판 1996.2.9. 94다61649).[88] 또한 공동상속재산의
지분에 관한 지분권존재확인을 구하는 소송은 필수적 공동소송이 아니라 통상의 공동소송이고(대판
2010.2.25. 2008다96963), 부동산의 공유자 중 한 사람은 공유물에 대한 보존행위로서 그 공유물에 관한 원인무
효의 등기 전부의 말소를 구할 수 있고, 진정명의회복을 원인으로 한 소유권이전등기청구권과 무효등기
의 말소청구권은 어느 것이나 진정한 소유자의 등기명의를 회복하기 위한 것으로서 실질적으로 그 목적이
동일하고 두 청구권 모두 소유권에 기한 방해배제청구권으로서 그 법적 근거와 성질이 동일하므로, 공유
자 중 한 사람은 공유물에 경료된 원인무효의 등기에 관하여 각 공유자에게 해당 지분별로 진정명의회복
을 원인으로 한 소유권이전등기를 이행할 것을 단독으로 청구할 수 있다(대판 2005.9.29. 2003다40651)고 한다.

---

88) 그러나 지분권이 아닌 공유관계 자체에 의하여 말소청구를 하는 경우에는 고유필수적 공동소송이 됨을 유의하여야
한다.

② 필수적 공동소송으로 판시한 사례

　㉠ 공유물 전체에 대한 소유관계 확인 : 공유자의 지분은 다른 공유자의 지분에 의하여 일정한 비율로 제한을 받는 것을 제외하고는 독립한 소유권과 같은 것으로 공유자는 그 지분을 부인하는 제3자에 대하여 각자 그 지분권을 주장하여 지분의 확인을 소구하여야 하는 것이고, 공유자 일부가 제3자를 상대로 다른 공유자의 지분의 확인을 구하는 것은 타인의 권리관계의 확인을 구하는 소에 해당한다고 보아야 할 것이므로 그 타인 간의 권리관계가 자기의 권리관계에 영향을 미치는 경우에 한하여 확인의 이익이 있다고 할 것이며, 공유물 전체에 대한 소유관계 확인도 이를 다투는 제3자를 상대로 공유자 전원이 하여야 하는 것이지 공유자 일부만이 그 관계를 대외적으로 주장할 수 있는 것이 아니므로, 아무런 특별한 사정이 없이 다른 공유자의 지분의 확인을 구하는 것은 확인의 이익이 없다(대판 1994.11.11. 94다35008).

　㉡ 공동상속인의 다른 공동상속인을 상대로 한 상속재산 확인 : 공동상속인이 다른 공동상속인을 상대로 어떤 재산이 상속재산임의 확인을 구하는 소는 이른바 고유필수적 공동소송이라고 할 것이고, 고유필수적 공동소송에서는 원고들 일부의 소취하 또는 피고들 일부에 대한 소취하는 특별한 사정이 없는 한 그 효력이 생기지 않는다(대판 2007.8.24. 2006다40980).

　㉢ 목적물 전체에 대한 권리취득의 등기절차청구 : 수인이 공동으로 부동산을 매수하여 그 목적물 전체에 대한 권리취득의 등기절차를 청구하는 소는 매수자 전원이 공동으로 청구하여야 한다(대판 1960.7.7. 4292 민상462). 그러나 공유자 각자가 그 취득하였던 지분만에 대하여 지분의 취득등기를 청구하는 경우에는 타 공유자와 관계없이 각자 단독으로 청구할 수 있을 것이다.

3) 수동소송

① 통상공동소송으로 판시한 사례 : 수동소송도 원칙적으로 통상공동소송에 해당한다. 판례의 태도를 살펴본다.

　㉠ 공작물의 철거청구 : 타인 소유의 토지 위에 설치되어 있는 공작물을 철거할 의무가 있는 수인을 상대로 그 공작물의 철거를 청구하는 소송은 필요적 공동소송이 아니다(대판 1993.2.23. 92다49218).

　㉡ 건물의 철거청구 : 건물의 공동상속인 전원을 피고로 하여서만 건물의 철거청구를 할 수 있는 것은 아니고 공동상속인 중의 한 사람만을 상대로 그 상속분의 한도에서만 건물의 철거를 청구할 수 있다(대판 1968.7.31. 68다1102).

　㉢ 소유권이전등기절차의 이행청구 : 토지를 수인이 공유하는 경우에 공유자들의 소유권이 지분의 형식으로 공존하는 것뿐이고, 그 처분권이 공동에 속하는 것은 아니므로 공유토지의 일부에 대하여 취득시효완성을 원인으로 공유자들을 상대로 그 시효취득 부분에 대한 소유권이전등기절차의 이행을 청구하는 소송은 필요적 공동소송이라고 할 수 없다(대판 1994.12.27. 93다32880).

　㉣ 점유물의 인도청구 : 공동점유물의 인도를 청구하는 경우 상반된 판결이 나는 때에는 사실상 인도청구의 목적을 달성할 수 없을 때가 있을 수 있으나 그와 같은 사실상 필요가 있다는 것만으로 그것을 필요적 공동소송이라고는 할 수 없는 것이다(대판 1966.3.15. 65다2455).

　㉤ 소유권확인청구 : 본건 부동산의 공유자인 공동상속인들을 상대로 한 소유권보존등기말소 및 소유권 확인청구소송은 권리관계가 합일적으로 확정되어야 할 필요적 공동소송이 아니다(대판 1972.6.27. 72다555).

② 필수적 공동소송으로 판시한 사례 : 판례에 의하면 공유물분할청구와 경계확정의 소는 고유필수적 공동소송으로 이해하고 있다.

4) 관련 판례연구

① 공유물의 소수지분권자가 다른 공유자와 협의 없이 공유물의 전부 또는 일부를 독점적으로 점유·사용하고 있는 경우, 다른 소수지분권자가 공유물의 보존행위로서 공유물의 인도를 청구할 수 있는지 여부

㉠ 다수의견

㉮ 공유물의 소수지분권자인 피고가 다른 공유자와 협의하지 않고 공유물의 전부 또는 일부를 독점적으로 점유하는 경우 다른 소수지분권자인 원고가 피고를 상대로 공유물의 인도를 청구할 수는 없다고 보아야 한다. 상세한 이유는 다음과 같다.

ⓐ 공유자 중 1인인 피고가 공유물을 독점적으로 점유하고 있어 다른 공유자인 원고가 피고를 상대로 공유물의 인도를 청구하는 경우, 그러한 행위는 공유물을 점유하는 피고의 이해와 충돌한다. 애초에 보존행위를 공유자 중 1인이 단독으로 할 수 있도록 한 것은 보존행위가 다른 공유자에게도 이익이 되기 때문이라는 점을 고려하면, 이러한 행위는 민법 제265조 단서에서 정한 보존행위라고 보기 어렵다.

ⓑ 피고가 다른 공유자를 배제하고 단독 소유자인 것처럼 공유물을 독점하는 것은 위법하지만, 피고는 적어도 자신의 지분 범위에서는 공유물 전부를 점유하여 사용·수익할 권한이 있으므로 피고의 점유는 지분비율을 초과하는 한도에서만 위법하다고 보아야 한다. 따라서 피고가 공유물을 독점적으로 점유하는 위법한 상태를 시정한다는 명목으로 원고의 인도청구를 허용한다면, 피고의 점유를 전면적으로 배제함으로써 피고가 적법하게 보유하는 '지분비율에 따른 사용·수익권'까지 근거 없이 박탈하는 부당한 결과를 가져온다.

ⓒ 원고의 피고에 대한 물건 인도청구가 인정되려면 먼저 원고에게 인도를 청구할 수 있는 권원이 인정되어야 한다. 원고에게 그러한 권원이 없다면 피고의 점유가 위법하더라도 원고의 청구를 받아들일 수 없다. 그런데 원고 역시 피고와 마찬가지로 소수지분권자에 지나지 않으므로 원고가 공유자인 피고를 전면적으로 배제하고 자신만이 단독으로 공유물을 점유하도록 인도해 달라고 청구할 권원은 없다.

ⓓ 공유물에 대한 인도 판결과 그에 따른 집행의 결과는 원고가 공유물을 단독으로 점유하며 사용·수익할 수 있는 상태가 되어 '일부 소수지분권자가 다른 공유자를 배제하고 공유물을 독점적으로 점유'하는 인도 전의 위법한 상태와 다르지 않다.

ⓔ 원고는 공유물을 독점적으로 점유하면서 원고의 공유지분권을 침해하고 있는 피고를 상대로 지분권에 기한 방해배제청구권을 행사함으로써 피고가 자의적으로 공유물을 독점하고 있는 위법 상태를 충분히 시정할 수 있다. 따라서 피고의 독점적 점유를 시정하기 위해 종래와 같이 피고로부터 공유물에 대한 점유를 빼앗아 원고에게 인도하는 방법, 즉 피고의 점유를 원고의 점유로 대체하는 방법을 사용하지 않더라도, 원고는 피고의 위법한 독점적 점유와 방해 상태를 제거하고 공유물이 본래의 취지에 맞게 공유자 전원의 공동 사용·수익에 제공되도록 할 수 있다.

㉯ 이와 같이 공유물의 소수지분권자가 다른 공유자와 협의 없이 공유물의 전부 또는 일부를 독점적으로 점유·사용하고 있는 경우 다른 소수지분권자는 공유물의 보존행위로서 그 인도를 청구할 수는 없고, 다만 자신의 지분권에 기초하여 공유물에 대한 방해 상태를 제거하거나 공동 점유를 방해하는 행위의 금지 등을 청구할 수 있다고 보아야 한다.

ⓛ 반대의견 : 공유관계에서 소수지분권자인 피고가 자의적으로 공유물을 독점적으로 점유하는 위법 상 태를 초래하여 그와 같은 위법 상태가 유지되고 있는 경우 이를 적법한 상태로 회복하기 위하여 다른 소수지분권자인 원고는 보존행위로서 공유물의 인도를 청구할 수 있다고 보아야 한다. 구체적인 이유 는 다음과 같다.

㉮ 소수지분권자에 불과한 피고는 다른 공유자들과의 관계에서 공유물의 전부나 일부를 독점할 권리 가 없으므로, 피고의 독점적 점유는 전체가 위법하다고 보아야 한다. 점유의 사실적, 불가분적 성질을 고려할 때 피고의 점유가 그의 지분 범위에서는 적법하고 이를 초과하는 한도에서만 위법 하다고 나누어 볼 수 없다. 공유자들 사이에 아무런 합의나 결정이 없어서 피고가 보유하는 '지분비 율에 의한 사용·수익권'이 어떠한 내용의 것인지 구체적으로 특정되지 않았다면 피고가 내세우는 사용·수익권이란 단지 관념적인 것에 불과하므로, 피고에게 공유물 전부의 인도를 명하더라도 피고의 권리를 침해한다고 볼 수 없다.

㉯ 공유물을 공유자 한 명이 독점적으로 점유하는 경우 이러한 위법 상태를 시정하여 공유물의 현상 을 공유자 전원이 사용·수익할 수 있는 상태로 환원시킬 목적으로 방해를 제거하거나 공유물을 회수하는 것은 공유물의 보존을 위한 행위에 해당한다. 일반적인 상황에서는 원고가 자신의 소수 지분만을 근거로 하여 공유물 전부를 자신에게 인도해 달라고 청구할 수 없겠지만, 민법 제265조 단서에 따른 공유물의 보존행위에 해당하는 경우에는 원고가 자신의 지분에 한정되지 않고 공유물 전부의 인도를 청구할 수 있다고 보는 것이 타당하다.

㉰ 원고는 자신만을 위해서가 아니라 전체 공유자를 위한 보존행위로서 공유물을 인도받게 되므로 원고가 취득하게 되는 점유는 모든 공유자들을 위한 것으로 보아야 하고, 이러한 점유가 공유물을 위법하게 독점하던 피고의 종전 점유와 같은 것이라고 할 수 없다. 원고의 인도청구를 허용하는 것은 원고 단독으로 점유를 취득하도록 하기 위한 것이 아니라 피고의 위법한 독점적 점유를 배제 하기 위한 것이고, 인도집행의 과정에서 공유자인 피고가 배제되는 것은 위법 상태를 해소하기 위한 일시적인 현상에 불과하다. 따라서 원고의 인도청구를 보존행위로서 허용한다고 하여 그 자 체로 피고의 지분에 따른 사용·수익권을 박탈한다고 할 수 없다.

㉱ 원고의 인도청구를 허용한 결과 종전 점유자인 피고가 일시적으로 점유에서 배제되는 현상이 나타 나기는 하지만 이는 피고의 독점적 점유를 해제하고 위법 상태를 시정하기 위한 조치로 인한 반사 적 결과이므로 불가피하다고 볼 수 있다. 보존권을 행사한 원고는 인도집행을 마친 다음에는 선량 한 보관자의 지위에서 공유물을 공유자들이 공동으로 이용할 수 있도록 제공하여야 하며, 보존행 위 과정에서 일시적으로 배제되었던 피고도 이때는 다른 공유자들과 함께 공유물을 공동으로 사용 ·수익할 수 있다. 따라서 민법 제265조 단서에 따른 보존행위를 실현하기 위한 차선책으로서 공유자 중 1인인 원고가 일단 피고의 점유를 해제한 뒤 이를 공유자들의 공동 이용에 제공하도록 하는 것은 부득이하다.

ⓒ 검토 : 생각건대 공유물의 소수지분권자가 다른 공유자와 협의 없이 공유물의 전부 또는 일부를 독점 적으로 점유·사용하고 있는 경우, 피고가 적법하게 보유하는 지분비율에 따른 사용·수익권을 보호 할 필요가 있고 원고는 피고를 상대로 지분권에 기한 방해배제청구권을 행사함으로써 피고가 공유물 을 독점하고 있는 위법 상태를 충분히 시정할 수 있으므로 다른 소수지분권자는 공유물의 보존행위로 서 인도를 청구할 수는 없다고 보는 것이 타당하다고 판단된다. 다만 원고는 자신의 지분권에 기초하 여 공유물에 대한 방해 상태를 제거하거나 공동 점유를 방해하는 행위의 금지 등을 청구할 수 있다고 보아야 한다.

② **공동매수** : 판례는 공유관계로서의 단순한 공동매수인이라면 매도인 등은 매수인 양인에게 1/2씩의 지분에 대한 소유권 이전 의무가 있다(대판 1979.8.31. 79다13)고 하여 통상공동소송으로 이해하고 있으나 동업약정에 따라 동업자 공동으로 토지를 매수하였다면 그 토지는 동업자들을 조합원으로 하는 동 업체에서 토지를 매수한 것이므로 그 동업자들은 토지에 대한 소유권이전등기청구권을 준합유하는 관계에 있고, 합유재산에 관한 소는 이른바 고유필요적 공동소송이라 할 것이므로 그 매매계약에 기하여 소유권이전등기의 이행을 구하는 소를 제기하려면 동업자들이 공동으로 하지 않으면 안 된다(대판 1994.10.25. 93다54064)고 한다.

③ **공동예금** : [1] 은행에 공동명의로 예금을 하고 은행에 대하여 그 권리를 함께 행사하기로 한 경우에 그 공동명의 예금채권자들은 은행을 상대로 하여서는 공동으로 이행의 청구나 변제의 수령을 함이 원칙이라고 할 것이나, 그렇다고 하여 공동명의 예금채권자들의 은행에 대한 예금반환청구소송이 항상 필요적 공동소송으로서 그 예금채권자 전원이 당사자가 되어야만 한다고 할 수는 없을 것이다. 만일 동업자들이 동업자금을 공동명의로 예금한 경우라면 채권의 준합유관계에 있어 합유의 성질상 은행에 대한 예금반환청구가 필요적 공동소송에 해당한다고 볼 것이나, 공동명의 예금채권자들 중 1인이 전부를 출연하거나 또는 각자가 분담하여 출연한 돈을 동업 이외의 특정목적을 위하여 공동명의로 예치해 둠으로써 그 목적이 달성되기 전에는 공동명의 예금채권자가 자신의 예금에 대하여도 혼자서는 인출할 수 없도록 방지, 감시하고자 하는 목적으로 공동명의로 예금을 개설한 경우에는 그 예금에 관한 관리처분권까지 공동명의 예금채권자 전원에게 공동으로 귀속된다고 볼 수 없을 것이므로, 이러한 경우에는 은행에 대한 예금반환청구가 민사소송법상의 필요적 공동소송에 해당한다고 할 수 없다.

[2] [1]의 뒤의 경우가 소송법상으로는 필요적 공동소송에 해당하지 아니한다고 하더라도 공동명의 예금채권자는 그 예금을 개설할 때에는 은행과의 사이에 예금채권자들이 공동하여 예금반환청구를 하기로 한 약정에는 당연히 구속되는 것이므로, 그 예금채권자 중 1인이 은행을 상대로 자신의 예금의 반환을 청구함에 있어서는 다른 공동명의 예금채권자와 공동으로 그 반환을 청구하는 절차를 밟아야만 은행으로부터 예금을 반환받을 수 있음은 물론인바, 이 경우 만일 다른 공동명의 예금채권자가 그 공동반환청구절차에 협력하지 않을 때에는, 예금주는 먼저 그 사람을 상대로 제소하여 예금주 단독으로 하는 반환청구에 관하여 승낙의 의사표시를 하라는 등 공동반환절차에 협력하라는 취지의 판결을 얻은 다음 이 판결을 은행에 제시함으로써 예금을 반환받을 수 있고, 이와 같은 방식에 의하여 약정에 의한 공동반환청구의 요건이 충족되었음에도 불구하고 은행이 정당한 이유 없이 예금의 반환을 거절하는 경우에는 그 예금주가 은행을 상대로 단독으로 예금의 반환을 소구할 수밖에 없을 것이고, 미리 청구할 필요가 있을 때에는 다른 공동명의 예금채권자와 은행을 공동피고로 하여 위와 같은 취지의 제소를 할 수도 있다(대판 1994.4.26. 93다31825).

3. 심판방법

고유필수적 공동소송의 경우에는 공동소송인 간에 상호연합관계에 있으며 합일확정판결만 허용된다. 따라서 소송자료의 통일, 소송진행의 통일, 본안재판의 통일이 요청된다. 다만, 소송행위를 언제나 공동으로 해야 하는 것은 아니고 각 공동소송인은 개별적으로 소송행위를 할 수 있고, 소송대리인을 선임할 수 있다.

(1) 소송요건의 통일

1) 소송요건의 조사

소송요건은 각 공동소송인별로 개별적으로 조사하여야 하며 고유필수적 공동소송인 한 사람에게 소송요건의 흠결이 있는 경우에는 법원은 전 소송을 당사자적격의 흠결로 부적법각하하여야 하지만 유사필수적 공동소송은 당해 공동소송인에 대하여만 일부각하하면 된다.

2) 당사자적격의 누락 및 흠결의 보정

① 제소 전 사망한 당사자의 보정 : 판례는 고유필수적 공동소송인 공유물분할청구의 소의 경우 분할을 청구하는 공유자가 원고가 되어 다른 공유자 전부를 공동피고로 하여야 하는 필수적 공동소송으로서 공유자 전원에 대하여 판결이 합일적으로 확정되어야 하므로, 공동소송인 중 1인에 소송요건의 흠이 있으면 전 소송이 부적법하게 된다(대판 2012.6.14. 2010다105310)고 하고 있어, 당사자확정의 기준으로 판례(대결 2006.7.4. 2005마425)가 지지하는 실질적 표시설에 따라 당사자표시정정에 의하여 보정할 수 있을 것이다.

② 처음부터 누락된 당사자의 보정 : 당사자적격의 흠결이 있는 경우 부적법각하해야 하나 소송요건은 변론 종결 시까지 구비하면 되므로 누락당사자의 보정을 인정할 여지가 있다. 누락된 당사자는 ⊙ 누락된 당사자를 대상으로 별소를 제기하고 변론을 병합하거나, ⊙ 필수적 공동소송인의 추가(민소법 제68조)에 의하거나, ⊙ 공동소송참가(민소법 제83조)를 통하여 보정할 수 있을 것이다.

③ 소송계속 중 누락된 당사자의 보정 : 판례가 공유물분할에 관한 소송계속 중 변론종결일 전에 공유자 중 1인인 甲의 공유지분의 일부가 乙 및 丙 주식회사 등에게 이전된 사안에서, 변론종결 시까지 민사소송법 제81조에서 정한 승계참가나 민사소송법 제82조에서 정한 소송인수 등의 방식으로 일부 지분권을 이전받은 자가 소송의 당사자가 되었어야 함에도 그렇지 못하였기 때문에 위 소송 전부가 부적법하다(대판 2014.1.29. 2013다78556)고 하고 있으므로 소송승계의 방법에 의하여 보정을 할 수 있을 것이다.

(2) 소송자료의 통일

1) 의 의

공동소송인 중 한 사람의 소송행위는 전원의 이익을 위하여만 효력이 있고 불리한 것은 전원이 함께 하지 않으면 효력이 없다(민소법 제67조 제1항). 그러나 한 사람에 대한 소송행위는 유·불리를 불문하고 전원에 대하여 그 효력이 있다(민소법 제67조 제2항).

2) 공동소송인 중 한 사람의 소송행위가 다른 공동소송인에게 유리한 경우

공동소송인 중 한 사람이 기일에 출석하면 전원이 출석한 것으로 되고 한 사람이라도 기간을 준수하면 기간부준수의 효과(실권효)가 발생하지 않고 한 사람이라도 답변서를 제출하면 무변론판결을 받지 않고, 한 사람이라도 상대방의 주장사실을 다투면 전원이 다툰 것이 되고 한 사람이라도 응소하면 전원이 응소한 것이 되어 상대방 원고가 소취하 시 전원의 동의를 얻어야 한다.

3) 공동소송인 중 한 사람의 소송행위가 다른 공동소송인에게 불리한 경우

한 사람의 청구포기·인낙, 화해, 재판상 자백, 소취하는 전원이 하여야 한다(대판 2007.8.24. 2006다40980).

(3) 소송진행의 통일

변론·증거조사·판결은 같은 기일에 합계 하여야 하므로 변론의 분리·일부판결을 할 수 없고 공동소송인 중 한 사람에 대하여 중단의 원인이 생기면 다른 공동소송인 전원에 대하여 중단의 효과가 발생하여 전 소송 절차의 진행이 정지된다(민소법 제67조 제3항).

(4) 본안재판의 통일

필수적 공동소송의 경우 상호 연합관계로 합일확정의 판결만이 허용된다. 따라서 일부판결은 허용되지 않고 모두에 대하여 판결하여야 한다.

(5) 상소심에서의 소송진행의 통일

1) 상소기간

상소기간은 각 공동소송인별로 진행하나 전원에 대하여 상소기간이 만료되기까지는 판결은 확정되지 아니 한다.

2) 전부상소

전부판결에 대해 전부상소한 경우에는 전부이심되며 전부심판의 대상이 된다.

3) 일부상소

① 이심범위 : 공동소송인 중 일부의 상소제기는 전원의 이익에 해당된다고 할 것이어서 다른 공동소송인에 대하여도 그 효력이 미칠 것이며, 사건은 필요적 공동소송인 전원에 대하여 확정이 차단되고 상소심에 이심된다고 할 것이다(대판 1991.12.27. 91다23486). 최근 판례도 공유물분할청구의 소는 분할을 청구하는 공유자가 원고가 되어 다른 공유자 전부를 공동피고로 하여야 하는 고유필수적 공동소송이고, 공동소송인과 상대방 사이에 판결의 합일확정을 필요로 하는 고유필수적 공동소송에서는 공동소송인 중 일부가 제기한 상소는 다른 공동소송인에게도 효력이 미치므로 공동소송인 전원에 대한 관계에서 판결의 확정이 차단되고 소송은 전체로서 상소심에 이심된다. 따라서 공유물분할 판결은 공유자 전원에 대하여 상소기간이 만료되기 전에는 확정되지 않고, 일부 공유자에 대하여 상소기간이 만료되었다고 하더라도 그 공유자에 대한 판결 부분이 분리·확정되는 것은 아니(대판 2017.9.21. 2017다233931)라고 판시하고 있다.

② 상소하지 않은 당사자의 지위 : 상소하지 않은 당사자의 지위에 대해 ㉠ 상소인설, ㉡ 선정자설, ㉢ 단순한 상소심당사자설 등이 대립하고 있으나 상소하지 않은 사람을 상소인이라고 볼 수 없고, 선정행위를 하지 않은 사람을 선정자로 볼 수 없다는 점에서 통설·판례의 태도인 단순한 상소심당사자설이 타당하다고 판단된다. 따라서 상소하지 않은 당사자는 당사자표시에 있어 단순히 원고 또는 피고라고만 표시하고 패소해도 상소비용을 부담하지 않고 상소취하권도 없으며 상소인지도 붙이지 않고 상소심의 심판범위를 특정할 수 없다.

③ 심판의 범위 : 민사소송법 제67조 제1항의 합일확정의 필요 때문에 불이익변경금지원칙의 적용이 없게 되어 공동소송인 전부가 항소심의 심판대상이 된다. 그 결과 상소심에서 패소하고도 상소하지 않은 당사자에게 유리하게 판결이 변경될 수도 있다.

Ⅲ 유사필수적 공동소송

1. 의 의

유사필수적 공동소송은 소송공동이 법률상 강제되지는 않으나 합일확정의 필요가 있는 공동소송을 말한다. 이는 소송법상 판결의 효력이 미치는 자들끼리의 공동소송으로 소송법상의 이유에 의한 필수적 공동소송이라고 할 수 있다.

2. 인정 여부

(1) 확정판결의 기판력·형성력의 확장

① 여러 사람이 제기하는 회사설립무효·취소의 소(상법 제184조), ② 회사합병무효의 소(상법 제236조), ③ 주주총회결의 취소·무효89)·부존재확인의 소, ④ 여러 주주에 의한 회사대표소송(상법 제403조), ⑤ 여러 사람이 제기하는 혼인무효·취소의 소(가사소송법 제23조 등), ⑥ 복수의 채권자에 의한 채권자대위소송 등은 판결의 효력이 제3자에게 확장되기 때문에 유사필수적 공동소송이 인정되는 경우이다.

(2) 반사효의 확장

판결의 반사적 효력이 제3자에게 확장되는 경우에도 유사필수적 공동소송을 인정할 것이라는 견해가 있으나 반사적 효력은 판결의 부수적 효력에 불과하고 반사적 효력에 대한 명문의 규정이 없다는 점에서 이 경우에는 통상공동소송이라고 보는 것이 타당하다.

3. 심판방법

유사필수적 공동소송도 필수적 공동소송규정(민소법 제67조)의 적용을 받는다.

(1) 소송요건의 개별적 심사

소송요건을 결한 공동소송인이 있는 경우 고유필수적 공동소송과는 달리 그 공동소송인의 부분만 일부각하하면 된다.

(2) 소송자료의 통일

1) 문제점

민사소송법 제67조 제1항의 반대해석상 공동소송인 1인이 한 불리한 소송행위는 공동소송인 전원은 물론 그것을 한 자에게도 효력이 발생하지 아니한다. 다만, 소송공동이 강제되는 고유필수적 공동소송과는 달리 유사필수적 공동소송에서는 소의 일부취하도 허용된다. 문제는 공동소송인 일부가 취하간주되는 경우에도 다른 공동소송인에게 영향이 없이 공동소송인 일부만 취하간주되는지 여부이다.

---

89) 최근 대법원도 임시주주총회결의무효확인의 소에 대해 유사필수적 공동소송의 법리를 적용하여 다음과 같이 판시한 바 있다. '이 사건 소는 주주총회결의의 부존재 또는 무효확인을 구하는 소로서, 상법 제380조에 의해 준용되는 상법 제190조 본문에 따라 청구를 인용하는 판결은 제3자에 대하여도 효력이 있다. 이러한 소를 여러 사람이 공동으로 제기한 경우 당사자 1인이 받은 승소 판결의 효력이 다른 공동소송인에게 미치므로 공동소송인 사이에 소송법상 합일 확정의 필요성이 인정되고, 상법상 회사관계소송에 관한 전속관할이나 병합심리 규정(상법 제186조, 제188조)도 당사자 간 합일확정을 전제로 하는 점 및 당사자의 의사와 소송경제 등을 함께 고려하면, 이는 민사소송법 제67조가 적용되는 필수적 공동소송에 해당한다'(대판 2021.7.22. 2020다284977[전합]).

2) 일부취하간주 가부

유사필수적 공동소송에 있어서는 일부취하가 허용됨에 비추어 취하간주규정(민소법 제268조)이 적용된다는 견해도 있으나 쌍방불출석에 의한 소취하는 기일 불출석의 효과가 발생하는 것을 전제로 하는 것인데 유사필수적 공동소송에서 일부가 결석해도 출석한 효과가 생기기 때문에(민소법 제67조 제1항), 취하간주의 효력은 발생하지는 아니한다고 보는 것이 타당하다고 판단된다.

(3) 소송진행의 통일, 본안재판의 통일, 상소심에서의 소송진행의 통일

고유필수적 공동소송의 법리가 그대로 적용된다.

제4관 | 예비적·선택적 공동소송

Ⅰ 의의

1. 개념

예비적·선택적 공동소송이란 공동소송인 가운데 일부의 청구와 다른 공동소송인의 청구가 법률상 양립할 수 없거나 공동소송인 가운데 일부에 대한 청구와 다른 공동소송인에 대한 청구가 법률상 양립할 수 없는 경우에 하나의 소송절차에서 동시에 심판을 구하는 공동소송을 말한다.

2. 인정취지

종래 판례는 예비적 피고의 지위가 불안정해지고 재판의 통일을 보장할 수 없어 예비적 공동소송을 부정하였으나 개정 민사소송법은 예비적·선택적 공동소송을 인정하고 있다(민소법 제70조). 개정법은 예비적 피고의 지위불안에 대하여는 민사소송법 제70조 제2항을 규정하고, 재판의 불통일의 우려는 제67조를 준용함으로써 입법적으로 해결하였다.

Ⅱ 소송의 유형

1. 수동형과 능동형

(1) 수동형

수동형은 피고 측이 수동적으로 공동소송인이 되는 경우, 즉 원고가 수인의 상대방을 예비적·선택적으로 피고로 삼는 경우를 말한다. 이는 민사소송법 제70조 제1항 후단의 공동소송인 가운데 일부에 대한 청구가 다른 공동소송인에 대한 청구와 양립할 수 없는 경우에 해당한다.

(2) 능동형

능동형은 원고 측이 능동적으로 공동소송인이 되는 경우, 즉 수인의 당사자가 예비적·선택적으로 원고가 되는 경우를 말한다. 이는 민사소송법 제70조 제1항 전단의 공동소송인 가운데 일부의 청구가 다른 공동소송인의 청구와 법률상 양립할 수 없는 경우에 해당한다.

2. 예비형과 선택형

공동소송인을 상대로 양립할 수 없는 청구를 하면서 각 공동소송인 사이에 심판의 순서를 붙여 청구하는 예비적 공동소송과 순서를 붙이지 않고 어느 한 사람에 대한 청구가 택일적으로 인용될 것을 해제조건으로 하여 다른 사람에 대한 심판을 구하는 선택적 공동소송이 있다.

3. 원시형과 후발형

(1) 전형적인 형태

예비적·선택적 공동소송은 소제기 시부터 공동소송으로 제기하는 <u>원시형</u>과 처음에는 단일소송이었다가 후에 다른 당사자를 예비적이나 선택적으로 추가하는 <u>후발형</u>이 있다. <u>후발형의 경우</u> 항소심에서도 상대방이 동의하면 예비적 공동소송인으로 추가하는 것이 가능하다는 견해가 있으나 <u>민사소송법 제70조 제1항에서 제68조를 준용하므로 제1심 변론종결 시까지 추가가 허용된다고</u> 보는 것이 타당하다. 판례에 의하면 원고가 어느 한 사람을 피고로 지정하여 소를 제기하였다가 다른 사람이 주위적 또는 예비적 피고의 지위에 있다고 주장하면서 그에 대한 청구를 아울러 하는 경우에, 그것이 주위적 또는 예비적 피고를 추가하는 취지라면 법원은 모든 공동소송인에 관한 청구에 대하여 판결을 하여야 한다(대판 2008.4.10. 2007다86860).

(2) 새로운 형태

1) 사실관계

원고는 소장에서 피고 경기도의료원을 상대로 수원병원이 응급구조사 등의 탑승 없이 망인을 이송한 이 사건 구급차의 운용자라고 주장하며 응급의료법 제48조 위반의 불법행위에 기한 손해배상청구(이하 '주위적 청구')만을 하였다가, 2013.2.12.자 준비서면을 통하여 수원병원이 이 사건 구급차의 운용자가 아니라고 하더라도 수원병원 의료진에게는 응급구조사의 탑승 여부 등을 확인하지 아니한 채 이 사건 구급차로 망인을 이송시킨 잘못이 있다고 주장하며 예비적으로 응급의료법 제11조 제2항 위반의 불법행위에 기한 손해배상청구(이하 '예비적 청구')를 추가하였다. 이어 원고는 수원병원이 이 사건 구급차의 운용자가 아니라면 피고 구급센터가 이 사건 구급차의 운용자에 해당한다고 주장하며 피고 경기도의료원에 대한 주위적 청구가 받아들여지지 아니할 경우 피고 구급센터에 대한 응급의료법 제48조 위반의 불법행위에 기한 손해배상청구를 받아들여 달라는 취지로 피고 구급센터에 대한 청구를 결합하기 위하여 예비적 피고 추가 신청을 하였고, 제1심은 2013.6.26. 피고 구급센터를 이 사건의 예비적 피고로 추가하는 것을 허가하는 결정을 하였다. 이러한 원고의 청구 내용을 앞서 본 법리에 따라 살펴보면, 피고 경기도의료원에 대한 각 청구는 실질적으로 선택적 병합 관계에 있는 것을 주위적·예비적으로 순위를 붙여 청구한 경우에 해당[부진정예비적 병합(註)]하고, 피고 경기도의료원에 대한 주위적 청구와 피고 구급센터에 대한 청구는 서로 법률상 양립할 수 없는 관계에 있으며, 한편 피고 경기도의료원에 대한 예비적 청구와 피고 구급센터에 대한 청구는 서로 법률상 양립할 수 있는 관계에 있으므로, 제1심이 피고 구급센터를 예비적 피고로 추가한 것은 적법하고, 피고 경기도의료원에 대한 주위적 청구가 받아들여지지 아니할 경우 피고 경기도의료원에 대한 예비적 청구와 피고 구급센터에 대한 청구를 병합하여 통상의 공동소송으로 보아 심리·판단할 수 있다고 한 사례이다.

2) 판결요지

민사소송법 제70조 제1항 본문이 규정하는 '공동소송인 가운데 일부에 대한 청구'를 반드시 '공동소송인 가운데 일부에 대한 모든 청구'라고 해석할 근거는 없으므로, 주위적 피고에 대한 주위적·예비적 청구 중 주위적 청구 부분이 받아들여지지 아니할 경우 그와 법률상 양립할 수 없는 관계에 있는 예비적 피고에 대한 청구를 받아들여 달라는 취지로 주위적 피고에 대한 주위적·예비적 청구와 예비적 피고에 대한 청구를 결합하여 소를 제기하는 것도 가능하고, 처음에는 주위적 피고에 대한 주위적·예비적 청구만을 하였다가 청구 중 주위적 청구 부분이 받아들여지지 아니할 경우 그와 법률상 양립할 수 없는 관계에 있는 예비적 피고에 대한 청구를 받아들여 달라는 취지로 예비적 피고에 대한 청구를 결합하기 위하여 예비적 피고를 추가하는 것도 민사소송법 제70조 제1항 본문에 의하여 준용되는 민사소송법 제68조 제1항에 의하여 가능하다. 이 경우 주위적 피고에 대한 예비적 청구와 예비적 피고에 대한 청구가 서로 법률상 양립할 수 있는 관계에 있으면 양 청구를 병합하여 통상의 공동소송으로 보아 심리·판단할 수 있다. 그리고 이러한 법리는 원고가 주위적 피고에 대하여 실질적으로 선택적 병합 관계에 있는 두 청구를 주위적·예비적으로 순위를 붙여 청구한 경우에도 그대로 적용된다(대판 2015.6.11. 2014다232913).

Ⅲ 요건

예비적·선택적 공동소송은 공동소송의 요건을 갖추어야 하고 공동소송인 가운데 일부의 청구가 다른 공동소송인의 청구와 법률상 양립할 수 없거나 공동소송인 가운데 일부에 대한 청구가 다른 공동소송인에 대한 청구와 법률상 양립할 수 없는 경우이어야 한다(민소법 제70조).

1. 법률상 양립 불가능

(1) 의 의

판례는 민사소송법 제70조 제1항에 있어서 '법률상 양립할 수 없다'는 것은, 동일한 사실관계에 대한 법률적인 평가를 달리하여 두 청구 중 어느 한쪽에 대한 법률효과가 인정되면 다른 쪽에 대한 법률효과가 부정됨으로써 두 청구가 모두 인용될 수는 없는 관계에 있는 경우나, 당사자들 사이의 사실관계 여하에 의하여 또는 청구원인을 구성하는 택일적 사실인정에 의하여 어느 일방의 법률효과를 긍정하거나 부정하고 이로써 다른 일방의 법률효과를 부정하거나 긍정하는 반대의 결과가 되는 경우로서, 두 청구들 사이에서 한쪽 청구에 대한 판단 이유가 다른 쪽 청구에 대한 판단 이유에 영향을 주어 각 청구에 대한 판단 과정이 필연적으로 상호 결합되어 있는 관계를 의미하며, 실체법적으로 서로 양립할 수 없는 경우뿐 아니라 소송법상으로 서로 양립할 수 없는 경우를 포함하는 것으로 보고 있다(대결 2007.6.26. 2007마515). 한편 사실상 양립 불가능, 즉 A와 B 중 누가 계약 상대방인지 또는 누가 불법행위를 했는지 불분명한 경우 등에도 예비적·선택적 공동소송이 가능하다는 견해가 있으나 이를 인정할 경우 투망식 소송이 될 수 있으므로 법률상 양립 불가능의 경우에만 인정하는 것이 타당하다.

(2) 법률상 양립 불가능을 인정한 사례

1) 법률적 평가를 달리하는 경우

① **입주자대표회의와 구분소유자들이 사업주체를 상대로 주관적·예비적 병합으로 손해배상청구** : [1] 집합건물의 소유와 관리에 관한 법률(이하 '집합건물법')에 의하여 하자담보추급권으로 인정되는 손해배상청구권은 특별한 사정이 없는 한 구분소유자에게 귀속되는 것으로 입주자대표회의에는 권리가 없고, 구 주택건설촉진법 및 구 공동주택관리령(이하 일괄하여 '주택법령')에 의하여 입주자대표회의가 가지는 권리는 사업주체에 대하여 하자보수의 이행을 청구할 수 있는 권리일 뿐이고 그에 갈음한 손해배상을 청구할 권리는 인정되지 않는다. 또한 입주자대표회의가 주택법령에 근거하여 건설공제조합에 대하여 가지는 보증금청구권은 사업주체의 하자보수의무를 주채무로 한 보증채무의 성격을 가지는 것일 뿐 집합건물법에 의한 구분소유자들의 손해배상청구권과는 무관한 것이다. 다시 말해 집합건물법에 의한 구분소유자들의 손해배상청구권과 주택법령에 의한 입주자대표회의의 하자보수이행청구권 및 보증금지급청구권은 인정 근거와 권리관계의 당사자 및 책임내용 등이 서로 다른 별개의 책임이다. 또한 입주자대표회의에 대한 건설공제조합의 보증금지급채무는 사업주체의 하자보수이행의무에 대한 보증채무일 뿐이고 입주자대표회의에 대한 사업주체의 손해배상채무가 주채무인 것은 아니므로, 입주자대표회의가 사업주체에 대하여 주장하는 손해배상청구권과 건설공제조합에 대하여 주장하는 보증금지급청구권 사이에도 법률상의 직접적인 연계관계는 없다.

[2] 甲 아파트의 입주자대표회의와 구분소유자들이, 구 주택건설촉진법과 구 공동주택관리령 등 또는 집합건물의 소유 및 관리에 관한 법률에 근거하여 사업주체인 乙 주식회사에 대한 손해배상청구를 주관적·예비적 병합의 형태로 병합하여 청구하고, 이와 별도로 입주자대표회의가 건설공제조합을 상대로 하자보수보증계약에 기한 보증책임으로서 보증금 지급을 청구하였는데, 원심이 입주자대표회의의 乙 회사에 대한 청구는 기각하고 예비적 청구인 구분소유자들의 청구는 일부 인용하면서 입주자대표회의의 건설공제조합에 대한 보증금 지급청구도 일부 인용한 경우, 원심이 입주자대표회의의 건설공제조합에 대한 청구와 구분소유자들의 乙 회사에 대한 청구를 병렬적으로 인용한 것을 잘못이라 할 수 없고, 다만 원심이 인정한 위 각 책임은 그 대상인 하자가 일부 겹치는 것이고 그렇게 겹치는 범위 내에서는 결과적으로 동일한 하자의 보수를 위하여 존재하는 것이므로, 향후 원고들이 그중 어느 한 권리를 행사하여 하자보수에 갈음한 보수비용 상당이 지급되면 그 금원이 지급된 하자와 관련된 한도 내에서 다른 권리도 소멸하는 관계에 있지만, 이는 의무이행단계에서의 조정에 관한 문제일 뿐 의무의 존부를 선언하는 판결단계에서 상호 배척관계로 볼 것은 아니므로, 원심이 위 각 청구를 함께 인용한 것은 중복지급을 명한 것이라고 할 수 없다(대판 2012.9.13. 2009다23160).

② **원고가 어느 한 사람을 피고로 지정하여 소를 제기하였다가 다른 사람이 주위적 또는 예비적 피고의 지위에 있다고 주장하면서 그에 대한 청구를 아울러 하는 경우** : [1] 공동소송인 가운데 일부에 대한 청구가 다른 공동소송인에 대한 청구와 법률상 양립할 수 없는 경우에는 필수적 공동소송에 관한 민사소송법 제67조 내지 제69조의 규정이 준용되는 결과(민사소송법 제70조 제1항), 주위적·예비적 공동소송인 가운데 일부가 누락된 경우에는 제1심의 변론을 종결할 때까지 원고의 신청에 따라 결정으로 피고를 추가하도록 허가할 수 있고(같은 법 제68조 제1항 본문), 그 허가결정을 한 때에는 그 허가결정의 정본을 당사자

모두에게 송달하여야 하고, 추가될 당사자에게는 소장부본도 송달하여야 하며(같은 조 제2항), 추가된 당사자에 대한 관계에서는 처음의 소가 제기된 때에 소가 제기된 것으로 간주된다(같은 조 제3항). 한편, 위와 같은 주위적·예비적 공동소송에 있어서는 모든 공동소송인에 관한 청구에 대하여 판결을 하여야 한다(같은 법 제70조 제2항). 따라서 원고가 어느 한 사람을 피고로 지정하여 소를 제기하였다가 다른 사람이 주위적 또는 예비적 피고의 지위에 있다고 주장하면서 그에 대한 청구를 아울러 하는 경우에, 그것이 주위적 또는 예비적 피고를 추가하는 취지라면 법원은 위에서 적시한 바와 같은 조치를 취하여야 할 것이다.

[2] 원고는 당초에 피고를 "주식회사 국민은행 리스크관리본부장 피고 1"로 특정하고, 피고와의 고용계약서상의 퇴직금 조항 등이 무효라는 확인과 퇴직금의 지급을 구하는 내용의 소장을 제출하였고 제1심은 위 준비서면의 주장에 대하여 아무런 조치도 취하지 아니한 채, 피고를 '피고 1'이라고만 표시하고 원고의 청구 중 고용계약서상의 퇴직금 조항의 무효확인청구는 확인의 이익이 없다는 이유로 이를 각하하고, 나머지 청구를 기각하는 판결을 선고하였다. 이에 원고는 '국민은행 리스크관리본부장 피고 1'과 '국민은행' 모두를 피고로 표시한 항소장을 제출한 사실, 원심에서 피고 1은 법무법인 푸른을 소송대리인으로 선임하여 답변서를 제출하는 등 변론하였으나, 피고 국민은행은 아무런 소송행위도 하지 아니한 사실, 원심판결은 '국민은행 리스크관리본부장 피고 1'과 '국민은행' 모두를 피고로 표시한 다음, 그 판결이유에서 퇴직금 조항의 무효확인청구에 대하여는 제1심과 같은 취지로 판단하고, 퇴직금청구에 대하여는 피고들에 대한 청구가 모두 이유 없다고 판단하면서도 판결 주문에서는 단순히 '원고의 항소를 기각한다'라고만 기재한 사실 등을 인정할 수 있다. 원고의 이 사건 청구는 하나의 고용계약이 기한 청구로서 피고들에 대한 청구가 양립할 수 없는 경우에 해당한다고 할 것이므로 제1심으로서는 원고의 2007. 3. 13.자 준비서면에서의 주장이 국민은행을 예비적 피고로 추가하는 취지인지 여부를 밝혀서 그에 따른 조치를 취하고 국민은행에 대한 청구에 대하여도 판단하였어야 할 것인바, 그에 이르지 아니한 제1심판결은 위법하다고 할 것이다. 그럼에도 불구하고, 원심은 단순히 원고의 항소를 기각함으로써 피고 국민은행에 대하여는 아무런 판단도 하지 아니한 결과가 되고 말았으니, 원심판결에는 예비적 공동소송에 관한 법리 또는 공동소송인의 추가에 관한 법리를 오해하여 판결에 영향을 미친 위법이 있다고 할 것이다. 이 점에 관한 상고이유의 주장은 이유 있다. 그러므로 나머지 상고이유에 대한 판단을 생략하고, 원심판결을 파기하고, 사건을 다시 심리·판단하도록 원심법원에 환송하기로 한다(대판 2008. 4. 10. 2007다86860).

③ 공탁이 무효임을 전제로 한 주위적 청구와 공탁이 유효임을 전제로 한 예비적 청구 : 공탁이 무효임을 전제로 한 피고 甲에 대한 주위적 청구와 공탁이 유효임을 전제로 한 피고 乙 및 제1심 공동피고들에 대한 예비적 청구가 공탁의 효력 유무에 따라 두 청구가 모두 인용될 수 없는 관계에 있거나 한쪽 청구에 대한 판단 이유가 다른 쪽 청구에 대한 판단 이유에 영향을 주어 각 청구에 대한 판단 과정이 필연적으로 상호 결합되어 있는 주관적·예비적 공동소송의 관계에서 모든 당사자들 사이에 결론의 합일확정을 기할 필요가 인정되므로, 피고 乙만이 제1심판결에 대하여 적법한 항소를 제기하였다고 하더라도 피고 甲에 대한 주위적 청구 부분과 제1심 공동피고들에 대한 예비적 청구 부분도 함께 확정이 차단되고 원심에 이심되어 심판대상이 되었다고 보아야 한다(대판 2011. 2. 24. 2009다43355).

④ **통정허위표시 또는 반사회질서의 법률행위에 해당함을 주장하는 주위적 청구와 이행불능을 이유로 한 예비적 청구** : 이 사건 주위적 청구는 피고 등이 원고 등에게 이 사건 부동산에 관한 소유권이전등기의무를 부담하고 있음에도 피고 선정자 2에게 그 소유권을 이전한 것은 통정허위표시 또는 반사회질서의 법률행위에 해당한다고 주장하면서 원고 등이 피고 등을 대위하여 피고 선정자 2 명의로 경료된 위 소유권이전등기와 이에 기하여 경료된 근저당권설정등기의 말소를 구하는 것이고, 이 사건 예비적 청구는 주위적 청구의 통정허위표시와 반사회질서의 법률행위에 관한 주장이 배척된다면 피고 등의 원고 등에 대한 위 소유권이전등기의무는 이행불능의 상태에 빠진 것이라고 주장하면서 피고 등에 대하여 그 이행불능에 따른 전보배상을 구하는 것임을 알 수 있다. 이러한 각 청구의 원인을 앞서 본 법리에 비추어 보면, <u>주위적 청구의 통정허위표시 또는 반사회질서의 법률행위 주장에 대한 판단 이유가 예비적 청구의 이행불능 주장에 대한 판단 이유에 영향을 줌으로써 위 각 청구에 대한 판단 과정이 필연적으로 상호 결합되어 있는 관계에 있어 위 두 청구는 법률상 양립할 수 없고, 또한 주위적 청구는 전체적으로 예비적 청구와 그 상대방을 달리하고 있어, 이 사건 소송은 민사소송법 제70조 제1항 소정의 예비적 공동소송에 해당한다</u>(대판 2008.3.27. 2005다49430).

⑤ **명의신탁약정의 유효함을 전제로 한 주위적 청구와 명의신탁약정이 무효로 인정될 경우의 예비적 청구** : 원고는 본소청구로서 피고에 대하여 주위적으로 명의신탁약정이 유효함을 전제로 이 사건 토지에 관하여 명의신탁 해지를 원인으로 하는 소유권이전등기절차의 이행을 구하고, 만약 명의신탁약정이 무효로 인정되어 주위적 청구가 인용되지 아니할 경우에는 예비적으로 피고에 대하여 제1심피고 2에게 이 사건 소유권이전등기의 말소등기절차를 이행할 것을 구하고, 동시에 제1심피고 2에 대하여 이 사건 토지에 관하여 매매를 원인으로 하는 소유권이전등기절차의 이행을 구하고 있다. 예비적 공동소송에 관한 법리에 비추어 보면 원고의 본소청구는 피고에 대한 주위적 청구(소유권이전등기) 및 같은 피고에 대한 예비적 청구(제1심피고 2에게 소유권이전등기의 말소) 중 주위적 청구 부분이 인용되지 아니할 경우 제1심피고 2에 대한 청구(소유권이전등기)를 인용하여 달라는 취지로 제기된 것으로, 피고에 대한 주위적 청구와 제1심피고 2에 대한 예비적 청구는 주관적·예비적 공동소송관계에 있다고 할 것이다(대판 2014.3.27. 2009다104960).

2) 택일적 사실인정 – 차량미인도로 인한 자동차회사에 대한 주위적 청구와 카드회사가 자동차회사에 차량대금을 지급하지 않은 것을 전제로 한 카드회사에 대한 예비적 청구

피고들에 대한 위자료청구를 제외한 나머지 이 사건 주위적 청구는 피고 삼성카드 주식회사(이하 '피고 삼성카드')가 피고 대우자동차판매 주식회사(이하 '피고 대우자동차판매')에게 차량대금을 지급하였음을 전제로 피고 대우자동차판매에 대하여 차량미인도로 인한 채무불이행책임 또는 사용자책임을 묻는 것이고, 이 사건 예비적 청구는 피고 삼성카드가 피고 대우자동차판매에게 차량대금을 지급하지 않았음을 전제로, 피고 삼성카드에 대하여 할부금 지급채무가 없음의 확인과 아울러 이미 납입한 할부금의 반환을 구하는 것임을 알 수 있는바, 이러한 각 청구의 원인을 앞서 본 법리에 비추어 살펴보면, <u>주위적 청구에 대한 판단이유가 예비적 청구에 대한 판단이유에 영향을 줌으로써 위 각 청구에 대한 판단과정이 필연적으로 상호 결합되어 있는 관계에 있어 위 두 청구는 법률상 양립할 수 없고, 또한 주위적 청구는 예비적 청구와 그 상대방을 달리하고 있어, 피고들에 대한 위자료청구를 제외한 나머지 이 사건 소송은 민사소송법 제70조 제1항 소정의 예비적 공동소송에 해당한다고 할 것이다</u>(위자료청구 부분은 피고들에 대하여 연대하여 지급을 구하고 있으므로 통상공동소송으로 봄이 상당하다)(대판 2008.7.10. 2006다57872).

3) 소송법상 양립 불가능 – 동대표를 피고로 한 주위적 청구와 입주자대표회의를 피고로 한 예비적 청구

재항고인들은 인천 서구 마전동 소재 A아파트 112동의 입주자 및 사용자들로서, 상대방을 피고로 삼아, "상대방이 아파트 입주자대표회의 구성원 중 112동 동대표 지위에 있지 아니함을 확인한다"는 내용의 '동대표지위부존재확인'의 소를 제1심법원에 제기하였다가 그 소송이 제1심법원에 계속되어 있던 중에, 아파트 입주자대표회의를 피고로 추가하는 주관적·예비적 피고의 추가 신청을 하였음을 알 수 있다. 앞서 본 법리에 비추어 보면, 이 사건 동대표 지위의 부존재 확인을 구하는 소송에서 입주자대표회의와 상대방 중 누가 피고적격을 가지는지에 따라 어느 일방에 대한 청구는 부적법하고 다른 일방에 대한 청구는 적법하게 될 수 있으므로 이들 각 청구는 법률상 양립할 수 없는 경우에 해당하여 앞에서 본 주관적·예비적 공동소송의 한 태양에 속하고, 따라서 민사소송법 제70조 제1항에 의하여 준용되는 같은 법 제68조의 규정에 따라 그 주관적·예비적 피고의 추가가 허용되는 것으로 보아야 할 것이다(대결 2007.6.26. 2007마515).

(3) 법률상 양립 가능을 인정한 사례

부진정연대채무관계는 서로 별개의 원인으로 발생한 독립된 채무라 하더라도 동일한 경제적 목적을 가지고 있고 서로 중첩되는 부분에 관하여 일방의 채무가 변제 등으로 소멸할 경우 타방의 채무도 소멸하는 관계에 있으면 성립할 수 있고, 반드시 양 채무의 발생원인, 채무의 액수 등이 서로 동일할 것을 요한다고 할 수는 없다. 그리고 부진정연대채무의 관계에 있는 채무자들을 공동피고로 하여 이행의 소가 제기된 경우 그 공동피고에 대한 각 청구가 서로 법률상 양립할 수 없는 것이 아니므로 그 소송을 민사소송법 제70조 제1항 소정의 예비적·선택적 공동소송이라고 할 수 없다(대판 2009.3.26. 2006다47677).

2. 공동소송의 일반요건

예비적·선택적 공동소송도 공동소송의 일종이므로 공동소송의 주관적 요건과 객관적 요건을 갖추어야 한다(민소법 제65조, 제253조).

Ⅳ 심판방법

1. 소송요건의 심사

예비적·선택적 공동소송의 허용요건은 직권조사사항이다. 다만 판례는 부진정연대채무와 같이 주위적 피고에 대한 청구와 예비적 피고에 대한 청구가 서로 법률상 양립할 수 있는 관계에 있으면 이를 부적법각하할 것이 아니라 양 청구를 병합하여 통상공동소송으로 보정하도록 한 다음 심리·판단할 것이라고 판시하고 있다(대판 2008.12.11. 2005다51495).

2. 소송자료의 통일

(1) 원 칙

예비적 공동소송에는 민사소송법 제70조 제1항 본문에서 제67조를 준용하여 필수적 공동소송의 심판절차에 의한다고 규정하고 있으므로 공동소송인 한 사람의 소송행위는 전원의 이익을 위해서만 효력이 있고(민소법 제67조 제1항, 제70조 제1항), 한 사람에 대한 소송행위는 유·불리를 불문하고 전원에 대하여 그 효력이 있다(민소법 제67조 제2항, 제70조 제1항).

(2) 예 외

1) 일방자백의 인정 여부

① 문제점 : 자백은 청구인낙과 달리 공동소송인 각자가 할 수 있다는 규정은 없으므로 공동소송인 1인의 자백이 다른 공동소송인에게 어떠한 효력을 미치는지 문제 된다.

② 학설 : 청구인낙이 허용된다는 민사소송법 제70조 제1항 단서의 취지를 고려할 때 일방의 자백은 그 자에게는 유효하다는 유효설, 명문의 규정이 없는 한 민사소송법 제70조 제1항 본문에 따라 소송자료의 통일 원칙이 적용되어야 하므로 일방의 자백은 무효라는 무효설, 자백은 다른 당사자에게 유리한 소송상태를 형성할 수 있으므로 원칙적으로 허용하되 자백이 다른 공동소송인에게 불리한 경우에는 전원이 함께 하지 않으면 효력이 없다고 하는 절충설이 대립하고 있다.

③ 검토 : 생각건대 민사소송법 제70조 제1항 단서에서 청구의 포기·인낙, 화해, 소취하만 개별적으로 할 수 있도록 규정하고 있고, 자백의 경우에는 이와 같은 규정이 없으므로 민사소송법 제67조 제1항이 준용된다고 할 것이며 예비적 공동소송의 경우 공동소송인 1인의 자백이 다른 공동소송인에게 이익 또는 불이익이 될 수도 있으므로 절충설이 타당하다고 판단된다.

2) 예비적 공동소송에서의 청구인낙

① 예비적 피고의 청구인낙

    ㉠ 문제점 : 예비적 피고가 청구인낙한 경우에 그 효과가 발생하는지, 주위적 피고에 대한 청구에 대해 계속 심리하여 판단할 필요가 있는지 여부에 대해서 견해의 대립이 있다.

    ㉡ 학설 : 민사소송법 제70조 제1항의 규정이 불허하고 있지 않으므로 예비적 피고의 인낙도 허용된다고 하는 인낙허용설[90]과 객관적·예비적 병합에서 예비적 청구에 대하여 인낙할 수 없는 것처럼 예비적 피고의 인낙은 효력이 없다는 인낙불허설이 대립하고 있다.

    ㉢ 검토 : 민사소송법 제70조 제1항 단서에서 예비적 공동소송에서 청구인낙을 허용하고 있고 달리 예비적 피고의 인낙을 부정하고 있지 않으므로 인낙허용설이 타당하다고 판단된다. 따라서 법원은 예비적 피고가 인낙한 경우에는 주위적 피고에 대한 심리를 계속하여 주위적 피고에 대한 청구가 기각되는 경우는 물론 주위적 피고에 대한 청구가 인용될 수 있으면 인용하여야 한다.

② 주위적 피고의 청구인낙 : 예비적 공동소송에서 주위적 피고의 청구인낙은 민사소송법 제70조 제1항 단서에 의하여 허용된다. 따라서 주위적 피고가 인낙한 경우 법원은 민사소송법 제70조 제2항에 의하여 예비적 피고에 대하여 심리를 계속할 필요 없이 예비적 피고에 대하여 청구기각판결을 하여야 한다.

3) 예비적 공동소송에서의 재판상의 화해

① 주위적 피고와의 화해 : 원고가 주위적 피고와 화해를 하면 원고와 주위적 피고와의 소송관계는 종료된다. 이때 예비적 피고에 대한 청구에 대하여는 심리를 계속할 필요 없이 청구기각판결을 하여야 한다.

② 예비적 피고와의 화해 : 원고가 예비적 피고와 화해를 하면 원고와 예비적 피고와의 소송관계는 종료된다. 이때 주위적 피고에 대하여 바로 청구기각을 하여야 하는지 문제되나 예비적 피고의 청구인낙의 경우와 같이 주위적 피고에 대하여 심리를 계속하여 주위적 피고에 대한 청구가 이유 없으면 청구기각, 이유 있으면 청구인용판결을 하여야 한다.

---

90) 인낙허용설에는 예비적 피고의 인낙을 유효로 볼 경우 주위적 피고에 대한 청구에 대해 인용할 수 있다는 견해와 주위적 피고에 대한 청구는 반드시 기각해야 한다는 견해가 있다.

4) 예비적 공동소송에서의 조정

① **문제점** : 당사자 간에 조정이 합의되지 않는 경우 법원은 조정에 갈음하는 결정을 할 수 있고(민사조정법 제30조), 일정 기간 내에 당사자가 이의를 제기하지 않는 경우 그러한 결정은 재판상의 화해와 동일한 효력을 갖게 된다. 문제는 법원이 원고와 주위적·예비적 피고 모두에 대하여 한 조정에 갈음하는 결정에 대하여 예비적 피고만이 이의신청을 하였고 주위적 피고는 이의신청을 하지 않은 경우에 예비적 피고에 대한 청구만 다시 심판하고 주위적 청구는 분리확정되는지 여부이다.

② **학설** : 예비적 공동소송에서 조정에 갈음하는 결정에 대하여 일부 공동소송인이 이의하지 아니한 경우, 그 공동소송인에 대한 관계에서는 원칙적으로 동 결정이 확정된다는 판례의 취지를 지지하는 견해와 조정에 갈음하는 결정이나 화해권고결정은 청구의 포기·인낙, 화해와 달리 재판작용의 일종이므로 민사소송법 제70조 제1항 단서가 적용되지 않고 제70조 제1항 본문이 적용되므로 동 결정에 일부 당사자만 이의한 경우에도 모든 당사자에 대해 그 결정이 확정되지 않는다는 견해가 있다.

③ **판례** : 판례는 민사소송법 제70조 소정의 예비적·선택적 공동소송에는 민사소송법 제67조 내지 제69조가 준용되어 소송자료 및 소송진행의 통일이 요구되지만, 청구의 포기·인낙, 화해 및 소의 취하는 공동소송인 각자가 할 수 있는바, 이에 비추어 보면, 조정에 갈음하는 결정(또는 화해권고결정)이 확정된 경우에는 재판상 화해와 동일한 효력이 있으므로 그 결정에 대하여 일부 공동소송인이 이의하지 않았다면 원칙적으로 그 공동소송인에 대한 관계에서는 조정에 갈음하는 결정이 확정될 수 있다. 다만, 조정에 갈음하는 결정(또는 화해권고결정)에서 분리 확정을 불허하고 있거나, 그렇지 않더라도 그 결정에서 정한 사항이 공동소송인들에게 공통되는 법률관계를 형성함을 전제로 하여 이해관계를 조절하는 경우 등과 같이 결정 사항의 취지에 비추어 볼 때 분리 확정을 허용할 경우 형평에 반하고 또한 이해관계가 상반된 공동소송인들 사이에서의 소송진행 통일을 목적으로 하는 민사소송법 제70조 제1항 본문의 입법 취지에 반하는 결과가 초래되는 경우에는 분리 확정이 허용되지 않는다(대판 2008.7.10. 2006다57872; 대판 2022.4.14. 2020다224975)고 한다. 또한 이와 같은 법리는 예비적 공동소송에서 화해권고결정에 대하여 일부 공동소송인만이 이의신청을 한 후 그 공동소송인 전원이 분리 확정에 대하여는 이의가 없다는 취지로 진술하였더라도 마찬가지로 적용된다는 것이 판례의 태도(대판 2022.4.14. 2020다224975)이다.

④ **검토** : 조정에 갈음하는 결정이든 화해권고결정이든 그에 대한 이의권이 있고 재판상 화해와 같은 효력이 있으므로 원칙적으로 이의를 않은 당사자에게는 분리확정되나 분리확정을 허용할 경우 이해관계가 상반된 공동소송인들 사이에 모순·저촉의 우려가 있는 경우에는 그러하지 아니하다고 보는 판례의 태도가 타당하다.

3. 소송진행의 통일

판결의 모순을 방지하기 위해 일부판결을 위한 변론의 분리는 허용되지 아니한다. 다만, 일부공동소송인만이 포기·인낙, 화해를 하면 그 공동소송인에 대한 부분은 분리확정된다(민소법 제70조 제1항 단서). 공동소송인 가운데 한 사람에게 절차를 중단·중지하여야 할 이유가 있는 경우에는 모두에게 효력이 미친다(민소법 제67조 제3항).

4. 본안재판의 통일

(1) 전부판결

예비적 공동소송은 동일한 법률관계에 관하여 모든 공동소송인이 서로 간에 다툼을 하나의 소송절차로 한 번에 모순 없이 해결하려는 소송형태로서 모든 공동소송인에 관한 청구에 관하여 판결을 하여야 한다(민소법 제70조 제2항).

(2) 위법한 일부판결에 대한 구제

1) 일부판결의 가부

판례에 의하면 예비적 공동소송은 동일한 법률관계에 관하여 모든 공동소송인이 서로 간의 다툼을 하나의 소송절차로 한꺼번에 모순 없이 해결하는 소송형태로서 모든 공동소송인에 대한 청구에 관하여 판결을 하여야 하고(민사소송법 제70조 제2항), 그중 일부 공동소송인에 대해서만 판결을 하거나 남겨진 당사자를 위하여 추가판결을 하는 것은 허용되지 않는다(대판 2018.2.13. 2015다242429). 따라서 일부 공동소송인에 관한 청구에 대하여만 판결을 하는 경우 이는 일부판결이 아닌 흠이 있는 전부판결에 해당하여 상소로써 이를 다투어야 하고, 그 판결에서 누락된 공동소송인은 이러한 판단유탈을 시정하기 위하여 상소를 제기할 이익이 있다(대판 2008.3.27. 2005다49430).

2) 이심과 심판범위

판례는 예비적 공동소송에서 주위적 공동소송인과 예비적 공동소송인 중 어느 한 사람이 상소를 제기하면 다른 공동소송인에 관한 청구 부분도 확정이 차단되고 상소심에 이심되어 심판대상이 되고, 이러한 경우 상소심의 심판대상은 예비적 공동소송인들 및 상대방 당사자 간 결론의 합일확정 필요성을 고려하여 판단하여야 한다(대판 2011.2.24. 2009다43355)고 판시하고 있다.

5. 상소심에서의 소송진행의 통일

(1) 상소기간

상소기간은 각 공동소송인에게 판결정본이 송달이 있은 때부터 개별적으로 진행한다. 그러나 합일확정의 필요가 있으므로 공동소송인 전원에 대해 상소기간이 만료되기까지는 판결이 확정되지 아니한다.

(2) 이심과 심판범위

전부판결에 전부상소한 경우에는 전부이심되며 전부심판의 대상이 된다(대판 2014.3.27. 2009다104960). 전부판결에 일부상소한 경우에는 상소불가분의 원칙이 적용되어 전부이심된다. 이때 상소하지 않은 당사자는 단순한 상소심당사자로 보는 것이 학설·판례의 일반적인 태도이다. 예비적 공동소송의 목적이 법률상 양립할 수 없는 공동소송인 사이의 분쟁관계를 모순 없이 통일적으로 해결함으로써 재판의 통일을 확보하려는 데 있기 때문에 민사소송법 제67조를 준용하여 불이익변경금지의 원칙이 적용되지 아니한다. 따라서 상소하지 아니한 당사자의 소송관계도 상소심의 심판대상이 된다.

제5관 | 추가적 공동소송

I 의 의

추가적 공동소송이란 소송계속 중 제3자가 스스로 당사자로서 소송에 가입하거나 종래의 당사자가 제3자에 대한 소를 추가적으로 병합함으로써 공동소송의 행태로 되는 경우를 말한다. 전자에 해당하는 예로 공동소송참가(민소법 제83조), 참가승계(민소법 제81조) 등이 있고, 후자에 해당하는 예로 원고에 의한 병합으로서 필수적 공동소송인의 추가(민소법 제68조), 선택적·예비적 공동소송인의 추가(민소법 제70조 제1항), 피고에 의한 병합으로서 피고가 신청한 인수승계(민소법 제82조) 등이 있다.

II 해석상 추가적·주관적 공동소송 인정 여부

1. 학 설

명문의 규정이 없더라도 추가적 공동소송을 인정할 수 있고 이를 부정하면 당사자는 별소를 제기해야 하므로 당사자의 편의, 소송경제와 재판의 통일을 위해 해석상 이를 인정하는 긍정설과 추가적 공동소송을 인정하면 경솔한 제소가 증가하여 소송절차 불안과 소송지연을 초래할 수 있으므로 부정하는 부정설이 대립하고 있다.

2. 판 례

판례는 일반적으로 당사자표시정정신청을 하는 경우에도 실질적으로 당사자가 변경되는 것은 허용할 수 없고 필요적 공동소송이 아닌 사건에서 소송 도중에 당사자를 추가하는 것 역시 허용될 수 없으므로, 회사의 대표이사가 개인 명의로 소를 제기한 후 회사를 당사자로 추가하고 그 개인 명의의 소를 취하함으로써 당사자의 변경을 가져오는 당사자추가신청은 부적법한 것(대판 1998.1.23. 96다41496)이라고 하여 명문의 규정이 없는 경우에는 추가적 공동소송을 인정하고 있지 아니하다.

3. 검 토

민사소송법은 추가적 공동소송이 허용되는 경우를 제한하고 있고 허용하는 경우에도 그 요건을 엄격하게 제한하고 있으므로 현행법의 해석상 추가적 공동소송을 인정하는 것은 어렵다고 판단된다.

제6관 | 선정당사자

I 의 의

1. 개 념

선정당사자란 공동의 이해관계를 가진 당사자가 공동소송인이 되어 소송을 하여야 할 경우에 그 가운데서 모두를 취하여 소송을 수행할 당사자로 선출된 자를 말한다.

2. 인정취지

선정당사자제도는 다수가 당사자가 되어 소송을 수행할 경우에 생기는 출석, 심리, 송달의 부담을 덜고 소송을 단순화하는 수단으로 이용된다.

Ⅱ 요건

선정당사자제도를 이용하기 위해서는 ① 공동소송을 할 여러 사람이 있을 것, ② 여러 사람이 공동의 이해관계가 있을 것, ③ 공동의 이해관계가 있는 자 중에서 선정할 것이라는 요건이 필요하다.

1. 공동소송을 할 여러 사람이 있을 것

여러 사람은 원고이든 피고이든 2인 이상이면 된다. 비법인사단의 경우도 선정당사자를 선정할 수 있다는 견해가 있으나 비법인사단은 민사소송법 제52조에 의해 당사자능력이 인정되어 사단명의로 소송을 수행할 수 있으므로 선정의 여지가 없다고 보는 것이 타당하다. 그러나 민법상 조합과 같이 당사자능력이 인정되지 아니하는 경우에는 선정당사자제도를 이용할 수 있을 것으로 보인다.

2. 공동의 이해관계가 있을 것

(1) 문제점

민사소송법 제65조 전문의 소송목적이 되는 권리나 의무가 여러 사람에게 공통되거나 사실상 또는 법률상 같은 원인으로 말미암아 생긴 경우에 공동이해관계가 인정된다는 점에는 견해의 대립이 없으나 동조 후문의 경우에도 공동이해관계를 인정하여 선정당사자를 선정할 수 있는지 문제 된다.

(2) 학 설

민사소송법 제65조 전문의 경우에만 공동의 이해관계가 인정되고 동조 후문의 경우에는 공격방어방법을 공통으로 하지 않으므로 선정당사자를 선정할 수 없다는 견해와 동조 후문의 경우에도 주요한 공격방어방법을 공통으로 하는 경우에는 선정할 수 있다는 견해가 대립하고 있다.

(3) 판 례

판례는 원칙적으로 공동의 이해관계가 있는 다수자는 선정당사자를 선정할 수 있는 것인바, 이 경우 공동의 이해관계란 다수자 상호 간에 공동소송인이 될 관계에 있고, 또 주요한 공격방어방법을 공통으로 하는 것을 의미한다고 할 것이므로 다수자의 권리·의무가 동종이며 그 발생원인이 동종인 관계에 있는 것만으로는 공동의 이해관계가 있는 경우라고 할 수 없을 것이어서 선정당사자의 선정을 허용할 것은 아니(대판 1997.7.25. 97다362)라고 하고 있으나, 예외적으로 임차인들이 갑을 임대차계약상의 임대인이라고 주장하면서 갑에게 그 각 보증금의 전부 내지 일부의 반환을 청구하는 경우, 그 사건의 쟁점은 갑이 임대차계약상의 임대인으로서 계약당사자인지 여부에 있으므로, 그 임차인들은 상호 간에 공동소송인이 될 관계가 있을 뿐 아니라 주요한 공격방어 방법을 공통으로 하는 경우에 해당함이 분명하다고 할 것이어서, 민사소송법 제49조 소정의 공동의 이해관계가 있어 선정당사자를 선정할 수 있다(대판 1999.8.24. 99다15474)고 판시하고 있다.

(4) 검 토

민사소송법 제65조 전문의 경우뿐만 아니라 후문의 경우에도 쟁점을 같이하여 주요한 공격방어방법을 공통으로 하는 경우가 있을 수 있어 이 경우에는 선정으로 절차가 단순화되므로 선정을 허용하는 판례의 태도가 타당하다.

3. 공동의 이해관계가 있는 자 중에서 선정할 것

변호사대리의 원칙(민소법 제87조)의 잠탈을 방지하기 위한 것이다. 판례는 선정당사자 자신도 공동의 이해관계를 가진 사람으로서 선정행위를 하였다면, 선정행위를 하였다는 의미에서 선정자로 표기하는 것이 허용되지 않는다고 할 수 없으므로, 선정당사자를 선정자로 표기하는 것이 위법하다고 볼 수 없다(대판 2011.9.8. 2011다17090)고 하여 선정당사자도 선정자단에 포함시키고 있다.

Ⅲ 선정의 방법

1. 의 의

선정행위는 소송수행권을 수여하는 소송행위이므로 소송능력이 있어야 하며 조건부 선정은 허용되지 아니한다. 선정의 시기는 소송계속의 발생전후를 불문한다. 다만, 소송계속 후에 선정한 때에는 선정자는 당연히 소송에서 탈퇴하게 되고(민소법 제53조 제2항), 선정당사자가 그 지위를 수계하게 된다. 선정은 각 선정자가 개별적으로 하여야 한다. 민사소송법 제53조의 규정에 따라서 당사자를 선정하고 바꾸는 것은 서면으로 증명하여야 하며 그 서면은 소송기록에 붙여야 한다(민소법 제58조).

2. 선정의 성질

(1) 문제점

선정행위는 단독적 소송행위이므로 조건을 붙여서는 안 되나 제1심 소송수행에 한정할 것을 조건으로 선정하는 것과 같이 심급을 한정한 선정당사자의 선정도 허용되는지 견해의 대립이 있다.

(2) 학 설

심급을 제한하면 소송을 복잡하게 하여 소송을 단순화하려는 입법목적에 반하므로 선정의 효력은 소송의 종료 시까지 계속된다는 소송종료설과, 선정자는 언제라도 선정을 취소·변경할 수 있으므로 심급제한이 허용된다는 심급한정설이 대립하고 있다.

(3) 판 례

판례는 당사자 선정은 총원의 합의로써 장래를 향하여 이를 취소, 변경할 수 있는 만큼 당초부터 특히 어떠한 심급을 한정하여 당사자인 자격을 보유하게끔 할 목적으로 선정을 하는 것도 역시 허용된다. 다만, 제1심에서 제출된 선정서에 사건명을 기재한 다음에 '제1심 소송절차에 관하여' 또는 '제1심 소송절차를 수행하게 한다'라는 문언이 기재되어 있는 경우라 하더라도, 특단의 사정이 없는 한, 그 기재는 사건명 등과 더불어 선정당사자를 선정하는 사건을 특정하기 위한 것으로 보아야 하고, 따라서 그 선정의 효력은 제1심의 소송에 한정하는 것이 아니라 소송의 종료에 이르기까지 계속하는 것으로 해석함이 상당하다(대판 1995.10.5. 94마2452)고 한다.

(4) 검 토

선정자는 언제라도 선정을 취소·변경할 수 있으므로 원칙적으로 심급한정설이 바람직하나, 제1심 한정문언이 불분명한 경우에는 소송종료 시까지 선정의 효력이 인정된다고 보는 것이 타당하다.

Ⅳ 선정의 효과

1. 선정당사자의 지위

(1) 당사자 본인으로서의 소송상 지위

1) 포괄적 권한

선정당사자는 당사자 본인이므로 소송수행에 있어서 소송대리인에 관한 민사소송법 제90조 제2항과 같은 제한은 받지 아니한다. 판례도 선정당사자는 선정자들로부터 소송수행을 위한 포괄적인 수권을 받은 것으로서 일체의 소송행위는 물론 소송수행에 필요한 사법상의 행위도 할 수 있는 것이고 개개의 소송행위를 함에 있어서 선정자의 개별적인 동의가 필요한 것은 아니(대판 2003.5.30. 2001다10748)라고 판시하고 있다. 또한 판례는 배당표에 대한 이의는 배당표에 배당받는 것으로 적힌 채권자를 상대로 하여야 하는데, 배당절차에서 선정당사자가 선정되면 선정자들이 아닌 선정당사자만이 이러한 채권자 지위에 있으므로, 선정당사자만이 배당표에 대한 이의의 상대방이 된다. 그리고 채무자나 다른 채권자가 선정당사자를 상대로 그가 배당받는 것으로 적힌 금액 전체에 대하여 이의를 한 경우에, 이로 인하여 선정당사자와 선정자들 사이의 공동의 이해관계가 소멸하는 것이 아니므로, 선정자들이 집행법원에 대하여 선정행위를 취소하였다거나 선정당사자가 사망하였다는 등의 특별한 사정이 없는 한, 선정자들이 아닌 선정당사자가 배당표에 대한 이의의 상대방이 된 채권자로서 배당이의의 소의 피고적격을 가진다. 따라서 위와 같은 특별한 사정이 없는 한, 선정당사자를 상대로 그가 배당받는 것으로 적힌 금액 전체에 대하여 이의를 한 채무자나 다른 채권자는 선정당사자를 피고로 하여 배당이의의 소를 제기하여 선정자들에게 귀속될 부분을 포함한 선정당사자가 배당받는 것으로 적힌 금액 전체에 대하여 경정을 구할 수 있다(대판 2015.10.29. 2015다202490)고 보고 있다. 다만, 변호사인 소송대리인과 사이에 체결하는 보수약정은 소송위임에 필수적으로 수반되어야 하는 것은 아니므로 선정당사자가 그 자격에 기한 독자적인 권한으로 행할 수 있는 소송수행에 필요한 사법상의 행위라고 할 수 없다. 따라서 선정당사자가 선정자로부터 별도의 수권 없이 변호사 보수에 관한 약정을 하였다면 선정자들이 이를 추인하는 등의 특별한 사정이 없는 한 선정자에 대하여 효력이 없다고 할 것이며, 뿐더러 그와 같은 보수약정을 하면서 향후 변호사 보수와 관련하여 다투지 않기로 부제소합의를 하거나 약정된 보수액이 과도함을 이유로 선정자들이 제기한 별도의 소송에서 소취하합의를 하더라도 이와 관련하여 선정자들로부터 별도로 위임받은 바가 없다면 선정자에 대하여 역시 그 효력을 주장할 수 없다(대판 2010.5.13. 2009다105246)고 한다.

2) 내부적 제한의 가부

선정자와 선정당사자 사이에 권한행사에 관한 내부적 제한계약을 체결하였다고 하더라도 법원이나 상대방에게 그 효력이 없는 것이 원칙이다. 다만, 판례는 선정당사자는 비록 그 소송의 당사자이기는 하지만 선정행위의 본질이 임의적 소송신탁에 불과하여 다른 선정자들과의 내부적 관계에서는 소송수행권을 위임받은 소송대리인과 유사한 측면이 있고, 나아가 선정당사자가 법원의 선임명령에 따라 변호사를 선임하기 위하여는 선정자들의 의견을 고려하지 않을 수 없는 현실적 사정을 감안하면, 선정당사자에게 변론을 금함과 아울러 변호사 선임명령을 한 경우에도 민사소송법 제134조 제3항의 규정을 유추하여 실질적으로 변호사 선임권한을 가진 선정자들에게 법원이 그 취지를 통지하거나 다른 적당한 방법으로 이를 알려주어야 하고, 그러한 조치 없이는 변호사의 선임이 이루어지지 아니하였다 하여 곧바로 소를 각하할 수는 없다(대결 2000.10.18. 2000마2999)고 판시한 적이 있다.

(2) 수인의 선정당사자의 지위

동일 선정자단에서 선정된 선정당사자들은 소송수행권을 합유하는 관계에 있기 때문에 고유필수적 공동소송으로 된다. 그러나 별개의 선정자단에서 각기 선정된 여러 사람의 선정당사자는 원래의 소송이 필수적 공동소송이 아니면 통상공동소송관계로 된다. 일단의 선정자들에 의하여 선출된 선정당사자와 스스로 당사자가 된 자와의 관계는 원래의 소송이 필수적 공동소송의 성질을 갖는 것이 아닌 한 통상공동소송으로 보아야 할 것이다.

(3) 선정당사자의 자격상실

1) 자격상실 사유

① 선정당사자의 공동의 이해관계의 소멸 : 선정당사자 본인에 대한 부분의 소취하, 판결의 확정 등으로 공동의 이해관계가 소멸되어도 자격을 상실하게 된다(대판 2014.10.15. 2013다25781). 반면 선정자의 사망, 공동의 이해관계의 소멸은 선정당사자의 자격에 영향이 없다(민소법 제96조 제2항). 따라서 판례에 의하면 선정당사자가 선정자 1인에 대한 부분만 항소를 제기하였고, 선정당사자 본인 및 나머지 선정자에 대한 부분은 항소를 제기하지 아니하여 제1심판결이 그대로 확정되었다면, 제1심판결 중 선정당사자 본인에 대한 부분이 확정되어 공동의 이해관계가 소멸함으로써 선정당사자의 지위를 상실하였다고 할 것이므로, 선정당사자의 지위에서 상고를 제기하는 것은 부적법하다(대판 2006.9.28. 2006다28775).

② 선정당사자의 사망 등 : 선정당사자의 자격은 선정당사자의 사망이나 선정의 취소에 의하여 상실된다. 소송절차가 진행 중에 선정당사자의 자격이 소멸한 경우 상대방에게 소멸된 사실을 통지하지 아니하면 소멸의 효력을 주장하지 못한다(민소법 제63조 제2항, 제1항 본문). 다만, 법원에 소멸사실이 알려진 뒤에는 종전의 선정당사자는 소의 취하, 청구의 포기·인낙 등의 소송행위를 하지 못한다(민소법 제63조 제2항, 제1항 단서). 판례는 당사자 선정은 언제든지 장래를 위하여 이를 취소·변경할 수 있으며, 선정을 철회한 경우에 선정자 또는 당사자가 상대방 또는 법원에 대하여 선정 철회 사실을 통지하지 아니하면 철회의 효력을 주장하지 못하지만, 선정의 철회는 반드시 명시적이어야만 하는 것은 아니고 묵시적으로도 가능하다고 보아야 한다고 하면서 제1심판결 중 피고들 부분에 대한 항소에 관하여는 제1심판결로 인하여 서로 이해관계가 달라진 선정당사자에 의하지 아니하고 선정자인 피고들이 직접 항소 여부를 결정하여 그에 관한 소송행위를 하도록 함이 타당하므로, 비록 피고들이나 소외인이 명시적으로 선정을 철회한 사실을 통지하지 아니하였다 하더라도 선정자인 피고들이 자신들의 패소 부분에 대하여 자신들의 이름으로 항소를 제기하였다면, 그 항소장의 제출로써 묵시적으로 선정행위를 철회하는 의사를 표시하였다고 해석할 여지가 충분하다(대판 2015.10.15. 2015다31513)고 한다.

2) 소송절차의 중단

여러 사람의 선정당사자 중 일부가 그 자격을 상실하는 경우라도 소송절차는 중단되지 아니하며 다른 선정당사자가 소송을 속행한다(민소법 제54조). 선정당사자 전원이 그 자격을 상실한 경우에는 선정자 전원 또는 신선정당사자가 소송을 수계할 때까지 소송절차는 중단된다(민소법 제237조 제2항). 그러나 소송대리인이 있는 경우에는 그러하지 아니하다(민소법 제238조).

2. 선정자의 지위

(1) 소송탈퇴에 따른 당사자적격 상실 여부

1) 문제점

소송이 법원에 계속된 뒤 당사자들이 선정당사자를 선정하면 선정자들은 당연히 소송에서 탈퇴한 것으로 본다(민소법 제53조 제2항). 이때 선정당사자를 선정한 후 선정자들은 당사자적격을 상실하는지 여부가 문제 된다.

2) 학 설

선정자로 하여금 민사소송법 제94조의 유추적용에 의하여 선정당사자의 독주를 견제할 수 있도록 하기 위하여 선정자는 자기의 소송수행권을 상실하지 아니한다는 적격유지설과 선정당사자는 대리인이 아닌 소송담당자이므로 선정자는 소송수행권을 상실한다는 적격상실설이 대립하고 있다.

3) 판 례

판례는 선정당사자는 선정자들로부터 소송수행을 위한 포괄적인 수권을 받은 당사자로서 선정자들 모두를 위한 일체의 소송행위를 할 수 있으며, 선정자들은 소송수행권을 상실하고 소송관계에서 탈퇴하게 된다(대결 2013.1.18. 2010그133)고 하여 적격상실설의 태도를 취하고 있다.

4) 검 토

생각건대 선정자는 언제든지 선정을 취소하여 스스로 소송수행권을 확보할 수 있고 선정당사자는 대리인이 아닌 소송담당자로 민사소송법 제94조의 경정권을 인정할 필요는 없으므로 선정자들은 당사자적격을 상실한다고 보는 것이 타당하다. 적격상실설에 의할 때 선정당사자의 소송 중에 선정자가 별소를 제기하면 중복소제기가 되며 소송참가를 하는 경우에는 당사자적격이 없으므로 공동소송적 보조참가를 할 수밖에 없다고 보게 된다.

(2) 판결의 효력

선정당사자가 받은 판결의 효력은 선정자에 대하여도 미친다(민소법 제218조 제3항). 선정당사자가 이행판결을 받았을 때에는 선정자를 위하여 또는 선정자에 대하여 강제집행을 할 수 있는데 이 경우에는 승계집행문이 필요하다(민사집행법 제31조).

Ⅴ 선정당사자의 자격흠결의 효과

1. 소송요건

선정당사자의 자격은 소송요건이므로 피고의 항변을 기다리지 않고 직권으로 조사해야 하는 직권조사사항이다. 자격 없는 선정당사자의 소송행위일지라도 선정자가 그 당사자를 선정하여 소송행위를 추인할 수 있다(민소법 제61조). 선정당사자의 자격에 흠이 있는 경우에는 법원은 보정을 명한다. 보정하지 않으면 당사자적격의 흠결로 소를 각하한다.

2. 간과판결

선정당사자의 자격에 흠이 있음에도 이를 간과하고 본안판결을 선고한 경우에는 그 효력이 선정자에게 미치지 않는다는 의미에서 무효이다. 판례는 무효의 판결에 대한 상소·재심의 대상적격을 부정하고 있음을 유의하여야 한다.

1. 공동의 이해관계가 없는 선정당사자가 인낙한 인낙조서에 대한 재심 가부

(1) 학 설

선정자가 스스로 수권하였는지 여부를 불문하고 선정당사자는 자격이 없는 사람이므로 당사자적격의 흠결을 간과한 것이어서 인낙조서를 무효로 보아야 한다는 견해와 선정자가 스스로 수권한 이상 이를 선정자의 귀책사유로 보아 인낙조서는 당연무효는 아니고 민사소송법 제451조 제1항 제3호의 재심사유에도 해당하지 아니한다는 견해가 대립하고 있다.

(2) 판 례

다수자 사이에 공동소송인이 될 관계에 있기는 하지만 주요한 공격방어방법을 공통으로 하는 것이 아니어서 공동의 이해관계가 없는 자가 선정당사자로 선정되었음에도 법원이 그러한 선정당사자 자격의 흠을 간과하여 그를 당사자로 한 판결이 확정된 경우, 선정자가 스스로 당해 소송의 공동소송인 중 1인인 선정당사자에게 소송수행권을 수여하는 선정행위를 하였다면 그 선정자로서는 실질적인 소송행위를 할 기회 또는 적법하게 당해 소송에 관여할 기회를 박탈당한 것이 아니므로, 비록 그 선정당사자와의 사이에 공동의 이해관계가 없었다고 하더라도 그러한 사정은 민사소송법 제451조 제1항 제3호가 정하는 재심사유에 해당하지 않는 것으로 봄이 상당하고, 이러한 법리는 그 선정당사자에 대한 판결이 확정된 경우뿐만 아니라 그 선정당사자가 청구를 인낙하여 인낙조서가 확정된 경우에도 마찬가지라 할 것이다(대판 2007.7.12. 2005다10470).

(3) 검 토

확정판결과 동일한 효력이 있는 인낙조서를 무효로 하는 것은 법적 안정성을 고려할 때 가능한 한 제한적으로 해석하여야 하므로 선정당사자의 자격의 흠은 재심사유에 해당하지 아니한다고 하는 것이 타당하다고 판단된다. 재심사유에 해당하지 않으면 법원은 재심의 소를 기각하여야 한다.

2. 선정당사자의 부재소합의

[1] 공동의 이해관계가 있는 여러 사람은 민사소송법 제53조에서 정한 바에 따라 그 가운데에서 모두를 위하여 당사자가 될 선정당사자를 선정할 수 있고, 이와 같이 선정된 선정당사자는 선정자들로부터 소송수행을 위한 포괄적인 수권을 받은 당사자로서 선정자들 모두를 위한 일체의 소송행위를 할 수 있음은 물론 소송수행에 필요한 사법상의 행위도 할 수 있는 것이고, 이와 같은 행위를 함에 있어서 선정자의 개별적인 동의가 필요한 것은 아니라고 할 것이다.

[2] 종전 소송의 원고 선정자들 모두를 위한 선정당사자로 선정된 소외 1이 선정당사자의 지위에서 종전 소송 도중 피고 선정자들과 한 위와 같은 합의는 종전 소송의 원고 선정자들 모두를 위하여 500만원을 지급받는 대신 종전 소송을 취하하여 종료시킴과 아울러 피고 선정자들을 상대로 동일한 소송을 다시 제기하지 않겠다는 것, 즉 재소를 하지 않기로 한 것으로서, 이는 선정당사자가 할 수 있는 소송수행에 필요한 사법상의 행위에 해당하고, 그 효력은 이 사건의 원고 선정자들을 포함한 종전 소송의 원고 선정자들로부터 개별적인 동의를 받았는지 여부와 관계없이 그들 모두에게 미친다고 할 것이다. 따라서 이 사건 소송은 원고 선정자들이 위와 같은 재소금지합의에 반하여 제기한 것으로서 권리보호의 이익이 없다(대판 2012.3.15. 2011다105966).

3. 선정당사자의 자격상실

[1] 공동의 이해관계가 있는 여러 사람은 민사소송법 제53조에 따라 그 가운데에서 모두를 위하여 당사자가 될 선정당사자를 선정할 수 있고, 이와 같이 선정된 선정당사자는 선정자들로부터 소송수행을 위한 포괄적인 수권을 받은 당사자로서 특별한 약정이 없는 한 당해 소송의 종결에 이르기까지 선정자들 모두를 위한 일체의 소송행위를 할 수 있다. 여기서 '공동의 이해관계'는 여러 사람 상호 간에 공동소송인이 될 관계에 있고, 또 주요한 공격방어방법을 공통으로 하는 것을 의미한다. 그리고 선정당사자 본인에 대한 부분의 소가 취하되거나 판결이 확정되는 등으로 공동의 이해관계가 소멸하는 경우에는 선정당사자는 선정당사자의 자격을 당연히 상실한다. 한편 판결은 상소를 제기할 수 있는 기간 또는 그 기간 이내에 적법한 상소제기가 있을 때에는 확정되지 아니하며(민사소송법 제498조), 부적법한 상소가 제기된 경우에는 그 부적법한 상소를 각하하는 재판이 확정되면 상소기간이 지난 때에 소급하여 확정된다.

[2] 원고는 원고 본인의 청구와 관련하여서는 제1심판결 중 소송비용에 관한 재판에 대하여 항소한 것으로 보이고, 비록 소송비용에 관한 재판에 대한 불복은 본안에 대한 항소의 전부 또는 일부가 이유 있는 경우에 한하여 허용된다고 하더라도, 그 불복에 관한 재판이 확정되지 아니한 이상 원심이 인정한 것과는 달리 원고는 여전히 소송당사자로서의 지위를 잃지 않는다고 할 것이다. 그리고 제1심판결의 소송비용에 관한 재판은 원고가 선정당사자로서 소송을 수행함에 따라 이루어진 것으로서 선정자 소외 5의 청구에 관한 소송비용에 대한 부분도 포함되어 있어, 그에 대한 불복과 관련하여 항소심에서도 원고와 선정자 소외 5 사이에 공동의 이해관계가 유지된다고 할 수 있으므로, 원고가 선정당사자의 자격을 상실하였다고 할 수 없다. 그뿐 아니라, 원고가 제1심판결 선고 후 선정자 소외 5를 위하여 항소장을 제출할 당시에는 원고 본인의 청구에 관한 항소 기간이 지나기 전이어서 아직 소송당사자로서의 지위 및 본안 청구에 관한 공동의 이해관계를 잃는다고 할 수 없으므로 선정당사자로서의 자격이 유지되고 있다고 할 것이며, 이에 비추어 보아도 선정당사자로서 선정자 소외 5를 위하여 제기한 항소가 부적법하다고 볼 수 없다. 그럼에도 이와 달리 원심은 제1심판결 중 원고 본인에 대한 부분은 항소되지 않아 그대로 확정되었다는 잘못된 전제 아래 원고와 선정자 소외 5 사이에 공동의 이해관계가 소멸하여 원고가 소외 5에 대한 선정당사자의 지위를 상실하였으므로, 원고가 소외 5에 대한 선정당사자의 지위에서 제기한 항소는 부적법하다고 판단하고 말았으니, 이러한 원심의 판단에는 항소 취지 및 선정당사자의 자격에 관한 법리를 오해하여 판결에 영향을 미친 위법이 있다. 그리고 위에서 본 것과 같이 원심은 제1심판결 중 소송비용에 관한 재판에 대한 원고의 항소에 관하여 아무런 판단을 하지 아니하였으므로, 그 항소 부분은 여전히 원심에 계속 중이라 할 것이어서, 환송 후 원심으로서는 이에 관하여 심리·판단하여야 함을 지적하여 둔다(대판 2014.10.15. 2013다25781).

제1관 | 통상의 보조참가

I　의 의

1. 개 념

보조참가란 타인 간의 소송계속 중 소송결과에 대하여 법률상 이해관계가 있는 제3자가 일방 당사자의 승소를 보조하기 위하여 그 소송에 참가하는 것을 말한다. 이때 보조참가하는 제3자를 보조참가인이라고 하며 보조받는 당사자를 피참가인이라고 한다.

2. 인정취지

보조참가인은 적극적인 보조참가로써 자기이익을 옹호할 수 있으며 피참가인은 참가인과 소송을 공동수행할 수 있고 자기가 패소한 경우에 참가인에게 참가적 효력을 주장할 수 있다.

II　요 건

보조참가의 요건으로는 ① 타인 사이의 소송이 계속 중일 것, ② 소송결과에 대하여 이해관계가 있을 것, ③ 소송절차의 현저한 지연이 없을 것, ④ 소송행위로서의 유효요건을 갖출 것 등을 들 수 있다.

1. 타인 사이의 소송이 계속 중일 것

보조참가는 타인 간의 소송에 한하여 허용되며 당사자 일방은 자기 소송의 상대방에는 참가할 수 없다. 그러나 자기의 공동소송인 또는 그 공동소송인의 상대방을 위해서는 참가할 수 있다. 소송계속 중이란 판결절차를 의미하므로 대립당사자 구조가 아닌 결정절차는 보조참가가 허용되지 않는다(대결 1973.11.15. 73마849). 판결절차라면 상고심[91], 재심에서도 보조참가가 가능하다. 보조참가인은 판결확정 후라도 재심의 소와 함께 참가신청을 할 수 있다. 그러나 보조참가인의 재심청구 당시 피참가인인 재심청구인이 이미 사망하여 당사자능력이 없다면, 이를 허용하는 규정 등이 없는 한 보조참가인의 재심청구는 허용되지 않는다(대판 2018.11.29. 2018므14210).

2. 소송결과에 대하여 이해관계가 있을 것(참가이유)

(1) 소송결과에 대한 이해관계

1) 의 의

보조참가는 본 소송결과에 이해관계가 있는 경우에 한하여 허용된다. 소송결과에 이해관계가 있으려면 본소송 판결결과가 참가인의 법적 지위에 영향을 미치는 경우를 의미한다. 즉, 피참가인이 승소하면 참가인의 법률상의 지위가 유리해지고 패소하면 그 지위가 불리하게 될 때이다.

---

91) 다만, 상고심에서는 사실주장이나 증거제출은 허용되지 아니한다.

2) 판결주문에 대한 이해관계

참가인의 법적 지위가 본소송의 결과인 승패에 영향을 받는 경우란 본소송 판결주문에서 판단되는 소송물인 권리관계의 존부에 의하여 직접적으로 영향을 받는 관계에 있을 때를 말한다. 판례를 구체적으로 살펴본다.

① 배당받은 가압류권자가 채무자 겸 매각 부동산의 소유자를 상대로 제기한 구상금 청구소송에서 패소한 자가 구상금채권 부존재를 주장하면서 추완항소를 한 경우 가압류권자의 배당금 채권에 관하여 채권압류 및 추심명령을 받은 자가 신청한 보조참가의 적법 여부 : 채무자 甲소유 부동산에 관한 임의경매절차에서 제3순위로 배당받은 가압류권자 乙이 제4순위로 배당받은 甲을 상대로 실제 배당받을 금액을 확정하기 위한 구상금 청구소송을 제기하여 승소판결을 받았으나 甲이 구상금채권 부존재를 주장하면서 추완항소를 하자, 乙의 배당금 채권에 관하여 채권압류 및 추심명령을 받은 丙이 보조참가를 신청한 경우, 가압류 권자인 乙이 제기한 본안 소송인 이 사건 구상금 소송의 판결 결과에 따라 가압류권자인 乙과 채무자 겸 매각 부동산의 소유자인 피고 甲이 앞서 본 부동산임의경매절차에서 배당받을 실제 배당금액이 달라 지고, 그에 따라 피고 甲이 배당받을 잉여금에 대하여 압류 및 추심명령을 받은 피고 보조참가인 丙이 추심할 수 있는 금액도 달라지므로, 피고 보조참가인 丙은 이 사건 소송의 판결 결과를 전제로 하여 법률 상의 지위가 결정되는 관계에 있다고 할 것이므로 丙의 보조참가 신청은 적법하다(대결 2014.5.29. 2014마4009).

② 원고 보조참가인의 보조참가 신청의 적법 여부 : 특정 소송사건에서 당사자 일방을 보조하기 위하여 보조 참가를 하려면 당해 소송의 결과에 대하여 이해관계가 있어야 할 것이고, 여기서 말하는 이해관계라 함은 사실상·경제상 또는 감정상의 이해관계가 아니라 법률상의 이해관계를 말하는 것으로, 이는 당해 소송 의 판결의 기판력이나 집행력을 당연히 받는 경우 또는 당해 소송의 판결의 효력이 직접 미치지는 아니한 다고 하더라도 적어도 그 판결을 전제로 하여 보조참가를 하려는 자의 법률상의 지위가 결정되는 관계에 있는 경우를 의미하는 것이다. 기록에 의하면, 원고 보조참가인은 원심 변론종결 후인 2006.12.27. 원고 로부터 원고가 이 사건 소송에서 패소할 경우에는 매매계약이 해지되는 것을 조건으로 하여 이 사건 건물 을 매수한 사실을 알 수 있는바, 원고 보조참가인은 아래에서 보는 바와 같이 이 사건 건물의 원시취득자 인 원고가 그 소유권에 기한 방해배제청구로서 피고에 대하여 건축주명의변경절차의 이행을 구하는 이 사건 소송의 결과에 대하여 법률상의 이해관계를 갖는다고 할 것이므로, 위 보조참가신청은 적법하다(대판 2007.4.26. 2005다19156).

③ 피고 보조참가인 학교법인의 보조참가 신청의 적법 여부 : 피고가 1997.10.10.자로 원고에 대한 참가인 학교법인 이사 및 이사장 취임 승인을 취소하는 이 사건 처분을 한 후, 참가인 학교법인이사회의 결의에 의하여 소외 1을 거쳐 소외 2가 후임 이사 겸 이사장으로 선임되었음을 알 수 있으므로, 이 사건 소송에서 이 사건 처분이 취소되어 원고가 종전의 이사 및 이사장 지위를 회복하게 되면 참가인 학교법인으로서는 결과적으로 그 의사와 관계없이 법인 이사회의 구성원과 대표자가 변경되는 관계에 있다고 할 것이고, 이는 이 사건 소송의 결과에 의하여 그 법률상 지위가 결정되는 관계로서 보조참가의 요건인 법률상 이해 관계에 해당한다. 그리고 참가인 학교법인이 이 사건 보조참가 신청을 함에 있어 이사회의 특별수권 결의 를 거치지 아니하였다고 하여 보조참가 신청이 절차적 요건을 구비하지 못하였다고 볼 근거도 없다. 그러 므로 참가인 학교법인의 이 사건 보조참가 신청은 적법하다(대판 2001.1.19. 99두9674).

3) 판결이유에 대한 이해관계

① **문제점** : 참가인의 법률상 지위가 본소송의 판결주문에 영향을 받지 않고 판결이유 중에 판단되는 중요쟁점에 의하여 영향을 받는 경우에도 보조참가가 허용되는지 여부에 대하여 견해의 대립이 있다.

② **학설** : 판결이유 중 판단에도 기판력이나 쟁점효 등 구속력을 인정할 수 있으므로 판결이유에서 판단되는 주요쟁점인 사항에 참가인의 지위가 논리적으로 의존관계에 있어도 보조참가를 할 수 있다는 견해와 판결이유 중에 판단되는 중요쟁점에 영향을 받는 것만으로는 소송결과에 대한 이해관계라고 할 수 없으므로 보조참가를 할 수 없다는 견해가 대립하고 있다.

③ **판례** : 판례는 원칙적으로 참가인의 법률상 지위가 소송 판결주문에서 판단되는 소송물인 권리관계의 존부에 의하여 직접적으로 영향을 받는 관계에 있을 때에 한하여 보조참가가 적법하다고 판시하고 있으나 공동불법행위자 중 1인이 피해자에게 보조참가한 사례에서는 불법행위로 인한 손해배상책임을 지는 자는 피해자가 다른 공동불법행위자들을 상대로 제기한 손해배상 청구소송의 결과에 대하여 법률상의 이해관계를 갖는다고 할 것이므로, 위 소송에 원고를 위하여 보조참가를 할 수가 있고, 피해자인 원고가 패소판결에 대하여 상소를 하지 않더라도 원고의 상소기간 내라면 보조참가와 동시에 상소를 제기할 수도 있다(대판 1999.7.9. 99다12796)고 하여 참가이익을 확대하고 있다.

④ **검토** : 쟁점효이론을 인정하여 판결이유 중 판단에 구속력을 인정하는 것은 구속력을 인정하지 않는 현행 법에 반하고 이해관계 없는 제3자의 소송관여는 소송지연을 초래할 수 있으므로 참가인의 법적 지위가 판결주문에 의하여 영향을 받는 경우에만 보조참가를 허용하는 것이 타당하다고 판단된다.

(2) 법률상 이해관계

1) 의 의

소송결과에 의해 영향을 받을 제3자의 법률상 지위는 재산법상·신분법상 지위도 포함되고 사법상·공법상 지위도 상관없다. 다만, 사실상, 경제상 또는 감정상의 이해관계는 여기에 해당하지 아니한다(대판 2000.9.8. 99다26924).

2) 법률상 이해관계의 유무

① **인정된 사례** : 갑이 보조참가를 하고자 하는 소송이 을과 병 회사 사이에 체결한 임대차계약상의 임료액이 그간의 경제사정 변경 등으로 인하여 상당하지 아니하게 되었음을 이유로 일정기간에 대한 임료증액분의 지급을 구하는 것이고, 을과 병 회사 사이에 체결된 위 임대차계약은 갑, 을과 병 회사 등 사이에 체결된 합작투자계약에서 갑 등이 투자를 하는 전제조건으로 약정된 사항들을 기초로 한 것이라면 갑으로서는 당초의 합작투자계약의 한쪽 당사자로서 그 다른 당사자인 을이 제기한 위 소송의 결과에 대하여 병 회사와 이해관계를 같이하는 법률적인 이해관계에 있어 위 소송에 병 회사를 위하여 보조참가를 할 수 있다(대결 1992.7.3. 92마244).

② **부정된 사례**

　㉠ 피고 보조참가인들의 보조참가 신청 이유에 의하면, 이 사건 소송에서 대학입시 합격자인 원고의 피고에 대한 등록금 환불 청구가 인용되면 피고와 마찬가지로 사립대학을 경영하고 있는 위 보조참가인들에게도 위 소송의 간접적 영향으로서 파급효가 미치게 되어 위 보조참가인들의 교육 재정의 대부분을 차지하는 등록금제도 운영에 차질이 생기게 되므로 보조참가의 이유가 있다는 것이나, 위 보조참가인들이 위와 같은 파급효를 받게 된다는 사정만으로는 이 사건 소송의 결과에 법률상 이해관계가 있다고

할 수 없고, 그 주장하는 다른 사정들도 사실상, 경제상의 이해관계에 지나지 아니하는 것으로 보이므로, 결국 위 보조참가인들의 이 사건 보조참가 신청은 모두 참가의 요건을 갖추지 못하여 부적법하다 (대판 1997.12.26. 96다51714).

ⓒ 피고 보조참가인들의 보조참가 신청 이유에 의하면, 피고와 마찬가지로 원고의 정계원으로 있다가 타 지역으로 이주함으로써 특별계원이 된 보조참가인들은 2005.1.1. 개정된 원고의 규약으로 인해 묘지사용권을 상실할 상황에 처해 있는데 원고의 이 사건 분묘굴이 청구가 인용될 경우 그 영향을 받게 되므로 보조참가의 이유가 있다는 것이나, 위와 같은 사정은 이 사건 소송에 관한 법률상 이해관계라고 할 수는 없으므로, 이 사건 보조참가 신청은 모두 참가의 요건을 갖추지 못한 부적법한 것이라고 할 것이다(대판 2007.6.28. 2007다16885).

3. 소송절차의 현저한 지연이 없을 것

재판지연이나 심리방해를 목적으로 보조참가제도를 악용하는 것을 막기 위하여 개정 민사소송법에서 추가된 요건이다. 이 요건은 공익적 요건으로서 직권조사사항이다.

4. 소송행위로서의 유효요건을 갖출 것

참가신청은 소송행위이므로 유효요건을 갖추어야 한다. 따라서 당사자능력·소송능력과 대리인을 내세운 경우에는 대리권이 존재하여야 한다. 이 요건은 참가이유와는 달리 직권조사사항이다.

5. 참가의 보충성 요부

보조참가는 보충성이 필요 없다. 따라서 소송법상의 다른 구제수단이 존재하는 경우, 즉 독립당사자참가나 공동소송참가를 할 수 있는 경우에도 보조참가를 할 수 있다.

Ⅲ 보조참가절차

1. 참가신청

참가신청은 참가의 취지와 이유를 밝혀 참가하고자 하는 소송이 계속된 법원에 제기하여야 한다(민소법 제72조 제1항). 참가신청은 참가인으로서 할 수 있는 소송행위와 동시에 할 수 있고(민소법 제72조 제3항), 서면으로 참가를 신청한 경우 법원은 그 서면을 양쪽 당사자에게 송달하여야 한다(민소법 제72조 제2항).

2. 참가의 허부

당사자가 참가에 대하여 이의를 신청한 때에는 참가인은 참가의 이유를 소명하여야 하고 법원은 참가를 허가할 것인지 여부를 결정하여야 한다(민소법 제73조 제1항). 다만, 이를 결정이 아닌 종국판결로 심판하였더라고 위법한 것은 아니다(대판 2007.11.16. 2005두15700). 한편 당사자가 참가에 대하여 이의를 신청하지 아니한 채 변론하거나 변론준비기일에서 진술을 한 경우에는 이의를 신청할 권리를 상실하는 것이 원칙이나(민소법 제74조), 당사자의 이의신청이 없더라도 필요하면 법원은 직권으로 참가인에게 참가의 이유를 소명하도록 명할 수 있으며, 참가의 이유가 있다고 인정되지 아니하는 때에는 참가를 허가하지 아니하는 결정을 하여야 한다(민소법 제73조 제2항). 참가인은 법원의 참가 허부결정 및 소명을 명하는 결정에 대해 즉시항고할 수 있다(민소법 제73조 제3항).

3. 참가의 종료

참가인은 어느 때나 참가신청을 취하할 수 있는데 그 신청이 취하되어도 민사소송법 제77조의 참가적 효력을 받는다. 참가인이 한 소송행위는 취하에도 그 효력을 상실하지 아니한다.

Ⅳ 참가인의 소송상 지위

1. 종속적 지위

(1) 승소보조자로서의 지위

1) 승소보조자

보조참가인은 자신의 청구를 하지 않고 피참가인의 승소를 보조하는 자일뿐 당사자는 아니므로 그 지위는 피참가인에게 종속한다. 따라서 참가인은 판결을 받지 않고 증인도 될 수 있다. 판례는 소송계속 중 보조참가인이 사망하더라도 본소의 소송절차는 중단되지 아니하고 재심소송 계속 중에 보조참가인이 사망한 경우, 승계인에 의한 수계절차가 이루어지지 아니한 이상 보조참가인을 판결문의 당사자 표시에 보조참가인으로 기재하지 아니하였다 하여 거기에 어떤 위법이 있다고 할 수 없다(대판 1995.8.25. 94다27373)고 한다.

2) 보조참가인의 상소기간

① 학설 : 보조참가인은 당사자의 승소보조자에 불과하므로 참가인은 피참가인의 상소기간 내에만 상소할 수 있다고 하는 견해와 피참가인의 승소를 도모할 참가인의 독자적인 이익이 있으므로 보조참가인에게 판결정본이 송달된 때로부터 독자적인 항소기간을 인정해야 한다는 견해가 있다.

② 판례 : 판례는 피고 보조참가인은 참가할 때의 소송의 진행 정도에 따라 피참가인이 할 수 없는 소송행위를 할 수 없으므로, 피고 보조참가인이 상고장을 제출한 경우에 피고 보조참가인에 대하여 판결정본이 송달된 때로부터 기산한다면 상고기간 내의 상고라 하더라도 이미 피참가인인 피고에 대한 관계에 있어서 상고기간이 경과한 것이라면 피고 보조참가인의 상고 역시 상고기간 경과 후의 것이 되어 피고 보조참가인의 상고는 부적법하다(대판 2007.9.6. 2007다41966)고 한다. 또한 같은 취지에서 피참가인의 상고이유서 제출기간이 지난 후에 제출한 보조참가인의 상고이유서는 부적법하다(대판 1962.3.15. 4294행상145)고 판시하고 있다.

③ 검토 : 피참가인의 승소를 보조하는 보조참가인의 종속적 지위를 고려할 때 판례의 태도가 타당하다고 판단된다.

(2) 참가인이 할 수 없는 행위

1) 참가할 때의 소송정도에 따라 피참가인도 할 수 없는 행위

참가할 때의 소송정도에 따라 피참가인이 할 수 없는 행위는 참가인도 할 수 없다. 즉, 상고심에서 새로운 사실주장·증거신청, 자백의 취소, 시기에 늦은 공격방어방법의 제출, 피참가인의 상소기간경과 후의 상소제기 등은 할 수 없다.

2) 피참가인의 행위와 어긋나는 행위

① 소극적으로 불일치하는 행위 : 판례는 민사소송법 제76조 제2항이 규정하는 참가인의 소송행위가 피참가인의 소송행위에 어긋나는 경우라 함은 참가인의 소송행위가 피참가인의 행위와 명백히 적극적으로 배치되는 경우를 말하고 소극적으로만 피참가인의 행위와 불일치하는 때에는 이에 해당하지 않는 것인바,

피참가인인 피고가 원고가 주장하는 사실을 명백히 다투지 아니하여 민사소송법 제150조에 의하여 그 사실을 자백한 것으로 보게 될 경우라도 참가인이 보조참가를 신청하면서 그 사실에 대하여 다투는 것은 피참가인의 행위와 명백히 적극적으로 배치되는 경우라 할 수 없어 그 소송행위의 효력이 없다고 할 수 없다(대판 2007.11.29. 2007다53310)고 하여 이 경우에는 가능하다고 판시하고 있다.

② **피참가인에게 불이익한 사실을 인정하는 행위** : 보조참가인의 증거신청행위가 피참가인의 소송행위와 저촉되지 아니하고(즉, 피참가인이 증거신청행위와 저촉되는 소송행위를 한 바 없고), 그 증거들이 적법한 증거조사절차를 거쳐 법원에 현출되었다면 법원이 이들 증거에 터 잡아 피참가인에게 불이익한 사실을 인정하였다 하여 그것이 민사소송법 제70조 제2항에 위배된다고 할 수 없다(대판 1994.4.29. 94다3629)고 한다.

③ **적극적으로 배치되는 행위** : 판례는 피참가인이 자백한 뒤에 참가인이 부인하는 경우, 피참가인이 상소포기한 뒤에 참가인의 상소제기는 할 수 없다(대판 2000.1.18. 99다47365)고 보고 있다. 마찬가지로 참가인의 행위와 어긋나는 행위를 피참가인이 하는 경우에도 참가인의 행위는 무효가 된다. 즉, 참가인이 제기한 항소를 피참가인이 포기, 취하하면 항소제기는 무효가 된다(대판 2010.10.14. 2010다38168).

3) 피참가인에게 불이익한 행위

보조참가인은 소의 취하, 청구의 포기·인낙, 화해 등 피참가인에게 불이익한 행위를 할 수 없다.

4) 심판대상을 변경하고 확장하는 행위

소를 변경하거나(대판 1989.4.25. 86다2329), 확장하는 행위는 할 수 없다. 또한 반소, 중간확인의 소, 재심사유를 주장하여 재심청구를 추가할 수는 없다(대판 1992.10.9. 92므266).

5) 피참가인의 사법상 권리의 행사

① **문제점** : 민법은 일정한 경우 보조참가인이 피참가인의 사법상 권리를 행사할 수 있는 경우를 규정하고 있다(민법 제404조 제1항, 제418조 제2항). 이와 같은 명문의 규정이 없을 때 보조참가인이 피참가인의 권리를 행사할 수 있는지 논란이 있다.

② **학설** : 피참가인의 승소를 도모할 참가인의 독자적인 이익을 인정할 수 있으므로 피참가인의 사법상 권리의 행사를 인정하는 긍정설, 보조참가인은 피참가인의 승소보조자에 불과하므로 피참가인의 사법상 권리의 행사를 부정하는 부정설, 보조참가인은 원칙적으로 피참가인의 권리를 행사할 수 없으나 보조참가인이 권리를 행사한 경우 피참가인이 지체 없이 이의를 제기하지 않으면 묵시적 추인이 있는 것으로 볼 수 있다는 절충설이 대립하고 있다.

③ **검토** : 생각건대 보조참가인은 피참가인의 승소보조자에 불과하며 피참가인이 실체법상 권리를 행사하지 않았기 때문에 패소한 경우에는 참가적 효력이 배제되므로 참가인에게 권리행사를 인정할 실익도 없다는 점에서 부정설이 타당하다고 판단된다.

2. 독립적 지위

(1) 당사자에 준하는 지위

보조참가인의 소송수행권능은 피참가인으로부터 유래된 것이 아니라 독립의 권능이라고 할 것이므로 피참가인과는 별도로 보조참가인에 대하여도 기일의 통지, 소송서류의 송달 등을 행하여야 하고, 보조참가인에게 기일통지서 또는 출석요구서를 송달하지 아니함으로써 변론의 기회를 부여하지 아니한 채 행하여진 기일의 진행은 적법한 것으로 볼 수 없다. 다만, 기일통지서를 송달받지 못한 보조참가인이 변론기일에 직접 출석하여 변론할 기회를 가졌고, 위 변론 당시 기일통지서를 송달받지 못한 점에 관하여 이의를 하지 아니하였다면, 기일통지를 하지 않은 절차진행상의 흠이 치유된다(대판 2007.2.22. 2006다75641).

(2) 참가인이 할 수 있는 행위

참가인은 소송에 관하여 공격·방어·이의·상소, 그 밖의 모든 소송행위를 할 수 있다(민소법 제76조 제1항).

Ⅴ 참가적 효력

1. 의 의

참가적 효력이란 보조참가인이 피참가인을 보조해 공동으로 소송을 수행하였으나 피참가인이 패소한 경우 형평의 원칙상 참가인이 피참가인에게 그 패소판결이 부당하다고 주장할 수 없는 구속력을 말한다.

2. 발생요건

참가적 효력이 발생하기 위해서는 ① 당해소송에서 본안판결이 선고되었을 것, ② 피참가인이 패소하였을 것, ③ 그 판결이 확정되었을 것, ④ 참가인에게 피참가인을 위하여 소송을 수행할 기회가 있었을 것(대판 2015.5.28. 2012다78184) 등의 요건이 필요하다.

3. 범 위

(1) 주관적 범위

참가적 효력은 피참가인과 참가인 사이에만 미치고 상대방과 참가인 사이에서는 미치지 않는다. 따라서 본 소송에서 피참가인이 패소하고 난 뒤에 피참가인의 참가인에 대한 소송에서 참가인은 본소송의 판결의 내용이 부당하다고 주장할 수 없다. 판례도 보조참가인이 피참가인을 보조하여 공동으로 소송을 수행하였으나 피참가인이 그 소송에서 패소한 경우에는 형평의 원칙상 보조참가인이 피참가인에게 그 패소판결이 부당하다고 주장할 수 없도록 구속력을 미치게 하는 이른바 참가적 효력이 있음에 불과하므로 피참가인과 그 소송 상대방 간의 판결의 기판력이 참가인과 피참가인의 상대방과의 사이에까지는 미치지 아니한다(대판 1988.12.13. 86다카2289)고 판시하고 있다. 또한 전소가 확정판결이 아닌 화해권고결정에 의하여 종료된 경우에는 확정판결에서와 같은 법원의 사실상 및 법률상의 판단이 이루어졌다고 할 수 없으므로 참가적 효력이 인정되지 아니한다(대판 2015.5.28. 2012다78184)고 한다.

(2) 객관적 범위

참가적 효력은 판결주문뿐만 아니라 판결이유 중 판단에도 미친다. 따라서 피참가인이 패소한 후 참가인을 상대로 다시 소송을 할 때 참가인은 전소송의 판결의 기초가 되었던 사실인정이나 법률판단이 부당하다고 다툴 수 없다. 즉, 전소 확정판결의 참가적 효력은 전소 확정판결의 결론의 기초가 된 사실상 및 법률상의 판단으로서 보조참가인이 피참가인과 공동이익으로 주장하거나 다툴 수 있었던 사항에 한하여 미치고, 전소 확정판결에 필수적인 요소가 아니어서 결론에 영향을 미칠 수 없는 부가적 또는 보충적인 판단이나 방론 등에까지 미치는 것은 아니다(대판 1997.9.5. 95다42133).

4. 참가적 효력의 배제

(1) 의 의

참가인이 피참가인과 협력하여 소송을 수행하였다고 볼 수 없고 피참가인의 단독행위라고 볼 사정이 있는 경우에는 참가적 효력의 배제가 인정된다.

(2) 배제사유

상고심에서 참가하여 사실자료를 제출할 수 없었던 경우 등 민사소송법 제76조의 규정에 따라 참가인이 소송행위를 할 수 없었던 경우, 참가인의 행위가 피참가인의 행위와 어긋나 그 소송행위가 효력이 없는 경우, 피참가인이 참가인의 소송행위를 방해한 경우, 피참가인이 참가인이 할 수 없는 소송행위를 고의나 과실로 하지 아니한 경우 등에는 참가적 효력이 미치지 아니한다. 다만, 참가인으로서는 전술한 각 경우가 발생하지 않았다면 전소의 판결의 결과가 피참가인의 패소가 아니라 승소로 달라졌을 것을 주장·증명하여야 한다.

제2관 | 소송고지

Ⅰ 의 의

1. 개 념

소송고지란 소송계속 중 당사자가 소송참가를 할 이해관계에 있는 제3자에 대하여 일정한 방식에 따라 소송계속사실을 통지하는 것을 말한다(민소법 제84조).

2. 인정취지

피고지자에게 소송계속을 알려 피고지자의 이익을 옹호할 기회를 주고 아울러 피고지자에게 그 소송의 판결의 참가적 효력을 미치게 할 수 있는 점에 주된 취지가 있다.

Ⅱ 소송고지의 요건

① 소송계속 중일 것, ② 고지자는 계속 중인 소송의 당사자인 원·피고, 보조참가인 및 이들로부터 고지받은 피고지자이고, ③ 피고지자는 그 소송에 참가할 수 있는 제3자이며 ④ 고지서를 법원에 제출하고(민소법 제85조 제1항), 피고지자와 상대방에게 송달될 것을 요한다(민소법 제85조 제2항).

Ⅲ 소송고지의 효과

1. 소송법상 효과

(1) 피고지자의 지위

소송고지를 받은 피고지자의 참가 여부는 자유이다. 만일 피고지자가 참가하는 경우 고지자의 상대방만이 이의를 제기할 수 있고 피고지자는 이의를 제기할 수 없다. 피고지자가 참가하지 아니하는 경우 판결문에 피고지자의 이름을 표시할 필요는 없다.

(2) 참가적 효력

1) 참가적 효력의 범위

소송고지를 받은 사람이 참가하지 아니한 경우라도 참가적 효력을 적용할 때에는 참가할 수 있었을 때에 보조참가한 것으로 본다(민소법 제86조). 이 경우 참가적 효력은 보조참가를 할 수 있는 피고지자와 고지자가 소송할 경우에 미친다. 피고지자가 후소에서 주장할 수 없는 것은 전소확정판결의 결론의 기초가 된 사실상·법률상의 판단에 반하는 것으로서 피고지자가 보조참가를 하여 상대방에 대하여 고지자와 공동이익으로 주장하거나 다툴 수 있었던 사항에 한한다(대판 1986.2.25. 85다카2091). 따라서 고지자와 피고지자의 이해가 대립되는 사항에 대하여는 참가적 효력이 발생하지 아니한다.

2) 참가적 효력의 배제

고지자가 소송에서 필요한 항변을 하지 않아 고지자가 패소한 경우에는 피고지자에게는 참가적 효력의 배제 법리가 적용되어 참가적 효력이 미치지 아니한다.

3) 피고지자가 상대방 측에 보조참가한 경우

피고지자가 고지자가 아닌 고지자의 상대방에 보조참가하여 그 상대방이 승소한 경우에 피고지자가 참가하지 않은 경우에도 민사소송법 제86조의 규정상 소송고지의 참가적 효력이 미친다는 견해도 있으나 피고지자와 고지자가 패소판결의 기초를 공동형성한 것이 아니어서 고지자의 패소판결의 참가적 효력이 피고지자에게 미치지 아니한다고 보는 것이 타당하다.

(3) 기판력의 확장

소송고지는 피고지자에게 참가적 효력을 미치게 하려는 것이지만 기판력이 확장되는 경우도 있다. 가사소송법 제21조에 의하면 혼인의 무효의 소 또는 사실상 혼인관계 존부 확인청구 등 가사소송사건의 청구를 인용한 확정판결은 제3자에게도 효력이 있다. 청구를 배척한 판결이 확정된 경우에는 다른 제소권자는 사실심의 변론종결 전에 참가하지 못한 데 대하여 정당한 사유가 있지 아니하면 다시 소를 제기할 수 없다. 또한 채권자가 채권자대위소송 중 채무자에게 소송고지를 하면 참가하지 않은 경우라도 후에 채무자가 제3채무자를 상대로 소송할 경우에 기판력이 확장된다(대판 1975.5.13. 74다1664[전합]).

2. 실체법상 효과

(1) 시효중단효

소송고지는 민법상 최고(민법 제174조)에 해당하므로 시효중단의 효력이 있다.

(2) 시효중단의 효력발생

판례는 시효중단제도는 제도의 취지에 비추어 볼 때 기산점이나 만료점을 원권리자를 위하여 너그럽게 해석하는 것이 바람직하고, 소송고지에 의한 최고는 보통의 최고와는 달리 법원의 행위를 통하여 이루어지는 것이므로 만일 법원이 소송고지서의 송달사무를 우연한 사정으로 지체하는 바람에 소송고지서의 송달 전에 시효가 완성된다면 고지자가 예상치 못한 불이익을 입게 된다는 점 등을 고려하면, 소송고지에 의한 최고의 경우에는 민사소송법 제265조를 유추적용하여 당사자가 소송고지서를 법원에 제출한 때에 시효중단의 효력이 발생한다(대판 2015.5.14. 2014다16494)고 판시하고 있다.

(3) 시효중단효의 지속

1) 판 례

<u>판례는 소송고지로 인한 최고의 경우 보통의 최고와는 달리 법원의 행위를 통하여 이루어지는 것으로서,</u>
그 소송에 참가할 수 있는 제3자를 상대로 소송고지를 한 경우에 그 피고지자는 그가 실제로 그 소송에 참가
하였는지 여부와 관계없이 후일 고지자와의 소송에서 전소 확정판결에서의 결론의 기초가 된 사실상·법률
상의 판단에 반하는 것을 주장할 수 없어 <u>그 소송의 결과에 따라서는 피고지자에 대한 참가적 효력이라는</u>
<u>일정한 소송법상의 효력까지 발생함에 비추어 볼 때,</u> 고지자로서는 소송고지를 통하여 당해 소송의 결과에
따라 피고지자에게 권리를 행사하겠다는 취지의 의사를 표명한 것으로 볼 것이므로, <u>당해 소송이 계속 중인</u>
<u>동안은 최고에 의하여 권리를 행사하고 있는 상태가 지속되는 것으로 보아 민법 제174조에 규정된 6월의</u>
<u>기간은 당해 소송이 종료된 때로부터 기산되는 것으로</u> 해석하고 있다(대판 2009.7.9. 2009다14340).

2) 검 토

판례의 취지를 생각건대 소송고지서를 법원에 제출한 때에 시효중단의 효력이 발생하여 소송이 계속 중인
경우에는 최고에 의하여 권리를 행사하고 있는 상태가 지속되는 것으로 볼 수 있으므로 민법 제174조에 의하
여 당해 소송이 종료된 때부터, 즉 그 재판이 확정된 때로부터 6개월 내에 재판상 청구 등을 하면 시효중단의
효력이 유지된다고 이해할 수 있다.

제3관 | 공동소송적 보조참가

Ⅰ 의 의

1. 개 념

<u>공동소송적 보조참가란 타인 간의 소송계속 중에 당사자적격이 없는 자로서 판결의 효력을 받을 제3자가</u>
<u>보조참가하는 것</u>을 말한다.

2. 인정취지

보조참가와는 달리 <u>판결의 효력을 받는 참가인의 절차권을 실질적으로 보장하기 위하여 필수적 공동소송의</u>
규정을 준용하여 참가인에게 소송수행권을 부여하고 있다.

Ⅱ 요 건

1. 타인 사이의 소송이 계속 중일 것

공동소송적 보조참가도 타인 사이의 소송이 계속 중이어야 인정된다.

2. 당사자적격이 없을 것

공동소송적 보조참가인은 타인의 본소송에 당사자적격이 없어야 하고 당사자적격이 있으면 공동소송참가를
할 수 있다.

3. 판결의 효력이 미칠 것

공동소송적 보조참가는 판결의 효력이 제3자에게 미치는 경우 그 제3자가 당사자적격이 없거나, 당사자적격은 있으나 중복소제기에 해당하는 경우[92], 당사자적격은 있으나 제소기간이 도과되어 보조참가하는 경우에 인정된다.

(1) 제3자 소송담당의 경우

1) 갈음형

제3자 소송담당자 중 갈음형의 경우 소송담당자가 받은 판결의 효력은 권리귀속주체에게 미치므로(민소법 제218조 제3항), 당사자적격이 없는 권리귀속주체인 자가 보조참가를 하면 공동소송적 보조참가로 된다. 즉, ① 파산관재인의 소송 중 파산자 참가, ② 유언집행자의 소송에 상속인의 참가, ③ 회생회사 관리인의 소송에 회생회사의 참가, ④ 추심채권자의 소송 중 채무자참가 등이 이에 해당한다.

2) 병행형

① 채권자대위소송에서 채무자의 참가 : 전술한 채권자대위소송에 대한 주요논점을 참조하라.

② 주주대표소송에서 회사의 참가

    ㉠ 학설 : 법정소송담당설의 입장에서 회사는 기판력을 받을 자로서 당사자적격이 있고 별소가 아닌 소송참가는 중복소제기에 해당하지 아니하므로 공동소송참가가 가능하다는 공동소송참가설, 법정소송담당설의 입장에서 회사는 기판력을 받을 자로서 당사자적격이 있고 공동소송참가는 중복소제기에 해당하여 공동소송적 보조참가로 전환하여 참가를 허용해야 한다거나 공동소송참가는 중복소제기에 해당하지는 않으나 주주의 본소송에 의하여 회사의 권리를 대위행사한 경우에는 회사는 이제 관리처분권을 주주에게 빼앗겨 당사자적격을 상실하게 되므로 주주대표소송에 공동소송적 보조참가만 할 수 있다는 공동소송적 보조참가설이 대립하고 있다.

    ㉡ 판례 : 판례는 주주의 대표소송에 있어서 원고 주주가 원고로서 제대로 소송수행을 하지 못하거나 혹은 상대방이 된 이사와 결탁함으로써 회사의 권리보호에 미흡하여 회사의 이익이 침해될 염려가 있는 경우 그 판결의 효력을 받는 권리귀속주체인 회사가 이를 막거나 자신의 권리를 보호하기 위하여 소송수행권한을 가진 정당한 당사자로서 그 소송에 참가할 필요가 있으며, 회사가 대표소송에 당사자로서 참가하는 경우 소송경제가 도모될 뿐만 아니라 판결의 모순·저촉을 유발할 가능성도 없다는 사정과, 상법 제404조 제1항에서 특별히 참가에 관한 규정을 두어 주주의 대표소송의 특성을 살려 회사의 권익을 보호하려 한 입법 취지를 함께 고려할 때, 상법 제404조 제1항에서 규정하고 있는 회사의 참가는 공동소송참가를 의미하는 것으로 해석함이 타당하고, 나아가 이러한 해석이 중복제소를 금지하고 있는 민사소송법 제234조에 반하는 것도 아니(대판 2002.3.15. 2000다9086)라고 한다.

    ㉢ 검토 : 생각건대 회사는 대표소송의 당사자적격이 있고 그에게 판결의 효력이 미치고 상법은 민법 제405조 제2항과 같은 적격제한 규정이 없으므로 회사는 공동소송참가를 할 수 있다고 보는 것이 타당하다.

---

92) 별소가 아닌 소송참가는 중복소제기가 될 수 없다는 학설에 의하면 문제되지 아니한다.

(2) 제3자에게 판결의 효력이 확장되는 경우

1) 당사자적격이 없는 일반 제3자

가사소송(가사소송법 제21조), 행정소송(행정소송법 제29조), 회사관계소송(상법 제190조), 권한쟁의심판과 헌법소원심판청구(헌법재판소법 제40조) 등 판결의 효력이 일반 제3자에게 확장되는 경우 당사자적격이 없는 제3자가 보조참가하면 공동소송적 보조참가로 된다. 판례도 이사선임결의무효확인소송에서 피고적격이 있는 자는 회사이므로 당해 이사는 공동소송적 보조참가를 할 수 있다(대판 1983.3.22. 82다카1810[전합])고 한다. 93)

2) 제소기간을 도과한 후의 참가

형성소송은 제소기간의 제한을 두는 경우가 많은데 당사자적격자가 제소기간 내에는 공동소송참가가 가능하나 제소기간을 경과한 후에는 공동소송적 보조참가로 된다. 예를 들면 주주가 제기한 주주총회결의취소소송에 대하여 제소기간에 지난 후에 다른 주주가 참가하면 공동소송적 보조참가가 된다.

Ⅲ 참가절차

참가신청은 통상의 보조참가방식에 따른다. 즉, 참가취지와 참가이유를 밝혀 신청한다. 공동소송적 보조참가로 취급할지 여부는 당사자의 신청에 의한 것이 아니므로 당사자가 단순보조참가를 신청해도 법원이 법령해석에 의해 공동소송적 보조참가 여부를 결정한다(대판 1962.5.17. 4294행상172).

Ⅳ 참가인의 소송상 지위

1. 필수적 공동소송 규정준용

본소송의 판결의 효력을 직접 받는 공동소송적 보조참가인과 피참가인에 대해서는 필수적 공동소송인의 경우처럼 민사소송법 제67조 등을 준용한다(민소법 제78조). 따라서 통상 보조참가인과는 달리 필수적 공동소송인에 준하는 강한 소송수행권이 부여된다.

2. 독립적 지위

공동소송적 보조참가인은 피참가인의 행위와 어긋나는 행위를 할 수 있다. 따라서 보조참가에 관한 민사소송법 제76조 제2항의 규정은 적용되지 아니한다. 또한 참가인에게 소송절차 중단중지의 사유가 발생하여 참가인의 이익을 해할 우려가 있으면 소송절차는 정지된다(민소법 제67조 제3항). 참가인의 상소기간은 참가인에 대한 판결송달 시부터 독립하여 계산된다(민소법 제396조).

---

93) 그러나 당해이사가 회사의 현재 대표이사라면 회사를 대표하여 소송을 수행할 당사자적격이 인정된다.

3. 종속적 지위

공동소송적 보조참가인도 피참가인의 보조자로 당사자는 아니므로 독립적 지위에서 인정되는 사항 이외의 경우에는 통상의 보조참가인과 같은 종속적 지위를 가진다. 따라서 참가인은 청구의 포기·인낙, 화해, 소의 취하 등 처분행위를 할 수 없다. 판례도 같은 취지에서 통상의 보조참가인은 참가 당시의 소송상태를 전제로 하여 피참가인을 보조하기 위하여 참가하는 것이므로 참가할 때의 소송의 진행 정도에 따라 피참가인이 할 수 없는 행위를 할 수 없다(민사소송법 제76조 제1항 단서). 공동소송적 보조참가인 또한 판결의 효력을 받는 점에서 민사소송법 제78조, 제67조에 따라 필수적 공동소송인에 준하는 지위를 부여받기는 하였지만 원래 당사자가 아니라 보조참가인의 성질을 가지므로 위와 같은 점에서는 통상의 보조참가인과 마찬가지(대판 2015.10.29. 2014다13044)라고 한다.

Ⅴ 피참가인의 소송상 지위

1. 유사필수적 공동소송에 준하는 지위

민사소송법 제78조의 공동소송적 보조참가에는 필수적 공동소송에 관한 민사소송법 제67조 제1항, 즉 소송목적이 공동소송인 모두에게 합일적으로 확정되어야 할 공동소송의 경우에 공동소송인 가운데 한 사람의 소송행위는 모두의 이익을 위하여서만 효력을 가진다고 한 규정이 준용되므로, 피참가인의 소송행위는 모두의 이익을 위하여서만 효력을 가지고, 그 반대로 공동소송적 보조참가인에게 불이익이 되는 것은 효력이 없다(대결 2013.3.28. 2012마43). 따라서 공동소송적 보조참가는 그 성질상 필수적 공동소송 중에서 이른바 유사필수적 공동소송에 준한다(대결 2013.3.28. 2012마43).

2. 피참가인이 할 수 있는 소송행위

판례는 소취하는 판결이 확정될 때까지 할 수 있고 취하된 부분에 대해서는 소가 처음부터 계속되지 아니한 것으로 간주되며(민사소송법 제267조) 본안에 관한 종국판결이 선고된 경우에도 그 판결 역시 처음부터 존재하지 아니한 것으로 간주되므로, 이는 재판의 효력과는 직접적인 관련이 없는 소송행위로서 공동소송적 보조참가인에게 불이익이 된다고 할 것도 아니다. 따라서 피참가인이 공동소송적 보조참가인의 동의 없이 소를 취하하였다 하더라도 이는 유효하고 이러한 법리는 피참가인이 제기한 행정소송에 민사소송법의 준용에 의한 공동소송적 보조참가를 한 경우에도 마찬가지로 적용된다(대결 2013.3.28. 2012마43)고 한다.

3. 피참가인이 할 수 없는 소송행위

피참가인이 공동소송적 보조참가인의 동의를 요하는 불이익한 행위란 자백이나 청구의 포기·인낙, 재판상 화해와 같이 소송물의 처분이나 변경이라는 결과를 가져오거나 판결의 효력과 직결되는 행위로 제한된다. 참가인이 상고한 경우에 피참가인의 상고취하나 상고권 포기는 참가인에게 효력이 없다. 판례는 재심의 소에 공동소송적 보조참가인이 참가한 후에는 피참가인이 재심의 소를 취하하더라도 공동소송적 보조참가인의 동의가 없는 한 효력이 없다. 이는 재심의 소를 피참가인이 제기한 경우나 통상의 보조참가인이 제기한 경우에도 마찬가지이다. 특히 통상의 보조참가인이 재심의 소를 제기한 경우에는 피참가인이 통상의 보조참가인에 대한 관계에서 재심의 소를 취하할 권능이 있더라도 이를 통하여 공동소송적 보조참가인에게 불리한 영향을 미칠 수는 없으므로 피참가인의 재심의 소취하로 재심의 소제기가 무효로 된다거나 부적법하게 된다고 볼 것도 아니(대판 2015.10.29. 2014다13044)라고 한다.

Ⅵ 참가인에 미치는 판결의 효력

피참가인과 참가인 사이에는 본소송의 판결의 효력 중 참가적 효력이 미친다. 다만 민사소송법 제76조 제2항의 참가적 효력배제사유는 적용되지 아니한다. 피참가인과 상대방 사이에는 본소송의 판결의 효력 중 기판력이 참가인에게 미친다.

제4관 | 공동소송참가

Ⅰ 의 의

1. 개 념

공동소송참가란 소송의 목적이 한쪽 당사자와 제3자 사이에 합일적으로 확정될 경우에 판결의 효력을 받는 제3자가 공동소송인으로서 참가하는 것을 말한다.

2. 인정취지

공동소송참가는 판결의 효력을 받는 제3자가 별소를 제기하는 것보다 직접 당사자로 참가하는 것이 자기의 이익을 확보하는 데 적합하고 소송경제에도 부합하기 때문이다.

Ⅱ 요 건

1. 타인 사이의 소송이 계속 중일 것

타인 간의 소송이라면 소의 종류는 불문한다. 상고심에서도 참가를 허용할 것이라는 견해가 있으나 공동소송참가는 신소제기의 실질이 있으므로 상고심에서는 허용되지 아니한다는 것이 판례이다(대판 1961.5.4. 4292민상853).

2. 당사자적격이 있을 것

참가인은 당사자로서 참가하는 것이므로 당사자적격을 구비해야 하고 중복소제기에 해당하지 않아야 하며 제소기간이 있는 경우 제소기간을 준수하여야 한다. 따라서 이러한 소송요건을 구비하지 못한 경우에는 판결의 효력을 받는 경우라도 당사자로 참가할 수 없으므로 공동소송적 보조참가를 하여야 한다.

3. 합일확정의 필요가 있을 것

(1) 합일확정

소송목적이 피참가인, 그 상대방과 참가인에 대하여 합일적으로 확정될 경우라야 하며 이는 참가인과 당사자가 함께 소를 제기하거나 제기당하였을 때 판결의 효력이 미치거나 필수적 공동소송의 관계로 될 경우를 의미한다. 예를 들면 ① 주주 일부가 제기한 주주총회결의취소소송에서 그 판결의 효력을 받는 다른 주주가 제소기간 내에 원고 측에 참가하는 경우, ② 주주대표소송 중 회사가 원고 측에 참가하는 경우, ③ 추심명령을 받은 추심채권자의 추심의 소에 다른 채권자가 참가하는 경우를 들 수 있다.

(2) 유사필수적 공동소송

공동소송참가는 판결의 효력이 제3자에게도 미치는 경우에 한하여 허용되며 공동소송참가를 하면 결국 유사필수적 공동소송이 된다. 판결의 효력에는 반사적 효력이 포함된다는 견해도 있으나 반사적 효력은 판결의 부수적 효력에 불과하고 반사적 효력에 대한 명문의 규정이 없다는 점에서 부정할 것이다. 판례는 채권자대위소송계속 중 다른 채권자가 참가하는 경우 다른 채권자는 반사효가 아닌 기판력을 받기 때문에 공동소송참가를 할 수 있다고 판시하고 있다. 즉, 판례는 채권자대위소송이 계속 중인 상황에서 다른 채권자가 동일한 채무자를 대위하여 채권자대위권을 행사하면서 공동소송참가신청을 할 경우, 양 청구의 소송물이 동일하다면 민사소송법 제83조 제1항이 요구하는 '소송목적이 한쪽 당사자와 제3자에게 합일적으로 확정되어야 할 경우'에 해당하므로 참가신청은 적법하다. 이때 양 청구의 소송물이 동일한지는 채권자들이 각기 대위행사하는 피대위채권이 동일한지에 따라 결정되고, 채권자들이 각기 자신을 이행 상대방으로 하여 금전의 지급을 청구하였더라도 채권자들이 채무자를 대위하여 변제를 수령하게 될 뿐 자신의 채권에 대한 변제로서 수령하게 되는 것이 아니므로 이러한 채권자들의 청구가 서로 소송물이 다르다고 할 수 없다. 여기서 원고가 일부청구임을 명시하여 피대위채권의 일부만을 청구한 것으로 볼 수 있는 경우에는 참가인의 청구금액이 원고의 청구금액을 초과하지 아니하는 한 참가인의 청구가 원고의 청구와 소송물이 동일하여 중복된다고 할 수 있으므로 소송목적이 원고와 참가인에게 합일적으로 확정되어야 할 필요성을 인정할 수 있어 참가인의 공동소송참가신청을 적법한 것으로 보아야 한다(대판 2015.7.23. 2013다30301)고 하고 있다.

(3) 고유필수적 공동소송

고유필수적 공동소송에도 공동소송참가가 인정되는지 여부에 대해 고유필수적 공동소송에서는 일부누락의 경우 당사자적격의 흠결로 전 소를 각하하여야 하므로 참가는 불가능하다는 견해도 있으나 민사소송법 제68조에 의하여 고유필수적 공동소송의 경우에 일부누락된 공동소송인을 추가할 수 있지만 제1심에서만 허용되어 상고심에서도 허용되는 공동소송참가는 여전히 그 의의를 가질 수 있으므로 고유필수적 공동소송에서도 공동소송참가를 허용하는 것이 타당하다고 판단된다.

Ⅲ 참가절차

참가신청의 방식은 민사소송법 제72조가 준용된다(민소법 제83조 제2항). 다만, 참가신청은 소장 또는 답변서에 준하여 서면으로 하여야 하며 소장에 참가취지와 참가이유를 기재하여야 한다.

Ⅳ 참가인의 소송상 지위

공동소송참가가 적법한 경우 공동소송참가인과 피참가인의 관계는 필수적 공동소송인이 되므로 민사소송법 제67조가 적용된다.

제5관 | 독립당사자참가

Ⅰ 의 의

1. 개 념

독립당사자참가란 타인 간의 소송계속 중 제3자가 원·피고 양쪽 또는 한쪽을 상대방으로 하여 소송목적의 전부 또는 일부가 자기의 권리라고 주장하거나 소송결과에 따라 권리가 침해된다고 주장하면서 당사자로서 그 소송절차에 참가하는 것을 말한다.

2. 인정취지

독립당사자참가는 원고·피고·참가인 사이의 3면 분쟁을 일거에 해결하여 소송경제와 분쟁의 일회적 해결에 기여하고 심판의 모순·저촉을 방지하며 제3자에게 참여의 기회를 보장하기 위한 취지로 인정되고 있다.

Ⅱ 소송의 구조

독립당사자참가의 소송구조에 대하여 3개의 소송이 병합된 것이라는 3개소송병합설과 이당사자대립구조의 예외로서 원고·피고·참가인 간에 3면의 1개 소송관계가 성립되는 것으로 보는 3면소송설이 대립하고 있으나 판례는 독립당사자참가는 제3자가 당사자로서 소송에 참가하여 3당사자 사이의 3면적 소송관계를 하나의 판결로써 모순 없이 일시에 해결하려는 것이라고(대판 1995.6.16. 95다5905) 하여 3면소송설의 태도를 취하고 있다.

Ⅲ 참가요건

1. 타인 사이의 소송이 계속 중일 것

타인 사이의 소송이 항소심에 계속 중인 경우에도 참가가 가능하다. 다만, 독립당사자참가는 신소제기의 실질을 가지고 있으므로 상고심에서는 허용되지 아니한다(대판 1994.2.22. 93다43682). 판례는 타인 간 재심의 소에서 독립당사자참가가 가능한지 여부에 대해 확정된 판결에 대한 재심의 소는 확정된 판결의 취소와 본안사건에 관하여 확정된 판결에 갈음한 판결을 구하는 복합적 목적을 가진 것으로서 이론상으로는 재심의 허부와 재심이 허용됨을 전제로 한 본안심판의 두 단계로 구성되는 것이라고 할 수 있고, 따라서 재심소송이 가지는 위와 같은 복합적, 단계적인 성질에 비추어 볼 때, 제3자가 타인 간의 재심소송에 민사소송법 제72조에 의하여 당사자참가를 하였다면, 이 경우 제3자는 아직 재심대상판결에 재심사유 있음이 인정되어 본안사건이 부활되기 전에는 원·피고를 상대방으로 하여 소송의 목적의 전부나 일부가 자기의 권리임을 주장하거나 소송의 결과에 의하여 권리의 침해를 받을 것을 주장할 여지가 없는 것이고, 재심사유 있음이 인정되어 본안사건이 부활된 다음에 이르러서 비로소 위와 같은 주장을 할 수 있는 것이므로, 결국 제3자는 재심대상판결에 재심사유가 있음이 인정되어 본안소송이 부활되는 단계를 위하여 당사자참가를 하는 것(대판 1994.12.27. 92다22473)이라고 한다.

2. 참가이유

(1) 권리주장참가

1) 의 의

권리주장참가는 제3자가 소송목적의 전부 또는 일부가 자기의 권리임을 주장하면서 참가하는 경우를 말한다. 참가인은 본소청구와 양립할 수 없는 주장을 하는 자체로 참가이유를 구비하게 되고 본안심리의 결과 실제로 양립이 가능하더라도 참가가 부적법하게 되는 것은 아니다. 판례는 독립당사자참가 중 권리주장참가는 소송의 목적의 전부나 일부가 자기의 권리임을 주장하면 되는 것이므로 참가하려는 소송에 수개의 청구가 병합된 경우 그중 어느 하나의 청구라도 독립당사자참가인의 주장과 양립하지 않는 관계에 있으면 그 본소청구에 대한 참가가 허용된다고 할 것이고, 양립할 수 없는 본소청구에 관하여 본안에 들어가 심리한 결과 이유가 없는 것으로 판단된다고 하더라도 참가신청이 부적법하게 되는 것은 아니(대판 2007.6.15. 2006다80322)라고 판시하고 있다.

2) 권리주장참가의 적부에 대한 판례

① 권리주장참가가 적법한 사례 : 참가인의 권리가 물권이든 채권이든 1개의 권리를 본소의 원고와 참가인이 각자 주장하는 경우 어느 한쪽의 청구권이 인정되면 다른 쪽의 청구권이 인정될 수 없으므로 참가신청은 적법하다.

　㉠ 채권의 이중양도 : 원고는 부동산을 피고로부터 매수한 당사자가 소외 갑회사라고 주장하면서 그 매매계약해제에 따라 위 회사가 피고에 대하여 취득한 중도금반환채권을 전부받은 자로서 피고에게 그 이행을 구하고 있고 이에 대하여 참가인은 위 부동산의 매수인이 위 갑회사 아닌 소외 을회사라고 주장하며 그 회사의 중도금반환채권을 참가인이 양도받았다 하여 원고에 대하여는 참가인의 권리확인을 구하고 피고에 대하여는 위 금원의 지급을 구하고 있는 경우 원고의 피고에 대한 전부금채권과 참가인의 피고에 대한 양수금채권은 어느 한쪽의 채권이 인정되면 다른 한쪽의 채권은 인정될 수 없는 것으로서 각 청구가 서로 양립할 수 없는 관계에 있고 이는 하나의 판결로써 모순 없이 일시에 해결할 수 있는 경우에 해당한다고 할 것이고, 참가인은 원고에 의하여 자기의 권리 또는 법률상의 지위를 부인당하고 있는 자로서 그 불안을 제거하기 위하여 피고에 대한 위 중도금반환채권이 참가인에게 있다는 확인의 소를 제기하는 것이 유효적절한 수단이라고 할 것이므로 결국 참가인이 피고에 대하여 위 채권액의 지급을 구함과 동시에 원고에 대하여 채권확인의 소를 구한 것은 확인의 이익이 있는 적법한 청구라고 할 것이어서 그 당사자참가는 적법하다(대판 1991.12.24. 91다21145).

　㉡ 소유권에 기한 인도청구 : 원고가 토지에 대한 점유취득시효가 완성되었음을 이유로 피고를 상대로 소유권이전등기를 구하는 본소에 대하여, 그 소유권의 귀속을 다투는 원고와 피고를 상대로 그 토지가 자신의 소유라는 확인을 구함과 아울러 원고에게 그 토지 중 원고가 점유하고 있는 부분의 인도를 구하는 독립당사자참가를 한 경우, 원고의 본소 청구와 참가인의 청구는 그 주장 자체에서 서로 양립할 수 없는 관계에 있어 그들 사이의 분쟁을 1개의 판결로 모순 없이 일시에 해결할 경우에 해당하므로 독립당사자참가로서의 요건을 갖춘 적법한 것이다(대판 1997.9.12. 95다25886).

　㉢ 매매계약에 기한 이전등기청구(매매사실이 1개인 경우) : 갑(원고)은 을(피고)과의 사이에 체결된 매매계약의 매수당사자가 갑이라고 주장하면서 그 소유권이전등기절차이행을 구하고 있고 이에 대하여 병(참가인)은 자기가 그 매수당사자라고 주장하는 경우라면 병은 갑에 의하여 자기의 권리 또는 법률상의 지위를 부인당하고 있는 한편 그 불안을 제거하기 위하여서는 매수인으로서의 권리의무가 병에

있다는 확인의 소를 제기하는 것이 유효적절한 수단이라고 보여지므로 결국 병이 을에 대하여 그 소유권이전등기절차의 이행을 구함과 동시에 갑에 대하여 소유권이전등기청구권 등 부존재확인의 소를 구하는 것은 확인의 이익이 있는 적법한 것이라고 할 것이다(대판 1988.3.8. 86다148).

ⓔ **소유권확인청구** : 소유권확인을 구하는 원고들의 본소청구에 대하여 참가인은 피고에 대하여 토지에 대한 피고 명의의 소유권보존등기말소 및 그 토지가 참가인 및 선정자들의 소유권임의 확인을 구하고 원고들에 대하여도 위와 같은 소유권 확인을 구하고 있으므로, 참가인은 피고에 대하여 일정한 청구를 하고 있음은 물론이고 원고들에 대하여도 일정한 청구를 하고 있으며, 원고들의 청구와 참가인의 청구는 서로 양립할 수 없는 관계에 있으므로 독립당사자참가는 적법하다(대판 1998.7.10. 98다5708).

ⓜ **명의신탁해지에 따른 이전등기청구** : 갑이 을 명의로 된 부동산의 실질적인 소유자라고 주장하면서 을에 대하여 명의신탁 해지로 인한 이전등기절차의 이행을 구하는 본소에 대하여, 병이 자신이 실질적인 소유자로서 을에게 명의신탁을 해 둔 것이라고 주장하면서 을에 대하여는 명의신탁 해지로 인한 이전등기절차의 이행을 구하고 갑에 대하여는 이전등기청구권의 존재 확인을 구하는 독립당사자참가를 한 경우, 갑의 을에 대한 명의신탁 해지로 인한 이전등기청구권과 병의 을에 대한 명의신탁 해지로 인한 이전등기청구권은 어느 한쪽의 청구권이 인정되면 다른 한쪽의 청구권은 인정될 수 없는 것으로서 각 청구가 서로 양립할 수 없는 관계에 있어 하나의 판결로써 모순 없이 일시에 해결할 수 있는 경우에 해당하고, 병은 갑에 의하여 자기의 권리 또는 법률상의 지위를 부인당하고 있는 자로서 그 불안을 제거하기 위하여 을에 대한 이전등기청구권이 병에게 있다는 확인의 소를 제기하는 것이 유효적절한 수단이어서 병이 을에 대하여 이전등기절차의 이행을 구함과 동시에 갑에 대하여 이전등기청구권의 존재확인을 구하는 것은 확인의 이익이 있는 적법한 청구이므로 병의 당사자참가는 적법하다(대판 1995.6.16. 95다5905).

ⓗ **점유취득시효완성을 원인으로 한 이전등기청구** : 갑이 을에 대하여 취득시효 완성을 원인으로 한 소유권이전등기를 구하는 본소에 대하여, 병이 을에 대하여는 취득시효 완성을 원인으로 한 소유권이전등기를, 그리고 갑에 대하여는 관리위탁계약의 해제를 이유로 토지의 인도를 각 청구한 경우, 갑의 을에 대한 청구와 병의 을에 대한 청구는 주장하는 권리가 채권적인 권리인 등기청구권이기는 하나 어느 한쪽의 청구권이 인정되면 다른 한쪽의 청구권은 인정될 수 없는 것으로서 각 청구가 서로 양립할 수 없는 관계에 있으므로, 병의 독립당사자참가 신청은 적법하다(대판 1996.6.28. 94다50595).

② **권리주장참가가 부적법한 사례**

㉠ **부동산이중매매**

㉮ **학설** : 민사소송법 제79조는 실체법적으로 유효하게 대항할 수 있는 법률상 이유가 있을 것을 요하지 아니하여 주장 자체로 양립 불가하면 족하므로 참가인의 참가신청은 적법하다는 적법설과 민사소송법 제79조는 소송목적의 전·일부가 자기의 권리라고 주장하는 경우로 한정하였으므로 원고와 피고가 모두 승소할 수 있는 이중매매의 경우에는 참가가 부적법하다는 부적법설이 대립하고 있다.

㉯ **판례** : 하급심 판례는 타인 간의 소송목적의 전부 또는 일부가 자기의 권리임을 주장하는 독립당사자참가는 본소청구와 참가인의 청구가 서로 양립할 수 없는 관계에 있어 하나의 판결로써 모순 없이 일시에 해결할 수 있는 경우에 허용되는 것인데, 참가인의 주장 자체에 의하더라도 참가인은 원고에 대하여 이중매수인의 지위에 있어 소유권이전등기를 마치기 전까지는 서로 소유권을 주장할 수 없는 관계에 있고, 피고가 원고에 대하여 소유권이전등기의무를 지는 경우라도 참가인에

대한 소유권이전등기의무 역시 이와 양립할 수 있는 법률관계이므로 참가인의 참가신청이 참가요건을 갖추지 못하여 부적법하다(서울지판 2004.3.25. 2002나44365)고 하여 참가인의 신청은 참가요건을 갖추지 못하였으므로 부적법하다고 한다.

ⓒ 검토 : 부동산 이중매매에서 참가인(제1매수인)의 청구와 원고의 청구는 주장 자체로 양립이 가능하므로 참가신청이 부적법하다는 판례의 태도가 타당하다고 판단된다.

ⓛ 매매를 원인으로 한 소유권이전등기청구 : 원고의 피고에 대한 본소청구인 매매를 원인으로 한 소유권이전등기절차 이행청구와 참가인의 피고에 대한 청구인 취득시효완성을 원인으로 한 소유권이전등기절차 이행청구는 합일확정을 필요로 하는 동일한 권리관계에 관한 것이 아니어서 서로 양립될 수 있으므로 독립당사자참가는 부적법하다(대판 1982.12.14. 80다1872).

(2) 사해방지참가

1) 의 의

사해방지참가란 제3자가 소송결과에 따라 권리가 침해된다고 주장하면서 참가하는 경우를 말한다. 권리주장참가와는 달리 원고의 본소청구와 참가인의 청구가 양립 가능한 때에도 사해방지참가가 가능하고 권리주장참가를 하여 각하된 후에 다시 사해방지참가를 하는 경우에도 기판력의 저촉을 받지 아니함을 유의하여야 한다.

2) 권리침해의 의미

① 학설 : 소송의 결과에 따라 권리가 침해된다는 것은 본소판결의 기판력이나 반사효가 제3자에게 미쳐 권리가 침해되는 것을 의미한다는 판결효설, 본소판결을 논리적 전제로 하여 이해관계가 있어 사실상 권리가 침해되는 경우를 의미한다는 이해관계설, 본소의 당사자에게 사해의사가 있음이 객관적으로 인정되어 권리가 침해되는 경우를 말한다는 사해의사설이 대립하고 있다.

② 판례 : 판례는 사해방지참가를 하기 위하여는 본소의 원고와 피고가 당해 소송을 통하여 제3자를 해할 의사를 갖고 있다고 객관적으로 인정되고 그 소송의 결과 제3자의 권리 또는 법률상의 지위가 침해될 염려가 있다고 인정되어야 한다(대판 1997.6.27. 95다40977)고 하여 사해의사설을 취하고 있다.

③ 검토 : 생각건대 판결효설은 참가범위가 지나치게 협소하고 이해관계설은 보조참가의 요건과의 구별이 불분명하므로 사해의사설이 타당하다.

3) 사해방지참가의 적부에 대한 판례

① 사해방지참가가 적법한 사례 – 근저당권설정등기회복소송에서 승낙의무 있는 후순위저당권자의 참가 : 근저당권설정등기의 불법말소를 이유로 그 회복등기를 구하는 본안소송에서 원고가 승소판결을 받는다고 하더라도 그 후순위 근저당권자가 있는 경우에는 바로 회복등기를 할 수 있는 것은 아니고 부동산등기법 제75조에 의하여 이해관계 있는 제3자인 후순위 근저당권자의 승낙서 또는 이에 대항할 수 있는 재판의 등본을 첨부하여야 하므로 원고로서는 후순위 근저당권자를 상대로 승낙을 구하는 소송을 별도로 제기하여 승소판결을 받아야 하고, 따라서 본안소송에서 원고가 승소판결을 받는다고 하더라도 그 기판력은 회복등기에 대한 승낙을 구하는 소송에는 미치지 아니하므로 후순위 근저당권자는 그 소송에서 위 근저당권이 불법으로 말소되었는지의 여부를 다툴 수 있는 것이기는 하지만, 말소회복등기소송에서의 사실인정 관계가 승낙의사표시 청구소송에서도 유지되어 후순위 근저당권자는 선순위 근저당권을 수인하여야 할 것이기에 본안소송의 결과는 당연히 후순위 근저당권자를 상대로 승낙을 구하는 소에 사실상 영향을 미치게 됨으로써 후순위 근저당권자의 권리의 실현 또는 법률상의 지위가 침해될 염려가 있다 할 것이다.

따라서 후순위 근저당권자에게는 원·피고들에 대한 근저당권부존재확인청구라는 참가소송을 통하여 후일 발생하게 될 이러한 불안 내지 염려를 사전에 차단할 필요가 있는 것이고, 이러한 참가소송은 사해판결로 인하여 초래될 이러한 장애를 방지하기 위한 유효적절한 수단이 된다고 할 것이다(대판 2001.8.24. 2000다12785).

② 사해방지참가가 부적법한 사례

㉠ 공동저당에 제공된 물상보증인 소유의 부동산이 먼저 경매된 경우 채무자의 참가 : [1] 민사소송법 제79조 제1항에 규정된 독립당사자참가는 다른 사람 사이에 소송이 계속 중일 때 소송대상의 전부나 일부가 자기의 권리라고 주장하거나, 소송결과에 따라 권리가 침해된다고 주장하는 제3자가 당사자로서 소송에 참가하여 세 당사자 사이에 서로 대립하는 권리 또는 법률관계를 하나의 판결로써 서로 모순 없이 일시에 해결하려는 것이다. 그러므로 독립당사자참가 중 권리주장참가는 원고의 본소청구와 참가인의 청구가 주장 자체에서 양립할 수 없는 관계라고 볼 수 있는 경우에 허용될 수 있고, 사해방지참가는 본소의 원고와 피고가 소송을 통하여 참가인의 권리를 침해할 의사가 있다고 객관적으로 인정되고 소송의 결과 참가인의 권리 또는 법률상 지위가 침해될 우려가 있다고 인정되는 경우에 허용될 수 있다.

[2] 갑 소유의 부동산과 채무자인 을 소유의 부동산을 공동저당의 목적으로 하여 병 은행 앞으로 선순위근저당권이 설정된 후 갑 소유의 부동산에 관하여 정 앞으로 후순위근저당권이 설정되었는데, 갑 소유의 부동산에 관하여 먼저 경매절차가 진행되어 병 은행이 채권 전액을 회수하였고, 이에 정이 갑 소유의 부동산에 대한 후순위저당권자로서 물상보증인에게 이전된 근저당권으로부터 우선하여 변제를 받을 수 있다고 주장하며 병 은행 등을 상대로 근저당권설정등기의 이전을 구하자, 갑이 을에 대해 취득한 구상금 채권이 상계로 소멸하였다고 주장하며 을이 병 은행을 상대로 근저당권설정등기의 말소를 구하는 독립당사자 참가신청을 한 경우, 을의 말소등기청구는 등기의 이전을 구하는 정의 청구와 동일한 권리관계에 관하여 주장 자체로 양립되지 않는 관계에 있지 않으므로 민사소송법 제79조 제1항 전단에 따른 권리주장참가의 요건을 갖추지 못하였고, 정과 병 은행이 소송을 통하여 을의 권리를 침해할 의사가 있다고 객관적으로 인정하기도 어려우므로 민사소송법 제79조 제1항 후단에 따른 사해방지참가의 요건을 갖추었다고 볼 수도 없어 을의 독립당사자 참가신청은 부적법하다(대판 2017.4.26. 2014다221777).

㉡ 원고에 대하여 사해행위취소를 청구하면서 행한 채권자의 참가 : 채권자가 사해행위의 취소와 함께 수익자 또는 전득자로부터 책임재산의 회복을 명하는 사해행위취소의 판결을 받은 경우 취소의 효과는 채권자와 수익자 또는 전득자 사이에만 미치므로, 수익자 또는 전득자가 채권자에 대하여 사해행위의 취소로 인한 원상회복 의무를 부담하게 될 뿐, 채권자와 채무자 사이에서 취소로 인한 법률관계가 형성되거나 취소의 효력이 소급하여 채무자의 책임재산으로 복구되는 것은 아니다. 이러한 사해행위취소의 상대적 효력에 의하면, 원고의 피고에 대한 청구의 원인행위가 사해행위라는 이유로 원고에 대하여 사해행위취소를 청구하면서 독립당사자참가신청을 하는 경우, 독립당사자참가인의 청구가 그대로 받아들여진다 하더라도 원고와 피고 사이의 법률관계에는 아무런 영향이 없고, 따라서 그러한 참가신청은 사해방지참가의 목적을 달성할 수 없으므로 부적법하다(대판 2014.6.12. 2012다47548).

4) 참가이유가 명백하지 아니한 경우

판례는 참가인이 그 참가가 권리주장참가인지 또는 사해방지참가인지의 여부를 명백히 밝히고 있지 않다면, 원심으로서는 석명권의 행사를 통하여 그 참가가 권리주장참가인지 사해방지참가인지의 여부를 명백히 한 연후에 참가의 적법 여부를 심리하였어야 할 것임에도 불구하고 이를 밝혀 보지도 아니한 채 참가인이 사해방지참가를 하는 것으로는 보이지 아니한다고 판단한 원심판결에는 석명권 불행사로 인한 심리미진의 위법이 있다(대판 1994.11.25. 94다12517)고 판시하고 있다.

3. 참가취지

참가인이 당사자의 양쪽을 상대방으로 하여 참가하는 것을 쌍면참가라고 하고, 당사자의 한쪽을 상대방으로 하여 참가하는 것을 편면참가라고 한다. 종래 판례는 편면참가나 참가인이 피고에게만 새로운 청구를 하고 원고에게는 원고의 피고에 대한 청구의 기각을 구할 뿐인 경우 등 실질적인 편면참가는 부적법하다고 보고 있었다. 2002년 개정 민사소송법 제79조 제1항은 편면참가를 명시적으로 규정하여 편면참가 허부에 대한 논란을 입법적으로 해결하였다.

4. 청구병합의 요건 및 소송요건을 갖출 것

독립당사자참가는 본소청구에 참가인의 청구가 병합되는 것이므로 청구의 병합의 요건인 동종절차 및 공통관할이라는 요건을 갖추어야 한다. 또한 신소제기의 실질이 있으므로 일반적인 소송요건도 구비하여야 한다. 판례는 독립당사자참가인의 권리 또는 법률상의 지위가 원고로부터 부인당하거나 또는 그와 저촉되는 주장을 당함으로써 위협을 받거나 방해를 받는 경우에는 독립당사자참가인은 원고를 상대로 자기의 권리 또는 법률관계의 확인을 구하여야 할 것이고, 자기의 권리 또는 법률상의 지위를 부인하는 원고가 자기의 주장과는 양립할 수 없는 제3자에 대한 권리 또는 법률관계를 주장한다고 하여 원고 주장의 그 제3자에 대한 권리 또는 법률관계가 부존재한다는 것만의 확인을 구하는 것은, 설령 그 확인의 소에서 독립당사자참가인이 승소판결을 받는다고 하더라도 그 판결로 인하여 원고에 대한 관계에서 자기의 권리가 확정되는 것도 아니고 그 판결의 효력이 제3자에게 미치는 것도 아니어서, 그와 같은 부존재확인의 소는 자기의 권리 또는 법률적 지위에 현존하는 불안, 위험을 해소시키기 위한 유효적절한 수단이 될 수 없어서 확인의 이익이 없다(대판 2014.11.13. 2009다71312)고 한다.

IV 참가절차

1. 참가신청

독립당사자참가는 신소제기의 실질을 가지고 있으므로 서면으로 하고 소장에 준하는 인지를 붙여야 한다. 참가신청방식은 민사소송법 제72조를 준용한다(민소법 제79조 제2항).

2. 독립당사자참가를 하면서 예비적으로 보조참가를 할 수 있는지 여부

판례는 독립당사자참가는 소송의 목적의 전부나 일부가 자기의 권리임을 주장하거나 소송의 결과에 의하여 권리의 침해를 받을 것을 주장하는 제3자가 독립한 당사자로서 원·피고 쌍방을 상대방으로 하여 소송에 참가하여 3당사자 사이에 서로 대립되는 권리 또는 법률관계를 하나의 판결로써 모순 없이 일거에 해결하려는 제도이고, <u>보조참가는 원·피고의 어느 일방의 승소를 보조하기 위하여 소송에 참가하는 것으로서, 이러한 제도의 본래의 취지에 비추어 볼 때, 당사자참가를 하면서 예비적으로 보조참가를 한다는 것은 허용될 수 없다</u>(대판 1994.12.27. 92다22473)고 판시하고 있다.

3. 참가신청의 효과

<u>독립당사자참가는 신소제기의 실질을 가지고 있으므로 시효중단 또는 법률상 기간준수의 효력이 생기며</u>(민소법 제265조), <u>보조참가와 달리 종전 당사자는 참가자에게 이의를 제기할 수 없다.</u> 그러나 종전 당사자는 참가인에 대한 관계에서 피고의 지위에 서게 되므로 참가인을 상대로 반소를 제기할 수 있다(대판 1969.5.13. 68다656).

Ⅴ 참가심판

1. 참가요건과 소송요건 조사

독립당사자참가신청이 있으면 법원은 <u>참가요건을 우선 직권으로 조사한다. 그 결과 참가요건에 흠이 있는 경우에는 다수설은 독립의 소로서의 요건을 갖춘 경우에는 통상공동소송의 형식으로 심리할 것이라고 하나 통상의 공동소송으로의 전환을 인정하는 것은 법이 허용하는 소송참가를 잠탈할 우려가 있어 이를 부정하는 판례의 태도</u>(대판 1993.3.12. 92다48789)가 타당하다고 판단된다. 다만, 판례는 독립당사자참가가 부적법하게 되었을 때 보조참가로의 전환은 인정하고 있다. 최근 판례는 독립당사자참가인이 수 개의 청구를 병합하여 독립당사자참가를 하는 경우에는 각 청구별로 독립당사자참가의 요건을 갖추어야 하고, 편면적 독립당사자참가가 허용된다고 하여, 참가인이 독립당사자참가의 요건을 갖추지 못한 청구를 추가하는 것을 허용하는 것은 아니라고 판시(대판 2022.10.14. 2022다241608)하고 있다.

2. 본안심판

(1) 합일확정 필요

참가신청이 적법하다면 본안심판에서는 원고·피고·참가인 3자 간 상호대립·견제관계에서 분쟁의 모순 없는 해결을 위해 민사소송법 제67조가 준용되므로 필수적 공동소송의 심판형태와 같이 연합관계에 있게 된다. 다만, 원고·피고와 참가인의 소송이 강제되는 것은 아니므로 <u>유사필수적 공동소송의 법리에 따라서 규율된다.</u>

(2) 본안심리

1) 소송자료의 통일

<u>한 사람의 소송행위는 모두의 이익을 위하여만 효력이 있다</u>(민소법 제79조 제2항). <u>원·피고·참가인 중 한 사람의 소송행위가 유리한 때에는 모두에게 효력이 있다.</u> 참가인의 주장에 대해 원고가 그 주장사실을 다투거나, 증거제출, 항변한 경우 피고도 다투거나 증거제출, 항변한 것으로 된다. 판례는 민사소송법 제79조에 의한

소송은 동일한 권리관계에 관하여 원고, 피고 및 참가인 상호 간의 다툼을 하나의 소송절차로 한꺼번에 모순 없이 해결하려는 소송형태로서 두 당사자 사이의 소송행위는 나머지 1인에게 불이익이 되는 한 두 당사자 간에도 효력이 발생하지 않는다고 할 것이므로, 원·피고 사이에만 재판상 화해를 하는 것은 3자 간의 합일확정의 목적에 반하기 때문에 허용되지 않는다(대판 2005.5.26. 2004다25901)94)고 한다. <u>한 사람의 소송행위가 다른 당사자에게 불리한 때에는 효력이 없다.</u> 따라서 1인의 자백, 청구의 포기·인낙, 화해, 상소취하 등은 불리한 소송행위이므로 다른 당사자가 문제 삼는 한 효력이 없다. <u>다만, 독립당사자참가는 유사필수적 공동소송에 준하므로 본소취하와 참가신청취하는 가능</u>할 것이다.

2) 소송진행의 통일

본안심리에 있어서는 소송진행의 통일이 요구된다. 3당사자 사이의 소송절차는 필수적 공동소송과 같이 기일은 공통으로 정해야 하며 변론의 분리는 허용되지 아니한다. 또한 어느 1인에 관하여 중단·중지사유가 생기면 전 소송절차가 정지된다(민소법 제67조 제3항). 당사자 한 사람이 기일지정신청을 하면서 전 소송에 대하여 기일을 지정하여야 한다.

3. 본안판결

3자 간 모순 없는 해결을 위하여 반드시 1개의 전부판결을 하여야 하고 일부판결은 허용되지 아니한다. 일부판결을 한 경우에는 전부판결로 취급하고 판단누락에 준하는 위법을 이유로 상소나 재심으로 취소할 수 있고 (민소법 제451조 제1항 제9호), 원심에서 추가판결을 할 수 없다.

4. 판결에 대한 상소

(1) 상소의 효력

전부판결에 대해 <u>전부상소</u>한 경우에는 전부이심되며 전부심판의 대상이 된다. 전부판결에 일부상소한 경우에는 상소불가분의 원칙이 적용되어 전부이심되며 상소하지 않은 당사자는 단순한 상소심당사자가 되고 불이익변경금지의 원칙이 배제되어 전부심판의 대상이 된다. 독립당사자참가는 <u>일부판결이 허용되지 아니하므로 일부판결을 한 경우 판단누락에 준하는 위법이 있는 전부판결로 취급한다.</u>

(2) 이심의 범위

1) 문제점

3당사자 가운데 두 당사자가 패소하였으나 그중 한 사람만이 승소당사자를 상대로 상소를 제기한 경우, 상소를 제기하지 않은 다른 패소당사자에 대한 판결 부분도 이심되는지 아니면 분리확정되는지 문제 된다.

2) 학 설

<u>상소불가분의 원칙상 상소를 제기하지 않은 다른 패소당사자에 대한 판결 부분도 이심된다는 이심설과 민사소송법이 처분권주의를 채택하고 있으므로</u> 상소하지 않은 당사자의 소송관계는 확정되고 이심되지 않는다는 분리확정설이 대립하고 있다.

---

94) 독립당사자참가인이 화해권고결정에 대하여 이의한 경우, 이의의 효력이 원·피고 사이에도 미친다고 한 사례

3) 판례

판례는 민사소송법 제79조에 의한 독립당사자참가소송에서 원고, 피고, 참가인 간의 소송에 대하여 본안판결을 할 때에는 위 세 당사자를 판결의 명의인으로 하는 하나의 종국판결을 선고함으로써 위 세 당사자들 사이에서 합일확정적인 결론을 내려야 하고, 이러한 본안판결에 대하여 일방이 항소한 경우에는 제1심판결 전체의 확정이 차단되고 사건 전부에 관하여 이심의 효력이 생긴다(대판 2007.10.26. 2006다86573)고 하여 이심설의 태도를 취하고 있다. 다만, 제1심판결에서 참가인의 독립당사자참가신청을 각하하고 원고의 청구를 기각한 데 대하여 참가인은 항소기간 내에 항소를 제기하지 아니하였고, 원고만이 항소한 경우에는 독립당사자참가신청을 각하한 부분은 원고의 항소에도 불구하고 피고에 대한 본소청구와는 별도로 이미 확정되었다(대판 1992.5.26. 91다4669)고 한다.

4) 검 토

독립당사자참가는 3인 사이에 본안에 관하여 합일확정을 목적으로 하고 있어 분리확정된다면 판결의 모순·저촉의 우려가 있으므로 이심설이 타당하다고 판단된다.

(3) 상소하지 않은 당사자의 지위

상소하지 않은 당사자의 지위에 대해 상소심당사자설, 상소인설, 피상소인설, 승소자에게는 상소인, 패소자에게는 피상소인이 된다는 상대적 이중지위설이 주장되고 있으나 상소하지 않은 당사자는 합일확정의 요청에 따라 상소심에 관여하게 되는 단순한 상소심당사자로 보는 통설·판례(대판 1981.12.8. 80다577)의 태도인 상소심당사자설이 타당하다.

(4) 심판의 범위

3자 간의 모순 없는 해결을 위해 불이익변경금지의 원칙은 적용되지 아니한다(민소법 제415조). 판례는 ① 참가인의 참가신청이 적법하고, ② 합일확정의 필요가 있는 경우에 불이익변경금지의 원칙이 적용된다고 하면서 일정한 경우에는 동 원칙이 적용되는 경우도 있음을 상정하고 있다(대판 2007.12.14. 2007다37776).

1) 불이익변경금지의 원칙의 배제

① **판결 변경의 가능성** : 판례는 민사소송법 제79조에 의한 독립당사자참가소송의 경우 항소심의 심판대상은 실제 항소를 제기한 자의 항소 취지에 나타난 불복범위에 한정하되 위 세 당사자 사이의 결론의 합일확정의 필요성을 고려하여 그 심판의 범위를 판단하여야 하고, 이에 따라 항소심에서 심리·판단을 거쳐 결론을 내림에 있어 위 세 당사자 사이의 결론의 합일확정을 위하여 필요한 경우에는 그 한도 내에서 항소 또는 부대항소를 제기한 바 없는 당사자에게 결과적으로 제1심판결보다 유리한 내용으로 판결이 변경되는 것도 배제할 수는 없다(대판 2007.10.26. 2006다86573)고 판시하고 있다.

② **판결주문의 선고와 기판력의 범위** : 판례는 판결 결론의 합일확정을 위하여 항소 또는 부대항소를 제기한 적이 없는 당사자의 청구에 대한 제1심판결을 취소하거나 변경할 필요가 없다면, 항소 또는 부대항소를 제기한 적이 없는 당사자의 청구가 항소심의 심판대상이 되어 항소심이 그 청구에 관하여 심리·판단해야 하더라도 그 청구에 대한 당부를 반드시 판결 주문에서 선고할 필요가 있는 것은 아니며, 이와 같이 항소 또는 부대항소를 제기하지 않은 당사자의 청구에 관하여 항소심에서 판결 주문이 선고되지 않고 독립당사자참가소송이 그대로 확정된다면, 취소되거나 변경되지 않은 제1심판결의 주문에 대하여 기판력이 발생한다(대판 2022.7.28. 2020다231928)고 판시하고 있다.

2) 불이익변경금지의 원칙의 적용

① 판결요지 : 판례는 독립당사자참가소송에서 원고승소 판결에 대하여 참가인만이 상소를 했음에도 상소심에서 원고의 피고에 대한 청구인용 부분을 원고에게 불리하게 변경할 수 있는 것은 참가인의 참가신청이 적법하고 나아가 합일확정의 요청상 필요한 경우에 한한다고 하면서, 독립당사자참가소송에서 원고의 피고에 대한 청구를 인용하고 참가인의 참가신청을 각하한 제1심판결에 대하여 참가인만이 항소하였는데, 참가인의 항소를 기각하면서 제1심판결 중 피고가 항소하지도 않은 본소 부분을 취소하고 원고의 피고에 대한 청구를 기각한 것은 부적법하다(대판 2007.12.14. 2007다37776)고 판시하고 있다.

② 이유설시 : 판결이유를 살피건대 원고의 피고에 대한 청구를 인용하고 참가인의 참가신청을 각하한 제1심판결에 대하여 참가인만이 항소한 이 사건에서, 참가인의 참가신청이 부적법하다는 이유로 참가인의 항소를 기각하면서도, 제1심판결 중 피고가 항소하지도 않은 본소 부분을 취소하고 원고의 피고에 대한 청구를 기각한 원심의 판단에는 독립당사자참가소송에서 패소한 당사자 중 일부만이 항소한 경우의 항소심의 심판대상에 관한 법리를 오해하여 판결에 영향을 미친 위법이 있다. 그리고 제1심판결 중 원고의 본소청구를 인용한 부분은 참가인의 참가신청이 부적법하다는 이유로 참가인의 항소를 기각한 원심판결에 대하여 참가인이 상고를 제기하지 않고 상고기간을 도과한 때(기록에 의하면 2007.6.8.이다)에 그대로 확정되었다고 할 것이다. 그러므로 원심판결 중 본소청구에 관한 부분을 파기하되, 이 부분은 이 법원이 직접 재판하기에 충분하므로 자판하기로 하는바, 이 부분에 관한 소송은 2007.6.8. 참가인이 상고를 제기하지 않고 상고기간을 도과함으로써 종료되었음을 선언하기로 하여 관여 대법관의 일치된 의견으로 주문95)과 같이 판결한다고 설시하고 있다.

Ⅵ 3면 소송의 붕괴

1. 본소의 취하·각하

(1) 본소취하 시 참가인의 동의 요부

독립당사자참가 후 원고는 본소를 취하할 수 있다. 다만, 피고가 본안에 관해 변론한 경우에는 피고의 동의를 얻어야 한다(민소법 제266조 제2항). 또한 참가로 인해 참가인에게 본소유지의 이익이 생겼으므로 본소를 취하하려면 참가인의 동의도 필요하다는 것이 판례이다(대결 1972.11.30. 72마787).

(2) 본소취하 후의 소송관계

1) 학 설

3개소송병합설의 입장에서 참가인의 원고와 피고를 상대로 한 공동소송으로 전환된다고 하는 공동소송잔존설과 3면소송설의 입장에서 본소취하로 삼면구조가 붕괴되므로 전 소송이 종료된다는 전소송종료설이 대립하고 있다.

---

95) 원심판결 중 본소청구에 관한 부분을 파기한다. 위 부분에 관한 소송은 2007.6.8. 참가인이 상고를 제기하지 않고 상고기간을 도과함으로써 종료되었다.

2) 판 례

독립당사자참가소송에서, 본소가 피고 및 당사자참가인의 동의를 얻어 적법하게 취하되면 그 경우 3면소송 관계는 소멸하고, 당사자참가인의 원·피고에 대한 소가 독립의 소로서 소송요건을 갖춘 이상 그 소송계속은 적법하며 일반공동소송으로 남게 된다(대판 2007.2.8. 2006다62188)고 하여 공동소송잔존설의 태도를 취하고 있다.

3) 검 토

본소의 취하로 소송이 종료된다면 참가인의 의사에 반하고 소송경제에도 반하게 된다는 점을 고려하면 공동 소송잔존설이 타당하다고 판단된다. 따라서 쌍면참가에서 본소가 취하·각하된 경우 소송관계는 공동소송으로 남게 되며 편면참가에서는 본소가 취하·각하된 경우에는 참가인과 그 상대방 사이의 단독소송으로 환원 될 것이다.

2. 참가의 취하 · 각하

참가인은 참가신청을 취하할 수 있다. 다만, 원고나 피고가 본안에 응소한 경우에는 그들의 동의를 얻어야 한다(민소법 제266조 제2항). 참가인의 참가신청이 부적법하면 각하될 수도 있고 이 경우 원고나 피고의 동의는 문제가 되지 아니함을 유의하여야 한다. 참가신청이 모두 취하·각하되면 본소만 남는다.

3. 소송탈퇴

(1) 의 의

독립당사자참가의 규정에 따라 자기의 권리를 주장하기 위하여 소송에 참가한 사람이 있는 경우 그가 참가하 기 전의 원고나 피고는 상대방의 승낙을 받아 소송에서 탈퇴할 수 있고 이때 판결은 탈퇴한 당사자에 대하여 도 그 효력이 미친다(민소법 제80조).

(2) 인정취지

소송탈퇴를 인정하는 취지는 본소의 당사자로서 더 이상 머물러 있을 이익이 없는 경우 그 소송에서 벗어날 수 있게 하여 소송관계를 간명하게 하려는 것이다.

(3) 법적 성질

탈퇴자가 자기의 입장을 전면적으로 참가인과 상대방 간의 승패의 결과에 맡기는 것을 조건으로 참가인 및 상대방과 자기 사이의 각 청구에 대하여 포기 또는 인낙하는 성질을 갖는 조건부 청구의 포기·인낙설과 소송탈퇴의 경우 소송수행권의 열의가 있는 남은 두 당사자에게 맡겨 소송담당을 하게 하는 것이라고 보아 탈퇴자의 소송관계는 남는다는 소송담당설의 대립이 있으나 소송탈퇴로 소송관계는 종료된다고 보는 것이 타당하므로 판례(대판 2011.4.28. 2010다103048)의 태도인 조건부 청구의 포기·인낙설이 타당하다고 판단된다.

(4) 요 건

1) 제3자의 적법·유효한 참가

제3자의 참가가 적법·유효한 경우에만 참가가 허용된다.

2) 본소송의 당사자

소송탈퇴할 수 있는 자는 본소송의 당사자인 원고 또는 피고이다. 법정대리인이나 소송대리인이 탈퇴하는 경우에는 특별수권을 요한다(민소법 제56조 제2항, 제90조 제2항).

3) 사해방지참가에의 적용 여부

소송탈퇴는 권리주장참가에 한할 것이라는 견해도 있으나 사해방지참가의 경우에도 피고가 소송수행의 의욕이 없고 소극적인 태도로 일관하는 경우에는 제3자의 소송참가를 계기로 탈퇴를 인정하여도 좋을 것이다.

4) 상대방 및 참가인의 승낙 여부

① 상대방의 승낙 여부 : 참가 전의 당사자가 탈퇴하는 경우 탈퇴로 인하여 상대방의 권리나 이익을 침해할 우려가 있어 상대방의 승낙을 필요로 한다. 다만, 상대방에게 불측의 손해를 가할 염려가 없다면 상대방의 승낙은 필요 없다고 보인다.

② 참가인의 승낙 여부 : 참가인이 승소한 경우 판결의 효력이 탈퇴자에게도 미치고 상대방의 승낙만을 요하도록 한 민사소송법 제80조의 규정과 탈퇴에 의하여 참가인의 이익을 해하지 않는다는 점을 고려할 때 참가인의 동의는 불필요하다고 판단된다.

(5) 절 차

탈퇴 및 이에 대한 승낙은 서면에 의하여야 하나 기일에서 구술로 할 수 있다. 다만, 탈퇴에 대한 상대방의 동의에 있어서는 민사소송법 제266조 제6항과 같은 동의간주는 인정되지 아니한다.

(6) 효 과

1) 당사자의 지위상실

소송담당설에 의하면 탈퇴자는 당사자의 지위를 유지하나 통설·판례의 태도인 조건부 청구포기·인낙설에 의하면 탈퇴자는 당사자의 지위를 상실하여 소송은 2당사자 소송구조로 환원되게 된다.

2) 참가인의 지위승계 여부

독립당사자참가의 경우에는 참가인은 원·피고 쌍방과 대립하게 되므로 참가인은 탈퇴자의 소송상 지위를 승계할 수 없다고 보는 것이 타당하다.

3) 탈퇴자에 대한 판결의 효력

민사소송법 제80조 단서에서 판결은 탈퇴한 당사자에 대하여도 효력이 미친다고 규정하고 있어 그 효력의 성질에 대하여 참가적 효력설, 기판력설, 집행력 포함설 등이 대립하고 있다. 생각건대 탈퇴자와 잔존 당사자 간에는 상호협력관계가 없기 때문에 참가적 효력설은 타당하지 않고 기판력만 인정된다면 탈퇴자에게 강제집행할 수 없으므로 기판력뿐만 아니라 집행력까지 미친다고 하는 것이 타당하다.

4) 탈퇴자에 대한 집행권원

탈퇴자에게 기판력 및 집행력이 미치므로 참가인과 잔존 당사자 사이의 소송에서 승소자의 탈퇴자에 대한 청구가 이행청구인 경우에는 판결주문에 탈퇴자에 대한 이행의무의 선고를 함으로써 이러한 판결이 탈퇴자에 대한 집행권원이 된다.

제1관 | 임의적 당사자변경

Ⅰ   서 설

1. 의 의

임의적 당사자변경이란 소송계속 중 당사자의 의사에 의하여 종전의 원고나 피고에 갈음하여 제3자를 가입시키거나 종전의 당사자에 추가하여 제3자를 가입시키는 것을 말한다.

2. 구별개념

당사자를 바꾸는 경우로는 양자 사이에 동일성이 인정될 때는 당사자표시정정, 양자 사이에 동일성은 인정되지 않으나 소송계속 중 권리・의무가 승계될 때는 소송승계, 양자 사이에 동일성도 인정되지 않고 소송계속 중 권리・의무도 승계되지 않는 경우에는 임의적 당사자변경의 방법을 이용한다.

Ⅱ   허용 여부

1. 학 설

명문의 규정이 없는 임의적 당사자변경을 허용하지 않으면 소를 취하하고 다시 제소할 수밖에 없어 당사자의 편의와 소송경제를 위해 해석상 이를 인정하는 것이 타당하다는 긍정설과 명문의 규정이 없는 임의적 당사자변경을 인정하면 경솔한 제소가 증가해 소송절차의 불안과 소송지연을 초래할 수 있으므로 이를 부정하는 부정설이 대립하고 있다.

2. 판 례

판례는 당사자표시정정신청을 한 경우에도 실질적으로 당사자가 변경되는 것은 허용할 수 없고 필수적 공동소송이 아닌 사건에서 소송 중 당사자를 추가하는 것도 허용되지 아니한다(대판 1998.1.23. 96다41496)고 판시하고 있다. 다만, 제1심법원이 제1차 변론준비기일에서 부적법한 당사자표시정정신청을 받아들이고 피고도 이에 명시적으로 동의하여 제1심 제1차 변론기일부터 정정된 원고인 회사와 피고 사이에 본안에 관한 변론이 진행된 다음 제1심 및 원심에서 본안판결이 선고되었다면, 당사자표시정정신청이 부적법하다고 하여 그 후에 진행된 변론과 그에 터 잡은 판결을 모두 부적법하거나 무효라고 하는 것은 소송절차의 안정을 해칠 뿐만 아니라 그 후에 새삼스럽게 이를 문제 삼는 것은 소송경제나 신의칙 등에 비추어 허용될 수 없다(대판 2008.6.12. 2008다11276)고 하여 당사자 추가신청의 하자가 치유되는 것으로 보고 있음을 유의하여야 한다.

3. 검 토

민사소송법은 임의적 당사자변경이 가능한 경우를 제한하고 있고 이를 허용할 경우에도 그 요건을 엄격하게 규정하고 있으므로 해석으로 이를 인정하는 것은 해석론의 한계를 뛰어넘는 것이 되어 타당하지 아니하다고 판단된다. 민사소송법은 1990년 개정법에서 추가적 변경의 형태로 누락된 고유필수적 공동소송의 추가(민소법 제68조)와 교환적 변경의 형태로 피고의 경정(민소법 제260조)을 입법화하였고 2002년 개정법에서는 예비적・선택적 공동소송의 추가(민소법 제70조, 제68조)도 규정하였다.

Ⅲ 법적 성질

임의적 당사자변경이 허용되는 경우 그 법적 성질이 문제 되는 바, 청구의 변경의 일종이라는 청구변경설, 당사자변경을 목적으로 하는 특수한 단일행위라는 특수행위설 등이 있으나 신당사자에게는 신소의 제기이고 탈퇴하는 구당사자에게는 구소의 취하라는 복합적 소송행위라는 복합설이 통설의 태도이다. 민사소송법은 피고의 경정에서 경정신청을 허가하는 결정을 한 때에는 종전의 피고에 대한 소는 취하된 것으로 본다고 규정(민소법 제261조 제4항)하여 복합설을 입법화한 것으로 해석되고 있다.

Ⅳ 민사소송법상 임의적 당사자변경

1. 피고의 경정

(1) 의 의

피고의 경정이란 원고가 피고를 잘못 지정한 것이 분명한 경우 제1심 변론종결할 때까지 원고의 신청에 따라 피고적격을 가지는 제3자로 피고를 바꾸는 것을 말한다(민소법 제260조).

(2) 요 건

피고의 경정이 인정되기 위해서는 ① 원고가 피고를 잘못 지정한 것이 분명할 것, ② 제1심 변론종결할 때까지일 것, ③ 피고가 본안에 대해 응소한 경우에는 피고의 동의가 있을 것, ④ 변경 전후 소송물이 동일할 것 등의 요건이 충족되어야 한다. 문제되는 경우를 살펴본다.

1) 피고를 잘못 지정한 것이 분명할 것

소송경제를 위하여 피고의 경정을 넓게 인정하여 의무자를 혼동한 경우에도 원활한 소송수행을 위하여 피고경정을 허용할 것이라는 견해도 있으나 판례는 피고를 잘못 지정한 것이 명백한 때라고 함은 청구취지나 청구원인의 기재 내용 자체로 보아 원고가 법률적 평가를 그르치는 등의 이유로 피고의 지정이 잘못된 것이 명백하거나 법인격의 유무에 관하여 착오를 일으킨 것이 명백한 경우 등을 말하고, 피고로 되어야 할 자가 누구인지를 증거조사를 거쳐 사실을 인정하고 그 인정 사실에 터 잡아 법률 판단을 해야 인정할 수 있는 경우는 이에 해당하지 않는다(대결 1997.10.17. 97마1632)고 하여 피고경정의 요건을 엄격하게 해석하고 있다. 생각건대 원고가 피고를 잘못 지정한 것이 증거조사를 거친 사실인정을 통하여 비로소 판명될 수 있는 경우라면 민사소송법 제260조의 피고를 잘못 지정한 것이 분명한 경우에 해당한다고 볼 수 없으므로 판례의 태도가 타당하다고 판단된다.

2) 원고경정의 허용 여부

학설은 새로운 원고의 동의가 있으면 민사소송법 제260조를 확장해석하거나 제68조 제1항 단서를 유추하여 원고의 경정도 허용할 것이라는 견해가 많다. 판례는 권리능력 없는 사단인 부락의 구성원 중 일부가 제기한 소송에서 당사자인 원고의 표시를 부락으로 정정함은 당사자의 동일성을 해하는 것으로서 허용되지 아니한다(대판 1994.5.24. 92다50232)고 하여 원고의 경정을 불허하고 있다. 생각건대 민사소송법이 엄격한 요건에서 피고의 경정을 인정하고 있는 것으로 보면 원고의 경정은 입법론은 별론 해석론으로는 받아들이기 어려울 것으로 보인다.

(3) 절 차

경정신청은 신소제기의 실질이 있으므로 원고가 서면으로 신청해야 한다(민소법 제260조 제2항). 그 서면은 상대방에게 송달해야 한다(민소법 제260조 제3항). 원고의 경정신청에 대해 법원은 결정으로 재판을 한다(민소법 제260조 제1항).

(4) 효 과

1) 시효중단 및 기간준수의 효력발생시기

피고경정 허가결정이 있는 때 종전 피고에 대한 소는 취하된 것으로 본다(민소법 제261조 제4항). 새로운 피고에 대하여는 신소제기의 실질이 있으므로 시효중단 및 기간준수 등의 효과는 경정신청서를 제출한 때에 발생한다(민소법 제265조).

2) 종전 당사자의 소송수행의 효력

원고의 혼동으로 동일성이 없는 자로 변경한 것이므로 신당사자는 구당사자의 지위를 승계하지 않는 것이 원칙이다. 그러나 소송경제상 신당사자는 구당사자의 소송수행결과를 원용할 수 있고 신당사자가 경정에 동의할 때, 신당사자가 실질상 구소송절차에 관여하였고 구당사자의 소송수행이 신당사자의 수행과 동일하다고 평가될 때에는 승계된다고 보아도 좋을 것이다. 판례도 제1심법원이 제1차 변론준비기일에서 부적법한 당사자표시정정신청을 받아들이고 피고도 이에 명시적으로 동의하여 제1심 제1차 변론기일부터 정정된 원고인 회사와 피고 사이에 본안에 관한 변론이 진행된 다음 제1심 및 원심에서 본안판결이 선고되었다면, 당사자표시정정신청이 부적법하다고 하여 그 후에 진행된 변론과 그에 터 잡은 판결을 모두 부적법하거나 무효라고 하는 것은 소송절차의 안정을 해칠 뿐만 아니라 그 후에 새삼스럽게 이를 문제 삼는 것은 소송경제나 신의칙 등에 비추어 허용될 수 없다(대판 2008.6.12. 2008다11276)고 하여 신구당사자가 실질적으로 동일한 경우에는 소송수행의 효력이 승계됨을 간접적으로 설시하고 있다.

2. 고유필수적 공동소송인의 추가

(1) 의 의

고유필수적 공동소송인의 추가라 함은 고유필수적 공동소송인 중에 일부가 누락된 경우 누락된 원고 또는 피고를 추가하는 것을 말한다(민소법 제68조).

(2) 요 건

추가적 신청이 인정되기 위해서는 ① 고유필수적 공동소송인 중 일부가 누락된 경우일 것, ② 제1심 변론종결 시까지 신청할 것, ③ 원고 측 추가는 추가될 당사자의 동의가 있을 것, ④ 종전 당사자와 신당사자 간에 공동소송의 요건을 갖출 것 등의 요건을 충족하여야 한다. 문제되는 경우를 살펴본다.

1) 고유필수적 공동소송인 중 일부가 누락된 경우

예를 들면 공유물분할청구의 소에서 원고가 공유자의 일부를 누락하고 피고로 제소한 경우나 공유토지경계확정소송에서 공유자의 일부를 누락하고 당사자가 된 경우 등이 이에 해당한다.

2) 유사필수적 공동소송인과 통상공동소송인 중 일부가 누락된 경우

유사필수적 공동소송과 통상공동소송에서는 일부를 누락하여도 당사자적격의 흠결의 문제는 생기지 아니하므로 추가할 수 없다. 판례는 이른바 고유필수적 공동소송이 아닌 사건에서 소송 도중에 당사자를 추가하는 것은 허용될 수 없고, 동일한 특허권에 관하여 2인 이상의 자가 공동으로 특허의 무효심판을 청구하여 승소한 경우에 그 특허권자가 제기할 심결취소소송은 심판청구인 전원을 상대로 제기하여야만 하는 고유필수적 공동소송이라고 할 수 없으므로, 위 소송에서 당사자의 변경을 가져오는 당사자추가신청은 명목이 어떻든 간에 부적법하여 허용될 수 없다(대판 2009.5.28. 2007후1510)고 하였고, 통상공동소송에서도 피고의 추가(대판 1993.9.28. 93다32095)나 원고의 추가(대판 1980.7.8. 80다885)도 부정하고 있다.

(3) 절 차

공동소송인의 추가는 당사자와의 사이에 신소제기의 성질을 가지고 있으므로 서면에 의해야 한다. 원고의 추가신청에 대하여 법원은 결정으로 재판한다(민소법 제68조 제1항).

(4) 효 과

1) 시효중단 및 기간준수의 효력발생시기

공동소송인의 추가가 있는 경우에는 처음의 소가 제기된 때에 추가된 당사자와의 사이에 소가 제기된 것으로 본다(민소법 제68조 제3항). 따라서 시효중단 및 기간준수의 효과는 제소 시에 소급한다.

2) 종전 공동소송인의 소송수행의 효력

필수적 공동소송인의 추가이므로 민사소송법 제67조 제1항에 의하여 종전 공동소송인의 소송수행의 결과가 유리한 소송행위에 해당하는 경우에는 추가된 당사자에게도 효력이 미치나 불리한 소송행위인 경우에는 효력이 미치지 아니한다.

3) 예비적 · 선택적 공동소송인의 추가에의 준용

예비적 · 선택적 공동소송에 필수적 공동소송인의 추가규정을 준용한다(민소법 제70조 제1항). 따라서 원고가 소송을 수행하다가 책임이 피고와 제3자 중 하나에게 있다고 생각하는 경우 양립이 불가능한 청구를 하기 위해 그 제3자를 예비적 · 선택적 공동소송인으로 추가할 수 있다.

제2관 | 소송승계

I 서 설

1. 의 의

소송승계란 소송계속 중 소송의 목적인 권리관계가 변동함으로써 새로운 승계인이 종전의 당사자에 갈음하여 당사자가 되고 그에 따라 당사자적격이 승계되며 당해 소송을 인계받게 되는 것을 말한다.

2. 구별개념

본안적격이 이전되는 경우에 하는 것이므로 본안적격을 혼동한 경우에 하는 임의적 당사자변경과 다르고 소송 중에 본안적격이 이전된 경우에 하는 것이므로 변론종결 뒤에 본안적격이 이전된 경우인 변론종결 뒤의 승계인과는 다르다는 것을 유의하여야 한다.

3. 유 형

사망 등 포괄적 승계원인에 의해 법률상 당연히 일어나는 당연승계와 소송물의 양도에 의한 특정승계가 있으며 특정승계에는 다시 참가승계(민소법 제81조)와 인수승계(민소법 제82조)가 있다.

Ⅱ 당연승계

1. 의 의

당연승계란 실체법상 포괄승계원인이 있는 경우 법률상 당연히 소송당사자가 변경되고 소송을 인계받게 되는 경우를 말한다.

2. 인정 여부

판례는 대립당사자 구조를 갖추고 적법하게 소가 제기되었다가 소송 도중 어느 일방의 당사자가 사망함으로 인해서 그 당사자로서의 자격을 상실하게 된 때에는 그 대립당사자 구조가 없어져 버린 것이 아니고, 그때부터 그 소송은 그의 지위를 당연히 이어 받게 되는 상속인들과의 관계에서 대립당사자 구조를 형성하여 존재하게 되는 것이라고 판시하고 있다(대판 1995.5.23. 94다28444[전합]). 생각건대 소송대리인이 있는 경우에는 당사자가 소송 중 사망해도 절차가 중단되지 아니하고 대리인을 승계인의 대리인으로 보는 것은 당연승계를 전제로 하는 것이므로 당연승계긍정설이 타당하다.

3. 당연승계의 사유

당연승계 사유로는 ① 당사자의 사망·소멸(민소법 제233조, 제234조), ② 법인 등의 합병에 의한 소멸(민소법 제234조), ③ 수탁자의 임무종료(민소법 제236조), ④ 당사자의 자격상실(민소법 제237조 제1항·제2항), ⑤ 선정당사자의 소송 중 선정당사자 전원의 사망 또는 자격의 상실(민소법 제54조), ⑥ 파산 또는 파산절차 해지(민소법 제239조, 제240조) 등이 있다.

4. 당연승계의 효과

(1) 소송절차가 중단된 경우

1) 중단과 수계

당사자의 지위가 당연승계되더라도 승계인이 바로 절차에 관여할 수 없으므로 절차는 중단된다. 이 경우 상속인·상속재산관리인, 그 밖에 법률에 의해 소송을 계속 수행할 사람이 소송절차를 수계하여야 한다(민소법 제233조, 제234조 이하). 수계신청은 상대방도 할 수 있다(민소법 제241조).

2) 승계인이 아님이 밝혀진 경우 법원의 처리

① 문제점 : 수계신청이 있었을 때 법원은 승계인의 적격을 직권조사하여 상속인이 아닌 점 등 적격자가 아님이 밝혀지면 결정으로 수계신청을 기각하여야(민소법 제243조 제1항) 하는데 이때 수계를 인정하고 절차를 진행하다가 승계인이 아님이 밝혀진 경우에 관하여 법원의 처리 여하가 문제 된다.

② 학설 : 필요적 변론까지 거친 사람을 물리쳐야 하므로 당사자적격의 흠을 이유로 판결로써 소를 각하하여야 한다는 소각하설, 수계신청이 부적법하므로 수계재판을 취소하고 신청을 각하하여야 한다는 수계신청 각하설, 민사소송법 제243조가 수계신청은 이유 없다고 인정한 때에는 결정으로 기각해야 한다고 규정하고 있으므로 수계재판을 취소하고 수계신청을 기각해야 한다는 수계신청기각설이 대립하고 있다.

③ 판 례

　㉠ 수계신청각하설의 태도 : 당사자의 사망으로 인한 소송수계 신청이 이유 있다고 하여 소송절차를 진행시켰으나 그 후에 신청인이 그 자격 없음이 판명된 경우에는 수계재판을 취소하고 신청을 각하하여야 한다(대판 1981.3.10. 80다1895).

　㉡ 수계신청기각설의 태도 : 이 사건 유언은 민법 제1068조가 정하는 공정증서에 의한 유언의 방식에 위배되어 무효라고 할 것이고, 그 유언이 무효인 이상 소송수계신청인은 갑의 피고에 대한 손해배상청구권을 유증받지 못하는 것이므로, 결국 이 사건 소송수계신청은 적법한 수계권자에 의한 신청이 아니라 할 것이다. 따라서 제1심법원은 그 신청을 기각했어야 함이 마땅하고, 한편 갑은 부모를 모르는 고아로서 일가창립에 의하여 취득한 호적에는 상속인이 없는 것으로 되어 있으므로, 이 사건은 상속인의 존부가 분명하지 않은 경우에 해당한다 할 것인데, 민법 제1053조 제1항은, "상속인의 존부가 분명하지 아니한 때에는 법원은 제777조의 규정에 의한 피상속인의 친족 기타 이해관계인 또는 검사의 청구에 의하여 상속재산관리인을 선임하고 지체 없이 이를 공고하여야 한다"고 규정하고 있고, 이러한 상속재산관리인은 민사소송법에 따라 소송을 수계할 수 있는 것이므로, 제1심으로서는 소송절차를 중단한 채 상속재산관리인의 선임을 기다려 그로 하여금 소송을 수계하도록 하였어야 할 것이다. 그럼에도 불구하고, 소송수계신청인을 적법한 소송수계인으로 취급하여 소송절차를 속행한 다음 공정증서에 의한 이 사건 유언이 무효라는 이유로 망 갑의 소송수계인 소송수계신청인의 청구를 기각한다고 하고 있는 제1심을 그대로 유지하여 소송수계신청인의 항소를 기각한 원심판결은 그 자체로서 이유가 모순되고 소송절차의 진행을 잘못한 위법이 있다 할 것이므로, 상고이유의 당부를 떠나 원심과 제1심은 파기 및 취소를 면할 수 없다. 그러므로 원심판결을 파기하고, 제1심판결을 취소하며, 소송수계신청인의 소송수계신청을 기각하고, 이 사건 소송이 중단된 채 제1심에 계속되어 있음을 명백히 하는 의미에서 사건을 제1심법원에 환송한다(대판 2002.10.25. 2000다21802).

④ 검토 : 생각건대 소각하설은 이행의 소의 당사자적격은 주장 자체로 구비되고 소송승계가 하나의 절차의 연속이라는 점에서 부당하고, 수계신청각하설은 민사소송법 제243조 제1항의 규정에 반한다는 점에서 수계신청기각설이 타당하다고 판단된다. 이는 수계신청각하설을 취한 판례는 민사소송법 제243조에 비추어 신청기각할 것을 신청각하로 잘못 표현한 것으로 볼 수 있다는 점에서 더욱 그러하다.

(2) 소송절차가 중단되지 않는 경우

소송대리인이 있는 경우에는 절차가 중단되지 아니한다(민소법 제238조). 대리인이 구 당사자의 이름으로 소송을 수행하더라도 실질상 승계인의 대리인이 된다.

Ⅲ 특정승계

1. 의 의

소송물의 양도라 함은 소송계속 중 소송물인 권리관계에 관한 당사자적격이 특정적으로 제3자에게 이전됨으로써 소송을 인계받게 되는 경우를 말한다. 이에는 소송물인 권리관계 자체가 승계된 경우뿐만 아니라 소송물인 권리관계의 목적물, 즉 계쟁물이 양도된 경우도 포함된다.

2. 유 형

특정승계에는 승계인 스스로 자발적으로 소송에 들어오는 참가승계와 당사자가 승계인을 강제로 소송에 끌어들이는 인수승계가 있다.

3. 변론종결 뒤의 승계인과의 관계

(1) 문제점

소송승계인의 경우 변론종결 뒤의 승계인과의 관계에서 판결의 효력이 미치는 승계인의 범위를 어떻게 이해하고 설정할지 여부에 대하여 논의가 있다.

(2) 학 설

민사소송법 제218조의 변론종결 뒤의 승계인은 완성된 기판력을 승계하는 경우이고, 제81조, 제82조의 승계인은 생성 중인 기판력을 확장하는 것으로 양자는 당사자적격의 이전이라는 점에서 공통되므로 통일적으로 이해하려는 적격승계설96)과 민사소송법 제81조, 제82조의 승계인은 심리 도중에 공격방어방법의 제출기회가 보장되지만 제218조의 변론종결 뒤의 승계인은 동일한 기회가 없어 소송승계의 범위를 변론종결 뒤의 승계인범위보다 넓게 보려는 분쟁주체인 지위이전설이 대립하고 있다.

(3) 판 례

판례는 승계인의 범위에 대하여 적격승계설과 입장을 같이하면서 소송물이 양도된 경우에는 당연히 포함되고 계쟁물이 양도된 경우도 포함되며 계쟁물의 범위에 대하여 채권적 청구권에 기한 소송 중 계쟁물을 양수한 자는 승계인에 포함되지 않지만 물권적 청구권에 기한 소송 중 계쟁물을 양수한 자는 승계인에 포함된다고 본다. 다만, 소송물의 양도에 있어서는 교환적 승계만 인정하고 추가적 승계는 원칙적으로 인정하지 아니하고 있다.

(4) 검 토

생각건대 분쟁주체인 지위이전설은 승계인의 범위가 명확하지 않다는 점에서 문제가 있고, 적격승계설 중 신소송물이론 역시 승계인의 범위가 지나치게 넓어 실체법과 조화되지 않는 문제가 있으므로 판례의 태도가 타당하다고 판단된다.

---

96) 적격승계설 중 구소송물이론은 계쟁물의 범위에 대하여 채권적 청구권에 기한 소송 중 계쟁물을 양수한 자는 승계인에 포함되지 않지만 물권적 청구권에 기한 소송 중 계쟁물을 양수한 자는 승계인에 포함된다고 본다. 신소송물이론은 원고 청구가 물권적이든 채권적이든 불문하고 소송승계인에 포함된다고 한다.

4. 소송승계인의 범위

(1) 소송물 자체의 승계인

소송 중 소송물인 권리관계 자체를 승계한 자는 소송물의 채권·물권 여부를 불문하고 소송승계인에 포함된다. 최근 판례는 이와 관련하여 채무자나 소유자가 배당이의 소를 제기한 경우의 소송목적물은 피고로 된 채권자가 경매절차에서 배당받을 권리의 존부·범위·순위에 한정되는 것이지, 원고인 채무자나 소유자가 경매절차에서 배당받을 권리까지 포함하는 것은 아니므로, 제3자가 채무자나 소유자로부터 위와 같이 배당받을 권리를 양수하였더라도 그 배당이의 소송이 계속되어 있는 동안에 소송목적인 권리 또는 의무의 전부 또는 일부를 승계한 경우에 해당된다고 볼 수는 없다(대판 2023.2.23. 2022다285288)고 한다.

(2) 계쟁물 승계인

1) 교환적 승계

소송승계인에는 계쟁물에 관한 당사자적격을 승계받은 자도 포함된다. 건물인도청구소송 중 피고로부터 당해 건물의 점유를 취득한 자와 같이 피고적격을 교환적으로 승계한 경우에는 승계인에 포함된다는 것이 통설이다.

2) 추가적 승계

원인무효임을 이유로 소유권이전등기말소청구소송 중 소유권이전등기를 경료한 자와 같이 추가적 승계의 경우에 승계를 인정할 것인지 여부에 대해 논란이 있다. 이에 대한 자세한 사항은 인수승계를 참조하라.

(3) 계쟁물 승계인의 범위제한

생각건대 신소송물이론은 원고의 청구권이 채권적 청구권인 경우에 승계인은 원고와 양립할 수 있거나 우선하는 권리를 가지고 있음에도 이러한 승계인까지 포함한다고 보아야 하는 문제가 있으므로 구소송물이론을 취하고 있는 판례의 태도가 타당하다고 판단된다.

Ⅳ 참가승계

1. 참가승계의 의의

참가승계는 소송계속 중 소송목적인 권리·의무의 전부나 일부의 승계인이 독립당사자참가신청의 방식으로 스스로 참가하여 새로운 당사자가 되는 것을 말한다(민소법 제81조).

2. 참가승계의 요건

(1) 타인 간의 소송이 계속 중일 것

참가승계신청은 사실심의 변론종결 전에 한하며 상고심에서는 허용되지 아니한다. 사실심 변론종결 뒤의 승계인은 민사소송법 제218조 제1항에 의하여 판결의 효력이 미치므로 소송승계를 인정할 이유가 없다.

(2) 소송의 목적인 권리·의무의 승계가 있을 것

참가승계가 인정되기 위해서는 소송의 목적인 권리의무의 승계, 즉 소송물의 양도가 있을 것을 요한다(민소법 제81조). 이에는 소송물인 권리관계 자체가 제3자에게 특정승계되는 경우뿐만 아니라 소송물인 권리관계의 목적물, 즉 계쟁물의 양도를 포함한다. 통설·판례인 적격승계설에 의할 때 계쟁물의 승계인의 범위에 대하여 신소송물이론, 구소송물이론이 대립하고 있으나 신소송물이론은 원고의 청구권이 채권적 청구권인 경우에 승계인은 원고와 양립할 수 있거나 우선하는 권리를 가지고 있음에도 이러한 승계인까지 포함한다고 보아야 하는 문제가 있으므로 구소송물이론을 취하고 있는 판례에 따라 승계인의 범위를 판단하는 것이 타당하다고 판단된다.

3. 참가승계의 절차

(1) 참가의 방식

1) 편면참가

참가승계의 경우 참가방식은 고유의 독립당사자참가의 경우와 같지만 전주가 승계사실을 다투지 않는 한 고유의 독립당사자참가의 경우와 같이 대립견제의 소송관계가 성립하지 아니하는바 참가인이 전주인 원고에게 대하여 아무런 청구를 하지 아니하여도 되며 전주는 소송탈퇴를 할 것이다. 전주인 원고의 대리인이 참가인의 대리인을 겸하여도 쌍방대리로 문제되지 아니한다. 판례는 소송계속 중에 승계참가인에게 소송목적인 권리나 의무를 양도한 피참가인은 상대방의 승낙을 받아 소송에서 탈퇴할 수 있고, 탈퇴한 당사자에 대하여도 판결의 효력이 미치는바(민사소송법 제80조), 이러한 소송의 탈퇴는 승계참가가 적법한 경우에만 허용되는 것이므로, 승계참가가 부적법한 경우에는 피참가인의 소송 탈퇴는 허용되지 않고 피참가인과 상대방 사이의 소송관계가 유효하게 존속한다. 따라서 승계참가인의 참가신청이 부적법함에도 불구하고 법원이 이를 간과하여 승계참가인의 참가신청과 피참가인의 소송 탈퇴가 적법함을 전제로 승계참가인과 상대방 사이의 소송에 대해서만 판결을 하였는데 상소심에서 승계참가인의 참가신청이 부적법하다고 밝혀진 경우, 피참가인과 상대방 사이의 소송은 여전히 탈퇴 당시의 심급에 계속되어 있으므로 상소심법원은 탈퇴한 피참가인의 청구에 관하여 심리·판단할 수 없다(대판 2012.4.26. 2011다85789)고 한다.

2) 쌍면참가

권리의무관계의 승계가 제대로 되었는지 그 유·무효에 대해 전주와 승계인 간에 다툼이 있는 경우에는 승계인은 전주에 대해서도 일정한 청구를 하여야 하며 이 경우 전주·승계인·피고의 대립관계의 소송형태로 된다. 이때는 독립당사자참가와 같은 인지를 붙여야 한다.

(2) 신청의 적법성판단

승계참가신청은 일종의 소의 제기에 해당하고 참가요건은 소송요건에 해당하므로 참가요건에 흠이 있는 경우에는 변론을 거쳐 판결로 신청을 각하한다(대결 2007.8.23. 2006마1171).

(3) 승계인이 아님이 밝혀진 경우 법원의 처리

신청이 이유 있는지를 주장하는 사실관계 자체로 판단해 승계인이 될 수 없음이 명백한 경우가 아닌 한 인용하고 증거조사의 결과 승계인이 아니면 청구기각판결을 한다(대판 2005.10.27. 2003다66691).

4. 참가승계의 효과

(1) 소송상태 승인의무

참가승계를 하면 소송이 법원에 처음 계속된 때에 소급하여 시효중단 또는 법률상 기간준수의 효력이 생긴다(민소법 제81조). 독립당사자참가와는 달리 전주의 소송상 지위를 승계함으로 참가할 때까지 전주가 한 소송수행 결과에 구속된다. 다만, 쌍면참가의 경우 전주와 다툼이 있으므로 전주의 소송수행의 결과에 구속되지는 아니한다고 보아야 한다.

(2) 참가 후의 소송형태

1) 종전당사자가 탈퇴하는 경우

소송물의 양도에 의한 참가승계의 경우 전주인 종전 당사자는 당사자적격이 없어지므로 전주는 상대방의 동의를 얻어 탈퇴할 수 있고, 피참가인이 소송에서 탈퇴한 경우 심판대상은 참가인의 청구 또는 참가인에 대한 청구이다. 그러나 탈퇴에도 불구하고 판결의 효력은 탈퇴한 당사자에게 미친다(민소법 제81조, 제79조, 제80조).

2) 종전당사자가 탈퇴하지 않는 경우

참가승계의 효력을 다투는 경우에는 전주가 소송탈퇴를 할 성질은 아니다. 이때 승계의 효력을 다투어 전주와 승계인 중 누가 권리자인지 여부가 쟁점이 되면 독립당사자참가소송의 형태가 되므로 민사소송법 제79조를 적용하여 재판의 통일을 기하여야 한다.

3) 피고의 부동의로 종전 당사자가 탈퇴하지 못하는 경우

① **종전 판례** : 종전 판례는 원고가 소송의 목적인 손해배상채권을 승계참가인에게 양도하고 피고들에게 채권양도의 통지를 한 다음 승계참가인이 승계참가신청을 하자 탈퇴를 신청하였으나 피고들의 부동의로 탈퇴하지 못한 경우, 원고의 청구와 승계참가인의 청구는 통상의 공동소송으로서 모두 유효하게 존속하는 것이므로 법원은 원고의 청구 및 승계참가인의 청구 양자에 대하여 판단을 하여야 한다(대판 2004.7.9. 2002다16729)고 판시하였다.

② **전합 판례** : 권리승계형 승계참가에서 피참가인인 원고가 소송탈퇴, 소취하(일부취하의 의미를 갖는 청구감축 포함) 등을 하지 않아 승계된 부분에 관한 원고의 청구가 그대로 유지되는 경우 원고의 피고에 대한 청구와 승계참가인의 피고에 대한 청구는 그 주장 자체로 법률상 양립할 수 없는 관계에 있다. 원고의 피고에 대한 채권이 존재하는 경우 승계참가인이 승계 원인으로 주장하는 채권양도나 전부명령에 의하여 채권이 법률상 유효하게 승계되었는지 여부에 따라 원고 또는 승계참가인 중 어느 쪽의 청구는 인용되고 다른 쪽의 청구는 기각되어 두 청구가 모두 인용될 수는 없기 때문이다. 따라서 권리승계형 승계참가의 경우에도 원고의 청구가 그대로 유지되고 있는 한 독립당사자참가소송이나 예비적・선택적 공동소송과 마찬가지로 필수적 공동소송에 관한 규정을 적용하여 같은 소송 절차에서 두 청구에 대한 판단의 모순, 저촉을 방지하고 이를 합일적으로 확정할 필요성이 있다. 민사소송법 제81조는 승계인이 독립당사자참가에 관한 제79조에 따라 소송에 참가할 것을 정하는데, 제79조는 제2항에서 필수적 공동소송에 관한 특칙인 제67조를 준용하고 있으므로 제81조는 승계참가에 관하여도 필수적 공동소송에 관한 특별규정을 준용할 근거가 된다고 할 수 있다. 이와 같은 승계참가에 관한 민사소송법 규정과 2002년 민사소송법 개정에 따른 다른 다수당사자 소송제도와의 정합성, 앞서 본 승계참가인과 피참가인인 원고의 중첩된 청구를 모순 없이 합일적으로 확정할 필요성 등을 종합적으로 고려하면, 소송이 법원에 계속되어 있는 동안에 제3자가 소송목적인 권리의 전부나 일부를 승계하였다고 주장하며 민사소송법 제81조에 따라 소송에

참가한 경우, 원고가 승계참가인의 승계 여부에 대해 다투지 않으면서도 소송탈퇴, 소취하 등을 하지 않거나 이에 대하여 피고가 부동의하여 원고가 소송에 남아 있다면 승계로 인해 중첩된 원고와 승계참가인의 청구 사이에는 필수적 공동소송에 관한 민사소송법 제67조가 적용된다고 할 것이다(대판 2019.10.23. 2012다46170[전합]).

Ⅴ 인수승계

1. 인수승계의 의의

인수승계란 소송계속 중 소송의 목적인 권리의무의 전부나 일부의 승계가 있는 때에 종전당사자의 인수신청에 의하여 승계인인 제3자를 새로운 당사자로 소송에 강제로 끌어들이는 것을 말한다.

2. 인수승계의 요건

(1) 타인 간의 소송이 계속 중일 것

인수신청은 사실심의 변론종결 전에 한하며 상고심에서는 허용되지 아니한다. 사실심 변론종결 뒤의 승계인은 민사소송법 제218조 제1항에 의하여 판결의 효력이 미치므로 소송승계를 인정할 이유가 없다.

(2) 소송의 목적인 권리·의무의 승계가 있을 것

인수승계가 인정되기 위해서는 소송의 목적인 권리의무의 승계, 즉 소송물의 양도가 있을 것을 요한다(민소법 제81조). 이에는 소송물인 권리관계 자체가 제3자에게 특정승계되는 경우뿐만 아니라 소송물인 권리관계의 목적물, 즉 계쟁물의 양도를 포함한다. 통설·판례인 적격승계설에 의할 때 계쟁물의 승계인의 범위에 대하여 신소송물이론, 구소송물이론이 대립하고 있으나 신소송물이론은 원고의 청구권이 채권적 청구권인 경우에 승계인은 원고와 양립할 수 있거나 우선하는 권리를 가지고 있음에도 이러한 승계인까지 포함한다고 보아야 하는 문제가 있으므로 구소송물이론을 취하고 있는 판례에 따라 승계인의 범위를 판단하는 것이 타당하다고 판단된다.

3. 인수승계의 절차

(1) 인수승계의 원인

1) 교환적 인수

소송인수는 원칙적으로 소송의 목적인 채무 자체를 제3자가 승계한 때에 인정된다. 피고적격자가 새 사람으로 이전되어 교환적 인수가 이루어진 경우에는 인수승계가 허용된다.

2) 추가적 인수

① 문제점 : 소송의 목적인 채무 자체를 승계한 것이 아니라 소송의 목적이 된 채무를 전제로 새로운 채무가 생김으로써 제3자가 새로 피고적격을 취득한 경우와 같은 추가적 인수의 경우에 인수승계를 인정할 수 있는지 여부가 문제 된다.

② 학설 : 분쟁주체인 지위이전설의 입장에서 추가적 인수는 분쟁주체인 지위의 이전에 해당하므로 소송경제상 인수승계신청을 허용할 것이라는 긍정설과 적격승계설의 입장에서 추가적 인수를 허용하는 것은 민사소송법 제82조의 규정에 반하므로 이를 부정하는 부정설과 원칙적으로 부정설의 입장이지만 일정한 예외적인 경우에는 추가적 인수를 인정할 것이라는 절충설이 대립하고 있다.

③ 판례 : 판례는 소송당사자가 민사소송법 제82조의 규정에 의하여 제3자로 하여금 그 소송을 인수하게 하기 위하여서는 그 제3자가 소송계속 중 그 소송의 목적된 채무를 승계하였음을 전제로 하여 그 제3자에 대하여 인수한 소송의 목적된 채무이행을 구하는 경우에 허용되고 그 소송의 목적된 채무와는 전혀 별개의 채무의 이행을 구하기 위한 경우에는 허용될 수 없다(대결 1971.7.6. 71다726)고 하여 원칙적으로 추가적 인수에 대해 부정적 태도를 취하고 있었으나 최근 공유물분할에 관한 소송계속 중 변론종결일 전에 공유자 중 1인인 甲의 공유지분의 일부가 乙 및 丙 주식회사 등에 이전된 사안에서, 乙 및 丙 주식회사 등은 민사소송법 제82조에서 정한 소송인수 등의 방식으로 인수승계할 수 있다(대판 2014.1.29. 2013다78556)고 판시하여 예외적으로 추가적 승계를 인정하고 있다.

④ 검토 : 생각건대 추가적 인수를 일반적으로 인정하는 견해는 민사소송법 제82조의 규정에 반하고 소송승계제도를 부당하게 확대하여 심리의 복잡화를 초래하고 심리대상을 불명확하게 하는 문제가 있어 원칙적으로 이를 부정하는 견해가 타당하나 ㉠ 소유권이전등기의 말소등기청구소송의 소송계속 중 피고가 제3자에게 소유권을 이전하거나 근저당권을 설정한 경우, ㉡ 공유물분할청구소송의 소송계속 중 피고가 제3자에게 자신의 공유지분의 일부를 제3자에게 이전한 경우(대판 2014.1.29. 2013다78556) 등은 분쟁의 일회적 해결을 위하여 추가적 인수를 인정할 것이라는 절충설이 타당하다고 판단된다.

(2) 신청의 적법성판단

인수신청이 있는 경우에는 법원은 당사자와 제3자를 심문하고 결정으로 그 허가 여부를 재판한다(민소법 제82조 제2항). 참가의 요건은 특별소송요건으로 직권조사사항이며 부적법하면 결정으로 각하하여야 한다. 신청각하결정에 대하여는 항고할 수 있으나(민소법 제439조), 인수결정은 중간재판이므로 독립하여 불복할 수 없고 종국판결에 대하여 불복하여야 한다.

(3) 승계인이 아님이 밝혀진 경우 법원의 처리

1) 문제점

인수신청이 있는 경우 또는 인수신청인용결정이 있은 후에 실제로 권리의무의 승계가 없다고 판명된 경우 법원은 어떤 재판을 해야 하는지 문제 된다.

2) 학 설

인수승계는 당사자적격의 승계로서 승계사실이 인정되지 않으면 당사자적격이 없는 것이므로 소각하판결을 할 것이라는 소각하설, 승계사실이 인정되지 않으면 인수승계신청의 요건이 흠결된 것이므로 인수신청 자체를 각하해야 한다는 인수신청각하설, 승계인 해당 여부는 청구 당부와 관련해 판단할 본안문제이므로 승계사실이 인정되지 않으면 청구를 기각할 것이라는 청구기각판결설이 대립하고 있다.

3) 판 례

판례는 소송계속 중에 소송목적인 의무의 승계가 있다는 이유로 하는 소송인수신청이 있는 경우 신청의 이유로서 주장하는 사실관계 자체에서 그 승계적격의 흠결이 명백하지 않는 한 결정으로 그 신청을 인용하여야 하는 것이고, 그 승계인에 해당하는가의 여부는 피인수신청인에 대한 청구의 당부와 관련하여 판단할 사항으로 심리한 결과 승계사실이 인정되지 않으면 청구기각의 본안판결을 하면 되는 것이지 인수참가신청 자체가 부적법하게 되는 것은 아니(대판 2005.10.27. 2003다66691)라고 하여 청구기각판결설의 태도를 취하고 있다.

4) 검 토

생각건대 절차적으로 간편하고 분쟁을 종국적으로 해결할 수 있으며 소송경제에도 합치되는 청구기각판결설이 타당하다고 보인다.

4. 인수승계의 효과

(1) 소송상태 승인의무

인수승계를 하면 그 참가는 소송이 법원에 처음 계속된 때에 소급하여 시효중단 또는 법률상 기간준수의 효력이 생긴다(민소법 제82조 제3항, 제81조). 승계인은 전주의 소송상의 지위를 그대로 승계하므로 참가할 때까지 전주가 한 소송수행의 결과를 유·불리를 불문하고 그대로 승계한다. 다만, 추가적 인수의 경우에는 전주의 행위와 모순되는 승계인의 독자적인 소송행위를 넓게 인정할 필요가 있다.

(2) 참가 후의 소송형태

1) 종전당사자가 탈퇴하는 경우

소송물의 양도에 의한 인수승계의 경우 전주인 종전 당사자는 당사자적격이 없어지므로 전주는 상대방의 동의를 얻어 탈퇴할 수 있다. 그러나 탈퇴에도 불구하고 판결의 효력은 탈퇴한 당사자에게 미친다(민소법 제82조 제3항, 제81조, 제80조).

2) 종전당사자가 탈퇴하지 않는 경우

승계의 효력을 다투거나 권리의무의 일부승계가 있거나 추가적 인수의 경우에는 전주가 소송탈퇴할 것은 아니어서 전주인 종전당사자는 새로 가입한 신당사자와 통상공동소송인의 관계에 있게 된다. 다만, 전주와 승계인 중 누가 채무자인지 여부가 다투어지는 경우에는 예비적 공동소송의 형태가 되므로 민사소송법 제70조의 규정을 유추적용하여 재판의 통일을 기하는 것이 타당하다고 판단된다.

02 다수당사자소송

※ 기출문제해설의 답안은 참고용으로 활용하시기 바랍니다.

기출문제 ▮ 2022년 제31회 공인노무사시험

제1문

동업관계에 있는 乙, 丙, 丁, 戊는 자신들의 사업장 앞에 있는 X토지를 甲으로부터 임차하여 주차장으로 사용하고 있었다. 위 4인을 대표한다고 주장하는 乙은 X 토지를 甲으로부터 매수하기로 하고 甲과 X토지에 대한 매매계약을 체결하였다. 사업자금 대출을 위해 X토지의 등기가 필요하다는 사정을 들은 甲은 매매대금의 전액을 지급받지 못하였음에도 불구하고 X토지의 등기를 위 4인에게 이전하여 주었으나 위 4인은 매매잔대금을 지급하지 않고 있다. 이에 甲은 乙, 丙, 丁, 戊를 상대로 주위적으로는 매매계약이 유효하다면 X토지의 매매대금 전액 지급을 구하고, 예비적으로는 매매계약이 무효라면 X토지의 소유권이전등기의 말소를 구하는 소를 제기하였다. (단, 아래의 각 물음은 독립적임) (50점)

물음 2

소송계속 중 乙, 丙, 丁, 戊는 乙과 丙을 선정당사자로 선정하였다. 심리도중 丙은 매매대금의 일부가 甲에게 이미 지급되었다고 주장하고 있으나, 乙은 甲이 주장하는 바와 같이 매매대금의 전액이 미지급상태에 있다고 진술하였다. 이러한 乙의 진술은 소송상 어떠한 효력을 가지는지 설명하시오. (25점)

Ⅰ 논점의 정리

乙, 丙, 丁, 戊가 甲과의 소송계속 중 乙과 丙을 선정당사자로 선정한 것이 선정요건에 비추어 적법한지 여부가 문제 된다. 적법하다면 선정당사자인 乙과 丙의 지위를 살펴 乙의 진술의 소송상의 효력을 검토하기로 한다.

Ⅱ 乙과 丙에 대한 선정당사자 선정의 적법 여부

1. 선정당사자의 의의

선정당사자란 공동의 이해관계를 가진 당사자가 공동소송인이 되어 소송을 하여야 할 경우에 그 가운데서 모두를 취하여 소송을 수행할 당사자로 선출된 자를 말한다.

2. 선정당사자의 요건

선정당사자제도를 이용하기 위해서는 ① 공동소송을 할 여러 사람이 있을 것, ② 여러 사람이 공동의 이해관계가 있을 것, ③ 공동의 이해관계가 있는 자 중에서 선정할 것이라는 요건이 필요하다. 여기서 공동의 이해관계란 다수자 상호 간에 공동소송인이 될 관계에 있고, 또 주요한 공격방어방법을 공통으로 하는 것을 의미한다고 할 것이므로 다수자의 권리·의무가 동종이며 그 발생원인이 동종인 관계에 있는 것만으로는 공동의 이해관계가 있는 경우라고 할 수 없다.[97]

3. 사안의 경우

乙, 丙, 丁, 戊는 甲이 제기한 소송에서 공동소송인으로서 응소할 필요가 있고, X토지를 甲으로부터 임차하여 주차장으로 사용하고 있던 중 乙이 위 4인을 대표하여 X 토지를 甲으로부터 매수하였기 때문에 이에 대한 매매대금지급의무를 부담하게 되어 공동의 이해관계가 있는 乙, 丙, 丁, 戊 중에서 乙과 丙을 선정당사자로 선정하였으므로 그 선정은 일단 적법하다고 볼 수 있다.

Ⅲ 乙과 丙의 공동소송관계

1. 수인의 선정당사자의 지위

동일 선정자단에서 선정된 선정당사자들은 소송수행권을 합유하는 관계에 있기 때문에 고유필수적 공동소송으로 된다. 그러나 별개의 선정자단에서 각기 선정된 여러 사람의 선정당사자는 원래의 소송이 필수적 공동소송이 아니면 통상공동소송관계로 된다. 일단의 선정자들에 의하여 선출된 선정당사자와 스스로 당사자가 된 자와의 관계는 원래의 소송이 필수적 공동소송의 성질을 갖는 것이 아닌 한 통상공동소송으로 보아야 할 것이다.

---

97) 대판 1997.7.25. 97다362

2. 사안의 경우

乙과 丙은 같은 선정자단인 乙, 丙, 丁, 戊 중에서 선정당사자로 선정되었으므로 소송수행권을 합유하는 관계가 인정되어 고유필수적 공동소송 관계에 있다.

Ⅳ 乙의 진술의 소송상 효력

1. 乙의 진술의 법적 성격

재판상 자백은 당사자가 ① 변론 또는 변론준비기일에서 한, ② 상대방의 주장과 일치하고, ③ 자기에게 불리한, ④ 주요사실의 진술이다. 사안의 경우 소송계속 중 乙은 甲이 주장하는 바와 같이 매매대금의 전액이 미지급상태에 있다고 진술하였으므로 이러한 乙의 진술은 재판상 자백에 해당한다.

2. 필수적 공동소송의 심판

(1) 소송요건의 통일

소송요건은 각 공동소송인별로 개별적으로 조사하여야 하며 고유필수적 공동소송인 한 사람에게 소송요건의 흠결이 있는 경우에는 법원은 전 소송을 당사자적격의 흠결로 부적법각하하여야 하지만 유사필수적 공동소송은 당해 공동소송인에 대하여만 일부각하하면 된다.

(2) 소송자료의 통일

1) 의 의

공동소송인 중 한 사람의 소송행위는 전원의 이익을 위하여만 효력이 있고 불리한 것은 전원이 함께 하지 않으면 효력이 없다(민소법 제67조 제1항). 그러나 한 사람에 대한 소송행위는 유·불리를 불문하고 전원에 대하여 그 효력이 있다(민소법 제67조 제2항).

2) 공동소송인 중 한 사람의 소송행위가 다른 공동소송인에게 유리한 경우

공동소송인 중 한 사람이 기일에 출석하면 전원이 출석한 것으로 되고 한 사람이라도 기간을 준수하면 기간부준수의 효과(실권효)가 발생하지 않고 한 사람이라도 답변서를 제출하면 무변론판결을 받지 않고, 한사람이라도 상대방의 주장사실을 다투면 전원이 다툰 것이 되고 한 사람이라도 응소하면 전원이 응소한 것이 되어 상대방 원고가 소취하 시 전원의 동의를 얻어야 한다.

3) 공동소송인 중 한 사람의 소송행위가 다른 공동소송인에게 불리한 경우

예를 들어 한 사람의 자백, 청구포기·인낙, 소취하는 전원이 하여야 한다.

3. 사안의 경우

매매대금의 전액이 미지급상태에 있다는 乙의 진술은 재판상 자백에 해당하고 이는 공동소송인 전원에게 불리한 소송행위이므로 공동소송인 모두가 함께하여야 한다. 따라서 공동소송인 전원이 함께 하지 아니하고 乙 한 사람이 한 자백은 효력이 없으므로 결국 乙의 진술은 소송상 효력이 없다고 판단된다.

Ⅴ 사안의 적용

공동의 이해관계가 있는 乙, 丙, 丁, 戊 중에서 乙과 丙을 선정당사자로 선정하였으므로 그 선정은 일단 적법하다고 볼 수 있고 乙과 丙은 같은 선정자단인 乙, 丙, 丁, 戊 중에서 선정당사자로 선정되었으므로 소송수행권을 합유하는 관계가 인정되어 고유필수적 공동소송 관계에 있다. 사안의 경우 매매대금의 전액이 미지급상태에 있다고 한 乙의 진술은 재판상 자백에 해당하므로 공동소송인 모두가 함께하여야 하나 乙한 사람이 자백을 한 경우에 불과하므로 乙의 진술은 소송상 효력이 없다.

Ⅵ 결론

고유필수적 공동소송인 중 1인에 불과한 乙 한 사람이 자백을 한 경우에 불과하므로 결국 乙의 진술은 소송상 효력이 없다.

제1문

甲은 乙에게 5,000만원을 대여하였고 丙은 乙의 대여금채무를 보증하였다. 乙이 변제하지 않자 甲은 5,000만원을 반환받기 위해서 乙과 丙을 공동피고로 하여, 乙에 대하여는 주채무의 이행을 구하고 丙에 대해서는 보증채무의 이행을 구하는 소를 제기하였다. 다음 물음에 답하시오. (단, 아래의 각 물음은 상호 독립적임) (50점)

물음 2

제1심 제1회 변론기일에 乙은 甲에게 대여금 5,000만원을 모두 변제했다고 주장하고 그에 관한 증거를 제출하였다. 그러나 丙은 답변서도 제출하지 않았고 변론기일에도 불출석하였다. 법원이 증거조사한 결과 乙의 주장이 타당하다는 심증을 형성하였다면, 甲의 乙과 丙에 대한 각 청구를 기각하는 판결을 할 수 있는가? (25점)

I 논점의 정리

甲이 乙과 丙을 공동피고로 하여 주채무자 乙에 대하여는 주채무이행청구와 보증인 丙에 대하여는 보증채무이행청구의 소를 제기한 경우, 그 소송형태가 문제 된다. 이하에서 살펴보는 것과 같이 통상공동소송이라면 乙과는 달리 丙은 주장과 증거제출 책임을 다하지 아니하였으나 공동소송인독립의 원칙을 수정하여 이를 인정할 수 있는지 여부가 문제되며 법원의 甲의 乙과 丙에 대한 각 청구에 대한 기각판결의 가부는 이와 관련된다.

II 乙과 丙에 대한 공동소송의 형태와 심판방법

1. 공동소송의 형태

주채무와 보증채무는 실체법상 독립 별개의 채무이고, 주채무자와 보증인 사이에 판결의 효력이 미치는 관계가 아니므로 이들에 대한 소송은 필수적 공동소송관계가 아니다. 따라서 사안에서 채권자 甲이 주채무자 乙과 보증인 丙을 상대로 제기한 대여금 지급청구의 소는 합일확정이 필수적인 소송이 아니므로 통상의 공동소송이라고 볼 것이다.

2. 통상공동소송의 심판방법

(1) 공동소송인 독립의 원칙

통상공동소송의 심판방법은 공동소송인 독립의 원칙에 의한다. 이는 통상공동소송에 있어서 각 공동소송인은 다른 공동소송인에 의한 제한·간섭을 받지 않고 각자가 독립하여 소송수행을 할 수 있는 원칙을 말한다.

(2) 공동소송인 독립의 원칙의 내용

소송요건의 존부는 개별적으로 조사하고 흠이 있는 공동소송인에 한하여 소를 각하하고, 공동소송인 한 사람의 소송행위는 유·불리를 가리지 않고 다른 공동소송인에게 영향을 미치지 아니하며 각 공동소송인은 공격방어방법을 개별적으로 제출할 수 있다. 또한 공동소송인 가운데 한 사람에 관한 사항은 다른 공동소송인에게 영향을 미치지 아니한다(민소법 제66조). 따라서 1인에 대한 중단사유는 1인에게만 효과가 있고, 기일해태 효과인 자백간주와 양쪽 불출석으로 인한 취하간주 등도 기일해태한 자에게만 효과가 미친다.[98] 법원은 공동소송인 1인에 대해 변론을 분리할 수 있다. 판결의 통일은 요구되지 아니하며 법원은 전부판결을 하는 것이 원칙이나 공동소송인 1인에 대해 판결하기에 성숙한 경우에는 일부판결도 가능하다.

(3) 사안의 경우

乙과 丙에 대하여 각각 주채무 또는 보증채무의 이행을 구하는 소는 통상공동소송으로 민소법 제66조의 공동소송인독립의 원칙이 적용되어 소송자료도 각 공동소송인에게 공통될 필요가 없고 소송의 결과도 공동소송인별로 다를 수 있다. 그러나 주채무자와 보증인 같이 공동소송인 간에 실질적인 견련관계가 있는 공동소송의 경우에도 재판의 통일이 보장되지 아니하기 때문에 공동소송인 독립의 원칙을 수정할 수 있는지 여부에 대한 논의가 있다.

---

98) 대판 1981.12.8. 80다2963

Ⅲ 공동소송인독립의 원칙의 수정원리 적용 여부

1. 수정의 원리

공동소송인 독립의 원칙을 관철하면 소송자료, 소송진행이 통일되지 않아 판결이 모순될 수 있는데 통상 공동소송인이 권리의무가 공통된 경우, 권리의무가 같은 원인으로 생긴 경우 등 민소법 제65조 전문에 해당될 경우 판결의 모순은 부자연스럽기 때문에 주장공통 또는 증거공통을 인정해 독립의 원칙을 수정할지 문제 된다.

2. 주장공통의 원칙

(1) 의 의

주장공통의 원칙은 1인의 통상공동소송인이 상대방 주장을 다투며 항변하는 등 유리한 주장을 하면 다른 공동소송인의 원용이 없이도 그에게 효력이 미친다는 것이다.

(2) 학 설

공동소송인 1인의 주장이 다른 공동소송인에게도 이익이 될 경우 다른 공동소송인에 이와 저촉되는 행위를 적극적으로 하지 않는 한 재판통일을 위해 동 원칙을 인정하는 긍정설과 통상공동소송에서는 공동소송인 독립의 원칙과 변론주의 때문에 동 원칙의 적용을 부정하는 부정설이 대립하고 있다.

(3) 판 례

판례는 민소법 제66조의 명문의 규정과 우리 민소법이 취하고 있는 변론주의 소송구조 등에 비추어 볼 때, 통상의 공동소송에 있어서 이른바 주장공통의 원칙은 적용되지 아니한다고 한다.[99]

(4) 검 토

주장공통의 원칙을 인정하면 별소로 제기되면 패소할 자가 공동소송인으로 제소되어 승소하는 문제가 있으므로 변론주의 소송구조를 취하고 있는 현행법의 해석상 주장공통의 원칙은 부정하는 것이 타당하다고 판단된다.

3. 증거공통의 원칙

(1) 의 의

증거공통의 원칙은 병합심리하는 이상 변론의 전체 취지 및 증거조사로 얻은 심증은 각 공동소송인에 대해 공통되므로 1인의 통상공동소송인이 제출한 유리한 증거는 다른 공동소송인의 원용이 없어도 그에게 사실 인정의 자료로 할 수 있다는 원칙이다.

(2) 학 설

공동소송인 간에 이해가 상반될 경우나 공동소송인 1인이 자백한 경우를 제외하고는 재판통일을 위해 동 원칙을 인정하는 긍정설과 통상공동소송에서는 공동소송인 독립의 원칙과 변론주의 때문에 동 원칙의 적용을 부정하는 부정설이 대립하고 있다.

(3) 판 례

판례는 통상공동소송에서 입증 기타 행위가 행위자를 구속할 뿐 다른 당사자에게는 영향을 주지 않는 것이 원칙이라고 하여 증거공통의 원칙을 부정하는 태도를 취하고 있다.[100]

---

99) 대판 1994.5.10. 93다47196
100) 대결 1959.2.19. 4291민항231

(4) 검 토

통상공동소송은 법률상 합일확정이 요구되지 않아 재판의 통일을 염두에 두는 것은 타당하지 않으므로 변론주의 소송구조를 취하고 있는 현행법의 해석상 증거공통의 원칙은 부정하는 것이 타당하다고 판단된다.

4. 사안의 경우

통상공동소송의 경우에는 변론주의 소송구조를 취하고 있는 현행법의 해석상 주장공통 및 증거공통의 원칙을 부정하는 것이 타당하다는 점에서 법원은 공동소송임에도 불구하고 원칙적으로 각 청구에 대하여 각 당사자에 의하여 제출된 소송자료 및 증거자료로 독립하여 판단하면 충분하고 다른 공동소송인에게 발생한 사정을 고려할 것은 아니다.

Ⅳ 甲의 乙과 丙에 대한 청구에 대한 법원의 판단

1. 乙에 대한 주채무이행청구에 대한 법원의 판단

변론주의의 원칙상 乙이 甲에게 대여금 5,000만원을 모두 변제하였다고 주장하고 그 증거를 제출하였으며, 법원의 증거조사의 결과 乙의 주장이 타당하다는 심증을 형성하였으므로 법원은 甲의 乙에 대한 주채무이행청구를 기각하는 판결을 할 것이다.

2. 丙에 대한 보증채무이행청구에 대한 법원의 판단

甲의 丙에 대한 보증채무이행청구에 대하여 乙과는 달리 丙은 답변서도 제출하지 않았고 변론기일에도 불출석하였기 때문에 丙에게는 민소법 제150조 제3항에 따른 자백간주가 인정된다. 따라서 법원은 甲의 丙에 대한 보증채무이행청구를 인용하는 판결을 할 것이다.

Ⅴ 사안의 적용

乙과 丙에 대하여 각각 주채무 또는 보증채무의 이행을 구하는 소는 통상공동소송으로, 이 경우에는 변론주의 소송구조를 취하고 있는 현행법의 해석상 주장공통 및 증거공통의 원칙을 부정하는 것이 타당하다는 점에서 다른 공동소송인에게 발생한 사정을 고려할 것은 아니다. 사안의 경우 법원의 증거조사의 결과 乙의 주장이 타당하다는 심증을 형성하였으므로 법원은 甲의 乙에 대한 주채무이행청구를 기각하는 판결을 할 것이나, 丙은 답변서도 제출하지 않았고 변론기일에도 불출석하였기 때문에 丙에게는 자백간주가 인정되므로 법원은 甲의 丙에 대한 보증채무이행청구를 인용하는 판결을 할 것이다.

Ⅵ 결 론

법원은 甲의 乙에 대한 주채무이행청구를 기각하는 판결을 할 것이나, 丙에게는 자백간주가 인정되므로 甲의 丙에 대한 보증채무이행청구를 인용하는 판결을 할 것이다.

02　다수당사자소송

※ 기출문제해설의 답안은 참고용으로 활용하시기 바랍니다.

기출문제 ▌ 2017년 제26회 공인노무사시험

제1문

乙회사의 근로자 丙이 업무상 운전하던 차량이 보행자 甲을 충격하여 부상을 입혔다. 甲이 乙회사를 피고로 하여 제기한 교통사고로 인한 손해배상청구의 소(전소)에서 丙이 乙회사 측에 보조참가하여 소송이 진행되었고, 법원은 丙의 운전상의 과실을 인정하여 甲 청구인용판결을 선고하여 이 판결이 확정되었다. 그 후 乙회사가 丙을 피고로 위 손해배상에 대한 구상금을 청구하는 소(후소)를 제기하였다. 다음 물음에 답하시오. (50점) (아래 각 설문은 상호 무관함)

물음 1

丙이 보조참가한 전소의 甲 청구인용의 확정판결이 후소에 효력을 미치는지를 설명하시오. (35점)

I 논점의 정리

참가인에 대한 재판의 효력을 규정한 민소법 제77조의 효력을 어떻게 이해할 것인가가 문제 된다. 전소의 甲 청구인용의 확정판결이 후소에 미치는 효력을 참가적 효력이라고 한다면 피참가인 乙의 참가인 丙에 대한 제2차 소송에서 丙이 본 소송에서 패소의 이유가 되었던 판단(丙의 과실의 존재)이 부당하다고 다툴 수 있는지 여부가 참가적 효력을 배제할 사유의 존재 여부와 관련하여 문제되므로 이를 차례로 검토하기로 한다.

II 참가인 丙에 대한 판결의 효력

1. 민소법 제77조의 재판의 효력

(1) 학 설

재판의 효력에 관하여는 전소 기판력의 주관적 범위의 확장으로 이해하는 기판력설, 피참가인이 패소하고 나서 후에 피참가인이 참가인 상대의 제2차 소송을 수행하는 경우, 그에 대한 관계에서 참가인이 제1차 소송 판결의 내용이 부당하다고 주장할 수 없는 구속력으로 이해하는 참가적 효력설, 참가인과 피참가인 사이에는 참가적 효력이 발생하지만, 판결 기초의 공동형성이라는 입장에서 참가인과 상대방 사이에는 기판력 내지 쟁점효가 발생한다는 신기판력설이 대립하고 있다.

(2) 검 토

생각건대 민소법 제77조가 참가인에게 재판의 효력이 배제되는 예를 참가인과 피참가인 사이에 발생한 사유에 한정한 점을 고려하면 기판력으로 보기는 어렵고 또한 신기판력설도 보조참가인이 공동소송적 보조참가인의 지위에 가까워지고 당사자사이에만 기판력을 미치게 한 민소법 제218조에 반한다는 문제점이 있다는 것에 비추어 금반언의 원칙에 의하여 제2차 소송에서 제1차 소송 패소판결의 내용과 다른 사항을 주장할 수 없다는 구속력이라고 보는 참가적 효력설이 타당하다고 판단된다.

2. 참가적 효력의 발생요건 및 작용범위

(1) 발생요건

참가적 효력이 발생하기 위해서는 ① 당해소송에서 본안판결이 선고되었을 것, ② 피참가인이 패소하였을 것, ③ 그 판결이 확정되었을 것, ④ 참가인에게 피참가인을 위하여 소송을 수행할 기회가 있었을 것 등의 요건이 필요하다.

(2) 작용범위

　1) 주관적 범위

　　참가적 효력은 피참가인과 참가인 사이에만 미치고 상대방과 참가인 사이에서는 미치지 않는다. 따라서 본소송에서 피참가인이 패소하고 난 뒤에 피참가인의 참가인에 대한 소송에서 참가인은 본소송의 판결의 내용이 부당하다고 주장할 수 없다.

2) 객관적 범위

참가적 효력은 판결주문뿐만 아니라 판결이유 중 판단에도 미친다. 따라서 피참가인이 패소한 후 참가인을 상대로 다시 소송을 할 때 참가인은 전소송의 판결의 기초가 되었던 사실인정이나 법률판단이 부당하다고 다툴 수 없다. 즉, 전소 확정판결의 참가적 효력은 전소 확정판결의 결론의 기초가 된 사실상 및 법률상의 판단으로서 보조참가인이 피참가인과 공동이익으로 주장하거나 다툴 수 있었던 사항에 한하여 미치고, 전소 확정판결에 필수적인 요소가 아니어서 결론에 영향을 미칠 수 없는 부가적 또는 보충적인 판단이나 방론 등에까지 미치는 것은 아니다.

3. 사안의 경우

사안의 경우 甲의 乙에 대한 손해배상청구의 소에서 丙이 보조참가하여 소송을 수행하였으나 법원은 丙의 운전상의 과실을 인정하여 甲 청구인용판결을 선고하여 당해 판결이 확정되었으므로 본 소송판결의 참가적 효력이 발생하여 피참가인 乙과 참가인 丙 사이에 미치며 그 결과 乙의 丙에 대한 구상금청구의 소에서 丙은 본 소송에서 패소의 이유가 되었던 판단(甲의 과실의 존재)이 부당하다고 다툴 수 없다. 다만, 본 소송에서 丙은 보조참가인으로서 종속적 지위를 가진다는 점에서 丙에게 참가적 효력이 배제되는 경우는 없는지 문제되므로 이하에서 살펴보고자 한다.

Ⅲ 참가인 丙의 지위와 참가적 효력 배제례

1. 참가인 丙의 지위

참가인에게는 당사자에 준하는 독립적 지위가 인정되므로 소송에 관하여 공격·방어·이의·상소, 그 밖의 모든 소송행위를 할 수 있으나(민소법 제76조 제1항), 보조참가인은 원칙적으로 자신의 청구를 하지 않고 피참가인의 승소를 보조하는 자일 뿐 당사자는 아니므로 그 지위는 피참가인에게 종속한다. 따라서 참가할 때의 소송정도에 따라 피참가인도 할 수 없는 행위, 피참가인의 행위와 어긋나는 행위, 피참가인에게 불이익한 행위, 심판대상을 변경하고 확장하는 행위, 피참가인의 사법상 권리의 행사 등과 같은 행위는 참가인이 할 수 없다.

2. 참가적 효력 배제례

(1) 의 의

참가인이 피참가인과 협력하여 소송을 수행하였다고 볼 수 없고 피참가인의 단독행위라고 볼 사정이 있는 경우에는 참가적 효력의 배제가 인정된다.

(2) 배제사유

상고심에서 참가하여 사실자료를 제출할 수 없었던 경우 등 민소법 제76조의 규정에 따라 참가인이 소송행위를 할 수 없었던 경우, 참가인의 행위가 피참가인의 행위와 어긋나 그 소송행위가 효력이 없는 경우, 피참가인이 참가인의 소송행위를 방해한 경우, 피참가인이 참가인이 할 수 없는 소송행위를 고의나 과실로 하지 아니한 경우 등에는 참가적 효력이 미치지 아니한다. 다만, 참가인으로서는 전술한 각 경우가 발생하지 않았다면 전소의 판결의 결과가 피참가인의 패소가 아니라 승소로 달라졌을 것을 주장·증명하여야 한다.

3. 사안의 경우

참가인 丙은 원칙적으로 자신의 청구를 하지 않고 피참가인 乙의 승소를 보조하는 승소보조자일 뿐이므로 민소법 제77조가 정한 참가적 효력을 배제할 사유가 존재하면 그 효력은 참가인 丙에게 미치지 아니한다고 보아야 하나, 사안의 경우 이런 사유가 존재한다는 사정은 보이지 아니하므로 참가인 丙에게 참가적 효력이 미쳐 피참가인 乙의 참가인 丙에 대한 구상금청구의 소에서 참가인 丙은 자신의 운전상의 과실이 없다고 주장하는 것은 허용되지 아니한다.

Ⅳ 사안의 적용

민소법 제77조의 재판의 효력을 금반언의 원칙에 의하여 제2차 소송에서 제1차 소송 패소판결의 내용과 다른 사항을 주장할 수 없다는 구속력이라고 보는 참가적 효력설이 타당하다고 할 때 본 소송 확정판결의 참가적 효력이 발생하여 피참가인 乙과 참가인 丙 사이에 미치며 그 결과 乙의 丙에 대한 구상금청구의 소에서 丙은 본 소송에서 패소의 이유가 되었던 판단(丙의 과실의 존재)이 부당하다고 다툴 수 없다. 사안의 경우 참가적 효력을 배제할 사유가 존재한다는 사정은 보이지 아니하므로 참가인 丙에게 참가적 효력이 미쳐 피참가인 乙의 참가인 丙에 대한 구상금청구의 소에서 참가인 丙은 자신의 운전상의 과실이 없다고 주장하는 것은 허용되지 아니한다.

Ⅴ 변론

참가인 丙에게 본 소송 확정판결의 참가적 효력이 미쳐 피참가인 乙의 참가인 丙에 대한 구상금청구의 소에서 참가인 丙은 자신의 운전상의 과실이 없다고 주장하는 것은 허용되지 아니한다.

제1문

甲은 A은행과의 고용계약상의 퇴직금 조항 등이 무효라는 확인과 함께 퇴직금의 지급을 구하는 내용의 소를 A은행 리스크관리본부장인 乙을 상대로 제기하였다. 당초에 甲이 피고로 삼은 사람은 개인으로서의 乙이 아니라 A은행 부서장인 리스크관리본부장을 피고로 특정한 것인데, 법률적으로 확신이 서지 않자, 甲은 예비적으로 A은행도 피고로 추가하였다. (50점)

물음 1

위와 같은 소송형태의 적법 여부와 이에 대한 법원의 조치 및 판단에 대하여 논하시오. (30점)

Ⅰ 논점의 정리

甲의 乙에 대한 퇴직금지급청구의 소에 A은행을 추가하여 다투는 것이 예비적 공동소송으로 적법한지 여부가 문제 된다. 예비적 공동소송에 해당한다면 법원이 어떠한 심판절차에 따라 판단하여야 할지 또한 문제된다.

Ⅱ 예비적 공동소송의 의의 및 허용 여부

예비적 공동소송이란 공동소송인 가운데 일부의 청구와 다른 공동소송인의 청구가 법률상 양립할 수 없거나 공동소송인 가운데 일부에 대한 청구와 다른 공동소송인에 대한 청구가 법률상 양립할 수 없는 경우에 하나의 소송절차에서 동시에 심판을 구하는 공동소송을 말한다. 민소법은 제70조에서 예비적 공동소송의 소송형태를 규정하여 이를 인정하고 있다.

Ⅲ A은행을 예비적 피고로 추가한 것의 적법 여부

1. 사안의 공동소송의 형태

사안에서 甲의 乙과 A은행에 대한 공동소송관계를 살펴보면 우선 실체법상 관리처분권이 乙, A은행에 공동으로 귀속되는 경우가 아니므로 고유필수적 공동소송이 아니고, 서로 판결의 효력을 받는 관계도 아니어서 유사필수적 공동소송에도 해당되지 아니하므로 통상공동소송에 해당한다. 그러나 민소법 제70조 제1항에서는 동법 제68조를 준용하여 예비적 공동소송인에 대한 후발적 추가를 할 수 있도록 하고 있으므로 사안의 경우 예비적 공동소송의 요건과 동법 제68조의 추가요건을 구비한다면 甲의 乙, A은행에 대한 소송은 예비적 공동소송으로서 적법하다고 할 수 있을 것이다.

2. 사안의 예비적 공동소송의 적법 여부

(1) 예비적 공동소송의 요건

예비적 공동소송은 공동소송의 주관적 요건(민소법 제65조), 객관적 요건(민소법 제253조)을 갖추어야 하고 공동소송인 가운데 일부의 청구가 다른 공동소송인의 청구와 법률상 양립할 수 없거나 공동소송인 가운데 일부에 대한 청구가 다른 공동소송인에 대한 청구와 법률상 양립할 수 없는 경우이어야 한다(민소법 제70조).

(2) 법률상 양립불가능성

1) 판 례

판례에 의하면 동일한 사실관계에 대한 법률적인 평가를 달리하여 두 청구 중 어느 한 쪽에 대한 법률효과가 인정되면 다른 쪽에 대한 법률효과가 부정됨으로써 두 청구가 모두 인용될 수는 없는 관계에 있는 경우나, 당사자들 사이의 사실관계 여하에 의하여 또는 청구원인을 구성하는 택일적 사실인정에 의하여 어느 일방의 법률효과를 긍정하거나 부정하고 이로써 다른 일방의 법률효과를 부정하거나 긍정하는 반대의 결과가 되는 경우로서, 실체법적, 소송법적으로 서로 양립할 수 없는 경우를 포함하는 것으로 이해하고 있다.[101]

---

101) 대결 2007.6.26. 2007마515

2) 검 토

사안의 경우 乙과 A은행에 대한 공동소송은 하나의 고용계약에 기한 청구로서 민소법 제65조 전문의 권리의무의 발생원인이 공통한 경우로 공동소송의 요건을 구비하였고, 乙이나 A은행 중 누가 피고적격을 가지는지 여부에 관한 법률적 평가에 따라 어느 한 쪽에 대한 청구는 적법하고 다른 쪽에 대한 청구는 부적법할 수 있으므로 각 청구는 서로 법률상 양립할 수 없는 관계에 해당한다(소송법상 양립불가능). 따라서 A은행의 추가가 허용된다면 乙과 A은행에 대한 공동소송은 민소법 제70조의 예비적 공동소송으로 적법하다.

3. A은행 추가의 적법 여부

민소법 제70조에 의하여 준용되는 동법 제68조에 따라 판단하건대, 사안에서 A은행의 추가는 예비적 공동소송인 중 일부가 누락된 경우이고 甲의 乙에 대한 퇴직금지급청구의 소는 제1심에 계속 중이며 민소법 제65조의 권리의무의 발생원인이 공통된 경우이고 피고 측의 추가이므로 별도로 A은행의 동의는 필요하지 아니하다는 점에서 A은행의 추가는 적법하다. 결국 甲의 乙과 A은행에 대한 공동소송은 민소법 제70조의 예비적 공동소송으로 적법하다고 판단된다.

Ⅳ 예비적 공동소송의 심판방법

1. 소송자료와 소송진행의 통일

예비적 공동소송에는 민소법 제70조 제1항 본문에서 제67조를 준용하여 필수적 공동소송의 심판절차에 의한다고 규정하고 있으므로 공동소송인 한 사람의 소송행위는 전원의 이익을 위해서만 효력이 있고(민소법 제67조 제1항, 제70조 제1항), 한 사람에 대한 소송행위는 유·불리를 불문하고 전원에 대하여 그 효력이 있다(민소법 제67조 제2항, 제70조 제1항). 공동소송인 가운데 한 사람에게 절차를 중단·중지하여야 할 이유가 있는 경우에는 모두에게 효력이 미친다(민소법 제67조 제3항).

2. 본안재판의 통일

예비적 공동소송은 동일한 법률관계에 관하여 모든 공동소송인이 서로 간의 다툼을 하나의 소송절차로 한꺼번에 모순 없이 해결하는 소송형태로서 모든 공동소송인에 대한 청구에 관하여 판결을 하여야 하고(민소법 제70조 제2항), 그중 일부 공동소송인에 대해서만 판결을 하거나 남겨진 당사자를 위하여 추가판결을 하는 것은 허용되지 않는다.[102] 따라서 일부 공동소송인에 관한 청구에 대하여만 판결을 하는 경우 이는 일부판결이 아닌 흠이 있는 전부판결에 해당한다.[103]

3. 사안의 경우

甲의 乙과 A은행에 대한 공동소송은 예비적 공동소송으로 필수적 공동소송의 심판절차에 의하여야 하며 법원은 乙과 A은행 전부에 대한 청구에 관하여 판결을 하여야 한다. 즉 乙에 대한 청구를 인용하면 A은행에 대한 청구는 심리할 필요없이 기각하고, 乙에 대한 청구를 기각하면 A은행에 대한 청구를 인용할 것이다.

---

102) 대판 2018.2.13. 2015다242429
103) 대판 2008.3.27. 2005다49430

Ⅴ 사안의 적용

사안의 경우 乙과 A은행의 공동소송은 하나의 고용계약에 기한 청구로서 민소법 제65조 전문의 권리의무의 발생원인이 공통한 경우로 공동소송의 요건을 구비하였고, 각 청구는 서로 법률상 양립할 수 없는 관계에 해당하며(소송법상 양립불가능), 피고 측의 추가에 해당하는 A은행의 추가가 적법하다는 점에서 乙과 A은행에 대한 공동소송은 민소법 제70조의 예비적 공동소송으로 적법하다고 판단된다. 예비적 공동소송은 필수적 공동소송의 심판절차에 의하여야 하며 법원은 乙과 A은행 전부에 대한 청구에 관하여 판결을 하여야 한다. 즉 乙에 대한 청구를 인용하면 A은행에 대한 청구는 심리할 필요없이 기각하고, 乙에 대한 청구를 기각하면 A은행에 대한 청구를 인용할 것이다.

Ⅵ 결 론

甲의 乙과 A은행에 대한 공동소송은 피고 측의 추가에 해당하는 A은행의 추가가 적법하다는 점에서 예비적 공동소송으로 적법하다고 판단된다. 예비적 공동소송은 필수적 공동소송의 심판절차에 의하여야 하므로 법원은 乙에 대한 청구를 인용하면 A은행에 대한 청구는 심리할 필요없이 기각하고, 乙에 대한 청구를 기각하면 A은행에 대한 청구를 인용할 것이다.

제3문

유사필수적 공동소송에 관하여 설명하시오. (25점)
자세한 내용은 기본서 해당부분의 관련서술을 참조하라.

제1편

제2편

제3편

제4편

제5편

제6편

제7편

제3문

공동소송참가에 관하여 설명하시오. (25점)

자세한 내용은 기본서 해당부분의 관련서술을 참조하라.

제2문

소송고지에 관하여 설명하시오. (25점)

자세한 내용은 기본서 해당부분의 관련서술을 참조하라.

제1편
제2편
제3편
제4편
제5편
제6편
제7편

제1문

甲은 乙에 대하여 구상금채권을 가지고 있는 채권자이다. 甲과 丙 사이에 甲이 乙에 대하여 가지고 있는 구상금채권을 양도양수하는 계약을 체결하였다. 乙은 자신의 유일한 재산인 X부동산을 丁에게 매도하는 계약을 체결하였다. (다음 각 물음은 독립적임) (30점)

물음 1

甲이 乙에 대하여 구상금청구의 소를 제기한 후 제1심 소송계속 중 丙은 甲으로부터 구상금채권을 양수하였음을 이유로 권리승계를 주장하면서 승계참가를 신청하였다. 甲은 丙의 승계 여부에 대하여 다투지 않으면서도 소송탈퇴, 소 취하 등을 하지 않았다. 제1심법원은 丙이 甲으로부터 구상금채권을 양수한 채권자임을 전제로 丙의 청구에 대하여 판단하였고, 甲의 청구에 대하여는 판단하지 않았다. 이에 대하여 甲이 항소를 제기하였는데, 항소심법원은 불복의 대상이 되는 재판이 없어 항소가 부적법하다고 판단하여 甲의 항소를 각하하였다. 이와 같은 항소심법원의 판단에 잘못이 없는지를 그 논거와 함께 설명하시오. (10점)

Ⅰ 논점의 정리

甲의 乙에 대한 구상금청구의 소송계속 중 丙이 참가한 경우 丙의 참가승계가 적법한지 여부가 문제되며 甲이 소송탈퇴 등을 하지 아니한 경우 乙, 甲과 丙 사이에는 필수적 공동소송관계가 성립하여 민소법 제67조에 의한 필수적 공동소송의 법리가 적용되는지 여부가 또한 문제 된다. 항소심법원 판결의 적법 여부는 이와 관련된다.

Ⅱ 丙의 참가승계의 적법 여부

1. 참가승계의 요건

(1) 타인 간의 소송이 계속 중일 것

참가승계신청은 사실심의 변론종결 전에 한하며 상고심에서는 허용되지 아니한다.

(2) 소송의 목적인 권리·의무의 승계가 있을 것

참가승계가 인정되기 위해서는 소송의 목적인 권리의무의 승계가 있을 것을 요한다(민소법 제81조). 이에는 소송물의 양도뿐만 아니라 계쟁물의 양도를 포함하나, 계쟁물의 양도범위에 관하여 판례는 채권적 청구권에 기한 소송 중 계쟁물을 취득한 자는 포함되지 않지만, 물권적 청구권에 기한 소송 중 계쟁물을 양수한 자는 승계인에 포함된다고 판시하고 있다.

2. 사안의 경우

甲의 乙에 대한 구상금청구의 소의 계속 중 丙이 소송물인 구상금채권을 양수하여 승계참가를 신청하였으므로 丙의 참가승계는 적법하다고 판단된다.

Ⅲ 甲이 소송탈퇴 등을 하지 아니한 경우의 소송관계

1. 판 례

(1) 종전 판례

<u>종전 판례는 원고가 소송의 목적인 손해배상채권을 승계참가인에게 양도하고 피고들에게 채권양도의 통지를 한 다음 승계참가인이 승계참가신청을 하자 탈퇴를 신청하였으나 피고들의 부동의로 탈퇴하지 못한 경우, 원고의 청구와 승계참가인의 청구는 통상의 공동소송으로서 모두 유효하게 존속하는 것이므로 법원은 원고의 청구 및 승계참가인의 청구 양자에 대하여 판단을 하여야 한다고 판시하였다.</u>[104]

(2) 전합 판결

종전 판례를 변경한 <u>전합 판결은 소송이 법원에 계속되어 있는 동안에 제3자가 소송목적인 권리의 전부나 일부를 승계하였다고 주장하며 민소법 제81조에 따라 소송에 참가한 경우, 원고가 승계참가인의 승계 여부에 대해 다투지 않으면서도 소송탈퇴, 소 취하 등을 하지 않거나 이에 대하여 피고가 부동의하여 원고가 소송에 남아 있다면 승계로 인해 중첩된 원고와 승계참가인의 청구 사이에는 필수적 공동소송에 관한 민소법 제67조가 적용된다고 판시하고 있다.</u>[105]

---

104) 대판 2004.7.9. 2002다16729
105) 대판 2019.10.23. 2012다46170[전합]

2. 검 토

생각건대 승계참가에 관한 민소법 규정과 2002년 민소법 개정에 따른 다른 다수당사자 소송제도와의 정합성, 중첩된 청구를 모순 없이 합일적으로 확정할 필요성 등을 고려하면 변경된 전합 판결이 타당하다고 보이며 이에 의할 때 丙이 甲으로부터 구상금채권을 양수하였음을 이유로 권리승계를 주장하면서 甲이 乙에 대하여 구상금청구의 소에 승계참가를 신청하였으나, 甲은 丙의 승계 여부에 대하여 다투지 않으면서도 소송탈퇴, 소 취하 등을 하지 않았으므로 乙, 甲과 丙 사이에는 필수적 공동소송관계가 성립하여 민소법 제67조에 의한 필수적 공동소송의 법리가 적용된다.

Ⅳ 항소심판결의 적법 여부

1. 유사필수적 공동소송의 심판방법

(1) 소송자료와 소송진행의 통일

공동소송인 중 한 사람의 소송행위는 전원의 이익을 위하여만 효력이 있고 불리한 것은 전원이 함께하지 않으면 효력이 없다(민소법 제67조 제1항). 공동소송인 중 한 사람에 대하여 중단의 원인이 생기면 다른 공동소송인 전원에 대하여 중단의 효과가 발생하여 전 소송절차의 진행이 정지된다(민소법 제67조 제3항).

(2) 본안재판과 상소심 진행의 통일

1) 본안재판의 통일

필수적 공동소송의 경우 상호 연합관계로 합일확정의 판결만이 허용된다. 따라서 일부판결은 허용되지 않고 모두에 대하여 판결하여야 한다.

2) 이심 및 심판의 범위

민소법 제67조 제1항에 의해 공동소송인 중 한 사람의 항소는 모두의 이익을 위해 효력이 있는 소송행위이므로 한 사람만이 항소를 제기하더라도 모두에 대한 판결의 확정이 차단되어 항소심으로 이심되고, 합일확정을 위해서 상급심은 전원에 대하여 심판하여야 한다.

2. 사안의 경우

甲의 항소로 甲의 청구뿐만 아니라 참가승계인 丙의 청구도 항소심으로 이심되어 항소심의 심판의 대상이 되나, 항소심은 불복의 대상이 되는 재판이 없어 항소가 부적법하다고 판단하여 甲의 항소를 각하하였으므로 항소심법원의 판결에는 민소법 제67조의 법리를 오해하여 판단누락을 행한 위법이 있다고 판단된다.

Ⅴ 사안의 적용

甲의 乙에 대한 구상금청구의 소의 계속 중 丙이 소송물인 구상금채권을 양수하여 승계참가를 신청하였으므로 丙의 참가승계는 적법하고, 甲이 소송탈퇴 등을 하지 아니하여 필수적 공동소송관계가 성립하므로 甲의 항소로 甲의 청구뿐만 아니라 참가승계인 丙의 청구도 항소심으로 이심되어 항소심의 심판의 대상이 되나, 항소심은 甲의 항소를 각하하였으므로 항소심의 판결에는 민소법 제67조의 법리를 오해하여 판단누락을 행한 위법이 있다고 판단된다.

Ⅵ 결 론

甲의 청구뿐만 아니라 참가승계인 丙의 청구도 항소심으로 이심되어 항소심의 심판의 대상이 되나, 항소심은 甲의 항소를 각하하였으므로 항소심의 판결에는 민소법 제67조의 법리를 오해하여 판단누락을 행한 위법이 있다고 판단된다.

제 **6** 편

상소심절차

01 총 설

제1절　총 설

Ⅰ　상소의 의의

1. 개 념

상소란 재판의 확정 전에 상급법원에 원심판결의 취소·변경을 구하는 불복신청방법을 말한다.

2. 구 별

상소는 재판확정 전에 불복방법이므로 확정된 재판에 대한 불복방법인 재심(민소법 제451조), 준재심(민소법 제461조)과 구별되고 불복할 수 없는 결정·명령에 대한 불복방법인 특별항고(민소법 제449조)와도 구별된다. 또한 상소는 상급법원에 대한 불복신청이므로 같은 심급 안의 불복신청인 각종의 이의신청과도 구별된다.

Ⅱ　상소의 적법요건

상소가 적법하기 위하여는 상소의 대상적격 및 당사자적격을 갖출 것, 상소기간을 준수할 것, 상소이익이 있을 것, 상소권 포기, 불상소의 합의 등의 상소장애사유가 없을 것, 기타 소송행위의 유효요건으로 신의칙에 반하지 않을 것, 소송절차 중단 중의 소송행위가 아닐 것 등이 요구된다.

1. 대상적격

(1) 유효한 판결일 것

상소는 법원이 선고한 종국판결에 대하여만 가능하다. 당연무효인 판결이 상소의 대상적격이 있는지 여부에 대해 판례는 당사자가 소제기 이전에 이미 사망한 사실을 간과한 경우 민사소송이 당사자의 대립을 그 본질적 형태로 하는 것임에 비추어 이미 사망한 자를 상대로 한 상고는 부적법하다(대판 2000.10.27. 2000다33775)고 한다. 그러나 소송절차 중단 중에 제기된 상소는 부적법하지만 상소심법원에 수계신청을 하여 하자를 치유시킬 수 있으므로, 상속인들에게서 항소심소송을 위임받은 소송대리인이 소송수계절차를 취하지 아니한 채 사망한 당사자 명의로 항소장 및 항소이유서를 제출하였더라도, 상속인들이 항소심에서 수계신청을 하고 소송대리인의 소송행위를 적법한 것으로 추인하면 하자는 치유되고, 추인은 묵시적으로도 가능하다(대판 2016.4.29. 2014다210449)고 하여 상소의 대상적격을 인정한다.

(2) 선고 후 확정 전의 종국판결일 것

선고 전의 판결은 상소의 대상이 되지 못한다. 판례도 낙찰허가결정이 선고되기 전에 존재하지도 아니한 낙찰허가결정을 대상으로 하여 제기된 항고는 부적법하다고 할 것이고, 그 항고가 부적법하다는 이유로 각하되지 않고 있는 동안에 항고인에게 불이익한 낙찰허가결정이 선고되었다고 하여도 당해 항고는 적법한 것으로 되지 아니한다(대결 1998.3.9. 98마2)고 판시하고 있다. 확정된 판결 또한 재심의 대상이 될 뿐이다. 종국판결만 상소의 대상이 되므로 중간판결은 독립하여 상소를 할 수 없다. 종국판결이라면 일부판결이나 추가판결도 상소의 대상이 되며 항소심에서의 환송판결과 이송판결도 종국판결이므로 독립하여 상소할 수 있다.

2. 적식의 상소제기

(1) 법정방식에 따른 상소제기

상소는 상소장이란 서면에 의하여야 하며 인지를 붙여 원심법원에 제출하여야 한다(민소법 제397조 제1항, 제425조, 제445조).

(2) 상소기간의 준수

상소는 판결서 송달 전에도 할 수 있다(민소법 제396조 제1항, 제425조). 다만, 항소와 상고는 판결정본의 유효한 송달을 받은 날부터 2주일, 즉시항고는 재판의 고지가 있는 날로부터 1주일 내에 제기해야 한다. 통상항고는 재판의 취소를 구할 이익이 있는 한 언제든지 제기할 수 있다. 판례는 항소제기기간의 준수 여부는 항소장이 제1심법원에 접수된 때를 기준으로 하여 판단하여야 하며 비록 항소장이 항소제기기간 내에 제1심법원 이외의 법원에 제출되었다 하더라도 항소제기의 효력이 있는 것은 아니(대결 1992.4.15. 92마146)라고 판시하고 있다.

3. 상소의 이익

(1) 의 의

1) 개 념

상소의 이익이란 하급심의 종국판결에 대하여 불복신청함으로써 그 취소, 변경을 구할 수 있는 당사자의 법적 지위를 말한다.

2) 인정취지

이는 무익한 상소권 행사를 배제하여 남상소를 방지하고 법원의 업무를 경감하고자 하는 것이다.

(2) 판단기준

1) 학 설

당사자의 신청보다 판결주문이 불리한 경우에 상소이익을 인정하는 형식적 불복설, 전부승소한 자라도 상급심에서 실체법상 더 유리한 판결을 받을 가능성이 있으면 상소이익을 긍정하는 실질적 불복설, 원고가 상소한 경우에는 형식적 불복설에 의하고 피고가 상소한 경우에는 실질적 불복설에 의할 것이라는 절충설, 원판결이 확정된 때 기판력 기타 판결의 효력에 있어서 불이익을 입게 되면 상소이익을 인정하는 신실질적 불복설이 대립하고 있다.

2) 판 례

판례는 상소는 자기에게 불이익한 재판에 대하여서만 제기할 수 있는 것이고, 재판이 상소인에게 불이익한 것인지의 여부는 재판의 주문을 표준으로 하여 상소제기 당시를 기준으로 판단되어야 한다(대판 1994.11.4. 94다 21207)고 하여 원칙적으로 형식적 불복설을 취하고 있으나 예외적으로 기판력 등 때문에 별소제기가 허용되지 아니하는 경우에는 상소이익을 인정하고 있다.

3) 검 토

상소이익의 유무를 간명하고 명확하게 판단할 수 있는 형식적 불복설이 원칙적으로 타당하나 기판력 때문에 별소를 제기할 수 없는 경우에는 소송당사자를 보호하기 위하여 예외적으로 상소이익을 인정하는 것이 타당하다고 판단된다.

(3) 상소의 이익 유무의 구체적 검토

1) 전부승소한 자의 상소의 이익

① 원칙 : 전부승소한 당사자는 원칙적으로 상소의 이익이 없다. 따라서 원고가 전부승소한 경우 원고는 청구의 변경 또는 청구취지의 확장을 위하여 상소할 수 없고 피고가 전부승소한 경우에 피고는 반소를 위하여 상소할 수 없다.

② 예외 : 다만, 기판력에 차단되어 별소를 제기할 수 없거나 부대항소[106]의 경우에는 전부승소한 당사자라도 상소의 이익이 인정된다. 이하에서는 기판력에 차단되어 별소를 제기할 수 없는 경우를 본다.

㉠ 묵시적 일부청구 : 묵시적 일부청구에 대하여는 일부청구에 대한 주요논점을 참조하라.

㉡ 인신사고로 인한 손해배상청구

㉮ 문제점 : 인신사고로 인한 손해배상청구에서 원고가 재산상 손해와 위자료를 청구하여 재산상 손해는 전부승소, 위자료청구는 일부패소하여 위자료 부분만 상소한 경우 전부승소한 재산상 손해에 대해 청구의 확장을 허용할 것인지 문제 된다.

㉯ 판례 : 판례는 원고가 재산상 손해(소극적 손해)에 대하여는 형식상 전부 승소하였으나 위자료에 대하여는 일부 패소하였고, 이에 대하여 원고가 원고 패소 부분에 불복하는 형식으로 항소를 제기하여 사건 전부가 확정이 차단되고 소송물 전부가 항소심에 계속되게 된 경우에는, 더욱이 불법행위로 인한 손해배상에 있어 재산상 손해나 위자료는 단일한 원인에 근거한 것인데 편의상 이를 별개의 소송물로 분류하고 있는 것에 지나지 아니한 것이므로 이를 실질적으로 파악하여, 항소심에서 위자료는 물론이고 재산상 손해(소극적 손해)에 관하여도 청구의 확장을 허용하는 것이 상당하다(대판 1994.6.28. 94다3063)고 판시하고 있다.

㉰ 검토 : 생각건대 전부승소한 재산상 손해 부분에 대하여 상소이익을 인정하지 않으면 원고는 판결이 확정되기도 전에 나머지 부분을 청구할 수 있는 기회를 상실하게 되는 불이익을 입게 되므로 재산상 손해 부분에 대하여도 청구취지의 확장을 위한 상소를 허용할 것이다.

㉢ 청구이의의 소 : 별소가 금지되는 청구이의의 소에서 전부승소한 원고가 다른 이의사유를 추가하기 위한 상소도 가능하다. 원고는 이의원인이 여러 개일 경우에는 동시에 주장해야 하는데(민집법 제44조 제3항), 동시에는 같은 소송에서라는 의미로 변론종결 시까지 이의사유를 추가·변경할 수 있다.

---

106) 부대항소의 성질에 대해 비항소설을 취할 경우 부대항소는 항소가 아니기 때문에 항소의 이익이 필요 없어 제1심에서 전부 승소한 피항소인도 청구의 확장·변경 또는 반소제기를 위해 부대항소를 할 수 있다.

2) 판결이유 중 판단에 불복하는 경우의 상소의 이익

① 원칙 : 승소한 당사자는 판결이유 중의 판단에 불만이 있더라도 상소이익이 없다. 기판력은 주문의 판단에 대해서만 발생하기 때문에 어떠한 이유로 승소하더라도 그 법률효과는 다르지 않기 때문이다. 판례는 상소는 자기에게 불이익한 재판에 대하여 유리하게 취소변경을 구하기 위하여 하는 것이므로 승소판결에 대한 불복상소는 허용할 수 없고 재판이 상소인에게 불이익한 것인지의 여부는 원칙적으로 재판의 주문을 표준으로 하여 판단하여야 하는 것이어서, 청구가 인용된 바 있다면 비록 그 판결이유에 불만이 있더라도 그에 대하여는 상소의 이익이 없다고 하여 같은 취지의 판시를 한바 있다(대판 1992.3.27. 91다40696).[107]

② 예외(예비적 상계항변)

   ⊙ 전부승소한 피고 : 예비적 상계항변이 이유 있다고 하여 피고가 전부승소한 경우 <u>피고에게는 원고의 소구채권부존재를 이유로 승소한 경우보다 반대채권의 상실이라는 불이익이 있고 상계항변의 판단에 기판력이 발생하기 때문에 상소이익이 있다고 보는 것이 타당하다.</u>

   ⓛ 일부승소한 피고 : 예비적 상계항변이 이유 있다고 하여 피고가 일부승소한 경우, 즉 <u>판례에 의하면 원심이 원고의 청구원인사실을 모두 인정한 다음 피고의 상계항변을 받아들여 상계 후 잔존하는 원고의 나머지 청구 부분만을 일부 인용한 경우</u>, 피고들로서는 원심판결 이유 중 원고의 소구채권을 인정하는 전제에서 피고의 상계항변이 받아들여진 부분에 관하여도 상소를 제기할 수 있다(대판 2002.9.6. 2002다34666)고 하여 상소이익을 인정하고 있다.

   ⓒ 상계합의 : 판례에 의하면 원칙적으로 확정판결의 기판력은 주문에 포함된 것에 한하여 인정되지만, 이유에 포함된 것이라도 상계항변으로 주장된 자동채권에 관해서는 상계로써 대항한 액수에 한하여 기판력이 미친다(민사소송법 제216조). 그러나 여기서 말하는 상계는 민법 제492조 이하에 규정된 단독행위로서의 상계를 의미하는데, <u>피고는 상계항변을 한 것이 아니라 상계하여 정산하기로 하는 내용의 합의를 하였다는 것에 지나지 않음을 알 수 있어 피고의 항변은 본래 의미의 상계를 주장하는 것이 아니므로 기판력이 미치지 않는다. 따라서 이 경우 피고는 상계합의를 잘못 판단했다는 이유로 항소할 수 없다</u>(대판 2014.4.10. 2013다54390).

3) 청구의 일부인용·기각판결의 경우 상소의 이익

<u>청구의 일부를 인용하고 일부를 기각하는 판결은 원·피고 쌍방에게 불이익한 판결이므로 원고와 피고 모두 상소할 수 있다. 다만 판례는 피고가 동시이행의 항변을 하지 않았음에도 법원이 동시이행의 항변을 한 것이라고 인정하여 상환청구를 인용한 경우, 이는 피고에게 이익이 되므로 상환이행판결에 대한 피고의 상소이익은 부정된다</u>(대판 1975.11.11. 74다1661)고 판시하고 있다. 따라서 원고의 단순이행청구에 대한 상환이행판결이 선고되었다면 원고에게 불이익한 부분에 대하여 원고의 상소이익은 당연히 인정된다고 해야 한다.

---

107) 원고가 갑에 대하여 을을 대위하여 소유권이전등기의 말소청구를 하면서 대위소송의 피보전권리의 발생원인을 원고와 을 사이의 매매계약으로 주장하였으나 원심이 이를 양도담보약정으로 인정하여 원고 승소판결을 선고한 경우 위 청구에 관한 소송에 있어서 직접 심판대상이 되고 판결의 기판력이 미치는 것은 어디까지나 을의 갑에 대한 소유권이전등기말소등기청구권의 존부라 할 것이고, 이에 관한 원고의 청구가 인용되어 승소한 이상, 원심이 판결이유에서 을에 대한 원고의 피보전권리의 발생원인을 잘못 인정하였다 하더라도 그 사유만으로는 상소의 이익이 있다 할 수 없다고 한 사례(대판 1992.3.27. 91다40696)

4) 소각하판결의 경우 상소의 이익

본안판결을 받지 못했다는 점에서 원고와 피고 모두에게 불이익하므로 원고·피고 모두에게 상소이익이 인정된다.

5) 항소심판결에 대한 상고의 이익

제1심판결에 불복하지 않은 당사자는 그에 대한 항소심판결이 제1심판결보다 불리하지 않으면 항소심판결에 대한 상고이익이 없다.

① 상소이익을 부정한 사례

　　㉠ 제1심에서 원고의 피고에 대한 본소청구와 피고의 원고에 대한 반소청구가 모두 기각되었는바, 이에 대하여 피고만 반소에 대하여 항소를 제기하였고 원고는 항소나 부대항소도 제기하지 않고 있다가 피고의 항소가 기각되자 상고를 제기하였다면 이는 상고할 이익이 없는 때에 해당하여 부적법하다(대판 1988.11.22. 87다카414).

　　㉡ 원고의 청구를 일부 인용한 제1심판결에 대하여 원고만이 그 패소 부분에 대한 항소를 제기하고 피고는 항소나 부대항소를 제기하지 않은 경우, 제1심판결 중 원고 승소 부분은 항소심의 심판대상에서 제외됨으로써 항소심판결의 선고와 동시에 확정되는 것이고, 원고가 위와 같이 승소 확정된 부분에 대하여 상고를 제기하였다면 상고의 이익이 없어 부적법하다(대판 2008.3.14. 2006다2940).

② 상고의 대상적격을 부정한 사례

　　㉠ 원고의 청구를 일부 기각하는 제1심판결에 대하여 피고는 항소하였으나 원고는 항소나 부대항소를 하지 아니한 경우, 제1심판결의 원고 패소 부분은 피고의 항소로 인하여 항소심으로 이심되나, 항소심의 심판대상은 되지 않는다. 항소심이 피고의 항소를 일부 인용하여 제1심판결의 피고 패소 부분 중 일부를 취소하고 그 부분에 대한 원고의 청구를 기각하였다면, 이는 제1심에서의 피고 패소 부분에 한정된 것이며 제1심판결 중 원고 패소 부분에 대하여는 항소심이 판결을 하지 않아서 이 부분은 원고의 상고대상이 될 수 없다. 따라서 원고의 상고 중 상고대상이 되지 아니한 부분에 대한 상고는 부적법하여 이를 각하하여야 한다(대판 2017.12.28. 2014다229023).

　　㉡ 1개의 청구의 일부를 인용하는 제1심판결에 대하여 피고만이 항소하면서 그 불복범위를 그 청구 인용금액의 일부로 한정한 경우, 제1심판결의 심판대상이었던 청구 전부가 불가분적으로 항소심에 이심되지만, 항소심의 심판범위는 이심된 부분 가운데 피고가 불복신청한 한도로 제한되고 이와 같이 피고가 불복신청하지 아니하여 항소심의 심판범위에 속하지 아니한 부분은 항소심이 판결을 한 바 없어 상고대상이 될 수 없으므로, 피고는 그 부분에 관하여 상고를 제기할 수 없다(대판 2013.6.28. 2011다83110).

6) 청구권 경합 시 상소의 이익

예를 들면 불법행위에 기한 손해배상청구를 했음에도 불구하고 계약상의 채무불이행에 기해 인용판결을 한 경우, 신소송물이론에 의하면 상소이익을 부정하나, 구소송물이론에 의하면 실체법상 권리를 소송물로 보게 되므로 법원이 원고가 청구하지 않은 청구권에 대해 판결하면 상소이익이 인정될 수 있다. 구소송물이론을 취하는 판례도 같은 취지에서 원고가 매매를 원인으로 한 소유권이전등기를 청구한 데 대하여 원심이 양도담보약정을 원인으로 한 소유권이전등기를 명하였다면 판결주문상으로는 원고가 전부 승소한 것으로 보이기는 하나, 매매를 원인으로 한 소유권이전등기청구와 양도담보약정을 원인으로 한 소유권이전등기청구와는 청구원인사실이 달라 동일한 청구라 할 수 없음에 비추어, 원심은 원고가 주장하지도 아니한 양도담보약정을 원인으로 한 소유권이전등기청구에 관하여 심판하였을 뿐, 정작 원고가 주장한 매매를 원인으로 한 소유권이전등기청구에 관하여는 심판을 한 것으로 볼 수 없어 결국 원고의 청구는 실질적으로 인용한 것이 아니어서 판결의 결과가 불이익하게 되었으므로 원심판결에 처분권주의를 위반한 위법이 있고 따라서 그에 대한 원고의 상소의 이익이 인정된다(대판 1992.3.27. 91다40696)고 판시하고 있다.

4. 당사자적격

상소이익이 있는 당사자, 소송에 당사자로 참가가 가능한 제3자(민소법 제79조, 제83조), 원심의 판결선고 후 소송이 중단된 경우 소송수계인(민소법 제243조)은 상소의 당사자적격이 있다.

5. 상소권 포기·불상소합의 등 상소장애사유가 없을 것

(1) 상소권 포기가 없을 것

당사자는 상대방의 동의 없이 상소권을 포기할 수 있고, 이에 의하여 상소권이 상실되어 상소는 부적법하게 된다. 따라서 상소권의 포기가 없어야 상소가 적법하게 된다.

(2) 불상소합의가 없을 것

불상소의 합의는 미리 상소를 하지 않기로 하는 소송법상 계약으로 명문규정이 없는 소송상 합의에 해당한다. 불상소의 합의는 소송당사자에게 상소권을 사전에 포기하게 하는 중요한 소송법적 효과가 발생하므로 당사자 양쪽이 상소를 하지 아니한다는 취지를 명백하게 표시한 서면에 의할 것이다. 이러한 불상소의 합의가 있으면 상소이익은 없는 것으로 보게 된다.

6. 신의칙에 위반되지 않을 것, 소송절차 중단 중의 소송행위가 아닐 것 등 소송행위의 유효요건을 구비할 것

판례는 민사소송의 당사자 및 관계인은 소송절차가 공정 신속하고, 경제적으로 진행되도록 신의에 쫓아 성실하게 소송절차에 협력해야 할 의무가 있으므로, 당사자 일방이 과거에 일정 방향의 태도를 취하여 상대방이 이를 신뢰하고 자기의 소송상의 지위를 구축하였는데, 그 신뢰를 저버리고 종전의 태도와 지극히 모순되는 소송행위를 하는 것은 신의법칙상 허용되지 않고, 따라서 원심에서 피고의 추완항소를 받아들여 심리 결과 본안판단에서 피고의 항소가 이유 없다고 기각하자 추완항소를 신청했던 피고 자신이 이제 상고이유에서 그 부적법을 스스로 주장하는 것은 허용될 수 없다(대판 1995.1.24. 93다25875)고 한다. 또한 소송절차 중단 중에 제기된 상소는 부적법하다(대판 1980.10.14. 80다623)고 판시하고 있다.

Ⅲ 상소의 효력

1. 확정차단과 이심의 효력

상소가 제기되면 확정차단과 이심의 효력이 발생하게 되는데 확정차단은 상소에 의해 원재판의 확정을 차단하여 상소기간이 경과되어도 원재판이 확정되지 않는 효력이고(민소법 제498조), 이심은 상소의 제기에 의해 당해 사건을 상급심으로 이전하여 계속되게 하는 효력을 의미한다.

2. 상소불가분의 원칙(이심의 범위)

(1) 의 의

1) 개 념

상소불가분의 원칙이란 상소의 제기에 의해 확정차단 및 이심의 효력은 원칙적으로 상소인의 불복신청의 범위와 관계없이 원심판결의 전부에 대하여 불가분적으로 발생한다는 원칙을 말한다.

2) 인정취지

이를 인정하는 이유는 항소인이 항소심 변론종결 시까지 언제나 항소신청의 범위를 확장할 수 있게 하려는 것이고 또한 피항소인도 부대항소(민소법 제403조)를 할 수 있게 하려는 것이다.

(2) 이심의 범위

1) 전부판결에 대한 일부상소

하나의 청구에 대한 전부판결에 대해 패소 부분만 일부상소한 경우 그 청구 자체가 확정차단되고 상소심으로 이심된다. 다만, 불이익변경금지의 원칙에 의해 불복한 청구만이 상소심의 대상이 될 수 있을 뿐이다.

2) 객관적 병합

① **단순병합** : 단순병합에서 전부판결에 대한 일부항소한 경우 이심의 범위에 대해 일부이심된다는 견해도 있으나 일부이심만 된다면 분리확정된 청구와 판결의 모순·저촉의 우려가 있으므로 상소불가분의 원칙 상 불복하지 않은 나머지 부분도 함께 확정이 차단되고 상소심으로 이심된다는, 통설·판례인 전부이심 설이 타당하다.

② **선택적·예비적 병합** : ㉠ 선택적 병합에서 하나의 청구가 인용되어 나머지 청구를 판단하지 아니한 경우, ㉡ 예비적 병합에서 주위적 청구가 인용됨으로써 예비적 청구를 판단하지 아니한 경우, ㉢ 예비적 반소에서 본소청구가 기각됨으로써 반소청구를 판단하지 아니한 경우는 실질적으로는 하나의 전부판결 이므로 판단하지 아니한 나머지 청구 부분도 상소심으로 이심된다.

③ **예외** : 다만, 청구의 병합에 있어서 하나의 전부판결 중 일부에 대하여 불상소의 합의나 항소권의 포기가 있는 경우에는 그 부분만이 가분적으로 분리확정된다.

3) 주관적 병합

합일확정이 요구되는 필수적 공동소송과 독립당사자참가소송, 예비적·선택적 공동소송에 있어서는 당사자 중 한 사람이 상소하면 다른 당사자에 대하여도 상소의 효력이 미친다. 그러나 통상공동소송의 경우에는 공동소송의 독립의 원칙(민소법 제66조)이 적용되므로 상소불가분의 원칙이 적용되지 아니한다. 따라서 공동소 송인 중 1인의 또는 1인에 대한 상소는 다른 공동소송인에 관한 청구에 상소의 효력이 미치지 않고 상소한 당사자만 일부이심되며 상소하지 않은 당사자 부분은 분리확정된다(대판 2011.9.29. 2009다7076).

4) 항소취지의 확장과 부대항소

① **항소취지의 확장** : 상소불가분의 원칙에 의하여 상소의 효력은 원심판결의 전부에 미치므로 항소인은 항소심의 변론종결 시까지 어느 때나 심판의 범위를 확장할 수 있다. 심판범위의 확장에는 항소취지의 확장과 청구취지의 확장이 있는데 항소취지의 확장은 제1심의 소송물의 범위 내에서 전부이심되었으나 항소하지 않은 부분에 대해 확장신청을 할 수 있는 것을 말하고 청구취지의 확장은 제1심 소송물이 아닌 청구를 항소심에서 확장하는 것을 말한다.

② **부대항소** : 피항소인도 부대항소를 신청할 수 있다(민소법 제403조).

③ **항소 일부취하** : 항소의 일부취하는 원심판결이 일부분리 확정되므로 상소불가분의 원칙에 반하기 때문에 허용되지 아니한다.

④ **상고심의 경우** : 상고심에서도 상고불가분의 원칙이 적용되나 상고이유서 제출기간(민소법 제425조) 때문에 자유롭게 불복신청의 범위를 확장하거나 부대상고로 심판범위를 확대할 수 없다.

(3) 단순병합 또는 한 청구에서 불복하지 않은 패소 부분의 확정시기

통설은 상대방의 부대항소가 허용될 수 없는 시기에 이르면 불복이 되지 않은 부분은 확정되므로 항소심에서는 항소심 변론종결 시(민소법 제403조), 상고심에서는 상고이유서 제출시기의 도과 시가 각각 확정시라고 보아 변론종결시설을 취하고 있으나 판례(대판 2014.12.24. 2012다116864)는 불복신청이 없는 부분의 판결확정 시는 판결선고 시라고 판시하고 있다. 또한 판례는 이전등기말소청구와 금원청구를 모두 기각한 제1심판결에 대하여 원고가 말소청구 부분에 관하여만 항소하였을 뿐 그 변론종결 시까지 항소취지를 확장한 바 없는 경우, 항소심의 심판범위는 말소청구 부분에 한하고 나머지 부분에 관하여는 환송 전 원심판결의 선고와 동시에 확정되어 소송이 종료되었다 할 것임에도 환송 후 원심이 금원청구 부분까지 심리판단한 것은 잘못이라고 하여 원심판결 중 금원청구 부분을 파기하고 그 부분에 관한 소송이 종료되었음을 선언(대판 1994.12.23. 94다44644)한 적이 있다. 최근 판례는 1개의 청구 일부를 기각하는 제1심판결에 대하여 일방 당사자만이 항소한 경우 제1심판결의 심판대상이었던 청구 전부가 불가분적으로 항소심에 이심되나, 항소심의 심판범위는 이심된 부분 가운데 항소인이 불복한 한도로 제한되고, 항소심의 심판대상이 되지 아니한 부분은 항소심판결 선고와 동시에 확정되어 소송이 종료된다고 하면서, 원고의 청구가 일부 인용된 환송 전 원심판결에 대하여 피고만이 상고하고 상고심이 상고를 받아들여 원심판결 중 피고 패소 부분을 파기·환송하였다면 피고 패소 부분만이 상고되었으므로 위의 상고심에서의 심리대상은 이 부분에 국한되었으며, 환송되는 사건의 범위, 다시 말하자면 환송 후 원심의 심판범위도 환송 전 원심에서 피고가 패소한 부분에 한정되는 것이 원칙이고, 환송 전 원심판결 중 원고 패소 부분은 확정되었다 할 것이므로 환송 후 원심으로서는 이에 대하여 심리할 수 없다(대판 2020.3.26. 2018다221867)고 한다.

3. 상소심의 심판범위(불이익변경금지의 원칙)

(1) 의 의

불이익변경금지의 원칙이란 상소의 제기에 의하여 사건은 원칙적으로 전부이심되지만 상소심의 심판범위는 항소인의 불복신청의 범위에 한하며 그 한도를 넘어서 원판결을 불이익 또는 이익으로 변경할 수 없다는 원칙을 말하고 이에는 당사자의 불복신청범위를 넘어서 제1심판결보다 유리한 판결을 할 수 없다는 이익금지의 원칙이 포함된다.

(2) 법적 근거

불이익변경금지의 원칙이 인정되는 근거는 처분권주의(민소법 제203조)가 항소심에서 구현되었기 때문이다. 따라서 이 원칙에 의하여 당사자는 불복신청을 하더라도 원심판결 이상으로 불이익한 판결을 받을 염려가 없게 됨으로써 상소권을 보장받는 기능을 하게 된다.

(3) 판단기준

1) 원 칙

불이익변경금지에서 유·불리의 판결은 기판력의 범위를 그 기준으로 한다. 따라서 기판력이 미치는 판결의 주문에 영향을 미치는 경우에만 적용되고 기판력이 발생하지 않는 판결이유 등의 판단에는 불이익변경금지의 원칙이 적용되지 아니한다.

2) 예 외

항소심에서 피고 측의 상계주장이 이유 있다고 인정된 때에는 불이익변경금지의 원칙이 적용되지 아니한다 (민소법 제415조 단서). 따라서 이때에는 항소인의 불복범위를 넘어서 항소인에게 불이익한 판결을 할 수 있다. 만일 원고의 항소를 기각만 한다면 부당한 1심판결이 유지되고 피고는 항소심에서 상계로 주장한 반대채권까지 상실하게 되어 부당하기 때문이다.

(4) 원칙의 내용

1) 일부기각·일부인용판결에 대한 상소

불이익변경금지의 원칙은 당사자의 불복신청범위를 넘어 제1심판결보다 불리한 판결을 할 수 없다는 원칙으로 상대방의 항소나 부대항소가 없는 한 항소인에게 제1심판결보다 더 불리하게 할 수 없고 최악의 경우 항소기각되는 위험만이 존재한다.

2) 상계항변

① 원고만이 항소한 경우 : 제1심 청구기각판결에 대해 원고만 자동채권의 부존재를 이유로 항소한 경우 상소불가분의 원칙상 자동채권뿐만 아니라 수동채권도 전부이심되나 심판의 대상은 불이익변경금지의 원칙에 의하여 자동채권 부분에 한하게 된다.

㉠ 소구채권이 부존재하는 경우 - 제1심판결과 같은 이유로 항소기각판결

㉮ 판례 : 판례는 항소심은 당사자의 불복신청범위 내에서 제1심판결의 당부를 판단할 수 있을 뿐이므로, 설사 제1심판결이 부당하다고 인정되는 경우라 하더라도 그 판결을 불복당사자의 불이익으로 변경하는 것은 당사자가 신청한 불복의 한도를 넘어 제1심판결의 당부를 판단하는 것이 되어 허용될 수 없는바, 제1심판결이 원고가 청구한 채권의 발생을 인정한 후 피고가 한 상계항변을 받아들여 원고의 청구를 기각하고 이에 대하여 원고만이 항소한 경우에 항소심이 제1심과는 다르게 원고가 청구한 채권의 발생이 인정되지 않는다는 이유로 원고의 청구를 기각하는 것은 항소인인 원고에게 불이익하게 제1심판결을 변경하는 것이 되어 허용되지 아니한다(대판 2010.12.23. 2010다67258)고 한다.

㉯ 검토 : 생각건대 항소심이 제1심판결과는 다르게 원고의 청구를 기각하는 것은 원고로서는 상계에 제공된 반대채권 소멸의 이익을 잃게 되어 제1심판결보다 불리해지기 때문에 허용되지 아니한다. 따라서 항소심법원은 원고의 항소를 인용하여 원판결을 취소하고 청구기각의 자판을 할 수 없고 소구채권의 부존재를 이유로 항소기각을 할 수도 없으며 제1심판결과 똑같은 이유로 항소기각판결을 하여야 한다.

㉡ 반대채권이 부존재하는 경우 - 원고 항소의 인용 : 반대채권이 부존재하는 경우 원고의 항소를 인용하더라도 원고에게 불이익이 없으므로 항소심법원은 원판결을 취소하고 청구인용의 자판을 하여야 한다.

② **피고만이 항소한 경우** : 피고만이 수동채권의 부존재를 이유로 항소한 경우 상소불가분의 원칙에 의하여 수동채권뿐만 아니라 자동채권까지 전부이심되나 심판의 대상은 불이익변경금지의 원칙상 수동채권 부분에 한한다.

　　ⓐ 소구채권이 부존재하는 경우 – 원판결 취소 후 다시 청구기각판결 : 예비적 상계의 항변에 의하여 승소한 피고가 항소한 경우 항소법원에서 볼 때 상계에 의한 필요 없이 변제의 항변 등을 받아들여 청구기각할 수 있으면 원판결을 취소하고 다시 청구기각판결을 선고하여야 한다. 이는 상계의 항변에 대한 판단에는 기판력이 발생하므로(민소법 제216조 제2항) 결론은 같은 청구기각이지만 기판력의 객관적 범위가 달라지기 때문이다.

　　ⓑ 반대채권이 부존재하는 경우 – 제1심판결과 같은 이유로 항소기각판결

　　　㉮ 판례 : 판례는 피고의 상계항변을 인용한 제1심판결에 대하여 피고만이 항소하고 원고는 항소를 제기하지 아니하였는데, 항소심이 피고의 상계항변을 판단함에 있어 제1심이 자동채권으로 인정하였던 부분을 인정하지 아니하고 그 부분에 관하여 피고의 상계항변을 배척하였다면, 그와 같이 항소심이 제1심과는 다르게 그 자동채권에 관하여 피고의 상계항변을 배척한 것은 항소인인 피고에게 불이익하게 제1심판결을 변경한 것에 해당한다(대판 1995.9.29. 94다18911)고 한다.

　　　㉯ 검토 : 생각건대 반대채권이 부존재하는 경우 항소심법원은 제1심판결을 취소하고 청구인용판결을 할 수 없고 반대채권의 부존재를 이유로 항소기각을 할 수도 없고 제1심판결과 똑같은 이유로 항소기각판결을 하여야 한다. 즉, 상계에 의한 청구기각의 원판결을 유지하여야 한다.

3) 예비적 병합

객관적 병합의 태양 중 예비적 병합을 참조하라.

4) 소각하의 소송판결

① **문제점** : 충분히 본안심리할 수 있을 정도로 심리된 상태에서 선고된 제1심의 소각하판결에 대해 원고만 항소한 경우 항소심이 청구기각의 심증이 들었다면 심증대로 민사소송법 제418조 단서에 의하여 본안판결로 청구기각판결을 할 수 있는지 불이익변경금지의 원칙과 관련해 문제 된다.[108]

② **학설** : 원고만 항소했기 때문에 불이익변경금지의 원칙상 원판결을 취소하고 청구기각하는 판결을 할 수 없으므로 항소기각판결을 할 것이라는 항소기각설, 원고의 심급의 이익을 고려하여 민사소송법 제418조를 충실하게 제1심판결을 취소하고 제1심법원으로 환송하여야 한다는 환송설, 소각하판결에 대해 원고가 상소하는 것은 본안판결을 요구하는 것이므로 상소법원의 본안판결은 불복을 인정한 것이어서 민사소송법 제418조 단서의 요건이 구비되면 원판결을 취소하고 청구기각판결을 할 수 있다는 청구기각설이 대립하고 있다.

---

108) 항소심에서 소각하판결을 취소하고 필수적 환송을 하는 것이 아니라 청구기각판결을 하는 것은 원고에게 더 불리한 판결이라고 볼 여지가 있기 때문이다.

③ **판례** : 판례는 소를 각하한 제1심판결에 대하여 원고만이 불복상소하였으나 심리한 결과 원고의 청구가 이유가 없다고 인정되는 경우 그 제1심판결을 취소하여 원고의 청구를 기각한다면 오히려 항소인인 원고에게 불이익한 결과로 되어 부당하므로 항소심은 원고의 항소를 기각하여야 한다(대판 1987.7.7. 86다카2675)거나 확정판결의 기판력을 이유로 하여 원고의 청구를 기각하여야 할 것인데도 원고의 소가 부적법하다고 각하한 원심판결에 대하여 원고만이 상고한 경우 불이익변경금지의 원칙상 원고에게 더 불리한 청구기각의 판결을 선고할 수는 없으므로 원고의 상고를 기각할 수밖에 없다(대판 1994.9.9. 94다8037)고 하여 항소·상고기각설의 태도를 취하고 있다.

④ **검토** : 생각건대 항소기각설은 항소기각하면 부당한 제1심 각하판결이 확정된다는 문제가 있고 환송설은 불이익변경을 원심에 미루는 것이어서 소송경제에 반한다는 비판이 있으므로 청구기각설이 타당하다고 판단된다.

5) 상환이행판결과 불이익변경금지의 원칙

판례는 불이익하게 변경된 것인지 여부는 기판력의 범위를 기준으로 하나 동시이행의 판결에 있어서는 원고가 그 반대급부를 제공하지 아니하고는 판결에 따른 집행을 할 수 없어 비록 피고의 반대급부이행청구에 관하여 기판력이 생기지 아니하더라도 반대급부의 내용이 원고에게 불리하게 변경된 경우에는 불이익변경금지 원칙에 반하게 된다(대판 2005.8.19. 2004다8197)고 한다. 또한 최근 판례는 일방 당사자의 금전채권에 기한 동시이행 주장을 받아들인 판결의 경우 반대 당사자는 그 금전채권에 관한 이행을 제공하지 아니하고는 자신의 채권을 집행할 수 없으므로, 동시이행 주장을 한 당사자만 항소하였음에도 항소심이 제1심판결에서 인정된 금전채권에 기한 동시이행 주장을 공제 또는 상계 주장으로 바꾸어 인정하면서 그 금전채권의 내용을 항소인에게 불리하게 변경하는 것은 특별한 사정이 없는 한 불이익변경금지 원칙에 반한다(대판 2022.8.25. 2022다211928)고 판시하고 있다.

6) 원금 및 지연손해금과 불이익변경금지의 원칙

판례는 금전채무불이행의 경우에 발생하는 법정 지연손해금채권은 그 원본채권의 일부가 아니라 전혀 별개의 채권으로 원본채권과는 별개의 소송물이고, 불이익변경에 해당하는지 여부는 각 소송물별로 원금과 지연손해금 부분을 각각 따로 비교하여 판단하여야 할 것이라고 하면서 제1심 선고 후 지연손해금의 법정이율에 대한 소송촉진 등에 관한 특례법의 규정에 대한 위헌결정과 그 개정으로 피고가 원고에게 지급하여야 할 지연손해금이 제1심에서 인용한 액수보다 적어졌다면, 별개의 소송물인 원본채권에 대한 인용액이 늘어났다고 하더라도 원심으로서는 원본채권 부분에 대한 항소만을 불이익변경금지 원칙에 따라 기각하고 지연손해금채권에 대한 부분은 파기하여 바로잡았어야 할 것이므로, 원본채권에 대한 인용액이 늘었음을 이유로 지연손해금 부분을 포함하여 피고의 항소를 모두 기각한 원심에는, 소송물에 대한 법리 및 불이익변경금지원칙에 대한 법리를 각 오해한 위법이 있다(대판 2005.4.29. 2004다40160)고 판시하고 있다. 또한 같은 법리를 적용하여 양자를 합한 전체금액으로 판단하여서는 안 되므로 원본 부분만 제1심보다 늘려 인용할 수 없다고 판시하고 있다. 즉 제1심에서 인용된 원금채권 33,775,000원에 대하여 원고가 항소하지 아니하고 피고만 항소였음에도 원심이 피고에게 그보다 많은 원금 35,000,000원의 지급의무가 있다고 판단한 것은 불이익변경 금지의 원칙에 대한 법리를 오해한 것으로서 위법하다(대판 2009.6.11. 2009다12399)고 한다.

(5) 원칙의 예외

1) 상대방의 항소나 부대항소가 있는 경우

심판의 범위가 확대되므로 확대된 범위에서는 불이익한 판결이 가능하다.

2) 처분권주의에 의하지 않은 절차나 직권조사사항에 해당하는 경우

불이익변경금지의 원칙은 처분권주의를 근거로 하므로 직권탐지주의에 의한 절차나 직권조사사항에는 적용되지 아니한다. 판례도 민사소송법 제415조의 규정은 법원이 당사자의 신청과는 관계없이 직권으로 조사하여야 할 사항에는 그 적용이 없는 것이므로, 항소심이 원고들이 불복하지 않은 청구에 대하여도 확인의 이익의 유무를 조사하여 원고들의 청구를 각하한 조치는 정당하고, 불이익변경금지의 원칙에 반하지 않는다(대판 1995.7.25. 95다14817)고 한다. 공유물분할청구의 소나 토지경계확정의 소와 같은 형식적 형성의 소 역시 처분권주의가 적용되지 않으므로 동 원칙이 적용되지 아니한다.

3) 항소심에서의 상계주장

원고가 제1심에서 패소하고 원고만 항소한 경우 항소심에서 비로소 피고가 상계의 항변을 하더라도 인정될 수 있다.

4) 필수적 공동소송과 독립당사자참가소송, 예비적·선택적 공동소송

합일확정의 소송목적을 달성하기 위해 불이익변경금지의 원칙이 배제된다.

(6) 위반의 효과

불이익변경금지의 원칙을 위반하면 처분권주의(민소법 제203조)위반으로 법령위반으로 인한 상고이유가 된다.

01 총 설

기출문제 ▍ 2016년 제53회 변리사시험

제4문

원고는 B청구가 일부청구임을 명시하지 아니한 채 A, B청구를 병합한 소를 제기하였는데, 제1심법원은 A청구를 전부기각, B청구를 전부인용하는 하나의 판결을 선고하였다. [아래 (1), (2) 설문 상호 간은 각 독립적임] (20점)

물음 1

피고는 항소를 제기하지 아니하였는데, 원고가 B청구의 청구취지를 확장하는 신청과 함께 항소를 제기하였다면 그 항소는 적법한지 설명하시오. (6점)

I 논점의 정리

사안은 항소의 적법 여부와 관련하여 묵시적 일부청구하여 전부승소한 원고에게 상소이익이 있는가가 문제된다.

II 항소의 적법 여부

1. 항소의 적법요건

항소가 적법하기 위해서는 ① 항소의 대상적격이 있어야 하며, ② 적식의 항소제기가 있어야 하고, ③ 항소의 이익이 있을 것 등을 요건으로 한다. 사안의 경우 제1심법원의 유효한 판결과 적식의 항소제기가 있었지만, 전부승소 B청구에 대해 원고가 청구취지 확장을 위해 항소를 제기하였으므로 항소이익이 있는지에 대한 검토가 필요하다.

2. 상소의 이익

(1) 의의 및 취지

상소의 이익이란 하급심의 종국판결에 대하여 불복신청함으로써 그 취소, 변경을 구할 수 있는 당사자의 법적 지위를 말하는데, 이는 무익한 상소권 행사를 배제하여 남상소를 방지하고 법원의 업무를 경감하고자 하는 것이다.

(2) 학 설

① 당사자의 신청보다 판결주문이 불리한 경우에 상소이익을 인정하는 형식적 불복설, ② 전부승소한 자라도 상급심에서 실체법상 더 유리한 판결을 받을 가능성이 있으면 상소이익을 긍정하는 실질적 불복설, ③ 원고가 상소한 경우에는 형식적 불복설에 의하고 피고가 상소한 경우에는 실질적 불복설에 의할 것이라는 절충설, ④ 원판결이 확정된 때 기판력 기타 판결의 효력에 있어서 불이익을 입게 되면 상소이익을 인정하는 신실질적 불복설이 대립하고 있다.

(3) 판 례

판례는 상소는 자기에게 불이익한 재판에 대하여서만 제기할 수 있는 것이고, 재판이 상소인에게 불이익한 것인지의 여부는 재판의 주문을 표준으로 하여 상소제기 당시를 기준으로 판단되어야 한다[109]고 하여 원칙적으로 형식적 불복설을 취하고 있으나 예외적으로 기판력 그 밖의 판결의 효력 때문에 별소제기가 허용되지 아니하는 경우에는 상소이익을 인정하고 있다.

(4) 검 토

실질적 불복설은 그 기준이 불명확하고 상소의 인정범위가 지나치게 넓어지며, 절충설은 당사자평등주의에 반하고, 신실질적 불복설은 예외를 인정하는 형식적 불복설과 차이가 없다. 따라서 상소이익의 유무를 간명하고 명확하게 판단할 수 있는 형식적 불복설을 원칙으로 하되 기판력 그 밖의 판결의 효력 때문에 별소를 제기할 수 없는 경우에는 예외적으로 실질적 불복설에 의하는 것이 타당하다고 판단된다.

---

109) 대판 1994.11.4. 94다21207

3. 묵시적 일부청구의 경우 예외적으로 항소이익이 인정되는지 여부

(1) 판 례

판례는 명시설의 입장에서 가분채권에 대한 이행청구의 소를 제기하면서 그것이 나머지 부분을 유보하고 일부만 청구하는 것이라는 취지를 명시하지 아니한 경우에는 그 확정판결의 기판력은 나머지 부분에까지 미치는 것이어서 별소로써 나머지 부분에 관하여 다시 청구할 수는 없으므로, 일부 청구에 관하여 전부 승소한 채권자는 나머지 부분에 관하여 청구를 확장하기 위한 항소가 허용되지 아니한다면 나머지 부분을 소구할 기회를 상실하는 불이익을 입게 되고, 따라서 이러한 경우에는 예외적으로 전부 승소한 판결에 대해서도 나머지 부분에 관하여 청구를 확장하기 위한 항소의 이익을 인정함이 상당하다고 한다.[110]

(2) 검 토

일부청구의 소송물은 명시설에 의하여 파악하는 것이 타당하다는 점에서 고려할 때 묵시적으로 일부청구하여 전부 승소한 자의 항소를 인정하지 않으면 잔부에 대해 소구할 수 있는 기회를 상실하는 불이익을 입게 되므로 잔부에 대해 항소이익을 인정하는 것이 타당하다고 판단된다.

Ⅲ 사안의 적용

상소이익의 유무는 형식적 불복설을 원칙으로 하되 예외적으로 실질적 불복설에 의하는 것이 타당하다. 사안의 경우 묵시적으로 일부청구하여 전부 승소한 자의 항소를 인정하지 않으면 잔부에 대해 소구할 수 있는 기회를 상실하는 불이익을 입게 되므로 잔부에 대해 항소이익을 인정하는 것이 타당하다고 판단된다. 원고가 제1심에서 묵시적 일부청구한 B청구에 대해 전부승소하였지만 청구를 확장하기 위한 항소이익이 인정되므로 원고가 B청구의 청구취지를 확장하는 신청과 함께 제기한 항소는 적법하다.

Ⅳ 결 론

원고가 B청구의 청구취지를 확장하는 신청과 함께 제기한 항소는 적법하다.

---

110) 대판 1997.10.24. 96다12276

02 항소

제1절 개관

Ⅰ 항소의 의의

항소란 제1심판결에 대한 상급심에의 상소를 말한다. 항소의 대상은 지방법원 단독판사 또는 지방법원의 합의부가 제1심으로 행한 종국판결이다(민소법 제390조).

Ⅱ 항소심의 구조

민사소송법상 항소심은 제1심의 소송자료를 기초로 하고 항소심에서 새로 소송자료를 수집하여 항소심 변론종결시를 기준으로 제1심판결의 당부를 심사하므로 속심제로 이해할 수 있다.

제2절 항소의 제기

Ⅰ 항소제기의 방식

항소는 판결서가 송달된 날부터 2주 이내에 하여야 한다. 다만, 판결서가 송달되기 전에도 할 수 있다(민소법 제396조 제1항). 항소는 일정한 사항을 기재한 항소장을 제1심법원에 제출함으로써 한다(민소법 제397조). 소장처럼 항소장도 원심재판장등이 적식을 심사하고(민소법 제399조, 제400조), 항소기록이 항소심으로 송부된 후에는 항소심재판장등이 다시 그 적식을 심사한다(민소법 제402조).

Ⅱ 재판장의 항소장심사권

상소장 원심법원제출주의에 따라 제출된 항소장은 원심재판장이 심사하고 항소기록이 항소심으로 송부된 다음에는 항소심재판장이 다시 심사하게 된다. 최근 판례는 항소심재판장의 항소장 각하명령은 항소장 송달 전까지만 가능하므로 항소장이 피항소인에게 송달되어 항소심법원과 당사자들 사이의 소송관계가 성립하면 항소심재판장은 더 이상 단독으로 항소장 각하명령을 할 수 없다고 하면서, 항소심재판장이 단독으로 하는 항소장 각하명령에는 시기적 한계가 있고 독립당사자참가소송의 세 당사자들에 대하여는 합일적으로 확정될 결론을 내려야 하므로, 독립당사자참가소송의 제1심 본안판결에 대해 일방이 항소하고 피항소인 중 1명에게 항소장이 적법하게 송달되어 항소심법원과 당사자들 사이의 소송관계가 일부라도 성립한 것으로 볼 수 있다면, 항소심재판장은 더 이상 단독으로 항소장 각하명령을 할 수 없다(대결 2020.1.30. 2019마5599)고 판시하고 있다.

Ⅲ 항소의 취하

1. 의 의

(1) 개 념

항소취하란 항소인이 항소의 신청을 철회하는 소송행위를 말한다(민소법 제393조 제1항).

(2) 구 별

항소취하는 소 자체를 철회하는 소취하(민소법 제266조 제1항)와 항소할 권리를 소멸시키는 항소권의 포기(민소법 제394조)와 구별된다.

2. 요 건

항소취하는 항소제기 후 항소심 종국판결선고 전까지 할 수 있고 항소불가분의 원칙에 의해 일부항소취하는 허용되지 않으며 상대방의 동의는 필요 없고 소송행위의 유효요건을 갖추어야 한다.

(1) 당사자에 대한 요건

1) 당사자

항소의 취하는 항소인과 그 소송대리인이 할 수 있다. 다만, 소송대리인은 특별수권을 받아야 한다(민소법 제56조 제2항, 제90조 제2항). 항소취하는 소송행위이기 때문에 항소인은 소송능력이 있어야 한다.

2) 항소취하 가부

① 공동소송의 경우 : 통상공동소송의 경우에는 공동소송인 한 사람이 또는 한 사람에 대한 항소를 취하할 수 있으며 고유필수적 공동소송의 경우에는 전원이 공동으로 항소취하하여야 한다. 유사필수적 공동소송에서는 단독으로 항소취하를 할 수 있음을 유의하여야 한다.

② 참가소송의 경우 : 보조참가의 경우 보조참가인은 피참가인이 제기한 항소를 취하할 수 없지만 보조참가인이 항소를 제기한 경우에는 피참가인이 동의하면 보조참가인도 항소를 취하할 수 있다. 독립당사자참가에서 피고와 참가인이 패소하고 피고만 항소를 제기하면 전부이심되어 피고는 항소인, 원고는 피항소인, 참가인은 단순한 항소심당사자가 되어 참가인은 항소취하를 할 수 없고 항소인인 피고만이 항소취하할 수 있고 이때 다른 패소자 참가인의 동의가 없어도 항소취하를 할 수 있으며 이에 의하여 항소는 소급적으로 소멸된다. 이러한 법리는 예비적·선택적 공동소송의 경우에도 마찬가지로 적용된다.

(2) 소송물에 대한 요건

소취하와 마찬가지로 항소취하도 민사소송은 물론 가사소송, 행정소송과 같이 소송물의 자료수집에 있어서 직권탐지주의가 적용되는 소송에서도 항소취하를 자유롭게 할 수 있다. 항소취하도 소송행위이므로 절차안정의 요청상 민법상 법률행위의 규정이 적용되지 아니하여 무효·취소사유가 있더라도 다툴 수 없고 다만, 민사소송법 제451조 제1항 제5호의 재심사유를 유추해 항소취하의 철회를 고려할 수 있을 뿐이다.

(3) 시 기

1) 항소심판결 선고 시

소취하가 소제기 후 판결이 확정되기까지 어느 때라도 할 수 있는 것(민소법 제266조 제1항)과 달리 항소취하는 항소제기 후 항소심의 종국판결이 있기 전까지 할 수 있다(민소법 제393조 제1항).

2) 파기환송 후 환송심법원에서 항소취하의 가부

① **학설** : 항소심판결이 상고심에서 파기되면 종국판결의 효력을 상실하므로 항소취하는 가능하다고 하는 긍정설과 항소취하를 인정하면 상고심의 파기판결의 기속력에 반하는 결과를 초래할 수 있고 항소인이 환송 전 원심판결보다 유리한 제1심판결을 확정시킬 수도 있어 부당하다는 이유로 이를 부정하는 부정설이 대립하고 있다.

② **판례** : 판례는 항소심의 종국판결이 있은 후라도 그 종국판결이 상고심에서 파기되어 사건이 다시 항소심에 환송된 경우에는 먼저 있은 종국판결은 그 효력을 잃고 그 종국판결이 없었던 것과 같은 상태로 돌아가게 되므로 새로운 종국판결이 있기까지는 항소인은 피항소인이 부대항소를 제기하였는지 여부에 관계없이 항소를 취하할 수 있고, 그 때문에 피항소인이 부대항소의 이익을 잃게 되어도 이는 그 이익이 본래 상대방의 항소에 의존한 은혜적인 것으로 주된 항소의 취하에 따라 소멸되는 것이어서 어쩔 수 없다(대판 1995.3.10. 94다51543)고 한다.

③ **검토** : 부정설도 일면타당한 면이 있으나 현행법상 항소취하를 제한하는 명문규정이 없는 한 긍정설을 취하는 것이 타당하다고 판단된다.

(4) 방 식

항소취하는 서면으로 하고 다만, 변론이나 변론준비기일에서는 말로도 할 수 있으며 이는 조서에 기재하여야 한다(민소법 제393조 제2항, 제266조 제3항).

(5) 상대방의 동의 요부

소취하와는 달리 항소취하는 상대방의 동의 없이 할 수 있으며 상대방이 부대항소를 했더라도 상관없이 취하할 수 있다. 부대항소 자체도 동의 없이 취하할 수 있다. 판례에 의하면 항소취하서를 상대방에게 송달하도록 한 취지는 항소취하를 알려주라는 뜻이지 그 통지를 항소취하의 요건 내지 효력으로 한다는 취지는 아니다(대판 1980.8.26. 80다76).

3. 효 과

항소취하에 의하여 항소는 소급적으로 그 효력을 잃게 되고 항소심절차는 종료되며(민소법 제393조 제2항, 제267조 제1항), 그에 의해 제1심판결은 확정된다. 소취하와는 달리 항소취하 후 항소기간 도과전이라면 다시 항소할 수 있다. 판례도 같은 취지에서 항소취하는 소의 취하나 항소권의 포기와 달리 제1심 종국판결이 유효하게 존재하므로, 항소기간 경과 후에 항소취하가 있는 경우에는 항소기간 만료 시로 소급하여 제1심판결이 확정되나, 항소기간 경과 전에 항소취하가 있는 경우에는 판결은 확정되지 아니하고 항소기간 내라면 항소인은 다시 항소의 제기가 가능하다(대판 2016.1.14. 2015므3455)고 한다.

4. 항소취하간주

당사자 쌍방이 항소심의 변론기일에 2회에 걸쳐 출석하지 않거나 출석하더라도 변론하지 아니한 경우 1월 내에 기일지정신청을 하지 않거나 기일지정신청에 의해 정해진 기일에 다시 불출석한 때에 항소취하가 있는 것으로 본다(민소법 제408조, 제268조 제4항).

5. 항소취하의 합의

항소취하의 합의는 소취하합의와 마찬가지로 법규정이 없는 소송상 합의로 당사자 사이에 항소취하의 합의가 있는데도 항소취하서가 제출되지 않는 경우 상대방은 이를 항변으로 주장할 수 있고, 이 경우 항소심법원은 항소의 이익이 없다고 보아 그 항소를 각하하여야 한다(대판 2018.5.30. 2017다21411).

6. 항소의 일부취하의 가부

판례는 항소의 취하는 항소의 전부에 대하여 하여야 하고 항소의 일부취하는 효력이 없으므로 병합된 수개의 청구 전부에 대하여 불복한 항소에서 그중 일부 청구에 대한 불복신청을 철회하였더라도 그것은 단지 불복의 범위를 감축하여 심판의 대상을 변경하는 효과를 가져오는 것에 지나지 아니하고, 항소인이 항소심의 변론종결 시까지 언제든지 서면 또는 구두진술에 의하여 불복의 범위를 다시 확장할 수 있는 이상 항소 자체의 효력에 아무런 영향이 없다(대판 2017.1.12. 2016다241249)고 판시하고 있다.

Ⅳ 부대항소

1. 의 의

부대항소란 피항소인이 항소인의 항소에 의하여 개시된 항소심절차에 편승하여 항소심의 심판범위를 자기에게 유리하게 확장하는 신청을 말한다(민소법 제403조).

2. 인정취지

부대항소는 항소인이 항소심에서 심판범위를 확장할 수 있는 것에 대응하여 피항소인도 부대항소로 심판범위를 확장할 수 있도록 하여 공평한 취급을 하고 소송경제를 도모함을 그 취지로 한다.

3. 법적 성질

부대항소도 항소로 보아 항소의 이익이 필요하다는 항소설과 부대항소는 특수한 구제방법이고 항소가 아니므로 항소의 이익은 필요 없다는 비항소설이 대립하고 있다. 판례는 제1심에서 전부 승소한 원고도 항소심 계속 중 그 청구취지를 확장·변경할 수 있고, 그것이 피고에게 불리하게 하는 한도 내에서는 부대항소를 한 취지로도 볼 수 있다(대판 1995.6.30. 94다58261)고 하여 비항소설을 취하고 있는 것으로 보인다. 생각건대 부대항소는 상대방의 항소에 편승한 것으로 이에 의하여 항소심절차가 개시되는 것은 아니므로 비항소설이 타당하다고 판단된다.

4. 요 건

부대항소는 ① 주된 항소가 적법하게 계속되어 있을 것, ② 피항소인이 항소인을 상대로 제기한 것일 것, ③ 항소심의 변론종결 전일 것을 요하고 피항소인은 자기의 항소권이 소멸된 후에도 부대항소를 제기할 수 있다(민소법 제403조).

(1) 주된 항소가 적법하게 계속되어 있을 것

부대항소를 제기하려면 상대방과의 사이에 주된 항소가 적법하게 계속되어 있어야 한다.

(2) 피항소인이 항소인을 상대로 제기한 것일 것

1) 부대항소의 상대방

주된 항소의 피항소인 또는 보조참가인이 항소인을 상대로 제기해야 한다(민소법 제403조). 그러므로 당사자 쌍방이 모두 주된 항소를 제기한 경우에는 일방은 상대방의 항소에 부대항소할 수 없다. 통상공동소송에서 공동당사자 일부만 상소한 때에는 피상소인은 상소인인 공동소송인 이외의 다른 공동소송인을 상대방으로 하여 부대상소를 할 수 없고(대판 1994.12.23. 94다40734), 일부에 대해 상소한 때 그 외의 공동소송인은 부대상소를 할 수 없다. 상소하지 않은 자의 판결 부분은 분리확정되었기 때문이다. 그러나 필수적 공동소송에서는 이 경우 부대상소가 가능하다.

2) 소송대리인의 특별수권 요부

항소인의 소송대리인은 상대방의 부대항소에 응소할 수 있음은 분명하다. 다만, 피항소인의 소송대리인이 상소의 특별수권이 없는 경우에 스스로 부대항소를 제기할 수 있는지 여부에 대해 논의가 있다. 생각건대 원고 측 피항소대리인이 부대항소를 제기하는 경우에는 청구의 확장에 관한 대리권이 포괄적 대리권에 포함되어 있으므로 특별수권이 필요 없으나, 피고 측 피항소대리인이 부대항소를 제기하는 경우에는 반소를 제기하는 것과 같으므로 특별수권이 있어야 한다고 보는 것이 타당하다.

(3) 항소심의 변론종결 전일 것

부대항소는 항소기간의 제한을 받지 않으며 주된 항소심 변론종결 전이면 제기가 가능하다. 한편 부대상고를 제기할 수 있는 시한은 항소심 변론종결 시에 대응하는 상고이유서 제출기간 만료 시까지이다(대판 2007.4.12. 2006다10439).

(4) 항소이익의 요부

부대항소는 비항소이기 때문에 항소이익이 필요 없다. 따라서 제1심에서 전부승소한 당사자라고 하더라도 청구변경 또는 반소제기를 위한 부대항소를 할 수 있다. 이미 살펴본 바와 같이 판례도 같은 취지에서 제1심에서 전부 승소한 원고도 항소심 계속 중 그 청구취지를 확장·변경할 수 있고, 그것이 피고에게 불리하게 하는 한도 내에서는 부대항소를 한 취지로도 볼 수 있다(대판 1995.6.30. 94다58261)고 판시하고 있다. 청구취지확장에는 양적 확장뿐만 아니라 상환이행청구를 단순이행청구로 바꾸는 질적 확장도 포함된다. 즉 원고가 제1심에서 금원의 수령과 동시에 소유권이전등기의 말소를 구하여 승소판결을 받았는데 이에 대하여 피고만이 항소를 제기한 경우 항소심에서 원고가 금원 수령과의 동시이행 부분을 철회한 것을 부대 항소로 보아 등기말소청구만을 인용하는 변경 판결을 한 것은 불이익변경금지의 원칙에 위배되지 아니한다(대판 1979.8.31. 79다892).

그러나 최근 판례는 제1심이 원고들의 본소 중 주위적 청구를 전부 인용하고, 피고의 반소 중 주위적 청구에 대한 소를 각하하고 예비적 청구를 일부 인용한 데 대하여, 피고는 반소의 예비적 청구를 일부 기각한 부분에 대하여만 항소를 제기하였을 뿐 본소에 대하여는 항소를 제기하지 아니하였으므로, 원고들의 본소는 주위적 청구뿐만 아니라 예비적 청구 역시 원심의 심판범위에서 제외되는 것이고, 따라서 원고들이 원심에서 청구취지 및 청구원인변경신청서를 제출하여 예비적 청구에 불법행위에 의한 손해배상청구를 선택적으로 추가하였다고 하더라도 추가된 예비적 청구가 원심의 심판범위에 포함된다고 할 수 없다. 원심이 같은 취지에서 원고가 추가한 선택적 예비적 청구에 대하여 판단하지 아니한 조치는 옳고, 거기에 상고이유의 주장과 같은 판단유탈의 위법이 있다고 할 수 없다(대판 2008.3.13. 2006다53733)고 한다.

5. 방 식

(1) 항소규정의 준용

부대항소에는 항소에 관한 규정이 적용되므로(민소법 제405조), 원칙적으로 부대항소장을 제출하여야 하나 그 신청을 변론에서 구술하여도 상대방이 이의권을 포기하면 적법하게 된다. 부대항소장을 제출하지 않고 청구취지확장서·반소장을 제출한 경우에도 그것이 상대방에게 불리하게 되는 한도에서는 부대항소를 한 것으로 의제하는 것이 통설·판례(대판 1979.8.31. 79다892)의 태도이다. 최근 판례도 피항소인이 항소기간이 지난 뒤에 단순히 항소기각을 구하는 방어적 신청에 그치지 아니하고 제1심판결보다 자신에게 유리한 판결을 구하는 적극적·공격적 신청의 의미가 객관적으로 명백히 기재된 서면을 제출하고, 이에 대하여 상대방인 항소인에게 공격방어의 기회 등 절차적 권리가 보장된 경우에는 비록 그 서면에 '부대항소장'이나 '부대항소취지'라는 표현이 사용되지 않았더라도 이를 부대항소로 볼 수 있고, 이는 피항소인이 항소기간이 지난 뒤에 실질적으로 제1심판결 중 자신이 패소한 부분에 대하여 불복하는 취지의 내용이 담긴 항소장을 제출한 경우라고 하여 달리 볼 것은 아니라고 판시(대판 2022.10.14. 2022다252387)하고 있다.

(2) 부대항소의 취하

부대항소도 취하할 수 있으며 부대항소를 취하함에는 항소취하와 같이 상대방의 동의를 요하지 아니한다(대판 1995.3.10. 94다51543). 따라서 부대항소의 취하를 서면으로 한 경우에는 그 서면을 법원에 제출한 때 효력이 생긴다.

6. 효 과

(1) 불이익변경금지의 원칙의 배제

부대항소가 있으면 불이익변경금지의 원칙이 배제되어 항소법원의 심판범위가 확장되어 피항소인의 불복의 정당 여부도 심판받게 된다. 판례도 부대항소란 피항소인의 항소권이 소멸하여 독립하여 항소를 할 수 없게 된 후에도 상대방이 제기한 항소의 존재를 전제로 이에 부대하여 원판결을 자기에게 유리하게 변경을 구하는 제도로서, 피항소인이 부대항소를 할 수 있는 범위는 항소인이 주된 항소에 의하여 불복을 제기한 범위에 의하여 제한을 받지 아니한다(대판 2003.9.26. 2001다68914)고 판시하고 있다.

(2) 부대항소의 종속성

부대항소는 주된 항소가 취하 또는 부적법각하되면 그 효력을 잃게 되는데(민소법 제404조 본문), 이는 부대항소의 종속성에 기인한다. 다만, 부대항소인이 항소할 수 있는 기간 내에 제기한 부대항소는 독립한 소로 보기 때문에(민소법 제404조 단서) 주된 항소의 취하 또는 각하에 의하여 영향을 받지 않는데 이를 독립부대항소라고 한다. 그러나 주된 항소가 취하·각하된 뒤에는 부대항소는 통상의 항소로 전환되므로 항소이익을 갖추어야 한다.

Ⅰ　항소의 적법성 심리

항소심은 우선 항소장의 적식을 심사하고 적식인 경우에는 적법 여부를 심사한 후 적법한 경우에 한하여 불복의 이유구비성을 심리한다.

Ⅱ　본안심리

항소가 적법하면 항소가 이유 있는지 본안심리를 한다. 제1심의 절차에 관한 규정은 항소심 절차에 준용된다(민소법 제408조).

제4절　항소심의 종국재판

Ⅰ　항소장 각하명령

항소인이 필요적 기재사항을 적지 않거나 인지를 붙이지 않았거나 항소장의 부본을 송달할 수 없는 경우 그 흠을 보정기간 내에 보정하지 않은 때 또는 항소기간이 도과하였음에도 원심재판장이 항소장을 각하하지 아니한 때에는 항소심재판장은 명령으로 항소장을 각하하여야 한다(민소법 제402조 제2항). 판례도 최근 항소심에서 항소장 부본을 송달할 수 없는 경우 항소심재판장은 민사소송법 제402조 제1항, 제2항에 따라 항소인에게 상당한 기간을 정하여 그 기간 이내에 피항소인의 주소를 보정하도록 명하여야 하고, 항소인이 그 기간 이내에 피항소인의 주소를 보정하지 아니한 때에는 명령으로 항소장을 각하하여야 한다고 하여 종전 판례법리를 다시 확인하고 있다(대결 2021.4.22. 2017마6438[전합]).

Ⅱ　항소각하판결

부적법한 항소로서 그 흠을 보정할 수 없으면 변론 없이 판결로 항소를 각하할 수 있다(민소법 제413조).

Ⅲ　항소기각판결

항소법원은 제1심판결을 정당하다고 인정한 때에는 항소를 기각하여야 한다. 제1심판결의 이유가 정당하지 아니한 경우에도 다른 이유에 따라 그 판결이 정당하다고 인정되는 때에는 항소를 기각하여야 한다(민소법 제414조). 다만, 상계의 항변에 의하여 승소한 피고가 항소를 하였을 경우에는 항소법원에서 볼 때에 상계에 의할 필요없이 변제의 항변 등을 받아들여 청구를 기각할 수 있으면, 민사소송법 제414조 제2항에 의해 항소를 기각할 수 없고, 항소를 인용하여 제1심판결을 취소하고 다시 청구기각판결을 선고하여야 한다. 이는 상계항변에 관한 판단에는 기판력이 발생하기 때문에 결론은 같은 청구기각이지만 기판력의 객관적 범위가 달라지기 때문이다. 판례도 제1심은 원고의 구상금채권 자체를 인정하지 아니하여 원고의 청구를 기각하였음에 반하여, 원심은 원고의 구상금채권은 인정하면서도 피고의 상계항변을 받아들인 결과 원고의 청구를 기각한 제1심판결이 정당하다고 하여 원고의 항소를 기각하였으나, 소구채권 그 자체를 부정하여 원고의 청구를 기각한 제1심판결과 소구채권은 인정하면서도 상계항변을 받아들인 결과 원고의 청구를 기각한 원심판결은 민사소송법 제216조에 따라 기판력의 범위를 서로 달리하므로, 원심으로서는 그 결론이 같다고 하여 원고의 항소를 기각할 것이 아니라 제1심판결을 취소하고 다시 원고의 청구를 기각하는 판결을 하여야 한다(대판 2013.11.14. 2013다46023)고 판시하고 있다.

Ⅳ 항소인용판결

1. 자 판

항소가 이유 있을 때에는 항소법원은 판결로써 원심판결을 취소한다. 항소심은 사실심이므로 스스로 소에 대하여 재판하는 것이 원칙이다.

2. 환 송

항소법원에 취소할 원심판결이 소각하판결인 경우 본안심리가 이루어지지 않았기 때문에 심급의 이익을 보장하기 위하여 사건을 원심법원으로 환송하여야 한다(민소법 제418조 본문). 다만, 제1심에서 본안판결을 할 수 있을 정도로 본안심리가 된 경우나 당사자의 동의가 있는 경우에는 환송하지 않고 자판할 수 있다(민소법 제418조 단서).

3. 이 송

전소관할 위반을 이유로 원심판결을 취소하는 때에는 원심법원으로 이송하지 않고 직접 제1심 관할법원에 이송하여야 한다(민소법 제419조). 임의관할 위반은 취소사유가 되지 아니한다(민소법 제411조 본문).

02 항 소

※ 기출문제해설의 답안은 참고용으로 활용하시기 바랍니다.

기출문제 | 2023년 제32회 공인노무사시험

제3문

부대항소에 관하여 설명하시오. (25점)

자세한 내용은 기본서 해당부분의 관련서술을 참조하라.

┃목 차┃

제4문

원고는 B청구가 일부청구임을 명시하지 아니한 채 A, B청구를 병합한 소를 제기하였는데, 제1심법원은 A청구를 전부기각, B청구를 전부인용하는 하나의 판결을 선고하였다. [아래 (1), (2) 설문 상호 간은 각 독립적임] (20점)

물음 2

위 판결에 대하여 피고만이 항소를 제기한 경우, 원고는 항소심에서 B청구의 청구취지를 확장할 수 있는지 설명하시오. (6점)

I 논점의 정리

원고의 항소심에서 청구취지의 확장 가부와 관련하여 이를 청구의 변경이라고 볼 수 있는지 여부, 원고의
청구확장이 부대항소로 적법한지 문제 된다.

II 원고의 청구취지확장이 부대항소로 적법한지 여부

1. 부대항소의 의의 및 취지

<u>부대항소란 피항소인이 항소인의 항소에 의하여 개시된 항소심절차에 편승하여 항소심의 심판범위를
자기에게 유리하게 확장하는 신청을 말한다</u>(민소법 제403조). 이는 항소인이 항소심에서 심판범위를 확장할
수 있는 것에 대응하여 피항소인도 부대항소로 심판범위를 확장할 수 있도록 하여 공평한 취급을 하고
소송경제를 도모함을 그 취지로 한다.

2. 법적 성질

이에 대해 항소설과 비항소설이 대립하고 있고, 판례는 비항소설의 입장이다. 생각건대 부대항소는 상대
방의 항소에 편승한 것으로 이에 의하여 항소심절차가 개시되는 것은 아니므로 비항소설이 타당하다고
판단된다. 따라서 부대항소의 경우 항소이익이 필요 없다.

3. 부대항소 적법 여부

(1) 부대항소의 요건과 방식

부대항소는 ① 주된 항소가 적법하게 계속되어 있을 것, ② 피항소인이 항소인을 상대로 제기한 것일
것, ③ 항소심의 변론종결 전일 것을 요하고 ④ 항소심 변론종결 전 부대항소장의 제출이 있어야 한다.
사안은 다른 요건은 충족하나 청구취지의 확장신청서를 부대항소장의 제출로 볼 수 있는지 문제 된다.

(2) 전부승소한 원고의 청구취지확장을 부대항소로 볼 수 있는지 여부

판례는 제1심에서 전부승소한 원고도 항소심 계속 중 그 청구취지를 확장·변경할 수 있고, 그것이 피고
에게 불리하게 하는 한도 내에서는 부대항소를 한 취지로도 볼 수 있다는 입장이다.[111]

(3) 사안의 경우

사안의 경우 원고는 B청구에 대한 묵시적 일부청구로 전부승소하여 항소의 이익이 인정되지 아니하더라
도 청구취지의 확장은 부대항소의 요건을 갖추었고 청구취지확장신청서를 제출해도 상대방에게 불리하
게 되는 한도에서 부대항소장으로서의 실질이 구비된 것으로 볼 수 있으므로 항소심에서 B청구의 청구
취지를 확장할 수 있다고 판단된다.

---

111) 대판 1995.6.30. 94다58261

Ⅲ 사안의 적용

부대항소는 피항소인도 부대항소로 심판범위를 확장할 수 있도록 하여 항소인과 공평한 취급을 하고 소송경제를 도모함을 그 취지로 하고, 이에 의하여 항소심절차가 개시되는 것은 아니므로 그 법적 성질은 비항소설이 타당하다고 판단된다. 따라서 부대항소의 경우 항소이익이 필요 없으므로 원고는 제1심에서 B청구에 대한 묵시적 일부청구로 전부승소하여 항소의 이익이 인정되지 아니하더라도 청구취지의 확장은 부대항소의 요건을 갖추었고 청구취지확장신청서를 제출해도 상대방에게 불리하게 되는 한도에서 부대항소장으로서의 실질이 구비된 것으로 볼 수 있으므로 항소심에서 B청구의 청구취지를 확장할 수 있다고 판단된다.

Ⅳ 결 론

원고는 제1심에서 B청구에 대한 묵시적 일부청구로 전부승소하여 항소의 이익이 인정되지 아니하더라도 청구취지의 확장은 부대항소의 요건을 갖추었고 청구취지확장신청서를 제출해도 상대방에게 불리하게 되는 한도에서 부대항소장으로서의 실질이 구비된 것으로 볼 수 있으므로 항소심에서 B청구의 청구취지를 확장할 수 있다고 판단된다.

제1절 상고의 의의

I 개 념

상고심은 법률심으로서 통상 항소심의 종국판결에 법령위반이 있음을 주장하여 그 판결의 당부에 관하여 대법원에 심판을 구하는 불복신청을 말한다.

II 법률심으로서의 상고심

상고는 판결에 영향을 미친 헌법·법률·명령 또는 규칙의 위반이 있다는 것을 이유로 드는 때에만 할 수 있다(민소법 제423조). 따라서 원심판결이 적법하게 확정한 사실은 상고법원을 기속하여(민소법 제432조), 상고심은 그 본안에 관한 사실확정의 당부에 관하여 판단할 수 없다. 다만, 상고심도 직권조사사항인 소송요건, 상소요건, 재심사유, 원심의 절차위배 존부를 판단함에는 필요한 증거조사와 사실확정을 할 수 있다. 당사자도 이러한 사항에 대하여 사실과 증거를 제출할 수 있다.

제2절 상고이유

I 일반적 상고이유

민사소송법은 제423조에서 일반적 상고이유를 규정하고 있다. 판결에 영향을 미친 경우로는 법령위반과 판결주문 사이에 인과관계가 있는 경우를 말한다.

II 절대적 상고이유

절대적 상고이유란 항소심판결에 절차상 잘못이 있는 경우로서 항소심판결의 주문에 영향을 미쳤는지 여부와 관계없이 민사소송법 제424조에 열거된 사유가 인정될 경우 법률상 당연히 상고이유가 되는 것을 말한다. 판례는 판결에 이유를 기재하도록 하는 법률의 취지는 법원이 증거에 의하여 인정한 구체적 사실에 법규를 적용하여 결론을 도출하는 방식으로 이루어진 판단과정이 불합리하거나 주관적이 아니라는 것을 보장하기 위하여 그 재판과정에서 이루어진 사실인정과 법규의 선정, 적용 및 추론의 합리성과 객관성을 검증하려고 하는 것이므로, 판결의 이유는 그와 같은 과정이 합리적·객관적이라는 것을 밝힐 수 있도록 그 결론에 이르게 된 과정에 필요한 판단을 기재하여야 하고, 그와 같은 기재가 누락되거나 불명확한 경우에는 민사소송법 제424조 제1항 제6호의 상고이유가 된다(대판 2021.2.4. 2020다259506)고 판시하고 있다.

Ⅲ 그 밖에 상고이유로서의 재심사유

민사소송법 제451조 제1항 단서에 의해 재심사유도 상소가 가능하다.

제3절 상고심절차의 개시와 심리

상고와 상고심의 소송절차에는 특별한 규정이 없으면 항소심절차에 대한 규정을 준용하고(민소법 제425조), 항소심의 소송절차에는 특별한 규정이 없으면 제1심의 소송절차에 관한 규정이 준용되므로(민소법 제408조), 결국 상고 및 상고심의 소송절차에는 특별한 규정이 없는 한 항소심 및 제1심의 소송절차에 관한 규정이 준용되게 된다.

제4절 상고심의 종국재판

Ⅰ 상고장 각하명령

상고인이 필요적 기재사항을 적지 않거나 인지를 붙이지 않았거나 상고장의 부본을 송달할 수 없는 경우 그 흠을 보정기간 내에 보정하지 않은 때 또는 상고기간이 도과하였음에도 원심재판장이 상고장을 각하하지 아니한 때에는 상고심재판장은 명령으로 상고장을 각하하여야 한다(민소법 제402조 제2항). 다만, 송달료보정명령에 따른 보정을 하지 않았더라도 그 사유만으로는 상고장을 각하할 수 없다(대결 2014.5.16. 2014마588).

Ⅱ 상고각하판결

상고요건이 흠결되어 상고가 부적법한 경우에는 판결로 상고를 각하한다(민소법 제425조, 제413조).

Ⅲ 상고기각판결

본안심리의 결과 상고이유가 없다고 인정되면 판결로 상고를 기각하여야 한다(민소법 제425조, 제414조 제1항). 원심판결의 판단이유와 일치하지 않더라도 결과에 있어서 원심판결이 정당하다고 인정되면 역시 상고를 기각한다(민소법 제425조, 제414조 제2항). 또한 상고심법원은 상고이유서를 제출하지 아니한 때에는 변론 없이 판결로 상고를 기각해야 한다(민소법 제429조). 이유서를 제출한 경우에도 상고이유에 관한 주장이 심리속행사유를 포함하지 아니한다고 인정되는 때에는 더 심리를 하지 않고 판결로 상고를 기각한다(상고심절차에 관한 특례법 제4조 제1항).

Ⅳ 상고인용판결

1. 원판결의 파기

상고법원은 본안을 심리한 결과 상고이유가 있다고 인정되면 상고를 인용하여 원심판결을 파기한다. 파기사유로는 상고이유에 해당할 때, 직권조사사항에 관하여 조사한 결과 원판결이 부당한 때 등이다. 원심판결의 일부만이 부당한 때에는 그 부분만을 파기하고 나머지는 상고를 기각해야 한다. 다만, 필수적 공동소송이나 필수적 공동소송이 준용되는 독립당사자참가소송과 예비적·선택적 공동소송의 경우에는 일부 당사자에 대한 판결 부분만 위법이 있더라도 판결 전체를 파기한다. 이때 불이익변경금지의 원칙을 준수해야 함은 물론이다. 판례는 선택적으로 병합된 수개의 청구를 모두 기각한 항소심판결에 대하여 원고가 상고한 경우에 상고법원이 선택적 청구 중 어느 하나의 청구에 관한 상고가 이유 있다고 인정할 때에는 원심판결을 전부 파기하여야 한다(대판 2017.10.26. 2015다42599)고 판시하고 있다.

2. 환송 또는 이송

상고법원은 항소심판결이 잘못되어 상고에 정당한 이유가 있다고 인정할 때에는 원심판결을 파기하고 사건을 원심법원에 환송하거나 동등한 다른 법원에 이송하여야 한다(민소법 제436조 제1항).

(1) 환송 및 환송 후의 심리절차

1) 변론의 갱신

환송 또는 이송판결이 선고되면 사건은 환송 또는 이송받은 법원에 계속된다. 따라서 사건을 환송 또는 이송받은 법원은 다시 변론을 거쳐 재판하여야 한다(민소법 제436조 제2항). 즉, 환송 전 원심판결에 관여한 판사는 환송 후 재판에 관여하지 못하므로 변론의 갱신절차를 밟아야 한다.

2) 새로운 공격방어방법의 제출

환송받은 항소심의 변론은 실질적으로 종전 변론의 재개속행에 지나지 않으며 환송 전 판결에 대하여 불복한 범위 내에서만 심판하는 것은 아니라는 것이 판례이다(대판 1969.12.23. 67다1664). 따라서 당해 심급에 허용되는 모든 소송행위 즉 새로운 공격방어방법의 제출, 소변경, 반소, 소 또는 항소취하, 항소취지의 변경 등을 할 수 있다(대판 1984.3.27. 83다카1135). 불이익변경금지의 원칙이 적용되지 아니하는 결과 환송 전 원심판결의 주문보다 환송 후 주문이 더 불리하게 될 수도 있다.

3) 환송 후 항소심의 심판범위

상고심으로부터 사건을 환송받은 원심법원의 심판범위는 환송받은 부분에 한정된다(대판 1970.2.24. 69누59). 즉, 상고심에서 상고기각된 부분, 파기자판된 부분, 상고로 불복하지 않은 부분은 심판하지 못한다. 관련 판례를 살펴본다.

① 원고의 청구가 일부 인용된 환송 전 원심판결에 대하여 피고만이 상고하고 상고심은 이 상고를 받아들여 원심판결 중 피고 패소 부분을 파기환송하였다면 피고 패소 부분만이 상고되었으므로 위의 상고심에서의 심리대상은 이 부분에 국한되었으며, 환송되는 사건의 범위, 다시 말하자면 환송 후 원심의 심판 범위도 환송 전 원심에서 피고가 패소한 부분에 한정되는 것이 원칙이고, 환송 전 원심판결 중 원고패소 부분은 확정되었다 할 것이므로 환송 후 원심으로서는 이에 대하여 심리할 수 없다. 그러나 환송 후 원심의 소송 절차는 환송 전 항소심의 속행이므로 당사자는 원칙적으로 새로운 사실과 증거를 제출할 수 있음은 물론, 소의 변경, 부대항소의 제기뿐만 아니라 청구의 확장 등 그 심급에서 허용되는 모든 소송행위를 할 수 있고, 이때 소를 교환적으로 변경하면, 제1심판결은 소취하로 실효되고 항소심의 심판대상은 교환된 청구에 대한 새로운 소송으로 바뀌어 항소심은 사실상 제1심으로 재판하는 것이 된다(대판 2013.2.28. 2011다31706).

② 원고의 주위적 청구를 기각하면서 예비적 청구를 일부 인용한 환송 전 항소심판결에 대하여 피고만이 상고하고 원고는 상고도 부대상고도 하지 않은 경우에, 주위적 청구에 대한 항소심판단의 적부는 상고심의 조사대상으로 되지 아니하고 환송 전 항소심판결의 예비적 청구 중 피고 패소 부분만이 상고심의 심판 대상이 되는 것이므로, 피고의 상고에 이유가 있는 때에는 상고심은 환송 전 항소심판결 중 예비적 청구에 관한 피고 패소 부분만 파기하여야 하고, 파기환송의 대상이 되지 아니한 주위적 청구 부분은 예비적 청구에 관한 파기환송판결의 선고와 동시에 확정되며 그 결과 환송 후 원심에서의 심판범위는 예비적 청구 중 피고 패소 부분에 한정된다(대판 2001.12.24. 2001다62213).

③ 원고의 본소청구 및 피고의 반소청구가 각 일부 인용된 환송 전 원심판결에 대하여 피고만이 상고하고 상고심은 이 상고를 받아들여 원심판결 중 본소 및 반소에 관한 각 피고패소 부분을 파기환송하였다면 피고 패소 부분만이 각 상고되었으므로 위 상고심에서의 심리대상은 이 부분에 국한되었고, 환송되는 사건의 범위, 다시 말하자면 환송 후 원심의 심판 범위도 환송 전 원심에서 피고가 각 패소한 부분에 한정되는 것이 원칙이고, 환송 전 원심판결 중 본소에 관한 원고 패소 부분과 반소에 관한 피고 승소 부분은 각 확정되었다고 할 것이므로 환송 후 원심으로서는 이에 대하여 심리할 수 없다(대판 2014.6.12. 2014다11376).

(2) 환송판결의 기속력

1) 의 의

환송판결의 기속력이란 환송을 받은 법원이 다시 심판을 하는 경우에는 상고법원이 파기의 이유로 한 법률상 및 사실상의 판단에 기속되는 것을 말한다(민소법 제436조 제2항 단서).

2) 법적 성질

기속력의 성질에 관하여는 중간판결에 인정되는 기속력과 같이 보는 중간판결설, 확정판결의 기판력으로 보는 기판력설이 있으나 통설은 심급제도의 유지를 위해 상급심의 판결이 하급심을 구속하는 특수한 효력으로 보는 특수효력설을 취하고 있다. 판례도 환송판결도 동일 절차 내에서는 철회, 취소될 수 없다는 의미에서 기속력이 인정됨은 물론 법원조직법 제8조, 민사소송법 제436조 제2항 후문에 의하여 하급심에 대한 특수한 기속력이 인정된다(대판 1995.2.14. 93재다27[전합])고 하여 특수효력설의 태도를 보이고 있다.

3) 기속력의 범위

① 객관적 범위

　　㉠ 사실상의 판단 : 환송한 상고법원의 직권조사사항(예를 들면 채권자대위소송에서 원고적격을 판단하기 위해 인정한 피보전채권의 존재사실), 절차위배, 재심사유에 관한 사실의 존부의 판단을 말한다. 본안에 관한 사실은 포함되지 아니한다.

　　㉡ 법률상의 판단 : 기속을 받는 법률상 판단이란 구체적인 사건에 적용할 법령, 관습법 및 경험칙 등의 해석·적용상의 견해를 말하는데 여기서는 사실에 대한 평가적 판단 및 당사자의 의사표시의 내용에 대한 해석도 포함된다.

　　㉢ 파기이유로 한 판단과 논리필연적 관계에 있는 판단 : 파기이유로 한 판단에 대하여만 기속력이 인정된다(민소법 제436조 제2항). 나아가 명시적으로 파기이유로 한 부분과 논리적 필연적 관계가 있어서 상고법원이 파기이유의 전제로서 당연히 판단했다고 볼 수 있는 법률상의 판단도 포함된다(대판 1991.10.25. 90누7890). 판례는 채권자대위소송에서 대위에 의하여 보전될 채권자의 채무자에 대한 권리(피보전채권)가 존재하는지는 소송요건으로서 법원의 직권조사사항이므로, 환송판결이 구 특조법[구 임야소유권 이전등기에 관한 특별조치법(註)]에 의하여 경료된 등기의 추정력이 번복되는 경우인지에 관해서만 판단하였더라도, 그 판단은 甲이 乙 등 또는 상속인에 대하여 명의신탁 해지에 따른 이전등기청구권을 가지고 이를 피보전채권으로 하여 乙 등 또는 상속인을 대위할 수 있어 소송요건을 구비하였다는 판단을 당연한 논리적 전제로 하고 있으므로, 환송판결의 기속력은 甲의 청구가 소송요건을 구비한 적법한 것이라는 판단에 대하여도 미침에도, 환송 후 원심이 甲의 청구가 소송요건을 구비하지 못한 부적법한 소라고 본 것은 환송판결의 기속력에 반하여 위법하다(대판 2012.3.29. 2011다106136)고 한다.

② 주관적 범위

　　㉠ 기속을 받는 법원 : 판례는 당해 사건에 관한 한 환송받은 법원과 그 하급심은 물론 다시 상고를 받은 상고법원도 파기이유로 한 판단에 기속된다(대판 1981.2.24. 80다2029[전합])고 한다.

　　㉡ 기속을 받지 않는 법원 : 판례는 대법원의 전원합의체는 종전에 대법원에서 판시한 법령의 해석적용에 관한 의견을 스스로 변경할 수 있는 것인바(법원조직법 제7조 제1항 제3호), 환송판결이 파기이유로 한 법률상 판단도 여기에서 말하는 '대법원에서 판시한 법령의 해석적용에 관한 의견'에 포함되는 것이므로 대법원의 전원합의체가 종전의 환송판결의 법률상 판단을 변경할 필요가 있다고 인정하는 경우에는, 그에 기속되지 아니하고 통상적인 법령의 해석적용에 관한 의견의 변경절차에 따라 이를 변경할 수 있다고 보아야 할 것이다. 이와 같은 환송판결의 자기기속력의 부정은 법령의 해석적용에 관한 의견변경의 권능을 가진 대법원의 전원합의체에게만 그 권한이 주어지는 것이므로 그로 인하여 사건이 대법원과 원심법원을 여러 차례 왕복함으로써 사건의 종국적 해결이 지연될 위험도 없다(대판 2001.3.15. 98두15597[전합])고 한다. 최근 판례는 상고심법원이 환송 전 원심판결을 파기하는 이유로 삼은 사실상 및 법률상의 판단은 사건의 환송을 받은 원심은 물론 상고심법원도 기속하나, 환송판결 선고 이후 헌법재판소가 환송판결의 기속적 판단의 기초가 된 법률 조항을 위헌으로 선언하여 그 법률 조항의 효력이 상실된 때에는 그 범위에서 환송판결의 기속력은 미치지 않고, 환송 후 원심이나 그에 대한 상고심에서 위헌결정으로 효력이 상실된 법률 조항을 적용할 수 없어 환송판결과 다른 결론에 이른다고 하더라도 환송판결의 기속력에 관한 법원조직법 제8조에 저촉되지 않는다(대판 2020.11.26. 2019다2049)고 판시하고 있다.

4) 기속력의 소멸

기속력은 환송판결에 나타난 법률상의 견해가 뒤에 판례변경으로 바뀌었을 때, 새로운 주장·입증이나 이의 보강으로 전제된 사실관계의 변동이 생긴 때, 법령의 변경이 생겼을 때 등의 경우에 그 효력을 잃는다.

5) 기속력 위반의 효과

하급법원이 파기판결의 구속력을 무시하고 판결을 한 경우 그 판결은 법률위반으로서 항소이유 또는 상고이유가 되며 그 판결이 확정된 때에는 비상상고의 이유가 된다.

3. 자 판

상고법원이 원심판결을 파기하는 경우 원칙적으로 환송·이송의 판결을 하여야 하나 예외적으로 확정된 사실에 대하여 법령적용이 어긋난다고 하여 판결을 파기하는 경우에 그 사건이 그 사실을 바탕으로 재판하기 충분한 때, 사건이 법원의 권한에 속하지 아니한다고 하여 판결을 파기하는 때, 그 밖의 소송요건의 흠을 이유로 원심판결을 파기할 때에는 사건에 관하여 종국판결을 하여야 한다. 관련 판례를 살펴본다.

(1) 자판하여 제1심법원에 환송하는 경우

주택재건축사업을 시행할 목적으로 설립되어 도시 및 주거환경정비법의 적용을 받는 甲 조합이 시공사로 선정된 乙 주식회사와 일반분양 대상 아파트의 처분대금에서 발생하는 수익의 귀속을 둘러싸고 다툼이 생기자 총회결의 없이 丙 법무법인에 소송을 위임하여 약정금 등 청구소송을 제기하였고, 그 후 甲 조합의 조합장 丁이 제1심법원에 丙 법무법인의 소송행위를 추인하는 의사가 담긴 서면을 제출한 사안에서, 도시정비법 제24조 제3항 제5호에서 정한 '예산으로 정한 사항 이외에 조합원의 부담이 될 계약'에 해당하여 총회결의가 필요함에도 이를 거치지 않고 한 위 소송위임행위와 그에 따른 소송행위가 모두 무효라고 하더라도, 丁이 조합을 대표하여 소를 제기하는 행위가 도시정비법 및 조합규약에서 총회결의를 거치도록 한 행위에 해당하지 않을 뿐만 아니라 달리 도시정비법과 민법 등에서 丁의 소제기 등 재판상 행위에 관하여 대표권을 제한하는 규정이 없으므로, 丁은 스스로 조합을 대표하여 시공사를 상대로 위 소송을 제기하는 등 소송행위를 적법하게 할 수 있고, 그러한 권한이 있는 한 丙 법무법인의 소송행위를 유효하게 추인하는 데도 아무런 장애가 없음에도, 이와 달리 위 소송행위를 추인하는 데 총회의 사전결의가 필요하다고 보아 이를 거치지 않고 한 丁의 추인행위 효력을 부인하면서 소송대리권 없는 자에 의해 부적법하게 제기되었다며 소를 각하한 제1심판결을 유지한 원심판결에 소송행위 추인에 관한 법리오해의 위법이 있다(대판 2012.3.15. 2011다95779). 대법원은 이 사건이 직접 재판하기에 충분하므로 자판하기로 하여 제1심판결을 취소하고, 민사소송법 제418조 본문의 규정에 따라 사건을 다시 심리·판단하기 위해 사건을 제1심법원에 환송하였다.

(2) 자판하여 소각하판결하는 경우

1) 공유물분할청구의 소의 소송요건의 흠결

공유물분할청구의 소는 분할을 청구하는 공유자가 원고가 되어 다른 공유자 전부를 공동피고로 하여야 하는 필수적 공동소송으로서 공유자 전원에 대하여 판결이 합일적으로 확정되어야 하므로, 공동소송인 중 1인에 소송요건의 흠이 있으면 전 소송이 부적법하게 된다. 그리고 민사소송에서 소송당사자의 존재나 당사자능력은 소송요건에 해당하고, 이미 사망한 자를 상대로 한 소의 제기는 소송요건을 갖추지 않은 것으로서 부적법하며, 상고심에 이르러서는 당사자표시정정의 방법으로 그 흠결을 보정할 수 없다. 기록에 의하면, 원고는 2009.10.5. 소외 1 외 9인을 피고로 표시하여 이 사건 공유물분할청구의 소장을 제출하였는데, 소외 1은 그 전인 2001.12.11. 이미 사망한 사실, 피고가 이 법원에 이르러 처음으로 망인의 사망사실을 주장하자, 원고는 이 법원에 망인의 표시를 상속인들로 정정하는 내용의 당사자표시정정신청서를 제출한 사실을 알 수 있는바, 앞서 본 법리에 비추어 보면 이 사건 소는 모든 공동소송인에 대한 관계에서 부적법하고 그 흠결을 보정할 수 없어 각하될 수밖에 없으므로, 이를 간과한 채 본안판단에 나아간 원심판결은 그대로 유지될 수 없다. 그러므로 상고이유에 대한 판단을 생략한 채 원심판결을 파기하되, 이 사건은 이 법원이 직접 재판하기에 충분하므로 민사소송법 제437조에 따라 자판하기로 하여 원고의 청구를 인용한 제1심판결을 취소하고 이 사건 소를 각하한다(대판 2012.6.14. 2010다105310).

2) 추심소송 계속 중 추심채권자의 당사자적격 상실

[1] 추심채권자의 제3채무자에 대한 추심소송 계속 중에 채권압류 및 추심명령이 취소되어 추심채권자가 추심권능을 상실하게 되면 추심소송을 제기할 당사자적격도 상실한다. 이러한 사정은 직권조사사항으로서 당사자가 주장하지 않더라도 법원이 직권으로 조사하여 판단하여야 하고, 사실심 변론종결 이후에 당사자적격 등 소송요건이 흠결되거나 그 흠결이 치유된 경우 상고심에서도 이를 참작하여야 한다. 원고의 1개의 청구 중 일부를 기각하는 제1심판결에 대하여 피고만 항소를 하였더라도 제1심판결의 심판대상이었던 청구 전부가 불가분적으로 항소심에 이심되나, 항소심의 심판범위는 이심된 부분 가운데 피고가 불복 신청한 한도로 제한되고, 나머지 부분은 원고가 불복한 바가 없어 항소심의 심판대상이 되지 아니하므로, 그 부분에 대해서는 원심판결의 선고와 동시에 확정되어 소송이 종료된다.

[2] 이 사건 채권압류 및 추심명령이 취소됨에 따라 원고는 제3채무자인 피고를 상대로 하여 직접 이 사건 추심금 청구의 소를 제기할 권능을 상실하였다. 따라서 이 사건 소는 당사자적격이 없는 사람에 의하여 제기된 것으로서 부적법하고, 이와 같은 점에서 원심판결은 그대로 유지될 수 없다. 다만, 제1심판결 중 항소심의 심판대상이 되지 않는 원고의 청구가 일부 기각된 부분은 원심판결 선고와 동시에 확정되어 소송이 종료되었다고 할 것이다. 그러므로 상고이유에 대한 판단을 생략한 채 직권으로 원심판결을 파기하되, 이 사건은 대법원이 직접 재판하기에 충분하므로 자판하기로 한다. 제1심판결 중 피고 패소 부분을 취소하고 이 부분 소를 각하한다(대판 2021.9.15. 2020다297843).

(3) 자판하여 소송종료선언을 하는 경우

이 사건 말소청구와 금원청구를 모두 기각한 제1심판결에 대하여 원고가 말소청구 부분에 관하여만 항소하였을뿐 그 변론종결 시까지 항소취지를 확장한 바 없는 이 사건에 있어서 항소심의 심판범위는 말소청구 부분에 한하고 나머지 부분에 관하여는 환송 전 원심판결의 선고와 동시에 확정되어 소송이 종료되었다 할 것임에도 환송 후 원심이 금원청구 부분까지 심리판단한 것은 잘못이라고 할 것이어서, 원심판결 중 금원청구 부분을 파기하고 이 부분에 대하여는 민사소송법 제437조 제1호에 의하여 당원이 직접 이 부분에 관한 소송이 종료되었음을 선언한다(대판 1994.12.23. 94다44644).

04 항 고

제1절　항 고

Ⅰ　항고의 의의

항고란 결정·명령에 대한 독립된 상소를 말한다(민소법 제439조). 항고는 모든 결정·명령에 대해 허용되는 것이 아니라 법률이 특히 인정하는 경우에 한하여 허용된다.

Ⅱ　항고의 유형

항고는 항고제기기간에 따라 통상항고와 즉시항고로 구분되고 심급에 따라 최초의 항고와 재항고로 구분된다. 특별항고란 불복을 신청할 수 없는 결정이나 명령에 대하여 비상구제수단으로 대법원에 제기하는 항고를 말하고 (민소법 제449조 제1항), 일반항고란 특별항고 이외의 항고를 말한다.

Ⅲ　항고의 적용 범위

소송절차에 관한 신청을 기각한 결정이나 명령(민소법 제439조), 방식위배의 결정·명령에 대하여는 항고로 불복할 수 있다. 또한 집행절차에 관한 집행법원의 재판에 대하여는 특별한 규정이 있다면 즉시항고를 할 수 있다(민집법 제15조 제1항). 그러나 법률이 특별히 불복신청을 금지하고 있는 경우(기피신청, 관할지정결정)나 해석상 불복할 수 없는 재판의 경우(판결 또는 화해조서경정신청 기각결정 등)에는 항고할 수 없다.

Ⅳ　항고의 절차

1. 항고의 제기

(1) 항고장의 제출

항고는 항고장을 원심법원에 제출함으로써 하고(민소법 제445조), 항고제기에 의해 사건은 항고법원에 이심된다.

(2) 항고기간

1) 문제점

민사소송법 제444조 제1항이 즉시항고는 재판이 고지된 날부터 1주 이내에 해야 한다고 규정하고 있고 민사 집행법 제15조 제2항이 항고인은 재판을 고지받은 날로부터 1주의 불변기간 내에 항고장을 원심법원에 제출 해야 한다고 규정하고 있는데, 항고인에게 결정을 고지하기 전에 즉시항고할 수 있는지 문제 된다.

2) 판 례

① **다수의견** : 판결과 달리 선고가 필요하지 않은 결정이나 명령(이하 '결정')과 같은 재판은 원본이 법원사무관등에게 교부되었을 때 성립한 것으로 보아야 하고, 일단 성립한 결정은 취소 또는 변경을 허용하는 별도의 규정이 있는 등의 특별한 사정이 없는 한 결정법원이라도 이를 취소·변경할 수 없다. 또한 결정법원은 즉시항고가 제기되었는지 여부와 관계없이 일단 성립한 결정을 당사자에게 고지하여야 하고 고지는 상당한 방법으로 가능하며(민사소송법 제221조 제1항), 재판기록이 항고심으로 송부된 이후에는 항고심에서의 고지도 가능하므로 결정의 고지에 의한 효력발생이 당연히 예정되어 있다. 일단 결정이 성립하면 당사자가 법원으로부터 결정서를 송달받는 등의 방법으로 결정을 직접 고지받지 못한 경우라도 결정을 고지받은 다른 당사자로부터 전해 듣거나 기타 방법에 의하여 결론을 아는 것이 가능하여 본인에 대해 결정이 고지되기 전에 불복 여부를 결정할 수 있다. 그럼에도 이미 성립한 결정에 불복하여 제기한 즉시항고가 항고인에 대한 결정의 고지 전에 이루어졌다는 이유만으로 부적법하다고 한다면, 항고인에게 결정의 고지 후에 동일한 즉시항고를 다시 제기하도록 하는 부담을 지우는 것이 될 뿐만 아니라 이미 즉시항고를 한 당사자는 그 후 법원으로부터 결정서를 송달받아도 다시 항고할 필요가 없다고 생각하는 것이 통상의 경우이므로 다시 즉시항고를 제기하여야 한다는 것을 알게 되는 시점에서는 이미 즉시항고기간이 경과하여 회복할 수 없는 불이익을 입게 된다. 이와 같은 사정을 종합적으로 고려하면, 이미 성립한 결정에 대하여는 결정이 고지되어 효력을 발생하기 전에도 결정에 불복하여 항고할 수 있다.

② **반대의견** : 판결의 경우와는 달리 즉시항고에 관하여는 재판 고지 전의 즉시항고를 허용하는 규정이 없을 뿐만 아니라, 결정과 명령은 원칙적으로 고지되어야 효력이 발생하므로 민사소송법 제226조 제1항 단서와 같은 특별한 규정이 없는 한 아직 고지되기 전이어서 효력이 발생하지도 않은 결정과 명령을 다투어 즉시항고를 제기할 수 있다고 해석할 여지 자체가 없다고 보아야 하는 이상, 민사소송법 제444조 제1항과 민사집행법 제15조 제2항은 즉시항고기간에 관하여 종기뿐만 아니라 시기도 규정한 것으로 새겨야 마땅하다. 효력이 없는 재판에 대하여 불복을 허용해야 할 논리적 근거는 있을 수 없고, 곧 재판이 고지되어 효력이 발생할 것이라는 점은 그야말로 비법률적인 사실 추측에 불과한 것으로서, 법적 안정성을 위하여 획일성이 요구되는 민사소송법 규정의 해석에서 그와 같은 사정이 고려되어야 하는 성질의 것이라고 보아서는 안 된다. 상소기간 등 민사소송상의 여러 제도는 당사자의 이익뿐만 아니라 획일적 운용이 가져올 공익적 장점에 기초하여 마련된 것이므로, 단순히 규정에 따를 때 초래되는 다소의 불합리가 있다 하여 함부로 문언과 다른 해석을 하는 것은 허용될 수 없다. 따라서 아직 효력이 발생하지 않은 결정에 대하여는 항고권이 발생하지 않고 항고권 발생 전에 한 항고는 부적법한 것으로 각하하여야 한다(대결 2014.10.8. 2014마667[전합]).

3) 검 토

고지 전의 즉시항고가 부적법하다면 이미 즉시항고를 한 당사자는 그 후 법원으로부터 결정서를 송달받아도 다시 항고할 필요가 없다고 생각하는 것이 통상이므로 다시 즉시항고하려는 시점에서는 즉시항고기간이 경과할 수 있는 문제가 있다. 따라서 전합판결의 다수의견이 타당하다고 판단된다.

2. 항고의 효력

원심법원은 항고에 정당한 이유가 있다고 인정하는 때에는 그 재판을 경정하여야 하고(민소법 제446조), 항고법원 또는 원심법원이나 판사는 항고에 대한 결정이 있을 때까지 원심재판의 집행을 정지하거나 그 밖에 필요한 처분을 명할 수 있다(민소법 제448조). 즉시항고라면 그 자체로 정지시키는 효력을 가진다(민소법 제447조).

3. 항고의 심판

항고법원의 소송절차에는 항고심에 관한 규정이 준용되나(민소법 제443조 제1항), 항고법원이 제1심결정을 취소하고 제1심법원으로 환송한 사건에 민사소송법 제436조 제3항은 준용되지 아니하므로 환송 전 제1심결정에 관여하였던 판사는 환송 후 제1심결정에 관여할 수 있다(대결 1975.3.12. 74마413). 항고절차는 결정으로 완결할 사건에 해당하므로 법원이 변론을 열 것인지 아닌지를 정한다(민소법 제134조 제1항 단서).

제 7 편

재심절차

CHAPTER 01 재심절차

☑ 주요논점　　☐ 최신 기출문제해설　　☐ 주요 기출문제해설

01　재심절차

제1절　재심절차

Ⅰ　재심의 개념

1. 의 의

재심은 확정된 종국판결에 대하여 재심사유에 해당하는 중대한 흠이 있는 경우에 그 판결의 취소와 종결된 사건의 재심사를 구하는 비상의 불복신청방법이다.

2. 인정취지

재심은 확정판결에 중대한 하자가 있는 경우에 법적 안정성을 후퇴시키고 구체적 타당성을 실현하기 위해 인정된 것이다.

3. 채권자대위권에 기한 재심청구 가부

판례는 채권을 보전하기 위하여 대위행사가 필요한 경우는 실체법상 권리뿐만 아니라 소송법상 권리에 대하여서도 대위가 허용되나, 채무자와 제3채무자 사이의 소송이 계속된 이후의 소송수행과 관련한 개개의 소송상 행위는 그 권리의 행사를 소송당사자인 채무자의 의사에 맡기는 것이 타당하므로 채권자대위가 허용될 수 없다. 같은 취지에서 볼 때 상소의 제기와 마찬가지로 종전 재심대상판결에 대하여 불복하여 종전 소송절차의 재개, 속행 및 재심판을 구하는 재심의 소제기는 채권자대위권의 목적이 될 수 없다(대판 2012.12.27. 2012다75239)고 판시하고 있다.

Ⅱ　재심의 소송물

1. 재심소송의 구조

상소심절차에서도 소송물은 원심 소송물의 하나인 것처럼 재심도 전(前) 소송의 소송물만이 소송물이라는 본안소송일원론도 주장되고 있으나, 재심소송은 상소와는 달리 재심사유의 존부가 핵심절차라는 점에서 재심의 소의 소송물은 원판결의 취소요구라는 소송물과 전(前) 소송의 소송물로 구성된다는 소송물이원론이 타당하다. 이는 또한 판례의 태도(대판 1994.12.27. 92다22473)이기도 하다.

2. 재심사유와 소송물

소송물이원론을 전제로 하여 재심사유마다 소송물이 다른지 여부에 대해 견해가 대립하고 있으나 판례의 태도인 구소송물이론이 타당하다는 점에서 살피건대, 구소송물이론에 의하면 재심사유마다 소송물이 다르므로 재심사유를 추가하면 청구의 추가적 변경이 되고, 재심사유를 하나의 소에서 여러 개를 주장하면 재심청구의 병합이 된다. 판례는 보조참가인은 피참가인이 당사자로 되어 있는 기존의 소송을 전제로 피참가인을 승소시키기 위하여 참가하는 것이기 때문에 소의 변경과 같이 기존의 소송형태를 변형시키는 행위는 할 수 없으므로, 보조참가인은 별개의 청구원인에 해당하는 다른 재심사유를 주장하여 재심청구를 추가할 수 없다 (대판 1992.10.9. 92므266)고 한다.

Ⅲ 적법요건

재심의 소가 적법하려면 ① 재심대상적격, ② 재심기간의 준수, ③ 재심이익, ④ 재심당사자적격, ⑤ 재심사유의 주장, ⑥ 보충성의 요건을 구비하여야 한다.

1. 재심의 대상적격

(1) 확정된 종국판결

재심의 소는 확정된 종국판결로 유효하여야 제기할 수 있다. 따라서 판결정본의 송달이 무효인 경우 상소기간이 진행되지 않아 확정되지 아니하므로 통상의 상소의 대상이 될 뿐 재심의 대상은 되지 아니한다. 확정판결과 동일한 효력을 가지고 있는 청구의 포기·인낙, 화해조서에 대해서도 준재심의 소가 인정된다. 중간판결은 그 자체로 재심의 대상이 되지 아니하는 것이 원칙이나 중간판결에 민사소송법 제451조가 정하는 재심사유가 있고 그 재판이 종국판결의 기본이 된 때에는 종국판결에 대해 재심을 제기할 수 있다(민소법 제452조). 종국판결이라도 형식적으로 확정되었지만 내용적으로는 확정력이 없는 무효인 판결은 재심의 대상적격이 없다.

(2) 대상적격 인정 여부에 대한 구체적 검토

1) 인정한 사례 – 확정된 재심판결

[1] 민사소송법 제451조 제1항은 확정된 종국판결에 대하여 재심의 소를 제기할 수 있다고 규정하고 있는데, 재심의 소에서 확정된 종국판결도 위 조항에서 말하는 확정된 종국판결에 해당하므로 확정된 재심판결에 위 조항에서 정한 재심사유가 있을 때에는 확정된 재심판결에 대하여 재심의 소를 제기할 수 있다.

[2] 민사소송법 제454조 제1항은 "재심의 소가 적법한지 여부와 재심사유가 있는지 여부에 관한 심리 및 재판을 본안에 관한 심리 및 재판과 분리하여 먼저 시행할 수 있다"고 규정하고, 민사소송법 제459조 제1항은 "본안의 변론과 재판은 재심청구이유의 범위 안에서 하여야 한다"고 규정하고 있는데, 확정된 재심판결에 대한 재심의 소에서 재심판결에 재심사유가 있다고 인정하여 본안에 관하여 심리한다는 것은 재심판결 이전의 상태로 돌아가 전 소송인 종전 재심청구에 관한 변론을 재개하여 속행하는 것을 말한다. 따라서 원래의 확정판결을 취소한 재심판결에 대한 재심의 소에서 원래의 확정판결에 대하여 재심사유를 인정한 종전 재심법원의 판단에 재심사유가 있어 종전 재심청구에 관하여 다시 심리한 결과 원래의 확정판결에 재심사유가 인정되지 않을 경우에는 재심판결을 취소하고 종전 재심청구를 기각하여야 하며, 그 경우 재심사유가 없는 원래의 확정판결 사건의 본안에 관하여 다시 심리와 재판을 할 수는 없다(대판 2015.12.23. 2013다17124).

2) 부정한 사례

① 파기환송판결

ⓐ 종국판결인지 여부 : 원래 종국판결이라 함은 소 또는 상소에 의하여 계속 중인 사건의 전부 또는 일부에 대하여 심판을 마치고 그 심급을 이탈시키는 판결이라고 이해하여야 할 것이다. 대법원의 환송판결도 당해 사건에 대하여 재판을 마치고 그 심급을 이탈시키는 판결인 점에서 당연히 제2심의 환송판결과 같이 종국판결로 보아야 할 것이다(대판 1995.2.14. 93재다27[전합]).

ⓑ 확정된 종국판결인지 여부

㉮ 학설 : 대법원의 파기환송판결에 재심사유에 해당하는 중대한 하자가 있는 경우 신속한 하자시정의 필요성이 있으므로 환송판결 자체가 재심의 대상이 된다는 긍정설과 재심은 예외적인 비상구제수단이라는 점에서 환송판결 자체는 재심의 대상이 되지 않는다는 부정설의 대립이 있다.

㉯ 판례 : 재심제도의 본래의 목적에 비추어 볼 때 재심의 대상이 되는 "확정된 종국판결"이란 당해 사건에 대한 소송절차를 최종적으로 종결시켜 그것에 하자가 있다고 하더라도 다시 통상의 절차로는 더 이상 다툴 수 없는 기판력이나 형성력, 집행력을 갖는 판결을 뜻하는 것이라고 이해하여야 할 것이다. 대법원의 환송판결은 형식적으로 보면 "확정된 종국판결"에 해당하지만, 직접적으로 기판력이나 실체법상 형성력, 집행력이 생기지 아니한다고 하겠으므로 이는 중간판결의 특성을 갖는 판결로서 "실질적으로 확정된 종국판결"이라 할 수 없다. 따라서 환송판결은 재심의 대상을 규정한 민사소송법 제422조 제1항 소정의 "확정된 종국판결"에는 해당하지 아니하는 것으로 보아야 할 것이어서, 환송판결을 대상으로 하여 제기한 이 사건 재심의 소는 부적법하므로 이를 각하하여야 한다(대판 1995.2.14. 93재다27[전합]).

㉰ 검토 : 생각건대 대법원의 환송판결은 직접적으로 기판력이나 실체법상 형성력, 집행력 등이 발생하지 아니하므로 실질적으로 확정된 종국판결이라고 할 수 없어 재심의 대상적격은 인정되지 아니한다고 보는 것이 타당하다.

② 미확정판결 : 재심은 확정된 종국판결에 대하여 제기할 수 있는 것이므로, 확정되지 아니한 판결에 대한 재심의 소는 부적법하고, 판결 확정 전에 제기한 재심의 소가 부적법하다는 이유로 각하되지 아니하고 있는 동안에 판결이 확정되었더라도, 재심의 소는 적법한 것으로 되는 것이 아니다(대판 2016.12.27. 2016다35123).

2. 재심기간

대리권의 흠 또는 기판력의 저촉에 규정한 사항을 이유로 한 재심의 소에는 재심기간의 규정을 적용하지 아니하므로 당사자는 언제든지 재심의 소를 제기할 수 있다(민소법 제457조). 판례는 비법인사단의 대표자가 총유물의 처분에 관한 소송행위를 하려면 특별한 사정이 없는 한 민법 제276조 제1항에 의하여 사원총회의 결의가 있어야 하는 것이지만, 그 결의 없이 소송행위를 하였다고 하더라도 이는 소송행위를 함에 필요한 특별수권을 받지 아니한 경우로서, 민사소송법 제451조 제1항 제3호 소정의 재심사유에 해당하되, 전연 대리권을 갖지 아니한 자가 소송행위를 한 대리권 흠결의 경우와 달라서 같은 법 제457조는 적용되지 아니한다(대판 1999.10.22. 98다46600)고 하고 있으므로 이 경우에는 재심기간의 제한을 받게 된다. 대리권의 흠 또는 기판력의 저촉을 제외한 재심사유는 아래의 재심기간의 제한을 받는다(민소법 제456조).

(1) 재심사유를 안 날로부터 30일

1) 불변기간

재심의 소는 당사자가 판결이 확정된 뒤 재심의 사유를 안 날부터 30일 이내에 제기하여야 한다. 이 기간은 불변기간으로 한다(민소법 제456조 제1항·제2항). 판례는 민사소송법 제451조 제1항 각 호 소정의 재심사유는 각각 별개의 청구원인을 이루는 것이므로 재심의 소제기기간의 준수 여부도 위 각 호 소정의 재심사유별로 가려보아야 한다(대판 1990.12.26. 90재다19)고 판시하고 있다.

2) 제4호 내지 제7호의 가벌행위를 재심사유로 하는 경우

이 경우 재심사유를 안 날은 민사소송법 제451조 제2항의 유죄판결이 확정되었음을 안 때(대판 1963.10.31. 63다612) 또는 증거부족 이외의 사유로 유죄의 확정판결을 할 수 없음을 알았을 때(대판 1975.12.23. 74다1398)라고 보아야 한다.

3) 제9호의 판단유탈을 재심사유로 하는 경우

판결정본이 소송대리인에게 송달되면 특별한 사정이 없는 한 그 소송대리인은 판결정본을 송달받았을 때에 그 판결이 판단을 유탈하였는지의 여부를 알게 되었다고 보아야 할 것이고, 소송대리인이 그 판결이 판단을 유탈하였는지의 여부를 안 경우에는 특별한 사정이 없는 한 소송당사자도 그 점을 알게 되었다고 보아야 한다(대판 1991.11.12. 91다29057).

4) 대표자의 특별수권흠결의 권한남용행위를 재심사유로 하는 경우

판례는 법인 등의 대표자가 준재심의 사유인 청구의 포기·인낙 또는 화해를 하는 데에 필요한 권한을 수여받지 아니한 것에서 더 나아가 자기 또는 제3자의 이익을 도모할 목적으로 권한을 남용하여 법인 등의 이익에 배치되는 청구의 포기·인낙 또는 화해를 하였고 또한 상대방 당사자가 대표자의 진의를 알았거나 알 수 있었을 경우에는, 일반적으로 법인 등에 대하여 대표권의 효력이 부인될 수 있는 사유에 해당할 뿐 아니라 준재심의 사유가 된 대표권 행사에 관하여 법인 등과 대표자의 이익이 상반되어 법인 등의 대표자가 준재심 제기 권한을 행사하리라고 기대하기 어려움에 비추어 보면, 단지 대표자가 준재심의 사유를 아는 것만으로는 부족하고 적어도 법인 등의 이익을 정당하게 보전할 권한을 가진 다른 임원 등이 준재심의 사유를 안 때에 비로소 준재심제기기간이 진행된다(대판 2016.10.13. 2014다12348)고 한다.

(2) 판결확정 후 5년

재심사유의 존재를 알지 못하였어도 판결이 확정되어 5년이 경과하면 재심의 소는 제기할 수 없다(민소법 제456조 제3항). 5년의 기간은 제척기간으로 불변기간이 아니므로 추후보완이 인정되지 아니한다(대판 1988.12.13. 87다카2341). 또한 5년의 제척기간은 재심사유가 판결이 확정되기 전에 발생한 때에는 판결확정일부터, 판결확정 후에 발생한 때에는 사유가 발생한 때부터 기산한다(민소법 제456조 제4항). 판례에 의하면 민사소송법 제451조 제1항 제6호, 제2항 후단에 기한 재심의 소의 제척기간을 위 규정에 따라 계산함에 있어서는 피의자의 사망, 공소권의 시효소멸, 사면 등의 사실이 재심대상판결 확정 전에 생긴 때에는 그 판결확정 시부터, 확정 후에 생긴 때에는 위 사유가 발생한 때로부터 기산하여야 한다(대판 1988.12.13. 87다카2341).

3. 재심의 이익

재심의 소에 있어서 재심원고는 확정판결의 효력을 받는 자로서 그 취소를 구할 이익이 있는 자라야 할 것이므로 전부승소한 당사자는 재심의 소를 제기할 이익이 없다(대판 1993.4.27. 92다24608).

4. 재심당사자적격

재심당사자적격자는 확정판결의 효력을 받는 자이다. 따라서 확정판결의 당사자 외에 변론정결 뒤의 일반·특별승계인(민소법 제218조 제1항), 제3자 소송담당에서 권리귀속주체도 재심의 소를 제기할 수 있다. 재심대상판결의 보조참가인, 공동소송적 보조참가인도 참가신청과 함께 재심의 소를 제기할 수 있다. 필수적 공동소송 관계에 있는 사람들 중 한 사람이 재심의 소를 제기하면 나머지 공동소송인들도 당연히 재심당사자가 되고 또 상대방이 제기한 때에는 그 공동소송인 전원을 재심피고로 해야 한다. 다만, 판례는 채권을 보전하기 위하여 대위행사가 필요한 경우는 실체법상 권리뿐만 아니라 소송법상 권리에 대하여서도 대위가 허용되나, 채무자와 제3채무자 사이의 소송이 계속된 이후의 소송수행과 관련한 개개의 소송상 행위는 그 권리의 행사를 소송당사자인 채무자의 의사에 맡기는 것이 타당하므로 채권자대위가 허용될 수 없다. 같은 취지에서 볼 때 상소의 제기와 마찬가지로 종전 재심대상판결에 대하여 불복하여 종전 소송절차의 재개, 속행 및 재심판을 구하는 재심의 소제기는 채권자대위권의 목적이 될 수 없다(대판 2012.12.27. 2012다75239)고 한다.

5. 재심사유의 주장

재심사유는 민사소송법 제451조에 열거된 재심사유를 주장하는 경우에 한하여 적법하다. 따라서 재심사유를 주장하지 않거나 재심사유 아닌 것을 주장하면 재심의 소는 부적법하다. 판례는 확정된 종국판결에 대한 재심의 소는 민사소송법 제451조 제1항 각 호 소정의 사유가 있는 때에 한하여 허용되는 것이므로 재심대상판결에 사실오인 내지 법리오해의 위법이 있음을 이유로 제기한 재심의 소는 부적법하다(대판 1987.12.8. 87재다24)고 판시하고 있다.

6. 보충성

당사자가 상소에 의하여 민사소송법 제451조 제1항의 재심사유를 주장하였거나 이를 알고도 주장하지 아니한 때에는 확정된 종국판결에 대하여 재심의 소를 제기할 수 없다(민소법 제451조 제1항 단서). 즉, 재심은 당사자가 전 소송에서 재심사유를 주장할 수 없었던 경우에 한하여 보충적으로 허용된다. 판례는 민사소송법 제451조 제1항 단서에 따라 당사자가 상소에 의하여 재심사유를 주장하였다고 하기 위하여서는 단지 증거인 문서가 위조되었다는 등 제451조 제1항 각 호의 사실만 주장하는 것으로는 부족하고 재심의 대상이 되는 상태, 즉 유죄판결이 확정되었다거나 증거부족 외의 이유로 유죄판결을 할 수 없다는 등 같은 조 제2항의 사실도 아울러 주장하였어야 한다(대판 2006.10.12. 2005다72508)고 판시하고 있다.

7. 개별적 재심사유

(1) 의의

1) 제한적 열거

민사소송법 제451조 제1항에서 열거한 재심사유는 제한적 열거라는 것이 판례의 태도(대판 1990.3.13. 89누6464)이다. 이때 민사소송법 제451조 제1항 제1호, 제3호, 제11호는 절대적 상고이유가 되므로 판결내용에 영향을 미쳤는지 불문하나 제4호 내지 제10호는 판결에 영향을 미칠 가능성이 있어야 한다.

2) 가벌적 행위

① 증거확실성의 원칙 : 민사소송법 제451조 제1항 제4호 내지 제7호의 경우 가벌행위만으로는 부족하고 처벌받을 행위에 대해 유죄나 과태료의 재판이 확정된 때 또는 증거흠결 이외의 이유로 유죄나 과태료의 재판을 할 수 없을 때에 한하여 재심의 소를 제기할 수 있다(민소법 제451조 제2항). 이를 증거확실성의 원칙이라고 한다. 판례에 의하면 민사소송법 제451조 제1항 제7호 소정의 증인의 허위진술이 확정판결의 증거가 된 때임을 재심사유로 하는 경우에는 원칙적으로 위증의 유죄확정판결이 있어야 할 것이나 그 확정판결을 기다리지 않고 재심의 소가 제기되어도 재심의 소의 판결이 있을 때까지에 유죄의 확정판결이 있으면 그 재심의 소는 적법하다(대판 1983.12.27. 82다146)고 한다.

② 제4호 내지 제7호(가벌행위)와 제2항(유죄확정판결 등의 사실)과의 관계 : 가벌적 행위만 재심사유이고 유죄확정판결 등은 재심의 소의 또 다른 적법요건이라는 적법요건설과 가벌적 행위와 유죄확정판결 등이 합체되어 재심사유가 된다고 하는 합체설이 주장되고 있다. 주류적 판례는 가벌적 행위만 재심사유가 되고 유죄의 확정판결 등은 재심의 소의 남용을 방지하기 위한 소의 적법요건이라는 적법요건설을 취하고 있다(대판 1989.10.24. 88다카29658). 생각건대 당사자가 용이하게 재심의 소를 제기할 수 있으면 법적 안정성을 해할 우려가 있으므로 재심의 적법요건 심리절차에서 유죄확정판결 등의 존재를 요구하는 적법요건설이 타당하다고 판단된다.

③ 증거부족이외의 사유로 유죄의 확정판결 등을 할 수 없을 때 : 이는 범인의 사망, 심신장애, 사면, 공소시효의 완성, 기소유예처분 등의 사유로 유죄판결을 받지 못하게 된 경우를 말하며 소재불명으로 기소중지 결정을 한 경우 무혐의불기소처분의 경우는 포함되지 아니한다.

(2) 재심사유

1) 법률에 따라 판결법원을 구성하지 아니한 때(제1호)

판결법원이 법원조직법과 민사소송법에 의하지 않고 구성된 경우를 말한다. 즉, 합의부 구성법관이 2명이었던 경우, 변론에 관여하지 않은 법관이 관여한 경우(대판 1970.2.24. 69다2102), 법관이 바뀌었는데 적법한 갱신절차 없이 후임법관이 판결한 경우 등을 들 수 있다. 판례는 재심대상 대법원판결에서 표시한 의견이 그전에 선고된 대법원판결에서 표시한 의견을 변경하는 것이라면 법원조직법 제7조 제1항 제3호에 의하여 대법관 전원의 3분의 2 이상의 합의체에서 심판하였어야 할 것인데, 대법관 전원의 3분의 2에 미달하는 4인의 대법관만으로 구성된 부에서 재심대상 판결을 심판하였다면 이는 민사소송법 제451조 제1항 제1호의 법률에 의하여 판결법원을 구성하지 아니한 때의 재심사유에 해당된다(대판 1995.4.25. 94재다260[전합])고 한다. 그러나 하급심법원이 판례와 다른 견해를 취하여 재판한 경우는 상고를 제기하여 구제받을 수 있음을 별론으로 하고 민사소송법 제451조 제1항 제1호 소정의 재심사유인 법률에 의하여 판결법원을 구성하지 아니한 때에 해당한다고 할 수 없다(대판 1996.10.25. 96다31307)고 판시하고 있다.

2) 법률상 그 재판에 관여할 수 없는 법관이 관여한 때(제2호)

제척·기피사유가 있음에도 간과하고 판결이 선고되고 확정된 경우에는 본호에 해당한다. 다만, 재심으로 불복이 제기된 재판 또는 그 상소심의 재판에 관여한 법관이 재심의 재판에 관여하였다고 하여도 민사소송법 제451조 제1항 제2호 소정의 법률상 재판에 관여하지 못할 법관이 관여한 때에 해당하지 않는다(대결 1990.12.11. 90재다23).

3) 법정대리권·소송대리권 또는 대리인이 소송행위를 하는 데에 필요한 권한의 수여에 흠이 있는 때(제3호)

① 의의 : 본호는 대리권 흠을 간과하고 판결이 확정된 경우로서 당사자의 절차적 기본권이 침해당한 경우의 구제책으로 적극적으로 무권대리인이 대리행위를 한 경우와 소극적으로 당사자본인이나 그 대리인의 소송관여 없이 소송이 진행된 경우를 포함한다.

② 적극적으로 무권대리인이 대리행위를 한 경우 : 본인의 의사와 관계없이 선임된 대리인에 의한 소송대리행위, 대리인에게 특별수권이 없는 경우, 제소 전 화해를 위하여 대리인선임권의 상대방임을 금지시켰는데 이를 어긴 대리인이 관여하여 성립된 제소 전 화해의 경우 등이 이에 해당한다. 다만, 대리권의 흠은 판결확정 후라도 본인이 추인하면 재심사유는 되지 아니한다(민소법 제451조 제1항 제3호 단서). 판례는 민사소송법에서 법정대리권 등의 흠결을 재심사유로 규정한 취지는 원래 그러한 대표권의 흠결이 있는 당사자 측을 보호하려는 데에 있으므로, 그 상대방이 이를 재심사유로 삼기 위하여는 그러한 사유를 주장함으로써 이익을 받을 수 있는 경우에 한하고, 여기서 이익을 받을 수 있는 경우란 위와 같은 대표권 흠결 이외의 사유로도 종전의 판결이 종국적으로 상대방의 이익으로 변경될 수 있는 경우를 가리킨다(대판 2000.12.22. 2000재다513)고 한다.

③ 소극적으로 당사자본인이나 그 대리인의 소송관여 없이 소송이 진행된 경우 : 이에는 민사소송법 제62조의 특별대리인의 선임 없이 소송을 수행할 때, 성명모용소송에서 판결이 확정된 때, 소송계속 중 사망하여 소송절차가 중단되었음에도 간과한 때, 공시송달을 알지 못하고 모르는 데 과실이 없이 불출석했음에도 소송절차가 진행된 때 등이 포함된다. 판례는 피항소인이 항소장 부본부터 공시송달의 방법으로 송달되어 귀책사유 없이 항소가 제기된 사실조차 모르고 있었고, 이러한 상태에서 피항소인의 출석 없이 원심의 변론기일이 진행되어 제1심에서 의제자백에 의한 승소판결을 받은 피항소인이 자신의 주장에 부합하는 증거를 제출할 기회를 상실함으로써 피항소인은 당사자로서 절차상 부여된 권리를 침해당하였다고 할 것이어서, 이와 같은 경우는 당사자가 대리인에 의하여 적법하게 대리되지 않았던 경우와 마찬가지로 보아 민사소송법 제424조 제1항 제4호의 규정을 유추적용할 수 있다(대판 1997.5.30. 95다21365)고 한다. 참칭대표자에게 송달되어 본인의 관여 없이 소송이 진행된 경우에 판례는 송달은 유효하고 송달대리권의 흠결로 본호의 재심사유에 해당한다고 보았으나 허위주소송달로 인하여 피고가 절차에 관여하지 못함으로써 자백간주에 의해 판결이 편취된 경우에는 위 송달은 무효이므로 항소의 대상이 되어 본호의 대상은 되지 아니한다고 한다.

4) 재판에 관여한 법관이 그 사건에 관하여 직무에 관한 죄를 범한 때(제4호)

재판에 관여한 법관이 그 사건에 관하여 직무에 관한 범죄를 범한 때로서 법관이 담당사건과 관련하여 수뢰죄나 공문서위조죄를 범한 경우이다. 재심사유가 되기 위해서는 유죄의 확정판결을 요한다.

5) 형사상 처벌을 받을 다른 사람의 행위로 말미암아 자백을 하였거나 판결에 영향을 미칠 공격 또는 방어 방법의 제출에 방해를 받은 때(제5호)

① 의의 : 형사상 처벌을 받을 행위라 함은 형법, 특별형법을 포함한 형사법상 범죄행위를 말한다. 다른 사람이란 상대방, 상대방의 법정대리인·소송대리인, 제3자를 말한다. 공격방어방법에는 판결에 영향이 있는 주장·답변·항변뿐만 아니라 증거방법도 포함된다. 따라서 소송의 승패에 중대한 영향이 있는 문서의 절취·강탈 또는 손괴·반환거부로 제출이 방해된 경우, 그러한 증인을 체포·감금함으로써 출석할 수 없게 한 경우 등 증명방해도 이에 포함된다.

② 제5호에 해당하는 경우 : 판례에 의하면 민사소송법 제451조 제1항 제5호 소정의 형사상 처벌받을 타인의 행위로 인한 사유가 청구인낙 또는 소송상의 화해에 대한 준재심사유로 될 수 있는 것은 그것이 당사자가 화해의 의사표시를 하게 된 직접적 원인이 된 경우에 한한다(대판 1979.5.15. 78다1094).

③ 제5호에 해당하지 않는 경우 : 판례에 의하면 서증에 대한 감정결과가 불리하게 나오자 그것으로 인하여 패소할 것을 우려한 나머지 화해를 하게 된 경우와 같이 그 형사상 처벌받을 타인의 행위가 당사자가 화해에 이르게 된 간접적인 원인밖에 되지 않았다고 보이는 경우까지 그것이 준재심사유가 된다고 볼 수는 없다(대판 1979.5.15. 78다1094). 또한 민사소송법 제451조 제1항 제5호 소정의 재심사유인 형사상 처벌을 받을 타인의 행위로 인하여 판결에 영향을 미칠 공격 또는 방어방법의 제출이 방해된 때라 함은 타인의 형사처벌을 받을 행위로 인하여 당해 소송절차에서 당사자의 공격, 방어방법 제출이 직접 방해받은 경우를 말하는 것이고 당해 소송절차와 관계없이 타인의 범죄행위로 인하여 실체법상의 어떤 효과발생이 저지되었다든가 어떤 사실이 조작되었기 때문에 그 결과 법원이 사실인정을 그르치게 된 경우까지를 포함한다고는 해석할 수 없다고 할 것인바, 이 사건에서 문제된 채권양도인인 소외(갑)이 채무자인 피고에게 배달된 내용증명우편(채권양도통지)을 피고가 읽기도 전에 찢어버린 행위는 그로 인하여 채권양도통지의 효력발생이 저지되었고 그럼에도 불구하고 채권양도가 된 양 보였기 때문에 법원이 사실인정을 잘못하게 되었으며 또 위 소위가 없었다면 피고는 그 양도통지를 받아보게 되어 원고에게 적법하게 양도된 사실을 알고, 그 후에 양수한 소외(을)에게 채권을 변제하지 않았을 것이라고 볼 사유는 될지언정 그 행위로 인하여 이 사건 재심대상 판결사건의 소송절차에서 피고의 방어방법 제출이 직접 방해받게 되었다고는 할 수 없는 것이므로 이를 들어 민사소송법 제451조 제1항 제5호 소정의 재심사유에 해당된다고 할 수 없다(대판 1982.10.12. 82다카664)고 한다.

6) 판결의 증거가 된 문서, 그 밖의 물건이 위조되거나 변조된 것인 때(제6호)

민사소송법 제451조 제1항 제6호 소정의 '판결의 증거로 된 문서 기타 물건이 위조나 변조된 것인 때'라 함은, 그 위조된 문서 등이 판결주문의 이유가 된 사실인정의 직접적 또는 간접적인 자료로 제공되어 법원이 그 위조문서 등을 참작하지 않았더라면 당해 판결과는 다른 판결을 하였을 개연성이 있는 경우를 말하고, 그 위조문서 등을 제외한 나머지 증거들만 가지고도 그 판결의 인정 사실을 인정할 수 있거나 그 위조문서 등이 없었더라면 판결주문이 달라질 수도 있을 것이라는 일응의 개연성이 있지 아니하는 경우 또는 위조문서 등이 재심대상 판결이유에서 가정적 또는 부가적으로 설시한 사실을 인정하기 위하여 인용된 것이고 주요사실의 인정에 영향을 미치지 않는 사정에 관한 것이었을 때에는 재심사유가 되지 않으며, 여기에서 말하는 '위조'에는 형사상 처벌될 수 있는 허위공문서작성이나 공정증서원본불실기재가 포함된다(대판 1997.7.25. 97다 15470).

7) 증인·감정인·통역인의 거짓 진술 또는 당사자신문에 따른 당사자나 법정대리인의 거짓 진술이 판결의 증거가 된 때(제7호)

① 증인의 허위진술이 판결의 증거로 된 때의 의미 : 민사소송법 제451조 제1항 제7호 소정의 "증인의 허위진술이 판결의 증거로 된 때"라 함은, 증인의 허위진술이 판결 주문에 영향을 미치는 사실인정의 자료가 된 경우를 의미하나, 판결 주문에 영향을 미친다는 것은 만약 그 허위진술이 없었더라면 판결 주문이 달라질 수도 있었을 것이라는 개연성이 있는 경우를 말하고 변경의 확실성을 요구하는 것은 아니며, 그 경우에 있어서 사실인정의 자료로 제공되었다 함은 그 허위진술이 직접적인 증거가 된 때뿐만 아니라 대비증거로 사용되어 간접적으로 영향을 준 경우도 포함된다. 증인의 허위진술이 판결에 영향을 미쳤는지 여부의 판단자료로서는 재심대상 판결에서 원용된 증거에 한하지 않고, 재심소송에서 조사된 새로운 증거들까지 종합하여 판단하여야 한다(대판 1995.4.14. 94므604).

② 재심사유로 인정되지 않은 사례 : ㉠ 판결이유에서 가정적·부가적으로 인용된 경우(대판 1983.12.27. 82다146), ㉡ 주요사실의 인정에 관계없을 때(대판 1988.1.19. 87다카1864), ㉢ 허위진술이 위증이라도 나머지 증거에 의해 판결주문에 영향이 없을 때(대판 1993.9.28. 92다33930), ㉣ 다른 사건에서 증인신문조서가 판결에서 서증으로서 증거로 채택된 때(대판 1977.7.12. 77다484)에는 재심사유가 되지 아니한다고 한다.

8) 판결의 기초가 된 민사나 형사의 판결, 그 밖의 재판 또는 행정처분이 다른 재판이나 행정처분에 따라 바뀐 때(제8호)

① 판결의 기초의 의의 : 민사소송법 제451조 제1항 제8호는 '판결의 기초로 된 민사나 형사의 판결 기타의 재판 또는 행정처분이 다른 재판이나 행정처분에 의하여 변경된 때'를 재심사유로 규정하고 있는바, 여기에서 재판이 판결의 기초로 되었다고 함은 재판이 확정판결에 법률적으로 구속력을 미치는 경우 또는 재판내용이 확정판결에서 사실인정의 자료가 되었고 그 재판의 변경이 확정판결의 사실인정에 영향을 미칠 가능성이 있는 경우를 말한다(대판 1996.5.31. 94다20570).

② 여러 개의 유죄판결이 재심대상판결의 기초가 되는 경우 : [1] 재심사유는 그 하나하나의 사유가 별개의 청구원인을 이루는 것이므로, 여러 개의 유죄판결이 재심대상판결의 기초가 되었는데 이후 각 유죄판결이 재심을 통하여 효력을 잃고 무죄판결이 확정된 경우, 어느 한 유죄판결이 효력을 잃고 무죄판결이 확정되었다는 사정은 특별한 사정이 없는 한 별개의 독립된 재심사유라고 보아야 한다. 재심대상판결의 기초가 된 각 유죄판결에 대하여 형사재심에서 인정된 재심사유가 공통된다거나 무죄판결의 이유가 동일하다고 하더라도 달리 볼 수 없다.

[2] 원심은 망 소외 2 등에 대하여 형사재심의 결과 무죄판결이 확정된 사정은 소외 4에 대한 형사재심의 결과와 별개로 독립하여 민사소송법 제451조 제1항 제8호에서 정한 재심사유가 된다고 판단하였다. 그 이유로 망 소외 2 등에 대한 유죄판결 또한 이 사건 재심대상판결의 기초가 되었고, 망 소외 2 등에 대한 유죄판결의 변경은 이 사건 재심대상판결의 사실인정에 충분히 영향을 미칠 수 있었으므로, 그로 인한 흠결이 소외 4에 대한 유죄판결로 인하여 발생한 흠결과 동일하다거나 그에 당연히 흡수된다고 볼 수 없고 이는 별도로 시정되어야 할 필요성이 있다는 점을 들었다. 원심판결 이유를 위에서 본 법리와 기록에 비추어 살펴보면, 원심판단은 위 법리에 따른 것으로 정당하고, 상고이유 주장과 같이 재심사유에 관한 법리를 오해한 잘못이 없다(대판 2019.10.17. 2018다300470).

③ 특허무효심판에 대한 심결취소소송의 사실심 변론종결 이후에 정정심결이 확정된 경우 : 판례는 행정소송법 제8조에 따라 심결취소소송에 준용되는 민사소송법 제451조 제1항 제8호는 '판결의 기초로 된 행정처분이 다른 행정처분에 의하여 변경된 때'를 재심사유로 규정하고 있다. 이는 판결의 심리·판단 대상이 되는 행정처분 그 자체가 그 후 다른 행정처분에 의하여 확정적·소급적으로 변경된 경우를 말하는 것이 아니고, 확정판결에 법률적으로 구속력을 미치거나 또는 그 확정판결에서 사실인정의 자료가 된 행정처분이 다른 행정처분에 의하여 확정적·소급적으로 변경된 경우를 말하는 것이다. 여기서 '사실인정의 자료가 되었다'는 것은 그 행정처분이 확정판결의 사실인정에서 증거자료로 채택되었고 그 행정처분의 변경이 확정판결의 사실인정에 영향을 미칠 가능성이 있는 경우를 말한다. 이에 따르면 특허권자가 정정심판을 청구하여 특허무효심판에 대한 심결취소소송의 사실심 변론종결 이후에 특허발명의 명세서 또는 도면(이하 '명세서 등')에 대하여 정정을 한다는 심결(이하 '정정심결')이 확정되더라도 정정 전 명세서 등으로 판단한 원심판결에 민사소송법 제451조 제1항 제8호가 규정한 재심사유가 있다고 볼 수 없다(대판 2020.1.22. 2016후2522[전합])고 한다.

9) 판결에 영향을 미칠 중요한 사항에 관하여 판단을 누락한 때(제9호)

판단의 누락이란 1개의 소송물을 이유 있게 하는 공격방어방법으로서 판결주문에 영향이 있는 것에 대하여 판결이유 중에서 판단을 표시하지 않은 경우를 말한다. 따라서 주요사실에 대해 판단누락이 있는 경우를 말하고 간접사실에 대한 판단누락은 본호에 포함되지 아니한다. 또한 직권조사사항의 판단을 빠뜨린 경우라도 당사자가 그 조사를 촉구하지 아니한 때에는 재심사유가 되지 아니한다. 다만, 일부판결하여 판결하지 아니한 부분인 재판의 누락은 추가판결의 대상이 되는 것이지 재심사유에는 해당하지 아니한다. 판례는 판결서의 이유에는 주문이 정당하다는 것을 인정할 수 있을 정도로 당사자의 주장, 그 밖의 공격·방어방법에 관한 판단을 표시하면 되므로(민사소송법 제208조 제2항) 당사자의 모든 주장이나 공격·방어방법을 판단할 필요는 없다. 당사자가 주장한 사항에 대한 구체적·직접적인 판단이 판결 이유에 표시되어 있지 아니하더라도 판결 이유의 전반적인 취지에 비추어 그 주장을 인용하거나 배척하였음을 알 수 있는 정도라면 판단누락이라고 할 수 없고, 설령 실제로 판단을 하지 아니하였더라도 판결 결과에 영향이 없다면 판단누락의 위법이 있다고 할 수 없다(대판 2016.1.14. 2015다231894)고 한다.

10) 재심을 제기할 판결이 전에 선고한 확정판결에 어긋나는 때(제10호)

전에 선고한 확정판결의 효력이 재심대상판결의 당사자에게 미치는 경우로서 양 판결이 저촉되는 때를 말하며 확정판결의 기판력은 판결주문에 한해 발생하므로 재심원고의 청구가 기각된 이유와 설명이 다르더라도 전후의 두 판결이 모두 재심원고의 청구를 기각한 것이라면 서로 저촉된다고 할 수 없다(대판 2001.3.9. 2000재다353). 확정판결과 같은 효력을 가진 포기·인낙·화해·조정조서와 어긋날 때도 재심사유가 된다.

11) 당사자가 상대방의 주소 또는 거소를 알고 있었음에도 있는 곳을 잘 모른다고 하거나 주소나 거소를 거짓으로 하여 소를 제기한 때(제11호)

판례는 제11호는 판결편취를 위해 상대방의 주소를 알고 있음에도 소재불명·허위주소로 소제기하고 송달불능이 되게 하여 공시송달까지 하게 된 경우에만 적용된다고 한다. 즉, 공시송달의 방법에 의하여 판결정본이 송달된 경우 피고의 주소지를 허위로 하여 소가 제기된 경우라 하더라도 그 송달은 유효한 것이고 그때부터 상소제기기간이 도과되면 그 판결을 확정되는 것이므로 피고는 재심의 소를 제기하거나 추완항소를 제기하여 그 취소변경을 구하여야 한다(대판 1980.7.8. 79다1528). 판례는 민사소송법 제451조 제1항 제11호 소정의 재심사유는 사기판결을 얻어내기 위하여 상대방의 주소를 알고 있음에도 불구하고 소재불명 또는 허위의 주소나 거소로 하여 소를 제기하고 이로 인하여 소의 제기사실을 전혀 알 수 없었던 상대방을 구제하기 위한 것으로서,

상대방이 위 소송진행 중 그 소송계속사실을 알고 있었고, 그럼에도 불구하고 아무런 조치를 취하지 아니하여 판결이 선고되고 확정에 이르렀다면 특별한 사정이 없는 한 그 판결에 위 재심사유가 있다고 할 수 없다(대판 1992.10.9. 92다12131)고 한다. 그러나 판례는 종국 판결의 기판력은 판결의 형식적 확정을 전제로 하여 발생하는 것이므로 공시송달의 방법에 의하여 송달된 것이 아니고 허위로 표시한 주소로 송달하여 상대방 아닌 다른 사람이 그 소송서류를 받아 의제자백의 형식으로 판결이 선고되고 다른 사람이 판결정본을 수령하였을 때에는 상대방은 아직도 판결정본을 받지 않은 상태에 있는 것으로서 위 편취판결은 확정판결이 아니어서 기판력이 없다(대판 1978.5.9. 75다634[전합])고 하여 이때에는 본호가 적용되는 것은 아니므로 재심의 소를 제기할 수는 없고 항소권이 실효되지 않는 한 항소만 제기할 수 있다고 한다.

Ⅳ 재심절차

1. 관할법원

(1) 전속관할

재심은 재심을 제기할 판결을 한 법원의 전속관할로 한다(민소법 제453조 제1항).

(2) 상소각하판결의 확정

항소각하판결을 한 때와 같이 동일 사건에 대해 제1심판결과 항소심판결 두 개의 확정판결이 존재하는 경우, 각 판결에 각기 재심사유가 있으면 각 해당법원에 각 재심의 소를 제기할 수 있다. 그러나 이때 재심사유를 모아서 재심청구를 병합하여 제기하는 경우에는 항소심법원이 집중관할한다(민소법 제453조 제2항 본문). 다만, 항소심판결과 상고심판결에 각기 재심사유가 있는 경우에는 상고심법원은 집중관할할 수 없고 각 법원에 재심의 소를 제기해야 한다(민소법 제453조 제2항 단서).

(3) 상소기각판결의 확정

항소심에서 사건에 대하여 본안판결을 한 때에는 제1심판결에 대하여 재심의 소를 제기하지 못한다(민소법 제451조 제3항). 따라서 항소심이 한 항소기각의 본안판결만이 재심의 대상이 된다. 서증의 위·변조, 증인의 허위진술 등 사실인정에 관한 것을 재심사유로 할 경우에는 비록 상고법원이 채증법칙 위배가 없다고 하여 상고기각했더라도 사실심인 항소심판결에 대해 재심의 소를 제기하여야 한다. 상고심이 직접 사실인정한 것이 아니기 때문이다. 따라서 상고심판결에 대해 재심의 소를 제기하려면 상고심의 절차 또는 판결에 재심사유가 있는 경우에 한한다(대판 2000.4.11. 99재다746).

(4) 재심의 소를 제기할 법원을 그르친 경우

판례는 재심의 소가 재심제기기간 내에 제1심법원에 제기되었으나 재심사유 등에 비추어 항소심판결을 대상으로 한 것이라 인정되어 위 소를 항소심법원에 이송한 경우에 있어서 재심제기기간의 준수 여부는 민사소송법 제40조 제1항의 규정에 비추어 제1심법원에 제기된 때를 기준으로 할 것이지 항소법원에 이송된 때를 기준으로 할 것은 아니(대판 1984.2.28. 83다카1981[전합])라고 한다.

2. 중간판결

법원은 재심의 소가 적법한지 여부와 재심사유가 있는지 여부에 대한 심리 및 재판을 본안에 관한 심리 및 재판과 분리하여 먼저 시행할 수 있다(민소법 제454조 제1항). 이 경우 법원은 재심사유가 있다고 인정한 때에는 그 취지의 중간판결을 한 뒤 본안에 관하여 심리재판한다(민소법 제454조 제2항).

3. 소송절차

재심의 소송절차에는 각 심급의 소송절차에 관한 규정을 준용한다(민소법 제455조). 본안의 변론과 재판은 재심청구이유의 범위 안에서 하여야 하며(민소법 제459조 제1항), 재심의 이유는 바꿀 수 있다(민소법 제459조 제2항). 재심의 사유가 있는 경우라도 판결이 정당하다고 인정한 때에는 법원은 재심의 청구를 기각하여야 한다(민소법 제460조).

4. 재심의 소에서 피참가인의 소의 취하

판례는 재심의 소를 취하하는 것은 통상의 소를 취하하는 것과는 달리 확정된 종국판결에 대한 불복의 기회를 상실하게 하여 더 이상 확정판결의 효력을 배제할 수 없게 하는 행위이므로, 이는 재판의 효력과 직접적인 관련이 있는 소송행위로서 확정판결의 효력이 미치는 공동소송적 보조참가인에 대하여는 불리한 행위이다. 따라서 재심의 소에 공동소송적 보조참가인이 참가한 후에는 피참가인이 재심의 소를 취하하더라도 공동소송적 보조참가인의 동의가 없는 한 효력이 없다. 이는 재심의 소를 피참가인이 제기한 경우나 통상의 보조참가인이 제기한 경우에도 마찬가지이다. 특히 통상의 보조참가인이 재심의 소를 제기한 경우에는 피참가인이 통상의 보조참가인에 대한 관계에서 재심의 소를 취하할 권능이 있더라도 이를 통하여 공동소송적 보조참가인에게 불리한 영향을 미칠 수는 없으므로 피참가인의 재심의 소취하로 재심의 소제기가 무효로 된다거나 부적법하게 된다고 볼 것도 아니(대판 2015.10.29. 2014다13044)라고 한다.

> **□ 비교판례**
>
> **[통상의 소에서 피참가인의 소의 취하]**
> 공동소송적 보조참가는 그 성질상 필수적 공동소송 중에서는 이른바 유사필수적 공동소송에 준한다 할 것인데, 유사필수적 공동소송에서는 원고들 중 일부가 소를 취하하는 경우에 다른 공동소송인의 동의를 받을 필요가 없다. 또한 소취하는 판결이 확정될 때까지 할 수 있고 취하된 부분에 대해서는 소가 처음부터 계속되지 아니한 것으로 간주되며(민사소송법 제267조), 본안에 관한 종국판결이 선고된 경우에도 그 판결 역시 처음부터 존재하지 아니한 것으로 간주되므로, 이는 재판의 효력과는 직접적인 관련이 없는 소송행위로서 공동소송적 보조참가인에게 불이익이 된다고 할 것도 아니다. 따라서 피참가인이 공동소송적 보조참가인의 동의 없이 소를 취하하였다 하더라도 이는 유효하다. 그리고 이러한 법리는 행정소송법 제16조에 의한 제3자 참가가 아니라 민사소송법의 준용에 의하여 보조참가를 한 경우에도 마찬가지로 적용된다(대판 2013.3.28. 2011두13729).

V 준재심

1. 의 의

준재심이란 확정판결과 같은 효력을 가지는 조서와 즉시항고로 불복을 신청할 수 있는 것으로서 확정된 결정·명령에 재심사유가 있을 때에 재심의 소에 준하여 재심을 제기하는 것을 말한다(민소법 제461조).

2. 요 건

확정판결의 효력 중 기판력을 가지는 결정 등이어야 한다. 판례는 이행권고결정에 대하여 집행력은 인정되나 기판력이 없으므로 재심사유가 인정되더라도 준재심의 소를 제기할 수는 없다(대판 2009.5.14. 2006다34190)고 한다.

판례색인

2024 SD에듀 EBS 공인노무사 2차 민사소송법

www.sdedu.co.kr

판례색인

대결 2014.5.16. 2014마588	583
대결 2014.5.29. 2014마4009	491
대결 2014.10.8. 2014마667[전합]	590
대결 2015.12.21. 2015마4174	302
대결 2016.7.1. 2014마2239	302, 303
대결 2017.12.28. 2015무423	301, 302
대결 2018.1.19. 2017마1332	33
대결 2018.12.17. 2016마272	294
대결 2019.1.4. 2018스563	19
대결 2020.1.30. 2019마5599	571
대결 2021.4.22. 2017마6438[전합]	576
대판 1956.11.1. 4289민상452	289, 294
대판 1957.3.14. 56민상439	346
대판 1957.12.5. 4290민상503	342
대판 1959.7.30. 4291민상551	282, 287
대판 1959.9.24. 4291민상830	386
대판 1959.10.15. 4291민상793	181
대판 1959.10.15. 4292민상104	290
대판 1959.11.24. 4292민상585	444
대판 1960.5.26. 4292민상279	435
대판 1960.7.7. 4292민상462	465
대판 1961.4.13. 4292민상940	122
대판 1961.5.4. 4292민상853	503
대판 1961.9.28. 4294민상50	111
대판 1961.12.7. 4294민상135	290
대판 1962.1.31. 4294민상310	434
대판 1962.2.8. 4293민상397	227
대판 1962.2.15. 4294민상914	352, 360
대판 1962.3.15. 4294행상145	494
대판 1962.4.4. 4294민상1122	203
대판 1962.4.26. 4294민상1071	278
대판 1962.5.10. 4294민상1510	289
대판 1962.5.17. 4294행상172	501
대판 1962.5.31. 4293민재항6	347

대판 1962.7.26. 62다315	204
대판 1962.8.30. 62다275	242
대판 1962.12.16. 67다1525	184
대판 1963.6.20. 63다166	223
대판 1963.7.25. 63다241	132
대판 1963.10.31. 63다612	596
대판 1963.12.12. 63다321	32
대판 1964.5.26. 63다974	248, 435
대판 1964.11.10. 64다325	197
대판 1964.11.17. 64다328	47, 395
대판 1965.3.2. 64다1761	287
대판 1965.3.30. 64다1825	290
대판 1965.4.6. 65다139	435
대판 1965.12.7. 65다2034	445
대판 1965.12.28. 65다2172	111
대판 1966.3.15. 65다2455	465
대판 1966.3.15. 66다17	128, 196
대판 1966.5.31. 66다564	171, 216
대판 1966.9.20. 66다636	296
대판 1966.9.20. 66다1304	197
대판 1967.1.31. 65다2371	149
대판 1967.7.4. 67다766	196
대판 1967.8.29. 67다1179	374
대판 1968.1.23. 67다2494	342
대판 1968.1.31. 67다2628	204
대판 1968.4.23. 68다217	336
대판 1968.7.31. 68다1102	465
대판 1968.11.19. 68다1883	440
대판 1969.1.21. 68다2188	290
대판 1969.4.22. 68다1722	344
대판 1969.5.13. 68다656	441, 511
대판 1969.5.27. 69다130	337
대판 1969.7.22. 69다413	435
대판 1969.10.28. 68다158	418
대판 1969.11.25. 69다1592	271

판례색인

대판 1980.11.25. 80다1671	133
대판 1980.11.25. 80다2217	369
대판 1981.1.13. 80다204	131
대판 1981.2.24. 80다2029[전합]	586
대판 1981.3.10. 80다1895	522
대판 1981.4.14. 80다2314	274
대판 1981.6.9. 79다62	277, 278
대판 1981.7.7. 80다1424	283
대판 1981.7.7. 80다2751	159
대판 1981.7.14. 81다64	339, 341
대판 1981.8.11. 81다262	294
대판 1981.12.8. 80다577	513
대판 1981.12.8. 80다2963	459, 536
대판 1982.2.9. 81다534	189
대판 1982.3.9. 81다1312	171, 216
대판 1982.3.23. 80다1857	306
대판 1982.3.23. 81다1336	225
대판 1982.4.27. 80다851	278
대판 1982.5.11. 80다916	214, 337
대판 1982.6.8. 81다636	128
대판 1982.6.8. 81다817	222
대판 1982.6.22. 81다791	223
대판 1982.8.24. 82다카317	273
대판 1982.9.14. 80다2425[전합]	63
대판 1982.10.12. 82다카664	600
대판 1982.10.26. 81다108	122, 128
대판 1982.11.23. 81다39	459
대판 1982.12.14. 80다1872	508
대판 1982.12.14. 82다카148	372
대판 1983.2.8. 82므34	73
대판 1983.3.22. 82다카1810[전합]	135, 501
대판 1983.5.24. 82다카1919	4
대판 1983.6.14. 83다카95	295
대판 1983.6.28. 83다191	192
대판 1983.7.12. 83다308	305
대판 1983.7.12. 83다카437	196
대판 1983.8.23. 83다카450	335
대판 1983.10.25. 83다카850	98, 463
대판 1983.12.13. 83다카1489[전합]	189, 192
대판 1983.12.27. 80다1302	206
대판 1983.12.27. 82다146	598, 601
대판 1984.2.14. 83다카815	66, 93
대판 1984.2.28. 83다카1981[전합]	36, 603
대판 1984.3.13. 82므40	77, 337
대판 1984.3.27. 83다카1135	584
대판 1984.3.27. 83다카2337	127
대판 1984.5.29. 82다카963	219, 264
대판 1984.6.12. 81다558	315
대판 1984.6.12. 83다카1409	249
대판 1984.6.14. 84다카744	78, 96, 228
대판 1984.7.10. 84다카298	444
대판 1984.7.24. 84다카572	398
대판 1984.9.25. 84다카148	367
대판 1984.12.26. 84누329	305
대판 1985.4.9. 84다552	135, 136
대판 1985.9.24. 82다카312	219
대판 1986.2.25. 85다카2091	498
대판 1986.6.10. 85다카180	307
대판 1986.6.24. 85다카2469	111
대판 1986.9.23. 85다353	340
대판 1987.2.24. 86누509	222
대판 1987.3.10. 84다카2132	134
대판 1987.3.10. 86다카2224	228
대판 1987.4.14. 86므57	364
대판 1987.6.9. 86다카2756	374
대판 1987.7.7. 86다카2675	122, 565
대판 1987.9.8. 87다982	187
대판 1987.9.22. 86다카2151	119
대판 1987.10.13. 87다카1093	114, 459
대판 1987.11.10. 87다카943	234, 257

판례색인

판례색인

판례색인

대판 2002.9.24. 2000다49374	54, 243, 251
대판 2002.9.24. 2002다11847	378
대판 2002.10.25. 2000다21802	522
대판 2002.10.25. 2002다23598	431, 432
대판 2002.11.8. 2001다84497	241
대판 2002.11.26. 2001다72678	185
대판 2002.12.6. 2002다44014	356
대판 2003.1.10. 2000다26425	153
대판 2003.1.10. 2002다41435	199, 201
대판 2003.1.10. 2002다57904	116
대판 2003.1.24. 2002다56987	437
대판 2003.4.8. 2002다70181	364
대판 2003.4.11. 2001다11406	299
대판 2003.5.13. 2002다64148	367
대판 2003.5.27. 2001다13532	433
대판 2003.5.30. 2001다10748	485
대판 2003.5.30. 2003다15556	81
대판 2003.7.11. 2003다19558	392
대판 2003.7.25. 2002다39616	307
대판 2003.9.26. 2001다68914	575
대판 2003.9.26. 2003다29555	15
대판 2003.11.14. 2003다34038	53
대판 2003.12.12. 2003다44615	462
대판 2004.1.16. 2003다30890	152
대판 2004.2.13. 2002다7213	151
대판 2004.3.12. 2001다79013	197
대판 2004.3.12. 2003다49092	127
대판 2004.3.12. 2004다2083	227, 228
대판 2004.3.25. 2001다53349	16
대판 2004.3.25. 2002다20742	124, 128
대판 2004.3.25. 2003다20909	67
대판 2004.3.26. 2003다60349	307
대판 2004.6.11. 2004다13533	282, 323
대판 2004.6.25. 2004다20401	383
대판 2004.7.9. 2002다16729	526, 551

대판 2004.7.22. 2002다57362	109
대판 2004.8.20. 2002다20353	122
대판 2004.8.30. 2004다21923	391
대판 2004.8.30. 2004다24083	417
대판 2004.9.23. 2004다32848	124
대판 2004.10.14. 2004다30583	104, 181
대판 2004.11.12. 2002다66892	5
대판 2004.11.12. 2002다73319	300
대판 2004.12.9. 2004다51054	204
대판 2005.1.13. 2004다19647	306
대판 2005.3.24. 2004다65367	393
대판 2005.3.25. 2004다10985	135
대판 2005.4.29. 2004다40160	565
대판 2005.5.26. 2004다25901	512
대판 2005.6.10. 2002다15412	113
대판 2005.6.10. 2005다14861	171, 216
대판 2005.6.23. 2004다3864	350
대판 2005.7.22. 2004다17207	379, 401
대판 2005.8.19. 2004다8197	565
대판 2005.9.15. 2004다44971[전합]	59, 464
대판 2005.9.29. 2003다40651	464
대판 2005.10.7. 2003다44387	205
대판 2005.10.27. 2003다66691	525, 528
대판 2005.10.28. 2005다45827	5, 9
대판 2005.11.10. 2005다27195	228
대판 2005.11.10. 2005다34667	366, 369
대판 2005.11.10. 2005재다303	5
대판 2005.11.24. 2005다20064	445
대판 2005.12.23. 2004다55698	377, 378
대판 2006.6.29. 2006다19061	442
대판 2006.6.30. 2005다21531	187, 254
대판 2006.9.22. 2006다32569	195
대판 2006.9.28. 2006다28775	486
대판 2006.10.12. 2005다72508	597
대판 2006.10.12. 2006도4981	274

판례색인

판례색인

판례색인

가장 빠른 지름길은
지름길을 찾지 않는 것이다.

– 다산 정약용 –

참고문헌

[민사소송법]
- 이시윤, 신민사소송법, 박영사, 2023
- 김홍엽, 민사소송법, 박영사, 2023
- 호문혁, 민사소송법, 법문사, 2020
- 정동윤, 유병현, 김경욱 공저, 민사소송법, 법문사, 2023
- 전병서, 강의 민사소송법, 박영사, 2023
- 범경철, 곽승구, 민사소송법, 정독, 2022
- 박승수, 2023 변리사 민사소송법정리, 에듀비, 2023
- 박승수, 2023 변리사 민사소송법 사례연습, 에듀비, 2023
- 이창한, 2023 통합 민사소송법, 헬리오스 미디어, 2022
- 이창한, 2023 핸드북 진도별 민소법 기출문제, 헬리오스 미디어, 2022
- 심영식, 민사소송법 핵심사례, 한빛지적소유권센터, 2022
- 윤동환, 2020 민사소송법의 맥, 우리아카데미, 2020
- 송영곤, 논점민사소송법, 헤르메스, 2023

2024 SD에듀 EBS 공인노무사 2차 민사소송법

초 판 발 행	2024년 05월 27일(인쇄 2024년 04월 26일)
발 행 인	박영일
책 임 편 집	이해욱
편 저	EBS 교수진
편 집 진 행	안효상 · 이재성 · 김민지
표 지 디 자 인	김지수
편 집 디 자 인	표미영 · 하한우
발 행 처	(주)시대고시기획
출 판 등 록	제10-1521호
주 소	서울시 마포구 큰우물로 75 [도화동 538 성지 B/D] 9F
전 화	1600-3600
팩 스	02-701-8823
홈 페 이 지	www.sdedu.co.kr
I S B N	979-11-383-7007-3
정 가	30,000원

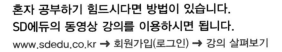

개정법령 관련 대처법을 소개합니다!

도서만이 전부가 아니다! 시험 관련 정보 확인법!
법령이 자주 바뀌는 과목의 경우, 도서출간 이후에 아래와 같은 방법으로
변경된 부분을 업데이트 · 수정하고 있습니다.

01 정오표

도서출간 이후 발견된 오류는 그 즉시 해당 내용을 확인한 후
수정하여 정오표 게시판에 업로드합니다.

※ SD에듀 : 홈 ≫ 학습자료실 ≫ 정오표

02 추록(최신 개정법령)

도서출간 이후 법령개정으로 인한 수정사항은 도서의 구성에
맞게 정리하여 도서업데이트 게시판에 업로드합니다.

※ SD에듀 : 홈 ≫ 학습자료실 ≫ 도서업데이트

SD에듀 www.sdedu.co.kr

공인노무사시험

합격을 꿈꾸는 수험생들에게...

1차시험

1차시험

1차시험

기출문제집
- 최신 기출문제와 상세한 첨삭해설
- 최신 개정법령 및 관련 판례 완벽반영

기본서
- 최신 개정법령을 반영한 핵심이론+
  실전대비문제
- 온라인 동영상강의용 교재

한권으로 끝내기
- 단기간 반복학습을 위한 최적의 구성
- 단 한 권으로 1차시험 전 과목 대비

공인노무사라는 꿈을 향해 도전하는 수험생 여러분에게
정성을 다해 만든 최고의 수험서를 선사합니다.

2차시험

1차시험

1차시험

핵지총

- 10개년 핵심 기출지문 총망라
- 최신 개정법령 및 관련 판례
  완벽반영

객관식 문제집

- 빈출핵심요약+기출문제해설
  +중요판례정리

기본서

- 최신 개정법령을 반영한 주요논점
- Chapter별 최신 기출문제와 예시답안
- 온라인 동영상강의용 교재

관계법령집

- 노동법 Ⅰ·Ⅱ 최신 개정법령 완벽반영
- 암기용 셀로판지로 무한 반복학습

※ 각 도서의 세부구성 및 이미지는 변동될 수 있습니다.

EBS 교육방송

공인노무사
동영상강의

합격을 위한 동반자, EBS 동영상강의와 함께하세요!

수강회원들을 위한 특별한 혜택

❶ G-TELP 특강

1차시험 필수 영어과목은 지텔프 특강으로 대비!

❷ 기출해설 특강

최종 학습 마무리, 실전대비를 위한 기출분석!

❸ 모바일강의

스마트폰 스트리밍서비스 무제한 수강 가능!

❹ 1:1 맞춤학습 Q&A

온라인 피드백서비스로 빠른 답변 제공!